公司法律顾问

乔路·主编

实务指引

（第四版）

LEGAL COUNSEL PRACTICE

法律出版社 | LAW PRESS
北京

图书在版编目(CIP)数据

公司法律顾问实务指引 / 乔路主编. -- 4版. -- 北京：法律出版社, 2024
ISBN 978-7-5197-8905-3

Ⅰ.①公… Ⅱ.①乔… Ⅲ.①公司法－研究－中国 Ⅳ.①D922.291.914

中国国家版本馆 CIP 数据核字（2024）第 044492 号

公司法律顾问实务指引（第四版）　　　　　　　乔　路 主编　　　责任编辑　朱轶佳
GONGSI FALÜ GUWEN SHIWU ZHIYIN(DI-SI BAN)　　　　　　　　　装帧设计　鲍龙卉

出版发行　法律出版社	开本　787 毫米×1092 毫米　1/16
编辑统筹　司法实务出版分社	印张　61.25　　字数　1688千
责任校对　王语童　王　丰	版本　2024 年 6 月第 4 版
责任印制　胡晓雅	印次　2024 年 6 月第 1 次印刷
经　　销　新华书店	印刷　三河市兴达印务有限公司

地址：北京市丰台区莲花池西里 7 号（100073）
网址：www.lawpress.com.cn　　　　　　　销售电话：010-83938349
投稿邮箱：info@lawpress.com.cn　　　　　客服电话：010-83938350
举报盗版邮箱：jbwq@lawpress.com.cn　　　咨询电话：010-63939796
版权所有·侵权必究

书号：ISBN 978-7-5197-8905-3　　　　　　　定价：208.00 元
凡购买本社图书，如有印装错误，我社负责退换。电话：010-83938349

编写组成员

主　编：乔　路

副主编：庄子安　陈　晖　谢晓静　冷雪峰
娄秋琴　曹　阳　黄　勇　陈景云
阴颖晖

编写组成员：

王金龙　刘　勇　唐文波　殷艳红
钱惊宇　于江源　于晓庆　肖会君
李秀玲　邱　娟　马磊磊　张媛媛
杜　娟

庄子安

北京大成律师事务所资深律师。经济学、法学双学士。曾担任大型国企财务主管，擅长公司业务、并购、诉讼。专业范围：投资咨询、财务会计、房地产等领域的法律事务。

E-mail：zian.zhuang@dentons.cn

陈　晖

北京大成律师事务所高级合伙人。河北经贸大学法学学士。熟练使用英语、韩语。专业领域为公司、房地产、并购重组、IPO及增发、破产重整，曾为诸多大型公司提供该类法律服务，如中国网通、中国工艺美术、中国惠普、中国人寿、中国航空油料、亿城集团等。

E-mail：hui.chen@dentons.cn

谢晓静

北京大成律师事务所高级合伙人。主要从事公司收购、债务重组、国有企业改制与产权交易、基金设立、风险资本和私募股权投融资等方面的法律业务。

E-mail：xiaojing.xie@dentons.cn

冷雪峰

北京大成律师事务所高级合伙人。辽宁大学法律硕士，拥有注册会计师和税收职业资格专业资质，在公司并购重组、企业改制及相关税收筹划领域具有丰富的法律操作经验，为客户提供综合的法律、财务及税收解决方案。

E-mail：xuefeng.leng@dentons.cn

娄秋琴

北京大成律师事务所高级合伙人，大成中国区刑事专业委员会牵头人，北京总所刑事专业组联合负责人，大成丽人刑辩营主任，中南财经政法大学刑事辩护研究院副院长，兼职教授，硕士研究生导师，中国政法大学刑法学硕士和诉讼法博士生。主要执业领域为刑事辩护和企业刑事法律风险防控。曾代理原铁道部部长刘志军受贿、滥用职权案，甘肃陈琴琴故意杀人死缓改判无罪案。编著有《公司企业管理人员刑事法律风险与防范》《商界警示——企业管理人员不可不知的88种刑事法律风险》《从政警示——国家公务人员不可忽视的66种刑事法律风险》《这样做HR最有效——最新企业劳动人事管理全书》《企业法律顾问实务全书》《最新企业合同范本及风险规避大全》。

E-mail：louqiuqin@dentons.cn

曹　阳

北京大成律师事务所高级合伙人。毕业于河北大学，主要从事房地产领域业务。通过多年业务实践，擅长房地产项目并购、房地产开发、工程建设施工、房地产预售和销售、房屋租赁、物业管理等业务。

E-mail：yang.cao@dentons.cn

黄　勇

北京大成律师事务所原资深顾问，中国政法大学法学学士，具有政府及公司法律工作经历，长期从事劳动法研究与实务工作，在劳动法律服务领域具有扎实的实践经验，熟知人力资源管理方式方法。

E-mail：yong.huang@dentons.cn

陈景云

北京大成律师事务所合伙人。中国政法大学法学硕士，拥有企业法律顾问资格。十余年的高校教师生涯和法律顾问工作，铸就了扎实的法学理论功底，积累了丰富的法律服务经验。主要业务范围：公司并购、企业改制重组、公司治理与股权激励、投融资。

E-mail：jingyun.chen@dentons.cn

阴颖晖

北京大成律师事务所高级顾问，政府、公共政策与国资运营监管专业组负责人，原大成中国区监督委员会委员，大成 DENTONS 全球公共政策及监管专业组中国区牵头人，北京市朝阳区第三届律师代表大会代表。

王金龙、刘勇、唐文波、殷艳红、钱惊宇、于江源、于晓庆、肖会君、李秀玲、邱娟、马磊磊、张媛媛、杜娟

北京大成律师事务所资深合伙人或律师，或是北京大成律师事务所原资深合伙人或律师，长期从事诉讼及非诉的法律事务操作工作。

2024年第四版序
新起点　新未来

读者朋友们：

2024年好！

《公司法律顾问实务指引》面世至今已有15年了，每一次的修改再版，都有机会来写一段文字与大家交流，这是我的幸运，很高兴和读者朋友分享一点我的工作、生活与写作体验。

奔向50岁，不论是否成材、算已为木，我常在想，生活也许就是一个不断重启的过程——又一次的开始，就会面对又一个崭新的未来……往复不止，给生命的律动增加了旋律，因有“变数”而更加奇妙充实。

记得我在很小的时候，最大的梦想是当厨师或是心理学家，长大后，生活不允许人过于任性，我只能把下厨作为业余的一种调剂；幸运的是，我的爱人成了一名专业的心理咨询师，算是弥补了我的一点遗憾。

小至生活境遇、大至国家法律，“变”才是常态，老话讲，“人算不如天算”，我们需要不断以变为起点，去迎接新的未来。刘慈欣在《三体》中讲到了一个“无故事王国”，没有故事、没有变化的世界终将走向停滞。认识到变的必要性，我们就需要接纳变的不确定性，幅度的上下、方向的调整，都有可能发生，只要以平稳的心态、大胆尝试的精神去做事就好，“不抛弃、不放弃”。

新《公司法》于2024年7月1日起实施，修订后共有十五章，包括总则，公司登记，有限责任公司的设立和组织机构，有限责任公司的股权转让，股份有限公司的设立和组织机构，股份有限公司的股份发行和转让，国家出资公司组织机构的特别规定，公司董事、监事、高级管理人员的资格和义务，公司债券，公司财务、会计，公司合并、分立、增资、减资，公司解散和清算，外国公司的分支机构，法律责任，附则。

追溯起来，《公司法》于1993年制定，1999年、2004年对个别条款进行了修改，2005年进行了全面修订，2013年、2018年对公司资本制度相关问题做了两次修改。2023年12月，十四届全国人大常委会第七次会议对《公司法》修订草案进行了四次审议并予以通过。

本次“大修”的新变化有很多，例如，有限责任公司股东出资期限不得超过5年；股份有限公司可以发行优先股和劣后股、特殊表决权股、转让受限股等类别股;增加股东未按期缴纳出资的失权制度、股东认缴出资加速到期制度;小型的有限责任公司可以不设监事;扩大股东查阅材料的范围,明确允许有限责任公司股东查阅会计凭证;董事、高级管理人员执行职务存在故意或者重大过失,给他人造成损害的,应当承担赔偿责任;扩大可用作出资的财产范围,明确股权、债权可以作价出资……《公司法》的修改对于方便公司投融资和优化治理具有重要意义。新的变化,需要一个在实践中不断消化的过程,包括相关司法判例的导向性作用的发挥,也需要一个时间量才能显现;历史问题的妥善处理、预设好新的组织管理体系等,均给实务工作带来了挑战。

本书亦以新《公司法》的出台为契机,进行了全面修订,将新《公司法》融入相关说理与案例之中;同时,根据实务发展调整了全书部分文字表述,希望对法律实务操作人员、大专院校学生、法律研究者、企业家群体等提供力所能及的指导与帮助。

祝大家有新的起点、新的未来!快乐平安相伴、阖家幸福安康。

乔路律师

2024年3月11日

2022年第三版说明

2020年至2022年注定不平凡,无论是全民携手抗疫体现出的伟大互助精神,还是由此衍生出的更多网络新生态、商业模式,乃至元宇宙概念的横空出世……无不展现出人类命运共同体在突发性艰难环境中的创造力和顽强生命力。

根据2022年2月28日国家统计局发布的《中华人民共和国2021年国民经济和社会发展统计公报》显示:面对复杂的国际环境、疫情和极端天气等多重挑战,国民经济持续恢复,一个个新突破,见证着中国经济社会的变化。2021年,我国国内生产总值比上年增长8.1%,在全球主要经济体中名列前茅;经济规模突破110万亿元人民币,稳居全球第二大经济体。2021年,按年平均汇率折算,我国经济总量达到17.7万亿美元,预计占世界经济的比重超过18%,对世界经济增长的贡献率达到25%左右。

"法治是最好的营商环境"。法律人,作为社会主义现代化建设的一支重要力量,为经济社会的有效运转提供了"规矩"性的支撑与保障。2021年1月1日是一个值得全体法律人、全体民众纪念的日子,《民法典》正式实施,国家一系列政策法规出台或更新,我国社会主义法治建设步伐稳健。《公司法(修订草案)》于2021年12月24日发布(征求意见截止日期为2022年1月22日),修改公司法,完善公司资本、公司治理等基础性制度,加强对投资者特别是中小投资者合法权益的保护,是促进资本市场健康发展、有效服务实体经济的重要举措。

本书第三版修改将全文的法律法规重新进行了整理,重点将已经失效的《担保法》《合同法》等有关内容用《民法典》中的对应条款进行了替代;将已经不再适用的说理段落,依据现行有效的法律法规进行了调整、重新表述;将确已无适用性的部分进行了删减处理。

从首次出版至今十余年过去了,感恩读者不弃;但由于本书的体量过于庞大、涉及领域非常宽泛,修订之时难免疏漏与粗浅,特此诚挚表达对读者朋友的谢意,并且欢迎大家将自己对某类法律章节中说理、解析的意见、想法、需求发送至作者邮箱:lawyerq@ vip. sina. com,后续将适时更有针对性地系统整理大家所需,有针对性地予以答疑或对本书进行增补。

本书系法律从业的"入门级""普适性"读物,经历了多轮的大小修订,难免出现不足,诚愿能继续为大家提供较为系统的基础性参考,祝大家都能在各自领域与时俱进、不断进取,钻研出更有深度的成果。

谢谢!

乔 路

2022年3月1日

2019年第二版说明

单位又有新来的同事主动上门找我聊天，说是看过这部《公司法律顾问实务指引》，对年轻律师帮助很大；我偶有前往企业或大学讲课的机会，主持人也常会如此介绍：这位是××书的作者。重要的是，我年年见到的都是崭新的面孔，对知识的需求"一茬接一茬"。

今年我已从业20年了，困顿或是乏味之时，便是又要开始之时！感谢大家的不断鼓励支持，"三十而立、四十不惑"，请允许我在不惑之年，再回首并修正而立之时的思想与文字吧，既是挑战，也是乐趣。

本书有幸成为我国第一部公司法律顾问实务指引，是全体编写组兄弟姐妹共同的青春记忆，当时是按照工具书成文的，不知熬了多少次夜，2009年第一抹春光照在我疲惫脸颊的时候，我完成了整体的写作与整理工作。整书2009年夏季正式出版面世，被全国律协选定为教材，得到了很多在校同学的认可，让我很是感动。

其间书稿历经2012年、2015年、2017年几次修订，几乎均由助理"操刀"，主要是根据法律变动把旧法改为新法；十年后的今天，就完全由我自己来做吧。

本次大修的原则或方法如下：

首先，这些年各大律所和国际接轨，加之国内新商机的出现，法律服务领域已细分至近百项，陆续有各种细分领域的"专科"书籍和全领域的"全科"书籍出版；同时，法律服务市场的配套科技与教育、服务机构也层出不穷，许多都很好，大家可自行选择适合自己的。本书无法涵盖所有领域，我并不会过度充实本书以求更为全面，依然要保持本书既有的大体思维结构不变。

其次，把这些年我从事的一些新领域的新经验、新体会融合进来，例如，这两年随着国家经济与政策趋势火热起来的债务重组业务（法庭内、外的重组都有）。

最后，重新梳理书中对于一些问题的理解，根据这些年的政策导向、个人思想变化，对原有的表述进行修改。

也许小刀已老、自寻无趣，但我愿意承担这份结果，是为对得住自己的坚守和读者们的信任。

这些年，年轻的力量成长迅猛，我也时常关注新鲜的商业运作、思想艺术和法律课程，气韵清爽、思考沉厚的年轻导师们的耐心指点，让人既敬佩又振奋，看到了巨大的希望。全新产业应运而生，法律服务也在应时而动，虽然波折不断，但全球处于合作融合之中、服务领域不断细分和深入的大趋势未变。就让我们一起保持这样的心态：既要"万变不离其宗"地理解法律原理、把握服务准则，又要"随机应变"地紧跟时代变化、不断开拓创新。

在说明的最后，我想给读者朋友一个框架性的认识，简要罗列一下目前律师的法律服务大体领域（依然并不全面），这也是某些大型律所的部门划分参考依据，期冀对大家能有所启发，逐步找到自己热爱的实务专业。

祝每一位朋友都有快乐、充实的当下和美好、坦然的明天。

1. 公司与并购

(1)各类型公司企业的设立,包括合资事项安排、章程制定、设立事务等;

(2)公司治理,包括公司治理结构和规则、经营合规、社会责任等事务;

(3)公司股权激励法律服务,包括制度设计,章程的修改、完善等;

(4)国有企业改制与国有产权交易;

(5)混合所有制改革中的员工持股与股权激励;

(6)公司的法律风险管理;

(7)企业战略规划、制度设计;

(8)投资、融资及并购重组业务(涉及境内上市/挂牌公司为收购标的、境内上市/挂牌公司定增,或者构成重大资产重组的境内上市/挂牌公司作为主体的投融资及并购重组业务按资本市场业务准入及风险控制规定执行);

(9)隐私与数据安全,包括公司隐私及信息政策、信息跨境传输等事务。

2. 税务

因国内或国际税法产生的一切税务事务。

3. 劳动与人力资源

(1)与劳动及人力资源相关的法律事务,包括员工管理制度设计、企业人力资源部门管理与培训、劳动法下相关文件的制定、裁员、员工激励机制设计;

(2)并购重组及破产中的人力资源事务;

(3)劳动保护、社会保险、公积金、工伤及职业病等。

4. 破产重整与清算

(1)破产程序及涉及的重整、和解、清算(包括作为管理人、担任清算组成员、担任管理人法律顾问,以及为债权人、债务人、投资人、职工等各方提供服务);

(2)破产清算及重整的投资事务;

(3)与转破产相关的执行事务;

(4)企业自行解散、清算、注销事务及强制清算;

(5)债务重组、处置事务;

(6)不良资产处置。

5. 政府、公共政策与国资运营监管

(1)国有投资运营公司组建与治理;

(2)国有经济布局结构调整和国有资本运作课题研究;

(3)政府合同、政府采购、公司业务中涉及的公共政策及监管要求;

(4)国有经济布局结构调整与国有资本投资运营监管。

6. 跨境投资与贸易

(1)外商投资企业的设立、重组与外资境内并购;

(2)境内机构及个人境外投资、并购;

(3)移民法律服务;

(4)境内外公司的跨境贸易及代理服务,信用证、贸易融资、技术贸易、商品检验、反倾销、反补贴及保障措施的贸易救济、海关、世贸组织诉讼及替代性纠纷解决,市场准入与贸易壁垒、出口管制及其他与国际贸易和海关有关的事务。

7. 生命科学与医药

(1)生物医药类企业的设立和并购;

(2)生物医药类企业的技术研发、药品器械的研发制造、分销、运营合规等事务;
(3)医疗机构的设立、并购和运营。
8. 刑事
(1)刑事案件的辩护或代理;
(2)刑事附带民事案件的代理;
(3)企业刑事法律风险防控;
(4)刑事专项法律顾问。
9. 争议解决
(1)民商事争议的代理;
(2)行政争议的代理。
10. 海事海商与航空航天
(1)船舶制造、船舶买卖、船舶融资、船舶修理、船舶管理、船员劳务和派遣、船舶扣押和拍卖、人身损害、碰撞搁浅等;
(2)涉及海上运输的提单、租约、保险、共同海损、海难救助、港口经营和仓储、船舶代理、货运代理、物流和快递等;
(3)航空器买卖与融资、航空运输、航空货运代理、外航代表处的设立、劳务派遣和人力资源等;
(4)航空航天领域其他相关事务。
11. 银行和金融
(1)银行类金融机构及其分支机构的设立、变更、并购、重组、清算,包括但不限于商业银行、政策性银行、村镇银行、消费信贷公司等需要银行业监管机构许可方得设立的金融机构;
(2)银行类金融机构的各项业务,包括票据、信用证、保函、外汇、委托理财、贷款等常规业务及创新业务;
(3)典当行、小贷公司、担保公司、互联网金融平台、非银行支付机构等金融机构的常规业务和创新金融业务,包括此类机构的设立、变更、并购、重组、清算;
(4)融资租赁机构的设立、变更、并购、重组、清算;
(5)融资租赁机构经营的常规业务和创新业务,包括船舶、飞机、大型设备等的融资租赁;
(6)商业保理机构的设立、变更、并购、重组、清算;
(7)商业保理机构经营的常规业务和创新业务;
(8)在境内外证券市场或其他市场进行的债券或债券类金融工具的发行和交易,具体如公司债券、企业债券、金融债券、中期票据、金融票据、短期融资券等;
(9)境内外资产证券化,包括以信托计划、资管计划等金融工具为 SPV(特殊目的载体)的在证券交易所或机构间市场发行的各类基础资产的证券化;
(10)由证券监管机构监管的期货、期权交易等金融衍生品业务;
(11)银行类金融机构及资产管理公司持有的不良信贷资产的处置;
(12)信托业金融机构的设立、变更、并购、重组、清算;
(13)信托业金融机构经营的常规业务和创新业务。
12. 保险
(1)保险类金融机构及其子公司、分支机构的设立、变更、并购、重组、清算;
(2)保险类金融机构及其子公司、分支机构的业务资质申请、产品设计及风险管理;
(3)保险类金融机构经营的常规业务和创新业务;

(4)其他需要向保险业监管机构或行业自律机构出具法律意见书的业务。

13. 财富管理

与私人及家庭财富保值和传承有关的事务,包括同时涉及的信托、保险、税务等。

14. 资本市场

(1)在境内外证券交易所进行的IPO(首次公开发行)和上市后再融资,包括以IPO为目标的改制、重组、投资、基金设立、债务融资等;

(2)境内外上市公司的私有化、退市、恢复上市;

(3)以境内外上市公司为主体或标的进行的并购重组,以及以境内外上市为目的进行的并购重组,包括为实施并购重组而进行的债务融资、基金设立等;

(4)新三板挂牌和挂牌后股权融资业务,以及以新三板挂牌为目的或以新三板挂牌公司为主体或标的进行的并购重组业务;

(5)境内外主板市场和境内新三板市场之外的场外股权交易;

(6)互联网股权众筹等创新业务;

(7)在境内外证券市场或其他市场进行的债券或债券类金融工具的发行和交易,具体如公司债券、企业债券、金融债券、中期票据、金融票据、短期融资券等;

(8)境内外资产证券化业务,包括以信托计划、资管计划等金融工具为SPV的在证券交易所或机构间市场发行的各类基础资产的证券化;

(9)由证券监管机构监管的期货、期权交易等金融衍生品业务;

(10)证券类和期货类金融机构及其子公司、分支机构的设立、变更、并购、重组、清算;

(11)证券类和期货类金融机构及其子公司、分支机构的业务资质申请、产品设计及风险管理;

(12)其他需要向证券监管机构、证券交易场所或行业自律机构出具法律意见书的业务。

15. 私募股权与投资基金

(1)境内外天使投资基金、风险投资基金、私募股权投资基金、产业基金、共同基金等在非公开市场面向合格投资者募集的私募基金相关业务,包括基金的募集、设立、投资及并购、管理、退出环节;私募股权融资;私募基金中基金管理人(普通合伙人)与投资人之间投资的法律服务。

(2)私募基金管理人的设立和资质获取。

(3)为基金的设立和投资而搭建的其他主体及金融工具的设立和运营。

(4)基金类金融机构及其子公司、分支机构的设立、变更、并购、重组、清算。

(5)基金类金融机构及其子公司的业务资质申请、产品设计及风险管理。

16. 不动产与建设工程

(1)不动产登记相关事务,包括不动产登记、登记错误赔偿等;

(2)不动产相关的事务,包括土地一级开发,土地使用权招标、拍卖、挂牌,土地征收与补偿、集体土地流转等;

(3)房地产开发相关的事务,房地产企业与项目公司设立,股权的并购与重组,房地产项目收购与转让,房地产项目工程招投标,房地产项目工程规划设计、报建与施工,房地产项目工程预、结算,物业销售、转让、租赁、招商与物业管理;

(4)房地产项目融资,包括境内外银行贷款、PE(私募股权投资基金)、信托、债券、基金、资产证券化等;

(5)商业地产经营;

(6)酒店管理合同谈判、酒店资产管理等;

(7)建设工程项目法律服务,包括合作模式选择,项目规划与立项报审,招投标,合同签订与履

行,质量监控、鉴定与验收,造价控制、工程索赔与竣工结算,项目保险与融资等;

(8)基础设施建设与运营,包括能源设施、电信、供水与环保、矿山设施、交通物流、石油与天然气管道等工程建设和运营相关的法律服务;

(9)海外工程融资与建设;

(10)政府与社会资本合作。

17. 能源、自然资源与环境

(1)与石油、天然气、液化天然气、电力、煤炭、可再生能源(光伏、风电、地热)、核能和矿产资源相关的事务,如能源矿产企业设立、投资并购、矿产资源的勘探和开发、探矿权、采矿权、管网、仓储、项目融资、项目开发、与能源及矿山相关的基础设施项目、矿山恢复与治理、能源及矿产大宗商品交易等;

(2)公司日常事务中涉及的环境、健康、安全、管理与防范、节能减排、环保合规、污染物排放、碳排放交易、碳资产管理、环境突发事件、环保技术许可与转让、固废危废处置。

18. 知识产权

(1)包括专利、商标、版权、商业秘密、域名与电子商务、特许经营、侵权和假冒、不正当竞争、知识产权战略与管理制度、课题研究、知识产权运营(尽职调查、许可/转让、投资/入股)、检索评议/自由实施调查(FTO)分析、合规与风险预警、知识产权投融资;

(2)与创新科技相关的事务,包括高端制造、IT 与智能技术、大数据与智能网络、云计算/云服务、隐私保护与网络安全;

(3)"337"案件调查、海关知识产权保护。

19. 竞争与反垄断

(1)反垄断与反不正当竞争行政调查和行政举报,包括反垄断、国家安全、网络与数据安全、商业贿赂、商业秘密、虚假宣传、仿冒假冒、搭售、有奖销售、诋毁商誉、串通招投标、互联网不正当竞争等;

(2)反垄断与不正当竞争合规;

(3)反垄断诉讼与不正当竞争诉讼;

(4)经营者集中申报;

(5)国家安全审查;

(6)行政垄断与公平竞争审查;

(7)其他与竞争法相关的事务。

20. 其他

(1)境内外演艺综合服务,影视节目、文化演出、大型活动的投资制作发行及商业开发等演艺领域的法律服务;

(2)境内外体育综合服务,体育组织、商业开发等体育领域法律服务,包括体育赛事的承办、推广,体育赛事节目制作、引进、直播、转播等有关法律服务;

(3)动漫、音乐、艺术品、游戏、主题公园、出版、教育、互联网文化产品、电子商务、新媒体有关的法律服务;

(4)酒店、会展、休闲领域法律服务。

乔　路

携编写组全体老友

2019 年 1 月

2009年第一版前言

感谢河北侯凤梅律师事务所侯凤梅老师，如钢笔般，教我写下人生坚实印记。感谢北京大成律师事务所李雨龙老师，似毛笔般，助我挥洒律师行业色彩。感谢北京大成律师事务所及全体同仁！

我主要从事企业法律顾问服务的工作，希望把一些工作点系统化，便同身边长期致力于法律实务工作的朋友们商议，特成此书。本书可以说是律师长期实践经验的小结，剔除了于实务无助的纯理论分析，结合最新法律法规与社会实际状况，力求去伪存真；从分析、解决具体法律问题的角度，为相关领域人士提供业务操作层面实实在在的“干货”。

我初步体会，就律师而言，企业法律顾问服务至少包括如下五部分内容：

一是通常理解的“常年法律顾问服务”。为企业提供日常法律事务处理工作，包括：提供法律咨询；草拟、修改、审查日常合同和有关法律文件；对企业日常法律风险进行论证，发表律师意见；对高级管理人员与员工进行有关法律培训；处理日常劳动事务；参加一般性会谈；出具律师函；等等。企业亦可与律师协商，就某项非诉讼专项事务形成常年法律顾问合作。

二是“非诉讼专项法律顾问服务”。这类服务种类繁多，系律师利用法律专业知识和社会经验与资源，为企业提供的特色服务，并随着社会经济的发展而处于不断创新中，所涉领域已远大于纯法律服务范畴，如企业设立辅导、改制、并购重组、投融资、上市、产权转让、产权界定、房地产开发、知识产权事务处理、公司治理、薪酬设计、私募策划、信托运用、经济纠纷处理、专项谈判、专项尽职调查、专项法律风险防控、税收筹划、解散清算等。

三是“涉诉类法律顾问服务”。主要是指当企业涉及诉讼仲裁类纠纷，而未聘请律师担任代理人、辩护人时，律师根据相关诉讼经验所提供的诉讼思路设计、诉讼法律风险分析、诉讼文件草拟修订、沟通谈判等服务，该类服务可能随时转化为诉讼代理。该类服务亦可归于前两类服务之中。律师的诉讼经验，有助于判断非诉讼事务的后期诉讼风险，是有效提供常年法律顾问服务与非诉讼专项法律顾问服务的保障。

四是“高附加值法律顾问服务”。包括律师以团队优势，根据不同企业的需求而提供的全方位整体或个性化法律服务，投融资中介等高端平台提供，以及律师为企业相关负责人（通常拥有若干家企业）个人提供的法律领域私人顾问服务等。

五是“附送法律顾问服务”。律师为企业提供相关法律服务，必然要接触到企业各个层面的人，律师对于这些人遇到的私人法律问题，通常会附送法律咨询服务。但应注意，提供此类咨询服务时不得与其所在企业发生利益冲突，通常指不能做出有损企业利益的解答。

本书共分为二十一章（2009年版），以保障企业运作、发展为基点，从律师业务的视角，对企业法律顾问应把握的相关实务问题予以阐释，包括：企业设立业务、企业治理业务、合同审查制作业务、劳动合同关系处理业务、知识产权业务；专门介绍公司章程制定指南；房地产业务、国企改制与产权转让、投资并购、企业解散、税收管理；民事诉讼法律风险防范、企业及高管的刑事法律风险防范。

每章的基本架构为:对律师实际工作中遇到的常见及疑难法律问题进行系统分析、提供解决方案;从实务出发提供业务操作指引;根据实际操作案例,将最实用、适用的法律文书归纳整理为范本形式;有针对性地提供对应领域的实用法规。

受社会及市场等因素影响,我国政策法规变动较快,本书成稿时所依据的法律规定,亦会随时间推移而有所变化;本书中的相关法律解析,亦可能同届时的国家政策法规有所偏差,请读者朋友关注相关法律动态。

由于包括本人在内的编写组全体成员均需处理日常律师工作,故主要利用夜晚与周末时间完成本书,受时间、精力、能力等条件限制,疏漏与不当之处难免,望各位读者指正。

乔　路

携编写组全体人员

2009 年 1 月

目　录

第一章

企业设立业务

企业设立是企业存续和发展的前提与基础,依法规范设立是企业发展壮大的根基。企业设立过程中的不规范行为,极有可能在设立后引发纠纷,从而影响企业的健康发展。律师根据相关经验,能够为企业提供设立咨询及有关文件审查制作服务,能够有效提高企业设立、运转的效率。

本章共分四节,阐述了企业设立的相关问题、提示有关风险点。

第一节　概述

分析了出资协议、合营合同与合伙协议、公司资本制度、《公司法》关于公司资本规定的发展历程等问题。

第二节　企业设立的相关法律问题

包括关于出资的若干法律问题;出资协议书中的法律问题;合资企业合同中的法律问题;合营企业与合作企业的比较;有限合伙制私募基金的法律问题。

第三节　企业设立的程序

介绍了有限责任公司设立的流程。

第四节　企业设立中的法律文件

包括市场监管部门登记报审文件、相关注册要求、有关流程、协议等。

第一节　概述

一、出资协议

2023 年 12 月 29 日,十四届全国人大常委会第七次会议表决通过了新修订的《公司法》,并于 2024 年 7 月 1 日起施行。国家持续优化营商环境改革成果,完善公司登记制度,进一步简便公司设立和退出,新设了公司登记一整章,明确公司设立登记、变更登记、注销登记的事项和程序;同时要求公司登记机关优化登记流程,提高登记效率和便利化水平。

虽然存在诸多的法定(非约定)事项,但发起人对企业未来的憧憬、对运营管理的设想、股东间的基本权利义务等,还是需要提前进行明确约定。在企业设立之前,为了设立的顺利进行,笔者建议发起人先签订出资协议书。①

① 以北京市办理一般有限责任公司设立登记为例,北京市市场监管局并不要求公司申请登记注册时提交《出资协议》,但笔者依然建议各出资人首先签订本文件。

这里的出资,是指股东(包括发起人和认股人)在公司设立或者增加资本时,为取得股份或股权,根据协议的约定以及法律和本公司章程的规定,向公司交付财产或履行其他给付义务的民事行为。出资是股东的基本义务,股东的出资是公司成立的前提条件和基础。

出资协议书,就是发起人关于各方出资设立公司的协议,是出资各方就出资额,出资方式,公司设立的有关情况,发起人的权利、义务和责任,公司法人治理结构等情况的约定。其中,出资额、出资方式、发起人的权利和义务条款是核心条款,应对其进行详细、明确、合法的约定,避免因约定不明引起股东间争议、给公司设立造成障碍。

二、合营合同与合伙协议

出资协议书仅适用于依据我国《公司法》设立的内资企业,不包括中外合资经营企业、中外合作经营企业、外商独资企业等。比如,中外合资经营企业必须先签订中外合资经营企业合同;合伙企业(含有限合伙制私募基金)则必须签订合伙协议。

(一)合营合同

中外合资经营企业在设立过程中,合营各方会签订合营企业协议书或合营企业合同。经合营各方同意,也可以不订立合营企业协议而只订立合营企业合同。改革开放初期,为了大量吸引外资,我国对外资企业做了一系列不同于内资企业的规定,其中包括资本制度、公司治理结构、公司形式、税收政策等方面,某些内容需要体现在合营企业合同之中。

最高人民法院《关于适用〈中华人民共和国外商投资法〉若干问题的解释》第1条规定:"本解释所称投资合同,是指外国投资者即外国的自然人、企业或者其他组织因直接或者间接在中国境内进行投资而形成的相关协议,包括设立外商投资企业合同、股份转让合同、股权转让合同、财产份额或者其他类似权益转让合同、新建项目合同等协议。外国投资者因赠与、财产分割、企业合并、企业分立等方式取得相应权益所产生的合同纠纷,适用本解释。"

《外商投资法》第25条明确规定:"地方各级人民政府及其有关部门应当履行向外国投资者、外商投资企业依法作出的政策承诺以及依法订立的各类合同。因国家利益、社会公共利益需要改变政策承诺、合同约定的,应当依照法定权限和程序进行,并依法对外国投资者、外商投资企业因此受到的损失予以补偿。"

(二)有限合伙协议

2006年8月修订的《合伙企业法》于2007年6月1日起正式实施,其后,国内私募股权基金处于火热的构建之中。国内第一家以有限合伙方式组织的创业投资企业——南海成长创业投资有限合伙企业,于2007年6月26日在深圳成立,成为国内首家真正意义上的私募股权基金。2008年1月,北京红石国际创业投资中心(有限合伙)——北京地区第一家有限合伙制的股权私募基金,在朝阳区工商行政管理局正式注册成立。沪、深、津、京等地,如雨后春笋般涌现大批合伙制的私募机构。有限合伙制作为私募股权基金的一种形式,具有公司制不可比拟的优势,其设立亦有不同于一般有限责任公司的新特点。

目前,对私募基金进行监管的是中国证券投资基金业协会,成立于2012年6月6日,是依据《证券投资基金法》《社会团体登记管理条例》的规定,经国务院批准,在民政部登记的社会团体法人,是证券投资基金行业的自律性组织,接受中国证监会和民政部的业务指导和监督管理。根据《证券投资基金法》的规定,基金管理人、基金托管人应当加入协会,基金服务机构可以加入协会。

律师在该领域经常会提供的法律服务包括:管理公司及基金的设立、登记事项变更、所投产品调查等。笔者根据对私募股权基金的操作实践,在本书中适当加入了其设立相关的参考文本。

在此,笔者想引用一位老友的呼吁,特别提示律师朋友注意该领域的执业风险,被行业禁入无论对律师还是律师事务所都会产生巨大的负面影响，他提到：

“各位：在××、××出事之际，我想告诉大家，我们距离‘死亡’可能也仅仅差一步……过去已经通过的还不知道有多少个炸雷。我们一直在严控基金管理人登记业务的风险，但××仍然……在为一些不符合协会监管要求的平台服务。主要表现在，这些平台都是一些毫无从业经验的个人团队设立的平台，资金实力差，学历资历差，团队没有从业经验。今天××否决了××个项目，比如其中一个××系××学历，做××生意的，你说如果你是审核员，你怎么看？在目前监管环境下，这些项目和人根本不可能再获得登记。但是××，仍然为了所谓律师费在为这些机构背书，使事务所担了极大风险，要么直接被否决，即使侥幸通过，事后可能再发现出问题被‘算账’。在此，非常诚恳地提醒各位同事，我们一定不要为辛苦费再给别人去轻易背书，一定致力于服务好的机构、好的团队，相信凭着我们的经验能够判断谁是好的机构、好的团队。防范风险，从慎重服务客户和选择项目开始。我们要做专业的受人尊敬的律师，而不是为了养家糊口、成就事业就做法律意见书的随意贩卖者，与各位共勉。”

除出资协议类的文件之外，企业设立必然涉及企业章程的制定，由于企业章程对于公司治理的影响巨大，故放在本书后文单独进行阐述。

三、公司资本制度

公司资本是公司成立时由章程规定的，由股东出资构成的资产总额。“资本”一词，在不同的语境下有不同的含义。注册资本，是指公司成立时注册登记的资本总额；授权资本，是指公司根据公司章程授权可发行的资本；发行资本，又称已发行资本，是指公司一次或者分期发行股份时，已经发行的资本总额；实缴资本，是指股东已经向公司缴纳的资本。在不同的资本制度下，公司资本有不同的含义。

目前，世界上存在三种资本制度：法定资本制、授权资本制和折中资本制。

（一）法定资本制

法定资本制，是指在公司设立时，必须在章程中明确规定公司资本总额，并一次发行，否则公司不得成立的资本制度。我国2005年修订前的《公司法》实行的是法定资本制，即无论是有限责任公司还是股份有限公司，资本均需经注册并须一次发行认购或募足，因此，公司资本就是注册资本，注册资本也是实收资本；而2005年修订的《公司法》规定的“可分期缴纳的法定资本制”，可以说是经“改良”的法定资本制。2013年修正的《公司法》并未修改我国的资本制度，仍为“可分期缴纳的法定资本制”，“股东应当按期足额缴纳公司章程中规定的各自所认缴的出资额”。2013年《公司法》取消了关于公司股东（发起人）应当自公司成立之日起2年内缴足出资，投资公司可以在5年内缴足出资的规定；取消了一人有限责任公司股东应当一次足额缴纳出资的规定。

2023年修订的《公司法》明确规定，有限责任公司股东出资期限不得超过5年、既有公司需要逐步过渡至法定期限内。第47条规定：“有限责任公司的注册资本为在公司登记机关登记的全体股东认缴的出资额。全体股东认缴的出资额由股东按照公司章程的规定自公司成立之日起五年内缴足。法律、行政法规以及国务院决定对有限责任公司注册资本实缴、注册资本最低限额、股东出资期限另有规定的，从其规定。”第266条规定：“本法自2024年7月1日起施行。本法施行前已登记设立的公司，出资期限超过本法规定的期限的，除法律、行政法规或者国务院另有规定外，应当逐步调整至本法规定的期限以内；对于出资期限、出资额明显异常的，公司登记机关可以依法要求其及时调整。具体实施办法由国务院规定。”

（二）授权资本制

授权资本制，是指在公司设立时，虽然应在章程中载明公司资本总额，但公司不必发行资本的全部，只要认足或缴足资本总额的一部分，公司即可成立。其余部分，授权董事会在认为必要时，一次或分次发行或募集。美国采用的是授权资本制。

2021 年《公司法(修订草案)》在股份有限公司中引入授权资本制,即股份有限公司设立时只需发行部分股份,公司章程或者股东会可以作出授权,由董事会根据公司运营的实际需要决定发行剩余股份。考虑的方向是:方便股份有限公司设立,又给予了公司发行新股筹集资本的灵活性,并且能够减少公司注册资本虚化等问题的发生(修订草案第 97 条、第 164 条)。

2023 年修订的《公司法》对此进行了明确,第 97 条规定:"以发起设立方式设立股份有限公司的,发起人应当认足公司章程规定的公司设立时应发行的股份。以募集设立方式设立股份有限公司的,发起人认购的股份不得少于公司章程规定的公司设立时应发行股份总数的百分之三十五;但是,法律、行政法规另有规定的,从其规定。"第 98 条规定:"发起人应当在公司成立前按照其认购的股份全额缴纳股款。发起人的出资,适用本法第四十八条、第四十九条第二款关于有限责任公司股东出资的规定。"第 152 条规定:"公司章程或者股东会可以授权董事会在三年内决定发行不超过已发行股份百分之五十的股份。但以非货币财产作价出资的应当经股东会决议。董事会依照前款规定决定发行股份导致公司注册资本、已发行股份数发生变化的,对公司章程该项记载事项的修改不需再由股东会表决。"第 153 条规定:"公司章程或者股东会授权董事会决定发行新股的,董事会决议应当经全体董事三分之二以上通过。"

(三)折中资本制

折中资本制主要指折中授权资本制,是指公司设立时,也要在章程中载明资本总额,并只需发行和认足部分资本或股份,公司即可成立,未发行部分授权董事会根据需要发行,但授权发行的部分不得超过公司资本的一定比例。日本实行的就是折中授权资本制。

在授权资本制和折中授权资本制下,注册资本、发行资本、实收资本都不是同一概念。

四、《公司法》关于公司资本规定的发展历程

(一)《公司法》2013 年修正前关于公司资本的规定

2005 年修订、2006 年 1 月 1 日起施行的《公司法》,采用了"可分期缴纳的法定资本制"的形式,从鼓励投资、平衡债权人和股东利益的角度出发,对公司资本进行了重大修改。

1. 从最低注册资本额制度来看

2005 年修订的《公司法》取消了之前关于有限责任公司最低注册资本额为 10 万元、股份有限公司最低注册资本额为 1000 万元的规定,虽未取消最低注册资本额制度,但却降低了最低注册资本额度,规定设立有限责任公司最低注册资本额度为 3 万元,设立股份有限公司最低注册资本额度为 500 万元。

2. 从出资缴纳制度来看

2004 年《公司法》要求注册资本需一次缴纳,只有外资企业才享有分期缴纳的优惠。2005 年修订后的《公司法》规定:

(1)对于有限责任公司:有限责任公司的注册资本,为在公司登记机关登记的全体股东认缴的出资额。公司全体股东首次出资额不得低于注册资本的 20%,也不得低于法定的注册资本最低限额,其余部分由股东自公司成立之日起 2 年内缴足;其中,投资公司可以在 5 年内缴足,这里的投资公司,据笔者咨询相关部门,指的是拟成立的公司本身而非该公司的股东。

(2)对于股份有限公司:股份有限公司采取发起设立方式设立的,注册资本为在公司登记机关登记的全体发起人认购的股本总额。公司全体发起人的首次出资额不得低于注册资本的 20%,其余部分由发起人自公司成立之日起 2 年内缴足;其中,投资公司可以在 5 年内缴足。"在缴足前,不得向他人募集股份。"

3. 从出资形式来看

2004 年《公司法》只规定了货币、实物、工业产权、土地使用权和非专利技术五种法定出资形式,并规定:"以工业产权、非专利技术作价出资的金额不得超过有限责任公司注册资本的百分之二十,国家对采用高新技术成果有特别规定的除外。"

2005 年修订的《公司法》拓展了公司出资形式,规定股东可以用货币出资,也可以用实物、知识产权、土地使用权等可以用货币估价并可以依法转让的非货币财产作价出资,但是,法律、行政法规规定不得作为出资的财产除外。根据该规定,除列举的货币、实物、知识产权和土地使用权出资方式外,一切具有可估价性和可转让性的非货币财产都可以作为出资,其中包括股权和债权。"全体股东的货币出资金额不得低于有限责任公司注册资本的百分之三十。"

4. 从股东违反出资义务的法律责任来看

2005 年修订的《公司法》完善了公司股东违反出资相关义务的法律责任,具体包括公司股东的违约责任、资本充实责任,以及股份有限公司不能设立时发起人的民事责任。

2005 年修订的《公司法》第 28 条第 2 款规定:"股东不按照前款规定缴纳出资的,除应当向公司足额缴纳外,还应当向已按期足额缴纳出资的股东承担违约责任。"第 31 条规定:"有限责任公司成立后,发现作为设立公司出资的非货币财产的实际价额显著低于公司章程所定价额的,应当由交付该出资的股东补足其差额;公司设立时的其他股东承担连带责任。"第 94 条规定:"股份有限公司成立后,发起人未按照公司章程的规定缴足出资的,应当补缴;其他发起人承担连带责任。股份有限公司成立后,发现作为设立公司出资的非货币财产的实际价额显著低于公司章程所定价额的,应当由交付该出资的发起人补足其差额;其他发起人承担连带责任。"第 95 条规定:"股份有限公司的发起人应当承担下列责任:(一)公司不能成立时,对设立行为所产生的债务和费用负连带责任;(二)公司不能成立时,对认股人已缴纳的股款,负返还股款并加算银行同期存款利息的连带责任;(三)在公司设立过程中,由于发起人的过失致使公司利益受到损害的,应当对公司承担赔偿责任。"

总体而言,虽然 2005 年修订的《公司法》仍然坚持了法定资本制度,但却对其进行了巨大修改,既有利于保护债权人利益和社会交易安全,又有利于鼓励投资,促进经济发展,较好实现了安全与效率的平衡。

(二)2013 年《公司法》关于公司资本规定的修改

第三次修正的《公司法》于 2013 年 12 月 28 日经十二届全国人大常委会第六次会议通过、2014 年 3 月 1 日生效施行,对比《公司法》新旧条文,关于资本规定有以下变化:

1. 公司注册资本由实缴制改为认缴制。2013 年修正的《公司法》第 23 条关于有限责任公司设立的条件第 2 项将"股东出资达到法定资本最低限额"改为"有符合公司章程规定的全体股东认缴的出资额",第 26 条修改为:"有限责任公司的注册资本为在公司登记机关登记的全体股东认缴的出资额。法律、行政法规以及国务院决定对有限责任公司注册资本实缴、注册资本最低限额另有规定的,从其规定。"因此,除法律、行政法规以及国务院决定对公司注册资本实缴另有规定的外,取消了关于公司股东(发起人)应当自公司成立之日起 2 年内缴足出资,投资公司可以在 5 年内缴足出资的规定;取消了一人有限责任公司股东应当一次足额缴纳出资的规定。公司股东(发起人)自主约定认缴出资额、出资方式、出资期限等,并记载于公司章程。

对于打算投资设立新公司的投资人而言,设立公司会变得非常便捷。而对于已经按 2013 年修正前的《公司法》设立的公司及其股东而言,笔者认为,其法律逻辑如下:

(1)从法律原则上来讲,法不溯及既往,已经设立的公司如果按原有状态存续,其并不非法,并不涉及被处罚的问题;当然,现行政策变宽松而非变严,相信此处的争议假设较难出现。

(2)公司现状与现行法律相违背,需要按现行法律进行调整。

(3)一家公司,不仅受法律约束,还受到自身约定的约束。公司章程是公司的"小宪法",是全体股东间的特别约定,从广义上讲,章程不仅受《公司法》,亦受到《民法典》等法律的保护;公司需要根据《公司法》的规定变化及全体股东的新需求来调整章程;当然,如果章程约定了"如遇国家政策调整,本章程与国家法律法规不一致的,以国家法律法规为准"等兜底字样,亦可根据情况不急于调整。

2. 取消法定最低注册资本的规定。2013 年修正的《公司法》第 26 条取消了关于"有限责任公司注册资本最低限额为人民币三万元"的一般性规定;删除了 2005 年版第 59 条"一人有限责任公司的注册资本最低限额为人民币十万元"的规定;删除了 2005 年版第 81 条"股份有限公司最低注册资本的最低限额为人民币五百万元"的规定。相应地,2005 年版第 178 条"公司减资后的注册资本不得低于法定的最低限额"的规定也被取消。

其实,对于新投资人、既有公司的影响,与前文的评析是一致的。

无论是认缴、实缴,注册资本多少,条件放宽后:

(1)利:激发投资,节约资金,降低门槛。

(2)弊:当前社会诚信和市场化水平不高的情况下,这一制度安排具有较大的风险性,既考验政府,也考验群众的甄别能力。

3. 不再限制首次出资比例和货币出资比例。2013 年修正的《公司法》第 26 条取消了"公司全体股东的首次出资额不得低于注册资本的百分之二十"的规定;删除了 2005 年版第 59 条"股东应当一次足额缴纳公司章程规定的出资额"的规定;删除了 2005 年版第 81 条"公司全体发起人的首次出资额不得低于注册资本的百分之二十"的规定。2013 年修正的《公司法》修改取消最低注册资本的规定,货币出资比的规定就没有意义了,因而 2013 年修正的《公司法》第 27 条取消了"全体股东的货币出资金额不得低于有限责任公司注册资本的百分之三十"的规定。

4. 有限责任公司实收资本不再作为登记事项。2013 年修正的《公司法》第 7 条取消了关于"营业执照应当载明实收资本"的规定。

5. 公司设立出资不再必须经过验资。2005 年修订的《公司法》第 29 条"股东缴纳出资后,必须经依法设立的验资机构验资并出具证明"的规定被删除。有限责任公司股东认缴出资额、公司实收资本不再作为公司登记事项,公司登记时不需要提交验资报告,这样的登记制度,表明政府不再过度干预企业的决心已经落实到制度层面。相应地,在实践中,如果登记机关只登记公司的认缴注册资本,不再登记实收资本,不再查验相关的验资证明文件,则"皮包公司"的产生会毫无悬念,这需要公司诚信档案的建立、查询系统不断完善。

6. 股份有限公司发起设立时需要考虑后续融资的可能性,增加了在发起人未缴足前不得再次募资的新规定。2013 年修正的《公司法》第 80 条关于股份有限公司的设立增加了"在发起人认购的股份缴足前,不得向他人募集股份"的规定,即发起人未缴足前不能引入一切其他股东。

2013 年修正的《公司法》对公司法制度和规则做了较大改变,对公司资本相关规定的修改使公司的设立门槛放宽,有利于激发中小投资者创业热情。虽然由注册资本实缴制改为认缴制,但本质上并未改变我国的公司资本制度,我国现今的资本制度仍是可分期缴纳的法定资本制。

(三)2018 年《公司法》的修改

2018 年 10 月 26 日,十三届全国人大常委会第六次会议决定对《公司法》作如下修改,第 142 条修改为:"公司不得收购本公司股份。但是,有下列情形之一的除外:(一)减少公司注册资本;(二)与持有本公司股份的其他公司合并;(三)将股份用于员工持股计划或者股权激励;(四)股东因对股东大会作出的公司合并、分立决议持异议,要求公司收购其股份;(五)将股份用于转换上市公司发行的可转换为股票的公司债券；（六）上市公司为维护公司价值及股东权益所必需。公司因前款第（一）项、第（二）项规定的情形收购本公司股份的，应当经股东大会决议；公司因前款第（三）项、第（五）项、第（六）项规定的情形收购本公司股份的，可以依照公司章程的规定或者股东大会的授权，经三分之二以上董事出席的董事会会议决议。公司依照本条第一款规定收购本公司股份后，属于第（一）项情形的，应当自收购之日起十日内注销；属于第（二）项、第（四）项情形的，应当在六个月内转让或者注销；属于第（三）项、第（五）项、第（六）项情形的，公司合计持有的本公司股份数不得超过本公司已发行股份总额的百分之十，并应当在三年内转让或者注销。上市公司收购本公司股份的，应当依照《中华人民共和国证券法》的规定履行信息披露义务。上市公司因本条第一款第（三）项、第（五）项、第（六）项规定的情形收购本公司股份的，应当通过公开的集中交易方式进行。公司不得接受本公司的股票作为质押权的标的。”

（四）2023 年《公司法》的修订

根据全国人大常委会法工委负责人对本次修订的解答：一是完善注册资本认缴登记制度。规定有限责任公司股东出资期限不得超过 5 年。根据国家市场监管总局的意见，授权国务院制定具体办法，对新法施行前已登记设立且出资期限超过本法规定期限的公司设置过渡期，要求其将出资期限逐步调整至本法规定的期限以内。二是在股份有限公司中引入授权资本制，允许公司章程或者股东会授权董事会发行股份，同时要求发起人全额缴纳股款，既方便公司设立、提高筹资灵活性，又减少注册资本虚化等问题。三是规定股份有限公司可以发行优先股和劣后股、特殊表决权股、转让受限股等类别股。四是允许公司根据章程择一采用面额股或者无面额股。五是允许公司按照规定使用资本公积金弥补亏损。六是规定简易减资制度，允许公司按照规定通过减少注册资本方式弥补亏损，但不得向股东分配，也不得免除股东缴纳出资或者股款的义务。七是增加股东未按期缴纳出资的失权制度、股东认缴出资加速到期制度，规定股权转让后转让人、受让人的责任。

第二节　企业设立的相关法律问题

一、关于出资的若干法律问题

根据 2023 年修订的《公司法》的规定，作为股东出资的非货币资产必须符合两大条件：一是可估价性，即用于出资的非货币财产不但应具有财产价值，而且这种财产价值必须能够用货币来确定或评估；二是可转让性，指用于出资的非货币资产应当可以依法在不同的法律主体之间进行财产或财产权利的转让。凡是符合这两个条件的非货币财产都可以作为出资。2023 年修订的《公司法》列举了六种出资方式：货币、实物、知识产权、土地使用权、股权、债权。其中知识产权包括著作权、专利权和商标权等无形财产权利，大于 2005 年修订前的《公司法》规定的工业产权的内容。

债权、股权被 2023 年修订的《公司法》明确认可为法定出资方式之一，劳务、信用等经营要素或条件，是否符合出资形式的条件而能够被作为出资？下面将进行深入分析探讨。

（一）债权出资问题

2023 年修订的《公司法》终于将“债权”出资纳入列举事项，终结了多年的理论争议，给实务操作尤其是债转股等事宜带来了便利。凡是具有可估价性和可转让性的非货币资产都可以作为出资。我们从这两个条件出发对债权进行分析。首先，债权是具有可估价性的，债权本身不仅具有财产价值，而且可以用货币评估或确定其价值。其次，债权具有可转让性。

我国《民法典》规定，债权人可以将债权转让给他人，只需要通知债务人（未通知债务人的，该转让对债务人不发生效力）。也就是说，债权符合我国《公司法》规定的关于非货币财产出资的条件，而且我国法律、行政法规也并未禁止债权用作出资，所以从原则上来讲，债权是可以作为公司股东出资的。需要注意的是,债权作为出资可以分为债权人以对该公司的债权作为出资和债权人以对其他公司或个人的债权作为出资。前者作为出资,不仅具有可估价性和可转让性,而且该债权具有价值相对稳定性,因为其已经投入公司当中,其出资价值已经得到实现。而后者作为出资,由于其本身具有的价值不稳定性,使其可能影响债权人利益保护和社会交易安全。所以,对后者的出资应持慎重态度,更为严格评估核查。

2022 年 3 月 1 日起施行的《市场主体登记管理条例》第 13 条明确规定:"除法律、行政法规或者国务院决定另有规定外,市场主体的注册资本或者出资额实行认缴登记制,以人民币表示。出资方式应当符合法律、行政法规的规定。公司股东、非公司企业法人出资人、农民专业合作社(联合社)成员不得以劳务、信用、自然人姓名、商誉、特许经营权或者设定担保的财产等作价出资。"

(二)股权出资问题

如前文所述,2023 年《公司法》将"股权"出资纳入列举事项。股权是一种综合性的权利,包括财产性权利的自益权和非财产性权利的共益权。前者如股息或红利的分配请求权、新股优先认购权、剩余财产分配权、股份转让权等;后者如表决权、公司文件查阅权、召集临时股东大会请求权、对董事及高级管理人员监督权等公司事务的参与权。

股权出资,即股东以其对另一公司享有的股权投入公司,并由公司作为股东取得和行使对另一公司的股权。股权出资实质上是股权转让。

股东享有的股东权益与有价值的财产相对应,其具有价值且可以用货币评估或确定。股权可以转让,具有流通性。根据《公司法》的规定,具有可估价性和可转换性的非货币财产都可以作为出资。股权符合《公司法》规定的作为出资的非货币资产的条件,当然可以作为一种出资形式。允许股权出资将有利于更好地调动投资者的积极性,同时也使公司在竞争日趋激烈的环境下,能够充分调整和利用资源,抓住机遇发展壮大。另外,由于股权的价值依赖于所投入公司的经营状况和财务状况,其价值与被持股公司的包括资产价值在内的若干种因素相联系,始终处于变动,有时甚至剧烈的变动之中,其价值具有不稳定性,且有时由于股权转让受到限制,股权的价格难以确定。因此,在股权作为出资时应严格评估核查,以保障股权原所在公司、被投资公司的正常生产经营和债权人的利益。

(三)净资产出资问题

净资产又称所有者权益,是企业全部资产减全部负债后的余额。净资产的范围甚广,它指一切有价值的财产、财产性权利和权益,既包括货币、实物、工业产权、非专利技术、土地使用权,也包括股权、债权、采矿权等。

2005 年修订前的《公司法》未将净资产列为法定出资形式,但在实践中,以经营性净资产出资的情形并不少见。具体情形可归纳为两种:一种是在股份制改造中,股东将其一部分净资产出资,通过出资行为欲在改制后企业享有股东权益;另一种是在资产重组中,将部分净资产出资,一方面通过资产的交换实现资产的最大增值目的,另一方面取得股东权益。[①]

企业以净资产出资的行为得到了我国有关行政法规、部门规章和政策文件的认可。原国家经贸委等八部委联合下发的《关于国有大中型企业主辅分离辅业改制分流安置富余人员的实施办法》(国经贸企改〔2002〕859 号)明确规定:"改制企业的国有净资产按规定进行各项支付的不足部分,应由原主体企业予以补足;剩余部分可向改制企业的员工或外部投资者出售,也可采取租赁、入股或转为债权等方式留在改制企业。"

笔者认为,净资产出资方式包括了股权、采矿权等许多非法定出资方式,但净资产价值相对稳

---

① 参见赵旭东等:《公司资本制度改革研究》,法律出版社 2004 年版,第 154 页。

定和确定,而且可以转让,符合现行《公司法》规定的作为出资的非货币财产的条件,因此净资产可以作为出资方式之一。

(四)自然人姓名权和商誉(含企业名称权)的出资问题

《民法典》规定,自然人享有姓名权,有权依法决定、使用、变更或者许可他人使用自己的姓名,但是不得违背公序良俗。法人、非法人组织享有名称权,有权依法决定、使用、变更、转让或者许可他人使用自己的名称。

姓名权和名称权属于人身权的范畴,但同时兼具财产权属性。姓名权和名称权具有人身依附性,不能独立转让,且价值难以评估,不符合《公司法》关于作为股权出资的非货币财产的条件,目前不能作为出资方式。

《市场主体登记管理条例》第13条明确规定:"除法律、行政法规或者国务院决定另有规定外,市场主体的注册资本或者出资额实行认缴登记制,以人民币表示。出资方式应当符合法律、行政法规的规定。公司股东、非公司企业法人出资人、农民专业合作社(联合社)成员不得以劳务、信用、自然人姓名、商誉、特许经营权或者设定担保的财产等作价出资。"实践中,由于姓名、商誉具有一定的价值属性,其虽不能在市场监管部门作为合法的出资方式进行登记,但可用其换得适当的股权。一个有名的例子是:2000年12月,以"杂交水稻之父"——中国工程院院士袁隆平先生的名字命名的股票"隆平高科"在深圳证券交易所上市。袁隆平先生与袁隆平农业高科技股份公司签订了有偿使用姓名权的协议,由此获得了一定的股权及收益。因姓名权和名称权具有一定的经营价值,可考虑未来在适当时机将其纳入公司法的法定出资方式。①

(五)劳务出资问题

劳务出资,是指为公司已经或者将要付出的劳动或工作,既包括简单的体力劳动,也包括复杂高级的技术或管理性工作。关于劳务是否可以作为出资,许多国家有不同的法律规定。《德国股份公司法》规定,劳务不能算作实物出资或实物接收。《法国民法典》规定,技艺可以成为出资形式;但又有法律规定,股份有限公司不得以技艺作为股东的出资,起到了间接限制劳务出资的效果。美国各州早期的宪法、公司法或判例法均限制劳务出资,后来逐渐允许以已提供的劳务出资,但仍禁止以未来的劳务出资。不过,美国法学会起草的、其条款广为各州借鉴甚至采用的《示范公司法》已不存在对劳务出资的限制,并且美国有的州的立法和判例已确认以未来劳务出资的合法性。

我国《合伙企业法》规定,合伙人可以用劳务出资。依照《中外合作经营企业法》(已失效)设立的非有限责任合作企业,也可以随意约定合作方式,在性质上也属于一种合伙,也不排斥劳务这种出资方式。《外商投资法》对这种"非有限责任合作企业"已不再另行规定,第42条规定:"本法自2020年1月1日起施行。《中华人民共和国中外合资经营企业法》、《中华人民共和国外资企业法》、《中华人民共和国中外合作经营企业法》同时废止。本法施行前依照《中华人民共和国中外合资经营企业法》、《中华人民共和国外资企业法》、《中华人民共和国中外合作经营企业法》设立的外商投资企业,在本法施行后五年内可以继续保留原企业组织形式等。具体实施办法由国务院规定。"

在合伙制企业允许劳务出资,以全体合伙人一致同意为前提,此外,此种情形下劳务出资之所以不会引起争议,还在于合伙人承担无限连带责任的特殊性。

我国《公司法》未将劳务规定为法定出资方式。《公司法》规定,作为出资的非货币财产必须具有可估价性和可转让性,而劳务具有人身属性,缺乏独立转让性,不具有一般等价物商品属性和现实财产的价值性,加上评估上的随意与不确定,不符合《公司法》规定的作为出资的非货币财产的

① 参见李在军:《论股份有限公司的出资方式》,载《云南大学学报(法学版)》2004年第1期。

条件,为保护债权人的利益和交易安排,不适宜作为出资。

《市场主体登记管理条例》明确规定,股东不得以劳务作价出资。但是,事实上,劳务出资具有经营的功能,甚至是极强的经营功能。任何公司都不可能缺少对劳务的需要,不可能离开人的工作和管理。如果抛开公司对外偿还债务的需要,劳务是完全可以进入公司资本的。而且在实践中确实存在因对公司进行劳动投入而获得相应股权的现象。

近年来推行的股票期权、期股、职工持股计划等企业激励方式中,都存在以公司管理人员和职工对公司的劳务或服务投入获取股权的安排和需要。考虑人力资本的重要性,且为了方便公司实行期权期股等激励制度,笔者认为,我国《公司法》宜对劳务出资采取灵活务实的态度,可以考虑允许以劳务作为出资并作出数额限定,同时可以要求其他股东提供相应现金价值的担保。

(六)信用出资问题

法律意义上的信用,是民事主体所拥有的与偿还债务能力相匹配的人格利益和财产利益,传统财产法中不包括信用。2005 年修订前的《公司法》中,不允许信用出资。在日本等大陆法系国家,也只允许无限责任公司的股东和合伙企业的合伙人以信用出资。信用难以估价,且不具有可转让性,其不符合我国现行《公司法》关于作为出资的非货币资产的条件,目前不能作为出资形式。

《市场主体登记管理条例》明确规定,股东不得以信用作价出资。但是,信用的经营功能是显而易见的。作为一种商业评价和信誉,信用不仅是商事主体所能拥有的无形资产,更是其开展营业活动的重要条件。对于某些从事特殊经营的公司而言,良好的信用甚至较之雄厚的资本更为重要。外国无限公司和合伙企业对信用出资的准入已经肯定了信用所具有的经营功能与相应的财产价值。

在我国,信用出资虽未得到法律认可和理论肯定,但现实经济生活中已出现这种情形,如挂靠企业的产权认定就存在信用利用与估价的问题,所谓挂靠关系,在许多情况下正是挂靠企业为了利用被挂靠组织的信用而发生的。① 信用出资虽然不属于"可以用货币估价并可以依法转让的非货币财产",但笔者认为在目前《公司法》对出资形式放宽的趋势下,对信用出资在适当时候可以予以考虑。

(七)地役权、采矿权、承包租赁权等用益物权出资问题

《公司法》施行后,可以用货币估价并可以依法转让的用益物权(土地使用权除外)是否属于法定出资形式仍存争论,《市场主体登记管理条例》第 13 条明确规定,股东不得以特许经营权出资。但对于其他用益物权,如前述地役权、采矿权、承包租赁权等是否可以作为公司股东出资方式,目前尚无明文规定。

根据《公司法》的规定,作为出资形式的非货币财产必须具有可估价性和可转让性。用益物权具有财产价值,其价值可用货币估价。部分用益物权具有可转让性,但一般情况下转让有特殊审批手续。

笔者认为,可转让的用益物权符合《公司法》规定的作为出资形式的非货币财产的条件,原则上可以作为出资形式。法律、行政法规规定的不可以转让的用益物权以及明文规定禁止作为出资形式的用益物权,不可以作为出资形式。同时需要注意的是,因用益物权的转让要受到各种条件的限制,作为出资必须履行必要的手续,手续不全的,其出资效力不予认定。②

(八)非货币财产出资在实践中的限制

《公司法》(2023 年修订)第 48 条规定:"股东可以用货币出资,也可以用实物、知识产权、土地

---

① 参见赵旭东主编:《新旧公司法比较分析》,人民法院出版社 2005 年版,第 131 页。

② 参见赵旭东主编:《新旧公司法比较分析》,人民法院出版社 2005 年版,第 133 页。

使用权、股权、债权等可以用货币估价并可以依法转让的非货币财产作价出资;但是,法律、行政法规规定不得作为出资的财产除外。对作为出资的非货币财产应当评估作价,核实财产,不得高估或者低估作价。法律、行政法规对评估作价有规定的,从其规定。”

第48条规定:“股东可以用货币出资,也可以用实物、知识产权、土地使用权、股权、债权等可以用货币估价并可以依法转让的非货币财产作价出资;但是,法律、行政法规规定不得作为出资的财产除外。对作为出资的非货币财产应当评估作价,核实财产,不得高估或者低估作价。法律、行政法规对评估作价有规定的,从其规定。”

第50条规定:“有限责任公司设立时,股东未按照公司章程规定实际缴纳出资,或者实际出资的非货币财产的实际价额显著低于所认缴的出资额的,设立时的其他股东与该股东在出资不足的范围内承担连带责任。”

由上述规定可知:第一,非货币财产作价出资被依法允许;第二,对作为出资的非货币财产应当评估作价;第三,应当依法办理其财产权的转移手续;第四,非货币出资的实际价额不能显著低于所对应的认缴出资额,否则其他股东需要在不足范围内,承担连带责任。

但在实际操作中,在企业未正式成立前,由于其未取得相关主体资格,难以办理非货币财产的所有权转移手续(缴纳出资手续),故部分省市的市场监管部门不允许在企业设立时,股东即以非货币财产出资;而只允许企业设立后,以非货币财产增资。

二、出资协议书中的法律问题

出资协议书的主要内容包括:(1)出资方;(2)公司设立的有关情况;(3)出资额及出资方式;(4)发起人的权利、义务和责任;(5)公司股东会、董事会、总经理和监事会等法人治理结构的设置情况;(6)公司利润分配和财务管理;(7)公司未能设立的情形及责任。下面将着重说明核心条款第(3)、(4)、(7)项。

(一)出资额及出资方式

在出资协议中,必须明确各发起人的出资额和出资方式。《公司法》(2023年修订)第48条规定:“股东可以用货币出资,也可以用实物、知识产权、土地使用权、股权、债权等可以用货币估价并可以依法转让的非货币财产作价出资;但是,法律、行政法规规定不得作为出资的财产除外。对作为出资的非货币财产应当评估作价,核实财产,不得高估或者低估作价。法律、行政法规对评估作价有规定的,从其规定。”

根据《公司法》的规定,股份有限公司发起人的出资方式与有限责任公司发起人的出资方式相同。《公司法》(2023年修订)第98条规定:“发起人应当在公司成立前按照其认购的股份全额缴纳股款。发起人的出资,适用本法第四十八条、第四十九条第二款关于有限责任公司股东出资的规定。”

(二)发起人的权利、义务和责任

严格来讲,公司在成立以前,发起人仅具有准股东的身份,公司正式成立以后,发起人才能成为股东,根据《公司法》和公司章程享有股东的权利和义务。发起人在公司设立中主要有按照出资额所占比例享有资产权益的权利、协商决定公司名称的权利、公司不能设立时收回出资的权利、对其他发起人的有害公司设立行为提起诉讼的权利等。其所负的主要义务是按照约定出资和不得抽回出资。

发起人的责任主要是出资责任,出资责任包括出资违约责任和资本充实责任。出资违约责任,是指发起人未按照协议出资时,应承担的继续缴纳出资和向已足额出资的发起人进行损害赔偿的责任。资本充实责任,是指未按照协议约定出资的发起人对出资差额的填补责任,以及其他已出资的发起人对该发起人填补责任的连带责任。资本充实责任是只适用于公司发起人的特殊出资责任,这种责任是连带责任,发起人中的任何一人对全部公司资本的不足均负有充实责任,先行承担资本充实责任的发起人,可以向违反出资义务的发起人求偿,也可以要求其他发起人分担。这种责任是法律强制责任,不能通过发起人之间的约定、公司章程或股东大会决议来免除。

2023 年修订的《公司法》强调了以下三点:(1)未缴足股东对公司的补足责任、对公司的赔偿责任(而非对其他股东的违约责任);(2)其他股东对出资不足的连带补足责任;(3)董事会的催缴义务,责任董事对公司的赔偿责任。

第 48 条规定:"股东可以用货币出资,也可以用实物、知识产权、土地使用权、股权、债权等可以用货币估价并可以依法转让的非货币财产作价出资;但是,法律、行政法规规定不得作为出资的财产除外。对作为出资的非货币财产应当评估作价,核实财产,不得高估或者低估作价。法律、行政法规对评估作价有规定的,从其规定。"

第 50 条规定:"有限责任公司设立时,股东未按照公司章程规定实际缴纳出资,或者实际出资的非货币财产的实际价额显著低于所认缴的出资额的,设立时的其他股东与该股东在出资不足的范围内承担连带责任。"

第 51 条规定:"有限责任公司成立后,董事会应当对股东的出资情况进行核查,发现股东未按期足额缴纳公司章程规定的出资的,应当由公司向该股东发出书面催缴书,催缴出资。未及时履行前款规定的义务,给公司造成损失的,负有责任的董事应当承担赔偿责任。"

第 52 条规定:"股东未按照公司章程规定的出资日期缴纳出资,公司依照前条第一款规定发出书面催缴书催缴出资的,可以载明缴纳出资的宽限期;宽限期自公司发出催缴书之日起,不得少于六十日。宽限期届满,股东仍未履行出资义务的,公司经董事会决议可以向该股东发出失权通知,通知应当以书面形式发出。自通知发出之日起,该股东丧失其未缴纳出资的股权。依照前款规定丧失的股权应当依法转让,或者相应减少注册资本并注销该股权;六个月内未转让或者注销的,由公司其他股东按照其出资比例足额缴纳相应出资。股东对失权有异议的,应当自接到失权通知之日起三十日内,向人民法院提起诉讼。"

根据 2023 年修订的《公司法》的规定,股份有限公司发起人的权利、义务和责任与有限责任公司类似。第 98 条规定:"发起人应当在公司成立前按照其认购的股份全额缴纳股款。发起人的出资,适用本法第四十八条、第四十九条第二款关于有限责任公司股东出资的规定。"

第 99 条规定:"发起人不按照其认购的股份缴纳股款,或者作为出资的非货币财产的实际价额显著低于所认购的股份的,其他发起人与该发起人在出资不足的范围内承担连带责任。"

第 107 条规定:"本法第四十四条、第四十九条第三款、第五十一条、第五十二条、第五十三条的规定,适用于股份有限公司。"

(三)公司未能设立的情形及责任

公司可能出现不能设立的情形,《公司法》(2023 年修订)第 44 条规定:"有限责任公司设立时的股东为设立公司从事的民事活动,其法律后果由公司承受。公司未成立的,其法律后果由公司设立时的股东承受;设立时的股东为二人以上的,享有连带债权,承担连带债务。设立时的股东为设立公司以自己的名义从事民事活动产生的民事责任,第三人有权选择请求公司或者公司设立时的股东承担。设立时的股东因履行公司设立职责造成他人损害的,公司或者无过错的股东承担赔偿责任后,可以向有过错的股东追偿。"

第 105 条规定:"公司设立时应发行的股份未募足,或者发行股份的股款缴足后,发起人在三十日内未召开成立大会的,认股人可以按照所缴股款并加算银行同期存款利息,要求发起人返还。发起人、认股人缴纳股款或者交付非货币财产出资后,除未按期募足股份、发起人未按期召开成立大会或者成立大会决议不设立公司的情形外,不得抽回其股本。"

第107条规定："本法第四十四条、第四十九条第三款、第五十一条、第五十二条、第五十三条的规定，适用于股份有限公司。"

三、合资企业合同中的法律问题

《中外合资经营企业法实施条例》(已失效)第11条的相关内容在实务中依然具有较强的参照作用，该条规定："合营企业合同应当包括下列主要内容：(一)合营各方的名称、注册国家、法定地址和法定代表人的姓名、职务、国籍；(二)合营企业名称、法定地址、宗旨、经营范围和规模；(三)合营企业的投资总额，注册资本，合营各方的出资额、出资比例、出资方式、出资的缴付期限以及出资额欠缴、股权转让的规定；(四)合营各方利润分配和亏损分担的比例；(五)合营企业董事会的组成、董事名额的分配以及总经理、副总经理及其他高级管理人员的职责、权限和聘用办法；(六)采用的主要生产设备、生产技术及其来源；(七)原材料购买和产品销售方式；(八)财务、会计、审计的处理原则；(九)有关劳动管理、工资、福利、劳动保险等事项的规定；(十)合营企业期限、解散及清算程序；(十一)违反合同的责任；(十二)解决合营各方之间争议的方式和程序；(十三)合同文本采用的文字和合同生效的条件。合营企业合同的附件，与合营企业合同具有同等效力。"

《外商投资法》第31条规定："外商投资企业的组织形式、组织机构及其活动准则，适用《中华人民共和国公司法》、《中华人民共和国合伙企业法》等法律的规定。"

《外商投资法实施条例》第44条第2款规定："自2025年1月1日起，对未依法调整组织形式、组织机构等并办理变更登记的现有外商投资企业，市场监督管理部门不予办理其申请的其他登记事项，并将相关情形予以公示。"第46条规定："现有外商投资企业的组织形式、组织机构等依法调整后，原合营、合作各方在合同中约定的股权或者权益转让办法、收益分配办法、剩余财产分配办法等，可以继续按照约定办理。"

最高人民法院《关于适用〈中华人民共和国外商投资法〉若干问题的解释》(法释〔2019〕20号)第1条规定："本解释所称投资合同，是指外国投资者即外国的自然人、企业或者其他组织因直接或者间接在中国境内进行投资而形成的相关协议，包括设立外商投资企业合同、股份转让合同、股权转让合同、财产份额或者其他类似权益转让合同、新建项目合同等协议。外国投资者因赠与、财产分割、企业合并、企业分立等方式取得相应权益所产生的合同纠纷，适用本解释。"第3条规定："外国投资者投资外商投资准入负面清单规定禁止投资的领域，当事人主张投资合同无效的，人民法院应予支持。"

(一)合营企业的投资总额和注册资本条款

合营企业的投资总额(含企业借款)，是指按照合营企业合同、章程规定的生产规模需要投入的基本建设资金和生产流动资金的总和。合营企业的注册资本，是指为设立合营企业而在登记管理机构登记的资本总额，应为合营各方认缴的出资额之和。《公司法》规定，股东会行使下列职权：对公司增加或者减少注册资本作出决议。股东会会议作出修改公司章程、增加或者减少注册资本的决议，以及公司合并、分立、解散或者变更公司形式的决议，必须经代表2/3以上表决权的股东通过。

1987年3月1日，原国家工商行政管理局发布《关于中外合资经营企业注册资本与投资总额比例的暂行规定》，明确规定了合营企业注册资本与投资总额之间的比例。合营企业注册资本与投资总额的比例，应当遵守以下规定：

(1)合资企业的投资总额在300万美元以下(含300万美元)的，其注册资本至少应占投资总额的7/10。

(2)合资企业的投资总额在300万美元以上至1000万美元(含1000万美元)的，其注册资本至少应占投资总额的1/2，其中投资总额在420万美元以下的，注册资本不得低于210万美元。

(3)合资企业的投资总额在1000万美元以上至3000万美元(含3000万美元)的,其注册资本至少应占投资总额的2/5,其中投资总额在1250万美元以下的,注册资本不得低于500万美元。

(4)合资企业的投资总额在3000万美元以上的,其注册资本至少应占投资总额的1/3,其中投资总额在3600万美元以下的,注册资本不得低于1200万美元。

中外合资经营企业增加投资的,其追加的注册资本与增加的投资额的比例,应按本规定执行。中外合资经营企业如遇特殊情况,不能执行上述规定,由商务部会同国家工商行政管理总局(现为国家市场监管总局)批准。

(二)合营各方的出资

1. 出资方式

《公司法》(2023年修订)第48条规定:"股东可以用货币出资,也可以用实物、知识产权、土地使用权、股权、债权等可以用货币估价并可以依法转让的非货币财产作价出资;但是,法律、行政法规规定不得作为出资的财产除外。对作为出资的非货币财产应当评估作价,核实财产,不得高估或者低估作价。法律、行政法规对评估作价有规定的,从其规定。"

2. 出资比例

《中外合资经营企业法》(已失效)第4条第2款规定,在合营企业的注册资本中,外国投资者的投资比例一般不低于25%。实务中,对于外国投资者出资比例低于25%的企业,在企业税收等方面视同一般内资企业,如《关于外商投资企业境内投资的暂行规定》规定,外国投资者与外商投资企业共同在中国境内投资,按照国家有关外商投资的法律、法规办理,其中外国投资者的出资比例一般不得低于被投资企业注册资本的25%。《关于外商投资企业再投资设立企业申请自营进出口经营权问题的答复》规定,根据《关于外商投资企业境内投资的暂行规定》的规定,外商投资企业向中西部地区投资,再投资注册资本中外资比例不低于25%的,可享受外商投资企业待遇;中西部地区的再投资公司凭外商投资企业批准证书和(加注)营业执照享受国家法律、法规规定的外商投资企业待遇。

《外商投资法实施条例》统一改由"负面清单"进行管理。第34条规定,有关主管部门在依法履行职责过程中,对外国投资者拟投资负面清单内领域,但不符合负面清单规定的,不予办理许可、企业登记注册等相关事项;涉及固定资产投资项目核准的,不予办理相关核准事项。有关主管部门应当对负面清单规定执行情况加强监督检查,发现外国投资者投资负面清单规定禁止投资的领域,或者外国投资者的投资活动违反负面清单规定的限制性准入特别管理措施的,依照《外商投资法》第36条的规定予以处理。

(三)合营企业的股权转让

关于合营企业股权转让的问题,《中外合资经营企业法实施条例》(已失效)第20条明确规定,合营一方向第三方转让其全部或者部分股权的,须经合营他方同意,并报审批机构批准,向登记管理机构办理变更登记手续。合营一方转让其全部或者部分股权时,合营他方有优先购买权。合营一方向第三方转让股权的条件,不得比向合营他方转让的条件优惠。违反上述规定的,其转让无效。

《外商投资法》实施后,公司相关活动准则全面与《公司法》等接轨。另外,《外商投资法实施条例》第46条规定,现有外商投资企业的组织形式、组织机构等依法调整后,原合营、合作各方在合同中约定的股权或者权益转让办法、收益分配办法、剩余财产分配办法等,可以继续按照约定办理。

(四)合营各方利润分配和亏损分担的比例

合营各方按照注册资本比例分享利润和分担风险,即亏损。①

参照《中外合资经营企业法实施条例》(已失效)第76条,其中规定了合营企业利润分配原则,即合营企业按照《企业所得税法》缴纳所得税后的利润分配原则如下:

(1)提取储备基金、职工奖励及福利基金、企业发展基金,提取比例由董事会确定;

(2)储备基金除用于垫补合营企业亏损外,经审批机构批准也可以用于本企业增加资本,扩大生产;

(3)按照本条第1项规定提取三项基金后的可分配利润,董事会确定分配的,应当按合营各方的出资比例进行分配。

2023年修订的《公司法》第210条规定:"公司分配当年税后利润时,应当提取利润的百分之十列入公司法定公积金。公司法定公积金累计额为公司注册资本的百分之五十以上的,可以不再提取。公司的法定公积金不足以弥补以前年度亏损的,在依照前款规定提取法定公积金之前,应当先用当年利润弥补亏损。公司从税后利润中提取法定公积金后,经股东会决议,还可以从税后利润中提取任意公积金。公司弥补亏损和提取公积金后所余税后利润,有限责任公司按照股东实缴的出资比例分配利润,全体股东约定不按照出资比例分配利润的除外;股份有限公司按照股东所持有的股份比例分配利润,公司章程另有规定的除外。公司持有的本公司股份不得分配利润。"

依据2023年修订的《公司法》的规定,股份有限公司可以发行优先股和劣后股、特殊表决权股、转让受限股等类别股。具体体现在第144条:"公司可以按照公司章程的规定发行下列与普通股权利不同的类别股:(一)优先或者劣后分配利润或者剩余财产的股份;(二)每一股的表决权数多于或者少于普通股的股份;(三)转让须经公司同意等转让受限的股份;(四)国务院规定的其他类别股。公开发行股份的公司不得发行前款第二项、第三项规定的类别股;公开发行前已发行的除外。公司发行本条第一款第二项规定的类别股的,对于监事或者审计委员会成员的选举和更换,类别股与普通股每一股的表决权数相同。"

需要注意的是,"资本公积金"可被用于弥补亏损。2023年修订的《公司法》第214条规定:"公司的公积金用于弥补公司的亏损、扩大公司生产经营或者转为增加公司注册资本。公积金弥补公司亏损,应当先使用任意公积金和法定公积金;仍不能弥补的,可以按照规定使用资本公积金。法定公积金转为增加注册资本时,所留存的该项公积金不得少于转增前公司注册资本的百分之二十五。"

(五)管理和控制

管理和控制条款是合营合同中最重要的条款之一。管理和控制条款制定得好,一方面可以使企业经营管理有序、高效进行,从而直接推动企业的发展;另一方面还可以防止合营一方侵害另一方的利益,从而实现各方利益的平衡。

与《公司法》的规定相比较而言,我国合营企业的公司治理结构与公司控制权规则非常特殊。参考《中外合资经营企业法实施条例》(已失效)的规定,董事会是合营企业的最高权力机构,决定合营企业一切重大问题。董事名额的分配由合营各方参照出资比例协商确定。董事的任期为4年,经合营各方继续委派可以连任。董事长是合营企业的法定代表人。董事会定期召开董事会会议,对合营企业重大事项做出表决。

《公司法》规定的有限责任公司最高权力机构是股东大会,执行机构是董事会,监督机构是监事会;由股东按出资比例行使表决权;公司总经理、副总经理由公司董事会聘任或者解聘。而合营

---

① "合作企业"是按照经各方协商的在合作企业合同中确定的分配比例来分享利润和承担亏损的企业。

企业仅有董事会的机构设置,没有公司法中的股东会、监事会机构设置,公司决策机制较为特殊。《公司法》(2023 年修订)第 70 条规定:“董事任期由公司章程规定,但每届任期不得超过三年。董事任期届满,连选可以连任。董事任期届满未及时改选,或者董事在任期内辞任导致董事会成员低于法定人数的,在改选出的董事就任前,原董事仍应当依照法律、行政法规和公司章程的规定,履行董事职务。董事辞任的,应当以书面形式通知公司,公司收到通知之日辞任生效,但存在前款规定情形的,董事应当继续履行职务。”并未如《中外合资经营企业法实施条例》(已失效)对任期作出时间上的强制性规定。由于合营企业的特殊治理结构与控制权分配规则是法定的,所以在起草合营合同时要重视管理和控制条款的安排。

2023 年修订的《公司法》不再刻意区分有限责任公司的股东会、股份有限公司的股东大会,而是统称“股东会”,并且对治理机制进一步完善,一是允许公司只设董事会、不设监事会,公司只设董事会的,应当在董事会中设置审计委员会行使监事会职权。二是简化公司组织机构设置。对于规模较小或者股东人数较少的公司,可以不设董事会,设一名董事,不设监事会,设一名监事;对于规模较小或者股东人数较少的有限责任公司,经全体股东一致同意,可以不设监事。三是为更好地保障职工参与公司民主管理,规定职工人数 300 人以上的公司,除依法设监事会并有公司职工代表的外,其董事会成员中应当有公司职工代表;公司董事会成员中的职工代表可以成为审计委员会成员。四是对股份有限公司董事会审计委员会和上市公司董事会审计委员会的议事方式和表决程序作了规定。

(六)合营企业的期限、解散及清算程序

依照我国有关举办中外合资经营企业的法律,属于国家规定鼓励和允许投资项目的,合营各方可以选择在合同中约定合营期限或不约定合营期限;但是,如果属于从事下列行业或者情况的,合营各方应当依照国家有关法律法规的规定,在合营合同中约定经营期限:从事服务型行业的,从事土地开发及经营房地产的,从事资源勘探开发的,从事国家规定的限制投资项目的等。合营企业的合营期限,按照《中外合资经营企业合营期限暂行规定》(已失效)执行。

《中外合资经营企业法实施条例》(已失效)第 90 条规定了合营企业需要解散的几种情况,如合营期限届满、合营企业未达到其经营目的而又无发展前途等。合营企业宣告解散时,应当进行清算。

《中外合资经营企业法》(已失效)和《中外合资经营企业法实施条例》(已失效)还规定了合营企业引进技术、场地使用、购买和销售、税务、外汇、财务和职工等事项,起草合营企业合同时要注意符合这些规定。

2023 年修订的《公司法》进一步完善公司清算制度,明确清算义务人及其责任;增加简易注销和强制注销制度,方便公司退出。具体规定如下:

第 66 条规定:“股东会的议事方式和表决程序,除本法有规定的外,由公司章程规定。股东会作出决议,应当经代表过半数表决权的股东通过。股东会作出修改公司章程、增加或者减少注册资本的决议,以及公司合并、分立、解散或者变更公司形式的决议,应当经代表三分之二以上表决权的股东通过。”

第 229 条规定:“公司因下列原因解散:(一)公司章程规定的营业期限届满或者公司章程规定的其他解散事由出现;(二)股东会决议解散;(三)因公司合并或者分立需要解散;(四)依法被吊销营业执照、责令关闭或者被撤销;(五)人民法院依照本法第二百三十一条的规定予以解散。公司出现前款规定的解散事由,应当在十日内将解散事由通过国家企业信用信息公示系统予以公示。”

第 232 条规定:“公司因本法第二百二十九条第一款第一项、第二项、第四项、第五项规定而解散的，应当清算。董事为公司清算义务人，应当在解散事由出现之日起十五日内组成清算组进行清算。清算组由董事组成，但是公司章程另有规定或者股东会决议另选他人的除外。清算义务人未及时履行清算义务，给公司或者债权人造成损失的，应当承担赔偿责任。”

第 233 条规定：“公司依照前条第一款的规定应当清算，逾期不成立清算组进行清算或者成立清算组后不清算的，利害关系人可以申请人民法院指定有关人员组成清算组进行清算。人民法院应当受理该申请，并及时组织清算组进行清算。公司因本法第二百二十九条第一款第四项的规定而解散的，作出吊销营业执照、责令关闭或者撤销决定的部门或者公司登记机关，可以申请人民法院指定有关人员组成清算组进行清算。”

第 234 条规定：“清算组在清算期间行使下列职权：（一）清理公司财产，分别编制资产负债表和财产清单；（二）通知、公告债权人；（三）处理与清算有关的公司未了结的业务；（四）清缴所欠税款以及清算过程中产生的税款；（五）清理债权、债务；（六）分配公司清偿债务后的剩余财产；（七）代表公司参与民事诉讼活动。”

第 235 条规定：“清算组应当自成立之日起十日内通知债权人，并于六十日内在报纸上或者国家企业信用信息公示系统公告。债权人应当自接到通知之日起三十日内，未接到通知的自公告之日起四十五日内，向清算组申报其债权。债权人申报债权，应当说明债权的有关事项，并提供证明材料。清算组应当对债权进行登记。在申报债权期间，清算组不得对债权人进行清偿。”

第 236 条规定：“清算组在清理公司财产、编制资产负债表和财产清单后，应当制订清算方案，并报股东会或者人民法院确认。公司财产在分别支付清算费用、职工的工资、社会保险费用和法定补偿金，缴纳所欠税款，清偿公司债务后的剩余财产，有限责任公司按照股东的出资比例分配，股份有限公司按照股东持有的股份比例分配。清算期间，公司存续，但不得开展与清算无关的经营活动。公司财产在未依照前款规定清偿前，不得分配给股东。”

第 237 条规定：“清算组在清理公司财产、编制资产负债表和财产清单后，发现公司财产不足清偿债务的，应当依法向人民法院申请破产清算。人民法院受理破产申请后，清算组应当将清算事务移交给人民法院指定的破产管理人。”

第 238 条规定：“清算组成员履行清算职责，负有忠实义务和勤勉义务。清算组成员怠于履行清算职责，给公司造成损失的，应当承担赔偿责任；因故意或者重大过失给债权人造成损失的，应当承担赔偿责任。”

第 239 条规定：“公司清算结束后，清算组应当制作清算报告，报股东会或者人民法院确认，并报送公司登记机关，申请注销公司登记。”

第 240 条规定：“公司在存续期间未产生债务，或者已清偿全部债务的，经全体股东承诺，可以按照规定通过简易程序注销公司登记。通过简易程序注销公司登记，应当通过国家企业信用信息公示系统予以公告，公告期限不少于二十日。公告期限届满后，未有异议的，公司可以在二十日内向公司登记机关申请注销公司登记。公司通过简易程序注销公司登记，股东对本条第一款规定的内容承诺不实的，应当对注销登记前的债务承担连带责任。”

第 241 条规定：“公司被吊销营业执照、责令关闭或者被撤销，满三年未向公司登记机关申请注销公司登记的，公司登记机关可以通过国家企业信用信息公示系统予以公告，公告期限不少于六十日。公告期限届满后，未有异议的，公司登记机关可以注销公司登记。依照前款规定注销公司登记的，原公司股东、清算义务人的责任不受影响。”

第 242 条规定：“公司被依法宣告破产的，依照有关企业破产的法律实施破产清算。”

四、合营企业与合作企业的比较

中外合作经营企业（以下简称合作企业），是指中国合作者与外国合作者依照中国法律的规定,在中国境内共同举办的,按合作企业合同的约定分配收益或产品、分担风险和亏损的企业。合作企业合同,其主要内容与合营企业合同有一定相似之处,起草合作企业合同时注意这些不同之处即可。

(一)相同之处

第一,无论是合营企业还是合作企业,它们有共同的基本特征:都是依照中国的法律程序而设立的企业;其法律地位都可以是中国企业法人,成立能够独立承担民事责任的经济实体;开办企业的资金中都可有外国资金。

第二,合营企业、合作企业都是外国企业、外国经济组织、外国个人与中国企业、中国经济组织共同投资、共同经营、共同分配、共同举办的企业。

(二)相异之处

1. 投资分配和风险责任承担不同

合作企业,是契约式中外合营的企业,合作企业合作各方的权利和义务都在签订的合同中确定,包括投资或者提供合作条件的利润、产品的分配、风险和亏损的分担、经营管理的方式和合作企业解散时财产的归属等事项,都在合作各方签订的合同中确定。

合作企业还可以将各自的投资不作价,以提供合作条件的方式与对方合作经营,不计算投资比例,不按投资比例分配利润、承担风险和进行清算。

合营企业,中外合营者对企业都有投资,并以同一货币计算投资,按投资比例分配利润、承担风险和进行清算,合营企业的投资者在合营期间不得提取折旧费还本付息,合营各方共同投资、共同经营。共同投资,是指中外各方都要有投资,并且各方出资折成一定的出资比例,其中外方合营者的出资比例一般不低于合营企业注册资本的25%。

2. 企业形式和法律地位不同

合作企业的法人资格有可选择性。合作企业可以是依法取得中国法人资格的企业,也可以是不具备法人资格的企业。只有当其具备法人条件时,才可以依法核准登记为法人。具备法人资格的合作企业,为有限责任公司,以其投资或提供的合作条件为限对合作企业承担责任;不具备法人条件的合作企业相当于一种合伙型的联营体,合作企业及其合作各方,依照中国民事法律的有关规定承担民事责任。而合营企业,必须是依法取得中国法人资格的企业,为有限责任公司,以其拥有的全部资产承担有限责任。

3. 资本回收方式不同

合营企业一般只有在依法解散时,外国合营者才能收回自己的资本,在合营企业的存续期内,外国合营者收回自己资本受限,只能通过股权转让的方式收回资本。合作企业中的外国合作者在一定条件下可以先行回收投资,合作期满后,合作企业的全部固定资产一般归中国合作者所有。

4. 经营管理机构不同

合营企业的经营管理机构是董事会及董事会领导下的经营管理机构,董事会成为最高的权力机构。合作企业的管理机构具有多样性,合作企业既可以采用董事会制,也可以采用联合管理委员会制,还可以采用委托管理制,即委托中外合作者以外的他人经营管理。

5. 股权比例确定依据不同

合营企业各方投资应以货币计算股权比例,并按股权比例分享利润、分担风险和亏损;而合作企业各方以货币以外的方式出资时,无须以货币作价。

(三)"三法合一"后的过渡

《外商投资法实施条例》第44条规定:"《外商投资法》施行前依照《中华人民共和国中外合资

经营企业法》、《中华人民共和国外资企业法》、《中华人民共和国中外合作经营企业法》设立的外商投资企业（以下称现有外商投资企业），在外商投资法施行后5年内，可以依照《中华人民共和国公司法》、《中华人民共和国合伙企业法》等法律的规定调整其组织形式、组织机构等，并依法办理变更登记，也可以继续保留原企业组织形式、组织机构等。自2025年1月1日起，对未依法调整组织形式、组织机构等并办理变更登记的现有外商投资企业，市场监管部门不予办理其申请的其他登记事项，并将相关情形予以公示。”第45条规定：“现有外商投资企业办理组织形式、组织机构等变更登记的具体事宜，由国务院市场监督管理部门规定并公布。国务院市场监督管理部门应当加强对变更登记工作的指导，负责办理变更登记的市场监督管理部门应当通过多种方式优化服务，为企业办理变更登记提供便利。”第46条规定：“现有外商投资企业的组织形式、组织机构等依法调整后，原合营、合作各方在合同中约定的股权或者权益转让办法、收益分配办法、剩余财产分配办法等，可以继续按照约定办理。”

“三法合一”后，原来所规定的中外合资经营企业、合作企业、外商独资企业的既有特殊形式，依法来说已无存在基础，需要适用一般性的公司法律规定，企业形态存在真空档，尤其是对于股权变更事项，需要根据操作时对应的市场监管部门的建议或办事指引进行。

五、有限合伙制私募基金的法律问题

（一）有限合伙制与公司制的比较

1. 何为有限合伙制和公司制

作为私募股权投资基金（一种面向合格投资人募集的，专注于股权投资的基金，Private Equity Fund，PEF）的一种形式，有限合伙制与其他机制有显著不同之处。

有限合伙制，由有限合伙人（投资者，Limited Partner，LP）和普通合伙人（通常为发起人兼管理人，General Partner，GP）合伙组成一个有限合伙企业，投资者出资并对合伙企业负有限责任，普通合伙人（如为公司则一般为在其董事会的监督下）负责风险资本的具体运作，并对合伙企业负无限责任。

公司制，是指风险资本以股份有限公司或有限责任公司的形式设立。在公司制中，无论以何种形式设立，其出资人都只是以自己的出资额负有限责任，公司的经营者通常也是出资者之一。尽管经营者实际对公司的经营业绩负有重大的责任，但他们也只是对其出资额负有限责任。另外，由于公司制受到公司法约束较多，公司经营人员的报酬与业绩的相关度较低，所受的监管却较多，对于投资风险巨大的、处于创立阶段的高新技术企业也受到较大的限制，再加上对信息披露的要求，因而对投资过程的束缚也较多。

2. 有限合伙制和公司制比较

作为私募股权投资基金的重要组织形式，一般而言，有限合伙制具有开业成本、税收特性、权益转让限制、业绩分配契约化和经济责任无限连带等完善的制度设计，对风险投资业不仅是适合的，而且是比较符合风险投资需要的企业制度之一。

相对于有限合伙制而言，公司制在组织的稳定性、委托带来风险防范、责任承担和投资决策效率等方面具有相对的制度优势。但就作为风险投资机构的组织形式来说，公司制具有下列不利因素：第一，公司制风险投资机构对其经理层的激励机制，不能像有限合伙制那样给普通合伙人以强大的动力；第二，公司制风险投资机构公开募集风险成本较大；第三，公众风险投资公司如果是公开上市的公司，其信息披露要求比较严格，与风险投资的风险性、投资信息的保密性难以相称（如美国的黑石基金上市后，同样要面临信息披露问题）；第四，与有限合伙制风险投资机构相比，公司投资机构的税负是不利的。[①]

根据学者的总结,风险投资企业之所以能以有限合伙组织形态成功地运作,在于有限合伙中普通合伙人对外承担着无限连带责任,以及任期内对经营决策承担着高风险职责所构成的均衡结构的合理性和有效性。具体而言:

第一,有限合伙制可以通过有限合伙协议解决投资者与风险投资家之间的信息不对称问题、[②]委托代理问题等。高风险以及信息不对称和委托代理可能进一步加大风险,而投资者不能参与企业的经营管理,经理人的忠诚与谨慎很难得到保证等,这些均可通过合伙协议进行规范。如通过规定普通合伙人的出资、有限合伙的存续期限、有限合伙人的出资时间、普通合伙人的薪酬激励等,保障私募股权投资基金的高效、安全运行。

第二,有限合伙是投资者的风险资本与风险投资家的人力资本的完美结合。而私募股权投资基金则将基金的优势与有限合伙的优势相结合,将风险投资的金融经济价值发挥到了极致。[③] 资本流动性过剩是全球性的问题,大量的闲置资本急于寻求合适的增值途径。而风险投资家具有丰富的投资技能与经验,二者通过有限合伙的组合能将投资者的风险资本和风险投资家的人力资本完美结合。

第三,有限合伙可以享受税收上的优惠待遇。根据《合伙企业法》(2006 年修订)第 6 条的规定,合伙企业的生产经营所得和其他所得,按照国家有关税收规定,由合伙人分别缴纳所得税。一些地方性规定如《北京中关村科技园区有限合伙管理办法》第 15 条也规定,有限合伙的所得税由合伙人分别缴纳。对合伙人从有限合伙取得的所得,属于自然人的合伙人,比照个体工商户缴纳个人所得税;属于法人的合伙人,缴纳企业所得税。

第四,有限合伙制的投资人范围较为开放。[④] 根据《合伙企业法》(2006 年修订)第 3 条的规定,除了国有独资公司、国有企业、上市公司以及公益性的事业单位、社会团体不得成为普通合伙人外,基本上不限制公司法人投资合伙企业。

第五,可以避开繁复的行政审批。[⑤] 依据《合伙企业法》的制度设计,境内私募股权投资基金如果依其成立,无须国家行政机关的审批,只需向相应的企业登记机关申请即可。

(二)有限合伙制私募股权基金的设立要求

有限合伙制私募股权基金的设立,首先应具备有限合伙企业的设立条件,即除普通合伙的一般设立条件外,还应符合 2 个以上 50 个以下合伙人的要求,其中至少应当有一个普通合伙人。

此外,有限合伙制私募股权基金的设立还须具备如下条件:第一,普通合伙人须有一定的社会积淀和信誉。这是每个 GP 所应具备的最基本的条件,如在投资银行业务、私募股权业务的积累和一些业界声誉的建立。第二,基金经理要有成功的项目运作的经验。第三,有出色的管理团队和有效的管理模式。基金经理的经验,可能来自国际基金的一些管理机构及其有效的管理模式,包括知识共享等方面,如何在机构中更好地使用,是非常值得探讨的问题。第四,准备和制作一些法律及相关的文件。第五,必要的项目储备。项目的储备非常重要,但是目前的中国企业,尤其是快速增

---

① 参见彭丁带:《美国风险投资法律制度研究》,北京大学出版社 2005 年版,第 106 页。

② 参见文先明:《风险投资中信息不对称及风险分析研究》,湖南人民出版社 2005 年版,第 162 页。

③ 参见张陆洋、[美]Christopher Lane Davis:《美国风险(创业)投资有限合伙制》,复旦大学中国风险投资研究中心译,复旦大学出版社 2005 年版,第 22 页。

④ 参见李建伟:《私募股权投资基金的发展路径与有限合伙制度》,载《证券市场导报》2007 年第 8 期。李建伟博士对有限合伙制私募股权投资基金的优势分析令人信服,但其关于退出机制的论述有待商榷,笔者认为,其论述的主要问题在于混淆了私募股权投资基金投资的退出与基金有限合伙人从基金中退出。

⑤ 参见李建伟:《私募股权投资基金的发展路径与有限合伙制度》,载《证券市场导报》2007 年第 8 期。当然,这只是法律的字面解读,实践中还取决于各地政府相关部门的具体操作,如温州、北京等地的积极响应。

长的企业，对项目的估值能力在逐步增强，如何取得一个高回报项目，可能会成为私募股权投资经理需要思考的重要问题。

（三）合伙人身份的转换、权益转让与退出

1. 身份转换

除合伙协议另有约定外，普通合伙人转变为有限合伙人，或者有限合伙人转变为普通合伙人，应当经全体合伙人一致同意。有限合伙人转变为普通合伙人的，对其作为有限合伙人期间有限合伙企业发生的债务承担无限连带责任。普通合伙人转变为有限合伙人的，对其作为普通合伙人期间合伙企业发生的债务承担无限连带责任。

此外，《合伙企业法》（2006 年修订）第 48 条对普通合伙人依法转变为有限合伙人具有参照作用："合伙人被依法认定为无民事行为能力人或者限制民事行为能力人的，经其他合伙人一致同意，可以依法转为有限合伙人，普通合伙企业依法转为有限合伙企业。其他合伙人未能一致同意的，该无民事行为能力或者限制民事行为能力的合伙人退伙。"

可以看出，在合伙人身份转换这一问题上，《合伙企业法》在充分尊重合伙人意思自治的同时，对合伙企业债务承担作出了强制性的严格规定，尤其是有限合伙人如果转换身份，需要对其身份转换前的债务承担无限连带责任。在合伙协议中，应当在法律框架下对此作出明确规定。实践中，为避免利益分割等争议，通常会约定："非经全体合伙人全体一致同意，有限合伙人不能转变为普通合伙人，普通合伙人亦不能转变为有限合伙人。"

2. 权益转让

根据《合伙企业法》的规定，除合伙协议另有约定外，合伙人向合伙人以外的人转让其在合伙企业中的全部或者部分财产份额时，须经其他合伙人一致同意。合伙人之间转让在合伙企业中的全部或者部分财产份额时，应当通知其他合伙人。合伙人向合伙人以外的人转让其在合伙企业中的财产份额的，在同等条件下，其他合伙人有优先购买权；但是，合伙协议另有约定的除外。

由于有限合伙存在普通合伙人和有限合伙人两种类型的合伙人，实践中，从普通合伙人的控制权等角度考虑，通常将两类合伙人权益转让问题进行分别约定，例如：

（1）有限合伙人权益转让。未经普通合伙人同意，有限合伙人无权转让其在有限合伙当中的任何权益，包括但不限于对于出资及接受分配的权利。转让方申请转让其持有的全部或部分有限合伙权益的，当下列条件全部满足时方为一项"有效申请"，如权益转让不会导致有限合伙违反《合伙企业法》或其他有关法律法规的规定，或由于转让导致有限合伙的经营活动受到额外的限制；不会导致任何有限合伙人的认缴出资额低于 × × 万元；转让方至少提前 30 日向普通合伙人发出转让请求……

当一项有关有限合伙权益转让的申请成为有效申请时，普通合伙人有权并且应当独立做出同意或不同意的决定；但如果拟议受让方为转让方的关联人且转让方为拟议受让方之后续出资义务承担连带责任的，普通合伙人应予同意。

对于根据合伙协议规定，经普通合伙人同意转让或退出的有限合伙权益，同等条件下普通合伙人有权优先受让，普通合伙人放弃优先权的，其他有限合伙人可优先受让。

（2）普通合伙人权益转让。普通合伙人原则上无权转让其在有限合伙当中的任何权益。如出现其被宣告破产、被吊销营业执照之特殊情况，确需转让其权益，且受让人承诺承担原普通合伙人之全部责任和义务，在经非关联合伙人一致同意后方可转让，否则有限合伙进入清算程序。

普通合伙人可向其关联人转让其持有的有限合伙权益。

若经代表有限合伙实际出资额 2/3 以上（不含）的合伙人决定接纳新的普通合伙人并将原普

通合伙人强制除名,则原普通合伙人应向新的普通合伙人转让其持有的全部有限合伙权益,并且转让价格应经转让方及受让方均接受的独立第三方进行评估确定。

3. 退伙

(1)约定了经营期限的退伙

合伙协议约定合伙期限的,在合伙企业存续期间,有下列情形之一的,合伙人可以退伙:①合伙协议约定的退伙事由出现,如重大投资决策达不成一致、控制权丧失、出资无法到位等;②经全体合伙人一致同意,在不违反法律规定的前提下,无论退伙原因,只要全体合伙人同意,即可退伙;③发生合伙人难以继续参加合伙的事由,这一规定较为宽泛,正是从合伙企业"人合"与"人和"的特殊性质考虑而制定的,笔者认为,其涵盖了合伙人性格不合、投资观念重大分歧等诸多方面;④其他合伙人严重违反合伙协议约定的义务,实践中宜进行事前界定并约定的是何为"严重违反",如后续出资不按期到位、隐瞒某项重要经营情况、利益与风险分担不公导致多大程度的偏差等。

(2)未约定经营期限的退伙

合伙协议未约定合伙期限的,合伙人在不给合伙企业事务执行造成不利影响的情况下,可以退伙,但应当提前30日通知其他合伙人。这里的"造成不利影响"包括但不限于:企业正处于经营困难期或某项投资尚未完成,而本人正对此负责或未能进行顺利交接等。

(3)当然退伙

合伙人有下列情形之一的,当然退伙:①作为合伙人的自然人死亡或者被依法宣告死亡;②个人丧失偿债能力;③作为合伙人的法人或者非法人组织依法被吊销营业执照、责令关闭、撤销,或者被宣告破产;④法律规定或者合伙协议约定合伙人必须具有相关资格而丧失该资格;⑤合伙人在合伙企业中的全部财产份额被人民法院强制执行。

合伙人被依法认定为无民事行为能力人或者限制民事行为能力人的,经其他合伙人一致同意,可以依法转为有限合伙人,普通合伙企业依法转为有限合伙企业。其他合伙人未能一致同意的,该无民事行为能力或者限制民事行为能力的合伙人退伙。退伙事由实际发生之日为退伙生效日。

(4)除名

合伙人有下列情形之一的,经其他合伙人一致同意,可以决议将其除名:①未履行出资义务;②因故意或者重大过失给合伙企业造成损失;③执行合伙事务时有不正当行为;④发生合伙协议约定的事由。

(5)退伙的法律效果

退伙人对基于其退伙前的原因发生的合伙企业债务,承担无限连带责任。合伙人退伙时,合伙企业财产少于合伙企业债务的,退伙人应当依照《合伙企业法》的相关规定分担亏损:合伙企业的利润分配、亏损分担,按照合伙协议的约定办理;合伙协议未约定或者约定不明确的,由合伙人协商决定;协商不成的,由合伙人按照实缴出资比例分配、分担;无法确定出资比例的,由合伙人平均分配、分担。

第三节 企业设立的程序

企业设立的相关要求,各地存在差别,并且可能会根据国家法律法规与地方政策的调整,随时发生变化。在本书最初面市之时,以北京为例,对于企业设立的各类具体要求,系以企业所在地的工商局(现已变更为市场监管局)登记窗口的"小册子"进行指导的;如今"小册子"在市场监管局网站可以非常方便地获取。而企业对于律师协助进行注册的需求,也随着我国营商环境的有效改善,以及网络办事的便捷,而最终处于几近消亡的状态;同时,各类代理注册的机构可以提供更为实惠而便利的服务,律师对于企业注册流程的参与度降低。

2023 年修订的《公司法》进一步完善了公司设立制度:一是新设公司登记一章,明确公司设立登记、变更登记、注销登记的事项和程序;同时要求公司登记机关优化登记流程,提高登记效率和便利化水平。二是充分利用信息化建设成果,明确电子营业执照、通过国家企业信用信息公示系统发布公告、采用电子通信方式召开会议和表决的法律效力。三是扩大可用作出资的财产范围,明确股权、债权可以作价出资。四是放宽一人有限责任公司设立等限制,并允许设立一人股份有限公司。

以北京市市场监管局为例,目前在其官网及相关网站,可非常方便地查找最新的针对企业设立程序的指导性文件。

基于此,笔者本次对本书的修订,删除了这类实时更新且方便从网络取得的一般说明性文字,为使体例整体完整,仅保留必要的章节/标题名称。

第四节　企业设立中的法律文件

一、常规流程文件

以北京市市场监管局为例,目前在其官网及相关网站,可非常方便地查找最新的企业设立所需法律文件,大家可于企业设立前登录下载最新版本,如《企业设立登记申请书》《内资公司设立登记申请书》《郑重承诺书》《登记基本信息表》《法定代表人、董事、经理、监事信息表》《住所证明》《企业登记前置审批事项目录》《企业变更登记、注销登记前置审批事项指导目录》《法律、行政法规规定的最低注册资本(金)限额表》《暂不实行注册资本认缴登记制的行业》《法律、行政法规规定的最低注册资本(金)限额》《规章、规范性文件规定的注册资本(金)的最低限额表》《建筑业企业注册资本(金)一览表》《国际货运代理、中小企业信用担保、典当、房地产开发和投资类企业法人注册资本(金)的最低限额》。

二、出资协议

出资协议是原始股东就公司的注册资本数额、出资方式和出资时间,出资人在设立过程中的权利和义务,公司设立不成时费用的承担等进行的书面约定。以下给出协议的参考范本,具体操作时,需要股东根据自身的需求调整使用范本,这是各方权利义务的基础性约定,对于后续的调整或有争议时有重要的证据作用,有利于厘清股东间合作的相关事实基础,需要予以重视,勿随意套用。

协议编号:__________

第一条　出资方

1. 本协议中出资方是指承认公司章程、认缴出资额,公司设立后,持有经公司登记、法定代表人签字盖章的出资证明书者。

2. 签订本协议的股东是:

A 有限责任公司

(住所、法定代表人、电话、传真、邮政编码)

B 有限责任公司

(住所、法定代表人、电话、传真、邮政编码)

(注:股东亦可为自然人。)

第二条　公司设立方式及法定事项

1. 性质:有限责任公司

2. 拟注册名称:

中文:C有限责任公司

英文:______________

3. 注册地址、营业地址、邮政编码:______________

4. 法定代表人、职务:______________

5. 注册资本:______________

6. 公司宗旨:______________

7. 公司经营范围:______________

8. 公司经营方式:______________

(注:上述事项,在登记时如有变更,以工商登记为准。)

第三条 出资方式及出资额

1. A公司以货币现金出资人民币______万元,以______出资人民币______万元,共计占C公司注册资本的______%。

2. B公司以货币现金出资人民币______万元,以______出资人民币______万元,共计占C公司注册资本的______%。

A、B公司于本协议签订之日起______日内,将各自应缴纳的货币出资打入C公司筹委会账户(账户由______负责监管),其余资产的转移事宜,按本协议第五条办理。

第四条 出资人的权利和义务、责任

1. 权利

(1)出资人按投入公司的资本额占公司注册资本额的比例享有所有者的资产权益。

(2)出资人按照出资比例分取红利。公司新增资本时,出资人可以优先认缴出资。公司章程另有约定的,从其约定。

(3)出资人可依据《公司法》和公司章程转让其在C公司的出资。

(4)出资人协商确定公司名称。

(5)如公司不能设立时,在承担发起人义务和责任的前提下,有权收回所认缴的出资。

(6)出资人有权对不履行、不完全履行或不适当履行出资义务的出资人和故意或过失损害公司利益的出资人提起诉讼,要求其承担相应法律责任。

(7)法律、行政法规及公司章程所赋予的其他权利。

2. 义务

(1)出资人应当在规定的期限内足额缴纳各自所认缴的出资额。

(2)出资人以其出资额为限对公司承担责任。股东在公司登记后,不得抽回出资。

(3)出资人应遵守公司章程。

(4)本公司发给出资人的出资证明书不得私自交易和抵押,仅作为公司内部分红的依据。

(5)法律、行政法规及公司章程规定应当承担的其他义务。

3. 责任

(1)出资人违反本协议,不按规定缴纳出资,应向已足额缴纳出资股东承担违约责任,违约方按其应出资额的______%承担违约责任。出资人不按规定缴纳出资导致公司不能成立的,按其应出资额的______%向其他出资人承担违约责任。

(2)出资人在公司设立过程中,故意或过失侵害公司利益的,应向公司或其他出资人承担赔偿责任。

第五条 手续办理

经出资人协商,一致同意由A公司具体负责办理设立公司的有关手续和起草有关文件,并负责公司设立过程中的其他具体事务。

第六条 协议的退出

出资人退出本协议,放弃出资人资格,或者增加新的出资人,都必须经过全体出资人一致同意,方为有效，因此产生的法律后果，由出资人另行协商签订补充协议加以规定；但退出协议的出资人需承担相应的责任。

第七条　股东会

1. 股东会由全体股东组成，由董事会负责召集。

2. 股东会的职权按《公司法》和公司章程的规定行使。

第八条　董事会

1. 董事会是公司日常经营决策机构，由______名董事组成，设董事长一名，副董事长______名。董事长、副董事长由控股股东推荐，董事会选举产生。

2. 董事每届任期三年，任期届满，连选可以连任。董事在任期届满前，股东会不得无故解除其职务。

3. 董事会下设发展战略委员会、薪酬委员会和审计委员会，董事会秘书办协助以上各委员会和董事会工作。

4. 董事会对股东会负责，其职权按《公司法》和公司章程的规定行使。

第九条　总经理

公司设总经理一名，总经理对董事会负责，其职权按《公司法》和公司章程规定行使。

公司总经理提请聘任或者解聘公司副总经理、财务负责人，提出其薪酬建议。聘任或者解聘除应由董事会聘任或者解聘人员以外的负责管理人员，并决定其薪酬事项。

第十条　监事会

C公司设______名监事，监事由股东会选举产生。监事职权依照《公司法》和公司章程有关规定行使。

董事、高级管理人员不得兼任监事。监事的任期每届为三年，监事任期届满，连选可以连任。

第十一条　利润的分配

公司交纳所得税后的利润，按下列顺序分配：

1. 弥补以前年度的亏损；

2. 提取利润的10%列入法定公积金；法定公积金累计额为公司注册资本的50%以上的，可不再提取；

3. 暂按利润的5%提取列入任意公积金，可以根据公司年度经营状况，经股东会同意后予以调整；

4. 支付股东股利；

5. 转增资本(或股本)。

第十二条　公司未能设立情形

1. 公司有下列情形之一的，可以不予设立：

(1)该协议未获得______批准；

(2)出资人一致决议不设立公司；

(3)出资人违反出资义务，导致公司不能设立的；

(4)因不可抗力事件致使公司不能设立的。

2. 公司不能设立时，出资人已经出资的，应予以返还。对公司不能设立负有责任的出资人，必须承担完相应法律责任，才能获得返还的出资。

第十三条　附则

1. 本协议经发起人、发起人的法定代表人或其委托代理人签字、加盖单位公章，并经批准后生效。

2. 本协议未尽事宜，以今后补充协议为准。本协议每位股东各持一份。

3. 本协议签订时间为________年____月____日。

4. 本协议签订地点为________________。

A公司：(盖章)　　　　　　　　B公司：(盖章)

签约代表人：(签字)　　　　　　签约代表人：(签字)

(注：如为自然人股东，则签字并捺右手食指的指印。)

三、中外合资经营企业合同

中外合资经营企业合同通常是在合资公司《章程》确定前,即需提前制定并签署,合营各方对公司的性质、运营管理方式、财务事项、公司解散等重大事项予以约定。

合同编号:______

第一章 总 则

中国__________公司和__________国(或地区)__________公司,根据中华人民共和国有关法律、法规的规定,本着平等互利的原则,通过友好协商,同意在中华人民共和国__________省__________市,共同举办中外合资经营企业,特订立本合同。

第二章 合营各方

第一条 本合同的各方为

中国______________公司(以下简称甲方),在中国__________省__________市登记注册,其法定地址在:______________,电话:__________,传真:__________,法定代表人姓名:__________职务:__________国籍:__________。

__________国(或地区)__________公司(以下简称乙方),在__________国(或地区)登记注册,其法定地址在:__________,电话:__________,传真:__________,法定代表人姓名:__________职务:__________国籍:__________。

(注:若有两个以上合营者,依次称丙、丁……方。)

第三章 成立合资经营公司

第二条 甲、乙方根据《中华人民共和国外商投资法》及有关法律、法规的规定,同意在__________省__________市建立合资经营的__________有限责任公司(以下简称合营公司)。公司性质为有限责任公司。

第三条 合营公司的名称为__________有限责任公司。

外文名称为:__________。

合营公司的法定地址为:__________。

第四条 合营公司的经营宗旨为:__________。

第五条 合营公司的经营范围为:__________。

第六条 合营公司的经营规模:年营业额__________万元人民币。

第七条 合营公司为中国法人,其一切活动必须遵守中华人民共和国的法律、法规的规定。

第四章 投资总额和注册资本

第八条 合营公司的投资总额为:__________万元人民币。

第九条 合营各方的出资总额为:__________万元人民币,以此作为合营公司的注册资本。其中,甲方现金和土地使用权出资__________万元人民币,占注册资本的____%;乙方以现金出资__________万元人民币(系以美元出资后折算),占注册资本的____% 。双方应在合营合同签订之日起____日内缴清出资额。

第十条 合营各方缴付出资额后,合营公司应聘请在中国注册的会计师机构验资,出具验资报告后,由合营公司据以发给出资证明书。

第十一条 合营公司在合营期限内不得减少注册资本。因投资总额和生产经营规模等发生变化,确需减少的,经公司董事会同意,报审批机构批准后方可减少注册资本。

第十二条 合营各方任何一方如向第三方转让其全部或部分出资额,须经合营他方同意,报审批机构批准。

一方转让其全部或部分出资额时,合营他方有优先购买权。

第五章　合营各方利润分配和亏损分担比例

第十三条　合营公司的甲、乙双方以各自认缴的出资额对合营公司的债务承担责任,各方按其出资额在注册资本中的比例分享利润并分担风险和亏损。

第六章　董　事　会

第十四条　合营公司设立董事会,合营公司的批准证书签发之日为合营公司董事会成立之日。

第十五条　董事会为合营公司最高权力机构。

董事会决定合营公司的一切重大事宜,其主要职权如下:

1. 制订公司发展计划,审批总经理提出的年度经营计划、年度营业报告、资金借款计划和资金使用情况等重要报告;
2. 决定公司储备基金、企业发展基金、职工福利及奖励基金的提取比例,批准年度财务报表、收支预算与年度利润分配方案;
3. 更改合营公司章程和通过合营公司重要规章制度;
4. 决定合营公司注册资本增加和转让;
5. 讨论决定合营公司中止、解散或与另一经济组织合并;
6. 决定聘用或解聘总经理、副总经理;
7. 决定设立分支机构;
8. 负责合营公司解散时的清算工作;
9. 其他应由董事会决定的重大事宜。

第十六条　董事会由六名董事组成,其中甲方委派____名,乙方委派____名。合营公司董事长由甲方委派,两名副董事长分别由乙方和甲方各委派一名。董事长、副董事长、董事任期四年,董事长可连选连任。

第十七条　董事长是合营公司的法定代表人,董事长因故不能履行其职责时,应临时授权副董事长或其他董事为代表。董事长、副董事长如不称职或有违法行为应由董事会会议罢免。

董事如不称职或有违法行为,由委派方撤换。合营各方在委派和更换董事人选时,应由委派方书面通知董事会。

第十八条　董事会会议每年至少召开一次,经三分之一以上董事提议,可以召开董事会临时会议。董事会会议原则上在合营公司法定地址所在地举行。

第十九条　董事会会议由董事长召集并主持。

第二十条　董事长应在董事会会议召开前15天发出召集董事会会议的书面通知,写明会议的内容、时间和地点,通知各董事。

第二十一条　董事因故不能出席董事会会议,可以书面委托代理人代表其出席和表决,如届时未出席又未委托代理人出席,则视为对待表决事项的弃权。

第二十二条　出席董事会会议的法定人数为三分之二以上的董事。

第二十三条　董事会每次会议,须作详细的书面记录,并由全体出席董事签字,代理人出席时,由代理人签字,记录文字使用中文。记录应归档保存。

第二十四条　以下重大问题,应由出席董事会会议的董事一致通过,方可做出决定:

1. 合营公司章程的修改;
2. 合营公司的中止、解散;
3. 合营公司注册资本的增加;
4. 合营公司与其他经济组织的合并。

对其他事宜,由出席董事会会议的三分之二以上董事通过决定。

第七章　经营管理机构

第二十五条　合营公司设立经营管理机构,负责合营公司的日常经营管理工作。经营管理机构设总经理一人、副总经理二人,总经理由董事会聘任,副总经理由总经理提名,董事会聘任。总经理、副总经理任期四年,经董事会聘请可以连任。总经理由甲方委派的人员担任,副总经理由乙方委派的人员担任。

第二十六条　总经理的职责是执行董事会会议的各项决议,组织、领导合营公司的日常经营管理工作,副总经理协助总经理工作。当总经理不在时,由董事会或总经理授权的副总经理代理行使总经理职责。合营公司根据需要设部门经理,分别负责各部门的工作,并对总经理负责。

第二十七条　经董事会聘请,董事长、副董事长、董事可兼任合营公司总经理、副总经理及其他高级管理职务。

第二十八条　总经理、副总经理不得兼任其他经济组织的总经理、副总经理,不得参与其他经济组织对本合营公司的商业竞争。

第二十九条　总经理、副总经理和其他高级职员请求辞职时,应提前一个月向董事会提出书面报告,经批准方可离职。如发现有严重失职行为,经董事会会议决议可随时解聘,对合营公司造成损害的,依法予以赔偿。

第八章　税务、外汇、财务、审计

第三十条　合营公司的财务会计按照中华人民共和国财政部制定的外商投资企业财务会计制度规定办理。

第三十一条　合营公司会计年度采用日历年制,自公历每年一月一日起至十二月三十一日止为一个会计年度。

第三十二条　合营公司的一切凭证、账簿、报表用中文书写,必要时同时用英文书写。

合营公司的财务会计记账册上应记载如下内容:

1. 合营公司所有现金收入、支出数量;
2. 合营公司所有的物资出售及购入情况;
3. 合营公司的注册资本及负债情况;
4. 合营公司注册资本缴纳时间、增加及转让情况等。

第三十三条　合营公司采用人民币为记账本位币。人民币同其他货币的折算,按实际发生之日中国人民银行公布的外汇牌价中间价计算。合营公司在中国人民银行或外汇管理部门同意的银行开立人民币及外币账户。

第三十四条　合营公司采用国际通用的权责发生制和借贷记账法记账。

第三十五条　合营公司的财务审计聘请在中国注册的会计师审查、稽核,并将结果报告董事会和总经理。

合营各方有权查阅合营公司的账目,所需费用由查阅方自行负担,查阅时合营公司应提供方便。

第三十六条　每一会计年度的前三个月,由总经理组织财务部门编制上一年度的资产负债表、损益表和利润分配方案,提交董事会会议通过。

第三十七条　合营公司按照《中华人民共和国企业所得税法实施条例》的规定,由董事会决定其资产的折旧年限。

第三十八条　合营公司的一切外汇事宜,按照中华人民共和国外汇管理的有关规定办理。

第九章　利 润 分 配

第三十九条　合营公司从缴纳所得税后的利润中提取储备基金、企业发展基金和职工奖励及福利基金,提取比例由董事会依据国家有关规定视合营公司具体情况确定。

第四十条　合营公司依法缴纳所得税和提取各项基金后的利润，按照各方出资额在注册资本中的比例进行分配。

第四十一条　合营公司每年分配利润一次，每个会计年度后三个月内公布利润分配方案及各方应分得的利润额。

第四十二条　合营公司以前会计年度的亏损未弥补前不得分配利润。以前会计年度未分配的利润可并入本会计年度进行利润分配。

第十章　职　　工

第四十三条　合营公司职工的招聘、辞退、工资、劳动保护、生活福利和奖惩等事项按照中国的有关法律、法规和劳动管理部门的有关规定，经董事会研究制订方案，由合营公司和合营公司的工会组织，集体或个别订立劳动合同加以规定。

劳动合同订立后，报当地劳动管理部门备案。

第四十四条　合营公司有权对违反公司的规章制度和劳动纪律的职工给予警告、记过、降薪等处分，情节严重的可开除，对开除的职工应报当地劳动管理部门备案。合营公司处分、解雇职工，应事先通知工会，如有争议，可按照解决劳动争议程序处理。

第四十五条　合营公司职工工资待遇参照中国有关规定，根据公司的具体情况，由董事会确定，并在劳动合同中具体规定。

随着生产的发展，职工业务能力和技术水平的提高，公司应适当提高职工工资。

第四十六条　合营公司职工福利、奖金、劳动保护和劳动保险等事宜，公司将分别在各项制度中加以规定，确保职工在正常条件下从事生产和工作。

第四十七条　合营公司所需要的职工，可由当地劳动部门推荐，或经劳动部门同意后由合营公司公开招聘，但一律须考核后择优录用。

第十一章　工　　会

第四十八条　合营公司职工有权根据《中华人民共和国工会法》和《中国工会章程》的规定，建立基层工会，开展工会活动。

第四十九条　合营公司工会是职工利益的代表，有权代表职工同合营公司签订劳动合同，并监督合同的执行。

第五十条　合营公司工会的基本任务是：依法维护职工的民主权利和物质利益；协助合营公司安排和合理使用福利、奖励基金；组织职工学习政治、科学、技术和业务知识，开展文艺、体育活动，教育职工遵守劳动纪律，努力完成公司的各项经济任务。

第五十一条　合营公司董事会会议讨论合营公司的发展规划、生产经营活动等重大事项时，工会的代表有权列席会议，反映职工的意见和要求。

在董事会会议研究决定有关职工奖惩、工资制度、生活福利、劳动保护和保险等问题时，工会的代表有权列席会议，董事会应听取工会的意见，取得工会的合作。

第五十二条　合营公司应积极支持本公司工会的工作。合营公司应按照《中华人民共和国工会法》的规定为工会组织提供必要的房屋设备，用于办公、会议、举办职工集体福利、文化、体育事业。合营公司每月按公司职工实际工资总额的2%拨缴工会经费，由本公司工会按照中华全国总工会制定的有关经费管理办法使用。

第十二章　合营公司的期限、解散、清算

第五十三条　合营公司的合营期限为20年，合营公司营业执照签发之日为合营公司成立日期。

如合营各方同意延长合营期限，应在合营期满前6个月向审批机构报送由合营各方授权代表签署的申

请书,经批准可延长合营期限。

第五十四条 合营企业有下列情况之一解散:

1. 合营期限届满;

2. 企业发生严重亏损,无力继续经营;

3. 因自然灾害、战争等不可抗力遭受严重损失,无力继续经营;

4. 合营企业未达到其经营目的,同时又无发展前途。

如上述情况发生,由董事会一致通过,提出由合营各方授权代表签署的解散申请书,报审批机构批准。

第五十五条 合营企业解散的,应成立清算委员会,全权处理清算事宜。

第五十六条 清算委员会的成员一般应在合营公司的董事中选任。董事不能担任或不适合担任清算委员会成员时,合营公司可聘任在中国注册的会计师、律师担任。审批机构认为必要时,可以派人进行监督。

清算费用和清算委员会成员的酬劳应从合营公司现存财产中优先支付。

第五十七条 合营公司宣告解散时,董事会应提出清算的程序、原则、清算委员会人选,报企业主管部门审查并监督清算。

第五十八条 清算委员会的任务是对合营公司的财产、债权、债务进行全面清查,编制资产负债表和财产目录,提供财产作价原则和计算依据,制订清算方案,提请董事会通过后执行。清算期间,清算委员会代表合营公司起诉和应诉。

第五十九条 合营公司以其全部资产对其债务承担责任。按国家规定的偿债顺序清偿债务,清偿债务后的剩余资产按照各方出资额在合营公司注册资本中的比例进行分配。

合营公司解散时,其资产净额或剩余资产超过注册资本的增值部分视同利润,应依法缴纳所得税。外国合营者分得的资产净额或剩余资产超过其出资部分,在汇往国外时,应依法缴纳所得税。

第六十条 合营公司的清算工作结束后,由清算委员会提出清算报告,提请董事会会议通过,报原审批机关批准,并向原登记管理机关办理注销登记手续,缴销营业执照。

第六十一条 合营公司解散后,其各种账册、文件、档案由中方保存。

第十三章 纳税与保险

第六十二条 合营公司应按中华人民共和国有关税法缴纳各种税款。

第六十三条 合营公司的各项保险均应向中国的保险公司投保。投保办法、投保险别、保险价值等均按中国人民保险公司的规定由合营公司董事会决定。

第十四章 合同的修改、补充、变更与解除

第六十四条 本合同及其附件的修改或补充,必须经甲、乙方协商一致、签署书面协议,并报经审批机构批准方能生效。

第六十五条 出现本合同第五十四条规定的情形之一,经合营公司董事会特别决议,并报原审批机关批准,可以提前终止或解除本合同。

第十五章 违 约 责 任

第六十六条 由于一方不履行合同、章程规定的义务,或严重违反合同、章程规定,造成合营公司无法经营或无法达到合同规定的经营目的,视作违约方片面终止合同,守约方除有权向违约的一方索赔外,并有权按合同规定报原审批机关批准终止合同。如甲、乙方同意继续经营,违约方仍应赔偿履约一方的经济损失。

第六十七条 甲、乙任何一方如未按本合同规定缴清出资额时,自逾期的第一日算起,至缴清之日,每日支付给守约方__________元人民币的违约金。如逾期1个月仍未缴清,除累计缴付违约金外,守约方有权按照本合同规定终止合同,并要求违约方赔偿损失。

第六十八条　由于一方的过失，造成本合同及其附件不能履行或不能完全履行时，由过失的一方承担违约责任；如属双方的过失，根据实际情况，由双方分别承担各自应负的违约责任。

第六十九条　为保证本合同及其附件的履行，甲、乙各方在合同生效后10天内相互提供履约的银行担保书。

第十六章　不可抗力

第七十条　在合营期间，由于地震、台风、水灾、火灾、战争或其他不能预见并且对其发生和后果不能防止和避免的不可抗力事故，致使直接影响合同的履行或者不能按约定的条件履行时，遇有上述不可抗力事故的一方，应立即将事故情况电报或以其他更快的方式通知对方，并应在15天内提供不可抗力的详细情况及合同不能履行、部分不能履行，或者需要延期履行的理由的有效证明文件，此项证明文件应由不可抗力发生地区的公证机构出具。按照不可抗力对履行合同影响的程度，由双方协商决定是否解除合同、部分免除履行合同的责任，或者延期履行合同。

第十七章　争议的解决

第七十一条　凡因执行本合同所发生的或与本合同有关的一切争议，双方应首先通过友好协商解决，如果协商不能解决，应提请中国国际经济贸易仲裁委员会（在北京分会/深圳分会/上海分会）仲裁。仲裁的裁决是终局的，对双方都有约束力。

第七十二条　本合同的订立、效力、解释、履行和争议的解决均受中华人民共和国法律的保护和管辖。

第十八章　文　字

第七十三条　本合同用中文和____文写成，两种文字具有同等效力。上述两种文本如解释有矛盾，以中文文本为准。

第十九章　合同生效及其他

第七十四条　按照本合同规定的各项原则所订立的合营公司章程、工程协议、技术转让协议、销售协议等，均为本合同的附属文件。

第七十五条　本合同及其附属文件，均须经审批机关批准，并自批准之日起生效。

第七十六条　合营公司对甲、乙双方或甲、乙双方互送通知的方法，如果采用电报、传真或电子邮件时，凡涉及各方权利、义务的，应随之发出书面信件通知。合同中所列的甲、乙双方的法定地址，即为甲、乙方的收件地址。

第七十七条　本合同一式____份，甲、乙方各____份，合营公司一份，报中华人民共和国商务部____份，其余____份，分报有关机关，具有同等效力。

第七十八条　本合同于________年____月____日，由甲、乙双方的授权代表在中华人民共和国__________省__________市__________区签订。

甲方：（盖章）　　　　　　　　　　乙方：（盖章）

代表人：（签字）　　　　　　　　　代表人：（签字）

四、有限合伙（私募基金）协议①

合伙协议有时又称为基金协议等，名称多样但在内容上系各合伙人对合伙企业经营管理、合伙

① 受客户保密要求的影响，本协议仅为一般性的有限合伙制基金范本简介，简化了内容。具体操作时，需根据不同基金投资人的不同要求，进行特别的条款设计，版本或繁或简。

人利益分配等事项进行的约定。

签订日期:

签约人:

第一章 总 则

第一条 根据《中华人民共和国合伙企业法》(以下简称《合伙企业法》)及有关法律、行政法规、规章的有关规定,经协商一致订立本协议。

第二条 本合伙企业为有限合伙企业,是根据协议自愿组成的共同经营体。全体合伙人愿意遵守中国国家有关的法律、法规、规章,依法纳税,守法经营。

第三条 本协议条款与法律、行政法规、规章不符的,以法律、行政法规、规章的规定为准。

第四条 本协议经全体合伙人签名、盖章后生效。合伙人按照本协议享有权利,履行义务。

第二章 合伙企业的名称和主要经营场所的地点

第五条 合伙企业名称:________(有限合伙)(最终以相关管理部门核定为准)。

第六条 企业经营场所:____________。

第三章 合伙目的和合伙经营范围及合伙期限

第七条 合伙目的:________________。

第八条 合伙经营范围:____________(最终以相关管理部门核定为准)。

第九条 合伙期限为:____年,上述期限自合伙企业的营业执照签发之日起计算。全体合伙人一致同意后,可以延长或缩短上述合伙期限。

第四章 合伙人的姓名或名称、住所

第十条 本合伙企业的合伙人共____人,其中普通合伙人为____人,有限合伙人为____人。未经全体合伙人(人数)三分之二(含)以上同意,不得增加普通合伙人的数量。

各合伙人名称及其住所等基本情况如下:

1. 普通合伙人

序号	姓名或名称	住所	证件名称	证件号码
1			营业执照	
2				
3				

2. 有限合伙人

序号	姓名或名称	住所	证件名称	证件号码
1			身份证	
2				
3				

第十一条 经全体合伙人(人数)三分之二(含)以上同意,普通合伙人可以转变为有限合伙人,或者有限合伙人可以转变为普通合伙人,但须保证合伙企业至少有一名普通合伙人。

有限合伙人转变为普通合伙人的，对其作为有限合伙人期间合伙企业发生的债务承担无限连带责任。普通合伙人转变为有限合伙人的，对其作为普通合伙人期间合伙发生的债务承担无限连带责任。

第五章 合伙人的出资方式、数额和缴付期限

第十二条 本合伙企业总出资额为人民币××万元。

第十三条 合伙人的出资方式、数额和缴付期限：

全体合伙人均以人民币货币方式认缴出资，并在本协议签订后××个工作日内缴纳实缴出资额；如果实缴出资额达不到认缴出资额，则差额部分于本合伙企业营业执照签发之日起×年内缴足。

1. 普通合伙人的出资情况

序号	姓名或名称	认缴出资额/万元	占本合伙企业总出资额的比例/%	实缴出资额/万元
1				
2				
3				
合计				

2. 有限合伙人的出资情况

序号	姓名或名称	认缴出资额/万元	占本合伙企业总出资额的比例/%	实缴出资额/万元
1				
2				
3				
合计				

第六章 利润分配、亏损分担方式

第十四条 合伙企业的利润分配，由合伙人按如下方式分配：

1. 利润分配的定义

合伙企业利润分配，是指将本合伙企业的净收益根据本协议约定进行分配。本合伙企业的净收益：合伙企业收益扣除本协议规定和全体合伙人（人数）三分之二（含）以上同意支付或提取的费用后得出的余额。

2. 分配比例

合伙企业利润的____%归普通合伙人享有，____%归有限合伙人享有，在合伙企业向各合伙人分配利润时支付。全体有限合伙人按照利润分配时各自的____出资比例分配。

3. 分配时间

本合伙企业对年度已实现的利润（包括相应的投资成本）全部进行分配，每年度分配一次利润；如果全体合伙人（人数）三分之二（含）以上表决通过后，可以在其他时间进行分配。合伙企业对上述投资成本进行分配时，由于将导致合伙人对合伙企业出资数额的减少，应当在分配后____日内依法申办工商变更登记。

4. 利润分配转增出资

（1）普通合伙人

只能直接接受本合伙企业向其分配的利润，不得将本合伙企业向其分配的利润转增为合伙企业的出资，除非全体合伙人（人数）三分之二（含）以上同意。

（2）有限合伙人

可以直接接受本合伙企业向其分配的利润，或者经过全体合伙人（人数）三分之二（含）以上同意，将本

合伙企业向其分配利润转增为对本合伙企业的出资。

有限合伙人将其税后利润转增为出资的,应当在合伙企业利润分配结束之日____日内办理工商变更登记,其对本合伙企业的出资自工商变更登记完成之日相应增加。

5. 出资不足的责任

合伙人违反本协议的约定未按期足额缴付出资的,合伙企业在向其分配利润和投资成本时,有权扣除其逾期缴付的出资、违约金等费用。如果其应分配的利润和投资成本不足以补足上述款项的,应当补缴出资并补缴上述费用。

第十五条 经全体合伙人(人数)三分之二(含)以上另行决定后,如下条款开始执行:

合伙企业每年度初提取全体合伙人已经实缴出资总额的____%用于支付______员工工资、办公室租金、差旅费、律师费、会计服务费等各项费用(以下简称管理费),并在每年度初的最初____日向______员工支付完毕。如果全体合伙人实缴的出资总额在年度中期增加的,按新增出资的____%补充提取管理费。补充提取的管理费在实缴出资增加后____日内向____支付。

第十六条 本合伙企业的亏损按如下方式分担:由全体合伙人(包括普通合伙人和有限合伙人)按照各合伙人____的出资比例分担。

第七章 合伙事务的执行

第十七条 本合伙企业由普通合伙人执行合伙事务。执行合伙事务的合伙人(以下简称执行合伙人)对外代表合伙企业。

第十八条 全体合伙人对本合伙企业事务的执行以及执行合伙人的产生方式等事项约定如下:

1. 执行合伙人的确定

(1)执行合伙人由普通合伙人担任,代表本合伙企业执行合伙事务。合伙企业可委托其他主体进行管理。

(2)执行合伙人有权委派/撤换执行合伙事务的代表;并在委派/撤换之日起××日内通知其他合伙人。

2. 执行合伙人执行事项的限定

经全体合伙人(人数)三分之二(含)以上另行决定后,如下条款开始执行:

(1)对于投资的项目,必须经全体合伙人(人数)三分之二(含)以上批准成立的投资决策委员会(投资决策委员会的组成、职权等见本协议第二十九条)表决通过后,执行合伙人方可进行投资。

(2)除法律、法规和本协议另有规定外,合伙企业进行与投资项目相关的对外划款、转账均应按照投资决策委员会的决定办理。

3. 有限合伙人的监督检查等权利

(1)对合伙企业的经营管理提出建议。

(2)监督执行合伙人执行合伙事务,检查其执行合伙企业事务的情况。

(3)执行合伙人不按照本协议或者全体合伙人的决定执行事务的,有权督促执行合伙人更正。

第十九条 执行合伙人的权限:

1. 执行合伙企业日常事务,办理合伙企业经营过程中相关审批手续。

2. 代表合伙企业与××签订资产管理协议,由该公司对合伙企业的财产进行管理。

3. 代表合伙企业与资金托管银行签署资金托管协议。

4. 代表合伙企业签订其他合作协议,负责协议的履行。

5. 代表合伙企业对各类股权投资项目进行管理,包括但不限于负责合伙企业的投资项目筛选、调查及项目管理等事务。

6. 代表合伙企业处理、解决合伙企业涉及的各种争议和纠纷。

7. 合伙企业授予的其他权限。

第二十条 全体合伙人(人数)三分之二(含)以上通过,可以更换执行合伙人,但新任执行合伙人必须是普通合伙人。

第二十一条 不执行合伙事务的合伙人有权监督执行合伙人执行合伙事务的情况，有权监督合伙企业的资金及账户，包括有权聘请外部审计单位对合伙企业的财务状况和经营成果进行审计，相关费用由不执行合伙事务的合伙人自行承担。

执行合伙人应当按季度向其他合伙人报告执行情况以及合伙企业的财务状况和经营成果，其执行合伙事务所产生的收益归全体合伙人，所产生的费用和亏损由全体合伙人承担。

第二十二条 合伙人按照合伙人会议的有关规定对合伙企业有关事项作出决议，实行合伙人一人一票并经全体合伙人过半数通过的表决办法，但法律另有规定或本协议另有约定的除外。

第二十三条 合伙企业事项的处理方式

1. 除本协议另有规定外，合伙企业的下列事项应当经全体合伙人一致同意：

(1)以合伙企业名义为他人提供担保、贷款。

(2)以合伙企业名义借贷。

2. 除本协议另有规定外，合伙企业的下列事项应当经全体合伙人（人数）三分之二（含）以上同意：

(1)改变合伙企业的名称。

(2)改变合伙企业的经营范围、主要经营场所的地点。

(3)决定和聘任投资决策委员会的成员，决定投资决策委员会成员的报酬，修改投资决策委员会的职权和工作程序。

(4)增加或减少合伙企业的合伙人。

(5)合伙人增加或者减少对合伙企业的出资。

(6)修订本协议。

(7)更换执行合伙人。

3. 本合伙企业的下列事项（若有）按照本协议第二十九条的规定办理：

(1)处分合伙企业的不动产。

(2)转让或者处分合伙企业的知识产权和其他财产权利。

(3)聘任合伙人以外的人担任合伙企业的经营管理人员。

第二十四条 有限合伙人不执行合伙事务，但法律另有规定不属于执行合伙事务的行为除外，有限合伙人不得对外代表本合伙企业。

第二十五条 普通合伙人不得自营或者同他人合作经营与本合伙企业相竞争的业务；有限合伙人可以自营或者同他人合作经营与本合伙企业相竞争的业务。

除经全体合伙人（人数）三分之二（含）以上同意外，普通合伙人不得同本合伙企业进行交易。有限合伙人可以同本合伙企业进行交易。

第二十六条 执行合伙人、执行合伙人的关联企业不得对本合伙企业的投资项目或投资企业进行直接投资，亦不得通过其他变通方式对该等项目进行投资。

第二十七条 本合伙企业设立合伙人会议，合伙人会议按照相关法律法规的规定和本协议约定行使权利和履行义务。合伙人会议由全体合伙人组成。合伙人会议根据相关法律、法规的规定和本协议约定对本合伙企业事项作出决议。

第二十八条 合伙人会议分为定期会议和临时会议，由执行合伙人负责召集和主持。召开合伙人会议，应当提前____个工作日通知全体合伙人。定期会议每年度召开一次。执行合伙人、投资决策委员会、三分之一以上合伙人可以提议召开临时会议。

第二十九条 本合伙企业的投资决策委员会（若有）按照本协议约定行使权利和履行义务。投资决策委员会由______名委员组成，其中由有限合伙人推举______名委员，其余______名委员由合伙企业选聘投资专家担任（外聘投资专家应具有会计专业或法律专业的知识背景）。投资决策委员会的组成人员应由全体合伙人（人数）三分之二（含）以上同意后决定聘任或解聘。

1. 投资决策委员会的决议职权范围包括:

(1)处分合伙企业的不动产。

(2)转让或者处分合伙企业的知识产权和其他财产权利。

(3)聘任合伙人以外的人担任合伙企业的经营管理人员。

(4)制订合伙企业的利润分配方案。

(5)决定合伙企业资金的划转。

(6)选择确定投资项目,对资产管理公司提交的投资方案进行表决。

(7)合伙企业授予的其他权限。

2. 投资决策委员会的工作程序如下:

(1)投资决策委员会按照一人一票的方式对合伙企业的事项作出决议。除本协议另有约定外,投资决策委员会作出决议应取得超过半数的委员通过。

(2)投资决策委员会每季度召开一次会议,由执行合伙人负责召开和主持。执行合伙人可以提议召开临时会议。

(3)投资决策委员会对合伙企业的事项作出决议后,由执行合伙人负责执行,包括由执行合伙人向资产管理公司、托管银行等单位传送投资决策委员会的决议。

(4)其他由合伙企业同意的工作程序。

第八章 资 金 托 管

第三十条 合伙企业成立后,委托托管银行进行资金托管,由托管银行根据合伙企业的决定划转合伙企业资金,通过托管银行对资金的管理以确保合伙企业资金的安全。合伙企业向托管银行支付托管费用。

托管银行由执行合伙人选择确定。具体的托管办法和条件以合伙企业成立后与托管银行签订的资金托管协议为准。

第三十一条 全体合伙人应将其对合伙企业的出资转入本合伙企业在托管银行开立的账户。合伙人将其资金转入上述账户后,视为其已缴纳对本合伙企业认缴的该部分出资。

第三十二条 其他由合伙企业同意的资金托管具体规定。

第九章 入伙与退伙

第三十三条 新合伙人入伙,应依法订立书面入伙协议。订立入伙协议时,原合伙人应当向新合伙人如实告知原合伙企业的财务状况和经营成果。入伙的新合伙人与原合伙人享有同等的权利,承担同等责任。新入伙的有限合伙人对入伙前合伙企业的债务以其认缴的出资额为限承担责任。新入伙的普通合伙人对入伙前合伙企业债务承担无限连带责任。

第三十四条 有下列情形之一的,合伙人可以退伙:

1. 本协议约定的退伙事由出现。

2. 经全体合伙人(人数)三分之二(含)以上同意。

3. 发生合伙人难以继续参加合伙的事由。

4. 其他合伙人严重违反本协议约定的义务。

5. 合伙企业累计亏损超过总出资额____%时,有限合伙人可以退伙。

有限合伙人退伙应当提前____日通知其他合伙人。擅自退伙的,应当赔偿由此给其他合伙人造成的损失。

除非发生不可抗力原因或进入解散、清算程序,普通合伙人不得退伙。

第三十五条 合伙人有下列情形之一的,经其他合伙人一致同意,可以决议将其除名:

1. 未依照本协议履行出资义务。

2. 因故意或者重大过失给合伙企业造成重大损失。

3. 执行合伙事务时有不正当行为。

4. 发生本协议约定的事由。

合伙人存在上述情形的，还应当赔偿由此给其他合伙人造成的损失。

对合伙人的除名决议应当书面通知被除名人。被除名人接到除名通知之日，除名生效，被除名人退伙。被除名人对除名决议有异议的，可以自接到除名通知之日起____日内，根据本协议有关争议解决的规定解决。

第三十六条 普通合伙人退伙后，对基于其退伙前的原因发生的合伙企业发生的债务，承担无限连带责任；退伙时，合伙企业财产少于合伙企业债务的，该退伙人应当依照本协议第十六条的规定分担亏损。有限合伙人退伙后，对基于其退伙前的原因发生的本合伙企业债务，以其退伙时从本合伙企业中取回的财产承担责任。

第三十七条 作为有限合伙人的自然人死亡、被依法宣告死亡或者作为有限合伙人的法人及非法人组织终止时，其继承人或者权利承受人可以依法取得该有限合伙人在有限合伙企业中的资格。

合伙人向本合伙企业的其他合伙人转让出资份额，应当提前____日通知其他全部合伙人，并在通知后____日内办理工商变更登记。合伙人向本合伙企业以外的人转让出资份额，应当取得全体合伙人(人数)三分之二(含)以上通过。经合伙人的同意转让的出资份额，在同等条件下，其他合伙人有优先购买权。

第三十八条 合伙人退伙或被除名的，由会计师事务所对该名合伙人退伙或除名时合伙企业的净资产进行评估。对于评估后的合伙企业的净资产按照该名合伙人在合伙企业的出资比例予以退还。

承担资产评估工作的会计师事务所由执行合伙人选择确定，并由执行合伙人代表合伙企业与其签订评估协议。评估费用由退伙或被除名的合伙人承担。

合伙人退伙时其在合伙企业中的财产份额以货币方式退还，但全体合伙人(人数)三分之二(含)以上决定采用其他方式退还的除外。合伙人退伙或者被除名时，对其他合伙人负有赔偿责任的，其他合伙人有权在向其退还财产之前扣除相应的应赔偿的款项。

第十章 保密规定

第三十九条 本合伙企业相关的所有文件，包括但不限于合伙企业与他人签订的协议、合伙企业的项目投资计划、财务会计报告等，均属于合伙企业的机密资料。任何人不得对外公开，或者基于与执行合伙企业相关事务无关的目的使用该等文件。

第四十条 除依法应当公开的信息或者根据司法程序的规定应当向有关机构提供的信息之外，任何人均不得通过正式和非正式的途径向外披露合伙企业相关信息、合伙企业投资的项目情况等任何信息。拟公开披露的信息在公开披露前应予以保密，不得向他人泄露。

第十一章 争议解决办法

第四十一条 凡因本协议引起的或与本协议有关的任何争议，各合伙人应通过友好协商或者调解的方式解决；合伙人不愿或协商、调解不成的，提交北京仲裁委员会，按照提交仲裁时该委员会现行有效的仲裁规则，依中华人民共和国法律在北京进行仲裁。仲裁裁决是终局的，对本协议各方均有约束力。

第十二章 合伙企业的散伙与清算

第四十二条 合伙企业有下列情形之一的，应当解散：

1. 合伙期限届满，合伙人决定不再经营；

2. 合伙协议约定的解散事由出现；

3. 全体合伙人决定解散；

4. 合伙人已不具备法定人数满____日；

5. 合伙协议约定的合伙目的已经实现或者无法实现；

6. 依法被吊销营业执照、责令关闭或者被撤销;

7. 法律、行政法规规定的其他原因。

第四十三条 合伙企业清算办法应当按《合伙企业法》的规定进行清算。企业解散后,由清算人对合伙企业的财产、债权、债务进行清理和结算,处理尚未了结的事务,还应当通知和公告债权人。清算人由全体合伙人担任;经全体合伙人过半数同意,可以自合伙企业解散事由出现后____日内指定一个或者数个合伙人,或者委托第三人,担任清算人。

1. 清算人主要职责如下:

(1)清理合伙企业财产,分别编制资产负债表和财产清单。

(2)处理与清算有关的合伙企业尚未了结的事务。

(3)清缴所欠税款。

(4)清理债权、债务。

(5)处理合伙企业清偿债务后的剩余财产。

(6)代表企业参加诉讼或者仲裁活动。

2. 清算期间,合伙企业存续,不得开展与清算无关的经营活动。

3. 合伙企业财产在支付清算费用和职工工资、社会保险费用、法定补偿金以及缴纳所欠税款、清偿债务后的剩余财产,按照各合伙人的出资比例进行分配。

第四十四条 清算结束后,清算人应当编制清算报告,寄给全体合伙人签名、盖章后,在____日内向企业登记机关报送清算报告,申请办理合伙企业注销登记。

第十三章 通　　知

第四十五条 通知及通知的送达

1. 本协议履行过程中,所有相关的通知都要通过传真、特快专递进行传送。各合伙人之间、本合伙企业与各合伙人之间的通知和通信,应当被送往详细注明的地址和传真号码。

本合伙企业和各合伙人的联系方式如下:

(1)________(有限合伙)

地址:

邮编:

收件人:

传真号码:

(2)____________

地址:

邮编:

收件人:

传真号码:

(3)(其他合伙人的联系方式)

……

2. 为了确保能够顺利通信,任何一方应当以传真发送,或者以特快专递的方式,将其地址、传真号码的任何变化,在变化之日起3日内通报合伙企业和全体合伙人。

3. 任何一份通知或者通信在如下情况下应当被视为已经送达:

在发送传真的情况下,在传送当日视为已经送达(如果传送的日期在收件的地区不是营业日,应当视为在下一个开始营业日送达,送达的证据应当是对方收到传真的确认单);如果传送特快专递邮件,应当由邮政特快专递的送信人亲自将邮件传送给收件人签收确认,方可视为送达。

第十四章 不可抗力

第四十六条 不可抗力

1. 如果本协议任何一方因受不可抗力事件影响而未能履行其在本协议下的全部或部分义务，该义务的履行在不可抗力事件妨碍其履行期间应予中止。

2. 声称受到不可抗力事件影响的一方应尽可能在最短的时间内通过书面形式将不可抗力事件的发生通知其他合伙人，并在该不可抗力事件发生后____日内向其他合伙人提供关于此种不可抗力事件及其持续时间的适当证据及协议不能履行或者需要延期履行的书面材料。声称不可抗力事件导致其对本协议的履行在客观上成为不可能或不实际的一方，有责任尽一切合理的努力消除或减轻不可抗力事件的影响。

3. 不可抗力事件发生时，各合伙人应立即通过友好协商决定如何执行本协议，不可抗力事件或其影响终止或消除后，全体合伙人须立即恢复履行各自在本协议项下的各项义务，如不可抗力及其影响无法终止或消除而致使协议任何一方丧失继续履行协议的能力，则全体合伙人可以协商解除协议或暂时延迟协议的履行，且遭遇不可抗力一方无须为此承担责任。当事人迟延履行后发生不可抗力的，不能免除责任。

4. 本协议所称“不可抗力”是指受影响一方不能合理控制的，无法预料或即使可预料到也不可避免且无法克服，并于本协议签订日之后出现的，使该方对本协议全部或部分的履行在客观上成为不可能或不实际的任何事件。此等事件包括但不限于自然灾害如水灾、火灾、旱灾、台风、地震，以及社会事件如战争（不论曾否宣战）、动乱、罢工、政府行为或法律规定等。

第十五章 违约责任

第四十七条 合伙人违反本协议的，应当依法承担违约责任。

第四十八条 执行合伙人违反本协议的规定，给其他合伙人造成损失的，应当赔偿其他合伙人的损失。

第四十九条 合伙人逾期缴纳其认缴的出资，每逾期____日，应当向其他合伙人支付____的违约金，并承担补缴义务；逾期超过____日的，其他合伙人有权将其除名。

第十六章 其他事项

第五十条 本合伙企业的投资项目限制：

1. 本合伙企业不得投资本协议约定的经营范围之外的投资项目。

2. 本合伙企业不得投资于承担无限责任的企业。

3. 本合伙企业不得进行中国境内外的二级证券市场投资。

4. 除经全体合伙人（人数）三分之二（含）以上同意外，本合伙企业不得投资其他风险投资基金。

5. 除经全体合伙人（人数）三分之二（含）以上同意外，本合伙企业对一个项目的投资总额不得超过人民币____万元。

第五十一条 执行合伙人不得将其对合伙企业的出资和财产份额出质或转让。

第五十二条 未经其他合伙人过半数同意，有限合伙人不得将其在合伙企业中的财产份额出质。

第五十三条 本协议一式若干份，合伙企业、各合伙人各持一份，并报合伙企业登记机关一份。每份具有同等法律效力。

第五十四条 本协议附件为本协议不可分割的组成部分，与本协议具有同等法律效力。

第五十五条 本协议未约定或者约定不明确的事项，由合伙人协商决定；各合伙人协商后，可以签订补充协议，补充协议与本协议具有同等法律效力，协商不成的，依照有关法律、行政法规的规定处理。

第五十六条 本协议履行过程中，如果国家或地方颁布新的有关法律法规或修订相关规定，本协议按照新的法律法规的规定进行修订，如果出现冲突、争议或者分歧，应当按照公平原则处理。

全体合伙人签名/盖章：

五、出资确认书(有限合伙制私募基金)①

出资确认书相当于一份出资/持股的凭证,系合伙企业对各出资人出资份额的认定。

出资确认书

__________投资基金已按照《有限合伙协议》于________年____月____日缴纳了全部认缴出资,共计________万元,各合伙人承诺实缴出资如下:

1. 普通合伙人

单位:万元

姓名或名称	认缴出资	实缴出资	出资时间	出资方式	备注

2. 有限合伙人

单位:万元

姓名或名称	认缴出资	实缴出资	出资时间	出资方式	备注

以上出资经全体合伙人确认。

全体合伙人签名/盖章:

________投资基金

________年____月____日

六、委托协议(律师代查企业注册信息专用)②

各地市场监管局对于律师查询公司书面档案(需要加盖市场监管局的查询专用章)的情况,要求不尽一致,具体查询时,可参考届时市场监管部门的要求提供类似如下的文本,以证明委托关系的真实性。

委 托 协 议

甲方(委托方):____________

乙方(受托方):________律师事务所

根据我国法律规定,甲、乙双方在平等、自愿、诚实信用的基础上,经协商一致,达成如下协议:

---

① 根据基金出资的实际情况及届时市场监管政策,需要做出相应调整。

② 本文件供律师代委托人查询其本人或第三人企业登记备案材料。律师一般需携带如下文件前往查询:(1)《委托协议》(或按当地市场监管要求,提交其认可的委托人向律师事务所/律师作出的《授权委托书》);(2)律师事务所开具的《律师调查专用介绍信》;(3)律师执业证。

一、委 托 事 项

甲方因工作需要，委托乙方到________查询“__________”档案资料。

乙方查询范围包括但不限于该公司设立、变更（含章程、股东会决议、董事会决议、监事会决议等）、年检、注销和吊销等方面。

二、甲方权利义务

（一）甲方应提供市场监督管理机构要求的各种材料，保证乙方能顺利完成委托事项。

（二）甲方有权参阅、使用查询所获各项资料。

三、乙方权利义务

（一）乙方指派律师完成甲方委托事项。

（二）乙方应当按照甲方的指示处理委托事务。需要变更甲方指示的，应当经甲方同意；因情况紧急，难以和甲方取得联系的，乙方应当妥善处理委托事务，但事后应当将该情况及时报告甲方。

（三）乙方应当按照甲方的要求，报告委托事务的处理情况。

四、转 委 托

乙方应当亲自处理委托事务。经甲方同意，乙方可以转委托。转委托经同意的，甲方可以就委托事务直接指示转委托的第三人，乙方仅就第三人的选任及其对第三人的指示承担责任。转委托未经同意的，乙方应当对转委托的第三人的行为承担责任，但在紧急情况下乙方为维护甲方利益需要转委托的除外。

五、与第三人关系

（一）乙方以自己的名义，在甲方的授权范围内与第三人订立的合同，第三人在订立合同时知道乙方与甲方之间的代理关系的，该合同直接约束甲方和第三人，但有确切证据证明该合同只约束乙方和第三人的除外。

（二）乙方以自己的名义与第三人订立合同时，第三人不知道乙方与甲方之间的代理关系的，乙方因第三人的原因对甲方不履行义务，乙方应当向甲方披露第三人，甲方因此可以行使乙方对第三人的权利，但第三人与乙方订立合同时如果知道该甲方就不会订立合同的除外。

乙方因甲方的原因对第三人不履行义务，乙方应当向第三人披露甲方，第三人因此可以选择乙方或者甲方作为相对人主张其权利，但第三人不得变更选定的相对人。

甲方行使乙方对第三人的权利的，第三人可以向甲方主张其对乙方的抗辩。第三人选定甲方作为其相对人的，甲方可以向第三人主张其对乙方的抗辩以及乙方对第三人的抗辩。

六、协议的终止

（一）乙方完成甲方所委托的查询事项后，本协议自行终止。

（二）甲方破产或者乙方解散的，委托合同终止，但双方另有约定的除外。

（三）因甲方破产致使委托合同终止将损害甲方利益的，在甲方的清算组织承受委托事务之前，乙方应当继续处理委托事务。

（四）因乙方解散致使委托合同终止的，乙方的清算人应当及时通知甲方。因委托合同终止将损害甲方利益的，在甲方作出善后处理之前，乙方的清算人应当采取必要措施。

七、补 充 协 议

本协议未尽事宜由甲、乙双方另行协商解决，达成的补充协议与本协议具有同等法律效力。

八、纠纷的解决

甲、乙双方应友好协商解决因履行本协议发生的纠纷。

九、协 议 生 效

本协议自甲、乙双方签字盖章之日起生效。

甲方：

________年____月____日

乙方：________律师事务所

________年____月____日

第二章

企业治理业务[①]

资本的集中和技术的进步促进了现代工商业的巨大发展，公司的规模迅速扩大，股东及相关利害关系人的纷争也日渐增多，企业内耗问题凸显，公司经营也日趋复杂。在这种情况下，对公司进行有效治理就显得越发迫切；因为权力的控制、利益的分配等问题，在公司业绩“下滑”或“上升”时，股东间的冲突会尤为明显，越来越多的企业愿意付出精力，随着企业的发展来不断调整股东间的权利义务，以求一种“动态平衡”，特别是在利益的分配方式上“以变应变”。

本章共分四节，从公司治理实务角度出发，较清晰地分析了《公司法》等法律法规在实践中的运用。本章对企业集团、私募基金等非公司制企业有所介绍，故定名为“企业治理”，具体进行阐述时将以公司治理为主线进行。

第一节　概述

包括：公司治理的内涵；2023 年修订的《公司法》对公司治理的规定；中国公司治理的主要缺陷；律师在公司治理中的作用。

第二节　企业治理中的法律问题

包括：股权结构与公司治理；股权激励与公司治理；股东会制度与公司治理；董事会制度与公司治理；独立董事制度与公司治理；监事制度与公司治理；债权人与公司治理；公司章程与公司治理；企业集团治理与母子公司体制；有限合伙制私募基金的治理结构说明。

第三节　律师承办公司治理与股权激励业务指引

该指引给出了律师承办相关业务的操作规范。

第四节　企业治理中的法律文件

包括容易混淆的有关法律问题（如同股同权、组织机构）对比说明、公司章程与议事规则、期股方案等。

第一节　概述

一、公司治理的内涵

公司治理是当前一个世界性的理论研究与实践操作课题，也是一个世界性的难题。公司治理问题之所以如此重要，原因在于良好的公司治理是现代市场经济健康运作的微观基础，不仅影响公

---

① 本章主要参考李雨龙、朱晓磊：《公司治理法律实务》，法律出版社 2006 年版。

司和个人,也影响国家经济的稳定和增长。

公司治理是一个多角度、多层次的概念,从公司治理这一问题的产生与发展来看,可以从狭义和广义两方面理解:

1. 狭义的公司治理,是指所有者主要是股东对经营者的一种监督与制衡机制,即通过一种制度安排,来合理地配置所有者与经营者之间的权利与责任关系。公司治理的目标是保证股东利益的最大化,防止经营者对所有者利益的背离。其主要特点是对股东会、董事会、监事会及管理层所构成的公司治理结构的内部治理。

2. 广义的公司治理,不局限于股东对经营者的制衡,而是涉及广泛的利害相关者,包括股东、债权人、供应商、雇员、政府和社区等与公司有利害关系的集团和个人。在这个层面上,公司治理是指通过一套包括正式或非正式的、内部的或外部的制度或机制来协调公司与所有利害相关者之间的利益关系,以保证公司决策的科学化,从而最终维护公司各方面利益的制衡机制。

从广义上讲,公司已不仅仅是股东的公司,而是一个利益共同体,所以公司治理也不仅限于以治理结构为基础的内部治理,而是由利益相关者通过一系列的内部、外部机制来实施共同治理;治理的目标不仅限于股东利益的最大化,确切地说,应是要保证公司决策的科学性,从而保证公司各方面的利益相关者的利益最大化。

二、2023 年修订的《公司法》对公司治理的规定

1. 董事长的削权"革命"与公司法定代表人制度。为从根本上消除董事长滥用权力的根源,制约董事长的权力,避免董事长恣意凌驾于董事会之上,《公司法》从根本上削弱了董事长的权力,如在董事长怠于履行股东会主持、董事会召集和主持职权时,副董事长或者由半数以上董事共同推举的一名董事,可依法律规定自动代行董事长职权,而无须董事长的授权或者指定;董事长不再是公司当然的法定代表人。2023 年修订的《公司法》第 10 条第 1 款调整为:"公司的法定代表人按照公司章程的规定,由代表公司执行公司事务的董事或者经理担任。"

2. 股东会制度。公司治理权的根基在股东权,而股东权发挥作用的主要平台在股东会制度。《公司法》弘扬了程序严谨、内容合法的主旋律,激活了股东会制度,从而使其真正成为公司的最高权力机关而非"橡皮图章"或"大股东会"。小股东获得了明确的股东会的自行召集权和主持权。为避免大股东或董事会独占股东大会的提案权,使小股东关注的问题在股东会上也能引起众股东重视。2023 年修订的《公司法》完善了股份有限公司股东请求召集临时股东会会议的程序,完善了股东临时提案权规定。

第 114 条规定:"股东会会议由董事会召集,董事长主持;董事长不能履行职务或者不履行职务的,由副董事长主持;副董事长不能履行职务或者不履行职务的,由过半数的董事共同推举一名董事主持。董事会不能履行或者不履行召集股东会会议职责的,监事会应当及时召集和主持;监事会不召集和主持的,连续九十日以上单独或者合计持有公司百分之十以上股份的股东可以自行召集和主持。单独或者合计持有公司百分之十以上股份的股东请求召开临时股东会会议的,董事会、监事会应当在收到请求之日起十日内作出是否召开临时股东会会议的决定,并书面答复股东。"

第 115 条规定:"召开股东会会议,应当将会议召开的时间、地点和审议的事项于会议召开二十日前通知各股东;临时股东会会议应当于会议召开十五日前通知各股东。单独或者合计持有公司百分之一以上股份的股东,可以在股东会会议召开十日前提出临时提案并书面提交董事会。临时提案应当有明确议题和具体决议事项。董事会应当在收到提案后二日内通知其他股东,并将该临时提案提交股东会审议;但临时提案违反法律、行政法规或者公司章程的规定,或者不属于股东会职权范围的除外。公司不得提高提出临时提案股东的持股比例。公开发行股份的公司,应当以公告方式作出前两款规定的通知。股东会不得对通知中未列明的事项作出决议。"

3. 董事会制度。2023 年修订的《公司法》第 67 条顺应董事会中心主义的历史发展潮流，在明确赋予董事会的权力之外，增加了“公司章程规定或者股东会授予的其他职权”作为董事会的职权。

4. 监事会制度。首先，2023 年修订的《公司法》在第 78 条规定了弹劾权、股东会的召集权与主持权、提案权、诉权。其次，强化了监督手段，第 79 条规定：“监事可以列席董事会会议，并对董事会决议事项提出质询或者建议。监事会发现公司经营情况异常，可以进行调查；必要时，可以聘请会计师事务所等协助其工作，费用由公司承担。”第 80 条规定：“监事会可以要求董事、高级管理人员提交执行职务的报告。董事、高级管理人员应当如实向监事会提供有关情况和资料，不得妨碍监事会或者监事行使职权。”

2023 年修订的《公司法》允许公司只设董事会、不设监事会，公司只设董事会的，应当在董事会中设置审计委员会行使监事会职权。简化了公司组织机构设置。对于规模较小或者股东人数较少的公司，可以不设董事会，设一名董事，不设监事会，设一名监事；对于规模较小或者股东人数较少的有限责任公司，经全体股东一致同意，可以不设监事。

5. 强化控股股东、实际控制人和董事、监事、高级管理人员的责任。一是完善忠实和勤勉义务的具体内容；二是加强对董事、监事、高级管理人员与公司关联交易等的规范，增加关联交易等的报告义务和回避表决规则；三是强化董事、监事、高级管理人员维护公司资本充实的责任；四是规定董事、高级管理人员执行职务存在故意或者重大过失，给他人造成损害的，应当承担赔偿责任；五是规定公司的控股股东、实际控制人不担任公司董事但实际执行公司事务的，对公司负有忠实义务和勤勉义务；六是规定公司的控股股东、实际控制人指示董事、高级管理人员从事损害公司或者股东利益的行为的，与该董事、高级管理人员承担连带责任。

6. 对股份有限公司董事会审计委员会和上市公司董事会审计委员会的议事方式和表决程序作了规定。

7. 完善国家出资公司相关规定。一是设国家出资公司组织机构的特别规定专章，将适用范围由国有独资有限责任公司，扩大到国有独资、国有资本控股的有限责任公司、股份有限公司；二是坚持党对国有企业的领导，强调国家出资公司中中国共产党的组织的领导作用；三是要求国有独资公司董事会成员中外部董事应当过半数；四是规定国有独资公司在董事会中设置由董事组成的审计委员会行使监事会职权的，不设监事会或者监事；五是增加国家出资公司应当依法建立健全内部监督管理和风险控制制度的规定。

三、中国公司治理的主要缺陷

当前，我国的公司治理存在很多问题，重点表现是：

1. 内部人控制。尤其是在国有企业转型过程中，公司治理严重扭曲，许多公司董事会形同虚设，董事会没有形成集体决策、个人负责的科学民主机制，经营班子内部“抱团”，形成由企业经理掌握企业控制权的局面，并使他们的利益在企业的决策中得到比较充分的体现。

2. 信息不对称。公司经理人员多是具有专业管理知识的人员，对公司盈亏状况、前景预测等信息了如指掌；而股东一方由于专业所限，往往难以知晓公司的关键信息，与经理人员相比其信息显然处于劣势。

3. 代理成本高。股东与经理人员利益指向不一致。股东作为公司的出资人，其目标很明确，即追求公司利益最大化，自己从中亦能获得尽可能多的收益；而经理人员追求的目标则是追求其自身利益最大化，这极有可能导致其做出决策、管理行为时，偏离股东的要求，严重损害股东利益，“亏了算股东的，赚了少不了自己一分”。利益追求的不一致造成了高额的代理成本。

4. 监事会职能的形式化。原《公司法》对监事会的规定过于形式化，监事会在实践中起到的作用微乎其微。监事会基本是内部人，很难起到制约、监督作用。从避免机构虚设、流于形式等角度出发，2023 年修订的《公司法》进行了原则性的调整，但是细节依然不足，需要使用公司章程、监事会议事规则等实务文件予以完善。

具体而言，2023 年《公司法》修订的主要调整在于：对于规模较小或者股东人数较少的公司，可以不设董事会，设一名董事，不设监事会，设一名监事；对于规模较小或者股东人数较少的有限责任公司，经全体股东一致同意，可以不设监事。需要注意的是，强化了控股股东、实际控制人和董事、监事、高级管理人员的责任，从某种意义上说，将监事的监督责任直接落实在了“负有责任”的股东、实际控制人、董事、监事、高级管理人员（公司的经理、副经理、财务负责人，上市公司董事会秘书和公司章程规定的其他人员）身上。

此外，董事会职权不明，董事和经理职权混淆；公司对经理层制约与激励不完善，经理层怠于行使或滥用职权；独立董事“不独立”，成为“花瓶董事”等，也是中国公司治理中存在的主要缺陷。2023 年《公司法》在尝试对此进行调整，引入了“实际控制人”的责任，如在第 192 条规定：“公司的控股股东、实际控制人指示董事、高级管理人员从事损害公司或者股东利益的行为的，与该董事、高级管理人员承担连带责任。”

四、律师在公司治理中的作用

（一）设计股权结构

股权结构是公司治理机制的基础，它会影响股东结构、股权集中程度、大股东身份，使股东行使权力的方式和效果产生较大的区别，进而对公司治理模式的形成、运作及绩效产生较大影响。律师应了解不同股权结构的特点，根据公司实际情况进行股权结构的设计。

根据公司控制权理论，一般来讲，股东单独或联合持有公司 10% 以上股份，即可享有临时股东会召集权，持有 1/3 以上股权，即可行使公司增减注册资本、合并、分立、解散等重大事项否决权；持有 50% 以上的股权，即可对公司一般事项进行控制；持有 2/3 以上股权，即可对公司享有全面控制权。律师可以根据公司特点、股东需求等，提出较为适合的股权设计方案。

（二）设计公司章程

公司章程是国家对公司进行管理的重要手段，也是公司的自治规范。公司章程对股东、公司本身、公司董事、监事和经理等人员具有约束力，是股东维护其合法权益的重要工具，是保护公司债权人利益的重要手段。

实务中，发起人制定公司章程常常存在以下一些问题：（1）公司章程大量简单照抄照搬公司法的规定，没有根据自身的特点和实际情况制定切实可行的章程条款；（2）公司章程有些条款的内容明显不符合公司法精神，甚至有剥夺或者变相剥夺股东固有权利的情形；（3）公司章程“千篇一律”，未能建立公司自己特色且有效的自治机制。因此，在公司章程制定过程中，至少要注意以下几个方面问题：

1. 规定公司组织和活动的基本规则。以有限公司组织和活动的基本规则为例，2023 年修订的《公司法》除继续沿用原《公司法》对股东会和董事会的议事方式与表决程序外，对于决议“不成立”进行了明确，第 27 条规定：“有下列情形之一的，公司股东会、董事会的决议不成立：（一）未召开股东会、董事会会议作出决议；（二）股东会、董事会会议未对决议事项进行表决；（三）出席会议的人数或者所持表决权数未达到本法或者公司章程规定的人数或者所持表决权数；（四）同意决议事项的人数或者所持表决权数未达到本法或者公司章程规定的人数或者所持表决权数。”值得注意的是，2023 年《公司法》直接向市场监管部门进行了衔接、提出明确的解决途径，第 28 条规定：“公司股东会、董事会决议被人民法院宣告无效、撤销或者确认不成立的，公司应当向公司登记机关申请撤销根据该决议已办理的登记。股东会、董事会决议被人民法院宣告无效、撤销或者确认不成立的,公司根据该决议与善意相对人形成的民事法律关系不受影响。”

第 68 条第 2 款规定:“董事会设董事长一人,可以设副董事长。董事长、副董事长的产生办法由公司章程规定。”第 10 条第 1 款规定:“公司的法定代表人按照公司章程的规定,由代表公司执行公司事务的董事或者经理担任。”

第 62 条规定:“股东会会议分为定期会议和临时会议。定期会议应当按照公司章程的规定按时召开。代表十分之一以上表决权的股东、三分之一以上的董事或者监事会提议召开临时会议的,应当召开临时会议。”对于上述情形,如果公司章程中也没有具体规定,那么相应的组织和活动将可能因无章可循而陷入混乱。

2. 明确出资份额的转让。以有限责任公司为例,因其人合性特点,股东不能自由地向股东之外的其他人转让所持有的出资份额。2023 年修订的《公司法》第 84 条规定:“有限责任公司的股东之间可以相互转让其全部或者部分股权。股东向股东以外的人转让股权的,应当将股权转让的数量、价格、支付方式和期限等事项书面通知其他股东,其他股东在同等条件下有优先购买权。股东自接到书面通知之日起三十日内未答复的,视为放弃优先购买权。两个以上股东行使优先购买权的,协商确定各自的购买比例;协商不成的,按照转让时各自的出资比例行使优先购买权。公司章程对股权转让另有规定的,从其规定。”我们欣慰地看到,“章程”依然可以“另有规定”,这就为股东们保留了更多的设计空间。

3. 细化股东会的决议事项。根据对公司经营影响的重要程度不同,2023 年修订的《公司法》列举了若干须经特别决议的事项。但是,依然无法穷尽,这样的问题可以通过公司章程加以规定和解决。

4. 明晰股东会和董事会的关系。在公司实务中,如果股东会与董事会之间的关系处理不当,很容易引发这两个机构之间的权力之争,尤其是在一些事关公司大局的事情上。2023 年修订的《公司法》取消了股东会有权决定公司的经营方针和投资计划(董事会有权决定公司的经营计划和投资方案)这类“模棱两可”的表述,避免了股东会与董事会权力的不清。大家对于股东会、董事会“公司章程规定的其他职权”依然应在公司章程予以明确,否则公司实践中难免出现争议。

需要留意的是,2023 年修订的《公司法》第 15 条规定:“公司向其他企业投资或者为他人提供担保,按照公司章程的规定,由董事会或者股东会决议;公司章程对投资或者担保的总额及单项投资或者担保的数额有限额规定的,不得超过规定的限额。公司为公司股东或者实际控制人提供担保的,应当经股东会决议。前款规定的股东或者受前款规定的实际控制人支配的股东,不得参加前款规定事项的表决。该项表决由出席会议的其他股东所持表决权的过半数通过。”

关于公司章程应当记载的事项,《公司法》以绝对必要记载事项的方式作了明确的规定,所以,律师协助设计公司章程时需要注意的是如何作出更加具体的规定,以及在绝对必要记载事项之外,还应当依法增加哪些内容。

(三)设计公司机关议事规则和工作制度

公司章程被称为公司的“小宪法”,规定得较为原则,而“小宪法”的贯彻实施还需要若干“法律”来推进,公司部门的议事规则和工作制度即可比作公司内部的“法律”。公司部门的议事规则和工作制度有《股东会议事规则》《董事会议事规则》《董事会审计委员会议事规则》《董事会提名委员会议事规则》《董事会薪酬与考核委员会议事规则》《董事会战略与投资委员会议事规则》《监事会议事规则》《监事巡视制度》《总经理工作制度》等。

公司成立即法人资格确立后,公司的行为就由公司各部门相互协作来完成,而不同的公司部门在公司的实际运作中是具有不同地位和作用的,从公司部门权限的角度来看,股东会是公司的最高权力机关,其议事规则就显得尤为重要。《股东会议事规则》需要约定如下事项:(1)股东会的职权,议事规则中的职权应与公司章程保持一致,必要时可以进行细化;(2)股东会的召开时间、通知方式、通知内容、参会方式、委托参会的授权委托书内容;(3)提案的提出及审议方式;(4)会议内容、表决程序、表决方式;(5)会议记录、责任承担、议事规则的生效等。

(四)辅导董事、监事、高级管理人员

对公司董事、监事等人员的辅导,主要集中在三个层面:一是进行公司法律知识培训,协助其了解我国相关立法,熟知自身的权利、义务与责任;二是进行公司章程、议事规则与工作制度的操作指导,让其充分了解自己的职权、在公司中所处的位置,从正确运用章程入手完善公司治理;三是实务指导,帮助解决公司运转中的实际问题。

根据《公司法》的规定,董事、监事、高级管理人员应当遵守法律、行政法规和公司章程,对公司负有忠实义务和勤勉义务。董事、监事、高级管理人员不得利用职权收受贿赂或者其他非法收入,不得侵占公司的财产。董事、高级管理人员不得有《公司法》规定的挪用公司资金,将公司资金以其个人名义或者以其他个人名义开立账户存储,违反竞业禁止义务等行为。董事、高级管理人员违反法律规定所得的收入应当归公司所有。董事、监事、高级管理人员执行公司职务时违反法律、行政法规或者公司章程的规定,给公司造成损失的,应当承担赔偿责任。律师应当辅导董事等人员充分了解国家法律、章程等对其权利的授予及限制,便于正确、全面行使职权。

(五)担任独立董事

独立董事制度虽然是一项新兴的制度,但从其产生以来确实发挥了积极的作用。该制度最大特点体现在董事的独立性上。独立董事制度的作用主要表现在以下几个方面:

1. 强化董事会作用

董事会是公司常设最高决策机构,在公司中有举足轻重的地位,而董事的素质和董事会的构成,决定了董事会功能能否得到有效发挥。国际上通常认为,公司中有足够多的、有能力的独立董事,一方面能在公司的战略、绩效、资源、关键性的任命以及运营标准等重大问题上作出独立的判断;另一方面还能使董事会内部的权力配置趋于平衡,使董事会的运作更加健康。

2. 监督和制衡经理层

独立董事具有独立性,能够对公司的管理者实行有效的监督。其监督作用主要表现在:防止无能经营导致公司利益受损;监督 CEO 和公司其他高层管理人员的道德和行为,防范公司管理层道德风险;防范内部人控制等。

(六)其他方面

现代公司治理除了依法选择某种公司治理模式,配置股东会、董事会及经理、监事会的权利义务外,还不可避免地涉及政府部门、公司外部客户、内部员工等重要的利益相关人。律师可以视具体情况根据公司或股东的委托,介入公司工商登记或备案、产权交易、投融资、谈判、企业争端处理、法律行为见证、合同起草审查、规章制度设计、法律意见或建议书出具、法律风险测评、劳动纠纷处理、员工岗位法律知识培训等诸多领域,协助防范公司风险,全面完善公司治理。

第二节 企业治理中的法律问题

一、股权结构与公司治理

公司的股权结构,是指公司股东的构成,包括股东的类型及各类股东持股所占比例、股票的集中或分散程度、股东的稳定性、高层管理者的持股比例等。就大多数上市公司来讲,股东包括个人、非金融企业、非银行金融机构、政府、国外投资者、一般职工及高层管理者等。在一些国家,商业银行也成为上市公司的股东,甚至是大股东。很显然,股东的种类不同,各类股东持股比例不同,以及股票的集中程度和流动性不同,导致股权结构也截然不同,股权结构的不同对公司治理有基础性的影响。

(一)股权结构与公司治理的一般关系

公司治理是关于公司控制权配置的一套法律、文化、经济等方面的制度性安排,它是公司股权结构的具体化。有什么样的股权结构,就需要有什么样的公司治理来保护这种结构下的股东和其他利益相关者的利益。

当然,此论述是基于以下一种基本认识:公司治理结构的设计者是出于一种平等、公平、公正地保护各方利益相关者的目的。但是,实际上,除了公司法规定的公司治理结构框架外,许多具体的制度设计,需要公司的最终所有者——股东之间进行博弈。可以说,没有任何两个公司存在相同的公司治理结构,在任何一个公司中,都会因为股东之间、股东与董事会之间、董事会与经理层、监事会之间关系的差异,在具体的治理中呈现自己的特点,且公司治理运作往往出现强者的意志占据主流的现象。

因此,作为国家立法者,应当关心的是在公司治理结构的框架设计中,体现出平衡强者和弱者之间关系的思路,并为弱者可能受到的损害提供充分的救济手段。2023 年修订的《公司法》针对实践中控股股东、实际控制人滥用控制地位侵害公司及中小股东权益的突出问题,借鉴一些国家的法律规定进行了立法调整。对于实际控制人进行了明确界定:实际控制人,是指通过投资关系、协议或者其他安排,能够实际支配公司行为的人。第 180 条规定:“董事、监事、高级管理人员对公司负有忠实义务,应当采取措施避免自身利益与公司利益冲突,不得利用职权牟取不正当利益。董事、监事、高级管理人员对公司负有勤勉义务,执行职务应当为公司的最大利益尽到管理者通常应有的合理注意。公司的控股股东、实际控制人不担任公司董事但实际执行公司事务的,适用前两款规定。”第 192 条规定:“公司的控股股东、实际控制人指示董事、高级管理人员从事损害公司或者股东利益的行为的,与该董事、高级管理人员承担连带责任。”

作为公司治理的参与方,如股东、董事、高级管理人员,尤其是股东,应当在制度的设计和运作中,准确认识自己的利益所在,明晰在具体的公司运作中可能出现的有损自身利益的风险,并就收益与风险之间的关系作出自己的投资判断。①

股权结构是公司治理机制的基础,它会影响股东结构、股权集中程度、大股东身份,使股东行使权力的方式和效果产生较大的区别,进而对公司治理模式的形成、运作及绩效产生较大影响。因此,可以说,股权结构决定了公司治理的基本原则,决定了不同环境下公司治理要实现的目标。以下试举两种较为典型的股权结构进行说明。

1. 高度分散型的股权结构

此结构的优点在于可以利用资本市场固有的激励和约束机制,实现资本从低效领域转向高效领域,特别有利于高新技术产业和高风险投资产业筹集资金,也有利于实现企业和产业的重组。但是,由于经营者并非公司的最终所有者,缺乏较为长期的激励,因此经营者可能比较注重短期经营以及反接管措施的采用,忽视长期投资和管理,这种股权结构也不利于股东、债权人、职工及供应商与企业结成长期利益关系,不利于实现企业行为长期化。众多小股东存在的“搭便车”现象,使股东很难对管理层进行有效的监督和约束,在这种情况下,管理层基本掌握了公司的控制权。

因此,在这种股权结构中,立法者设计公司治理结构框架的主要目标和原则应是保护股东利益,使管理层按照股东利益最大化行事。

---

① 董事、高级管理人员在某种意义上也是公司的投资者。

具体而言,在股权结构高度分散的公司中,公司治理机制可以采取股票期权为主的激励机制、内部的董事会监督和外部的公司控制权市场三者相结合的约束机制来发挥作用。激励机制主要解决经理层由于不持有公司全部股份所产生的与股东利益偏离的问题。董事会的独立董事如果能发挥有效作用,就能在事前、事中和事后对经理层发挥有效的监督功能。

2. 高度集中型的股权结构

在此种结构下,大股东拥有较大份额的股票,使控股股东拥有有效监管管理者的动力。因此,这种股权结构下的公司治理,主要问题是大股东可能利用其优势地位,为谋自身利益而通过多种手段损害中小股东利益。例如,支付特殊红利,进行关联交易,或者通过利用会计准则的缺陷进行利润管理等。这表明"一股独大"或股权高度集中的治理模式与股权分散一样,都可能损害社会公众股东的利益。

因此,对高度集中型股权结构的公司,公司治理的主要目标和原则就是抑制大股东的"掠夺"行为,保护小股东的利益。在这种高度集中的股权结构中,完善的法律制度、规则和监管行动是公司治理的重要内容。

这个问题在股权结构中度集中的公司也同样存在,而且由于大股东常常通过一些契约或组织形式,在只持有少数股份的情况下取得多数控制权,或者仅仅相对控股,更缺乏与公司利益的长期一致性,大股东的"掠夺"现象因而也会更加严重。

在治理机制方面除了加强法律监管外,股权结构的多元化具有重要意义。对于投资者而言,尽量形成2~3个持股比例相当的大股东,使其相互监督,则可能最有利于保护中小股东的利益。但是,就高度集中型股权结构的公司而言,我国有其独有的特点,即大多数股权高度集中型公司都是国有控股,由于国有资产管理体制的不尽到位,在这些公司里,内部人控制的问题不亚于大股东侵害小股东利益的问题,甚至某些其他问题产生的根源就在于内部人的控制。

另外,不同的持股者的行为方式不同,产生的公司治理问题也不同。比如,作为股东的国家,其目标函数就与一般的个人或企业不尽相同。国家政府的性质决定了其作为股东,不仅追求利润最大化,还包括追求本地区经济增长和就业的最大化,甚至后一目标更为重要。

因此,国家有可能利用其持股地位使公司追求产值增长和就业增加,而不考虑盈利水平。当然,从公司社会责任的角度来考察,任何公司都不可能仅仅追求利润,否则其无法获得长期、持续的发展。对于国有公司而言,也有必要通过经济指标的考核促进管理者恪尽职守,利润与社会目标在长期上是相互一致的。对于家族控股的企业而言,往往更加执着于对公司的直接控制,甚至以丧失可能的发展机会为代价。

以上这些问题,从根本上讲,是由于不同性质的股东对其利益存在不同的认知,从而有不同的行为模式,这也进一步说明了公司治理问题的复杂性。

(二)我国上市公司股权结构对公司治理的影响

目前,我国上市公司以国有股、法人股为主的股权结构,对公司法人治理结构具有决定性影响,内部人控制与中小股东利益受损都是中国上市公司治理中亟待解决的突出问题。具体体现在以下几方面:

1. 内部人控制,带来高昂的代理成本

所谓内部人控制,是指公司经营者实际掌握了公司控制权,侵害股东利益的现象。在上市公司中,董事会是公司的主要决策机构,因此,内部人控制主要体现为经理层成员控制了公司董事会。这种控制是通过经理层成员进入董事会、担任董事并占有董事会中的多数席位实现的。

中国上市公司的董事会成员主要由两部分构成:大股东代表和经理层成员。大股东代表往往与经理层成员合二为一,主要经理层的任免都由当地政府部门或组织部门决定,两者关系密切。

经济学家许小年等经过实证研究发现，在国有控股上市公司的董事会中，管理层成员出任董事的比例较高，占50%左右，国有股东代表占了50%以上。此外，虽然中国证监会对上市公司中独立董事的数量、职责作出了规定，《公司法》(2023年修订)第136条也明确上市公司须设独立董事，但实践结果不容乐观，独立董事大多担任荣誉性或顾问性职务，并没有起到监督的作用。这种董事会结构造成了以经理层为主的内部人对公司董事会的控制。

本来董事会的职责之一就是监督经理层，但是在经理层占据董事会多数席位甚至与董事会重合的情况下，董事会的权力配置与功能构造无法对经理层形成有效的约束。不仅如此，经理层还进一步通过董事会影响甚至控制股东会。这样一来，股东会、董事会、经理层这三个层次的公司机关的制约关系就很难建立，从而导致了内部人控制和权力滥用。而且在很多情况下，董事长由主管部门任命，在董事会又拥有控制性的影响，还往往兼任总经理，因此，"内部人控制"又常常变成董事长(总经理)控制。

上市公司出现内部人控制，必然导致经营管理者滥用权力得不到有效制约的后果，经营管理者的行为就可能不再代表他们的委托人——股东的利益。在实践中，内部人控制明显侵害股东利益已不少见。以下是几种典型的内部人控制的负面后果：

(1)超越投资权限。一般是通过股东会授权的合法形式取得，或通过其他形式变相突破股东大会授权。如前文所述，由于"内部人"常通过董事会控制股东会，因此董事长常常通过股东大会对董事会、董事会对董事长授权，取得对重大投资的决定权。

(2)过度投资耗用企业资源和信用。经理人员从自己的利益最大化出发，往往会过度追求企业规模和业务范围，建立所谓的"企业帝国"，而投资的效益常被置于次要位置，如华源集团通过短期银行贷款，过度扩张导致资金链紧张，遭遇多起银行提起的诉讼。

(3)过度在职消费，包括不合法的支出项目和合法但过分的支出项目。这方面的信息披露相当缺乏，只能通过间接途径推测，如豪华的办公条件(装修、通信、交通等)、高昂的差旅费、奢华的工作餐等。

2. 大股东过度控制，损害了中小股东和其他利益相关人的权利

证券市场的运行状况表明，"一股独大"的股权结构，必然导致法人治理结构的不完善，产生"内部人控制"及大股东侵害小股东利益等弊病。在我国的实践中，在关联交易的问题上表现得尤为突出。

上市公司控股股东通过不正常的关联交易，如强制上市公司为控股母公司担保、私分上市公司财产、抽逃上市公司资金等，大肆掏空上市公司、中饱私囊或满足小集体的利益。中国证监会曾在"上市公司建立现代企业制度专项检查"中发现，"大股东掏空上市公司"的行为成了最突出的问题：检查发现有若干公司存在控股股东占用资金的现象。在上市公司自查结果中，也存在控股股东及关联方违规占用资金或者资产的行为，许多上市公司为控股股东及关联方提供担保。究其原因，许多上市公司是在原国有企业改制基础上形成的，许多上市公司和发起人实际上是"两块牌子、一套人马"，有些上市公司则是发起人的几个车间组成，两者在生产经营和人事上的密切联系，为大股东对上市公司的监督创造了条件，但同时也使合谋谋利变得相当便利。

3. 人事控制，影响经理市场的形成与作用的发挥

经理市场的存在，使来自公司内部和外部的竞争者可能取代现有经理人的位置，是对经理层的极大威胁；大量职业经理人的存在也使接管者可以很方便地得到高素质的管理专才；经理市场的评价更使在职经理不能掉以轻心。

目前，尤其是国有控股上市公司(包括部分集体企业)的人事权仍控制在政府手中，这一方面保证了国家对企业的最终控制权，在一定程度上抑制了内部人控制的损害程度；另一方面由于传统

干部管理体制的局限,不能完全适应选任企业管理者的要求,导致部分真正有才能的人难以成为企业家。

4. 上市公司的融资能力被过度使用

国有控股股东对融资的偏好,会使其利用控股地位促使上市公司尽可能地融入资金,从而导致上市公司融资力的过度使用。所谓“过度使用”有两层含义:一层是从规模角度来讲的,融入资金量超过了公司利润最大化的资金需求,这会导致公司营利能力的下降。另一层是从后果来讲的,融资规模的扩张使上市公司不堪重负,股权融资以后上市公司总股本和净资产大幅度增加,但营利能力并没有增加,导致股本回报率下降;股权融资后负债率下降的假象会诱发进一步的债权融资,从而大幅度提高公司负债率。更为严重的是,在许多情况下,融资甚至被控股股东以各种方式占用,融资的结果是加速了公司的衰落。

融资能力的过度使用还表现在债权融资方面。中国资本市场的现有特点决定了上市公司会首先尽量利用股本资本,然后才利用债权资本,对融资的过度偏好使许多上市公司不仅尽可能利用股权融资,还不断扩大债权融资,过度地和盲目地借款或为他人借款提供担保,从而背上了沉重的直接和间接债务包袱,造成高负债(包括显性负债和隐性负债)的局面,有些公司甚至因此严重资不抵债,面临破产境地。

5. 资产重组行政色彩浓厚,公司控制权市场难以发挥有效作用

公司控制权市场是提高资产运作效率的重要机制。国有控股股东承担着国有资产保值增值的责任,而对国有资产的保值增值的判断,在很多情况下存在模糊性。为避免由此产生的国有资产流失的指责,控股股东常常会对国有股转让施加非经济限制,这影响了公司控制权市场的效率。

国有控股股东的目标多元化,也使地方政府经常性地介入上市公司重组。许多人都认为,我国上市公司重组必须要有政府介入,没有政府介入就很难开展重组。但是,政府介入太深,尤其是政府推动、促成非等价交易,将引发许多问题。

首先,在重组活动中政府以其直接掌握的优质国有资产,同上市公司的劣质资产进行置换,是对国有资产的不负责任,会造成国有资产的流失。其次,政府促成其他企业将优质资产和利润注入上市公司,并承诺在税收、土地征用、特许经营权、重大建设项目等方面以优惠政策作为回报,这也会为日后的纠纷埋下导火索。最后,有些地方政府尽力促成民营企业接管财务困难的上市公司,自以为是“利用”了民营企业向财务困难的上市公司“输血”,其实恰恰是为了从股市“吸血”。

国有股比例过大且难以流通,不仅带来了政府过分介入上市公司重组的问题,也使上市公司的股权转让基本上只能以协议转让的方式来进行。由于协议转让的股份是与流通股不同的股份,转让价格很容易偏离市场均衡价格,小股东的利益就很容易受到损害。

(三)完善中国上市公司股权结构的措施

根据股权结构和公司治理的关系,基于中国上市公司股权结构的特点和存在的问题,从调整股权结构、完善公司治理的角度来看,可以采取以下几点措施:

1. 追求股权结构分散与集中的适度安排

股权结构的集中度过高,不利于股市发育,进而不利于发挥外部市场对公司治理的促进作用。我国国有上市公司的内部人控制的根源在于股权的过度集中,即国有股“一股独大”。实践表明,发达国家的股权过于分散也容易形成诸如内部人控制等问题。因此,过于集中或过于分散的股权结构安排都会影响企业的治理绩效。

我国应建立投资主体多元化的股权结构,使投资主体由国家唯一主体发展为国家、企业、机构、个人等多元化主体,只有在多元投资主体存在的前提下,法人治理结构才具有良好的运转基础,公司治理的法人性才能真正体现出来。但股权结构也不宜过度分散,要追求股权结构分散的适度性。

2. 降低国有股比重，实现公司股权分散化

根据股权结构分散与集中的适度安排的要求，解决国有股"一股独大"的有效途径之一是，实现公司股权分散化，形成若干较大的股东共同控制、相互制约的格局。

股权分散化的好处有三点：(1)可以使上市公司摆脱国有股"一股独大"所带来的困扰，有利于构造一个建立在财产所有权与法人所有权分离基础上的、所有者与经营者关系规范的"委托—代理关系"；(2)一般企业法人大股东的介入有利于法人治理结构的再造，以解决因国有股股东作为上市公司法人治理主体存在一定的"虚拟"成分所带来的诸多问题；(3)有利于培养稳定的大股东，形成几个核心股东共同控制、相互监督的格局。这种格局有利于抑制内部人控制，避免大股东与上市公司相互合谋侵害小股东利益，对降低代理成本具有积极作用。

3. 发展机构投资者

机构投资者，在国际上是指接受投资者委托、以证券投资为主要获利方式的专业资产管理机构，而非通常所称的所有进行证券投资的企业法人。机构投资者由于投资金额和持股量较大，难以像个人投资者那样快速进出，因此有动力、有能力投入资源对证券市场和上市公司进行充分研究。机构投资者的资金来源和性质也决定了其目标函数和制约机制与一般个人投资者不同。一般来说，机构投资者往往相当重视对上市公司经营管理的研究和参与。当公司出现持续性的经营恶化时，机构投资者常常以大股东身份要求公司管理层做出调整，这对抑制大股东和管理层的机会主义行为具有积极作用。

20 世纪 90 年代以来，被称为"积极股东行动"的机构投资者参与到公司治理运动中，表现相当活跃。在 1992 年到 1993 年年中的几个月的时间里，通用汽车公司和 IBM 公司先后解雇了他们的 CEO，美国运通公司强迫 CEO 辞职并重组董事会。其他的事例有 ITT 和 ATT 的分离、大都会与华特·迪士尼的合并、特纳与时代华纳的合并、SEARS 拍卖分支机构等。这些美国企业界前所未有的变动，都是以养老基金和保险基金为主体的机构投资者积极参与的结果。

目前，机构投资者力量较弱是我国证券市场的一个突出特点，机构投资者的数量仍然很少。尽管存在一些证券投资基金和被称为私募基金的投资公司，但这些公司一是规模有限，二是大多数主要从事股票炒作，对参与公司治理毫无兴趣，难以在完善股权结构方面发挥积极作用。因此，发展机构投资者仍然是一项相当紧迫的工作。

发展机构投资者，一是要尽快实现包括基金管理在内的资产管理业务的合法化，鼓励资产管理业务的创新；二是要在规范管理的基础上，允许机构投资者适度行使其对公司的控制权，使机构投资者逐渐发展成为约束内部人、改善公司治理的重要力量。

4. 稳步推进股权分置改革

流通股与非流通股并存，既是中国证券市场独有的现象，也是历史改革的后遗症，还是中国上市公司股权结构的核心问题。由于在证券市场设立之初，国家对其功能和定位的认识不统一，为了避免所谓的"私有化"的出现，规定了国有存量股份不动，增量募集股份流通的股权分置模式。流通股与非流通股之间同股不同价、同股不同权、同股不同利。股权分置问题严重影响着中国股票市场的健康发展，主要表现在以下几个方面：(1)严重制约了资本市场定价功能的发挥；(2)极大扭曲了市场优化资源配置的功效；(3)压制了投资者长期投资的积极性；(4)使上市公司治理结构陷入僵化。

对于公司治理来说，非流通股在上市公司股权结构中占统治地位且状态稳定，使上市公司的控制权实际上游离于市场之外。政府通过国有股将权力直接渗透到企业中，决定上市公司高管任命，干预公司正常经营决策，使上市公司独立法人地位无法得到真正落实，对企业经理人的激励和约束机制也无法建立健全。僵化的上市公司治理结构与"集生产社会化、资本社会化、风险社会化、经

营社会化于一体”的股份经济的内在要求相去甚远。

虽然具体的股权分置改革方案的公平性一直存在争议,但从优化股权结构、完善公司治理的角度来看,该项改革是必需的。当然,不同国家的国情、经济发展状况存在较大的差异,我们需要因地制宜、因时制宜,守好底线、稳步前行,不断完善我国的股权结构设置。全国人大常委会法工委负责人指出,2023 年修订的《公司法》完善了国家出资公司相关规定:一是设国家出资公司组织机构的特别规定专章,将适用范围由国有独资有限责任公司,扩大到国有独资、国有资本控股的有限责任公司、股份有限公司。二是坚持党对国有企业的领导,强调国家出资公司中中国共产党的组织和领导作用。三是要求国有独资公司董事会成员中外部董事应当过半数。四是规定国有独资公司在董事会中设置由董事组成的审计委员会行使监事会职权的,不设监事会或者监事。五是增加国家出资公司应当依法建立健全内部监督管理和风险控制制度的规定。

二、股权激励与公司治理

(一)实施股票期权计划应考虑的因素

设计和实施股权激励方案,包括股票期权方案和期股方案,首先要明确方案的目的。企业推行股权激励的动机一般分为三种:风险型、福利型和集资型。

风险型持股计划,目的是把受益人和企业股东利益捆绑在一起,承担股东的风险,解决委托人和代理人之间信息不对称、企业内部人控制等矛盾问题,实现股东利益的最大化。

福利型持股计划,目的是为受益人办福利,通过持股获得分红回报和未来溢价变现收入,作为对经营者在企业长期工作的奖励。

集资型持股计划,目的是借受益人的持股行为筹集一笔资金,进行其他投资活动,为受益人谋取利益。

不同动机,在设计方案时会有所区别。风险型持股计划一般要求员工一定要买,在任期内不准退出;福利型持股计划,员工可以自愿购买、自愿退出;集资型持股计划则给予员工确定的分红回报,风险系数较小。

设计和实施股权激励方案,还应该考虑公司所处的不同产业问题。根据市场经济参与竞争的程度以及竞争的形式来划分,我国企业所在产业可以分为竞争性产业和非竞争性产业。而竞争性产业又可分为高新技术产业和传统竞争性产业。高新技术产业以信息产业、生物工程为代表,处于这些产业的企业具有高风险、高回报、对企业领导人素质要求较高的特点。在设计这些企业的股权激励方案时,授予对象主要应是其工作表现对企业生存与发展影响较大的高级管理人员和技术骨干,行权价格应略高些,行权期限较长些,持股比例可高些,以体现对这些人员的激励。对于传统竞争性行业,如纺织、钢铁等,授予对象可广泛些,行权价格和持股比例应适中,行权期限以中长期为主。

对于非竞争性行业,主要是水、电力等公用事业企业,这些企业的生产经营具有一定垄断性,每年收益比较固定,对其经营者实行股权激励主要是为了国有资产保值增值,完善法人治理结构,削弱内部人控制。授予对象不要太广,应集中在公司高级管理人员,其持股比例不应太高,行权价格可稍低些。

一般而言,对于竞争性强的行业,授予期权数量应向市场和技术倾斜;对于非竞争性行业,则授予期权数量与授予对象的职位有关。[①]

(二)股权激励受益人的确定和股票来源问题

股票期权受益人通常是公司的高级管理人员(经理层)和部分特殊职工(如技术骨干)。在美

---

① 参见沈晗耀、魏德俊:《经营者持股操作指南》,华东理工大学出版社 2000 年版,第 175 ~ 185 页。

国,授予范围逐渐扩大至包括普通员工在内的公司全体员工,这体现了股票期权计划在西方发展的福利化倾向。在我国,股票期权的授予范围应突出“激励性”而非“福利性”,即应将授予对象主要指向公司高级管理人员,这部分人员一般包括总经理、副总经理等。

针对我国国有控股上市公司的特点,还应该把包括董事长在内的董事会成员考虑进去,因为他们不是真正意义上的所有者的代表,事实上对生产经营决策权方面也有重大影响。如果是高科技性质的公司,还应当把技术骨干和管理骨干包括在内,扩大激励范围。

实行股票期权所需的股票主要源于两种途径:一是由公司发行新股供期权执行人按预先约定的价格认购;二是由公司通过留存股票账户,将公司发行在外的股票从市场上回购过来放入该账户供期权行权人按预先约定的价格认购。

《公司法》(2023 年修订)第 162 条规定,公司为了将股份用于员工持股计划或者股权激励,可以收购本公司股份;可以按照公司章程或者股东会的授权,经 2/3 以上董事出席的董事会会议决议;公司合计持有的本公司股份数不得超过本公司已发行股份总数的 10%,并应当在 3 年内转让或者注销;上市公司应当通过公开的集中交易方式进行。

(三)关于授予期权数量和行权价格的问题

关于经营者持股数量与公司资产价值效率之间的关系,理论界有两种假说:利益趋同假说和防御假说。利益趋同假说指出,公司经营者持股与公司资产的市场价值之间存在一种持续的正相关关系。防御假说指出,当经营者持股超过 5% 时,其增长就会助长防御敌意收购的能力;当该股权上升到 5% ~25% 时,防御效应就会逐渐淹没刺激效应,造成公司资产市场价值的下降;而当这一比例超过 25% 时,公司的经营者就可以得到充分保护,内部人控制问题突出,对公司股东就会形成损害。

为了实现股票期权较好的激励效果,经营者股票期权授予时应从经营者所得股票期权份额占企业总股本的比值、经营者获得的股票期权的收益占经营者报酬的比重、由于股票期权而带来的经营者与其他员工的收入差距、经营者每期获得的股票期权数量的变动等方面来考虑授予数量。

不同地区和公司对股票期权的授予额度有不同规定。我国香港特别行政区的做法是:售出可认购股份的数目不得超过该公司已发行股份的 10%;个人参与期权计划,最多不得超过该计划所涉及证券总数的 25%。我国公司股票期权计划授予数量,一般应坚持以下原则:(1)整个企业用于股票期权制度安排的股份比例,最好不要超过总股本的 25%;(2)经营者群体在整个企业股本当中,持股比例不能超过总股本的 10%;(3)经营者个人持股不应该超过企业总股本的 5%。

股票期权行权价格的确定一般有三种方法:一是现值有利法,即行权价低于当前股价;二是等值法,即行权价等于当前股价;三是现值不利法,即行权价高于当前股价。

在我国香港特别行政区主板上市对上市公司的规定是,不低于期权授出日前 5 个营业日平均收市价的 20%,且不低于面值。创业板的规定是,对于上市公司,行权价为期权授予日的收市价和授予日前 5 个营业日的平均价中的较高者;对于拟上市公司,行权价按照公平合理的基准确定,且不低于最近经审计的每股有形资产净值。《美国国内税务法则》规定,行权价不低于授权日的公平市场价格。在我国一些企业的股票期权计划中,行权价的确定基本上采取了国际通行的方法,即以股票市场价格作为定价的基础。另外,比较通行的做法还有:根据每股净资产的价值或者股票原始发行价格等确定行权价格。

(四)股票期权的行权与出售

1. 股票期权的行权方式

股票期权的行权,是指期权持有人购买期权项下的股票。股票期权的行权方式有以下三种:

一是现金行权,即股票期权持有人向公司指定的证券商支付行权费用以及相应的税金和费用,证券商以行权价格为个人购买股票,个人持有股票作为对公司的长期投资,并选择适当时机出售股票以获利。

二是无现金行权,即个人不需要以现金或支票支付行权费用,证券商以出售部分股票获得的收益来支付行权费用。这种方式无须支付现金,但需要股票期权持有人持有的期权相对多些。

三是无现金行权并出售,即个人决定对部分或者全部可行权的股票期权行权并立刻出售,以获得行权价与市场价的差价带来的利润。

如果选择现金行权方式,那么股票期权将会变成股票,只有股票保持上扬的趋势,个人方可选择股价最高时行权以获得收益,但如果股价低于行权价,个人就可能发生损失;如果选择无现金行权的方式,个人实际上以部分股票期权的行权收益来支付另一部分股票期权的行权费用,其效果与现金行权基本一样,不同之处是需要更多的股票期权。如果选择无现金行权立即出售这种方式,行权时机的选择尤为重要,因为一旦将行权所得股票出售并获得差价,这个时点后股价上扬将不再给个人带来收益。

股票期权的行权与否主要取决于执行价格和交易市价的差价,而何时行权则不仅取决于执行价格和交易市价的差价,还取决于期权受益人个人对公司股价的预期和判断。通常情况下,受益人选择行权时机的主要考虑可能包括:(1)受益人个人将在近期内结束在本公司的工作;(2)个人急需通过行权获得现金;(3)股票期权即将到期,如不及时行权,则股票期权会作废;(4)出于减税方面的考虑,将大量股票期权分散在各年内分批行权;(5)受益人个人认为公司股价已达到最高,并且预计以后不会继续上升。当然,不同的受益人对同一公司同一期限的股票期权的行权时机的判断不同,其最终收益也会有所差别。

2. 股票期权的行权期

行权期包括授予时机和行权安排的内容。授予时机一般包括受聘、升职和年度评定这几个时点。行权安排有授予期和行权进度表的设计。在美国,股票期权的授予期最短为 1 年,即在授予日之后 1 年内,期权持有人不得购买股票,1 年后则按照股票期权的条款行权。

授予期的规定主要是为了使股票期权在较长时间内保持约束力,避免短期行为。股票期权的行权一般按照授予时间表分批进行,行权的授予时间可以是匀速的,也可以是加速的。在某些特殊情况下,经公司股东会或者董事会同意,甚至可以在当日将所有不可行权的股票期权变成可以行权的股票期权。

3. 股票期权行权资金的来源

期权和期股的出资方式有四种:一是拿现金认购;二是贷款购买;三是赊账;四是用分红来买。根据《上市公司章程指引》的规定,公司对购买本公司股票的自然人和法人,不得提供任何形式的资助,公司不可以借钱给员工购买本公司的股票。《贷款通则》也规定不能将贷款用于股票投资。就我国大部分国有企业而言,高层管理人员收入不高,自有资金不够出资。现在多数解决方法是由企业提取奖励基金、帮助出资。

4. 股票期权所购股票流通问题

实施股票期权计划后,企业经营者的利益在很大程度上是与行权股票的出售密切相关的,股票的增值性体现在股息和红利分配上,但更重要的是通过流通增值。因此,股票期权激励效果的强弱,在很大程度上依赖于行权股票的流通性或预期可流通性。目前多数企业高级管理人员因股权激励计划持有的股票都是锁定流通权的,我国应加快解决行权股票的流通问题。当然,对行权股票的出售也要有一定的约束,高级管理人员对其全部或者部分行权股票在任期内或者任期结束一段时间内不得出售。

(五)股票期权的变更与丧失

1. 当股票期权持有人发生下列情况时,其拥有的尚未行权的股票期权需相应变更:

(1)如果股票期权持有人自愿离职,公司同意解除聘任合同,且免除其违约责任的,期权可能提前失效:一般而言,股票期权持有人对其可行权的股票期权仍可行权;对尚在授予期、不能行权的股票期权,则不能行权,该部分股票期权失效;如果其离职前根据公司特殊规定已提前行权,则该部分行权股票的收益归公司所有。

(2)如果股票期权持有人违约提前离职,或者给公司造成实质损失被解聘的,其持有的股票期权提前失效,而且其因股票期权获得的收益全部归公司所有。

(3)如果股票期权持有人因退休离职或者因完全丧失行为能力与公司解除聘任合同,可享受一定的优惠,其持有的所有股票期权的授予和有效期不变,可享受与离职前一样的权利。

(4)如果股票期权持有人任期内死亡,股票期权可以作为遗产由其继承人继承。继承人在授予期满后,可按照原来的程序和条件行权,或者在公司规定的一定时期内行权,过期自动失效。

2. 当授予公司出现下列情况时,发行在外的尚未行权的股票期权应作相应调整:

(1)公司并购或者控制权发生变化。多数公司在发生这种情况时,规定股票期权计划自动加速授予时间表,使所有的股票期权立即可以行权。

(2)如果公司的资本结构出现重大变动,对尚未行权的期权,在期权计划中应对涉及的股份数目、面额等做出相应调整。这个调整要遵循公平合理的原则,并确保股票期权持有人在全面行权时所应付的行权总价不高于调整前的价格。

(3)当公司发生送红股、转赠、配股或增发新股等影响公司股本的行为时,需要对尚未授予和尚未行权的期权在期权数量与行权价格上进行相应的调整。

(4)如果股东在可行权期间提出破产清算决议,股票期权持有人可以在该议案通过前通知公司行权,并有权按照其持有的公司股份数分派公司资产。①

(六)关于业绩考核评价制度

股票期权计划授予有效性的一个前提是:经营者骨干的业绩能够得到科学有效的考评。好的业绩评价指标必须具备两个特征:一是与股东财富变化高度相关;二是必须客观,不受随机因素以及人为因素的影响。

一般情况下,对于主要经营者,考核制度可以确定为:一是股价上扬幅度;二是每股收益;三是净资产收益率,反映投资回报;四是税后利润。还可以引进"经济增加值"(Economic Value Added,EVA)指标。EVA 是一种把赢利和市场结合考虑的企业业绩评价方法,它考虑了带来收益的所有资金的成本。这种资金成本体现了经济学中的机会成本思想。资金成本的计算不仅包括股权,而且还考虑债务的成本。因此可以看出,EVA 是真正度量利润的指标,也是股东度量收益的指标。EVA 是财务管理的一个重要指标,它定义为企业收入减去所有成本(包括股东权益的成本)后的剩余收益,等于税后经营利润减去债务和股权的成本,是资本在特定时期内创造的收益。

如果 EVA 为正,说明企业创造了财富;如果 EVA 为负,则表明企业价值受到了损失;如果 EVA 为零,则说明企业只获得了金融市场的一般预期,刚好补偿了资本成本。

EVA 具有如下优点:首先,它能够直接和股东财富联系起来,追求更高的经济增加值,股票价格也就变得越高。股东喜欢更多的经济增加值,从股东角度来说,EVA 才是最为正确的业绩计量指标,它能连续地度量业绩的变化。其次,EVA 指标只是一种全面的财富管理和薪金激励的机制。它的优势在于考虑了资本预算、业绩评价和激励报酬等因素,而且经营目标明确,管理简单、直接并

① 参见李曜:《股权激励与公司治理案例分析与方案设计》,上海远东出版社 2001 年版,第 401 ~ 407 页。

且和谐。

EVA在激励计划中的作用主要表现在以下几个方面:(1)它可以防止管理者利用人为因素干扰经营业绩,进而影响股票价格;(2)它充分重视股东的权益,真正确保管理者和股东的价值最大化目标一致;(3)它与"市场增加值"(Market Value Added,MVA)密切相关。

MVA反映了资本市场对企业未来盈利能力的预期,即一个企业累计为投资者创造了多大的财富。但MVA不能反映个体的业绩,而EVA恰恰为这两者提供了连接纽带。①

由于EVA具有上述的优点和作用,它考虑了股本资本的成本,科学、定量地衡量了每个报告期内公司为股东创造或者损失的价值,把管理者的利益和股东的利益真正地统一起来。EVA的最大化和股东投资价值的最大化是相一致的,因而笔者认为,EVA可以作为经营者期权激励计划的基准,建立新型科学的股票期权计划,激励经营者积极创造股东价值。

(七)股票期权收入的纳税

我国目前没有专门的法规对股票期权的税务处理加以规定,但仍可明确股票期权的受益人应在行权及出售行权买入股票时,其所取得的差额收益按以下规定缴纳个人所得税:

1.行权差额所得应缴纳的个人所得税

财政部、国家税务总局《关于个人所得税法修改后有关优惠政策衔接问题的通知》规定:"二、关于上市公司股权激励的政策 (一)居民个人取得股票期权、股票增值权、限制性股票、股权奖励等股权激励(以下简称股权激励),符合《财政部 国家税务总局关于个人股票期权所得征收个人所得税问题的通知》(财税〔2005〕35号)、《财政部 国家税务总局关于股票增值权所得和限制性股票所得征收个人所得税有关问题的通知》(财税〔2009〕5号)、《财政部 国家税务总局关于将国家自主创新示范区有关税收试点政策推广到全国范围实施的通知》(财税〔2015〕116号)第四条、《财政部国家税务总局关于完善股权激励和技术入股有关所得税政策的通知》(财税〔2016〕101号)第四条第(一)项规定的相关条件的,在2021年12月31日前,不并入当年综合所得,全额单独适用综合所得税率表,计算纳税。计算公式为:应纳税额=股权激励收入×适用税率-速算扣除数。(二)居民个人一个纳税年度内取得两次以上(含两次)股权激励的,应合并按本通知第二条第(一)项规定计算纳税。(三)2022年1月1日之后的股权激励政策另行明确。"

财政部、国家税务总局《关于个人股票期权所得征收个人所得税问题的通知》(财税〔2005〕35号,部分失效)规定:"二、关于股票期权所得性质的确认及其具体征税规定 (一)员工接受实施股票期权计划企业授予的股票期权时,除另有规定外,一般不作为应税所得征税。(二)员工行权时,其从企业取得股票的实际购买价(施权价)低于购买日公平市场价(指该股票当日的收盘价,下同)的差额,是因员工在企业的表现和业绩情况而取得的与任职、受雇有关的所得,应按'工资、薪金所得'适用的规定计算缴纳个人所得税。对因特殊情况,员工在行权日之前将股票期权转让的,以股票期权的转让净收入,作为工资薪金所得征收个人所得税。员工行权日所在期间的工资薪金所得,应按下列公式计算工资薪金应纳税所得额:股票期权形式的工资薪金应纳税所得额=(行权股票的每股市场价-员工取得该股票期权支付的每股施权价)×股票数量。"

财政部、国家税务总局2019年3月14日发布的《关于非居民个人和无住所居民个人有关个人所得税政策的公告》规定:"五、关于无住所个人相关征管规定……(二)关于无住所个人境内雇主报告境外关联方支付工资薪金所得的规定。无住所个人在境内任职、受雇取得来源于境内的工资薪金所得,凡境内雇主与境外单位或者个人存在关联关系,将本应由境内雇主支付的工资薪金所

---

① 参见张云、郭多祚、徐占东:《EVA基准的经理股票期权激励计划研究》,载《大连理工大学学报(社会科学版)》2004年第2期。

得,部分或者全部由境外关联方支付的,无住所个人可以自行申报缴纳税款,也可以委托境内雇主代为缴纳税款。无住所个人未委托境内雇主代为缴纳税款的,境内雇主应当在相关所得支付当月终了后15天内向主管税务机关报告相关信息,包括境内雇主与境外关联方对无住所个人的工作安排、境外支付情况以及无住所个人的联系方式等信息。"

2. 出售差额所得应缴纳的个人所得税

个人转让行权买入股票所取得的售价与行权日市价的差额收益,属有价证券的转让所得,适用20%的税率计算缴纳个人所得税。但《个人所得税法实施条例》(2018年修订)第7条规定:"对股票转让所得征收个人所得税的办法,由国务院另行规定,并报全国人民代表大会常务委员会备案。"鉴于我国证券市场发育还不成熟等情况,财政部、国家税务总局曾经发布《关于股票转让所得暂不征收个人所得税的通知》(财税字〔1994〕040号)、《关于股票转让所得1996年暂不征收个人所得税的通知》(财税字〔1996〕12号)等文件,暂不征收个人所得税。但这些文件均已失效。

根据财政部、国家税务总局《关于个人股票期权所得征收个人所得税问题的通知》之规定:"二、关于股票期权所得性质的确认及其具体征税规定……(三)员工将行权后的股票再转让时获得的高于购买日公平市场价的差额,是因个人在证券二级市场上转让股票等有价证券而获得的所得,应按照'财产转让所得'适用的征免规定计算缴纳个人所得税。(四)员工因拥有股权而参与企业税后利润分配取得的所得,应按照'利息、股息、红利所得'适用的规定计算缴纳个人所得税。"

此外,国家税务总局《关于个人股票期权所得缴纳个人所得税有关问题的补充通知》(国税函〔2006〕902号,部分失效)对一些执行细节作出了规定。

综合而言,我国现行税法中未因股票期权的激励作用而给予受益人相应的税收优惠,大大降低了股票期权制的激励力度。我国现行对股票期权的税务处理方式,事实上已成为股票期权制度在我国实施的主要障碍之一。①

(八)期股与股票期权

1. 期股的概念及与股票期权的区别

期股,是指公司所有者预留一定数量的股份锁定在经营者的个人账户中,公司经营者在达到预期业绩或预约时间后予以兑现。期股的特点是只要经营业绩达标,不用再花钱或花很少的钱即可获得约定的股份,而且在此之前他拥有这些股份的分红权,他可以用这部分分红利来支付购股费用。

股票期权和期股有共同的特点:两者都是长期的激励方式,都是从产权的角度把经营者的报酬与公司的长期业绩联系起来,鼓励经营者更多地关注公司的长期持续发展,从而有效避免了企业经营者的短期行为。但二者也存在较大的差别:期权制的核心是权利,经营者有自由购买股份的权利;而期股制的核心是股份,它具有强制性,一旦经营者选择了期股,他就必须承担购买股份的义务。具体差别如下:

(1)二者的性质不同。期权是一种权利,而非义务。当股票期权拥有者认为有利可图,值得他去购买时,就可以掏钱去购买,而公司必须卖给他;而当拥有者认为无利可图时也可以放弃,公司不得强迫他购买。期股却带有一种义务性,只要经营者选择了它,不管股份是涨还是跌,都得购买。

(2)二者获得收益的方式不同。经营者在获得股票期权时,他实际上获得的是在约定的期限内,以预先确定的价格购买一定数量本公司股份的权利。而在期股制下,经营者获得的不是权利,而是公司股份,购股款项主要来自期股的分红所得、实股分红所得和现金付款。

(3)二者获得产权收益的时间不同。实施股票期权时,经营者在行权日之前不能买卖股份,因此不能获得收益。在行权期内,有溢价收益时,经营者有权选择行权。经营者所得收益为行权价与

① 参见龙文滨、张建功:《中美员工股票期权个人所得税政策比较》,载《税务与经济》2004年第3期。

股份市价的溢价差值。在期股制中,根据协议,允许经营者在任期内用各种方式分期付款最终获得本公司一定数量的股份,在获得股份之前,可先行取得所购股份分红权等部分权益。经营者的收益主要来自股份分红和股份本身的增值以及公司增加利润的分配。

(4)经营者选择期权或者期股激励时所承担的风险不同。在期权激励中,当股份贬值时,经营者可以放弃行权,损失的只是一小部分为购买股份而付的定金,从而避免了承担股份贬值所带来的风险。期股激励预先就购买了股份,或确定了股份购买的协议,经营者一旦接受这种激励方式就必须购买,当股份贬值时,经营者需要承担相应的损失。因此,经营者持有期股购买协议时,实际上是承担了风险的。

(5)期权和期股对经营者的激励效果不同。在期权激励方式中,经营者只承担很小的风险,因此期权数量设计中不受其风险承担能力的限制。通过增加期权的数量,可以产生很大的杠杆激励作用。这种激励方式,一方面将鼓励经营者创新和冒险,另一方面也有可能使经营者过度冒险。期股激励的基本特征是"收益共享、风险共担",即经营者在获得股权增值收益的同时,也承担了股权贬值的风险。因此,这种激励方式将引导经营者努力工作,并以较为稳健的方式管理公司,避免过度的冒险。由于受经营者承担风险能力和实际投资能力的限制,这种股权激励形式下股权的数量不可能很大,相应也可能会影响激励的效果。一般来讲,期权激励的效果要大于期股激励的效果。①

2. 北京和上海关于期股的尝试

我国企业对期股激励制度进行了探索,北京、上海、武汉等地在国有企业中对期股制的实施进行了大胆的尝试,北京市人民政府曾于2001年6月20日发布《关于对国有企业经营者实施期股激励试点的指导意见》,为国企期股试点工作提供了规范性意见(其后未发布对于该意见的更新文件)。通过对北京与上海期股制的比较,从中可以看出我国期股制的一些现状与特点。

(1)期股的含义、激励对象

北京试点关于期股的含义是:经营者期股,是指企业出资者同经营者商定,在任期内由经营者按照既定价格获取适当比例的本企业的股份,收益延期兑现,并享有权利和义务的一种激励方法。

上海的期股激励分两种类型:一种是在国有资产控股的股份有限公司和有限责任公司中,经营者在一定期限内,经董事会批准购得或奖励适当比例的企业股份;另一种是在国有独资企业,借用期权的形式,对经营者实施年薪以外延期兑现的特别奖励。

两个试点关于期股激励的对象,北京为经营者群体,上海为董事长和竞争上岗的总裁。

(2)期股的形成

两个试点关于期股的形成采用的主要是大股东股权转让方式。北京试点,期股获取方式是由经营者与出让人签订期股认购协议,以既定价格认购,分期补入。经营者的出资额一般不少于10万元,经营者所持期股份额,一般以其出资额的1~4倍确定。期股实行有偿购入。上海试点,经营者期股的获取方式主要包括:在一定期限内经营者自己购买的股份,经营者岗位股份,经营者获得的特别奖励股份。上海试点更多强调了契约自由原则,经营者可用现金、分期付款、贴息、低息贷款等多种方式按照约定的价格购买股份,比北京试点的购股方式多些。上海试点期股的来源还有岗位股份和奖励股份,北京试点没有相应规定。上海试点建立的经营者资产抵押经营制度,类似于北京经营者用自有资金购买实股的做法。②

---

① 参见袁明鹏、梅小安:《论期权与期股的联系与区别》,载《管理百科》2001年第5期。

② 参见沈晗耀、魏德俊:《经营者持股操作指南》,华东理工大学出版社2000年版,第266~269页。

(3)任期届满时期股收益获得方式

北京试点规定,经营者任期届满2年后,经审计合格,其股份可以出资人受让方式变现。经营者以期股股份出资成为公司股东的,应依照《公司法》、《公司登记管理条例》(已被《市场主体登记管理条例》取代)的规定到市工商行政管理局(现为市场监管局)办理登记注册。

上海试点规定,经营者在该企业任期届满,其业绩指标经考核认定达到双方契约规定的水平,若不再续聘,可按契约规定,将其拥有的期股按当时的每股净资产值变现,也可保留适当比例的股份在企业,按年度正常分红。①

由此可见,北京期股实行"3+2"模式,即期股在经营者任期届满两年后才可变现;上海期股实行"3+0"模式,即在经营者任期届满立即变现,不能延期。

(4)聘任、考核和管理制度

北京试点和上海试点在期股的配套措施中都规定了经营者竞争上岗制度,规定了要建立科学的业绩考核指标体系,加强对经营者的考核和管理,并设立了期股办法实施领导机构,负责对企业期股制度实施的指导和规范。

期股与股票期权方案有相似之处,二者都面临着我国股票市场不规范及弱有效性、实施期权期股的资金来源障碍等问题。

三、股东会制度与公司治理

(一)股东会的召集制度

股东会的召集制度在股东会的制度设计中非常重要,公司利益的维护、股东权利的行使都必须建立在科学、合理的召集制度基础之上。可以说,没有科学合理的召集制度就没有股东会的启动,更不可能有股东会的决策。以下是有关股东会召集制度的一个案例:

【案例】浙江省S百货股份公司由国有企业原S百货公司改制而成立。改制后,原百货公司职工大部分按新公司章程规定认购了股份,成为新公司的股东。其后,百货公司股东会选举了新公司的第一届董事会和监事会,随后,3名董事之一的胡某出任第一届董事长。两年后,百货公司有94名股东因不满公司经营业绩和部分公司管理者的所作所为,联名向公司董事会递交了强烈要求召开股东会的报告,并提议董事会立即停止行使一切权力。

原来,公司亏损41.41万元,占职工投入资本金57.40万元的72.14%,另外,还有待处理损失17.41万元。按照公司章程规定,公司股东会每年召开一次,在会计年度终结后2个月内召开,而近两年股东年会均未召开。于是,94名股东联名向董事会提出了要求召开股东会的请求,并多次派股东代表督促询问何时召开股东会。董事会一直不明确表示,因此,他们只好自己召开临时股东会来维护自己的合法权益,94名股东联名向全体股东发出了紧急通知,提议召开临时会议。137名股东到会召开临时股东会,与会人员所持股份合计382股,占总股数499股的76.55%。会上,对罢免董事、监事的议案的表决中,同意罢免的有343股,占实到人数所持382股的89.79%,超过章程规定的半数以上的要求,罢免了公司的董事长、董事和监事,并选举了新的董事和监事。

对本次股东会所作出的决议的效力,双方发生了争议。被罢免一方认为,罢免决定和选举结果并不合法,股东们自己召开的大会及选举出的董事会应该是无效的。而股东们则认为,原董事会没有按照公司章程规定定期召开股东会,公布公司经营状况,他们召开股东会是股东保护自己权利的一种方法,这并不违反公司法和公司章程。

于是,根据该次股东会上所作出的决议和《公司登记管理条例》(1994年,已失效)第30条的规定,向县工商登记机关请求办理法定代表人的变更登记。同时,根据《公司登记管理条例》(1994

① 参见李曜:《股权激励与公司治理案例分析与方案设计》,上海远东出版社2001年版,第271~277页。

年,已失效)第37条的规定,对变更的董事和监事向登记机关作出备案申请。由于本案例发生时适用的1999年《公司法》对公司股东自行召集股东会作出决议的情形没有规定,股东的该种行为难以从法律上找到明确的依据。当地县工商局向浙江省工商局请示,省工商局作出了同意登记的答复。①

可见,本案双方争议的焦点是:股东自行召集的股东会所作的决议是否有效,股东们能否采取这种方法来选举新的董事、监事。《公司法》(2023年修订)第63条和第114条已分别对有限责任公司、股份有限公司股东自行召集股东会问题作出明确规定,下文将逐步阐述。

在通常情况下,股东会的召集权由董事会来行使,董事会是法定的召集机关。因为董事会是公司的业务执行机关,对公司的经营状况比较了解,由董事会来召集并赋予其一定的自由裁量权是合适的。特别是对临时股东会而言,这有利于防止少数股东为一己之利而随意地利用召集权召开股东会而损害其他股东的利益,或者损害公司的利益。

大多数国家的法律对召集权的行使予以强制性规定:召集股东会应由具有召集权的人依照法律规定的程序召集。股东会的召集人具有召集权是股东会召开的必备条件之一;没有召集程序而股东自行集会不视为股东会会议,该会上所作出的决议也不应视为股东会决议。召集权与召集程序两者缺一不可。② 不可否认,在一般情况下,有一个固定的召集机关对股东会的召开是有益的,但董事会并不是一个总是为股东和公司的最大利益服务的机构,如果董事会滥用手中的权力,应当召集而不召集时,股东的权利和公司的利益就会受到损害。

为此,许多国家和地区的公司法均规定:如果持有一定数量股份(表决权)的股东向董事会提出召集股东会的请求,但董事会不启动召集程序,少数股东经法院许可,可以自行召集。这样一来,董事会应服从法院的召集许可。在这种情况下,应视为少数股东作为公司的临时机关而召集股东会。因此,少数股东可以经过设定基准日、通知、公告等程序而召集会议,并可向公司请求支付召集费用。这种强制召集股东会的权利,是不可剥夺的,对维护股东利益和公司利益是必不可少的。

需要特别指出的是,召集股东会是董事会的权利,且在职权范围内享有一定的自由裁量权,但是,召集股东会同时也是董事会的义务。许多国家和地区明文规定,有少数股东请求时,董事会应不得迟延地履行股东会召集程序。③ 此时,董事会应该研究召集理由的正当性,如果召集理由正当,则董事会应该作出召集决定,并答复提出召集申请的少数股东;如果召集理由不充分,就没有必要启动召集程序,可作出不召集的决定,并答复少数股东。这里的"不得迟延"是指应于股东会组织召集所需要的最短的时间后召开。

我国《公司法》对常态下的股东会召集制度作了规定,同时也对非常态下的召集作出了一定的安排。《公司法》(2023年修订)第63条规定:"股东会会议由董事会召集,董事长主持;董事长不能履行职务或者不履行职务的,由副董事长主持;副董事长不能履行职务或者不履行职务的,由过半数的董事共同推举一名董事主持。董事会不能履行或者不履行召集股东会会议职责的,由监事会召集和主持;监事会不召集和主持的,代表十分之一以上表决权的股东可以自行召集和主持。"

第114条规定:"股东会会议由董事会召集,董事长主持;董事长不能履行职务或者不履行职务的,由副董事长主持;副董事长不能履行职务或者不履行职务的,由过半数的董事共同推举一名董事主持。董事会不能履行或者不履行召集股东会会议职责的,监事会应当及时召集和主持;监事会不召集和主持的,连续九十日以上单独或者合计持有公司百分之十以上股份的股东可以自行召集和主持。单独或者合计持有公司百分之十以上股份的股东请求召开临时股东会会议的,董事会、监

---

① 参见李洪波:《百名股东赶董事长下台》,载《今日早报》2001年4月9日。

② 参见王保树、崔勤之:《中国公司法》,中国工人出版社1995年版,第200页。

③ 参见[韩]李哲松:《韩国公司法》,吴日焕译,中国政法大学出版社2000年版,第354页。

事会应当在收到请求之日起十日内作出是否召开临时股东会会议的决定，并书面答复股东。”

对于上市股份有限公司股东会的召集而言，早在 1997 年 12 月 16 日中国证监会发布的《上市公司章程指引》（证监〔1997〕16 号，已失效）第 54 条①就作出了规定：“监事会或者股东要求召集临时股东大会的，应当按照下列程序办理：（一）签署一份或者数份同样格式内容的书面要求，提请董事会召集临时股东大会，并阐明会议议题。董事会在收到前述书面要求后，应当尽快发出召集临时股东大会的通知。（二）如果董事会在收到前述书面要求后三十日内没有发出召集会议的通告，提出召集会议的监事会或者股东在报经上市公司所在地的地方证券主管机关同意后，可以在董事会收到该要求后三个月内自行召集临时股东大会。召集的程序应当尽可能与董事会召集股东会议的程序相同。”基于非上市的股份有限公司与上市的股份有限公司具有相同的性质，可以从《上市公司章程指引》的临时股东会召集程序中获得有益借鉴。

值得注意的是，2023 年《公司法》出于股东自治等方面的考虑，依然并未强行规定会议召开须以达到一定表决权数（如出席会议的股东须持有表决权总数的 1/2）为前提，这时公司章程的个性化设计就显得尤为重要。

（二）股东会的表决制度

表决权即股东表决权，是指股东拥有的对股东会提案做出意思表示的权利。表决权的大小通常与股东所持的公司股份多少相对应。表决权实际上是股利收益权、董事和监事选举权、公司重大事务决定权等权利的集合，是《公司法》中明确规定的股东权之一。

《公司法》（2023 年修订）第 65 条规定：“股东会会议由股东按照出资比例行使表决权；但是，公司章程另有规定的除外。”第 116 条第 1 款规定：“股东出席股东会会议，所持每一股份有一表决权，类别股股东除外。公司持有的本公司股份没有表决权。”

对有限公司而言，第 66 条规定：“股东会的议事方式和表决程序，除本法有规定的外，由公司章程规定。股东会作出决议，应当经代表过半数表决权的股东通过。股东会作出修改公司章程、增加或者减少注册资本的决议，以及公司合并、分立、解散或者变更公司形式的决议，应当经代表三分之二以上表决权的股东通过。”

对股份公司而言，第 116 条第 2 款、第 3 款规定：“股东会作出决议，应当经出席会议的股东所持表决权过半数通过。股东会作出修改公司章程、增加或者减少注册资本的决议，以及公司合并、分立、解散或者变更公司形式的决议，应当经出席会议的股东所持表决权的三分之二以上通过。”

需要注意的是，2023 年《公司法》对股份有限公司关于“类别股”的放开性规定，为长期存在但缺少法律依据的问题扫清了法律障碍。

第 144 条规定：“公司可以按照公司章程的规定发行下列与普通股权利不同的类别股：（一）优先或者劣后分配利润或者剩余财产的股份；（二）每一股的表决权数多于或者少于普通股的股份；（三）转让须经公司同意等转让受限的股份；（四）国务院规定的其他类别股。公开发行股份的公司不得发行前款第二项、第三项规定的类别股；公开发行前已发行的除外。公司发行本条第一款第二项规定的类别股的，对于监事或者审计委员会成员的选举和更换，类别股与普通股每一股的表决权数相同。”

第 145 条规定：“发行类别股的公司，应当在公司章程中载明以下事项：（一）类别股分配利润或者剩余财产的顺序；（二）类别股的表决权数；（三）类别股的转让限制；（四）保护中小股东权益的措施；（五）股东会认为需要规定的其他事项。”

第 146 条规定：“发行类别股的公司，有本法第一百一十六条第三款规定的事项等可能影响类

---

① 相关规定参见 2023 年修正的《上市公司章程指引》第 47 条至第 52 条。

别股股东权利的,除应当依照第一百一十六条第三款的规定经股东会决议外,还应当经出席类别股股东会议的股东所持表决权的三分之二以上通过。公司章程可以对需经类别股股东会议决议的其他事项作出规定。”

《公司法》(2023年修订)第117条规定:“股东会选举董事、监事,可以按照公司章程的规定或者股东会的决议,实行累积投票制。本法所称累积投票制,是指股东会选举董事或者监事时,每一股份拥有与应选董事或者监事人数相同的表决权,股东拥有的表决权可以集中使用。”

这样一来,中小股东提名的人选就有可能进入董事会、监事会,参与到公司的经营决策与对公司的监督之中。下文“股东会对董事会的制衡机制”部分,笔者将会对此问题详细阐述。

(三)股东会的责任追究制度

股东会的责任追究制度,即股东会决议瑕疵的救济制度。股东会是有限责任公司与股份有限公司的权力机关,是由全体股东组成的,就董事、监事的选任、章程变更及公司合并、分立、解散等法律规定的主要事项,作出公司内部最高决策。股东在股东会上以资本多数决的原则,对待决事项通过赞成或否定的方式来决定其意思。

由股东会的性质所决定,股东会的决议对于保证公司的利益向着股东利益的正确方向发展,保证公司营利目标的实现,以及保证交易安全都具有不可忽视的意义。然而,股东会的决议可能存在各种各样的瑕疵,股东会决议瑕疵的存在,将严重影响公司、股东的利益和债权人的合法权益。因此,在法律上对股东会的瑕疵进行救济具有其不可或缺的意义。笔者在此以股份有限公司为主线,对股东会的责任追究制度进行阐述。

1. 股东会决议瑕疵

股东会决议制度的核心是:按照资本多数决原则,为了公司维持的目的,将多数股东的意思吸收为公司团体的意思。资本多数决原则乃是资合公司区别于人合公司的一大特点。股份有限公司是典型的资合公司,必须按照“效率优先,兼顾公平”的精神进行公司经营与运作,资本多数决原则乃是此精神在公司决议时的具体体现。股东会因其显著的重要地位和决议的特点,在程序和内容上必须符合法律与公司章程的规定,否则该决议就可能被撤销、变更或确认无效。

(1)目的外事项的决议。目的外事项的决议,是指股东会就召集大会目的以外的事项进行决议。召集股东会的目的必须记载于召集通知上,如《日本商法》第232条第2款规定:“前款通知中应记载会议目的事项。”一般认为,未记载于通知上的事项不得进行决议。对目的外事项进行决议,虽然在形式上,每一投票股东仍按其持有股份数而享有的投票权进行投票决议,符合股份平等的原则,但此种投票违反了股份平等原则的真正内涵。原因是该决议是由知晓目的外事项股东与不知晓目的外事项股东在不平等的前提下进行表决的,因而,目的外事项的决议当然构成股东会决议的瑕疵。日本商法并未明确禁止目的外事项的决议,而是通过学说和判例来否定目的外事项决议。

与日本商法不同,我国《公司法》就目的外事项作了明确规定。《公司法》(2023年修订)第115条规定,“召开股东会会议,应当将会议召开的时间、地点和审议的事项于会议召开二十日前通知各股东;临时股东会会议应当于会议召开十五日前通知各股东。单独或者合计持有公司百分之一以上股份的股东,可以在股东会会议召开十日前提出临时提案并书面提交董事会。临时提案应当有明确议题和具体决议事项。董事会应当在收到提案后二日内通知其他股东,并将该临时提案提交股东会审议;但临时提案违反法律、行政法规或者公司章程的规定,或者不属于股东会职权范围的除外。公司不得提高提出临时提案股东的持股比例。公开发行股份的公司,应当以公告方式作出前两款规定的通知。股东会不得对通知中未列明的事项作出决议”。

(2)表决权受限制股东行使表决权的决议。股东平等是现代公司法的基本原则之一,依据此原则,每一股东按其拥有股份的多少而对公司享有权利和承担义务,股份平等是股东平等原则的具体体现。

《公司法》(2023 年修订)第 116 条第 1 款规定:“股东出席股东会会议,所持每一股份有一表决权,类别股股东除外。公司持有的本公司股份没有表决权。”因此,在召开股东会对公司事项进行决议时,持有多数股份的股东,便较持有少数股份的股东拥有更多的发言权。在特定情况下,多数股东利用这种优势地位,滥用资本多数决原则,为自己谋取私利而损害公司和少数股东的利益。在此情形下,股份平等背离了股东平等的要求,以形式上的平等掩盖了股东间实质上的不平等。

资本多数决原则,对于保护大股东的热情、平衡股东间的利益、提高公司的决策能力、维持公司的高效运营等方面都具有重大意义,资本多数决赋予股东平等原则更多的可操作性;但一旦那些占资本多数的股东利用资本多数决原则,使其意志成为公司的意志,将其利益凌驾于公司及少数股东利益之上,就有必要揭开资本多数决的“面纱”,以对公司及少数股东进行保护。

为了避免多数股东滥用资本多数决原则,操纵股东会决议,以达其长期控制公司的目的,国外有关立法限制公司持有的自己股份,相互持有股份的股东、特别利害关系股东和持有优先股的股东的表决权行使。如《韩国商法》第 369 条规定:“公司持有的自己股份无表决权。”第 368 条规定:“对于股东会的决议有特别利害关系者不得行使表决权。”《法国商事公司法》第 358 条规定:“如果一公司拥有另一公司 10% 以上股份或 10% 以上资产时,不得享有表决权。”《德国股份公司法》和《日本公司法》亦有类似规定。参与股份有限公司的股东以经济利益为共同目的,表决权的行使须受公司和全体股东共同利益的限制。公司股东就公司事项决议时,如违反表决权限制的规定,则构成股东会决议方法上的瑕疵。

同样,我国立法者亦注意到了这一问题,《公司法》(2023 年修订)第 15 条规定:“公司向其他企业投资或者为他人提供担保,按照公司章程的规定,由董事会或者股东会决议;公司章程对投资或者担保的总额及单项投资或者担保的数额有限额规定的,不得超过规定的限额。公司为公司股东或者实际控制人提供担保的,应当经股东会决议。前款规定的股东或者受前款规定的实际控制人支配的股东,不得参加前款规定事项的表决。该项表决由出席会议的其他股东所持表决权的过半数通过。”

2023 年修订的《公司法》对关联关系问题进行了更为详细地规定,第 22 条规定:“公司的控股股东、实际控制人、董事、监事、高级管理人员不得利用关联关系损害公司利益。违反前款规定,给公司造成损失的,应当承担赔偿责任。”

第 139 条规定:“上市公司董事与董事会会议决议事项所涉及的企业或者个人有关联关系的,该董事应当及时向董事会书面报告。有关联关系的董事不得对该项决议行使表决权,也不得代理其他董事行使表决权。该董事会会议由过半数的无关联关系董事出席即可举行,董事会会议所作决议须经无关联关系董事过半数通过。出席董事会会议的无关联关系董事人数不足三人的,应当将该事项提交上市公司股东会审议。”

第 182 条规定:“董事、监事、高级管理人员,直接或者间接与本公司订立合同或者进行交易,应当就与订立合同或者进行交易有关的事项向董事会或者股东会报告,并按照公司章程的规定经董事会或者股东会决议通过。董事、监事、高级管理人员的近亲属,董事、监事、高级管理人员或者其近亲属直接或者间接控制的企业,以及与董事、监事、高级管理人员有其他关联关系的关联人,与公司订立合同或者进行交易,适用前款规定。”

第 185 条规定:“董事会对本法第一百八十二条至第一百八十四条规定的事项决议时,关联董事不得参与表决,其表决权不计入表决权总数。出席董事会会议的无关联关系董事人数不足三人的,应当将该事项提交股东会审议。”

第265条规定:"本法下列用语的含义:……(四)关联关系,是指公司控股股东、实际控制人、董事、监事、高级管理人员与其直接或者间接控制的企业之间的关系,以及可能导致公司利益转移的其他关系。但是,国家控股的企业之间不仅因为同受国家控股而具有关联关系。"

(3)违反议事方式和表决程序的决议。股份有限公司实行的是资本多数决原则,以公司多数股东的意思作为单一的团体意思。因而股东会的议事方式和表决程序,对资本多数决原则的公正运用具有重要意义。

如《美国标准公司法》第32条规定:"除公司章程另有规定外,有表决权的股份之多数拥有者亲自或由代理人出席会议,应构成股东会会议的法定人数,但在任何情况下,法定人数也不应少于有表决权股份的三分之一构成。"《日本商法》第239条规定:"除本法及章程另有规定者外,股东全会的决议,应有代表已发行股份总数过半数的股东出席,并经出席股东表决权的过半数通过方能形成。"

以上规定即为"议事定足数",即股东会有效召开需要多少适格股东的参加。我国公司法只对股东会决议的生效进行了规定,即对"议决定足数"作了规定,并没有规定股东会的议事定足数。以至于有学者笑言,即使只有极少数的股东甚至是一名股东与会,也可以作出约束全体股东的决议。这不能不说是我国公司立法的欠缺,也为某些公司不重视股东会,由少数股东操纵股东会留下隐患。

(4)违反公司章程规定的决议。章程是公司发起人依法订立的规定公司组织及活动原则的文件,是公司活动的行为准则,也是确定股东权利义务的依据。《公司法》(2023年修订)第5条规定:"设立公司应当依法制定公司章程。公司章程对公司、股东、董事、监事、高级管理人员具有约束力。"

第26条规定:"公司股东会、董事会的会议召集程序、表决方式违反法律、行政法规或者公司章程,或者决议内容违反公司章程的,股东自决议作出之日起六十日内,可以请求人民法院撤销。但是,股东会、董事会的会议召集程序或者表决方式仅有轻微瑕疵,对决议未产生实质影响的除外。未被通知参加股东会会议的股东自知道或者应当知道股东会决议作出之日起六十日内,可以请求人民法院撤销;自决议作出之日起一年内没有行使撤销权的,撤销权消灭。"

第27条规定:"有下列情形之一的,公司股东会、董事会的决议不成立:(一)未召开股东会、董事会会议作出决议;(二)股东会、董事会会议未对决议事项进行表决;(三)出席会议的人数或者所持表决权数未达到本法或者公司章程规定的人数或者所持表决权数;(四)同意决议事项的人数或者所持表决权数未达到本法或者公司章程规定的人数或者所持表决权数。"

2. 股东会决议瑕疵的法律救济

根据《公司法》的规定,股东会决议无论是"可撤销"或是"不成立",均系事后救济。

《公司法》(2023年修订)第161条规定:"有下列情形之一的,对股东会该项决议投反对票的股东可以请求公司按照合理的价格收购其股份,公开发行股份的公司除外:(一)公司连续五年不向股东分配利润,而公司该五年连续盈利,并且符合本法规定的分配利润条件;(二)公司转让主要财产;(三)公司章程规定的营业期限届满或者章程规定的其他解散事由出现,股东会通过决议修改章程使公司存续。自股东会决议作出之日起六十日内,股东与公司不能达成股份收购协议的,股东可以自股东会决议作出之日起九十日内向人民法院提起诉讼。公司因本条第一款规定的情形收购的本公司股份,应当在六个月内依法转让或者注销。"

(1)股东会决议瑕疵的事前救济。事前救济主要是通过限制特定类型股东的表决权而实现的,笔者试列举几种特定类型表决权加以分析。

①相互股表决权的限制。相互股有狭义和广义之分。狭义的相互股是指两个独立的公司相互

向对方公司出资的状态,而广义的相互股是指三个以上的公司之间的循环出资。相互股公司经营者们互相在对方公司的股东会上行使表决权,如果所持相互股能充分控制对方公司的规模,那么双方经营者的地位互相取决于对方的意思。于是,双方经营者在连任问题上相互协力,完全有可能产生永久性的经营者控制。同时,经营者可以将真正的出资者排除,无出资者也可以间接控制自己公司的股东会。这样一来,该经营者就可能既不从属于他人,也不向他人负责地永续性存在。

《股份有限公司规范意见》(体改生〔1992〕31 号,已失效)第 24 条第 2 项中规定:“一个公司拥有另一个企业百分之十以上的股份,则后者不能购买前者的股份。”该规定的出发点乃是为了避免相互持股引起的一系列问题。但该规定并未完全禁止相互持股,也未对相互股表决权作出任何限制。如 A 公司拥有 B 企业不到 10% 的股份,则 B 企业仍能取得 A 公司的股份,仍然会导致资本虚增、公司控制权的扭曲、公司社团性的破坏等问题。这有待我国公司法在公司发展进步中逐步加以完善。

②自己股份表决权的限制。公司取得自己股份,又称公司股份的赎回和重购,即公司重新获得发行在外或流通在外的本公司股份的所有权。公司取得自己股份在日本称为“自己股份”,在英美法上称为“库藏股”或“库存股”。在法律、政策上,公司取得自己股份不但有违公司资本充实原则、股东平等原则、股份交易公正原则,而且可能导致具有反社会性的经营者永保职位,有违出资与表决均衡原则。尽管股东在公司成立后不能撤回投资是公司的一项基本制度,但为调节资本构造、安定股市行情、防卫敌对性企业收购等目的,许多国家会根据本国具体情况,在一定条件下容许公司回购自己股份。

《股份有限公司规范意见》(已失效)第 32 条规定,公司非因减少资本等特殊情况,不得收购本公司股票,亦不得库存本公司已发行股票。特殊情况需收购、库存本公司已发行股票,须报请体改部门、人民银行专门批准后方可进行。《股票发行与交易管理暂行条例》(国务院令第 112 号)第 41 条规定,未依照国家有关规定经过批准,股份有限公司不得回购其发行在外的股票。《关于上市公司以集中竞价交易方式回购股份的补充规定》(中国证券监督管理委员会公告〔2008〕39 号,已失效)规定,上市公司以集中竞价交易方式回购股份,应当由董事会依法作出决议,并提交股东大会批准;上市公司股东大会对回购股份作出决议,必须经出席会议的股东所持表决权的 2/3 以上通过;上市公司应当在股东大会作出回购股份决议后的次日公告该决议,依法通知债权人,并将相关材料报送中国证监会和证券交易所备案,同时公告回购报告书……

我国《公司法》吸收了类似英美法库存股的概念,公司会出现持有自己股份的情形,基本采取的是“原则禁止,例外许可”的模式。

③特别利害关系股东表决权的限制。特别利害关系是指在与股东地位无关时,特定股东由于该项股东会决议的结果而具有个人的利益。当某一股东与股东会的决议事项有特别利害关系时,该股东与代理人均不得就其持有的股份行使表决权。参加公司的股东以经济利益为共同目的,为实现共同利益,公司股东按照资本多数决原则对公司事项作出决议。在就特别利害关系事项决议时,为确保决议的公正性,应限制特别股东停止行使特别利害关系事项的表决权,以真正实现股东平等。

1997 年,中国证监会在《上市公司章程指引》(证监〔1997〕16 号,已失效)中首次规定了特别利害关系股东的表决权排除制度。该文件第 72 条规定:“股东大会审议有关关联交易事项时,关联股东不应参加投票表决,其所代表的有表决权的股份数不计入有效表决总数;股东大会决议的公告应当充分披露非关联股东的表决情况。如有特殊情况关联股东无法回避时,公司在征得有权部门的同意后,可以按照正常程序进行表决,并在股东大会决议公告中作出详细说明。”①

上述规定仅限制关联股东对自己所持股份的表决权的行使,没有明确关联股东的代理人是否可以代理其行使表决权,也没有明确关联股东是否可以代理其他股东行使表决权,这无疑是立法上的缺漏。并且,上述规定是由证监会制定的有关公司章程的规范性意见,法律效力层次较低。

《公司法》(2023 年修订)第 15 条规定:“公司向其他企业投资或者为他人提供担保,按照公司章程的规定,由董事会或者股东会决议;公司章程对投资或者担保的总额及单项投资或者担保的数额有限额规定的,不得超过规定的限额。公司为公司股东或者实际控制人提供担保的,应当经股东会决议。前款规定的股东或者受前款规定的实际控制人支配的股东,不得参加前款规定事项的表决。该项表决由出席会议的其他股东所持表决权的过半数通过。”

综上,笔者认为,要使股东会决议的事前救济真正发挥作用,在我国现行法律、法规并不十分完善的情况下,应在公司章程中对特定类型股东表决权进行相关的限制性约定,赋予事前救济以明确的依据。

(2)股东会决议瑕疵的事后救济。股东会决议瑕疵的事后救济,主要体现在对决议的撤销、变更、无效之诉上。

股东会决议是公司内部的最高意志,是公司运作上最基本、最关键的程序。决议不得含有程序、内容上的瑕疵。含有瑕疵的决议,必然损害股东的利益,无法真正体现股东平等,且会对公司的运营带来损害,致使公司有被少数人操纵之虞。大陆法系国家的公司法大都规定,如果股东会决议在内容或程序上违反法律或章程的规定,任何股东均有权请求法院宣告该决议无效或予以撤销。股东提起诉讼时,可以单独行使诉权,亦可集体进行诉讼。

如果股东会在程序、形式等方面与法律、章程的规定不符,股东有权在一定期限内向法院提起诉讼,要求法院宣判撤销或变更该决议。股东的撤销、变更之诉的提起条件并无股东持股比例、持股延续时间的限制,而且与瑕疵无关的股东、无表决权的股东都可以提起诉讼。股东请求法院撤销或变更决议必须在法定期限内作出,超过法定期限而股东未提出异议的,该决议即为有效。对股东会决议的撤销、变更判决,不仅对公司、股东发生效力,而且对第三人也发生效力,并具有追溯力,其无效追溯至决议作出之时。

(四)反对股东的股份收买请求权制度

股份收买请求权(对有限责任公司而言是股权收买请求权,下同)又称回购请求权,是指当公司发生实质性变更时,持不同意见的股东所享有的要求公司依公平合理的价格买取其股份,从而退出公司的权利。股东公平是确立股份收买请求权的最主要依据。在公司合并、营业转让、股份收买等场合,控股股东或董事极有可能为自己的利益而牺牲少数股东的利益,而股份收买请求权是保护少数股东免受不公平对待的一种切实有效的手段。

美国、日本、韩国等都规定了股份收买请求权。如《日本商法》第 346 条规定,以书面通知公司表示反对设置该款规定,并在全会上阐述反对意见的股东,可以请求公司以其决议时应有的公正价格,收购自己的股份。股份收买请求权,是以保护少数股东的利益为目的的。但从传统的公司本质观来看,股东会受资本多数决原则的支配,因此,即使有反对决议的股东,也不得因此而解体社员构成。如果承认了股份收买请求权,就等于将股份制公司之实体合伙化,这与传统的股份制公司的本质是相违背的。这不仅有违资本充实的原则,还会诱发公司的财政负担。但为了维护公司的存续和发展,同时也为顾及少数股东的利益,各国法律仍赋予少数反对股东以股份收买请求权。在股东

---

① 《上市公司章程指引》(2023 年修正)第 80 条规定:“股东大会审议有关关联交易事项时,关联股东不应当参与投票表决,其所代表的有表决权的股份数不计入有效表决总数;股东大会决议的公告应当充分披露非关联股东的表决情况。注释:公司应当根据具体情况,在章程中制订有关联关系股东的回避和表决程序。”

会决议存在瑕疵或严重影响股东的预期利益时，少数股东为了避免其所不希望的后果，可选择股份收买请求权作为法律上的最后救济。

少数股东行使股份收买请求权必须符合下列条件：(1)存在股东会上决议的对股东的利害关系产生重大影响的事项。如公司合并、公司全部营业转让或部分重要营业转让、受让其他公司全部营业、限制股份转让而变更章程等。(2)请求权主体仅限于表示反对决议的少数股东，包括无表决权的股东。反对股东在股东会上表示反对决议事项，可于事先发出反对通知，并在一定期限内请求公司收买其股份。(3)公司与股东协商确定价格，如协议不成，股东可请求法院裁定价格。关于购买的价格，对有限责任公司来说，可根据公司净资产额确定。对股份有限公司来说，可按下述两种方法确定其价格：一种是在股票上市的情形下，参照股市价格予以确定；另一种是在股票不上市的情形下，按公司的净资产额计算。

我国《公司法》分别对有限责任公司与股份有限公司反对股东的回购请求权进行了规定。《公司法》(2023 年修订)第 89 条规定："有下列情形之一的，对股东会该项决议投反对票的股东可以请求公司按照合理的价格收购其股权：(一)公司连续五年不向股东分配利润，而公司该五年连续盈利，并且符合本法规定的分配利润条件；(二)公司合并、分立、转让主要财产；(三)公司章程规定的营业期限届满或者章程规定的其他解散事由出现，股东会通过决议修改章程使公司存续。自股东会决议作出之日起六十日内，股东与公司不能达成股权收购协议的，股东可以自股东会决议作出之日起九十日内向人民法院提起诉讼。公司的控股股东滥用股东权利，严重损害公司或者其他股东利益的，其他股东有权请求公司按照合理的价格收购其股权。公司因本条第一款、第三款规定的情形收购的本公司股权，应当在六个月内依法转让或者注销。"

第 161 条规定："有下列情形之一的，对股东会该项决议投反对票的股东可以请求公司按照合理的价格收购其股份，公开发行股份的公司除外：(一)公司连续五年不向股东分配利润，而公司该五年连续盈利，并且符合本法规定的分配利润条件；(二)公司转让主要财产；(三)公司章程规定的营业期限届满或者章程规定的其他解散事由出现，股东会通过决议修改章程使公司存续。自股东会决议作出之日起六十日内，股东与公司不能达成股份收购协议的，股东可以自股东会决议作出之日起九十日内向人民法院提起诉讼。公司因本条第一款规定的情形收购的本公司股份，应当在六个月内依法转让或者注销。"

(五)股东会对董事会的制衡机制

股东会是有限责任公司和股份有限公司的权力机构，对公司的组织、职权和重要事项享有决定权；董事会是公司的执行机构，享有对公司日常事务的管理权和执行权。在公司实践中常常会出现董事会滥用职权损害股东权益的事件，那么就需要通过制度设计来保护股东的利益不受非法侵害，股东会对董事会的制衡机制就是建立在这一论断的基础之上的。

在此，笔者着重对《公司法》累积投票制进行阐述，因为股东会对董事的任免直接体现出了股东会对董事会的控制权。

1. 累积投票制的制衡

(1)累积投票制的作用原理。累积投票制是一个被广泛使用的董事选举制度，为西方主要国家普遍采用。根据这一制度，股东会在选举两名以上的董事时，一个股东可以投票的总数等于他所持有的股份数额乘以应选出董事的人数；投票时票数多的董事候选人将会顺序当选；股东可以不为董事会的每一待选董事投票，而将其总票数投给一名或几名候选人。

例如，某公司共有两名股东，发行了 100 股股票，小股东甲持有 21 股，大股东乙持有 79 股。若该公司欲为其董事会设置 4 名董事，在资本多数决原则(直接投票制)下，很显然，甲不可能在董事会获得一个能代表己方利益的席位，而乙则可完全囊括董事会的所有席位。其实，只要大股东能拥有50%以上的股份,他就可以完全操纵每次的董事选举,而不给予中小股东丝毫机会,这显然是不平等的。

如果采用累积投票制,结果就会不一样。因为在该投票制下,甲共有:21票×4=84票,乙共有:79票×4=316票,甲、乙合计票数为:400票。如果乙想“独揽全席”,就必须使乙准备选举的4名董事候选人票数处于前4名,但因为甲可以将其全部84票投给甲准备选举的候选人。故乙要阻止甲,必须使其4名董事候选人得票数均高于84票才可以,即需要有不低于84票×4=336票,但其只有316票。所以,依照累积投票制,大股东乙最多只能获得3个董事席位,小股东甲可获得1个董事席位。

通过以上的分析不难看出,累积投票制使那些仅持有少量股份的中小股东赢得董事席位,从而在董事会中拥有“代言人”的希望成为可能。而在资本多数决原则投票制度下,这不仅不可能,而且即使是那些持有数量相当可观的股东,在某些情况下,如果其持有的股份不到一半,他也有可能在董事会中连一席之地都不能占有。

相同的股份,在不同的议事规则下产生了截然不同的效果。累积投票制一方面保障了中小股东在其与大股东或董事会之间发生严重利益冲突时,有机会表达他们的意见;另一方面随着董事会权力的扩张,还能使中小股东在董事会中安插一只“聪明的牛虻”,“以便在投票委托劝诱争夺战中处于有利地位,从而达到权力制衡的目的”。① 此外,它还能防止大股东完全垄断、操纵董事会局面的出现,使董事会成员多元化,从而有利于在公司内部弘扬民主。② 因此,我国《公司法》(2023年修订)第117条明确了这一制度,虽规定为可选择适用(“按照公司章程的规定或者股东会的决议”),但也是不小的进步。

(2)缓释累积投票权的做法。2000年年初,随着胜利股份年度股东大会的闭幕,沸沸扬扬的胜利股份之争终于告一段落。结果,持有胜利股份27.62%表决权(其中自身持股的表决权占16.66%,通过征集委托投票权获得的表决权占10.96%)的通百惠公司推举的董事候选人,无一当选。因各种关联关系而拥有实际控制权的胜邦公司,在这场股权之争中取得了彻底的胜利。原公司董事会也通过自己掌握的下一届董事的提名权,在一定程度上成了“一种自我延续的寡头统治”,而实际持股数量仅比胜邦公司少0.69%的第二大股东——通百惠公司,尽管其还征集到了2625.78万股(约占总股本的10.96%)中小股东的委托投票权,但仍然未能在胜利股份董事会中取得一席之地。

这不能不说是2005年修订前的《公司法》规定的股东直接投票表决制度的必然结果。当时,即有人呼唤累积投票制的出台,以完善股东表决权制度。但随着后来《公司法》修订规定了累积投票制,中小股东为之兴奋之时,大股东们又想出了一系列的方法去缓释累积投票制带来的“灾难”。大股东们的操作方法大体有:

第一,对董事会选举实行分类或错开法。董事会选举实行分类或错开法是指将规模较大的董事会成员分成若干类,当股东行使累积投票权选举董事时,只能就其中的某类进行选举,至于其余的董事会成员则由下次股东会进行选举。这种方法可以有效地抵销累积投票权制度对大股东带来的冲击。就笔者假设的上例来讲,我们把4名董事的选举分为两类,每届只能选举2名。很明显,小股东即使将所有84票全部投给一人,也无法超过大股东将316票分别投给两人的票数。这样一来,在每次选举中累积投票制度对中小股东的好处就失去了,大股东可以轻松地控制董事的选举。所以这种方法我们是不主张的,因为它不利于中小股东利益的保护。

---

① 张开平:《英美公司董事法律制度研究》,法律出版社1998年版,第82~83页。

② 参见徐婧:《现代公司法中的中小股东保护》,载《法学论坛》2003年第5期。

第二,缩小董事会的规模。这种缓释抵销的方法,其工作原理和上面所提到的分类法是一样的,都是通过减少选举董事的数量来限制中小股东运用累积投票制。

第三,无故更换少数派董事。《公司法》关于累积投票制的条款,适用于"选举"董事;根据《公司法》的规定,股东会还享有对董事的"更换"权,但并未明确"更换"必须按"选举"的程序进行。那么,大股东就可以利用其在股东会中的实力,更换掉少数派所选举的董事,这样也起到了抵销累积投票制的作用。

综上,我国公司立法不仅应该规定累积投票制,更应该注意对其稀释作用的防范,真正保护中小股东的利益,更何况《公司法》规定的是对该制度的选择适用,是否采取累积投票制,决定权还在股东。

2. 股东会决定权的制衡

股东会对董事会的制衡,在其职权上主要表现为董事任免权、董事报酬决定权、重大事项决定权。《公司法》(2023 年修订)第 59 条规定:"股东会行使下列职权:(一)选举和更换董事、监事,决定有关董事、监事的报酬事项;(二)审议批准董事会的报告;(三)审议批准监事会的报告;(四)审议批准公司的利润分配方案和弥补亏损方案;(五)对公司增加或者减少注册资本作出决议;(六)对发行公司债券作出决议;(七)对公司合并、分立、解散、清算或者变更公司形式作出决议;(八)修改公司章程;(九)公司章程规定的其他职权。股东会可以授权董事会对发行公司债券作出决议。对本条第一款所列事项股东以书面形式一致表示同意的,可以不召开股东会会议,直接作出决定,并由全体股东在决定文件上签名或者盖章。"

(六)股东会对监事会的制衡机制

监事会作为公司中专门的监督部门,有其特殊的制约权力,如临时股东会召集权、特定条件下对股东会的召集和主持权、提案权等。而股东会对监事会的制约机制也主要体现在有关股东会职权的规定上。具体表现在:(1)审议批准监事会的报告;(2)选举和更换监事(监事会中的职工代表由公司职工通过职工代表大会、职工大会或者其他形式民主选举产生),决定有关监事的报酬事项。

从我国的立法现状和司法实践来看,对于监事会,我们更多的应是加强其权利、发挥其监督作用,而并非限制其权利的行使。监事会的监督作用是保证公司治理结构科学性的重要因素,我们更应该给脆弱的监事会以支持,防止股东会过多地给监事会以限制。

四、董事会制度与公司治理

(一)股东代表诉讼制度对董事会的监督机制

股东代表诉讼,在英美法系被称为股东派生诉讼或者第二级诉讼,是指当公司合法权益受到侵害,应当行使诉权的公司机构拒绝或怠于行使权利时,公司股东可以以自己的名义代表公司进行诉讼的法律制度。如上文所述,董事对公司负有忠实义务,要求董事在执行公司职务的过程中必须始终把公司利益放在首位,不仅把大股东的利益放在首位,而且要考虑中小股东的利益。董事若违反其忠实义务,侵害了中小股东的利益,应当区分不同情况向公司或中小股东承担法律责任。股东代表诉讼制度是一种很好的对董事的监督机制。

《公司法》(2023 年修订)第 188 条规定:"董事、监事、高级管理人员执行职务违反法律、行政法规或者公司章程的规定,给公司造成损失的,应当承担赔偿责任。"

第 189 条规定:"董事、高级管理人员有前条规定的情形的,有限责任公司的股东、股份有限公司连续一百八十日以上单独或者合计持有公司百分之一以上股份的股东,可以书面请求监事会向人民法院提起诉讼;监事有前条规定的情形的,前述股东可以书面请求董事会向人民法院提起诉讼。监事会或者董事会收到前款规定的股东书面请求后拒绝提起诉讼,或者自收到请求之日起三十日内未提起诉讼,或者情况紧急、不立即提起诉讼将会使公司利益受到难以弥补的损害的,前款规定的股东有权为公司利益以自己的名义直接向人民法院提起诉讼。他人侵犯公司合法权益,给公司造成损失的,本条第一款规定的股东可以依照前两款的规定向人民法院提起诉讼。公司全资子公司的董事、监事、高级管理人员有前条规定情形,或者他人侵犯公司全资子公司合法权益造成损失的,有限责任公司的股东、股份有限公司连续一百八十日以上单独或者合计持有公司百分之一以上股份的股东,可以依照前三款规定书面请求全资子公司的监事会、董事会向人民法院提起诉讼或者以自己的名义直接向人民法院提起诉讼。"

可见,我国在立法上确立了股东代表诉讼制度。另外,《公司法》(2023 年修订)第 190 条还对股东为维护自己的利益而直接起诉董事的权利予以了明确:"董事、高级管理人员违反法律、行政法规或者公司章程的规定,损害股东利益的,股东可以向人民法院提起诉讼。"

关于股东代表诉讼,有学者认为,中小股东为公司利益诉讼有时只是为了伸张正义,公司不过是间接受益,因而缺乏必要的激励机制。而且,如果微量持股的股东同样可以提起股东代表诉讼,可能会给其他股东造成不利影响,而这些股东恰恰是股东代表诉讼假定的受益人。因此,一般而言,法律对提起股东代表诉讼的股东资格应有所限制。

我国《公司法》的上述规定对此也有所体现,但考虑我国中小股东长期被忽视的历史情况,对提起股东代表诉讼的股东资格并未做过于严格的限制。相比较而言,美国在其股东派生诉讼中,规定了董事有权对将来的诉讼进行成本与收益分析,然后在进行商业判断的基础上作出中止诉讼的决定。这也是为了防止股东代表诉讼偏离其初衷而设立的限制。因此,笔者建议,在《公司法》再行修订时或在相关司法解释中,对这一制度作进一步的细化规定。

(二)董事的任免机制

1. 董事的选任

(1)2023 年修订的《公司法》关于董事选任的规定

以我国的股份有限公司为例,第 104 条规定,董事由公司成立大会选举产生,"应当经出席会议的认股人所持表决权过半数通过"。第 59 条第 1 款、第 112 条规定,股份有限公司成立之后,选举和更换董事的权力属于股东会。

2023 年修订的《公司法》对于职工参与管理(包括但不限于以董事身份)进行了更为细致的规定。

第 17 条规定:"公司职工依照《中华人民共和国工会法》组织工会,开展工会活动,维护职工合法权益。公司应当为本公司工会提供必要的活动条件。公司工会代表职工就职工的劳动报酬、工作时间、休息休假、劳动安全卫生和保险福利等事项依法与公司签订集体合同。公司依照宪法和有关法律的规定,建立健全以职工代表大会为基本形式的民主管理制度,通过职工代表大会或者其他形式,实行民主管理。公司研究决定改制、解散、申请破产以及经营方面的重大问题、制定重要的规章制度时,应当听取公司工会的意见,并通过职工代表大会或者其他形式听取职工的意见和建议。"

第 68 条规定:"有限责任公司董事会成员为三人以上,其成员中可以有公司职工代表。职工人数三百人以上的有限责任公司,除依法设监事会并有公司职工代表的外,其董事会成员中应当有公司职工代表。董事会中的职工代表由公司职工通过职工代表大会、职工大会或者其他形式民主选举产生。董事会设董事长一人,可以设副董事长。董事长、副董事长的产生办法由公司章程规定。"

第 69 条规定:"有限责任公司可以按照公司章程的规定在董事会中设置由董事组成的审计委员会,行使本法规定的监事会的职权,不设监事会或者监事。公司董事会成员中的职工代表可以成为审计委员会成员。”

在此,我们可以看出《公司法》诸多立法缺陷中的又一不足:职工董事由职工民主选举产生,但是,在公司设立时,职工大会等民主机构尚未成立,甚至有可能连职工的预招收工作都未进行,职工董事由何而来?这一问题对于必须设置的由职工民主选举的职工监事[参见《公司法》(2023年修订)第130条]更为明显。《公司法》和《市场主体登记管理条例》在类似问题上,可以说均存在矛盾与不便实务操作之处,以致个别问题上导致了“想依法办事,就得先违法”的结果。

一般来说,无论是在有限责任公司还是在股份有限公司中,董事都由股东会选任,这也与现代公司所有权与经营权相分离的现实相符合。股东,尤其是控股股东对公司注入大量的资本,自然怀有控制公司的预期,也希望公司的经营管理层的经营能使自己的资产增值。股东有理由相信自己选出的董事是其利益和意志的代言人。所以,我国虽借鉴了德国公司法的相关规定,职工代表介入公司董事会之中参与公司管理,但股东仍然是公司的最终控权者,董事由股东会选出的原则不会改变。

(2)董事选任中存在的问题

根据法律规定,董事由股东会选举产生。上文已经提到,在理论上,股东会是全体股东意志的合议机关,而董事是全体股东的代言人。但实际上在公司成立后,尤其是在股权极其分散的公司,大多数股东出于理性的冷漠,并不关心公司机关的建设,也并不热衷于行使选举董事的权力,从而导致选举董事的权力被大股东把持操纵。

而且,我国《公司法》2005年修改之前,股东在选举董事时实行一般的资本多数决制,中小股东根本无法选出自己利益的代表进入董事会,更加剧了中小股东行使选举董事权力时的冷漠。最后导致现实情况往往是:董事是大股东的代表,董事成为大股东之间争权夺利的筹码,中小股东因无法选举和更换董事而遭受重大损失。下面的案例或许有助于我们理解这一问题。①

【案例】范某是H实业有限责任公司(以下简称H公司)的控股股东和董事长,该公司注册资本800万元。H公司成立初期效益良好,但后来公司效益迅速滑坡。范某在一次股东会上提出与某鞋业进出口公司(以下简称鞋业公司)合并,理由是鞋业公司有国资背景且效益良好,与之合并将拓宽H公司外贸业务渠道,提高经济效益。其他几位股东认为鞋业公司在经营管理上有诸多隐患,与其合并前景并不乐观,因此不同意合并。结果董事会的这一提案在股东会上被否决。此后,范某怀恨在心,唆使董事会成员抵制执行股东会决议,拒绝列席股东会会议,股东会又不能通过决议罢免他的董事长职务,公司的业务活动便处于瘫痪中,公司运行陷入僵局,连续数月亏损。

当然,像上述案例中的情况,股东可以通过诉讼途径予以救济。但该案例也充分说明,公司董事产生(含更换)机制必须合理安排,兼顾各方利益,否则将会成为公司僵局产生的重要原因。而公司僵局的出现,对公司和股东的利益将构成致命的打击,导致对外无法开展业务,对内无法解决危机。

同时,在公司收购大战中,原控制权人往往用公司章程限定董事进入董事会的条件(如提名权安排等),以避免公司控制权被收购方夺取。

实践中,董事一般由股东、董事会提名,甚至还可以公开征集候选人。董事会成立后的董事会提名最常见。鉴于我国《公司法》关于董事的选任程序的规定相对简单,很多公司在公司章程中详细规定了本公司的董事选任方式,如“广西康达”章程规定董事只能由董事会提名,剥夺股东的提名权。“方正科技”章程规定董事、监事候选人产生的程序是:由董事会负责召开股东座谈会,听取股东意见,审查候选人任职资格,讨论、确定候选人名单。“广西斯壮”章程规定,对于非换届选举,

① 参见鄢涛:《公司法案例评析》,汉语大辞典出版社2003年版,第163页。

拟改选的董事会成员最多不超过4名(共11名董事)。[①]

(3)董事选任机制的完善

有限责任公司的资合性、人合性和封闭性的特点,决定了董事会不是公司必设的机关,股东人数较少或者规模较小的有限责任公司,可以设一名执行董事,不设立董事会。即使设立了董事会,董事往往就是股东,召集一次股东会来讨论董事的人选问题相对方便。故在此着重讨论股份有限公司尤其是上市公司的董事选任机制的完善问题。

在选举董事中,尽管实行累积投票制会使小股东参与董事选举的热情提高,但小股东出于理性的冷漠和"搭便车"心理,事实上并不怎么关注董事的选任。而且,股东选举产生董事有如下弊端:第一,股东人数太多,进行选举的成本很高;第二,股东中不同利益集团可能就董事的人选产生冲突,而协调他们之间的矛盾是十分费力的事情;第三,若是股东自己提名人选,可能存在参差不齐的情况。例如,1978年,美国国际控制公司的董事选任就发生了这样的情况,由股东提名并经通过的两名董事是曾被法庭判决不宜担任董事的人。[②]

因此,我们应当正面现实而不是拘泥于《公司法》的规定。尽管法律明确规定股东享有所有者的资产收益、重大决策和选择管理者的权力,董事的选任权在股东,但实际的董事提名权可以掌握在董事会手中。我们可借鉴国外的成熟做法,在董事会下设提名委员会,在一定程度上保证提名董事的独立性,避免董事成为控制权之争的筹码。

2. 董事的任期、罢免及补选

(1)董事的任期。《公司法》关于董事任期的规定,既是强制性的又是任意性的(有限公司、股份公司均是如此),强制性体现在:每届董事任期不得超过3年,连选可以连任;任意性体现在:第一,董事每届任期由公司章程规定,第二,连选届数也可由章程规定。

为了保证董事职能的连续性,2023年修订的《公司法》还规定了更具细节性的"到期、辞任、解任"三种状态下的处理方式(对有限公司、股份公司均适用,详见第70条、第71条、第120条):第一,董事任期届满未及时改选,或者董事在任期内辞任导致董事会成员低于法定人数的,在改选出的董事就任前,原董事仍应当依照法律、行政法规和公司章程的规定,履行董事职务。第二,董事辞任的,应当以书面形式通知公司,公司收到通知之日辞任生效,但存在前款规定情形的,董事应当继续履行职务。第三,股东会可以决议解任董事,决议作出之日解任生效。无正当理由,在任期届满前解任董事的,该董事可以要求公司予以赔偿。

(2)董事的解任/更换。董事在任职期间不称职或不尽职的,股东会可以对其进行解任/更换。股东会解任/更换董事的权力是股东选任权的另一个方面,虽然大多数时候都处于"睡眠状态",但对于董事仍起到了相当的威慑作用,它是悬挂在董事头上的"达摩克利斯之剑",随时督导和阻遏着他们。

(3)董事的补选。2023年修订的《公司法》并未强制规定有限责任公司董事人数不足时需要进行补选,只是明确出现人数不足情形时的原则性处理措施,即董事人数低于法定人数时,在改选出的董事就任前,原董事仍应当依法履行董事职务(第70条)。根据第120条的规定,第70条的规定对股份有限公司是适用的;此外,对于股份有限公司,董事人数跌破"临界点"时应当及时开会进行了明确。第113条规定:"股东会应当每年召开一次年会。有下列情形之一的,应当在两个月内召开临时股东会会议:(一)董事人数不足本法规定人数或者公司章程所定人数的三分之二时……"

---

① 参见罗培新:《公司法的合同解释》,北京大学出版社2004年版,第178页。

② 参见李维安、武立东:《公司治理教程》,上海人民出版社2002年版。

(4)关于董事的法定人数。2023年修订的《公司法》对于董事的法定人数要求进行了调整,并不特别设置"上限",根据第68条、第120条的规定,"有限责任公司董事会成员为三人以上"。

(三)董事长的产生与罢免

对有限责任公司而言,《公司法》(2023年修订)第68条规定,"董事长、副董事长的产生办法由公司章程规定"。对股份有限公司而言,《公司法》(2023年修订)第122条规定,"董事长和副董事长由董事会以全体董事的过半数选举产生"。

对于董事的解任/更换问题,《公司法》(2023年修订)第59条、第112条规定,股东会有权"更换"董事,相当于有关对董事罢免的规定。另外,第78条、第131条还规定了监事会的"解任"建议权,"对董事、高级管理人员执行职务的行为进行监督,对违反法律、行政法规、公司章程或者股东会决议的董事、高级管理人员提出解任的建议"。

(四)我国经理层职权存在的问题

《公司法》(2023年修订)第67条第2款规定:"董事会行使下列职权:……(八)决定聘任或者解聘公司经理及其报酬事项,并根据经理的提名决定聘任或者解聘公司副经理、财务负责人及其报酬事项……"第128条规定:"规模较小或者股东人数较少的股份有限公司,可以不设董事会,设一名董事,行使本法规定的董事会的职权。该董事可以兼任公司经理。"第174条规定:"国有独资公司的经理由董事会聘任或者解聘。经履行出资人职责的机构同意,董事会成员可以兼任经理。"

实践中,经理又称总经理,[①]公司的总经理大多由董事长或董事兼任,这就导致对经理性质和地位的认识存在偏差,混淆董事会和经理的权力界区;经理和董事会之间的权力区间不甚合理,经理的权限范围过于庞大,董事会这一上位机关的领导无法实现分散、削弱经理权力的作用。

当然,经理权力的膨胀也有着深层次原因:

1. 在公司制改革之前,国有企业实行厂长(经理)负责制,除国家保留的对国有企业的某些决定权外,企业的经营决策权、业务执行权、生产指挥权和对外代表权,均集中于厂长(经理)一身。实行公司制度后,就需要通过股东会、董事会,尤其是董事会这一上位机关的领导,来分散、削弱经理的权力。

然而,由于传统观念的影响和人事制度改革滞后等原因,公司的经理多由原有的厂长(经理)担任或由国家主管机关直接任命,没有严格遵守"由董事会聘任经理"的规定。公司经理仍把持着公司实权;加之其事实上不由董事会任命,不对董事会负责,而直接对政府大股东负责,以致董事会常常被架空,无法对经理实施领导、监督。

2. 董事长兼任总经理。在现实生活中,许多公司的总经理都由董事长兼任,其很大一部分原因在于董事长的对外代表权须以一定的对内业务执行权为基础,而总经理对公司的内部治理亦须有一定的对外代表公司的权力。

这种做法忽视了两者任职程序与地位的极大不同,混淆了两者的职权,破坏了立法所设计的权力监督体系。这是因为身兼二职者无法进行自我监督,同时董事与经理的身份竞合,使二者之间串通的机会主义成本降低到零,大大削弱了董事会对总经理的制约力度,容易形成"内部人控制"。

所以,在公司治理中必须解决对经理权力膨胀的制约问题。当然,不能一味地限制经理的权能,最重要的是让经理和董事会各司其职,在合理分工基础上最大限度地发挥各自的作用。为了实现这一目标,除了规范经理权力外,也要对经理采取一定的激励措施。

2023年修订的《公司法》突出了董事会在公司治理中的地位为"执行"机构,第67条第2款规定:"董事会行使下列职权:……(二)执行股东会的决议……"

---

① 有的市场监管部门只允许在提交备案的章程中使用"经理"字样,而不承认"总经理"的称谓。

(五)完善董事会制度的建议

1. 设立专门委员会

笔者认为,完善董事会制度,应从董事会组织机构入手保证董事会具有一定的独立性,避免董事会成为大股东操纵公司的工具。目前董事会面临如何保证董事会的独立性,以及有效发挥其监督作用两大难题,而解决的途径只能是完善董事会的组织机构。2023 年修订的《公司法》将专门委员会的设置进行了完善,特别是审计事项。

第 69 条规定:"有限责任公司可以按照公司章程的规定在董事会中设置由董事组成的审计委员会,行使本法规定的监事会的职权,不设监事会或者监事。公司董事会成员中的职工代表可以成为审计委员会成员。"

第 121 条规定:"股份有限公司可以按照公司章程的规定在董事会中设置由董事组成的审计委员会,行使本法规定的监事会的职权,不设监事会或者监事。审计委员会成员为三名以上,过半数成员不得在公司担任除董事以外的其他职务,且不得与公司存在任何可能影响其独立客观判断的关系。公司董事会成员中的职工代表可以成为审计委员会成员。审计委员会作出决议,应当经审计委员会成员的过半数通过。审计委员会决议的表决,应当一人一票。审计委员会的议事方式和表决程序,除本法有规定的外,由公司章程规定。公司可以按照公司章程的规定在董事会中设置其他委员会。"

第 136 条规定:"上市公司设独立董事,具体管理办法由国务院证券监督管理机构规定。上市公司的公司章程除载明本法第九十五条规定的事项外,还应当依照法律、行政法规的规定载明董事会专门委员会的组成、职权以及董事、监事、高级管理人员薪酬考核机制等事项。"

第 137 条规定:"上市公司在董事会中设置审计委员会的,董事会对下列事项作出决议前应当经审计委员会全体成员过半数通过:(一)聘用、解聘承办公司审计业务的会计师事务所;(二)聘任、解聘财务负责人;(三)披露财务会计报告;(四)国务院证券监督管理机构规定的其他事项。"

第 144 条规定:"公司可以按照公司章程的规定发行下列与普通股权利不同的类别股:(一)优先或者劣后分配利润或者剩余财产的股份;(二)每一股的表决权数多于或者少于普通股的股份;(三)转让须经公司同意等转让受限的股份;(四)国务院规定的其他类别股。公开发行股份的公司不得发行前款第二项、第三项规定的类别股;公开发行前已发行的除外。公司发行本条第一款第二项规定的类别股的,对于监事或者审计委员会成员的选举和更换,类别股与普通股每一股的表决权数相同。"

为了保证董事会能做出独立、合理、公正的决议,董事会应完善其内部机构的设置。在董事会下设立专门的委员会,已成为外国公司董事会制度的一种普遍做法。例如,美国通用汽车公司的董事会下设七个专门的委员会:审计委员会、资本股票委员会、董事事务委员会、执行委员会、执行报酬委员会、投资基金委员会和公共政策委员会。[①] 在这七个专门委员会中,除投资基金委员会外,均要求全部由独立董事构成。由独立董事组成的专门委员会来解决董事之间的利益冲突,已经成为董事会制度的一种发展方向。

2. 完善董事会的运作机制

健全公司的组织机构是完善董事会制度的前提,但我们不能把眼光仅仅局限在组织机构形式上,更应该强调实现公司机构有效运作、实现组织机构设置的目的,强调高效率。也就是说,要使公司的组织机构能够对公司的经营、市场的变化做出迅速的反应,并且能迅速地化解经营中出现的风险。

---

① 参见朱羿锟:《上市公司董事会改革研究》,载《民商法论丛》第 17 卷,金桥文化出版(香港)有限公司 2000 年版,第 149 页。

董事会的合理运作是实现以上目的的关键。董事会运作实际上包括董事会权力的完善、议事方式和表决程序的完善及对董事会会议瑕疵的救济的完善。

(1)董事会权力的完善

①董事会权力的性质。从法律性质上讲,董事会的权力是私法上的权力,不同于公法上的行政权力,它是一种私法自治的扩张和补充。董事会实际上代行公司的权力。

董事会的权力类型可以细分为公司代表权、监督管理权、执行权和经营决策权。公司代表权,是指能代表公司对外缔约的权力,这种权力在大陆法系被特别强调;监督管理权,是指董事会能有效监督其成员,尤其是附属管理者(经理层)的权力;执行权,是执行股东会所作出的有关公司重大决策的权利;经营决策权,是指董事会有权根据自己的判断,以符合公司最佳利益的方式决定公司的业务和事务,这是董事会何以处于公司中心地位的源泉和动力所在。

②董事会权力的范围。从世界各国立法例来看,董事会的权力范围在日渐扩大,集权化趋势十分明显。我国《公司法》对董事会的职权采取了列举式和概括式规定相结合的方式。除了法定的9项职权以外,公司可以通过公司章程赋予董事会其他认为必要的职权,这就使得董事会拥有了极为广泛的权力。值得特别注意的是,2023年修订的《公司法》充分吸纳了《民法典》的要义,明确了"合同主体相对性""不得为第三方设定义务"的问题,其第67条第3款规定:"公司章程对董事会职权的限制不得对抗善意相对人。"《民法典》的相关规则主要体现在第61条:"依照法律或者法人章程的规定,代表法人从事民事活动的负责人,为法人的法定代表人。法定代表人以法人名义从事的民事活动,其法律后果由法人承受。法人章程或者法人权力机构对法定代表人代表权的限制,不得对抗善意相对人。"第170条规定:"执行法人或者非法人组织工作任务的人员,就其职权范围内的事项,以法人或者非法人组织的名义实施的民事法律行为,对法人或者非法人组织发生效力。法人或者非法人组织对执行其工作任务的人员职权范围的限制,不得对抗善意相对人。"

③董事会权力的行使及制约。董事会通过定期会议和特别会议来行使公司权力,并以集体决策的方式进行。当然,也有其他的一些方式,如《美国特拉华州公司法》第141(f)条规定:除非公司章程或章程细则另有规定,董事会可以通过一致的书面同意采取行动。①

董事会往往通过授权将许多权力下放到经理层,出现了"权力虚化"状态,导致"内部人控制"情况的出现。故通过完善董事会制度来平衡公司内部的利益制衡机制,是现代公司治理无法回避的问题。

(2)董事会会议的议事方式和表决程序的完善

①合理化的会议频率。董事会的会议一般分为普通会议和临时会议。普通会议是在公司章程规定的固定时间召开例会,而临时会议是指当公司经营中遇到需要董事会及时决策的必要事项时,董事会可以召开临时会议。临时会议是普通会议的重要补充,原因在于普通会议往往在公司章程规定的时间召开,一年内召开的次数是有限的,难以满足市场千变万化所导致的及时决策的需要。

根据《公司法》(2023年修订)的规定,一个年度内有限责任公司董事会会议的召开次数不做强制性规定,由有限责任公司根据自身的情况合理决定,并可规定在公司章程中(第73条)。股份有限公司每年度至少召开两次董事会会议,至于具体的次数由公司根据具体情况决定(第123条)。事实上,会议频度合理化是强化董事会决策能力,避免董事会会议形式化、空洞化的重要举措。

董事会作为会议体,如果不开会就谈不上决策,更谈不上履行其控制和监督职责。因此,董事会必须定期集会。如何合理确定董事会会议频度难以作出一个统一的具体规定,只能分析和借鉴

① 参见官欣荣:《独立董事制度与公司治理:法理和实践》,中国检察出版社2003年版,第96页。

国际、国内一些大公司的成熟做法并结合本公司的实际情况确定。从实践来看,大多数美国大型公司每年召开8次董事会会议,有的会议频度虽稍低但会议时间较长,便于集中时间进行充分的讨论。

②重视董事会会议程序。要充分发挥董事会的作用,避免其成为某些人争权夺利的工具,董事会就必须牢牢掌握会议议程,如明确会议前的准备工作,完善并严格遵守董事会会议召集权,而不能任凭经营者操纵董事会会议,使董事会成为经营者的"橡皮图章"。

具体地说,董事会是否开会、会议讨论什么事项,均应该由董事会决定。在美国非常重视会议议事日程问题,如美国商业圆桌会议、加利福尼亚州公务员退休系统和机构投资者理事会,对会议议程均有明确要求,美国通用公司和英特尔这类大型公司也非常重视议事日程等会议准备工作。

《公司法》(2023年修订)第72条规定:"董事会会议由董事长召集和主持;董事长不能履行职务或者不履行职务的,由副董事长召集和主持;副董事长不能履行职务或者不履行职务的,由过半数的董事共同推举一名董事召集和主持。"第122条规定:"董事会设董事长一人,可以设副董事长。董事长和副董事长由董事会以全体董事的过半数选举产生。董事长召集和主持董事会会议,检查董事会决议的实施情况。副董事长协助董事长工作,董事长不能履行职务或者不履行职务的,由副董事长履行职务;副董事长不能履行职务或者不履行职务的,由过半数的董事共同推举一名董事履行职务。"第123条规定:"董事会每年度至少召开两次会议,每次会议应当于会议召开十日前通知全体董事和监事。代表十分之一以上表决权的股东、三分之一以上董事或者监事会,可以提议召开临时董事会会议。董事长应当自接到提议后十日内,召集和主持董事会会议。董事会召开临时会议,可以另定召集董事会的通知方式和通知时限。"

从上述这些规定可以看出,我国对董事会的召集和主持规定得十分简约。

笔者认为,每个公司应在公司法简单规定的基础上,根据本公司的具体情况制定一个详细的董事会会议议程,并明确规定在公司章程或章程附属文件之中。总的来说,会议议程应体现以下原则:第一,董事长与董事会其他成员商议后确定具体议程;第二,在董事会召开期间,每个董事都有权要求增加议题,该议题是否会成为本届董事会的议题,应由全体董事的过半数以上决定;第三,会议议程应该正式化、书面化。

此外,完善董事会的运作,有必要把一些有助于保证会议顺利召开和作出公平决议的事项也制定成一个详细规则并明确规定在章程中,具体来说,如会议议程及其他会议材料应该在会议之前送达董事,便于董事充分进行准备、在会议上可进行充分的讨论。董事会决策来自每个董事的意见、建议和判断,而大多数董事并不是公司的具体经营者,不可能对进行正确决策所需要的信息了如指掌,为使董事会更有效率,有必要建立一定的决策支持体系来保证董事正确决策。

我们可以借鉴大多数国家的做法,从以下四个方面构建董事决策支持体系:一是董事可以向公司索取有关信息,最高经营者必须予以支持;二是董事可以直接接触公司高层经营者或其他雇员,以便了解情况;三是董事可以咨询有关外部独立专家意见,由公司承担费用;四是允许非董事经理列席会议,便于向董事会提供有关信息,并回答有关问题和接受质询。

③董事会议事方式和表决程序。《公司法》只规定了董事会会议的某些必需的基本议事程序。例如,对股份有限公司而言,《公司法》(2023年修订)第124条规定:"董事会会议应当有过半数的董事出席方可举行。董事会作出决议,应当经全体董事的过半数通过。董事会决议的表决,应当一人一票。董事会应当对所议事项的决定作成会议记录,出席会议的董事应当在会议记录上签名。"对于有限责任公司董事会的议事方式和表决程序,我国公司法未做具体规定,主要留给各个公司的公司章程根据具体情况去规定。

我们欣喜地看到,2023年修订的《公司法》对于新型会议形态进行了认可,第24条规定:"公司股东会、董事会、监事会召开会议和表决可以采用电子通信方式,公司章程另有规定的除外。"但是,"每深入一层就会出现这一层的新问题",电子通信的安全措施深度、技术方的选用、投票方式、监票方式、对参与人的显名或匿名的技术性处理、有效证据的留存……一系列问题,在实践中都是巨大的挑战。

(3)董事会决议瑕疵救济方式的完善

董事会决议是由达到法定比例的董事出席,并经法定比例的董事表决通过而做出的决议。董事会决议的效力从形式要件上,要满足董事会的召集程序合法,出席方式(是本人出席还是委托代理人出席)及同意做出决议的董事人数符合法定的比例;从实质要件上讲,董事会决议的效力取决于董事会做出的决议是否在其职权范围内,以及决议内容是否违反法律、法规或公司章程的规定。

①董事会决议的无效。一般情况下,董事会决议不符合实质要件时,则决议自作出之日起即为无效。董事会决议的无效一般可分为下列几种情况:一是决议经营国家禁止或限制经营的商品或营业的;二是决议将公司资产以个人名义开立账户存储的;三是决议将公司资金挪用的。①

在决议无效的情况下,决议对任何人自始不具有法律约束力,不需要有人主张无效,决议也不存在事后补正的情况。根据我国《公司法》(2023 年修订)第 22 条的规定,董事会决议的内容违反法律、行政法规的无效。

②董事会决议的可撤销。《公司法》(2023 年修订)第 26 条规定:"公司股东会、董事会的会议召集程序、表决方式违反法律、行政法规或者公司章程,或者决议内容违反公司章程的,股东自决议作出之日起六十日内,可以请求人民法院撤销。但是,股东会、董事会的会议召集程序或者表决方式仅有轻微瑕疵,对决议未产生实质影响的除外。未被通知参加股东会会议的股东自知道或者应当知道股东会决议作出之日起六十日内,可以请求人民法院撤销;自决议作出之日起一年内没有行使撤销权的,撤销权消灭。"

③不成立。《公司法》(2023 年修订)第 27 条规定:"有下列情形之一的,公司股东会、董事会的决议不成立:(一)未召开股东会、董事会会议作出决议;(二)股东会、董事会会议未对决议事项进行表决;(三)出席会议的人数或者所持表决权数未达到本法或者公司章程规定的人数或者所持表决权数;(四)同意决议事项的人数或者所持表决权数未达到本法或者公司章程规定的人数或者所持表决权数。"

此外,《公司法》(2023 年修订)对于实务中市场监督管理部门的衔接问题也进行了原则性规定,第 28 条规定:"公司股东会、董事会决议被人民法院宣告无效、撤销或者确认不成立的,公司应当向公司登记机关申请撤销根据该决议已办理的登记。股东会、董事会决议被人民法院宣告无效、撤销或者确认不成立的,公司根据该决议与善意相对人形成的民事法律关系不受影响。"

五、独立董事制度与公司治理

(一)独立董事制度在我国的引入过程

独立董事制度在我国上市公司中的引入,首先是从境外上市公司开始的,首次引起瞩目始于 1993 年青岛啤酒 H 股在我国香港特别行政区上市,我国的 H 股公司率先按香港联交所的要求设立了独立董事。目前,我国在境外交易所上市的公司,董事会中基本上都有若干名独立董事。

1997 年版《上市公司章程指引》(已失效)第 112 条规定:"公司根据需要,可以设独立董事。独立董事不得由下列人员担任:(一)公司股东或股东单位的任职人员;(二)公司的内部人员(如公司的经理或公司雇员);(三)与公司关联人或公司管理层有利益关系的人员。注释:此条款为选择性条款,公司可以根据实际需要,在章程中制订独立董事的职责。"《上市公司章程指引》2016 年修

---

① 参见赵旭东主编:《公司法学》,高等教育出版社 2003 年版,第 341 页。

订时取消了独立董事任职资格的上述规定。

1999 年 3 月 29 日,原国家经贸委和中国证监会联合颁布了《关于进一步促进境外上市公司规范运作和深化改革的意见》,其中第 6 条规定:逐步建立、健全外部董事和独立董事制度,公司应增加外部董事的比重。董事会换届时,外部董事应占董事会人数的 1/2 以上,并应有 2 名以上的独立董事(独立于公司股东且不在公司内部任职的董事)。

2000 年,上海证券交易所提出了《上市公司治理指引(草案)》(征求意见稿),规定上市公司应至少拥有 2 名独立董事,且独立董事至少应占董事总人数的 20%,当公司董事长和总经理由一人担任时,独立董事占董事总人数的比重应达到 30%。独立董事应提出客观、公正的意见,特别是当公司决策面临内部人控制和同控股股东等之间存在利益冲突时,独立董事可征求外部独立顾问的咨询意见,公司应为此提供条件。

2001 年 1 月 19 日,中国证监会发出通知,要求基金管理公司(包括正在筹建中的公司)必须完善治理结构,实行独立董事制度,其人数不少于公司全部董事的 1/3,并多于第一大股东提名的董事人数。基金管理公司实行独立董事制度是一项改革的探索,中国证监会于当年 5 月 28 日至 6 月 1 日在北京举办了首届基金管理公司独立董事培训班。

时任中国证监会主席周小川,在 2001 年 1 月 15 日召开的全国证券期货监管会议上强调的 2001 年要重点抓好的九项工作之一,就是要"在 A 股公司中推行独立董事制度,进一步完善法人治理结构"。这意味着中国证监会将对独立董事问题进行重点研究,逐步加强独立董事在上市公司中的作用。为此,中国证监会在 2001 年 10 月 22 日至 26 日在北京举办了首届上市公司独立董事培训班。

2001 年 8 月 16 日,中国证监会发布了《关于在上市公司建立独立董事制度的指导意见》(已失效),在上市公司独立董事制度建设方面迈出了重要的一步。该指导意见要求,在 2002 年 6 月 30 日前,董事会成员中应当至少包括 2 名独立董事;在 2003 年 6 月 30 日前,上市公司董事会成员中应当至少包括 1/3 独立董事。

2002 年 5 月 23 日,中国人民银行颁布《股份制商业银行独立董事和外部监事制度指引》(中国人民银行公告〔2002〕第 15 号),对独立董事的任职资格、职权、报酬等问题进行了规定,较 2001 年基金管理公司对独立董事引入的探索更进了一步。由此可以看出,我国对独立董事制度的引入,并非只限定在上市公司上,还有扩大其适用范围的趋势。

2006 年 1 月 1 日施行的《公司法》第 123 条规定,上市公司设独立董事,但具体办法留待国务院进行规定。该条文虽然简单,但首次从法律的高度对独立董事的存在进行了肯定。

2010 年和 2011 年,上海和深圳证券交易所分别发布了《上海证券交易所上市公司独立董事备案及培训工作指引》(已失效)、《深圳证券交易所独立董事备案办法》(已失效),对独立董事的备案程序、任职资格、培训、声明及公示等内容进行了详细规定。

2023 年发布的《上市公司独立董事管理办法》对独立董事任职资格等若干细项进行了明确规定,例如,第 6 条规定:"独立董事必须保持独立性。下列人员不得担任独立董事:(一)在上市公司或者其附属企业任职的人员及其配偶、父母、子女、主要社会关系;(二)直接或者间接持有上市公司已发行股份百分之一以上或者是上市公司前十名股东中的自然人股东及其配偶、父母、子女;(三)在直接或者间接持有上市公司已发行股份百分之五以上的股东或者在上市公司前五名股东任职的人员及其配偶、父母、子女;(四)在上市公司控股股东、实际控制人的附属企业任职的人员及其配偶、父母、子女;(五)与上市公司及其控股股东、实际控制人或者其各自的附属企业有重大业务往来的人员,或者在有重大业务往来的单位及其控股股东、实际控制人任职的人员;(六)为上市公司及其控股股东、实际控制人或者其各自附属企业提供财务、法律、咨询、保荐等服务的人员,包括但不限于提供服务的中介机构的项目组全体人员、各级复核人员、在报告上签字的人员、合伙人、董事、高级管理人员及主要负责人;(七)最近十二个月内曾经具有第一项至第六项所列举情形的人员;(八)法律、行政法规、中国证监会规定、证券交易所业务规则和公司章程规定的不具备独立性的其他人员。前款第四项至第六项中的上市公司控股股东、实际控制人的附属企业,不包括与上市公司受同一国有资产管理机构控制且按照相关规定未与上市公司构成关联关系的企业。独立董事应当每年对独立性情况进行自查,并将自查情况提交董事会。董事会应当每年对在任独立董事独立性情况进行评估并出具专项意见,与年度报告同时披露。”

(二)我国上市公司实施独立董事制度面临的问题

尽管我国上市公司引进独立董事制度已经成为趋势,但在实行过程中许多公司都不同程度地面临一些问题,主要包括以下几方面:

1. 法律规定欠缺

现代公司治理的核心是通过一种制度安排来规范股东、董事会和经理层的责、权、利关系,同时通过有效的制衡机制对大股东和其代理人实施有效的约束和激励。对制衡机制的规范在很大程度上需要从立法与执法等法律环境方面进行考虑,这样才能设计出具有实用价值和可操作性的制度。

目前,我国以《公司法》《上市公司治理准则》等法律法规为基础的上市公司治理要求,在立法建设上取得了很大进步,尤其是2005年修订的《公司法》的实施,正式引入了独立董事制度。2023年发布的《上市公司独立董事管理办法》已经更具落地性。

与相关行政法规、规章及其他规范性文件相比较,2023年修订的《公司法》的规定更具权威性,为上市公司设立独立董事提供了法律上的依据。第168条第1款规定:“上市公司设独立董事,具体管理办法由国务院证券监督管理机构规定。”

总体来说,在制度细化上仍有欠缺,例如,一方面,在确保董事会的独立性等方面尚缺乏明确的制度安排,如何通过有效的制度避免“人情董事”“花瓶董事”的产生仍然是我们面临的问题;另一方面,缺乏独立董事法律赔偿责任的法律条文,缺乏对独立董事权利与义务明确具体的规定和具体的裁判规则。根据《公司法》的立法精神,这些具体内容需要由国务院根据实践情况另行规定。

2. 独立董事人力资源的缺乏

目前,在我国上市公司已聘请的独立董事中,经济学家和技术类专家占了很大比重。有关调查表明,大多数上市公司聘请的知名宏观经济学家对公司治理、财务控制和管理没有直接的帮助,公司也只是为了利用名人效应扩大社会影响、提升企业形象,这与引进独立董事并利用其知识、技术和特殊的经验对改善公司治理提供帮助的初衷是相悖的。公司应当根据自己的实际情况,即对专门知识和经验的需求,通过引进专家提供服务而使之得到满足,从而改善公司治理。

此外,独立董事最主要的作用在于完善公司法人治理结构,仅仅由精通公司主营业务的技术专家担任独立董事是远远不够的,尤其在我国股权结构还不甚合理的情况下,上市公司不仅需要技术专家对公司的发展战略提出建议,更需要其他类型的专家对公司的法人治理、资本运作、企业管理等发挥监督与制衡作用,从而达到完善法人治理、保护广大股东(特别是中小股东)利益的目的。

国外聘用独立董事的一般经验是:对有严格规范的行业,特别是需要法律指导的行业,聘请律师担任独立董事;在公司资产或投资机会具有特殊性的行业,则会聘请对所在行业熟悉的外部咨询专家担任独立董事;在资本结构比较复杂的公司,则会聘请投资银行家进行指导;在有大量不能调动的资产的公司和需要雇用高智力劳动者的公司,则会从大学聘请专家;公司业务有严格的政府法规限制或者与军事工业有关的,则一般会聘请下野政治人物或者与军界有关的人士作为独立董事。①

---

① 参见冯圣葆:《如何完善董事会 借鉴美国成功经验》,载《经济管理文摘》2000年第18期。

国外的这些做法,目前还未被我国上市公司所接纳。

除了构成上的缺陷,独立董事在数量上也存在不足。根据我国上市公司董事会的实际平均规模,再加上独立董事制度的逐步推行及各种专门委员会的设立,我国现行法律法规中有关要求独立董事最少占董事会人数1/3的规定显得有所不足。《上市公司独立董事管理办法》第5条第1款规定,上市公司独立董事占董事会成员的比例不得低于1/3,且至少包括1名会计专业人士。

为了保证对公司治理的客观公正性,独立董事宜占董事会的多数,这样一来,对独立董事的市场需求量的绝对数量将会大大增多,在对独立董事任职资格的要求越来越严格的情况下,独立董事的人力资源储备将存在很大问题。

我国独立董事在人力资源上的缺陷,实质上是独立董事选聘机制存在问题。如果继续保持大股东行为扭曲、内部人控制问题严重、法律规定不健全的状况,即使有独立董事人员储备上的保证,也无法将真正具备独立性和维护中小股东利益或者全体股东利益的独立董事选聘到董事会中来。

3. 内部人控制导致信息不对称

目前,我国上市公司独立董事基本上是由大股东推举产生的,而这些独立董事往往与董事会中的某一个高级管理者关系良好,他们到上市公司来担任董事,是尽朋友之谊,或者只是在公司挂名。独立董事在客观上成了"人情董事""挂名董事""花瓶董事",无法起到独立董事所应有的作用。即使有些独立董事想发挥应有的作用,但因受到大股东的制约和其他一些人为因素的影响,其独立性亦大打折扣,无法达到建立独立董事制度的最初目的。

此外,上市公司中的独立董事通常都是兼职的,而且大多数是较为知名的人士。许多独立董事在若干家上市公司兼职,自己本身又有繁忙的工作和各种社会活动,没有充足的时间深入上市公司了解情况,判断公司决策的依据完全依赖上市公司提供的材料。如果上市公司提供的材料不及时或者材料内容存在虚假或隐瞒事实的情况,那么独立董事得出的结论就会是片面的甚至是错误的,因此,在独立董事的知情权没有得到充分保障的前提下,这种信息的不对称将导致独立董事所作出的判断缺乏应有的客观性和公正性,独立董事被架空。

【案例】陆某豪从1995年起受聘于Z公司任外部董事,后为独立董事。2001年9月27日,中国证监会公告了对Z公司有关人员的处罚决定,包括对陆某豪罚款10万元并认定为市场禁入者。陆某豪因此而成为中国证券市场上第一位因"失职"而被证监会公开处罚的独立董事。

从法律上讲,作为上市公司董事会成员就应该尽职尽责,该做的不做当然要罚。在2002年2月4日召开的Z公司2002年第一次临时股东会上,当记者询问陆某豪当初是否尽到了独立董事的监督义务时,陆某豪果断地认为自己原来在工作中已经认真尽责。

面对中国证监会的处罚,陆某豪也是有苦难言:Z公司当时建立的独立董事制度有名无实,原董事长和总经理在进行重大决策时越过董事会,遵守《公司法》《证券法》的意识一点都没有。当时Z公司聘任陆某豪为外部董事的目的并不是让他直接参与公司日常工作管理,而是希望他能为Z公司的总体发展方向提出建议,陆某豪本人也是抱着这样的目的担任这一职务的。

陆某豪对Z公司提出建议的依据,是每年Z公司召开董事会时所提供的注册会计师已经审计过的报表摘要及其他信息,其本人无从了解Z公司内部真实的运营状况和财务状况,对Z公司虚假上市和上市后虚假信息披露也无从得知。另外,陆某豪在任Z公司独立董事期间,并未收取Z公司任何报酬,如年薪、董事津贴等。①

这个案例在一定程度上反映了当个人与公司之间存在信息极不对称时,将严重制约独立董事监督职能的真正发挥。实际上,要使独立董事真正发挥作用,必须依赖于配套的措施;要确保独立

① 参见廖理:《公司治理与独立董事》,中国计划出版社2002年版,第295页。

董事的独立性，就必然要求上市公司更为详细、真实地披露独立董事的资料及其与公司的联系。同时，监管部门应对独立董事的资格有严格的规定，更为重要的是，要加强对独立董事的激励，如对独立董事设立激励性的报酬、适当增加独立董事的持股、公布独立董事的绩效、对其进行评估等，而且要从法律上明确规定独立董事对公司和股东的责任和义务。

目前独立董事地位的超脱，客观上造成了独立董事权利与义务的不对等，也让独立董事在董事会上的发言权并不真正具有表决效力。

4. 独立董事功能定位存在偏差

在我国上市公司中，独立董事的角色一般被视为顾问或是“橡皮图章”。在独立董事的选聘中，许多专家并不懂得公司治理与管理实务，对于涉及公司决策事项的资产负债表、现金流量表、损益表等知之甚少，很难真正对上市公司的治理有所帮助。他们有的是基于人情做了独立董事，有的是基于经济人理性为了报酬而身兼数家公司独立董事，有的在履行职责中更是有意帮助大股东进行掠夺式的交易。独立董事职位的获取成了某些人士利用社会名望谋取利益的有效手段，而不顾自身时间上的许可和经历、经验等条件的限制。这在某种程度上是一种忽视社会责任的不道德行为。

在我国上市公司的治理结构中，普遍存在极其严重的功利主义观念。各种违法违规现象表明，有一种不良的公司文化与组织氛围严重影响着公司治理，不利于独立董事制度的实施。不管是哪种类型的董事，都应保证能有足够的时间和精力认真履行其应尽的职责，以负责任的态度出席董事会，确实无法亲自出席董事会的，应书面委托其他董事代为投票并承担委托责任，这些都是对董事的最基本要求。

5. 独立董事制度与监事会制度的交叉

我国实行的公司治理结构接近大陆法系，即采用同时设置董事会和监事会的二元模式，①而独立董事又是在一元制（不设监事会）的英美法系公司治理结构基础上产生的。由于在英美一元模式中没有对董事会实施有效监督的机构，才产生了独立董事，而我国在已有监事会的状况下引入独立董事，会产生监督权力如何分配和协调的问题，弄不好就成了“麻袋上绣花”“俩只猫抓一只耗子”。

造成这种现象的原因是我国公司立法起步较晚，同时借鉴不同法系的公司治理体系。对我国上市股份有限公司而言，独立董事制度和监事会制度在现行立法中存在交叉，容易产生矛盾和冲突。这主要体现在以下几个方面：

第一，依照《公司法》（2023 年修订）第 78 条的规定，监事会可行使下列职权：（1）检查公司财务；（2）对董事、高级管理人员执行公司职务的行为进行监督，对违反法律、行政法规、公司章程或者股东会决议的董事、高级管理人员提出解任的建议；（3）当董事、高级管理人员的行为损害公司的利益时，要求董事、高级管理人员予以纠正；（4）提议召开临时股东会会议，在董事会不履行《公司法》规定的召集和主持股东会会议职责时召集和主持股东会会议；（5）向股东会会议提出提案；（6）依法对董事、高级管理人员提起诉讼；（7）公司章程规定的其他职权。

第二，按照《上市公司独立董事管理办法》第 17 条的规定：“独立董事履行下列职责：（一）参与董事会决策并对所议事项发表明确意见；（二）对本办法第二十三条、第二十六条、第二十七条和第二十八条所列上市公司与其控股股东、实际控制人、董事、高级管理人员之间的潜在重大利益冲突事项进行监督，促使董事会决策符合上市公司整体利益，保护中小股东合法权益；（三）对上市公司

① 参见霍春辉、于丽萍：《试论公司监督机制中独立董事的地位与作用》，载《辽宁大学学报（哲学社会科学版）》2002 年第 5 期；北京市法学会经济法研究会：《独立董事的理论与实践》，机械工业出版社 2004 年版。

经营发展提供专业、客观的建议,促进提升董事会决策水平;(四)法律、行政法规、中国证监会规定和公司章程规定的其他职责。"

《上市公司独立董事管理办法》第18条规定:"独立董事行使下列特别职权:(一)独立聘请中介机构,对上市公司具体事项进行审计、咨询或者核查;(二)向董事会提议召开临时股东大会;(三)提议召开董事会会议;(四)依法公开向股东征集股东权利;(五)对可能损害上市公司或者中小股东权益的事项发表独立意见;(六)法律、行政法规、中国证监会规定和公司章程规定的其他职权。独立董事行使前款第一项至第三项所列职权的,应当经全体独立董事过半数同意。独立董事行使第一款所列职权的,上市公司应当及时披露。上述职权不能正常行使的,上市公司应当披露具体情况和理由。"

第三,根据《上市公司治理准则》的规定,上市公司董事会可以按照股东大会的有关决议,设立战略、审计、提名、薪酬与考核等专门委员会。专门委员会成员全部由董事组成,其中审计委员会、提名委员会、薪酬与考核委员会中独立董事应占多数并担任召集人,审计委员会中至少应有一名独立董事是会计专业人士。

该准则对各专门委员会的职责也作了规定。例如,审计委员会的主要职责是:(1)提议聘请或更换外部审计机构;(2)监督公司的内部审计制度及其实施;(3)负责内部审计与外部审计之间的沟通;(4)审核公司的财务信息及其披露;(5)审查公司的内控制度。

由上述我国相关法律法规对监事会和独立董事职责的规定可知,传统上监事会是我国公司的常设监督机关,负有财务监督和业务监督的双重职能;而独立董事又被赋予了与监事会类似的职能,甚至更具有可操作性。这就产生了公司机关构造关系紊乱的局面,不仅增加了监督的成本,阻碍了公司经营效率的提高,而且还可能抵销仅存的监督绩效。

六、监事制度与公司治理

(一)监事会的组成及监事任期

监事会代表股东的利益对公司执行机构进行监督。因此,监事会通常是由出资方(股东)派出或选举产生的。《公司法》对监事会的组成,因企业的组织形式的不同分别作出了不同的规定:

1. 有限责任公司

有限责任公司的规定更多考虑现实中的操作便利,将既往"形同虚设"的问题,在尊重股东自主权的原则下最大限度地予以解决,公司甚至不需要有"监事"这一职能部门。

《公司法》(2023年修订)第69条规定:"有限责任公司可以按照公司章程的规定在董事会中设置由董事组成的审计委员会,行使本法规定的监事会的职权,不设监事会或者监事。公司董事会成员中的职工代表可以成为审计委员会成员。"

第76条规定:"有限责任公司设监事会,本法第六十九条、第八十三条另有规定的除外。监事会成员为三人以上。监事会成员应当包括股东代表和适当比例的公司职工代表,其中职工代表的比例不得低于三分之一,具体比例由公司章程规定。监事会中的职工代表由公司职工通过职工代表大会、职工大会或者其他形式民主选举产生。监事会设主席一人,由全体监事过半数选举产生。监事会主席召集和主持监事会会议;监事会主席不能履行职务或者不履行职务的,由过半数的监事共同推举一名监事召集和主持监事会会议。董事、高级管理人员不得兼任监事。"

第83条规定:"规模较小或者股东人数较少的有限责任公司,可以不设监事会,设一名监事,行使本法规定的监事会的职权;经全体股东一致同意,也可以不设监事。"

2. 股份有限公司

相较于有限责任公司而言,公司法对股份有限公司监事会的组成要求更为严格,无论公司是什么样的规模、怎样的股东数量,至少要保障存在"监事"这一职能部门。

《公司法》(2023 年修订)第 121 条规定:“股份有限公司可以按照公司章程的规定在董事会中设置由董事组成的审计委员会,行使本法规定的监事会的职权,不设监事会或者监事。审计委员会成员为三名以上,过半数成员不得在公司担任除董事以外的其他职务,且不得与公司存在任何可能影响其独立客观判断的关系。公司董事会成员中的职工代表可以成为审计委员会成员。审计委员会作出决议,应当经审计委员会成员的过半数通过。审计委员会决议的表决,应当一人一票。审计委员会的议事方式和表决程序,除本法有规定的外,由公司章程规定。公司可以按照公司章程的规定在董事会中设置其他委员会。”

第 130 条规定:“股份有限公司设监事会,本法第一百二十一条第一款、第一百三十三条另有规定的除外。监事会成员为三人以上。监事会成员应当包括股东代表和适当比例的公司职工代表,其中职工代表的比例不得低于三分之一,具体比例由公司章程规定。监事会中的职工代表由公司职工通过职工代表大会、职工大会或者其他形式民主选举产生。监事会设主席一人,可以设副主席。监事会主席和副主席由全体监事过半数选举产生。监事会主席召集和主持监事会会议;监事会主席不能履行职务或者不履行职务的,由监事会副主席召集和主持监事会会议;监事会副主席不能履行职务或者不履行职务的,由过半数的监事共同推举一名监事召集和主持监事会会议。董事、高级管理人员不得兼任监事。本法第七十七条关于有限责任公司监事任期的规定,适用于股份有限公司监事。”

第 133 条规定:“规模较小或者股东人数较少的股份有限公司,可以不设监事会,设一名监事,行使本法规定的监事会的职权。”

3. 国家出资公司

2023 年修订的《公司法》对国家出资公司的规定相对特殊,充分考虑到出资人、管理权的特殊性,使用了专章(第七章“国家出资公司组织机构的特别规定”)进行系统阐释。

第 168 条规定:“国家出资公司的组织机构,适用本章规定;本章没有规定的,适用本法其他规定。本法所称国家出资公司,是指国家出资的国有独资公司、国有资本控股公司,包括国家出资的有限责任公司、股份有限公司。”

第 176 条规定:“国有独资公司在董事会中设置由董事组成的审计委员会行使本法规定的监事会职权的,不设监事会或者监事。”

第 177 条规定:“国家出资公司应当依法建立健全内部监督管理和风险控制制度,加强内部合规管理。”

(二)监事会的职权

根据《公司法》的规定,有限责任公司监事会(包括不设监事会公司的监事,下同)行使下列职权(有限责任公司监事会职权的规定对股份有限公司适用)。

2023 年修订的《公司法》第 78 条规定:“监事会行使下列职权:(一)检查公司财务;(二)对董事、高级管理人员执行职务的行为进行监督,对违反法律、行政法规、公司章程或者股东会决议的董事、高级管理人员提出解任的建议;(三)当董事、高级管理人员的行为损害公司的利益时,要求董事、高级管理人员予以纠正;(四)提议召开临时股东会会议,在董事会不履行本法规定的召集和主持股东会会议职责时召集和主持股东会会议;(五)向股东会会议提出提案;(六)依照本法第一百八十九条的规定,对董事、高级管理人员提起诉讼;(七)公司章程规定的其他职权。”

2023 年修订的《公司法》对监事履职的具体措施进行了细化,包括列席会议、质询建议、聘请外援、要求高管提交履职报告等。具体如下:

第 79 条规定:“监事可以列席董事会会议,并对董事会决议事项提出质询或者建议。监事会发现公司经营情况异常,可以进行调查;必要时,可以聘请会计师事务所等协助其工作,费用由公司承担。”

第 80 条规定:“监事会可以要求董事、高级管理人员提交执行职务的报告。董事、高级管理人员应当如实向监事会提供有关情况和资料,不得妨碍监事会或者监事行使职权。”

(三)监事的任职资格

监事会作为公司的监督机关,其组成人员对监事会职能的发挥、公司利益的保护至关重要。监事会由监事组成,监事的素质高低决定着监事会整体素质的高低。监事的基本素质包括很多方面,而最基本的则是要具备为出资者(股东)服务、向出资者(股东)负责的高度责任感和使命感。① 《公司法》对监事的任职资格作了具体规定:

2023 年修订的《公司法》第 178 条规定:“有下列情形之一的,不得担任公司的董事、监事、高级管理人员:(一)无民事行为能力或者限制民事行为能力;(二)因贪污、贿赂、侵占财产、挪用财产或者破坏社会主义市场经济秩序,被判处刑罚,或者因犯罪被剥夺政治权利,执行期满未逾五年,被宣告缓刑的,自缓刑考验期满之日起未逾二年;(三)担任破产清算的公司、企业的董事或者厂长、经理,对该公司、企业的破产负有个人责任的,自该公司、企业破产清算完结之日起未逾三年;(四)担任因违法被吊销营业执照、责令关闭的公司、企业的法定代表人,并负有个人责任的,自该公司、企业被吊销营业执照、责令关闭之日起未逾三年;(五)个人因所负数额较大债务到期未清偿被人民法院列为失信被执行人。违反前款规定选举、委派董事、监事或者聘任高级管理人员的,该选举、委派或者聘任无效。董事、监事、高级管理人员在任职期间出现本条第一款所列情形的,公司应当解除其职务。”

此外,根据 2023 年修订的《公司法》第 76 条、第 130 条的规定,董事、高级管理人员不得兼任监事。2023 年修订的《公司法》专门开辟第八章,对公司董事、监事、高级管理人员的资格和义务进行了详细规定,监事的忠实和勤勉义务的具体实现方式、救济手段有了较强的可行性。

(四)监事会与独立董事职能的协调

监事会主要存在于大陆法系国家。英美法系国家不设监事会,对公司董事会和经理层的监督主要由独立董事来行使。我国在改革公司治理的过程中,也逐步引进了独立董事制度。

在监事会和独立董事并存的体制下,二者职能的协调是十分必要的。据本书前文,笔者建议独立董事与监事会的职能定位应有各自的侧重点,如独立董事更多地防范大股东侵害中小股东利益,在董事会上进行有效发言与表决,监事会则更多地对公司进行全面监督管理等。

在此,笔者从公司内部治理机制上做一补充:独立董事可以定位于对董事会内部的控制和监督,发挥事前、事中的监督、审计作用,向董事会负责;而监事会进行的监督主要为事后监督约束,包括一般业务上的监督和会计事务上的监督,它向股东会负责,在董事会外部发挥监督作用。

(五)稽查特派员制度

稽查特派员制度是我国国有企业改革中的一项制度创新。按照最初的设计,稽查特派员主要从财务和经营两个方面对国有企业进行监督,其中进行财务监督是稽查特派员工作的核心。在实际操作中,该制度或多或少地出现了监督措施与既有对国有资产的监督重叠甚至冲突、审计与被审计主体不清、向责任人追究不力、浮于形式主义等问题,在此不做详细阐述。

2000 年稽查特派员正式更名为国有企业监事会,国务院于 2000 年 3 月 15 日出台了《国有企业监事会暂行条例》(国务院令第 283 号,已失效),截至本书修订完稿时,该制度依然处于探索之中。根据《国有企业监事会暂行条例》的规定,监事会与企业是监督与被监督的关系,监事会不参与、不

---

① 参见中共上海市委组织部、上海市国有资产管理办公室、上海师范大学资产管理学院:《国有企业监事培训教程》,上海远东出版社 2001 年版,第 27 页。

干预企业的经营决策和经营管理活动，并履行下列职责：

（1）检查企业贯彻执行有关法律、行政法规和规章制度的情况；

（2）检查企业财务，查阅企业的财务会议资料及与企业经营管理活动有关的其他资料，验证企业财务会计报告的真实性、合法性；

（3）检查企业的经营效益、利润分配、国有资产保值增值、资产运营等情况；

（4）检查企业负责人的经营行为，并对其经营管理业绩进行评价，提出奖惩、任免建议。

通过该制度，由国务院直接向国有大型重点企业派出监事会，运用查账等手段，对企业贯彻执行国家的法律法规和政策情况、国有资产保值增值情况、主要领导人员的经营业绩等进行监督。

（六）监事会职能虚化现象严重

我国监事会职能虚化的现象十分严重。上市公司出现内部人控制、大股东侵害小股东利益、公司股东利用职权进行违规的关联交易或者对披露的财务报表造假等一系列问题，其中一个重要原因就是，我国上市公司监事会监督不力，以及由此引发的严重的社会、经济问题。

（七）监事会职能虚化的原因

之所以在我国普遍出现监事会职能虚化，即监事会仅作为公司的摆设机构，并未发挥其在公司内部机关权力制衡机制中应有的监督职能的现象，笔者认为，是由多种原因造成的。归纳起来，主要有以下几个方面：

1. 制度上的原因

我国监事会职能虚化在制度上有两个不可忽视的原因：

（1）法律规则没有完全体现制度本意，权限不完备，手段缺乏，义务规定不充分。法律只赋予监事会和监事“说”的权力，而未告知如何“行动”，缺乏行之有效的操作细则。例如，规定监事会可以对董事、经理损害公司利益的行为请求纠正，也可提议召集临时股东会，但是有关人员拒不纠正、拒不召开怎么办，并未明确。

（2）监事会组织结构不尽合理。虽然许多上市公司在监事会人数上符合《公司法》的规定，但在组成上极少有社会公众股的股东代表参加，监事会主席很多是由公司的纪委书记或工会主席担任，监事也往往是公司部门负责人，即他们多半是董事长、总经理的下级，因此期望其切实行使监督权力，颇有些勉为其难。

此外，监事会没有下设审计监督职能部门，无法开展日常监督检查工作，不能深入了解和掌握公司真实的、第一手的信息资料。

2. 体制上的原因

目前，尤其对于我国上市公司而言，其主要出资者仍为国家或国有法人企业，股东选出的监事多为国有资产或国有法人资产的代表，而这些监事对公司的经营状况和经营效益缺乏一种内在的深切关注，或者出现“无所有人控制”的内部人控制状态，即企业内部的国有股代表仅是形式，或干脆由原厂长、经理担任公司董事长，有的公司董事长、总经理、党委书记集于一身，使决策、执行、监督职能合一，缺乏有效的监督机制。另外，旧体制下的“旧三会”（职代会、工会、党委会）和新体制下的“新三会”（股东会、董事会、监事会）并存，二者之间的关系得不到很好的协调，影响了现代公司制度职能的发挥。

信息严重不对称导致监事会无法监督。有经济学家认为，信息是现代经营活动的核心资源，是对经营行为进行充分评价的重要依据。但是，公司的信息被最容易接近信息的执行业务的董事、经理层独占，监事会完全依靠经营管理层提供的信息进行监督或根本得不到应有的信息而无法监督，最终使监督流于形式。

3. 文化背景上的原因

中国有着长期权力集中的历史传统,缺乏制衡的理念。在这种传统的影响下,顺其权力集中的措施,易于通行;相反,逆其权力集中的措施,则会遇到阻力,或者虽能推行某种制衡措施,但在实践中会变得无力。

监事会就是其典型,虽然《公司法》规定了监事会制度,但相当多数的公司是国有企业改制而来,监事大多是在原来国有企业中地位相对偏低的人。这些人在担任监事后未从隶属服从的观念转变为监督的观念,他们中的许多人还认为是在"老领导"的领导下工作。因此,不可能形成对董事、经理层的有效监督。①

此外,监事会和监事缺乏必要的独立性:

第一,实践中监事会成员的选任依赖于董事,得不到董事支持的人员很难当选监事。作为大股东利益代言人的董事长,本身不希望其权力受阻。因此,在多数情况下,都是暗地里推举自己的亲信控制监事会,为自己创造无人约束的环境。

第二,相当一部分公司是股权结构集中的公司,其监事会和董事会的主要成员往往都是控股股东提名的,一旦因监事会的监督与董事会发生争议,控制股东就会介入调和,从而很难建立一种制衡关系。

第三,以上市公司为例,职工代表监事都是上市公司的员工,都要在公司领取报酬,除了监事角色以外,在原来的本职岗位上同样要接受公司执行机构的领导和管理,低头不见抬头见,留后路的思想使他们所行使的监督职权大打折扣,而且在职工监事的选拔事项上,过于偏重职工的先进性、模范性,轻视其监管能力,这极大地限制了他们的话语权。

第四,在目前公司结构中,除了监事会这一监督机构外,还有党委、纪委、职工代表大会等组织。也就是说,通过其他渠道也可以对公司执行机构进行监督。因此,多一事不如少一事,监事们或多或少地放松了监督意识。这无形中削弱了监事会的地位,增加了公司执行层滥用职权的风险。

总之,在绝大多数情况下,监事的任职均为兼职,无自己的常设办事机构,监事会的日常监督职能无法正常发挥,监事会不得不听命于董事会或董事长的安排,经常会出现董事会或经理责成监事会抓紧调查并提出处理意见的怪现象。

4. 监事自身的原因

其主要包括两个方面:一是专业素质方面;二是专职程度方面。由于体制的原因,有些公司的监事是企业的政工、人事、行政、工会干部,或为股东、职工、党委成员,大多不具备经营管理经验,也无基本的法律、财务等知识。监事会成员受知识、阅历所限,在多数情况下采取随声附和董事会的做法,审计、财务报告走过场的现象也是在所难免。

除内部监事外,目前我国公司中聘请的监事大多是社会上的成功人士,这些人一般具有某一领域的专业知识,具有一定的社会地位。但由于这些监事知名度较高,事务繁忙,有些甚至兼任多个公司的监事或其他社会职务,因此,无暇真正顾及某个公司业务,实际上仅充当挂名监事而已。

5. 监事会成员激励措施方面的原因

据不完全统计,上市公司监事会规模大部分是 3 人制至 6 人制居多。② 这非常接近《公司法》规定的公司监事会成员人数的下限:"监事会成员为三人以上"。

由于监事会在国内所处的弱势地位,监事会规模的大小几乎不能影响公司的发展态势和绩效;上市公司中监事会成员持股数量低、年度报酬低,零持股、零报酬现象比较多,而且上市公司中监事

① 参见王保树:《监事会改革的目标——适应监督的要求》,载《法制日报》2004 年 10 月 19 日。

② 参见章志平:《上市公司监事会规模分析》,载《财会通讯》2010 年第 27 期。

会成员的持股比例、年度报酬与公司的经营业绩不存在显著的挂钩关系。由于缺乏必要的激励措施，监事履行职责的积极性很难调动。

6. 中小股东维权意识方面的原因

实践中，公司尤其是股份有限公司规模扩大，股东人数增多，出现了大多数股东的投机化现象。[①] 对股份有限公司股东，尤其是中小股东而言，维权意识淡薄，其关心的只是自己在股市的投资收益，而不是公司的经营状况，这导致中小股东很少参加股东大会，而且即使参加了股东大会，由于对公司的状况不了解，也不能推选出真正代表中小股东利益的监事。这直接导致了监事会不能有效发挥监督职能、维护投资者的利益。

此外，还存在监管部门方面的原因。监管部门把注意力停留在公司董事、经理、财务总监、董事会秘书身上，忽视了监事会这个本应在公司规范化运作中起关键性作用的群体。

七、债权人与公司治理

（一）公司财产合理处分制度

公司财产的合理处分制度是债权人治理的基础。合理处分公司财产，保持公司财产的正常运转，防止公司财产状态恶化，是公司债权人利益得以实现的前提，也是保护债权人利益的一种积极方式。我国《公司法》亦设置了公司财产合理处分制度，通过对公司财产处分权的规制，保障债权人利益得以实现。

1. 公积金制度

公积金（reserve），又称储备金，“是公司为增强自身的经济实力，扩大公司的经营规模和经营范围，弥补公司将来的亏损，按照法律、公司章程和股东会的决定从公司营业利润或者其他收入中提取的一种储备金”。[②]

公积金是市场经济条件下的一项法定制度，具有公司立法的国家都建立了这项制度，我国也不例外，《公司法》明确规定了法定公积金与任意公积金相结合的制度，对公积金的提取和用途作了具体规定。

《公司法》（2023 年修订）第 210 条规定：“公司分配当年税后利润时，应当提取利润的百分之十列入公司法定公积金。公司法定公积金累计额为公司注册资本的百分之五十以上的，可以不再提取。公司的法定公积金不足以弥补以前年度亏损的，在依照前款规定提取法定公积金之前，应当先用当年利润弥补亏损。公司从税后利润中提取法定公积金后，经股东会决议，还可以从税后利润中提取任意公积金。公司弥补亏损和提取公积金后所余税后利润，有限责任公司按照股东实缴的出资比例分配利润，全体股东约定不按照出资比例分配利润的除外；股份有限公司按照股东所持有的股份比例分配利润，公司章程另有规定的除外。公司持有的本公司股份不得分配利润。”

第 214 条规定：“公司的公积金用于弥补公司的亏损、扩大公司生产经营或者转为增加公司注册资本。公积金弥补公司亏损，应当先使用任意公积金和法定公积金；仍不能弥补的，可以按照规定使用资本公积金。法定公积金转为增加注册资本时，所留存的该项公积金不得少于转增前公司注册资本的百分之二十五。”

2. 公司股份回购制度

公司股份回购（含股权回购，下同）即公司取得自有股份，是指公司直接以场内要约、场外要约或全面要约方式有偿或无偿地取得公司股东股份的行为。在许多情况下，公司如不能取得自有股份，就无法取得某些利益，甚至会造成重大损失，可能损害公司债权人的利益，但如果不加任何限制

---

① 参见周剑龙：《论股份有限公司经营的内部监督机制——中国公司法发展之前瞻》，载《法学评论》1995 年第 1 期。

② 参见张桂友：《公司法释解》，人民法院出版社 1993 年版，第 182 页。

地允许公司低价收购自有股份,又会造成公司资产贬值及公司信誉下降,从而影响债权人的利益,因此有条件地允许公司取得自有股份就十分必要。

我国公司法对有限责任公司与股份有限公司进行股份回购作了不同的规定:

对有限责任公司而言,《公司法》(2023 年修订)第 89 条规定:"有下列情形之一的,对股东会该项决议投反对票的股东可以请求公司按照合理的价格收购其股权:(一)公司连续五年不向股东分配利润,而公司该五年连续盈利,并且符合本法规定的分配利润条件;(二)公司合并、分立、转让主要财产;(三)公司章程规定的营业期限届满或者章程规定的其他解散事由出现,股东会通过决议修改章程使公司存续。自股东会决议作出之日起六十日内,股东与公司不能达成股权收购协议的,股东可以自股东会决议作出之日起九十日内向人民法院提起诉讼。公司的控股股东滥用股东权利,严重损害公司或者其他股东利益的,其他股东有权请求公司按照合理的价格收购其股权。公司因本条第一款、第三款规定的情形收购的本公司股权,应当在六个月内依法转让或者注销。"

对股份公司而言,《公司法》(2023 年修订)第 161 条规定:"有下列情形之一的,对股东会该项决议投反对票的股东可以请求公司按照合理的价格收购其股份,公开发行股份的公司除外:(一)公司连续五年不向股东分配利润,而公司该五年连续盈利,并且符合本法规定的分配利润条件;(二)公司转让主要财产;(三)公司章程规定的营业期限届满或者章程规定的其他解散事由出现,股东会通过决议修改章程使公司存续。自股东会决议作出之日起六十日内,股东与公司不能达成股份收购协议的,股东可以自股东会决议作出之日起九十日内向人民法院提起诉讼。公司因本条第一款规定的情形收购的本公司股份,应当在六个月内依法转让或者注销。"

第 162 条规定:"公司不得收购本公司股份。但是,有下列情形之一的除外:(一)减少公司注册资本;(二)与持有本公司股份的其他公司合并;(三)将股份用于员工持股计划或者股权激励;(四)股东因对股东会作出的公司合并、分立决议持异议,要求公司收购其股份;(五)将股份用于转换公司发行的可转换为股票的公司债券;(六)上市公司为维护公司价值及股东权益所必需。公司因前款第一项、第二项规定的情形收购本公司股份的,应当经股东会决议;公司因前款第三项、第五项、第六项规定的情形收购本公司股份的,可以按照公司章程或者股东会的授权,经三分之二以上董事出席的董事会会议决议。公司依照本条第一款规定收购本公司股份后,属于第一项情形的,应当自收购之日起十日内注销;属于第二项、第四项情形的,应当在六个月内转让或者注销;属于第三项、第五项、第六项情形的,公司合计持有的本公司股份数不得超过本公司已发行股份总数的百分之十,并应当在三年内转让或者注销。上市公司收购本公司股份的,应当依照《中华人民共和国证券法》的规定履行信息披露义务。上市公司因本条第一款第三项、第五项、第六项规定的情形收购本公司股份的,应当通过公开的集中交易方式进行。公司不得接受本公司的股份作为质权的标的。"

3. 禁止公司不合理处分财产制度

公司对公司财产享有全部法人财产权,不受任何他人的侵犯。但是,如果对公司财产经营不作任何限制,就会造成公司财产状况恶化。因此,2023 年修订的《公司法》第八章对"公司董事、监事、高级管理人员的资格和义务"作了更为严格的规定。这一制度旨在防止公司经营管理者职权的滥用和公司资本被侵犯,从而保障债权人债权如数按期实现,以免受到公司资本削弱的危害。①

(二)公司重大事项公开制度

公司重大事项公开制度可以理解为债权人的知情权。所谓重大事项公开,是指"公司在设立、营运和清算活动中,必须按照公司法的强制性规定公开、公布公司的某些重大事项、重要信息及重

① 参见程宗璋:《债权人的权利》,载《陕西青年管理干部学院学报》1999 年第 4 期。

要资料和报告”。[1] 公开公司重大事项的目的主要是让公司潜在的或现实的债权人在同公司进行交易前和交易中，对其基本情况有较全面和清楚的了解，从而作出是否与公司进行交易的决定。

所谓公司重大事项，是指那些在公司的债权人或潜在债权获知后可能影响其与公司的交易的事项，可以分为一般性重大事项和公司财务。

一般性重大事项包括公司合并、分立、发行新股等，对股份有限公司而言，《公司法》（2023 年修订）第 100 条规定：“发起人向社会公开募集股份，应当公告招股说明书，并制作认股书……”第 154 条第 1 款规定：“公司向社会公开募集股份，应当经国务院证券监督管理机构注册，公告招股说明书。”第 222 条第 2 款规定：“……公司应当自作出分立决议之日起十日内通知债权人，并于三十日内在报纸上或者国家企业信用信息公示系统公告。”第 224 条第 2 款规定：“公司应当自股东会作出减少注册资本决议之日起十日内通知债权人，并于三十日内在报纸上或者国家企业信用信息公示系统公告……”

同时《公司法》规定，公司在设立、营运和清算活动中，必须按公司法的强制性规定公开公司财务。《公司法》（2023 年修订）第 33 条规定，公司营业执照应当载明注册资本。第 47 条第 1 款中规定，有限责任公司的注册资本为在公司登记机关登记的全体股东认缴的出资额。第 209 条第 2 款中规定，开发行股份的股份有限公司应当公告其财务会计报告。第 235 条第 1 款中规定，清算组应当自成立之日起 10 日内通知债权人，并于 60 日内在报纸上或者国家企业信用信息公示系统公告。

赋予债权人要求公司重大事项公开的权利旨在防患于未然，为债权人提供真实、及时、可靠的公司信息，使债权人及时了解影响公司清偿能力的重大变动，确保债权人的债权得以顺利实现。

（三）债权人优先权制度

1. 公司盈利回报优先权制度

债权人与公司发生契约之债，是以营利为目的的。债权人因债务人公司经营管理不善及不可抗力等原因，承担了债权不能实现的风险，又因其不能参与公司管理，对公司的亏损承担着比股东更大的风险。因此，法律规定在公司盈利回报方面，公司债权人理应比公司股东更具优越性。

《公司法》（2023 年修订）第 194 条第 1 款规定：“本法所称公司债券，是指公司发行的约定按期还本付息的有价证券。”第 234 条规定：“清算组在清算期间行使下列职权：（一）清理公司财产，分别编制资产负债表和财产清单；（二）通知、公告债权人；（三）处理与清算有关的公司未了结的业务；（四）清缴所欠税款以及清算过程中产生的税款；（五）清理债权、债务；（六）分配公司清偿债务后的剩余财产；（七）代表公司参与民事诉讼活动。”

第 236 条第 2 款、第 3 款规定：“公司财产在分别支付清算费用、职工的工资、社会保险费用和法定补偿金，缴纳所欠税款，清偿公司债务后的剩余财产，有限责任公司按照股东的出资比例分配，股份有限公司按照股东持有的股份比例分配。清算期间，公司存续，但不得开展与清算无关的经营活动。公司财产在未依照前款规定清偿前，不得分配给股东。”

该制度既规定了公司债权人依约要求及时清偿债务的权利，同时还规定了公司破产时债权人有权优先于股东获得清偿，使公司债权人处于有利地位，侧重保护了公司债权人的利益。

2. 提前清偿债务请求权制度

债权人对公司享有的债权，应按约定期限请求清偿。但是，在公司发生合并、分立和减少注册资本时，相关债务人有权在债务未到期时，要求公司提前清偿或提供相应的担保。这是保护债权人利益得以实现的一种变通制度，公司立法应当予以规定。《公司法》（2023 年修订）第 220 条至第 224 条分别作出了相应的规定。

---

① 张民安、丁艳雅：《公司债权人权益之保护与我国公司法的完善》，载《中山大学学报》1996 年第 2 期。

第220条规定:“公司合并,应当由合并各方签订合并协议,并编制资产负债表及财产清单。公司应当自作出合并决议之日起十日内通知债权人,并于三十日内在报纸上或者国家企业信用信息公示系统公告。债权人自接到通知之日起三十日内,未接到通知的自公告之日起四十五日内,可以要求公司清偿债务或者提供相应的担保。”

第221条规定:“公司合并时,合并各方的债权、债务,应当由合并后存续的公司或者新设的公司承继。”

第222条规定:“公司分立,其财产作相应的分割。公司分立,应当编制资产负债表及财产清单。公司应当自作出分立决议之日起十日内通知债权人,并于三十日内在报纸上或者国家企业信用信息公示系统公告。”

第223条规定:“公司分立前的债务由分立后的公司承担连带责任。但是,公司在分立前与债权人就债务清偿达成的书面协议另有约定的除外。”

第224条规定:“公司减少注册资本,应当编制资产负债表及财产清单。公司应当自股东会作出减少注册资本决议之日起十日内通知债权人,并于三十日内在报纸上或者国家企业信用信息公示系统公告。债权人自接到通知之日起三十日内,未接到通知的自公告之日起四十五日内,有权要求公司清偿债务或者提供相应的担保。公司减少注册资本,应当按照股东出资或者持有股份的比例相应减少出资额或者股份,法律另有规定、有限责任公司全体股东另有约定或者股份有限公司章程另有规定的除外。”

此外,2023年修订的《公司法》赋予了债权人(含公司自身)要求股东提前补足出资的权利,第54条规定:“公司不能清偿到期债务的,公司或者已到期债权的债权人有权要求已认缴出资但未届出资期限的股东提前缴纳出资。”

(四)公司合并与债权人保护

公司合并发生民事主体的变化以及财产与债务的转移,极有可能对公司债权人的利益产生不利的影响,尤其是在涉及亏损公司合并的情况下更是如此。事实上,公司的合并不仅涉及债权人的利益,还涉及合并公司及相关股东的利益,以及资源的优化配置、社会经济效率的提高等诸多方面的问题。

公司合并后,原有公司的所有债务均由存续或新设公司承受,在某些时候这还可能更有利于债权人权利的实现。所以说,合并对债权人利益的损害仅是一种可能,在公司合并中对债权人的保护也应当适度,不能以损害公司合并效率为代价。

《公司法》(2023年修订)第220条规定:“公司合并,应当由合并各方签订合并协议,并编制资产负债表及财产清单。公司应当自作出合并决议之日起十日内通知债权人,并于三十日内在报纸上或者国家企业信用信息公示系统公告。债权人自接到通知之日起三十日内,未接到通知的自公告之日起四十五日内,可以要求公司清偿债务或者提供相应的担保。”

第221条规定:“公司合并时,合并各方的债权、债务,应当由合并后存续的公司或者新设的公司承继。”

2023年修订的《公司法》充分考虑了“效率”与执行便利的问题,对于控股公司、价款不高的情况进行了细化:

第219条规定:“公司与其持股百分之九十以上的公司合并,被合并的公司不需经股东会决议,但应当通知其他股东,其他股东有权请求公司按照合理的价格收购其股权或者股份。公司合并支付的价款不超过本公司净资产百分之十的,可以不经股东会决议;但是,公司章程另有规定的除外。公司依照前两款规定合并不经股东会决议的,应当经董事会决议。”

1. 公司合并知情权

在公司合并即债务人变更的过程中,债权人享有知情权(知悉权)。合并各方公司有义务向债权人告知合并的事实及其享有的异议权,各国立法对此均有规定。如《日本商法》规定,公司要在股东大会决议合并后法定期限内发布公告,告知债权人对合并有异议可在一定期间内提出。《法国商事公司法》规定,公司合并方案由合并各方公司在各处总机构所在省的法定公告报纸上予以公告。

对于如何满足债权人知情权的问题,各国立法普遍采取公告的形式告知债权人,但就是否还应以个别通知方式告知债权人则规定不一。我国《公司法》规定,对已知的债权人应进行个别通知,并进行公告。实践中,有人认为,发布公告应是法定义务,而个别通知则不应是;还有人认为,上市公司以公告方式进行了信息披露,即可免除其个别通知债权人的义务。笔者则认为,个别通知及全体公告均应是强制性的,缺一不可。原因在于:

(1)《公司法》明文规定,对已知的债权人应进行个别通知,无论债权大小、路途远近都应按法律规定行事。而且《民法典》第551条第1款、第555条规定,“债务人将债务的全部或者部分转移给第三人的,应当经债权人同意”,“当事人一方经对方同意,可以将自己在合同中的权利和义务一并转让给第三人”。由此可见,对债权人的个别通知是合并公司作为债务人的法定义务,即对于已知的债权人必须进行个别通知,对潜在的或因地址不详等原因无法通知的债权人则应以公告方式进行告知。

(2)《公司法》对告知债权人的方式,并未依合并公司是否为上市公司而作出区别规定。上市公司在《证券法》上信息披露义务的履行,不能免除其在公司合并中对债权人的通知义务。公司在章程中的自我规定也不能作为免除其法定义务的依据。

合并公司通知和公告的内容,应当详细包括公司合并的基本情况,债权人的异议权(可以要求公司清偿债务或提供相应的担保),异议提出的期间、方法等,以及了解公司合并详细情况的渠道。如果告知的内容不详,债权人无法确认其利益未受到损害而行使异议权,反而对合并公司不利。①

2. 公司合并异议权

债权人在公司合并中的异议权,是指债权人可以要求公司清偿债务或提供相应担保的权利。

《公司法》(2023年修订)第220条规定:“公司合并,应当由合并各方签订合并协议,并编制资产负债表及财产清单。公司应当自作出合并决议之日起十日内通知债权人,并于三十日内在报纸上或者国家企业信用信息公示系统公告。债权人自接到通知之日起三十日内,未接到通知的自公告之日起四十五日内,可以要求公司清偿债务或者提供相应的担保。”

但是,从中可以看出,《公司法》并无不清偿债务或不提供担保公司就不得合并的规定。

有学者认为,异议的成立应以公司合并对债权人形成实质危害为条件,法国、意大利等国采取此种做法。也有学者认为,只要债权人提出异议,合并公司就应履行清偿或担保义务。笔者认为,不清偿债务或提供担保,虽然有可能会给债权人造成损害,但是这不足以禁止公司进行合并,《公司法》(2023年修订)第221条规定:“公司合并时,合并各方的债权、债务,应当由合并后存续的公司或者新设的公司承继。”债权人的债权不因公司合并消亡,依然可向存续或新设公司追索。

笔者认为,债权人在行使异议权时,对于已到期的债权可要求合并公司予以清偿,对于未到期的债权只可要求提供担保,不得主张立即清偿。《公司法》规定的只是“清偿”,而非“提前清偿”,相应地,对于债权人要求收回的债权,应做狭义理解,即“到期债权”。当然,在合并各方不能提供担保的情况下,债权人可以主张提前清偿。

---

① 参见王欣新、张秀春:《公司合并中对债权人的保护》,载《人民法院报》2001年11月30日。

(五)重整制度与债权人保护

我们将通过一个真实的案例来解读关于重整制度与债权人保护的问题。

【案例】某无线电厂是隶属某省重工业厅的全民所有制企业,注册资金1000万元,从业人员2000人。该厂自开业以来年年盈利,是当地的支柱企业。经营中为提高经济效益向工商银行贷款1700多万元,但由于工作人员玩忽职守造成重大事故,合同款被骗。同时与该厂有业务往来的单位和个人得知这一消息后纷纷终止与该厂的业务合同,债权人纷纷上门讨债,因此该厂无以为继,出现不能支付状态。

部分债权人见索款无望,向人民法院申请该厂破产还债。法院受理后要求债权人申报债权并召开了债权人会议。在债权人会议上,债权人认为该厂的破产是由于贷款被骗造成的,对该厂的经营水平和前景都表示了乐观的看法,所以决定向法院申请对该厂进行整顿,以达到保护债权人利益的目的。

从中我们可以看出,破产企业整顿的首要目的在于预防破产、保存企业。重视对债权人利益的法律保护已成为执行当代破产法的一大趋势,应体现并贯穿于整顿制度自始至终的每一环节。

企业重整,又称破产企业整顿或企业更生。它是指由利害关系人申请,在审判机关的主持和利害关系人的参与下,对财务陷入困境、濒临破产边缘,但又有重整能力的企业进行生产经营上的整顿和债权债务关系上的清理,以期摆脱困境,重获经营能力的特殊法律程序和制度。它是现代商法鉴于大型企业在社会经济生活中日益重要的地位和作用,为弥补和解制度的不足而发展起来的一种新型的、更为有效的破产预防制度。但是,在实行重整制度的西方国家,公司重整制度也成为某些公司用于逃避破产、拖延债务、损害债权人利益的法律工具。[①]

从目前实行重整制度的国家或地区的立法实践来看,该制度的适用范围具有狭窄性,并非所有公司均具有重整资格,大多数国家和地区的立法均以股份有限公司为重整制度的重点调整对象。立法上之所以作出如此规定,是由重整制度的社会政策目标所决定的。重整制度产生和发展的重要原因就在于克服传统破产法的硬直性和片面性的不足,其目的在于拯救困难企业于破产解体的边缘,并使之能够清理债务、整顿管理、促成再生,以避免因大型企业的破产倒闭而造成剧烈的社会动荡。

预防破产、保存企业,可以说是重整的首要目标,而维护社会整体利益则是该制度的重要价值体现。重整是对以清算和个体利益为本位的传统破产法理论的一个重大突破,它以社会利益为本位的价值观念取代了传统的个体本位思想。然而,尽管重整有望使濒临破产的企业起死回生、重新焕发生机,从而使企业债权人的利益最终得以满足,但重整制度毕竟是通过债务人与债权人利益的调整及债务企业内部机制的完善等措施得以实现的,强制破产程序的中止、重整失败的风险等无不会给债权人的利益带来不同程度的影响。

既然重整制度所着眼的并非作为个体的债务人,而是整体的社会利益,那么当某种对象的破产不致较多地影响一般社会利益时,立法者便不宜作出赋予其重整资格的选择。

当然,鉴于目前我国大型国有企业和国有公司依然占主导地位的这一特殊国情,对于规模较大、从业人数较多、对国计民生有重要影响的国有公司或企业可以适用重整制度,但必须以严格的条件进行限制,以防损害包括银行在内的债权人的利益。

除了对重整制度的适用范围作出限制外,为保护债权人利益和保证公司重整目标的顺利实现,立法还应规定重整公司所需具备的前提和条件。如日本法规定,重整公司必须是"事业的继续发生显著障碍,而不能清偿到期债务",而且"又有重建希望"的公司。因此,"处于困境"和"具有重

---

① 参见冯果:《公司重整制度与债权人的法律保护》,载《武汉大学学报》1997年第5期。

整价值”是法院裁定准用公司重整的两个必要条件。如果公司有清偿能力,便不得滥行申请重整,以拖延清偿到期债务;同样,尽管公司已陷入困境,无力清偿到期债务,但公司无丝毫重整价值,无更生或重建希望,也不能要求公司重整,只能通过破产清算程序使债权人的债权及时得以清偿。

这是我国《企业破产法》在确立重整制度时也应坚持的两个标准,以避免债权人的利益受到无谓的侵害。《企业破产法》第八章“重整”、第九章“和解”,对重整制度进行了较为原则的规定,例如,企业由债权人申请破产的,在法院受理案件后 3 个月内,被申请破产的企业的上级主管部门可以申请对该企业进行整顿,整顿的期限不超过 2 年。整顿申请提出后,企业应当向债权人会议提出和解协议草案。和解协议应当规定企业清偿债务的期限。

(六)公司资本制度与债权人保护

公司资本制度是公司所有制度的核心。公司法相关规定均围绕此而展开。它既是公司股东利益的所在,也是债权人利益的保障。它对于促进我国现代公司制度的建立和发展,规范公司的形成和运作,毫无疑问起到了极大的作用。① 公司资本制度中的一项基本要求是资本充实,从以下案例中可以清楚地看到资本充足对于债权人利益保护的重要性:

【案例】××实业系从国有企业改制而来。××集团是其发起股东之一,向××实业注资 1000 余万元。但其作为入股的土地一直没有履行过户手续。××实业在 7 年经营中由于决策的屡屡失误,导致公司无以为继被迫清算,此时公司债权人方才得知公司的最大股东××集团并未履行出资义务,对于××实业的债权人来说,此情况无疑是雪上加霜。无论最后是债权人“刺破公司面纱”追究××集团的责任,还是××实业其他股东追究××集团出资不实的违约责任,都不可回避资本充实在保护债权人利益方面的重要性。

1. 公司资本的含义

在公司法上,公司资本具有其特定含义,具体而言,它是指公司作为独立的法人而应具有的最低限度的自有财产额。需要注意的是,公司资本与公司资产是两个不同的概念,后者是会计学意义上的概念,它说的是公司拥有或者控制的能以货币计量的经济资源,包括各种财产、债权和其他权利。公司资本可以说是静态意义上的概念,是一种法律上的要求,不能随意更改;而公司资产则是动态意义的概念,随着公司经营状况而不断发生变化。

2. 公司资本三原则

公司的资本是其资合性的基础,亦即是公司对外担保和信用的基础。公司资本三原则,是传统公司法在发展过程中逐渐形成并确认的关于公司资本的三项原则的统称,具体是指资本确定原则、资本维持原则以及资本不变原则。公司法本身并无“资本三原则”一词,而系学者将具有共同法理的条文归纳综合而成,最初体现在大陆法系国家公司法关于股份有限公司资本制度的规定中,后来逐渐适用于有限责任公司,并对包括我国在内的世界各国公司资本制度产生了重要影响。

(1)资本确定原则

资本确定原则,是指公司在成立时必须在章程中确定公司资本的总额,并由发起人认足或募足,否则公司不能成立,其目的在于确保股东出资的到位。相对于大陆法系而言,英美法系中也有资本三原则,但其未采用资本确定制,而是采用了授权资本制,即公司设立时只需在章程中规定公司总资本额,而不需全部认足,股东只需认足第一次发行的最低额,以后公司则根据公司经营发展状况授权董事会确定发行时间和数量。

资本确定原则与授权资本制各有优劣。前者资本确定而明确,有利于公司债权人利益,但其对于成立之初并不需要多少资金,而随着经营的展开才会慢慢增加资金需求的公司而言,一下子就把

① 参见马喜平、潘萍:《公司资本制度与债权人利益保护》,载《中共中央党校学报》2003 年第 3 期。

资金全部缴足不免浪费。而后者则显得灵活,有利于公司本身经营,但其缺点在于公司股份实际并未认足额,可能会导致欺诈。

故很多国家采用了折中的授权资本制,即要求公司第一次发行的股份数须达到其总资本额的一定比例,如日本;或要求公司在成立后的一定时间内,由董事会发行股份总额的剩余部分,如德国。

对此,在立足于保障债权人利益,维护交易安全的同时,为弥补严格资本确定原则的缺陷,我国《公司法》(2023 年修订)采取了折中的规定。第 47 条规定:"有限责任公司的注册资本为在公司登记机关登记的全体股东认缴的出资额。全体股东认缴的出资额由股东按照公司章程的规定自公司成立之日起五年内缴足。法律、行政法规以及国务院决定对有限责任公司注册资本实缴、注册资本最低限额、股东出资期限另有规定的,从其规定。"

第 96 条规定:"股份有限公司的注册资本为在公司登记机关登记的已发行股份的股本总额。在发起人认购的股份缴足前,不得向他人募集股份。法律、行政法规以及国务院决定对股份有限公司注册资本最低限额另有规定的,从其规定。"

第 97 条规定:"以发起设立方式设立股份有限公司的,发起人应当认足公司章程规定的公司设立时应发行的股份。以募集设立方式设立股份有限公司的,发起人认购的股份不得少于公司章程规定的公司设立时应发行股份总数的百分之三十五;但是,法律、行政法规另有规定的,从其规定。"

第 98 条规定:"发起人应当在公司成立前按照其认购的股份全额缴纳股款。发起人的出资,适用本法第四十八条、第四十九条第二款关于有限责任公司股东出资的规定。"

(2)资本维持原则

资本维持原则,是指公司在成立后、存续过程中,应当维持与其资本额相当的财产,其立法目的是防止公司资本的实质减少,保护债权人的利益,同时也避免股东对公司盈利的过度分配,确保公司业务活动的正常进行。我国《公司法》(2023 年修订)并未直接表述"资本维持原则",但有若干条文贯彻了资本维持原则的要求、限定了股东的责任。试举几条规定予以说明:

①资本形成中的资本维持

第 49 条第 1 款、第 2 款规定:"股东应当按期足额缴纳公司章程规定的各自所认缴的出资额。股东以货币出资的,应当将货币出资足额存入有限责任公司在银行开设的账户;以非货币财产出资的,应当依法办理其财产权的转移手续。"

第 97 条规定:"以发起设立方式设立股份有限公司的,发起人应当认足公司章程规定的公司设立时应发行的股份。以募集设立方式设立股份有限公司的,发起人认购的股份不得少于公司章程规定的公司设立时应发行股份总数的百分之三十五;但是,法律、行政法规另有规定的,从其规定。"

第 49 条第 3 款规定:"股东未按期足额缴纳出资的,除应当向公司足额缴纳外,还应当对给公司造成的损失承担赔偿责任。"

第 50 条规定:"有限责任公司设立时,股东未按照公司章程规定实际缴纳出资,或者实际出资的非货币财产的实际价额显著低于所认缴的出资额的,设立时的其他股东与该股东在出资不足的范围内承担连带责任。"

第 99 条规定:"发起人不按照其认购的股份缴纳股款,或者作为出资的非货币财产的实际价额显著低于所认购的股份的,其他发起人与该发起人在出资不足的范围内承担连带责任。"

另外,针对股份有限公司,第 148 条规定:"面额股股票的发行价格可以按票面金额,也可以超过票面金额,但不得低于票面金额。"

②资本形成后的资本维持

第53条规定:“公司成立后,股东不得抽逃出资。违反前款规定的,股东应当返还抽逃的出资;给公司造成损失的,负有责任的董事、监事、高级管理人员应当与该股东承担连带赔偿责任。”第253条规定:“公司的发起人、股东在公司成立后,抽逃其出资的,由公司登记机关责令改正,处以所抽逃出资金额百分之五以上百分之十五以下的罚款;对直接负责的主管人员和其他直接责任人员处以三万元以上三十万元以下的罚款。”第105条第2款规定:“发起人、认股人缴纳股款或者交付非货币财产出资后,除未按期募足股份、发起人未按期召开成立大会或者成立大会决议不设立公司的情形外,不得抽回其股本。”

为防止股东过度分配利润,《公司法》通过对公司利润分配进行限制,保障了公司资本的有效维持,并且从对公司发行债券进行限制的角度来保障公司资本的维持。

(3)资本不变原则

资本不变原则,是指公司资本额一经确定,非依法定程序就不能随意变更的原则。这里所谓不变并非资本的绝对不可改变。资本不变原则是为了防止公司任意减少资本,造成公司清偿能力的降低从而损害债权人的利益,或公司任意增加资本,使股东承担过多的风险,损害了股东的利益。根据《公司法》的相关规定,公司注册资本的增减,需要公司的最高权力机构——股东会进行决策,有限责任公司须经代表2/3以上表决权的股东通过,股份有限公司须经出席会议的股东所持表决权的2/3以上通过。

公司资本三原则是公司法的基石,作为确认和规范公司组织和行为的公司法,从某种意义上讲,无论是公司的设立、公司内部机构的设置,还是公司的运营、公司的解散和清算等,都是在公司资本三原则的指导下而建立的。

公司资本三原则在债权人保障机制体系中具有核心保障功能的地位,这些规定或者说制度首先考虑的是公司成立不至于影响或损害第三人和社会的利益。作为任意法和强行法的结合,《公司法》任意法部分体现了投资人的意志和自由,是当事人意思自治的表现,有利于维护股东的利益;强行法部分则体现了社会和国家对公司的要求,是公司作为独立法人所必需的,有利于维护债权人的利益。

(七)债券持有人会议制度与债权人保护

公司债券是公司所负担的集团债务。但是由于公司债券持有人的分散性特征,决定了单个投资者监督发行公司履行债券发行合同的高成本。为此,大多数国家和地区的公司法都对债券持有人采取集体行动作出了相应规定,从而为保障债券持有人的利益奠定了法律基础。关于保障债券持有人整体利益的法律机制,各国立法模式存在很大的差异,而在大多数大陆法系国家,表现为公司债券持有人会议制度。

1. 公司债券持有人会议制度简介

(1)会议的性质。公司债券持有人会议是为了公司债券持有人的共同利益而设立、通过会议的形式来行使权利的一种法律机制。与公司的股东会相比,债券持有人会议既非公司常设机构,也非公司的组织机构(股东会是公司的权力机构,是最重要的组织机构之一)。

此外,在企业的破产程序中,为了保护破产企业债权人的整体利益也规定了破产债权人会议制度。公司债券持有人会议与破产债权人会议的目的同样是保护公司债权人,但是,由于适用的情形、组成、具体的功能等方面均有很大的差别,两者既不相同,更不能相互取代。

(2)会议的组成。对于公司债券持有人而言,不是同一次发行的公司债券持有人或者不是同一种类的公司债券持有人很难有共同的利益,甚至存在相互冲突的利害关系。因此,为了确保债券持有人利益,将公司债券持有人会议的成员限于同一次发行的同一种公司债券持有人的观点是值得支持的。

而且,世界上大多数国家都规定了会议成员由同一次发行的债券持有人组成。例如,《法国商事公司法》第308条第1款规定:“如存在若干个公司债权人集团时,在任何情况下,它们不得在一次共同的会议里进行审议。”

此外,对于债券持有人会议的组成需要注意一些国家的特殊规定。例如,在意大利,发行公司的董事和监事可以参加债券持有人大会,但是不应当享有表决权;在日本,公司债券持有人会议或其召集人认为必要时,可以请求公司债券发行公司派代表出席会议,但是他们并不能享有表决权。

(3)会议的召集及权限。关于公司债券持有人会议的召集问题,许多国家法律规定,发行公司、持有公司债券达一定比例的持有人以及公司债券的受托人,均有权依据规定的程序和条件请求召集债券持有人会议。

但各国关于债券持有人召集会议的权利的规定是不一致的。有的国家直接规定,持有公司债券达到一定比例的持有人拥有召集权,有权召集会议;有的国家只是规定,持有公司债券达到一定比例的持有人享有向有召集权的人提议召开会议的权利,即只有提议召集权。由于公司债券持有人与公司的股东一样具有分散的特点,所以关于公司债券持有人会议的召集程序,许多国家和地区规定可以适用股东会的规定。

公司债券持有人会议可以对下列事项做出决议:推迟、减少或者抵销债券本金、溢价或者利息;解除或者设立债券的保证或者担保;发行公司的重组;与兼并或者破产和解有关的将债券转换为公司的股份、与其他种类的证券相兑换;债券币种的变动;弃权或者发生违约事件时;免除债券受托人的责任使其能够代表债券持有人提起诉讼;指定代表债券持有人的委员会成员,特别是在发行公司清算和重组程序中;撤销债券受托人或者债券持有人代表。

在发行公司、股东持有本公司发行的公司债券时,由于其与公司债券的其他持有人的利益并不一致甚至相对立,因此,大多数国家都禁止发行公司或者限制股东在公司债券会议上行使表决权。例如,法国的商事公司法规定,拥有发行公司的10%以上资本的股东,其拥有公司债券不得参加公司债券持有人会议的表决。

(4)会议决议及其效力。作为一个会议机构,公司债券持有人会议通常以多数决议的原则来决定全体债券持有人的意思,会议决议对全体债券持有人均有约束力,有的国家要求会议的决议必须经过法院的认可,才具有法律效力。

例如,日本的公司法规定,会议有下列情形之一的,法院则不予认可:召集公司债券持有人会议之手续或其决议方法,违反法令或应募书之记载者;决议不以正当方法达成者;决议显失公正者;决议违反债权人一般利益者。

(5)会议的费用负担。关于公司债券持有人会议费用的负担,不仅仅是一个由谁来承担费用的问题,而且直接反映了保护债券持有人的立法价值取向。在日本,根据有关法律的规定,公司债券持有人会议的费用、为请求法院对会议决议认可而支付的费用,由发行公司负担。在其他国家和地区,也大多是这样规定的。[①]

2023年修订的《公司法》对公司债券持有人会议进行了相对明确的规定,但依然非常原则,需要实际操作中进行更为详细的约定,具体如下:

第204条规定:“公开发行公司债券的,应当为同期债券持有人设立债券持有人会议,并在债券募集办法中对债券持有人会议的召集程序、会议规则和其他重要事项作出规定。债券持有人会议可以对与债券持有人有利害关系的事项作出决议。除公司债券募集办法另有约定外,债券持有人

---

① 参见时建中:《及早构建公司债持有人利益保护制度》,载《中国证券报》2005年2月1日,第14版。

会议决议对同期全体债券持有人发生效力。”

第206条规定：“债券受托管理人应当勤勉尽责，公正履行受托管理职责，不得损害债券持有人利益。受托管理人与债券持有人存在利益冲突可能损害债券持有人利益的，债券持有人会议可以决议变更债券受托管理人。债券受托管理人违反法律、行政法规或者债券持有人会议决议，损害债券持有人利益的，应当承担赔偿责任。”

2. 确立公司债券持有人会议制度的意义

从债券持有人的角度分析，同次发行的公司债券持有人是在权利义务方面十分相近的一个利益群体，但是由于债券持有人是不特定的社会公众，在经济上处于弱势地位，以其个人力量很难与发行公司分庭抗礼。如果在立法上承认公司债权人团体性，确立公司债权人会议制度，公司债权人就可以团体力量与发行公司处于对等地位，监督发行公司切实履行其债务，从而维护自身的正当权益。

另外，确立公司债权人会议制度也给发行公司带来诸多方便：

（1）一旦发行公司经营不善出现财务危机，有可能需要公司债权人作出某种程度的牺牲，如允许发行公司延期偿债、降低利率、暂停付息等，可以使公司免于破产厄运，债券持有人会议制度为发行公司与债权人的沟通提供了渠道。

（2）在确保发行公司及债权人整体利益方面，发行公司如果逐一征求各公司债权人的意见，不仅事实上不可能，而且其计划往往由于少数公司债权人的异议而受阻。因此，从立法上承认公司债权人团体性，确立公司债权人会议制度就可利用多数表决办法，以绝大多数债权人利益为重，使发行公司渡过难关、债权人利益得以维护。

中国证监会《公司债券发行与交易管理办法》（2023年）第62条对债券持有人会议进行了相关的规定：发行公司债券，应当在债券募集说明书中约定债券持有人会议规则。债券持有人会议规则应当公平、合理。债券持有人会议规则应当明确债券持有人通过债券持有人会议行使权利的范围……债券持有人会议按照本办法的规定及会议规则的程序要求所形成的决议对全体债券持有人有约束力。第63条规定：“存在下列情形的，债券受托管理人应当按规定或约定召集债券持有人会议：（一）拟变更债券募集说明书的约定；（二）拟修改债券持有人会议规则；（三）拟变更债券受托管理人或受托管理协议的主要内容；（四）发行人不能按期支付本息；（五）发行人减资、合并等可能导致偿债能力发生重大不利变化，需要决定或者授权采取相应措施；（六）发行人分立、被托管、解散、申请破产或者依法进入破产程序；（七）保证人、担保物或者其他偿债保障措施发生重大变化；（八）发行人、单独或合计持有本期债券总额百分之十以上的债券持有人书面提议召开；（九）发行人管理层不能正常履行职责，导致发行人债务清偿能力面临严重不确定性；（十）发行人提出债务重组方案的；（十一）发生其他对债券持有人权益有重大影响的事项。在债券受托管理人应当召集而未召集债券持有人会议时，单独或合计持有本期债券总额百分之十以上的债券持有人有权自行召集债券持有人会议。”

八、公司章程与公司治理

（一）有限责任公司章程的制定与修改

《公司法》（2023年修订）第45条规定，设立有限责任公司应当具备的条件之一，就是“股东共同制定公司章程”，此处的“股东”是指投资设立公司的发起人，“共同制定”的含义应理解为公司章程应反映所有发起人的意志，是全体发起人的共同意志。第171条规定，国有独资公司章程由“履行出资人职责的机构制定”。

依据《公司法》（2023年修订）第59条的规定，对有限责任公司章程的修改属于股东会的职权范围。第66条规定，公司可以修改章程。修改公司章程的决议，必须经代表2/3以上表决权的股东通过。

第5条规定:“设立公司应当依法制定公司章程。公司章程对公司、股东、董事、监事、高级管理人员具有约束力。”第46条规定:“有限责任公司章程应当载明下列事项:(一)公司名称和住所;(二)公司经营范围;(三)公司注册资本;(四)股东的姓名或者名称;(五)股东的出资额、出资方式和出资日期;(六)公司的机构及其产生办法、职权、议事规则;(七)公司法定代表人的产生、变更办法;(八)股东会认为需要规定的其他事项。股东应当在公司章程上签名或者盖章。”第59条规定:“股东会行使下列职权:……(八)修改公司章程……对本条第一款所列事项股东以书面形式一致表示同意的,可以不召开股东会会议,直接作出决定,并由全体股东在决定文件上签名或者盖章。”

(二)股份有限公司章程的制定与修改

《公司法》(2023年修订)第94条规定,设立股份有限公司具备的条件之一是“应当由发起人共同制订公司章程”。在满足公司成立大会召开条件后,无论是发起设立或是募集设立的股份有限公司,均应在“公司成立大会”中“通过公司章程”。

第103条规定:“募集设立股份有限公司的发起人应当自公司设立时应发行股份的股款缴足之日起三十日内召开公司成立大会。发起人应当在成立大会召开十五日前将会议日期通知各认股人或者予以公告。成立大会应当有持有表决权过半数的认股人出席,方可举行。以发起设立方式设立股份有限公司成立大会的召开和表决程序由公司章程或者发起人协议规定。”

第104条规定:“公司成立大会行使下列职权:……(二)通过公司章程……成立大会对前款所列事项作出决议,应当经出席会议的认股人所持表决权过半数通过。”

第116条规定:“股东出席股东会会议,所持每一股份有一表决权,类别股股东除外。公司持有的本公司股份没有表决权。股东会作出决议,应当经出席会议的股东所持表决权过半数通过。股东会作出修改公司章程、增加或者减少注册资本的决议,以及公司合并、分立、解散或者变更公司形式的决议,应当经出席会议的股东所持表决权的三分之二以上通过。”

由此我们可以清晰地看到,股份有限公司的章程制定与修改,同有限责任公司有着很大的不同。先来看股份有限公司章程的制定:第一,募集设立时,“议事定足数”(会议有效召开的条件)需要满足“表决权过半数的认股人出席”的要求;第二,发起设立时,“议事定足数”无强制要求,可通过章程约定、也可通过发起人协议约定;第三,无论哪种设立方式,在“议决定足数”(会议决议通过的条件)问题上,计票基数为“出席会议的认股人所持表决权”,视为通过的比例为“过半数”即可。再来看股份有限公司章程的修改:公司的章程在未来进行修改时“应当经出席会议的股东所持表决权的三分之二以上通过”。

结合上文,我们再对比一下有限责任公司章程的制定与修订:第一,在公司设立时,章程的最初制定,全体股东应当在公司章程上签名或者盖章;第二,在公司章程修改时,如果召开会议,则必须经代表2/3以上表决权的股东通过;第三,在公司章程修改时,如果不召开会议,则须由全体股东在决定文件上签名或者盖章。但实践中并不是如此,市场监管部门的管理习惯、材料深度分析审核的困难、避免争端的友善考虑,以及当事人举证时存在的困境(不容易证明会议依法召开、顺利召开),诸多因素使得公司在提出与章程相关的登记备案需求之时,通常均会被市场监管部门“一视同仁”对待,被要求提交“全体股东”签署的会议决议和新章程(有时会被要求在章程上盖上公司公章、有的区域要求全体股东在新章程上签名),实务中并不区分是否召开了股东会(如果依法开会,则仅需要2/3表决权即可)。这样的逻辑导致了股东们在出现公司管理控制权争端、其他利益争端之时,在强行“走通”《公司法》中类似这样的“夹缝”的过程中,与市场监管部门出现了极大的矛盾:一方拿着过2/3的决议要求改章程;另一方坚守让全体股东签署后才给办手续。更有甚者,在电子验证技术应用不发达的区域或其本身便有一定漏洞之时,弱势一方股东被强势一方股东仿冒了姓名/签字/肖像"强行闯关"改动章程的情况已出现多起,"先上车再说",事儿先办完再改回去的难度就大了。

(三)公司章程与设立(出资)协议的异同

1. 公司章程与公司设立协议有许多相似之处

公司设立协议又称发起人协议,是在公司设立过程中,由发起人订立的关于公司设立事项的协议。公司名称、注册资本、经营范围、股东构成、出资形式等事项,不仅是公司设立协议的主要内容,也是公司章程的主要内容。有的协议甚至还规定未来公司的组织机构、股份转让、增资、减资等事项。在实务中,如果订有公司设立协议,往往以公司设立协议为基础订立公司章程。

2. 公司章程与公司设立协议具有较大区别

(1)公司设立协议的性质是契约性的,公司章程的性质是自治性的。(2)公司设立协议是任意性文件,而公司章程是必备性文件,任何公司成立都必须以提供章程为法定要件。(3)设立协议是非要式文件,主要根据当事人的意思形成,其内容更多体现了当事人的意志和要求,需要遵守合同法的一般规则;而公司章程是要式法律文件,公司法对公司章程的内容有明确规定,章程反映和体现的是对公司内外关系的强制性要求,必须按照公司法制定。(4)公司设立协议只在发起人之间具有法律约束力;而公司章程调整的是所有股东之间、股东与公司之间、公司的管理机构与公司之间的法律关系,制定章程时的原始股东和章程制定后加入公司的新股东,都受章程约束。①

(四)公司设立(出资)协议的终止问题

合同履行完毕是合同终止的基本原因,公司的设立过程就是履行设立协议的过程。公司的成立作为履行设立协议的结果,标志着公司设立过程的结束和设立协议的终止。公司成立时,设立协议可能已全部履行,也可能部分履行。有些条款,特别是关于公司成立之后的法律事项,如关于公司合并、分立、解散、清算等事项的约定尚不可能履行,但笔者认为,由于这些事项作为公司组织自身的法律关系已转成公司法规范的对象,或成为公司章程规定的内容,因而设立协议中未履行的条款原则上也同样终止。

股东或投资者间的关系和利益冲突,在公司成立之前,是由发起人协议调整,而在公司成立之后,则由公司章程和公司法调整。公司设立过程中发起人之间的关系属于合同关系,在公司成立后,这种关系即转变为法定关系,股东享有什么权利、承担什么义务以及违反义务时应承担什么责任等,都不再是股东可以自由约定的,而必须服从法律的强制性规定。除出资不到位,股东之间和股东与公司之间的争议也不再是违约之争,而通常都是侵权之争,即因股东相互之间侵犯他人权利、股东侵犯公司权利或公司侵犯股东权利而产生的争议。此种案件也不应作为合同纠纷而应作为公司纠纷受理。解决这种争议的依据当然是公司法和公司章程的规定,而不是股东作为发起人时签订的设立协议。

对于未履行或未完全履行出资义务的行为,公司法规定了未出资股东的出资填补责任和其他发起人的连带认缴责任。这种责任的追究属于公司对股东的权利,而不属于股东对股东的权利,因此,在公司成立后,相应的诉讼当事人应该是公司为原告,未出资的股东为被告。同时,出资责任是违反出资义务的直接法律后果,对出资责任的追究是公司法的强制性规定,无论是公司本身还是公司的股东都无权改变或放弃,如果公司不予追究,股东应有权代表公司提起诉讼。如果公司放任不履行出资的行为持续,将构成公司法上的违法行为——虚假出资。

2018 年《公司法》第 28 条第 2 款规定,股东不按照规定缴纳出资的,除应当向公司足额缴纳外,还应当向已按期足额缴纳出资的股东承担违约责任。2023 年修订的《公司法》取消了股东间的

---

① 参见赵旭东主编:《公司法学》,高等教育出版社 2003 年版,第 152 ~ 153 页。

“违约责任”的说法,但设立协议的合同属性还是无法否认的,第 43 条明确授权股东作为合同当事人可自行约定权利义务:“有限责任公司设立时的股东可以签订设立协议,明确各自在公司设立过程中的权利和义务。”未来综合《民法典》《公司法》及相关司法解释的规定,笔者期待更有借鉴意义的实务性指导判例对此类问题的认定。

对股东资格和股权的认定是更进一步的法律问题,即未履行出资义务是否当然丧失或根本就不享有股权,是需要专门研究的复杂问题。但至少有两点是可以肯定的。其一,在未完全履行出资义务的情况下,股东在其已出资金额范围内享有的股权是不可否定的。其二,在任何情况下,对股权的认定,包括股权的转让和处置都只能根据公司法和公司章程的规定,而不是根据设立协议。

在司法实践中,当事人在公司成立之后,以设立协议为据提出诉讼请求,要求确认发起人协议无效或请求判令终止或解除设立协议,这都是对设立协议性质和作用的误解。既然设立协议的使命在公司成立后已告完结,因而确认设立协议无效的确认之诉,或请求终止或解除设立协议的变更之诉也就无从提起。[①]

对于解散公司而言,公司解散是终止公司法律人格的重大法律行为,是公司存续期间最为重要的法律事项。根据公司法的规定,解散公司的原因可以是公司营业期间届满、股东会决议解散、因公司合并或者分立需要解散以及章程约定的其他解散事由发生等。公司的解散只能基于公司法规定的原因,其中包括公司法所承认的由公司章程所规定的解散事由,因此,任何解散公司的请求也只能以此为依据,而不能根据设立协议的约定。很显然,只在发起人之间具有约束力的协议,不具有决定未来股东关系和公司法律人格有无的效力。

(五)公司章程的常见问题及解决

实务中,发起人制定公司章程常常存在以下一些问题:

1. 公司章程大量简单照抄照搬《公司法》的规定,没有根据自身的特点和实际情况制定切实可行的章程条款;

2. 公司章程有些条款的内容明显不符合公司法精神,甚至有剥夺或者变相剥夺股东固有权利的情形,对董事、监事和高级管理人员的诚信义务强调不够,对公司管理层权限边界界定不够清晰,不能有效地保护中小股东的权益,往往给公司的正常运作带来许多不利的影响;

3. 大多数公司章程几乎是一样的,缺乏公司自己特色且有效的自治机制。

因此,笔者建议,在公司章程制定过程中,至少要注意以下几个方面的问题:

1. 公司组织和活动的基本规则

以有限责任公司组织和活动的基本规则为例。《公司法》规定了股东会、董事会、监事会的议事方式和表决程序,“除法定的以外”,由公司章程规定。暂放法定的不说,我们摘录几项《公司法》(2023 年修订)中规定的章程中可自行约定的事项要点:第 10 条第 1 款规定,公司的法定代表人按照公司章程的规定,由代表公司执行公司事务的董事或者经理担任。第 15 条第 1 款规定,公司向其他企业投资或者为他人提供担保,按照公司章程的规定,由董事会或者股东会决议;公司章程对投资或者担保的总额及单项投资或者担保的数额有限额规定的,不得超过规定的限额。第 62 条第 2 款规定,有限责任公司股东会定期会议应当按照公司章程的规定按时召开。第 68 条第 2 款规定,董事会设董事长一人,可以设副董事长。董事长、副董事长的产生办法由公司章程规定。第 69 条规定,有限责任公司可以按照公司章程的规定在董事会中设置由董事组成的审计委员会,行使本法规定的监事会的职权,不设监事会或者监事。公司董事会成员中的职工代表可以成为审计委员会成员。第 70 条第 1 款规定,董事任期由公司章程规定。第 76 条第 2 款规定,职工代表的比例具

---

① 参见赵旭东:《公司法实务系列之二:设立协议与公司章程的法律效力》,载《人民法院报》2002 年 1 月 11 日。

体由章程规定。

对于上述情形,如果公司章程中也没有具体规定,那么,相应的组织和活动将可能因无章可循而陷入混乱。

2. 关于出资份额的转让

以有限责任公司为例,因其人合性特点,股东不能过度自由地向股东之外的其他人转让所持有的出资份额,但也要保障股东退出权利的实现。2018 年《公司法》第 71 条规定,股东向股东以外的人转让其出资时,应当经"其他股东过半数同意……公司章程对股权转让另有规定的,从其规定"。2023 年修订的《公司法》取消了"其他股东过半数同意"的规定,为股东自由退出消除了障碍,但保留了章程可"另有规定"的规定。

笔者认为,为了避免股权转让纠纷的发生,就应当在公司章程中作出相应的具体规定。

3. 关于股东会的决议事项

根据对公司经营影响的重要程度不同,《公司法》(2023 年修订)列举了若干须经特别决议的事项。但是许多问题可更改决策层级/方式,甚至例如,第 59 条第 2 款规定,股东会可以授权董事会对发行公司债券作出决议。第 182 条第 1 款规定,董事、监事、高级管理人员,直接或者间接与本公司订立合同或者进行交易,应当就与订立合同或者进行交易有关的事项向董事会或者股东会报告,并按照公司章程的规定经董事会或者股东会决议通过。

如果章程对上述发债事项、关联交易事项不进行特别约定:(1)在归股东会决策时,根据第 66 条的规定,要归入一般决策事项(1/2 通过):"除本法有规定的外,由公司章程规定。股东会作出决议,应当经代表过半数表决权的股东通过。股东会作出修改公司章程、增加或者减少注册资本的决议,以及公司合并、分立、解散或者变更公司形式的决议,应当经代表三分之二以上表决权的股东通过。"(2)如果系放权归董事会,则根据第 73 条第 1 ~ 3 款的规定,需要继续留意依然不能对《公司法》进行突破,只能是法定之外的未规定事项可自行约定,即应由一人一票、半数通过:"除本法有规定的外,由公司章程规定。董事会会议应当有过半数的董事出席方可举行。董事会作出决议,应当经全体董事的过半数通过。董事会决议的表决,应当一人一票。"

我们注意到,2023 年修订的《公司法》对待决事项明确"禁止划出"但未明确"禁止划入",换言之,其一,明确了"除本法有规定的外,由公司章程规定";其二,也明确了 2/3 通过的特别决议事项;其三,特别决议事项不允许由 1/2 一般决策通过。但是,对于是否可将一般决议事项适当提高决策比例、是否可将一般决议事项划入特别决议事项等,均未明确禁止。在实践中无论对股东会、董事会,都存在其他比例设计的情况,并不是非 1/2 就 2/3 这样简单,这就为股东决策争端埋下伏笔(到底有无突破《公司法》)。在制作章程之时,对该类问题需要提前留意,做到权衡利弊、心中有数。

4. 关于股东会和董事会的关系

在公司实务中,股东会与董事会之间的关系处理不当,很容易引发这两个机构之间的权力之争,例如,《公司法》(2023 年修订)第 215 条第 1 款规定:"公司聘用、解聘承办公司审计业务的会计师事务所,按照公司章程的规定,由股东会、董事会或者监事会决定。"

关于公司章程应当记载的事项,《公司法》(2023 年修订)第 46 条已经以绝对必要记载事项的方式作了明确的规定,所以,对于投资者来讲,需要注意的是,怎么作出更加具体的规定,以及在绝对必要记载事项之外,还应当增加哪些规定内容。①

(六)公司章程与公司法的协调

公司章程是公司的"自律性"规范,那么,当公司章程的规定与《公司法》的规定相冲突时,是优

---

① 参见赵旭东主编:《公司法学》,高等教育出版社 2003 年版,第 164 ~ 167 页。

先适用公司章程的规定还是《公司法》的规定？实践中对这个问题出现了不同认识。

公司章程的自治性是相对的,公司章程虽经多数股东或发起人的同意才通过,但并不意味着当事人的约定可以违背法律的强制性规定。章程条款如果与公司法或其他法律、法规的强制性规定相冲突,该章程条款无效,登记机构也有权拒绝登记。但如果公司章程的条款不违反法律、法规的强制性规定,在法律适用上,章程条款具有优先于公司法规定的效力。

2023 年修订的《公司法》以会议决议的无效、可撤销、不成立为切入点,将当事人的约定与法律的法定问题进行了协调:

第一,关于无效。第 25 条规定:"公司股东会、董事会的决议内容违反法律、行政法规的无效。"

第二,关于可撤销。第 26 条规定:"公司股东会、董事会的会议召集程序、表决方式违反法律、行政法规或者公司章程,或者决议内容违反公司章程的,股东自决议作出之日起六十日内,可以请求人民法院撤销。但是,股东会、董事会的会议召集程序或者表决方式仅有轻微瑕疵,对决议未产生实质影响的除外。未被通知参加股东会会议的股东自知道或者应当知道股东会决议作出之日起六十日内,可以请求人民法院撤销;自决议作出之日起一年内没有行使撤销权的,撤销权消灭。"

第三,关于不成立。第 27 条规定:"有下列情形之一的,公司股东会、董事会的决议不成立:(一)未召开股东会、董事会会议作出决议;(二)股东会、董事会会议未对决议事项进行表决;(三)出席会议的人数或者所持表决权数未达到本法或者公司章程规定的人数或者所持表决权数;(四)同意决议事项的人数或者所持表决权数未达到本法或者公司章程规定的人数或者所持表决权数。"

第四,关于法律效果。第 28 条规定:"公司股东会、董事会决议被人民法院宣告无效、撤销或者确认不成立的,公司应当向公司登记机关申请撤销根据该决议已办理的登记。股东会、董事会决议被人民法院宣告无效、撤销或者确认不成立的,公司根据该决议与善意相对人形成的民事法律关系不受影响。"

九、企业集团治理与母子公司体制

(一)企业集团与集团公司

企业集团是在特定历史发展进程中形成的特殊企业类型,我们需要了解历史上的相关法律法规。1998 年《企业集团登记管理暂行规定》(工商企字〔1998〕第 59 号,已失效)第 3 条规定:"企业集团是指以资本为主要联结纽带的母子公司为主体,以集团章程为共同行为规范的母公司、子公司、参股公司及其他成员企业或机构共同组成的具有一定规模的企业法人联合体。企业集团不具有企业法人资格。"2020 年 12 月 1 日,国家市场监管总局《关于废止 86 件规范性文件的公告》废止了本规定,集团的组织形态适用《公司法》等进行约束。

相对而言,目前对集团公司依然有以下几种描述:

1. 集团公司是企业集团中居绝对控制地位的控股公司

集团公司在企业集团中起主导作用,通过多种联结纽带决定、影响、引导众多企业的经营方向、发展战略、产品类型、市场定位,乃至对一个国家、一个地区、一个产业的经济发展起到重大影响作用。集团公司对外代表企业集团。

2. 集团公司是企业集团中的母公司

集团公司通过直接或间接方式掌握子公司的控制性股权,实施产权管理。子公司包括全资子公司和控股子公司。母公司依据产权关系,在法律框架内对子公司一元化行使出资者所有权(股权)职能,即选择经营者、重大决策、产权变动、资本收益等。同时可以直接或间接方式拥有关联公司的少数股权,并按持股比例在关联公司行使股权职能。企业集团的母公司若以集团公司的法律形式登记注册,则必须有一定数量的子公司。

3. 集团公司是产业经营型控股公司

控股公司是通过控制其他若干公司的股份而实现自身经营目标的公司。按经营目标不同,控股公司可划分为资本经营型控股公司和产业经营型控股公司两种类型。

资本经营型控股公司,其特征为:没有明显的产业特征、产品特征;子公司之间没有相关性,即没有产品、技术、经营方面的内在联系;不从事商业活动以及与公众进行交易的活动。此类公司经营的唯一目标就是使资本增值,追求最大化的投资回报率,如基金型控股公司。

产业经营型控股公司,属于资本经营与产业经营相结合型公司。其特征为:有明显的产业特征、产品特征;子公司间有较强的相关性,有产品、技术经营联系;从事非金融性生产经营活动、商业贸易活动。此类公司经营是要实现双重目标,即资本增值目标和市场占有率目标。集团公司就是产业经营型控股公司。

(二)我国发展企业集团的政策法规轨迹

企业集团在我国的产生、发展,是最近三四十年间的事情。在发展过程中,其本身存在不足及政策实践中出现障碍,是不难想象的。最值得关注的是立法上的缺失。这一点通过追溯我国企业集团发展的相关政策法规的历史更为清晰可见。

(1)1980 年 7 月,国务院《关于推动经济联合的暂行规定》(已失效)指出:“组织各种形式的经济联合体,是调整好国民经济和进一步改革经济体制的需要,是我国国民经济发展的必然趋势。”自此,拉开了中国企业集团发展的帷幕。

(2)1984 年 5 月,国务院发布的《关于进一步扩大国营工业企业自主权的暂行规定》(已失效)进一步规定:“在不改变企业所有制形式,不改变隶属关系,不改变财政体制的情况下,企业有权参与或组织跨部门、跨地区的联合经营;有权择优选点,组织生产协作或扩散产品。”

(3)1986 年 3 月 23 日,国务院发布的《关于进一步推动横向经济联合若干问题的规定》(已失效)对横向经济联合进行了更为明确的界定,是我国政策法规首次有关企业集团的阐述,该规定指出了企业实行经济联合的内容、形式、所借助的手段和联合体的性质,但是并没有对企业集团和经济联合体进行区分。

(4)1986 年 4 月 12 日,六届全国人大四次会议通过的《关于第七个五年计划的报告》中正式提出了发展企业集团的任务。

(5)1987 年 12 月,原国家体改委、原国家经济委员会颁布了《关于组建和发展企业集团的几点意见》(体改生字〔1987〕78 号,已失效),这是我国第一个关于企业集团的专门性政策文件。这个文件对企业集团的含义、组建企业集团的原则和条件、企业集团的内部管理、企业集团发展的外部条件等问题提出了要求。

(6)1988 年 8 月,当时的中央财经领导小组专门讨论了发展企业集团的问题,明确提出要利用企业兼并和控股、参股的办法突破“三不变”(职务、编制、待遇三不变)。原国家体改委印发了《企业集团组织与管理座谈会纪要》,要求企业集团必须具备以下四个特征:①企业集团要有多层次的组织结构,一般应包括集团核心、紧密层、半紧密层和松散层四个层次。其中,集团核心,即具有母公司性质的集团公司;紧密层,由集团公司控股的子公司组成;半紧密层,由集团公司的参股企业组成;松散层,由集团公司有优惠性稳定协作关系的企业组成。②企业集团内部要有一定的联系纽带。集团公司与紧密层、半紧密层企业的联系纽带主要是资产纽带,与松散层企业的联系纽带主要是合同纽带。③企业集团要有一个能起主导作用的核心企业。这个企业必须具有统一的发展战略和发展规划,必须具有投资中心功能。④企业集团的核心企业与成员企业各自都是独立的法人,企业集团则是这些企业法人所组成的联合。根据这一精神,原国家计划委员会、原国家体改委和国务院生产办于1991年8月28日提出了《关于选择一批大型企业集团进行试点的请示》。

(7)1991年12月14日,国务院《批转国家计委、国家体改委、国务院生产办公室关于选择一批大型企业集团进行试点请示的通知》(国发〔1991〕71号)发布,第一批选择55个企业集团进行试点。

(8)1991年12月30日,原国家计划委员会颁布《试点企业集团审批办法》(计规划〔1991〕2223号),该办法第2条规定:"申请参加试点的企业集团必须具备以下条件:一、符合国务院国发〔1991〕71号文中提出的试点企业集团必须具备的条件。二、企业集团的生产和经营活动符合国家经济发展规划和产业政策;经营管理有较高的水平。三、企业集团在同行业中具有举足轻重的地位和作用。四、企业集团的核心企业不承担政府的行业管理职能。"

(9)1992年5月,原国家工商行政管理局、原国家计划委员会、原国家体改委、原国务院生产办发布《国家试点企业集团登记管理实施办法(试行)》(工商企字〔1992〕第96号,已失效)。

(10)1992年9月,原国家国有资产管理局、原国家计划委员会、原国家体改委、原国务院经济贸易办公室发布《关于国家试点企业集团国有资产授权经营的实施办法(试行)》(已失效),该办法第3条规定:"国有资产授权经营是指由国有资产管理部门将企业集团中紧密层企业的国有资产统一授权给核心企业(集团公司,下同)经营和管理,建立核心企业与紧密层企业之间的产权纽带,增强集团凝聚力,使紧密层企业成为核心企业的全资子公司或控股子公司,发挥整体优势。"该办法主要规定了国有资产授权经营的授权方(国有资产管理部门)和被授权方(企业集团的核心企业)的责任以及企业集团国有资产授权经营试点方案审批程序。

(11)1996年9月,原国家国有资产管理局又颁布《关于企业集团国有资产授权经营的指导意见》(国资企发〔1996〕115号)。该指导意见对企业集团国有资产授权经营进行了重新阐述:"企业集团国有资产授权经营是指政府将企业集团中国家以各种形式直接投资设立的成员企业(指与集团公司为非产权关系的企业,下同)的国有产权授权集团公司持股,其实质是通过政府授权持股方式对集团企业进行产权重组,确定集团公司与成员企业间的母子公司产权关系,即集团公司作为成员企业的出资者。授权经营后集团公司依据产权关系,依法对子企业行使选择管理者、重大决策、资产收益等权利。企业集团国有资产授权经营是确立集团内企业间的产权关系(即集团公司与子企业间的产权关系),并未明确集团公司与国家的关系,授权经营后,集团公司不等于成为国家授权投资的机构,但少数具备条件的集团公司经政府授权可以成为国家授权投资的机构,即同时理顺了政府与集团公司的管理关系及集团公司与成员企业的产权关系。"该指导意见同时对企业集团国有资产授权经营的目的、方式、原则、内容、审批程序、管理等方面作了规定。

(12)1997年4月,国务院《批转国家计委、国家经贸委、国家体改委关于深化大型企业集团试点工作意见的通知》(国发〔1997〕15号)发布,该文件从建立以资本为主要联结纽带的母子公司体制,进一步增强试点企业集团母公司的功能,多渠道增补试点企业集团资本金发挥其在结构调整中的作用,加强对试点企业集团的监督、考核,扩大大型企业集团试点的范围和条件,做好企业集团试点的组织和领导工作等方面作出了原则性规定。该文件明确规定,深化大型企业集团试点工作要达到的主要目的是:在国民经济的关键领域和关键行业中形成一批大型企业集团,积极发挥大型企业集团在国民经济中的骨干作用;20世纪末,大型企业集团母、子公司初步建立现代企业制度,成为自主经营、自负盈亏、自我发展、自我约束的法人实体和市场竞争主体;建立以资本为主要联结纽带的母子公司体制;推动生产要素的合理流动和资源的优化配置,联结和带动一批企业的改组和发展,形成规模经济,增强在国内外市场上的竞争力;提高国有资产的营运效率和效益,确保国有资产的保值增值;转变政府职能,逐步实现政企分开;促进跨地区、跨行业的经济联合,增强国家宏观调控的能力。同时公布了63家第二批大型企业集团试点单位。

(13)1998年4月，原国家工商行政管理局发布《企业集团登记管理暂行规定》(工商企字〔1998〕第59号，已失效)，该文件规定了企业集团的概念、构成、成立条件、企业集团章程、等级事项、文件以及违反登记管理规定的法律责任等事项。其中，企业集团成立条件是："(一)企业集团的母公司注册资本在5000万元人民币以上，并至少拥有5家子公司。(二)母公司和其子公司的注册资本总和在1亿元人民币以上；(三)集团成员单位均具有法人资格。国家试点企业集团还应符合国务院确定的试点企业集团条件。"同时规定："国有企业为主体设立企业集团，集团核心企业注册资本金在1亿元人民币以上的，可以是非公司企业法人。对其依照《公司法》进行规范的期限，根据国家有关法规、政策执行。"

(14)1998年9月，原国家工商行政管理局《关于实施〈企业集团登记管理暂行规定〉有关问题的通知》(国家工商局企指字〔1998〕5号)对企业集团登记管理的若干实务操作问题进行了规定，保证了企业集团登记工作的顺利进行。

(15)2001年11月，国务院办公厅发布《转发国家经贸委等部门关于发展具有国际竞争力的大型企业集团指导意见的通知》(国办发〔2001〕90号，已失效)。该文件规定，政府有关部门要从实行授权经营、支持企业集团上市和多渠道融资、改革项目审批办法和支持技术创新、改革工资总额管理方法、支持分离分流、鼓励开发国际市场和跨国经营、充分利用国际国内两种人才资源、建立政府有关部门与企业集团定期沟通渠道等方面，为提高企业集团国际竞争力创造公平竞争的环境和必要的条件，通过引导企业集团积极参与国内外市场竞争，努力发展一批具备以下特征的重点大型企业集团：技术创新能力强，主业突出，拥有知名品牌和自主知识产权；市场开拓能力强，有健全的营销网络，拥有持续的市场占有率；经营管理能力强，有适应国际化经营的优秀管理人才队伍和现代化管理手段；劳动生产率、净资产收益率等主要经济指标达到国际同行业先进水平；规模经济效益好，具有持续的盈利能力和抗御风险能力。

(16)2004年7月，原中国银监会发布《企业集团财务公司管理办法》，对集团财务公司的设立、变更及业务范围、监督管理与风险控制、整顿接管及终止均作了较为全面系统的规定，为财务公司的运营提供了法律依据，对规范企业集团财务公司的行为，防范金融风险，促进财务公司的稳健经营和健康发展具有极大的促进作用。

该办法第7条规定："申请设立财务公司的企业集团应当具备下列条件：(一)符合国家的产业政策；(二)申请前1年，母公司的注册资本金不低于8亿元人民币；(三)申请前1年，按规定并表核算的成员单位资产总额不低于50亿元人民币，净资产率不低于30%；(四)申请前连续2年，按规定并表核算的成员单位营业收入总额每年不低于40亿元人民币，税前利润总额每年不低于2亿元人民币；(五)现金流量稳定并具有较大规模；(六)母公司成立2年以上并且具有企业集团内部财务管理和资金管理经验；(七)母公司具有健全的公司法人治理结构，未发生违法违规行为，近3年无不良诚信记录；(八)母公司拥有核心主业；(九)母公司无不当关联交易。外资投资性公司除适用本条第(一)、(二)、(五)、(六)、(七)、(八)、(九)项的规定外，申请前1年其净资产应不低于20亿元人民币，申请前连续2年每年税前利润总额不低于2亿元人民币。"

由上可见，现阶段我国有关企业集团的政策法规较为混乱。迄今为止，我国出台的规范企业集团的立法，级别最高的就是部门规章，《公司法》2023年修订后也并无关于企业集团或集团公司的专门规定。因此，企业集团立法是一块有待填补的空白。

(三)母子公司体系的设想

在法律上，母子公司联合体的企业集团观念，比多层次的企业集团观念要先进得多，许多学者认为应以此为基础建立企业集团。也有学者认为，母子公司企业集团的设想还是存在问题的：通常所说的企业集团包含统一管理关系在内，而母子公司之间并非天然存在统一管理或者合法的控制权;企业集团并不必然等于母子公司,母子公司主要强调了公司之间的持股关系,而企业集团则主要强调统一管理权。①

笔者认为,母子公司关系从产权这一根本角度,限定了企业集团的管理基础;从实务的角度来讲,在现代企业制度建设中运用母子公司联合体的企业集团理念进行集团公司的规范是可行的,但必须切实处理好各方面的关系,比如:(1)国有股权与其他股权之间的比例关系,其中国有股权代表的委派方式及程度决定了代表人选的稳定性;(2)集团公司董事会成员的构成,国有股东与非国有股东人数的比例关系;股东代表董事或股东董事与外部董事人数的比例关系;(3)集团公司自身拥有的资产量与投资到公司的资产量的比例关系,其中集团公司自有的资产对子公司业务的联系、影响甚至控制程度;(4)集团公司对子公司的投资中,全资子公司、控股子公司和参股公司投资量的比例关系;(5)集团公司的主营业务分布在全资子公司、控股子公司以及其他关联企业或参股公司的比例关系;(6)集团支柱产业业务在不同子公司之间的分布关系;等等。

(四)企业集团的内部法律关系

实践中,企业集团的内部成员企业之间的关系,一般是按照集团协议或者内部章程自行规定的,我国没有相关法律参考。按照一般法理,各成员企业都是独立的法人,有独立财产,并能够以自己的名义独立承担法律责任。但企业集团又有其特殊性,在集团内部,不可避免地存在从属企业对核心企业一定程度上的依附关系。在这种情况下,如何判断各自的法律责任,值得关注。

要界定集团公司内部的法律责任,首先应正确认定集团内部各企业间的法律关系。一般认为,一个公司拥有另一公司超过50%的股份时,必然会形成实际控制。但在我国公司实践中,普遍存在股权分散的情况,持有另一公司半数以下股票的公司仍可达到控制目的。这种情况下,判断方法就比较复杂,要根据公司内部的运作做出判断,略有难度。可以借鉴德国的做法,只要证明该控股公司对被控制公司存在"支配性"影响即可。②

我国司法实践表明,母子公司是各自独立的法人,因此在法律责任上亦各自独立。但特定情况下,母公司宜承担连带责任。例如,母公司对子公司享有绝对控制权、子公司债权人的损害事实是由母公司的控制造成的;母公司对子公司的控制是为了获得不当利益,甚至为了其自身利益损害子公司利益。

十、有限合伙制私募基金的治理结构说明③

私募基金投资者将资本交由私募基金经理运营,在投资者和基金经理之间形成了委托代理关系。投资者和基金经理之间存在信息不对称的情形,即私募基金经理掌握的信息比投资者要多,如私募基金经理对其自身的资本运营能力、水平高低及其诚实信用的个人品质是较清楚的,而投资者很难全面掌握,这就是隐蔽信息,它可能引起能力低下品质不良的基金经理被投资者选中,而优秀的私募基金经理被排斥的"逆向选择"问题。

同时,基金经理在风险资本的运作过程中,其行为很难被投资者观察和掌握,这就会产生"隐蔽行动",它可能导致基金经理不尽勤勉的职责而损害投资者的利益,并增加自己的利益,从而发生"道德风险"问题。

为解决上述问题,有限合伙制私募基金主要依靠有限合伙协议来约束普通合伙人和有限合伙人,即私募基金经理和投资者之间的关系。根据学者的总结及实践,有限合伙制私募基金的治理结构如下:

---

① 参见吴越:《企业集团法理研究》,法律出版社2003年版,第121页。

② 参见曾玉珊:《企业集团法律问题研究》,载《河北法学》1999年第6期。

③ 本部分参见龚鹏程、孔玉飞:《论有限合伙型私募基金之治理结构》,载《南京社会科学》2007年第11期。

1. 有限存续期与有限合伙制私募基金的治理

有限合伙基金通常规定有限存续期，这样可以激励和约束普通合伙人的活动，使其为有限合伙人利益服务，从而发挥治理的作用。同时，有限存续期在一定程度上起着解雇不合格基金管理人、选拔优秀管理人的作用。

2. 承诺资金制与有限合伙制私募基金的治理

所谓承诺资金制，是指合伙基金的投资者通常在基金的发售期先认购一定量的份额，但实际上仅支付认购份额的25% ~30%，其余资金在基金进行实际投资时再按照认购的比例分批注入。

通过承诺资金制，投资者可根据基金管理状况和项目进展，决定是否提供后续的资金投入。这就使得投资者既可在基金到期之前，也可在发现管理人不合格或即将失败的情况下及时停止投资，能有效限制普通合伙人的机会主义行为。

3. 薪酬激励条款与有限合伙制私募基金的治理

有限合伙中的有限合伙人为了保持有限责任的地位，应该避免直接参与有限合伙事务的日常管理。有限合伙合同中对于薪酬条款的设计和约定，起到激励普通合伙人勤勉尽责的作用，普通合伙人期望在投资成功后，能得到客观的回报，从而把有限合伙人和普通合伙人的利益协调起来，达到“双赢”的结果。

4. 有限合伙约束条款与有限合伙制私募基金的治理

上述薪酬激励条款主要是从积极的、正面的角度激励私募基金经理勤勉尽职，积极发挥其专业知识、技能与经验的优势，使有限合伙人和普通合伙人的利益均有保障。

同时，为约束普通合伙人可能采取的机会主义行为，对普通合伙人的行为设计约束条款很有必要。对于私募基金经理的约束条款主要有下述三类：

（1）与私募基金管理有关的约束条款。如对单个投资项目投资总额的限制；对债务使用的限制；关联性投资的限制，当一个私募基金经理成为两个以上的私募基金有限合伙的普通合伙人时，就有可能通过关联性投资而做出机会主义行为，从而损害其管理的某一个私募基金投资者的利益；对投资收益进行再投资的限制，其限制方式主要有：该类投资应该经过有限合伙投资顾问委员会的批准或绝大多数有限合伙人的同意，或者规定在一定的期限之后禁止该类投资。

（2）与私募基金经理的行为有关的约束条款。如对普通合伙人将其自身资金投资于有限合伙所投资的项目的限制；对私募基金经理出售其在有限合伙投资组合中的权益的限制；对私募基金经理募集新的基金、设立新的私募基金有限合伙的限制；对新的普通合伙人加盟的限制。

（3）与投资种类有关的约束条款。这类限制条款主要限制有限合伙可以投资的资产种类。

5. 声誉约束机制与有限合伙制私募基金治理

一般而言，私募基金经理的声誉在投资者决定是否投资时发挥着重要作用。投资者之所以愿意或者说必须依靠声誉机制对私募基金经理进行约束，是与私募基金特有的周期性密切相关的。为了接连不断地从投资者那里募集到资本，私募基金经理必须努力工作并取得成功。这是私募基金经理和投资者相互关系的核心所在。

在私募基金经理和投资者之间，存在一种“默示合同”，私募基金经理害怕其声誉受到损害，因为这不仅会使得原来的投资者不再愿意继续投资到这个私募基金，也会使得其他潜在的投资者远离他们。这种“默示的合同”也可看作一个声誉的载体。虽然在法律上并无约束力，但当一方违反该“默示合同”时，其声誉会受到极大的消极影响。

第三节　律师承办公司治理与股权激励业务指引①

律师承办公司治理与股权激励业务,并非没有相关的"章法"与"流程"可循,首先要有对公司的深度调查了解,对股东需求的探求与分析,其后便需要利用法律技术手段,将该项法律业务进行有效落地。指引包括基本操作原则、操作模式、操作方法、接洽与尽职调查、方案制作、方案实施等若干方面的内容。具体详见下文。

第一部分　公司治理业务指引

第一条　律师承办相关公司治理业务、参与公司治理制度建设,应当充分体现"以保护股东利益为基本价值取向"的公司治理理念,深入了解企业文化背景、整体发展规划、股东需求、管理层与职工构成、企业所在地及所在产业的实际状况,坚持实事求是、依法创新、规范操作,以律师的职业素养和一般人的谨慎注意,诚信从事公司治理业务,避免损害的发生。

第二条　公司治理的主要目标:

(一)保障改制企业的平稳过渡,推动改制后新公司的规范发展和防止公司僵局的出现;

(二)协助新公司的国有股东代表、管理层、职工及其他相关人员,转变固有的"上下级指导""大股东拍板""等、靠、要"等经营管理思路,按公司法的规定和市场经济的要求,理解与完善公司治理;

(三)使得控股与非控股股东的权利和利益达到有效平衡,在公司法框架下股东均得以有效保护,实现股东价值和长期投资回报最大化,增强投资者的信心;

(四)规范股东、董事、经理、监事、职工、债权人等公司参与各方的权利和义务,降低公司运作成本;

(五)建立风险管理的总体框架,在公司治理层面对公司的组织、资源、资产、投资和整个公司的运作进行有效控制,对管理层、骨干职工的活动和业绩进行监督和保持必要的激励,提高公司整体运作效率。

第三条　公司治理操作应坚持的基本原则:

(一)根据公司的实际需求进行公司治理设计,在法律框架下,平衡公司参与各方的利益,保障公司稳定发展;

(二)明确股东、董事、经理和监事的权利与责任,公平地对待所有股东,强化董事与股东之间的有效沟通机制;

(三)强化单个董事及整个董事会的责任,包括完善董事会的结构与决策程序,确保董事会对公司的战略性指导和对管理人员的有效监督,并确保董事会对公司和股东负责,使董事会的决策和运作真正符合全体股东的根本利益,避免内部人控制或大股东操纵;

(四)保持董事会应有的独立性,根据企业实际需要设计董事会下属各专业委员会,并明确其职责;

(五)强化对管理层、职工的业绩和行为的监督与考核机制,有效运用薪酬设计激发个人潜能,促进企业长远发展。

第四条　股权结构设置与公司治理密切相关,不同的股权结构会导致不同的公司治理设计模式。律师承办国有企业改制后的相关公司治理业务时,对股权设置问题应注意以下几个方面的问题:

(一)结合股权重组具体情况、公司发展战略,适时向重组相关方提出公司性质界定与股权结构设置建议;

(二)对于众多职工拟参与增资扩股、职工仅倾向于获取股权分红的改制后企业,为避免股东会决策效率降低等后果,律师可以提出信托持股建议,并制作信托持股的法律文件;

(三)对于因种种原因不参与企业管理、仅获取股权分红的股东,律师了解其合法需求后,可以提供股东表决权信托的法律文件,由该股东与其他相关股东签署;

① 本节参考了中华全国律师协会、某律师事务所相关指引及笔者操作实务。

（四）对于需要限制管理层股东变化的公司，律师可以提出管理权与股权挂钩的建议，当管理层成员退出时，对其股权做退股处理，并在公司章程等文件中明确有关管理层股权退出的内容，如规定：退股方式、退股条件、退股时间、受让方的确定、受让价格的计算等。

第五条　律师可以协助改制后企业修订完善公司章程，特别注意区分哪些是公司法中的强制性条款，不得随意变动；哪些是任意性条款，可以自由约定。公司章程修订完善应注意以下几个方面的问题：

（一）向公司所在地市场监管部门进行询问，如果市场监管部门要求提交统一格式的章程，或存在固定的章程签署格式等要求，律师首先应取得该章程文本，再在其基础上予以设计、完善，避免因格式问题造成章程不被市场监管部门接收。

（二）根据公司有关情况，向其所在地市场监管、税务等职能部门核实对公司性质、经营范围、经营资质、营业期限、出资方式、最低出资额等方面的限制性规定及程序性安排，依政策法规进行章程制作。

（三）向公司股东等相关人员充分披露、分析讲解公司法规定的公司章程可自由约定事项、特别限制性条款等内容，根据公司各方利益主体的实际需求进行章程设计。就有限责任公司章程而言，列举如下：

1. 公司的法定代表人按照公司章程的规定，由代表公司执行公司事务的董事或者经理担任。

2. 经全体股东约定，可以不按出资比例分取红利；公司章程可以约定，股东表决权不按出资比例行使；股东股权的转让事宜可以自由约定。

3. 公司向其他企业投资或者为他人提供担保，按照公司章程的规定，由董事会或者股东会决议；公司章程对投资或者担保的总额及单项投资或者担保的数额有限额规定的，不得超过规定的限额。公司为公司股东或者实际控制人提供担保的，应当经股东会决议。

前款规定的股东或者受前款规定的实际控制人支配的股东，不得参加前款规定事项的表决。该项表决由出席会议的其他股东所持表决权的过半数通过。

4. 公司聘用、解聘承办公司审计业务的会计师事务所，按照公司章程的规定，由股东会、董事会或者监事会决定。公司股东会、董事会或者监事会就解聘会计师事务所进行表决时，应当允许会计师事务所陈述意见。

5. 有限责任公司董事会成员为三人以上，其成员中可以有公司职工代表。职工人数三百人以上的有限责任公司，除依法设监事会并有公司职工代表的外，其董事会成员中应当有公司职工代表。董事会中的职工代表由公司职工通过职工代表大会、职工大会或者其他形式民主选举产生。

（四）根据企业实际情况，合理安排股东会、董事会、经理、监事会的职权，将“公司章程规定的其他职权”与相关各方沟通后，落到实处。

（五）注意公司章程的内部一致性，避免前后冲突，特别是单独约定事项与整体约定事项的冲突；注意公司章程与公司议事规则、工作制度、管理办法等公司内部规定的一致性，避免实际操作障碍。

第六条　公司议事规则与工作制度是公司章程的操作细则，根据公司情况，律师可以协助设计股东会议事规则、董事会议事规则、董事会专业委员会（如薪酬委员会、提名委员会、投资决策委员会等）议事规则、监事会议事规则、监事巡视制度、经理工作制度等文件。议事规则不能与公司章程相冲突，应当包括如下条款：

1. 会议职权，需与公司章程保持一致，可以进一步细化。

2. 会议召开，包括：通知、议程、表决等内容；其中要明确：会议有效召开需要多少适格成员的参加；经过多大比例成员通过，会议决议方为有效。

3. 参会与委托参会，对参加会议及表决的手续进行规定。

4. 提案的提出、审议、表决、决议等。

第七条　从有效激励、促进公司长远发展的角度，律师可以根据改制后的企业情况提出薪酬设计建议，协助公司建立与公司业绩和个人工作表现挂钩的薪酬制度。薪酬设计可以体现在基本工资、年度奖金，以及各种形式的股权激励等方面，薪酬方案视不同情况，包括决策机构、授予人员、涉及的股权总数、行权期限、行权价格、方案变更、操作程序等相关条款。

第八条　根据公司的委托，律师可以从事该公司的常年法律顾问或其他专项法律服务工作，从日常合同的审查修改、劳动关系的规范、经营风险的防范等诸多方面协助做好公司治理工作。

第九条 律师可以根据公司的发展变化,协助其不断完善治理机制,帮助其积极介入产品服务竞争市场、经理人才市场、董事市场、债权人市场、劳动力市场、控制权市场等外部治理市场,实现内部治理结构和外部治理市场的良性互动,通过市场约束帮助公司不断提升治理水平。

第十条 律师应当通过业务实践发现公司法律、法规存在的空白、缺陷,从理论上不断总结公司治理业务经验,提出立法建议,不断完善公司法律、行政法规体系。

第二部分 股权激励业务指引

第一节 操作模式

第一条 注意事项:

(一)律师在办理股权激励过程中,应注意目标公司其他股东的优先购买权、优先增资权等事宜,在履行法定程序排除股东的优先权利之后,方可进行股权激励操作。

(二)涉及国有资产的管理层收购、职工持股计划,以及外资公司收购时,应注意国有资产评估、进场交易等限制性规定,并依法履行相关审批手续。

第二条 操作模式分类:

股权激励大体分为:股票期权模式、股份期权模式、期股奖励模式、虚拟股票期权模式、年薪奖励转股权模式和股票增值权模式六大模式。根据企业实际情况,亦可以此六大模式为基础,依法设计如信托受益权激励等在内的、适合企业自身特点的其他操作模式。

第三条 股票期权模式:

公司经股东会同意,将预留的已发行未公开上市的普通股股票认股权作为"一揽子"报酬中的一部分,以事先确定的某一期权价格有条件地无偿授予或奖励给公司高层管理人员和技术骨干,股票期权的享有者可在规定的时期内做出行权、兑现等选择。

设计和实施股票期权模式,要求公司必须是公众上市公司,有合理合法的、可资实施股票期权的股票来源,并要求具有一个股价能基本反映股票内在价值、运作比较规范、秩序良好的资本市场载体。

第四条 股份期权模式:

股份期权模式实际上就是一种股票期权改造模式,解决了股票来源问题。北京市就是这种模式的设计和推广者,因此这种模式又被称为"北京期权模式"。

这种模式规定:经公司出资人或董事会同意,公司高级管理人员可以群体形式获得公司5%~20%股权,其中董事长和经理的持股比例应占群体持股数的10%以上。经营者欲持股就必须先出资,一般不得少于10万元。而经营者所持股份额是以其出资金额的1倍至4倍确定。三年任期届满,完成协议指标,再过两年,可按届满时的每股净资产变现。

第五条 期股奖励模式:

期股奖励模式是目前国内上市公司中比较流行的一种股权激励办法。其特点是,从当年净利润中或未分配利润中提取奖金,折股奖励给高层管理人员。奖金只能用于为激励对象购买公司的流通股票,并做相应冻结,离职半年后可以抛出。

第六条 虚拟股票期权模式:

虚拟股票期权不是真正意义上的股票认购权,它是将奖金的给予延期支付,并把奖金转换成普通股票,这部分股票享有分红、转增股等权利,但在一定时期内不得流通,只能按规定分期兑现。这种模式是针对股票来源障碍而进行的一种创新设计,暂时采用内部结算的办法操作。

虚拟股票期权的资金来源与期股奖励模式不同,它来源于企业积存的奖励基金。

第七条 年薪奖励转股权模式:

年薪奖励转股权模式是由武汉市国有资产控股公司设计并推出的,因此也被称为"武汉期权模式"。

武汉市国有资产控股公司所控股的上市公司,原来实行企业法定代表人年薪制,年薪由基薪、风险收入、年均收入、特别年薪奖励四部分组成。这种模式将风险收入的70%拿出来转化为股票期权(另外30%

以现金形式当年兑付)。国资公司按该企业年报公布后一个月的股票平均市价,用该企业法定代表人当年风险收入的70%购入该企业股票。同时,由企业法定代表人与国资公司签订股票托管协议,这部分股票的表决权由国资公司行使,需在第二年经对企业的业绩进行评定后按比例逐年返还给企业的经营者,返还后的股票才可以上市流通。"武汉期权模式"本质上也是一种期股奖励模式。

第八条 股票增值权模式:

主要内容是:通过模拟认股权方式,获得由公司支付的公司股票在年度末比年度初的净资产的增值价差。值得注意的是,股票增值权不是真正意义上的股票,没有所有权、表决权、配股权。这种模式直接拿每股净资产的增加值来激励其高管人员、技术骨干和董事,因此具体操作起来方便、快捷。

第二节 操作方法

第九条 操作流程简述:

(一)前期接洽。与目标公司或其股东进行洽谈,初步了解情况,摸清股东实施股权激励的真实意图。

(二)尽职调查。开展尽职调查工作,协助股东确定操作模式,以及复杂劳动者的范围及各人的分配比例等事项。

(三)方案制作。起草股权激励方案及相关配套法律文件,根据公司章程和公司法及相关配套法规的规定,由目标公司股东会或董事会等有权机构予以通过。

(四)方案实施。根据目标公司实际情况及方案要求,确定届时是否对目标公司进行审计评估。

根据方案要求,涉及股权变更的,制作股权转让合同、增资协议等法律文件,并协助办理相应的工商、税务登记变更手续。

第十条 涉及国有资产问题:

涉及国有独资公司或者具有以国有资产出资的公司股权变动时,还应注意:

1. 根据国有资产管理法律法规的要求,对目标公司资产进行评估。

2. 必要时报国有资产管理部门审查和批准。

3. 根据国有资产管理法律法规的要求,办理资产产权变更登记手续。

第十一条 涉及外资企业问题:

涉及外商投资企业股权变动时,还应当注意:

1. 外方股东出资变更,应保证合营项目符合《外商投资产业指导目录》的要求,做出新的可行性研究报告,并遵守法律法规关于外商投资比例的规定。如导致外资比例低于法定比例,应办理相关审批和公司性质变更手续。

2. 涉及合营企业投资额、注册资本、股东、经营项目、股权比例等方面的变更,均须履行审批手续。

第三节 前期接洽

第十二条 信息收集:

股权激励操作的前期接洽工作是必备的,律师可以初步确定在目标公司实施股权激励的真正意图,确定下一步的操作方向。律师在前期接洽阶段的法律事务主要有:

1. 收集目标公司的公开资料和企业资信情况、经营能力、人员构成等信息,在此基础上进行信息整理和分析,从公司经营的市场风险方面考察有无重大障碍影响股权激励操作的正常进行。

2. 综合研究相关法律法规、企业政策,对股权激励的可行性进行法律论证,寻求相应激励的法律依据。

3. 就股权激励可能涉及的具体行政程序进行调查,例如是否违背我国股权变更、国有股减持的政策法规,可能产生怎样的法律后果;是否需要经当地政府批准或进行事先报告,地方政策对同类激励方案有无倾向性态度。

第十三条 签约:

根据对基本信息的分析,律师判断本轮股权激励是否可行,并以律师事务所的名义与委托人正式签约,明确各方的权利义务关系,正式开展工作。

第四节　尽职调查

第十四条　调查原则:

律师应对目标公司进行深入调查,核实前期接洽阶段获取的相关信息,使得律师能够在信息充分的情况下制作可行的股权激励方案。律师可以根据实际情况,在符合法律法规的情况下对于调查的具体内容作适当的增加和减少。

第十五条　调查内容:

1. 启动本次股权激励的内部决策文件,包括但不限于地方政策、上级公司文件、本公司股东会或董事会文件。

2. 目标公司及其上、下级公司的股东构成。

3. 目标公司设立及变更的有关文件,包括工商登记材料及相关主管机关的批件。

4. 目标公司的公司章程、议事规则、规章制度。

5. 目标公司股东及被激励人员对股权激励的具体需求。

6. 目标公司全体人员构成情况,包括但不限于管理人员与技术、业务骨干的职务、薪金、福利;其他人员的职务、薪金、福利等。

7. 目标公司与职工签订的劳动合同、保密协议、竞争限制协议等。

8. 目标公司的财务数据,包括各种财务报表、审计评估报告。

9. 制作激励方案而需要的其他资料。

第五节　股权激励方案的制作

第十六条　激励方案:

股权激励方案应当根据尽职调查的情况制作,根据方案设计思路的不同,方案的内容也存在较大差别,通常来讲,股权激励方案可能包括的内容有:

1. 激励对象;
2. 操作模式;
3. 激励基金;
4. 股权归属与特别约定;
5. 股权分配与过户;
6. 各方的权利义务;
7. 计划终止;
8. 信息披露。

第十七条　激励方案的配套文件:

方案的操作模式不同,配套文件亦会有所区别,大致包括:

1. 目标公司董事会决议;
2. 目标公司股东会决议;
3. 激励基金/股权授予/分配申请/通知书;
4. 股权变现申请/通知书。

第十八条　法律意见书:

律师根据委托人的委托,就股权激励方案出具法律意见书,对激励方案的合法性、可行性进行分析论证。

第六节　股权激励方案的实施

第十九条　方案实施阶段律师工作:

根据激励方案和委托人的委托，律师协助企业做好如下工作：

1. 协助选择负责审计评估的中介机构；
2. 阶段性具体分配方案的草拟或审核；
3. 股东会、董事会、薪酬委员会会议决议的制作及相关会议的协助召开；
4. 股权(或相应权利)获得/变更/丧失，所涉及的相关法律文件的草拟或审核；
5. 协助办理市场监管部门的变更登记备案等手续。

第四节 企业治理中的法律文件

一、各类公司组织机构对比

对于各类公司组织机构情况，要做到胸中有数。对于不同类别公司的股东数量、董事会的人数与任期等，法律规定亦有着不同要求。见表2－1。

表2－1 各类公司组织机构对比

序号	公司类型	股东	董事会		监事会		依据
			人数	任期	人数	任期	
1	有限责任公司	有限责任公司由1个以上50个以下股东出资设立	有限责任公司董事会成员为3人以上，其成员中可以有公司职工代表。职工人数300人以上的有限责任公司，除依法设监事会并有公司职工代表的外，其董事会成员中应当有公司职工代表。 规模较小或者股东人数较少的有限责任公司，可以不设董事会，设1名董事，行使本法规定的董事会的职权	董事任期由公司章程规定，但每届任期不得超过3年。董事任期届满，连选可以连任	监事会成员为3人以上。监事会成员应当包括股东代表和适当比例的公司职工代表，其中职工代表的比例不得低于1/3，具体比例由公司章程规定。 规模较小或者股东人数较少的有限责任公司，可以不设监事会，设1名监事，行使本法规定的监事会的职权；经全体股东一致同意，也可以不设监事	监事的任期每届为3年。监事任期届满，连选可以连任	《公司法》(2023年修订)： 第42条； 第68条、第70条、第75条； 第76条、第77条、第83条
2	国有独资公司	国有独资公司不设股东会，由履行出资人职责的机构行使股东会职权	董事会成员中，应当过半数为外部董事，并应当有公司职工代表	董事会依照本法规定行使职权	国有独资公司在董事会中设置由董事组成的审计委员会行使本法规定的监事会职权的，不设监事会或者监事	国家出资公司应当依法建立健全内部监督管理和风险控制制度，加强内部合规管理	《公司法》(2023年修订)： 第168条第1款：国家出资公司的组织机构，适用本章规定；本章没有规定的，适用本法其他规定。 第172条； 第173条； 第176条、第177条

续表

序号	公司类型	股东	董事会		监事会		依据
			人数	任期	人数	任期	
3	股份有限公司	应当有1人以上200人以下为发起人，其中应当有半数以上的发起人在中国境内有住所	(适用有限公司) 规模较小或者股东人数较少的股份有限公司,可以不设董事会,设1名董事,行使本法规定的董事会的职权	(适用有限公司)	监事会成员为3人以上。监事会成员应当包括股东代表和适当比例的公司职工代表,其中职工代表的比例不得低于1/3,具体比例由公司章程规定。 股份有限公司可以按照公司章程的规定在董事会中设置由董事组成的审计委员会,行使本法规定的监事会的职权,不设监事会或者监事	(适用有限公司)	《公司法》(2023年修订): 第92条; 第120条、第128条; 第121条、第130条、第131条

注:根据《合伙企业法》(2006年修订)第61条的规定,有限合伙企业由2个以上50个以下合伙人设立;但是,法律另有规定的除外。有限合伙企业至少应当有1个普通合伙人。

二、“同股同权”问题对比

公司的分红权、表决权、剩余财产分配权,在一定程度上是可以进行特别约定的,如表2-2所示,让我们来看一看有限责任公司、股份有限公司两类公司中,这三项权利在“可自由约定”层面的“自由度”。

表2-2 “同股同权”问题对比

序号	公司类型	分红	表决权	剩余财产分配
1	有限责任公司	(可自由约定) 《公司法》(2023年修订)第210条规定,“有限责任公司按照股东实缴的出资比例分配利润,全体股东约定不按照出资比例分配利润的除外”,“公司持有的本公司股份不得分配利润”	(可自由约定) 《公司法》(2023年修订)第65条规定,“股东会会议由股东按照出资比例行使表决权;但是,公司章程另有规定的除外”	(不能自由约定) 《公司法》(2023年修订)第236条第2款:“公司财产在分别支付清算费用、职工的工资、社会保险费用和法定补偿金,缴纳所欠税款,清偿公司债务后的剩余财产,有限责任公司按照股东的出资比例分配……”

续表

序号	公司类型	分红	表决权	剩余财产分配
2	股份有限公司	(类别股可自由约定) 《公司法》(2023 年修订)第 210 条规定,“股份有限公司按照股东所持有的股份比例分配利润,公司章程另有规定的除外。公司持有的本公司股份不得分配利润”。 第 144 条规定,“公司可以按照公司章程的规定发行下列与普通股权利不同的类别股:(一)优先或者劣后分配利润或者剩余财产的股份……”	(类别股可自由约定) 《公司法》(2023 年修订)第 144 条规定,“公司可以按照公司章程的规定发行下列与普通股权利不同的类别股:……(二)每一股的表决权数多于或者少于普通股的股份……” 第 146 条规定,“发行类别股的公司,有本法第一百一十六条第三款规定的事项等可能影响类别股股东权利的,除应当依照第一百一十六条第三款的规定经股东会决议外,还应当经出席类别股股东会议的股东所持表决权的三分之二以上通过。公司章程可以对需经类别股股东会议决议的其他事项作出规定”	(不能自由约定) 《公司法》(2023 年修订)第 236 条第 2 款:“公司财产在分别支付清算费用、职工的工资、社会保险费用和法定补偿金,缴纳所欠税款,清偿公司债务后的剩余财产……股份有限公司按照股东持有的股份比例分配”

三、有限责任公司章程

章程是公司的“小宪法”,可以说是公司内部管理与对外参与一切活动的基础,本范本以北京市为例,以北京市市场监管局官网公布的版本为基础,根据 2023 年修订的《公司法》和有关实践进行了调整。需要注意的是,每个公司的股东需求、治理需求等都是不一样的,不建议直接套用范本,而应根据实际需求调整使用。

制定有限责任公司章程须知

一、为方便投资人,北京市市场监督管理局制作了有限责任公司章程参考格式。股东可以参照章程参考格式制定章程,也可以根据实际情况自行制定,但章程中必须记载本须知第二条所列事项。

二、根据《中华人民共和国公司法》第四十六条的规定,有限责任公司章程应当载明下列事项:

(一)公司名称和住所;

(二)公司经营范围;

(三)公司注册资本;

(四)股东的姓名或者名称;

(五)股东的出资额、出资方式和出资日期;

(六)公司的机构及其产生办法、职权、议事规则;

(七)公司法定代表人的产生、变更办法;

(八)股东会认为需要规定的其他事项。

三、章程中应当载明"本章程与法律法规不符的,以法律法规的规定为准"。经营范围条款中应当注明"以市场监管机关核定的经营范围为准"。

四、股东应当在公司章程上签名、盖章。

五、公司章程应提交原件,并应使用A4规格纸张打印。

附:有限责任公司章程(参考格式)

________有限责任公司章程

(参考格式)

第一章　总　　则

第一条　依据《中华人民共和国公司法》(以下简称《公司法》)及有关法律、法规的规定,由________等________方共同出资,设立________有限(责任)公司(以下简称公司),特制定本章程。

第二条　本章程中的各项条款与法律、法规、规章不符的,以法律、法规、规章的规定为准。

第二章　公司名称和住所

第三条　公司名称:____。

第四条　住所:____。

第三章　公司经营范围

第五条　公司经营范围。(注:根据实际情况具体填写。最后应注明"以市场监督管理机关核定的经营范围为准"。)

第四章　公司注册资本及股东的姓名(名称)、出资额、出资时间、出资方式

第六条　公司注册资本:________万元人民币。

第七条　股东的姓名(名称)、认缴的出资额、出资时间、出资方式如下:

股东姓名或名称	认缴情况		
	认缴出资额	出资时间	出资方式
合计			

第五章　公司的机构及其产生办法、职权、议事规则

第八条　股东会由全体股东组成,是公司的权力机构,行使下列职权:

(一)选举和更换董事、监事,决定有关董事、监事的报酬事项;

(二)审议批准董事会的报告;

(三)审议批准监事会的报告;

(四)审议批准公司的利润分配方案和弥补亏损方案;

（五）对公司增加或者减少注册资本作出决议；

（六）对发行公司债券作出决议；

（七）对公司合并、分立、解散、清算或者变更公司形式作出决议；

（八）修改公司章程；

（九）公司章程规定的其他职权（注：由股东自行确定，如股东不作具体规定应将此条删除）。

（特别提示：

1. 股东会可以授权董事会对发行公司债券作出决议；

2. 对本条所列事项股东以书面形式一致表示同意的，可以不召开股东会会议，直接作出决定，并由全体股东在决定文件上签名或者盖章。）

第九条 股东会的首次会议由出资最多的股东召集和主持。

第十条 股东会会议由股东按照出资比例行使表决权。（注：此条可由股东自行确定按照何种方式行使表决权。）

第十一条 股东会会议分为定期会议和临时会议。

召开股东会会议，应当于会议召开十五日以前通知全体股东。（注：此条可由股东自行确定时间。）

定期会议（注：由股东自行确定）定时召开。代表十分之一以上表决权的股东，三分之一以上的董事、监事会或者监事（不设监事会时）提议召开临时会议的，应当召开临时会议。

第十二条 股东会会议由董事会召集，董事长主持；董事长不能履行职务或者不履行职务的，由副董事长主持；副董事长不能履行职务或者不履行职务的，由过半数的董事共同推举一名董事主持。董事会不能履行或者不履行召集股东会会议职责的，由监事会召集和主持；监事会不召集和主持的，代表十分之一以上表决权的股东可以自行召集和主持。

（注：有限责任公司不设董事会、只设一名董事的，股东会会议由董事召集和主持。）

第十三条 股东会会议作出修改公司章程、增加或者减少注册资本的决议，以及公司合并、分立、解散或者变更公司形式的决议，必须经代表三分之二以上表决权的股东通过。

（注：股东会的议事方式和表决程序除《公司法》有规定的外，由公司章程规定。）

第十四条 公司设董事会，成员为______人，由____________产生。董事任期______年（注：每届不得超过三年），任期届满，可连选连任。

董事会设董事长一人，副董事长______人，由____________产生。（注：股东自行确定董事长、副董事长的产生方式。）

（注：有限责任公司不设董事会的，此条应改为：公司不设董事会，设执行董事一人，由股东会选举产生。执行董事任期______年，任期届满，可连选连任。）

第十五条 董事会行使下列职权：

（一）召集股东会会议，并向股东会报告工作；

（二）执行股东会的决议；

（三）决定公司的经营计划和投资方案；

（四）制订公司的利润分配方案和弥补亏损方案；

（五）制订公司增加或者减少注册资本以及发行公司债券的方案；

（六）制订公司合并、分立、解散或者变更公司形式的方案；

（七）决定公司内部管理机构的设置；

（八）决定聘任或者解聘公司经理及其报酬事项，并根据经理的提名决定聘任或者解聘公司副经理、财务负责人及其报酬事项；

（九）制定公司的基本管理制度；

（十）公司章程规定或者股东会授予的其他职权（注：由股东自行确定，如股东不作具体规定应将此条删除）。

公司章程对董事会职权的限制不得对抗善意相对人。

(注:股东人数较少或者规模较小的有限责任公司,可以设一名董事,不设董事会,由董事行使董事会职权。)

第十六条 董事会会议由董事长召集和主持;董事长不能履行职务或者不履行职务的,由副董事长召集和主持;副董事长不能履行职务或者不履行职务的,由半数以上董事共同推举一名董事召集和主持。

第十七条 董事会决议的表决,实行一人一票。

董事会会议应当有过半数的董事出席方可举行。董事会作出决议,应当经全体董事的过半数通过。

(注:董事会的议事方式和表决程序,除《公司法》有规定的外,由公司章程规定。)

第十八条 公司设经理,由董事会决定聘任或者解聘。经理对董事会负责,行使下列职权:

(一)主持公司的生产经营管理工作,组织实施董事会决议;

(二)组织实施公司年度经营计划和投资方案;

(三)拟订公司内部管理机构设置方案;

(四)拟订公司的基本管理制度;

(五)制定公司的具体规章;

(六)提请聘任或者解聘公司副经理、财务负责人;

(七)决定聘任或者解聘除应由董事会决定聘任或者解聘以外的负责管理人员;

(八)董事会授予的其他职权。

(注:以上内容也可由股东自行确定。)

经理列席董事会会议。

第十九条 公司设监事会,成员______人,监事会设主席一人,由全体监事过半数选举产生。监事会中股东代表监事与职工代表监事的比例为______:______。(注:由股东自行确定,但其中职工代表的比例不得低于三分之一。)

监事的任期每届为三年,任期届满,可连选连任。

(注:规模较小或者股东人数较少的有限责任公司,可以不设监事会,设一名监事,行使《公司法》法规定的监事会的职权;经全体股东一致同意,也可以不设监事。)

第二十条 监事会或者监事行使下列职权:

(一)检查公司财务;

(二)对董事、高级管理人员执行职务的行为进行监督,对违反法律、行政法规、公司章程或者股东会决议的董事、高级管理人员提出解任的建议;

(三)当董事、高级管理人员的行为损害公司的利益时,要求董事、高级管理人员予以纠正;

(四)提议召开临时股东会会议,在董事会不履行《公司法》规定的召集和主持股东会会议职责时召集和主持股东会会议;

(五)向股东会会议提出提案;

(六)依法对董事、高级管理人员提起诉讼;

(七)公司章程规定的其他职权。

监事可以列席董事会会议。

第二十一条 监事会每年度至少召开一次会议,监事可以提议召开临时监事会会议。

第二十二条 监事会决议应当经全体监事的过半数通过。监事会决议的表决,应当一人一票。监事会应当对所议事项的决定作成会议记录,出席会议的监事应当在会议记录上签名。

(注:监事会的议事方式和表决程序,除《公司法》有规定的外,由公司章程规定。)

第六章 公司的法定代表人

第二十三条 董事长为公司的法定代表人。(注:公司的法定代表人按照公司章程的规定,由代表公司执行公司事务的董事或者经理担任。)

第七章 股东会会议认为需要规定的其他事项

第二十四条 股东之间可以相互转让其部分或全部出资。

第二十五条 股东向股东以外的人转让股权的,应当将股权转让的数量、价格、支付方式和期限等事项书面通知其他股东,其他股东在同等条件下有优先购买权。股东自接到书面通知之日起三十日内未答复的,视为放弃优先购买权。两个以上股东行使优先购买权的,协商确定各自的购买比例;协商不成的,按照转让时各自的出资比例行使优先购买权。

(注:股东之间、股东对外转让股权事项亦可由股东另行确定股权转让的办法。)

第二十六条 公司的营业期限为______年,自公司营业执照签发之日起计算。

第二十七条 公司因下列原因解散:

(一)公司章程规定的营业期限届满或者公司章程规定的其他解散事由出现;

(二)股东会决议解散;

(三)因公司合并或者分立需要解散;

(四)依法被吊销营业执照、责令关闭或者被撤销;

(五)人民法院依照《公司法》第二百三十一条的规定予以解散。

公司出现前款规定的解散事由,应当在十日内将解散事由通过国家企业信用信息公示系统予以公示。

(注:本章节内容除上述条款外,股东可根据《公司法》的有关规定,将认为需要记载的其他内容一并列明。)

第八章 附 则

第二十八条 公司登记事项以公司登记机关核定的为准。

第二十九条 本章程一式______份,并报公司登记机关一份。

全体股东亲笔签字、盖公章:

年 月 日

四、股份有限公司章程①

为方便投资人,北京市市场监管局制作了股份有限公司章程参考格式。现根据2023年修订的《公司法》的相关规定和有关实践进行了调整,供大家参考。如果公司涉及类别股,需特别留意对有关章程条款进行调整,类别股包括:(1)优先或者劣后分配利润或者剩余财产的股份;(2)每一股的表决权数多于或者少于普通股的股份;(3)转让须经公司同意等转让受限的股份;(4)国务院规定的其他类别股。

股东可以参照章程参考格式制定章程,也可以根据实际情况自行制定,但章程中必须具备以下所列事项:(1)公司名称和住所;(2)公司经营范围;(3)公司设立方式;(4)公司股份总数、每股金额和注册资本;(5)发起人的姓名或者名称、认购的股份数、出资方式和出资时间;(6)董事会的组成、职权和议事规则;(7)公司法定代表人;(8)监事会的组成、职权和议事规则;(9)公司利润分配办法;(10)公司的解散事由与清算办法;(11)公司的通知和公告办法;(12)股东大会会议认为需要

① 本章程参见北京市市场监管局范本,亦可根据实际需求采用《上市公司章程指引》。具体操作时请查询官方公布的最新版本。

规定的其他事项。

章程中应当载明"本章程与法律法规不符的,以法律法规的规定为准"。经营范围条款中应当注明"以市场监督管理机关核定的经营范围为准"。发起人应当在公司章程上签名、盖章。公司章程应提交原件,并应使用A4规格纸张打印。需要注意的是,募集设立的股份有限公司不适用下文参考格式。

股份有限公司章程

(参考格式)

第一章 总 则

第一条 依据《中华人民共和国公司法》(以下简称《公司法》)及有关法律、法规的规定,由______等______方共同发起设立,特制定本章程。

第二条 本章程中的各项条款与法律、法规、规章不符的,以法律、法规、规章的规定为准。

第二章 公司名称和住所

第三条 公司名称:____。

第四条 住所:____。

第三章 公司经营范围

第五条 公司经营范围。(注:根据实际情况参照《国民经济行业分类》具体填写,最后应注明"以市场监督管理机关核定的经营范围为准"。)

第四章 公司设立方式

第六条 公司设立方式:发起设立。

第五章 公司股份总数、每股金额和注册资本

第七条 公司股份总数:______万股。

第八条 公司股份每股金额:______元人民币。

第九条 公司注册资本:______万元人民币。

第十条 公司增加或减少注册资本,必须召开股东大会并做出决议。

第六章 发起人的姓名(名称)、认购的股份数、出资方式和出资时间

第十一条 发起人的姓名(名称)、认购的股份数、出资方式和出资时间如下:

发起人姓名或名称	认缴情况		
	认购的股份数	出资方式	出资时间
合计			

第七章　公司股东会的组成、职权和议事规则

第十二条　公司股东会由全体发起人(股东)组成。股东会是公司的权力机构,其职权是:
(一)选举和更换董事、监事,决定有关董事、监事的报酬事项;
(二)审议批准董事会的报告;
(三)审议批准监事会的报告;
(四)审议批准公司的利润分配方案和弥补亏损方案;
(五)对公司增加或者减少注册资本作出决议;
(六)对发行公司债券作出决议;
(七)对公司合并、分立、解散、清算或者变更公司形式作出决议;
(八)修改公司章程;
(九)公司章程规定的其他职权(注:由股东发起人自行确定,如发起人不作具体规定应将此条删除)。
股东会可以授权董事会对发行公司债券作出决议。

第十三条　股东会应当每年召开一次年会,有下列情形之一的,应当在两个月内召开临时股东会:
(一)董事人数不足《公司法》规定人数或者公司章程所定人数的三分之二时;
(二)公司未弥补的亏损达股本总额三分之一时;
(三)单独或者合计持有公司百分之十以上股份的股东请求时;
(四)董事会认为必要时;
(五)监事会提议召开时;
(六)公司章程规定的其他情形(注:股东可以自行约定,如没有则删除此条)。

第十四条　股东会会议由董事会召集,董事长主持;董事长不能履行职务或不履行职务的,由副董事长主持;副董事长不能履行职务的,由半数以上董事共同推举一名董事主持。

董事会不能履行或者不履行召集股东会会议职责的,监事会应当及时召集和主持;监事会不召集和主持的,连续九十日以上单独或者合计持有公司百分之十以上股份的股东可以自行召集和主持。

单独或者合计持有公司百分之十以上股份的股东请求召开临时股东会会议的,董事会、监事会应当在收到请求之日起十日内作出是否召开临时股东会会议的决定,并书面答复股东。

第十五条　召开股东会会议,应当将会议召开的时间、地点和审议的事项于会议召开二十日前通知各股东;临时股东会会议应当于会议召开十五日前通知各股东。

单独或者合计持有公司百分之一以上股份的股东,可以在股东会会议召开十日前提出临时提案并书面提交董事会。临时提案应当有明确议题和具体决议事项。董事会应当在收到提案后二日内通知其他股东,并将该临时提案提交股东会审议;但临时提案违反法律、行政法规或者公司章程的规定,或者不属于股东会职权范围的除外。公司不得提高提出临时提案股东的持股比例。

公开发行股份的公司,应当以公告方式作出前两款规定的通知。

股东会不得对通知中未列明的事项作出决议。

第十六条　股东出席股东会会议,所持每一股份有一表决权,类别股股东除外。公司持有的本公司股份没有表决权。

股东会作出决议,应当经出席会议的股东所持表决权过半数通过。

股东会作出修改公司章程、增加或者减少注册资本的决议,以及公司合并、分立、解散或者变更公司形式的决议,应当经出席会议的股东所持表决权的三分之二以上通过。

第十七条　股东委托代理人出席股东会会议的,应当明确代理人代理的事项、权限和期限;代理人应当向公司提交股东授权委托书,并在授权范围内行使表决权。

第十八条　股东会应当对所议事项的决定作成会议记录,主持人、出席会议的董事应当在会议记录上签名。会议记录应当与出席股东的签名册及代理出席的委托书一并保存。

第八章　董事会的组成、职权和议事规则

第十九条　公司设董事会,成员为______人,非由职工代表担任的董事由股东大会选举产生;职工代表董事由公司职工通过职工代表大会(或职工大会)或者其他形式民主选举产生。董事任期______年,任期届满,可连选连任。

董事任期届满未及时改选,或者董事在任期内辞职导致董事会成员低于法定人数的,在改选出的董事就任前,原董事仍应当依照法律、行政法规和公司章程的规定,履行董事职责。

董事会设董事长一人,副董事长______人,由董事会以全体董事过半数选举产生。

第二十条　董事会行使下列职权:

(一)召集股东会会议,并向股东会报告工作;

(二)执行股东会的决议;

(三)决定公司的经营计划和投资方案;

(四)制订公司的利润分配方案和弥补亏损方案;

(五)制订公司增加或者减少注册资本以及发行公司债券的方案;

(六)制订公司合并、分立、解散或者变更公司形式的方案;

(七)决定公司内部管理机构的设置;

(八)决定聘任或者解聘公司经理及其报酬事项,并根据经理的提名决定聘任或者解聘公司副经理、财务负责人及其报酬事项;

(九)制定公司的基本管理制度;

(十)公司章程规定或者股东会授予的其他职权(注:由发起人自行确定,如发起人不作具体规定应将此条删除)。

公司章程对董事会职权的限制不得对抗善意相对人。

第二十一条　董事长召集和主持董事会会议,检查董事会决议的实施情况。副董事长协助董事长工作,董事长不能履行职务或者不履行职务的,由副董事长履行职务;副董事长不能履行职务或者不履行职务的,由过半数的董事共同推举一名董事履行职务。

第二十二条　董事会每年度至少召开两次会议,每次会议应当于会议召开十日前通知全体董事和监事。

代表十分之一以上表决权的股东、三分之一以上董事或者监事会,可以提议召开临时董事会会议。董事长应当自接到提议后十日内,召集和主持董事会会议。

董事会召开临时会议,可以另定召集董事会的通知方式和通知时限。

第二十三条　董事会会议应当有过半数的董事出席方可举行。董事会作出决议,应当经全体董事的过半数通过。

董事会决议的表决,应当一人一票。

第二十四条　董事会会议,应当由董事本人出席;董事因故不能出席,可以书面委托其他董事代为出席,委托书应当载明授权范围。

董事应当对董事会的决议承担责任。董事会的决议违反法律、行政法规或者公司章程、股东会决议,给公司造成严重损失的,参与决议的董事对公司负赔偿责任;经证明在表决时曾表明异议并记载于会议记录的,该董事可以免除责任。

第二十五条　董事会应当对所议事项的决定作成会议记录,出席会议的董事应当在会议记录上签名。

第二十六条　公司设经理,由董事会决定聘任或者解聘。经理对董事会负责,行使下列职权:

(一)主持公司的生产经营管理工作,组织实施董事会决议;

(二)组织实施公司年度经营计划和投资方案;

(三)拟订公司内部管理机构设置方案;

（四）拟订公司的基本管理制度；

（五）制定公司的具体规章；

（六）提请聘任或者解聘公司副经理、财务负责人；

（七）决定聘任或者解聘除应由董事会决定聘任或者解聘以外的负责管理人员；

（八）董事会授予的其他职权。

（注：以上内容也可由发起人自行确定。）

经理列席董事会会议。

第九章　公司的法定代表人

第二十七条　董事长为公司的法定代表人。①

第二十八条　法定代表人行使下列职权：②

第十章　监事会的组成、职权和议事规则

第二十九条　公司设监事会，成员______人（注：不得少于三人），监事会中股东代表监事与职工代表监事的比例为______：______（注：由股东自行确定，但其中职工代表的比例不得低于三分之一）。监事会中的股东代表监事由股东会选举产生，职工代表监事由公司职工通过职工代表大会（职工大会或者其形式）民主选举产生。

监事会设主席一人（副主席______人），由全体监事过半数选举产生。监事会主席召集和主持监事会会议；监事会主席不能履行职务或者不履行职务的，由监事会副主席召集和主持；监事会副主席不能履行职务或者不履行职务的，由半数以上监事共同推举一名监事召集和主持监事会会议。

董事、高级管理人员不得兼任监事。

监事的任期每届为三年，任期届满，可连选连任。

监事任期届满未及时改选，或者监事在任期内辞职导致监事会成员低于法定人数的，在改选出的监事就任前，原监事仍应当依照法律、行政法规和公司章程的规定，履行监事职务。

第三十条　监事会行使下列职权：

（一）检查公司财务；

（二）对董事、高级管理人员执行职务的行为进行监督，对违反法律、行政法规、公司章程或者股东会决议的董事、高级管理人员提出解任的建议；

（三）当董事、高级管理人员的行为损害公司的利益时，要求董事、高级管理人员予以纠正；

（四）提议召开临时股东会会议，在董事会不履行《公司法》规定的召集和主持股东会会议职责时召集和主持股东会会议；

（五）向股东会会议提出提案；

（六）依照《公司法》第一百八十九条的规定，对董事、高级管理人员提起诉讼；

（七）公司章程规定的其他职权。（注：由发起人自行确定，如发起人不作具体规定应将此条删除。）

监事可以列席董事会会议，并对董事会决议事项提出质询或者建议。

监事会发现公司经营情况异常，可以进行调查；必要时，可以聘请会计师事务所等协助其工作，费用由

---

① 由发起人按照《公司法》（2023年修订）的规定自行约定。第10条规定："公司的法定代表人按照公司章程的规定，由代表公司执行公司事务的董事或者经理担任。担任法定代表人的董事或者经理辞任的，视为同时辞去法定代表人。法定代表人辞任的，公司应当在法定代表人辞任之日起三十日内确定新的法定代表人。"第11条规定："法定代表人以公司名义从事的民事活动，其法律后果由公司承受。公司章程或者股东会对法定代表人职权的限制，不得对抗善意相对人。法定代表人因执行职务造成他人损害的，由公司承担民事责任。公司承担民事责任后，依照法律或者公司章程的规定，可以向有过错的法定代表人追偿。"

② 具体职权内容由发起人自行确定。

公司承担。

第三十一条 监事会每六个月至少召开一次会议,监事可以提议召开临时监事会会议。

第三十二条 监事会决议应当经全体监事的过半数通过。

监事会决议的表决,应当一人一票。

第三十三条 监事会应当对所议事项的决定作成会议记录,出席会议的监事应当在会议记录上签名。

(注:监事会的议事方式和表决程序,除《公司法》有规定的外,由公司章程规定。)

第十一章 公司利润分配办法

第三十四条 公司分配当年税后利润时,应当提取利润的百分之十列入公司法定公积金。公司法定公积金累计额为公司注册资本的百分之五十以上的,可以不再提取。

公司的法定公积金不足以弥补以前年度亏损的,在依照前款规定提取法定公积金之前,应当先用当年利润弥补亏损。

公司从税后利润中提取法定公积金后,经股东会决议,还可以从税后利润中提取任意公积金。

公司弥补亏损和提取公积金后所余税后利润,公司按照股东所持有的股份比例分配利润(注:公司章程另有规定的除外)。

公司持有的本公司股份不得分配利润。

第三十五条 股东会作出分配利润的决议的,董事会应当在股东会决议作出之日起六个月内进行分配。

第十二章 公司的解散事由与清算办法

第三十六条 公司因下列原因解散:

(一)公司章程规定的营业期限届满或者公司章程规定的其他解散事由出现;

(二)股东会决议解散;

(三)因公司合并或者分立需要解散;

(四)依法被吊销营业执照、责令关闭或者被撤销;

(五)人民法院依法予以解散。

公司出现前款规定的解散事由,应当在十日内将解散事由通过国家企业信用信息公示系统予以公示。

第三十七条 公司有前条第一款第一项、第二项情形,且尚未向股东分配财产的,可以通过修改公司章程或者经股东会决议而存续。

依照前款规定修改公司章程或者经股东会决议,有限责任公司须经持有三分之二以上表决权的股东通过,股份有限公司须经出席股东会会议的股东所持表决权的三分之二以上通过。

第三十八条 公司经营管理发生严重困难,继续存续会使股东利益受到重大损失,通过其他途径不能解决的,持有公司百分之十以上表决权的股东,可以请求人民法院解散公司。

第三十九条 公司因本章程第三十六条第一款第一项、第二项、第四项、第五项规定而解散的,应当清算。董事为公司清算义务人,应当在解散事由出现之日起十五日内组成清算组进行清算。

清算组由董事组成(注:但是公司章程另有规定或者股东会决议另选他人的除外)。

第四十条 清算义务人未及时履行清算义务,给公司或者债权人造成损失的,应当承担赔偿责任。

第十三章 公司的通知和公告办法

第四十一条 公司有下列情形之一的,应予通知(由发起人自行约定)。

第四十二条 公司通知可采用邮递或送达形式,必要时也可采用函电的方式。除国家法律、法规规定的公告事项外,公司通知可采用公告形式(注:由股东自行约定)。

第十四章 股东会会议认为需要规定的其他事项

第四十三条 股东持有的股份可以依法转让。

第四十四条 股东会选举董事、监事,可以实行累积投票制。

第四十五条 公司的营业期限为______年(由股东自行约定),自公司营业执照签发之日起计算。

第四十六条 公司登记事项以公司登记机关核定的为准。

第四十七条 本章程一式______份,并报公司登记机关一份。

(注:本章节内容除上述条款外,股东可根据《公司法》的有关规定,将认为需要记载的其他内容一并列明。)

全体股东亲笔签字、盖章:

年 月 日

五、企业集团章程

企业集团是一定历史时期的产物,其章程并不具有"普遍适用性",但我们需要了解这类历史上存在,且至今亦并未消亡的特殊企业形式,通过其章程的特殊约定,我们便可更进一步了解到底是什么企业集团以及其有什么特殊性。

企业集团章程①

(参考格式)

为适应社会主义市场经济的要求,发展生产力,依据有关法律、法规的规定,由__________成员共同组建__________集团,特制定本章程。

第一章 集 团 名 称

第一条 集团名称:____________。

集团名称简称:________________。

第二章 母公司的名称和住所

第二条 母公司的名称:____________。

第三条 母公司的住所:____________。

第三章 集团的宗旨

第四条 集团的宗旨:以质量求生存,以效益求发展,开拓市场,提高效益,集团成员协同发展,互惠互利,形成规范效益,为国家多做贡献,为企业创造积累。

第四章 集团成员之间的生产经营联合、协作方式

第五条 集团成员由母公司、母公司控股企业、母公司参股企业及其他成员组成,可分为核心企业、紧密层、半紧密层和松散型进行管理。

① 本章程范本参考北京市市场监管局范本,具体操作时请查询官方公布的最新版本。

母公司控股企业：
1.
2.
3.
4.
5.
母公司参股企业：
1.
2.
3.
其他成员：
1.
2.
3.

第六条 集团成员具有法人资格，自主经营、自负盈亏。集团成员以资本为纽带，依靠民主、科学的管理形式运行。集团成员之间可互相投资、互相参股，在人、财、物以及科学技术、信息等方面进行合作，发挥各自所长，以集团、以整体，互相协助，共同发展。

第五章　集团管理机构的组织和职权

第七条 集团成员大会由全体成员组成，是公司的权力机构，行使下列职权：
（一）选举和更换集团董事、董事长、副董事长，决定有关董事的报酬事项；
（二）审议批准董事会的报告；
（三）决定集团成员的加入和退出；
（四）决定母公司参股企业成员使用集团名称或简称；
（五）修改集团章程。

第八条 集团成员大会的首次会议由母公司董事长主持。

第九条 集团成员大会会议分为定期会议和临时会议，并应当于会议召开十五日前通知成员。定期会议应每__________(年或月)召开一次。临时会议由集团董事会提议方可召开。会议由集团成员的法定代表人参加，也可委托他人参加，行使委托书授予的权力。

第十条 集团成员大会会议由董事会召集，董事长主持。董事长因特殊原因不能履行职务时，由董事长指定的其他董事主持。集团成员大会应当对所议事项的决定作出会议记录，出席会议的成员应当在会议记录上签名。

（注：1. 集团根据自身具体情况可不设集团成员大会；2. 如果设集团成员大会，集团成员的表决权可自定。）

第十一条 集团设董事会是集团的日常管理机构，成员为____人，由集团成员大会选举。董事任期____年，任期届满，可连选连任。董事会设董事长一人，副董事长____人。董事长、副董事长、董事由集团成员大会选举和罢免。

董事会行使以下职权：
（一）负责召集集团成员大会，并向集团成员大会报告工作；
（二）审议集团发展战略、重大发展方针；
（三）审议集团年度生产经营计划和工作计划；
（四）审议对集团章程的修改；
（五）执行集团成员大会决议；
（六）协调集团成员之间的协作关系；

（七）审议参加和退出集团成员的决议；

（八）制定集团的基本管理制度。

第十二条 董事会由董事长召集并主持，董事长因特殊原因不能履行职务时，由董事长指定的其他董事召集和主持，并应于会议召开十日前通知全体董事。董事会对所议事项应作出会议记录，出席会议的董事应当在会议记录上签名。

（注：集团根据自身具体情况可不设集团成员大会和董事会，由母公司董事会代行集团管理机构职权，也可只设集团成员大会或董事会；设集团成员大会，集团成员的表决权可自定。）

第六章 集团管理机构负责人的产生程序、任期和职权

第十三条 董事长为集团管理机构负责人，任期为三年，由集团成员大会选举和罢免，任期届满，可连选连任。

第十四条 董事长行使下列职权：

（一）召集主持集团成员大会会议和董事会议；

（二）检查集团成员大会会议和董事会议的落实情况，并向董事会报告；

（三）代表集团签署有关文件。

第七章 参加集团的条件和程序

第十五条 参加集团的应具有法人资格，承认集团章程，以集团和本企业章程为行业准则，严格遵守国家有关法律、法规，接受集团和母公司的管理。参加集团的成员应经集团董事会讨论并报集团全体成员通过，办理法律、法规规定的手续后即可成为集团成员。

第十六条 退出集团的应在本企业作出决议后一个月内向集团董事会提出申请，经集团董事会讨论并报集团全体成员通过，由集团董事会委派人员对其与集团有关的业务和经济事宜进行清理，清理完毕后办理法律、法规规定的手续后即可退出集团。

第八章 企业集团的终止

第十七条 企业集团有下列情形之一的，可以解散：

（一）母公司依法被注销或吊销营业执照的；

（二）因母公司章程规定的营业执照届满，母公司解散的；

（三）母公司股东会议解散；

（四）母公司合并或者分立需要解散的；

（五）母公司违反法律、行政法规被依法责令关闭的；

（六）母公司因不可抗力事件致使无法继续经营的；

（七）母公司宣告破产。

第九章 章程修改程序

第十八条 企业集团根据需要可修改集团章程，章程的修改可由董事会提出修改意见，修改后的章程经全体集团成员签署或认可，不得与法律、法规相抵触。修改后的章程应送原集团登记机关备案，涉及变更母公司登记事项的，同时应向母公司登记机关申请变更登记。

第十章 其他需要载明的事项

第十九条 集团章程的解释权属于董事会。

第二十条 集团的登记事项以集团登记机关核定为准。

第二十一条 本章程由集团全体成员共同订立，自集团成立之日起生效。

第二十二条 本章程一式____份,并报集团登记机关备案一份。

集团成员签字、盖章:

年 月 日

六、股东会议事规则

股东会议事规则在许多公司是一种独立的存在,其源于公司章程中关于治理结构的那一部分,但规则会约定得更为细致,更重视操作层面的事项。

________________有限责任公司

股东会议事规则

第一章 总 则

第一条 为了完善公司法人治理结构,规范股东会的运作程序,以充分发挥股东会的决策作用,根据《中华人民共和国公司法》等相关法律、法规及公司章程的规定,特制定如下公司股东会议事规则。

第二条 本规则是股东会审议决定议案的基本行为准则。

第二章 股东会的职权

第三条 股东会是公司的权力机构,依法行使下列职权:

(一)选举和更换董事、监事,决定有关董事、监事的报酬事项;

(二)审议批准董事会的报告;

(三)审议批准监事会的报告;

(四)审议批准公司的利润分配方案和弥补亏损方案;

(五)对公司增加或者减少注册资本作出决议;

(六)对发行公司债券作出决议;

(七)对公司合并、分立、解散、清算或者变更公司形式作出决议;

(八)修改公司章程;

(九)公司章程规定的其他职权。

股东会可以授权董事会对发行公司债券作出决议。

对本条第一款所列事项股东以书面形式一致表示同意的,可以不召开股东会会议,直接作出决定,并由全体股东在决定文件上签名或者盖章。

第三章 股东会的召开

第四条 股东会分为年度股东会和临时股东会。年度股东会每年至少召开一次,应当于上一会计年度结束后的六十日之内举行。

第五条 有下列情形之一的,应当在两个月内召开临时股东会会议:

(一)董事人数不足本法规定人数或者公司章程所定人数的三分之二时;

(二)公司未弥补的亏损达股本总额三分之一时;

(三)单独或者合计持有公司百分之十以上股份的股东请求时;

(四)董事会认为必要时;

(五)监事会提议召开时;

(六)公司章程规定的其他情形。

第六条　股东会只对会议召开通知中列明的事项作出决议。

第七条　股东会会议由董事会召集,董事长主持;董事长不能履行职务或者不履行职务的,由副董事长主持;副董事长不能履行职务或者不履行职务的,由半数以上董事共同推举一名董事主持。

董事会不能履行或者不履行召集股东会会议职责的,由监事会召集和主持;监事会不召集和主持的,代表十分之一以上表决权的股东可以自行召集和主持。

第八条　召开股东会,应当提前二十日(临时股东会为十五日)将会议通知书面发给全体股东,股东会召开的会议通知发出后,除有不可抗力或者其他意外事件等原因,董事会不得变更股东会召开的时间,全体股东另有约定的除外,会议通知包括:

(一)会议的日期、地点和会议期限;

(二)提交会议审议的事项;

(三)以明显的文字说明:全体股东均有权出席股东会,并可以委托代理人出席会议和参加表决,该股东代理人不必是公司的股东;

(四)投票授权委托书的送达时间和地点;

(五)会务常设联系人姓名、电话号码。

第九条　拟出席股东会的股东,应当于会议召开五日前,将决定出席会议的书面回复送达董事会秘书,不回复的视为不出席,董事会秘书据此计算拟出席会议的股东所代表的有表决权的股权额,股权额达到公司有表决权的股权总数三分之二以上的,公司方可召开股东会。

第十条　召开临时会议的,有权人员/机构应当按照下列程序办理:

(1)单独或者合计持有公司百分之十以上股份的股东请求召开临时股东会会议的,董事会、监事会应当在收到请求之日起十日内作出是否召开临时股东会会议的决定,并书面答复股东。

(2)召集的程序应当尽可能与董事会召集股东会议的程序相同。有权人员/机构因董事会未应前述要求举行会议而自行召集并举行会议的,由公司给予必要协助,并承担会议费用。

第四章　参会与委托参会

第十一条　股东可以亲自出席股东会,也可以委托代理人出席和表决。

作为委托人的股东应当以书面形式委托代理人,由委托人签署委托书或者由其以书面形式授权的代理人签署委托书;委托人股东为法人的,委托书应当加盖法人印章或由其书面授权的代理人签字或盖章。

第十二条　个人股东亲自出席会议的,应出示本人身份证和持股凭证;代理人出席会议的,应出示本人身份证、委托书和持股凭证。

法人股东应由法定代表人或者法定代表人授权的代理人出席会议。法定代表人出席会议的,应出示本人身份证,能证明其具有法定代表人资格的有效证明和持股凭证;代理人出席会议的,代理人应出示本人身份证、法人股东单位的法定代表人依法出具的授权委托书和持股凭证。

第十三条　委托书至少应当在有关会议召开前二十四小时交存董事会秘书。

出席会议人员的签名册由公司负责制作、董事会保存。签名册载明参加会议人员姓名(或单位名称)、身份证号码、住所地址、享有或者代表有表决权的股权数额、被代理人姓名(或单位名称)等事项。

第十四条　公司董事会可以聘请律师出席股东会,所需费用由公司负担,对以下问题出具意见:

(一)股东会的召集、召开程序是否符合法律法规的规定,是否符合公司章程;

(二)验证出席会议人员资格的合法有效性;

(三)验证年度股东会提出新提案的股东的资格;

(四)股东会的表决程序是否合法有效。

第十五条　公司董事会、监事会应当采取必要的措施,保证股东会的严肃性和正常程序,除出席会议的股东(或代理人)、董事、监事、董事会秘书,其他高级管理人员、聘任律师及董事会邀请的人员以外,公司有权依法拒绝其他人士入场。

第五章 股东会提案的审议

第十六条 股东会的提案是针对应当由股东会讨论的事项所提出的具体议案,股东会应当对具体的提案作出决议。

董事会在召开股东会的通知中应列出本次股东会讨论的事项,并将董事会提出的所有提案的内容充分披露。需要变更前次股东会决议涉及的事项的,提案内容应当完整,不能只列出变更的内容。

列入"其他事项"但未明确具体内容的,不能视为提案,股东会不得进行表决。

第十七条 股东会提案应当符合下列条件:

(一)内容与法律、法规和章程的规定不相抵触,并且属于公司经营范围和股东会职责范围;

(二)有明确议题和具体决议事项;

(三)以书面形式提交或送达董事会。

第十八条 公司召开股东会,单独或者合计持有公司百分之一以上股份的股东,可以在股东会会议召开十日前提出临时提案并书面提交董事会。

第十九条 董事会应当以公司和股东的最大利益为行为准则,依法律、法规、公司章程的规定对股东会提案进行审查。

第二十条 董事会决定不将提案列入会议议案的,应当在该次股东会上进行解释和说明。

第二十一条 在年度股东会上,董事会应当就前次年度股东会以来股东会决议中应由董事会办理的各事项的执行情况向股东会做出专项报告,由于特殊原因股东会决议事项不能执行,董事会应当说明原因。

第六章 股东会提案的表决

第二十二条 股东(包括股东代理人)以其出资比例行使表决权。

第二十三条 股东会采取记名方式投票表决。

第二十四条 出席股东会的股东对所审议的提案可投赞成、反对或弃权票。出席股东会的股东委托代理人在其授权范围内对所审议的提案投赞成、反对或弃权票。

第二十五条 股东会对所有列入议事日程的提案应当进行逐项表决,不得以任何理由搁置或不予表决。年度股东会对同一事项有不同提案的,应以提案提出的时间顺序进行表决,对事项作出决议。

第七章 股东会的决议

第二十六条 股东会决议分为普通决议和特别决议。

股东会作出普通决议,应当由全体股东二分之一以上表决权通过。

股东会作出特别决议,应当由全体股东三分之二以上表决权通过。

第二十七条 下列事项由股东会以特别决议通过:

(一)对公司的合并、分立、解散、清算或者变更公司形式等事项作出决议;

(二)修改公司章程;

(三)增加或者减少注册资本;

(四)公司章程规定和股东会以普通决议认定会对公司产生重大影响的、需要以特别决议通过的其他事项。

上述以外其他事项由股东会以普通决议通过。

第二十八条 股东会决议应注明出席会议的股东(或股东代理人)人数、所代表股权的比例以及每项提案表决结果。对股东提案作出的决议,应列明提案股东的姓名或名称、持股比例和提案内容。

第二十九条 股东会各项决议应当符合法律和公司章程的规定。出席会议的董事应当忠实履行职责,保证决议的真实、准确和完整,不得使用容易引起歧义的表述。

第三十条　股东会应有会议记录。会议记录记载以下内容：

（一）出席股东会的有表决权股权数，占公司总股本的比例；

（二）召开会议的日期、地点；

（三）会议主持人姓名、会议议程；

（四）各发言人对每个审议事项的发言要点；

（五）每一表决事项的表决结果；

（六）股东的质询意见、建议及董事会、监事会的答复或说明等内容；

（七）股东会认为公司章程规定应当载入会议记录的其他内容。

第三十一条　股东会记录由出席会议的董事和记录员签名，并作为公司档案由董事会秘书保存。

公司股东会记录的保管期限为自股东会结束之日起十年。

第八章　附　　则

第三十二条　股东会的召开、审议、表决程序及决议内容应符合《中华人民共和国公司法》、公司章程及本议事规则的要求。

第三十三条　对股东会的召集、召开、表决程序及决议的合法性、有效性发生争议又无法协调的，有关当事人可以向人民法院提起诉讼。

第三十四条　本规则及其修正案经股东会批准后施行，如有与公司章程冲突之处，以公司章程为准。

第三十五条　本规则由股东会负责解释。

七、董事会议事规则

董事会议事规则在许多公司是一种独立的存在，其源于公司章程中关于治理结构的那一部分，但规则会约定得更为细致，更重视操作层面的事项。

________________有限责任公司

董事会议事规则

第一章　总　　则

第一条　为维护公司及公司股东的合法权益，明确董事会的职责与权限、议事程序，确保董事会的工作效率、科学决策、规范运作，根据《中华人民共和国公司法》、公司章程，以及其他有关法律、法规的规定，特制定本规则。

第二章　董　　事

第二条　公司董事为自然人，董事无须持有公司股份。

第三条　《中华人民共和国公司法》第178条规定的人员，不得担任公司的董事。

第四条　公司董事会由____名成员组成，经由____________提名后由股东会选举产生，其中董事长一人，副董事长一人，由____________指定。

董事会设董事会秘书，为公司高级管理人员，由董事会决定聘任或者解聘。董事任期三年，任期届满，经再次委派可以连任。

董事任期届满未及时改选，或者董事在任期内辞任导致董事会成员低于法定人数的，在改选出的董事就任前，原董事仍应当依照法律、行政法规和公司章程的规定，履行董事职务。

第五条 董事对公司负有忠实义务,应当采取措施避免自身利益与公司利益冲突,不得利用职权牟取不正当利益。

董事对公司负有勤勉义务,执行职务应当为公司的最大利益尽到管理者通常应有的合理注意。

公司的控股股东、实际控制人不担任公司董事但实际执行公司事务的,适用前两款规定。

第六条 董事不得有下列行为:

(一)侵占公司财产、挪用公司资金;

(二)将公司资金以其个人名义或者以其他个人名义开立账户存储;

(三)利用职权贿赂或者收受其他非法收入;

(四)接受他人与公司交易的佣金归为己有;

(五)擅自披露公司秘密;

(六)违反对公司忠实义务的其他行为。

第七条 董事违反前条规定所得的收入应当归公司所有。董事执行公司职务时违反法律、行政法规或者公司章程的规定,给公司造成损失的,应当承担赔偿责任。

第八条 未经公司章程规定或者董事会的合法授权,任何董事不得以个人名义代表公司或者董事会行事。董事以其个人名义行事时,在第三方合理地认为该董事在代表公司或者董事会行事的情况下,该董事应当事先声明其立场和身份。

第九条 董事个人或者其所任职的其他企业直接或者间接与公司已有的或者计划中的合同、交易、安排有关联关系时(聘任合同除外),不论有关事项在一般情况下是否需要董事会批准同意,均应当在得知该事项之日起三日内向董事会披露其关联关系的性质和程度。

除非有关联关系的董事按照本条前款的要求向董事会作了披露,并且董事会不将其计入法定人数,该董事亦未参加表决的会议上批准了该事项,公司有权撤销该合同、交易或者安排,但在对方是善意第三人的情况下除外。

第十条 如果公司董事在公司首次考虑订立有关合同、交易、安排前以书面形式通知董事会,声明由于通知所列的内容,公司日后达成的合同、交易、安排与其有利益关系,则在通知阐明的范围内,有关董事视为做了本章前条所规定的披露。

第十一条 董事可以在任期届满以前提出辞职。董事辞职应当向董事会和委派其的股东提交书面辞职报告。

第十二条 董事的辞职报告应当在下任董事填补因其辞职产生的缺额后方能生效。股东应尽快委派新董事填补因董事辞职产生的空缺,股东委派新董事前,该提出辞职的董事以及余任董事会的职权应当受到合理的限制。

第十三条 董事提出辞职或者任期届满,其对公司和股东负有的义务在其辞职报告尚未生效和生效后的三年内,以及任期结束后的三年内并不当然解除,其对公司商业秘密保密的义务在其任职结束后仍然有效,直至该秘密成为公开信息。其他义务的持续期间应当根据公平的原则决定,视事件发生与离任之间时间的长短,以及与公司的关系在何种情况和条件下结束而定。

第十四条 任职尚未结束的董事,对因其擅自离职使公司造成的损失,应当承担赔偿责任。

第十五条 公司不以任何形式为董事纳税或支付应由董事个人支付的费用。

第十六条 除非有董事会的授权,任何董事的行为均应当以董事会的名义作出方为有效。

第三章 董事会和董事长的职权

第十七条 董事会向公司股东会负责。董事会行使《中华人民共和国公司法》、公司章程以及其他法律、法规所赋予的职权。

第十八条 董事会在行使其职权时,应当确保遵守法律、法规的规定,公平对待所有股东。

第十九条 董事会行使下列职权:

（一）召集股东会会议，并向股东会报告工作；
（二）执行股东会的决议；
（三）决定公司的经营计划和投资方案；
（四）制订公司的利润分配方案和弥补亏损方案；
（五）制订公司增加或者减少注册资本以及发行公司债券的方案；
（六）制订公司合并、分立、解散或者变更公司形式的方案；
（七）决定公司内部管理机构的设置；
（八）决定聘任或者解聘公司经理及其报酬事项，并根据经理的提名决定聘任或者解聘公司副经理、财务负责人及其报酬事项；
（九）制定公司的基本管理制度；
（十）公司章程规定或者股东会授予的其他职权。

第二十条 董事会以会议的方式行使职权。董事会如授权董事长在董事会闭会期间行使董事会部分职权，须以书面方式进行，授权的内容、权限应当明确、具体，不得进行概括授权。凡涉及公司重大利益的事项应提交董事会以会议的方式集体决策。

第二十一条 董事长行使下列职权：
（一）主持股东会和召集、主持董事会；
（二）检查董事会决议的实施情况；
（三）签发股东出资证明。

第四章 董事会会议的召集、通知和出席

第二十二条 董事会每半年召开一次会议；经董事长、三分之一以上的董事、监事会提议，召开临时董事会会议。董事会会议由董事长召集和主持；董事长不能履行职务或者不履行职务的，由副董事长召集和主持；副董事长不能履行职务或者不履行职务的，由半数以上董事共同推举一名董事召集和主持。

第二十三条 董事长于会议召开十日前以传真、信函、电子邮件等书面方式通知全体董事。

第二十四条 董事会会议的通知应当包括：
（一）举行会议的日期；
（二）会议地点和会议期限；
（三）事由及议题；
（四）发出通知的日期。

董事会会议的通知可以附有该次董事会会议的详细议案。

第二十五条 就董事会会议，董事会应按规定的时间事先通知所有董事，并提供足够的资料，包括会议议题的相关背景资料和有助于董事理解公司业务进展的信息和数据。

第二十六条 董事会会议应当有过半数的董事出席方可举行。

第二十七条 董事有亲自出席董事会会议的义务。董事因故不能出席，可以书面委托其他董事代为出席董事会。

委托书应当载明代理人的姓名、代理事项、权限和有效期限，并由委托人签名或盖章。代为出席会议的董事应当在授权范围内行使董事的权利。

董事未出席董事会会议，亦未委托代表出席的，视为放弃在该次会议上的投票权。

第二十八条 董事连续两次未能亲自出席，也不委托其他董事出席董事会会议，视为不能履行职责，自动丧失董事资格，董事会应当建议相关股东进行撤换。

第五章 董事会会议的议程与议案

第二十九条 董事会会议的议程与议案由董事长确定。除事先确定的议案以外，董事会可视具体情况

在会议举行期间确定新的议案。

董事会确定新的议案,应当保证提供足够的资料,包括相关背景资料和有助于董事理解的相关信息和数据。

第三十条 董事如有议案或议题需交董事会会议讨论的,应预先书面递交董事会,并由董事长决定是否列入议程。如决定不予列入议程的,应在会议上说明理由。如决定列入议程的,应当参照上条规定办理。

第三十一条 董事在董事会会议期间临时提出议案的,由董事长决定是否加入会议议程,如决定不予列入议程的,无须说明任何理由。如决定列入议程的,应当参照本规则相关规定办理。

第六章 董事会会议的表决

第三十二条 董事会决议表决方式为举手表决,每名董事有一票表决权。

第三十三条 董事会对所有列入议事日程的议案应当进行逐项表决,其中,凡涉及关联交易的议案,关联董事应当回避表决,其享有的投票数不计入表决票数范围。

第三十四条 董事会做出决议,必须经全体董事过半数通过并应形成书面决议。董事会会议决议由与会董事签署。

第三十五条 董事应当对董事会会议决议承担责任。董事会决议违反法律、法规或者公司章程,致使公司遭受损失的,参与决议的董事对公司负赔偿责任。但经证明在表决时曾表明异议并记载于会议记录的,该董事可以免除责任。

第七章 董事会会议记录

第三十六条 董事会会议应当有记录,出席会议的董事和记录人(由董事会秘书担任),应当在会议记录上签名。出席会议的董事有权要求在记录上对其在会议上的发言做出说明性记载。

第三十七条 董事会会议记录包括以下内容:

(一)会议召开的日期、地点和召集人姓名;

(二)出席会议的董事姓名以及受他人委托出席董事会的董事(代理人)姓名;

(三)会议议程;

(四)董事发言要点;

(五)每一决议事项的表决方式和结果(表决结果应载明赞成、反对或弃权的票数)。

第三十八条 董事会会议记录应当完整、真实。董事会秘书要认真组织记录和整理会议所议事项。出席会议的董事和记录人应当在会议记录上签名。董事会会议记录应作为公司重要档案妥善保存,以作为日后明确董事责任的重要依据。

第三十九条 董事会会议记录作为公司档案由董事会秘书保存。董事会会议记录永久保存。

第八章 董事会秘书

第四十条 董事会设董事会秘书。董事会秘书是公司高级管理人员,对董事会负责。

第四十一条 董事会秘书由董事长提名,经董事会聘任或者解聘。

第四十二条 董事会秘书的主要职责是:

(一)准备和递交向董事会和股东会出具的报告和文件;

(二)筹备董事会会议和股东会,并负责会议的记录和会议文件、记录的保管;

(三)负责公司信息披露事务,保证公司信息披露的及时、准确、合法、真实和完整;

(四)保证有权得到公司有关记录和文件的人及时得到有关文件和记录;

(五)使公司董事、监事、高级管理人员明确其应当担负的责任,遵守国家有关法律、法规、规章、政策、公司章程有关规定;

(六)协助董事会行使职权,在董事会决议违反法律、法规、规章、政策、公司章程有关规定时,应当及时

提出异议,并向股东会报告;

(七)为公司重大决策提供咨询和建议;

(八)处理公司与投资人之间的有关事宜;

(九)公司章程所规定的其他职责。

第九章　附　　则

第四十三条　本规则及其修正案经公司股东会、董事会批准后生效执行。

第四十四条　本规则如有与公司章程冲突之处,以公司章程为准。

第四十五条　本规则的解释权属于公司董事会。

八、监事会议事规则

监事会议事规则在许多公司是一种独立的存在,其源于公司章程中关于治理结构的那一部分,但规则会约定得更为细致,更重视操作层面的事项。

________________有限责任公司

监事会议事规则

第一章　总　　则

第一条　为规范公司监事会的运作,根据《中华人民共和国公司法》、公司章程及国家有关法律、法规的规定,特制定本规则。

第二章　监　　事

第二条　监事由股东代表和公司职工代表担任,董事、高级管理人员不得兼任监事。

第三条　监事可以在任期届满以前提出辞职,公司章程有关董事辞职的规定,适用于监事。

第四条　监事应当遵守法律、行政法规和公司章程的规定,履行诚信和勤勉的义务。

第五条　监事每届任期三年,连续选举可以连任。股东有正当理由认为非职工代表监事不能履行职责,维护股东权益,在其任职期间可以撤换,并向监事会提交书面撤换通知书。

监事任期届满未重新委派或及时改选,或者监事在任期内辞职导致监事会成员低于法定人数的,在选举出的监事就任前,原监事仍应当依照法律、行政法规和公司章程的规定,履行监事职务。

公司董事、高级管理人员不得兼任监事。

第六条　监事可以列席董事会会议,并对董事会决议事项提出质询或者建议。

第七条　监事除依法律、法规的规定或经股东会同意外,不得泄露公司秘密;对尚未公开的信息,负有保密的义务。

第八条　监事应当遵守国家有关法律、法规和公司章程的规定,履行诚信和勤勉的义务,维护公司利益。监事执行公司职务时违反法律、法规或公司章程规定,给公司造成损害的,应当承担赔偿责任。

第三章　监　事　会

第九条　公司设立监事会,由股东代表和适当比例的职工代表组成,其中职工代表比例不低于三分之一。监事会共____人,其中职工代表____人,由公司职工通过职工代表大会或者其他形式民主选举产生;××提名××;××提名××,并由股东会选举产生。

监事会设主席一人,由全体监事过半数选举产生。监事会主席召集和主持监事会会议;监事会主席不能履行职务或者不履行职务的,由半数以上监事共同推举一名监事召集和主持监事会会议。

第十条 监事会行使下列职权:

(一)检查公司财务;

(二)对董事、高级管理人员执行职务的行为进行监督,对违反法律、行政法规、公司章程或者股东会决议的董事、高级管理人员提出解任的建议;

(三)当董事、高级管理人员的行为损害公司的利益时,要求董事、高级管理人员予以纠正;

(四)提议召开临时股东会会议,在董事会不履行本法规定的召集和主持股东会会议职责时召集和主持股东会会议;

(五)向股东会会议提出提案;

(六)依法对董事、高级管理人员提起诉讼;

(七)公司章程规定的其他职权。

监事会发现公司经营情况异常,可以进行调查;必要时,可以聘请会计师事务所等协助其工作,费用由公司承担。

第十一条 监事会行使职权时,必要时可聘请律师事务所、会计师事务所等专业性机构给予帮助,由此发生的费用由公司承担。监事会发现公司经营情况异常,可以进行调查;必要时,可以聘请会计师事务所等协助其工作,费用由公司承担。

第十二条 监事会每年度至少召开一次会议,会议通知应于会议召开十日前书面送达全体监事。必要时,经监事提议可召开临时会议,会议通知至少应提前一个工作日通知全体监事。

第十三条 监事会会议通知包括以下内容:举行会议的日期、地点和会议期限,事由及议题,发出通知的日期,其他需要通知的事项等。

第十四条 监事会的议事方式为会议方式;特殊情况下可以采取传真、电视会议方式,但应对议事过程进行记录并由所有出席会议的监事签字。

第十五条 监事会决议应当经半数以上监事通过。监事会应当对所议事项的决定作成会议记录,出席会议的监事应当在会议记录上签名。监事会的决议违反法律、行政法规或者公司章程,致使公司遭受严重损失的,参与决议的监事负赔偿责任,但经证明在表决时曾表明异议并记载于会议记录的,该监事可免除责任。

第四章 监事会决议

第十六条 监事会会议应当有二分之一以上监事出席,方可召开并做出有效决议。

第十七条 监事会会议应有记录,出席会议的监事和记录人,应当在会议记录上签名。监事有权要求在记录上对其在会议上的发言做出某种说明性记载。

第十八条 监事会会议记录作为公司档案由董事会秘书保存。监事会会议记录的保管期限为十年。

第五章 附 则

第十九条 本规则在公司股东会、监事会通过后生效,与公司章程冲突之处,以公司章程为准。

第二十条 本规则由公司监事会负责解释。

九、总经理工作制度

从管理的角度来说,“(总)经理”并不是一个人,而是一个机构,一个类似于董事会、监事会的管理机构。总经理工作制度在许多公司会单独制作成文,总经理的权限更多情况下来自董事会的授权;根据股东、董事对其的“期待”而确定相应的工作制度。

________________有限责任公司 总经理工作细则

第一章 总 则

第一条 为规范××公司(以下简称公司)总经理会议议事程序,提高总经理班子的工作效率,根据《中华人民共和国公司法》等法律、法规、规章及公司章程的有关规定,制定本工作细则。

第二章 总经理的任免程序

第二条 公司设总经理一名,副总经理若干名,财务总监一名,具体职责及其分工如下:

(一)总经理:负责公司全面经营管理工作,对公司董事会负责,向董事会报告工作。组织实施股东大会决议、董事会决议、公司年度生产经营计划和投资计划,以及公司章程或董事会赋予的其他职责。

(二)副总经理:协助总经理,并分管公司职能部门工作。

(三)财务总监:负责财务及成本管理工作。

第三条 董事可受聘兼任总经理、副总经理或者其他高级管理人员,但兼任总经理、副总经理或者其他高级管理人员职务的董事不得超过公司董事总数的二分之一。

第四条 公司总经理由董事长提名,董事会聘任;副总经理由总经理提名,董事会聘任;任何组织和个人不得干预公司总经理的正常选聘程序。总经理主持公司经营和管理工作,组织实施董事会决议,对董事会负责。

第五条 总经理每届任期三年,总经理任期从董事会决议通过之日起计算。总经理可以连聘连任。

第六条 公司董事会与总经理签订聘任合同,明确双方的权利义务。总经理的任免履行法定的程序,并向社会公告。

第七条 总经理、副总经理可以在任期届满之前提出辞职,辞职程序和办法按公司章程及劳动合同执行。

第三章 总经理的任职资格

第八条 有下列情况之一的,不得担任公司总经理:

(一)无民事行为能力或者限制民事行为能力的人;

(二)因犯有贪污、贿赂、侵占财产、挪用财产罪或者破坏社会经济秩序罪,被判处刑罚执行期满未逾五年,或者犯罪被剥夺政治权利执行期满未逾五年;

(三)担任因经营不善破产清算的公司、企业的董事或者厂长、经理并对该公司、企业的破产负有个人责任的,自该公司、企业破产清算完结之日起未逾三年;

(四)担任因违法被吊销营业执照的公司、企业的法定代表人,并负有个人责任的,自该公司、企业被吊销营业执照之日起未逾三年;

(五)个人所负数额较大的债务到期未清偿;

(六)被中国证监会确定为市场禁入者,并且禁入尚未被解除。

第四章 总经理职权

第九条 总经理对董事会负责,行使下列职权:

(一) 主持公司的生产经营管理工作,并向董事会报告工作;

(二) 组织实施董事会决议、公司年度计划和投资方案;

(三) 拟订公司内部管理机构设置方案;

(四) 拟订公司的基本管理制度;

(五)制订公司的具体规章;

(六)提请董事会聘任或者解聘公司副总经理、财务负责人、审计负责人;

(七)聘任或者解聘除应由董事会聘任或者解聘以外的管理人员;

(八)决定公司职工的工资、福利、奖惩、聘用和解聘;

(九)提议召开董事会临时会议;

(十)总经理组织研究占最近一次经审计的公司净资产百分之十范围内的贷款、投资、转让、置换、担保、受托经营、委托经营、租赁等事宜,由经理层研究决定,总经理有权组织实施,有关决定及实施情况需在下一次董事会上报告;

(十一)公司章程或董事会授予的其他职权。

第十条 总经理拟订有关职工工资、福利、安全生产以及劳动保护、劳动保险、解聘(或开除)等涉及职工切身利益的方案,应当事先听取工会和职工的意见。

第十一条 总经理决定生产经营的重大问题或制定重要的规章制度时,应当听取工会和职工的意见和建议。

第十二条 总经理对其以下行为承担相应的责任:

(一)不得自营或为他人经营与公司利益有冲突的业务;

(二)不得利用职权行贿、受贿或取得其他非法收入;

(三)不得侵占公司财产;

(四)不得挪用公司资金或借贷他人;

(五)不得为公司的股东、其他单位或个人提供担保。

第五章 总经理会议

第十三条 总经理办公会议每周召开一次,讨论有关公司经营、管理、发展的重大事项,以及各部门、各下属公司提交会议审议的事项。必要时,总经理可决定召开临时会议。

第十四条 总经理办公会议参加人员为总经理、副总经理、财务总监及其他高级管理人员,必要时,经总经理指定的部门及子公司主要负责人列席。

第十五条 总经理办公会议由总经理主持召开,如总经理因故不能履行职责时,由总经理指定一名副总经理代其召集主持会议。

第十六条 总经理会议由总经理办公室负责组织筹备,包括通知会议、准备会议文件资料等,并负责会议的记录以及会议文件、记录的保管。会议应有完整会议记录,并作为公司档案进行保管。

第十七条 总经理会议由总经理办公室安排记录人员,作会议记录。会议记录应载明会议召开的时间、地点、主持人姓名、参加人员姓名、列席人员的姓名、会议主要议题、发言要点(主要观点、看法、具体意见、建议和措施等)、会议的主要决定等。

第十八条 会议结束后,记录员必须将会议记录的内容,特别是会议的重要议题讨论情况及决定送会议主持人审阅签字。凡总经理未参加和主持会议的,须在主持人签字之后报总经理审阅签字认可。

第六章 公司资金、资产的运用和重大合同的签订

第十九条 总经理应当遵守法律、行政法规和公司章程的规定,诚信、勤勉地履行董事会的决议,在公司章程或董事会授予的范围内行使职权。

第二十条 总经理在实施公司资金、资产运用时,必须根据董事会决议与公司资金和资产管理制度进行。

未取得董事会的同意和超越董事会授权范围的情况下,进行投资、资金给付、处置资产等行为,造成公司损失的,应向公司承担赔偿责任,并依法承担其他法律责任。

第二十一条 经公司董事长授权,总经理可代表公司签署应由公司法定代表人签署的重大合同。

第七章　向董事会、监事会的报告制度

第二十二条　总经理应自觉接受公司董事会和监事会的监督，对董事会和监事会的质询，应如实提供相关信息。

第二十三条　总经理每季度以定期报告（季报、中报、年报）方式向董事会报告工作一次。报告按中国证监会规定的相关内容以书面形式进行，并保证其真实性。

董事会或者监事会认为必要时，总经理应按照董事会或者监事会的要求报告工作。

第二十四条　如公司发生重大事件或其他紧急情况，总经理应及时向公司董事长报告，或提议召开董事会临时会议。

第二十五条　总经理列席董事会会议，非董事总经理在董事会上没有表决权。

第八章　附　　则

第二十六条　本规则未尽事项，按国家有关法律、法规和公司章程执行。

第二十七条　本规则由公司董事会负责解释和修订。

第二十八条　本规则自公司董事会批准之日起生效并实施。

十、股份有限公司股权激励制度（全套文件）

股份有限公司股权激励制度是一个系列性的文件合集，并且每一家公司的激励制度都有其独特性。这里仅选取笔者经办的一家股份有限公司股权激励文件合集进行示例，这一套激励文件相对来讲条理清晰、比较有代表性，供读者参考。

（一）中高层管理人员股权激励制度管理办法

____________股份有限公司
中高层管理人员股权激励制度管理办法

第一章　总　　则

第一条　根据《中华人民共和国公司法》等国家法律、法规和公司章程的规定，特制定《____________股份有限公司中高层管理人员激励制度管理办法》（以下简称《管理办法》）。本《管理办法》是公司薪酬制度的组成部分。

第二条　本《管理办法》是股份有限公司董事会实施中高层管理人员薪酬和长期激励管理的依据，是股份有限公司薪酬委员会及其工作小组行使职权的依据，也是监事会实施监督的依据。

第三条　本《管理办法》遵循公平、公开、公正的原则和激励、约束相结合的原则。

第四条　本《管理办法》长期有效，除非股东会决议终止继续实施本《管理办法》。

第五条　本《管理办法》须经股东会决议通过方可实施。

第二章　股权激励制度的实施方案

第六条　激励对象：股份有限公司中高级管理人员。每年根据本《管理办法》和公司岗位设置的具体情况制订股权激励计划，以确定具体激励的对象。

第七条　确定一个科学合理的业绩目标和评估体系，如果管理层经过卓有成效的管理后实现了良好的业绩，则管理层有权获得风险收入，使管理层的人力资本市场价值得以体现。

第八条 公司业绩考核指标的选择:经济增加值(EVA),即公司经过调整的营业净利润减去公司权益资本经济价值的机会成本后的余额。

第九条 风险收入的来源以及提取比例:只有在公司实现业绩目标的情况下,才能提取风险收入对中高层管理人员实施激励,风险收入从税后利润中按 EVA 的一定比例提取。每年根据本《管理办法》和公司经营业绩的具体情况制订激励计划,以确定具体的提取比例。

第十条 股东会授权董事会每年依据 EVA 指标提取总额×××万元以内的风险收入。

第十一条 风险收入的分配原则:综合考虑中高层管理人员所担任岗位的重要性和个人绩效评估结果,公平合理地分配风险收入。具体分配系数见《股份有限公司中高层管理人员股权激励制度实施细则》(以下简称《实施细则》)。

第十二条 每位中高层管理人员因股权激励计划获得风险收入后,应将其中的70%在收到风险收入后六个月内转化为本公司流通股票;其余10%由公司薪酬管理委员会用作实施股权激励制度过程中,对中高层管理人员的风险金。获得风险收入的中高层管理人员所转化的流通股票及其风险金统一由薪酬委员会管理。

第三章 关于股票可流通性的一般规定

第十三条 管理人员因本制度持有的股票其流通性受到一定的限制,高层管理人员因股权激励而持有的股票在任职期间不得以任何方式予以抛售,在正常离职六个月后方可以抛售;中层管理人员某年度因长期激励而持有的股票自获得之日起三年内不得以任何方式抛售,该年度三年后可以抛售该次持有股票的30%,该年度四年后可以抛售该次持有的全部股票的60%,该年度五年后可以抛售该次持有的全部股票。

第四章 长期激励制度的管理机构及其运作规则

第十四条 公司股东会是公司股权激励制度的最高决策机构,负责以下事项:

(1)批准管理办法及其变更,终止《管理办法》;

(2)批准《股份有限公司××年度股权激励计划》(以下简称《年度激励计划》)及其变更、终止。

第十五条 公司董事会负责公司股权激励事项的决策和管理,具体包括以下事项:

(1)拟订、变更《管理办法》,并报股东会批准;

(2)审核《年度激励计划》,并报股东会批准;

(3)任命和撤换薪酬委员会委员;

(4)批准《实施细则》及其变更;

(5)领导、组织薪酬委员会开展工作,依据《管理办法》的规定审核薪酬委员会的决议。

第十六条 薪酬委员会是在公司董事会的领导下,负责公司股权激励工作的非常设管理机构。薪酬委员会负责以下事项:

(1)根据《管理办法》拟订《实施细则》,并报董事会批准;

(2)拟订、变更《年度激励计划》,并报董事会审核;

(3)根据《年度激励计划》的需要变更《实施细则》,并报董事会批准;

(4)依据《管理办法》、《年度激励计划》和《实施细则》,负责股权激励制度的日常管理工作;

(5)向公司股东会、董事会和监事会报告执行股权激励制度的工作情况。

第五章 《年度激励计划》的管理

第一节 《年度激励计划》的拟订、生效、修改、终止和取消

第十七条 薪酬委员会根据《管理办法》,参照《公司年度生产经营计划》,拟订、变更《年度激励计划》。

第十八条 《年度激励计划》必须经股东会批准后方可实施。

第十九条 《年度激励计划》的条款及条件如有重大更改、完善、终止和取消，都必须获得股东大会通过，并按中国证监会规定的程序进行信息披露。

第二十条 有下列情形的，股东会可以决议方式终止、取消《年度激励计划》：

(1)因经营亏损导致停牌、破产或解散；

(2)出现法律、法规规定的必须终止、取消《年度激励计划》的情况；

(3)董事会也可以决议终止、取消《年度激励计划》。

第二节 《年度激励计划》的内容

第二十一条 授予对象的设定。

第二十二条 业绩目标的设定。

第二十三条 风险收入的提取比例。

第二十四条 风险收入的分配原则。

第二十五条 薪酬的设定。

第六章 《实施细则》的管理

第一节 《实施细则》的制订、更改、终止、取消和实施

第二十六条 《实施细则》由薪酬委员会根据《管理办法》拟订，并报董事会批准。

第二十七条 《实施细则》的条款及条件如有重大更正、完善和终止，都必须经董事会批准。

第二十八条 《实施细则》由薪酬委员会负责实施，薪酬委员会工作小组可在经董事会、股东大会审核通过后，责成公司相关部门具体实施。

第二节 《实施细则》的内容

第二十九条 总则。

第三十条 长期激励计划和薪酬制度参与人员的确定方法。

第三十一条 EVA评定和风险收入提取比例确定方法。

第三十二条 提取、分配及处理计算方法。

第三十三条 计划参与者的惩罚规则。

第三十四条 业绩目标的调整。

第三十五条 附则。

第三十六条 附件。

第七章 信息披露

第三十七条 公司董事会依法履行薪酬和股权激励事项的信息披露和报告义务。

第八章 附 则

第三十八条 本《管理办法》经公司股东会决议通过，自通过之日起生效。

第三十九条 本《管理办法》解释权属于公司董事会。

(二)股权激励实施办法

______________股份有限公司
股权激励实施办法

第一章 总　　则

1.1 为了建立现代企业制度和完善公司治理结构,实现对企业高管人员和业务技术骨干的激励与约束,使他们的利益与企业的长远发展更紧密地结合,做到风险共担、利益共享,充分调动他们的积极性和创造性,探索生产要素参与分配的有效途径,促使决策者和经营者行为长期化,实现企业的可持续发展,本公司决定实施业绩股票激励方案,并制定本实施细则。

1.2 本实施细则所指的业绩股票激励是指公司根据公司业绩水平,以公司普通股作为长期激励形式支付给企业高管人员和业务技术骨干。通常是按照综合性的财务业绩指标,对应地从上市公司利润额中提取一定比例的专项激励基金,用激励基金购买公司流通股,再把这些流通股奖励给激励对象,并托管于第三方锁定一定时期和通过期股行权变现的股权激励计划。

1.3 业绩股票因其独特的优势和操作的便利性而成为国内外上市公司实施最为普遍的股权激励方式,对公司来讲业绩股票激励基金可以获得免征企业所得税的税收优惠待遇(按照法律和政策的规定,公司提取的业绩股票激励基金在成本费用中开支);对国家来说等于做大税基,培养未来税收来源;对个人来讲可以得到可变现的业绩股票激励并可以平滑降低个人所得税的档级。业绩股票激励是一个真正能够实现多赢的激励机制。

1.4 本实施细则坚持公开、公平、公正的原则。

第二章 法律与政策依据

2.1 《中共中央关于国有企业改革和发展若干重大问题的决定》。

2.2 《中华人民共和国国民经济和社会发展第十四个五年规划和2035年远景目标纲要》。

2.3 《国有大中型企业建立现代企业制度和加强管理的基本规范(试行)》(国办发〔2000〕64号)。

2.4 原劳动和社会保障部《关于印发〈进一步深化企业内部分配制度改革指导意见〉的通知》(劳社部发〔2000〕21号)。

2.5 党的十六大报告中提出“确立劳动、资本、技术和管理等生产要素按贡献参与分配的原则”。

2.6 《上市公司治理准则》(中国证券监督管理委员会公告〔2018〕29号)。

第三章 股权激励对象

3.1 本公司股权激励对象为:

(1)决策层,包括董事长、副董事长、董事、监事;

(2)管理层,包括总经理、副总经理;

(3)中层管理干部;

(4)少数业务技术骨干;

(5)引进人才等。

3.2 控股股东单位的董事、监事和经营班子成员不在本公司业绩股票激励对象范围内。

3.3 独立董事不在本公司业绩股票激励对象范围内。

3.4 本公司离退休干部不在本公司业绩股票激励对象范围内。

3.5 正常调动、升职等已经离开本公司的过去的领导不在本公司股权激励对象范围内。

第四章 激励资金来源与激励股权获得

4.1 公司年度股东会决议同意,以公司上一年度实现的税前利润比前一年度税前利润的增加数为基准,提取该基准部分的25%建立激励基金,激励资金源于该激励基金。

4.2 公司与激励对象签订《约定书》,公司董事会下属薪酬与考核管理委员会根据激励资金总额和公司年终考评结果,制订年度购买计划,并根据考评结果明确激励对象和分配比例。

4.3 公司同意激励对象开设个人股票及资金账户,并在公司将激励资金汇入该账户后的一定期限内,公司统一安排,由激励对象个人购买公司发行在外的人民币普通股(A股),并按照中国证监会及上海证券交易所等监管部门颁布有关法规规定,激励对象履行申报、承诺及锁定等义务。激励对象获得其账户内股份必要的前提条件是激励对象在一定期限内完成与公司签订的《约定书》中各项约定义务。

4.4 激励对象依法享有其账户内股份的所有权和其他股东权利,但不能任意处置其所获得的激励股权。

第五章 激励收益的取得

5.1 激励对象中,属于公司章程规定的高级管理人员,其根据本办法第4.2条所获得的流通股股份按照《中华人民共和国公司法》的规定,在其任职期间内不得转让,由公司统一上报上海证券交易所锁定;除上述公司章程规定的高级管理人员以外的激励对象所获得的股份,自锁定之日起每五年后解除该部分股份的一定期限的锁定。

激励对象依法享有获得股份的其他股东权利,包括重大决策权、资产收益权、选择管理者的权利。

5.2 激励对象取得收益的方式如下:

(一)公司以现金红利方式进行分配:

激励对象根据所获股份数额取得相应的现金红利(税后)。

(二)公司以红股或转增股方式进行分配:

激励对象所获得的股份根据公司的分配方案,同比例增加,并继续被锁定。

(三)公司配股或增发新股时,由公司留存激励基金出资,激励对象自行认购新股,新增的可流通股份继续锁定。

(四)如果激励对象属于公司章程规定的高级管理人员,出现下列情况时,所获股权可在离职六个月后解除锁定,由激励对象自行处置:

(1)公司将其调离本办法所指的激励范围内的职务;

(2)退休,并经离任审计,无重大违规、违纪行为;

(3)因不可抗拒的事件离职,并经离任审计,无重大违规、违纪行为;

(4)如果激励对象属于除公司章程规定的高级管理人员以外的员工,在获得激励股权五年内,没有因严重失职、渎职等原因负刑事责任的,也没有严重违反公司有关管理规定的,或给公司造成巨大经济损失或其他损失的,受到公司行政处分,其所获得的流通股股份,自锁定之日起每五年一次,由公司统一申报,解除该部分股份的六个月的锁定,乙方可以在解除锁定的期限内抛售股票,超过期限,乙方的股票账户将被重新锁定。

第六章 对激励对象的约束

激励对象有下列情形之一的,经公司总经理办公会议提议,公司董事会薪酬与考核管理委员会审议,公司有权决定取消其根据本办法第4.2条已经获得的激励股权,由其将已获得的股份以与该部分股份市值(市值以该部分股份解除锁定之日的市场价格计算)等额的现金返还给公司:

(1)因严重失职、渎职等原因负刑事责任的;

(2)严重违反公司有关管理制度和规定,受到公司行政处分的;

(3)给公司造成巨大经济损失或其他损失,受到公司行政处分的;

(4)自行辞职的;

(5)被公司解除劳动合同的。

第七章 税 收

激励对象接受本办法规定的各项激励涉及的税收(个人所得税)根据法律规定由其自行承担,并由公司代扣代缴。

第八章 其 他

本办法与有关法律、法规规定不一致的,以有关法律、法规为准。

(三)业绩股票激励合同

________________股份有限公司

业绩股票激励合同(范本)

甲方:________股份有限公司

乙方:________(签约人)

根据《股份有限公司业绩股票激励方案》和《股份有限公司业绩股票激励实施细则》的有关规定,按照甲方股东会(董事会)的有关决议,就甲方赠与乙方业绩股票订立如下合同:

一、资格

乙方自________年____月____日起在甲方任职,现担任________一职,属于公司高级管理人员/中层管理干部/业务技术骨干/特殊人才,经甲方薪酬委员会按照甲方《股份有限公司业绩股票激励方案》和《股份有限公司业绩股票激励实施细则》的有关规定进行评定,确认乙方具有被赠与业绩股票的资格。

二、业绩股票的赠与

在本协议签署时,甲方赠与乙方股份有限公司股票股,并颁发股份有限公司赠与业绩股票证书。

三、行权

1. 乙方持有的业绩股票自赠与之日起锁定两年后进入行权期。

2. 乙方在三年行权期中,第一年行权50%,第二年行权30%,第三年行权20%。乙方可在行权期结束前,把每一行权期的可行权数量依次向后叠加,但必须在第三年即第三次行权时行权完毕。

3. 甲方原则上提倡到期按时行权而不叠加。

4. 乙方自可以行权日到下一行权日,除了在《股份有限公司业绩股票激励方案》中规定的每年1月1日至年度报告公告日;每年4月1日至一季度报告公告日;每年7月1日至中期报告公告日;每年10月1日至三季度报告公司日;公司分红、转增、配股或增发时的公告日至股权登记日;重大信息披露前后五个交易日,其余日子都可以作为乙方的行权变现日。

5. 行权价为行权当日股票价的平均。

6. 当甲方发生送股、转增、配股、增发新股等影响公司总股本数量的情况时,乙方所持有的业绩股票所对应的业绩股票数量按比例作相应的调整,但涉及配股、增发需要认购的,其认购款由公司封顶预留基金中列支,不足时乙方自行支付。

7. 乙方需行权时,必须在行权日前五天内将业绩股票行权申请书和个人有效身份证复印件交给公司董事会薪酬委员会,并由薪酬委员会统计核准后通知信托公司进行行权。

8. 乙方作为受益人,接受董事会薪酬委员会和信托公司的通知,领取业绩股票行权变现所得。

四、乙方持有的业绩股票依法享有股东权利

五、乙方持有的业绩股票在行权期之前由甲方统一交由信托公司购买并实施集中冻结管理

乙方不得以任何形式转让、出售、交换、计账、抵押、担保、偿还债务等,甲方可以根据实际情况,部分或全部取消从事上述行为的业绩股票获得人以后年度业绩股票赠与资格或延长其行权期。

六、业绩股票的赠与、行权变现的终止或冻结

1. 当乙方因个人原因被辞退、解雇、离职时;当乙方严重失职、渎职、被判定刑事责任时;当乙方由于索贿、受贿、泄露甲方技术秘密(包括在正常离职后的约定时期)、损害甲方声誉等行为给甲方造成损失时,甲方均有权通过董事会薪酬委员会按照《股份有限公司业绩股票激励方案》和《股份有限公司业绩股票激励实施细则》的有关规定,决定乙方以后年度业绩股票赠与的取消和行权变现的终止、冻结。

2. 当甲方发生合并、分立、购并、减资等情况时,甲方有权根据具体的情况决定乙方持有的业绩股票提前加速行权变现、终止或冻结。

七、甲方出现以下情况时,乙方持有的业绩股票未行权变现部分必须终止行权并冻结

1. 因经营亏损导致停牌、破产或解散的;

2. 出现重大违法、违规行为;

3. 股东会作出特别决议的。

八、乙方指定为乙方的继承人,继承人情况如下

性别:________________________

身份证号码:__________________

通信地址:____________________

电话:________________________

说明事项:____________________

九、聘用关系

甲方与乙方签署本合同不构成甲方对乙方聘用关系的承诺,甲方对乙方的聘用关系仍按照双方劳动合同的有关约定执行。

十、承诺

1. 甲方对于赠与乙方的业绩股票行权变现将遵守承诺,除非出现《股份有限公司业绩股票激励方案》和《股份有限公司业绩股票激励实施细则》中规定的情况,不得无故终止乙方行使变现的权利和冻结乙方所持有的业绩股票,不得终止本合同。

2. 甲方有义务向乙方提供有关本次业绩股票激励计划的实施情况、实施细则和管理办法。乙方必须了解甲方关于本次业绩股票激励计划的有关规定。

3. 乙方承诺:在本合同及业绩股票激励计划实施中所提供的资料均真实有效,并对其承担全部法律责任。

4. 乙方承诺:依法承担业绩股票激励计划实施中的纳税义务。

十一、声明

甲方本次业绩股票激励计划如果得不到股东大会审议通过或受到有关证券监管部门的强力干预或者在实施的过程中遇到有关法律、政策等的变化导致甲方无法履行本协议的,甲方不负任何责任。

十二、合同的终止

乙方违反本合同的有关规定,违反甲方关于业绩股票激励的规章制度或者国家有关的法律和政策,甲方有权视具体情况通知乙方终止本合同而不需承担任何责任。

十三、争议的解决

合同中有约定的按照约定进行解决,本合同未约定的按照甲方关于本次业绩股票激励计划中的相关规章制度的有关规定进行解决。均未涉及的部分,按照国家有关法律和公平合理的原则解决。

甲、乙双方对于本合同执行过程中发生的争议应协商解决;协商未果的,可以向有管辖权的人民法院提起诉讼。

十四、其他

本合同经过双方协商后可以增加补充协议,补充协议的内容为本合同的一部分,具有同等的法律效力。

本合同双方共同约定适用于《中华人民共和国民法典》。

本合同生效后,甲方根据实际情况和管理部门的要求对本次业绩股票激励计划所制定的新的规章制度适用于本合同,乙方应该遵照执行。

本合同有效期为自________年____月____日始至________年____月____日止。

本合同一式两份,甲、乙双方各执一份,具有同等法律效力,合同自双方签字盖章之日起生效。

甲方:　　　　　　　　　　　　　　　　乙方:

(盖章)　　　　　　　　　　　　　　　(签名)

法人代表:(签名)

年　月　日　　　　　　　　　　　　　　年　月　日

(四)业绩股票赠与通知书

________________股份有限公司

业绩股票赠与通知书

________先生/女士:

本公司按照《股份有限公司业绩股票激励方案》和《股份有限公司业绩股票激励实施细则》的规定,于________年____月____日赠与你业绩股票股,并从这一日起至________年____月____日为两年期的锁定期。你可以在________年____月____日开始分三年行使,具体行权办法按照业绩股票激励计划的有关规章制度进行。这些股权将在________年____月____日到期。

此次赠与的业绩股票股权受《股份有限公司业绩股票激励方案》和《股份有限公司业绩股票激励实施细则》有关规定的约束。

业绩股票受赠人:(签名)

法人代表:(签名)

(公司盖章)

(五)业绩股票行权申请书

________________股份有限公司

业绩股票行权申请书

________股份有限公司董事会薪酬设计与考核委员会:

截至目前,本人持有公司业绩股票共计____股,根据《股份有限公司业绩股票激励方案》和《股份有限公司业绩股票激励实施细则》的有关规定,本人现有股已经过了两年的锁定期,符合行权的条件,现在按照规定的可以行权的比例,在此谨向公司董事会薪酬设计与考核委员会申请并由其通知股权托管的信托公司在________年____月____日按照市价行权变现(或________年____月____日至________年____月____日逢高行权变现)。

本业绩股票行权变现后的现金请打入本人资金账户：

开户行：

户名：

账号：

行权中的具体事宜和相关的其他事项受《股份有限公司业绩股票激励方案》和《股份有限公司业绩股票激励实施细则》的规定约束。

特此申请

申请人签名：

________年____月____日

（六）业绩股票行权确认书

________________股份有限公司

业绩股票行权确认书

________先生/女士：

你于________年____月____日提交了业绩股票行权申请书，根据你的要求和公司董事会薪酬设计与考核委员会的确认，________信托公司已经为你的业绩股票进行了行权变现，有关内容如下：

行权日：________年____月____日；

行权价：________年____月____日公司股票当日市价；

行权股数：______股；

获得现金：______元；

扣除相关手续费：______元；

扣除相关税费：______元；

实际获得现金：______元。

实际获得现金的款项已经按照你的行权申请书中的账户支付，请查证后在本确认书上签名。

本次行权后你尚未行权的业绩股票具体情况为：

________年____月____日赠与的业绩股票股；

________年____月____日赠与的业绩股票股；

________年____月____日赠与的业绩股票股；

________年____月____日赠与的业绩股票股；

________年____月____日赠与的业绩股票股。

________股份有限公司董事会薪酬设计与考核委员会

________信托公司

相关联系人姓名和电话

确认人：（签名）

________年____月____日

(七)业绩股票调整通知书

________股份有限公司
业绩股票调整通知书

________先生/女士:

由于________(送股、转增、配股、增发等),现对你持有的尚未行权的业绩激励股票的数量进行调整:

调整前持有的业绩激励股票的数量:

________年____月____日赠与的业绩股票股;

________年____月____日赠与的业绩股票股;

________年____月____日赠与的业绩股票股;

________年____月____日赠与的业绩股票股;

________年____月____日赠与的业绩股票股。

调整后持有的业绩激励股票的数量:

________年____月____日赠与的业绩股票股;

________年____月____日赠与的业绩股票股;

________年____月____日赠与的业绩股票股;

________年____月____日赠与的业绩股票股;

________年____月____日赠与的业绩股票股。

特此通知

业绩股票受赠人:(签名)

________股份有限公司法人代表:(签名)

(公司盖章)

________年____月____日

(八)独立董事关于《业绩股票激励实施办法》的独立意见

________股份有限公司
独立董事关于《业绩股票激励实施办法》的独立意见

股份有限公司董事会于________年____月____日以通信方式召开三届四次会议,会议审议了《业绩股票激励实施办法》(以下简称《实施办法》),根据《关于上市公司建立独立董事制度的指导意见》、《上市公司治理准则》和公司章程等有关规定,我们作为公司的独立董事对《实施办法》发表如下独立意见:

1. 在符合国家法规的前提下,《实施办法》有利于完善公司治理结构,充分调动企业高管人员和业务技术骨干的创造性和积极性。

2.《实施办法》有利于进一步促使决策者和经营者行为长期化,实现企业的可持续发展,有利于公司长远利益,不会损害上市公司和全体股东的利益。

结论意见,同意《实施办法》,并提交股东会审议。

________股份有限公司独立董事:(签名)

十一、期股方案

这里根据笔者经办的某公司期股方案,向读者提供一份参考示例,具体需要根据不同公司股东、管理团队的不同需求再去制定。

期股方案

第一条　公司总股本

公司股本总额1亿元;股本数额1亿股;每股面值1元;每股净资产1元。

第二条　公司股本结构

X公司,出资4000万元现金,占股比40%;

Y公司,出资3000万元现金,占股比30%;

Z公司,专有技术1000万元,占股比10%;

新增自然人,出资2000万元现金,占股比20%。

第三条　期股激励对象

公司董事长、公司董事、监事;公司高级管理人员包括总经理、副总经理(以下统称受让人或经营者)。

第四条　期股激励的数量、种类和期限

1. 数量:公司20%的股份;

2. 种类:

3. 期限:执行期限5年,每年执行的比例为20%。

第五条　实施激励资金的来源

完成业绩指标后,从公司成本费用中提取激励基金,按经营者的业绩进行分配,经营者分得的激励基金用于购买期股。

第六条　期股的价格

期股的价格,以________年____月____日为基准日,经注册会计师事务所评估的净资产总额,除以公司股份总额确定。本方案中为1元1股。

第七条　期股的购买方式

受让人必须在期股转让协议规定期限内,按照与出让人签订的协议分期分批补入期股价款。偿付期股价款的来源包括:期股红利、实股红利、自筹现金。

期股收益按照约定全部偿付期股价款后,方可办理股权变更手续。

第八条　期股受让人的权利与义务

1. 期股受让人从协议生效之日起,即对其受让的期股拥有表决权和收益权,但不拥有所有权。

2. 尚未按照协议规定补足期股所需价款前,期股不进行现金分红,期股的全部收益应用于补入协议所规定的每年必须的期股价款。

3. 受让人在协议规定的期限内如果未经出让人许可擅自离岗,或因受让人个人原因终止协议,即为受让人违约,出让人有权终止合同,扣减受让人的实股收益甚至权利金,并全部追回从授权期股开始所产生的一切收益。

4. 受让人除在任职期满或者正常调离工作岗位时,按照所在企业章程转让其所持有的股份外,受让人在任职期内不得转让、质押其所持有的股份。这里的股份包括受让人所持有的全部实股和用期股收益获得的那部分期股所形成的实股股份。

第九条　期股出让人的权利与义务

1. 出让人从期股转让协议生效之日起,应保证受让人所申购的期股如约享有收益权和表决权,并使受让人以实股收益和现金购买的股份同步享有所有权。

2. 出让人必须按照协议规定划出期股股份,负责向受让人分期收回期股价款。

3. 出让人在证实受让人违约后,有权终止契约,并追回相关收益。

4. 出让人在证实受让人经营管理有重大失误时,有权提请股东会或者董事会审议,若股东会或者董事

会做出解聘受让人的决议,则视受让人违约,按受让人违约处理。

第十条 审计和考核程序

审计是董事会聘请的会计师事务所进行审计。对受让人业绩的考核,由公司独立非执行董事、外部专家和外部法律顾问组成的期股管理委员会考核。

考核指标:每股净资产、每股收益、净资产收益率等其他指标。

第十一条 期股的红利与清偿

公司进行利润分配时,按同股同权同利的原则进行分配。企业清算时,按照清偿比例进行清偿。

第十二条 涉及个人收益的税收,由个人负担。

第三章
合同审查制作业务*

本章内容，尤其是合同审查制作实务技巧、相关归档文件等部分，均源于笔者多年实务操作经验，希望对读者能有所帮助。

本章共五节：

第一节　概述

包括：与合同相关的基本概念；合同的形式；合同的分类；合同的条款。

第二节　合同审查制作实务技巧

从形式到内容均有涉及，系较具可操作性的经验分享。

第三节　律师承办合同审查制作业务指引

以相关成形的指引为基础，并加入了笔者实务操作体会。

第四节　法律顾问服务工作规范

侧重于常年法律顾问服务的服务流程。

第五节　法律顾问案卷的归档文件

提供了较为完善的相应领域律师文件内部管理范本。

第一节　概述

一、与合同相关的基本概念

"契约的总和即为市场"，法律及相关实务工作者在协助公司运营时，不可避免地需要将各方当事人的意思表示，以"合同"这种具有法律约束力的文件的形式进行确定。

在实际工作中，合同的表现形式非常复杂，但只要把握住合同的基本要素，在合同审查制作时即可避免错误、有的放矢。合同的审查制作，首先要把握的一点就是：什么情况下，合同才成立和生效。

1. 合同(contract)

英美法系民法关于合同最广为流行的定义是：合同是由法律保障其执行的一个或一系列允诺。在我国，合同是民事主体之间设立、变更、终止民事法律关系的协议。

2. 要约(offer)

要约，是希望和他人订立合同的意思表示，该意思表示应当符合下列要求：一是内容具体确定；

* 本章内容系根据笔者实务经验、对外相关培训的演讲稿整理汇总。

二是能够表明经受要约人承诺,要约人即受该意思表示约束。

3. 要约邀请(invitation for offer)

要约邀请,是希望他人向自己发出要约的意思表示。寄送的价目表、拍卖公告、招标公告、招股说明书、商业广告等为要约邀请。商业广告的内容符合要约条件的,视为要约。

4. 承诺(promise)

承诺,是受要约人同意要约的意思表示。承诺通知到达要约人时生效。承诺不需要通知的,根据交易习惯或者要约的要求作出承诺的行为时生效。

5. 合同的成立与生效

承诺生效时合同成立。根据我国《民法典》的规定,当事人采用合同书形式订立合同的,自当事人均签名、盖章或者捺指印时合同成立。在签名、盖章或者捺指印之前,当事人一方已经履行主要义务,对方接受时,该合同成立。法律、行政法规规定或者当事人约定合同应当采用书面形式订立,当事人未采用书面形式但是一方已经履行主要义务,对方接受时,该合同成立。承诺生效时合同成立,但是法律另有规定或者当事人另有约定的除外。依法成立的合同,自成立时生效,但是法律另有规定或者当事人另有约定的除外。依照法律、行政法规的规定,合同应当办理批准等手续的,依照其规定。未办理批准等手续影响合同生效的,不影响合同中履行报批等义务条款以及相关条款的效力。应当办理申请批准等手续的当事人未履行义务的,对方可以请求其承担违反该义务的责任。依照法律、行政法规的规定,合同的变更、转让、解除等情形应当办理批准等手续的,适用上述规定。

二、合同的形式

《民法典》规定,当事人订立合同,可以采用口头形式、书面形式或者其他形式。书面形式是合同书、信件、电报、电传、传真等可以有形地表现所载内容的形式。以电子数据交换、电子邮件等方式能够有形地表现所载内容,并可以随时调取查用的数据电文,视为书面形式。

(一)口头形式

口头形式,是指当事人只以口头语言为意思表示订立合同,而不用文字表达协议内容的合同形式。其优点是方便快捷,缺点是在发生合同纠纷时难以取证,不易分清责任。口头形式适用于能即时清结的合同关系。

【案例】一位同事向另一位同事借钱买午餐,双方通常只是说上几句类似这样的话:“小贾,借我20元,明天还你。”“没问题,给。”如果再签个合同,是明显不现实和没有必要的。

(二)书面形式

书面形式,是指合同书、信件和数据电文(包括电报、电传、传真、电子数据交换和电子邮件)等可以有形地表现所载内容的形式。其优点是有利于交易的安全,缺点是签约的时间成本较高。重要的合同应该采用书面形式。

合同的书面形式一般可分为下列几种:

(1)当事人各方依法就主要条款协商并达成一致的书面合同;

(2)格式合同;

(3)双方来往的信件、电报、电传等;

(4)具有合同效力的备忘录、意向书、纪要、决议、协议、框架协议、补充协议、附表、附录、承诺函、声明、说明、保证、通知单等。

【案例】国内某公司代理国外公司某品牌,双方根据长期合作习惯,均以传真形式对有关事宜进行商定,该传真件可视作书面合同。

(三)其他形式

《民法典》第469条规定:“当事人订立合同,可以采用书面形式、口头形式或者其他形式……”

笔者认为,其他形式包括作为和不作为两种。

1. 作为

作为是一种明示的意思表示,如顾客到自选商场购买商品,直接到货架上拿取商品,支付价款后合同即成立并生效,无须以口头或书面形式确立双方的合同关系。

2. 不作为

不作为是一种默示的意思表示,这种意思表示只有在有法定或约定、存在交易习惯的情况下,才可视为同意的意思表示。如存在长期供货业务关系的企业之间,一方在收到与其有着长期业务往来的对方提供的货物时,如不及时向对方表示拒绝接受,则推定为同意接受,合同成立。

此外,合同的公证、鉴证、见证、批准等,根据法律法规及合同当事人的要求,可能是对合同所附的生效条件,笔者认为不属于“其他形式”的合同。

三、合同的分类

(一)典型合同

我国《民法典》“合同编”第二分编“典型合同”涵盖了如下类别的合同:(1)买卖合同;(2)供用电、水、气、热力合同;(3)赠与合同;(4)借款合同;(5)保证合同;(6)租赁合同;(7)融资租赁合同;(8)保理合同;(9)承揽合同;(10)建设工程合同;(11)运输合同;(12)技术合同;(13)保管合同;(14)仓储合同;(15)委托合同;(16)物业服务合同;(17)行纪合同;(18)中介合同;(19)合伙合同。

(二)准合同

我国《民法典》“合同编”第三分编“准合同”,对“无因管理”和“不当得利”进行了规定。

管理人没有法定的或者约定的义务,为避免他人利益受损失而管理他人事务的,可以请求受益人偿还因管理事务而支出的必要费用;管理人因管理事务受到损失的,可以请求受益人给予适当补偿。管理事务不符合受益人真实意思的,管理人不享有前款规定的权利;但是,受益人的真实意思违反法律或者违背公序良俗的除外。

得利人没有法律根据取得不当利益的,受损失的人可以请求得利人返还取得的利益,但是有下列情形之一的除外:(1)为履行道德义务进行的给付;(2)债务到期之前的清偿;(3)明知无给付义务而进行的债务清偿。

四、合同的条款

(一)标题

合同的标题直接说明了合同的性质。

尽管当事人间的权利义务是通过合同条款而非标题来调整,但为便于辨识和事后引用,合同制作时宜据合同性质为其冠名。例如,××公司与××企业关于××事项的××合同。

(二)签约主体

签约方如为单位,则宜写清:

全称、住所(按营业执照)、邮编、注册号、法定代表人、职务、联系人、电话、传真。其中:

(1)根据企业全称、注册号可以查询其市场监管登记备案情况。

(2)住所往往与法院管辖权联系在一起,根据我国法律规定,如当事人无特别约定或无专属管辖情形,一般适用“原告就被告”的司法管辖原则。

(3)根据《民法典》第81条第3款的规定,“执行机构为董事会或者执行董事的,董事长、执行董事或者经理按照法人章程的规定担任法定代表人;未设董事会或者执行董事的,法人章程规定的主要负责人为其执行机构和法定代表人”。根据《公司法》(2023年修订)第10条第1款的规定,“公司的法定代表人按照公司章程的规定,由代表公司执行公司事务的董事或者经理担任”。法定代表人不一定是董事长,有可能由其他人员担任,故建议写上职务。

《公司法》(2023 年修订)第 11 条规定:“法定代表人以公司名义从事的民事活动,其法律后果由公司承受。公司章程或者股东会对法定代表人职权的限制,不得对抗善意相对人。法定代表人因执行职务造成他人损害的,由公司承担民事责任。公司承担民事责任后,依照法律或者公司章程的规定,可以向有过错的法定代表人追偿。”

法定代表人责任重大,对于公司而言,要慎重选择法定代表人,对于个人而言,切勿轻易将自己的“身份”出借、用于登记为公司的法定代表人。

(4)至于银行账号,则建议在适当考虑该项披露的风险后,再决定是否在合同中写明(可以通过其他方式让对方知悉)。

(三)“鉴于”条款

目的在于简略介绍合同签约背景等基本情况,表明当事人系基于对诸如各方主体资格、资质、经营业绩、签约目的、签约背景等事实的共同认识或特定认可,方签署此合同。

鉴于内容一般不对合同双方权利义务关系作具体约定。

(四)释义

释义是许多合同中的重要部分。其作用有二:一是替代合同中不断出现的长词句,以便于表述;二是对相关特定概念进行界定,防止产生歧义。进行释义,可以提升合同语言的简练与准确性。

(五)正文

正文是合同中最核心的部分,与当事人的权利义务关系最直接、最密切。正文条款一般分为约定条款和格式条款。

1. 约定条款

约定条款是特定性质的合同中才会出现的条款,是合同的个性条款。比如,在出资协议中需约定出资额、出资比例、出资时间、新公司组织架构等。在买卖合同中就不会出现该类条款,而会代之以买卖标的、质量、价款、运输方式等条款。

2. 通用条款

通用条款指的是无论合同性质如何,几乎所有的合同中都可以记载的条款。比如,不可抗力、争议解决、法律适用以及合同转让、变更、解除、生效等条款。通用条款在不同合同中的差别不大,使用时可视具体情况作出相应调整,亦可根据实际情况省略。

(六)合同的结尾

合同的结尾包括签字栏、签署日期、附件等。经公证的合同可以出现公证词,经律师见证的可以出现律师见证意见。在制作签字栏时,应在合同文本中打印盖章单位名称和签字人姓名,以免因盖、签不清及反复复印造成辨认困难。

(七)签署

通常的盖章要求为“压年盖月”。“签署日期”最好只出现一次,避免留有两个供填写签署日期的空白栏,以免其中之一未填、补填引发争议。

第二节 合同审查制作实务技巧

相关人员在合同制作时既要高屋建瓴地作为“主人公”,把握合同的整体设计框架,又要事无巨细地作为“管家婆”,核查文字性与非文字性疏漏。现笔者根据近些年合同审查制作的经验,总结一些实务技巧,供读者参考。

一、问清路再走

不同的合同有着不同的签约背景，直接影响合同的成文。在不了解背景的情况下，很难制作出完备、正确的合同。

对背景的了解，根据具体项目情况，可以采取电话沟通、座谈、尽职调查等多种形式。

【案例】某公司给笔者发来一份投资协议书草稿。根据该草稿很难判断双方的意愿是借款还是增资扩股。经电话充分沟通后，方知原来双方是想委托持股。

二、穷尽法规

合同的内容千差万别，合同各方的签约地位亦无法统一衡量，且实务中常处于变化之中。因此，严格来讲，可以说没有供直接套用的合同范本。进行相关工作前，除应坚持合同审查制作应掌握的原则（详见后附《律师承办合同审查制作业务指引》中笔者的相关总结）之外，特别应当穷尽与该份合同相关的最新法律规定，并根据具体情况查阅有关案例，从而掌握该类交易的特殊性及风险点。尤其是在我国法律法规频频出台与变更的背景下，这一步骤更是不可或缺的。

【案例】笔者参与的并购某期货公司事宜，除须掌握公司法相关规定外，还须熟知新的期货公司管理办法及中国证监会相关规范性文件的规定。

三、虚心借鉴与求教

一个人的力量非常有限，在合同制作之初或制作完成时，应当寻找类似的成型合同，对照有无缺项及不足之处，必要时向相关专家及实务部门请教。

四、小心意向书

传统观念认为意向书（含意向书类框架协议等）只是声明双方合作的意愿，对当事人并无拘束力。实际上，意向书通常会对合同签订前双方权利义务关系作出适度的约定，进行权利义务约定的，可能会产生合同的效力。

【案例】某股权转让意向书虽明确约定“本意向书的签署并不意味着双方产生股权买卖的权利义务关系”，但仍对卖方在一定期限内不再与第三方接洽股权买卖事宜负有提供公司信息（配合尽职调查）等义务，买方负有相应的保密义务等进行了约定。该意向书具有合同效力。

五、实用性第一

合同的形式多种多样，不同主体对合同的使用习惯也是千差万别，有些合同做出来像“赶毛驴进城”，有些仅在草稿阶段就出落得像是“一本短篇小说”。这两类合同不能简单地说孰优孰劣，合同制作时，要根据时间要求、合同内容、合同各方需求、商业习惯等诸多因素进行确定。

【案例】笔者的某客户开业，非常想仿照大型公司运作模式将其合同文本正规化，其行政部门从网上下载了一篇植物租摆协议请求审查。协议共有四五页纸，而其办公场所不过几十平方米，最多摆上几盆花卉。

笔者建议其“据脚选鞋”，将植物租摆协议改为简化版。

六、首页“贵如油”

当公司签订了大量的合同时，这句“首页贵如油”就显得恰如其分了。当你想在公司众多的合同中寻找一份想要的合同时，如果从第一张纸上无法看到足够信息而需要翻阅第二页，在繁忙（尤其是未得到详细目录供查阅）的情况下，这种工作量有时是难以想象的。

无论合同是否装订、装潢，合同第一页至少应当写明合同名称、签约主体、签约时间（或合同编号）三项基本内容。随着存档自留文件的增多，笔者已深受其益。

七、甲方、乙方最适用

合同制作时，开篇宜使用“甲方：××公司；乙方：××企业”的表达方式。在正文中，直接引述“甲方”“乙方”即可。这听起来似乎再明白不过，但根据笔者修改合同的经历，60%以上的企业自拟合同没有如此写作。

同理,合同中如果需要反复出现某些较长的用语,宜在“释义”部分将其简化,在正文中使用简称。

八、法人之误

“法人”是具有民事权利能力和民事行为能力,依法独立享有民事权利和承担民事义务的组织。

“法定代表人”又称“法人代表”,是依照法律或者法人组织章程规定,代表法人行使职权的负责人。

法人是组织,法定代表人是自然人,这是二者最直观的区别。

【案例】笔者曾与相当多的私营企业法定代表人接洽,他们经常会说:“其实两家公司都是我的,我是法人。”笔者审阅其有关书面文件时,见到许多协议都是以法定代表人个人名义来签的,包括增资、委托持股、贷款等,这就造成公司行为与个人行为不分,为日后争议留下了隐患。

九、善用“鉴于”

目前司法实践对“鉴于”条款的效力尚有争议,但“鉴于”中的内容对案件审理的重要参考作用已获认可。《民法典》第563条规定了当事人的合同解除权:“有下列情形之一的,当事人可以解除合同:……(三)当事人一方迟延履行主要债务,经催告后在合理期限内仍未履行……以持续履行的债务为内容的不定期合同,当事人可以随时解除合同,但是应当在合理期限之前通知对方。”

【案例】在某增资协议中,“鉴于”部分约定被增资企业急需增资款用于特定项目。如果增资方不按时增资,则在日后可能的诉讼中有助于法院认定逾期缴纳增资款构成重大违约,这样非常有利于非违约方合同解除权的行使。

另外,“鉴于”条款对确定违约赔偿的范围有较大影响,一般违约赔偿范围包括实际损失和预期利益损失,预期利益损失以合同订立时可预见的范围为限,“鉴于”条款对预期利益的确定有可能会起到决定性作用。

十、权利、义务条款并非必需

有些合同中,各方当事人的权利、义务在合同其他部分已包含进去,就没有必要再单列各方的权利、义务条款,造成用语重复,如果表达前后不一致还极易造成歧义。

“可以”“应当”“有权”“有义务”“责任”这几个概念经常在合同中被混用。在必须使用时,笔者建议:

第一,权利、义务等不要出现在一个大标题下,而应分开表述,避免对某项条款是权利还是义务有不同认识,从而产生争议(实务中,笔者见到相当数量的合同,把权利义务条款混放在了一起)。

第二,弄清概念,正确使用。从法律角度来讲:(1)可以,指“有权选择”,可为,亦可不为;(2)应当,指“必须做”,无权进行其他选择;(3)有权,指“权利归属”,选择为与不为均可;(4)有义务,指“义务归属”,必须履行;(5)责任,根据合同内容的不同,可能指“工作内容”“相关义务”“承担的法律后果”等。

十一、争议解决方式约定明确

首先,争议解决条款并非必需,在关联人(如集团公司与其下属公司)签订的有关合同,或合同当事人有特别安排等情况下,争议解决方式可以不约定。

在我国现有司法体制下,由于存在案件承办人员办案水准差异、地方保护主义、异地解决争议成本较高等客观原因,管辖法院(仲裁机构)的选择对诉讼(仲裁)结果会产生影响。管辖法院(仲裁机构)的选择,应把握以下几个方面内容(详细论述见本书诉讼风险防范部分):

(一)可协议选择的法院

根据我国《民事诉讼法》的规定,合同或者其他财产权益纠纷的当事人可以书面协议选择管辖法院,包括“被告住所地、合同履行地、合同签订地、原告住所地、标的物所在地等与争议有实际联系的地点的人民法院”(以下简称五类法院)。当事人可以根据需要选择其一。如果当事人选择上述两个以上与争议有实际联系的地点的人民法院管辖,根据最高人民法院《关于适用〈中华人民共和国民事诉讼法〉的解释》的规定,原告可以向其中一个法院起诉。管辖协议约定由一方当事人住所地人民法院管辖,协议签订后当事人住所地变更的,由签订管辖协议时的住所地人民法院管辖,但当事人另有约定的除外。

《民法典》第 510 条规定:“合同生效后,当事人就质量、价款或者报酬、履行地点等内容没有约定或者约定不明确的,可以协议补充;不能达成补充协议的,按照合同相关条款或者交易习惯确定。”第 511 条规定:“当事人就有关合同内容约定不明确,依据前条规定仍不能确定的,适用下列规定:……(三)履行地点不明确,给付货币的,在接受货币一方所在地履行;交付不动产的,在不动产所在地履行;其他标的,在履行义务一方所在地履行。……”

制作合同时“本合同在××地点签订”的用语,有时是很有必要的。

对于涉外合同的管辖则更为“宽松”,《民事诉讼法》(2023 年修正)第 276 条规定:“因涉外民事纠纷,对在中华人民共和国领域内没有住所的被告提起除身份关系以外的诉讼,如果合同签订地、合同履行地、诉讼标的物所在地、可供扣押财产所在地、侵权行为地、代表机构住所地位于中华人民共和国领域内的,可以由合同签订地、合同履行地、诉讼标的物所在地、可供扣押财产所在地、侵权行为地、代表机构住所地人民法院管辖。除前款规定外,涉外民事纠纷与中华人民共和国存在其他适当联系的,可以由人民法院管辖。”

【案例】河北某公司与北京某供应商签订合同时约定,若发生争议,由合同签订地法院管辖,但由于对合同签订地点约定不清,造成诉讼中不同法院争相管辖、当事人不断提起管辖权异议。

需要说明的是,我国关于协议管辖的法律规定不够精准,“住所地”既可能是合同签订时的住所地,也可能是起诉时已变更的住所地。因此,建议在拟制合同文本时,可使用“由起诉时××方住所地法院管辖”的用语,亦可选择“合同签订地法院管辖”。

(二)级别管辖

当事人协议选择管辖法院,不得违反我国《民事诉讼法》关于级别管辖和专属管辖的规定。各地经济发展状况不同,关于多大诉讼标的额归中级人民法院管辖,各地亦不相同。

【案例】以北京为例,当事人住所地均在受理法院所处省级行政辖区,中级人民法院管辖诉讼标的额 1 亿元以上 5 亿元以下的一审民商事案件;当事人一方住所地不在受理法院所处省级行政辖区,中级人民法院管辖诉讼标的额 5000 万元以上 3 亿元以下的一审民商事案件。

若合同金额为 1.5 亿元,但诉讼时争议金额是多少则无法确定,有可能争议金额为 100 万元。因此,不能直接约定由区人民法院或中级人民法院管辖,仅需约定“五类法院”之一即可,不必特别指出法院名称。

(三)关于仲裁

仲裁是与诉讼并列的争议解决方式,其显著特点为“一裁终局”“可申请强制执行”,属于一种“准司法”裁判。由于仲裁是“协议管辖”,法院是“法定管辖”,这就要求仲裁条款十分明确具体,如果约定不明确或不准确,相当于当事人未达成仲裁协议,仲裁庭不享有管辖权。

【案例】笔者在合同审查过程中,发现各式各样的无效或有缺陷的仲裁条款,其中最常见的是:

(1)约定的仲裁机构不存在,比如“由×县仲裁委员会仲裁”。根据我国《仲裁法》的规定,只有地方级以上的城市才可能设立仲裁委员会。

(2)既约定法院管辖,又约定仲裁管辖。此时,仲裁管辖的约定无效。

(3)关于仲裁的约定不完整(会产生管辖不明),比如未约定仲裁事项、仲裁委员会、仲裁规则、仲裁裁决强制约束力的一项或多项。

(4)涉外合同的复杂性约定(会产生管辖的争议)。如“本协议基于……须经由××仲裁委员会管辖,或根据××的认定进行管辖……”

仲裁委员会一般都有示范仲裁条款,可通过其网站查询。以北京仲裁委员会为例,建议增加如下仲裁条款:“(凡)因本合同引起的或与本合同有关的任何争议,均应提请北京仲裁委员会(依据中华人民共和国法律)按照(申请仲裁时现行有效的)该会仲裁规则(在北京)进行仲裁。仲裁裁决是终局的,对各方均有约束力。”

十二、明确风险转移点

以合同中对“交货地点”的约定为例,该交货地点可能关系到货物毁损、灭失风险的转移。一般货物毁损、灭失风险随货物所有权转移而转移,属于动产的货物在所有权交付时转移。

在笔者审查的合同中,常看到很多项目采购合同中使用供货商提供的合同范本,把交货地约定为供货商仓库等地点,这就意味着货物一旦出库,其毁损、灭失的风险就转移给购货人,有失公允。

十三、生效条款要明确

《民法典》相关规定如下:

第490条规定:“当事人采用合同书形式订立合同的,自当事人均签名、盖章或者按指印时合同成立。在签名、盖章或者按指印之前,当事人一方已经履行主要义务,对方接受时,该合同成立。法律、行政法规规定或者当事人约定合同应当采用书面形式订立,当事人未采用书面形式但是一方已经履行主要义务,对方接受时,该合同成立。”

第491条规定:“当事人采用信件、数据电文等形式订立合同要求签订确认书的,签订确认书时合同成立。当事人一方通过互联网等信息网络发布的商品或者服务信息符合要约条件的,对方选择该商品或者服务并提交订单成功时合同成立,但是当事人另有约定的除外。”

第492条规定:“承诺生效的地点为合同成立的地点。采用数据电文形式订立合同的,收件人的主营业地为合同成立的地点;没有主营业地的,其住所地为合同成立的地点。当事人另有约定的,按照其约定。”

第493条规定:“当事人采用合同书形式订立合同的,最后签名、盖章或者按指印的地点为合同成立的地点,但是当事人另有约定的除外。”

十四、合同变更

合同变更是指在合同成立以后,尚未履行或尚未完全履行以前,当事人就合同内容达成修改或补充的协议,或者根据法律规定请求法院或仲裁机构变更合同内容。《民法典》第544条沿用了原《合同法》第78条的规定:“当事人对合同变更的内容约定不明确的,推定为未变更。”合同变更应注意以下几点:

(一)变更的形式

合同变更应当符合原合同约定的形式,比如原合同约定“本合同变更应采用书面形式并经当事人各方协商一致,签字并盖章后有效”,变更时则不能采用其他形式,否则可能要承担合同变更无效的风险。

(二)关于涂改

合同的涂改,包括增加、删减、覆盖、技术手段无痕调整等,是一种变更合同的行为。直接在文本上进行涂改,必须得到各方当事人的签认,否则不具有法律效力。

需要注意的是,如果需要涂改,必须各份合同一同调整,以免日后引起争议。

十五、严谨措辞

合同制作讲求的是“法言法语”,而非“辞藻华美”,用语既要精练,又能把问题表述清楚、严密。

【案例】

(1)甲、乙口头约定,乙从甲处借款10万元,后来,乙归还了部分欠款,甲为乙出具一张凭据:“还欠款1万元”。后甲因乙迟迟不归还余款,诉至法院,要求偿还剩余欠款9万元。乙辩称已还9万元,只欠1万元。这里就出现了两种理解:一种理解认为“归还”了欠款1万元,另一种理解认为“还有”1万元的欠款未还。

(2)李女士以60万元将房卖给王先生,王先生先期支付了10万元,李女士给王先生打了个收条:“收到定金10万元”。一周后,蔡先生愿以65万元买下李女士的房子,李女士想把10万元退给王先生,将房卖给蔡先生,但王先生要求李女士双倍返还定金。同样的事情,如果把“定金”换成“订金”,则对李女士有利,不涉及双倍返还问题。

《民法典》第586条规定:“当事人可以约定一方向对方给付定金作为债权的担保。定金合同自实际交付定金时成立。定金的数额由当事人约定;但是,不得超过主合同标的额的百分之二十,超过部分不产生定金的效力。实际交付的定金数额多于或者少于约定数额的,视为变更约定的定金数额。”

《民法典》第587条规定:“债务人履行债务的,定金应当抵作价款或者收回。给付定金的一方不履行债务或者履行债务不符合约定,致使不能实现合同目的的,无权请求返还定金;收受定金的一方不履行债务或者履行债务不符合约定,致使不能实现合同目的的,应当双倍返还定金。”

十六、细节上显功夫

(一)数字

制作重要合同时,尤其是涉及合同金额的数字,宜同时采用汉字大写和阿拉伯数字小写,并注意二者是否等值。理论上认为,人们书写阿拉伯数字要比书写汉字更容易犯错误,所以当二者不一致时,以大写的汉字为准。

(二)货币符号

涉及外币类的合同,货币单位一定要写清。

【案例】某国内销售代理商,向美国售货,买卖协议本意是按人民币(¥)写,但双方几经修改,在财务负责人环节错改为美元($)。事后,国内代理商与笔者沟通:“虽然咱大赚了一笔,不过以后很难再和人家做生意了。”

看来深谙合同之道的美国人也有出错的时候,不过这更能让我们深思和引以为戒。

(三)包括

使用“包括”一词时,应根据具体情况确定是否使用“包括但不限于”的表述方式,不能一碰到“包括”就一味地改为“包括但不限于”。包括但不限于的含义为:不仅指所列明的事项,亦指未列明的事项,如此,“未列明的事项”可能成为争议点。

(四)公司标识与名称的使用

有些公司在制作合同时,习惯性地把本公司的图标或文字加在首页、页眉或页脚处,当合同当事人对合同条款的理解出现分歧时,法官更倾向于作出对合同文本提供方或合同起草人不利的解释,因此建议在有些合同中删除该类标识。

(五)用语一致性

保持合同用语的一致性十分必要,应当使用同一词语称谓同一概念或主体,不这样做,轻则让人费解,重则产生根本性分歧。

【案例】笔者审查过的某一承包合同在合同款项问题上,出现了“费用”“承包款”“成本”“付款”“合同款”等多种称谓,这样极易引起争议。

(六)时间点

在处理时间条款时,注意设定起始或截止日期。

【案例】"接到甲方书面通知后"与"接到甲方书面通知之日起3日内"是不同的。前者是时间射线,不确定;后者是确定的时间段。建议如有可能,统一列明具体日期,以免发生争议。

(七)扣留

某些合同制作时只约定了现金走向,未约定现金归属,造成诉讼。

【案例】以笔者参与的某一要求返还押金的案件为例:房产租赁协议中约定押金"出租方有权扣留",但未约定扣留的款项即作为"承租方向出租方支付的违约赔偿金",承租方诉至法院要求返还押金。

(八)"和"与"或"

小心使用连接词,避免产生歧义。

【案例】

(1)以笔者审查的某一合同为例:原文为"乙方或丙方向甲方承担赔偿责任",这样就造成了乙方、丙方的推诿,建议改为:"乙方和丙方向甲方共同承担连带赔偿责任"。

(2)美国早期一个关于继承的经典案例:一位老人在遗嘱中写道:"All my black and white horse bequeathed to Mr. Billy",老人留下6匹白马、6匹黑马、6匹黑白相间的马,问题因而产生,到底Mr. Billy应该继承几匹马呢?

(九)何为"书面"

在合同制作时,时常用到"本合同的修改需以书面方式作出方为有效",那么什么是"书面"呢?合同中应当予以明确。

我们可以根据实际情况,从下列项目中选取:"合同书、信件和数据电文(包括电报、电传、传真、电子邮件等电子数据交换)等。"

(十)序号的使用及引用

由于合同可能需要多次修改,其相关条款的序号和";""。"会时常变更,这就需要注意:(1)序号最终要连贯;建议制作之初即使用"自动生成序号"的方式,以减少差错。(2)合同中对某一条款的引用要准确,尤其是对多次调整后的合同。如"第五条……以第十三条约定为准",而第13条并未约定应当约定的内容(可能是在第10条进行了约定,或是经多次改写原条文已经被删改)。

另外,序号的形式应当统一,基本分为三种描述方式,三类写法不宜掺杂:(1)适用于长篇或条款相互引用较多的合同:1./1.1/1.2　2./2.1/2.2 ……(2)适用于一般类型的合同:第一条/(一)/1.第二条/(一)/(二) ……(3)适用于简易合同:一、/1./2.　二、/1./2. ……

(十一)统一格式

许多合同是成套的,需要相互引用,各合同的字号等格式宜保持一致,如正文统一使用"宋体""小四""1.5倍行距"。否则不同文本相互引用时,会浪费大量时间在调整格式上。

(十二)页码

无论采用哪种形式,合同上均应填写页码。这看似是小问题,但据笔者审查的合同情况来看,大多数企业员工未能养成这一习惯。

十七、主合同与担保合同

(一)是否分开签

合同制作时,根据项目情况,可以把担保内容加入主合同之中,不再另行签订担保合同,这样有利于节省签约成本。

(二)担保合同的效力

《民法典》第388条规定:"设立担保物权,应当依照本法和其他法律的规定订立担保合同。担保合同包括抵押合同、质押合同和其他具有担保功能的合同。担保合同是主债权债务合同的从合同。主债权债务合同无效的，担保合同无效，但是法律另有规定的除外。担保合同被确认无效后，债务人、担保人、债权人有过错的，应当根据其过错各自承担相应的民事责任。”

最高人民法院《关于适用〈中华人民共和国民法典〉有关担保制度的解释》第2条规定：“当事人在担保合同中约定担保合同的效力独立于主合同，或者约定担保人对主合同无效的法律后果承担担保责任，该有关担保独立性的约定无效。主合同有效的，有关担保独立性的约定无效不影响担保合同的效力；主合同无效的，人民法院应当认定担保合同无效，但是法律另有规定的除外。因金融机构开立的独立保函发生的纠纷，适用《最高人民法院关于审理独立保函纠纷案件若干问题的规定》。”

（三）保证期间与诉讼时效

担保包括保证、抵押、质押、留质、定金等多种形式，由于我国法律对担保问题规定得较为复杂，这里仅以“保证”这一方式为例，简单说明一下如何约定“保证期间”：

1. 债权人与保证人可以约定保证期间，但是约定的保证期间早于主债务履行期限或者与主债务履行期限同时届满的，视为没有约定；没有约定或者约定不明确的，保证期间为主债务履行期限届满之日起6个月。

2. 保证合同约定保证人承担保证责任直至主债务本息还清时为止等类似内容的，视为约定不明，保证期间为主债务履行期限届满之日起6个月。

建议行文时根据草拟者代表合同哪一方来决定如何约定保证期间：

（1）一般保证的债权人在“保证期间”届满前对“债务人”“提起诉讼或者申请仲裁”的，从保证人拒绝承担保证责任的权利消灭之日起，开始计算保证债务的“诉讼时效”。

（2）连带责任保证的债权人在“保证期间”届满前“请求”“保证人”承担保证责任的，从债权人“请求”“保证人”承担保证责任之日起，开始计算保证债务的“诉讼时效”（3年）。

保证期间的重要性由此可见。保证期间与诉讼时效的运用见图3－1。

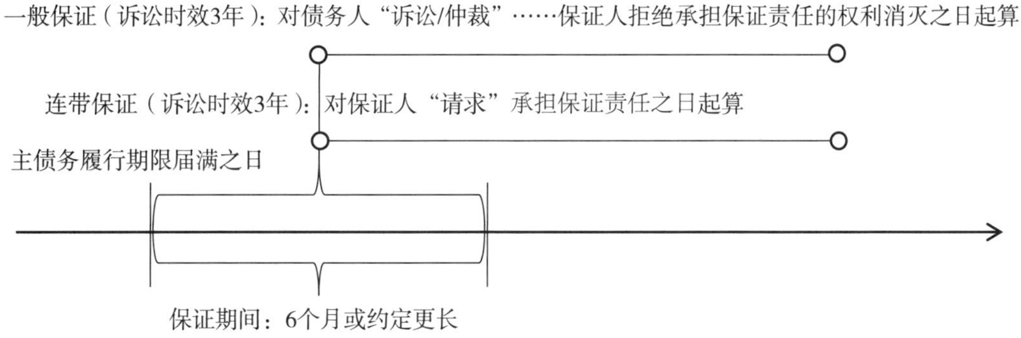

图3－1 保证期间与诉讼时效的运用

十八、合同的电子化管理

（一）电子版文件名的制作

根据笔者的经历，合同制作后，需根据各方协商情况再行修改，少则两三稿，多则几十稿，这就产生了合同的电子化管理问题。如何在若干年后依然顺利找出当时签约用的电子版文件，除了设置便于识别的文件夹外，电子版文档的标题起到了至关重要的作用，建议使用如下方法：

（1）“年月日＋文件名＋（标注）”，如：

“081205股权转让协议（三元—蒙牛 盖章版）”

（2）如果是一系列成套文件，建议加序号并加目录，如：

“00 090106 目录(××股权转让)”

“01 090106 股东会决议(同意股权转让)”

“02 090106 章程(新)”

……

这样,电脑排序不会乱,进行“搜索”时,既可按时间又可按文件名,还可按签约主体或文件版本进行检索。

例如,笔者要查看电脑中的全部股权转让协议,只需检索“股权转让协议”,全部同类文件即可调出比较。

(二)电子版、打印版文件名应当一致

有些文件,由于多次修改,名称产生了变化,但电子版文件名没有变更,今后如果想要调出电子版查阅,就很难找到了。因此,电子版、打印版文件名一致,会给使用者带来诸多方便。

第三节 律师承办合同审查制作业务指引①

律师审查、起草合同,是有一定规律、规矩可循的,这里提供相关的参考文件供大家参照适用。

律师办理合同起草与审查业务操作指引

第一章 总 则

第一条 【制定目的】本指引旨在为律师办理合同起草、审查业务提供参考和建议。

第二条 【适用范围】本指引仅适用于对“《中华人民共和国民法典》调整范围内的合同”的起草与审查。由于律师办理合同审查业务时,常需同时提供相应修改意见,故本指引所指“合同审查业务”包括合同之修改。

第三条 【本指引之局限】合同起草、审查律师业务因具体合同所属领域之不同而各有其特点,本指引则仅涉及合同起草、审查专项律师业务中具有普遍共性的事项。

第四条 【定义】除非本指引上下文另有所指,有关用语的定义如下:

(一)合同交易事项:指律师受委托起草、审查的合同所涉及的当事人之间交易或合作的具体事项。

(二)委托人:指委托办理合同起草、审查业务的该合同当事人。②

(三)合同相对人:指律师受委托起草、审查的合同中,除委托人之外的其他合同当事人。

(四)第三人:指律师受委托起草、审查的合同的当事人之外的任何他人。

(五)承办律师:指具体承办合同起草、审查业务的律师。

(六)待审合同文本:指委托人提供的,由承办律师进行审查、修改的合同文本。

(七)法律:本指引中“法律”一词与“行政法规”或“司法解释”并用时,特指全国人民代表大会及其常务委员会依据《中华人民共和国立法法》制定、颁布的法律。除上述情形外,本指引所指“法律”,包括依据《中华人民共和国立法法》制定、颁布的法律、行政法规、国务院部门规章、地方性法规等法律文件,以及最高人民法院制定、颁布的司法解释;但不包括地方政府机关发布的规范性文件。

(八)签署:包括签字、盖章。

第五条 【制定依据】本指引主要依据以下法律、司法解释制定:

(一)《中华人民共和国民法典》;

① 本指引依北京市律师协会第九届合同法专业委员会起草范本修改而成。

② 委托人亦可能并非合同当事人。特举其要,以概其余。

（二）《中华人民共和国公司法》；

（三）《中华人民共和国民事诉讼法》；

（四）《中华人民共和国仲裁法》；

（五）最高人民法院《关于适用〈中华人民共和国民法典〉有关担保制度的解释》；

（六）最高人民法院《关于审理涉及国有土地使用权合同纠纷案件适用法律问题的解释》。

第二章　合同起草与审查业务的工作流程

第一节　业务的受理

第六条　【合同起草、审查业务】合同起草、审查律师业务通常表现为：承办律师根据委托人提供的合同交易事项的交易要点和具体要求，依其法律专业知识及执业经验，完成下列一项或多项工作：

（一）起草合同书；

（二）就委托人提供的待审合同文本提出审查意见；

（三）就委托人提供的待审合同文本提出修改意见。

第七条　【合同起草（或审查）委托协议】办理合同起草、审查专项律师业务，应当事先与委托人订立书面《合同起草（或审查）委托协议》（以下简称《委托协议》）。《委托协议》通常包括以下内容：

（一）委托范围及要求；

（二）合同起草、审查所需资料与信息的提供；

（三）合同起草、审查的依据；

（四）工作成果的交付形式、交付期限和交付方式；

（五）报酬及其支付期限和支付方式；

（六）违约责任。

第八条　【预先审查】《委托协议》订立之前，承办律师应向委托人初步了解受委托起草、审查合同的合同当事人、合同交易事项和交易背景。

发现合同交易事项存在明显的、难以克服的法律障碍的，承办律师应在《委托协议》订立之前，向委托人进行说明。委托人仍继续委托起草、审查该合同的，应在《委托协议》中载明上述事实。

合同交易事项处于承办律师较为陌生的专业领域，又难以及时补充相关专业知识并满足工作需要的，应寻求与相关专业律师的合作或获得专业指导。

第九条　【委托范围】《委托协议》可约定下列内容：

起草、审查的对象。

合同起草、审查的工作范围。① 该工作范围一般不包括：

（一）合同交易事项以及合同内容在经济上或技术上的必要性、可行性及适当性；

（二）合同交易事项的商业风险评价；

（三）超出律师法律专业知识领域合理范围的其他事项。

第十条　【所需资料与信息的提供】《委托协议》可约定下列内容：

（一）委托人应提供的合同起草、审查所需的资料与信息（包括待审合同文本）的范围、形式和内容，以及提供的期限；

（二）如有可能，有关资料与信息（包括待审合同文本）均应以电子文件形式提供；

（三）双方发送和收取资料与信息的电子邮箱地址和通信地址；

（四）委托人应保证其提供的资料与信息的真实性和完整性，因委托人提供的资料与信息不足、不实、失效等原因导致的不利后果由委托人承担；

（五）委托人未依约定及时提供必要资料与信息的，在条件允许的情况下，承办律师可依其执业经验和

---

① 参见本指引第 54 条、第 78 条。

对此类合同交易事项的通常理解起草、审查合同,或将有关内容空置,由委托人自行填写。

第十一条 【合同起草、审查的依据】《委托协议》可约定承办律师办理合同起草、审查业务的依据,通常包括:

(一)委托人在约定期限内提供的资料与信息(包括待审合同文本);

(二)提交工作成果时,现行有效的法律、行政法规、部门规章和司法解释。

第十二条 【工作成果的交付期限和方式】《委托协议》可约定下列内容:

(一)工作成果的形式、交付期限和交付方式;

(二)委托人迟延提供合同起草、审查所需的资料与信息,或改变对合同起草、审查的具体要求的,上述期限相应顺延。

第十三条 【工作成果的审阅】《委托协议》可约定下列内容:

(一)工作成果交付后,委托人应在约定期限内及时审阅;

(二)委托人要求对交付的工作成果予以说明,或要求进一步审查或修改的,应在该期限内提出。

第十四条 【报酬及其支付方式和期限】《委托协议》可约定下列内容:

(一)报酬的金额、支付方式和支付期限;

(二)因委托人对合同起草的要求发生重大变更导致合同需重新起草的,委托人应另行支付报酬。

由于合同起草、审查专项律师业务的报酬金额通常较小,发生委托人迟延支付报酬时,受委托的律师事务所多不愿采取诉讼或仲裁方式追索报酬。因此,应尽可能约定《委托协议》订立时全额支付报酬或支付特定比例的报酬。尤其在受委托起草、审查的合同尚处于初步协商阶段时,更应特别注意。

第十五条 【责任限制】由于合同起草、审查专项律师业务的报酬与承办律师及其所在律师事务所承担的责任风险常不成比例,《委托协议》可设置责任限制条款对其责任予以合理限制,①但需以醒目方式标注。

第十六条 【风险提示】除前述第八条第二款外,在《委托协议》订立之前既已发现的其他重大风险,可直接在《委托协议》中向委托人予以明确提示。

第二节 业务的办理

第十七条 【专业知识和资料的日常积累】本节第四十五条至第四十八条提及的有关法律依据、法律资料的收集整理工作,是承办律师在相关专业领域日常知识积累的重要组成部分。

承办律师应当保持对相关领域的司法及行政管理动态的持续关注,以便在无明确法律规定的情况下,发现更深层次的法律风险。

了解起草、审查的合同所涉及的具体行业、专业的商务实践,将有助于提高合同起草、审查的质量和效率。

承办律师可在日常工作和学习中,收集、制作优秀的合同条款、合同文本,并可自行设计合同框架,以便提高办理合同起草、审查业务的质量和效率。

第十八条 【重视与委托人的沟通】办理合同起草、审查业务,应当持续保持与委托人充分有效的沟通。

与委托人保持充分有效的沟通,具有如下意义:

(一)可准确把握委托人的交易意图,充分了解合同起草、审查所需的具体信息,减少工作失误,避免无用工作;

(二)可更有针对性地规范合同交易,防范合同风险;

(三)有助于构建、维系和提升与委托人的信任关系。

第十九条 【考虑委托人的实际需要】承办律师起草、审查合同时,既要考虑法律专业上的需要,也要考虑委托人的需求和期望。

---

① 例如,约定"因受委托人之过失造成委托人损害的,除受托人存在故意或重大过失的情形外,该损害赔偿额以《委托协议》约定报酬的三倍(或其他特定金额)为限"。

完成起草、审查的合同应尽可能与委托人的合同谈判地位、履行控制能力相匹配。

合同内容应简洁、明了，委托人通常并不乐于接受过于复杂、烦琐的合同。

第二十条　【有限审查】办理合同起草、审查业务，应以委托人提供的资料与信息以及在现有条件下方便获得的确切信息为依据。所需信息不明确时，应当及时要求委托人提供或说明。

承办律师通常无义务对委托人提供的资料与信息的真实性进行审查，发现明显错误或矛盾的，可向委托人进行提示，建议其核实。

承办律师通常无义务对合同的具体交易内容或交易方式在商务上、技术上的必要性、经济性及可行性提供审查或修改意见。

承办律师发现委托人提供的交易要点、具体要求或待审合同文本内容与承办律师所了解的交易习惯或惯常做法显然不一致，且此情形不利于委托人的，可向委托人进行提示或建议。

第二十一条　【审慎处理】除非法律、行政法规、司法解释有明确规定，否则对合同起草、审查所涉及的具体法律问题，应避免过于绝对的表述方式。

就特定法律问题，有关法律规定存在冲突和矛盾的，应将有关法律规定一并做出提示，亦可同时向委托人提出有保留的分析意见和建议。

基于合同法律风险本身的复杂性和不确定性，对此不宜做出绝对性的评价。

合同的订立、履行涉及审批、登记、备案等事项，而法律对其具体办理程序和所需材料无明确规定的，可建议委托人向有关机关进行咨询。

第二十二条　【充分告知法律风险】合同起草、审查中发现的委托人的法律风险，应向委托人明确作出书面提示。

特定合同或合同条款是否有效，法律、行政法规、司法解释尚无明文规定，司法实践对此问题又存在不同做法，或理论上存有较大争议时，不论承办律师对此持何种观点，均应向委托人告知此法律风险。

即使委托人对承办律师提出的法律风险提示不以为意，承办律师仍应保持审慎，并书面告知委托人。

第二十三条　【利益保护的平衡性与倾向性】起草、审查合同，应以委托人提供的交易要点和具体要求为基础，结合委托人的谈判地位，在相对公平地确定各方主要义务和分配风险的基础之上，充分考虑对委托人利益的保护。

实务中，应避免以下两种情形：

（一）已完成起草、审查的合同，未能在合理范围内体现出对委托人利益保护的倾向性。

（二）已完成起草、审查的合同，过分突出对委托人利益的保护，有关内容与委托人的谈判地位不相匹配，难以或者不可能被合同相对人接受。

针对上述第二款所述情形，可在有关建议中表明“如有可能，建议争取”的意思。

基于合同交易本身的特性，合同各方之权利、义务及责任常处于不平衡状态。① 因此，不必过分考虑各方的义务和责任在形式上的完全对等。

即使委托人在合同交易中处于绝对优势的谈判地位，也仍应在表明本意的前提下委婉表述。

第二十四条　【委托人最终决定】合同起草、审查过程中，如涉及委托人尚未明确的重要的交易内容的确定、交易方式的选择，以及对重大法律风险的处理方式等方面的内容，承办律师应征询委托人意见，或作出提示，由委托人决策，而不应贸然自行决断。

承办律师可在征询委托人意见或作出提示的同时，向委托人提供倾向性的分析意见和建议。

第二十五条　【资料的收取与保存】接收委托人提交的合同起草、审查所需的资料时，应编制资料清单，并办理资料交接手续。资料清单应由双方签署，双方备存。

有关资料与信息应尽可能要求委托人以电子文件或复印件方式提供，并尽可能避免接收原件，防止风险扩大。如不可避免，则应严格办理原件退还手续。

---

① 例如，买卖合同中，相对于买方，卖方的义务通常更为复杂，其责任通常也更重。

承办律师对委托人提供的资料应分类整理,并妥善保存。

第二十六条 【工作文件的保存】在合同起草、审查过程中,经查询、整理、分析和写作形成的工作文件,应妥善命名和保存。

文件之名称,应能体现其主要内容、完成或更新的时间,以便查找和识别。

第二十七条 【保密】承办律师应依照《律师执业行为规范》的要求,对在业务办理中知悉的国家秘密、商业秘密、个人隐私,以及委托人和其他人不愿泄露的情况和信息予以保密。

委托人对其提供的资料与信息、合同交易事项,甚至对合同起草、审查工作本身有保密要求的,可应委托人要求与其事先订立《保密协议》。

第二十八条 【《委托协议》的合同风险】订立和履行《委托协议》,应注意以下常见的风险,并应事先采取相应的风险防范措施:

(一)尚未订立《委托协议》,承办律师即应当事人要求,完成了合同起草、审查工作,并即时向其交付了工作成果,当事人却不支付相应报酬。

(二)订立《委托协议》后,委托人因委托起草、审查合同的动机变化等原因不再需要此合同。承办律师已完成全部或部分工作,委托人却不支付相应报酬。

(三)交付工作成果后,由于合同交易条件、交易模式等发生重大变化,委托人要求对原合同进行大幅修改甚至重新起草,导致承办律师的工作量、工作时间大幅增加。

(四)承办律师起草、审查合同及有关文件时,出现明显工作失误,导致完成起草、审查的合同出现违法或无效等情形,委托人因此发生损失。

第三节 工作成果的交付

第二十九条 【合同起草、审查业务的工作成果】律师办理合同起草、审查业务的工作成果,通常表现为以下形式:

(一)完成起草、审查和修改的合同书;

(二)就待审合同文本进行审查后,出具的《合同审查法律意见书》;

(三)《委托协议》约定的其他形式。

完成起草或修改的合同书可附有《合同起草(或修改)说明》。

第三十条 【完成的合同书】完成起草、修改的合同书的形式和内容应符合《委托协议》约定的要求。

提交已完成起草、修改的合同书时,应特别提示委托人结合其合同交易事项的实际需要对合同内容进行审核。

完成起草或修改的合同文件,应命名为"某某合同(初稿)"或"某某合同(审查修改稿)"。

第三十一条 【起草(或修改)说明】如有必要,完成起草或修改的合同书可附有《合同起草(或修改)说明》。

《合同起草(或修改)说明》可包括以下内容:

(一)合同涉及的重要法律问题的分析与说明;

(二)合同中特殊条款的起草思路和考虑因素;

(三)合同涉及的主要法律风险的提示;

(四)合同履行风险控制的重点提示;

(五)需特别说明的其他问题。

以电子文件形式(如 Word 文档)提交的完成起草(或修改)的合同书的,可直接在相关内容批注"起草(或修改)说明"。但需提示委托人,以免委托人直接将该文本附带批注转发给合同相对人或第三人。

第三十二条 【合同审查法律意见书】向委托人提供的《合同审查法律意见书》一般包括以下内容:

(一)审查对象和范围。

(二)合同审查所依据的资料与信息。

（三）合同审查涉及的主要法律依据和法律资料。

（四）具体的合同审查法律意见，一般包括：

1. 合同涉及的重要法律问题的分析意见；

2. 委托人所涉及的主要法律风险、不利因素的提示和建议；

3. 委托人法律风险控制的重点提示；

4. 具体的合同修改建议；

5.《委托协议》约定的其他内容。

（五）需特别说明的其他问题。

第三十三条 【工作成果的交付】承办律师应依照《委托协议》的约定，在约定期限内，以约定方式向委托人提交已完成的工作成果，并应保留相应证据。

工作成果交付之前，委托人尚未依《委托协议》约定足额支付报酬的，可依具体情形，及时催告其履行，并可依法行使同时履行抗辩权或后履行抗辩权。

第三十四条 【简易方式】常年法律顾问等非诉讼律师业务中，日常的大量合同文件的起草、审查，可采用以下简易方式处理：

（一）以电子文件形式（如 Word 文档）提交已完成起草或审查、修改的合同文本的，可直接在相关条款批注“起草（或审查、修改）说明”。

（二）委托人以电子文件形式提供待审合同文本的，可以“修订”方式进行修改，以“批注”的方式提出审查意见和修改说明。

（三）此类业务中，委托人常不能及时、充分地提供有关资料与信息。在此情形下，可在提交工作成果的同时，向委托人作出如下特别声明或提示：

1. 由于委托人提供的资料与信息有限，承办律师对具体合同交易事项及其背景尚无法进行充分了解，仅是按照承办律师了解的类似交易的通常需要，依据现行法律，进行合同起草或提供审查、修改意见。

2. 请委托人对该合同文本（或修改内容）进行审核，确保有关内容符合委托人之本意并适合合同交易的实际需要。

此类合同审查业务，需结合委托人合同管理需求层次的不同，注意合同审查深度的控制。如能够确定委托人的需求仅是对合同及其条款的合法性以及是否存在重大法律障碍和风险进行审查，则承办律师没有必要进行更深层次的审查和修改。

第三章 合同起草与审查的方法

第一节 概 述

第三十五条 【合同起草、审查的目标】已完成起草、审查的合同文本，应在合理范围内实现以下目标：

（一）满足合同交易事项的交易需求；

（二）保障委托人实现其合同利益；

（三）防范和控制委托人的法律风险。

第三十六条 【合同起草的步骤】合同起草工作，通常可依次分为以下步骤：

（一）资料与信息的归集、整理和分析：对委托人提供的资料与信息进行归集、整理和分析，明确合同交易事项的交易主体、交易目的、交易内容、交易方式，以及有关资料与信息中体现出的其他需要在合同中约定的内容。（见本章第二节）

（二）初审和初步设计：

1. 对合同性质进行确定，并对合同主体及合同交易事项本身的合法性进行审查；（见本章第三节）

2.“设计”合同的框架结构，同时对其适当性进行审查，并作相应修正。（见本章第九十四条至第九十六条）

（三）确定交易内容：

1.“设计”合同的交易内容；（见本章第四节）

2. 同时,对上述交易内容的合法性及适当性进行审查,并作相应修正。(见本章第三节、第四节)

(四)确定交易方式:

1."设计"合同的交易方式;(见本章第四节)

2. 同时,对上述交易方式有关内容的合法性和适当性进行审查,并作相应修正。(见本章第三节、第四节)

(五)设置假定处理规则:

1."设计"合同的假定处理规则;(见本章第四节)

2. 同时,对上述假定处理规则有关内容的合法性和适当性进行审查,并作相应修正。(见本章第三节、第四节)

(六)设置辅助条款:

1."设计"合同的辅助条款;(见本章第四节)

2. 同时,对上述辅助条款的合法性及适当性进行审查,并作相应修正。(参见本章第三节、第四节及本指引第四章)

(七)整理。将前述已确定的合同内容,进行必要的结构调整。(参考本章第九十四条至第九十六条)

(八)复核、成稿。(见本章第一百零五条)

第三十七条 【合同审查的步骤】合同起草,同时也是一个对起草中的合同及其条款进行同步审查、修正的过程;合同审查与修改,同时也是一个合同部分甚至整体设计、修正的过程。

合同起草与审查目标一致,由此决定了二者在工作思路及方法上也基本类似。合同起草与审查的主要区别仅在于工作对象、工作基础的不同。

合同审查的步骤,需在前条"合同起草的步骤"有关内容的基础上,作如下调整:

(一)前条所述"委托人提供的资料与信息",包括待审合同文本;

(二)前条所述"合同起草的步骤"中的"设计"一词,调整为"从待审文本中查找"。

第三十八条 【示范文本、先前文本的参考使用】在通过对有关资料与信息的归集、整理和分析,了解合同交易事项的性质、特点之后,可查找、选用与其性质、特点相同或相近的合同示范文本或先前合同文本参考使用。

在查找、选用合同示范文本或先前合同文本作为参考时,应注意以下几点:

(一)有关文本的法律背景、市场环境是否与合同交易事项相适应;

(二)有关文本内容能否满足合同交易事项的特定需要;

(三)有关文本内容能否满足特别保障委托人利益的需要;

(四)有关文本内容是否与委托人的合同履行控制能力相匹配。

我国法律在传统上接近大陆法系,但合同实务受英美法系影响甚巨。以英美法为法律背景的合同文本,在适用我国法律的条件下,不尽适宜,需做相应调整。

第二节 资料与信息的归集、整理和分析

第三十九条 【资料与信息收集、整理的重要性】做好与合同起草、审查相关的资料与信息的收集和整理工作,是高质、高效完成合同起草、审查工作的前提。

第四十条 【委托人提供的资料与信息】需委托人提供的资料与信息,通常包括但不限于以下内容:

(一)合同当事人的基本信息,如当事人的姓名、名称、住所等;

(二)合同当事人取得的与合同交易事项有关的资质、许可等;

(三)待审合同文本,或委托人提供的合同交易要点和具体要求;

(四)合同双方已经达成的初步意向;

(五)合同交易的背景资料。

第四十一条 【委托人提供的其他信息】如有必要,承办律师可向委托人进一步了解下列信息:

(一)委托人及合同相对人进行合同交易的目的;

(二)委托人提出的特定交易要点或具体要求的意图;

(三)委托人认为的合同交易事项的重点、难点及疑点;

(四)委托人对合同相对方资产状况、履行能力及商业信誉的评价;

(五)委托人认为可能发生的,影响合同履行的特别事件;

(六)待审合同文本的制作方、提供方及提供的背景;

(七)委托人谈判地位的优劣;

(八)与合同交易事项有关的其他事宜。

第四十二条 【资料与信息的整理和分析】完成上述资料与信息的归集后,通过对上述资料与信息的归类和整理,可确定合同的下列基本信息:

(一)合同当事人及其具体信息;

(二)合同标的之现状、权属状况等具体信息;

(三)合同交易内容及各方当事人的交易目的;

(四)合同交易方式及其要点;

(五)合同订立和履行过程中,委托人可能面临的主要风险。

第四十三条 【合同性质的确定】根据前述已确定的合同的基本信息,可分析确定当事人之间实质的权利义务关系,并可进一步确定合同的性质。

第四十四条 【有关法律规范的确定】可通过下列方式,确定合同应当或可能适用的法律规范:

(一)依据前条确定的合同性质,可分析确定该合同系有名合同、混合合同或无名合同,并可进一步确定其可能适用的合同法律规范。

(二)通过对合同主体的分析,如涉及上市公司、国有企业、合伙企业、村民委员会、外资企业、外国企业、外国人等特殊主体的,可划定与合同交易有关的适用于该特定合同主体的管理规范。

(三)通过对合同标的的分析,如涉及国有资产、国有土地使用权、有限责任公司股权、著作权等,可划定特定合同标的可能涉及的交易管理规范。

(四)通过合同交易所属领域的分析,如涉及建设工程、金融、保险、信托、教育、医药等特殊行业的,可划定与合同交易有关的该特定领域的行业管理规范。

(五)根据合同交易可能涉及的第三人侵权、担保、财务、税收、外汇、不正当竞争、反垄断等特别因素,可分析确定可能适用的相关法律规范。

(六)根据合同是否具有涉外因素,可确定其是否属于涉外合同。如系涉外合同,则需进一步考虑有关涉外合同的特别规定,以及可能适用的有关国际条约与国际惯例等。

第四十五条 【合同起草、审查的主要法律依据】与合同交易事项相关的法律、行政法规、司法解释是合同起草、审查的主要法律依据。

第四十六条 【其他法律依据及规范性文件】违反下列规定,通常不影响合同及其条款的效力,但仍可能构成合同履行的法律障碍。因此,亦应将其作为合同起草、审查的其他法律依据进行收集和整理:

(一)相关的国务院部门规章;

(二)相关的地方性法规、地方政府规章等;

(三)合同交易事项所属的行政管理机关发布的有关规范性文件。

第四十七条 【法律资料】对合同或其具体条款的效力以及其他有关的法律问题存有疑问时,可进一步收集和整理下列法律资料进行分析:

(一)最高人民法院发布的指导性案例、公报案例;

(二)最高人民法院发布的有关"审判工作会议纪要"等司法文件;

(三)合同争议管辖法院所属之高级人民法院发布的有关审判指导性文件。

第四十八条 【类似案件判决】通过对上述法律依据和法律资料的收集、整理和分析仍不能就所涉具体法律问题取得倾向性结论的,仍可进一步查询法院(尤其是最高人民法院)就类似案件作出的裁判文书。此类裁判文书的内容,虽不具有法律效力,也不具有当然的说服力,但可以从中发现司法实践对此类问题所采取的态度,以便进一步评估法律风险,并可验证承办律师对此法律问题的初步分析结论。

第四十九条 【向有关机关或机构咨询】合同起草、审查的内容涉及特定行政管理机关具体的管理要求,或第三方机构①有关办事程序的,可提示委托人向该机关或机构进行咨询求证;承办律师亦可在方便的情况下,直接向该机关或机构进行咨询。

第五十条 【向同行或其他专业人士咨询】起草、审查合同,常需对合同交易事项有关的商务实践有必要了解。如有此需要,承办律师可向委托人进行了解,或向有关专业律师或其他专业人士进行咨询。

第五十一条 【持续进行】上述合同起草、审查所需资料与信息的归集、整理和分析,可随合同起草、审查过程的深入,持续进行。

第三节 合同的合法性审查

第五十二条 【特别提示】本节所举示例,多有简略。具体适用时,请查询具体规定。

第五十三条 【合法性审查的重要性】起草、审查合同,应特别重视合同的合法性的审查。审查发现可能存在合同无效等法律障碍或风险的,应向委托人作出风险告知,亦可一并提出相关修改意见或建议,供委托人参考并自主决定。

合同合法性审查的主要目的在于:

(一)保障合同及其条款合法有效;

(二)保障委托人可以合法取得并保有合同利益;

(三)保障委托人可以通过裁判及执行获得权利救济;

(四)发现和判断合同及其条款可能存在的法律障碍和风险,并对其可能的不利后果进行分析,以便委托人决策。

第五十四条 【审查的范围】合同的合法性审查,主要包括以下方面:

(一)对影响合同效力的因素进行审查,包括:

1. 合同当事人是否具有相应的订立合同的主体资格、法定经营资质及许可;

2. 合同是否需经法定竞争程序订立;

3. 合同标的是否被法律禁止或限制交易;

4. 合同交易本身是否违反法律、行政法规的效力性的强制性规定;

5. 合同之订立、生效、履行是否需履行特定的法定程序或具备相应的前提条件。

(二)对具体合同条款的合法性进行审查。

(三)对可能构成合同履行法律障碍的因素进行审查。

(四)对获得特定财产权利的法定条件是否具备进行审查。

(五)对合同相对方可能提出的抗辩、第三人可能提出的权利主张进行审查。

(六)对合同签署的合法性(包括合同签署人的代表或代理权限)进行审查。

第五十五条 【合法性审查的法律依据】确认合同全部或部分无效的主要的法律依据为《中华人民共和国民法典》。② 此类规定,大多属于与公共利益、国家利益紧密相关的领域,如土地、工程、金融、医药、教育、外资、新闻、出版、国有资产等。

确认合同无效,应以全国人民代表大会及其常务委员会制定的法律和国务院制定的行政法规为依据,

---

① 例如,为合同履行提供资金监管服务的银行、办理公证的公证机关等。

② 《民法典》第143条规定:"具备下列条件的民事法律行为有效:(一)行为人具有相应的民事行为能力;(二)意思表示真实;(三)不违反法律、行政法规的强制性规定,不违背公序良俗。"第153条规定:"违反法律、行政法规的强制性规定的民事法律行为无效。但是,该强制性规定不导致该民事法律行为无效的除外。违背公序良俗的民事法律行为无效。"

不得以地方性法规、行政规章为依据。①

合同的合法性审查不可等同于“合同有效性”的审查。合同合法性审查的法律依据,并不局限于上述法律、行政法规和司法解释。

第五十六条 【合同无效的主要法律风险】合同无效时,合同当事人将面临以下主要法律风险:

(一)因该合同取得的财产,应予返还或折价赔偿;

(二)因该合同取得的非法所得可能被依法收缴;

(三)任何一方随时可能以合同无效为由拒绝履行或拒绝相应履行;

(四)除合同中独立存在的有关解决争议方法的条款外,违约金等条款不能适用;

(五)如一方就合同无效存在过错,其将无权要求相对方赔偿其全部实际损失,同时还应全部或部分赔偿对方因此遭受的损失。

第五十七条 【主体资格的审查】主体资格审查,旨在确定合同各方当事人是否具有相应的民事权利能力和民事行为能力。

合同当事人无订立合同的民事主体资格的,将影响合同效力。

确认国内一般企业的民事主体资格,应以其依法登记取得的营业执照为准。无营业执照的企业法人下属机构或职能部门②、企业集团③等无订立合同的民事主体资格。

其他常见主体的民事主体资格,一般依下列文件确认:

(一)行政机关,依该机关法人成立批文;

(二)事业单位,依其事业单位法人证书;

(三)社会团体,依其社会团体法人登记证书;

(四)民办非企业单位,依其民办非企业单位登记证书;

(五)境外企业,依其境外有效商业登记证明文件。

当事人超越经营范围订立的合同的效力,应当依照《中华人民共和国民法典》有关规定确定,不得仅以超越经营范围确认合同无效。④

司法实践中,大量的“工程项目部”等不具有民事主体资格的主体以自己的名义对外订立的合同,并未被认定无效。但是,此类案件多是通过表见代理、职务代理(职务行为)等制度的适用来解决的,其法律风险对合同双方均显而易见。

第五十八条 【信息核验】如有必要,可通过下列方式查询、核验国内企业的基本信息:

(一)通过“全国企业信用信息公示系统”⑤进行查询;

(二)通过“全国组织机构统一社会信用代码公示查询系统”⑥进行查询。

除《委托协议》特别约定外,承办律师一般无义务对合同相对人的资产和信用状况进行审查。

第五十九条 【特殊主体】法律对特定类型合同的主体作出特别限制。例如:

(一)土地使用权出让合同应由市、县人民政府自然资源主管部门与土地使用者签订。开发区管理委员会不得作为出让方与受让方订立土地使用权出让合同。⑦

(二)机关法人不得为保证人,但是经国务院批准为使用外国政府或者国际经济组织贷款进行转贷的除

---

① 参考上海市高级人民法院《关于印发〈上海法院民事办案要件指南〉的通知》(沪高法民一〔2003〕10号)。

② 参考北京市高级人民法院《审理经济纠纷案件若干问题的解答》第13条;最高人民法院民事裁定书,(2005)民二终字第160号(载最高人民法院公报2006年第6辑)。

③ 参考北京市高级人民法院《审理民商事案件若干问题的解答(之三)》第1条。

④ 《民法典》第505条。

⑤ 国家企业信用信息公示系统(http://www.gsxt.gov.cn/index.html)。

⑥ 全国组织机构统一社会信用代码公示查询系统(https://www.cods.org.cn/gscx)。

⑦ 参考最高人民法院《关于审理涉及国有土地使用权合同纠纷案件适用法律问题的解释》(2020年修正)。

外。以公益为目的的非营利法人、非法人组织不得为保证人。①

持有营业执照的企业下属分支机构,可以自己的名义对外签订合同。②

(一)公司的分支机构未经公司股东(大)会或者董事会决议以自己的名义对外提供担保,相对人请求公司或者其分支机构承担担保责任的,人民法院不予支持,但是相对人不知道且不应当知道分支机构对外提供担保未经公司决议程序的除外。

(二)金融机构的分支机构在其营业执照记载的经营范围内开立保函,或者经有权从事担保业务的上级机构授权开立保函,金融机构或者其分支机构以违反公司法关于公司对外担保决议程序的规定为由主张不承担担保责任的,人民法院不予支持。金融机构的分支机构未经金融机构授权提供保函之外的担保,金融机构或者其分支机构主张不承担担保责任的,人民法院应予支持,但是相对人不知道且不应当知道分支机构对外提供担保未经金融机构授权的除外。

(三)担保公司的分支机构未经担保公司授权对外提供担保,担保公司或者其分支机构主张不承担担保责任的,人民法院应予支持,但是相对人不知道且不应当知道分支机构对外提供担保未经担保公司授权的除外。

(四)公司的分支机构对外提供担保,相对人非善意,请求公司承担赔偿责任的,参照最高人民法院《关于适用〈中华人民共和国民法典〉有关担保制度的解释》的有关规定处理。③

人民法院受理破产申请后,破产企业对个别债权人的债务清偿无效。④

发起人以设立中的公司的名义对外签订合同的,公司成立后一般由该公司承担合同责任;公司未成立的,由发起人承担责任。⑤

第六十条 【经营资质】审查合同当事人是否具备法律、行政法规所规定的,从事特定经营活动应当具备的法定经营资质及相应的资质等级。例如:

(一)建设工程施工合同的承包人,应取得建筑施工企业资质及相应资质等级。⑥

(二)合作开发房地产合同的当事人,至少其中一方应具备房地产开发经营资质。⑦

(三)从事食品生产、食品销售、餐饮服务,应当依法取得许可。但是,销售食用农产品和仅销售预包装食品的,不需要取得许可。仅销售预包装食品的,应当报所在地县级以上地方人民政府食品安全监督管理部门备案。⑧

(四)金融类委托理财合同的受托人,应具备金融类委托理财资质。⑨

(五)国内水路货物运输合同的承运人,应具有相应国内水路运输经营资质。⑩

(六)从事期货经纪业务,或从事期货交易的,应具备相应法定资格。⑪

第六十一条 【法定竞争程序】审查合同交易事项,依据《中华人民共和国招标投标法》《中华人民共和国政府采购法》《招标拍卖挂牌出让国有建设用地使用权规定》《市政公用事业特许经营管理办法》《企业国有资产交易监督管理办法》等法律、行政法规及国务院部门规章的规定,是否应当采用招标、拍卖等特定的法定竞争程序订立合同。

第六十二条 【招标投标】审查依法是否应以招标投标方式订立合同:

---

① 《民法典》第683条。
② 参考北京市高级人民法院《审理经济纠纷案件若干问题的解答》(修订稿之一)第13条。
③ 最高人民法院《关于适用〈中华人民共和国民法典〉有关担保制度的解释》第11条。
④ 参考《企业破产法》第16条。
⑤ 参考最高人民法院《关于适用〈中华人民共和国公司法〉若干问题的规定(三)》(2020年修正)第3条、第4条。
⑥ 参考最高人民法院《关于审理建设工程施工合同纠纷案件适用法律问题的解释(一)》第1条;《民法典》第791条。
⑦ 参考最高人民法院《关于审理涉及国有土地使用权合同纠纷案件适用法律问题的解释》(2020年修正)。
⑧ 参考《食品安全法》(2021年修正)第35条。
⑨ 参考北京市高级人民法院《关于审理金融类委托理财合同纠纷案件若干问题的指导意见(试行)》第3条。
⑩ 参考最高人民法院《关于国内水路货物运输纠纷案件法律问题的指导意见》第2条。
⑪ 参考最高人民法院《关于审理期货纠纷案件若干问题的规定》(2020年修正)。

（一）承办律师应对合同交易事项是否属于《中华人民共和国招标投标法》规定的必须进行招标的范围①进行审查。确属上述范围的，应立即告知委托人，并应告知其违反该规定将可能导致合同无效的法律风险。

（二）起草、审查的合同，如系由招标人与中标人通过招标投标方式订立，无论该合同是否属于上述法定强制招标范围，均应按照招标文件和中标人的投标文件订立。招标人和中标人不得再行订立背离合同实质性内容的其他协议。②

第六十三条 【合同标的合法性审查】审查合同标的之合法性。例如：

（一）依法取得的行政许可，除法律、法规规定依照法定条件和程序可以转让外，不得转让。③

（二）农民集体所有的土地的使用权不得出让、转让或者出租用于非农业建设。④

（三）房屋租赁合同的出租人就未取得建设工程规划许可证或者未按照建设工程规划许可证的规定建设的房屋，与承租人订立的租赁合同无效。但在一审法庭辩论终结前取得建设工程规划许可证或者经主管部门批准建设的，人民法院应当认定有效。⑤

（四）房屋租赁合同的出租人就未经批准或者未按照批准内容建设的临时建筑，与承租人订立的租赁合同无效。但在一审法庭辩论终结前经主管部门批准建设的，人民法院应当认定有效。⑥

（五）不能取得租赁房屋的承租人请求解除合同、赔偿损失的，依照民法典的有关规定处理。⑦

（六）注意“约定禁止或者限制转让抵押财产”的登记问题。⑧

（七）以违法的建筑物抵押的，抵押合同无效。⑨

（八）交强险人身伤亡保险金请求权转让或者设定担保的行为无效。⑩

第六十四条 【国有资产】合同标的涉及国有资产的，应特别考虑有关国有资产管理的特别规定。例如：

（一）国有独资企业、国有独资公司和国有资本控股公司合并、分立、改制，转让重大财产，以非货币财产对外投资，清算或者有法律、行政法规以及企业章程规定应当进行资产评估的其他情形的，应当按照规定对有关资产进行评估。

（二）除按照国家规定可以直接协议转让的以外，国有资产转让应当在依法设立的产权交易场所公开进行。⑪

第六十五条 【合同交易行为的合法性审查】审查合同交易行为的合法性。例如：

承包人因转包、违法分包建设工程与他人签订的建设工程施工合同，应当依据《中华人民共和国民法典》第一百五十三条第一款及第七百九十一条第二款、第三款的规定，认定无效。⑫

第六十六条 【合同履行期限的合法性审查】审查合同的履行期限的合法性。例如：

（一）租赁合同之租赁期限超过二十年的，超过部分无效。⑬

---

① 参考《招标投标法》（2017年修正）第3条；最高人民法院《关于审理建设工程施工合同纠纷案件适用法律问题的解释（一）》第1条第1款第3项。

② 参考《招标投标法》（2017年修正）。

③ 参考《行政许可法》（2019年修正）。

④ 参考《土地管理法》（2019年修正）。

⑤ 参考最高人民法院《关于审理城镇房屋租赁合同纠纷案件具体应用法律若干问题的解释》（2020年修正）。

⑥ 参考最高人民法院《关于审理城镇房屋租赁合同纠纷案件具体应用法律若干问题的解释》（2020年修正）。

⑦ 参考最高人民法院《关于审理城镇房屋租赁合同纠纷案件具体应用法律若干问题的解释》（2020年修正）。

⑧ 参考最高人民法院《关于适用〈中华人民共和国民法典〉有关担保制度的解释》第43条。

⑨ 参考最高人民法院《关于适用〈中华人民共和国民法典〉有关担保制度的解释》第49条。

⑩ 参考最高人民法院《关于审理道路交通事故损害赔偿案件适用法律若干问题的解释》（2020年修正）第21条。

⑪ 参考《企业国有资产法》第47条、第54条。

⑫ 参考最高人民法院《关于审理建设工程施工合同纠纷案件适用法律问题的解释（一）》。

⑬ 参考《民法典》第705条。

(二)公司公开发行股份前已发行的股份,自公司股票在证券交易所上市交易之日起一年内不得转让。公司董事、监事、高级管理人员所持本公司股份自公司股票上市交易之日起一年内不得转让,离职后半年内,不得转让其所持有的本公司股份。①

(三)房屋租赁合同的租赁期限超过该临时建筑的使用期限的,超过部分无效。②

第六十七条 【授权、批准与许可】审查合同之订立、履行是否需具备相应的授权、批准、同意或许可等特定条件。例如:

(一)公司向其他企业投资或者为他人提供担保,按照公司章程的规定,由董事会或者股东会决议;公司章程对投资或者担保的总额及单项投资或者担保的数额有限额规定的,不得超过规定的限额。公司为公司股东或者实际控制人提供担保的,应当经股东会决议。前款规定的股东或者受前款规定的实际控制人支配的股东,不得参加前款规定事项的表决。该项表决由出席会议的其他股东所持表决权的过半数通过。③

(二)有限责任公司股东向股东以外的人转让股权,应当履行通知等义务(2023 年修订的《中华人民共和国公司法》取消了须"经其他股东过半数同意"的限制)。④

(三)合伙人以其在合伙企业中的财产份额出质的,应经其他合伙人一致同意。⑤

(四)涉及村民利益的特定范围内的事项,应经村民会议讨论决定方可办理。⑥

(五)共同共有人对共有财产的处置应遵守《中华人民共和国民法典》的规定。⑦

(六)土地使用权人与受让方订立合同转让划拨土地使用权,起诉前经有批准权的人民政府同意转让,并由受让方办理土地使用权出让手续的,土地使用权人与受让方订立的合同可以按照补偿性质的合同处理。⑧

(七)土地使用权人与受让方订立合同转让划拨土地使用权,起诉前经有批准权的人民政府决定不办理土地使用权出让手续,并将该划拨土地使用权直接划拨给受让方使用的,土地使用权人与受让方订立的合同可以按照补偿性质的合同处理。⑨

(八)商品房买卖合同的出卖人与买受人订立商品房预售合同的,应取得商品房预售许可证明。⑩

第六十八条 【审批类事项】审查是否属于法律、行政法规、司法解释规定的,合同自批准后生效的情形。例如:

(一)转让探矿权、采矿权的,转让合同自批准之日起生效。⑪

(二)国家对外商投资实行准入前国民待遇加负面清单管理制度。在中国境内进行投资活动的外国投资者、外商投资企业,应当遵守中国法律法规,不得危害中国国家安全、损害社会公共利益。⑫

(三)注意外资企业平等适用强制性标准。⑬

(四)以协议转让形式出售企业,企业出售合同未经有审批权的地方人民政府或其授权的职能部门审批

---

① 参考《公司法》(2023 年修订)第 160 条。

② 参考最高人民法院《关于审理城镇房屋租赁合同纠纷案件具体应用法律若干问题的解释》(2020 年修正)。

③ 参考《公司法》(2023 年修订)第 15 条。

④ 参考《公司法》(2023 年修订)第 84 条。

⑤ 参考《合伙企业法》(2006 年修订)。

⑥ 参考《村民委员会组织法》(2018 年修正)。

⑦ 《民法典》第 301 条规定:"处分共有的不动产或者动产以及对共有的不动产或者动产作重大修缮、变更性质或者用途的,应当经占份额三分之二以上的按份共有人或者全体共同共有人同意,但是共有人之间另有约定的除外。"

⑧ 参考最高人民法院《关于审理涉及国有土地使用权合同纠纷案件适用法律问题的解释》(2020 年修正)第 10 条。

⑨ 参考最高人民法院《关于审理涉及国有土地使用权合同纠纷案件适用法律问题的解释》(2020 年修正)第 11 条。

⑩ 参考最高人民法院《关于审理商品房买卖合同纠纷案件适用法律若干问题的解释》(2020 年修正)第 2 条。

⑪ 参考国务院《探矿权采矿权转让管理办法》(2014 年修订)。

⑫ 参考《外商投资法》第 4 条、第 6 条。

⑬ 《外商投资法实施条例》第 14 条规定:"国家制定的强制性标准对外商投资企业和内资企业平等适用,不得专门针对外商投资企业适用高于强制性标准的技术要求。"

的，人民法院在审理相关的民事纠纷案件时，应当确认该企业出售合同不生效。①

（五）企业兼并协议自当事人签字盖章之日起生效。需经政府主管部门批准的，兼并协议自批准之日起生效；未经批准的，企业兼并协议不生效。但当事人在一审法庭辩论终结前补办报批手续的，人民法院应当确认该兼并协议有效。②

第六十九条　【合同具体条款的合法性审查】审查合同的具体条款，是否违反法律、行政法规的强制性规定。例如：

（一）造成对方人身伤害的，或因故意或者重大过失造成对方财产损失的，免责条款无效。③

（二）合同约定的质量标准低于国家强制性标准的，约定无效。④

（三）分期付款买卖合同的约定违反法律规定，损害买受人利益，买受人可主张该约定无效。⑤

（四）诉讼时效期间届满，当事人一方向对方当事人作出同意履行义务的意思表示或者自愿履行义务后，又以诉讼时效期间届满为由进行抗辩的，人民法院不予支持。当事人双方就原债务达成新的协议，债权人主张义务人放弃诉讼时效抗辩权的，人民法院应予支持。超过诉讼时效期间，贷款人向借款人发出催收到期贷款通知单，债务人在通知单上签字或者盖章，能够认定借款人同意履行诉讼时效期间已经届满的义务的，对于贷款人关于借款人放弃诉讼时效抗辩权的主张，人民法院应予支持。⑥

（五）联营合同⑦及金融类委托理财合同中的保底条款，效力存在瑕疵。⑧

（六）借款的利率不得违反国家有关规定。⑨

（七）经市、县人民政府批准同意以协议方式出让的土地使用权，土地使用权出让金低于订立合同时当地政府按照国家规定确定的最低价的，该土地使用权出让合同约定的价格条款无效。⑩

（八）农村土地承包合同中违背承包方意愿或者违反法律、行政法规有关不得收回、调整承包地等强制性规定的约定无效。⑪

（九）抵押合同、质押合同中的流押、流质条款无效。⑫

---

① 参考最高人民法院《关于审理与企业改制相关的民事纠纷案件若干问题的规定》（2020 年修正）第 17 条。

② 参考最高人民法院《关于审理与企业改制相关的民事纠纷案件若干问题的规定》（2020 年修正）第 30 条。

③ 《民法典》第 506 条规定："合同中的下列免责条款无效：（一）造成对方人身损害的；（二）因故意或者重大过失造成对方财产损失的。"

④ 参考《标准化法》（2017 年修订）。

⑤ 最高人民法院《关于审理买卖合同纠纷案件适用法律问题的解释》（2020 年修正）第 27 条规定："民法典第六百三十四条第一款规定的'分期付款'，系指买受人将应付的总价款在一定期限内至少分三次向出卖人支付。分期付款买卖合同的约定违反民法典第六百三十四条第一款的规定，损害买受人利益，买受人主张该约定无效的，人民法院应予支持。"

⑥ 参考最高人民法院《关于审理民事案件适用诉讼时效制度若干问题的规定》（2020 年修正）第 19 条。

⑦ 参考北京市高级人民法院《审理技术合同纠纷案件若干问题的解答（试行）》第 11 条。

⑧ 参考北京市高级人民法院《关于审理金融类委托理财合同纠纷案件若干问题的指导意见（试行）》第 4 条。

⑨ 《民法典》第 680 条规定："禁止高利放贷，借款的利率不得违反国家有关规定。借款合同对支付利息没有约定的，视为没有利息。借款合同对支付利息约定不明确，当事人不能达成补充协议的，按照当地或者当事人的交易方式、交易习惯、市场利率等因素确定利息；自然人之间借款的，视为没有利息。"

⑩ 参考最高人民法院《关于审理涉及国有土地使用权合同纠纷案件适用法律问题的解释》（2020 年修正）。

⑪ 参考《农村土地承包法》（2018 年修正）。

⑫ 《民法典》第 401 条规定："抵押权人在债务履行期限届满前，与抵押人约定债务人不履行到期债务时抵押财产归债权人所有的，只能依法就抵押财产优先受偿。"第 408 条规定："抵押人的行为足以使抵押财产价值减少的，抵押权人有权请求抵押人停止其行为；抵押财产价值减少的，抵押权人有权请求恢复抵押财产的价值，或者提供与减少的价值相应的担保。抵押人不恢复抵押财产的价值，也不提供担保的，抵押权人有权请求债务人提前清偿债务。"

最高人民法院《关于适用〈中华人民共和国民法典〉时间效力的若干规定》第 7 条规定："民法典施行前，当事人在债务履行期限届满前约定债务人不履行到期债务时抵押财产或者质押财产归债权人所有的，适用民法典第四百零一条和第四百二十八条的规定。"

(十)主债权债务合同无效的,担保合同无效。①

(十一)非法垄断技术或者侵害他人技术成果的技术合同无效。②

第七十条 【其他法律障碍】审查合同履行是否存在其他法律障碍。合同及其条款虽不具有合同无效的情形,但却违反了有关的国务院部门规章、地方性法规、地方政府规章等规定,或违反特定行政管理机关发布的与合同交易相关的规范性文件,由此可能导致无法获得合同履行需取得的批准、许可、备案、登记或其他履行条件,进而导致合同不能履行或需委托人承担更多费用。

第七十一条 【财产权利之设立与转移】除地役权、土地承包经营权③、著作权等权利可在合同生效之同时设立或转让外,包括但不限于下列财产权利的设立、转移的时间与合同生效的时间常不一致。

(一)动产物权的设立和转让,自交付时发生效力,法律另有规定④或当事人另有约定的除外。⑤

(二)不动产物权的设立、变更、转让和消灭,经依法登记,发生效力。⑥

(三)专利申请权或者专利权的转让自登记之日起生效。⑦

第七十二条 【第三人主张权利】审查是否存在第三人依法可就合同标的主张权利的情形。此种情形,可能导致委托人预期取得的财产权利无从取得或保有,或需承担更多费用。例如:

(一)公司登记事项发生变更的,应当依法办理变更登记。公司登记事项未经登记或者未经变更登记,不得对抗善意相对人。⑧

[但是,根据《中华人民共和国公司法》(2023 年修订)第 11 条的规定,公司章程或者股东会对法定代表人职权的限制,不得对抗善意相对人。第 28 条规定,股东会、董事会决议被人民法院宣告无效、撤销或者确认不成立的,公司根据该决议与善意相对人形成的民事法律关系不受影响。第 67 条规定,公司章程对董事会职权的限制不得对抗善意相对人。]

---

① 《民法典》第 388 条规定:"设立担保物权,应当依照本法和其他法律的规定订立担保合同。担保合同包括抵押合同、质押合同和其他具有担保功能的合同。担保合同是主债权债务合同的从合同。主债权债务合同无效的,担保合同无效,但是法律另有规定的除外。担保合同被确认无效后,债务人、担保人、债权人有过错的,应当根据其过错各自承担相应的民事责任。"

参考最高人民法院民事判决书,(1998)经终字第 184 号;最高人民法院民事判决书,(2007)民二终字第 117 号。

② 最高人民法院《关于审理技术合同纠纷案件适用法律若干问题的解释》(2020 年修正)第 10 条规定:"下列情形,属于民法典第八百五十条所称的'非法垄断技术':(一)限制当事人一方在合同标的技术基础上进行新的研究开发或者限制其使用所改进的技术,或者双方交换改进技术的条件不对等,包括要求一方将其自行改进的技术无偿提供给对方、非互惠性转让给对方、无偿独占或者共享该改进技术的知识产权;(二)限制当事人一方从其他来源获得与技术提供方类似技术或者与其竞争的技术;(三)阻碍当事人一方根据市场需求,按照合理方式充分实施合同标的技术,包括明显不合理地限制技术接受方实施合同标的技术生产产品或者提供服务的数量、品种、价格、销售渠道和出口市场;(四)要求技术接受方接受并非实施技术必不可少的附带条件,包括购买非必需的技术、原材料、产品、设备、服务以及接收非必需的人员等;(五)不合理地限制技术接受方购买原材料、零部件、产品或者设备等的渠道或者来源;(六)禁止技术接受方对合同标的技术知识产权的有效性提出异议或者对提出异议附加条件。"

《民法典》第 850 条规定:"非法垄断技术或者侵害他人技术成果的技术合同无效。"

③ 《民法典》第 374 条规定:"地役权自地役权合同生效时设立。当事人要求登记的,可以向登记机构申请地役权登记;未经登记,不得对抗善意第三人。"

④ 《民法典》第 224 条规定:"动产物权的设立和转让,自交付时发生效力,但是法律另有规定的除外。"

⑤ 《民法典》第 208 条规定:"不动产物权的设立、变更、转让和消灭,应当依照法律规定登记。动产物权的设立和转让,应当依照法律规定交付。"

⑥ 《民法典》第 214 条规定:"不动产物权的设立、变更、转让和消灭,依照法律规定应当登记的,自记载于不动产登记簿时发生效力。"

⑦ 《专利法》(2020 年修正)第 10 条第 3 款规定:"……专利申请权或者专利权的转让自登记之日起生效。"

⑧ 参考《公司法》(2023 年修订)第 34 条。

（二）对于浮动抵押，债权人有权就抵押财产确定时的动产优先受偿。①

（三）船舶、航空器和机动车等的物权的设立、变更、转让和消灭，未经登记，不得对抗善意第三人。②

（四）土地承包经营权人将土地承包经营权互换、转让的，未经登记，不得对抗善意第三人。③

（五）抵押权设立前，抵押财产已经出租并转移占有的，原租赁关系不受该抵押权的影响。④

（六）商标使用许可未经备案不得对抗善意第三人。⑤

本条及前述第七十一条所涉及的登记、备案等事宜，委托人提供的待审合同文本、交易要点或具体要求中未涉及的，承办律师应向委托人作出明确的提示和风险告知。

第七十三条　【无权处分】涉及对房屋、土地使用权、股权、知识产权等特定财产或财产权利的转让或许可的合同，应注意审查：

（一）转让人、许可人是否享有该转让财产的所有权或对外授权许可的财产权利；

（二）转让人、许可人并非该转让财产的所有权人或该财产权利的权利人的，该处分行为是否已经取得所有权人或权利人的授权；

（三）被转让的财产所有权、被许可的财产权利是否受限制。⑥

虽然转让人、许可人在合同订立时不享有处分权并不当然导致合同无效⑦，但是在此情况下，除非构成善意取得，受让人、被许可人将无从取得该财产权利。

如有必要，承办律师可提示委托人：转让人、许可人在合同订立前，应出具前述授权文件的原件，交由受让人、被许可人备存。

第七十四条　【重要文件存在瑕疵】委托人为订立、履行合同依法应取得的重要的文件（如前条所述授权文件），存在下列可能影响合同成立、生效，或可能导致合同无效，或可能影响委托人合同目的的实现的其他法律障碍或风险等情形时，应向委托人作出法律风险提示，并建议委托人及时采取补救措施：

（一）该重要文件尚未取得；

（二）该文件的形式或内容不符合法律规定的要求；

（三）该文件的签署存在瑕疵；

（四）该文件在证据形式上存在瑕疵。

第七十五条　【合同与审计】审计是国家对建设单位的一种行政监督，不影响合同当事人之间合同的效力。合同当事人之间的权利义务关系，应以合同约定为依据。⑧如有需要，可在合同中明确约定，以最终的审计结论作为合同结算依据。

第七十六条　【其他】部分行业或领域内的某些惯常做法，虽较为普遍，但仍有可能与法不合，不应忽视。

---

① 《民法典》第396条规定："企业、个体工商户、农业生产经营者可以将现有的以及将有的生产设备、原材料、半成品、产品抵押，债务人不履行到期债务或者发生当事人约定的实现抵押权的情形，债权人有权就抵押财产确定时的动产优先受偿。"

② 《民法典》第225条规定："船舶、航空器和机动车等的物权的设立、变更、转让和消灭，未经登记，不得对抗善意第三人。"

③ 《民法典》第335条规定："土地承包经营权互换、转让的，当事人可以向登记机构申请登记；未经登记，不得对抗善意第三人。"

④ 《民法典》第405条规定："抵押权设立前，抵押财产已经出租并转移占有的，原租赁关系不受该抵押权的影响。"

⑤ 参考《商标法》（2019年修正）第43条第3款。

⑥ 例如，转让之房屋是否已抵押或出租，独占许可之著作权在许可范围内是否已经授权许可他人等。

⑦ 参考最高人民法院《关于审理买卖合同纠纷案件适用法律问题的解释》（2020年修正）。

⑧ 参考最高人民法院《关于建设工程承包合同案件中双方当事人已确认的工程决算价款与审计部门审计的工程决算价款不一致时如何适用法律问题的电话答复意见》。

第四节 合同条款设计与适当性审查

第七十七条 【审查目的】合同的适当性审查,旨在确定和规范合同交易秩序,防范和控制合同交易风险,维护委托人利益。

第七十八条 【审查的范围】合同的适当性审查,主要包括对以下方面的审查:

(一)合同交易模式选择的适当性;

(二)合同主体设置的适当性;

(三)合同结构设计的合理性;

(四)合同交易内容表述的明确性;

(五)合同交易方式设置的适当性;

(六)假定处理设置的适当性;

(七)合同辅助条款设置的适当性;

(八)合同条款表述的准确性;

(九)合同用语的一致性和严谨性。

第七十九条 【审查的深度】合同的适当性审查,应通过对《委托协议》的约定、委托人的具体要求,以及完成业务的时间等因素的综合考量,合理确定审查的深度。

第八十条 【合同文本的用途】进行合同起草、审查之前,需明确委托人委托起草、审查的合同文本是用于进一步协商的谈判文本,抑或已完成最终协商的待签文本。如是前者,合同内容应在与委托人沟通的基础之上,为委托人留有一定的谈判余地;如系后者,除非确有必要,一般不应作重大的或结构性的调整和修改。

第八十一条 【合同交易模式的选择】在完成合同起草、审查所需资料与信息的归集、整理和分析的基础上,应对委托人提供的合同交易模式进行审查和分析,并根据具体情况作出相应处理:

(一)委托人提供的合同交易模式存在较大的风险的,应向委托人作出风险提示;

(二)如有其他更为适当的合同交易模式的,可向委托人提出建议。

各种合同交易模式下,委托人及合同相对人承担之风险各异。应结合具体情形分析利弊,以供委托人权衡决策。

第八十二条 【多个合同、多个当事人之间关系的处理】为达成特定之目的,常涉及多个当事人,以及多个当事人之间的多个交易。此时,需深入分析,是将前述事项全部纳入一个合同,还是将其分别作为多个合同处理。如采用后者,则应考虑,其中一份合同之履行发生障碍或者解除时,其他合同项下各方之权利、义务或责任将如何处理。

第八十三条 【预约与合同生效条件】当事人约定在将来一定期限内订立合同的认购书、订购书、预订书等,构成预约合同。当事人一方不履行预约合同约定的订立合同义务的,对方可以请求其承担预约合同的违约责任。①

实务中,如拟排斥适用预约合同的法律规则,若各方已就本约合同之内容协商一致,只待特定条件成就即可履行,在此情形下,也可选择直接订立本约合同,并将该特定条件设置为合同生效条件。

第八十四条 【意向书、备忘录】名为"意向书""备忘录"等类似名称的文件,在符合下列条件时,将可能构成具有法律约束力的合同性质的文件,或构成各方已达成口头合同的书面证明文件。②

(一)当事人之间的权利、义务具体明确;

(二)表明了各方愿意受其约束的意思;

(三)各方共同签署。

---

① 参考《民法典》第495条。

② 参考北京市高级人民法院《关于审理房屋买卖合同纠纷案件适用法律若干问题的指导意见(试行)》第2条。

第八十五条　【合同主体的设置】审查合同主体设置的适当性，需考虑各合同当事人的设置是否必要，以及现有合同当事人的设置能否满足合同交易及合同风险控制的需要。

除实际施工人的直接诉权①等极少数法定的例外情形外，我国法律仍坚守合同的相对性，即只有合同当事人才能主张合同权利，只有合同当事人才承担合同义务和责任。② 合同中设定第三人义务的，对第三人无约束力。

合同约定由第三人履行义务或约定向第三人履行义务的，需审查是否有可能、有必要将该第三人列为合同当事人。

第八十六条　【合同结构】合同书通常由以下几个部分组成：

（一）合同首页；

（二）合同目录；

（三）合同首部；

（四）合同正文；

（五）合同签署页；

（六）合同附件。

第八十七条　【合同首页】合同首页，即合同封面，其作用在于方便归档和查找，兼具美化装帧的功能，可根据具体需要决定是否设置。

合同首页，常标明以下内容：

（一）合同名称；

（二）合同当事人；

（三）合同订立时间。

实务中，常有一方当事人根据其内部管理的需要，依据其内部既定的编码规则，为特定合同确定相应的“合同编号”。此类“合同编号”常出现在合同首页右上角。

实务中，亦有将“合同有效期”标注于合同首页的情形，实无必要。③

第八十八条　【目录】合同页数较多的，应设置目录，以便阅读和查找。

合同目录的内容应与合同章节及条款标题保持一致。

第八十九条　【合同首部】合同首部，即合同首页及目录之后，合同正文之前的部分。

合同首部，通常可依次包括以下部分：

（一）合同名称；

（二）合同当事人及其具体信息；

（三）“鉴于”条款；

（四）合同引言。

---

① 最高人民法院《关于审理建设工程施工合同纠纷案件适用法律问题的解释（一）》第 43 条规定：“实际施工人以转包人、违法分包人为被告起诉的，人民法院应当依法受理。实际施工人以发包人为被告主张权利的，人民法院应当追加转包人或者违法分包人为本案第三人，在查明发包人欠付转包人或者违法分包人建设工程价款的数额后，判决发包人在欠付建设工程价款范围内对实际施工人承担责任。”第 44 条规定：“实际施工人依据民法典第五百三十五条规定，以转包人或者违法分包人怠于向发包人行使到期债权或者与该债权有关的从权利，影响其到期债权实现，提起代位权诉讼的，人民法院应予支持。”

② 《民法典》第 522 条规定：“当事人约定由债务人向第三人履行债务，债务人未向第三人履行债务或者履行债务不符合约定的，应当向债权人承担违约责任。法律规定或者当事人约定第三人可以直接请求债务人向其履行债务，第三人未在合理期限内明确拒绝，债务人未向第三人履行债务或者履行债务不符合约定的，第三人可以请求债务人承担违约责任；债务人对债权人的抗辩，可以向第三人主张。”第 523 条规定：“当事人约定由第三人向债权人履行债务，第三人不履行债务或者履行债务不符合约定的，债务人应当向债权人承担违约责任。”

③ 参考本指引第 144 条。

第九十条 【合同名称】合同名称应依合同性质确定。依合同之性质,显然属于《中华人民共和国民法典》分则或其他法律、行政法规、司法解释规定的有名合同的,可直接据此命名。

如属混合合同或无名合同,可根据合同各方的主要权利义务关系确定合同名称。①

依合同约定的各方的主要权利义务关系难以确定合同性质时,如能明辨利弊,则应以更有利于委托人的合同性质命名。②

通过上述方式仍不能确定的,可只称"合同"或"协议"。

依合同各方主要权利义务关系难以确定合同性质时,合同名称亦可能影响合同性质的认定。而合同性质的认定将导致该类合同所属法律规范的适用,并可能影响合同争议司法管辖权的确定。应避免使用名不副实的合同名称,防止相关法律规范被无意识地适用。

第九十一条 【合同当事人】合同名称之后,应列明各方当事人的姓名或名称的全称,以确定合同各方当事人。

列明各方当事人之同时,可确定其代称(如甲方、乙方,或委托人、受托人等),以便下文指称。如使用该代称,则应保持代称之使用通篇一致。

列明各方当事人之同时,可一并列明各当事人的下列基本信息:

(一)当事人的住所地;(以便确定合同争议的司法管辖)

(二)当事人的通信信息;(以便通知和送达)

(三)当事人的身份证号码、企业注册号、统一社会信用代码等。(以便信息查询、核验)

上述合同当事人的具体信息,包括通信信息,也可在以下位置,采用以下方式表述:

(一)在合同正文前部分设置"合同当事人条款"予以约定;

(二)在合同正文设置"通知条款",明确当事人的通信信息;

(三)在合同签署页各方当事人相应的签署位置之后列明。

第九十二条 【鉴于条款】合同引言之前,可根据需要设置鉴于条款。

鉴于条款,具有介绍合同背景、固定基础事实和引导阅读的作用,常用于说明以下内容:

(一)当事人订立合同之前取得的,与合同订立、履行有关的资格、资质、授权、许可及批准等;

(二)合同订立前,各方为合同订立、履行所做的准备工作;

(三)与合同交易事项有关的其他重要背景事实和基础事实。

虽名为鉴于"条款",但其仍不属于合同正文。合同当事人的具体权利义务,应在合同正文中进行表述。

如有必要,与合同的订立、履行相关的,且委托人尚未掌握充分证据予以证明的重要事实,可在鉴于条款中予以明确表述,以减轻将来可能发生的证明困难。

除非必要,在"鉴于"条款中无须特别表述各方的主要权利义务关系,以表明其构成对价。③

第九十三条 【合同引言】合同正文之前,常有合同引言。

合同引言,旨在表明下述合同正文的内容系由当事人自愿协商一致而订立,当事人愿意受其约束,或一并提示合同交易事项的主要内容,引导阅读。

合同引言亦可一并明确合同签署的时间和地点。

合同引言应简洁明了,避免套话、空话。除非必要,通常不须援引具体的法律名称作为合同订立之依据。

第九十四条 【合同正文】合同正文指合同首部之后,合同签署页之前,表述当事人具体约定内容的部

---

① 例如,《设备买卖及技术服务合同》。

② 例如,买卖合同与承揽合同,司法实践中常因合同性质之认定而发生争议。对于承担付款义务之一方而言,承揽合同通常更优于买卖合同,概因承揽合同之定作人享有对承揽合同的法定任意解除权以及对定作要求的任意变更权。

③ 在英美法系条件下,约因或对价(consideration)常是认定合同是否可强制执行的一个重要因素。基于此,英美之合同常在鉴于条款中特别表述各方的交易关系,以此显示其构成约因。而我国《民法典》无类似概念,对于合同的效力以及合同的可强制执行性亦无类似要求。因此,可不予考虑。

分。该部分为合同的核心内容。

依据合同正文具体内容功能的不同，可作如下划分：

（一）交易内容；

（二）交易方式；

（三）假定处理；

（四）辅助条款。

前述为合同正文的功能结构，其与合同条款结构并不完全一致。如"价款"条款下，可包括以下各项：

（一）"价格"属交易内容；

（二）"支付方式与期限"属交易方式；

（三）"迟延支付责任"及相应的"约定解除权"则属假定处理。

第九十五条　【合同正文结构设计的一般规则】合同条款结构应当条理清晰、层次分明，便于阅读和查找。

合同条款的结构顺序，一般应遵循下列规则排列：

（一）按照通常的表述习惯；

（二）按照合同内容发生的时间先后等逻辑顺序；

（三）按照合同内容的重要程度。

第九十六条　【合同正文的结构设计】通过对有关资料与信息的归集、整理和分析，可明确合同交易事项的合同主体、合同目的、交易内容、交易方式，以及有关资料与信息中体现出的其他需要在合同中约定的主要内容。在此基础之上，即可结合前述"合同结构"及"合同正文结构设计的一般规则"进行合同正文的框架结构设计。

以"房屋租赁合同"为例，该类合同正文的条款结构一般可设计为：

（一）租赁房屋（房屋信息及现状、房屋性质、产权归属、附属设施、设备等）；

（二）租赁期限（初始期限及续租）；

（三）房屋交付（交付时间、交付状态）；

（四）租金（支付期限和方式）；

（五）押金（支付、退还、折抵、扣除）；

（六）房屋使用（用途、限制、对外责任）；

（七）出租人的协助义务；

（八）费用负担；

（九）装修与装潢；

（十）维护与维修；

（十一）转租；

（十二）违约责任；

（十三）不可抗力与免责；

（十四）合同终止与解除；

（十五）辅助性条款（如通知条款、合同变更条款、争议解决条款、生效条件条款、文本条款等）。

合同起草或修改过程中，可随时对合同正文的条款结构进行调整。

第九十七条　【合同的标题体系】合同的标题体系，包括合同章节、条款标题和标题序号。

设置合同标题体系时，应注意：

（一）合同标题体系应层级分明，使用规范；

（二）合同章节及条款标题的内容应与相应条款内容相符，但不应直接表述各方具体权利义务之内容；

（三）相应条款之内容，应在脱离该标题的情况下仍可清晰、完整表达；

（四）具体条款难以确定标题的，可不设标题，表达准确比形式完美更为重要。

合同层次较多的,可采用下列合同标题序号体系。

(一)第一章;

(二)第一节;

(三)第1条;

(四)1.1(读作第1.1款);

(五)1.1.1(读作第1.1.1项);

(六)(1)[读作第1.1.1项第(1)子项]。

合同层次较少的,可只采用其中(三)、(四)、(五)或(六)三个层级。

"甲方义务""乙方义务"之类的条款标题,仅适用于合同交易关系简单且内容较少的合同。

第九十八条 【确定交易内容】合同正文中的交易内容部分,用于陈述合同交易对象的具体要求。通常包括合同标的之范围、描述、质量、数量、价款等内容。亦可理解为:各方当事人期望通过合同之履行得到的东西是什么,包括哪些,具体要求如何。

约定合同交易内容,应力求明确、具体、可控制、可操作。

交易内容的有关信息应由委托人提供,承办律师通常只需对该委托人提供的交易内容进行下列方面的审查:

(一)交易内容的合法性;

(二)交易内容表述的明确性、准确性;

(三)如在合同订立时尚不能确定的交易内容,应考虑约定进一步确定的方法,或由哪一方当事人通过何种方式确定。

涉及委托人负有履行义务的交易内容,应注意审查该交易内容是否属于委托人可控制的范围。①

第九十九条 【交易方式的设计】合同正文中的交易方式部分,用于表述实现上述交易内容的具体方式、流程或步骤。通常包括各方的阶段性义务、相应阶段性义务的履行条件、顺序、期限、地点、方式、要求和控制手段等内容。

交易方式的设计,应力求具体明确、条理清晰,可控制、可操作、可证明。

约定交易方式,应充分利用同时履行抗辩权和后履行抗辩权,双方交互履行,彼此控制交易风险,避免合同交易被对方单方控制。②

约定交易方式,应特别注意特定义务的履行期限和履行条件。履行期限不明,将使履行迟延以及迟延期间的认定发生困难。履行条件不明,将使该方义务之履行成为无条件之义务,不利于其履行风险的控制。

设计交易方式时,可将合同交易事项根据交易需要和交易流程,将其划分为不同的交易方面和交易阶段。在某一方面,或某一阶段的交易方式的设计中,可从以下几个角度进行分析和审查:

(一)在什么条件下;

(二)一方负有怎样的义务;

(三)该义务履行之期限、方式及其具体要求如何;

(四)在履行该义务后,该方能否取得相应证据证明其已经履行了该义务。

第一百条 【证据】起草、审查合同,应特别考虑委托人主张合同权利所需证据的取得。包括:

(一)合同订立时,是否存在重要基础事实需由各方在合同中进行确认。

(二)按照合同设计的交易方式,委托人履行了特定义务后,能否自然取得相应证据,证明其已经履行了该义务;如不能自然取得相应证据,则应在合同条款中设计该义务已履行的确认方式。

---

① 例如,某《设备买卖合同》约定:卖方交付的设备,应满足买方"某工程的设计需要"。此时,则应要求委托人对该"工程设计需要"做进一步审核,并可将其作为合同附件予以明确。然若该"设计"本身尚不确定,或仍有较大变动可能,则卖方即已为自己设定了不可控制的义务。

② 例如,某《设备买卖合同》约定的交易方式为:预付20%→工厂验收→付15% →交货、验收→付25% →安装、试运行并验收→付30% →质保期满→ 支付余款10%。

第一百零一条 【假定处理规则的设计】合同正文中的假定处理规则,用于表述前述交易内容、交易方式未能依照约定履行时的处理方式,以及有关的合同风险分配和处理规则,包括但不限于违约责任、约定解除权、意外事件、不可抗力等内容。

设计合同的假定处理规则时,可在前述交易方式的设计完成之后,就该交易方式中某一特定义务的履行,全面假设下列情形,再根据委托人提供的信息,结合承办律师的法律专业知识和执业经验,择其要点纳入合同:

(一)不履行;

(二)迟延履行;

(三)不适当履行;

(四)加害履行。

直接影响委托人核心利益的交易环节,应考虑设置相应的约定解除权。①

分析可能出现的不可抗力事件、意外事件或其他特殊事件对合同履行的影响,特别约定在此类情形下的风险分配和处理规则。

《中华人民共和国民法典》就合同履行中可能发生的特定情形的处理设置了大量的任意性规范。承办律师可根据委托人利益,在合同中作出不同约定,排除有关任意性规范的适用。

《中华人民共和国民法典》规定了任意解除权②,行使任意解除权的,不构成违约,其依法需向对方承担赔偿责任的范围,通常亦不包括预期可得利益。③在对上述合同有关假定处理规则的设计时,应对此予以充分重视。

第一百零二条 【设置辅助条款】在完成上述交易内容、交易方式及假定处理规则的设计后,可根据合同交易的具体需要,设置定义条款、通知条款、合同变更条款、合同转让条款、归并条款、保密条款、法律适用条款、仲裁条款或约定管辖条款、生效条件条款、文本条款等辅助条款。④

上述内容可在合同正文之后部依次排列。内容较少的,可整合为"其他"条款。

承办律师可在日常工作、学习中收集、整理、设计此类条款。在起草、审查合同时,可根据合同交易的实际需要,进行检索、选择、修改和添加。在此方面,可显著提高工作效率。

第一百零三条 【合同签署页】合同正文之后,可单独设置合同签署页。设置合同签署页的,该页首应注明"本页为签署页"。相应地,合同正文结束行之次行,应注明"此后无正文"。

较为简单的合同可不单独设置合同签署页。合同正文结束行之次行,应注明"此后无正文"。

合同引言处未明确合同签署时间的,应在合同签署页注明合同签署时间。

第一百零四条 【合同附件】实务中,常因下列原因,将特定合同内容作为一个或多个合同附件设置:

(一)该部分内容较多,如直接在合同正文中表述,将导致合同正文的内容比例失调。如标的描述附件、履行时间表等。

(二)该部分内容不直接体现当事人之间的权利义务关系,在合同正文中直接表述,不便阅读。如定义附件、技术附件等。

实务中,亦可将某些与合同订立、履行相关的重要文件作为证明性的合同附件设置,并在合同正文中引述。例如:

---

① 参考本指引第130条。

② 《民法典》第563条规定:"有下列情形之一的,当事人可以解除合同:(一)因不可抗力致使不能实现合同目的;(二)在履行期限届满前,当事人一方明确表示或者以自己的行为表明不履行主要债务;(三)当事人一方迟延履行主要债务,经催告后在合理期限内仍未履行;(四)当事人一方迟延履行债务或者有其他违约行为致使不能实现合同目的;(五)法律规定的其他情形。以持续履行的债务为内容的不定期合同,当事人可以随时解除合同,但是应当在合理期限之前通知对方。"

③ 参考最高人民法院民事判决书,(2005)民二终字第143号。

④ 参考本指引第四章有关内容。

(一)当事人的身份、资质证明文件;

(二)合同标的的权利证书;

(三)合同签署人的授权委托书。

合同附件之设置要求如下:

(一)合同附件应附在合同签署页之后;

(二)合同正文之后,签署页之前,应列明全部合同附件的序号及名称(附件清单),或在合同正文中专设"合同附件"条款;

(三)有关合同附件应在合同正文中引述;

(四)对前述证明性合同附件,可在附件清单后注明:"上述合同附件已经由各方当事人与原件核对无误。"

第一百零五条 【整理、复核、成稿】完成前述合同交易内容、交易方式、假定处理规则和辅助条款的设计后,可对前述合同正文的内容进行结构调整。①

此后,再依据本节前述方法,通过全文通读,在以下方面进行复核:

(一)合同条款结构是否合理;

(二)语义表述是否清晰、严谨;

(三)条款表述能否更精练、准确;

(四)字、词、句、标点符号、标题序号是否有错误,使用是否规范。

请他人审读,或可发现更多不足;但负有保密义务的除外。

如有可能,可在完成初稿后每日审阅一遍,或有更多收获。

第一百零六条 【合同条款的表述】合同内容表述应在满足交易需求的前提下,尽可能简洁明了。

涉及委托人核心利益的合同交易环节,如有必要,当不惜笔墨,尽可能表述得清晰、明确。

善用"引述",可以避免因同一内容多次陈述而导致的表述重复和解释冲突。

第一百零七条 【合同用语的一致性】应注意有关合同用语的一致性。例如:

(一)当事人及有关各方的称谓(包括代称、简称)应保持通篇一致;

(二)当事人、合同标的、标的物的指称应保持通篇一致;

(三)数字、日期格式应保持统一,不应中文数字、阿拉伯数字混用。

第一百零八条 【合同用语的准确性】应注意合同用语的严谨性。例如:

(一)平等主体之间履行金钱支付义务的,应称"支付";

(二)履行非金钱义务的,应称"交付";

(三)履行公法规定的税款、罚款等缴付义务的,应称"缴纳";

(四)介于前述"支付"及"缴纳"之间的,可使用"交纳"。

有些字、词甚至标点符号,在不同语境中,在语意表达上存在细微但重要的区别。例如:

(一)"和""或""与""于""并""且";

(二)"包括""仅包括""可包括""包括但不限于";

(三)"应当""可以""有权""有权并有义务""有权选择""有权任意选择";

(四)"签字或盖章""签字、盖章""签字盖章""签字并盖章""签字及盖章"。

句子中的并列成分较多的,为表达清晰,可考虑采用"有下列情形之一的"表明选择关系;或采用"同时具备下列条件"表明并存关系。

为避免合同条款表述遗漏,可根据需要设置相应"兜底条款"。

第一百零九条 【合同担保】为保障委托人合同利益的实现,可根据合同交易的具体情况,建议委托人争取获得担保。涉及担保合同及担保物权的效力、登记手续等问题,法律规定较为复杂,应审慎处理。

---

① 参考本指引第94条至第96条。

第五节 合同签署与装订

第一百一十条 【合同签署之要求】根据《中华人民共和国民法典》第四百九十条①之规定，结合司法实践经验，当事人采用合同书形式订立合同的，合同签署的一般要求为“签名、盖章或者按指印”。

合同约定“合同自双方当事人签字并盖章之日起生效”等以特别的合同签署形式作为合同生效条件的，应当依此约定签署，否则将可能影响合同的生效。②

依据《中华人民共和国电子签名法》规定，在该法第三条允许的范围内，当事人采用数据电文形式订立合同的，可约定采用电子签名方式签署。

当事人签署的姓名、名称（包括印章印文）应与合同首部确定的合同当事人保持一致。

合同引言、合同签署页未表明合同签署时间的，当事人签署合同时，应一并签署日期。

合同各方应尽可能当面签署全部合同文本，并依文本条款之约定即时分配合同文本。

合同有多页的，应由各方加盖骑缝章，或由合同签署人页签。

第一百一十一条 【签字】合同之“签字”，包括下列人的签字：

（一）合同当事人本人（自然人）；

（二）合同当事人的法定代表人或负责人；

（三）具有相应代理权的授权代理人。

“签字”通常指签署人的亲笔签名，除非当事人之间已有特别约定，不应以人名印章、签名章或电子制版签名代替。

第一百一十二条 【盖章】合同之“盖章”，通常包括：

（一）合同专用章；

（二）公章；

（三）双方已指定的特定印章。

除仅涉及单纯的“对账”等财务事务外，不应采用财务专用章对外订立合同。

第一百一十三条 【合同之倒签】合同倒签行为，法律尚无禁止性规定。该行为本身一般不影响合同效力。③

如合同订立之前，当事人已达成口头协议并已实际开始履行的，可考虑采用以下方式处理：

（一）在合同中确认各方先前就合同交易事项已经达成口头协议的事实和各方在本合同订立之前已经履行的情况。

（二）同时约定：各方依据前述口头协议的内容订立本合同。本合同之内容亦适用于各方在本合同订立之前已经发生的履行（或不履行）行为。

第一百一十四条 【合同签署的权限审查】合同签署时，应根据合同约定的签署方式及相关法律规定审查合同签署人的签署权限。

在采取授权代理人签字（包括“签字并盖章”）的签署形式时，应注意：

（一）要求该方当事人提供由其签署的书面授权文件；

（二）该授权文件中的代理权限，应含有“代为订立合同”的内容；

（三）防止出现“双方代理”等情形。

概括性的授权，通常对合同相对方更为有利。

如无明确授权，则需适用表见代理、职务代理（职务行为）等制度，来认定行为人是否具有相应的代理

---

① 《民法典》第490条规定：“当事人采用合同书形式订立合同的，自当事人均签名、盖章或者按指印时合同成立。在签名、盖章或者按指印之前，当事人一方已经履行主要义务，对方接受时，该合同成立。法律、行政法规规定或者当事人约定合同应当采用书面形式订立，当事人未采用书面形式但是一方已经履行主要义务，对方接受时，该合同成立。”

② 参考最高人民法院民事判决书，(2005)民一终字第116号。

③ 参考最高人民法院民事判决书，(2001)民三终字第3号。

权。同时,合同当事人主张行为人之行为构成表见代理的,需对此承担举证责任,不仅应当举证证明代理行为存在有权代理的客观表象形式要素,而且应证明其善意且无过失地相信行为人具有代理权。①因此,应予特别重视。

第一百一十五条 【授权委托书的出具】合同当事人授权法定代表人、负责人之外的其他特定人员签订合同时,常需为此对外出具授权委托书。在出具该授权委托书时,应在满足交易需要的前提下,在合同相对人、合同性质、合同标的、合同金额、授权期限等方面,对授权权限予以必要的合理限制。

第一百一十六条 【合同文件之装订】合同文件(包括合同附件)应尽可能采取不可拆解的装订方式整体装订,并加盖骑缝章或由合同签署人页签。

不能采取上述方式的,除各方另有约定外,各部分合同文件应分别同等签署和装订,并应在合同中确切指明各部分合同文件的名称及签署时间,除非该部分合同文件内容是各方均无法否认和改变,且委托人能够并方便提供的。

第四章 常见合同条款的起草与审查

第一百一十七条 【陈述与保证条款】陈述与保证条款,通常包括以下内容:

(一)一方就与合同交易事项有关的事实作出陈述。

(二)该方保证合同订立时上述事实的真实性;或一并保证上述情形在特定期间内持续处于其所陈述的状态。

(三)该方违反上述义务所应承担的责任,以及合同相对方的救济方式。

此类条款旨在减少或控制当事人之间因合同交易事项的信息不对称带来的交易风险。②

第一百一十八条 【定义条款】定义条款,旨在对合同中较为复杂的或可能发生歧义的词语赋予明确的含义,以便在合同中准确、一致地表述。

被定义的词语,不应超出其在该合同语境下语义解释的合理范围。

定义条款,常设置在合同中的下列位置:

(一)合同正文首部,常为合同第1条或第2条;③

(二)合同正文后部;

(三)作为合同定义附件。

设置定义条款时,需注意:

---

① 参考最高人民法院《关于当前形势下审理民商事合同纠纷案件若干问题的指导意见》。

有关"职务行为""表见代理"详见《民法典》。第170条第1款规定:"执行法人或者非法人组织工作任务的人员,就其职权范围内的事项,以法人或者非法人组织的名义实施的民事法律行为,对法人或者非法人组织发生效力。法人或者非法人组织对执行其工作任务的人员职权范围的限制,不得对抗善意相对人。"

第171条规定:"行为人没有代理权、超越代理权或者代理权终止后,仍然实施代理行为,未经被代理人追认的,对被代理人不发生效力。相对人可以催告被代理人自收到通知之日起三十日内予以追认。被代理人未作表示的,视为拒绝追认。行为人实施的行为被追认前,善意相对人有撤销的权利。撤销应当以通知的方式作出。行为人实施的行为未被追认的,善意相对人有权请求行为人履行债务或者就其受到的损害请求行为人赔偿。但是,赔偿的范围不得超过被代理人追认时相对人所能获得的利益。相对人知道或者应当知道行为人无权代理的,相对人和行为人按照各自的过错承担责任。"

第172条规定:"行为人没有代理权、超越代理权或者代理权终止后,仍然实施代理行为,相对人有理由相信行为人有代理权的,代理行为有效。"

② 例如,股权转让合同中,受让人通常无从确证目标公司是否存在未曾披露的债务,或目标公司在股权交割之前是否会再发生其他变故。需要特别留意的是,对于"股权转让由谁承担认缴责任"要进行明确约定:

根据《公司法》(2023年修订)第88条的规定:"股东转让已认缴出资但未届出资期限的股权的,由受让人承担缴纳该出资的义务;受让人未按期足额缴纳出资的,转让人对受让人未按期缴纳的出资承担补充责任。未按照公司章程规定的出资日期缴纳出资或者作为出资的非货币财产的实际价额显著低于所认缴的出资额的股东转让股权的,转让人与受让人在出资不足的范围内承担连带责任;受让人不知道且不应当知道存在上述情形的,由转让人承担责任。"

③ 将"合同当事人条款"作为合同正文的第1条时,"定义条款"常为第2条。

（一）定义条款应仅限于解释特定词语的含义，不应涉及当事人之间具体的权利义务关系；

（二）通常含义足以清晰表达的，不必定义；

（三）经过定义后的词语，在合同中应通篇一致，并可以特别的字体或格式（如下画线）表明其在合同中是被特别定义的词语；

（四）需定义的词语较少的，可采用附带解释、括号解释等方式处理，不必专设定义条款。

第一百一十九条　【标的条款】标的描述应尽可能具体、明确、可操作、可证明。

合同订立时尚不能具体确定的信息，应明确具体确定的方式，或哪一方当事人有权以何种方式进行确定。

合同标的不明确，可能导致合同不成立；合同标的之范围、要求描述不清，极易发生争议。

第一百二十条　【数量条款】标的数量，应尽可能具体、明确、可操作、可证明；并应一并考虑约定：

（一）计数（量）之方式；

（二）计数（量）之依据；

（三）计数（量）之程序；

（四）计数（量）的证明及其形式要求。

合同订立时尚不能具体确定数量的，应明确具体确定的方式，或哪一方当事人有权以何种方式进行确定。

第一百二十一条　【质量标准条款】《中华人民共和国民法典》未将合同标的之质量瑕疵与“标的与合同描述不符”区分对待。①

约定的质量标准，应尽可能具体、明确、可操作、可证明。除非有特别需要，通常应保持与下列质量标准的协调一致：

（一）国家规定的强制性标准；

（二）出卖人提供的有关标的物的质量说明；

（三）在产品或者其包装上注明采用的产品标准；

（四）以产品说明、实物样品等方式表明的质量状况。

采用样品买卖方式的，应在合同中对样品的封存方式及封存时间等进行说明，以便确定该封存样品与合同之间的联系。

合同订立时尚不能具体确定的，应约定确定之方式，或哪一方当事人有权以何种方式进行确定。

第一百二十二条　【质量责任条款】《中华人民共和国民法典》对于有关质量责任的规定较为简略，②应根据委托人之实际需要特别设定，并应注意与付款条件的配合，以便控制交易中的质量风险。

《中华人民共和国民法典》对于买方的拒收权设置的行使条件较为严格且不确定。③ 为保护买方利益，可另行约定拒收条件。

如有必要，可一并约定质检机构、检材取样和送检方式，以及检测费用的承担等内容。

---

① 例如，标的物本身的质量合格，但标的物的种类与合同约定不符。

② 《民法典》第615条规定：“出卖人应当按照约定的质量要求交付标的物。出卖人提供有关标的物质量说明的，交付的标的物应当符合该说明的质量要求。”

第616条规定：“当事人对标的物的质量要求没有约定或者约定不明确，依据本法第五百一十条的规定仍不能确定的，适用本法第五百一十一条第一项的规定。”

第617条规定：“出卖人交付的标的物不符合质量要求的，买受人可以依据本法第五百八十二条至第五百八十四条的规定请求承担违约责任。”

③ 《民法典》第589条规定：“债务人按照约定履行债务，债权人无正当理由拒绝受领的，债务人可以请求债权人赔偿增加的费用。在债权人受领迟延期间，债务人无须支付利息。”

第610条规定：“因标的物不符合质量要求，致使不能实现合同目的的，买受人可以拒绝接受标的物或者解除合同。买受人拒绝接受标的物或者解除合同的，标的物毁损、灭失的风险由出卖人承担。”

第629条规定：“出卖人多交标的物的，买受人可以接收或者拒绝接收多交的部分。买受人接收多交部分的，按照约定的价格支付价款；买受人拒绝接收多交部分的，应当及时通知出卖人。”

《中华人民共和国民法典》规定的检验期间制度,主要是为了保护卖方利益而设置的。①

合同约定质量保证金的,可同时约定:

(一)质量保证金的退还条件、退还期限和退还方式;

(二)质量保证金可予扣除的情形及扣除的方式;

(三)质量保证金可不予退还的情形。

有关质量责任,可根据具体情形约定专项违约金。基于同一违约行为及损害结果,该专项违约金与上述质量保证金不能并用。

合同约定质量保证期的,应同时约定卖方在质量保证期内的处理义务和责任。即使买方未在检验期间内提出质量异议,买方仍有权要求卖方承担上述质量保证期内的处理义务和责任。

第一百二十三条 【税费负担条款】我国税收管理方面的法律法规对于税收的征收均明确规定了纳税义务人,但是对于实际由哪一方当事人缴纳税款并未作出强制性的规定。因此,当事人可在合同中约定由纳税义务人以外的当事人承担相应税费。② 但是该合同约定并不影响税收征管法律关系中纳税义务人依法应承担的纳税义务。

除非合同交易事项可能涉及的税费种类及金额已完全具体确定,有关税费的负担应设置兜底条款,以免遗漏。

如有必要,可约定纳税义务人在依法纳税后,向合同约定的相应税费负担者的追偿权。

第一百二十四条 【所有权保留条款】当事人可就动产约定所有权保留条款。③所有权保留条款的主要价值在于:在债务人未依合同约定履行债务时,包括债务人破产清算时,④债权人可依合同约定或依法律规定行使取回权。

依所有权保留条款行使取回权的,买卖合同并不当然解除。

如有必要,可向委托人进行相应提示:

(一)买受人已经支付标的物总价款的百分之七十五以上,出卖人主张取回标的物的,人民法院不予支持第三人如善意取得标的物所有权或者其他物权的,出卖人不得主张取回权;⑤

(二)在《中华人民共和国民法典》第六百四十二条第一款第三项情形下,第三人依据《中华人民共和国民法典》第三百一十一条的规定已经善意取得标的物所有权或者其他物权,出卖人主张取回标的物的,人民法院不予支持。⑥

第一百二十五条 【违约金条款】依违约金的约定方式,通常将其分为一般违约金与专项违约金。

合同约定之违约金应"以补偿性为主、以惩罚性为辅"。⑦ 违约金系以赔偿非违约方的损失为主要功能,而非旨在严厉惩罚违约方。因此,约定的违约金可略高于对方之违约行为可能造成的损失,但不宜过高。

设置违约金条款时,可建议委托人根据其商务经验,就对方可能发生的特定违约行为可能使委托人遭

---

① 《民法典》第620条规定:"买受人收到标的物时应当在约定的检验期限内检验。没有约定检验期限的,应当及时检验。"

第621条规定:"当事人约定检验期限的,买受人应当在检验期限内将标的物的数量或者质量不符合约定的情形通知出卖人。买受人怠于通知的,视为标的物的数量或者质量符合约定。当事人没有约定检验期限的,买受人应当在发现或者应当发现标的物的数量或者质量不符合约定的合理期限内通知出卖人。买受人在合理期限内未通知或者自收到标的物之日起二年内未通知出卖人的,视为标的物的数量或者质量符合约定;但是,对标的物有质量保证期的,适用质量保证期,不适用该二年的规定。出卖人知道或者应当知道提供的标的物不符合约定的,买受人不受前两款规定的通知时间的限制。"

② 参考《最高人民法院公报》2008年第3期;最高人民法院民事判决书,(2007)民一终字第62号。

③ 参考《民法典》第224条、第642条、第643条;最高人民法院《关于审理买卖合同纠纷案件适用法律问题的解释》(2020年修正)。

④ 参考最高人民法院《关于适用〈中华人民共和国企业破产法〉若干问题的规定(二)》(2020年修正)。

⑤ 参考最高人民法院《关于审理买卖合同纠纷案件适用法律问题的解释》(2020年修正)第26条第1款。

⑥ 参考最高人民法院《关于审理买卖合同纠纷案件适用法律问题的解释》(2020年修正)第26条第2款。

⑦ 参考最高人民法院《关于当前形势下审理民商事合同纠纷案件若干问题的指导意见》。

受损害的范围及金额进行预估,并在此基础上略作增加。

非金钱债务之违约所造成的损失普遍存在证明困难,约定相应的违约金条款更显重要。

司法实践中,法院认为约定的违约金过高并予适当减少时,认定"过高"之标准及"减少"之幅度极不平衡。

对于当事人约定的违约金"过分高于造成的损失"需要进行综合判断。①

第一百二十六条　【逾期付款违约金条款】合同可就负有金钱支付义务一方迟延履行该义务约定"逾期付款违约金",而不应使用"罚款"、"罚金"、"滞纳金"或"利息"。

如合同约定的逾期付款违约金过高,违约方有权请求法院或仲裁机构适当减少。

结合司法实践情况,合同约定"每日万分之五"的逾期付款违约金的计算标准,通常可被裁判机构接受。②

合同没有约定逾期付款违约金或者没有约定该违约金的计算方法的,可以中国人民银行同期同类人民币贷款基准利率为基础,参照逾期罚息利率标准计算逾期付款损失;③对工程欠款,按照同期同类贷款利率或者同期贷款市场报价利率计息。④

逾期付款违约金的起算时间通常应为付款义务一方相应履行期限届满之次日。履行期限约定不明,将会给逾期付款违约金计算之起始时间的确定带来不便。

第一百二十七条　【违约定金条款】当事人可以依照《中华人民共和国民法典》约定一方向对方给付定金作为债权的担保,但要注意"定金罚则"。⑤

设置违约定金条款时,应注意《中华人民共和国民法典》的相关限制。⑥

应注意区分违约金与违约定金法律后果的不同,根据合同交易事项的特点选择使用。

应注意区分违约定金与履约保证金的区别:

(一)招标文件要求中标人提交履约保证金的,中标人应当按照招标文件的要求提交。履约保证金不得超过中标合同金额的10%。⑦

(二)中标人不履行与招标人订立的合同的,履约保证金不予退还,给招标人造成的损失超过履约保证金数额的,还应当对超过部分予以赔偿;没有提交履约保证金的,应当对招标人的损失承担赔偿责任。⑧

---

① 最高人民法院《关于适用〈中华人民共和国合同法〉若干问题的解释(二)》已失效,其第29条第2款规定的30%的标准在《民法典》中并未有新的规定,司法实践中不应机械地将超过实际损失30%的违约金认定为"过分高于造成的损失"。

② 参考最高人民法院民事判决书,(1999)民终字第5号;最高人民法院民事判决书,(2001)民二终字第101号。

③ 参考最高人民法院《关于审理买卖合同纠纷案件适用法律问题的解释》(2020年修正)第18条第4款规定:"买卖合同没有约定逾期付款违约金或者该违约金的计算方法,出卖人以买受人违约为由主张赔偿逾期付款损失,违约行为发生在2019年8月19日之前的,人民法院可以中国人民银行同期同类人民币贷款基准利率为基础,参照逾期罚息利率标准计算;违约行为发生在2019年8月20日之后的,人民法院可以违约行为发生时中国人民银行授权全国银行间同业拆借中心公布的一年期贷款市场报价利率(LPR)标准为基础,加计30-50%计算逾期付款损失。"

④ 最高人民法院《关于审理建设工程施工合同纠纷案件适用法律问题的解释(一)》第26条规定:"当事人对欠付工程价款利息计付标准有约定的,按照约定处理。没有约定的,按照同期同类贷款利率或者同期贷款市场报价利率计息。"

⑤ 《民法典》第587条规定:"债务人履行债务的,定金应当抵作价款或者收回。给付定金的一方不履行债务或者履行债务不符合约定,致使不能实现合同目的的,无权请求返还定金;收受定金的一方不履行债务或者履行债务不符合约定,致使不能实现合同目的的,应当双倍返还定金。"

⑥ 《民法典》第586条规定:"当事人可以约定一方向对方给付定金作为债权的担保。定金合同自实际交付定金时成立。定金的数额由当事人约定;但是,不得超过主合同标的额的百分之二十,超过部分不产生定金的效力。实际交付的定金数额多于或者少于约定数额的,视为变更约定的定金数额。"第588条规定:"当事人既约定违约金,又约定定金的,一方违约时,对方可以选择适用违约金或者定金条款。定金不足以弥补一方违约造成的损失的,对方可以请求赔偿超过定金数额的损失。"

⑦ 参考《招标投标法实施条例》(2019年修订)。

⑧ 参考《招标投标法》(2017年修正)。

第一百二十八条 【解约定金条款】解约定金条款应表明下列内容:定金交付后,交付定金的一方可以丧失定金为代价而解除主合同,收受定金的一方可以双倍返还定金为代价而解除主合同。①

解约定金需由合同特别约定。合同仅约定定金的,不具有解约定金的效力。

第一百二十九条 【加速期限条款】除分期付款买卖之价款支付义务②外,同一债务依合同约定分期履行时,如无特别约定,债务人迟延履行其中一期债务的,债务人仅就该期债务构成迟延。债权人尚无权要求债务人即时履行其他未到期债务。为解决此问题,当事人可在合同中约定"加速期限条款"。

常见的加速期限条款的主要内容为:一方当事人不履行本合同项下(或特定条款约定的)任何一期债务的,相对方即有权要求其即时履行该合同项下(或特定条款约定的)之全部义务。

第一百三十条 【约定解除权条款】合同常因一方当事人之违约或其他特别事件之发生,导致委托人难以期待合同仍能得到适当履行。同时,由于法定解除权认定之条件严格且不确定,合意解除又必须对方同意,合同是否约定了委托人的相应合同解除权即显得十分重要。因此,凡涉及委托人核心利益的交易环节,均应考虑设置相应的约定解除权条款。

《中华人民共和国民法典》对约定解除权行使的"除斥期间"限定为1年③,对分期付款买卖合同有特别规定。④

应区分合同约定解除权的解除条件与对合同效力的约定附解除条件。在前者情形下,当合同约定解除权条件成就时,解除权人有权决定是否解除合同;在后者情形下,合同效力所附解除条件成就时合同即时失效。

合同约定解除权的条件应尽可能清晰、明确、可操作、易证明。

设置约定解除权条款,应同时考虑是否有必要设置合同解除后的清理条款。

设置约定解除权时,应避免以下不规范的约定方式:

(一)约定一方发生特定违约情形时,合同自动解除;

(二)约定一方发生特定违约情形时,视为其单方解除合同;

(三)仅表述特定行为构成根本违约,却未表明此时相对方有权解除合同。

第一百三十一条 【赔偿范围条款】决定违约损害赔偿范围的主要因素为:违约事实与损害结果之间的

---

① 《民法典》将定金限定在违约责任的部分,主要指违约定金。实践中有待新的司法解释与判例对"立约、成约、解约"等定金的形态予以规制。

② 《民法典》第634条规定:"分期付款的买受人未支付到期价款的数额达到全部价款的五分之一,经催告后在合理期限内仍未支付到期价款的,出卖人可以请求买受人支付全部价款或者解除合同。出卖人解除合同的,可以向买受人请求支付该标的物的使用费。"第673条规定:"借款人未按照约定的借款用途使用借款的,贷款人可以停止发放借款、提前收回借款或者解除合同。"第752条规定:"承租人应当按照约定支付租金。承租人经催告后在合理期限内仍不支付租金的,出租人可以请求支付全部租金;也可以解除合同,收回租赁物。"

③ 《民法典》第564条规定:"法律规定或者当事人约定解除权行使期限,期限届满当事人不行使的,该权利消灭。法律没有规定或者当事人没有约定解除权行使期限,自解除权人知道或者应当知道解除事由之日起一年内不行使,或者经对方催告后在合理期限内不行使的,该权利消灭。"第565条规定:"当事人一方依法主张解除合同的,应当通知对方。合同自通知到达对方时解除;通知载明债务人在一定期限内不履行债务则合同自动解除,债务人在该期限内未履行债务的,合同自通知载明的期限届满时解除。对方对解除合同有异议的,任何一方当事人均可以请求人民法院或者仲裁机构确认解除行为的效力。当事人一方未通知对方,直接以提起诉讼或者申请仲裁的方式依法主张解除合同,人民法院或者仲裁机构确认该主张的,合同自起诉状副本或者仲裁申请书副本送达对方时解除。"

④ 最高人民法院《关于审理买卖合同纠纷案件适用法律问题的解释》(2020年修正)第27条规定:"民法典第六百三十四条第一款规定的'分期付款',系指买受人将应付的总价款在一定期限内至少分三次向出卖人支付。分期付款买卖合同的约定违反民法典第六百三十四条第一款的规定,损害买受人利益,买受人主张该约定无效的,人民法院应予支持。"

《民法典》第634条规定:"分期付款的买受人未支付到期价款的数额达到全部价款的五分之一,经催告后在合理期限内仍未支付到期价款的,出卖人可以请求买受人支付全部价款或者解除合同。出卖人解除合同的,可以向买受人请求支付该标的物的使用费。"

因果关系，以及违约方在订立合同时对损害结果是否应当或已经预见。① 上述两个因素的认定，均具有较强的主观性和不确定性。为此，合同中可特别约定赔偿范围条款。

违约损害赔偿包括守约方履行合同预期可获得的利益。该可得利益损失主要分为生产利润损失、经营利润损失和转售利润损失等类型。司法实践中，对此类损失的认定常发生困难。如有可能和必要，可特别约定此类预期可得利益损失赔偿的具体内容。

合同特别约定的赔偿范围，常见以下内容：

（一）律师费；

（二）为实现债权所发生的公证费、保全费、认证费、公告费、查档费、拍卖费、审计费、鉴定费、评估费、检验费、交通费、住宿费等。

实践中，当事人可以约定一方违约时应当根据违约情况向对方支付一定数额的违约金，也可以约定因违约产生的损失赔偿额的计算方法。② 约定的违约金"低于"或"过分高于"造成的损失的，均可要求调整。③

第一百三十二条　【免责条款与责任限制条款】免责条款，系由当事人约定预先免除将来可能发生的责任的条款。当事人就既已发生的民事责任，约定部分或全部予以免除的，并非《中华人民共和国民法典》第五百零六条规定的"免责条款"，此为和解协议。

对造成对方人身伤害的，或因故意或者重大过失造成对方财产损失的免责条款无效。④

责任限制条款为免责条款的特殊类型。此类条款，将合同当事人应当承担的合同责任限制在特定范围之内，超出此范围的责任予以免除。因此，责任限制条款同样应受免责条款有关规定限制。

第一百三十三条　【不可抗力条款】不可抗力条款一般包括以下内容：

（一）不可抗力事件；

（二）受不可抗力事件影响的一方负有通知和提供证明的义务；

（三）不可抗力条件下的风险分配规则。

特定事件对于特定合同，是否构成不可抗力事件，常不确定。在不可抗力条款中列举不可抗力事件，确有必要。

下列内容，应谨慎约定：

（一）约定的不可抗力事件，不符合《中华人民共和国民法典》关于不可抗力的规定要求；⑤

（二）概括的约定不可抗力事件发生不予免责；

（三）对公认的不可抗力事件，约定不予免责。⑥

应注意不可抗力条款与合同约定的相关风险分配规则的契合。

第一百三十四条　【通知条款】合同履行中常涉及重要的通知、告知、催告及抗辩。此类通知行为是否能够得到证明，对当事人利益影响巨大。同时，我国民法对通知多采用"到达主义"（通知人承受通知风险），且司法实践对于通知行为及其送达的证明标准宽严不一。因此，在合同中约定通知条款极具重要意义。

---

① 《民法典》第 584 条规定："当事人一方不履行合同义务或者履行合同义务不符合约定，造成对方损失的，损失赔偿额应当相当于因违约所造成的损失，包括合同履行后可以获得的利益；但是，不得超过违约一方订立合同时预见到或者应当预见到的因违约可能造成的损失。"

② 《民法典》第 585 条第 1 款规定："当事人可以约定一方违约时应当根据违约情况向对方支付一定数额的违约金，也可以约定因违约产生的损失赔偿额的计算方法。"

③ 《民法典》第 585 条第 2 款、第 3 款规定："约定的违约金低于造成的损失的，人民法院或者仲裁机构可以根据当事人的请求予以增加；约定的违约金过分高于造成的损失的，人民法院或者仲裁机构可以根据当事人的请求予以适当减少。当事人就迟延履行约定违约金的，违约方支付违约金后，还应当履行债务。"

④ 《民法典》第 506 条规定："合同中的下列免责条款无效：（一）造成对方人身损害的；（二）因故意或者重大过失造成对方财产损失的。"

⑤ 此种情形，应以免责条款方式进行约定为宜。

⑥ 参考最高人民法院民事判决书，（2008）民一抗字第 20 号。

通知条款,一般包括以下内容:

(一)通知的方式;

(二)通信信息的确认;

(三)通信信息变更的通知义务;

(四)通知风险的分配;

(五)通知送达的推定方式。

基于电子邮件通知、送达的便捷性与可证明性,可考虑约定电子邮件作为有效通知方式之一,并将各方的电子邮箱明确表述。

如有必要,可特别约定以当面递交方式进行通知和受领的具体人员的范围。

第一百三十五条 【保密条款】《中华人民共和国民法典》对当事人在订立、履行合同中,以及合同终止后应承担的保密义务,规定得较为简略①。如合同订立、履行中,对方可能因此接触委托人及其利益相关方的保密信息的,应考虑特别约定保密条款。

保密条款,通常包括以下内容:

(一)保密信息的范围;

(二)保密期间;

(三)保密措施:保密信息之提供与接收、可接触保密信息或资料的人员范围、保密制度、保密资料的返还及销毁等;

(四)违反保密义务之认定与推定;

(五)违反保密义务之责任。

第一百三十六条 【归并条款】合同中设置归并条款的主要意义在于:当事人订立合同前,可能已经过多次谈判与磋商,或已就合同交易事项达成过口头协议,或已签署过其他文件(如意向书、备忘录、协议书等)。当事人希望与合同交易事项有关的全部事宜,均以当前合同为准,排除各方以之前的任何约定或表示否定当前合同约定的可能。

如有必要,应同时指明予以废止的先前文件。

合同中如设置归并条款,应对合同内容进行全面审查确定:通过归并条款排除的先前约定中与委托人利益相关的内容,均已依委托人之意思,在当前合同中得到有效保障。

第一百三十七条 【法律适用条款】不得规避中华人民共和国法律、行政法规的强制性规定。②

涉外民事或商事合同,可书面明示约定应适用的特定国家或地区的实体法,亦可约定有关仲裁条款(协议)所适用的法律,但不可约定审理该争议所适用的冲突法和程序法。

当事人没有选择合同适用的法律的,适用履行义务最能体现该合同特征的一方当事人经常居所地法律或者其他与该合同有最密切联系的法律。③

我国作为《联合国国际货物销售合同公约》(CISG)的缔约国,国内当事人对外订立的属于该公约适用范围内的国际货物买卖合同,将直接适用该公约。但是,当事人可根据该公约的规定,约定全部或部分地排除该公约的适用。

---

① 《民法典》第501条规定:"当事人在订立合同过程中知悉的商业秘密或者其他应当保密的信息,无论合同是否成立,不得泄露或者不正当地使用;泄露、不正当地使用该商业秘密或者信息,造成对方损失的,应当承担赔偿责任。"第509条规定:"当事人应当按照约定全面履行自己的义务。当事人应当遵循诚信原则,根据合同的性质、目的和交易习惯履行通知、协助、保密等义务。当事人在履行合同过程中,应当避免浪费资源、污染环境和破坏生态。"第558条规定:"债权债务终止后,当事人应当遵循诚信等原则,根据交易习惯履行通知、协助、保密、旧物回收等义务。"

② 《民法典》第467条规定:"本法或者其他法律没有明文规定的合同,适用本编通则的规定,并可以参照适用本编或者其他法律最相类似合同的规定。在中华人民共和国境内履行的中外合资经营企业合同、中外合作经营企业合同、中外合作勘探开发自然资源合同,适用中华人民共和国法律。"

③ 参考《涉外民事关系法律适用法》第41条。

国际统一私法协会编撰的《国际商事合同通则》(PICC)并非国际公约,如需适用,应在合同中明确约定。

第一百三十八条　【仲裁条款】《中华人民共和国仲裁法》仅规定了"机构(仲裁委员会)仲裁",未规定"临时仲裁"。因此,国内合同以及仲裁协议的准据法为我国法律(不含港澳台)的涉外合同,不得约定"临时仲裁"。

涉案标的额较小的合同争议,尤其是小额争议,仲裁费用显著高于诉讼费用。

仲裁不公开进行①,可减少公开诉讼及判决给当事人声誉可能造成的不利影响。

有关仲裁条款之内容,需注意:

(一)约定的仲裁范围,应仅限于平等主体之间的合同纠纷和其他财产权益纠纷。② 为保障仲裁条款适用的确定性,通常将有关仲裁范围概括性地表述为:"因本合同而发生的,或与本合同有关的一切争议"。

(二)仲裁条款应约定确定的、唯一的仲裁委员会,并应准确表述仲裁委员会的名称。

(三)国内仲裁委员会并非依行政区划设置,部分城市没有仲裁委员会,少数大城市有两个以上的仲裁机构。

(四)当事人可任意选定仲裁委员会,不受地域限制。

(五)不可同时约定诉讼管辖。"或裁或审"条款,仲裁条款(协议)无效。③

(六)非涉外合同约定国外仲裁机构仲裁的,仲裁条款在司法实践中通常被认定为无效。④

仲裁条款亦可包括下列内容:

(一)仲裁员的人数以及所适用的程序(简易程序或普通程序);

(二)仲裁员的选定程序和限定条件,包括仲裁员的国籍、语言、专业等,甚至可以直接在仲裁条款中共同选定特定的仲裁员;

(三)仲裁程序,包括前置调解、加速开庭审理、加速书面审理、开庭地点等。

涉外合同中,可约定仲裁条款(协议)所适用的法律。⑤

第一百三十九条　【约定管辖条款】合同或者其他财产权益纠纷的当事人可以书面协议选择被告住所地、合同履行地、合同签订地、原告住所地、标的物所在地等与争议有实际联系的地点的人民法院管辖,但不得违反本法对级别管辖和专属管辖的规定。⑥ 实务中应谨慎约定其他"与争议有实际联系的地点的人民法院"管辖,以减少或避免约定管辖的不确定性。⑦

约定管辖条款,可直接约定上述法律规定的原告住所地等连接点,亦可依上述法定的连接点,直接约定

---

① 参考《仲裁法》(2017 年修正)。

② 《仲裁法》(2017 年修正)第 3 条规定不能仲裁的情形除外,《农村土地承包经营纠纷调解仲裁法》规定的农村土地承包经营纠纷除外。

③ 参考最高人民法院《关于适用〈中华人民共和国仲裁法〉若干问题的解释》(2008 年调整)第 7 条。

④ 参考《民事诉讼法》(2023 年修正)、《仲裁法》(2017 年修正),并参考有关判例,例如,最高人民法院在(2021)最高法知民辖终 90 号民事裁定书中指出:"我国法律并未允许国内当事人将不具有涉外因素的争议提请外国仲裁。据此,本案当事人均为国内当事人,在审查涉案协议的仲裁条款的效力时还应审查涉案协议是否具有涉外因素。参照《最高人民法院关于适用〈中华人民共和国民事诉讼法〉的解释》第五百二十二条有关认定涉外民事案件的规定。经审查,本案当事人均为中国法人,涉案协议的订立及标的物均在中国境内,当事人之间法律关系的产生、变更、消灭的法律事实也不具有涉外因素。因此涉案协议中的仲裁条款系国内当事人对不具有涉外因素的争议达成的域外仲裁条款,属无效的仲裁条款。人民法院对本案具有管辖权。"又如,上海市高级人民法院在(2019)沪民辖终 199 号民事裁定书中指出:"本案系争协议当事人均为中华人民共和国境内企业法人、标的物也在中国境内,系争协议也在中国境内订立和履行,无涉外民事关系的构成要求,系争协议不属于涉外合同。由于仲裁管辖权系法律授予的权力,我国法律并无规定当事人可以将不具有涉外因素的争议交由境外仲裁机构仲裁,故本案当事人约定将有关争议提交香港国际仲裁中心仲裁没有法律依据。"

⑤ 参考最高人民法院《关于适用〈中华人民共和国仲裁法〉若干问题的解释》(2008 年调整)第 16 条。

⑥ 参考《民事诉讼法》(2023 年修正)第 35 条。

⑦ 参考北京市高级人民法院《关于在民事审判工作中贯彻执行〈民事诉讼法〉的参考意见》第 18 条的规定:"对'与争议有实际联系的地点'要从严把握"。

相应的法院,包括直接约定一方当事人住所地的法院。但是,只能在符合前款要求的条件下,明确约定一个确定管辖法院的连接点或一个具体的管辖法院。

依据上述法律规定的连接点约定特定管辖法院的,应同时表明其连接点①,防止起诉立案时发生管辖证明困难。

不可同时约定仲裁。"或裁或审"条款,仲裁条款无效,约定管辖条款亦存在效力瑕疵。

不需考虑将来涉案标的金额是否会超出约定管辖法院的受案范围。

如一方当事人为具有订立合同的主体资格的分支机构,可依该分支机构住所地约定管辖。

实际合同签订地与约定不符的,以约定的为准。

设置约定管辖条款时,可依次考虑:

(一)利用谈判优势,约定委托人一方所在地法院管辖;

(二)各方谈判地位相当,而委托人一方违约可能性较小的,可争取约定原告住所地;

(三)合同约定的履行地为委托人所在地时,可争取不约定管辖;

(四)相对方信誉较差,违约可能性较大的,尽可能避免约定由对方所在地管辖。

第一百四十条 【合同变更条款】合同变更条款,常表现为"合同之变更需经双方协商一致并做成书面方为有效",诸如此类。若当事人之行为与此约定相悖,其行为使对方产生合理信赖并依此行事,②该方当事人亦难主张此条款之适用。

合同附有担保的,应依有关法律、司法解释之规定,妥善处理将来可能发生的主合同之变更与担保合同之间的关系,以保障合同担保的持续有效。③

第一百四十一条 【合同转让条款】根据《中华人民共和国民法典》的规定,债权人转让债权的,需要通知债务人。债务人将债务的全部或者部分转移给第三人的,应当经债权人同意。由于债权人转让权利可能会使交易关系更为复杂,合同中通常会设置合同转让条款,对当事人可能实施的合同转让行为进行限制。

在进行合同转让时,应尽可能采取全部有关当事人共同签署转让协议的方式处理。否则,则需同时考虑以下两方面的需要:

(一)需经新债务人书面同意承受债务,如此委托人即可直接向新债务人主张权利;

(二)需经原合同当事人书面同意合同转让,以防止其依原合同向委托人主张权利。

合同附有担保的,应依有关法律、司法解释之规定,妥善处理主合同之转让与担保合同之间的关系,以保障合同担保的持续有效。④

合同转让时,原合同条款包括原合同约定的争议解决方式等仍继续有效,应考虑是否有必要同时进行合同有关内容的变更。

第一百四十二条 【合同生效条件条款】当事人对合同的效力可以约定附生效条件。⑤ 对所附生效条件,法律少有限制。

---

① 例如,约定:"由北京市朝阳区人民法院(合同签订地)法院管辖。"

② 参考《联合国国际货物销售合同公约》第29条第2款;《国际商事合同通则》(2004年)第2.18条。

《民法典》第543条规定:"当事人协商一致,可以变更合同。"第544条规定:"当事人对合同变更的内容约定不明确的,推定为未变更。"

③ 《民法典》第695条规定:"债权人和债务人未经保证人书面同意,协商变更主债权债务合同内容,减轻债务的,保证人仍对变更后的债务承担保证责任;加重债务的,保证人对加重的部分不承担保证责任。债权人和债务人变更主债权债务合同的履行期限,未经保证人书面同意的,保证期间不受影响。"

④ 参考《民法典》第695条的规定;以及最高人民法院《关于适用〈中华人民共和国民法典〉有关担保制度的解释》第39条规定:"主债权被分割或者部分转让,各债权人主张就其享有的债权份额行使担保物权的,人民法院应予支持,但是法律另有规定或者当事人另有约定的除外。主债务被分割或者部分转移,债务人自己提供物的担保,债权人请求以该担保财产担保全部债务履行的,人民法院应予支持;第三人提供物的担保,主张对未经其书面同意转移的债务不再承担担保责任的,人民法院应予支持。"

⑤ 《民法典》第158条规定:"民事法律行为可以附条件,但是根据其性质不得附条件的除外……"

在实务中应注意"附条件的履行义务"与"合同效力附生效条件"不同：

"附条件的履行义务"仅为表明特定条件成就之前一方当事人无义务履行特定义务，或仅为表明某一方履行特定义务之前相对方无义务履行。①

"合同效力附生效条件"，则条件之成就与否直接影响合同交易的合法性，应明确指出相关条件是合同生效的前提。也就是说，附生效条件的合同，自条件成就时生效(附解除条件的民事法律行为，自条件成就时失效)。②

第一百四十三条　【合同生效期限条款】当事人对合同的效力可以约定附期限。附生效期限的合同，自期限届至时生效。③ 合同约定的生效期限届至之前，此类尚未生效的合同的效力状态及违反该合同的相应责任，法律及司法解释尚无明文规定。

鉴于上述法律规定尚不明确，实务中应注意"合同的生效期限"与"合同的履行期限"在法律后果及实务应用中的异同。

(一)如仅为表明特定期限之前当事人无义务履行合同，上述两种方式均可。但是，以"合同的履行期限"的方式进行约定，合同的效力状态、违约责任将更为确定。

(二)如有关期限直接涉及合同交易的合法性，④则应以合同生效期限的方式约定为宜。

第一百四十四条　【合同有效期限条款】当事人对合同的效力可以约定附生效期限和终止期限。⑤ 同时约定附生效期限和终止期限的，即为实务中常见的"合同有效期限"条款。

实务中常出现，合同尚在履行中，而合同却因约定的合同有效期限届满而失效的尴尬情形。如当事人之意旨仅是希望将履行特定义务限定在特定期间内，合同中约定合同有效期限条款并无必要，直接约定履行期限(期间)即可。⑥

第一百四十五条　【文本条款】《中华人民共和国民法典》未将提交已签署之合同书予合同各方作为合同成立或生效之条件。合同各方在合同签署后，各得几份，任由当事人自由约定。

在采用邮寄等异地传递的方式签署合同时，可将委托人在特定期限内收到对方已签署的合同书原件作为合同生效条件进行约定。

合同书区分正本与副本的主要意义在于：副本、正本内容不一致时，以正本为准。二者在签署方式上，依当事人之特别约定，或有不同。⑦ 如同时打印相同文件，亦采用相同签署方式的，可不必区分正本与副本。

第五章　附　　则

第一百四十六条　【编制依据】本指引根据2022年8月1日以前发布的法律、法规及司法解释规定，并结合司法实践和律师实务经验编写。

第一百四十七条　【使用提示】因篇幅及能力所限，本指引所提及的具体法律问题，在表述时多有简略，也难免疏漏。具体适用时，应查询相关的、最新的法律规定。

第一百四十八条　【指引效力】本指引仅供律师办理相关业务时作为参考，不具有强制性。

---

① 参考最高人民法院民事判决书，(2010)民提字第153号，该判决书认为："商事合同中双方常常对合同义务附加前提条件，在条件未成就时合同义务实际上并不存在，故也谈不上履行问题。"

② 《民法典》第158条规定："……附生效条件的民事法律行为，自条件成就时生效。附解除条件的民事法律行为，自条件成就时失效。"

③ 《民法典》第161条规定："民事主体可以通过代理人实施民事法律行为。依照法律规定、当事人约定或者民事法律行为的性质，应当由本人亲自实施的民事法律行为，不得代理。"

④ 参考《最高人民法院公报》2007年第5期(总第127期)刊登的江苏省高级人民法院民事判决书，(2005)苏民二初字第0009号；最高人民法院民事判决书，(2002)执他字第22号。

⑤ 参考《民法典》第160条的规定。

⑥ 对于非持续性的合同，如买卖、承揽等，在约定了履行期限之外，另行约定合同有效期限，并无实益。在持续性的合同中，如租赁、著作权许可、合伙等，均可以"租赁期间""许可期限""合伙期间"等方式约定，约定合同有效期限亦无必要。

⑦ 例如，正本盖章并签字，副本盖章但不签字。

本指引不应作为评价律师相关工作内容、方式及成果的依据,即使本指引使用"应当""应",甚至"必须",也仅是表达建议程度的不同,不应理解为律师未如此操作即属执业过失或重大错误。

特别鸣谢:本指引由北京市律师协会第九届合同法专业委员会编写完成,特别感谢李少华、李学辉、毕文胜、丁琛、王集金、李力争等律师为本指引作出的贡献。

第四节　法律顾问服务工作规范[①]

法律顾问服务是几乎所有律师均会面对的一项最为基础的服务,其涉及几乎所有的法律门类,实务中面对的内容又时常是"紧急而重要"的,因此可以说既是常规的又是最难做好的。下面提供一定的规范予以指引。

法律顾问服务工作规范

第一条　为了促进和保障事务所的法律顾问工作的开展,根据《中华人民共和国律师法》及其他相关法律、法规及规范性文件的规定,特制定本规范。

第二条　本规范适用于北京××律师所执业律师。

第三条　本规范所称的法律顾问服务,是指律师依法接受自然人、法人或者非法人组织的聘请,以自己的专业知识和技能为委托人提供综合性法律顾问服务的专业性活动。其中常年法律顾问是指受委托人聘请在约定的期限内为其提供法律顾问服务;专项法律顾问是指受委托人聘请为其指定的某一具体事项提供法律顾问服务。

第四条　事务所的管委会全面负责事务所的法律顾问服务的规范指引、业务指导、部门协调、质量监督、客户关系管理等相关工作。各业务部门的负责人具体负责本部门的法律顾问服务业务,并及时将有关情况向管委会汇报。

第五条　未经律师事务所指派,律师个人不得以任何形式或名义担任法律顾问。

律师助理个人不得独立担任法律顾问,但可协助律师完成律师顾问工作。

第六条　律师事务所可以接受下列委托人的聘请,担任法律顾问:

1. 各级政府及其职能部门或其派出机构;
2. 自然人;
3. 法人;
4. 非法人组织。

第七条　委托人应就其所为的民事行为,所提供的法律及证据、文件的真实性承担法律责任;律师事务所及顾问律师应就其所提供的法律意见的合法性承担法律责任。

第八条　律师应以充分维护当事人的合法权益为法律顾问服务基本原则,以律师行业公认的执业准则勤勉尽责地完成委托事项。

第九条　法律顾问合同签署前,应依照《律师执业避免利益冲突规则》进行冲突审查,避免利益冲突。

第十条　事务所受聘担任委托人的法律顾问,必须签订法律顾问聘请合同。一般情况下,应使用事务所统一制定的格式文本作为签约的基础。如委托人要求提供其他文本或因特殊原因不能使用格式文本,应经业务部门负责人同意,同时合同内容仍应符合本规范的要求。

---

① 某律师事务所相关规范的草稿。

第十一条 法律顾问合同通常应包括如下内容：

1. 委托人的名称(姓名)、住所、通信方式等基本情况；
2. 事务所指派的主办律师的姓名；
3. 律师的工作范围、工作方式、履行职责的权限；
4. 委托人应提供的必要工作条件和物质保障；
5. 顾问费的标准和支付办法；
6. 服务期限的起止时间或条件；
7. 保密义务；
8. 违约责任；
9. 解决争议的方法；
10. 双方约定的其他事项。

第十二条 委托人聘请事务所担任法律顾问的服务内容、范围、工作 安排等，应由双方在法律顾问合同中明确约定。

事务所担任常年法律顾问时，律师工作范围和方式主要包括如下内容：

1. 提供法律咨询服务；
2. 出具法律意见书、律师函；
3. 参与重大商务谈判；
4. 起草、审查、修改合同；
5. 参与制定或修改相关规章制度；
6. 代办登记、注册等法律事务；
7. 以法律顾问的名义作出授权声明；
8. 法治宣传、教育、培训；
9. 提供有关法律信息；
10. 经另行委托，代理各类诉讼、仲裁、行政复议案件，参与调解纠纷。

专项法律顾问的具体服务范围根据委托人的要求，由事务所与委托人协商确定。

第十三条 法律顾问合同中约定顾问费用标准或计算依据、支付方式、支付时间及减免或增加条件。

顾问费可以定额收取，也可以约定根据律师工作量计算顾问费的标准。对交通费、差旅费等的依法约定(此处略)。

第十四条 法律顾问费由事务所统一收取，律师个人不得直接从委托人处收取任何报酬。

第十五条 常年法律顾问的服务期限以年为单位，一般聘用期限不应少于一年。专项法律顾问的服务期限一般以专项法律事务的完成作为服务期限终止的条件。

第十六条 除当事人有特别要求或明示希望指派特定律师之外，提供法律顾问服务的主办律师应由事务所指派，具体由业务部门负责人提名确定，但必须事先征求委托人的意见。

第十七条 为保证法律顾问服务的质量，确保向客户提供专业、优质的法律服务，事务所倡导以团队及相互协作的方式提供法律顾问服务。除经管委会批准外，法律顾问服务应由至少二名律师共同作为主办律师完成委托事项。

第十八条 事务所和委托人均应在顾问合同中指定各自的业务联系人。

事务所指定的联系人应为一名主办律师，该联系人全权负责与客户进行日常的业务联络、接受客户提出的服务要求、分派业务任务、提供法律服务、管理工作日志、保管工作卷宗等。

委托人指定的联系人，负责与事务所的业务联系、提出服务要求、接受律师工作成果等。

第十九条 法律顾问合同签署前，应先由业务部门负责人对其内容进行审核。业务部门负责人确认后，主办律师负责按照事务所规定的立案审批程序办理相关的手续，签署法律顾问合同。

第二十条 法律顾问合同签署后，主办律师应负责即时建立该项法律服务业务的工作卷宗，用以保存委托人提供的资料以及随时记录法律服务的内容及过程。

第二十一条 法律顾问工作卷宗应包括如下内容:

1. 法律顾问合同;
2. 工作记录单;
3. 业务联系人名单;
4. 委托人基本情况资料;
5. 工作日志及基础工作文件等;
6. 其他与委托事项有关资料、文件等。

第二十二条 为便于全面了解委托人的基本情况及委托事项的相关信息,在建立委托关系时,主办律师应向委托人搜集反映委托人和委托事项基本法律现状的相关资料。该等资料应作为委托人基本情况资料归入工作卷宗。

如委托人为企业法人,则其提供的基本资料应至少包括如下内容:

1. 营业执照副本复印件;
2. 公司章程;
3. 公司主要股东或其实际控制人的基本情况;
4. 公司的对外投资情况;
5. 公司的主营业务情况;
6. 公司日常经营主要涉及的法律领域;
7. 其他反映公司基本法律状况及委托事项基本情况的信息及资料。

在聘用期间,如委托人的基本情况发生变化,主办律师应及时对工作卷宗中的资料进行修订或补充,以保证事务所全面、准确、及时地掌握委托人及其委托事项的基本情况。

第二十三条 法律顾问工作卷宗中应置备准确标明委托人名称及委托事项的专用的工作记录单,用以摘要记录律师为委托人提供法律顾问服务的事项及其相关信息。

律师与委托人的每一次正式业务接触,以及处理的每一项法律业务,均应及时、准确地填写工作记录单。

工作记录单中对每一项具体法律服务的内容的摘要记录,应至少包括如下内容:

1. 工作时间(工作起止时间、工作小时);
2. 委托人的参加人;
3. 承办律师;
4. 档案编号、存档情况;
5. 备注事项。

事务所及各业务部门根据具体业务需要制作工作记录单的标准格式供参考使用,主办律师亦可根据具体业务的实际需要进行部分调整或补充。

第二十四条 法律顾问工作卷宗中应置备业务联系人名单,用以专门记载委托人的主要负责人、业务联系人及其他在律师法律顾问服务中接触的相关人员的姓名、职务、联系方式等。

第二十五条 主办律师在为委托人提供办理具体法律事务时,应建立工作日志。

工作日志应准确记录律师处理具体法律事务的主要过程及其结果,一般应包括如下内容:

1. 律师提供法律服务的背景情况或前提条件;
2. 委托人提出解决的法律问题或问题争议的焦点;
3. 律师工作过程或工作成果;
4. 律师的观点、提出的法律意见或建议,特别是向委托人做出的风险提示;
5. 其他需记录的工作过程或结果。

第二十六条 律师处理具体法律事务后,应将基础工作文件,如委托人提供的资料、律师收集的有关信息资料、律师工作过程的文件等，随工作日志一并归入工作卷宗，并同时填写工作记录单。

第二十七条　工作日记原则上应做到一次一记，一事一记。办理具体的法律事务，要一事一档。

第二十八条　律师处理的具体法律事务及其所对应的工作日志、工作文件均应编制档案编号。

第二十九条　主办律师应依法律顾问合同的规定或聘方的授权委托提供法律服务，不得超越委托权限。

主办律师不得从事与履行法律顾问职责无关的事务，不得以顾问律师身份从事任何营利性活动谋取私利。

第三十条　委托人对法律顾问服务的具体事务要求，均应通过其指定的联系人进行。事务所一般不直接受委托人方联系人之外的其他人员提出的法律服务要求，情况紧急确需先行处理的，亦应及时通报联系人要求其作出确认。

第三十一条　主办律师接到委托人提出的具体法律服务要求时，应及时进行处理。确有原因不能在委托人提出的时间要求内完成工作的，应由业务部门负责人负责协调其他律师完成委托事项。

第三十二条　在处理法律顾问的具体法律事务时，如确需其他律师或业务部门的配合，主办律师应及时提出要求，由业务部门负责人负责自行协调或提请管委会协调处理。

第三十三条　主办律师因故不能履行法律顾问职责时，业务部门负责人或管委会应及时另行指派律师完成委托事项，以保证法律顾问工作的连续性。

第三十四条　律师应对为委托人提供法律顾问过程中接触、了解到的国家秘密、商业秘密、不宜公开的情况及个人隐私等负有保密的义务。

第三十五条　主办律师应将委托人交与承办的重大的、疑难的或事关委托人重大利益的法律事务提交业务部门或事务所讨论，以保证工作质量。

第三十六条　事务所要定期听取顾问律师的工作汇报，定期征求委托人的意见，不断提高服务质量。

第三十七条　主办律师应定期或根据实际情况的需要，向委托人出具阶段性的工作报告，汇报法律顾问工作的进展情况，律师的工作情况及工作成果，特别是在服务中发现的委托人经营管理中存在的法律风险及改进的建议或意见等。

第三十八条　在聘期内提前解除法律顾问合同时，双方应签订解聘协议，并就善后事宜的处理予以书面约定。

主办律师应就解聘原因，善后处理应注意的问题及法律顾问报酬是否退还，退还比例等向管委会提交书面报告。

第三十九条　法律顾问合同期满或终止前，主办律师应主动就是否续聘征询委托人的意见，若委托人有意续聘，应及时就续聘条件进行磋商，并办理相应的委托手续。

第四十条　法律顾问合同因期满或法律服务事项完成而终止后，主办律师应及时写出总结报告，并按照事务所规定的案件归档程序的要求将全部工作卷宗归档备查。

第四十一条　附则（略）。

第五节　法律顾问案卷的归档文件[①]

法律顾问的“案卷”在律师所有法律服务中，可纳入“最多”之列，笔者最多一次向一家单一客户进行年度汇报时，装满了三个需要飞机托运的巨大行李箱。相关文件有针对客户的，有律师自行留存的，均是必要的服务“留痕”，要认真对待每一份文件，不能忽视。

① 主要适用于常年法律顾问服务，因篇幅所限，其他类型的法律顾问归档文件，读者可参照本文制作。

一、顾问单位通讯录

××公司通讯录

序号	姓名	职务	联系方式			
1	张三	法务总监	办公:	传真:	手机:	电子邮箱:
2	……					
3						
4						
5						
6						
7						
8						
9						

二、文件总目录

文件总目录

客户编号:

业务编号:

业务名称:

备注/存档编号	文件内容提示
A	顾问合同、收费凭证
B	顾问单位基本资料(如执照、章程、简介、其他查询资料等)
C	例如:律师函(具体类别即存档编号,需根据不同客户的不同特点进行划分)
D	例如:四川分公司事务
……	……
Z	给顾问单位的工作汇报、办案小结

三、工作记录单

工作记录单

工作时间		工作内容	客户参与人	服务律师	档案编号	备注/存档
起止时间	累计时间					
____年___月___日___时至 ____年___月___日___时	2.5小时	向××出具××律师函	张三	乔路	09－01	C
……						

四、顾问单位法律服务工作记录

顾问单位法律服务工作记录

顾问单位名称：________________

服务方式：

(1)电话咨询

(2)如非电话咨询请填写地点________________

时间：________ 年____月____日(____时至____时)

顾问单位联系人：________________

服务律师：____________________

服务内容：

五、给顾问单位的工作汇报

致：××公司

×总……

(对法律顾问服务的总体表述)

顺颂商祺！

北京××律师事务所

乔路　律师

年　　月　　日

附：工作记录概要

北京××律师事务所
为××公司提供××服务的
工作记录概要

(　　年　　月　　日至　　年　　月　　日)

序号	时间	联系人	律师	工作内容	工作小时
1		张三	乔路		
2					
……					
—	—	—	—	—	合计

表格说明:

律师如果采取按小时收费,本表格可作为报送客户的计费参考;律师如果不采取小时收费方式,则在本表格后可使用如下标注:

由于未采用小时计费方式,以上的律师“工作小时”仅供参考,不作为计算律师费的依据,其中:

1.“时间”:指法律服务的期间,根据工作实际情况,存在或长或短的间断性、持续性。

2.“联系人”:指贵司负责该项工作接洽的人员。

3.“律师”:指本所参与该项工作全部律师。

4.“工作内容”:指法律服务总体情况,不进行细分,某些简易咨询类法律服务、未得记录的法律服务可包括在其中。

5.“工作小时”:指参与该项工作的律师每人工作小时的合计,包括法律法规检索、背景资料查询、接洽、内部合议、在途、文件审阅、草拟、修订、归档、传发等必要时间,精确至0.5小时,不足0.5小时的按0.5小时计算。工作小时可能会长于或短于表格中所列“时间”。

六、邮箱测试文件(对第一次签约客户)

标题:××律师(【公司】邮箱测试)

敬启者:

作为贵司的常年法律顾问,首先感谢贵司的信任与委托。

我们将按照律师行业公认的业务标准,以及顾问合同的约定,尽职向贵司提供相关法律服务。

本邮件为“邮箱测试”文件,包含一个Word附件(与本段内容相同)。

如邮箱畅通,请回复确认。

合作愉快

顺颂商祺

联系律师:乔路

联系方式:(使用律师事务所统一格式)

七、法律服务合同目录

法律服务合同目录①

（ 年 月 日至 年 月 日签约）

序号	客户编号	案件编号	客户全称	案件/项目名称	服务期限	付款提示	支票/发票	订卷/交卷	备注

八、自留副卷目录

自留副卷目录②

序号	委托人（或委托内容）	归入日期

① 律师内部使用。

② 律师内部使用。

九、办案小结

办 案 小 结①

客户编号:
案件编号:
客户全称:
案件全称:
服务期间:
承办律师:
1. 对客户案件/待处理事项的总体类型进行分析:
2. 对客户主要负责人及联系人的法律服务接受习惯等进行分析:
3. 客户给律师的评价:
4. 办结时间、续约情况:
5. 本客户常用法律法规专项分类整理:
6. 本客户常用文书范本整理:
7. 律师经验总结(根据实际业务情况,可以是案例评析、事件处理经验等诸多方面):

承办律师签字:
年 月 日

十、顾问单位合同专项审计统计表

××公司
××类型合同统计②

统计时间:
统计人:

序号	合同全称	本方签约主体/项目负责人	对方签约主体/项目负责人	合同金额/已履行金额	签约日	到期日	担保情况	时效提示	……	备注
1										
2										
3										
4										
5										
6										
……										

① 律师内部使用。

② 本表系律师为客户提供合同风险防范业务使用的文件之一。本表并非适用于所有合同类型,具体操作时,应根据客户合同实际情况,先行确定合同类型(如按本方为债权人、债务人区分,按不同子公司区分,按业务类型区分等),再行调整使用。

十一、顾问单位法律服务评价表

顾问单位法律服务评价表①

律师填写事项

客户名称：　　　　　　　　　　　　　　　客户编号：
项目名称：　　　　　　　　　　　　　　　合同编号：
顾问单位联系人：　　　　　　　　　　　　联系方式：
签约律师：　　　　　　　　　　　　　　　主办律师：
委托期间：自　　年　　月　　日至　　年　　月　　日

客户反馈事项

一、主办律师专业能力【　】
1. 优秀　2. 优　3. 良　4. 合格　5. 不合格
二、主办律师责任心【　】
1. 优秀　2. 优　3. 良　4. 合格　5. 不合格
三、对法律服务结果的意见【　】
1. 超过签约时的预计
2. 达到签约时的预计
3. 未达到签约时的预计但对结果满意
4. 未达到签约时的预计但认可结果
5. 未达到签约时的预计，对结果不满意
四、其他意见或建议

填写人签字/盖章：
填写日期：

① 律师事务所使用，参考某律师事务所相关范本。

第四章

劳动合同关系处理业务

本章从律师办理相关业务的角度出发，对于常见劳动问题予以分析，侧重于对“劳动合同”相关问题的处理。针对劳动政策法规庞杂的实际情况，特别在第一节给出了常用劳动法律法规的使用指引。

本章共分五节予以阐释：

第一节　概述

包括：劳动合同的概念和主要条款；劳动关系的建立；劳务等易混淆问题的分析；常用劳动法律法规使用指引。

第二节　劳动合同相关法律问题

分析了：劳动者签订劳动合同时的特别注意事项；用人单位签订劳动合同时的特别注意事项；劳动合同的无效及争议解决；变更劳动合同有关法律问题；解除劳动合同有关法律问题。

第三节　劳动合同配套协议的法律问题

分析了劳动合同三大配套协议：保密协议；竞业限制协议；培训协议。

第四节　国企改制中的劳动关系处理

从该节中可以清楚一般劳动关系的处理措施（尤其是解除劳动合同及补偿问题）和国企改制劳动关系处理的特殊性。本节包括：国企改制对职工利益的影响；国企改制中的职工安置；国企改制中职工利益保护的问题与对策。

第五节　劳动合同相关的法律文件

提供了《劳动合同书》（全套范本）、三大配套协议等范本，并结合实际操作，对劳务问题提供了《劳务合同书》。

第一节　概述

一、劳动合同的概念和主要条款

根据《劳动合同法》的规定，劳动合同是劳动者与用人单位确立劳动关系、明确双方权利和义务的协议。建立劳动关系应当订立劳动合同。订立劳动合同，应当遵循合法、公平、平等自愿、协商一致、诚实信用的原则。

根据《劳动合同法》的规定，劳动合同应当包括以下一些主要内容：（1）劳动合同期限；（2）工作内容；（3）劳动保护和劳动条件；（4）劳动报酬；（5）劳动纪律；（6）劳动合同终止的条件；（7）违反劳动合同的责任。劳动合同除前款规定的必备条款外，当事人可以协商约定其他内容。

二、劳动关系的建立

《劳动合同法》明确规定，建立劳动关系，应当订立书面劳动合同。我们必须对劳动关系有一个明确的判断。根据原劳动和社会保障部《关于确立劳动关系有关事项的通知》(劳社部发〔2005〕12 号)的规定：

1. 用人单位招用劳动者未订立书面劳动合同，但同时具备下列情形的，劳动关系成立：(1)用人单位和劳动者符合法律、法规规定的主体资格；(2)用人单位依法制定的各项劳动规章制度适用于劳动者，劳动者受用人单位的劳动管理，从事用人单位安排的有报酬的劳动；(3)劳动者提供的劳动是用人单位业务的组成部分。

2. 用人单位未与劳动者签订劳动合同，认定双方存在劳动关系时可参照下列凭证：(1)工资支付凭证或记录(职工工资发放花名册)、缴纳各项社会保险费的记录；(2)用人单位向劳动者发放的“工作证”“服务证”等能够证明身份的证件；(3)劳动者填写的用人单位招工招聘“登记表”“报名表”等招用记录；(4)考勤记录；(5)其他劳动者的证言等。其中，第(1)、(3)、(4)项的有关凭证由用人单位负举证责任。

三、劳务等易混淆问题的分析

(一)集体合同

1. 概念

根据原劳动和社会保障部公布的《集体合同规定》的规定，集体合同是指用人单位与本单位职工根据法律、法规、规章的规定，就劳动报酬、工作时间、休息休假、劳动安全卫生、职业培训、保险福利等事项，通过集体协商签订的书面协议。

集体合同仍属于劳动合同，只是在签约主体上，通常由工会代表企业职工一方与用人单位订立。

2. 分类

(1)一般性集体合同。

(2)专项集体合同：企业职工一方与用人单位可以订立劳动安全卫生、女职工权益保护、工资调整机制等专项集体合同。

(3)行业性、区域性集体合同：在县级以下区域内，建筑业、采矿业、餐饮服务业等行业可以由工会与企业方面代表订立行业性集体合同，或者订立区域性集体合同。

3. 签订与生效

(1)经用人单位和工会双方协商代表协商一致的集体合同草案或专项集体合同草案应当提交职工代表大会或者全体职工讨论。

职工代表大会或者全体职工讨论集体合同草案或专项集体合同草案，应当有 2/3 以上职工代表或者职工出席，且须经全体职工代表半数以上或者全体职工半数以上同意，集体合同草案或专项集体合同草案方获通过。

(2)集体合同草案或专项集体合同草案经职工代表大会或者职工大会通过后，由集体协商双方首席代表签字。

(3)集体合同或专项集体合同签订或变更后，应当自双方首席代表签字之日起 10 日内，由用人单位一方将文本一式三份报送劳动保障行政部门审查。劳动保障行政部门对报送的集体合同或专项集体合同应当办理登记手续。劳动保障行政部门自收到文本之日起 15 日内未提出异议的，集体合同或专项集体合同即行生效。

(4)依法订立的集体合同或专项集体合同，对用人单位和本单位的全体职工具有法律约束力。

行业性、区域性集体合同对当地本行业、本区域的用人单位和劳动者具有约束力。

4. 集体合同中的劳动报酬与劳动条件标准

集体合同中劳动报酬和劳动条件等标准,不得低于当地人民政府规定的最低标准;用人单位与劳动者订立的劳动合同中劳动报酬和劳动条件等标准,不得低于集体合同规定的标准。

5. 违反集体合同的救济

用人单位违反集体合同,侵犯职工劳动权益的,工会可以依法要求用人单位承担责任;因履行集体合同发生争议,经协商解决不成的,工会可以依法申请仲裁、提起诉讼。

(二)雇佣合同

1. 定义

雇佣合同是受雇人提供劳动,雇主支付报酬的协议。

2. 劳动合同与雇佣合同的比较①

(1)主体

根据《劳动合同法》的规定,中华人民共和国境内的企业、个体经济组织、民办非企业单位等组织(以下简称用人单位)与劳动者建立劳动关系,订立、履行、变更、解除或者终止劳动合同,适用本法。国家机关、事业单位、社会团体和与其建立劳动关系的劳动者,订立、履行、变更、解除或者终止劳动合同,依照本法执行。

雇佣合同的主体是雇主和受雇人,而且雇主只能是自然人。

(2)适用法律

劳动合同属于劳动法调整,是独立的合同种类。

雇佣合同属民事合同的一种,由民法和合同法调整。

(3)法律干预程度

劳动合同的用人单位支付劳动者工资不得违反法律、法规的强制性规定。

雇佣合同的劳动报酬则主要由合同双方自行协商,法律不过分干预。其他诸如劳动保护、保险福利等方面,现行法律也主要针对劳动合同作出规定。

(4)解决纠纷的程序

劳动合同纠纷采用仲裁前置程序,即劳动合同纠纷不经过劳动争议仲裁机构处理,人民法院通常不予受理。

雇佣合同是民事合同,审理机关是人民法院,纠纷发生后当事人无须经过仲裁,有权直接向人民法院起诉。

3. 我国雇佣相关法律规定

(1)"工伤概不负责任"的约定无效

1988 年,最高人民法院《关于雇工合同应当严格执行劳动保护法规问题的批复》规定:

"张学珍、徐广秋身为雇主,对雇员理应依法给予劳动保护,但他们却在招工登记表中注明'工伤概不负责任'。这是违反宪法和有关劳动保护法规的,也严重违反了社会主义公德,对这种行为应认定无效。"

(2)雇佣活动

最高人民法院《关于审理人身损害赔偿案件适用法律若干问题的解释》2020 年修正时删除了雇佣活动相关人身损害赔偿的内容表述,适用《民法典》的相关规定。

---

① 参见李民:《析劳动合同、雇佣合同和劳务合同关系》,载中国法院网 2003 年 9 月 23 日,http://www.chinacourt.org/html/article/2003/09/id/82905.shtml。

《民法典》第1179条规定:“侵害他人造成人身损害的,应当赔偿医疗费、护理费、交通费、营养费、住院伙食补助费等为治疗和康复支出的合理费用,以及因误工减少的收入。造成残疾的,还应当赔偿辅助器具费和残疾赔偿金;造成死亡的,还应当赔偿丧葬费和死亡赔偿金。”

(三)劳务合同

1. 定义

劳务合同是一方为完成某项工作而使用一方提供的劳动,并为此支付报酬的协议。

2. 劳动合同与劳务合同的比较①

(1)主体

劳动合同的主体是确定的,只能是接受劳动的一方为单位,提供劳动的一方是自然人。

劳务合同的主体既可以双方都是单位,也可以双方都是自然人,还可以一方是单位,另一方是自然人。

(2)双方当事人关系

劳动合同的劳动者在劳动关系确立后成为用人单位的成员,须遵守用人单位的规章制度,双方之间具有领导与被领导、支配与被支配的隶属关系。

劳务合同的一方无须成为另一方成员即可为需方提供劳动,双方之间的法律地位从始至终是平等的。

(3)承担劳动风险责任的主体

劳动合同的双方当事人由于在劳动关系确立后具有隶属关系,劳动者必须服从用人单位的组织、支配,因此在提供劳动过程中的风险责任须由用人单位承担。

劳务合同提供劳动的一方有权自行支配劳动,因此劳动风险责任自行承担。

(4)报酬

因劳动合同支付的劳动报酬称为工资,具有按劳分配性质,工资除当事人自行约定数额外,其他如最低工资、工资支付方式都要遵守法律、法规的规定。

劳务合同支付的劳动报酬称为劳务费,主要由双方当事人自行协商价格支付方式等,国家法律不过分干涉。

(5)适用法律和争议解决

劳务合同属于民事合同的一种,受民法及合同法调整,因劳务合同发生的争议由人民法院审理。

3. 我国劳务相关法律规定

(1)承认劳务关系及对其定性

最高人民法院《关于金龙万、金龙哲与黑龙江省国际经济技术合作公司出国劳务合同纠纷案是否适用最高人民法院(法(经)函〔1990〕73号)复函的答复》(〔2001〕民立他字第3号)规定:

“黑龙江省高级人民法院:你院〔2000〕黑监级复字第2号《关于金龙万、金龙哲与黑龙江省国际经济技术合作公司出国劳务合同纠纷案是否适用我院‘法(经)函〔1990〕73号’复函的请示》收悉。经研究认为,金龙万和金龙哲与黑龙江省国际经济技术合作公司之间形成的劳务关系及担保关系是平等主体之间基于合同而建立的民事法律关系,属民法调整的范围,人民法院应予受理。我院法(经)函〔1990〕73号复函不适用于本案。”

---

① 参见张克勇、郭才森:《浅析劳动合同、雇佣合同与劳务合同》,载原创力文档网2019年3月21日,https://max.book118.com/html/2019/0320/7156201123002014.shtm。

(2)关于退休人员的劳务关系

《北京市劳动合同规定》(2021 年修改)第 39 条规定:"符合下列条件之一的,劳动合同即行终止:……(三)劳动者达到法定退休条件的;……"

江苏省原劳动和社会保障厅《关于超过法定退休年龄人员是否具有劳动法律关系主体资格请示的复函》(苏劳社法函〔2003〕15 号,2003 年 4 月 30 日函复)认为:"超过法定退休年龄办理过退休手续的人员,不具有与用人单位签订劳动合同的主体资格。用人单位聘用离退休人员,应与其签订书面协议,明确其聘用期内的工作内容、报酬、医疗、劳保待遇……"

(四)劳务派遣

《劳动合同法》专节对劳务派遣问题进行了规定:

1. 劳务派遣单位的注册资本要求

劳务派遣单位应当依照公司法的有关规定设立,注册资本不得少于 200 万元。

2. 劳务派遣单位与劳动者劳动合同的内容

劳务派遣单位是本法所称用人单位,应当履行用人单位对劳动者的义务。劳务派遣单位与被派遣劳动者订立的劳动合同,除应当载明《劳动合同法》规定的事项外,还应当载明被派遣劳动者的用工单位以及派遣期限、工作岗位等情况。

3. 劳动合同期限与报酬支付

(1)劳务派遣单位应当与被派遣劳动者订立二年以上的固定期限劳动合同,按月支付劳动报酬;被派遣劳动者在无工作期间,劳务派遣单位应当按照所在地人民政府规定的最低工资标准,向其按月支付报酬。

(2)劳务派遣单位不得克扣用工单位按照劳务派遣协议支付给被派遣劳动者的劳动报酬。

(3)劳务派遣单位和用工单位不得向被派遣劳动者收取费用。

4. 劳务派遣协议

(1)劳务派遣单位派遣劳动者应当与接受以劳务派遣形式用工的单位(用工单位)订立劳务派遣协议。劳务派遣协议应当约定派遣岗位和人员数量、派遣期限、劳动报酬和社会保险费的数额与支付方式以及违反协议的责任。

(2)用工单位应当根据工作岗位的实际需要与劳务派遣单位确定派遣期限,不得将连续用工期限分割订立数个短期劳务派遣协议。

(3)劳务派遣单位应当将劳务派遣协议的内容告知被派遣劳动者。

5. 跨地区派遣

劳务派遣单位跨地区派遣劳动者的,被派遣劳动者享有的劳动报酬和劳动条件,按照用工单位所在地的标准执行。

6. 用工单位应当履行的义务

(1)执行国家劳动标准,提供相应的劳动条件和劳动保护;

(2)告知被派遣劳动者的工作要求和劳动报酬;

(3)支付加班费、绩效奖金,提供与工作岗位相关的福利待遇;

(4)对在岗被派遣劳动者进行工作岗位所必需的培训;

(5)连续用工的,实行正常的工资调整机制。

7. 劳动者权利

(1)被派遣劳动者享有与用工单位的劳动者同工同酬的权利。用工单位无同类岗位劳动者的,参照用工单位所在地相同或者相近岗位劳动者的劳动报酬确定。

(2)被派遣劳动者有权在劳务派遣单位或者用工单位依法参加或者组织工会,维护自身的合法权益。

(3)被派遣劳动者可以依照《劳动合同法》(2012 年修正)第 36 条、第 38 条的规定与劳务派遣单位解除劳动合同。

8. 劳动者退回

被派遣劳动者有《劳动合同法》(2012 年修正)第 39 条和第 40 条第 1 项、第 2 项规定情形的,用工单位可以将劳动者退回劳务派遣单位,劳务派遣单位依照《劳动合同法》有关规定,可以与劳动者解除劳动合同。

9. 对劳务派遣方式的限制

(1)用工单位不得将被派遣劳动者再派遣到其他用人单位。

(2)劳务派遣一般在临时性、辅助性或者替代性的工作岗位上实施。

(3)用人单位不得设立劳务派遣单位向本单位或者所属单位派遣劳动者。

四、常用劳动法律法规使用指引

(一)实体性法律法规

1.《劳动法》

中华人民共和国主席令第 28 号发布,1995 年 1 月 1 日起施行。经 2009 年 8 月 27 日十一届全国人大常委会第十次会议《关于修改部分法律的决定》第一次修正;经 2018 年 12 月 29 日十三届全国人大常委会第七次会议《关于修改〈中华人民共和国劳动法〉等七部法律的决定》第二次修正。该法对以下问题作出了规定:(1)促进就业;(2)劳动合同和集体合同;(3)工作时间和休息休假;(4)工资;(5)劳动安全卫生;(6)女职工和未成年工特殊保护;(7)职业培训;(8)社会保险和福利;(9)劳动争议;(10)监督检查;(11)法律责任。该法是规范劳动关系的基本法律。

2.《劳动合同法》

中华人民共和国主席令第 65 号发布,2008 年 1 月 1 日起施行。经 2012 年 12 月 28 日全国人大常委会《关于修改〈中华人民共和国劳动合同法〉的决定》修正。该法对以下问题作出了规定:(1)劳动合同的订立;(2)劳动合同的履行和变更;(3)劳动合同的解除和终止;(4)集体合同;(5)劳务派遣;(6)非全日制用工;(7)监督检查;(8)法律责任。该法从劳动合同相关问题着手,对《劳动法》予以完善。

3.《劳动合同法实施条例》

中华人民共和国国务院令第 535 号公布,2008 年 9 月 18 日起施行。该条例对劳动合同的订立、劳动合同的解除和终止、劳务派遣特别规定、法律责任等问题进行了细化,为《劳动合同法》的贯彻实施提供了可行性的法律依据。

(二)程序性法律法规

我们先了解一下我国劳动相关的程序性法律法规的发展脉络。

1. 最高人民法院《关于审理劳动争议案件适用法律若干问题的解释》(法释〔2001〕14 号,2001 年 4 月 30 日起施行,已失效)

该解释对下列事项明确了处理方式:(1)界定“劳动争议”范围;(2)仲裁机构不予受理;(3)超期限申请;(4)主体不适格;(5)仲裁机构重新裁决、当事人又起诉;(6)增加诉讼请求;(7)不属于法院受案范围;(8)争议管辖;(9)争议双方同时起诉;(10)用人单位合并、分立;(11)与原用人单位争议的诉讼主体;(12)承包;(13)举证责任;(14)劳动合同无效的赔偿;(15)赔偿金支付;(16)劳动合同延续、终止;(17)对裁决事项的部分进行起诉;(18)多个仲裁裁决相关诉讼;(19)用人单位规章制度的效力;(20)对用人单位决定的撤销、给付数额的变更;(21)不予执行。

2. 最高人民法院《关于审理劳动争议案件适用法律若干问题的解释(二)》(法释〔2006〕6 号,

2006年10月1日起施行,已失效)

该解释对下列事项进行了补充,明确了处理方式:(1)"劳动争议发生之日"的确定;(2)拖欠工资争议的时效;(3)拖欠劳动报酬争议按普通民事纠纷处理;(4)劳动关系是否已经解除或者终止,以及应否支付解除或终止劳动关系经济补偿金问题的受理;(5)解除或者终止劳动关系后,请求用人单位返还定金等问题的受理;(6)工伤保险待遇争议受理;(7)不属于劳动争议的纠纷;(8)预先支付工资问题受理;(9)劳动者与个体工商户纠纷的诉讼主体;(10)劳动力派遣纠纷的被告确定;(11)同时起诉;(12)不可抗力;(13)申请仲裁期间中断;(14)财产保全;(15)强制执行;(16)劳动合同优先于单位规章;(17)调解。

3.《劳动争议调解仲裁法》(中华人民共和国主席令第80号,2008年5月1日起施行)

该法对调解、仲裁(含一般规定、申请和受理、开庭和裁决)等程序性问题进行了规范。

4.《劳动人事争议仲裁办案规则》(中华人民共和国人力资源和社会保障部令第2号,2009年1月1日起施行,已失效;中华人民共和国人力资源和社会保障部令第33号,2017年7月1日起施行)

该规则分为总则、一般规定、仲裁程序(含申请和受理、开庭和裁决等)、调解程序、附则五部分,较为具体地规定了劳动争议仲裁办案程序。

5.最高人民法院《关于审理劳动争议案件适用法律若干问题的解释(三)》(法释〔2010〕12号,2010年9月14日起施行,已失效)

该解释对下列事项进行了补充,明确了处理方式:(1)劳动争议发生之日的确定问题;(2)拖欠工资争议仲裁时的工资支付问题;(3)以工资欠条作为证据的纠纷受理程序;(4)劳动争议仲裁后是否可以依法起诉的问题;(5)劳动者请求用人单位返还其收取的劳动合同定金、保证金、抵押金、抵押物产生的争议的起诉问题;(6)工伤保险待遇经劳动仲裁后的起诉问题;(7)不属于劳动争议的情况;(8)当事人不服劳动争议仲裁委员会作出的预先支付劳动者部分工资或者医疗费用的裁决,向人民法院起诉的问题;(9)劳动争议诉讼一方当事人为个体工商户的情形;(10)涉及劳动力派遣时的被告确定问题;(11)不服劳动仲裁而进行起诉的问题;(12)申请仲裁期间中止的问题;(13)申请仲裁期间中断的问题;(14)财产保全措施问题;(15)解除保全措施的问题;(16)用人单位制定的内部规章制度与集体合同或者劳动合同约定的内容不一致时,在劳动者请求时优先适用合同约定的问题;(17)调解协议的效力。

6.最高人民法院《关于审理劳动争议案件适用法律若干问题的解释(四)》(法释〔2013〕4号,2013年2月1日起施行,已失效)

该司法解释对下列事项进行了补充,明确了处理方式:(1)劳动人事争议仲裁委员会以无管辖权为由对劳动争议案件不予受理,人民法院的处理;(2)仲裁裁决书裁决种类不明,人民法院的处理;(3)中级人民法院就相关问题的处理;(4)调解协议申请司法确认;(5)劳动者非因本人原因从原用人单位被安排到新用人单位工作的问题;(6)竞业限制的相关补偿问题;(7)变更劳动合同未采用书面形式的问题;(8)建立了工会组织的用人单位解除劳动合同的相关问题;(9)用人单位经营期限届满不再经营劳动者补偿问题;(10)外国人、无国籍人等签订劳动合同效力认定问题。

7.最高人民法院《关于审理劳动争议案件适用法律问题的解释(一)》(法释〔2020〕26号,2021年1月1日起施行)

该解释共有54条,几乎将原有的被废止的各个司法解释的内容纳入了进来,并且根据最新法律法规和实务操作进行了修订完善。如对是否为劳动争议纠纷,明确如下:

第1条规定:"劳动者与用人单位之间发生的下列纠纷,属于劳动争议,当事人不服劳动争议仲裁机构作出的裁决,依法提起诉讼的,人民法院应予受理:(一)劳动者与用人单位在履行劳动合同过程中发生的纠纷；（二）劳动者与用人单位之间没有订立书面劳动合同，但已形成劳动关系后发生的纠纷；（三）劳动者与用人单位因劳动关系是否已经解除或者终止，以及应否支付解除或者终止劳动关系经济补偿金发生的纠纷；（四）劳动者与用人单位解除或者终止劳动关系后，请求用人单位返还其收取的劳动合同定金、保证金、抵押金、抵押物发生的纠纷，或者办理劳动者的人事档案、社会保险关系等移转手续发生的纠纷；（五）劳动者以用人单位未为其办理社会保险手续，且社会保险经办机构不能补办导致其无法享受社会保险待遇为由，要求用人单位赔偿损失发生的纠纷；（六）劳动者退休后，与尚未参加社会保险统筹的原用人单位因追索养老金、医疗费、工伤保险待遇和其他社会保险待遇而发生的纠纷；（七）劳动者因为工伤、职业病，请求用人单位依法给予工伤保险待遇发生的纠纷；（八）劳动者依据劳动合同法第八十五条规定，要求用人单位支付加付赔偿金发生的纠纷；（九）因企业自主进行改制发生的纠纷。”

第 2 条规定：“下列纠纷不属于劳动争议：（一）劳动者请求社会保险经办机构发放社会保险金的纠纷；（二）劳动者与用人单位因住房制度改革产生的公有住房转让纠纷；（三）劳动者对劳动能力鉴定委员会的伤残等级鉴定结论或者对职业病诊断鉴定委员会的职业病诊断鉴定结论的异议纠纷；（四）家庭或者个人与家政服务人员之间的纠纷；（五）个体工匠与帮工、学徒之间的纠纷；（六）农村承包经营户与受雇人之间的纠纷。”

第二节　劳动合同相关法律问题

一、劳动者签订劳动合同时的特别注意事项

劳动者首先要审查用人单位的营业执照、资质证明等证件，看其是否依法成立，能够依法支付工资、缴纳社会保险费、提供劳动保护条件，并能够承担相应的民事责任；要求用人单位如实说明岗位用人要求、工作内容、工作时间、劳动报酬、劳动条件、社会保险等情况。

（一）试用期

《劳动法》（2018 年修正）第 21 条明确规定，劳动合同可以约定试用期，但试用期最长不得超过 6 个月。

原劳动部《关于贯彻执行〈中华人民共和国劳动法〉若干问题的意见》（以下简称《劳动法意见》）第 18 条规定：“劳动者被用人单位录用后，双方可以在劳动合同中的约定试用期，试用期应包括在劳动合同期限内。”第 19 条规定：“试用期是用人单位和劳动者为相互了解、选择而约定的不超过六个月的考察期。一般对初次就业或再次就业的职工可以约定。在原固定工进行劳动合同制度的转制过程中，用人单位与原固定工签订劳动合同时，可以不再约定试用期。”

《劳动合同法》（2012 年修正）第 19 条规定：“劳动合同期限三个月以上不满一年的，试用期不得超过一个月；劳动合同期限一年以上不满三年的，试用期不得超过二个月；三年以上固定期限和无固定期限的劳动合同，试用期不得超过六个月。同一用人单位与同一劳动者只能约定一次试用期。以完成一定工作任务为期限的劳动合同或者劳动合同期限不满三个月的，不得约定试用期。试用期包含在劳动合同期限内。劳动合同仅约定试用期的，试用期不成立，该期限为劳动合同期限。”第 20 条规定：“劳动者在试用期的工资不得低于本单位相同岗位最低档工资或者劳动合同约定工资的百分之八十，并不得低于用人单位所在地的最低工资标准。”

《劳动合同法实施条例》第 15 条规定：“劳动者在试用期的工资不得低于本单位相同岗位最低档工资的 80% 或者不得低于劳动合同约定工资的 80%，并不得低于用人单位所在地的最低工资标准。”

在劳动纠纷中，有少数用人单位在续订劳动合同时，再次约定试用期，特别是在短期合同的续约中容易出现，这是与劳动法相违背的。

(二)工作时间

1997 年,原劳动部《关于职工工作时间有关问题的复函》明确了企业工作时间:根据《劳动法》和国务院《关于职工工作时间的规定》的规定,我国目前实行劳动者每日工作 8 小时,每周工作 40 小时这一标准工时制度。有条件的企业应实行标准工时制度。有些企业因工作性质和生产特点不能实行标准工时制度,应保证劳动者每天工作不超过 8 小时、每周工作不超过 40 小时、每周至少休息一天。此外,根据一些企业的生产实际情况还可实行不定时工作制和综合计算工作制。实行不定时工作制和综合计算工时工作制的企业应按原劳动部《关于企业实行不定时工作制和综合计算工时工作制的审批办法》(劳部发〔1994〕503 号)的规定办理审批手续。

《劳动法》(2018 年修正)第 41 条有关延长工作时间的限制,包括正常工作日的加班、休息日和法定休假日的加班。即每月工作日的加班、休息日和法定休假日的加班的总时数不得超过 36 小时。在国家立法部门没有作出立法解释前,应按此精神执行。依据《劳动法》(2018 年修正)第 44 条的规定,休息日安排劳动者加班工作的,应首先安排补休,不能补休时,则应支付不低于工资的 200% 的工资报酬。补休时间应等同于加班时间。法定休假日安排劳动者加班工作的,应另外支付不低于工资的 300% 的工资报酬,一般不安排补休。

企业实行综合计算工时工作制以及在实行综合计算工时工作制中采取何种工作方式,一定要与工会和劳动者协商。对于第三级以上(含第三级)体力劳动强度的工作岗位,劳动者每日连续工作时间不得超过 11 小时,而且每周至少休息一天。

(三)劳动合同期限

根据《劳动合同法》的规定,劳动合同分为固定期限劳动合同、无固定期限劳动合同和以完成一定工作任务为期限的劳动合同。《劳动合同法》(2012 年修正)第 14 条第 2 款规定:"……有下列情形之一,劳动者提出或者同意续订、订立劳动合同的,除劳动者提出订立固定期限劳动合同外,应当订立无固定期限劳动合同:(一)劳动者在该用人单位连续工作满十年的;(二)用人单位初次实行劳动合同制度或者国有企业改制重新订立劳动合同时,劳动者在该用人单位连续工作满十年且距法定退休年龄不足十年的;(三)连续订立二次固定期限劳动合同,且劳动者没有本法第三十九条和第四十条第一项、第二项规定的情形,续订劳动合同的。"

用人单位自用工之日起满一年不与劳动者订立书面劳动合同的,视为用人单位与劳动者已订立无固定期限劳动合同。

二、用人单位签订劳动合同时的特别注意事项

用人单位必须与适格的劳动者订立劳动合同,用人单位在向劳动者介绍单位情况的同时,有权要求劳动者如实提供本人的身份证、学历、就业情况、工作经历、职业技能等证明文件。用人单位要遵守我国法律在劳动者权益保护上的强制性规定,如果违反法律的强制性规定或聘用了不适格的劳动者,用人单位可能会被追究民事、行政甚至刑事责任。

(一)对劳动者身体条件的审查

1. 年龄条件

年龄条件,是指劳动者订立劳动合同必须达到法定的劳动年龄。《劳动法》(2018 年修正)第 58 条第 2 款规定:"未成年工是指年满十六周岁未满十八周岁的劳动者。"这表明年满 18 周岁的劳动者达到了订立劳动合同的条件;年满 16 周岁不满 18 周岁的劳动者依照《劳动法》的有关规定,在劳动合同约定的权利义务关系不违背有关法律、法规前提下也可订立劳动合同。

国务院《禁止使用童工规定》第 2 条明确规定禁止用人单位招用不满 16 周岁的童工;第 11 条规定:"拐骗童工,强迫童工劳动,使用童工从事高空、井下、放射性、高毒、易燃易爆以及国家规定的第四级体力劳动强度的劳动,使用不满 14 周岁的童工,或者造成童工死亡或者严重伤残的,依照刑法关于拐卖儿童罪、强迫劳动罪或者其他罪的规定,依法追究刑事责任。”

2. 劳动能力

劳动能力是指劳动者凭借自己的智力或体力完成某项工作的能力。各类劳动者的劳动能力差别很大,脑力劳动者的劳动能力与体力劳动者的劳动能力,成年工与未成年工的劳动能力,男性劳动者与女性劳动者的劳动能力都是有区别的,订立劳动合同时应根据合同的内容,分别与有相应劳动能力的劳动者订立,这样才能保证劳动合同的顺利履行。

(二)侵权风险规避

1. 不得聘用未与原用人单位解除劳动关系的劳动者

用人单位在录用员工时应注意询问并审查该员工与原单位已终止劳动关系的凭证,通常以终止、解除劳动合同通知书、协议书或证明书的形式体现。我国《劳动法》(2018 年修正)第 99 条规定:“用人单位招用尚未解除劳动合同的劳动者,对原用人单位造成经济损失的,该用人单位应当依法承担连带赔偿责任。”《劳动合同法》(2012 年修正)第 91 条亦规定:“用人单位招用与其他用人单位尚未解除或者终止劳动合同的劳动者,给其他用人单位造成损失的,应当承担连带赔偿责任。”

最高人民法院《关于审理劳动争议案件适用法律问题的解释(一)》(法释〔2020〕26 号)第 27 条规定:“用人单位招用尚未解除劳动合同的劳动者,原用人单位与劳动者发生的劳动争议,可以列新的用人单位为第三人。原用人单位以新的用人单位侵权为由提起诉讼的,可以列劳动者为第三人。原用人单位以新的用人单位和劳动者共同侵权为由提起诉讼的,新的用人单位和劳动者列为共同被告。”

因此,如果用人单位聘用了尚未解除原劳动合同的劳动者,该劳动者被原用人单位起诉,新用人单位的连带赔偿责任将难以免除,当被招聘员工的人力资本价值较大时,这一问题尤为明显。新用人单位在认为必要时,可到员工原单位调查,并考虑让该员工做出已与原单位解除劳动关系的书面声明。

2. 侵犯劳动者原单位商业秘密问题

被录用的高层管理人员、高科技人才通常会与原用人单位签订有保密协议、竞业禁止协议,对于这类较为稀缺的人才,一定要注意询问并审查其是否与原用人单位订立过此类协议,并审查其所提供的重要信息是否有侵犯他人商业秘密之嫌。

(三)不得收押金

用人单位不得以任何形式收取劳动者定金、保证金或抵押金等。一些用人单位出于避免员工跳槽、擅自离职等方面的考虑,往往在签订劳动合同时要求员工交纳一定数量的金钱、物品或者扣押员工各种证件,以达到留住员工的目的。

《劳动法意见》第 24 条规定:“用人单位在与劳动者订立劳动合同时,不得以任何形式向劳动者收取定金、保证金(物)或抵押金(物)。对违反以上规定的,应……由公安部门和劳动行政部门责令用人单位立即退还给劳动者本人。”

三、劳动合同的无效及争议解决

(一)导致无效的情形

无效劳动合同,是指由于当事人违反法律、法规或违背平等、自愿原则签订的不具有法律约束力的劳动合同。签订劳动合同是一种法律行为,它是劳动法律关系产生的重要法律事实。订立劳动合同应当遵循平等自愿、协商一致的原则,不得违背法律、行政法规的强制性规定,只有当订立劳动合同的行为符合《劳动法》规定及有关法律规范时,才能受到国家法律的保护,产生当事人期望的法律后果,否则将导致合同无效。

《劳动法》(2018 年修正)第 18 条规定:“下列劳动合同无效:(一)违反法律、行政法规的劳动合同;(二)采取欺诈、威胁等手段订立的劳动合同。无效的劳动合同,从订立的时候起,就没有法律约束力。确认劳动合同部分无效的,如果不影响其余部分的效力,其余部分仍然有效。”

《劳动合同法》(2012 年修正)第 26 条规定:“下列劳动合同无效或者部分无效:(一)以欺诈、胁迫的手段或者乘人之危,使对方在违背真实意思的情况下订立或者变更劳动合同的;(二)用人单位免除自己的法定责任、排除劳动者权利的;(三)违反法律、行政法规强制性规定的。对劳动合同的无效或者部分无效有争议的,由劳动争议仲裁机构或者人民法院确认。”

因违反法律、行政法规而导致劳动合同无效或部分无效的情况有以下三种:(1)主体资格不合法。例如,用人单位的职能部门直接与劳动者签订劳动合同;劳动者一方达不到法定就业年龄。(2)合同内容不合法。与国家法律、法规相抵触的条款,属于无效条款,如违反工时休假制度、安全卫生标准、最低工资规定、特殊劳动保护等规定而达成的合同条款。(3)程序非法。劳动合同的签订程序必须符合相关法律规定,如集体合同的签订需经过上报的程序,《劳动法》(2018 年修正)第 34 条、《劳动合同法》(2012 年修正)第 54 条规定,集体合同签订后应当报送劳动行政部门;劳动行政部门自收到集体合同文本之日起 15 日内未提出异议的,集体合同即行生效。

采取欺诈、威胁等手段订立的劳动合同无效。我国《民法典》第 148 条规定:“一方以欺诈手段,使对方在违背真实意思的情况下实施的民事法律行为,受欺诈方有权请求人民法院或者仲裁机构予以撤销。”该规定将违背对方真实意思而订立的合同归入可撤销合同的范畴,但笔者认为,对劳动合同应适用特别法优于一般法的原则,以保护劳动者人身、财产权益为根本出发点,兼顾用人单位的利益,将此类合同认定为无效合同。

实践中,用人单位采取提供虚假的劳动条件、劳动待遇或拖欠工资迫使劳动等方式,违背劳动者意愿与劳动者签订或续订劳动合同,这样的合同属于无效劳动合同。

当然,一些劳动者提供假证件、假文凭等,骗取用人单位信任而订立的劳动合同也属于无效劳动合同范畴。

(二)争议解决途径

1.《劳动争议调解仲裁法》(2008 年 5 月 1 日起施行)施行前

劳动争议一旦发生,应注意其解决途径的特殊性。劳动争议仲裁是诉讼的必经程序,即必须先经过劳动争议仲裁委员会仲裁后,当事人才可以向法院起诉,否则人民法院不予受理。而且,提起劳动仲裁具有时效性,无论是企业还是职工提起劳动仲裁,均应当自劳动争议发生之日起 60 天内向企业所在地劳动争议仲裁委员会申请仲裁,超过 60 天则丧失胜诉权。

2.《劳动争议调解仲裁法》相关规定

第 27 条规定:“劳动争议申请仲裁的时效期间为一年。仲裁时效期间从当事人知道或者应当知道其权利被侵害之日起计算。前款规定的仲裁时效,因当事人一方向对方当事人主张权利,或者向有关部门请求权利救济,或者对方当事人同意履行义务而中断。从中断时起,仲裁时效期间重新计算。因不可抗力或者有其他正当理由,当事人不能在本条第一款规定的仲裁时效期间申请仲裁的,仲裁时效中止。从中止时效的原因消除之日起,仲裁时效期间继续计算。劳动关系存续期间因拖欠劳动报酬发生争议的,劳动者申请仲裁不受本条第一款规定的仲裁时效期间的限制;但是,劳动关系终止的,应当自劳动关系终止之日起一年内提出。”

四、变更劳动合同有关法律问题

(一)劳动合同变更的概念与条件

劳动合同变更,是指由于劳动合同订立时所依据的客观情况发生变化等原因,致使原劳动合同的部分条款无法继续履行,经劳动合同当事人协商一致,对劳动合同部分条款进行修改、增加或取消的行为。

根据《劳动法》《劳动合同法》等有关规定，当出现下列情形之一时，劳动合同可以变更：

1. 劳动合同当事人协商一致，可以变更劳动合同。例如，用人单位与其长期被外单位借用的人员、带薪上学人员以及其他非在岗但仍保持劳动关系的人员签订的劳动合同，劳动者在外借和上学期间，劳动合同中的某些相关条款经双方协商可以变更。

2. 订立劳动合同时所依据的法律、法规、规章发生变化，应当依法变更劳动合同的相关内容。

3. 订立劳动合同时所依据的客观情况发生重大变化，致使劳动合同无法履行，经合同当事人协商一致，可变更劳动合同；不能就变更劳动合同达成协议，由用人单位解除劳动合同的，用人单位应依法支付经济补偿金。

用人单位可依据其实际情况与原用人单位的劳动者遵循平等自愿、协商一致的原则变更、解除或重新签订劳动合同。在此种情况下的重新签订劳动合同视为原劳动合同的变更，用人单位变更劳动合同，劳动者不能依据《劳动法》（2018 年修正）第 28 条要求经济补偿。

4. 用人单位变更名称的，应当及时变更劳动合同中用人单位的名称。实践中一些公司“一套人马两块牌子”，或者“换汤不换药”，注销原公司，由原公司人员重新组建新公司，出现劳动争议时，会因主体不明而造成解决问题的障碍。

至于企业法定代表人变更的情况，则不需要变更劳动合同。原劳动部《关于实行劳动合同制度若干问题的通知》第 9 条规定：“企业法定代表人的变更，不影响劳动合同的履行，用人单位和劳动者不需因此重新签订劳动合同。”

（二）调岗调薪问题

用人单位根据自身生产经营需要，调整员工的工作岗位及薪酬标准是经营自主权的重要内容，对企业的正常生产经营不可或缺。于是很多企业便当然认为企业有权随时对员工调岗调薪；而员工则认为调岗调薪属于劳动合同的变更，合同应经双方协商一致。

《劳动合同法》（2012 年修正）第 35 条规定：“用人单位与劳动者协商一致，可以变更劳动合同约定的内容。变更劳动合同，应当采用书面形式。变更后的劳动合同文本由用人单位和劳动者各执一份。”

第 40 条规定：“有下列情形之一的，用人单位提前三十日以书面形式通知劳动者本人或者额外支付劳动者一个月工资后，可以解除劳动合同：（一）劳动者患病或者非因工负伤，在规定的医疗期满后不能从事原工作，也不能从事由用人单位另行安排的工作的；（二）劳动者不能胜任工作，经过培训或者调整工作岗位，仍不能胜任工作的；（三）劳动合同订立时所依据的客观情况发生重大变化，致使劳动合同无法履行，经用人单位与劳动者协商，未能就变更劳动合同内容达成协议的。”

《职业病防治法》（2018 年修正）第 35 条第 2 款规定：“……对在职业健康检查中发现有与所从事的职业相关的健康损害的劳动者，应当调离原工作岗位，并妥善安置；对未进行离岗前职业健康检查的劳动者不得解除或者终止与其订立的劳动合同。”

《女职工劳动保护特别规定》第 6 条第 1 款规定：“女职工在孕期不能适应原劳动的，用人单位应当根据医疗机构的证明，予以减轻劳动量或者安排其他能够适应的劳动。”

由此可见，用人单位调岗调薪的权利并非可以任意行使，只有在职工不能胜任本岗位工作时，才可单方作出岗位调整决定，而且不妨碍员工合同解除权的行使。

五、解除劳动合同有关法律问题

（一）解除劳动合同的概念与种类

劳动合同的解除，是指劳动合同订立后，尚未全部履行以前，由于某种原因导致劳动合同一方或双方当事人提前取消劳动关系的法律行为。

根据《劳动法》《劳动合同法》《劳动合同法实施条例》等有关规定,劳动合同解除的种类有:

1. 劳动合同的合意解除

经劳动合同当事人协商一致,劳动合同可以解除。其中,由于用人单位经济性裁员而解除劳动合同也属此类(亦有观点认为属于单位单方解除,无论如何定性,均应按法律规定办理)。

《劳动合同法》(2012 年修正)第 41 条规定:“有下列情形之一,需要裁减人员二十人以上或者裁减不足二十人但占企业职工总数百分之十以上的,用人单位提前三十日向工会或者全体职工说明情况,听取工会或者职工的意见后,裁减人员方案经向劳动行政部门报告,可以裁减人员:(一)依照企业破产法规定进行重整的;(二)生产经营发生严重困难的;(三)企业转产、重大技术革新或者经营方式调整,经变更劳动合同后,仍需裁减人员的;(四)其他因劳动合同订立时所依据的客观经济情况发生重大变化,致使劳动合同无法履行的。裁减人员时,应当优先留用下列人员:(一)与本单位订立较长期限的固定期限劳动合同的;(二)与本单位订立无固定期限劳动合同的;(三)家庭无其他就业人员,有需要扶养的老人或者未成年人的。用人单位依照本条第一款规定裁减人员,在六个月内重新招用人员的,应当通知被裁减的人员,并在同等条件下优先招用被裁减的人员。”

2. 劳动者单方解除

(1)包括两种情形:第一种,即时解除。《劳动法》(2018 年修正)第 32 条明确规定,有下列情形之一的,劳动者可以随时通知用人单位解除劳动合同:①在试用期内的;②用人单位以暴力、威胁或者非法限制人身自由的手段强迫劳动的;③用人单位未按照劳动合同约定支付劳动报酬或者提供劳动条件的。第二种,延时解除。劳动者单方与用人单位解除劳动合同无特殊条件限制,不需要法定理由。

(2)《劳动法》(2018 年修正)第 31 条规定,劳动者解除劳动合同应当提前 30 日以书面形式通知用人单位。原劳动部办公厅《关于劳动者解除劳动合同有关问题的复函》中明确规定:劳动者提前 30 日以书面形式通知用人单位,既是解除劳动合同的程序,也是解除劳动合同的条件。劳动者提前 30 日以书面形式通知用人单位解除劳动合同,无须征得用人单位的同意。超过 30 日,劳动者向用人单位提出办理解除劳动合同的手续,用人单位应予以办理。但由于劳动者违反劳动合同有关约定而给用人单位造成经济损失的,应依据有关法律、法规、规章的规定和劳动合同的约定,由劳动者承担赔偿责任。

(3)《劳动合同法》(2012 年修正)第 38 条规定:“用人单位有下列情形之一的,劳动者可以解除劳动合同:(一)未按照劳动合同约定提供劳动保护或者劳动条件的;(二)未及时足额支付劳动报酬的;(三)未依法为劳动者缴纳社会保险费的;(四)用人单位的规章制度违反法律、法规的规定,损害劳动者权益的;(五)因本法第二十六条第一款规定的情形致使劳动合同无效的;(六)法律、行政法规规定劳动者可以解除劳动合同的其他情形。用人单位以暴力、威胁或者非法限制人身自由的手段强迫劳动者劳动的,或者用人单位违章指挥、强令冒险作业危及劳动者人身安全的,劳动者可以立即解除劳动合同,不需事先告知用人单位。”

(4)《劳动合同法实施条例》第 18 条规定:“有下列情形之一的,依照劳动合同法规定的条件、程序,劳动者可以与用人单位解除固定期限劳动合同、无固定期限劳动合同或者以完成一定工作任务为期限的劳动合同:(一)劳动者与用人单位协商一致的;(二)劳动者提前 30 日以书面形式通知用人单位的;(三)劳动者在试用期内提前 3 日通知用人单位的;(四)用人单位未按照劳动合同约定提供劳动保护或者劳动条件的;(五)用人单位未及时足额支付劳动报酬的;(六)用人单位未依法为劳动者缴纳社会保险费的;(七)用人单位的规章制度违反法律、法规的规定,损害劳动者权益的;(八)用人单位以欺诈、胁迫的手段或者乘人之危,使劳动者在违背真实意思的情况下订立或者变更劳动合同的;(九)用人单位在劳动合同中免除自己的法定责任、排除劳动者权利的;(十)用人单位违反法律、行政法规强制性规定的;(十一)用人单位以暴力、威胁或者非法限制人身自由的手段强迫劳动者劳动的;(十二)用人单位违章指挥、强令冒险作业危及劳动者人身安全的;(十三)法律、行政法规规定劳动者可以解除劳动合同的其他情形。"

3. 用人单位单方解除

(1)根据《劳动法》的规定,具体分为两种情形:

第一种,劳动者无过失解除。有下列情形之一的,用人单位可以解除劳动合同,但是应当提前30日以书面形式通知劳动者本人:劳动者患病或者非因工负伤,医疗期满后,不能从事原工作也不能从事由用人单位另行安排的工作的;劳动者不能胜任工作,经过培训或者调整工作岗位仍不能胜任工作的;劳动合同订立时所依据的客观情况发生重大变化,致使原劳动合同无法履行,经当事人协商不能就变更劳动合同达成协议的。

用人单位解除合同未按规定提前30日通知劳动者的,自通知之日起30日内,用人单位应当对劳动者承担劳动合同约定的义务。

第二种,劳动者过失性解除。劳动者有下列情形之一的,用人单位可以随时解除劳动合同:在试用期间被证明不符合录用条件的;严重违反劳动纪律或者用人单位规章制度的;严重失职,营私舞弊,对用人单位利益造成重大损害的;被依法追究刑事责任的。

需要注意的是,劳动者有下列情形之一的,用人单位不得解除劳动合同:①患职业病或者因工负伤并被确认丧失或者部分丧失劳动能力的;②患病或者负伤,在规定的医疗期内的;③女职工在孕期、产期、哺乳期内的;④法律、法规规定的其他情形。

(2)根据《劳动合同法》的规定:

劳动者有下列情形之一的,用人单位可以解除劳动合同:①在试用期间被证明不符合录用条件的;②严重违反用人单位的规章制度的;③严重失职,营私舞弊,给用人单位造成重大损害的;④劳动者同时与其他用人单位建立劳动关系,对完成本单位的工作任务造成严重影响,或者经用人单位提出,拒不改正的;⑤因本法第二十六条第一款第一项规定的情形致使劳动合同无效的;⑥被依法追究刑事责任的。

《劳动合同法》(2012年修正)第26条规定:"下列劳动合同无效或者部分无效:(一)以欺诈、胁迫的手段或者乘人之危,使对方在违背真实意思的情况下订立或者变更劳动合同的……"第40条规定:"有下列情形之一的,用人单位提前三十日以书面形式通知劳动者本人或者额外支付劳动者一个月工资后,可以解除劳动合同:(一)劳动者患病或者非因工负伤,在规定的医疗期满后不能从事原工作,也不能从事由用人单位另行安排的工作的;(二)劳动者不能胜任工作,经过培训或者调整工作岗位,仍不能胜任工作的;(三)劳动合同订立时所依据的客观情况发生重大变化,致使劳动合同无法履行,经用人单位与劳动者协商,未能就变更劳动合同内容达成协议的。"

(3)根据《劳动合同法实施条例》的规定:

有下列情形之一的,依照《劳动合同法》规定的条件、程序,用人单位可以与劳动者解除固定期限劳动合同、无固定期限劳动合同或者以完成一定工作任务为期限的劳动合同:①用人单位与劳动者协商一致的;②劳动者在试用期间被证明不符合录用条件的;③劳动者严重违反用人单位的规章制度的;④劳动者严重失职,营私舞弊,给用人单位造成重大损害的;⑤劳动者同时与其他用人单位建立劳动关系,对完成本单位的工作任务造成严重影响,或者经用人单位提出,拒不改正的;⑥劳动者以欺诈、胁迫的手段或者乘人之危,使用人单位在违背真实意思的情况下订立或者变更劳动合同的;⑦劳动者被依法追究刑事责任的;⑧劳动者患病或者非因工负伤,在规定的医疗期满后不能从事原工作,也不能从事由用人单位另行安排的工作的;⑨劳动者不能胜任工作,经过培训或者调整工作岗位,仍不能胜任工作的;⑩劳动合同订立时所依据的客观情况发生重大变化,致使劳动合同无法履行,经用人单位与劳动者协商,未能就变更劳动合同内容达成协议的;⑪用人单位依照企业破产法规定进行重整的;⑫用人单位生产经营发生严重困难的;⑬企业转产、重大技术革新或者经营方式调整,经变更劳动合同后,仍需裁减人员的;⑭其他因劳动合同订立时所依据的客观经济情况发生重大变化,致使劳动合同无法履行的。

(二)经济补偿金的支付

《劳动法》《劳动合同法》《劳动合同法实施条例》等,均对经济补偿问题作出了规定。

有关经济补偿的具体分析,详见本章第四节"国企改制中的劳动关系处理"部分的论述。

第三节 劳动合同配套协议的法律问题

一、保密协议

(一)保密协议的概念

随着市场竞争的加剧,用人单位越来越注重对本单位技术、商业秘密的保护,其表现之一就是越来越多的用人单位要求被录用的人员除了签订劳动合同外,还要加签保密协议。所谓的保密协议,是指用人单位与劳动者签订的,约定员工在本单位工作期间及离职后的一定期间不得泄露本单位商业秘密的一种特别规定。

这里所说的商业秘密,是指根据《反不正当竞争法》的规定,不为公众所知悉,能为权利人带来经济利益,具有实用性并经权利人采取保密措施的技术信息和经营信息。从某种意义上来说,保密协议可以涵盖竞业禁止协议的内容,但保密协议适用的范围更为广泛,可以针对本企业的广大员工,竞业禁止协议则主要是针对企业的高层管理人员与专业技术人员,而且竞业禁止协议约定的竞业禁止补偿费标准要高于保密费的标准。

《劳动法》(2018 年修正)第 22 条规定:"劳动合同当事人可以在劳动合同中约定保守用人单位商业秘密的有关事项";第 102 条规定:"劳动者违反本法规定的条件解除劳动合同或者违反劳动合同中约定的保密事项,对用人单位造成经济损失的,应当依法承担赔偿责任。"

《劳动合同法》(2012 年修正)第 23 条第 1 款规定:"用人单位与劳动者可以在劳动合同中约定保守用人单位的商业秘密和与知识产权相关的保密事项。"

这些是劳动法领域关于订立保密协议的直接依据。

《民法典》第 5 条规定:"民事主体从事民事活动,应当遵循自愿原则,按照自己的意思设立、变更、终止民事法律关系。"企业与员工签订保密协议通常有两种方式:一是由企业直接与接触商业秘密的员工签订保密协议,在协议中对双方的权利义务进行约定;二是企业在与职工签订的劳动合同中制定保密条款,规范双方的权利义务。但无论以哪种方式签订,保密协议均要遵守合同自愿、公平等价的原则,不得违反国家法律、法规的强制性规定。在由用人单位提供格式合同的前提下,用人单位要对保密条款做必要的提示性说明,以免造成保密约定无效。

(二)保密协议的争议解决

最高人民法院《关于审理劳动争议案件适用法律问题的解释(一)》第 5 条规定:"劳动争议仲裁机构以无管辖权为由对劳动争议案件不予受理,当事人提起诉讼的,人民法院按照以下情形分别处理:(一)经审查认为该劳动争议仲裁机构对案件确无管辖权的,应当告知当事人向有管辖权的劳动争议仲裁机构申请仲裁;(二)经审查认为该劳动争议仲裁机构有管辖权的,应当告知当事人申请仲裁,并将审查意见书面通知该劳动争议仲裁机构;劳动争议仲裁机构仍不受理,当事人就该劳动争议事项提起诉讼的,人民法院应予受理。"

如果保密协议争议属于劳动争议范畴,则劳动仲裁是前置程序;如果不属于劳动争议,则当事人可以约定解决争议的方式,不必先经劳动仲裁。

原劳动和社会保障部办公厅《关于劳动争议案中涉及商业秘密侵权问题的函》(劳社厅函〔1999〕69 号)第 2 条指出:“劳动合同中如果明确约定了有关保守商业秘密的内容,由于劳动者未履行,造成用人单位商业秘密被侵害而发生劳动争议,当事人向劳动争议仲裁委员会申请仲裁的,仲裁委员会应当受理,并依据有关规定和劳动合同的约定作出裁决。”

最高人民法院《关于审理劳动争议案件适用法律问题的解释(一)》第 27 条规定:“用人单位招用尚未解除劳动合同的劳动者,原用人单位与劳动者发生的劳动争议,可以列新的用人单位为第三人。原用人单位以新的用人单位侵权为由提起诉讼的,可以列劳动者为第三人。原用人单位以新的用人单位和劳动者共同侵权为由提起诉讼的,新的用人单位和劳动者列为共同被告。”

笔者认为,在企业与劳动者自愿的前提下,于劳动合同之外单独订立保密协议的,应充分尊重双方当事人的意思表示,适用合同自由原则,按照保密协议的约定对协议的争议进行处理。如果在劳动合同中附加了保密条款,则应适用我国有关劳动争议处理的法律规定进行解决,即先经劳动仲裁后起诉。

另外,也可以在刑法上寻求违反保密协议的救济途径。我国《刑法》(2023 年修正)第 219 条规定,违反保密义务或者违反权利人有关保守商业秘密的要求,披露、使用或者允许他人使用其所掌握的商业秘密的,情节严重的,处 3 年以下有期徒刑,并处或者单处罚金;情节特别严重的,处 3 年以上 10 年以下有期徒刑,并处罚金。在追究侵权人刑事责任的同时,用人单位还可以提起附带民事诉讼,要求侵权人承担民事赔偿责任。

(三)签订保密协议的注意事项

1. 保密主体要明确

商业秘密的保密主体范围较为广泛,但一般仅限于本企业职工,对非本企业职工侵犯企业商业秘密的行为,企业虽无权以合同形式为其设置保密义务,但可依侵权责任追究其民事责任。对于本企业处于管理岗位和技术岗位的员工,企业可要求其不得以任何形式披露或者协助第三人侵犯企业的商业秘密。除上述岗位之外,对于在工作中可能有意或无意获悉企业商业秘密的一般员工,也应列入保密主体的范围。

2. 保密期限要明确

虽然按照法律的规定,不得侵犯企业商业秘密的义务不因劳动合同的解除、终止而免除,但由于商业秘密存在过期、被公开或被淘汰的情况,因此最好还是约定保密义务的起止时间,以免引起不必要的纠纷。此外,保密主体在用人单位授权、司法调查或用于个人学习研究等特殊情况下使用商业秘密的,均不视为违约。

3. 保密事项要明确

不同的企业有不同的保密要求,即使是同一企业,其在不同的发展期,所要求的保密内容也是不同的,因而保密协议要根据企业自身的情况对保密事项予以明确。而且在进行约定时,还应当对基于商业秘密而产生的无形资产权利归属予以界定,这些权利如广告公司策划人员完成创意的著作权、IT 企业技术人员完成软件的著作权、生产制造企业工作人员完成的外观设计等发明创造的专利申请权及专利权等。

二、竞业限制协议

(一)竞业限制的概念与分类

1. 概念

竞业限制,又称竞业禁止,是指企业为保守商业秘密和维持竞争优势,根据法律规定或者合同约定,禁止员工在企业工作期间以及离职后一定期限内从事与企业有竞争关系的业务或者到与企业有竞争关系或者利害关系的其他企业任职的一种法律制度。

竞业限制条款是指具体的协议或者文本,包括专门的竞业限制合同以及在劳动合同中约定的竞业限制条款等。竞业限制条款作为企业保守商业秘密,维持竞争优势的重要手段,并不是对所有的员工都可以适用,它有其具体的适用对象和适用范围。竞业限制条款的适用对象主要是在工作中接触重要商业秘密的企业主管人员和科技人员。

2. 分类

依据不同的标准,对竞业限制有不同的分类:

(1)根据是否在职,竞业限制分为任职期的竞业限制与离职竞业限制

任职期的竞业限制是指禁止企业员工在劳动合同履行过程中,自营或者为他人经营与其任职企业同类的营业或从事损害企业利益的活动。任职期的竞业限制又分为同业竞争之禁止与兼业禁止。同业竞争之禁止,即董事、经理、雇员在任职期间不得为自己或他人经营本企业营业范围内的业务;兼业禁止,即董事、经理、雇员在任职期间不得担任同类企业的无限责任股东、经理、董事或同类合伙企业的合伙人。离职竞业限制,即董事、经理、雇员在离职后一段时间内,不得利用自己在为前一企业工作期间掌握的知识、信息、经验、技能为自己或后一企业服务。

(2)根据是否以补偿为前提,竞业限制分为补偿性的竞业限制与非补偿性的竞业限制

原劳动部在《关于企业职工流动若干问题的通知》中规定,用人单位可规定掌握商业秘密的员工在终止或解除劳动合同后的一定期限(不超过 3 年),不得在生产同类产品或经营同类业务且有竞争关系的单位就职,也不得自己生产与原单位有竞争关系的同类产品或经营同类业务,但用人单位应当给予该员工一定数额的经济补偿。《劳动合同法》对于应当给予竞业限制补偿、竞业限制期不超过 2 年等亦有明确规定。

作这种竞业限制约定时,用人单位应当给予劳动者一定经济补偿,否则该约定无效。而《公司法》(2023 年修订,详见第 183 条、第 184 条等条款)规定的董事、监事、高级管理人员,以及《合伙企业法》(2006 年修订,详见第 30 条等条款)规定的合伙人不得从事竞业活动,是不以补偿为前提的,其归类于非补偿性的竞业限制。

对于补偿性的竞业限制中的补偿金支付方式,《劳动合同法》出台前通常存在两种形式:一是终止或解除劳动合同时给予一次性补偿;二是双方约定在任职期内工资中含有补偿金。补偿金的不支付,应当视为竞业限制的自行终止,劳动者不再承担竞业限制的义务。[①]《劳动合同法》出台后,对竞业限制补偿金的支付方式,明确为解约后在补偿期内"按月"支付。

(二)竞业限制的法律规定

竞业限制的主要目的是保护企业的商业秘密不会随着职员的流动流向竞争性的企业,保持企业在竞争中的优势地位。我国竞业限制的规定散见于法律法规与部门规章中。

1.《劳动合同法》(2012 年修正)

第 23 条规定:"用人单位与劳动者可以在劳动合同中约定保守用人单位的商业秘密和与知识产权相关的保密事项。对负有保密义务的劳动者,用人单位可以在劳动合同或者保密协议中与劳动者约定竞业限制条款,并约定在解除或者终止劳动合同后,在竞业限制期限内按月给予劳动者经济补偿。劳动者违反竞业限制约定的,应当按照约定向用人单位支付违约金。"

第 24 条规定:"竞业限制的人员限于用人单位的高级管理人员、高级技术人员和其他负有保密义务的人员。竞业限制的范围、地域、期限由用人单位与劳动者约定,竞业限制的约定不得违反

---

① 参见鲁强:《竞业限制法律适用中的几个问题》,载中国法院网 2004 年 4 月 1 日,http://www.chinacourt.org/article/detail/2004/04/id/110785.shtml。

法律、法规的规定。在解除或者终止劳动合同后，前款规定的人员到与本单位生产或者经营同类产品、从事同类业务的有竞争关系的其他用人单位，或者自己开业生产或者经营同类产品、从事同类业务的竞业限制期限，不得超过二年。”

2.《公司法》(2023 年修订)

第 175 条规定：“国有独资公司的董事、高级管理人员，未经履行出资人职责的机构同意，不得在其他有限责任公司、股份有限公司或者其他经济组织兼职。”

第 183 条规定：“董事、监事、高级管理人员，不得利用职务便利为自己或者他人谋取属于公司的商业机会。但是，有下列情形之一的除外：(一)向董事会或者股东会报告，并按照公司章程的规定经董事会或者股东会决议通过；(二)根据法律、行政法规或者公司章程的规定，公司不能利用该商业机会。”

第 184 条规定：“董事、监事、高级管理人员未向董事会或者股东会报告，并按照公司章程的规定经董事会或者股东会决议通过，不得自营或者为他人经营与其任职公司同类的业务。”

3.《合伙企业法》(2006 年修订)

第 32 条规定：“合伙人不得自营或者同他人合作经营与本合伙企业相竞争的业务。除合伙协议另有约定或者经全体合伙人一致同意外，合伙人不得同本合伙企业进行交易。合伙人不得从事损害本合伙企业利益的活动。”

第 99 条规定：“合伙人违反本法规定或者合伙协议的约定，从事与本合伙企业相竞争的业务或者与本合伙企业进行交易的，该收益归合伙企业所有；给合伙企业或者其他合伙人造成损失的，依法承担赔偿责任。”

4.《个人独资企业法》

第 20 条规定：“投资人委托或者聘用的管理个人独资企业事务的人员不得有下列行为：……(六)未经投资人同意，从事与本企业相竞争的业务……”

5. 原劳动部《关于企业职工流动若干问题的通知》

第 2 条规定：“用人单位与掌握商业秘密的职工在劳动合同中约定保守商业秘密有关事项时，可以约定在劳动合同终止前或该职工提出解除劳动合同后的一定时间内(不超过六个月)，调整其工作岗位，变更劳动合同中相关内容；用人单位也可规定掌握商业秘密的职工在终止或解除劳动合同后的一定期限内(不超过三年)，不得到生产同类产品或经营同类业务且有竞争关系的其他用人单位任职，也不得自己生产与原单位有竞争关系的同类产品或经营同类业务，但用人单位应当给予该职工一定数额的经济补偿。”

(三)竞业限制有关法律问题

1. 竞业限制的签约对象

一般来讲，竞业限制的签约对象宜限定在掌握企业重要商业秘密，或者对企业的竞争优势构成重要影响的关键技术人员和管理人员，不接触企业重要商业秘密或者对维护企业竞争优势影响一般的普通员工不适宜签订竞业限制协议。

由于对大部分被选定的竞业限制签约对象，用人单位是要向其支付竞业限制补偿金的，所以不宜把签约对象扩大化，使用人单位成本加大，而且签约不当还会限制员工的发展并损害社会公共利益。因此，用人单位一定要结合自身的情况确定签约对象。

2. 竞业限制补偿金的支付

由于各地的工资水平和消费指数不具有可比性，补偿金的支付标准无法统一规定，一般应根据本省级行政区域内的社会平均工资水平，同时考虑员工的实际年工资收入，确定一个最低下限及合理的区间，保证员工的利益不受损害。经济补偿金的支付方式一般在劳动合同终止后，在竞业限制期内,以现金方式按月支付为宜。

3. 竞业限制的区域与期间问题

竞业限制的区域和期间问题都是判定是否不合理限制员工就业自由的重要因素。在与离职员工约定竞业限制时,企业要确保至少不能使该员工由于订立了竞业限制协议而背井离乡。不同级别的雇员,竞业限制的区域也不同,接触公司机密信息越少,级别越低的职员,竞业限制的区域越小。

竞业限制的期间包括任职期间、离职后的一段时间。对于后者,在我国,最多不能超过 2 年。由于每一行业的发展周期都是不一样的,建筑行业的变化比高科技行业的变化要慢,一个在当时有价值的信息,可能在一两年内对建筑行业的竞争有价值,但在高科技行业恐怕未经几个月就已成明日黄花,对企业来说已经没有任何价值了,如果仍然规定 2 年以内进行竞业限制,企业就有可能不合理地限制员工的再就业自由。对于这个问题,法律法规应当在对各个行业进行调研后做出明确规定。①

4. 竞业限制争议的性质

对于因竞业限制协议发生的纠纷是否属于劳动争议,在我国的法律框架下涉及司法管辖权的问题,因此对争议性质的界定显得尤为重要。

笔者认为,对于这一问题应当参照原劳动和社会保障部办公厅《关于劳动争议案中涉及商业秘密侵权问题的函》(劳社厅函〔1999〕69 号)第 2 条中,对于违反保密协议的处理意见进行处理:"劳动合同中如果明确约定了有关保守商业秘密的内容,由于劳动者未履行,造成用人单位商业秘密被侵害而发生劳动争议,当事人向劳动争议仲裁委员会申请仲裁的,仲裁委员会应当受理,并依据有关规定和劳动合同的约定作出裁决。"也就是说,有关竞业限制的表示如果存在于劳动合同的条款之中,则纳入劳动争议范畴,先经劳动仲裁方可再行起诉。如果竞业限制协议单独由用人单位与劳动者订立,则竞业限制争议不属于《劳动法》所指的劳动争议和劳动仲裁非起诉的前置程序。

另外,实务中最具指导意义的是最高人民法院《关于审理劳动争议案件适用法律问题的解释(一)》,其中第 27 条规定:"用人单位招用尚未解除劳动合同的劳动者,原用人单位与劳动者发生的劳动争议,可以列新的用人单位为第三人。原用人单位以新的用人单位侵权为由提起诉讼的,可以列劳动者为第三人。原用人单位以新的用人单位和劳动者共同侵权为由提起诉讼的,新的用人单位和劳动者列为共同被告。"

三、培训协议

(一)培训协议的背景

商业社会中,尤其对于知识密集型企业,其工作并非经简易指导,员工就可以胜任,这样一来,就需要企业花费资金、精力对员工进行较长时间的培训;而员工技能提高后,企业即面临员工很快"跳槽"的风险。为了对培训及员工供职相关问题进行规范,培训协议应时而生。

(二)法律适用

1.《劳动合同法》(2012 年修正)

该法包含了以下精神:(1)认可培训协议;(2)明确需约定服务期;(3)指出劳动者违约需支付违约金;(4)对违约金的限额,以及剩余服务期分摊责任进行规定;(5)规定服务期不影响工资正常调整。具体如下:

第 22 条规定:"用人单位为劳动者提供专项培训费用,对其进行专业技术培训的,可以与该劳动者订立协议,约定服务期。劳动者违反服务期约定的,应当按照约定向用人单位支付违约金。违

① 参见任英菊:《关于约定竞业限制的规范问题》,中国人民大学 2000 年硕士学位论文。

约金的数额不得超过用人单位提供的培训费用。用人单位要求劳动者支付的违约金不得超过服务期尚未履行部分所应分摊的培训费用。用人单位与劳动者约定服务期的，不影响按照正常的工资调整机制提高劳动者在服务期期间的劳动报酬。”

2. 原劳动部办公厅《关于劳动者解除劳动合同有关问题的复函》（劳办发〔1995〕324 号）

该文件明确了劳动者单方违约解除劳动合同（含不完成服务期），应当承担赔偿责任。具体规定是：“劳动者违法解除劳动合同而给原用人单位造成经济损失，应当依据有关法律、法规、规章的规定和劳动合同的约定承担赔偿责任。”

3.《违反〈劳动法〉有关劳动合同规定的赔偿办法》（劳部发〔1995〕223 号）

该办法明确用人单位有权向劳动者主张招录、培训费用等损失。第 4 条规定：“劳动者违反规定或劳动合同的约定解除劳动合同，对用人单位造成损失的，劳动者应赔偿用人单位下列损失：（一）用人单位招收录用其所支付的费用；（二）用人单位为其支付的培训费用，双方另有约定的按约定办理；（三）对生产、经营和工作造成的直接经济损失；（四）劳动合同约定的其他赔偿费用。”

4.《北京市劳动合同规定》（2021 年修改）

该规定明确用人单位有权向劳动者主张招录、培训费用等损失。第 49 条规定：“劳动者违反本规定或者劳动合同约定解除劳动合同，对用人单位造成损失的，应当赔偿下列损失：（一）用人单位为录用劳动者直接支付的费用；（二）用人单位为劳动者支付的培训费用；（三）对生产、经营和工作造成的直接经济损失。”

第四节　国企改制中的劳动关系处理

在进行企业改制、建立现代企业制度的过程中，国家非常重视对广大职工的利益保护，随着改制的深入，党中央、国务院及相关部委下发了一系列有关企业改制中职工安置办法的文件，向企业提供了各种扶持政策，帮助其对职工进行妥善安置。

《劳动合同法》虽然仍有不完善之处，但对完善劳动合同制度，明确劳动合同双方当事人的权利和义务，保护劳动者的合法权益，构建和发展和谐稳定的劳动关系具有重要意义。改制是企业产权及经营管理等制度的深层次变革，必然会对职工利益产生影响，如何依法保护改制企业职工的利益，从而顺利推动改制进程，成为国家、企业、职工密切关注的问题。

一、国企改制对职工利益的影响

企业改制在我国是市场经济发展的必然要求。国有企业原有的管理体制和运行机制，在众多领域和很大程度上已不能满足企业市场化经营的需要。从企业发展的规律来看，能够自主经营的企业在追求利益最大化时，必然会最大限度地降低人力成本，这样一来，原国有企业人员过多、长期“大锅饭”的情况就与企业需要增效减员、竞争上岗谋取发展的要求产生了矛盾。企业改制对职工利益的影响概括而言主要体现在以下三个方面：

（一）对改制前职工享有的债权的影响

许多企业改制前经营管理欠佳，历史包袱沉重，效益不好，甚至出现停产歇业的情况，这样，企业拖欠职工工资、欠缴职工的社会保险费等情况便随之发生。企业改制时，职工担心上述这些债权能否实现，担心改制的同时把债权也“改没了”。对于这些“内债”，改制时要在改制方案中明确其处理方式，不能因为是“内债”而不予重视，“内债”与“外债”在本质上是一致的。企业欠外部债权人的债务，国家法律、法规及司法解释有明确规定，企业应在改制前及时与债权人协商好债务的处理问题，同样，企业对职工的“内债”也应依此操作。

(二)对劳动关系的影响

企业改制的重要目的是扩大企业的自主经营权,让企业真正能通过改制,自主参与市场竞争,企业如为了谋求利润最大化,走上减员增效这一道路,职工劳动关系的波动就在所难免,这直接影响职工的切身利益。改制企业的许多职工往往在企业工作了十几年、二十几年,年龄上已不占优势,有的职工又没有技术,走向社会自谋职业的能力很低,因此职工在思想上较普遍存在被新企业解除劳动合同的顾虑。

(三)对原有福利待遇的影响

原国有企业产生于计划经济时代,带有明显的时代特征。职工进入企业后,其福利不仅是可无固定期限地一直在企业工作下去,其公共福利待遇也是许多私营企业所无法比拟的。有些国有企业还存在"顶班"的惯例,当自己退休后,子女还可继续在自己原岗位上工作。改制后这一惯例将不复存在,一些职工的思想却未能在改制时及时转换过来。

二、国企改制中的职工安置

概括来讲,企业改制必然涉及资产处置、债务处理、职工安置三项重要内容,职工安置是企业改制中的关键性环节。职工安置利益能够得到有效保障,则企业改制可顺利推行;职工安置利益被忽视或是受到损害,则即使企业改制完成也将存在巨大的隐患,直接影响企业的发展与社会的稳定。企业改制时除依法支付有关经济补偿金外,还要清偿所欠职工工资、医药费等费用,并办好职工社会保险关系的转移接续手续,妥善安置职工。

(一)在岗职工的安置利益

1.改制时劳动合同的变化

在岗职工与改制企业存在劳动合同关系,这就涉及企业改制时原有劳动合同的继续履行、变更、解除或终止问题。

(1)劳动合同的继续履行

国资委《关于进一步规范国有企业改制工作的实施意见》(国办发〔2005〕60号)指出:"改制为国有控股企业的,改制后企业继续履行改制前企业与留用的职工签订的劳动合同;留用的职工在改制前企业的工作年限应合并计算为在改制后企业的工作年限;原企业不得向继续留用的职工支付经济补偿金。"需要说明的是,在改制为国有控股企业时,才适用本款的规定;并且劳动年限要合并计算、不支付经济补偿金。

(2)劳动合同的变更

劳动合同的变更,是指劳动合同双方当事人就已订立的劳动合同条款进行修改、补充或废止部分内容的法律行为。当继续履行劳动合同的部分条款有困难或不可能时,劳动法律、法规允许双方当事人在劳动合同的有效期内,对原劳动合同的相关内容进行调整,劳动合同的部分内容经过双方当事人协商一致得以依法变更后,未变更的部分仍然有效。

从我国劳动法律、法规来看,企业改制造成了原劳动合同中企业一方人格特征的变更、劳动期限的变更等情况,这时劳资双方如能协商变更劳动合同,则劳动合同发生变更,双方可借此机会就劳动合同的期限、工作岗位、劳动保障、福利待遇等问题予以规范,劳动合同变更可不支付经济补偿金。

(3)劳动合同的解除

劳动合同的解除,是指劳动合同依法签订后,未履行完毕前,由于某种原因导致当事人一方或双方提前中断劳动合同的法律效力,停止履行双方劳动权利义务关系的法律行为。

《劳动合同法》(2012年修正)第40条第3项规定,劳动合同订立时所依据的客观情况发生重大变化,致使劳动合同无法履行,经用人单位与劳动者协商,未能就变更劳动合同内容达成协议的,用人单位提前30日以书面形式通知劳动者本人或者额外支付劳动者1个月工资后,可以解除劳动合同。《劳动法》(2018 年修正)第 26 条第 3 项规定,劳动合同订立时所依据的客观情况发生重大变化,致使原劳动合同无法履行,经当事人协商不能就变更劳动合同达成协议的,用人单位可以解除劳动合同。原劳动部《关于企业实施股份制和股份合作制改造中履行劳动合同问题的通知》(劳部发〔1998〕34 号)规定,在企业实施股份制或者股份合作制改造过程中,与职工经协商确定不能就变更劳动合同达成一致意见的,可以按照《劳动法》第 26 条第 3 项①的规定由用人单位解除劳动合同。

根据《劳动合同法》,原劳动和社会保障部、财政部、国务院国资委《关于印发〈国有大中型企业主辅分离辅业改制分流安置富余人员的劳动关系处理办法〉的通知》(劳社部发〔2003〕21 号,以下简称 21 号文件)等法律文件的规定,企业改制时与职工解除劳动合同,应当支付相应的经济补偿金;《关于进一步规范国有企业改制工作的实施意见》(国办发〔2005〕60 号)亦明确规定:"对企业改制时解除劳动合同且不再继续留用的职工,要支付经济补偿金。"

(4)劳动合同的终止

劳动合同的终止,是指劳动合同期满或者当事人约定的劳动合同终止条件出现,以及劳动合同一方当事人消失,无法继续履行劳动合同时结束劳动关系的行为。

企业改制过程中劳动合同到期的职工,原劳动合同自行终止,主体企业可不再与其续签劳动合同,企业按原劳动和社会保障部办公厅《关于〈国营企业实行劳动合同制暂行规定〉废止后有关终止劳动合同支付生活补助费问题的复函》(劳社厅函〔2001〕280 号)和《劳动合同法》的有关规定执行:

第一,国有企业职工劳动合同期满与企业终止劳动关系后有关生活补助费的支付问题,地方有规定的,可以按地方规定执行。地方没有规定的:①对在上述规定废止(2001 年 10 月 6 日)前"录用"的职工,应计发劳动者至废止前工作年限的生活补助费,最多不超过 12 个月;②对在上述规定废止后"录用"的职工,劳动合同期满终止劳动关系的,可以不支付生活补助费。

第二,对于国有企业改制的,企业中的原国有企业职工终止劳动合同后是否支付生活补助费,由各省、自治区、直辖市根据实际情况确定。

第三,2008 年 1 月 1 日《劳动合同法》实施之后劳动合同终止的,除用人单位维持或者提高劳动合同约定条件续订劳动合同,劳动者不同意续订的情形外,终止固定期限劳动合同的,应支付经济补偿金,经济补偿年限自 2008 年 1 月 1 日起计算;2008 年 1 月 1 日前按照当时有关规定,用人单位应当向劳动者支付经济补偿的,按照当时有关规定执行。

对于劳动合同期满终止后符合退休条件的职工,可以办理退休手续,领取养老保险金;不符合退休条件的,企业应当协助职工办理失业登记,领取失业救济金(原劳动部《关于实行劳动合同制度若干问题的通知》,劳部发〔1996〕354 号)。对于在本单位患职业病或者因工负伤并被确认丧失或者部分丧失劳动能力的劳动者的劳动合同的终止,按照国家有关工伤保险的规定执行(《劳动合同法》第 45 条)。

2. 解除劳动合同的经济补偿金问题

(1)补偿标准

①辅业改制

按照国家关于国有大中型企业辅业改制政策进行改制的企业,根据《劳动合同法》、21 号文件,以及国务院国资委、原劳动和社会保障部、原国土资源部《关于进一步规范国有大中型企业主辅分离辅业改制的通知》(国资发分配〔2005〕250 号)的要求,企业向职工支付经济补偿金的情况及标

① 此处适用的是 1994 年发布的《劳动法》,现行有效的为 2018 年修正版,相关规定未做调整。

准如下:

一是对分流到非国有法人控股改制企业的职工:原主体企业应当与其办理“解除”劳动合同手续,并依法支付经济补偿金;对不愿进入改制后新公司,自愿走向社会自谋职业的职工,原主体企业应当与其办理“解除”劳动合同手续,并依法支付经济补偿金。

国有大中型企业实施改制分流中,原主体企业计发经济补偿金,根据劳动者在本单位工作年限,每满1年发给相当于1个月工资的经济补偿金,工作时间不满1年的按1年的标准发给经济补偿金。对从其他国有单位(包括国家机关、事业单位和国有企业)调入本单位的职工,其在国有单位的工龄可计入本单位工作年限。

经济补偿金的工资计算标准是指企业在正常生产情况下劳动者解除劳动合同前12个月的月平均工资。其中,职工月平均工资低于企业月平均工资的,按企业月平均工资计发;职工月平均工资超过企业月平均工资3倍以上的,按不高于企业月平均工资的3倍标准计发。企业月平均工资超过改制企业所在市(地)职工平均工资2倍的,原则上按不高于2倍的标准确定。企业经营管理人员也应按照上述办法执行。

结合《劳动合同法》的规定,第一,在2008年1月1日之前的经济补偿,按上述标准执行;2008年1月1日之后解除,其后的经济补偿年限自2008年1月1日起计算,按《劳动合同法》规定标准补偿,即每满1年支付1个月工资的标准向劳动者支付。6个月以上不满1年的,按1年计算;不满6个月的,向劳动者支付半个月工资的经济补偿。第二,劳动者月工资高于用人单位所在直辖市、设区的市级人民政府公布的本地区上年度职工月平均工资3倍的,向其支付经济补偿的标准按职工月平均工资3倍的数额支付,向其支付经济补偿的年限最高不超过12年。

二是对分流到国有法人绝对控股改制企业的职工:原主体企业与职工“变更”劳动合同,不支付经济补偿金;但改制企业再行“解除”劳动合同时,对符合支付经济补偿金条件的,计发经济补偿金的年限应当将职工在原主体企业的工作年限与到改制企业后的工作年限合并计算。

21号文件同时规定,企业经营管理人员也按照文件规定的标准支付经济补偿金。

②主业改制

对于未按国家辅业改制政策直接进行改制的企业,经济补偿金的支付按《劳动合同法》执行。

一是经劳动合同当事人“协商一致”,由用人单位“解除”劳动合同的,用人单位应根据劳动者在本单位工作年限,每满1年发给相当于1个月工资的经济补偿金,最多不超过12个月。工作时间不满1年的按1年的标准发给经济补偿金。职工月平均工资低于企业月平均工资的,可以按企业月平均工资计发。

二是劳动合同订立时所依据的客观情况发生重大变化,致使原劳动合同无法履行,经当事人协商“不能就变更劳动合同达成协议”,由用人单位“解除”劳动合同的,用人单位按劳动者在本单位工作的年限,工作时间每满1年发给相当于1个月工资的经济补偿金。这里,没有“最多不超过12个月”的限制,也没有辅业改制中“不高于企业月平均工资的3倍”“企业月平均工资超过改制企业所在市(地)职工平均工资2倍的,原则上按不高于2倍的标准确定”等限制,但职工月平均工资低于企业月平均工资的,按企业月平均工资计发。

结合《劳动合同法》的规定:第一,在2008年1月1日之前的经济补偿,按上述标准执行;2008年1月1日之后解除,其后的经济补偿年限自2008年1月1日起计算,按《劳动合同法》规定标准补偿,即以每满1年支付1个月工资的标准向劳动者支付。6个月以上不满1年的,按1年计算;不满6个月的,向劳动者支付半个月工资的经济补偿。第二,劳动者月工资高于用人单位所在直辖市、设区的市级人民政府公布的本地区上年度职工月平均工资3倍的,向其支付经济补偿的标准按职工月平均工资3倍的数额支付,向其支付经济补偿的年限最高不超过12年。

(2)补偿金的支付方式

根据《企业公司制改建有关国有资本管理与财务处理的暂行规定》(财企〔2002〕313 号)等有关文件的精神,解除劳动合同支付职工的经济补偿金可以用现金方式,也可以用国有净资产方式予以补偿。对改制分流中不愿进入改制后新公司、自愿走向社会自谋职业的职工,解除劳动合同支付的经济补偿金应以现金方式补偿;对进入非国有法人控股改制企业的职工,解除劳动合同支付的经济补偿金可以用国有净资产方式予以补偿,并可以在职工自愿的基础上转为改制企业的股权或债权。

需要附带说明的是,随着国家改制政策的不断完善与出台,净资产直接转为职工股权或债权的方式在主业改制中已难行通。根据《企业国有资产交易监督管理办法》(国资委、财政部令第 32 号)的规定:产权转让原则上通过产权市场公开进行。转让方可以根据企业实际情况和工作进度安排,采取信息预披露和正式披露相结合的方式,通过产权交易机构网站分阶段对外披露产权转让信息,公开征集受让方。其中正式披露信息时间不得少于 20 个工作日。采取非公开协议转让方式转让企业产权,转让价格不得低于经核准或备案的评估结果。以下情形按照《公司法》、企业章程履行决策程序后,转让价格可以资产评估报告或最近一期审计报告确认的净资产值为基础确定,且不得低于经评估或审计的净资产值:①同一国家出资企业内部实施重组整合,转让方和受让方为该国家出资企业及其直接或间接全资拥有的子企业;②同一国有控股企业或国有实际控制企业内部实施重组整合,转让方和受让方为该国有控股企业或国有实际控制企业及其直接、间接全资拥有的子企业。

有些企业进行改制时,强制全体职工"持股上岗",以入股作为获得劳动权的前提条件,这是不合法的。股权是股东依股东身份对公司所享有的权利,劳动权是指处在社会劳动关系中的劳动者在履行劳动义务的同时,所享有的与劳动有关的权益,是宪法赋予公民的权利。股权与劳动权是两种相互独立的权利,不是互为条件的,不因职工身份而必然产生股权,也不因股东身份而必然产生劳动权。但是,在企业进行公司制改建时,为保障企业的经营稳定和改制的平稳过渡,往往鼓励原有经营者持股,采用管理岗位与持有股权相适应的原则,这也是改制后企业激励与约束协调一致原则的要求,原企业经营管理人员应当站在战略性的高度做好持股工作。

(二)内退职工的安置利益

根据《国有企业富余职工安置规定》(国务院令第 111 号)、国务院《关于印发完善城镇社会保障体系试点方案的通知》(国发〔2000〕42 号)、《关于国有大中型企业主辅分离辅业改制分流安置富余人员的实施办法》(国经贸企改〔2002〕859 号)、21 号文件等文件的规定:

第一,职工距法定退休年龄 5 年以内的,经本人申请,企业批准,可以退出工作岗位休养,由企业发给生活费,并按规定交纳社会保险费。职工内退达到法定退休年龄的,按规定办理退休手续。

第二,在企业改制分流时,符合内部退养条件的职工,本人申请办理内部退养的,职工可与原主体企业签订内部退养协议,由原主体企业管理。对于在改制前已办理内部退养的人员,由原主体企业继续履行与职工的内部退养协议。

第三,在企业改制分流时,由改制企业与距法定退休年龄 5 年以内、符合内部退养条件的职工签订内部退养协议的,改制企业根据其享受的内退待遇提取至法定退休年龄前的退养生活费及应由企业为其缴纳的社会保险费用,在改制企业净资产中提留,专款专用。该部分职工到退休年龄时,办理退休手续,进入社保统筹。

对于内退职工的预提费用标准为:

第一,内退职工应予预留的费用为生活费、社会保险(养老保险、失业保险、医疗保险)费等。

第二,领取生活费的标准由企业自行确定,但不得低于当地政府规定的最低标准。各地的做法一般是不低于当地最低工资标准,最高不高于本单位同类在岗人员的工资。

第三,职工在退养期间,所在单位应按规定继续为其交纳各项社会保险,具体规定按照国家和地方每年确定的标准执行。

(三)离退休职工的安置利益

离休职工的称谓产生于计划经济条件之下,除了福利待遇较高外,其与退休职工的性质是相似的,离休职工在改制时宜由原主体企业管理,以保障其原有离休待遇不变;退休职工在移交社会化管理前也宜继续由原主体企业管理,当移交社会化管理时,可以按照国家和省级人民政府有关规定向社会保险经办机构一次性支付社会保险费,所需资金可以从改制企业的净资产中支出,不足部分由原主体企业补足。

(四)其他特殊职工的安置利益

1. 工伤(包括职业病)职工

根据《工伤保险条例》(2010 年修订)的相关规定:(1)对因工致残(包括职业病)被鉴定为一级至四级伤残,丧失劳动能力或大部分丧失劳动能力职工,不解除劳动合同,不支付经济补偿金,预留医疗费用和生活费后由原主体企业或改制企业继续管理,职工享受相关工伤保险待遇。(2)对因工致残(包括职业病)被鉴定为五级、六级伤残,部分丧失劳动能力的职工,经工伤职工本人提出,该职工可以与用人单位解除或者终止劳动关系,由用人单位支付一次性工伤医疗补助金和伤残就业补助金。具体标准由省、自治区、直辖市人民政府规定。(3)对因工致残(包括职业病)被鉴定为七级至十级伤残的职工,劳动合同期满终止,或者职工本人提出解除劳动合同的,由用人单位支付一次性工伤医疗补助金和伤残就业补助金。具体标准由省、自治区、直辖市人民政府规定。

2. 患病或非因工负伤的职工

对患病或者非因工负伤,在规定医疗期内的职工,可以与其他职工一并参加改制,并继续享有医疗期待遇。医疗期满后,既不能从事原工作,也不能从事企业另行安排的工作的,企业可依法解除劳动合同并支付经济补偿金。

依据《劳动合同法》(2012 年修正)第 40 条的规定,有下列情形之一的,用人单位提前 30 日以书面形式通知劳动者本人或者额外支付劳动者一个月工资后,可以解除劳动合同:(1)劳动者患病或者非因工负伤,在规定的医疗期满后不能从事原工作,也不能从事由用人单位另行安排的工作的;(2)劳动者不能胜任工作,经过培训或者调整工作岗位,仍不能胜任工作的;(3)劳动合同订立时所依据的客观情况发生重大变化,致使劳动合同无法履行,经用人单位与劳动者协商,未能就变更劳动合同内容达成协议的。

3. 孕期、产期、哺乳期内的女职工

本人自愿与企业解除劳动关系的,在按规定计发应得工资等费用,并对其"三期"待遇给予补偿后,可解除劳动关系,并发给经济补偿金。

4. 下岗进入再就业服务中心的职工

"下岗"是特定历史条件下、具有中国特色的称谓。根据原劳动和社会保障部等六部门《关于加强国有企业下岗职工管理和再就业服务中心建设有关问题的通知》的规定,国有企业下岗职工是指:实行劳动合同制以前参加工作的国有企业正式职工(不含从农村招收的临时合同工),以及实行劳动合同制以后参加工作且合同期未满的合同制职工中,因企业生产经营等原因而下岗,但尚未与企业解除劳动关系,没有在社会上找到其他工作的人员。该部分职工与企业仍存在劳动关系,领取的是生活保障金。

企业改制时,已经与原主体企业解除劳动合同的职工,不能再回原主体企业参加改制。已经下岗进入再就业服务中心的职工以及离开中心尚未解除劳动关系的下岗职工,可以一并参加改制,其劳动关系按照在岗职工的安置规定执行；也可以由原主体企业管理，对协议未到期的，由原主体企业继续履行协议。

5.“停薪留职”、“挂名”、“两不找”、长期放假、长期离岗等未实际在企业工作的职工

由企业通知其限期返回单位，协商处理劳动关系。协商一致返回原企业工作的，原劳动合同相应改变；协商一致到改制为非国有控股企业工作的，解除原合同，在其自愿的基础上，可将经济补偿金等额折合为改制后企业的股权或债权；协商不一致的，解除劳动关系并支付经济补偿金。通知发出后逾期不归的，按自动离职处理，一律解除劳动关系，可不支付经济补偿金。

三、国企改制中职工利益保护的问题与对策

我国正处在政治、经济和社会等各项制度的重大转型之中，随着企业改革的不断深入，各项相关制度的重大变革，新型的职工权益保障问题层出不穷，不规范劳动关系的存在、社会保障体系的不健全，使职工权益面临受损害的风险。为了保障职工的长远利益，必须从根本上着手，有预见性地制定完善、贯彻落实相关法律，尽可能预防借改制之机损害职工合法权益现象的出现。

（一）认真贯彻落实《劳动合同法》，规范企业与职工的劳动关系

《劳动法》虽然在劳动合同相关章节中确立了我国的劳动合同制度，但作为一部综合性法律，它同时还对就业促进、工作时间、工资、社会保障以及劳动争议处理等有关劳动关系基础性的问题作出原则性规定。《劳动合同法》对《劳动法》中规定的劳动合同制度进一步完善与细化，同时针对现在存在的问题加以规范，在适用范围、集体合同、劳务派遣等方面都有进一步发展。

《劳动合同法》针对劳动合同的订立、履行和变更、解除和终止等问题分别作了详细规定。在推进企业改制过程中，认真贯彻《劳动合同法》，多方面、全方位地规范企业与职工的劳动关系，是摆在我们面前的重要任务。

（二）完善社会保障法，依法构建社会保障体系

1. 我国社会保障存在的问题

在我国传统的计划经济体制下，社会保险实为企业自保，这种保险制度不仅无法解决企业和职工的后顾之忧，反而加大了企业的负担，使企业背上社会包袱，不能独立自主经营，职工的权益也很难在这种体制下切实得到保障。

我国至今没有一部对社会保障作出全面规定的法律，只是制定了一些单行的社会保障法规、条例，还有些社会保障内容散见于非劳动法的规范性文件之中，导致了法律法规之间的冲突、重叠；目前我国除少数城市建立了将养老、工伤、失业、医疗等保险融为一体的统一社保机构外，绝大多数省、市并无统一的社保机构。

2. 构建社会保障体系的对策

针对我国的社会保障现状，宜尽早出台一部较为系统的“社会保障法”，在该法的指导下完善社会保障制度、维护职工权益。“社会保障法”中应对社会保障的目的、调整对象、基本原则、社会保障的种类、管理机构、管理体制等问题予以明确规定，对于各项社保资金的来源、管理、使用和监督要进行细化，并强化法律责任。

社会保障是企业改制成功推行的重要前提，改制企业职工最为担心的就是改制后工作、生活得不到有效保障，解除职工的后顾之忧是成功改制的前提。

第五节　劳动合同相关的法律文件

劳动合同相关的法律文件以格式性的固定文本居多，但亦可在其中对一些事项进行调整和特别约定。下文列举《劳动合同书》《员工手册》《保密协议》《竞业限制协议》等模板，供读者参考。

一、劳动合同书(含续订、变更/解除)

各地人力资源和社会保障部门会根据当地情况,适时发布有关《劳动合同书》[①]的范本,供各企业参照适用。

编号:__________

劳动合同书

甲方:______________________公司

乙方:__________________________

签订日期:________年____月____日

根据《中华人民共和国劳动法》(以下简称《劳动法》)、《中华人民共和国劳动合同法》(以下简称《劳动合同法》)和有关法律、法规,甲、乙双方经平等自愿、协商一致签订本合同,共同遵守本合同所列条款。

一、劳动合同双方当事人基本情况

第一条 甲方:____________________。

法定代表人(主要负责人)或委托代理人:____________________。

注册地址:____________________。

经营地址:____________________。

第二条 乙方:____________________,性别:____。

户籍类型(非农业、农业)____________________。

居民身份证号码:____________________。

或者其他有效证件名称:____________________,证件号码:____________________。

教育程度(学历):____________________。

在甲方工作起始时间:________年____月____日。

家庭住址:__________,邮政编码:__________。

在京居住地址:__________,邮政编码:__________。

户口所在地:__________省(市)__________区(县)__________街道(乡镇)__________。

二、劳动合同期限

第三条 本合同为如下第____种类型的劳动合同:

(一)固定期限:本合同于________年____月____日生效,其中试用期至________年____月____日止。本合同于________年____月____日终止。

(二)以完成一定工作任务为期限:本合同于________年____月____日生效,于________终止。

三、工作内容和工作地点

第四条 乙方同意根据甲方工作需要,从事________________岗位(工种)工作。

第五条 根据甲方的岗位(工种)作业特点,乙方的工作区域或工作地点为____________,根据甲方有关工作安排,乙方同意工作地点相应调整。

第六条 合同期内,乙方同意甲方根据甲方经营情况、工作需要,以及乙方的工作能力和表现、业绩、考核结果,安排和调整乙方的工作岗位、职务和相对应的工资级别,乙方自愿服从甲方的管理和安排。

---

① 结合笔者实务操作,以北京市为例。

第七条　乙方工作应达到________________标准。

四、工作时间和休息休假

第八条　甲方安排乙方执行如下第____种工时制度。

(一)执行标准工时制度的,乙方每日工作时间8小时,每周工作40小时。每周休息日为____。

(二)执行综合计算工时工作制度的,平均每月工作时间不超过法定标准工作时间。

(三)执行不定时工作制度的,在保证完成甲方工作任务情况下,工作和休息休假乙方自行安排。

甲方安排乙方加班的,乙方无正当理由,不得拒绝。有关报酬依据《劳动法》及甲方内部管理制度办理。

甲方为乙方提供必要的劳动条件和劳动工具,建立健全生产工艺流程,制定操作规程、工作规范和劳动安全卫生制度及其标准。

甲方负责对乙方进行政治思想、职业道德、业务技术、劳动安全、劳动纪律和甲方规章制度的教育。

第九条　甲方对乙方实行的休假制度有____。

五、劳动报酬

第十条　甲方支付乙方的工资报酬为:

1. 乙方在试用期间的工资为________元/月(不低于转正后工资的80%,且不低于北京市最低工资标准)。

2. 正式录用后,乙方的月工资级别与其工作岗位、职务相对应,甲方按本公司规定的工资形式、工资标准和考核办法确定乙方的月工资级别,甲方每月最后一日(遇节假日顺延,或甲方另行决定提前支付)由银行以银行卡方式支付乙方上月工资(或以货币形式支付)。乙方转正后工资为__________元/月。

3. 甲方可根据实际经营状况、规章制度、对乙方考核情况,以及乙方的工作年限、奖罚记录、岗位变化等调整乙方的工资待遇。

4. 甲、乙双方对工资的其他约定:____。

第十一条　甲方生产工作任务不足使乙方待工的,甲方支付乙方的月生活费按北京市最低工资标准的70%执行。

六、社会保险及其他保险福利待遇

第十二条　甲、乙双方按国家和北京市的规定参加社会保险。甲方为乙方办理有关社会保险手续,并承担相应社会保险义务。

第十三条　乙方患病或非因工负伤的医疗待遇按国家、北京市有关规定执行。甲方按北京市最低工资标准的80%支付乙方病假工资。

第十四条　乙方患职业病或因工负伤的待遇按国家和北京市的有关规定执行。

第十五条　甲方为乙方提供以下福利待遇:____。

七、劳动纪律

第十六条　甲方根据生产经营需要,依法制定关于劳动方面的规章制度。

乙方应主动学习和遵守劳动纪律和甲方的规章制度(包括但不限于作为本合同一部分的员工手册),如果违反,甲方有权视情节依法处理,直至解除本合同。

八、劳动保护、劳动条件和职业危害防护

第十七条 甲方根据生产岗位的需要,按照国家有关劳动安全、卫生的规定为乙方配备必要的安全防护措施,发放必要的劳动保护用品。

第十八条 甲方根据国家有关法律、法规,建立安全生产制度;乙方应当严格遵守甲方的劳动安全制度,严禁违章作业,防止劳动过程中的事故,减少职业危害。

第十九条 甲方应当建立、健全职业病防治责任制度,加强对职业病防治的管理,提高职业病防治水平。

九、劳动合同的解除、变更

第二十条 甲乙双方解除、终止、续订劳动合同应当依照《劳动合同法》和国家及北京市有关规定执行。

(一)经甲、乙双方协商一致,本合同可以随时解除或变更。

(二)任何一方单方提出解除本合同,应提前30日以书面形式通知对方。

(三)乙方有下列情形之一的,甲方可以随时通知乙方解除本合同,并不支付经济补偿金:

1. 在试用期间被证明不符合录用条件的。

2. 严重违反用人单位的规章制度的。

甲、乙双方在此确认:如下所涉内容均系用人单位的重大"规章制度",出现如下情况之一,即构成乙方"'严重违反'用人单位的规章制度",除甲方有权随时解除劳动合同、乙方无权获得任何经济补偿金之外,乙方并需另行赔偿因此而给甲方造成的一切损失,情节严重的,甲方有权依法追究乙方的刑事责任:

(1)乙方在签订本合同前,并未终止与其他雇主订立的所有劳动合同以及其他聘用合同;或乙方在本合同有效期间同时受聘于两个或两个以上雇主。

(2)乙方在签订本合同前,虽然通过聘用体检及工作经历调查,或虽然经甲方认可免除了体检及工作经历调查,但本合同签订后甲方发现有隐瞒、造假、虚报或与事实不符等情况(包括但不限于教育、学历、工作经历、身体状况等)。

(3)乙方未能保守甲方的商业秘密。乙方应当遵守甲方的保密制度,应对所有与甲方有关的信息(包括但不限于财务、客户、产品、销售等信息)予以保密,未经甲方总经理批准不得将甲方的有关资料(包括但不限于复印件、电子资料)带离工作场所,不得擅自传播和拷贝甲方的有关资料。当乙方离开公司时,应归还所有属于公司的文件、物品。乙方应当应甲方要求,适时与甲方签订信息所有权协议或保密协议,进一步完善对甲方商业秘密的管理。

(4)乙方严重违反员工手册的规定。乙方在此承诺:本合同签订前,已经熟读员工手册内容,并且员工手册如有更新,乙方自愿完全遵守。

3. 严重失职,营私舞弊,给用人单位造成重大损害的。

4. 劳动者同时与其他用人单位建立劳动关系,对完成本单位的工作任务造成严重影响,或者经用人单位提出,拒不改正的。

5. 因违反《劳动合同法》规定的情形致使劳动合同无效的。

6. 被依法追究刑事责任的。

(四)有下列情形之一,乙方可以随时通知甲方解除本合同:

1. 未按照劳动合同约定提供劳动保护或者劳动条件的;

2. 未及时足额支付劳动报酬的,此处"及时"指的是:在乙方全面履行劳动合同的前提下,甲方按本合同约定和相关法律、法规的规定,按本合同的约定向乙方足额支付劳动报酬,如遇乙方违反劳动合同、劳动纪律,或遇不可抗力、节假日顺延支付等情况,不视为"未及时";

3. 未依法为劳动者缴纳社会保险费的;

4. 用人单位的规章制度违反法律、法规的规定,损害劳动者权益的;

5. 因违反《劳动合同法》规定的情形致使劳动合同无效的;

6. 法律、行政法规规定劳动者可以解除劳动合同的其他情形。

（五）劳动合同的变更，由双方按照本合同有关约定执行，双方可就变更事项签订补充文本。

十、劳动合同的终止、续订

第二十一条　有下列情形之一的，本合同终止：

（一）劳动合同期满的；

（二）劳动者开始依法享受基本养老保险待遇的；

（三）劳动者死亡，或者被人民法院宣告死亡或者宣告失踪的；

（四）用人单位被依法宣告破产的；

（五）用人单位被吊销营业执照，责令关闭、撤销或者用人单位决定提前解散的；

（六）法律、行政法规规定的其他情形。

第二十二条　本合同期限届满前，甲、乙任何一方无论是否续签合同，均应提前30日通知对方是否续订，甲、乙双方协商一致的，可以续订本合同。

十一、经济补偿与赔偿

第二十三条　符合《劳动合同法》规定的条件后，甲方向劳动者支付经济补偿，经济补偿按劳动者在本单位工作的年限，每满1年支付1个月工资的标准向劳动者支付。6个月以上不满1年的，按1年计算；不满6个月的，向劳动者支付半个月工资的经济补偿。

劳动者月工资高于用人单位所在直辖市、设区的市级人民政府公布的本地区上年度职工月平均工资3倍的，向其支付经济补偿的标准按职工月平均工资3倍的数额支付，向其支付经济补偿的年限最高不超过12年。

本条所称月工资是指劳动者在劳动合同解除或者终止前12个月的平均工资。

第二十四条　乙方的赔偿责任

乙方严重违反劳动纪律或者甲方规章制度，或是严重失职，营私舞弊，对甲方利益造成重大损害的，不享受经济补偿金，并应赔偿甲方以下损失：

（一）甲方招收录用乙方所支付的费用；

（二）甲方为乙方支付的培训费用；

（三）对甲方生产经营和工作造成的经济损失。

第二十五条　甲方应当在解除或者终止本合同时，为乙方出具解除或者终止劳动合同的证明，在乙方配合下于15日内为乙方办理档案和社会保险关系转移手续。

第二十六条　乙方应当按照双方约定，办理工作交接。应当支付经济补偿的，在办结工作交接时支付，工作交接未办结时，乙方无权领取经济补偿金。乙方离职时的工作交接手续、应当履行的义务等依照甲方各项规章制度执行，包括但不限于：

（1）劳动合同解除后，乙方必须在甲方要求的期限内向甲方提供应由乙方提供的相关资料、信息和文件，以确保甲方能够在15日内为乙方办理档案和社会保险关系转移手续。

乙方承诺在劳动合同解除后，应按照甲方要求及时办理工作交接手续，双方共同认可和接受在乙方未办理完毕相关交接手续前，甲方可暂时不为乙方办理工作、档案与社保转出手续。

（2）劳动合同解除后，在乙方履行了上述规定的文件提供，以及工作交接义务后，甲方应当及时为乙方办理档案和社会保险关系转移手续，由于拖延给乙方造成损失的应承担相应责任。

但是，如因乙方未能向甲方提供同意承接其档案和社会保险关系的新单位资料、转档必备文件等，或者提供信息缺失、错误，相关责任由乙方自行承担。

十二、当事人约定的其他内容

第二十七条 甲乙双方约定本合同增加以下内容：

____

____。

十三、劳动争议处理及其他

第二十八条 双方因履行本合同发生争议，当事人可以向甲方劳动争议调解委员会申请调解；调解不成的，可以向劳动争议仲裁委员会申请仲裁。

当事人一方也可以直接向劳动争议仲裁委员会申请仲裁。

第二十九条 本合同的附件系本合同不可分割的组成部分，附件如下：(1)员工手册；(2)保密协议；(3)竞业禁止协议；(4)培训协议；(5)试用期聘用条件。

第三十条 本合同未尽事宜或与国家、北京市有关法律规定相悖的，按有关法律规定执行。

第三十一条 本合同一式两份，甲乙双方各执一份。

甲方：(盖章)　　　　　　　　乙方：(签字)
法定代表人(主要负责人)：
或委托代理人：(签字或盖章)
年　月　日　　　　　　　　　年　月　日

劳动合同续订书

本次续订劳动合同期限类型为__________期限合同，续订合同生效日期为________年____月____日，续订合同________________终止。

甲方：(公章)　　　　　　　　乙方：(签字)
法定代表人(主要负责人)：
或委托代理人：(签字或盖章)

年　月　日

本次续订劳动合同期限类型为__________期限合同，续订合同生效日期为________年____月____日，续订合同________________终止。

甲方：(公章)　　　　　　　　乙方：(签字)
法定代表人(主要负责人)：
或委托代理人：(签字或盖章)

年　月　日

劳动合同变更书

经甲、乙双方协商一致，对本合同做以下变更/解除：

甲方：(公章)　　　　　　　　乙方：(签字)
法定代表人(主要负责人)：
或委托代理人：(签字或盖章)

年　　月　　日

使用说明

一、本合同书可在用人单位与职工签订劳动合同时使用。

二、用人单位与职工使用本合同书签订劳动合同时，凡需要双方协商约定的内容，协商一致后填写在相应的空格内。

签订劳动合同，甲方应加盖公章；法定代表人或主要负责人应本人签字或盖章。

三、经当事人双方协商需要增加的条款，在本合同书中写明。

四、当事人约定的其他内容，劳动合同的变更等内容在本合同内填写不下时，可另附纸。

五、本合同应使用钢笔或签字笔填写，字迹清楚，文字简练、准确，不得涂改。

六、本合同一式两份，甲、乙双方各持一份，交乙方的不得由甲方代为保管。

二、员工手册(目录)

《员工手册》在一些规模较小的公司可能较为少见，当公司具备一定规模、进行规范管理后，对于公司、员工的权利义务，员工的薪酬待遇、职业纪律等，便需要体系化呈现，并在员工入职时予以宣讲。各单位的《员工手册》受公司文件等因素的影响，行文风格差异较大，且通常篇幅较长，此处仅根据笔者实务操作经验，提供其中两个公司《员工手册》的目录。

[目录一]

北京××××公司
员工手册

目　　录

4. 员工提供资料
5. 岗位变更
6. 考核
7. 解除和终止雇佣
8. 竞业禁止

第三条　薪酬与福利

1. 工资与津贴
2. 保险
3. 福利
4. 奖励

第四条　工作时间、假期和休假

1. 工作时间
2. 加班
3. 假期
4. 其他休假
5. 旷工

第五条　职业发展

第六条　劳动纪律

1. 纪律要求
2. 处分措施

第七条　劳动争议

第八条　其他

第九条　附则

第十条　特别提示条款及员工签字页

[目录二]

××公司员工手册

目　录

法定假 病假 婚假 产假 丧假
事假 补休 意外

聘用

聘用 雇佣形式 试用期 劳动合同 人事档案
工作时间 职位变更

文康活动

离职

辞职 合同终止 开除 离职手续
离职证明

过失类别

纪律处分

三条主要原则
纪律处分步骤

附则

三、保密协议

《保密协议》对于科技型、人才密集型的企业非常重要,这不仅是对企业的保护,也是对社会秩序、涉密员工的保护,最终达到的并不是单向的"限制"而是多方的"共赢"。

保 密 协 议

协议编号[ ]

甲方(企业):
地址:
邮编:
法定代表人:
电话:
传真:
乙方(员工):
身份证号码:
住址:
邮编:
电话:

乙方在甲方工作期间,已经(或将要)知悉甲方的商业秘密。为明确乙方的保密义务,经甲乙双方本着诚信原则平等协商,自愿签订如下保守商业秘密协议:

乙方确认在签署本协议之前已经详细审阅了协议内容,并已理解协议各条款含义。

(乙方签字:________________)

第一条 商业秘密

本协议所称商业秘密是指不为公众所知悉,能够为甲方带来经济利益或竞争优势,具有实用性并经甲方采取一定保密措施的技术信息、经营信息,以及其他双方约定或甲方内部规定保密的信息。本协议所称甲方的商业秘密不限于甲方企业本身的商业秘密,还包括因业务往来所知悉的甲方所属集团其他成员企业的商业秘密,以及甲方依照法律规定(如在缔约过程中知悉的对方当事人的秘密)或有关协议的约定(如技术合同、合作协议等)对外承担保密义务的事项等。具体包括但不限于:

(一)技术方案、工程设计、电路设计、制造方法、配方、工艺流程、技术指标、计算机软件、数据库、试验结果、图纸、样品、样机、模型、模具、操作手册、技术资料;

(二)涉及商业秘密的业务函电、投资计划、合作计划、客户资料、营销计划、采购资料、定价政策、不公开的财务资料、进货渠道、产销策略、交易网络、经营方法、招投标中的标底及标书内容等信息;

(三)特别指出的商业秘密:________________。

第二条　例外约定

下述情形不作为本协议所指的商业秘密:

(一)该商业秘密在被乙方接触前,普通大众已可以合法获取;

(二)乙方系从该商业秘密的第三方合法持有人处依法取得;

(三)乙方未使用从甲方处获取的技术及其他商业资料,而独立开发出来的技术成果;

(四)乙方在法律要求的情况下需要披露该商业秘密。

第三条　保密义务

(一)不刺探非本职工作所需要的商业秘密;

(二)不向不承担相应保密义务的任何第三人披露甲方的商业秘密;

(三)不得允许(出借、赠与、出租、转让等处分甲方商业秘密的行为皆属于"允许")或协助不承担相应保密义务的任何第三人使用甲方的商业秘密;

(四)不利用所知悉的甲方的商业秘密从事有损甲方或甲方关联企业利益的经营、交易等行为;

(五)如发现商业秘密被泄露或者自己过失泄露商业秘密,应当采取有效措施防止泄密进一步扩大,并及时向甲方的相关部门报告;

(六)其他本着诚实信用原则应当承担的保守商业秘密义务。

第四条　载体返还

任何时候,只要甲方提出要求,乙方应立即向甲方归还全部商业秘密载体,包括但不限于载有该商业秘密的文件、资料、其他物品及其全部复制件或摘要。如果该载体属于不能归还的形式,或已经复制、转录到其他载体中,则应立即销毁或删除。

第五条　保密期限

乙方对甲方及甲方所持甲方合作方的商业秘密,保密期为:自接触该商业秘密之日起10年,但对全部/每项商业秘密的保密期限,均不得少于本协议签订之日起20年。

第六条　违约责任

(一)如乙方未履行本协议规定的保密义务,应当承担违约责任,甲方有权调低乙方原有工资作为公司内部的处罚。情节严重的,甲方有权要求乙方依据本协议一次性向甲方支付违约金人民币________万元。

(二)如乙方因前款所称的违约行为造成甲方损失的,应当承担损失赔偿责任。

(三)前款所述损失赔偿按照如下方式计算:

1. 损失赔偿额为甲方因乙方的违约行为所受到的实际经济损失以及可举证之期待利益损失;

2. 如果甲方的损失依照本条第1款所述的计算方法难以计算,损失赔偿额为不低于乙方因违约行为所获得的全部利润的合理数额,或者不低于甲方商业秘密许可使用费的合理数额;

3. 甲方因调查和追究乙方的违约行为而支付的合理费用,以及因此导致劳动合同解除而给甲方造成的人员录用费、培训费等损失也应当包含在损失赔偿额之内。

(四)因乙方的违约行为同时侵犯了甲方的商业秘密权利的,甲方可以选择根据本协议要求乙方承担违约责任,或者根据国家有关法律、法规要求乙方承担侵权责任。

第七条　无竞业

乙方承诺:到甲方工作,并不违反其与原单位签订的保密或竞业限制协议,对原单位亦不负担保密或竞业限制义务,不会因此受到原单位追究。

乙方上述承诺不实而造成有关单位开始追究甲方责任，甲方有权随时解除与乙方的劳动合同，且不向乙方支付经济补偿金，乙方并对甲方因此受到的损失承担全部责任。

第八条　其他

（一）本协议未尽事宜由甲、乙双方签订补充协议，补充协议与本协议具有同等法律效力；

（二）本协议自双方签字盖章之日起生效；

（三）本协议一式两份，双方各执一份，具有同等法律效力。

甲方：（盖章）　　　　乙方：（签字）

签约代表：（签字）

年　月　日　　　　年　月　日

四、竞业限制协议

《竞业限制协议》也叫作《竞业/竞争禁止协议》，对于特定岗位的员工，需要限制其进入与本公司有竞争关系的领域，其与《保密协议》基本上会同步签署。这不仅是对企业的保护，也可以说是对社会秩序、涉密员工的保护，最终达到的并不是单向的"限制"而是多方的"共赢"。

竞业限制协议

协议编号[　]

甲方：__________公司

地址：____________________

邮编：____________________

法定代表人：____________________

电话：____________________

传真：____________________

乙方：____________________

身份证号码：____________________

电话：____________________

鉴于：

1. 乙方在甲方任有重要职务，已经或将会知悉甲方商业秘密，或者对甲方的竞争优势具有重要影响。

2. 本协议将商业秘密界定为："不为公众所知悉、能为权利人带来经济利益、具有实用性，并经权利人采取保密措施的技术信息和经营信息。"

3. 本协议的制订遵循如下原则：既要防止出现针对甲方的不正当竞争行为，又要使乙方依法享有的劳动权利得到保障。

4. 本协议为劳动合同不可分割的一部分。

为保护甲、乙双方的合法权益，双方根据国家有关法律法规，本着平等、自愿、公平、诚信的原则，经充分协商一致后，共同订立本协议。

1. 乙方竞业限制的期限、范围、地域

1.1　期限与范围

(1)在职期间

在职期间不计算竞业限制补偿金，但乙方仍需履行本协议约定的竞业限制期限内的义务。

(2)劳动合同终止或解除之后

自劳动合同终止或解除之日起24个月内(竞业限制期限①),乙方不得到与甲方生产或者经营同类产品、从事同类业务的有竞争关系的其他用人单位,或者自己开业生产或者经营同类产品、从事同类业务,包括但不限于:

①到与甲方有竞争关系的机构就职,包括但不限于担任股东、合伙人、董事、监事、经理、职员、代理人、顾问等工作;

②自办与甲方有竞争关系的机构,或者从事与甲方商业秘密有关的产品的生产、经营、推广、披露或销售等活动。

所谓"与甲方有竞争关系的机构",是指与甲方商业秘密直接相关的、可能与甲方构成竞争关系的机构,以及明示有竞争关系的机构,包括但不限于相关公司、企事业单位及其分支机构。

1.2 地域

上述竞业限制的期限与范围,适用于中华人民共和国领域内。

2. 竞业限制补偿金

2.1 甲方向乙方支付的竞业限制补偿金的总额为:劳动合同解除或终止前12个月(不足12个月的按实际月份计)的乙方月平均工资×12。

2.2 支付方式为:在竞业限制期限内,甲方按月给予乙方补偿金。

2.3 如果甲方不支付竞业限制补偿金,即视为甲方自动放弃要求乙方履行竞业限制义务的权利,乙方同时免除甲方支付竞业限制补偿金的义务。

2.4 因乙方违反甲方劳动纪律或中国相关法律法规的规定,被甲方开除或除名,乙方无权要求得到竞业限制补偿金但仍需履行竞业限制义务。

3. 违约责任

乙方不履行竞业限制义务,应当承担如下几项违约责任:

3.1 乙方已经获得的竞业限制补偿金应当归还甲方;

3.2 乙方因违约行为所获得的收益收归甲方所有;

3.3 一次性向甲方支付本协议约定的竞业限制补偿金总额3倍的违约金。

4. 其他事项

4.1 本协议经双方签字盖章后生效,一式两份,甲、乙各执一份,具有同等法律效力。

4.2 本协议未尽事宜,可由双方另行书面约定,作为本协议的附件,与本协议具有同等法律效力。

4.3 本协议签订前所签劳动合同等文件与本协议不一致的,以本协议为准。

甲方:　　　　　　　　　　公司:(盖章)

签约代表:(签字)

乙方:(签字)

年　　月　　日

五、培训协议

《培训协议》的逻辑起点是非常容易理解的:企业花费成本让员工成长,那么对于员工而言,其便有为本企业作出贡献的义务。

---

① 《劳动合同法》(2012年修正)第24条规定:"竞业限制的人员限于用人单位的高级管理人员、高级技术人员和其他负有保密义务的人员。竞业限制的范围、地域、期限由用人单位与劳动者约定,竞业限制的约定不得违反法律、法规的规定。在解除或者终止劳动合同后,前款规定的人员到与本单位生产或者经营同类产品、从事同类业务的有竞争关系的其他用人单位,或者自己开业生产或者经营同类产品、从事同类业务的竞业限制期限,不得超过二年。"

培训协议

协议编号[　]

甲方：________公司
地址：________
邮编：________
法定代表人：________
电话：________
传真：________
乙方：________
身份证号码：________
担保人：________
身份证号码：________

为了增强乙方职业技能、促进甲方商业发展，根据有关法律、法规的规定，协议三方就乙方参加甲方提供的培训事宜，经平等协商签订本协议，以资信守。

第一条　培训事项

（一）本协议所指的培训，包括但不限于研讨会、培训班、国内外参观和考察、外派工作、在职进修等多种形式。

（二）甲、乙双方特别约定，甲方为乙方提供的如下培训，同样受本协议约束。

____

第二条　培训费用

培训费用包括但不限于：培训期间的工资和福利待遇、参加培训的培训费，会务费，学历（力）教育费用，考试费，往返交通费，食宿费及相关签证、办理出国手续工本费等应由甲方报销的所有合理费用。

第三条　甲方义务

（一）承担全部培训费用。

（二）为乙方积极寻找培训机会、创造培训条件。

（三）在乙方参加培训期间，为乙方保留或设置适当的工作岗位；在乙方培训后积极为乙方安排相应的岗位工作；保证乙方培训期间享受与正常工作时同等的工资和福利待遇。

（四）本协议约定的其他义务。

第四条　乙方义务

（一）保守培训期间所获知识和商业秘密，未经甲方同意不对外泄露；同意利用培训条件所取得的成果属于职务成果，由甲方独享专利申请权、专利权、著作权、商业秘密权等知识产权（甲方视贡献给予乙方奖励）。

（二）按甲方要求做出书面培训总结，将所学到的知识和技能传授给甲方指定的员工；由甲方保管培训所获证书（劳动合同期满时甲方负责返还）。

（三）为实现培训目的，乙方同意甲方有权选择将劳动合同期限延长2～5年，依甲方要求适时变更劳动合同；并在培训后任职于甲方指定的工作岗位。

（四）本协议约定的其他义务。

第五条　担保人的责任

（一）督促乙方诚信履行本协议。

（二）承担本协议约定的连带赔偿责任。

第六条　违约责任

培训期间或培训结束，乙方应当按甲方要求即时返回履行劳动合同，乙方因不按甲方要求返回的，应当赔偿甲方因对其培训所支付的全部培训费用2倍的损失，不足以弥补甲方实际损失的，甲方有权继续要求乙方赔偿;担保人连带承担乙方对甲方的赔偿责任。

【本条款或为】

(一)发生下列情况之一,乙方承担相应的违约责任

1. 在培训期结束时,未能完成培训目标任务,未取得相应证书证明材料,乙方向甲方赔偿全部培训成本费用(第二条所述全部费用,下同);

2. 在培训期内违反了甲方和培训单位的管理和规定,按甲方和培训单位奖惩规定执行;

3. 在培训期内损坏甲方形象和利益,造成了一定经济损失,乙方补偿甲方全部经济损失;

4. 在培训期内自行提出中止培训或解除劳动用工合同,乙方向甲方赔偿全部培训成本费用和劳动合同违约金;

5. 培训期结束后不能胜任甲方根据培训效果适当安排的岗位或职务工作,乙方负担全部培训成本费用;

6. 培训期结束回到甲方工作后,未达到协议约定的工作年限,乙方赔偿部分培训费用。(按服务年限递减赔偿)

(二)发生下列情况之一,甲方承担相应的违约责任

1. 因甲方未支付全部或部分培训费用,而导致乙方不能完成培训,则甲方应当按本协议培训费数额,向乙方支付相应未支付部分的培训费用,且乙方就相应未完成培训的部分不承担违约责任;

2. 因甲方原因提出与乙方终止培训协议或解除劳动合同,甲方应当依法向乙方支付解除劳动合同的经济补偿金。

第七条 其他

(一)本协议自甲、乙、担保人三方签字盖章之日起生效。

(二)本协议一式三份,协议各方各执一份,具有同等法律效力。

甲方: 公司:(盖章)

签约代表:

乙方: 担保人:

年 月 日

六、试用期聘用条件

试用期间到底合不合适,需要大家提前有一个明确一致的认识,这就需要形成文字予以落实,避免争议。

试用期聘用条件

第一部分 基本情况

单位名称:

员工姓名:

职位名称:

第二部分 入职条件

(一)有下列情形之一的,双方约定为在试用期内不符合录用条件

1. 伪造学历、证书与工作经历的。

2. 个人简历、求职登记表所列内容与实际情况不符的。

3. 经体检发现患有传染性、不可治愈以及严重疾病的。

4. 器官残缺或肢体残缺,以及填写虚假体检信息的。

5. 不能按质按量完成工作任务的(有岗位职责要求);未完成《工作计划》中的相关工作或未履行相关职

责的。

6. 拒绝接受领导交办的临时任务的。

7. 非因工伤无法在工作时间内提供劳动的。

8. 有任何违反公司规章制度规定行为的。

9. 受到相关行政处罚的。

10. 打架;辱骂公司领导。

11. ________________。

12. 其他不符合录用条件的情形。

(二)工作计划

__________________。

七、劳务合同书

劳务合同是与退休返聘人员签订的,其不同于劳动合同,不能按劳动合同来签,但劳务提供方、接受方的权利义务亦需要进行书面明确,避免争议。

劳务合同书

甲方:____________________

住所:____________________　　　　邮编:____________________

法定代表人:____________________　　　　职务:____________________

联系人:____________________

电话:____________________

传真:____________________

电子邮箱:____________________

乙方:姓名:____________________,性别:________

公民身份证号码:____________________

出生日期:________年____月____日

家庭住址:____________________

邮政编码:____________________

户口所在地:__________省(市)__________区(县)__________街道(乡镇)

通信地址:____________________

邮政编码:____________________,电话:____________________

鉴于乙方为退休人员,不具备劳动法律关系的主体资格。根据《中华人民共和国民法典》和有关规定,甲、乙双方经平等协商一致,自愿签订本劳务协议,共同遵守本协议所列条款。

第一条　本协议期限为____年,________年____月____日至________年____月____日。

第二条　乙方承担的劳务非甲方业务的组成部分,具体内容如下:____________。

第三条　乙方提供劳务要求及方式为:

乙方非为甲方员工,甲方的各项劳动规章制度不适用于乙方,乙方不受用人单位的劳动管理;但乙方应当尽职尽责完成劳务工作,在工作日的每天____时至____时,以及双休日____时至____时内,在甲方指定地点提供劳务。实行____的劳务提供方式。

第四条　乙方认为,根据乙方目前的健康状况,能依据本协议第二条、第三条的约定为甲方提供劳务,乙方也愿意承担所约定劳务。

第五条 乙方负有保守甲方商业秘密的义务,需要特别指出的甲方商业秘密主要有:__________。

第六条 甲方支付乙方劳务费的标准、方式、时间:________________。

第七条 乙方依法缴纳个人所得税,甲方依法代为扣缴。

第八条 发生下列情形之一,本协议终止:

(一)本协议期满的;

(二)双方就解除本协议协商一致,或按本协议约定提前通知解除的;

(三)乙方由于健康原因不能履行本协议义务的。

第九条 甲、乙均有权单方解除本协议,若单方解除本协议,仅需提前____日通知另一方即可。

第十条 本协议终止、解除后,乙方应在一周内将有关工作向甲方移交完毕,并附书面说明,如给甲方造成损失、应予赔偿。

第十一条 乙方在此声明:乙方原单位已为乙方依法办理全部社会保险,乙方在甲方工作期间患病或发生其他损害,由乙方自行承担或从乙方原有社会保险中承担,甲方不用支付任何费用。

第十二条 乙方同意医疗费用自理,医疗期内及期满后甲方均不支付劳务费。

第十三条 依据本协议第八条至第十二条约定终止或解除本协议,双方互不支付违约金或经济补偿金等款项。

第十四条 因本协议引起的或与本协议有关的任何争议,均提请北京仲裁委员会按照该会仲裁规则进行仲裁。仲裁裁决是终局的,对双方均有约束力。

第十五条 本合同首部甲、乙双方的通信地址为双方联系的唯一固定通信地址,若在履行本协议中双方有任何争议,甚至涉及仲裁时,该地址为双方法定地址。若其中一方通信地址发生变化,应立即书面通知另一方,否则,造成双方联系障碍,由有过错的一方负责。

第十六条 本合同一式两份,双方各执一份,于________年____月____日签订。

甲方:(公章)　　　　　　　　乙方:(签字)

签约代表:(签字)

乙方家属意见(要求乙方之配偶或成年子女填写):________________

签字(签字表示同意):________________

与乙方关系:________________

乙方家属身份证号码:________________

第五章

知识产权业务

随着我国市场经济的发展及相关制度的完善，知识产权作为一种重要的无形财产、创造人类物质和精神财富的工具和手段，在企业的发展、壮大以及竞争过程中起到了越来越重要的作用。并且，现代社会处于知识经济时代，智力成果已经打破了国界，在全球范围内流动，许多贸易都以专利权、商标权、著作权等知识产权为核心，知识产权在企业中的重要性越来越明确。

本章通过从知识产权的基本知识入手，对知识产权的取得、取得的异议、转让或许可使用、知识产权诉讼以及知识产权专项法律顾问等律师会涉及的业务范围进行介绍。

本章共十节，分别为：

第一节　概述

包括：知识产权的概念和范围；知识产权的特征；知识产权法的概念、体系及地位；知识产权业务的类型。

第二节　知识产权取得

包括：专利权的取得；商标权的取得；著作权的登记。

第三节　知识产权取得的异议

包括：专利无效宣告程序；商标权取得的异议。

第四节　知识产权的利用

包括：专利的实施许可及转让；商标的使用许可及转让；著作权的限制、使用许可和转让。

第五节　律师担任知识产权专项法律顾问

包括：制定知识产权管理制度；审查知识产权合同；制定和实施企业知识产权战略；发表律师声明与出具律师函。

第六节　律师代理知识产权侵权诉讼

包括：代理专利侵权诉讼；代理商标侵权诉讼；代理著作权侵权诉讼；代理不正当竞争侵权诉讼；代理网络侵权诉讼；知识产权侵权案件的几个特殊问题。

第七节　律师代理知识产权权属纠纷诉讼

包括：明确知识产权权利的归属；代理知识产权权属纠纷诉讼。

第八节　律师代理知识产权行政和刑事业务

包括：知识产权的行政保护；知识产权的海关保护；知识产权行政诉讼；知识产权刑事诉讼。

第九节　律师办理知识产权业务指引

第十节　知识产权业务相关法律文件

包括：专利、商标、著作权的转让等各种类型的涉知识产权合同，以及律师所做的《律师声明》等文件。

第一节 概述

一、知识产权的概念和范围

(一)概念

在现代社会,谈到知识产权,大部分人都会有一些基本的了解,如知识产权指的就是专利权、商标权或著作权等。但对于知识产权的概念,我国法律、法规或规章并没有作出一个明确的定义。

根据我国目前的学理解释,知识产权又称为"智慧财产权",是由英文"intellectual property"翻译而来,是指"人们对于自己的智力活动创造的成果和经营管理活动中的标记、信誉依法享有的权利"。①

中华全国律师协会编的《律师执业基本技能》一书,将知识产权定义为"基于人的智力创造性劳动成果依照法律所产生的权利。或者说,知识产权是指法律赋予智力成果完成人对其特定的创造性智力成果在一定期限内享有的专有权利"。

知识产权作为我国法律人士经常使用的概念,始于1986年4月12日《民法通则》(已失效)颁布后,在该部法律中,立法者直接将第五章"民事权利"的第三节的标题定为"知识产权"。在此之前,我国法学界曾长期使用"智力成果权"的说法。《民法典》第123条规定,民事主体依法享有知识产权。

(二)范围

知识产权可分为广义的知识产权和狭义的知识产权。

1. 广义的知识产权

广义的知识产权包括著作权与邻接权、商标权、商号权、商业秘密、产地标记权、专利权、集成电路分布图设计权等各种权利。② 就广义的知识产权范围而言,世界知识产权组织的《建立世界知识产权组织公约》(The Convention Establishing the World Intellectual Property Organization,以下简称WIPO公约)和世界贸易组织的《与贸易有关的知识产权协议》(Agreement on Trade - Related Aspects of Intellectual Property Rights,TRIPs)通过列举知识产权范围的方式予以明确。其中,WIPO公约第2条第8款规定,知识产权包括下列各项有关权利:(1)文学、艺术和科学作品;(2)表演艺术家的表演以及唱片和广播节目;(3)人类一切活动领域的发明;(4)科学发现;(5)工业品外观设计;(6)商标、服务标记以及商业名称和标志;(7)制止不正当竞争;(8)在工业、科学、文学艺术领域内由于智力创造活动而产生的一切其他权利。

TRIPs第一部分第1条所指知识产权的范围包括:(1)版权与邻接权;(2)商标权;(3)地理标志权;(4)工业品外观设计权;(5)专利权;(6)集成电路布图设计权;(7)未披露的信息专有权。

与WIPO公约所划定的知识产权范围相比,TRIPs划定的知识产权范围中没有科学发现权,这主要是因为这种知识产权与贸易无关。另外,TRIPs增加了集成电路布图设计权,这是为了适应国际贸易的需要,特别是为了适应某些经济大国在对外贸易中保护本国利益的实际需要。此外,TRIPs还强调突出了未披露过的信息专有权,这种信息主要指工商业经营者所拥有的经营秘密和技术秘密(know - how)等商业秘密。大部分国家将保护商业秘密纳入反不正当竞争法的轨道,我国也是如此。我国于2001年12月11日正式成为世界贸易组织成员,所以我国也认可该组织关于知识产权范围的界定。

---

① 吴汉东主编:《知识产权法》,中国政法大学出版社2002年版。

② 参见吴汉东主编:《知识产权法》,中国政法大学出版社2002年版。

随着科学技术的迅速发展,知识产权保护对象的范围不断扩大,不断涌现新型的智力成果,如计算机软件、生物工程技术、基因技术、植物新品种等也是当今世界各国所公认的知识产权的保护对象。

2. 狭义的知识产权

狭义的知识产权又称为传统意义上的知识产权,可分为工业产权和著作权(版权)两类。

(1)根据《保护工业产权巴黎公约》(Paris Convention for the Protection of Industrial Property,以下简称《巴黎公约》)第 1 条的规定,工业产权包括专利、实用新型、工业品外观设计、商标、服务标记、厂商名称、产地标记或原产地名称、制止不正当竞争 8 项内容。

(2)著作权又称为版权,它主要是指作者对其创作的作品享有的人身权和财产权。其中,人身权包括发表权、署名权、修改权和保护作品完整权等;财产权包括作品的使用权和获得报酬权,即以复制、表演、播放、展览、发行、摄制电影、电视、录像或者改编、翻译、注释、编辑等方式使用作品的权利,以及许可他人以上述方式使用作品并由此获得报酬的权利等。

关于著作权保护的对象,按照《保护文学艺术作品伯尔尼公约》(Berne Convention the Protection of Literary and Artistic Works,以下简称《伯尔尼公约》)第 2 条的规定,包括:文学、科学和艺术领域内的一切作品,无论其表现形式或方式如何,诸如书籍、小册子和其他著作;讲课、演讲、房地产和其他同类性质作品;戏剧或音乐作品;舞蹈艺术作品和哑剧作品;配词或未配词的乐曲;电影作品以及与使用电影摄影艺术类似的方法表现的作品;图画、油画、建筑、雕塑、雕刻和版画;摄影作品以及使用与摄影艺术类似的方法表现的作品;与地理、地形建筑或科学有关的示意图、地图、设计图、草图和立体作品等。

此外,计算机软件和集成电路布图设计也被我国和大多数国家列为作品,成为著作权的客体内容。

二、知识产权的特征

1. 知识产权客体的非物质性

知识产权的非物质性,是指知识产权保护的对象并无物质性存在,而是一种智力创造成果,它仅是一种信息。知识产权法所保护的正是人们对这种信息的控制和支配。

知识产权保护对象的非物质性具有不同于物质财产的如下重要特点:

(1)知识产权是一种精神财富,具有永久存续性。知识产权的保护对象一旦产生,就成为人类精神财富的一部分,不会因时间的经过而耗损、消灭。在法律保护的期间内,它为权利人所独占控制。法律不再保护以后,这种信息财富本身不因权利的消灭而消亡,而是进入公有领域,成为公共的精神财富,永久存在,而物质财产则会在使用中耗损、消灭。

(2)知识产权具有可复制性。非物质性的信息可以被以平面的或立体的,有形的或无形(如声音)的形式无限复制,该复制包括严格意义上的复制和严格保持同一性的重复使用,如按照图纸制作产品,按照一定的方法施工、生产;用印刷、复印、制作光盘等方式复制文学艺术作品等。

(3)知识产权具有可广泛传播性。知识产权作为一种信息,它一旦产生,就可以通过各种传播媒介广泛传播,这种传播不因国界、语言等因素受到限制。

(4)知识产权可以同时被许多人使用。知识产权作为信息财富,可以同时在相同或不同的地方被许多人直接使用,而且这种使用不会给该信息本身的价值造成损耗,但有可能会给权利人的利益造成损害。物质财产由于其特定性和唯一性,通常不可能同时被许多人直接使用,而且使用必然对其带来耗损,而无论这种耗损的大小。

(5)不能用控制物质财产的方式控制。由于知识产权信息的非物质性和由此带来的易于传播、复制的特点,知识产权的权利人不能像对物质财产那样通过占有加以控制,排斥他人的侵害,因此,对知识产权权利人的保护更多地须借助于法律赋予的独占权利。

2. 知识产权的依法审查确认性

由于无形的智力成果不像有形财产那样直观可见,因此,虽然法律规定知识产权是一种民事权利,但这并不意味着每个人对自己头脑中的知识和聪明才智享有民事权利。法律仅承认该种民事权利的客体是智力成果,而非智力本身。因而,确认这类智力成果的财产权及其法律保护,通常需要依法审查确认(但亦有例外,如著作权自作品形成即产生、商业秘密不能披露等)。

例如,根据我国专利法的规定,发明人所完成的发明、实用新型或者外观设计,虽然已经具有价值和使用价值,但是,其发明人尚不能自动获得专利权,必须依照专利法的相关规定,向国家知识产权局专利局提出专利申请。知识产权局专利局依照法定程序进行审查,申请符合专利法规定条件的,由知识产权局专利局作出授予专利权的决定,颁发专利证书,只有当知识产权局专利局作出授权公告后,其发明人才享有该项知识产权。

3. 知识产权的专有性

尽管智力成果可以同时为多个主体所使用,但大多数的知识产权具有法律授予的独占权,具有排他性,它的排他性使同一项智力成果不能同时存在两个或两个以上的所有权人。当然,法律对各种知识产权都作了一定的限制,但这些限制并不影响其独占权特征。

也有少数知识产权不具有独占权特征,如技术秘密的所有人不能禁止第三人使用其独立开发完成的或者合法取得的相同技术秘密。

4. 知识产权的地域性

知识产权作为一种专有权在空间上的效力并不是无限的,其具有严格的地域性特点,即各国主管机关依照其本国法律授予的知识产权,只能在其本国领域内受法律保护。

例如,国家知识产权局专利局授予的专利权或国家知识产权局商标局核准的商标专用权,只能在中国领域内受保护,其他国家则不给予保护。外国人在我国领域外使用国家知识产权局专利局授权的发明专利,不侵犯我国专利权,我国自然人或企业完成的发明创造要想在外国受保护,必须在外国申请专利;反之亦然。

著作权虽然自动产生,但它也受地域限制,我国法律并不是对所有外国人的作品都给予保护的,只是因为我国加入了《伯尔尼公约》和《世界版权公约》(Universal Copyright Convention)等国际公约,履行这两个国际公约规定的义务,保护这些公约成员国国民的作品。

5. 知识产权的时间性

知识产权都有法定的保护期限,一旦保护期限届满,权利就自行终止或消灭,相关智力成果即成为整个社会的共同财富,成为社会公众可以自由使用的知识。至于知识产权保护期限的长短,依各国的法律确定。

例如,我国发明专利的保护期为20年,实用新型专利权和外观设计专利权的期限为10年,均自专利申请日起计算;我国自然人的作品著作权的保护期为作者终生及其死亡后50年。这两个权利期限届满后,该发明和作品即成为公有领域财产。

我国商标权的保护期限为自核准注册之日起10年,但可以在期限届满前12个月内申请续展注册,每次续展注册的有效期为10年,续展的次数不限,由此可见,商标权的期限有其特殊性,可以根据其所有人的需要无限地续展权利期限,但如果商标权人逾期不办理续展注册,其商标权也将终止。

三、知识产权法的概念、体系及地位

1. 知识产权法是调整人类在智力创造活动中因智力成果而产生的各种社会关系的法律规范总称。通俗地说,知识产权法是规范知识产权产生、获得、使用和保护的法律。①

---

① 参见中华全国律师协会编:《律师执业基本技能》,北京大学出版社2007年版。

2. 从目前各国的知识产权法体系来看，知识产权法一般可分为两大类：一类是属于国内法，即由各国自主制定。从大多数国家的立法实践来看，一般是将知识产权法作为民事法律体系中的一个法律制度。另一类是属于国际法，主要包括各国参加的国际条约、承认的国际惯例，以及签署的双边或多边协议等。从国际法的原则来讲，一个国家所缔结的国际条约（包括双边协定），除了该国特别声明保留的、条约也允许保留的条款外，都应直接或间接地成为该国国内法的一个组成部分。①

我国知识产权制度建立较晚，其仅有不到 30 年的历史，但是发展速度较快。自 20 世纪 80 年代以来，我国陆续颁布实施了《专利法》、《商标法》、《著作权法》、《民法通则》（已失效）、《反不正当竞争法》、《计算机软件保护条例》、《集成电路布图设计保护条例》、《著作权集体管理条例》、《音像制品管理条例》、《植物新品种保护条例》、《知识产权海关保护条例》、《特殊标志管理条例》、《奥林匹克标志保护条例》等多部与知识产权相关的法律法规，并颁布了一系列相关配套的实施细则和司法解释，使我国建立健全了一整套知识产权法律体系、制度。

并且，我国还加入了众多知识产权保护条约，如 WIPO 公约（1980 年）、《巴黎公约》（1985 年）、《商标国际注册马德里协定》（Madrid Agreement Concerning the International Registration of Marks，1989 年）、《关于集成电路知识产权的华盛顿条约》（Washington Treaty on Intellectual Property in Respect of Integrated Circuits，1989 年）、《伯尔尼公约》（1992 年）、《世界版权公约》（1992 年）、《保护录制者、防止录制品被擅自复制的日内瓦公约》（Geneva Convention on the Protection of Producers of Phonograms against Unauthorized Duplication of Their Phonograms，1993 年）、《专利合作条约》（Patent Cooperation Treaty，1994 年）、《商标注册用商品和服务国际分类尼斯协定》（Nice Agreement Concerning the International Classification of Goods and Services for the Purpose of the Registration of Marks，1994 年，以下简称《尼斯协定》）、《国际承认用于专利程序的微生物保存布达佩斯条约》（Budapest Treaty on the International Recognition of the Deposit of Microorganisms for the Purposes of Patent Procedure，1995 年）、《工业品外观设计国际分类协定》（1996 年）、《国际专利分类斯特拉斯堡协定》（International Patent Classification Agreement，IPCA，1997 年）、《保护植物新品种国际公约》（International Convention for the Protection of New Varieties of Plants，1999 年）以及 TRIPs（2001 年）等。

2001 年前后，我国以加入世界贸易组织为契机，对知识产权法律制度在立法精神、权利内容、保护标准及法律救济手段等方面进行了进一步完善、修改。同时，最高人民法院从 2001 年以来，共制定和修订了涉及专利、商标、著作权、植物新品种、集成电路布图设计、技术合同、不正当竞争、计算机网络域名、知识产权犯罪、诉前临时措施、知识产权财产保全、案件管辖和审理分工等方面的知识产权司法解释若干件，同时，还通过各类批复等指导性文件，依法明确了知识产权保护的具体司法原则和标准，及时解决了一些较为突出的法律适用问题，完善了我国的知识产权诉讼制度。

2012 年 6 月 26 日，世界知识产权组织在北京正式签署《视听表演北京条约》。该条约填补了视听表演领域全面版权保护国际条约的空白，将载入世界知识产权史册。

3. 知识产权法的地位，是指它在整个法律体系中所处的地位，即它是否为一个独立的法律部门或是归类于何种法律部门。② 从世界范围来说，知识产权法基本上采用的是单行法的立法体例。而在我国法律体系中，知识产权的表述第一次出现是在《民法通则》（已失效）中，知识产权作为民事权利的基本类别之一，与物权、债权、人身权等权利并列。

---

① 参见李顺德：《知识产权法律基础》，知识产权出版社 2005 年版。

② 参见吴汉东主编：《知识产权法》，中国政法大学出版社 2002 年版。

但由于知识产权具有不同于其他民事权利的特点,因而我国采取民事特别法的方式给予保护。尽管在我国行政法和刑法中也有部分内容用来规范知识产权,但这不足以改变知识产权法属于民法的范畴的性质。

四、知识产权业务的类型

知识产权业务,是以知识产权专业知识与技能为手段向目标客户提供的一种中介服务。[①]由于我国知识产权法律制度建立的时间不长,因此,在律师业务中,知识产权业务还是一门新兴的法律服务。但随着知识经济的到来,我国知识产权法律制度不断完善和发展,企业对知识产权的保护也越来越重视,因此,从对律师知识产权业务的发展来看,律师的知识产权业务量将会大幅上升。

知识产权业务从不同的角度,可以分为不同的类别:

(一)从业务内容来分

从知识产权业务内容来看,知识产权业务可分为:

1. 专利业务:(1)专利保护策略的咨询及制定;(2)专利文献检索、调查;(3)专利的申请和审查程序(发明、实用新型和外观设计);(4)专利复审程序和无效宣告;(5)代理对国家知识产权局专利局的复审决定和无效宣告决定不服而向人民法院提起诉讼;(6)专利侵权纠纷的诉讼;(7)专利权的维持、许可和转让;(8)提供法律意见、出具律师函;(9)与专利有关的其他业务。

2. 商标业务:(1)商标保护策略的咨询及制定;(2)商标查询、调查;(3)商标注册的申请和审查;(4)商标异议、复审及撤销注册不当;(5)注册商标的续展和变更等事项;(6)商标侵权纠纷的诉讼;(7)商标权的许可和转让;(8)与商标或商号相关纠纷的谈判;(9)提供法律意见、出具律师函;(10)与商标有关的其他业务。

3. 著作权业务:(1)提供法律咨询和顾问;(2)计算机软件登记注册及其他作品的著作权保护;(3)著作权许可和转让;(4)著作权侵权方面的诉讼;(5)提供法律意见、出具律师函;(6)其他与著作权有关的业务。

4. 其他类知识产权业务:(1)集成电路布图设计的登记业务;(2)起草、审查、修改涉及知识产权的合同;(3)提供商业秘密、装潢保护和其他反不正当竞争方面的咨询、调查及诉讼代理;(4)提供有关域名方面的法律咨询;(5)提供植物新品种保护的咨询;(6)提供药品行政保护的咨询;(7)办理有关知识产权海关保护的事务;(8)代理知识产权合同纠纷的仲裁案件;(9)通过行政执法或司法途径实施其他知识产权保护;(10)与知识产权相关的商业决策和公司知识产权方面的风险防范。

(二)从业务类型来分

从知识产权业务的类型来看,知识产权业务可分为诉讼类业务和非诉讼类业务。其中,诉讼类业务包括代理知识产权侵权诉讼、仲裁业务、代理知识产权行政诉讼业务、代理知识产权刑事诉讼业务等;非诉讼类业务可分为起草、审查、修改涉及知识产权合同,提供法律意见,出具律师函,代理知识产权的申请,制定企业知识产权战略,制定、审查企业知识产权规章制度等。

第二节 知识产权取得

一、专利权的取得

根据我国相关法律规定,可用于申请专利的发明创造,是指发明、实用新型和外观设计。发明,是指对产品、方法或者其改进所提出的新的技术方案。实用新型,是指对产品的形状、构造或者其

---

① 参见中华全国律师协会主编:《律师执业基本技能》,北京大学出版社 2007 年版。

结合所提出的适于实用的新的技术方案。外观设计,是指对产品的形状、图案或者其结合以及色彩与形状、图案的结合所作出的富有美感并适于工业应用的新设计。

专利的作用日益受到重视,但是一项技术要想得到合理的专利权保护,就必须要按照规定的程序进行申请,以得到法律的确认。在我国,专利的申请一般要遵循四个原则:书面原则、先申请原则、单一性原则以及优先权原则。

(一)掌握专利申请的原则

1. 书面原则

书面原则,是指专利权申请必须以书面形式向国务院专利行政部门提交。在国内申请专利必须递交书面文件,一切都以递交的书面文件为依据。不仅是专利权申请,以后整个审批程序中的所有手续,都必须以书面形式办理,不能以口头说明或提交实物来代替书面申请,或者以口头说明代替对申请进行修改补正。

不过,随着计算机和网络的普及,使用电子文件提交专利申请将成为将来的趋势。不少国家已经开始推行专利申请的电子政务改革。我国《专利法实施细则》(2023 年修订)第 2 条也允许采用以往书面形式以外的“国务院专利行政部门规定的其他形式”。目前,国家知识产权局专利局已在部分涉外代理机构中就部分申请件试行电子申请。

2. 先申请原则

同样的发明创造,在理论上只能授予一项专利权,因此,我国《专利法》(2020 年修正)第 9 条规定:“同样的发明创造只能授予一项专利权。但是,同一申请人同日对同样的发明创造既申请实用新型专利又申请发明专利,先获得的实用新型专利权尚未终止,且申请人声明放弃该实用新型专利权的,可以授予发明专利权。两个以上的申请人分别就同样的发明创造申请专利的,专利权授予最先申请的人。”根据我国《专利法实施细则》(2023 年修订)第 47 条的规定,两个以上的申请人同日(通常指申请日;有优先权的,指优先权日)分别就同样的发明创造申请专利的,应当在收到国务院专利行政部门的通知后自行协商确定申请人。通常认为协商不成的,只能作为技术秘密保护或使其成为自由公知技术。①

专利的申请日以专利申请文件递交到国务院专利行政部门之日算起,如果是邮寄的,以寄出的邮戳日为申请日。专利申请一旦被受理,国务院专利行政部门立即给该申请一个编号,称为申请号。此号在专利授权后即作为专利号。

3. 单一性原则

单一性原则,是指一件发明或实用新型专利的申请应当限于一项发明或实用新型,一件外观设计专利的申请应当限于一种产品所使用的一项外观设计。由于专利分类极为详细,不同的发明创造如果放在一件申请中提出,势必给审查工作带来极大的麻烦,影响专利申请的效率。并且,办理专利申请、审批手续都需缴费,把不同的发明创造作为一件申请提出,只缴纳一件的费用不太合理。

一件发明或者实用新型专利申请应当限于一项发明或者实用新型。属于一个总的发明构思的两项以上的发明或者实用新型,可以作为一件申请提出。一件外观设计专利申请应当限于一项外观设计。同一产品两项以上的相似外观设计,或者用于同一类别并且成套出售或者使用的产品的两项以上外观设计,可以作为一件申请提出。上述申请称为合案申请。

国务院专利行政部门经审查认为专利申请不符合发明创造单一性原则时,会通知申请人在规定的期限内将其专利申请分案,即分为几个申请。分案申请保留原申请日,但不得超出原说明书记载的范围。

---

① 此处的规定与商标法中的“抽签”规定不同,详见《商标法实施条例》(2014 年修订)第 19 条。

4. 优先权原则

我国1984年《专利法》采用了优先权原则,但只对外国申请人适用这一原则,中国申请人在中国申请专利不享有优先权。1992年修改后的《专利法》增加了本国优先权,并保留了优先权制度(其后于2000年、2008年、2020年进行修正时,相关内容均得以保留)。

申请人自发明或者实用新型在外国第一次提出专利申请之日起12个月内,或者自外观设计在外国第一次提出专利申请之日起6个月内,又在中国就相同主题提出专利申请的,依照该外国同中国签订的协议或者共同参加的国际条约,或者依照相互承认优先权的原则,可以享有优先权。申请人自发明或者实用新型在中国第一次提出专利申请之日起12个月内,或者自外观设计在中国第一次提出专利申请之日起6个月内,又向国务院专利行政部门就相同主题提出专利申请的,可以享有优先权。

前者为国外优先权,后者为本国优先权,两者在适用的专利类型、申请地点上,都有所不同。申请人要求优先权的,应当在申请的时候提出书面声明,并且在3个月内提交第一次提出的专利申请文件的副本;未提出书面声明或者逾期未提交专利申请文件副本的,视为未要求优先权。

优先权的实际意义是,以其第一次提出专利申请日为判断新颖性的时间标准,第一次提出申请的日期,称为优先权日,上述特定的期限,称为优先权期限。申请人要求优先权的,应当在申请的时候提出书面声明,并且在3个月内提交第一次提出的专利申请文件的副本;未提出书面声明或者逾期未提交专利申请文件副本的,视为未要求优先权。第一次申请被放弃或驳回时,其优先权仍然存在。优先权可以转让,也可以随专利申请权一起转让。

(二)专利申请文件的准备

1. 发明和实用新型专利申请的主要文件

申请发明专利的,申请文件应当包括:发明专利请求书、说明书(说明书有附图的,应当提交说明书附图)、权利要求书、摘要(必要时应当有摘要附图),各一式两份。

申请实用新型专利的,申请文件应当包括:实用新型专利请求书、说明书及说明书附图、权利要求书、摘要及其摘要附图,各一式两份。

(1)请求书

请求书,是指发明或实用新型专利的申请人用于表达请求专利授予机关对其授予发明或实用新型专利权的书面文件。它是国家知识产权局专门印制的标准表格,专利申请人要按表格规定的格式和要求填写。请求书包含的内容如下:

①发明或实用新型的名称:一定要简单明了,能和所申请的发明或实用新型有一定联系,并在一定程度上反映该发明创造的突出特点和内容。

②发明人或设计人名称:发明人或设计人是指对发明或实用新型的实质性特点作出创造性贡献的自然人。由于发明创造是一种智力活动,没有主观意识的法人或非法人组织无法成为发明人或设计人,并且,即使申请人与发明人或设计人不一致,或者专利权经转让,发明人或设计人的署名权也不能被剥夺。

③申请人:该部分内容包括申请人的姓名或名称、单位代码或个人身份证号、地址、联系方式及其他内容。申请人可以为法人或非法人组织。

④其他内容:联系人;委托代理人的,还应写明代理机构或代理人的名称或姓名、地址、联系方式等;还应填写优先权的相关内容。

(2)说明书及其摘要

说明书是指阐述发明或实用新型的技术实质内容的书面文件,它既是一个技术性文件,也是一个法律性文件。《专利法》(2020年修正)第26条第3款规定:“说明书应当对发明或者实用新型作出清楚、完整的说明，以所属技术领域的技术人员能够实现为准；必要的时候，应当有附图。摘要应当简要说明发明或者实用新型的技术要点。”

发明或实用新型说明书的内容主要包括：

①技术领域：写明要求保护的技术方案所属的技术领域。

②背景技术：写明对发明或者实用新型的理解、检索、审查有用的背景技术；有可能的，并引证反映这些背景技术的文件。

③发明内容：写明发明或者实用新型所要解决的技术问题以及解决其技术问题采用的技术方案，并对照现有技术写明发明或者实用新型的有益效果。

④附图说明：说明书有附图的，对各幅附图作简略说明。

⑤具体实施方式：详细写明申请人认为实现发明或者实用新型的优选方式；必要时，举例说明；有附图的，对照附图。

说明书摘要应当写明发明或者实用新型专利申请所公开内容的概要，即写明发明或者实用新型的名称和所属技术领域，并清楚地反映所要解决的技术问题、解决该问题的技术方案的要点以及主要用途。

(3)权利要求书

权利要求书是发明或实用新型专利的申请人请求给予专利保护范围的书面表达。权利要求书应当有独立权利要求，也可以有从属权利要求。独立权利要求应当从整体上反映发明或者实用新型的技术方案，记载解决技术问题的必要技术特征。从属权利要求应当用附加的技术特征，对引用的权利要求作进一步限定。一项发明或者实用新型应当只有一个独立权利要求，并写在同一发明或者实用新型的从属权利要求之前。

发明或者实用新型的独立权利要求应当包括前序部分和特征部分，按照下列规定撰写：

①前序部分：写明要求保护的发明或者实用新型技术方案的主题名称，以及发明或者实用新型主题与最接近的现有技术共有的必要技术特征。

②特征部分：使用“其特征是……”或者类似的用语，写明发明或者实用新型区别于最接近的现有技术的技术特征。这些特征和前序部分写明的特征合在一起，限定发明或者实用新型要求保护的范围。

如果发明或者实用新型的性质不适于用前款方式表达，独立权利要求也可以用其他方式撰写。

发明或者实用新型的从属权利要求应当包括引用部分和限定部分，按照下列规定撰写：

①引用部分：写明引用的权利要求的编号及其主题名称；

②限定部分：写明发明或者实用新型附加的技术特征。

从属权利要求只能引用在前的权利要求。引用两项以上权利要求的多项从属权利要求，只能以择一方式引用在前的权利要求，并不得作为另一项多项从属权利要求的基础。

2. 外观设计专利申请的主要文件

申请外观设计专利的，申请文件应当包括：外观设计专利请求书、图片或者照片，各一式两份。要求保护色彩的，还应当提交彩色图片或者照片，一式两份。提交图片的，两份均应为图片，提交照片的，两份均应为照片，不得将图片或照片混用。图片或照片需要说明的，应当提交外观设计简要说明，一式两份。

(1)请求书。外观设计请求书，是申请人向专利授予机关请求授予外观设计专利愿望的文件，它的性质同发明或实用新型专利请求书的性质相同。但外观设计因设计的是产品的形状、图案、色彩等，很难命名，因此，请求书应写明的是使用该外观设计产品的名称，其他内容与发明或使用新型请求书的内容大致相同，在此不再重复。

(2)图片或照片。由于外观设计是一种形状或图案等,很难用文字详细描述,用图片或照片更容易表达外观设计的特征。申请人提交的外观设计的图片或者照片,不得小于3厘米×8厘米,并不得大于15厘米×22厘米,并能清楚地显示请求保护的对象。同时请求保护色彩的外观设计专利申请,应当提交彩色图片或者照片,一式两份。

(3)简要说明。申请外观设计专利的,必要时应当写明对外观设计的简要说明。外观设计的简要说明应当写明使用该外观设计的产品的设计要点、请求保护色彩、省略视图等情况。简要说明不得使用商业性宣传用语,也不能用来说明产品的性能。

(三)如何办理专利申请

办理专利申请应当提交必要的申请文件,并按规定缴纳费用。专利申请必须采用书面形式或者电子申请的形式办理。不能用口头说明或者提供样品或模型的方法来代替书面申请文件。在专利审批程序中只有书面文件才具有法律效力。

各种手续文件都应当按规定签章,签章应当与请求书中填写的姓名或者名称完全一致。签章不得复印。涉及权利转移的手续,应当由全体申请人签章,其他手续可以由申请人的代表人签章办理,委托专利代理机构的,应当由专利代理机构签章办理。

办理手续要附具证明文件或者附件的,证明文件与附件应当使用原件或者副本,不得使用复印件。如原件只有一份,可以使用复印件,但同时需要附有公证机关出具的复印件与原件一致的证明。

发明或者实用新型专利申请文件应按下列顺序排列:请求书、说明书摘要、摘要附图、权利要求书、说明书、说明书附图和其他文件。外观设计专利申请文件应按照请求书、图片或照片、简要说明顺序排列。申请文件各部分都应当分别用阿拉伯数字顺序编号。

(四)提交申请文件注意事项

向国家知识产权局专利局申请专利或办理其他手续的,可以将申请文件或其他文件直接递交,或寄交给国家知识产权局专利局受理处或国家知识产权局专利局代办处,在提交文件时应注意下列事项:

(1)向国家知识产权局专利局提交申请文件或办理各种手续的文件,应当使用国家知识产权局统一制定的表格,申请文件均应一式两份,手续性文件可以一式一份。

(2)一张表格只能用于一件专利申请。

(3)向国家知识产权局专利局提交的各种文件申请人都应当留存底稿,以保证申请审批过程中文件填写的一致性,并可以此作为答复审查意见时的参照。

(4)申请文件是邮寄的,应当用挂号信函。无法用挂号信邮寄的,可以用特快专递邮寄,不要用包裹邮寄申请文件。挂号信函上除写明国家知识产权局专利局或者专利局代办处的详细地址(包括邮政编码)外,还应当标有“申请文件”及“国家知识产权局专利局受理处收”或“国家知识产权局专利局××代办处收”的字样。

申请文件最好不要通过快递公司递交,通过快递公司递交申请文件,以国家知识产权局专利局受理处以及各专利局代办处实际收到日为申请日。一封挂号信内应当只装同一件申请的申请文件或其他文件。邮寄后,申请人应当妥善保管好挂号收据存根。

(5)国家知识产权局专利局在受理专利申请时不接收样品、样本或模型。在审查程序中,申请人应审查员要求提交样品或模型时,若在国家知识产权局专利局受理窗口当面提交,应当出示审查意见通知书;邮寄的应当在邮件上写明“应审查员×××(姓名)要求提交模型”的字样。

(6)申请人或专利权人的地址有变动,请及时向国家知识产权局专利局提出著录项目变更;申请人与专利事务所解除代理关系,应向国家知识产权局专利局办理变更手续。

二、商标权的取得

根据我国相关法律规定，经国家知识产权局商标局核准注册的商标为注册商标，包括商品商标、服务商标、集体商标和证明商标。商标注册人享有商标专用权，受法律保护。

（1）商品商标，是指自然人、法人或者非法人组织对其生产、制造、加工、拣选或者经销的商品，需要取得商标专用权的，应当向国家知识产权局商标局申请商品商标注册。

（2）服务商标，是指自然人、法人或者非法人组织对其提供的服务项目，需要取得商标专用权的，应当向国家知识产权局商标局申请服务商标注册。

（3）集体商标，是指以团体、协会或者非法人组织名义注册，供该组织成员在商事活动中使用，以表明使用者在该组织中的成员资格。

（4）证明商标，是指由对某种商品或者服务具有监督能力的组织所控制，而由该组织以外的单位或者个人使用于其商品或者服务，用以证明该商品或者服务的原产地、原料、制造方法、质量或者其他特定品质的标志。

商标权的取得，是指某个特定主体，包括自然人、法人或非法人组织，以一定的法定方式获得商标权，依法成为商标权人。根据我国商标法，商标注册的基本原则包括：自愿注册与强制注册相结合原则、注册原则、国家统一注册原则、申请在先原则、使用在先原则以及优先权原则。

（一）掌握商标注册的原则

1. 自愿注册与强制注册相结合原则

所谓自愿注册原则，是指商标所有人根据自己的需要和意愿，自行决定是否申请商标注册，通过申请并经国家知识产权局商标局核准注册的商标为注册商标。注册人对该注册商标享有专用权，受法律的保护；未经注册的商标也能使用，但使用人不享有商标专用权，不得与他人的商标相冲突。

所谓强制注册原则，是指国家对生产经营者在某些商品或服务上所使用的全部商标，必须经依法注册才能使用的强制性规定。《商标法》（2019 年修正）第 6 条规定：“法律、行政法规规定必须使用注册商标的商品，必须申请商标注册，未经核准注册的，不得在市场销售。”

因此，法律和行政法规规定的特定商品，必须使用注册商标。目前根据我国法律法规的规定必须使用注册商标的是烟草类商品。《烟草专卖法》（2015 年修正）第 19 条规定：“卷烟、雪茄烟和有包装的烟丝必须申请商标注册，未经核准注册的，不得生产、销售。禁止生产、销售假冒他人注册商标的烟草制品。”

2. 注册原则

所谓注册原则，是指商标所有人对其商标必须通过核准注册，才能取得对该商标专用权的确认。我国《商标法》（2019 年修正）第 3 条第 1 款规定：“经商标局核准注册的商标为注册商标……商标注册人享有商标专用权，受法律保护。”

3. 国家统一注册原则

国家统一注册原则，是指我国的商标注册工作必须由国家商标主管部门统一审核批准注册。《商标法》（2019 年修正）第 2 条予以了明确的规定，“国务院工商行政管理部门商标局主管全国商标注册和管理的工作”。

4. 申请在先原则

所谓申请在先原则，是指两个或两个以上的申请人，在同一或者类似的商品上以相同或者近似的商标申请注册时，注册申请在先的商标和申请人获得商标专用权，在后的商标注册申请予以驳回。对于无法确定谁是在先申请的，则采用使用在先的原则。我国《商标法》（2019 年修正）第 31 条规定：“两个或者两个以上的商标注册申请人，在同一种商品或者类似商品上，以相同或者近似的商标申请注册的，初步审定并公告申请在先的商标；同一天申请的，初步审定并公告使用在先的商标,驳回其他人的申请,不予公告。”

5. 使用在先原则

使用在先原则,是指在无法确认申请(注册)在先的情况下采用最先使用者取得商标注册的原则。《商标法》(2019 年修订)第 31 条规定:“两个或者两个以上的商标注册申请人,在同一种商品或者类似商品上,以相同或者近似的商标申请注册的,初步审定并公告申请在先的商标;同一天申请的,初步审定并公告使用在先的商标,驳回其他人的申请,不予公告。”

《商标法实施条例》(2014 年修订)第 19 条规定:“两个或者两个以上的申请人,在同一种商品或者类似商品上,分别以相同或者近似的商标在同一天申请注册的,各申请人应当自收到商标局通知之日起 30 日内提交其申请注册前在先使用该商标的证据。同日使用或者均未使用的,各申请人可以自收到商标局通知之日起 30 日内自行协商,并将书面协议报送商标局;不愿协商或者协商不成的,商标局通知各申请人以抽签的方式确定一个申请人,驳回其他人的注册申请。商标局已经通知但申请人未参加抽签的,视为放弃申请,商标局应当书面通知未参加抽签的申请人。”

6. 优先权原则

优先权是《巴黎公约》规定的一个重要原则,是指商标申请人在《巴黎公约》任何一个成员国内第一次正式提出的申请,在 6 个月内,再向其他成员国提出申请时,后一申请即被认为是在第一次正式提出申请的日期内、同时提出的。这对于希望同时在几个国家能够得到保护的申请人来说,能够享受到实际利益。

这一原则称为优先权原则。我国于 1985 年 3 月正式成为《巴黎公约》成员国,优先权原则是所有成员国必须履行的义务,我国给予其他成员国国民优先权待遇,我国申请人向其他成员国申请商标注册,也同样享有优先权待遇。我国《商标法》(2019 年修正)第 25 条第 1 款规定:“商标注册申请人自其商标在外国第一次提出商标注册申请之日起六个月内,又在中国就相同商品以同一商标提出商标注册申请的,依照该外国同中国签订的协议或者共同参加的国际条约,或者按照相互承认优先权的原则,可以享有优先权。”

《商标法》(2019 年修正)第 26 条第 1 款规定:“商标在中国政府主办的或者承认的国际展览会展出的商品上首次使用的,自该商品展出之日起六个月内,该商标的注册申请人可以享有优先权。”

(二)商标注册申请的手续

1. 商标查询

商标查询,是指商标注册申请人或其代理人在提出注册申请前,对其申请的商标是否与在先权利商标相同或近似的查询工作。尽管商标查询不是注册商标的法定必经程序,但此项工作可以减少商标申请被拒绝的风险,提高商标注册的成功率。

2. 准备申请资料

(1)身份证明资料。如果以自然人名义提出申请,需出示身份证及递交本人身份证的复印件。如以法人或非法人组织作为申请人来申请注册,需出示营业执照副本及复印件。

(2)商标注册申请书。

(3)商标图样 6 张(申请书背面贴 1 张,交 5 张),要求图样清晰、规格为长和宽不小于 5 厘米并不大于 10 厘米。若指定颜色,贴着色图样 1 张,交着色图样 5 张,附黑白图样 1 张。

(4)准备相应的注册费用,注册商标规费:纸质申请 300 元,网上申请 270 元。限定本类 10 个商品,10 个以上商品的,每超过 1 个商品,每个商品加收 10% 的规费。

3. 按商品与服务分类提出申请

目前,我国商标法执行的是商品国际分类,它把一万余种的商品和服务项目分为 45 个类,其中,商品34个类,服务项目11个类。在申请商标注册时,应按商品与服务分类表的分类确定使用商标的商品或服务类别,同一申请人在不同类别的商品上使用同一商标的,应当按商品分类在不同类别提出注册申请,这样可以避免商标权适用范围的不正当扩大,也有利于审查人员的核准和商标专用权的保护。

4. 确定商标申请日

因我国商标注册采用申请在先原则,因此,确定申请日十分重要。根据我国《商标法》的规定,商标注册的申请日期以国家知识产权局商标局收到申请文件的日期为准。

5. 初审公告

初审公告是指商标注册申请经审查后,对符合《商标法》有关规定的,允许其注册的决定。并在《商标公告》中予以公告。初步审定的商标自刊登初步审定公告之日起3个月内没有人提出异议的,该商标予以注册,同时刊登注册公告。

6. 注册公告

商标注册是一种商标法律程序,由商标注册申请人提出申请,经国家知识产权局商标局审查后予以初步审定公告,3个月内没有人提出异议或提出异议经裁定不成立的,该商标即注册生效,受法律保护,商标注册人享有该商标的专用权。一个商标从申请到核准注册,一般情况下需1年至1年半时间。注册商标的有效期限为10年,自核准注册之日起计算,注册商标有效期满,需要继续使用的,可以申请商标续展注册。

7. 领取商标注册证

商标注册人应在接到《领取商标注册证通知书》后3个月内到国家知识产权局商标局领证,同时应携带以下文件资料:(1)领取商标注册证的介绍信;(2)领证人身份证及复印件;(3)营业执照副本原件,复印件应加盖当地市场监管部门的章戳;(4)领取商标注册证通知书;(5)商标注册人名称变更的需附送市场监管部门出具的变更证明。

三、著作权的登记

(一)著作权的取得原则

著作权的取得,或著作权的产生,是指作者因其创作作品而取得著作权的保护。就目前各国立法而言,大体可以分为自动取得原则和注册取得原则。

1. 自动取得原则

自动取得原则,是指著作权自作品创作完成之日起产生,而无须履行审查、登记等任何手续,也称无手续原则。《伯尔尼公约》也确认了自动取得原则,已经建立著作权法制的国家大多数实行这一原则。

但应注意的是,著作权自动取得,是指著作权的取得不履行任何手续,但并不意味着著作权的取得不需要具备任何条件。各国的著作权法均规定了一个先决条件,即作品的作者必须是该国著作权法的"合格人",否则不予保护。所谓的"合格人"一般包括本国公民和在一定条件下的外国公民,而外国公民一般需要具备一些条件,如作品第一次在本国出版,作品第一次在与本国签订有著作权保护双边协定的国家或者与本国参加了同一个国际著作权公约的国家出版等。

有的国家还附加一些其他的条件,称为有条件的自动保护原则。比如,美国法律就要求本国作者在作品的复制件上加注著作权标记。《世界版权公约》也认可这种办法。著作权标记通常包括三项内容:(1)"不许复制"或"有著作权"等一类的声明,或将这种声明的英文缩略字母"C"的外面加上一个正圆,如果是音像制品,则为字母"P"并在外面加上一个正圆;(2)著作权人的姓名或名称及其缩写;(3)作品的出版发行日期。

2. 注册取得原则

注册取得原则,是指除了作品创作出来以外,还须履行登记手续才能获得著作权的原则。但是,关于著作权登记的时机和办法,实行登记制的国家又各有区别。因《伯尔尼公约》《世界版权公约》都没有作品登记如何才能获得著作权的规定。所以,加入这两个公约的某些实行作品登记制的成员国的有关要求登记的规定,其法律效力只及于本国作者,对公约其他成员国作者的著作权保护,不得要求以登记为前提条件。

(二)我国著作权法的规定

我国著作权法采用自动保护原则,《著作权法实施条例》(2013 年修订)第 6 条规定:"著作权自作品创作完成之日起产生。"作品一经产生,无论整体还是局部,只要具备了作品的属性即产生著作权,既不要求登记,也不要求发表,也无须在复制物上加注著作权标记。

因我国已经加入《世界版权公约》,因此,在不少出版物中都标有著作权标记,但这对是否受著作权法保护没有影响。此外,我国著作权主管机关也从 1995 年开始办理著作权登记事务,这种登记实际上是对事实行为的认定和证明。登记是自愿而非强制,登记并不是取得著作权的法定程序。

(三)作品登记

1. 明确作品自愿登记受理的范围

(1)可以受理登记的作品

以下述形式创作的文学、艺术和自然科学、社会科学、工程技术等作品,无论该作品是否发表,均可申请登记:文学作品;口述作品;音乐、戏剧、曲艺、舞蹈、杂技艺术作品;美术、建筑作品;摄影作品;视听作品;工程设计图、产品设计图、地图、示意图等图形作品和模型作品;计算机软件;符合作品特征的其他智力成果。

(2)不予受理登记的作品

①不受著作权法保护的作品;

②超过著作权保护期的作品;

③依法禁止出版、传播的作品。

(3)作品登记机关将撤销其登记的作品

①登记后发现属于是不予受理登记的作品;

②登记后发现与事实不相符合的作品;

③申请人申请撤销原作品登记的;

④登记后发现是重复登记的;

⑤其他不符合登记条件的作品。

2. 作品登记手续和程序

(1)作品登记应提交的材料:

①作品登记申请书(由作品登记机关提供标准格式)。

②作者或其他著作权人的身份证明文件:作者身份证明(复印件,须作者签名);法人或非法人单位的工商注册登记证明或其他相关证明文件(复印件);继承人身份证明文件(复印件);委托作品的委托合同(复印件);合作作者的合作协议或合同及各合作作者的身份证明(复印件)。

③作品著作权归属证明文件:作品封面及版权页的复印件;文字作品部分或全部手稿的复印件或样本;作品章节目录;美术作品、摄影作品等原稿复制件或作品照片;影视作品、音像制品封套或照片、样带(片);专有权许可使用合同(复印件)。

④作品说明书:作品简介,文字作品要求说明文章字数;创作经过及作品创意;作品完成时间,并说明是否为独立创作完成;说明作品是否已经发表,以何种方式发表(如果未发表,拟什么时候

发表,准备以什么方式发表)。

⑤代理人受托书及其身份证明文件(复印件)。

(2)填写作品登记表及权利保证书,缴纳作品登记费用。

(3)作品登记机关在接到作品登记申请材料后,按规定进行核查,核查期限一个月,该核查期限自作品登记机关收到申请人提交的所有申请登记的材料之日起计算。

(4)经核查符合作品自愿登记条件的作品,由作品登记机关发给作品登记证书,并通过有关版权信息刊物及在网站上予以公告。

第三节 知识产权取得的异议

一、专利无效宣告程序

专利无效宣告,是指自国务院专利行政部门公告授予专利权之日起,任何单位或者个人认为该专利权的授予不符合《专利法》有关规定的,可以请求国家知识产权局专利局宣告该专利权无效。

(一)请求宣告专利无效的理由

申请人必须基于一定的理由,才能提出专利权无效的申请,国家知识产权局专利局才能做出宣告专利无效的决定。《专利法实施细则》(2023 年修订)第 69 条第 2 款详细列举了无效宣告请求的理由,具体如下:

1. 不符合《专利法》(2020 年修正)第 2 条关于专利定义的规定

依据该条规定,发明,是指对产品、方法或者其改进所提出的新的技术方案;实用新型,是指对产品的整体或者局部的形状、构造或者其结合所提出的适于实用的新的技术方案;外观设计,是指对产品的形状、图案或者其结合以及色彩与形状、图案的结合所作出的富有美感并适于工业应用的新设计。

2. 不符合《专利法》(2020 年修正)第 19 条第 1 款关于保密审查的规定

依据该条第 1 款规定,任何单位或者个人将在中国完成的发明或者实用新型向外国申请专利的,应当事先报经国务院专利行政部门进行保密审查。保密审查的程序、期限等按照国务院的规定执行。

3. 不符合《专利法》(2020 年修正)第 22 条关于新颖性、创造性与实用性的规定

依据该条规定,授予专利权的发明和实用新型,应当具备新颖性、创造性和实用性。新颖性,是指该发明或者实用新型不属于现有技术;也没有任何单位或者个人就同样的发明或者实用新型在申请日以前向国务院专利行政部门提出过申请,并记载在申请日以后公布的专利申请文件或者公告的专利文件中。创造性,是指与现有技术相比,该发明具有突出的实质性特点和显著的进步,该实用新型具有实质性特点和进步。实用性,是指该发明或者实用新型能够制造或者使用,并且能够产生积极效果。

4. 不符合《专利法》(2020 年修正)第 23 条关于外观设计授权条件的规定

依据该条规定,授予专利权的外观设计,应当不属于现有设计;也没有任何单位或者个人就同样的外观设计在申请日以前向国务院专利行政部门提出过申请,并记载在申请日以后公告的专利文件中。授予专利权的外观设计与现有设计或者现有设计特征的组合相比,应当具有明显区别。授予专利权的外观设计不得与他人在申请日以前已经取得的合法权利相冲突。

5. 不符合《专利法》(2020 年修正)第 26 条第 3 款和第 4 款关于公开充分、清楚和支持的规定

依据该条第 3 款规定,说明书应当对发明或者实用新型作出清楚、完整的说明,以所属技术领域的技术人员能够实现为准;必要的时候,应当有附图。摘要应当简要说明发明或者实用新型的技

术要点。

依据该条第 4 款规定,权利要求书应当以说明书为依据,清楚、简要地限定要求专利保护的范围。

6. 不符合《专利法》(2020 年修正)第 27 条第 2 款关于外观设计清楚的规定

依据该条第 2 款规定,申请人提交的有关图片或者照片应当清楚地显示要求专利保护的产品的外观设计。

7. 不符合《专利法》(2020 年修正)第 33 条关于修改超范围的规定

依据该条规定,申请人可以对其专利申请文件进行修改,但是,对发明和实用新型专利申请文件的修改不得超出原说明书和权利要求书记载的范围,对外观设计专利申请文件的修改不得超出原图片或者照片表示的范围。

8. 不符合《专利法实施细则》(2023 年修订)第 23 条第 2 款关于必要技术特征的规定

依据该条第 2 款规定,独立权利要求应当从整体上反映发明或者实用新型的技术方案,记载解决技术问题的必要技术特征。

9. 不符合《专利法实施细则》(2023 年修订)第 49 条第 1 款关于分案超范围的规定

依据该条第 1 款规定,依照《专利法实施细则》(2023 年修订)第 48 条的规定提出的分案申请,可以保留原申请日,享有优先权的,可以保留优先权日,但是不得超出原申请记载的范围。

10. 不符合《专利法》(2020 年修正)第 5 条第 1 款关于违反法律、社会公德与公共利益的规定

依据该条第 1 款规定,对违反法律、社会公德或者妨害公共利益的发明创造,不授予专利权。

11. 不符合《专利法》(2020 年修正)第 25 条关于不授予专利客体的规定

依据该条规定,对下列各项,不授予专利权:(1)科学发现;(2)智力活动的规则和方法;(3)疾病的诊断和治疗方法;(4)动物和植物品种;(5)原子核变换方法以及用原子核变换方法获得的物质;(6)对平面印刷品的图案、色彩或者二者的结合作出的主要起标识作用的设计。对前款第 4 项所列产品的生产方法,可以依照专利法规定授予专利权。

12. 不符合《专利法》(2020 年修正)第 9 条关于重复授权的规定

依据该条规定,同样的发明创造只能授予一项专利权。但是,同一申请人同日对同样的发明创造既申请实用新型专利又申请发明专利,先获得的实用新型专利权尚未终止,且申请人声明放弃该实用新型专利权的,可以授予发明专利权。两个以上的申请人分别就同样的发明创造申请专利的,专利权授予最先申请的人。

(二)请求宣告专利无效的程序

1. 提出宣告专利无效申请

任何单位或者个人向国家知识产权局专利局申请宣告专利无效,均应向国家知识产权局专利局提交请求宣告专利权无效的请求书及相关证明文件,说明理由,必要时还应当附具有关证据。提出专利无效的方法一般有两种:一种方法是直接向国家知识产权局专利局申请宣告专利无效;另一种方法是在专利侵权诉讼过程中,被告人提出专利无效的反诉,请求法院中止审理,同时向国家知识产权局专利局提出宣告专利无效的请求。

依据《专利法实施细则》的规定,请求宣告专利权无效或者部分无效的,应当向国家知识产权局专利局提交《专利权无效宣告请求书》和必要的证据一式两份。《专利权无效宣告请求书》应当结合提交的所有证据,具体说明无效宣告请求的理由,并指明每项理由所依据的证据。

《专利权无效宣告请求书》主要包括如下内容:无效宣告请求人的姓名或名称、地址、联系方式等;请求宣告无效专利的专利号、名称、专利权人及授予专利公告的日期等;请求宣告专利无效的范围和理由及所依据的证据;结合证据对无效宣告请求理由的具体意见陈述。

《专利权无效宣告请求书》不符合规定格式的，无效宣告请求人应当在国家知识产权局专利局指定的期限内补正；期满未补正的，该无效宣告请求视为未提出。

以授予专利权的外观设计与他人在先取得的合法权利相冲突为理由请求宣告外观设计专利权无效，但是未提交生效的能够证明权利冲突的处理决定或者判决的，国家知识产权局专利局不予受理。

2. 对无效请求进行审查

在国家知识产权局专利局受理无效宣告请求后，请求人可以在提出无效宣告请求之日起 1 个月内增加理由或者补充证据。逾期增加理由或者补充证据的，国家知识产权局专利局可以不予考虑。

国家知识产权局专利局在收到《专利权无效宣告请求书》后，应当将《专利权无效宣告请求书》和有关文件的副本送交专利权人，要求其在指定的期限内陈述意见。专利权人和无效宣告请求人应当在指定期限内答复国家知识产权局专利局发出的转送文件通知书或者无效宣告请求审查通知书；期满未答复的，不影响国家知识产权局专利局审理。

在专利无效宣告请求的审查过程中，发明或者实用新型专利的专利权人可以修改其权利要求书，但是不得扩大原专利的保护范围。发明或者实用新型专利的专利权人不得修改专利说明书和附图，外观设计专利的专利权人不得修改图片、照片和简要说明。

国家知识产权局专利局根据当事人的请求或者案情需要，可以决定对无效宣告请求进行口头审理。国家知识产权局专利局决定对无效宣告请求进行口头审理的，应当向当事人发出口头审理通知书，告知举行口头审理的日期和地点。当事人应当在通知书指定的期限内作出答复。无效宣告请求人对国家知识产权局专利局发出的口头审理通知书在指定的期限内未作答复，并且不参加口头审理的，其无效宣告请求视为撤回；专利权人不参加口头审理的，可以缺席审理。

3. 无效宣告请求的撤回

国家知识产权局专利局对无效宣告的请求作出决定前，无效宣告请求人可以撤回其请求。无效宣告请求人在国家知识产权局专利局作出决定之前撤回其请求的，无效宣告请求审查程序终止。

但是，根据《专利法实施细则》的相关规定，国家知识产权局专利局认为根据已进行的审查工作能够作出宣告专利权无效或者部分无效的决定的，不终止审查程序。

4. 宣布审查决定

国家知识产权局专利局经审查，认为请求人的请求理由全部或部分成立的，会宣告专利权无效或部分无效；如果认为专利权无效理由不成立，将会做出维持专利权的决定。国家知识产权局专利局应将上述决定通知请求人和专利权人，并由国家知识产权局专利局登记和公告。

（三）专利权无效宣告的后果

（1）宣告无效的专利权视为自始即不存在。

（2）宣告专利权无效的决定，对在宣告专利权无效前人民法院作出并已执行的专利侵权的判决、调解书，已经履行或者强制执行的专利侵权纠纷处理决定，以及已经履行的专利实施许可合同和专利权转让合同，不具有追溯力。但是因专利权人的恶意给他人造成的损失，应当给予赔偿。

（3）如果依照前款规定，专利权人或者专利权转让人不向被许可实施专利人或者专利权受让人返还专利侵权赔偿金、专利使用费或者专利权转让费，明显违反公平原则，专利权人或者专利权转让人应当向被许可实施专利人或者专利权受让人返还全部或者部分专利使用费或者专利权转让费。

二、商标权取得的异议

商标异议，是指任何人对国家知识产权局商标局业经初步审定并予以公告的商标，在《商标法》规定的法定期限内质疑的法律行为，也是商标注册过程中的一个重要程序。

（一）商标异议的依据

《商标法》（2019 年修正）第 33 条规定："对初步审定公告的商标，自公告之日起三个月内，在先权利人、利害关系人认为违反本法第十三条第二款和第三款、第十五条、第十六条第一款、第三十条、第三十一条、第三十二条规定的,或者任何人认为违反本法第四条、第十条、第十一条、第十二条、第十九条第四款规定的,可以向商标局提出异议。公告期满无异议的,予以核准注册,发给商标注册证,并予公告。"该条规定是商标异议的法律依据。

根据该条规定,商标异议的范围,既包括初步审定的商标与申请在先的商标相同或近似,也包括初步审定的商标违反了《商标法》的禁用条款或商标不具显著性,还包括申请人不具备申请资格等。提出商标异议的可以是任何人,法律未对异议人资格做任何限制。对于申请商标异议的理由,根据《商标法》及其实施细则,主要如下:

1. 被异议商标与他人商标构成相同或类似商品上的近似商标

商标异议中最常见的理由就是被异议商标与他人商标构成相同或类似商品上的近似商标。《商标法》(2019 年修正)第 30 条规定:"申请注册的商标,凡不符合本法有关规定或者同他人在同一种商品或者类似商品上已经注册的或者初步审定的商标相同或者近似的,由商标局驳回申请,不予公告。"在商标异议申请人认为被异议商标存在该条规定的情形时,就可以向国家知识产权局商标局提出异议申请。

就被异议商标与他人商标构成相同或类似商品上的近似商标,可以从以下两个方面进行判断:

(1)商标近似

根据商标审查标准,被异议商标与引证商标无论是文字部分还是图形部分,只要其中一部分构成近似,就可判定为近似商标。比较商标的近似主要看两商标的读音、字形、含义等方面。

①关于读音构成近似的:如"黄冠"与"皇冠",这两个商标都是同音不同字,如说明的是同一事物,没有显著区别,则构成近似商标;"义美"和"YIMEI"分别是汉字和拼音构成的商标,汉字商标"义美"在先注册,拼音商标"YIMEI"在后注册。根据商标审查原则,如果汉字商标已注册或申请在先,那么在后申请的该汉字的拼音商标,与在先的汉字商标属于同音商标,构成近似,不能予以注册。

②字形构成近似的:如"五彩"和"玉彩"、"战斗"和"战计"、"娃哈哈"和"娃啥啥"。这些商标虽然在读音上不相同,但字形十分相像,消费者从直观上很难将两商标分清,因此可判为近似。

③含义构成近似的:如"花"和"FLOWER"、"东湖"和"EAST LAKE"。这些商标文字上虽然分别是英文和中文,但其含义完全相同,所表述的事物是相同的,属于近似商标。

(2)商品相同或类似

我国自加入国际商品分类的《尼斯协定》后,就一直采用商标注册用国际商品分类,这个商品分类与一般的行业商品分类不同,其主要的特点表现为分类是从消费者的角度来进行的,而不是从生产者的角度划分的。国家知识产权局商标局在商标异议裁定过程中,对商品是否类似的判定基本以国际商品分类所划定的类似群为标准,同时也要考虑消费者在购买和使用的过程中会不会混淆或误认。

上述两个条件在商标异议理由的陈述中缺一不可,也就是说,对被异议商标与引证商标进行比较,最基本的两个方面就是,商标本身是否近似,商品是否相同或类似,二者不可分离。在阐述商标异议理由的时候,如果商标相同或近似,商品是否类似就是十分关键的问题。

除了上述几点,在办理商标异议时,除保护商标注册专用权外,应当了解我国《商标法》的一个重要特点是保护消费者的利益,无论商标本身还是商品和服务项目都要考虑消费者是否能够分辨,是否会引起混淆和误认。

2. 违反有关在先权利保护的规定

这里所说的在先权利,是指除商标申请和注册在先权利以外的一些合法权利。《商标法》(2019 年修正)第 32 条规定:"申请商标注册不得损害他人现有的在先权利,也不得以不正当手段抢先注册他人已经使用并有一定影响的商标。”目前商标异议涉及的在先权利有著作权、外观设计专利、名称权（姓名权）、肖像权及其他在先权利，对这几种情况的认定在商标异议裁定中都比较慎重。

涉及在先权利的商标异议，同样强调的是证据。主张著作权的，主要看是否有著作权方面的证书、作品的发表证明、创作证明、商标设计证明等；主张外观设计专利权的，要有外观设计专利权证书；主张名称权的，如果是企业，要有企业登记主管机关颁发的营业执照或经登记机关认证的证据。这些在先权利是否实际使用同样十分重要，使用年限也是必要因素之一。

3. 侵害使用在先的商标权利的保护

使用在先的商标是指权利人未注册却使用在先的商标。目前商标异议案件中，已使用在先的商标提出异议的数量不少，因为我国实行的是申请在先原则和商标注册原则，商标异议人要引证使用在先的商标，对在先申请注册的商标提出异议，引证商标本身是否有独创性、使用时间的长短及使用的范围、被异议人与异议人在申请注册过程中是否具有不正当竞争行为等内容的叙述就十分必要；同时要有证据，如果没有足够的事实和很有力的证据，其商标异议很难得到支持。

《商标法》（2019 年修正）第 32 条规定：“申请商标注册不得损害他人现有的在先权利，也不得以不正当手段抢先注册他人已经使用并有一定影响的商标。”

4. 违反对驰名商标的保护

在商标异议中，以引证商标为驰名商标而主张扩大保护的占有相当一部分。但是对驰名商标给予特殊保护不是无标准和无范围的。在我国对驰名商标的保护一般分两种情况：一是对中国的企业，要经商标主管机关认定，才能称为驰名商标，没有经过商标主管机关认定的不能称为驰名商标。我国对驰名商标一般予以扩大保护，但也不是所有的商品类别和服务项目都予以保护。二是对外国企业知名商标的保护。有些外国企业的商标在市场上很有知名度，但一般不使用驰名商标这样的文字来叙述，主要考虑该商标在中国的知名度。

《商标法》（2019 年修正）第 13 条规定：“为相关公众所熟知的商标，持有人认为其权利受到侵害时，可以依照本法规定请求驰名商标保护。就相同或者类似商品申请注册的商标是复制、摹仿或者翻译他人未在中国注册的驰名商标，容易导致混淆的，不予注册并禁止使用。就不相同或者不相类似商品申请注册的商标是复制、摹仿或者翻译他人已经在中国注册的驰名商标，误导公众，致使该驰名商标注册人的利益可能受到损害的，不予注册并禁止使用。”

该法第 14 条规定：“驰名商标应当根据当事人的请求，作为处理涉及商标案件需要认定的事实进行认定。认定驰名商标应当考虑下列因素：（一）相关公众对该商标的知晓程度；（二）该商标使用的持续时间；（三）该商标的任何宣传工作的持续时间、程度和地理范围；（四）该商标作为驰名商标受保护的记录；（五）该商标驰名的其他因素。在商标注册审查、工商行政管理部门查处商标违法案件过程中，当事人依照本法第十三条规定主张权利的，商标局根据审查、处理案件的需要，可以对商标驰名情况作出认定。在商标争议处理过程中，当事人依照本法第十三条规定主张权利的，商标评审委员会根据处理案件的需要，可以对商标驰名情况作出认定。在商标民事、行政案件审理过程中，当事人依照本法第十三条规定主张权利的，最高人民法院指定的人民法院根据审理案件的需要，可以对商标驰名情况作出认定。生产、经营者不得将‘驰名商标’字样用于商品、商品包装或者容器上，或者用于广告宣传、展览以及其他商业活动中。”

5. 属于《商标法》禁用条款

在商标异议中，以被异议商标属于《商标法》禁用条款提出异议的情况主要有：

（1）使用我国县级以上行政区划的地名或者公众知晓的外国地名的。目前，我国的县级行政单位有 1600 多个，其中有些地名具有第二含义，如凤凰、黄山、灯塔、莲花等地名，经过国家知识产权局商标局批准的具有第二含义的地名,可以作为商标申请注册,未经国家知识产权局商标局批准的,不属于有第二含义的县级以上行政区划的地名,仍不可以作为商标申请。对公众知晓的外国地名也不允许作商标注册,但是否为公众所知,则需要异议人有充足的事实与证据提供给审查员进行判定。

(2)使用商品通用名称的。涉及商品通用名称的商标异议虽然不多,但认定该商标是不是商品通用名称,存在一定难度。有些商品名称最初是作为商标使用的,可经过较长时间的使用后,成为商品的名称,如麦丽素;但难度较大的是行业内的一些商品名称,行业外的人并不知道,如"美耐板"是建筑装修行业一种装饰板,被异议人将"美耐"申请注册在建筑装饰材料上,显然是不妥的。申请这类商标异议,证据是不能缺少的。

(3)使用商品原料名称的。商品的种类决定其原料的复杂和多样,被异议商标是不是商品原料名称要以事实为准,如不得注册"牛奶"牌牛奶。

(二)商标异议程序

1. 办理途径

向国家知识产权局商标局提出异议申请有以下两条途径:

(1)委托国家认可的商标代理机构办理。

(2)异议人自己办理。

(3)通过商标网上服务系统办理。(网址:sbj. cnipa. gov. cn)

异议人自己办理商标异议申请也有两条途径:①直接到商标局的商标注册大厅办理;②通过邮寄书件办理。

2. 办理步骤

(1)委托商标代理机构办理:①签署商标代理委托书,并附异议人的身份证明(如营业执照、身份证等);②准备异议书件,拟写异议理由并附相关证据;③由商标代理机构代异议人向商标局提交异议申请书件。

(2)直接到商标注册大厅办理:①准备异议申请书件;②在商标注册大厅提交申请书件;③在打码窗口打收文条形码;④在交费窗口缴纳异议规费。

(3)通过邮寄书件办理:①准备异议申请书件;②通过邮局以挂号或特快专递方式邮寄到国家知识产权局商标局。

3. 申请书件的准备

(1)应提交的书件:①商标异议申请书;②明确的请求和事实依据,并附有关证据材料;③被异议商标初步审定公告的复印件;④异议人的身份证明;⑤委托商标代理机构办理商标异议申请的,还须提交商标代理委托书。

(2)具体要求:①一件商标异议申请只能对一件商标提出异议,每件异议申请书件应提交一式两份。②异议申请书应当打字或印刷,其他书件应当字迹工整、清晰,用钢笔、签字笔填写或用打字机打印。③被异议的商标及其初步审定号、被异议人(以《商标公告》上的商标申请人为准)的名称及地址务必填写清楚;被异议商标是通过商标代理机构申请注册的,还需填写商标代理机构名称。④提出异议的异议人的名称及联系方式务必填写清楚,并加盖与异议人名义相同的印章(异议人为自然人的,须签字或盖章)。⑤异议人身份证明:包括营业执照复印件(加盖企业印章)、身份证复印件等。

4. 异议申请的补正(非必经程序)

(1)寄发补正通知。国家知识产权局商标局在收到异议申请后,如果发现异议申请书件中存在问题,将向异议人或商标代理机构寄发补正通知,限期补正。如果是异议人自己提交的申请,国家知识产权局商标局将直接给异议人寄发补正通知；如果是委托商标代理机构办理商标异议申请，国家知识产权局商标局则将补正通知寄发给该商标代理机构。

(2)限期补正。异议人或商标代理机构在收到国家知识产权局商标局发出的异议补正通知后，按照通知中所要求的补正内容进行补正，在规定的时限内将已补正的材料和国家知识产权局商标局发出的补正通知一并交回商标注册大厅或挂号邮寄至国家知识产权局商标局。除要求补交异议书副本以外，其他补正的材料仍须提交一式两份。

(3)注意事项。①补正的书件必须加盖与异议人名义相同的印章。②补正的内容一定要填写清楚、准确。③补正的时限为自当事人收到补正通知之日起30天内。当事人应将国家知识产权局商标局的发文信封作为收文日的凭证，连同补正通知一并附上送达国家知识产权局商标局。④委托商标代理机构办理商标异议申请的，必须加盖该商标代理机构的公章。

5. 不予受理

商标异议申请有以下几种情况的，国家知识产权局商标局将不予受理：

(1)对未经国家知识产权局商标局初步审定公告的商标提出异议的；

(2)超出法律规定异议期限的；

(3)商标异议申请中没有明确的请求和事实依据的；

(4)未在规定期限内缴纳商标异议规费的；

(5)在规定的期限内未补正或未按要求补正的。

6. 异议规费

每件商标异议申请应缴纳规费，纸质申请500元，网上申请450元。

(1)委托商标代理机构办理的异议申请，异议人向商标代理机构缴纳异议规费和代理费，国家知识产权局商标局收取的异议规费从该商标代理机构的预付款中扣除。

(2)接到商标注册大厅办理的异议申请，在商标注册大厅的缴费窗口直接缴纳。

(3)通过邮寄书件办理的异议申请，必须通过银行信汇、电汇方式付款。具体要求如下：

①收款人：中华人民共和国国家工商行政管理总局商标局；

②开户银行：中信银行北京富力支行；

③账号：7111410182600018867；

④汇款用途：对×××××××号商标的异议规费；

⑤汇款人名称必须与异议人名义相同。

7. 注意事项

(1)国家知识产权局商标局收到商标异议申请后，经过形式审查后，符合受理条件的开具《受理通知书》。如果是异议人自己提交的异议申请，国家知识产权局商标局将直接给异议人寄发《受理通知书》；如果是委托商标代理机构办理商标异议申请，国家知识产权局商标局则将《受理通知书》寄发给该商标代理机构。

(2)异议人只能对登载在《商标公告》上经初步审定的商标提出异议。

(3)异议人只能在异议期限内对经初步审定公告的商标提出异议。异议期为3个月，自被异议商标初步审定公告之日起计算，至注册公告的前1天。

(三)进行商标异议答辩

商标异议答辩，是指商标异议案的被异议人在法定期限内对异议理由以书面形式进行辩驳的法律行为。

在申请注册的商标通过初步审定进入初审公告后的3个月异议期中，一旦被他人提出异议，则会启动商标异议程序。该申请注册的商标则成为被异议商标，申请人能否取得该商标的专用权，则取决于国家知识产权局商标局对该商标的异议裁定。

国家知识产权局商标局在受理商标异议申请后,会及时将异议人的商标异议申请书及异议理由和证据材料等副本送交被异议人,限定被异议人在收到商标异议书等副本之日起30日内答辩,被异议人在限定期限内未作出书面答辩的,视为放弃答辩权利,异议程序照常进行。

被异议人的异议答辩时应注意的问题:

(1)主体资格。

答辩人必须是被异议人或是被异议人合法委托的代理人,商标异议答辩如委托商标代理组织、律师或非法人组织、个人代理的,须附送《商标代理委托书》。

(2)要有明确的异议理由。

针对异议人在商标异议申请书中的异议理由和证据材料,被异议人应提出相应的答辩理由和证据材料,答辩理由和证据材料的充分与否,将有可能对异议案件起到决定性的作用。

(3)答辩的时限。

《商标法实施条例》(2014年修订)第27条第1款规定被异议人在收到商标异议材料副本之日起30日内答辩。根据《商标法实施条例》(2014年修订)第9条的规定,当事人直接递交答辩及相关证据材料的,以递交日为准;邮寄的,以寄出的邮戳日为准;邮戳日不清晰或者没有邮戳的,以国家知识产权局商标局实际收到日为准。但是,如果当事人能够提供实际邮戳日证据的除外;通过邮政企业以外的快递企业递交的,以快递企业的收寄日为准;收寄日不明确的,以国家知识产权局商标局实际收到日为准,但是当事人能够提出实际收寄日证据的除外。以数据电文方式提交的,以进入国家知识产权局商标局电子系统的日期为准。如被异议人以邮寄方式递交答辩材料,应当尽快在异议期限内寄送异议答辩并保证邮戳清晰,以免出现麻烦。此外,如果被异议人未答辩或者未在规定期限内答辩,不影响国家知识产权局商标局作出决定。

(4)其他附送的材料。

国家知识产权局商标局寄送商标异议书副本的信封(用以确定答辩是否在规定的时限内提出)要随同异议答辩及材料一起寄送国家知识产权局商标局。

(5)被异议人所提供的答辩材料中如果有外文书件,必须翻译成中文,否则,该外文异议答辩将不作为异议答辩材料使用,并退给当事人。

(6)关于补充证据材料的声明与提交时限。

根据《商标法实施条例》(2014年修订)第27条第2款的规定,当事人需要在提出异议答辩后补充有关证据材料的,应当在异议答辩书中声明,并自提交异议答辩书之日起3个月内提交;期满未提交的,视为当事人放弃补充有关证据材料。但是,在期满后生成或当事人有其他正当理由未能在期满前提交的证据,在期满后提交的,国家知识产权局商标局将证据交对方当事人并质证后可以采信。

第四节　知识产权的利用

一、专利的实施许可及转让

(一)专利的实施许可

1. 专利实施许可的概念和特征

专利实施许可,是指专利权人有权允许他人实施其专利,并取得相应报酬的制度。许可他人实施其专利是专利权人的重要权利。《专利法》(2020年修正)第12条规定:"任何单位或者个人实施他人专利的,应当与专利权人订立实施许可合同,向专利权人支付专利使用费。被许可人无权允

许合同规定以外的任何单位或者个人实施该专利。"根据该条规定,专利实施许可具有如下特征:

(1)专利实施许可以专利权有效存在为前提。如专利超过有效期间,则不存在专利实施许可。

(2)专利实施许可是专利许可方对专利使用权的有偿让渡。专利权作为一种无形财产权具有一定使用价值,并且,通过实施专利能创造一定的经济价值,许可方许可他人使用专利的目的在于取得被许可方所支付的对价。

(3)专利实施许可方和被许可方必须签订书面的专利实施许可合同,并在合同生效后3个月内向国家知识产权局专利局备案。

(4)专利实施许可有一定的范围限制。许可方和被许可方通过签订书面合同的方式约定实施许可的方式、实施许可的地点、时间等,被许可方必须按专利实施许可合同的约定利用专利,否则将会违反合同约定、侵犯专利权人的专利权。

2. 专利实施许可的种类

(1)普通实施许可

普通实施许可是许可方(专利权人)可以将专利技术多次许可他人使用的许可方式。根据这种许可方式,专利权人除了允许被许可人实施其专利外,还可以允许第三方使用其专利,专利权人自己仍然保留其专利的使用权。

这种许可方式有利于专利技术的推广应用,但如果专利权人考虑不周,管理专利工作的部门管理失当,没有限制地签订这种实施许可合同,会导致专利产品的生产过剩,影响专利权人与被许可人的利益。

(2)独占实施许可

独占实施许可,是指被许可人在一定的时间和地域限制范围内,对许可人的专利技术享有独占使用权,并且被许可人是该专利技术的唯一使用人,许可人(专利权人)和任何第三方都不得在相同的时间和地域范围内实施专利。

根据这种许可方式,专利权人虽然可以获得较高的专利技术使用费,但也束缚了专利权人自己的手脚,所以在实践中这种许可方式较少使用。

(3)非独占许可(排他许可)

按照这种非独占许可方式,许可人与被许可人分享专利技术的使用权,许可人不得再允许第三者实施其专利。许可人与被许可人共同占有市场,通过专利技术的实施,获得经济利益。

(4)分实施许可

这种许可方式,是指专利权人作为许可人允许被许可人使用其专利,按照合同的约定,被许可人还可以将专利许可给第三方使用,相对于原实施许可合同,这就是分实施许可合同。在这种许可方式下,专利权人可以从分实施许可合同中收取部分提成。

(5)交叉实施许可

交叉实施许可,是指在两项专利同时存在的情况下,专利权人相互许可对方实施自己的专利。具体利益如何分享,由双方用合同的形式作出约定。

3. 专利实施许可合同

专利实施许可合同是规范专利许可方和被许可方权利义务的重要法律文书,也是处理双方争议和纠纷的重要依据,因此,拟定完善、严谨的合同条款在专利实施许可过程中非常重要。根据专利机关颁布的专利实施许可合同范本,该合同应包括以下主要条款:(1)前言,也可称作鉴于条款;(2)名词和术语(定义条款);(3)专利许可的方式与范围;(4)专利的技术内容;(5)技术资料的交付;(6)使用费及支付方式;(7)验收的标准与方法;(8)对技术秘密的保密事项;(9)技术服务与培训(就本条款可签从合同);(10)后续改进的提供与分享;(11)违约及索赔;(12)侵权的处理;

(13)专利权被撤销和被宣告无效的处理;(14)不可抗力;(15)税费;(16)争议的解决办法;(17)合同的生效、变更与终止;(18)其他。

除上述条款外,双方当事人还可以约定其他认为必要的条款,更明确地约定双方当事人的权利义务,保证合同的顺利履行。

4. 专利实施许可合同备案

《专利法实施细则》(2023 年修订)第 15 条第 2 款规定:"专利权人与他人订立的专利实施许可合同,应当自合同生效之日起 3 个月内向国务院专利行政部门备案。"另据《专利实施许可合同备案办法》的相关规定,专利实施许可合同备案的方式和提交的资料如下:

(1)中国单位或者个人在国内办理专利许可合同备案的,可以委托专利代理机构办理。在中国没有经常居所或者营业所的外国人、外国法人或者外国非法人组织在中国办理专利合同备案的,应当委托依法设立的专利代理机构办理。

(2)当事人应当依据合同条款,填写专利许可合同备案申请表并签字盖章。

(3)办理专利许可合同备案应当提交下列文件:①许可人或者其委托的专利代理机构签字或者盖章的专利实施许可合同备案申请表;②专利实施许可合同;③双方当事人的身份证明;④委托专利代理机构的,注明委托权限的委托书;⑤其他需要提供的材料。

(4)除身份证明外,当事人提交的各种文件应当使用中文,用 A4 纸单面打印。提交的文件是外文的,当事人应当附送中文译文;未附送的,视为未提交。

(二)专利权转让

1. 专利权转让合同概念

(1)专利权转让合同,是指专利权人作为转让方将其发明创造专利的所有权移交受让方,受让方支付约定价款所订立的协议。① 根据我国《民法典》第 863 条的规定:"技术转让合同包括专利权转让、专利申请权转让、技术秘密转让等合同。技术许可合同包括专利实施许可、技术秘密使用许可等合同。技术转让合同和技术许可合同应当采用书面形式。"因此,专利权转让合同应属于技术转让合同的一种。

(2)专利申请权转让,指的是转让方将其发明创造申请专利的权利转让给受让方,而受让方支付约定的价款的行为。专利申请权转让合同的主要条款是:合同名称、发明创造名称、发明创造种类、发明人或者设计人、技术情报和资料清单、专利申请被驳回的责任、价款及其支付方式、违约金损失赔偿额的计算方法、争议的解决办法等。

签订专利申请权转让合同,对受让人来说是有一定的风险的,因为其受让的不是专利权,而是专利申请权,而专利申请可能会被驳回。因此,当事人可以在合同中约定专利申请被驳回后的损失如何承担;如果双方未进行约定,除非转让人转让专利申请权的行为损害了他人的专利权、专利申请权,转让人不对申请专利的后果负责。

2. 专利权转让合同特征

《专利法》(2020 年修正)第 10 条规定:"专利申请权和专利权可以转让。中国单位或者个人向外国人、外国企业或者外国其他组织转让专利申请权或者专利权的,应当依照有关法律、行政法规的规定办理手续。转让专利申请权或者专利权的,当事人应当订立书面合同,并向国务院专利行政部门登记,由国务院专利行政部门予以公告。专利申请权或者专利权的转让自登记之日起生效。"根据该条规定,专利权转让合同的主要特征如下:(1)专利权转让合同的标的是专利权。(2)专利权转让是专利所有权转让。(3)专利权转让必须以书面合同方式进行。(4)专利权转让必

① 参见吴汉东主编:《知识产权法》,中国政法大学出版社 2002 年版。

须履行法定手续。

除上述条款外，双方当事人还可以约定其他认为必要的条款，更明确地约定双方当事人的权利义务，保证合同的顺利履行。

3. 专利权转让合同主要条款

专利权转让合同是规范专利权转让方和受让方权利义务的重要法律文书，也是处理双方争议和纠纷的重要依据，因此，拟定完善、严谨的合同条款在专利权转让过程中有非常重要的作用。根据专利机关颁布的专利权转让合同范本，该合同应包括以下主要条款：(1)前言(鉴于条款)；(2)转让方向受让方交付资料；(3)交付资料的时间、地点及方式；(4)专利实施和实施许可的情况及处置办法；(5)转让费及支付方式；(6)专利权被撤销和被宣告无效的处理；(7)过渡期条款；(8)税费；(9)违约及索赔；(10)争议的解决办法；(11)其他；(12)合同的生效。

除上述条款外，双方当事人还可以约定其他认为必要的条款，更明确地约定双方当事人的权利义务，保证合同的顺利履行。

4. 专利权转让程序

(1)专利权的转让方和受让方就专利权转让达成初步意向。

(2)转让方与受让方签订书面的专利权转让合同，并向国务院专利行政部门登记。我国单位或者个人向外国人转让专利申请权或者专利权的，还必须经国务院有关主管部门批准。

(3)国务院专利行政部门对专利权转让予以公告。

(4)专利权的转让自该转让向专利行政部门登记之日起生效。

二、注册商标的使用许可及转让

(一)注册商标的使用

注册商标的使用，是指将注册商标用于商标、服务、商品包装上，或者为了商业目的用于广告宣传、展览以及其他业务活动中。注册商标无论直接用于商品、服务，还是用于宣传，都应符合法律、法规及规章的要求，只有规范、合法的使用注册商标，才有利于商标权的保护。

根据《商标法》及《商标法实施条例》的规定，注册商标的规范使用应满足以下条件：

1. 商标使用的主体须合法，即注册商标使用人应该是注册商标的所有者或者是注册商标的被许可使用人，并且，该被许可使用人没有超过许可使用范围使用该注册商标。

2. 使用注册商标的商品或服务项目名称、范围符合该注册商标核准的登记、公告范围。

3. 使用注册商标，可以在商品、商品包装、说明书或者其他附着物上标明“注册商标”或者注册标记。

(1)“注册商标”四字长于图形商标或组合商标的说明，此时四个字可置于商标的正下方，亦可将四字分开置于商标的两边，即一边写“注册”二字，一边写“商标”二字。

(2)注册标记包括“注”(外加○)和“R”(外加○，系 Registration 的简称)。注册标记，既适宜于文字商标，也适合用于图形商标，在使用时通常置于商标的右上角或者右下角。

此外，对于未注册商标，我国无明确标识规定，国际通行做法是标注“TM”(TradeMark，即商标的缩写)。

4. 使用注册商标，不应存在下列行为：(1)自行改变注册商标的；(2)自行改变注册商标的注册人名称、地址或者其他注册事项的；(3)自行转让注册商标的；(4)连续三年停止使用的；(5)使用注册商标，其商品粗制滥造，以次充好，欺骗消费者的。

(二)注册商标的使用许可

注册商标使用许可，是指注册商标的所有人允许他人在一定期限和范围内使用其注册商标的行为。注册商标的使用许可并不发生商标主体的变更，所有人所转让的仅仅是商标的使用权，而自己仍保留所有权。

1. 商标使用许可的种类

根据商标权的使用许可的内容不同,商标权使用许可可分为三种:独占使用许可、排他使用许可和普通使用许可。

(1)独占使用许可

商标独占使用许可是指在指定地域范围,商标所有人在其商标专用权范围内,仅将该商标许可一个被许可人使用,自己在该地域范围也放弃使用该商标使用权的商标使用许可。

独占使用许可的被许可人在法律上处于准商标所有权人的地位,在指定地域内如发现有侵犯其注册商标独占使用权的,被许可人有权对侵权人提起诉讼。

(2)排他使用许可

商标的排他使用许可,是指商标注册人与被许可人签订排他使用许可合同,在约定的期间、地域和以约定的方式,将该注册商标仅许可给一个被许可人使用,商标注册人依约定可以使用该注册商标,但不得另行许可他人使用该注册商标。

根据这种许可使用方式,商标注册人与被许可人可以同时使用一个注册商标,在市场上进行竞争,分享使用该注册商标的商品或服务所产生的利益。在发生注册商标专用权被侵害案件时,排他使用许可合同的被许可人可以和商标注册人共同向人民法院起诉,也可以在商标注册人不起诉的情况下,自行提起诉讼,追究商标侵权人的民事责任。①

(3)普通使用许可

普通使用许可,也称非独占许可,②是指商标注册人在约定的期间、地域和以约定的方式,许可他人使用其注册商标,并可自行使用该注册商标和许可他人使用。

普通使用许可的许可方保留自己在该领域内使用该注册商标和再授予第三方使用该注册商标的权利。如在许可规定的区域内发现有人侵犯被许可的注册商标,被许可人一般不得以自己的名义对侵权者起诉,而只能将侵权情况告知许可人,由许可人追究侵权者的侵权责任。

2. 商标使用许可合同主要条款

根据注册商标使用许可的特点,商标使用许可合同大体应包括如下条款:(1)使用许可的商标概况;(2)使用许可的方式;(3)使用许可的期限和地域;(4)许可使用费金额、计算方法与支付方式;(5)质量保证措施;(6)其他约定;(7)违约责任;(8)争议解决方式。

3. 商标使用许可合同备案

《商标法实施条例》(2014 年修订)第 69 条规定:“许可他人使用其注册商标的,许可人应当在许可合同有效期内向商标局备案并报送备案材料。”另据《商标使用许可合同备案办法》(商标〔1997〕39 号)第 7 条的规定,商标使用许可合同备案所提交的资料如下:(1)商标使用许可合同备案表;(2)商标使用许可合同副本;(3)许可使用商标的注册证复印件;(4)人用药品商标使用许可合同备案,应当同时附送被许可人取得的卫生行政管理部门的有效证明文件;(5)卷烟、雪茄烟和有包装烟丝的商标使用许可合同备案,应当同时附送被许可人取得的国家烟草主管部门批准生产的有效证明文件;(6)外文书件应当同时附送中文译本。

此外,《商标使用许可合同备案办法》规定不予以备案的情形如下:(1)许可人不是被许可商标的注册人的;(2)许可使用的商标与注册商标不一致的;(3)许可使用商标的注册证号与所提供商标注册证号不符的;(4)许可使用的期限超过该注册商标的有效期限的;(5)许可使用的商品超出了该注册商标核定使用的商品范围的;(6)商标使用许可合同缺少该办法第 6 条所列内容的;

① 最高人民法院《关于审理商标民事纠纷案件适用法律若干问题的解释》对相关问题作出了规定。

② 实务中会出现非独占许可与排他许可混淆的情况,具体需以双方约定的许可内容为准。

(7)备案申请缺少该办法第7条所列书件的;(8)未缴纳商标使用许可合同备案费的;(9)备案申请中的外文书件未附中文译本的;(10)其他不予备案的情形。

(三)注册商标的转让

1. 注册商标转让的概念和种类

注册商标转让,是指商标所有人将其享有的商标所有权转让给他人所有。经过转让,转让人失去商标所有权,受让人获得商标专用权,成为商标所有权人。商标所有权与其他财产权一样,应当包含占有权、使用权、处分权和收益权,注册商标的转让是指这四项权利的全部转让,如果仅限于其中某一项权利的移转,则不能构成商标法上所指的注册商标的转让。

根据我国《商标法》等相关法律法规的规定,注册商标的转让一般有以下几种形式:

(1)合同转让

注册商标转让人通过签订转让合同,约定转让注册商标的内容、相互间的权利、义务和违约责任等,这种形式的转让一般是有偿的,即转让人通过转让注册商标所有权而收取一定的转让费用。

(2)继受转让

注册商标的继受转让,有两种情形:一种情形是注册所有人(自然人)死亡,由继承人按继承程序继承死者生前所有的注册商标;另一种情形是作为注册商标所有人的企业被合并分立时的继受移转。

(3)因行政命令而发生的转让

这里所说的行政命令主要是那些引起财产流转的政府的行政决定,如我国国有企业根据行政命令发生分立、合并、解散或转产,必然会产生注册商标主体变化的问题。

2. 注册商标转让合同的主要条款

根据注册商标转让的特点,注册商标转让合同应包括如下主要条款:(1)转让商标概况;(2)转让时间;(3)转让商标所包括的商品或服务的类别及商品或服务的具体名称;(4)转让费用及支付方式;(5)质量保证条款;(6)注册商标的变更手续;(7)违约责任;(8)争议解决方式;(9)其他约定。

3. 注册商标转让的程序

《商标法实施条例》(2014年修订)第31条规定:"转让注册商标的,转让人和受让人应当向商标局提交转让注册商标申请书。转让注册商标申请手续应当由转让人和受让人共同办理。商标局核准转让注册商标申请的,发给受让人相应证明,并予以公告。"根据该规定,注册商标转让程序如下:

(1)注册商标转让人和受让人就注册商标转让事宜达成一致,签订转让协议;

(2)注册商标转让人与受让人共同向国家知识产权局商标局提出注册商标转让申请;

(3)转让注册商标经核准后,则予以公告。

三、著作权的限制、使用许可及转让

(一)著作权使用的限制

著作权的限制,是指法律规定著作权人对某部作品享有充分权利的同时,在作品的利用方面对社会必须履行一些应尽的义务。[①] 这种限制主要体现在合理使用和法定许可上。

1. 合理使用

合理使用制度,是指在特定的条件下,法律允许他人自由使用享有著作权的作品而不必征得著作权人的同意,也不必向著作权人支付报酬的一种法律制度。

《著作权法》(2020年修正)第24条对著作权合理使用的情况规定如下:"在下列情况下使用

---

① 参见吴汉东主编:《知识产权法》,中国政法大学出版社2002年版。

作品,可以不经著作权人许可,不向其支付报酬,但应当指明作者姓名或者名称、作品名称,并且不得影响该作品的正常使用,也不得不合理地损害著作权人的合法权益:(一)为个人学习、研究或者欣赏,使用他人已经发表的作品;(二)为介绍、评论某一作品或者说明某一问题,在作品中适当引用他人已经发表的作品;(三)为报道新闻,在报纸、期刊、广播电台、电视台等媒体中不可避免地再现或者引用已经发表的作品;(四)报纸、期刊、广播电台、电视台等媒体刊登或者播放其他报纸、期刊、广播电台、电视台等媒体已经发表的关于政治、经济、宗教问题的时事性文章,但著作权人声明不许刊登、播放的除外;(五)报纸、期刊、广播电台、电视台等媒体刊登或者播放在公众集会上发表的讲话,但作者声明不许刊登、播放的除外;(六)为学校课堂教学或者科学研究,翻译、改编、汇编、播放或者少量复制已经发表的作品,供教学或者科研人员使用,但不得出版发行;(七)国家机关为执行公务在合理范围内使用已经发表的作品;(八)图书馆、档案馆、纪念馆、博物馆、美术馆、文化馆等为陈列或者保存版本的需要,复制本馆收藏的作品;(九)免费表演已经发表的作品,该表演未向公众收取费用,也未向表演者支付报酬,且不以营利为目的;(十)对设置或者陈列在公共场所的艺术作品进行临摹、绘画、摄影、录像;(十一)将中国公民、法人或者非法人组织已经发表的以国家通用语言文字创作的作品翻译成少数民族语言文字作品在国内出版发行;(十二)以阅读障碍者能够感知的无障碍方式向其提供已经发表的作品;(十三)法律、行政法规规定的其他情形。"

2. 法定许可

法定许可制度,是指依《著作权法》的规定,使用者在利用他人已经发表的作品时,可以不经著作权人的同意,但应向其支付报酬并尊重著作权人其他权利的一种法律制度。我国《著作权法》规定的法定许可使用主要体现在以下几个方面:

(1)作品在刊登后,除著作权人声明不得转载、摘编的以外,其他报刊可以转载,或者作为文摘资料刊登,但应当按规定向著作权人支付报酬。

(2)表演者使用他人已经发表的作品进行营业性演出,可以不经著作权人许可,但应当按规定支付报酬;著作权人声明不许使用的不得使用。

(3)广播电台、电视台使用他人已发表的作品制作广播电视节目,可以不经著作权人许可,但著作权人声明不得使用的不许使用。除著作权法规定可以不支付报酬的以外,应当向著作权人支付报酬。

(4)录音制作者使用他人已经发表的作品制作录音制品,可以不经著作权人许可,但应当按规定支付报酬;著作权人声明不许使用的不得使用。

此外,表演者为制作录音录像和广播、电视节目进行表演而使用他人已发表作品的,也属于法定许可使用。

(二)著作权的许可使用

著作权许可使用,是指著作权人将其享有著作权的作品许可他人以一定方式、在一定的地域和期限内使用的一种法律行为。著作权许可使用具有如下特征:

1. 著作权许可使用不改变著作权的归属,被许可人取得的仅仅是著作权的使用权,并不能成为著作权的所有人。

2. 在著作权许可使用中,被许可人只能按许可使用协议约定的方式、地域范围和期限内使用作品,也不能将所获得的使用权再度许可第三人使用。

另据《著作权法》(2020年修正)第26条第2款的规定,著作权许可使用合同包括下列主要内容:(1)许可使用的权利种类;(2)许可使用的权利是专有使用权或者非专有使用权;(3)许可使用的地域范围、期间;(4)付酬标准和办法;(5)违约责任;(6)双方认为需要约定的其他内容。

(三)著作权的转让

著作权转让,是指著作权人将著作权中的全部或部分财产权有偿或无偿地移交给他人所有的法律行为。这种转让通常可以通过买卖、互易、赠与或遗赠等方式完成。移交著作权的著作权人称为转让人,接受著作权的他人称为受让人。著作权转让具有如下特征:(1)著作权转让的客体为著作权中的全部或部分财产权。(2)著作权转让后,受让人不仅自己可以使用该作品,也可以将获得的权利再度转让给第三方或许可第三方使用。

另据《著作权法》(2020 年修正)第 27 条的规定,著作权转让合同包括下列主要内容:(1)作品的名称;(2)转让的权利种类、地域范围;(3)转让价金;(4)交付转让价金的日期和方式;(5)违约责任;(6)双方认为需要约定的其他内容。

第五节 律师担任知识产权专项法律顾问

知识产权专项法律顾问,是指律师事务所接受企事业单位、自然人或非法人组织的委托,指派律师为客户提供专门的知识产权方面的法律服务。

从工作内容上看,知识产权专项法律顾问主要负责以下内容:制定、审查知识产权规章制度;企业知识产权战略制定;起草、审查、修改涉及知识产权合同;就知识产权事项签发律师函、律师声明、出具法律意见书等。

根据不同的工作内容,知识产权专项顾问服务可以采用常年顾问和专项顾问两种形式。通常来说,经常发生的、数量较大的服务,如知识产权合同审查等较适合采用常年顾问的形式,而针对性较强、有特定目的的服务,如知识产权战略制定等则宜采用专项顾问的形式。

一、制定知识产权管理制度

(一)知识产权管理制度的构成体系

历史已经证明,现代市场经济确立之后,每一个完成工业化的国家,都会在工业化的过程中对知识产权问题十分重视。随着中国对世界贸易组织相关规则的不断了解,国内企业所面临的国际竞争越来越激烈。而进入中国市场的跨国公司,利用其所掌握的大量的知识产权同中国国内企业进行竞争,使国内企业的生存空间受到了制约。

由于我国企业技术创新能力不足,自主知识产权严重缺乏,在市场竞争中经常处于被动的局面。面对如此严峻的知识产权形势,如何借鉴国外企业知识产权管理工作的成功经验,将国际共同遵守的有关知识产权的法律法规纳入企业组织管理战略之中,是国内企业需迎接的新挑战。

通常来说,企业知识产权管理制度是针对企业的性质、经营目标、市场策略、技术开发与国际国内法律环境等因素,对企业的知识产权加以分析、评估、融合、控制所建立的一套经营管理和法律保护制度。企业知识产权管理制度的主要内容包括:(1)企业专利管理制度;(2)企业商标管理制度;(3)企业商业秘密管理制度;(4)企业版权和其他知识产权管理制度;(5)企业知识产权档案管理制度;(6)企业知识产权发展和运用战略;(7)企业知识产权纠纷防御和救济策略。

(二)知识产权管理制度的制定原则和方法

1. 依法制定

由于知识产权是法律所设定的一种权利,因此,知识产权管理制度的制定必须按照法律法规的规定进行,否则,所制定的知识产权管理制度会因为违反法律法规规定而导致无效,起不到保护企业知识产权的效果。

2. 以人为本

知识产权管理的主体是拥有一定权力并从事决策、计划、组织、控制活动的管理者,而知识产权管理的客体是知识产权的拥有者、使用者以及与其相关人员,因此,知识产权管理制度的制定必须遵循以人为本的原则,充分发挥人在管理中的主导作用,优化知识产权管理。

3. 所制定的管理制度要契合客户实际

因每个企业的具体情况和实际特点不同,如生产型企业和服务型企业就有一定的区别,集团公司和小型企业也有不同,因此,在制定知识产权管理制度时要抓住客户的需求,结合客户的特点,剖析客户知识产权管理中存在的问题,在参考范本的基础上,设计出真正适合客户的管理制度。

4. 符合市场经济规律

市场经济的本质就是按市场的需求来合理地配置资源,以最大限度地发挥资源的效能,满足人们日益增长的物质文化需要。知识产权作为市场经济的产物,也必须要遵循市场经济原则,以市场机制为导向,以实现市场效益为目标,按照市场经济的规律制定知识产权管理制度。

5. 知识产权管理制度应符合系统管理的原则

知识产权管理是企业管理的一部分,因此,所制定的知识产权管理制度必须要和企业的总体目标和其他管理制度有机结合,只有这样才能最大限度地发挥知识产权管理制度的效用,实现制定知识产权管理制度的目标。

6. 做好管理制度之间的协调配合

知识产权管理制度是一项系统工程,一定要保证企业内各专门知识产权制度之间,以及知识产权规章制度和企业其他规章制度的配套统一。例如,在设计知识产权激励与约束制度时,要结合企业人事制度、财务制度、福利待遇制度等,使给予员工的奖励或者处罚有根据,这样才能使知识产权管理制度具有可操作性。

二、审查知识产权合同

(一)知识产权开发合同

在实践中,知识产权开发最主要以及最常见的合同形式就是技术开发合同。技术开发合同是指当事人之间就新技术、新产品、新工艺或者新材料及其系统的研究开发所订立的合同。技术开发合同包括委托开发合同和合作开发合同两种。对此,我国《民法典》有专门规定(如第851条等条款)。知识产权开发合同通常应具备如下条款:

1. 项目名称

一般指开发合同标的涉及项目的名称,该名称应准确、严谨地反映合同的技术特征和法律特征,做到名称与内容相符,如××技术委托开发合同、××产品合作开发合同等。

2. 标的、范围和要求

合同标的,是合同法律关系的客体,是合同当事人双方权利和义务共同指向的对象。不同的知识产权开发合同的标的,有不同的技术范围和技术指标要求。

因此,当事人在订立合同时,不仅要明确合同标的,而且还要根据不同标的的要求,明确该标的的技术范围和技术指标要求。如果所开发的技术项目的指标和参数涉及相关标准,应注明该标准的名称、标准号及发布日期,以便在合同验收、签订时予以参考。

3. 履行的计划、进度、期限、地点、地域和方式

履行计划为研究开发计划;履行的地点,是指合同的履行地;履行地域是指履行技术合同所涉及的区域范围;履行方式是指合同各方当事人采用什么样的方式和手段履行合同规定的义务,开发合同的内容不同,履行方式也有所不同,对履行方式的具体要求应当在合同中明确规定。

4. 研究开发经费、报酬及其支付或结算方式

合同双方应当明确开发合同研究开发经费的总金额,以及研究开发经费和报酬的来源及支付形式,如果是合作开发,合同中应明确双方分担经费的数额。至于报酬的支付方式,当事人可以协

商议定：可以采取一次总算、一次总付，或者一次总算、分期支付的方式；也可以采取提成支付或者提成支付附加预付入门费的方式。约定提成支付的，可按照产品价格、实施技术后的新增产值、利润或者产品销售额的一定比例提成，也可按照约定的其他方式计算。

5. 利用研究开发经费购置的设备、器材、资料的财产权属

合同双方应根据合同的具体情况，合理划分设备、器材、资料的权属，并在合同中予以明确约定。

6. 技术情报和资料的保密

在知识产权开发合同的内容涉及国家安全或者当事人的重大利益时，需要合同当事人对技术情报和资料加以保密，对此，合同双方应当在合同中对保密事项、保密范围、保密期限以及违反保密责任等加以规定。

7. 风险责任约定

知识产权开发是一个从无到有的智力创造过程，存在合同中所约定的内容得不到完全实现，甚至完全不能实现的风险，因此在合同中，应当约定风险条款，对风险责任承担主体、风险责任承担原则、比例及方式等作出明确约定。

8. 成果的归属和分享

合同当事人应当在合同中对所开发的知识产权成果归何方所有、如何使用以及利益分配作出约定。

9. 验收的标准和方式

知识产权开发合同所开发出的成果是否符合合同的约定，需要验收后才能确定，因此，当事人应当在合同中明确约定技术合同的验收项目、验收标准及验收办法，作为合同验收通过的依据。

10. 违约金或者损失赔偿额的计算方法

在任何合同中，都会存在合同一方当事人违反合同约定的可能，因此，当事人应当在合同中约定违约金、违反合同的损害赔偿的计算办法，以及违约金与损害赔偿的关系。

11. 争议的解决方法

合同双方事人可以约定采用协商解决、调解解决、仲裁解决或者诉讼解决四种解决方法中的一种或多种。但仲裁和诉讼不能同时选择，在选择仲裁时，应明确写明仲裁事项、仲裁委员会的具体名称、仲裁地点、适用法律等事项。

12. 名词和术语的解释

知识产权开发合同具有很强的专业性，在合同文本中要使用一些专业名词术语和简化符号，为了避免因关键名词和术语在理解和认识上发生误解而影响合同履行，当事人必须对合同中出现的一些特定名词和术语作必要的说明和注释。

当事人可以根据具体开发项目的不同，对上述条款做出增减，如当事人可以约定担保条款、关联企业删除争议解决条款等。

（二）知识产权转让合同

知识产权转让合同，是指知识产权权利人为将知识产权的全部或部分权利转让给他人而订立的合同。

知识产权转让合同包括专利权转让合同、商标权转让合同及著作权转让合同，鉴于相关内容在前文有所论述，本部分不再重复。

（三）知识产权许可合同

知识产权许可合同，是指知识产权权利人为将知识产权的全部或部分权利许可他人使用而订立的合同。

知识产权许可合同包括专利许可合同、商标许可合同以及著作权许可合同,鉴于相关内容在前文有所论述,本部分不再重复。

(四)知识产权质押合同

《民法典》第440条规定:"债务人或者第三人有权处分的下列权利可以出质……(五)可以转让的注册商标专用权、专利权、著作权等知识产权中的财产权……"因此,知识产权质押合同是指权利人将可转让的注册商标专用权、专利权或著作权等知识产权中的财产权为标的设定抵押权而签订的合同。另据《民法典》的相关规定,以注册商标专用权、专利权、著作权等知识产权中的财产权出质的,当事人应当订立书面合同,质押权自有关主管部门办理出质登记时设立。

1. 专利权质押合同的主要内容

国家知识产权局2021年发布的《专利权质押登记办法》第8条规定,当事人提交的专利权质押合同应当包括以下与质押登记相关的内容:(1)当事人的姓名或名称、地址;(2)被担保债权的种类和数额;(3)债务人履行债务的期限;(4)专利权项数以及每项专利权的名称、专利号、申请日、授权公告日;(5)质押担保的范围。

该办法第9条补充规定,当事人可以在专利权质押合同中约定下列事项:(1)质押期间专利权年费的缴纳;(2)质押期间专利权的转让、实施许可;(3)质押期间专利权被宣告无效或者专利权归属发生变更时的处理;(4)实现质权时,相关技术资料的交付;(5)已办理质押登记的同一申请人的实用新型有同样的发明创造于同日申请发明专利、质押期间该发明申请被授予专利权的情形处理。

2. 商标权质押合同的主要内容

根据国家知识产权局2020年发布的《注册商标专用权质押登记程序规定》第5条的规定,注册商标专用权质权合同一般包括以下内容:(1)出质人、质权人的姓名(名称)及住址;(2)被担保的债权种类、数额;(3)债务人履行债务的期限;(4)出质注册商标的清单(列明注册商标的注册号、类别及专用期);(5)担保的范围;(6)当事人约定的其他事项。

3. 著作权质押合同的主要内容

根据国家版权局2010年发布的《著作权质权登记办法》第7条的规定,著作权质权合同一般包括以下内容:(1)出质人和质权人的基本信息;(2)被担保债权的种类和数额;(3)债务人履行债务的期限;(4)出质著作权的内容和保护期;(5)质权担保的范围和期限;(6)当事人约定的其他事项。

三、制定和实施企业知识产权战略

(一)企业知识产权战略的概念

随着知识产权的重要性被越来越多的企业所认识,制定和实施知识产权战略被众多企业提到议事日程上来,按照一般观点,企业知识产权战略主要是指企业通过对市场及自身知识产权特点和规律的研究,建立企业自主知识产权,充分运用知识产权管理和保护制度,以达到确立市场竞争中的优势地位,使企业自身的合法权益最大化,谋取最佳经济和社会效益而制订的整体性规划和一系列的策略和措施。

一般认为,企业知识产权战略研究可以从以下方面展开:(1)企业知识产权战略的基本理论;(2)企业知识产权战略在企业发展中的地位;(3)企业知识产权战略与企业其他发展战略的关系;(4)企业知识产权资源在企业经济中如何实现优化配置;(5)企业知识产权战略的类型和具体的实施策略;(6)企业知识产权战略与建立现代企业制度的关系;(7)不同类型企业的知识产权战略;(8)企业知识产权战略的法律保障问题;(9)发达国家企业知识产权战略的实施及对我国企业的启示。

(二)制定和实施企业知识产权战略中的方法

首先,在参与制定企业知识产权战略时,律师应确立企业的总体战略目标,将知识产权战略作为企业整体战略的一部分,并在总体战略目标的指导下进一步确立知识产权战略。

其次，要明确客户关于知识产权战略的基本原则和主要目标以及基本任务，其中主要是对企业知识产权利用和保护的战略定位。在确定知识产权战略目标后，在知识产权战略目标的框架下制定具体的知识产权战略，继而实施战略，对实施过程进行控制。

由于企业知识产权战略的制定和实施不仅涉及知识产权法律制度，还会涉及企业合同管理制度、人事管理制度甚至证券法律制度等，因此，制定知识产权战略时应综合考虑企业各种制度的匹配性和融合性。

最后，律师还应当对整个企业知识产权战略方案的各个环节涉及的法律问题进行把关。

在参与实施企业知识产权战略时，律师主要应从知识产权的取得、使用和保护等方面来进行，如健全企业知识产权管理的组织体系。由企业决策层、企业的知识产权管理部门、企业中与知识产权有关的业务或技术部门，以及社会上知识产权专业服务机构构成的组织体系，是知识产权战略得以实施的重要保障。

此外，还应完善企业知识产权的信息管理，并不断加强企业知识产权意识的培养，通过会议、定期组织专项培训等形式，有效地强化知识产权保护意识，并使企业中的有关管理人员掌握知识产权保护的一些基础知识。

四、发表律师声明与出具律师函

（一）受托发表律师声明

知识产权作为一种无形财产权，不能像动产那样通过占有向第三方宣示其归属，因此，客户可以委托律师代为发表声明，通过在大众媒体上以律师声明的形式，向公众告知权利人所拥有的知识产权情况，防止侵害客户知识产权情形的发生。

通常来说，律师声明应当主要包括以下内容：(1)委托人。(2)知识产权权利状况，如专利号、专利名称、商标注册号等。(3)知识产权权利的种类和范围，如专利可以说明是发明、实用新型还是外观设计；商标可以说明该商标核准的商品或服务范围。(4)权利所有人以及利害关系人。(5)权利的有效期限。(6)律师认为所需公示的其他事项。

在发律师声明时，律师应首先审查委托人盖章确认后提供的材料，以保证声明函内容的真实性、合法性。

（二）受托出具律师函

企业在其知识产权受到侵害时，经常会委托律师向侵权人发出律师函，警告侵权人停止侵害，排除妨碍，根据侵权人对律师函的反映情况再决定和解或是诉讼。

通常一份律师函应当包含以下内容：(1)收函人的名称。(2)委托人和受托律师事务所的情况。需提醒注意的是，委托人应当是享有该知识产权权利的人，包括该知识产权的所有人和利害关系人。(3)明确写明对方的侵权行为及其法律后果。(4)清楚表明委托人的意见及对侵权人的要求。在说明对方的侵权行为以及法律后果之后，应当明确向对方提出要求，如停止侵权、赔偿损失或进行谈判等。(5)对侵权人不接受律师函意见的警告。

在律师函的最后，律师应当明确告知对方，如果侵权人拒绝警示内容，委托人将保留进一步采取法律措施的权利等。

第六节　律师代理知识产权侵权诉讼

代理知识产权侵权诉讼是律师从事知识产权业务的一个重点，也是难点。在知识产权侵权诉讼中，不仅侵权客体不同，而且侵权行为的种类也是纷繁复杂，此外，相关法律法规对于知识产权侵权构成判定没有明确界定，理论界和实务界也有较多争论，这都在一定程度上增加了律师代理此类业务的难度。

本部分除介绍专利侵权、商标侵权、著作权侵权、不正当竞争侵权等常见的知识产权侵权诉讼外,还将日益受到大家重视的网络侵权诉讼从传统侵权诉讼中单列出来,着重讨论。

一、代理专利侵权诉讼

(一)专利侵权的概念及构成要件

专利侵权,是指在专利权的有效期间内,行为人未经权利人许可,以经营为目的实施他人专利的行为。根据该定义,构成专利侵权行为应同时具备以下要件:

1. 侵犯的对象应当是享有专利权的有效专利。

首先,鉴于专利权的地域性,有效专利一般应当是指获得我国国家知识产权局授权的专利。

其次,鉴于专利权的时效性,只有在规定有效期限内的专利权才是有效专利。需提醒注意的是,如果一项专利权由于某些原因被宣告无效,则该专利权将被视为自始不存在,因此即使有人在此之前已经实施该无效专利也不构成专利侵权。

2. 必须有侵害行为的发生。

行为人在客观上存在未经专利权人许可实施他人专利,并构成侵害的行为,有以营利为目的实施专利的行为。对于产品专利来说,侵害行为是指未经专利权人许可,以生产经营为目的制造、使用、销售、进口该专利产品的行为;而对于方法专利而言,侵害行为是指使用该专利生产或使用、销售、进口依该专利方法直接获得产品的行为;对于外观设计专利而言,侵害行为是指制造、销售或进口体现该外观设计的产品的行为。

3. 以生产经营为目的。

我国《专利法》(2020 年修正)第 11 条规定:"发明和实用新型专利权被授予后,除本法另有规定的以外,任何单位或者个人未经专利权人许可,都不得实施其专利,即不得为生产经营目的制造、使用、许诺销售、销售、进口其专利产品,或者使用其专利方法以及使用、许诺销售、销售、进口依照该专利方法直接获得的产品。外观设计专利权被授予后,任何单位或者个人未经专利权人许可,都不得实施其专利,即不得为生产经营目的制造、许诺销售、销售、进口其外观设计专利产品。"

因为专利的实施能带来一定的商业价值,他人实施侵害行为的结果,必然会因为侵占权利人的市场而给权利人造成损失,因此,以生产经营为目的是构成专利侵权的条件之一。

4. 行为人主观上有过错。

侵权人主观上的过错包括故意和过失,所谓故意,是指行为人明知自己的行为是侵犯他人专利权的行为而实施该行为;所谓过失,是指行为人因疏忽或过于自信而实施了侵犯他人专利权的行为。

(二)界定专利权的保护范围

《专利法》(2020 年修正)第 64 条规定:"发明或者实用新型专利权的保护范围以其权利要求的内容为准,说明书及附图可以用于解释权利要求的内容。外观设计专利权的保护范围以表示在图片或者照片中的该产品的外观设计为准,简要说明可以用于解释图片或者照片所表示的该产品的外观设计。"

根据该规定,发明和实用新型专利权保护范围的界定必须以权利要求书中所提到的权利要求的内容为依据,如果是权利要求书中没有提到的内容,即使在说明书中做了说明,并且也确定是专利权人的发明创造的一部分,也不能受到专利保护。

最高人民法院《关于审理侵犯专利权纠纷案件应用法律若干问题的解释》(法释〔2009〕21 号)对如何确立专利权保护范围,进行了详细说明:

(1)权利人主张以从属权利要求确定专利权保护范围的,人民法院应当以该从属权利要求记载的附加技术特征及其引用的权利要求记载的技术特征,确定专利权的保护范围。

(2)人民法院应当根据权利要求的记载,结合本领域普通技术人员阅读说明书及附图后对权利要求的理解,确定《专利法》第59条第1款(此处指2008年修正版,现为第64条第1款)规定的权利要求的内容。

(3)人民法院对于权利要求,可以运用说明书及附图、权利要求书中的相关权利要求、专利审查档案进行解释。说明书对权利要求用语有特别界定的,从其特别界定。以上述方法仍不能明确权利要求含义的,可以结合工具书、教科书等公知文献以及本领域普通技术人员的通常理解进行解释。

(4)对于权利要求中以功能或者效果表述的技术特征,人民法院应当结合说明书和附图描述的该功能或者效果的具体实施方式及其等同的实施方式,确定该技术特征的内容。

(5)对于仅在说明书或者附图中描述而在权利要求中未记载的技术方案,权利人在侵犯专利权纠纷案件中将其纳入专利权保护范围的,人民法院不予支持。

其后,最高人民法院于2016年发布《关于审理侵犯专利权纠纷案件应用法律若干问题的解释(二)》(后于2020年修正)对专利权的保护范围又进行了补充完善。

而外观设计专利的保护范围以"表示在图片或者照片中的该产品的外观设计为准",在理解这一法律规定时应注意两个方面的问题:

一是应注意他人的外观设计不能与专利权人专利申请文件上的图片或者照片中的外观设计相同,也不能近似。如果仅仅是在产品外观设计的某个部位做一些小的改动,从总体看并无明显的变化;或者仅在尺寸上做些改动,与取得专利的外观设计在构思上并无实质不同,则可以认定为二者近似,构成了对外观设计专利权的侵权。

二是应注意外观设计专利权的保护范围应仅限于在申请专利时所指定的那种产品及类似产品上,这里所说的类似,通常是指外观设计产品分类表中所列的某一小类产品。如果他人的产品与外观设计专利申请时所指定的产品既不同种,也不类似,即使两种产品的外观设计的图案、色彩、造型等完全相同,也不会构成对外观设计专利权的侵犯。

(三)明确专利侵权行为的种类

就专利侵权行为的种类,根据《专利法》和《专利法实施细则》的相关规定,基本可以分为以下两类。

1. 实施他人专利的行为

(1)发明和实用新型专利权被授予后,除《专利法》另有规定的以外,任何单位或者个人未经专利权人许可,都不得实施其专利,即不得为生产经营目的制造、使用、许诺销售、销售、进口其专利产品,或者使用其专利方法以及使用、许诺销售、销售、进口依照该专利方法直接获得的产品。

(2)外观设计专利权被授予后,任何单位或者个人未经专利权人许可,都不得实施其专利,即不得为生产经营目的制造、许诺销售、销售、进口其外观设计专利产品。

2. 假冒他人专利行为

假冒他人专利的行为主要是侵害专利权人的标记权,包括以下四种形式:

(1)未经许可,在其制造或者销售的产品、产品的包装上标注他人的专利号。

(2)未经许可,在广告或者其他宣传材料中使用他人的专利号,使人将所涉及的技术误认为是他人的专利技术。

(3)未经许可,在合同中使用他人的专利号,使人将合同涉及的技术误认为是他人的专利技术。

(4)伪造或者变造他人的专利证书、专利文件或者专利申请文件。

(四)判定专利侵权的方法

专利侵权判定不仅涉及法律问题,还涉及专业技术问题,因此,专利侵权的判断方法一直是长期困扰司法界的一个难点。从国外的侵权判定司法实践来看,专利侵权判定经历了一个从整体方案比较到具体特征逐一对比的过程,我国侵权判定很大程度上借鉴了国外尤其是美国的侵权判定原则,目前专利侵权判定一般采用以下几种原则:

1. 专利权有效原则

因为专利权是政府专利管理部门通过法定程序赋予专利申请人的,专利机关在授予申请人专利权的同时也规定了专利权人应当履行的义务,如专利人未履行其应尽义务会直接导致权利的消灭,因此,判定专利侵权,应首先断定作为侵权客体的专利权是否有效。

2. 全面覆盖原则

所谓全面覆盖原则,是指如果被控侵权物(包括产品或方法)侵权成立,那么该产品或者方法应该具备被侵权专利的权利要求中所描述的每一项特征,缺一不可。该原则又称全部技术特征覆盖原则或字面侵权原则。在司法实践当中对专利侵权判定时,一般最先适用这个原则,具体情形包括:

(1)字面侵权,即从字面上分析比较就可以认定被控侵权物的技术特征与被侵权专利的必要特征相同。比如,一项专利的权利要求为电动按摩椅,其特征在于:椅靠背的底端装有电动按摩器。而被控侵权物正是这种结构,即落入专利保护范围,构成侵权。

(2)专利权利要求中使用的是上位概念,被控侵权物公开的结构属于上位概念中的具体概念。比如,一项专利的权利要求为一种新型机器人行走机构,其特征在于:电机接传动机构,传动机构的输出轴上装有驱动轮;而被控侵权物的结构为,电机经齿轮传动,输出轴上装有驱动轮。被控侵权物采用齿轮传动,齿轮传动的结构属于"传动机构"的具体概念,因此,被控侵权物构成侵权。

(3)被控侵权物的技术特征多于专利的必要技术特征,即使在性能方面优于专利产品,但由于未经许可使用了他人的专利,仍属于侵权行为。

3. 等同原则

等同原则,是指以基本相同的手段,实现基本相同的功能,达到基本相同的效果,并且所属领域的技术人员在侵权行为发生时通过阅读说明书、附图和权利要求书,无须经过创造性劳动就能够联想到的特征。

确立等同原则,其目的是防止侵权人采用显然等同的要件和步骤,取代专利权利要求书中的技术特征,从而逃避在字面上直接与专利权利要求中记载的技术特征相同,以达到逃避侵权责任的目的。等同原则在适用时需要注意以下几点:

(1)"等同"的技术特征,指专利独立权利要求中各项技术特征,即被认为是等同物的技术特征可能是专利权利要求中的区别技术特征,也可能是前序的公知技术特征。

(2)"等同"应当仅就被控侵权物的技术特征与权利要求记载的相应技术特征是否等同进行判定,而不对被控侵权物与专利技术方案的整体是否等同进行判定。

(3)"等同"必须逐一将等同技术特征与被代替的技术特征进行对比,并作出认定。如果达到三个基本相同,便成为等同原则的一个重要条件。

(4)"等同"判定的时间基准:应以侵权行为发生日为准,而不是以专利申请日或者专利公开日为准。

4. 禁止反悔原则

禁止反悔原则,是指专利权人在专利申请、专利权的撤销异议程序中,为了获得专利权,通过书面声明或者文件修改所作的承诺、认可或者放弃的内容,专利权人在侵权诉讼中禁止将已被排除或者已经放弃的内容重新纳入专利保护范围。

这个原则基于这样一个背景:任何发明人要将自己的发明创造申请专利,都试图得到一个较宽的保护范围，但是，如果专利权利要求限定的保护范围过宽，就会侵害公众的利益。

因此，专利权人在申请专利的过程中，有时不得不按照知识产权局的意见，对专利权利要求中的一些保护范围过宽、模糊的技术特征以及相似的技术方案作出一些放弃、修改、承诺，不这样做就可能得不到专利权。而专利权人一旦这样做，其在申请过程中已经放弃的东西，不得在专利侵权诉讼中再拿回来，即不允许专利权人反悔，出尔反尔。

《北京市高级人民法院专利侵权判定指南(2017)》第61条规定："被诉侵权技术方案中的技术特征与权利要求中的技术特征是否等同进行判断时，被诉侵权人可以专利权人对该等同特征已经放弃、应当禁止其反悔为由进行抗辩。禁止反悔，是指在专利授权或者无效程序中，专利申请人或专利权人通过对权利要求、说明书的限缩性修改或者意见陈述的方式放弃的保护范围，在侵犯专利权诉讼中确定是否构成等同侵权时，禁止权利人将已放弃的内容重新纳入专利权的保护范围。"

5. 多余指定原则

多余指定原则，是指在专利侵权诉讼中，法院把权利要求的技术特征区分为必要技术特征和非必要技术特征，在忽略非必要技术特征（多余特征）的情况下，仅以权利要求中的必要技术特征来确定专利保护范围，判定被控侵权客体是否落入权利要求保护范围的原则。

该原则是在对专利权保护范围作出扩大性解释，防止他人利用专利权人的技术构思仿冒侵权。但该原则备受争议，有人认为专利权人写入独立权利要求的技术特征，应当依法视为必要技术特征，无论该技术特征在实现发明目的和效果方面是否重要，只要被控侵权产品缺少该技术特征，依据专利侵权判定的"全面覆盖"原则，应当认定不构成侵权。

2008年2月19日，第二次全国法院知识产权审判工作会议上，时任最高人民法院副院长曹建明要求应正确适用专利侵权判定原则和方法，认为凡写入独立权利要求的技术特征，都是必要技术特征，均应纳入技术特征对比之列，不能轻率地适用所谓的"多余指定原则"。

（五）利用举证责任分配

专利侵权诉讼中，一般由原告方对侵权成立进行举证。原告需要证明侵权技术的技术特征覆盖了专利技术的全部必要技术特征。但是，《专利法》(2020年修正)第66条规定："专利侵权纠纷涉及新产品制造方法的发明专利的，制造同样产品的单位或者个人应当提供其产品制造方法不同于专利方法的证明。专利侵权纠纷涉及实用新型专利或者外观设计专利的，人民法院或者管理专利工作的部门可以要求专利权人或者利害关系人出具由国务院专利行政部门对相关实用新型或者外观设计进行检索、分析和评价后作出的专利权评价报告，作为审理、处理专利侵权纠纷的证据；专利权人、利害关系人或者被控侵权人也可以主动出具专利权评价报告。"

根据该规定，如果专利涉及的是新产品的制造方法，则由被告承担证明其产品制造方法不同于专利方法的举证责任，这就是举证责任的特别分配（倒置）。

二、代理商标侵权诉讼

（一）商标侵权的概念和构成要件

商标侵权，是指未经商标所有权人同意，行为人擅自使用注册商标或相近的标识于相同商品或类似商品，或干涉、妨碍商标所有权人使用其注册商标，损害商标权人合法权益的行为。根据该定义及商标法的相关规定，构成商标侵权行为应同时具备以下要件：

1. 行为违法性

商标侵权行为应当是实施了侵害他人商标保护范围和保护期限内注册商标专用权的违法行为。只有存在违法行为才可要求行为人承担法律责任，这是商标侵权构成要件中的重要条件。

《商标法》及其实施条例共列举了7种违法行为，其中，在所列举的违法行为中，既有直接侵权行为，也有间接侵权行为；既有生产领域的侵权行为，也有流通领域的侵权行为；既有商品商标侵权行为,也有服务商标侵权行为。此外,《商标法》中对违法行为采用未穷尽列举方式,作为行政法规的《商标法实施条例》对兜底条款则采用部分列举方式。

2. 造成损害事实

实施商标违法行为所造成的后果即造成侵权损害事实,它是造成商标侵权的一个特殊要件。根据《商标法》及其实施条例的规定,这种损害事实的外延已经明显扩大,既包括具体的财产上的损害,也包括抽象的精神上的损害;既包括已经造成的实际损害,也包括可能造成的引发损害;既包括当事人直接造成的损害,也包括当事人间接造成的损害;既包括对商标注册人的注册商标本身的侵害,也包括对商标注册人财产造成的损害。

3. 违法行为与损害事实之间存在因果关系

因果关系在实质上是指如何客观地、公正地确定责任归属的问题,一般来说,无论是具有直接因果关系还是具有间接因果关系,均可以导致损害事实的发生,只是在责任确定和分担上有所轻重和分别。

(二)关于商标侵权的归责原则

根据我国《民法典》的规定,侵权责任一般适用过错责任原则,而严格责任原则只有在法律明确规定的情况才适用。因《商标法》未对商标侵权的归责问题作明确规定,商标侵权的归责原则在我国理论界存在较大分歧:一种观点认为,侵害商标权行为是一般民事侵权行为,其归责原则应适用过错原则;另一种观点认为,侵害知识产权的归责原则应适用严格责任原则,也可称为无过错原则,但涉及赔偿责任,应考虑侵害人的主观因素适用过错原则。

在商标侵权的归责原则中采用严格责任原则是我国多数学者的观点,其理由是:第一,适用严格责任原则可以解决权利人的举证困难问题,克服过错责任原则的弱点。第二,国际相关立法的发展趋势如此,我国应与其保持一致。

笔者认为,我国商标法的立法中已经引进了严格责任原则。例如,规定未经注册商标所有人的许可,在同一种商品或者类似商品上使用与其注册商标相同或者相似的商标的;伪造、擅自制造他人注册商标标识或者销售伪造、擅自制造的注册商标标识的;在同一种或者类似商品上,将与他人注册商标相同或者近似的文字、图形作为商品名称或者商品装潢使用,并足以造成误认的。这类侵权行为的表述就是其表象,但没要求以行为人主观过错为要件,虽然仅仅是对于侵权行为构成方面的规定,但是足以符合严格责任原则"不要求过错"要件的特征,并且可以被理解为应当适用《民法典》第1165条"行为人因过错侵害他人民事权益造成损害的,应当承担侵权责任。依照法律规定推定行为人有过错,其不能证明自己没有过错的,应当承担侵权责任"的规定。

(三)界定注册商标专用权的保护范围

注册商标专用权的保护范围也是注册商标所有人行使禁止权的范围,它不同于注册商标专用权的权利范围。为有效保护注册商标专用权,《商标法》及其实施条例所规定的对于注册商标的权利保护范围,要大于商标专用权权利范围。

商标权保护范围除核定注册的商标和核定使用的商品外,还包括与注册商标相近似的商标和与该注册商标核定使用的商品相类似的商品。换言之,注册商标所有权人有权禁止他人在与其注册商标所核定使用商品相同或类似的商品上使用与其核准注册商标相同或相近似的商标。此外,依法请求制裁其他损害注册商标专用权的行为,也属于注册商标的权利保护范围。

(四)确定商标侵权行为的种类

在实践中,商标侵权行为的种类五花八门,根据《商标法》、《商标法实施条例》、最高人民法院《关于审理商标民事纠纷案件适用法律若干问题的解释》等相关法律规定,商标侵权行为至少应包括以下几种。

1. 未经注册商标所有人许可，在同一种商品或者类似商品上使用与其注册商标相同或者近似的商标。具体包括四种情况：

(1)在同一种商品上使用与他人注册商标相同的商标；

(2)在同一种商品上使用与他人注册商标近似的商标；

(3)在类似商品上使用与他人的注册商标相同商标；

(4)在类似商品上使用与他人的注册商标近似的商标。

未经许可实施此种行为，无论属故意或过失，均构成对他人注册商标专用权的侵犯。

2. 销售明知是假冒注册商标的商品。销售者主观上明知或应知销售的是假冒注册商标的商品，即构成此类侵权行为。

3. 伪造、擅自制造他人注册商标标识或者销售伪造、擅自制造的注册商标标识。这类侵权行为的表现形式主要有四种：

(1)伪造他人注册商标标识；

(2)未经商标权人委托或者授权而制造其注册商标标识；

(3)超越商标权人授予的权限任意制造其注册商标标识；

(4)销售属于伪造、擅自制造的注册商标标识。

4. 给他人注册商标专用权造成其他损害的行为：

(1)销售明知或者应知是侵犯他人注册商标专用权的商品的。对此类行为采取过错责任原则。

(2)在同一种商品上，将与他人注册商标相同或近似的文字、图形作为商品名称或者商品装潢使用，并足以造成误认的。

(3)故意为侵犯他人注册商标专用权行为提供仓储、运输、邮寄、隐匿等便利条件的。此种侵权行为以故意实施为必要条件。

(4)将与他人注册商标相同或者相近似的文字作为企业的字号在相同或者类似商品上突出使用，容易使相关公众产生误认的。

(5)复制、模仿、翻译他人注册的驰名商标或其主要部分在不相同或者不相类似商品上作为商标使用，误导公众，致使该驰名商标注册人的利益可能受到损害的。

(6)将与他人注册商标相同或者相近似的文字注册为域名，并且通过该域名进行相关商品交易的电子商务，容易使相关公众产生误认的。

(五)判定商标侵权的方法

我国《商标法》(2019 年修正)第 57 条规定，未经商标注册人的许可，在同一种商品或者类似商品上使用与其注册商标相同或者近似的商标的行为，属侵犯注册商标使用权。从上述规定可见，判定某种商标使用行为是否构成侵权的核心问题是：判断该商标是否与注册商标相同或近似以及使用商标的商品是否相同或类似。

1. 商标相同或近似的判断

最高人民法院《关于审理商标民事纠纷案件适用法律若干问题的解释》(2020 年修正)第 10 条规定："人民法院依据商标法第五十七条第(一)(二)项的规定，认定商标相同或者近似按照以下原则进行：(一)以相关公众的一般注意力为标准；(二)既要进行对商标的整体比对，又要进行对商标主要部分的比对，比对应当在比对对象隔离的状态下分别进行；(三)判断商标是否近似，应当考虑请求保护注册商标的显著性和知名度。"

根据上述判断原则，商标相同或近似的判断方法如下：

(1)要以普通公众的一般注意力为标准判断

商标的基本功能就在于使消费者在购买商品或接受服务时便于识别这些商品和服务以及它们

的来源。而商标相同或者近似也一般发生在市场中,受影响的主要是相关的消费者以及特定的经营者,所以代理商标侵权诉讼中,律师在认定甄别涉案商标相同或近似时,判断注意力要以相关消费者和特定经营者的注意力为标准。

这种注意力不应是该领域相关专家或专业人士所应具备的注意力,专业人士的注意力因过于专业而可能出现判断标准过严的情况;但该注意力也不是一个与一般消费者有别的粗心大意或某些特定缺陷的消费者的注意力,以他们的注意力判断是否构成商标相同或近似又可能施之过宽,会出现漏掉已经构成商标相同或者近似的情形。

这种注意力只能是大多数相关公众通常的、普通的、一般的注意力,这就涉及行为主体的一种行为能力的判断,诉讼实践中也称为认定商标相同或近似的主观标准。律师在代理相关商标侵权诉讼中要坚持以相关公众一般注意力的标准进行判断。

(2)采用整体、主要部分和隔离的比对方法

按照普通消费者对商标的感知规律,在判断商标相同或近似时,常常运用商标整体、主要部分比对以及将商标隔离开比对的方法。

①商标整体比对,又称为商标整体观察比较,是指将商标作为一个整体来进行观察,而不是仅仅将商标的各个构成要素单独抽出来分别进行比对。这是因为商标作为商品或者服务的识别标志,是由商标整体构成的,在消费者的记忆中留下的是该商标的整体形象,而不是构成该商标的某些单个要素。

因此,当两个商标在各自具体的构成要素上存在区别,但只要将它们集合起来作为一个整体,而该整体可能使消费者产生误认,就应当认定为近似商标。反之,如果两个商标的部分组成要素可能相同,但是它们作为一个整体并不会使消费者产生误认,即整体视觉不同,就不能认定为近似商标。

②商标主要部分比对,又称为商标主要部分观察比较,是指将商标中发挥主要识别作用的部分抽出来进行重点比较和对照,该方法是对整体比对的补充。主要部分比对方法也是根据消费者对商标与商品的具体感受和记忆而采用的一种识别方法。

一般来说,消费者对商标的感受和印象最深的是商标的主要部分或者称要部,即商标中起主要识别作用的部分。当两个商标的主要部分相同或者近似,就容易造成消费者的误认,也就可以判断为商标近似。

③商标隔离比对,又称为对商标的隔离观察比较,是指将注册商标与被控侵权的商标放置于不同的地点在不同的时间进行观察比对,而不是将要比对的两个商标摆放在一起进行对比观察,这也是一种基本的商标比对方法,无论是在进行整体比对还是主要部分比对时,都应当采用隔离比对的方式。

通常来讲,消费者寻找自己想要的商品或服务时,总是凭着以往头脑中所遗留的对某种商品或者服务的印象,在市场中寻找所感知的那种品牌的商品或服务。在市场中,不同商标的商品一般也不是同时摆放在同一个柜台中,因此,在多数情况下消费者是将以前见到过的、存在头脑记忆中的商标,与当前见到的商标进行比较,而不是将两种要比对的商标同时进行比较。

在商标侵权诉讼中,利用消费者的此种思维模式采用隔离观察比对的方法,能更真实地反映出被控商标所造成混淆的可能性以及程度。

(3)判断商标近似中的注册商标显著性和知名度要素

根据《商标法》的规定,注册商标应当具有显著特征,而商标的显著性,是注册商标的构成要件,是对申请商标进行实质审查的重要方面。商标的显著性是指将商标使用于商品或其包装以及服务上时,能够引起一般消费者的注意,并凭此与其他商品或者服务相区别。

商标的显著性越强,消费者对其印象越深刻,与被控侵权的商标相比对而判定近似的可能性就越大;而显著性较差的商标,指控他人商标与自己商标近似就相对难以判断,与被控侵权的商标相比判定为近似的可能性较小。

除了显著性外,对商标相同或近似的认定与某一商标的知名度也密切相关。依据商标对社会影响的大小强弱,可以将商标分为驰名商标和非驰名商标。商标的知名度越高,相关受众的范围越大,与消费者的联系也越紧密,与被控侵权商标相对比更容易判定为近似。在驰名商标或者非驰名商标中,商标的知名度也有不同的等级和程度。

(4)判断是否易产生误认或联系

最高人民法院《关于审理商标民事纠纷案件适用法律若干问题的解释》(2020 年修正)第 9 条规定:“商标法第五十七条第(一)(二)项规定的商标相同,是指被控侵权的商标与原告的注册商标相比较,二者在视觉上基本无差别。商标法第五十七条第(二)项规定的商标近似,是指被控侵权的商标与原告的注册商标相比较,其文字的字形、读音、含义或者图形的构图及颜色,或者其各要素组合后的整体结构相似,或者其立体形状、颜色组合近似,易使相关公众对商品的来源产生误认或者认为其来源与原告注册商标的商品有特定的联系。”

根据上述规定,判断商标是否近似时,还要看被控商标是否易使相关公众对商品的来源产生误认或认为与被侵权商标商品存在联系。需要说明的是,这里所说的“误认”和“联系”应理解为误认的可能和联系的可能,不是必须实际上已产生“误认”或“联系”。而在判断侵权人在相同或类似的商品上使用相同商标是否构成侵权时,则不用考虑消费者会不会产生误认或联系,侵权人只要使用了相同商标就应认定侵权。

(5)个案审查

在对商标相同或近似与否进行判断时,应就每个案件的具体情况做独立判断,并根据个案自身的事实作出判定。

2. 类似商品或类似服务的判断

最高人民法院《关于审理商标民事纠纷案件适用法律若干问题的解释》(2020 年修正)第 11 条第 1 款、第 2 款规定:“商标法第五十七条第(二)项规定的类似商品,是指在功能、用途、生产部门、销售渠道、消费对象等方面相同,或者相关公众一般认为其存在特定联系、容易造成混淆的商品。类似服务,是指在服务的目的、内容、方式、对象等方面相同,或者相关公众一般认为存在特定联系、容易造成混淆的服务。”

该解释第 12 条规定:“人民法院依据商标法第五十七条第(二)项的规定,认定商品或者服务是否类似,应当以相关公众对商品或者服务的一般认识综合判断;《商标注册用商品和服务国际分类表》《类似商品和服务区分表》可以作为判断类似商品或者服务的参考。”

根据上述规定,判断商品或服务的方法有如下几种:

(1)参照《商标注册用商品和服务国际分类表》和《类似商品和服务区分表》

判断商品或服务是否类似应首先确定该商品或服务在《商标注册用商品和服务国际分类表》和《类似商品和服务区分表》中的类别,如在同一类别,则可初步认定为商标或服务近似。但《商标注册用商品和服务国际分类表》和《类似商品和服务区分表》并不是判断商品或服务类似的唯一依据。

(2)相关公众的一般认识

相关公众的一般认识是商品或服务类似判断的主观标准。所谓相关公众的一般认识,是指相关市场的一般消费者对商品或服务的通常认知和一般交易观念,不受限于商品或服务本身的自然特性。也就是说,日常关注、购买、使用涉案商品或服务的一般消费者或者经营者凭日常生活、工作常识或者交易习惯等从事商品或服务交易不可或缺的常识性因素形成的对商品或服务的认识构成相关公众的一般认识。

而这里所指的常识性因素则属于个案事实的范畴,它因商品或服务的不同、交易环境的不同等具体案情的不同而不同,并非一成不变的,需要在个案中具体分析、把握。

此外,对于一般认识是指相关公众在商品或服务交易的正常环境下的普通的、常态的对商品或服务的认识。比如,一般公众在购买饮料时很难将其与做饭所用的酱油、醋等调味料产生混淆而误购。如果案件当事人在购买以上商品时发生混淆而错把饮料买成了调味品,则不能认为该当事人对商品或服务的认识是一般认识,也不能从而认为饮料和调味品构成类似商品。

(3)相关公众的综合判断

所谓综合判断,是指将相关公众在个案中的一般认识,与商品交易中的具体情形,以及司法解释规定的判断商品类似的各要素结合在一起从整体上进行考量,同时可以参照商品服务分类表的分类。

(4)分析商品或服务的功能、用途、生产部门、销售渠道及销售对象等

在判断商品或服务是否类似时,应对商品或服务的功能、用途,生产部门或提供者,销售渠道,目标客户等方面认真进行分析研究,如果前述内容基本相同可判定为类似。

(5)判断商品或服务是否存在特定联系

有些商品分属不同类别,其功能、销售渠道、目标客户等方面也不相同,但在实际使用中却存在特定联系,如成品与零部件的关系、互为依存的关系、配合使用等关系,只要这种联系是稳定的、客观的,而且容易使相关普通消费者产生或实际已产生混淆,则两种商品或服务应判定为类似商品或服务。

3. 商品与服务类似的判断

商品与服务类似是指商品和服务之间存在特定联系,容易使相关公众产生混淆。如“汽车”与“汽车维修”、“教材”与“培训”等,虽然一个是商品而另一个是服务,分属不同的类别,但在商品实际使用与服务中,两者间产生了一定的必然联系,且这种联系易使消费者产生混淆,应认定为商品与服务类似。

(六)驰名商标的特殊保护

驰名商标,是指在中国为相关公众广为知晓并享有较高声誉的商标。在商标侵权诉讼中,律师作为代理人可以巧妙利用法律对驰名商标的特殊保护,以维护当事人的权益。最高人民法院《关于审理涉及驰名商标保护的民事纠纷案件应用法律若干问题的解释》对于驰名商标保护进行了比较详细的规定。

1. 驰名商标的特殊保护

驰名商标可分为注册的驰名商标和非注册的驰名商标,在我国其受保护的范围及措施是不同的。作为非注册商标的驰名商标的权利人,能够禁止他人在与其相同或者类似商品申请注册该驰名商标并禁止使用;而作为注册商标的驰名商标能够禁止他人在与其就不相同或者不相类似商品申请注册商标并禁止使用,其保护范围较非注册商标更为广泛。

此外,我国对驰名商标的保护还有:(1)对于已注册的商标提出撤销的,对恶意注册的,驰名商标所有人不受5年的时间限制。(2)商标所有人认为他人将其驰名商标作为企业名称登记,可能欺骗公众或者对公众造成误解的,可以向企业名称登记主管机关申请撤销该企业名称登记。(3)在域名纠纷案件中,被告域名或其主要部分构成对原告驰名商标的复制、模仿、翻译或音译的,为了商业目的将他人驰名商标恶意注册的行为,构成侵权或者不正当竞争。

2. 驰名商标的被动保护方式

我国对驰名商标的认定采用“个案处理,被动认定”的方式,即只有在商标所有人认为其商标

受到损害并请求保护其合法权益时，才可以向有关主管部门提出驰名商标的认定申请。

根据最高人民法院《关于审理商标民事纠纷案件适用法律若干问题的解释》（2020 年修正）第 22 条规定："人民法院在审理商标纠纷案件中，根据当事人的请求和案件的具体情况，可以对涉及的注册商标是否驰名依法作出认定。认定驰名商标，应当依照商标法第十四条的规定进行。当事人对曾经被行政主管机关或者人民法院认定的驰名商标请求保护的，对方当事人对涉及的商标驰名不持异议，人民法院不再审查。提出异议的，人民法院依照商标法第十四条的规定审查。"

根据最高人民法院《关于审理涉及驰名商标保护的民事纠纷案件应用法律若干问题的解释》的规定，在涉及驰名商标保护的民事纠纷案件中，人民法院对于商标驰名的认定，仅作为案件事实和判决理由，不写入判决主文；以调解方式审结的，在调解书中对商标驰名的事实不予认定。

3. 驰名商标的认定标准

驰名商标的认定标准主要依据的是《商标法》（2019 年修正）第 14 条的规定，即"驰名商标应当根据当事人的请求，作为处理涉及商标案件需要认定的事实进行认定。认定驰名商标应当考虑下列因素：（一）相关公众对该商标的知晓程度；（二）该商标使用的持续时间；（三）该商标的任何宣传工作的持续时间、程度和地理范围；（四）该商标作为驰名商标受保护的记录；（五）该商标驰名的其他因素"。

"相关公众"包括：与使用商标所标示的某类商品或者服务有关的消费者，生产前述商品或者提供服务的其他经营者，以及经销渠道中所涉及的销售者和相关人员等。

考察相关公众的知晓程度，一般来说，应从使用该商标商品或服务的知名度和信誉度两个方面进行。知名度表明相关公众对商标的认知水平，信誉度表明相关公众对商标的评价水平。只有具备高知名度和高美誉度，才能达到驰名商标的应有知晓程度。

在实践中，商标的显著性也是影响驰名商标认定的一个因素，显著性强的商标比显著性差的商标获得驰名商标认定的机会要大。

三、代理著作权侵权诉讼

（一）著作权侵权的概念

著作权侵权，是指行为人未经著作权人同意，无法律上的依据，擅自对著作权作品进行使用，以及其他擅自行使著作权的行为。侵犯著作权的行为可分为直接侵权和间接侵权两种。

直接侵权，是指不法行为直接侵犯的客体本身是受著作权保护的作品，如未经许可复制、发行权利人的作品等；间接侵权，是指不法行为并未直接侵害享有著作权保护的作品，但为侵权行为提供了条件从而对著作权造成了损害，如出售非法复制的图书、影像资料等。

（二）界定著作权的保护范围

根据《著作权法》的相关规定，著作权保护是"带有独创性的作品"。换言之，著作权保护的是作品中具有独创性的思想表现形式，但不保护作品所表达的观点、理论、原则、情感、构思等思想内容本身。我国的著作权法并没有要求受保护的作品还得具有艺术高度或创作高度，因此，只要是符合《著作权法》（2020 年修正）第 3 条、第 13 条规定的作品，就应受到保护。

我国《著作权法》规定，著作权包括两类具体的权利，即著作人身权和著作财产权。与著作权有关的权益，即著作邻接权等权利是基于表演者、录音制作者和广播电视组织进行传播作品而对其表演活动、录音制品和广播电视节目享有的权利，著作邻接权不在著作权的内容范围内。

著作人身权包括发表权、署名权、修改权和保护作品完整权。著作财产权包括复制权，表演权，播放权，展览权，发行权，摄制电影、电视、录像权，改编权，翻译权，注释权，编辑权（汇编权），出租权，整理权。

此外，著作权有关国际公约和一些国家的著作权法律，还规定了其他一些著作财产权，这些权利包括:追续权、公共借阅权、角色商品化权、收回权、收取录制和复印设备版税权、接触权、畅销书条款权等。

但根据《著作权法》的规定,下列作品不享有著作权:(1)法律、法规,国家机关的决议、决定、命令和其他具有立法、行政、司法性质的文件,及其官方正式译文;(2)单纯事实消息;(3)历法、通用数表、通用表格和公式。

(三)明确著作权侵权行为的种类

我国的《著作权法》对著作权侵权行为采用的是详细列举式的规定,《著作权法》(2020 年修正)第 51 ~ 53 条规定了著作权侵权行为的共 19 种类型,实践中这些类型是认定著作权侵权的重要法律依据。律师在办理著作权侵权案件时应当依据上述条文明确涉案著作权侵权行为的种类。

该法第 51 条规定:"未经权利人许可,不得进行下列行为:(一)故意删除或者改变作品、版式设计、表演、录音录像制品或者广播、电视上的权利管理信息,但由于技术上的原因无法避免的除外;(二)知道或者应当知道作品、版式设计、表演、录音录像制品或者广播、电视上的权利管理信息未经许可被删除或者改变,仍然向公众提供。"

该法第 52 条规定:"有下列侵权行为的,应当根据情况,承担停止侵害、消除影响、赔礼道歉、赔偿损失等民事责任:(一)未经著作权人许可,发表其作品的;(二)未经合作作者许可,将与他人合作创作的作品当作自己单独创作的作品发表的;(三)没有参加创作,为谋取个人名利,在他人作品上署名的;(四)歪曲、篡改他人作品的;(五)剽窃他人作品的;(六)未经著作权人许可,以展览、摄制视听作品的方法使用作品,或者以改编、翻译、注释等方式使用作品的,本法另有规定的除外;(七)使用他人作品,应当支付报酬而未支付的;(八)未经视听作品、计算机软件、录音录像制品的著作权人、表演者或者录音录像制作者许可,出租其作品或者录音录像制品的原件或者复制件的,本法另有规定的除外;(九)未经出版者许可,使用其出版的图书、期刊的版式设计的;(十)未经表演者许可,从现场直播或者公开传送其现场表演,或者录制其表演的;(十一)其他侵犯著作权以及与著作权有关的权利的行为。"

该法第 53 条规定:"有下列侵权行为的,应当根据情况,承担本法第五十二条规定的民事责任;侵权行为同时损害公共利益的,由主管著作权的部门责令停止侵权行为,予以警告,没收违法所得,没收、无害化销毁处理侵权复制品以及主要用于制作侵权复制品的材料、工具、设备等,违法经营额五万元以上的,可以并处违法经营额一倍以上五倍以下的罚款;没有违法经营额、违法经营额难以计算或者不足五万元的,可以并处二十五万元以下的罚款;构成犯罪的,依法追究刑事责任:(一)未经著作权人许可,复制、发行、表演、放映、广播、汇编、通过信息网络向公众传播其作品的,本法另有规定的除外;(二)出版他人享有专有出版权的图书的;(三)未经表演者许可,复制、发行录有其表演的录音录像制品,或者通过信息网络向公众传播其表演的,本法另有规定的除外;(四)未经录音录像制作者许可,复制、发行、通过信息网络向公众传播其制作的录音录像制品的,本法另有规定的除外;(五)未经许可,播放、复制或者通过信息网络向公众传播广播、电视的,本法另有规定的除外;(六)未经著作权人或者与著作权有关的权利人许可,故意避开或者破坏技术措施的,故意制造、进口或者向他人提供主要用于避开、破坏技术措施的装置或者部件的,或者故意为他人避开或者破坏技术措施提供技术服务的,法律、行政法规另有规定的除外;(七)未经著作权人或者与著作权有关的权利人许可,故意删除或者改变作品、版式设计、表演、录音录像制品或者广播、电视上的权利管理信息的,知道或者应当知道作品、版式设计、表演、录音录像制品或者广播、电视上的权利管理信息未经许可被删除或者改变,仍然向公众提供的,法律、行政法规另有规定的除外;(八)制作、出售假冒他人署名的作品的。"

(四)判定著作权侵权的方法

由于著作权内容的丰富复杂,著作权侵权行为认定也呈现纷繁复杂的局面。通常来讲,认定著作权侵权首先应掌握著作权人或邻接权人享有权利的种类和范围，分析、掌握该作品的表达形式和特点，然后对被控侵权人的作品的表达形式和特点进行分析研究，将两个作品进行比较是否构成相同或相似，比较的内容包括作品完成时间、发表时间、资料来源出处、主题表现、篇章结构、人物设计、故事情节安排、布局、造型、表现手法等多方面。

在律师操作实务中，确定某种使用作品的行为是否侵犯著作权，有时比较简单，如剽窃他人的作品以自己的名义发表；未经著作权人同意，擅自发表其未曾发表过的作品，擅自将他人的受著作权法保护的图书、音像制品等复制出售的行为等；但有时比较复杂，需要进行客观、理性分析。

四、代理不正当竞争侵权诉讼

不正当竞争，是指经营者违反《反不正当竞争法》的规定，损害其他经营者的合法权益，扰乱社会经济秩序的行为。我国《反不正当竞争法》(2019 年修正)第 6 条规定："经营者不得实施下列混淆行为，引人误认为是他人商品或者与他人存在特定联系：(一)擅自使用与他人有一定影响的商品名称、包装、装潢等相同或者近似的标识；(二)擅自使用他人有一定影响的企业名称(包括简称、字号等)、社会组织名称(包括简称等)、姓名(包括笔名、艺名、译名等)；(三)擅自使用他人有一定影响的域名主体部分、网站名称、网页等；(四)其他足以引人误认为是他人商品或者与他人存在特定联系的混淆行为。"

(一)假冒注册商标不正当竞争案件

2017 年《反不正当竞争法》修订时删除了"假冒注册商标"的表达方式，避免了《反不正当竞争法》与《商标法》两个法律的理解冲突，《商标法》作为特别法，起着应有的商标保护作用。无论是将他人商标作为商标使用，还是作为商号使用，只要这种仿冒可能产生混淆及不当利用损害他人商誉的后果，都可以依据《反不正当竞争法》禁止。

假冒注册商标的不正当竞争行为，是专指未经注册商标所有人的许可，在同一种商品或者类似商品上使用与其注册商标相同或者近似的商标的行为；其在本质上是一种通过盗用他人注册商标，致使消费者对商品来源产生误认误购的一种行为。

因《反不正当竞争法》作为公法，其主要目的不是保护他人的注册商标专用权，而是着眼于通过遏制假冒行为来维护竞争秩序，这与商标法中所规定的侵犯商标权的行为的侧重点不同。在实践中，认定是否构成假冒商标不正当竞争，通常可以从如下几个方面进行。

(1)从行为人的主观上看，是否具有假冒他人商标牟利的意图。一般来说，假冒他人注册商标的主要目的就是通过误导消费者购买使用假冒的商标谋求不法利益，因此，行为人主观上是否具有牟利意图作为假冒商标不正当竞争的一个构成要件。

(2)从行为人所使用的商标、标识、装潢与权利人的商标标识的比较上看，构成相同或近似，这方面的比较可参考前文论述的商标相同或近似的判断。

(3)从行为人的行为效果或结果看，是否构成了对被假冒的商标标识的侵害或者可能侵害。

(二)有一定影响的商品名称包装装潢仿冒案件

有一定影响的商品名称包装装潢仿冒行为是指擅自将他人有一定影响的商品特有的商品名称、包装、装潢作相同或者近似使用，使其与他人的有一定影响的商品相混淆，使购买者误认或者足以误认为是该有一定影响的商品的行为。

商品特有的名称、包装、装潢既是区别不同商品的特征，也在一定程度上反映经营者的商业信誉和商品声誉，因此，在实际经营过程中，生产者或经营者会把商品的名称、包装、装潢作为创造商品形象以及开拓市场的重要战略手段。

因此，有一定影响的商品的名称、包装、装潢本身就会成为高声誉商品的象征，擅自使用他人有一定影响的商品特有的名称、包装、装潢，或者模仿他人有一定影响的商品特有的名称、包装、装潢，在市场上产生混淆,造成误认、误购的,均侵犯他人特定的知识产权,属于危害竞争秩序的不正当竞争行为。认定有一定影响的商品名称包装装潢仿冒行为须衡量下述基本要件:

1. 名称、包装、装潢须为有一定影响的商品特有

(1)所谓有一定影响的商品,是指在市场上有一定知名度,为相关公众所知悉的商品。判断商品是否为有一定影响的商品,不应以任何人对该商品都知道或了解为前提,而应以该商品在相关的市场领域中有较高的知名度为要件。

知名的日常用品应在一般的消费者中有较高的知名度,但一些有特定交易对象的商品,如生产机械等应在可能购买、销售或特定使用该商品的单位或人员中考察它的知名度,不应在一般的消费者中考察其知名度。

知名度达到何种程度的商品才能成为有一定影响的商品,则需要斟酌销售地区、时间、广告宣传等诸多因素来综合判断。一般来讲,商品长久并广泛行销、使用,在其相关领域广为人知并有较好的信誉的,可以认定为有一定影响的商品。

(2)所谓特有的名称、包装、装潢,是指商品名称、包装、装潢,非为相关商品所通用,并具有显著区别性特征。如果某商品的知名度已较高,但其商品名称、包装、装潢不是经营者独创的,而是使用了同类商品习惯上通用的名称、包装、装潢,那么这种名称、包装、装潢不能成为本法所称的有一定影响的商品特有的。

特有的名称,是指有一定影响的商品独有的与通用名称有显著区别的商品名称。包装,是指为识别商品以及方便携带、储运而使用在商品上的辅助物和容器。而装潢,是指为识别与美化商品而在商品或者其包装上附加的文字、图案、色彩及其排列组合。

2. 擅自使用他人有一定影响的商品特有的名称、包装、装潢

擅自使用是指未经所有权人的许可而自行使用该所有权人的有一定影响的商品的名称、包装、装潢,这是构成有一定影响的商品名称、包装、装潢仿冒行为的要件之一。

《反不正当竞争法》对不正当地利用他人有一定影响的商品的名称、包装、装潢从事市场交易的行为规定了两种情况:一种情况是擅自使用他人有一定影响的商品的名称、包装、装潢,即作相同使用;另一种情况是使用与有一定影响的商品的名称、包装、装潢近似的名称、包装、装潢。

3. 致使与他人有一定影响的商品发生混淆

无论是行为人使用与他人有一定影响的商品相同的名称、包装、装潢,还是近似的,只要导致产生与有一定影响的商品发生混淆的后果,即构成有一定影响的商品名称包装装潢仿冒。

其中,使用与有一定影响的商品"相同的"名称、包装、装潢比较容易判断,而使用"近似的"是指对有一定影响的商品的名称、包装、装潢加以无碍大体的改变,沿袭其主要部分,致使与有一定影响的商品发生混淆,使购买者发生误认。主要部分是指商品名称、包装、装潢最显著、最醒目、最易引起购买者注意的部分。对使用与有一定影响的商品近似的名称、包装、装潢,可以根据主要部分和整体印象相近,一般购买者施以普通注意力会发生误认等综合分析认定。一般购买者已经发生误认或者混淆的,可以认定为近似。

(三)侵犯商业秘密案件

商业秘密,是指不为公众所知悉、具有商业价值并经权利人采取相应保密措施的技术信息、经营信息等商业信息。

商业秘密的范围相当广泛,它不仅包括那些凭技能或经验产生的、在实际中尤其是工业中适用的技术信息,如配方、工艺流程、技术秘诀、设计图纸等,还包括那些具有秘密性质的经营管理方法及与经营管理方法密切相关的经营信息,如管理方法、产销策略、客户名单、货源情报等。但并不是所有的技术信息和经营信息都是商业秘密。只有符合下列三个条件的技术信息和经营信息,才是

商业秘密：

(1)这些信息必须是不为公众所知悉的，即不是已经公开的或普遍为公众所知晓的信息、资料、方法。例如，在公开发行物上介绍的某项化学配方，尽管有一定商业价值，但已不再是商业秘密，因为公众都有可能知晓。

(2)这些信息必须具有实用性，能够为权利人带来实际的或潜在的经济利益和竞争优势。例如，某项工艺配方虽然能制作出一定的产品，但却耗费了比普通配方更大的成本，质量也一般，这样的配方就不是商业秘密，因为它没有经济价值。

(3)权利人必须为这些信息采取了适当的保密措施。例如，经营者将客户名单等资料放在对外公开网站上，这些信息虽然很有经济价值，但也不是商业秘密，因为其拥有人没有对其采取适当的保密措施。

上述三个条件是构成商业秘密的三个要件，缺一不可。

根据我国《反不正当竞争法》及原国家工商行政管理总局《关于禁止侵犯商业秘密行为的若干规定》的规定，侵犯商业秘密的行为有如下几种：

(1)以盗窃、利诱、胁迫或者其他不正当手段获取权利人的商业秘密；

(2)披露、使用或者允许他人使用以上述手段获取权利人的商业秘密；

(3)与权利人有业务关系的单位和个人违反合同约定或者违反权利人保守商业秘密的要求，披露、使用或者允许他人使用其所掌握的权利人的商业秘密；

(4)权利人的职工违反合同约定或者违反权利人保守商业秘密的要求，披露、使用或者允许他人使用其所掌握的权利人的商业秘密；

(5)第三人明知或者应知前述违法行为，获取、使用或者披露他人的商业秘密，视为侵犯商业秘密。

(四)损害商业信誉、商品信誉案件

损害商业信誉、商品声誉行为，也称为商业诽谤行为，是指经营者自己或利用他人，通过捏造、散布虚假事实等不正当手段，对竞争对手的商业信誉、商品声誉进行恶意的诋毁、贬低，以削弱其市场竞争能力，并为自己牟取不正当利益的行为。从该定义来看，商业诽谤行为的构成条件如下：

1. 行为主体

商业诽谤行为的行为主体是经营者，即从事商品经营或者营利性服务的法人、其他经济组织和个人。但需要注意的是，虽然多数情况下，经营者是自己实施对竞争对手的商业诽谤行为，但有些情况下，经营者也会利用他人实施此种行为。这里所指的他人，既可能是其他同业经营者，也可能是非同业经营者或非经营者的社会组织或个人。

2. 行为人主观方面

商业诽谤行为的行为人主观方面应是明知故意，而不是过失。行为人实施商业诽谤行为的目的就是通过削弱竞争对手的市场竞争能力来谋求自己的市场竞争优势，这种主观故意性是明显而确定的。经营者也可能因过失造成对竞争对手商业信誉或商品声誉的损害，并要承担相应的损害赔偿责任，但这种行为不构成商业诽谤，其性质并不属于不正当竞争。

3. 行为人侵害客体

商业诽谤行为侵害的客体是特定经营者的商业信誉、商品声誉。经营者的商业信誉、商品声誉属于民法中规定的自然人或法人的名誉权和荣誉权，它们是从商业角度对经营者的能力和品德、对其商品品质的社会评价。商业信誉和商品声誉是通过经营者参与市场竞争等连续性活动而逐渐形成的，良好的商业信誉和商品声誉，能给经营者带来巨大的经济利益，并使经营者在市场竞争中具有优势地位。

4. 行为人客观方面

商业诽谤行为的客观方面表现为捏造、散布虚假事实,对竞争对手的商业信誉、商品声誉进行诋毁、贬低,给竞争对手造成或可能造成一定的损害后果。

捏造虚假事实,是指故意编造对竞争对手不利的,与其商业信誉、商品声誉真实情况不相符合的虚假事实,包括无中生有的编造,也包括对事实的恶意歪曲。

散布虚假事实,是指以各种形式使他人知悉其所捏造的虚伪事实。如前文所述,商业信誉、商品声誉对经营者重要性不言而喻,对经营者商业信誉、商品声誉的任何诋毁或贬低,都可能给该经营者的正常经营活动造成消极的影响,甚至可能给经营者带来严重的经济损失。

捏造、散布虚假事实,意图损害竞争对手的商业信誉、商品声誉,即使尚未造成损害后果的,也应视为不正当竞争行为而需予以制止,因为它存在造成严重损害后果的可能性。

商业诽谤行为侵犯竞争对手的合法权益,破坏正常的市场竞争秩序,其不正当竞争的性质是十分明显的。律师在代理此类案件时,应首先确认当事人的行为是否符合上述商业诽谤行为构成要件,然后再确定相关代理思路。

五、代理网络侵权诉讼

(一)网络侵权的概念及特点

网络侵权是一种特殊的侵权行为,是指行为人通过网络侵害他人的财产和人身权利,依法应承担民事责任的行为。在本质上,网络侵权与传统的侵权行为是相同的,网络侵权是传统侵权行为在网络世界的延伸。但网络作为一种新生事物,在其中发生的侵权案件又有与传统侵权案件不同的显著特点:

1. 侵权行为的网络性

网络侵权须是以网络为媒介,或是与网络有直接的关系,这也是网络侵权不同于传统的侵权行为的最为突出的一个特征。网络是网络侵权行为得以实施的媒体、工具和场所。换句话说,离开了网络,就不可能有网络侵权行为的发生。

2. 实施网络侵权行为的行为人具有相当的隐蔽性

因为网络是一个虚拟世界,任何人都可以通过匿名或者所取的任意网名来参与网络活动,有的甚至是借用或盗用他人的用户名和密码上网,网络主体以及主体的形象、个人资料等不是真实可靠的,在侵权行为发生时,通过虚拟的网络世界,找到实施侵权行为的真正行为人,通常是比较困难的。

3. 网络侵权行为的证据不易获得和固定

任何一种侵权行为的认定必须有充足的证据为依据,但网络的特点就是无形性和虚拟性,因此,在网络上发生的侵权行为,其侵权证据往往以数字化信息的形式存在,具有不稳定性和易于修改性,因此在网络侵权案件中,如何获取证据和怎样认定证据的效力,是网络侵权诉讼的核心问题。

4. 侵权损害后果扩散范围广、速度快

由于网络具有全球性、交互性、实时性和管理的非中心化等特点,它打破了疆域的界限,因此,网络侵权行为的损害后果在理论上可以扩散到网络覆盖的任何地方,这个范围是传统侵权案件无法相比的。从速度上看,网络是以数字信息快速交换和传播为重要特征的,因此,网络侵权后果也随着信息的交流传播而迅速扩散。由此可见,网络侵权行为一旦发生,给权利人造成的损失就很难挽回。

5. 网络侵权案件的司法管辖不好确定

根据我国相关法律,传统民事侵权行为应由被告所在地法院或侵权行为地法院管辖。但是在网络侵权案件中,由于行为人的主体身份具有隐蔽性,侵权行为发生的地点很难确定,并且,侵权行为地很多情况都不是一个单独的物理地点,而是与几个地点相联系,因此,如何确定案件管辖地是网络侵权案件中的一个重要问题。

(二)网络侵权案件的主要种类

根据司法实践及侵权客体来看,网络侵权案件主要包括侵犯人身权和侵犯知识产权两大类,具体表现形式为:

1. 侵犯人身权案件

(1)侵犯隐私权案件

未经当事人的同意,行为人在网络上以不正当手段获取、披露他人隐私或者非法侵入他人私人领域的行为,属于侵犯隐私权的行为。虽然我国法律法规对隐私权的规定尚不明确,但现实中已经有很多通过网络侵犯他人隐私权的情况发生。除了在网络上将他人隐私公开构成侵犯隐私权外,行为人未经当事人同意擅自侵入他人数据库、电子信箱、系统程序等,也可能构成侵犯隐私权。

(2)侵犯名誉权案件

网络名誉侵权是一种行为人通过网络实施的侵害他人名誉权的行为,与传统的名誉侵权案件相比,主要在行为实施方式上有所不同。就如何判断名誉侵权,最高人民法院在其颁布实施的《关于审理名誉权案件若干问题的解答》(法发〔1993〕15 号)和《关于审理名誉权案件若干问题的解释》(法释〔1998〕26 号)中有比较明确的规定,上述 2 个文件虽已失效,但对侵犯名誉权的司法实践仍具有指导作用。

2. 侵犯知识产权案件

(1)侵犯著作权案件

网络著作权侵权,是指在网络条件下,未经著作权人许可,擅自向公众传播或载到网上供他人使用其作品,侵犯他人著作权的行为。公众使用网络的主要目的是通过网络获取、发布和传播相关信息,而这些信息有很多都构成受著作权法保护的作品,因此,在网络环境中如何使用该信息,如上传、下载、搜索、链接等,就必然涉及著作权和邻接权的保护问题。在司法实践中,侵犯著作权的行为是网络侵权行为中最常见的形式,也是律师实务中值得关注和研究的重要课题。

(2)侵犯商标权案件

在网络中,未经权利人许可使用与权利人商标标识相同或近似的标识,引人误认的,还有可能构成商标侵权,尤其是在使用他人驰名商标的情况下。

(3)不正当竞争案件

网络不正当竞争案件的种类十分复杂,通常表现为利用域名实施的不正当竞争行为,利用网络广告等手段进行虚假宣传,利用网络侵害竞争对手商誉,通过网络侵犯他人商业秘密,以及使用网络技术手段实施网络攻击,采取不正当的技术措施影响对方软件的正常下载、安装和运行等。①

(三)关于域名侵权诉讼

域名侵权,是指域名持有人所注册的域名侵犯商标权、商号权等权利人的域名或商标、商号等权利客体的行为。域名侵权纠纷发生于域名、商标、商号、企业名称等的注册及使用过程中,多表现为一种权利的使用侵犯了另一种在先权利,其性质较为复杂。

域名侵权纠纷按其侵权客体的不同可分为两大类:一是注册的域名侵犯商标、商号、企业名称、名人姓名、地理名称、国际组织名称等其他在先权利而引起的纠纷;二是其他权利客体侵犯在先域名权利,如商标、商号侵犯在先域名权利、域名侵犯在先域名权利等而引起的纠纷。

---

① 参见李德成:《网络不正当竞争纠纷案件的法律策略与技巧》,中国律师论坛 2007 年论文。

最高人民法院《关于审理涉及计算机网络域名民事纠纷案件适用法律若干问题的解释》(2020年修正)第4条规定,当事人注册、使用域名等行为构成侵权或者不正当竞争行为应符合以下各项条件:

(1)原告请求保护的民事权益合法有效;

(2)被告域名或其主要部分构成对原告驰名商标的复制、模仿、翻译或音译;或者与原告的注册商标、域名等相同或近似,足以造成相关公众的误认;

(3)被告对该域名或其主要部分不享有权益,也无注册、使用该域名的正当理由;

(4)被告对该域名的注册、使用具有恶意。

根据上述规定,域名侵权是否构成的核心,在于侵权人所注册的域名在客观上与他人在先权利,如注册商标、商号等构成相同或近似,以及侵权人主观上的"恶意",该恶意主要是指:

①为商业目的将他人驰名商标注册为域名的;

②为商业目的注册、使用与原告的注册商标、域名等相同或近似的域名,故意造成与原告提供的产品、服务或者原告网站的混淆,误导网络用户访问其网站或其他在线站点的;

③曾要约高价出售、出租或者以其他方式转让该域名获取不正当利益的;

④注册域名后自己并不使用也未准备使用,而有意阻止权利人注册该域名的;

⑤具有其他恶意情形的。

但如果被控侵权人能举证证明在纠纷发生前其所持有的域名已经获得一定的知名度,且能与原告的注册商标、域名等相区别,或者具有其他情形足以证明其不具有恶意,可以不认定被告具有恶意。

(四)网络著作权侵权诉讼

1. 受网络著作权保护的作品

受网络著作权法保护的作品,除《著作权法》(2020年修正)第3条规定的各类作品外,还包括数字化形式作品。此外,在网络环境下无法归于《著作权法》(2020年修正)第3条列举的作品范围,但在文学、艺术和科学领域内具有独创性并能以某种有形形式复制的其他智力创作成果,也应受网络著作权法保护。

2. 网络著作权侵权的构成要件

(1)网络著作权侵权行为的违法性

网络著作权侵权行为的违法性是指行为人实施了违反相关法律规定的行为,才能成为著作权侵权行为,才需要承担侵权责任。如行为人合理使用著作权、法定许可或被使用许可,因其行为不具有违法性,也就不构成侵犯网络著作权的行为,也不必承担著作权侵权责任。

(2)有损害事实发生

根据《民法典》的相关规定,损害事实的发生是侵权责任构成的前提条件之一,作为网络侵权责任的构成,也应该受这一条件约束。网络著作权侵权的损害是指:因一定的行为使某人所享有的著作权权益受到某种不利的影响或损失,它包括财产损失以及名誉损害。

(3)侵犯网络著作权的行为与损害事实间的因果关系

侵犯网络著作权的行为与损害事实间的因果关系,指侵害网络著作权的违法行为引起了权利人著作权受到损害的结果。

3. 网络著作权侵权的类型

(1)将网络上作品擅自下载并发表在传统媒体上,该行为指未经网络作品著作权人许可,行为人将网络作品下载并于传统媒体上传播的行为。

(2)未经著作权人许可,擅自将传统媒体上发表的作品在网络上传播,是指行为人未经权利人许可，将权利人所享有的著作权，包括但不限于小说、电影、电视等作品，登载于网络上向一切网络用户公开的行为。

(3)网页作品的著作权侵权，是指行为人未经权利人许可，复制或剽窃权利人享有著作权网页的行为。

(4)网络服务提供者在提供网络服务时教唆或者帮助网络用户实施侵害网络传播权行为。

(5)提供内容服务的网络服务提供者，明知网络用户通过网络实施侵犯他人著作权的行为，或者经著作权人提出确有证据的警告，但仍不采取移除侵权内容等措施以消除侵权后果的行为。

(6)提供内容服务的网络服务提供者，对著作权人要求其提供侵权行为人在其网络的注册资料以追究行为人的侵权责任，无正当理由拒绝提供的行为。

(7)网络服务提供者明知专门用于故意避开或者破坏他人著作权技术保护措施的方法、设备或者材料，而上传、下载、传播的行为。

六、知识产权侵权案件的几个特殊问题

(一)知识产权侵权的调查取证

1. 知识产权侵权调查取证的范围

在知识产权侵权案件中，无论是选择何种途径来追究知识产权侵权人的法律责任，权利人都需要向有关机关提供相关证据，包括证明被侵害知识产权权利有效的证据、表明知识产权被侵害的证据，以及有关损害赔偿的证据。

(1)权利类证据

当事人需要提供权利类证据的主要目的在于：第一，证明该当事人是知识产权权利的拥有者或其利害关系人，因此他是合法的原告或投诉人；第二，该知识产权在我国合法存在、有效并且因此可被依法行使。

①就著作权侵权案件而言，提交权利类证据的目的在于证明著作权的归属、权利状态。主要证据包括：涉及著作权的底稿和原件、合法出版物、著作权登记证书、认证机构出具的证明、取得权利的合同等。

②就商标权侵权案件而言，提交权利类证据的目的在于证明商标权的归属，受保护的是何种类型的商标，是否为驰名商标，从而确定该商标权的保护范围。主要证据包括：商标注册证及续展手续、驰名商标认证书。如果是国际商标注册，则须由国家知识产权局商标局发布该国际注册在中国有效的证明。

③就专利权侵权案件而言，提交权利类证据的目的在于明确专利权的归属、权利状态、专利的有效期限，确定专利权的保护范围。主要证据包括：a. 专利权证书，包括授权权利要求书、说明书及附图。该专利权如经历无效或撤销程序，且对专利文件进行了变更，应当提交相应的行政审查决定。如果是实用新型专利，则最好还要有国家知识产权局证明该实用新型具有专利性的检索报告。b. 最近一次缴纳年费的收据。c. 专利独占实施许可权人与专利权人作为共同原告一同提起侵权诉讼的，还应当提交独占实施许可合同。

(2)侵权类证据

在知识产权侵权案件中，侵权类证据要能够证明侵权人实施了或正在实施被控的侵权行为。该类证据包括侵权人的促销宣传材料、产品、相关合同、销售发票等。

①在著作权侵权案件中，权利人提交该类证据的目的在于确认侵权人实施了侵犯著作权的行为。主要证据包括：被控侵权的作品、复制品，登载侵权作品的报刊、网页，销售发票及视听资料等。

②在商标权侵权案件中，提交该类证据的目的在于确认侵权人以何种形式侵犯商标权及侵权

范围等。主要证据包括:侵权人生产的被控侵权产品、企业的宣传网页、企业产品广告及销售发票、买卖合同,甚至企业名片等,总之,可能使用到被侵权商标的任何载体均可作为证据。

③在专利权侵权案件中,权利人提交该类证据的目的在于证明侵权人实施了侵犯专利权的行为,这是判令侵权人承担侵权民事责任的事实依据。主要证据包括:

a. 侵权人生产的被控侵权产品,这是专利侵权行为的直接证据。

b. 如因客观原因不能取得被控侵权产品,则可以先提供诸如侵权人在报刊上刊登的销售其产品的广告,与他人签订的买卖合同等间接证据,再以其他方式获得侵权的直接证据。

c. 被控侵权产品的销售和使用者明知该产品是侵权产品而仍然进行销售和使用的相关证据。

d. 就被控侵权产品与权利人的专利权利要求书进行的对比,说明侵权产品的技术特征如何落入了权利人专利的保护范围,从而构成对专利权的侵犯。

(3)损害赔偿类证据

在知识产权侵权案件中,如要求侵害人进行经济赔偿,则应当提交有关赔偿数额的计算方法及其依据。通常来讲,侵犯知识产权案件中赔偿数额的计算方法不止一种,在几种计算方法都可以使用的情况下,当事人应选择最有利的计算方法,保护自身的合法利益,并据此提交相应的证据。

①根据相关法律法规规定,侵犯"著作权"的赔偿数额计算方法有以下三种:

a. 依据权利人的实际损失计算。此种计算方式是根据权利人因侵权所造成复制品发行减少量或者侵权复制品销售量与权利人发行该复制品单位利润乘积计算。发行减少量难以确定的,按照侵权复制品市场销售量确定。此外,该损失还应当包括权利人为制止侵权行为所支付的合理开支,包括权利人或者委托代理人对侵权行为进行调查、取证的合理费用,以及符合国家有关部门规定的律师费用。

b. 实际损失难以计算的,可以按照侵权人的违法所得进行计算。

c. 权利人的实际损失或者侵权人的违法所得不能确定的,可以依据被侵权作品的类型、合理使用费、侵权行为性质、后果等情节,请求不超过 50 万元的赔偿(法定赔偿)。法定赔偿中应包括调查取证费用、检测鉴定费用、律师费用等。

②根据相关法律法规规定,侵犯"商标权"的赔偿数额计算方法有以下三种:

a. 根据侵权人在侵权期间因侵权所获得的利益计算。根据侵权商品销售量与该商品单位利润乘积计算出的所得额为赔偿额。如该商品单位利润无法查明,按照注册商标商品的单位利润计算。

b. 被侵权人在被侵权期间因被侵权所受到的损失计算,该损失包括被侵权人为制止侵权行为所支付的合理开支(含调查费和律师费)。该计算方法为根据权利人因侵权所造成商品销售减少量或者侵权商品销售量与该注册商标商品的单位利润乘积计算。

c. 上述两种方法难以确认的,可由法院根据侵权行为的情节判决给予 50 万元以下的赔偿(法定赔偿)。法院在确定赔偿数额时,主要考虑侵权行为的性质、期间、后果,侵权人的主观过错程度,商标的声誉,以及制止侵权行为的合理开支等因素综合确定。

③根据相关法律法规的规定,侵犯"专利权"的赔偿数额的计算方法有以下三种:

a. 可依据权利人因被侵权所受到的损失计算。权利人因被侵权所受到的损失可以根据专利权人的专利产品因侵权所造成销售量减少的总数乘以每件专利产品的合理利润所得之积计算。权利人销售量减少的总数难以确定的,侵权产品在市场上销售的总数乘以每件专利产品的合理利润所得之积可以视为权利人因被侵权所受到的损失。

b. 依据侵权人因侵权所获得的利益确定。侵权人因侵权所获得的利益可以根据该侵权产品在市场上销售的总数乘以每件侵权产品的合理利润所得之积计算。侵权人因侵权所获得的利益一般按照侵权人的营业利润计算,对于完全以侵权为业的侵权人,可以按照销售利润计算。

c. 权利人的损失或者侵权人获得的利益难以确定的，有专利许可使用费可以参照的，人民法院可以根据专利权的类型、侵权行为的性质和情节、专利许可的性质、范围、时间等因素，参照该专利许可使用费的倍数合理确定赔偿数额；没有专利许可使用费可以参照或者专利许可使用费明显不合理的，人民法院可以根据专利权的类型、侵权行为的性质和情节等因素，依照《专利法》(2020 年修正)第 71 条第 2 款的规定确定赔偿数额。

(4)有关侵权人情况的证据

这类证据主要包括侵权人确切的姓名或名称、地址、企业性质、注册资金、经营范围、联系方式、资产状况等情况，这些都是权利人必须了解的。权利人根据侵权人的具体情况，采取有针对性的策略和方案，确定以诉讼方式或还是以刑事等方式维护自身的合法权益。

2. 律师进行知识产权侵权调查取证

(1)律师自行调查取证

调查取证是律师从事相应诉讼仲裁业务的一项主要内容，由于知识产权案件在证据上有一定的专业性，律师在知识的专业性及调查取证方面有一定的便利条件，因此，实践中当事人大多会把知识产权侵权调查取证的任务委托给律师进行。律师调查取证应当注意以下几个问题：

①在法律允许的范围内调查取证

律师虽然享有调查取证的权利，但实行这一权利必须依法进行。鉴于律师调查取证是接受当事人委托进行的，因此，相关调查取证的法律手续，如当事人出具的授权委托书、律师事务所开具的调查专用函和介绍信、律师本人的执业证等，都应在调查取证时准备齐全。

此外，律师在调查取证时，应当采用合法的手段进行，不能以侵害他人合法权益或违法违规的方式进行，否则，不但取得的证据可能被认定为无效，而且律师本人还可能承担相应的法律责任。

②根据证据的不同特点采取适当的取证方式

我国《民事诉讼法》在证据形式上规定了 8 种，当事人的陈述；书证；物证；视听资料；电子数据；证人证言；鉴定意见；勘验笔录。每种证据形式的证据都具有自己的特点，因此，律师在取证时要认真把握，如在提取视听资料时，应当将录有原始录音、录像的器材作为原件，再通过拷贝其中的录音、录像文件刻制成光盘作为复制件。在提取证人证言时，除了要取得证人出具的书面证言外，还要安排证人出庭作证，以增强证据的证明力。

③调查取证时应当规范操作

律师在调查取证时，应当按照诉讼或仲裁要求，详细记录证据的来源出处、种类、数量等，按规范流程进行调查取证工作。特别是在做调查笔录时，应写明被调查人的姓名、性别、年龄、工作单位、住址，与本案当事人关系，调查时间及地点等情况，并由被调查人签名(捺手印)或盖章。

(2)申请公证机关保全证据

《民事诉讼法》(2023 年修正)第 72 条规定："经过法定程序公证证明的法律事实和文书，人民法院应当作为认定事实的根据，但有相反证据足以推翻公证证明的除外。"因此，公证机关对证据进行保全而出具的公证书，有很强的证明力，法院可以直接采纳。在诉前，当事人可以通过公证机关对相关事实和文书进行公证，达到证据保全的目的，这是做好诉前准备的有效措施。

因为网络侵权案件的相关证据不固定、容易被篡改，因此通过公证机关取证的方式在网络侵权案件中经常被使用。在公证过程中，有一些细节问题往往被忽略，而这些问题却直接影响公证书的证明的效力：

①在进行网页公证时，应通过公证机关的计算机接入互联网，指向侵权内容，而不要在客户或者律师事务所的计算机上进行操作。因为通过客户或者律师事务所的计算机接入公共网络，存在

被公证内容篡改的可能性,这很可能成为被告否认证据效力的理由。

②在记录操作步骤时应保证完整、连续,不能漏记,而且操作步骤与取得的结果,与打印出的材料要相对应。比如,公证书正文记载:“在 IE 地址栏输入××,打开××网页,在××网页上点击××链接,进入××网页,所见结果经打印见附件第××页”,必须保证每一操作步骤都有打印的资料,并把该资料都作为公证的内容。

③在进行公证时,所使用电脑的时间应当设置为打印的实际时间。在公证书附件打印材料部分,一般会显示文件的打印时间,这个时间显示的是计算机设置的时间,有可能不是打印的实际时间,因此在打印前应当注意调校。

(3)申请人民法院进行诉前证据保全

申请诉前证据保全在知识产权侵权案件中大量存在。采取保全措施后,当事人或利害关系人应在法定时间段内提起诉讼,如没有在该期间向法院提起诉讼,则此种保全措施应当予以解除,或者将有关证据予以销毁或发还,同时申请人还要就因此所造成的损失承担赔偿责任。

(4)申请人民法院调取证据

我国《民事诉讼法》(2023 年修正)第 67 条第 2 款规定,当事人及其诉讼代理人因客观原因不能自行收集的证据,或者人民法院认为审理案件需要的证据,人民法院应当调查收集。因此,在知识产权侵权诉讼中,当事人在因客观情况不能收集证据时,可以向法院提交调取证据的申请。

根据时间,调取的证据通常又分为三类:第一,保全被控侵权产品;第二,调查被控侵权单位的财务账册,以便确定赔偿额;第三,调取被控侵权人存在侵权的证据。

但是,在当事人提出证据调查申请后,法院是否同意调查取证还取决于法院的审查判断,只有在当事人提出的该项申请符合法院取证范围之时,法院才有义务调查取证,否则法院有权驳回该项申请。因此,当事人申请法院调查取证应当注意两点:一是申请调查的证据范围,必须符合法定情形;二是此项申请必须注意举证时限。

(5)委托鉴定机构和审计机构出具鉴定报告和审计报告

在知识产权侵权案件中,经常会遇到一些专业问题和技术问题,对于这些问题,普通人员可能无法解释和理解,这就需要专门的专业机构提供帮助。例如,在专利侵权案件、技术合同纠纷案件、计算机软件案件中,当事人可以委托有关机构进行技术鉴定;在著作权、商标权、专利权纠纷中可以委托审计机构对被告财务进行审计,确定被告获利的数额等。

(二)管辖法院的选择

根据我国《民事诉讼法》的相关规定,知识产权侵权案件的地域管辖以侵权行为地或者被告住所地为基本原则,但因知识产权案件的性质不同,诉讼管辖地也略有差别。这是律师在代理知识产权侵权案件时应当注意的重要问题。

1. 专利侵权诉讼案件管辖

专利侵权诉讼案件以侵权行为地或者被告住所地人民法院管辖为原则。其中,侵权行为地包括:被诉侵犯发明、实用新型专利权的产品的制造、使用、许诺销售、销售、进口等行为的实施地;专利方法使用行为的实施地,依照该专利方法直接获得的产品的使用、许诺销售、销售、进口等行为的实施地;外观设计专利产品的制造、许诺销售、销售、进口等行为的实施地;假冒他人专利的行为实施地,以及上述侵权行为的侵权结果发生地。

如当事人仅对侵权产品制造者提起诉讼,而未起诉销售者,侵权产品制造地与销售地不一致的,制造地人民法院有管辖权;以制造者与销售者为共同被告起诉的,销售地人民法院有管辖权。

销售者是制造者的分支机构,原告在销售地起诉侵权产品制造者制造、销售行为的,销售地人民法院有管辖权。

两个以上管理专利工作的部门都有管辖权的专利纠纷,当事人可以向其中一个管理专利工作的部门提出请求;当事人向两个以上有管辖权的管理专利工作的部门提出请求的,由最先受理的管理专利工作的部门管辖。

管理专利工作的部门对管辖权发生争议的,由其共同的上级人民政府管理专利工作的部门指定管辖;无共同上级人民政府管理专利工作的部门的,由国务院专利行政部门指定管辖。

2. 著作权和商标侵权诉讼案件管辖

著作权侵权纠纷案件、商标侵权纠纷案件,由侵权行为的实施地、侵权复制品储藏地或者查封扣押地、被告住所地人民法院管辖。侵权复制品储藏地,是指大量或者经常性储存、隐匿侵权复制品所在地;查封扣押地,是指海关、版权、市场监管等行政机关依法查封、扣押侵权复制品所在地。

著作权侵权纠纷案件、商标侵权纠纷案件,对涉及不同侵权行为实施地的多个被告提起的共同诉讼,原告可以选择向其中一个被告的侵权行为实施地人民法院提起诉讼;仅对其中某一被告提起的诉讼,该被告侵权行为实施地的人民法院有管辖权。

3. 网络著作权侵权诉讼案件管辖

(1)涉及计算机网络著作权的侵权纠纷案件,由侵权行为地或者被告住所地人民法院管辖。侵权行为地包括实施被诉侵权行为的网络服务器、计算机终端等设备所在地。对难以确定侵权行为地和被告住所地的,原告发现侵权内容的计算机终端等设备所在地可以视为侵权行为地。

(2)涉及计算机网络域名的侵权纠纷案件,由侵权行为地或者被告住所地的中级人民法院管辖。对难以确定侵权行为地和被告住所地的,原告发现该域名的计算机终端等设备所在地可以视为侵权行为地。

4. 植物新品种侵权诉讼案件管辖

植物新品种侵权诉讼案件,由被告住所地或者侵权行为地所属的省、自治区、直辖市人民政府所在地的和最高人民法院指定的中级人民法院管辖。植物新品种侵权纠纷案件中的侵权行为地,是指未经品种权所有人许可,以商业目的生产、销售该植物新品种的繁殖材料的所在地,或者为商业目的将该授权品种的繁殖材料重复使用于生产另一品种的繁殖材料的所在地。

5. 集成电路布图设计专有权侵权诉讼案件管辖

集成电路布图设计专有权侵权诉讼案件,由被告住所地或者侵权行为地所属的省、自治区、直辖市人民政府所在地的或者所属的经济特区所在地的或者所属的大连、青岛、温州、佛山、烟台市的中级人民法院管辖。①

(三)诉前临时措施

1. 知识产权侵权诉讼中,诉前临时措施分为诉前责令停止侵权行为(临时禁令)、诉前财产保全和诉前证据保全措施。其中,临时禁令和诉前证据保全是知识产权案件所特有的。2000 年修正的《专利法》在我国首次建立了诉前禁令制度,随后修正的《商标法》和《著作权法》也首次在我国明确建立了诉前证据保全制度。《专利法》(2020 年修正)第 72 条规定:"专利权人或者利害关系人有证据证明他人正在实施或者即将实施侵犯专利权、妨碍其实现权利的行为,如不及时制止将会使其合法权益受到难以弥补的损害的,可以在起诉前依法向人民法院申请采取财产保全、责令作出一定行为或者禁止作出一定行为的措施。"

2. 律师在执业中适用诉前临时措施时需要注意以下几点:

(1)在我国并不是所有的知识产权诉讼案件都能适用诉前禁令和诉前证据保全,如在不正当竞争案件和植物新品种侵权案件中,申请诉前责令停止侵权行为和诉前证据保全尚无明确法律

① 详见最高人民法院《关于开展涉及集成电路布图设计案件审判工作的通知》(法发〔2001〕24 号)。

依据。

(2)在集成电路布图设计纠纷诉讼案件中,适用诉前证据保全具有特殊性。我国《集成电路布图设计保护条例》未规定诉前证据保全制度(仅规定诉前禁令、诉前财产保全)。[①]

但2001年7月1日起实施的最高人民法院《关于对诉前停止侵犯专利权行为适用法律问题的若干规定》(法释〔2001〕20号,已失效)和2001年11月16日起实施的最高人民法院《关于开展涉及集成电路布图设计案件审判工作的通知》(法发〔2001〕24号)对此作了一定的突破,规定人民法院在执行诉前停止侵权行为的措施时,可以根据当事人的申请,参照《民事诉讼法》(2023年修正)第84条的规定,可以同时进行证据保全,也就是说,在这类知识产权案件中,律师代理当事人申请诉前临时禁令的同时,可以申请证据保全。

(3)确定诉前临时措施的管辖法院。诉前禁令和诉前证据保全案件,由侵权行为地或被申请人住所地具有相应的专利、商标、著作权案件管辖权的法院管辖。

第七节　律师代理知识产权权属纠纷诉讼

一般来说,知识产权应当归属于创造出智力成果的创造者,但是,现实生活中知识产权产生的原因多种多样,有的是自己独立创造的,有的是与他人合作创造的,还有的是履行职务所创造的,因此,这就产生了知识产权的权利归属问题。本章主要从我国相关法律法规对知识产权权利归属的规定出发,结合具体司法实践,以明确知识产权权利归属纠纷诉讼中判定“谁是权利人”的主要方法和应当注意的问题,为解决此类纠纷提供一些借鉴。

一、明确知识产权权利的归属

(一)明确著作权的权利归属

1. 著作权归属的一般原则

根据我国《著作权法》的规定,著作权属于作者,法律另有规定的除外。作者包括创作作品的自然人,以及被依法视为作者的自然人、法人和非法人组织。如无相反证明,在作品上署名的自然人、法人或者非法人组织为作者。该条款为著作权归属的一般原则。

2. 演绎作品著作权的归属

演绎作品是指改编、翻译、注释、整理已有作品而产生的作品。我国《著作权法》(2020年修正)第13条规定:“改编、翻译、注释、整理已有作品而产生的作品,其著作权由改编、翻译、注释、整理人享有,但行使著作权时不得侵犯原作品的著作权。”

确定演绎作品著作权归属应注意如下问题:

(1)演绎作品不得侵犯原作品的著作权,演绎作品在演绎时必须征得原著作权人的同意,同时,在演绎作品中须表明原作的名称和作者姓名。

(2)原始作品被演绎的报酬权,只能向演绎作品的使用者主张,而不能要求演绎作品的作者支付。

3. 合作作品著作权的归属

我国《著作权法》(2020年修正)第14条规定:“两人以上合作创作的作品,著作权由合作作者共同享有。没有参加创作的人,不能成为合作作者。合作作品的著作权由合作作者通过协商一致

---

① 该条例第32条规定,布图设计权利人或者利害关系人有证据证明他人正在实施或者即将实施侵犯其专有权的行为,如不及时制止将会使其合法权益受到难以弥补的损害的,可以在起诉前依法向人民法院申请采取责令停止有关行为和财产保全的措施。

行使；不能协商一致，又无正当理由的，任何一方不得阻止他方行使除转让、许可他人专有使用、出质以外的其他权利，但是所得收益应当合理分配给所有合作作者。合作作品可以分割使用的，作者对各自创作的部分可以单独享有著作权，但行使著作权时不得侵犯合作作品整体的著作权。”

合作作品根据创作的形式不同，可分为不可分割使用作品和可分割使用作品。不可分割使用作品的著作权由各合作作者共同享有，通过协商一致行使；不能协商一致，又无正当理由的，任何一方不得阻止他方行使除转让以外的其他权利，但是所得收益应当合理分配给所有合作作者。可以分割使用的作品，作者对各自创作的部分可以单独享有著作权，但行使著作权时不得侵犯合作作品整体的著作权。

4. 汇编作品著作权的归属

汇编作品是对若干单独的作品或其他材料进行选择、编辑而形成的作品，如选集、期刊、报刊、百科全书等。根据我国《著作权法》（2020 年修正）第 15 条及《著作权法实施条例》的规定，汇编作品著作权的归属及行使应遵守以下规则：

（1）汇编作品由汇编人享有著作权。汇编人可以是自然人，也可以是法人或非法人单位。由法人或非法人单位组织人员进行创作，提供资金或资料等创作条件，并承担责任的作品，如百科全书、辞书、教材、大型摄影画册等的编辑，其整体著作权归法人或非法人单位所有。

（2）汇编人行使著作权时，不得侵犯原作品的著作权。也就是说，汇编人进行编辑创作时，如涉及的是著作权作品，必须经原作品著作权人的同意，并向其支付报酬。

（3）汇编作品中可以单独使用的作品的作者有权单独行使其著作权。汇编作品作为一个整体，其著作权归汇编人享有，但其中可以独立存在、单独使用的作品，其著作权由该作品的作者享有。

5. 影视作品著作权的归属

我国《著作权法》（2020 年修正）第 17 条规定：“视听作品中的电影作品、电视剧作品的著作权由制作者享有，但编剧、导演、摄影、作词、作曲等作者享有署名权，并有权按照与制作者签订的合同获得报酬。前款规定以外的视听作品的著作权归属由当事人约定；没有约定或者约定不明确的，由制作者享有，但作者享有署名权和获得报酬的权利。视听作品中的剧本、音乐等可以单独使用的作品的作者有权单独行使其著作权。”

依著作权归属的一般原则，影视作品的著作权属于作者，但是影视作品的作者众多，有导演、编剧、作词、作曲、摄影等，并且除去音乐、剧本或美术作品外，大多数作者的创作不可分割地融进同一表现形式中，因而这些作者无法单独行使著作权。我国《著作权法》规定法定分享转让制，即由导演、编剧、作词、作曲等作者将其著作权保留署名权，其他权利转归制片者享有。而在其中可有单独使用的作品时，作者可单独享有著作权。

6. 职务作品著作权的归属

所谓职务作品，是指自然人为完成法人或者非法人单位工作任务所创作的作品。因职务作品的作者与所在单位之间存在劳动法律关系，职务作品与自然人所担任的职务紧密地联系在一起，它是法人或者非法人单位安排其雇员或工作人员履行职责和任务而创造的成果。

我国《著作权法》（2020 年修正）第 18 条及《著作权法实施条例》（2013 年修订）第 12 条对职务作品的权利归属作了明确规定。《著作权法》（2020 年修正）第 18 条规定：“自然人为完成法人或者非法人组织工作任务所创作的作品是职务作品，除本条第二款的规定以外，著作权由作者享有，但法人或者非法人组织有权在其业务范围内优先使用。作品完成两年内，未经单位同意，作者不得许可第三人以与单位使用的相同方式使用该作品。有下列情形之一的职务作品，作者享有署名权，著作权的其他权利由法人或者非法人组织享有，法人或者非法人组织可以给予作者奖励：（一）主要是利用法人或者非法人组织的物质技术条件创作,并由法人或者非法人组织承担责任的工程设计图、产品设计图、地图、示意图、计算机软件等职务作品;(二)报社、期刊社、通讯社、广播电台、电视台的工作人员创作的职务作品;(三)法律、行政法规规定或者合同约定著作权由法人或者非法人组织享有的职务作品。”

(1)主要是利用法人或者非法人组织的物质技术条件创作,并由法人或者非法人组织承担责任的工程设计图、产品设计图、地图、示意图、计算机软件等职务作品,作者享有署名权,著作权的其他权利归法人或者非法人单位享有。

认定这类职务作品,应当注意:第一,从事创作的物质技术条件主要是由法人或者非法人单位提供的。根据《著作权法实施条例》(2013 年修订)第 11 条的规定,这里的物质技术条件,是指法人或者非法人单位为创作专门提供的资金、设备或者资料。第二,上述作品的各种风险和法律责任由法人或非法人单位承担。

(2)法律、行政法规规定或者合同约定著作权由法人或者非法人组织享有的职务作品,作者有署名权,著作权的其他权利由法人或者非法人单位享有,法人或者非法人单位可以给予作者奖励。

7. 委托作品著作权的归属

委托作品,是指受托人(作者)依据委托人的委托,由受委托人按照委托人的意志和具体要求而创作的特定作品。我国《著作权法》(2020 年修正)第 19 条规定,受委托创作的作品,著作权的归属由委托人和受托人通过合同约定。合同未作明确约定或者没有订立合同的,著作权属于受托人。

8. 美术作品著作权的归属

对于美术作品著作权的权利归属,我国《著作权法》(2020 年修正)第 20 条规定:“作品原件所有权的转移,不改变作品著作权的归属,但美术、摄影作品原件的展览权由原件所有人享有。作者将未发表的美术、摄影作品的原件所有权转让给他人,受让人展览该原件不构成对作者发表权的侵犯。”

9. 匿名作品著作权的归属

匿名作品,或称作者身份不明的作品,是指作者隐去姓名,其中包括不具名或不写明其真实姓名的作品。我国著作权法对匿名作品同其他作品一样实行保护。《著作权法实施条例》(2013 年修订)第 13 条规定,作者身份不明的作品,由作品原件的合法持有人行使除署名权以外的著作权。作者身份确定后,由作者或者其继承人行使著作权。

(二)明确专利权的权利归属

依据《专利法》和《专利法实施细则》的规定,专利权归下列人所有:

1. 职务发明创造的权利归属

职务发明创造是指发明人或设计人执行本单位的任务,或者主要是利用本单位的物质技术条件所完成的发明创造。其中,“执行本单位的任务”所完成的发明创造,是指:①在本职工作中作出的发明创造;②履行本单位交付的本职工作以外的任务所作出的发明创造;③退职、退休或调动工作后 1 年之内作出的,与其在原单位承担的本职工作或者原单位分配的任务有关的发明创造。

而“本单位的物质技术条件”是指本单位的资金、设备、零部件、原材料或不对外公开的技术资料等。

对于职务发明创造,其专利申请权和专利权人均为单位。但是,如利用本单位的物质技术条件所完成的发明创造,单位与发明人或者设计人订有合同,对申请专利的权利和专利权的归属做出约定的,应从其约定。

2. 非职务发明创造的权利归属

非职务发明创造,申请专利的权利属于发明人或者设计人;申请被批准后,该发明人或者设计人为专利权人。

3. 合作发明创造的权利归属

两个以上单位或者个人合作完成的发明创造,除各方在协议中约定的以外,其专利申请权和专利权人属于完成或者共同完成的单位或者个人。

4. 委托发明创造的权利归属

一个单位或者个人接受其他单位或者个人的委托完成的发明创造,除委托书或委托协议中有明确约定的外,其专利申请权和专利权人属于完成或者共同完成的单位或者个人。

二、代理知识产权权属纠纷诉讼

(一)著作权权属纠纷案件

著作权权属纠纷案件一般易发生在职务作品、合作作品及委托作品中,之所以会引起争议,主要原因是当事人在作品创作前后未对作品的著作权归属约定清楚,因此,对著作权权属纠纷案件,律师在代理时应着重抓住以下两点:(1)明确争议作品的创作人,即哪些当事人参与了作品创造,哪些当事人未参加作品的创作,未参加的,不享有争议作品的著作权。(2)审查争议作品有无侵犯他人著作权的情况,如侵犯他人著作权,则该争议作品的著作权权属纠纷则不成立。

(二)专利权权属纠纷案件

1. 明确发明创造人的身份

在专利权权属纠纷案件中,应首先明确发明创造人的身份,即该发明创造人是否为单位员工,是否为受托开发的受托人。只有明确发明创造人的身份,才能更好地进一步判断该发明创造是否为职务发明创造还是受托发明创造,为判断专利权权属奠定基础。

2. 判断发明创造的来源

在专利权权属纠纷案件中,律师要结合相关证据判断争议发明创造的来源,即该发明创造是自行研发的还是受托开发或是合作开发的,只要将发明创造的来源弄清楚,才能更好依据不同形式发明创造的特点判断其专利权归属。

3. 审查相关合同约定

对于产生纠纷的发明创造,应审查与其相关的开发合同、委托开发合同或合作开发合同,明确相关合同是否对发明创造所产生的专利权有无约定。对于未约定的,应严格依照《专利法》及《民法典》的相关规定判断专利权的权属。

4. 职务发明创造纠纷中,应界定发明人的职务范围

职务范围是指工作职责范围、本职工作任务范围,但不能过宽地解释为发明人所学的专业范围或单位的经营范围,也不能过窄地解释为 8 小时工作时间内的工作或离职前的工作范围。在本单位交付的任务或本人的职责范围内、在职期间和离职后 1 年内作出的发明创造,无论是在工作时间内还是业余时间里完成的,都应属于职务发明创造。

5. 界定是否主要利用了单位提供的物质技术条件

在职务发明创造纠纷中,律师应判断单位提供物质技术条件的目的是不是完成该项发明创造,对所提供的资金、设备、零部件、原材料或不对外公开的技术资料等是否实际起到了完成该项发明创造所不可缺少的作用等各方面进行查证。

第八节　律师代理知识产权行政和刑事业务

知识产权在市场经济发展及国际竞争中,起着越来越重要的作用,因此,知识产权侵权行为不仅损害了权利人的私人权益,还扰乱了正常的社会秩序,侵害了国家与社会公众的利益,因此,对于

知识产权的保护,不仅能够通过民事手段,还可选择通过行政和刑事途径加以保护。

一、知识产权的行政保护

(一)知识产权行政保护的概念

知识产权行政保护,是指当知识产权被侵犯后,行政机关依权利人的申请或者依照其职权来对知识产权侵权行为予以制止、处罚,以维护市场正常秩序,保护当事人的合法权益。我国《专利法》《商标法》《著作权法》等中都规定了知识产权行政保护。

(二)知识产权行政保护的途径

著作权行政保护的主管机关为国家版权局和地方著作权行政管理部门,负责对侵犯著作权的行为进行行政处罚。其中申请涉外侵权行为行政处罚的当事人是外国公民、法人或非法人单位的,应委托国家版权局指定的代理人代为申请。

专利权行政保护的主管机关为国家知识产权局和地方知识产权行政管理部门,负责对专利侵权行为予以处罚或对专利纠纷进行行政调处。其中专利纠纷主要包括:(1)专利申请权和专利权归属纠纷;(2)发明人、设计人资格纠纷;(3)职务发明的发明人、设计人的奖励和报酬纠纷;(4)在发明专利申请公布后专利权授予前使用发明而未支付适当费用的纠纷。

商标权行政保护的主管机关为侵权行为地的县级以上市场监管部门,负责对侵犯商标权的行为进行行政处罚。涉外商标案件或大案、要案应由地级或直接由省级市场监管部门办理。

(三)知识产权行政保护的措施

1. 专利法的行政保护

根据《专利法》(2020年修正)第65条的规定:"未经专利权人许可,实施其专利,即侵犯其专利权,引起纠纷的,由当事人协商解决;不愿协商或者协商不成的,专利权人或者利害关系人可以向人民法院起诉,也可以请求管理专利工作的部门处理。管理专利工作的部门处理时,认定侵权行为成立的,可以责令侵权人立即停止侵权行为,当事人不服的,可以自收到处理通知之日起十五日内依照《中华人民共和国行政诉讼法》向人民法院起诉;侵权人期满不起诉又不停止侵权行为的,管理专利工作的部门可以申请人民法院强制执行。进行处理的管理专利工作的部门应当事人的请求,可以就侵犯专利权的赔偿数额进行调解;调解不成的,当事人可以依照《中华人民共和国民事诉讼法》向人民法院起诉。"

该法第68条规定:"假冒专利的,除依法承担民事责任外,由负责专利执法的部门责令改正并予公告,没收违法所得,可以处违法所得五倍以下的罚款;没有违法所得或者违法所得在五万元以下的,可以处二十五万元以下的罚款;构成犯罪的,依法追究刑事责任。"

2. 商标法的行政保护

《商标法》规定,如果发生侵犯注册商标专用权行为,引起纠纷,可以由当事人协商解决。不愿协商或者协商不成的,商标注册人或者利害关系人可以向人民法院起诉,也可以请求市场监督管理部门处理。市场监督管理部门处理时,认定侵权行为成立的,责令立即停止侵权行为,没收、销毁侵权商品和专门用于制造侵权商品、伪造注册商标标识的工具,并可处以罚款。当事人对处理决定不服的,可以申请行政复议或者直接向人民法院起诉;侵权人期满不起诉又不履行的,市场监督管理部门可以申请人民法院强制执行。进行处理的市场监督管理部门根据当事人的请求,可以就侵犯商标专用权的赔偿数额进行调解;调解不成的,当事人可以依照《民事诉讼法》向人民法院起诉。

对侵犯注册商标专用权的行为,市场监督管理部门有权依法查处。进行查处时,市场监督管理部门可以询问有关当事人,调查与侵犯他人注册商标专用权有关的情况;查阅、复制当事人与侵权活动有关的合同、发票、账簿以及其他有关资料;对当事人涉嫌从事侵犯他人注册商标专用权活动的场所实施现场检查；检查与侵权活动有关的物品；对有证据证明是侵犯他人注册商标专用权的物品，可以查封或者扣押。

3. 著作权法的行政保护

根据《著作权法》（2020年修正）第53条的规定，出现未经著作权人许可，复制、发行、表演、放映、广播、汇编、通过信息网络向公众传播其作品的；出版他人享有专有出版权的图书的；未经表演者许可，复制、发行录有其表演的录音录像制品，或者通过信息网络向公众传播其表演的；未经录音录像制作者许可，复制、发行、通过信息网络向公众传播其制作的录音录像制品的；未经许可，播放或者复制广播、电视的；未经著作权人或者与著作权有关的权利人许可，故意避开或者破坏技术措施的，故意制造、进口或者向他人提供主要用于避开、破坏技术措施的装置或者部件的，或者故意为他人避开或者破坏技术措施提供技术服务的；未经著作权人或者与著作权有关的权利人许可，故意删除或者改变作品、版式设计、表演、录音录像制品或者广播、电视上的权利管理信息的，知道或者应当知道作品、版式设计、表演、录音录像制品或者广播、电视上的权利管理信息未经许可被删除或者改变，仍然向公众提供的；等侵权行为时，应当根据情况，承担停止侵害、消除影响、赔礼道歉、赔偿损失等民事责任；侵权行为同时损害公共利益的，可以由著作权行政管理部门责令停止侵权行为，没收违法所得，没收、销毁侵权复制品，并可处以罚款；情节严重的，著作权行政管理部门还可以没收主要用于制作侵权复制品的材料、工具、设备等。

二、知识产权的海关保护

知识产权海关保护，是指海关依法禁止侵犯知识产权的货物进出口的措施，在世界贸易组织《与贸易有关的知识产权协议》中被称为知识产权边境措施。

（一）知识产权海关保护的范围

我国知识产权海关保护的范围，主要限于狭义的知识产权，主要是指商标法及其实施条例所保护的商标专用权；著作权法及其实施条例保护的著作权和与著作权有关的权利（著作邻接权）；专利法及其实施细则保护的专利权。

海关保护是对知识产权实行的一种特别保护措施，并不是所有类型的知识产权都能得到海关保护。此外，根据国务院颁布的《奥林匹克标志保护条例》和《世界博览会标志保护条例》的规定，对奥林匹克标志和世界博览会标志也给予海关保护。

（二）知识产权海关保护的措施

依据《知识产权海关保护条例》及其实施办法的规定，知识产权海关保护的内容包括：扣留即将进出口的侵权嫌疑货物；对货物的侵权状况等进行调查；对侵权货物的收发货人进行处罚、没收和处置侵权货物等。其中，对于扣留侵权嫌疑货物，海关既可以依当事人申请进行，也可以依职权进行。

1. 依申请扣留

在知识产权权利人发现侵权嫌疑货物即将进出口后，权利人可以向海关提出申请，海关可以根据知识产权权利人的申请及提交的证据作出扣留侵权嫌疑货物决定。鉴于此种方式，海关不会主动采取制止侵权货物进出口的措施，所以依申请扣留也被称为“被动保护”。在依申请扣留方式中，权利人应注意：

（1）知识产权权利人发现侵权嫌疑货物后，可以直接向海关申请扣留，不必事先将其知识产权向海关总署备案。

（2）海关不负责对侵权嫌疑货物的进出境进行监控。

（3）申请人应提交相关证据并向海关提供相当于侵权嫌疑货物价值的担保。

（4）海关无权对货物的侵权状况进行调查。海关扣留侵权嫌疑货物后，知识产权权利人应当向人民法院申请司法扣押。如果人民法院未能在海关扣留货物后20个工作日内通知海关协助扣押,海关应当放行被扣留的货物。

2. 依职权扣留

在海关对进出口货物的监管过程中,对其发现的侵犯知识产权的进出口货物可以主动采取扣留和调查处理。鉴于此种方式下,海关有权主动采取制止侵权货物进出口的措施,所以,依职权扣留方式也被称为"主动保护"。在依职权扣留方式中,需要注意:

(1)知识产权权利人应当事先将其知识产权向海关总署备案。

(2)海关发现涉嫌侵犯备案知识产权的进出口货物,应当中止放行,并书面通知有关知识产权权利人。

(3)知识产权权利人要求海关扣留侵权嫌疑货物的,应当在3个工作日内提出申请。

(4)知识产权权利人请求海关扣留侵权嫌疑货物的,应当向海关提供不超过货物等值的担保,用于赔偿可能因申请不当给收货人、发货人造成的损失,以及支付货物由海关扣留后的仓储、保管和处置等费用;知识产权权利人直接向仓储商支付仓储、保管费用的,从担保中扣除。具体办法由海关总署制定。

(5)海关有权对货物的侵权状况进行调查和认定;对不能认定货物侵权状况的,海关应当通知知识产权权利人向人民法院申请司法扣押。海关扣留侵权嫌疑货物,自扣留之日起50个工作日内未收到人民法院协助执行通知,并且经调查不能认定被扣留的侵权嫌疑货物侵犯知识产权的,应当放行货物。

(6)海关对其认定侵权的货物,有权予以没收并对侵权货物的收发货人给予行政处罚。对构成犯罪的还应当移送公安机关;没收的侵权货物,海关有权依法进行处置。

(三)知识产权海关保护的备案

知识产权海关保护备案,是指知识产权权利人,按照《知识产权海关保护条例》的规定,将其知识产权的法律状况、有关货物的情况、知识产权合法使用情况和侵权货物进出口情况以书面形式通知海关总署,以便海关在对进出口货物的监管过程中能够主动对有关知识产权实施保护。

知识产权海关保护备案自海关总署准予备案之日起生效,有效期为10年。

海关发现进出口货物有侵犯备案知识产权嫌疑的,应当立即书面通知知识产权权利人。知识产权权利人自通知送达之日起3个工作日内依照《知识产权海关保护条例》(2018年修订)第13条的规定提出申请,并依照该条例第14条的规定提供担保的,海关应当扣留侵权嫌疑货物,书面通知知识产权权利人,并将海关扣留凭单送达收货人或者发货人。知识产权权利人逾期未提出申请或者未提供担保的,海关不得扣留货物。

海关发现进出口货物有侵犯备案知识产权嫌疑并通知知识产权权利人后,知识产权权利人请求海关扣留侵权嫌疑货物的,海关应当自扣留之日起30个工作日内对被扣留的侵权嫌疑货物是否侵犯知识产权进行调查、认定;不能认定的,应当立即书面通知知识产权权利人。

因知识产权备案是海关采取主动保护措施的前提条件,因此,就这一点,律师应提请委托人予以特别注意。

三、知识产权行政诉讼

(一)专利行政诉讼

1. 专利行政诉讼种类

根据《专利法》的相关规定,专利行政诉讼主要有如下三种类型:

(1)以国家知识产权局专利局作为被告的专利行政诉讼案件

①不服国家知识产权局专利局维持驳回申请复审决定的案件;

a. 对形式审查阶段驳回发明、实用新型、外观设计专利申请人的复审决定不服而发生的纠纷；

b. 对实质审查阶段驳回发明专利申请的复审决定不服而发生的纠纷。

②不服国家知识产权局专利局专利权无效宣告请求决定案件：

a. 被撤销专利的专利权人作为原告，对国家知识产权局专利局作出的宣告专利权无效或者部分无效的决定不服提起的专利行政诉讼；

b. 无效宣告请求人作为原告，对国家知识产权局专利局作出的宣告专利权有效或者部分无效的决定不服，提起的专利行政诉讼；

c. 专利权人和无效宣告请求人分别作为原告，均对国家知识产权局专利局作出的专利权部分有效、部分无效的决定不服，提起的专利行政诉讼。

（2）以国家知识产权局作为被告的专利行政诉讼案件

①不服国务院专利行政部门作出的实施强制许可决定的案件。

②不服国务院专利行政部门作出的实施强制许可使用费裁决的案件。

③不服国务院专利行政部门作出的行政复议决定的案件：

a. 专利申请人对不予受理其申请不服的纠纷；

b. 专利申请人对申请日的确定有争议的纠纷；

c. 专利申请人对视为未要求优先权不服的纠纷；

d. 专利申请人对将其专利申请按保密专利申请或者不按保密专利申请处理决定不服的纠纷；

e. 专利申请人对其专利申请被视为撤回的决定不服的纠纷；

f. 专利申请人对视为放弃取得专利权的行政决定不服的纠纷；

g. 专利权人对专利权终止决定不服的纠纷；

h. 专利申请人、专利权人因耽误有关期限导致其权利丧失，请求恢复权利而不予恢复的决定不服的纠纷；

i. 国际申请的申请人对国务院专利行政部门根据《专利法实施细则》（2023 年修订）第 122 条终止其国际专利申请不服的；

j. 国际申请的申请人对国务院专利行政部门根据《专利法实施细则》（2023 年修订）第 134 条所作复查决定不服的；

k. 专利代理机构对撤销其机构的处罚不服的纠纷；

l. 专利代理人对吊销其“专利代理人资格证书”的处罚不服的纠纷；

m. 自然人、法人和非法人组织认为国务院专利行政部门作出的行政行为侵犯其合法权益的纠纷。

（3）以管理专利工作的部门作为被告的专利行政诉讼案件

当事人对管理专利工作的部门基于职权作出的以下行为可以提起专利行政诉讼：

①责令停止专利侵权行为；

②处罚假冒他人专利行为；

③处罚冒充专利行为；

④对专利代理机构或者专利代理人的惩戒行为；

⑤调解侵权损害赔偿数额；

⑥调解临时保护期间的费用纠纷；

⑦调解专利申请权纠纷；

⑧调解专利权归属纠纷；

⑨调解职务发明创造的发明人或者设计人与单位之间发生的奖金或者报酬纠纷；

⑩调解发明人、设计人资格纠纷。

2. 专利行政诉讼管辖

律师在代理专利行政诉讼时,应注意案件的管辖问题。

(1)以国家知识产权局专利局作为被告的专利行政诉讼案件

根据相关法律和司法解释,以国家知识产权局专利局作为被告的专利行政诉讼案件均由中级人民法院作为第一审法院,高级人民法院作为第二审法院。由于国家知识产权局专利局地处北京市海淀区,从地域上属于第一中级人民法院管辖,因此,根据北京市高级人民法院《关于执行〈最高人民法院关于专利、商标等授权确权类知识产权行政案件审理分工的规定〉的意见》(京高法发〔2009〕289号)的规定,当事人不服专利行政部门、国家知识产权局专利局的复审决定和无效决定提起的行政诉讼案件,暂由北京市第一中级人民法院管辖。

(2)以国家知识产权局为被告的专利行政诉讼案件

根据相关法律和司法解释,均由北京市第一中级人民法院管辖,北京市高级人民法院作为第二审法院。

(二)商标行政诉讼

根据《商标法》及相关法律法规的规定,商标行政诉讼主要有两类:一类是以国家知识产权局商标局为被告的行政诉讼;另一类是以市场监督管理部门为被告的行政诉讼。

在律师实务中,较难处理的是商标行政确权诉讼,即当事人不服国家知识产权局商标局作出的评审裁定或决定而提起的诉讼。这类行政诉讼的起诉期限有别于普通的行政诉讼,律师代理商标行政确权诉讼时应特别注意期限。

《商标法》(2019年修正)第34条规定:"对驳回申请、不予公告的商标,商标局应当书面通知商标注册申请人。商标注册申请人不服的,可以自收到通知之日起十五日内向商标评审委员会申请复审。商标评审委员会应当自收到申请之日起九个月内做出决定,并书面通知申请人。有特殊情况需要延长的,经国务院工商行政管理部门批准,可以延长三个月。当事人对商标评审委员会的决定不服的,可以自收到通知之日起三十日内向人民法院起诉。"

该法第35条规定:"对初步审定公告的商标提出异议的,商标局应当听取异议人和被异议人陈述事实和理由,经调查核实后,自公告期满之日起十二个月内做出是否准予注册的决定,并书面通知异议人和被异议人。有特殊情况需要延长的,经国务院工商行政管理部门批准,可以延长六个月。商标局做出准予注册决定的,发给商标注册证,并予公告。异议人不服的,可以依照本法第四十四条、第四十五条的规定向商标评审委员会请求宣告该注册商标无效。商标局做出不予注册决定,被异议人不服的,可以自收到通知之日起十五日内向商标评审委员会申请复审。商标评审委员会应当自收到申请之日起十二个月内做出复审决定,并书面通知异议人和被异议人。有特殊情况需要延长的,经国务院工商行政管理部门批准,可以延长六个月。被异议人对商标评审委员会的决定不服的,可以自收到通知之日起三十日内向人民法院起诉。人民法院应当通知异议人作为第三人参加诉讼。商标评审委员会在依照前款规定进行复审的过程中,所涉及的在先权利的确定必须以人民法院正在审理或者行政机关正在处理的另一案件的结果为依据的,可以中止审查。中止原因消除后,应当恢复审查程序。"

商标行政确权诉讼的管辖也是固定的,最高人民法院《关于审理商标案件有关管辖和法律适用范围问题的解释》(2020年修正)的具体规定如下:

第4条规定:"国家知识产权局在商标法修改决定施行前受理的案件,于该决定施行后作出复审决定或裁定,当事人对复审决定或裁定不服向人民法院起诉的,人民法院应当受理。"

第5条规定:"除本解释另行规定外,对商标法修改决定施行前发生,属于修改后商标法第四条、第五条、第八条、第九条第一款、第十条第一款第(二)、(三)、(四)项、第十条第二款、第十一条、第十二条、第十三条、第十五条、第十六条、第二十四条、第二十五条、第三十一条所列举的情形,国家知识产权局于商标法修改决定施行后作出复审决定或者裁定,当事人不服向人民法院起诉的行政案件,适用修改后商标法的相应规定进行审查;属于其他情形的,适用修改前商标法的相应规定进行审查。"

第6条规定:"当事人就商标法修改决定施行时已满一年的注册商标发生争议,不服国家知识产权局作出的裁定向人民法院起诉的,适用修改前商标法第二十七条第二款规定的提出申请的期限处理;商标法修改决定施行时商标注册不满一年的,适用修改后商标法第四十一条第二款、第三款规定的提出申请的期限处理。"

四、知识产权刑事诉讼

1. 正确认识知识产权犯罪的构成

知识产权犯罪的构成,在犯罪人的目的、主观态度、数量、金额、情节等方面都有一定的标准,因此要特别注意这些法定的标准,以正确区分涉知识产权犯罪的罪与非罪。最高人民法院、最高人民检察院《关于办理侵犯知识产权刑事案件具体应用法律若干问题的解释》(法释〔2004〕19号)及最高人民法院、最高人民检察院《关于办理侵犯知识产权刑事案件具体应用法律若干问题的解释(二)》(法释〔2007〕6号)对此均有明确规定。

2. 认清知识产权犯罪中的一罪与数罪

在知识产权犯罪中,犯罪嫌疑人往往实施了不止一种犯罪行为,这就给律师提出了一个课题:对于多种犯罪行为,如何区分一罪还是数罪。如犯罪嫌疑人在实施假冒注册商标犯罪同时,又销售该假冒注册商标的商品,应当以"假冒注册商标罪"一个罪来定罪处罚;而实施假冒注册商标犯罪,又销售明知是他人的假冒注册商标的商品,则应当以"假冒注册商标罪"和"销售假冒注册商标的商品罪"实行数罪并罚。

3. 注意运用知识产权法律的基本知识

知识产权犯罪是刑事案件,但律师在代理相关案件时仅靠刑法的相关知识还不能完全胜任,必须同时运用知识产权法律的基本知识。比如,什么是"相同商标"和"商标的使用","商业秘密"的认定等问题,都需要靠知识产权法律的相关知识来回答。

4. 善于利用知识产权刑事诉讼的自诉程序

最高人民法院《关于适用〈中华人民共和国刑事诉讼法〉的解释》(法释〔2021〕1号)第1条规定:"人民法院直接受理的自诉案件包括:……(二)人民检察院没有提起公诉,被害人有证据证明的轻微刑事案件:……7. 侵犯知识产权案(刑法分则第三章第七节规定的,但严重危害社会秩序和国家利益的除外)……"

根据上述规定,知识产权权利人在权益受到侵害时可以以自诉人的身份直接前往法院提起刑事诉讼。根据最高人民法院、最高人民检察院、公安部《关于办理侵犯知识产权刑事案件适用法律若干问题的意见》的规定,人民法院依法受理侵犯知识产权刑事自诉案件,对于当事人因客观原因不能取得的证据,在提起自诉时能够提供有关线索,申请人民法院调取的,人民法院应当依法调取。律师在代理时,对于符合自诉条件的知识产权犯罪案件,要善于利用自诉程序,启动刑事诉讼,更好地保护委托人利益。

第九节 律师办理知识产权业务指引

知识产权业务,涉及的术语较多,且有其自身的业务操作流程,为便于大家较深入掌握该项业务特点,特制作本指引,本指引系根据术语定义、出现的问题、法律流程这样的框架进行制作。从发掘新业务领域的角度出发,每一个常见问题点,都有可能生发出一个更有深度的业务领域。

律师办理知识产权业务指引①

1. 目的和主题内容

1.1 为了指导律师办理知识产权业务,制订本指引。

1.2 本指引规定了律师办理商标权、专利权、著作权的一般经验和一般提示。

2. 适用范围

2.1 本指引由律师参考。

2.2 下列人员应通晓本指引:

(1)办理知识产权业务的律师。

(2)协助律师办理知识产权业务的律师助理。

2.3 下列人员应了解本指引:

其他律师。

3. 术语

3.1 知识产权:是人们基于自己的智力活动创造的成果和经营管理活动中的经验、知识的结晶而依法享有的权利,它涉及文学、艺术、科技、工商领域的智力成果及相关权利。

3.2 商标:是指在商品服务项目上所使用的,用以识别不同经营者所生产、制造、加工、拣选、经营的商品或者提供的服务,有显著的文字、图形或者其组合构成的标志。

3.3 专利:是指经专利主管机关依照法定程序审查批准的、符合专利条件的发明创造。我国《中华人民共和国专利法》规定了三种专利:发明专利、实用新型专利和外观设计专利。

3.4 专利权:是指就一发明创造的申请人向专利行政管理部门提出申请,经专利行政管理部门依法审查合格后,向申请人授予的在一定期限内对该发明创造享有的专有权利。

3.5 著作权:是指作者及其他著作权人依法对文学、艺术、科学作品所享有的人身权利和财产权利的总称。著作人身权,又称精神权利,是指作者对其作品所享有的各种人身相联系而又无直接财产内容的权利。著作人身权具体包括发表权、署名权、修改权和保护作品完整权4项权利。著作财产权包括使用权和获得报酬权,具体包括复制权、发行权、展览权、表演权、播放权、制片权、演绎权7项权能。

4. 职责

本指引的编制和修订由××提出,经××批准后,由××颁布。

5. 引用我国法律、司法解释

《中华人民共和国律师法》

《中华人民共和国商标法》

《中华人民共和国专利法》

《中华人民共和国著作权法》

6. 知识产权法调整的范围

6.1 知识产权法是调整因创造、使用智力成果而产生的,以及在确认、保护和行使智力成果所有人的知识产权过程中所发生的各种社会关系的总称。知识产权法律体系一般包括以下法律制度:

---

① 本指引根据某律师事务所相关指引的草稿和笔者有关实务操作经验进行了罗列,具体操作时需要根据不同的情况区别对待,不宜照抄照搬固有操作模式,并且要留意关注届时有效的最新政策法规。

(1)著作权法律制度。这是保护文学、艺术、科学作品的创作人的权利(著作权和版权)和传播人的权利(邻接权)的法律法规。目前,很多国家还将计算机软件列入著作权的保护范围。

(2)商标权法律制度。这是保护商品商标和服务商标使用人的权利的法律制度。

(3)专利权法律制度。这是保护各个技术领域发明创造人因完成智力成果而获得专有权利(包括发明专利权、实用新型专利权、外观设计专利权)的法律制度。

(4)商号权法律制度。这是保护工商企业名称或者工商企业字号的专用权的法律制度。

(5)产地标记权法律制度。这是保护商标原产地名称、货源标记或者产地标记权利的法律制度。

(6)工业版权法律制度。这是保护集成电路图设计权等新型知识产权的法律制度。

(7)商业秘密法律制度。这是保护未公开的技术信息和经营信息权的法律制度。

(8)反不正当竞争法律制度。这是制止生产经营者以不正当手段进行市场竞争,损害同行业竞争对手合法权益的法律法规。

(9)其他保护知识产权的法律制度。这是指目前世界上少数国家已经制定的、另一些国家主张应当制定的保护新的技术领域的智力成果权的法律制度。

6.2　本指引只规定律师办理商标权、专利权、著作权的一般经验和一般提示。

7. 商标权律师实务

7.1　商标法

商标能够给商品的生产者带来一定的经济收益。因此,为了保护商标的专用权,我国制定了《中华人民共和国商标法》。《中华人民共和国商标法》主要是调整因注册、使用、管理和保护商标专用权所发生的各种社会关系。通过对这些社会关系的调整,保护商标专用权,维护商标所有权人的利益。

7.2　商标权诉讼代理律师实务

7.2.1　概述

商标权诉讼代理,主要是指律师接受注册商标所有人的委托,在法律规定的保护范围内,根据委托人的授权,以委托人的名义并为了委托人的利益,代理委托人进行诉讼的行为。商标权诉讼案件主要有商标侵权案件、商标使用许可合同纠纷案件、注册商标转让合同纠纷案件。

7.2.2　商标侵权案件

侵犯商标专用权的案件一般有以下表现形式:

(1)未经注册商标所有人的许可,在同一种商品或者类似商品上使用与其注册商标相同或者近似商标的。这类案件有四种情况:

①在同一种商品上使用与注册商标相同的商标;

②在同一种商品上使用与注册商标相近似的商标;

③在类似商品上使用与注册商标相同的商标;

④在类似商品上使用与注册商标相近似的商标。

(2)销售明知是假冒注册商标的商品。这是商品销售者实施的侵权行为。只要销售者主观上明知或者应知销售的是假冒注册商标的商品,即构成此类侵权行为。

(3)伪造、擅自制造他人注册商标,或者销售伪造、擅自制造的注册商标标识。这类侵权行为的表现形式主要有四种:

①伪造他人注册商标标识;

②未经商标权人委托或者授权而制造其注册商标标识;

③超越商标权人授予的权限任意制造其注册商标标识;

④销售属于伪造、擅自制造的注册商标标识。

(4)给他人的注册商标专用权造成其他损害的行为。

7.2.3　商标使用许可合同诉讼案件

律师代理商标使用许可合同纠纷案件时,首先应确认商标使用许可合同的法律效力、违约一方应承担

的违约责任以及合同的变更、解除等。对这类合同必须审查以下几项条件,否则合同应确认无效:

(1)许可人必须是该商标注册人;

(2)商标必须与注册商标一致(文学、图形);

(3)许可使用注册商标的商品,应当以注册商标核定使用的商品为限;

(4)许可合同的期限,不得超过注册商标的有效期限;续展后,可继续签订。

7.2.4 商标权诉讼案件律师代理应注意的问题

(1)查明商标权是否已经取得,或商标权的享有是否超过了法律规定的期限。

(2)查明侵犯商标权的时间、地点、造成的影响,为此要全面收集证据。

(3)代理人要及时地向人民法院提出采取强制停止侵权行为的措施。

(4)确定商标侵权案件的管辖法院。由商标侵权行为而引起的诉讼,管辖比较复杂。因侵权行为提起的诉讼,由侵权行为或者被告住所地人民法院管辖。有时商标的侵权行为地既不在原告住所地,也不在被告住所地,而是在第三地,甚至第三地还不止一处。律师选择被告住所地起诉比较合适。

(5)注意提出赔偿的请求。律师应向委托人提供计算赔偿的标准。侵犯商标专用权的赔偿数额,为侵权人在侵权期间因侵权所获得的利益,或者被侵权人在被侵权期间所受到的损失,包括被侵权人为制止侵权行为所支付的合理开支。如果不能确定侵权人因侵权所获得的利益,也不能够计算被侵权人因侵权事实所遭受的损失,法院将根据情节判决给予××万元以下的赔偿。

7.3 商标权非诉讼律师实务

7.3.1 概述

律师非诉讼商标代理,主要是指律师接受委托,以委托人的名义并为了委托人利益,在委托人的授权范围内,代理委托人办理商标注册申请、转让注册商标申请、商标使用许可以及代为办理被撤销注册商标后的复审申请等法律事务的行为。

7.3.2 律师商标非诉讼代理应进行的工作

(1)接受委托

委托人在办理商标注册申请、转让注册商标申请、商标使用许可以及办理被撤销注册商标后的复审申请等非诉讼法律事务过程中,可以委托律师代理。

(2)律师代办商标注册申请

商标注册申请,是指商标使用人为了取得商标专用权,将其使用的商标依照《中华人民共和国商标法》规定的注册条件、原则和程序,向商标管理机关提出注册申请,经商标管理机关审查批准,授予申请人商标专用权的活动。具体程序为:

①填写《商标注册申请书》,写明以下内容:申请注册商标的名称;使用商标的商品类别和商品名称;使用商标商品的主要用途;商品生产所执行的技术标准类别;申请人的名称或姓名、地址和营业执照号,并加盖申请人的印章。

②附送10张商标图样。在送交正式图样前,律师应当就商标设计草图附函说明注册的商品类别,向市场监督管理机关查询。查询后,如果没有混同,再将设计的正式商标图样送交。

③附送有关证件。申请人申请药品商标注册,应当附送卫生行政部门发给的证明文件。申请卷烟、雪茄烟和有包装烟丝的商标注册,应当附送国家烟草主管机关批准生产的证明文件。

④向当地市场监管机关交纳商标申请费和商标注册费。

7.3.3 律师代办商标注册申请应注意的问题

我国主要实行商标自愿注册原则,但根据《中华人民共和国商标法》的规定,符合条件的商标申请才能获准注册。商标注册的条件包括商标注册申请人应当具备的条件和申请注册的商标应当具备的条件两个方面。

申请商标注册,应当按规定的商品分类表填报使用商标的商品类别和商品名称。同一申请人在不同类别的商品上使用同一商标的,应当按商品分类表提出申请。注册商标需要在同一类的其他商品上使用的,应当另行提出申请。

7.3.4　律师代办转让注册商标的申请

注册商标转让，是指商标注册人在有效期内，依法定程序，将商标专用权转让给另一方的行为。律师代办转让注册商标的申请时，应当注意相关的程序和相关的问题：

(1)律师代办转让注册商标申请的程序

①要求转让人和受让人双方共同向国家知识产权局商标局提出申请，共同填写《转让注册商标申请书》。申请书的内容包括商标的名称、转让人和受让人的地址、营业执照号等，并加盖双方的印章。

②附送原商标注册证正本，即交回原商标注册证。

③向当地知识产权局交纳转让申请费和转让注册费。

(2)律师代办转让注册商标申请应注意的问题

①转让的形式有两种：合同转让和继受转让。合同转让是指转让人和受让人通过签订合同的方式转让注册商标专用权。继受转让是指受让人通过法律上的承继关系而享有注册商标专用权的行为。

②转让注册商标的，商标注册人对其在同一种或者类似商品上注册的相同或近似的商标，必须一并登记。

③转让国家规定必须使用注册商标的人用药品、烟草制品及其他商标的，受让人应当提供有关主管部门的批准文件。

7.3.5　律师代办商标使用许可法律事务

商标使用许可，是指商标注册人以订立书面合同的形式，允许他人使用其注册商标。

(1)律师代办商标使用许可法律事务的程序

①要求许可人、被许可人双方签订《商标使用许可合同》。该合同应当包括以下条款：许可使用的形式；许可使用的注册商标的名称、注册证号、许可使用的注册商标的商品范围和名称；使用期限和产品销售区；许可使用费的数额和支付方式；商品质量的保证和监督办法及违约责任。

②要求许可人、被许可人双方填写商标使用许可合同备案表。

③将《商标使用许可合同》和商标使用许可合同备案表报国家市场监管备案和当地知识产权局存查。

(2)律师代办商标使用许可应注意的问题

①明确商标使用许可的范围，不得超出商标注册的核定使用范围，被许可使用人只能自己使用，而无权再许可给第三人使用。

②对于被许可使用人使用许可商标的商品质量，许可人享有质量控制权。被许可人如果不能保证商品质量，许可人有权制止被许可人出售使用该商标的商品。

8. 专利权律师实务

8.1　专利权诉讼案件

律师专利诉讼代理，主要是指律师接受专利所有权人的委托，在法律规定的保护范围内，根据委托人的授权，以委托人的名义并为了委托人的利益，代理委托人进行诉讼的行为。

(1)专利权纠纷案件类型

①关于实施强制许可使用费的纠纷案件；

②关于专利申请公布后，专利权授予前使用发明、实用新型、外观设计的费用的纠纷案件；

③关于专利侵权纠纷案件；

④关于转让专利申请权或者专利权的合同纠纷案件；

⑤专利权属纠纷案件；

⑥专利申请权纠纷案件。

(2)专利侵权纠纷案件

专利侵权也称侵犯专利权，是指在专利有效期内，非法侵犯专利权人依法所享有的权利的行为。《中华人民共和国专利法》规定，未经专利权人许可，为生产经营目的制造、使用或者销售其专利产品，或者使用其专利方法的行为以及假冒他人专利的行为，都属于侵犯专利权的行为。专利侵权行为应同时具备以下几个条件：

①专利侵权被侵犯的对象,是已授予专利权,受《中华人民共和国专利法》保护的专利产品或专利方法。

②侵权行为是指违法制造、使用和销售专利产品以及使用专利方法的行为。发生方法专利侵权纠纷以后,制造同样产品的单位或者个人应当提供其生产制造方法的证明,这就是说,被告有责任提供证据,证明其产品不是用该方法制造的,否则,不需要原告提供证据,被告即被推定为使用了该专利方法。

③要以营利为目的。这就是行为的违法性才构成专利侵权。

④未经专利权人许可。

⑤专利侵权人主观上必须有过错。

⑥实施的专利侵权行为直接或间接给专利权人造成财产和精神上的损害,也就是损害结果是客观存在的。

(3)专利申请权纠纷案件

专利申请权纠纷,主要有关于是职务发明创造还是非职务发明创造;关于谁是发明创造的发明人或设计人;关于合作完成或者接受委托完成后的发明创造,谁有权申请专利。

(4)专利权属纠纷案件

专利权属纠纷案件,是指某项发明创造被正式授予专利权后,当事人对谁是真正发明人产生争议,依法向法院起诉的案件。

(5)专利许可合同纠纷案件

专利许可合同的法律特征,是双方通过订立合同,专利权人(许可人)将专利许可受让人(被许可人)使用,而受让人因此支付专利使用费。当一方违约造成纠纷起诉至法院后,对违约责任的划分,主要围绕双方基本的权利义务关系来确定:

①许可人是否是专利权人。非专利权人以所有权人的名义与他人订立的专利许可合同是无效的。

②审查许可人提供的专利是否为职务发明。根据《中华人民共和国专利法》的规定,执行本单位的任务或者利用本单位的物质条件所完成的职务发明创造,申请专利的权利属于该单位。

③审查专利许可合同的内容和形式是否合法。

④根据专利许可合同中双方约定的权利义务,确定谁应该承担违约责任。

(6)专利权转让纠纷案件

专利转让,是指转让人将其所有的专利权移交受让人所有的行为。关于专利转让合同在履行过程中产生纠纷而依法起诉到法院的案件,律师在代理时应主要抓住三个要件:

①当事人所转让的专利是否属于有效专利;

②当事人是否有权转让;

③转让协议是否依法经国家知识产权局专利局登记公告。

8.2 专利权案件律师代理应注意的问题

(1)律师应明确我国《中华人民共和国专利权》保护的三种方法:

①行政方法:对假冒他人专利者,对侵犯发明人或设计人的非职务发明创造专利申请权益的行为,对国家知识产权局专利局有关人员在专利公布前泄露专利内容的行为,对未经国家知识产权局专利局许可实施专利的侵权行为,律师应当依法请求行政保护;

②民事诉讼方法:对当事人因专利是否为发明创造而发生的纠纷,关于谁是发明人或设计人的纠纷,关于对协作(合作)完成或者接受委托完成的发明创造谁有权申请专利的纠纷案件,对上级主管部门或所在地区专利管理机关处理不服的案件,可以请求民事保护,向法院起诉;

③刑事方法:对于假冒专利且情节严重的侵权直接责任人,可以请求司法机关追究其刑事责任。

(2)专利侵权纠纷案件技术性、专业性强,案件复杂,涉及面广,律师在代理中有一定难度,遇有专门的技术问题时可以请专家对有关的问题进行技术分析和技术鉴定。

(3)律师作为原告的代理人时,应当帮助其举证,证明被告侵权的事实证据,包括书证、物证;向法院阐明诉讼的目的及理由,请求保护权利的范围和要求停止侵权的范围,说明理由和依据。

(4)专利侵权纠纷案件的管辖一般适用特别地域管辖,即由侵权行为地的中级人民法院管辖。侵权行为地包括侵权行为发生地、侵权行为连续进行地和损害结果发生地。

(5)对专利侵权行为,为当事人提供诉前保全措施。专利权作为一种无形财产权,和其他财产权相比有它的特殊性。专利侵权诉讼采取诉讼保全是为了及时制止对专利这种无形资产的侵权行为,也是为了避免损失的扩大。

(6)及时提出证据保全申请。在专利侵权纠纷中,产品、设备及有关的技术资料都是非常重要的证据,如不及时采取保全措施,证据就有被毁损、转移的可能。

(7)代理人应及时向法院提出诉前停止侵犯专利权的申请,切实保护专利权人和其他利害关系人的合法权益。

(8)为当事人提供专利侵权赔偿数额的计算方式,合理提出赔偿数额。赔偿数额应根据专利人因被侵权所受到的损失,也可以根据权利人的利益损失、侵权人获得的利益或者专利使用许可费的倍数合理计算。

8.3 专利权非诉讼律师实务

专利权非诉讼律师实务,是指律师接受委托,按照《中华人民共和国专利法》及其实施细则的有关规定,以委托人的名义,代理委托人向专利管理机关办理专利事务的一种法律行为。具体包括:专利申请中的律师代理、专利授权过程中的律师代理和律师对专利权人的法律服务等。

(1)律师代理提出专利申请

律师代理提出专利申请,主要是负责办理申请专利的各种手续。代理律师的责任,是将发明的有关事实正确地、准确无误地按照法律的要求将其表述出来。提出专利申请必须迅速及时。律师应当注意,在任何情况下,都不能错过规定的时间限制,否则延误专利申请,会给发明人带来无法弥补的损失。律师应当做好以下工作:

①提交有关文件。律师应按照《中华人民共和国专利法》及其实施细则规定的内容、式样、文字、书写方式和其他有关规定的要求,填写专利请求书、说明书、说明书摘要及权利要求书,提供外观设计的图片或照片等文件。

②依法请求国家知识产权局专利局审查专利申请。专利审查的目的在于,确定专利申请是否符合《中华人民共和国专利法》规定的形式要件和实质要件,从而决定是否批准授予专利权。律师应当在法律规定的期限内,请求国家知识产权局专利局对专利申请进行实质审查,以免逾期造成被动。

(2)律师代理转让专利权

专利权转让,是指专利权人将其获得的专利所有权转让给他人。律师应当注意:

①专利权转让必须符合法律规定,并依法办理转让手续;

②中国的单位或者个人向外国人转让专利权的,必须经过国务院有关部门批准;

③转让专利权时,当事人必须订立书面合同,并经国家知识产权局专利局登记和公告后,才能正式生效。

(3)专利代理律师的服务

律师应当根据自己具有的法律专业知识、专业技能和丰富的实践经验,在法律规定的范围内,充分维护委托人的合法权益。律师的主要任务是:

①提供法律咨询。律师应当根据实际情况,权衡利弊,向发明人提出切实可行的选择意见,供发明人参考。如果申请专利比保守专利秘密对发明人更有利,那么律师还应当考虑取得发明专利的适当时机,并帮助发明人判定申请专利的可行性和价值等问题。

②为委托人取得专利权服务。律师在法律规定的范围内,应当充分保护发明人的合法权益。在申请取得专利权的过程中,律师必须严格保守发明人申请专利发明的内容,及时提出实质审查的请求,协助申请人修改发明说明书和权利要求书,答复审查员的审查意见。在专利审批阶段,律师应当随时了解审查的情况,并按国家知识产权局专利局的要求采取积极有效的措施,争取使专利申请获得批准,使发明人获得专利权。

9.著作权律师实务

9.1 著作权诉讼案件

9.1.1 著作权纠纷

著作权纠纷,既有基于著作权的归属、权利的行使等发生的纠纷,也有基于作品的使用而发生的著作权合同纠纷。著作权诉讼案件主要有著作权侵权案件、著作权转让合同纠纷案件、著作权许可合同纠纷案件。

9.1.2 著作权侵权案件

所谓侵犯著作权的行为,是指未经作者同意或其他权利人同意,又无法律上的根据,擅自对著作权作品进行利用或以其他非法手段行使著作权人专有权的行为。

(1)侵犯著作权的表现形式

根据《中华人民共和国著作权法》的规定,侵犯著作权的行为有以下多种表现形式:

①未经著作权人许可,发表其作品的行为;

②未经合作作者许可,将与他人合作创作的作品当作自己单独创作的作品发表的行为;

③没有参加创作,为谋取个人名利,在他人作品上署名的行为;

④歪曲、篡改他人作品的行为;

⑤未经著作权人许可,以展览、摄制电影和以类似摄制电影的方法使用作品,或者以改编、翻译、注释等方式使用作品的行为;

⑥使用他人作品未按规定支付报酬的行为;

⑦未经视听作品、计算机软件、录音录像制品的著作权人、表演者或者录音录像制作者许可,出租其作品或者录音录像制品的原件或者复制件的;

⑧未经出版人许可,使用其出版的图书、期刊的版式设计的行为;

⑨剽窃、抄袭他人作品的行为;

⑩未经著作权人许可,以营利为目的复制发行其作品的行为;

⑪制作、出售假冒他人署名的美术作品的行为;

⑫未经表演人许可,现场直播其表演的行为或者公开传送其现场表演的行为;

⑬未经著作权人许可,复制、发行、表演、放映、广播、汇编、通过信息网络向公众传播其作品的行为;

⑭未经表演人许可,对其表演制作录音录像出版的行为,或者通过信息网络向公众传播其表演的行为;

⑮出版他人享有出版权的图书的行为;

⑯未经录音录像制作人许可,复制、发行、通过信息网络向公众传播其制作的录音录像制品的行为;

⑰未经广播电台、电视台许可,转播、复制发行其制作的广播、电视的行为;

⑱未经著作权人或者与著作权人有关的权利人许可,故意避开或者破坏技术措施的,故意制造、进口或者向他人提供主要用于避开、破坏技术措施的装置或者部件的,或者故意为他人避开或者破坏技术措施提供技术服务的;

⑲未经著作权人或者与著作权有关的权利人许可,故意删除或者改变作品、版式设计、表演、录音录像制品或者广播、电视上的权利管理信息的,知道或者应当知道作品、版式设计、表演、录音录像制品或者广播、电视上的权利管理信息未经许可被删除或者改变,仍然向公众提供的。

(2)侵害著作权的民事法律责任

侵害著作权行为发生后,律师在诉讼过程中应掌握以下几种处理方式:

①停止侵害。行为人正在实施侵害他人著作权的行为时,权利人有权要求其停止侵权行为,其目的是防止损害结果扩大。

②消除影响。作品著作权被侵害后,权利人有权请求行为人或者诉请法院责令行为人在一定范围内澄清事实,以消除人们对权利人或者其作品的不良印象,使社会对其评价恢复到未受侵害前的状态。一般来说,行为人在多大范围内给著作权人造成不良影响和损害,就应在多大范围内消除影响。

③公开赔礼道歉。这是保护权利人的人身权的有效措施。具体方式有:登报致歉、在公共场所声明或借助其他媒介表明歉意。

④赔偿损失。主要适用于对著作财产权的侵害;对著作人身权的侵害,只有给权利人造成一定的经济损失时,才能适用赔偿损失的方法。根据《中华人民共和国著作权法》的规定,侵犯著作权或者与著作权有关的权利的,侵权人应当按照侵权人的违法所得给予赔偿。赔偿数额还应当包括权利人为制止侵权行为所支付的合理开支。权利人的实际损失或者侵权人的违法所得不能确定的,可根据当事人的申请,由法院根据侵权行为的情节,判决给予××万元以下的赔偿。

9.1.3 著作权转让合同纠纷案件

著作权转让合同纠纷案件,是指著作权人将其作品使用权部分或全部在法定有效期内转移给他人,在此转让过程中转让人和受让人之间出现的纠纷案件。一般表现为:转让合同中负有义务的一方当事人不履行自己承担的义务;合同中负有义务的一方当事人履行合同义务不符合预先约定的条件或者只履行了一部分。

9.1.4 著作权许可使用合同纠纷案件

著作权许可使用合同纠纷,是指著作权人在将自己的作品以一定的方式、在一定的地域和期限内许可他人使用的过程中出现的纠纷。律师应注意审查:被许可人行使权利时是否擅自超出约定的权利;是否是在约定的方式、约定的地域和约定的期限内行使著作权;被许可人不得擅自将自己享有的权利许可其他人使用;著作权人可以将同样权利以完全相同的方式,在相同的地域和期限内许可他人使用,除非被许可人享有专有许可权;除专有许可外,被许可人对第三人侵犯自己权益的行为一般不能以自己的名义向侵权人提起诉讼,只能以著作权人的名义提起诉讼。

9.1.5 著作权纠纷案件律师代理应注意的问题

(1)全面了解目前有关著作权保护的法规、政策,正确认定侵犯著作权的行为。要注意不要把许可使用权的行为,也当成侵犯著作权的行为来认定。

(2)要注意正确认定是专著还是合著及著作权人享有的具体权利。

(3)对于扣付、少付或迟延付酬的纠纷,要注意结合有关法规,全面维护委托人的合法权益。

(4)注意诉讼时效的规定。著作权侵权案件应在两年内提起诉讼。

(5)原告在向法院提出要求被告赔偿损失的诉讼请求后,应提供相应的证据。一般采用依据被侵权人或侵权人所得来确定赔偿数额。

9.2 著作权非诉讼代理

律师非诉讼著作权代理,主要是指律师接受委托,以委托人的名义并为了委托人的利益,在委托人的授权范围内,代理委托人办理著作权登记、转让、许可使用等法律事务的行为。律师的著作权实务主要有:

(1)代理版权登记

著作权人对自己的作品在行政机关进行登记,能够在形式上给予确认,使其归属明确,可以减少和防止纠纷的发生。各省、自治区、直辖市版权局负责本辖区作者或其他著作权人的作品登记工作。

我国对计算机软件著作权实行特别的登记制度。根据《计算机软件著作权登记办法》的规定,申请软件著作权登记的原则是,一项软件著作权的登记申请只限于一个独立发表的、能够独立运行的软件。合作开发的软件进行登记时,可以由各著作权人协商确定一个著作权人作为代表办理。

(2)版权代理

代理著作权人进行国内外的版权贸易洽谈;代理商谈合作出版业务;为著作权人提供转让版权的信息;帮助签约,维护著作权人的合法权益。

(3)版权法律服务

对著作权及相关法律、法规的咨询服务,出具相关的法律意见书;对专项著作权进行相关的法律服务;代为对著作权侵权行为进行调查、取证;代理著作权及其相关纠纷的调处;为各类出版、新闻单位及网络服务商和个人提供法律顾问服务。

(4)协助委托人签订著作权许可合作合同

具体包括:出版合同、表演合同、录制合同、播放合同、改编合同等,该类合同应当具备以下条款:

①许可使用作品的方式。使用的方式可以是一种,也可以是多种。

②许可使用的权利是专有使用权还是非专有使用权。如果未作约定,或约定不明,一旦发生纠纷,法律通常只能认为被许可人取得的是非专有使用权。

③许可使用的范围、期间。合同的有效期限不超过10年,合同期满可以续订。

④付酬标准和办法。

⑤违约责任。

⑥双方认为需要约定的内容。

(5)协助委托人签订著作权转让合同

该类合同应当包括以下内容:

①作品的名称;

②转让的权利种类、地域范围;

③转让价金;

④交付转让价金的日期和方式;

⑤违约责任;

⑥双方认为需要约定的其他内容。

第十节 知识产权业务相关法律文件

一、专利实施许可合同签订指南

本指南根据国家知识产权局曾经提供过的相关范本制作,供读者参考,大家可于国家知识产权局官网查阅其对专利实施许可事项的有关说明或有关表格。

专利实施许可合同
签订指南

前言(鉴于条款)

——鉴于许可方(姓名或名称 注:必须与所许可的专利的法律文件相一致)拥有(专利名称 注:必须与专利法律文件相一致)专利,该专利为(职务发明创造或非职务发明创造),专利号为(九位),公开号为(八位包括最后一位字母),申请日为________年____月____日,授权日为________年____月____日,专利的法定届满日为________年____月____日,并拥有实施该专利所涉及的技术秘密及工艺;

——鉴于被许可方(姓名或名称)属于__________领域的企业、事业单位、社会团体或个人等,拥有厂房______,______设备,人员______及其他条件,并对许可方的专利技术有所了解,希望获得许可并实施该专利技术(及所涉及的技术秘密、工艺等);

——鉴于许可方同意向被许可方授予所请求的许可;

双方一致同意签订本合同。

第一条 名词和术语(定义条款)

本条所涉及的名词和术语均为签订合同时出现的需要定义的名词和术语。如:

专利——本合同中所指的专利是许可方许可被许可方实施的由国家知识产权局专利局受理的发明专利(或实用新型专利或外观设计专利)专利号:__________发明创造名称:____________________。

技术秘密——指实施本合同专利所需要的、在工业化生产中有助于本合同技术的最佳利用、没有进入公共领域的技术。

技术资料——指全部专利申请文件和与实施该专利有关的技术秘密及设计图纸、工艺图纸、工艺配方、工艺流程及制造合同产品所需的工装、设备清单等技术资料。

合同产品——指被许可方使用本合同提供的被许可技术制造的产品，其产品名称为：____。

技术服务——指许可方为被许可方实施合同提供的技术所进行的服务，包括传授技术与培训人员。

销售额——指被许可方销售合同产品的总金额。

净销售额——指销售额减去包装费、运输费、税金、广告费、商业折扣。

纯利润——指合同产品销售后，总销售额减去成本、税金后的利润额。

改进技术——指在许可方许可被许可方实施的技术基础上改进的技术。

普通实施许可——指许可方许可被许可方在合同约定的期限、地区、技术领域内实施该专利技术的同时，许可方保留实施该专利技术的权利，并可以继续许可被许可方以外的任何单位或个人实施该专利技术。

排他实施许可——指许可方许可被许可方在合同约定的期限、地区、技术领域内实施该专利技术的同时，许可方保留实施该专利技术的权利，但不得再许可被许可方以外的任何单位或个人实施该专利技术。

独占实施许可——指许可方许可被许可方在合同约定的期限、地区、技术领域内实施该专利技术，许可方和任何被许可方以外的单位或个人都不得实施该专利技术。

分许可——指被许可方经许可方同意将本合同涉及的专利技术许可给第三方。

……

第二条　专利许可的方式与范围

该专利的许可方式是独占实施许可（排他实施许可、普通实施许可、交叉许可、分许可）；

该专利的许可范围是在某地区制造（使用、销售）其专利的产品；（或者）使用其专利方法以及使用、许诺销售、销售、进口依照该专利方法直接获得的产品；（或者）进口其专利产品；（或者）进口依照其专利方法直接获得的产品。

第三条　专利的技术内容

许可方向被许可方提供专利号为__________，专利名称为____________________的全部专利文件（见附件1），同时提供为实施该专利而必需的工艺流程文件（见附件2），提供设备清单（或直接提供设备）用于制造该专利产品（见附件3），并提供实施该专利所涉及的技术秘密（见附件4）及其他技术（见附件5）。

第四条　技术资料的交付

1. 技术资料的交付时间

合同生效后，许可方收到被许可方支付的使用费（入门费）（￥、$）__________万元后的____日内，许可方向被许可方交付合同第三条所述的全部资料，如附件（1～5）中所示的全部资料。

自合同生效日起，____日内，许可方向被许可方交付合同第三条所述全部（或部分）技术资料，即附件（1～5）中所示的全部资料。

2. 技术资料的交付方式和地点

许可方将全部技术资料以面交、挂号邮寄或空运等方式递交给被许可方，并将资料清单以面交、邮寄或传真的方式递交给被许可方，将空运单以面交、邮寄方式递交给被许可方。

技术资料交付地点为被许可方所在地或双方约定的地点。

第五条　使用费及支付方式

1. 本合同涉及的使用费为（￥、$）__________元。采用一次总付方式，合同生效之日起____日内，被许可方将使用费全部汇至许可方账号或以现金方式支付给许可方。

2. 本合同涉及的使用费为（￥、$）__________元。采用分期付款方式，合同生效后，____日内，被许可方即支付使用费的______%即（￥、$）__________元给许可方，待许可方指导被许可方生产出合格样机______台____日后再支付______%即（￥、$）__________元。直至全部付清。

被许可方将使用费按上述期限汇至许可方账号或以现金方式支付给许可方。

3. 使用费总额（￥、$）__________元，采用分期付款方式。

合同生效日支付（￥、$）__________元。

自合同生效日起______个月内支付(¥、$)__________元。

____个月内再支付(¥、$)__________元。

最后于____日内支付(¥、$)__________元,直至全部付清。

被许可方将使用费按上述期限汇至许可方账号,或以现金方式支付给许可方。

4. 该专利使用费由入门费和销售额提成两部分组成。

合同生效日支付入门费(¥、$)__________元。

销售额提成为______%(一般为3% ~5%),每______个月(或每半年、每年年底)结算一次。

被许可方将使用费按上述期限汇至许可方账号,或以现金方式支付给许可方。

5. 该专利使用费由入门费和利润提成两部分组成(提成及支付方式同4)。

6. 该专利使用费以专利技术入股方式计算,被许可方与许可方共同出资(¥、$)__________万元联合制造该合同产品,许可方以专利技术入股股份占总投资的______%(一般不超过20%),第______年分红制,分配利润。

支付方式采用银行转账(托收、现金总付等)。现金总付地点一般为合同签约地。

7. 在4、5、6情况下许可方有权查阅被许可方实施合同技术的有关账目。

第六条　验收的标准与方法

1. 被许可方在许可方指导下,生产完成合同产品______个(件、吨等单位量词)须达到许可方所提供的各项技术性能及质量指标(具体指标参数见附件6)并符合国际标准____________________国家标准____________________行业标准____________________。

2. 验收合同产品。由被许可方委托国家(或某一级)检测部门进行,或由被许可方组织验收,许可方参加,并给予积极配合,所需费用由被许可方承担。

3. 如因许可方的技术缺陷,造成验收不合格,许可方应负责提出措施,消除缺陷。

第二次验收仍不合格,许可方没有能力消除缺陷的,被许可方有权终止合同,许可方返还使用费,并赔偿被许可方的部分损失。

4. 如因被许可责任使合同产品验收不合格,许可方应协助被许可方,进行补救,经再次验收仍不合格,被许可方无力实施该合同技术的,许可方有权终止合同,且不返还使用费。

5. 合同产品经验收合格后,双方应签署验收合格报告。

第七条　对技术秘密的保密事项

1. 被许可方不仅在合同有效期内而且在有效期后的任何时候都不得将技术秘密(附件4)泄露给本合同当事双方(及分许可方)以外的任何第三方。

2. 被许可方的具体接触该技术秘密的人员均要同被许可方的法人代表签订保密协议,保证不违反上款要求。

3. 被许可方应将附件4妥善保存(如放在保险箱里)。

4. 被许可方不得私自复制附件4,合同执行完毕,或因故终止、变更,被许可方均须把附件4退给许可方。

第八条　技术服务与培训(本条可签订从合同)

1. 许可方在合同生效后____日内负责向被许可方传授合同技术,并解答被许可方提出的有关实施合同技术的问题。

2. 许可方在被许可方实施该专利申请技术时,要派出合格的技术人员到被许可方现场进行技术指导,并负责培训被许可方的具体工作人员。

被许可方接受许可方培训的人员应符合许可方提出的合理要求。(确定被培训人员标准)

3. 被许可方可派出人员到许可方接受培训和技术指导。

4. 技术服务与培训的质量,应以被培训人员能够掌握该技术为准。(确定具体标准)

5. 技术服务与培训所发生的一切费用,如差旅费、伙食费等均由被许可方承担。

6. 许可方完成技术服务与培训后，经双方验收合格共同签署验收证明文件。

第九条　后续改进的提供与分享

1. 在合同有效期内，任何一方对合同技术所作的改进应及时通知对方。

2. 有实质性的重大改进和发展，申请专利的权利由合同双方当事人约定。没有约定的，其申请专利的权利归改进方，对方有优先、优价被许可，或者免费使用该技术的权利。

3. 属原有基础上的较小的改进，双方免费互相提供使用。

4. 对改进的技术还未申请专利时，另一方对改进技术承担保密义务，未经许可不得向他人披露、许可或转让该改进技术。

5. 属双方共同作出的重大改进，申请专利的权利归双方共有，另有约定除外。

第十条　违约及索赔

对许可方：

1. 许可方拒不提供合同所规定的技术资料、技术服务及培训，被许可方有权解除合同，要求许可方返还使用费，并支付违约金______。

2. 许可方无正当理由逾期向被许可方交付技术资料、提供技术服务与培训的，每逾期一周，应向被许可方支付违约金______，逾期超过______（具体时间），被许可方有权终止合同，并要求返还使用费。

3. 在排他实施许可中，许可方向被许可方以外的第三方许可该专利技术，被许可方有权终止合同，并要求支付违约金______。

4. 在独占实施许可中，许可方自己实施或许可被许可方以外的第三方实施该专利技术，被许可方有权要求许可方停止这种实施与许可行为，也有权终止本合同，并要求许可方支付违约金______。

对被许可方：

1. 被许可方拒付使用费的，许可方有权解除合同，要求返还全部技术资料，并要求赔偿其实际损失，并支付违约金______。

2. 被许可方延期支付使用费的，每逾期______（具体时间）要支付给许可方违约金______；逾期超过______（具体时间），许可方有权终止合同，并要求支付违约金______。

3. 被许可方违反合同规定，扩大对被许可技术的许可范围，许可方有权要求被许可方停止侵害行为，并赔偿损失，支付违约金______；并有权终止合同。

4. 被许可方违反合同的保密义务，致使许可方的技术秘密泄露，许可方有权要求被许可方立即停止违约行为，并支付违约金______。

第十一条　侵权的处理

1. 在合同有效期内，如有第三方指控被许可方实施的技术侵权，许可方应负一切法律责任；

2. 合同双方任何一方发现第三方侵犯许可方的专利权时，应及时通知对方，由许可方与侵权方进行交涉，或负责向专利管理机关提出请求或向人民法院提起诉讼，被许可方协助。

第十二条　专利权被撤销和被宣告无效的处理

1. 在合同有效期内，许可方的专利权被撤销或被宣告无效时，如无明显违反公平原则，且许可方无恶意给被许可方造成损失，则许可方不必向被许可方返还专利使用费。

2. 在合同有效期内，许可方的专利权被撤销或被宣告无效时，因许可方有意给被许可方造成损失，或明显违反公平原则，许可方应返还全部专利使用费，合同终止。

第十三条　不可抗力

1. 发生不以双方意志为转移的不可抗力事件（如火灾、水灾、地震、战争等）妨碍履行本合同义务时，双方当事人应做到：

（1）采取适当措施减轻损失；

（2）及时通知对方当事人；

（3）在____________（某种事件）期间，出具合同不能履行的证明。

2. 发生不可抗力事件在＿＿＿＿＿＿(合理时间)内,合同延期履行。

3. 发生不可抗力事件在＿＿＿＿＿＿＿情况下,合同只能履行某一部分(具体条款)。

4. 发生不可抗力事件,持续时间超过＿＿＿＿＿(具体时间),本合同即告终止。

第十四条　税费

1. 对许可方和被许可方均为中国公民或法人的,本合同所涉及的使用费应纳的税,按中华人民共和国税法,由许可方纳税;

2. 对许可方是境外居民或单位的,按中国税法及《中华人民共和国企业所得税法》,由许可方纳税;

3. 对许可方是中国公民或法人,而被许可方是境外单位或个人的,则按对方国家或地区税法纳税。

第十五条　争议的解决方法

1. 双方在履行合同中发生争议的,应按合同条款,友好协商,自行解决;

2. 双方不能协商解决争议的,提请＿＿＿＿＿专利管理机关调处,对调处决定不服的,向人民法院起诉;

3. 双方发生争议,不能和解的,向人民法院起诉;

4. 双方发生争议,不能和解的提请＿＿＿＿＿仲裁委员会仲裁。

注:2、3、4 只能选其一。

第十六条　合同的生效、变更与终止

1. 本合同自双方签字、盖章之日起生效,合同的有效期为＿＿＿年(不得超过专利的有效期)。

2. (对独占实施许可合同)被许可方无正当理由不实施该专利技术的,在合同生效日后＿＿＿(时间),本合同自行变更为普通实施许可合同。

3. 由于被许可方的原因,致使本合同不能正常履行的,本合同即告终止,或双方另行约定变更本合同的有关条款。

第十七条　其他

前十六条没有包含,但需要特殊约定的内容,如:

其他特殊约定,包括出现不可预见的技术问题如何解决,出现不可预见的法律问题如何解决等。

二、专利权转让合同签订指南

本指南根据国家知识产权局曾经提供过的相关范本制作,供读者参考,大家可于国家知识产权局官网查阅其对专利权转让事项的有关说明或有关表格。

专利权转让合同
签订指南

前言(鉴于条款)

——鉴于转让方(姓名或名称　注:必须与所转让的专利的法律文件相一致)拥有(专利名称　注:必须与专利法律文件相一致)专利,其专利号(九位),公开号(八位包括最后一位字母),公告号(八位包括最后一位字母),申请日＿＿＿＿＿,授权日＿＿＿＿＿,公开日＿＿＿＿＿,专利权的有效期为＿＿＿＿＿。

——鉴于受让方(姓名或名称)对上述专利的了解,希望获得该专利权。

——鉴于转让方同意将其拥有的专利权转让给受让方。

双方一致同意签订本合同。

第一条　转让方向受让方交付资料

1. 向国家知识产权局专利局递交的全部专利申请文件(附件 1),包括说明书、权利要求书、附图、摘要及摘要附图、请求书、意见陈述书以及著录事项变更、权利丧失后恢复权利的审批决定、代理委托书等(若申请的是 PCT,还要包括所有 PCT 申请文件)。

2. 国家知识产权局专利局发给转让方的所有文件(附件2),包括受理通知书、中间文件、授权决定、专利证书及副本等。

3. 转让方已许可他人实施的专利实施许可合同书,包括合同书附件(与实施该专利有关的技术、工艺等文件)。

4. 国家知识产权局专利局出具的专利权有效的证明文件。指最近一次专利年费缴费凭证(或国家知识产权局专利局的专利登记簿),在专利权撤销或无效请求中,国家知识产权局专利局或人民法院作出的维持专利权有效的决定等。

5. 上级主管部门或国务院有关主管部门的批准转让文件。

第二条 交付资料的时间、地点及方式

1. 交付资料的时间

合同生效后,转让方收到受让方支付给转让方的转让费后____日内,转让方向受让方交付合同第一条所述的全部资料,或者合同生效后,____日内转让方向受让方交付合同第一条所述的全部(或部分)资料,如果是部分资料,待受让方将转让费交付给转让方后____日内,转让方向受让方交付其余的资料。

2. 交付资料的方式和地点

转让方将上述全部资料以面交、挂号邮寄或空运等方式递交给受让方,并将资料清单以面交、邮寄或传真的方式递交给受让方,将空运单以面交、邮寄方式递交给受让方。

全部资料的交付地点为受让方所在地或双方约定的地点。

第三条 专利实施和实施许可的情况及处置办法

在本合同签订前,转让方已经实施该专利,本合同可约定,在本合同签订生效后,转让方可继续实施或停止实施该专利。如果合同没有约定,则转让方应停止实施该专利。

在本合同签订前,转让方已经许可他人实施的许可合同,其权利义务关系在本合同签订生效之日起,转移给受让方。

第四条 转让费及支付方式

1. 本合同涉及的专利权的转让费为(¥、$)__________元,采用一次付清方式,在合同生效之日起____日内,或在国家知识产权局专利局公告后____日内,受让方将转让费全部汇至转让方的账号,或以现金方式汇至(或面交给)转让方。

2. 本合同涉及的专利权的转让费为(¥、$)__________元,采用分期付款方式支付,在合同生效之日起____日内,或在国家知识产权局专利局公告后____日内,受让方即将转让费的______%(¥、$)__________元汇至转让方的账号;待转让方交付全部资料后____日内,受让方将其余转让费汇至(或面交给)转让方;或采用合同生效后,____日内支付(¥、$)__________元,______个月内支付(¥、$)__________元,______个月内支付(¥、$)__________元,最后在____个月内付清其余转让费的方式。

支付方式采用银行转账(或托收、现金兑付等),现金兑付地点一般为合同签约地。

第五条 专利权被撤销或被宣告无效的处理

根据《中华人民共和国专利法》的规定,在本合同成立后,转让方的专利权被撤销或被宣告无效时,如无明显违反公平原则,且转让方无恶意给受让方造成损失,则转让方不向受让方返还转让费,受让方也不返还全部资料。

如果本合同的签订明显违反公平原则,或转让方有意给受让方造成损失的,转让方应返还转让费。

他人向国家知识产权局专利局提出请求撤销专利权,或请求专利行政部门对该专利权宣告无效或对专利行政部门的决定(对发明专利)不服向人民法院起诉时,在本合同成立后,由受让方负责答辩,并承担由此产生的请求或诉讼费用。

第六条 过渡期条款

1. 在本合同签字生效后,至国家知识产权局专利局登记公告之日,转让方应维持专利的有效性,在这一期间,所要缴纳的年费、续展费(对1992年12月31日前申请的实用新型、外观设计)由转让方支付。

2. 本合同在国家知识产权局专利局登记公告后,受让方负责维持专利的有效性,如办理专利的年费、续展费、行政撤销和无效请求的答辩及无效诉讼的应诉等事宜。

(也可以约定,在本合同签字生效后,维持该专利权有效的一切费用由受让方支付。)

3. 在过渡期内,因不可抗力,致使转让方或受让方不能履行合同的,本合同即告解除。

第七条 税费

1. 对转让方和受让方均为中国公民或法人的,本合同所涉及的转让费需纳的税,依中华人民共和国税法,由转让方纳税。

2. 对转让方是境外居民或单位的,按中国税法及《中华人民共和国企业所得税法》由转让方向中国税务机关纳税。

3. 对转让方是中国公民或法人,而受让方是境外单位或个人的,则按对方国家或地区税法纳税。

第八条 违约及索赔

对转让方:

1. 转让方拒不交付合同规定的全部资料,办理专利权转让手续的,受让方有权解除合同,要求转让方返还转让费,并支付违约金______。

2. 转让方无正当理由,逾期向受让方交付资料办理专利权转让手续(包括向国家知识产权局专利局做《著录事项变更》),每逾期一周,支付违约金______,逾期两个月,受让方有权终止合同,并要求返还转让费。

3. 根据第六条,违约的,转让方应支付违约金______。

对受让方:

1. 受让方拒付转让费,转让方有权解除合同要求返还全部资料,并要求赔偿其损失或支付违约金______。

2. 受让方逾期支付转让费,每逾期______(时间),支付违约金______;逾期两个月,转让方有权终止合同,并要求支付违约金______。

3. 根据第六条,违约的,受让方应支付违约金______。

第九条 争议的解决办法

1. 双方在履行合同中发生争议的,应按本合同条款,友好协商,自行解决。

2. 双方不能协商解决争议的,提请受让方所在地或合同签约地______专利管理机关调处,对调处结果不服的,向人民法院起诉。

3. 双方发生争议,不能和解的,向人民法院起诉。

4. 双方发生争议,不能和解的,请求______仲裁委员会仲裁。

注:2、3、4只能选其一。

第十条 其他

前九条未包括,但需要特殊约定的内容,包括出现不可预见的技术问题如何约定,出现不可预见的法律问题如何约定等。

第十一条 合同的生效

本合同的双方签字后即对双方具有约束力,自国家知识产权局专利局对双方所做的《著录事项变更》进行登记并予以公告之日起,合同具有法律效力。

三、专利申请技术实施许可合同签订指南

本指南根据国家知识产权局曾经提供过的相关范本制作,供读者参考,大家可于国家知识产权局官网查阅其对专利申请技术实施许可事项的有关说明或有关表格。

专利申请技术实施许可合同
签订指南

前言(鉴于条款)

——鉴于许可方(姓名或名称 注:必须与所许可的专利申请的法律文件相一致)拥有(专利申请名称 注:必须与专利申请法律文件相一致)专利申请,该专利申请为(职务发明创造或非职务发明创造),专利申请号为(九位),公开号为(八位包括最后一位字母),申请日为________年____月____日,并拥有实施该专利申请技术所涉及的技术秘密及工艺;

——鉴于被许可方(姓名或名称)属于______领域的企业、事业单位、社会团体或个人等,拥有厂房______,______设备,人员______及其他条件,并对许可方的专利申请技术有所了解,希望获得许可而实施该专利申请技术(及所涉及的技术秘密、工艺);

——鉴于许可方同意向被许可方授予所请求的许可;

双方一致同意签订本合同。

第一条 名词和术语(定义条款)

本条所涉及的名词和术语均为签订合同时出现的需要定义的名词和术语。如:

专利申请技术——本合同中所指的专利申请技术是许可方许可被许可方实施的由国家知识产权局专利局受理的发明专利申请(或实用新型专利申请或外观设计专利申请)。专利申请号:__________;发明创造名称:__________。

技术秘密——指实施本合同专利的申请所必需的、在工业化生产中有助于该技术的最佳利用,能够达到验收标准的、没有进入公共领域的技术。

其他技术——指许可方拥有的与实施该专利申请技术有关的未申请专利的或已宣布专利无效的或已放弃专利权、已过期的专利或已申请未被批准、已视为撤回的专利申请的技术。

技术资料——指全部的专利申请文件和与实施该专利申请技术有关的设计图纸、工艺图纸、工艺配方、工艺流程及制造合同产品所需的工装、设备清单等技术资料。

合同产品——指被许可方使用本合同提供的被许可技术制造的产品,其产品名称为:__________。

技术服务——指许可方为被许可方实施合同提供的技术所进行的服务,包括传授技术与培训人员。

销售额——指被许可方销售合同产品的总金额。

净销售额——指销售额减去包装费、运输费、税金、广告费、商业折扣。

纯利润——指合同产品销售后,总销售额减去成本、税金后的利润额。

改进技术——指在许可方许可被许可方实施的技术基础上改进的技术。

普通实施许可——指许可方许可被许可方在合同约定的期限、地区、技术领域内实施该专利申请技术的同时,许可方保留实施该专利申请技术的权利,并可以继续许可被许可方以外的任何单位或个人实施该专利申请技术。

排他实施许可——指许可方许可被许可方在合同约定的期限、地区、技术领域内实施该专利申请技术的同时,许可方保留实施该专利申请技术的权利,但不得再许可被许可方以外的任何单位或个人实施该专利申请技术。

独占实施许可——指许可方许可被许可方在合同约定的期限、地区、技术领域内实施该专利申请技术,许可方和任何被许可方以外的单位或个人都不得实施该专利申请技术。

……

第二条 专利申请技术许可的方式与范围

该专利申请技术的许可方式是独占许可(或排他许可、普通许可等);

该专利申请技术的许可范围是在某地区或某技术领域制造(使用、销售)其专利申请的产品;(或者)使用其专利申请方法以及使用、销售依照该专利申请方法直接获得的产品;(或者)进口其专利申请产品;(或者)进口依照其专利申请方法直接获得的产品。

第三条　专利申请技术的技术内容

许可方向被许可方提供专利申请号为____________,专利申请名称为____________的全部专利申请文件(见附件1),同时提供为实施该专利申请而必需的工艺流程文件(见附件2),提供设备清单(或直接提供设备)用于制造该专利申请产品(见附件3),并提供实施该专利申请所涉及的技术秘密(见附件4)及其他技术(见附件5)。

第四条　技术资料的交付

1. 技术资料的交付时间

合同生效后许可方(中介方)收到被许可方支付的使用费(入门费)(¥、$)______元后的____日内,许可方向被许可方交付合同第三条所述的全部资料,如附件1~5中所示的全部资料。

合同生效后,____日内,许可方向被许可方交付合同第三条所述全部(或部分)技术资料,即附件1~4中所示的全部资料。

2. 技术资料的交付方式和地点

许可方将全部技术资料以面交、挂号邮寄或空运等方式递交给被许可方,并将资料清单以面交、邮寄或传真的方式递交给被许可方,将空运单以面交、邮寄方式递交给被许可方。

技术资料交付地点为被许可方所在地或双方约定的地点。

第五条　使用费及支付方式

1. 本合同涉及的使用费为(¥、$)______元。采用一次总付方式,合同生效之日起____日内,被许可方将使用费全部汇至许可方账号或以现金方式支付给许可方。

2. 本合同涉及的使用费为(¥、$)______元。采用分期付款方式,合同生效后____日内,被许可方即付使用费的____%即(¥、$)______元给许可方,待许可方指导被许可方生产出合格样机____台后____日内再支付____%即(¥、$)______元。直至全部付清。

被许可方将使用费汇至许可方账号或以现金方式支付给许可方。

3. 使用费总额(¥、$)______元,采用分期付款方式,合同生效日支付(¥、$)______元,自合同生效日起____个月内支付(¥、$)______元,____个月内再支付(¥、$)______元,最后于____日内支付(¥、$)______元,直至全部付清。

被许可方将使用费汇至许可方账号或以现金方式支付给许可方。

4. 该专利申请使用费由入门费和销售额提成两部分组成。

合同生效日支付入门费(¥、$)______元,销售额提成为____%(一般为3%~5%),每____个月(或每半年、每年年底)结算一次。

被许可方将使用费汇至许可方账号或以现金方式支付给许可方。

5. 该专利申请使用费由入门费和利润提成两部分组成(方式同4)。

6. 该专利申请使用费以专利申请技术入股方式计算被许可方与许可方共同出资(¥、$)______元联合制造该合同产品,许可方以专利申请技术入股股份占总投资的____%(一般不超过20%),第____年分红制,分配利润。

支付方式采用银行转账(托收、现金总付等)。

现金总付地点一般为合同签约地。

7. 在4、5、6情况下许可方有权查阅被许可方实施合同技术的有关账目。

第六条　验收的标准与方法

1. 被许可方在许可方指导下,生产完成合同产品____个(件、吨等单位量词)须达到许可方所提供的各项技术性能及质量指标(具体指标参数见附件6)并符合国际____________标准____________、国家____________标准____________、行业____________标准。

2. 验收合同产品。由被许可方委托国家(或某一级)检测部门进行,或由被许可方组织验收,许可方参加,并给予积极配合,所需费用由被许可方承担。

3. 如因许可方的技术缺陷,造成验收不合格的,许可方应负责提出措施,消除缺陷。

第二次验收仍不合格,许可方没有能力消除缺陷的,被许可方有权终止合同,许可方返还使用费,并赔偿被许可方的部分损失。

4. 如因被许可方责任使合同产品验收不合格的,许可方应协助被许可方,进行补救,经再次验收仍不合格,被许可方无力实施该合同技术的,许可方有权终止合同,且不返还使用费。

5. 合同产品经验收合格后,双方应签署验收合格报告。

第七条　对技术秘密的保密事项

1. 被许可方不仅在合同有效期内而且在有效期后的任何时候都不得将技术秘密(附件4)泄露给本合同当事双方(及分许可方)以外的任何第三方。

2. 被许可方的具体接触该技术秘密的人员均要同被许可方的法人代表签订保密协议,保证不违反上款要求。

3. 被许可方应将附件4妥善保存(如放在保险箱里)。

4. 被许可方不得私自复制附件4,合同执行完毕,或因故终止、变更,被许可方均须把附件4退给许可方。

5. 以上各款适用于该专利申请被驳回和被视为撤回。

第八条　技术服务与培训(本条可签订从合同)

1. 许可方在合同生效后____日内负责向被许可方传授合同技术,并解答被许可方提出的有关实施合同技术的问题。

2. 许可方在被许可方实施该专利申请技术时,要派出合格的技术人员到被许可方现场进行技术指导,并负责培训被许可方的具体工作人员。

被许可方接受许可方培训的人员应符合许可方提出的合理要求。(确定被培训人员标准)

3. 被许可方可派出人员到许可方接受培训和技术指导。

4. 技术服务与培训的质量,应以被培训人员能够掌握该技术为准。(确定具体标准)

5. 技术服务与培训所发生的一切费用,如差旅费、伙食费等均由被许可方承担。

6. 许可方完成技术服务与培训后,经双方验收合格共同签署验收证明文件。

第九条　后续改进的提供与分享

1. 在合同有效期内,任何一方对合同技术所作的改进应及时通知对方。

2. 有实质性的重大改进和发展,申请专利的权利由合同双方当事人约定。没有约定的,其申请专利的权利归改进方,对方有优先、优价被许可,或者免费使用该技术的权利。

3. 属原有基础上的较小的改进,双方免费互相提供使用。

4. 对改进的技术还未申请专利时,另一方对改进技术承担保密义务,未经许可不得向他人披露、许可或转让该改进技术。

5. 属双方共同作出的重大改进,申请专利的权利归双方共有,另有约定除外。

第十条　违约及索赔

对许可方:

1. 许可方拒不提供合同所规定的技术资料、技术服务及培训,被许可方有权解除合同,要求许可方返还使用费,并支付违约金______。

2. 许可方无正当理由逾期向被许可方交付技术资料、提供技术服务与培训的,每逾期一周,应向被许可方支付违约金______,逾期超过______(具体时间),被许可方有权终止合同,并要求返还使用费。

3. 在排他实施许可中,许可方向被许可方以外的第三方许可该专利技术,被许可方有权终止合同,并要求支付违约金______。

4. 在独占实施许可中,许可方自己实施或许可被许可方以外的第三方实施该专利技术,被许可方有权要求许可方停止这种实施与许可行为,也有权终止本合同,并要求许可方支付违约金______元。

对被许可方:

1.被许可方拒付使用费的,许可方有权解除合同,要求返还全部技术资料,并要求赔偿其实际损失,并支付违约金______元。

2.被许可方延期支付使用费的,每逾期______(具体时间)要支付给许可方违约金______元;逾期超过______(具体时间),许可方有权终止合同,并要求支付违约金______元。

3.被许可方违反合同规定,扩大对被许可技术的许可范围,许可方有权要求被许可方停止侵害行为,支付违约金______元;并有权解除合同。

4.被许可方违反合同的保密义务,致使许可方的技术秘密泄露,许可方有权要求被许可方立即停止违约行为,并支付违约金______元。

第十一条　专利申请被驳回的责任

1.对许可方不是该专利申请的合法申请人,或因未充分公开请求保护的申请主题导致专利申请被国家知识产权局专利局驳回,许可方应向被许可方返还全部或部分使用费。

2.对许可方侵害他人专利权或专利申请权的,专利申请被国家知识产权局专利局驳回,未给被许可方造成损失的,许可方应向被许可方返还全部使用费;已经给被许可方造成损失的,除返还使用费外,许可方还应赔偿被许可方的损失,金额为______元。

3.因其他原因,该专利申请被驳回的,一般不返还使用费。若给被许可方造成较大损失,可视情况约定给予赔偿。

4.还可以对其他情况给予约定。

第十二条　不可抗力

1.发生不以双方意志为转移的不可抗力事件(如火灾、水灾、地震、战争等)妨碍履行本合同义务时,双方当事人应做到:

(1)采取适当措施减轻损失;

(2)及时通知对方当事人;

(3)在____________(某种事件)期间,出具合同不能履行的证明。

2.发生不可抗力事件在____________(合理时间)内,合同延期履行。

3.发生不可抗力事件在____________________情况下,合同只能履行某一部分(具体条款)。

4.发生不可抗力事件,持续时间超过__________(具体时间),本合同即告终止。

第十三条　税费

1.对许可方和被许可方均为中国公民或法人的,本合同所涉及的使用费应纳的税,按中华人民共和国税法,由许可方纳税。

2.对许可方是境外居民或单位的,按中华人民共和国税法,由许可方向中国税务机关纳税。

3.对许可方是中国公民或法人,而被许可方是境外单位或居民的,则按对方国家或地区税法纳税。

第十四条　争议的解决方法

1.双方在履行合同中发生争议的,应按合同条款,友好协商,自行解决;

2.双方不能协商解决争议的,提请__________专利管理机关调处,对调处决定不服的,向人民法院起诉;

3.双方发生争议,不能协商解决争议的,向人民法院起诉;

4.双方发生争议,不能协商解决争议的,提请__________仲裁委员会仲裁。

注:2、3、4只能选其一。

第十五条　合同的生效、变更与终止

1.本合同自双方签字、盖章之日起生效,合同的有效期为______年。

2.该专利申请被授予专利权后,自授权日开始,本合同自行变更为专利实施许可合同,该专利技术的使用费在本合同涉及的使用费基础上增加______元;

或增加______%；

或提成增加______%；

或股份增加______%；

或增加______倍。

3. 该专利申请被驳回后，本合同自行变更为普通非专利技术转让合同，该技术转让费在本合同涉及的使用费基础上减少______元；

或减少______%；

或提成减少______%；

或股份减少______%；

或该技术转让费等同于本合同使用费。

4.（对独占实施许可合同）被许可方无正当理由不实施该专利申请技术的，在合同生效日后______（时间），本合同自行变更为普通许可合同。

5. 在本合同其他条款中规定的合同终止情况以外，许可方应维持专利申请权的有效性，若因许可方过失而造成专利申请权终止，本合同即告终止。

6. 由于被许可方的原因，致使本合同不能正常履行的，本合同即告终止，或双方另行约定变更本合同的有关条款。

第十六条 其他

前十五条没有包含的，但本合同需要特殊约定的内容，包括出现不可预见的技术问题如何解决，出现不可预见的法律变更等情形。

附件

附件1 专利申请文件（略）

附件2 专利申请必需之工艺流程文件（略）

附件3 设备清单（略）

附件4 技术秘密（略）

附件5 其他秘密（略）

四、专利申请权转让合同签订指南

本指南根据国家知识产权局曾经提供过的相关范本制作，供读者参考，大家可于国家知识产权局官网查阅其对专利申请权转让事项的有关说明或有关表格。

专利申请权转让合同
签订指南

前言（鉴于条款）

——鉴于转让方（姓名或名称 注：必须与所转让的专利申请的法律文件相一致）拥有（专利申请名称 注：必须与专利申请法律文件相一致）专利申请，其专利申请号（九位），公开号（八位包括最后一位字母），申请日为__________，公开日为__________；

——并拥有该专利申请的优先权；

——鉴于受让方（姓名或名称）对上述专利申请的了解，希望获得该专利申请权；

——转让方同意将其拥有的专利申请权转让给受让方；

——鉴于受让方希望获得该专利申请的优先权；

——转让方同意将其拥有的专利申请的优先权也转让给受让方；

双方一致同意签订本合同。

第一条　转让方向受让方交付资料

1. 向国家知识产权局专利局递交的全部专利申请文件(附件1),包括说明书、权利要求书、附图、摘要及摘要附图、请求书、意见陈述书以及著录事项变更、权利丧失后恢复权利的审批决定,代理委托书等(若申请的是PCT,还要包括所有PCT申请文件)。

2. 国家知识产权局专利局发给转让方的所有文件(附件2),包括受理通知书、中间文件、授权决定等。

3. 转让方已许可他人实施的专利申请实施许可合同书,包括合同书附件(与实施该专利申请有关的技术、工艺等文件)。

4. 国家知识产权局专利局出具的专利申请权有效的证明文件。指最近一次专利申请维持费缴费凭证(或国家知识产权局专利局的专利法律状况登记簿)。

5. 上级主管部门或国务院有关主管部门的批准转让文件。

第二条　交付资料的时间、地点及方式

1. 交付资料的时间

合同生效后,转让方收到受让方支付给转让方的转让费后____日内,转让方向受让主交付合同第一条所述的全部资料,或者合同生效后____日内,转让方向受让方交付合同第一条所述的全部(或部分)资料,如果是部分资料,待受让方将转让费交付给转让方后____日内,转让方向受让方交付其余的资料。

2. 交付资料的方式和地点

转让方将上述全部资料以面交、挂号邮寄或空运等方式递交给受让方,并将资料清单以面交、邮寄或传真的方式递交给受让方,将空运单以面交、邮寄方式递交给受让方。

全部资料的交付地点为受让方所在地或双方约定的地点。

第三条　专利申请实施和实施许可的情况及处置办法

在本合同签订前,转让方已经实施该专利申请的,合同可约定在本合同签订生效后,转让方可继续实施或停止实施该专利申请。如果合同没有约定,则转让方应停止实施该专利申请。

可约定转让方继续实施并免交使用费等情况。

在本合同签订前,转让方已经许可他人实施的许可合同,其权利义务关系在本合同签订生效之日起,转移给受让方。

第四条　转让费及支付方式

1. 本合同涉及的专利申请权的转让费为(¥、$)__________元,采用一次付清方式,在合同生效之日起____日内,或在国家知识产权局专利局公告后____日内,受让方将转让费全部汇至转让方的账号,或以现金方式汇至(或面交给)转让方。

2. 本合同涉及的专利申请权的转让费为(¥、$)__________元,采用分期付款方式支付,在合同生效之日起____日内,或在国家知识产权局专利局公告后____日内,受让方即将转让费的______%(¥、$)__________元汇至转让方的账号;待转让方交付全部资料后____日内,受让方将其余转让费汇至(或面交给)转让方;

或采用合同生效后,____日内支付(¥、$)__________元,______个月内支付(¥、$)__________元,______个月内支付(¥、$)__________元,最后在______个月内付清其余转让费的方式。

支付方式采用银行转账(或托收、现金兑付等),现金兑付地点一般为合同签约地。

第五条　优先权的处理办法

国外优先权的处理:

1. 不转让优先权,优先权属原专利申请人,即本合同的转让方。

2. 转让优先权,转让方式同专利申请权转让,与本合同同时生效。

本国优先权的处理:

1. 本国优先权必须与专利申请权一起转让。

2. 转让优先权的,需提供有关优先权的证明(优先权申请文件,要求优先权证明,优先权有效证明等)。

第六条 专利申请被驳回的责任

对于转让方不是该专利申请的合法申请人或侵害他人专利权或专利申请权的，专利申请被国家知识产权局专利局驳回，转让方返还全部转让费，并支付违约金______元；

对转让方未充分公开自己的专利申请请求保护的申请主题，专利申请被国家知识产权局专利局驳回，转让方返还全部或部分转让费；

对其他情况，专利申请被驳回的，转让方不返还转让费；

本合同登记公告后，由受让方负责对国家知识产权局专利局的有关通知进行答复，并缴纳有关费用，登记公告后专利申请被驳回的，由受让方承担权利与义务；

双方还可约定其他情况。

第七条 过渡期条款

1. 在本合同签字生效后，至国家知识产权局专利局登记公告之日，转让方应维持专利申请的有效性，在这一期间，所要缴纳的维持费、申请费、实质审查请求费，由转让方支付。

2. 本合同在国家知识产权局专利局登记公告后，受让方负责维持专利申请的有效性。

（也可以约定，在本合同签字生效后，维持该专利申请权有效的一切费用由受让方支付。）

3. 在过渡期内，因不可抗力，致使转让方或受让方不能履行合同的，本合同即告解除。

第八条 税费

1. 对转让方和受让方均为中国公民或法人的，本合同所涉及的转让费需纳的税，依中国税法，由转让方纳税。

2. 对转让方是境外居民或单位的，按中国税法由转让方向中国税务机关纳税。

3. 对转让方是中国公民或法人，而受让方是境外单位或个人的，则按对方国家或地区税法纳税。

第九条 违约及索赔

对转让方：

1. 转让方拒不交付合同规定的全部资料，办理专利申请权转让手续的，受让方有权解除合同，要求转让方返还转让费，并支付违约金______元。

2. 转让方无正当理由，逾期向受让方交付资料办理专利申请权转让手续包括向国家知识产权局专利局做《著录事项变更》的，每逾期一周，支付违约金______元，逾期两个月，受让方有权终止合同，并要求返还转让费。

3. 根据第七条，违约的，转让方应支付违约金______元。

对受让方：

1. 受让方拒付转让费，转让方有权解除合同，要求返还全部资料，并要求赔偿其损失或支付违约金______元。

2. 受让方延期支付转让费，每逾期______（时间）支付违约金______元；逾期两个月，转让方有权终止合同，并要求支付违约金______元。

3. 根据第七条，违约的，受让方应支付违约金______元。

第十条 争议的解决办法

1. 双方在履行合同中发生争议的，应按本合同条款，友好协商，自行解决。

2. 双方不能协商解决争议的，提请受让方所在地或合同签约地专利管理机关调处，对调处结果不服的，向人民法院起诉。

3. 双方发生争议，不能和解的，向人民法院起诉。

4. 双方发生争议，不能和解的，请求______仲裁委员会仲裁。

注：2、3、4 只能选其一。

第十一条 其他

前十条未包括但需要特殊约定的内容，包括出现不可预见的技术问题如何约定，出现不可预见的法律问题如何约定等。

第十二条　合同的生效

本合同的双方签字后即对双方具有约束力,并自国家知识产权局专利局对双方所做的《著录事项变更》进行登记并予以公告之日起,合同具有法律效力。

附件

附件1　专利申请文件(略)

附件2　国家知识产权局专利局发给转让方的文件(略)

五、专利权质押合同

《专利权质押合同》根据国家知识产权局曾经提供过的相关范本制作,供读者参考,大家可于国家知识产权局官网查阅其对专利权质押事项的有关说明或有关表格。

专利权质押合同

出质人(甲方):

通信地址:

法定代表人:

质权人(乙方):

通信地址:

法定代表人:

签订日期:

登记日期:

质押期限:________年____月____日至________年____月____日

为确保债务的偿还,甲方愿意以其有权处分的财产作质押,乙方经审查,同意接受甲方的财产质押,甲乙双方根据有关法律规定,经协商一致,约定如下条款:

第一条　甲方以“质押财产清单”(附后)所列之财产设定质押。

第二条　甲方质押担保的贷款金额(大写)________元,贷款期限自________年____月____日至________年____月____日。

第三条　甲方保证对质押物依法享有完全的所有权。

第四条　甲方应于________年____月____日将质押财产交付乙方占有并同时向乙方支付保管费________元。

第五条　质押担保的范围:贷款金额(大写)________元及利息、违约金(包括罚息)、赔偿金、质押物保管费用及实现贷款债权和质权的费用(包括诉讼费、律师费等)。

第六条　本合同项下有关的评估、鉴定、保险、保管、运输等费用均由甲方承担。

第七条　质押期间,甲方有维持专利权有效的义务,负责缴纳专利年费,处理专利纠纷等事务。

第八条　甲方应负责购买质押财产在质押期间的财产保险。财产保险的第一受益人为乙方。保险单证由乙方代为保管。

第九条　质押期间,质押财产如发生投保范围的损失,或者因第三人的行为导致质押财产价值减少,保险赔偿金或损害赔偿金应作为质押财产,存入乙方指定的账户,质押期间双方均不得动用。

第十条　非因乙方过错致质押财产价值减少,甲方应在____天内向乙方提供与减少的价值相当的担保。

第十一条　质押期间,质押财产造成环境污染或造成其他损害,应由甲方独立承担责任。

第十二条　质押期间,未经乙方书面同意,甲方不得赠与、迁移、出租、转让、再抵押(质押)或以其他任何方式处分本合同项下质押财产。

第十三条　质押期间,经乙方书面同意,甲方转让质押财产所得的价款应优先用于向乙方提前清偿其所担保的债权。

第十四条　借款合同履行期限届满,借款人未能清偿债务,乙方有权以质押财产折价或以拍卖、变卖、兑现质押财产所得的价款优先受偿,实现质权。

第十五条　发生下列情况之一,乙方有权提前处分质押财产实现质权、停止发放借款合同项下贷款或者提前收回借款合同项下已发放的贷款本息。

1. 甲方被宣告破产或被解散;

2. 甲方违反本合同第八条、第十条、第十二条、第十三条的约定或发生其他严重违约行为;

3. 借款合同履行期间借款人被宣告破产、被解散、擅自变更企业体制致乙方贷款债权落空、改变贷款用途、卷入或即将卷入重大的诉讼(或仲裁)程序、发生其他足以影响其偿债能力或缺乏偿债诚意的行为等情况。

第十六条　甲方因隐瞒质押财产存在共有、争议、被查封、被扣押或已设定抵押权等情况而给乙方造成经济损失的,应向乙方支付借款合同项下贷款金额____%的违约金,违约金不足以弥补乙方损失的,甲方还应就不足部分予以赔偿。乙方有权就违约金、赔偿金直接以甲方存款账户中的资金予以抵销。

第十七条　乙方贪污处分质押财产所得的价款,按下列顺序分配:

1. 支付处分质押财产所需的费用;

2. 清偿借款人所欠乙方贷款利息;

3. 赔偿借款人所欠乙方贷款本金、违约金(包括罚息)和赔偿金等;

4. 支付其他费用。

第十八条　其他约定事项。

第十九条　因本合同发生的争议,经协商解决达不成一致意见,应当向乙方所在地人民法院提起诉讼。

第二十条　本合同应由双方法定代表人(或其授权代理人)签字并加盖公章。

第二十一条　本合同正本一式三份,甲乙双方各执一份,用于登记备案一份。

甲方:(公章)	乙方:(公章)
法定代表人:	法定代表人:
(或授权代理人)	(或授权代理人)
日期:	日期:

附:质押财产清单

序号	专利名称	申请日	颁证日	有效期	评估值

六、委托开发合同

《委托开发合同》将委托方、受托方的权利义务,知识产权归属等事项进行事前约定,对于开发后的定分止争,具有重要的证据价值。

委托开发合同

合同编号:
委托开发项目:
委托人:(研究开发项目的委托单位,以下简称甲方)
法定代表人:
法定地址:
邮政编码:
联系电话:

研究开发人:(研究开发项目的受托单位,以下简称乙方)
法定代表人:
法定地址:
邮政编码:
联系电话:

序　　文

鉴于甲方需要就________________技术项目委托给乙方进行研究开发;鉴于乙方愿意接受甲方的委托从事技术项目的研究开发工作;根据《中华人民共和国民法典》及其他相关法律法规的规定,双方经友好协商,同意就以下条款订立本合同,共同信守执行。

正　　文

第一条　项目名称

1.1　本合同的委托开发项目名称为:(本合同所涉及的技术标的项目的名称)__________。

1.2　技术合同的项目名称应使用简明、准确的词句和语言反映出合同的技术特征和法律特征,并且项目名称一定要与内容相一致,尽量使用规范化的表述,如关于__________技术的委托开发合同。

第二条　标的技术的内容、范围和要求

2.1　本合同的标的技术为:(乙方接受甲方的委托进行研究开发所要完成的技术成果)

2.2　本合同的标的技术是订立合同时甲乙双方尚未掌握的、经过乙方创造性劳动所获得的一套完整的技术方案,该技术成果应当具有创造性和新颖性。

2.3　乙方应保证该技术成果具有创造性,即订立合同时该技术成果并不存在,而是经过乙方创造性劳动,探索前人或他人未知领域中的发明创造项目,这种发明创造的项目,可以是世界上的新项目,也可以是国内首创的新项目,还可以是地区或行业中的新项目。

2.4　乙方应保证该技术成果具有新颖性,即该技术成果不是现有技术,没有被他人公开,为公众所知晓。

2.5　甲乙双方应明确本合同开发技术项目的技术领域、说明成果工业化开发程序,比如是属于小试、中试等阶段性成果,还是可以直接投入生产使用的工业化成果;是属于科技理论,还是有关产品技术、工艺技术等。

2.6　甲乙双方应约定标的技术的形式,是属于以技术报告、文件为载体的书面技术设计、资料,还是以产品、材料、生产线等实物形态为载体的技术成果。

2.7 本合同的标的技术应达到如下技术水平和具体指标:载明本合同标的技术所应达到的科技水平及衡量和评定的主要技术指标和经济指标等。

第三条 研究开发计划

3.1 乙方应根据甲方的要求,拟定一个比较周密、合理的研究开发计划,包括实施研究开发工作的总体计划、年度计划、季度计划等,明确约定每一阶段所要解决的技术问题、完成的研究内容、达到的目标以及完成的期限等内容。

3.2 乙方拟定的研究开发计划应包括如下主要内容:

(1)与本合同标的技术有关的国内外技术现状、发展趋势以及该领域国内外专利申请和授权情况;

(2)现有的技术基础和条件以及目前存在的主要问题;

(3)研究开发本项目的主要任务;

(4)研究开发本项目的攻关目标和内容;

(5)研究开发本项目应达到的技术水平、经济效益和社会效益;

(6)研究开发本项目的试验方法、技术路线和开发进度计划等。

3.3 乙方应在本合同生效后两个月内完成本项目研究开发计划的拟定工作,并在上述期限内将研究开发计划提交甲方审阅。甲方有权对乙方的研究开发计划提出补充、修改意见,乙方应在一个月内补充、修改完成。

3.4 乙方应按照拟定的研究开发计划,按期完成委托开发技术成果。

3.5 乙方不按研究开发计划实施研究开发工作的,甲方有权督促其实施计划并采取补救措施。

第四条 研究开发经费、报酬及其支付、结算方式

4.1 甲乙双方约定本项目的研究开发经费和报酬总金额为:__________元人民币,其中研究开发经费为:__________元人民币,报酬为:__________元人民币。双方约定研究开发经费的一定比例作为使用费和科研补贴的,可以不单列报酬。

4.2 甲乙双方可以约定按以下方式支付上述约定的研究开发经费和报酬:

(1)支付方式:甲方按约定一次性支付或分期分批支付;分期分批支付的,应约定每期支付的金额。

(2)支付期限:甲方按约定在本合同生效后____天内一次性支付;分期分批支付的,应约定每期支付的期限。

(3)支付地点:甲乙双方可以约定支付的具体地点,可以在甲方所在地,也可以在乙方所在地,或者双方约定的其他地点。

4.3 甲方按约定还可以资金以外的形式进行投资。若甲方以试验装备、设备、器材、样品、专业技术人员和现有技术成果(包括专利技术和非专利技术)等进行投资,应明确约定投资内容所涉及的财产所有权归属及其提供的期限和方式。

4.4 甲乙双方可以约定按以下两种方式之一结算经费和报酬:

(1)经费实行包干。双方约定经费实行包干使用的,当合同完成以后经费出现结余时,结余的经费归乙方所有;如果经费不足,不足的经费由乙方自行解决,并且乙方的报酬包含在研究开发经费中,甲方不再另行支付。

(2)经费实行实报实销。双方约定经费实行实报实销的,当研究开发经费不足时,甲方应当补充不足的经费;当研究开发经费出现结余时,乙方应将结余经费如数返还给甲方。经费实行实报实销的,双方还应约定乙方的报酬金额及支付方式等。

4.5 乙方应当按照预算的经费合理使用研究开发经费,要做到专款专用、精打细算、用到实处和关键之处,避免浪费和超支,确保研究开发工作顺利而有效地进行。

4.6 甲方有权对乙方使用研究开发经费的情况进行监督,并有权要求乙方提交有关财务报表;乙方有义务向甲方汇报经费支出情况,提交有关财务报表;接受甲方的监督。

4.7 乙方将研究开发经费用于履行合同以外的目的的,甲方有权制止,并有权要求其退还相应的经费用于研究开发工作。

第五条 利用研究开发经费购置的设备、器材、资料的财产权属

5.1 甲乙双方应约定使用部分研究开发经费购买如下研究开发所必需的设备、器材和技术资料:(购买研究开发设备、器材和技术资料清单)

5.2 甲乙双方约定购买的如下设备、器材和技术资料归甲方所有,乙方应在研究开发完成后将其移交给甲方:(约定归甲方所有的设备、器材和技术资料清单)

5.3 甲乙双方约定购买的如下设备、器材和技术资料归乙方所有:(约定归乙方所有的设备、器材和技术资料清单)

第六条 履行期限、地点和方式

6.1 甲乙双方约定委托开发合同的履行期限为:(合同履行之日起至合同履行完毕的时间)

6.2 甲乙双方约定委托开发合同的履行地点为甲方(或乙方)所在地,或者双方约定的其他地点。

6.3 甲乙双方约定委托开发合同的履行方式为:(如新材料、新产品、新工艺的研制、开发,样品、样机的试制,成套技术设备的试制、生产等各种方式)

第七条 技术情报和资料及其保密

7.1 甲方应在本合同生效后两个月内向乙方提交如下技术资料和原始数据:(甲方掌握的涉及本项目研究开发的技术资料和原始数据)

7.2 委托开发合同的内容如涉及国家安全和重大利益需要保密的,双方应在合同中载明国家秘密事项的范围、密级和保密期限,以及双方承担保密义务的责任。

7.3 甲乙双方根据订立的委托技术开发合同所涉及技术的进步程度、生命周期以及其在竞争中的优势等因素,商定技术情报、资料、数据、信息和其他技术秘密的保密范围、时间以及双方应承担的责任。

7.4 甲乙双方约定不论本合同是否变更、解除或终止,合同的保密条款不受其限制而继续有效,双方均应继续承担保密条款约定的保密义务。

第八条 风险责任的承担

8.1 甲乙双方应根据如下原则确认风险责任的承担:

(1)委托开发项目在现有技术水平下是否具有足够的难度;

(2)研究开发方是否尽了最大努力,并且该领域专家认为研究开发失败是否属于合理的失败。

8.2 双方约定由甲方承担风险责任的,应明确甲方承担风险责任的范围、承担的方式及损失的多少,超过此范围的风险责任由乙方承担。

8.3 双方约定由乙方承担风险责任的,应明确乙方承担风险责任的范围、承担的方式及损失的多少,超过此范围的风险责任由甲方承担。

8.4 双方约定共同承担风险责任的,应明确双方各自承担风险责任的范围、承担的方式及损失的多少。

8.5 任何一方发现可能导致研究开发失败或者部分失败的情况时,应当及时通知另一方并采取适当措施减少损失;一方没有及时通知另一方并采取适当措施致使损失扩大的,应当就扩大的损失承担责任。

8.6 双方对合同风险责任约定不明的,应当本着友好、协商的原则合理承担各自的风险责任。

第九条 技术成果的归属和分享

9.1 甲乙双方应根据如下两个基本原则确认技术成果的归属和分享:

(1)精神权利不可侵犯的原则,即技术成果的完成者享有发明权、发现权、科技成果权中的身份权,以及依法取得荣誉称号、奖章、奖励证书和奖金等荣誉权。

(2)经济权利合理分享的原则,即专利实施权、非专利技术的使用权和转让权等实施许可、转让而获得的经济收益由双方合理分享。

9.2 甲乙双方可以在合同中约定委托开发完成的发明创造的归属和分享,双方可以约定委托开发完成的发明创造归甲方所有,也可以约定归乙方所有,还可以约定归双方共有。

9.3 甲乙双方在订立合同时没有约定完成发明创造的归属和分享的,申请专利的权利属于乙方。但乙方应为甲方提供如下优惠:

(1)甲方在发明创造专利申请未获得批准前,享有对该发明创造成果的权利,但应承担保密义务。

(2)甲方在该发明创造被授予专利权后,享有免费取得该专利的普通实施许可的权利。

(3)乙方如要转让其专利申请权时,甲方可以优先受让专利申请权。

9.4 委托开发完成的非专利技术成果的使用权、转让权以及利益的分配办法,由双方在订立合同时约定。

9.5 甲乙双方在订立合同时没有约定非专利技术成果的归属和分享的,双方都有使用权和转让权。但乙方在研究开发成果提交给甲方之前,不得将其转让给第三方使用。

9.6 研究开发成果中的发明权、发现权、取得国家荣誉和奖励的权利,归属于乙方。

第十条 验收标准和方式

10.1 甲乙双方约定乙方完成的委托开发合同技术应符合如下技术指标和参数:委托开发技术在该领域内所要达到或应完成的某种技术标准和参数,如国标、部标、行业标准、具体设计要求、技术先进程度、技术项目的质量要求等技术标准和数据。

10.2 如果委托开发的技术项目是按照国际标准进行设计的,或者指标、参数涉及国际标准的,甲方应在本条款中注明国际标准的项目名称、标准号及发布日期,以便在合同验收时查阅参考。

10.3 乙方应按照合同约定的技术指标和参数完成委托开发合同技术,并在约定的期限内将该技术成果提交给甲方。甲方应在约定的期限内接受该技术成果。

10.4 双方可以约定委托开发合同技术完成以后,由双方委托的技术鉴定部门或组织专家组进行鉴定,也可以约定由甲方单方确认视为通过。但不论是采用何种方式验收,验收的标准均应以合同约定的技术指标和参数为依据,并且应当出具书面验收证明。

10.5 甲乙双方可以约定委托开发合同技术验收所需的一切费用由乙方或甲方承担,也可以约定由双方共同承担。由双方共同承担的,应明确约定各自承担的比例。

第十一条 技术协作和技术指导

11.1 甲乙双方有权要求对方为自己履行合同提供必要的技术协作和技术指导,保证合同具有研究开发、实施使用的条件。

11.2 乙方在研究开发过程中,认为需要由甲方提供技术协作和技术指导的,甲方应予配合。乙方将研究开发成果提交甲方后,甲方认为需要由乙方提供必要技术指导、协助实施的,乙方应予配合。

11.3 乙方(或甲方)应为甲方(或乙方)的技术协作和技术指导提供必要的场地、人员及设备等方面的配合,并负责报销技术协作和技术指导人员的差旅费用。

第十二条 违约责任

12.1 甲方违反合同造成乙方工作停滞、延误或者失败的,应当支付违约金或者赔偿损失。

12.2 甲方迟延支付研究开发经费,造成研究开发工作停滞、延误的,乙方不承担责任。甲方逾期两个月不支付研究开发经费或者报酬的,乙方有权解除合同,甲方应当返还技术资料,补交应付的报酬,并赔偿因此给乙方造成的损失。

12.3 甲方未按照合同约定提供技术资料、原始数据和协作事项或者所提供的技术资料、原始数据和协作事项有重大缺陷,导致研究开发工作停滞、延误、失败的,甲方应当承担违约责任;甲方逾期两个月不提供技术资料、原始数据和协作事项的,乙方有权解除合同,甲方应当赔偿因此给乙方造成的损失。

12.4 甲方逾期6个月不接受研究开发成果的,乙方有权处分研究开发成果,所获得的收益在扣除约定的报酬、违约金和保管费后,退还给甲方;所获得的收益不足以抵偿报酬、违约金和保管费的,有权请求甲方补齐不足部分。

12.5 乙方违反合同约定造成研究开发工作停滞、延误的,除应当采取补救措施继续履行合同外,还应当支付违约金或者赔偿损失;造成研究开发工作失败的,应当返还全部或者部分研究开发经费和报酬,并支付违约金或者赔偿损失。

12.6 乙方未按研究开发计划实施研究开发工作的,甲方有权要求其实施研究开发计划并采取补救措施。乙方逾期两个月不实施研究开发计划的,甲方有权解除合同。乙方应当返还研究开发经费,并赔偿因此给甲方造成的损失。

12.7 乙方将研究开发经费用于履行合同以外的目的的,甲方有权制止并要求乙方退还相应的经费用于研究开发工作。因此造成研究开发工作停滞、延误或者失败的,乙方应当支付违约金或者赔偿损失。经甲方催告后,乙方逾期两个月未退还经费用于研究开发工作的,甲方有权解除合同,乙方应当返还研究开发经费,赔偿因此给甲方造成的损失。

12.8 由于乙方的过错,造成研究开发成果不符合合同约定要求的,乙方应当支付违约金或者赔偿损失;造成研究开发工作失败的,乙方应当返还部分或者全部研究开发经费,并支付违约金或者赔偿损失。

12.9 上述条款所涉及的违约金可以由双方约定,但最高不得超过研究开发经费和报酬总金额的20%;赔偿损失以实际造成的损失为限。

第十三条　争议的解决办法

13.1 甲乙双方在履行本合同的过程中一旦出现争议,可以根据自愿选择协商、调解、仲裁或者诉讼的方式解决争议。

13.2 争议发生后,双方应本着平等自愿的原则,按照合同的约定分清各自的责任,采用协商的办法解决争议。

13.3 若双方不愿协商或协商不成,可以将争议提交双方共同指定的第三者进行调解解决。

13.4 双方协商、调解不成的或者不愿协商、调解的,可以约定将争议提交__________仲裁委员会仲裁解决。

13.5 双方也可以不通过仲裁,直接向法院提起诉讼,通过诉讼的方式解决争议。

第十四条　有关名词和术语的解释

14.1 技术开发合同:是指当事人之间就新技术、新产品、新工艺或者新材料及其系统的研究开发所订立的合同。

14.2 委托开发合同:是指当事人一方按照另一方的要求完成约定的研究开发工作,另一方按约定支付研究开发经费和报酬并接受研究开发成果的协议。

14.3 新技术、新产品、新工艺和新材料及其系统:是指当事人订立技术合同时尚未掌握的产品、工艺、材料及其系统技术方案。

14.4 技术开发:是指将科学研究成果或已有的新技术知识应用于生产实践的创造性劳动。在技术上没有创新的现有产品改型、工艺更新、材料配方调整以及技术成果的检验、测试和使用则不属于技术开发。

14.5 技术开发的过程:是指从研究开发或试制开始直至新产品投入大批量生产的全过程。

14.6 技术开发成果:是指订立合同时当事人尚未掌握的,经过研究开发的创造性劳动所获得的技术方案。

14.7 可行性研究:是指订立技术开发合同前,当事人对各种开发方案的实施可能性、技术先进性、经济合理性进行调查研究、分析计算和评价的一种科学方法。

14.8 新技术开发:是指在一定时间和区域内首次利用新的科学研究成果所进行的产品、工艺、材料及其系统等技术方案的开发,包括对原有技术的改进、创新。

14.9 新产品开发:是指在技术原理、结构、物理性能、化学成分、材料、功能和用途等某一方面或者几方面与原有产品比较,有显著不同或者新的改进的产品开发,具有明显的技术进步特征和工业化、商业化特征。

14.10 新工艺开发:是指运用科学理论,采用新的方法,开发新型物质和材料,包括增加材料品种,改进材料性能,以提高产品性能和综合经济效益。

14.11　新技术系统开发：是指产品、工艺、材料等多种技术之间的新的有机组合或者配套使用的研究开发。

14.12　技术开发合同的标的：是指当事人通过履行技术开发合同所要完成的科学技术成果。

14.13　研究开发经费：是指完成本项研究开发工作所需要的成本。

14.14　报酬：是指本项目研究开发成果的使用费和研究开发人员的科研补贴。

14.15　技术成果的归属和分享：是指在技术开发合同中所产生的技术成果的权益归谁所有、如何使用以及由此产生的利益如何分配等。

14.16　精神权利：是指与技术成果完成者的人身和创造性劳动不可分割的荣誉权和身份权。

14.17　经济权利：是指通过使用、转让技术成果取得物质利益的财产权利。

14.18　验收标准和方式：是指技术开发合同实施完成后，当事人双方或一方确认所完成的技术成果是否符合和达到合同标的约定的技术指标和经济指标的活动。

14.19　技术指标和参数：是指研究开发技术在该技术领域内所要达到或应完成的某种技术标准和数据。

附　　文

第十五条　本合同经甲乙双方签字、盖章后生效；如需经有关部门批准，以有关部门的批准日期为合同生效日。

第十六条　本合同未尽事宜，由甲乙双方协商解决。

第十七条　本合同一式______份，甲乙双方和有关批准部门各执一份。

甲方：（签章）	乙方：（签章）
法定代表人：	法定代表人：
日期：	日期：
审批部门意见：	审批部门：（签章）
日期：	日期：

七、技术合作开发合同

《技术合作开发合同》建立在“合作”的基础上，对于合作各方的权利义务、知识产权归属等问题进行明确约定，避免因约定不明而发生争端、阻碍技术进步。

技术合作开发合同

合同编号：__________

甲方：__________

住所：__________

法定代表人：__________

项目联系人：__________

联系方式：__________

通信地址：__________

电话：__________

传真：__________

电子信箱：__________

乙方:__________
住所:__________
法定代表人:__________
项目联系人:__________
联系方式:__________
通信地址:__________
电话:__________
传真:__________
电子信箱:__________

本合同合作各方就共同参与研究开发__________项目事项,经过平等协商,在真实、充分地表达各自意愿的基础上,根据《中华人民共和国民法典》的规定,达成如下协议,并由合作各方共同恪守。

第一条　项目名称

__________。

第二条　技术内容、范围和要求

1. 技术内容:
(1)新技术;
(2)新产品;
(3)新工艺;
(4)新材料。
2. 技术范围:__________。
3. 技术要求:__________。

第三条　研究开发计划

本合同合作各方在研究开发项目中,分工承担如下工作:
1. 甲方:
(1)研究开发内容:__________;
(2)工作进度:__________;
(3)研究开发期限:__________;
(4)研究开发地点:__________。
2. 乙方:
(1)研究开发内容:__________;
(2)工作进度:__________;
(3)研究开发期限:__________;
(4)研究开发地点:__________。

第四条　研究开发经费的数额及其支付、结算方式

(一)合作各方确定,按如下方式提供或支付本合同项目的研究开发经费及其他投资:
1. 甲方:
(1)提供或支付方式:__________;
(2)支付或折算为技术投资的金额:__________;
(3)使用方式:__________。
2. 乙方:
(1)提供或支付方式:__________;
(2)支付或折算为技术投资的金额:__________;

(3)使用方式:__________。

(二)研究开发经费总额:__________元(大写:人民币)。经费来源:本合同约定,项目开发经费由__________提供,或者双方按比例__________分担提供。

(三)支付

支付方式为:__________。

(1)一次总付:__________元,时间:__________。

(2)分期支付:__________元,时间:__________。

(3)按利润____%提成,期限:__________。

(4)按销售额____%提成,期限:__________。

(四)结算方式

经费的结算包括经费包干和经费实报实销,合同约定采用下列第____种方式结算:

(1)合同经费包干使用的,合同完成后经费出现剩余时,结余经费归受托人所有,经费不足的,不足由受托人自行解决。并且受托人的报酬应包含在结余的研究开发经费中,委托人不另行支付报酬。双方未约定结算方式的,按包干使用处理。

(2)经费实行实报实销的,研究开发经费不足时,委托人应补充支付,经费剩余时,受托人应如数返还。

第五条　利用研究开发经费购置的设备、器材、资料的财产归属

属于甲方的设备、器材、资料:__________;

属于乙方的设备、器材、资料:__________;

同属于双方的设备、器材、资料:__________。

第六条　履行的期限、地点、方式

1. 履行期限:

第一阶段:从________年____月____日起到________年____月____日止;

第二阶段:从________年____月____日起到________年____月____日止;

第三阶段:从________年____月____日起到________年____月____日止。

2. 履行地点:__________。

未约定履行地点或约定不明确的,推定在研究开发人所在地履行。

3. 履行方式:__________。

第七条　技术情报和资料的保密

1. 甲方:

(1)保密内容(包括技术信息和经营信息):__________;

(2)涉密人员范围:__________;

(3)保密期限:__________;

(4)泄密责任:__________。

2. 乙方:

(1)保密内容(包括技术信息和经营信息):__________;

(2)涉密人员范围:__________;

(3)保密期限:__________;

(4)泄密责任:__________。

3. 甲乙双方保证对在讨论、签订、执行本协议过程中所获悉的属于对方的且无法自公开渠道获得的文件及资料(包括商业秘密、公司计划、运营活动、财务信息、技术信息、经营信息及其他商业秘密)予以保密。未经该资料和文件的原提供方同意,另一方不得向任何第三方泄露该商业秘密的全部或部分内容。但法律、法规另有规定或双方另有约定的除外。保密期限为____年。

4. 保密条款不应与法律、行政法规相抵触,当事人双方未就保密条款进行约定的,按《中华人民共和国民法典》规定,合同双方当事人亦应履行法定的保密义务,否则,将承担法律责任。

5. 无论合同是否被撤销、变更、解除或终止,无论合同是否生效,合同之保密条款不受其限制而继续有效。

第八条　风险责任的承担

1. 在本合同履行中,因出现在现有技术水平和条件下难以克服的技术困难,导致研究开发失败或部分失败,并造成一方或双方损失的,双方按如下约定承担风险损失:双方确定,本合同项目的技术风险按__________的方式认定。认定技术风险的基本条件是:

(1)本合同项目在现有技术水平条件下具有足够的难度。

(2)乙方在主观上无过错且经认定研究开发失败为合理的失败。

(3)一方发现技术风险存在并有可能致使研究开发失败或部分失败的情形时,应当在____日内通知另一方并采取适当措施减少损失。逾期未通知并未采取适当措施而致使损失扩大的,应当就扩大的损失承担赔偿责任。

2. 认定风险责任标准为:

(1)课题在现有技术水平下具有足够的难度;

(2)研究开发人在研究开发工作中是否充分地发挥了主观能动性;

(3)其同行业专家的鉴定意见认为研究开发工作的失败属于合理失败。

3. 风险责任应由受托人或双方共同承担风险责任,承担方式为:__________。

4. 在未作约定或约定不明确时,由双方协议补充,不能达成补充协议的,按照合同有关条款或交易习惯确定。仍不能确定的,风险责任由双方合理分担。

第九条　技术成果的归属与分享

合作各方确定,因履行本合同所产生的最终研究开发技术成果及其相关知识产权权利归属,按第____种方式处理:

1. __________方享有申请专利的权利。

2. 按技术秘密方式处理。有关使用和转让的权利归属及由此产生的利益按以下约定处理:

(1)技术秘密的使用权:__________;

(2)技术秘密的转让权:__________;

(3)相关利益的分配办法:__________。

3. 合作各方对因履行本合同所产生的最终研究开发技术成果及其相关知识产权权利归属,特别约定如下:__________。

4. 专利权取得后的使用和有关利益分配方式如下:__________。

第十条　验收的标准与方式

验收时,双方都有权取得实施技术成果所必要的技术资料、试验报告和数据,并要求另一方给予必要的技术指导和保证所提供的技术成果实施的条件。但合同终止后仍需上述服务的,应另行订立技术咨询或技术服务合同。

1. 验收标准:

项目名称:__________;

标准号:__________;

发布日期:__________;

技术指标:__________;

技术参数:__________。

2. 验收方式:验收可采用技术鉴定会、专家技术评估。验收方出具的验收证明及文件,作为合同验收通过的依据。

第十一条　为确保本合同的全面履行,合作各方确定,采取以下方式对研究开发工作进行组织管理和协调:__________。

第十二条 合作各方确定,各自为本合同项目的研究开发工作提供以下技术资料和条件:

(一)甲方:

1. 技术资料清单:__________;

2. 提供时间和方式:__________;

3. 其他协作事项:__________。

(二)乙方:

1. 技术资料清单:__________;

2. 提供时间和方式:__________;

3. 其他协作事项:__________。

本合同履行完毕后,上述技术资料和条件按以下方式处理:__________。

第十三条 合同变更

本合同的变更必须由合作各方协商一致,并以书面形式确定。但有下列情形之一的,合作一方或多方可以向其他合作方提出变更合同权利与义务的请求,其他合作方应当在____日内予以答复;逾期未予答复的,视为同意:

1. __________;

2. __________;

3. __________。

第十四条 合同转让

未经其他合作方同意,合作一方或多方不得将本合同项目部分或全部研究开发工作转让给第三人承担。但有下列情况之一的,合作一方或多方可以不经其他合作方同意,将本合同项目部分或全部研究开发工作转让给第三人承担:

1. __________;

2. __________。

第十五条 通知

在本合同履行过程中,因作为研究开发标的的技术已经由他人公开(包括以专利权方式公开),合作一方或多方应在____日内通知其他合作方解除合同。逾期未通知并致使其他合作方产生损失的,其他合作方有权要求予以赔偿。

第十六条 合作各方权利义务

(一)义务

1. 合作各方当事人应当按照约定进行投资,包括以技术进行投资;

2. 合作各方当事人应当按照约定分工参与研究开发工作;

3. 合作各方应协作配合完成研究工作。

(二)权利

1. 对研究开发工作提出合理化建议的权利;

2. 有依研究开发的实际情况,要求作出有利于研究开发项目的计划方案的修改的权利;

3. 有权对合作开发投资的资金的使用进行监督检查;

4. 有权派员参加各方代表组成的协调指导机构,对重大问题的决策、协调有建议、发言权;

5. 合作开发完成的发明创造,享有申请专利权,在他方转让专利权时有优先受让权;

6. 声明放弃共有专利申请权的当事人,在他方申请取得专利权后,有免费实施其专利的权利;

7. 共同开发研究的各方共同享有开发研究成果,并有在使用、转让中的受益权。

第十七条 违约责任

1. 合作开发中任何一方当事人违反约定不及时进行投资,或者不履行其他约定义务,造成研究开发工作停滞、延误的,当事人一方应当赔偿因此给对方或者其他各方造成的损失。

2. 合作开发合同中,一方当事人以技术出资,第三人对投资合作的技术提出侵权要求的,使合作开发合同终止的,他方有权要求承担违约责任,支付违约金,因此造成损失的,还应赔偿损失。

3. 对于合同一方当事人不正确履行合同的,他方当事人可以请求该当事人采取补救措施继续履行合同,如果其仍不履行的,其他当事人可以拒绝其继续参加研究开发工作,该当事人还应赔偿其他当事人因此所遭受的损失。

4. 推出合作开发合同的当事人,对于当事人投入合作开发合同中的投资秘密,已经刊发的技术秘密和技术情报资料负有保密义务,违反保密义务而对合同其他各方当事人造成损失的,应当承担赔偿责任。这种赔偿责任可能是合同责任,也可能是违约责任。

第十八条 合作各方确定,任何一方或多方违反本合同约定义务,造成其他合作方研究开发工作停滞、延误或失败的,应当按以下约定承担违约责任:

(一)甲方:

1. 违反本合同第____条约定,应当__________支付违约金__________。

2. 违反本合同第____条约定,应当__________支付违约金__________。

(二)乙方:

1. 违反本合同第____条约定,应当__________支付违约金__________。

2. 违反本合同第____条约定,应当__________支付违约金__________。

第十九条 后续改进

合作各方确定,任何一方有权利用本合同项目研究开发所完成的技术成果,进行后续改进。由此产生的具有实质性或创造性技术进步特征的新的技术成果,归__________(完成方、合作各方)方所有。具体相关利益的分配办法如下:

1. 在合同有效期内,任何一方对合同标的技术所作的改进应及时通知对方;

2. 属于实质性的重大改进和发展,专利申请权归改进方,改进方应优先向对方以优惠价格许可使用;

3. 于原有基础上较小的改进,双方免费互相提供使用;

4. 对于合同技术的改进,改进方申请专利,另一方应该对改进技术保密,并无权擅自向他人转让该技术,也无权申请专利;

5. 双方共同对合作技术作出重大改进,专利申请归双方共有;

6. 双方共同改进的未申请专利的一般技术成果,需由双方另定协议来处理使用权和收益分享的问题。

第二十条 项目联系人

为有效履行本合同,合作各方确定,在本合同有效期内,甲方指定__________为甲方项目联系人,乙方指定__________为乙方项目联系人。

项目联系人承担以下责任:__________。

一方变更项目联系人的,应当及时并以书面形式通知其他合作各方。未及时通知并影响本合同履行或造成损失的,应承担相应的责任。

第二十一条 合同解除

双方确定,出现下列情形,致使本合同的履行成为不必要或不可能的,一方可以通知另一方解除本合同:

1. 因发生不可抗力或技术风险;

2. 甲乙双方通过书面协议解除本合同;

3. 合同期限届满,甲乙双方不再续签本合同;

4. 在合同期限届满之前,当事人一方明确表示或以自己的行为表明不履行合同主要义务的;

5. 当事人一方迟延履行合同主要义务,经催告后在合理期限内仍未履行;

6. 当事人有其他违约或违法行为致使合同目的不能实现的;

7. __________。

第二十二条　争议处理

双方因履行本合同而发生的争议，应协商、调解解决。协商、调解不成的，确定按以下第____种方式处理：

1. 提交__________仲裁委员会仲裁；

2. 依法向人民法院起诉。

第二十三条　双方确定：本合同及相关附件中所涉及的有关名词和技术术语，其定义和解释如下：

1. "技术开发合同"，是指当事人之间就新技术、新产品、新工艺或者新材料及其系统的研究开发所订立的合同。技术开发的内容包括新技术、新产品、新工艺或者新材料及其系统的研究开发和具有产业应用价值的科技成果实施。这里所称的新技术、新产品、新工艺或者新材料及其系统，是指当事人在订立技术开发合同时尚未掌握的产品、工艺、材料及其系统等技术方案，如果是技术上没有创新，而只是对现有的产品外形、工艺变更、材料配方调整以及技术成果的检验、测试和使用订立的合同，则不在技术开发合同之列。

2. "技术成果的归属与分享"，指在技术开发合同中所产生的技术发现、技术发明创造和其他技术成果归谁所有，如何使用及由此产生的利益如何分配等问题。

3. "技术开发合同标的"，是指新的技术成果，包括新技术、新产品、新工艺、新材料及其系统。

4. "合作开发合同"，是指由两个或两个以上的自然人、法人和非法人组织，共同出资、共同参与、共同研究开发完成同一研究开发项目，共同享受效益、共同承担风险的合同。

(1)"新技术"，是指在一定时间内初次实现的技术或者在原有的成果基础上经过改进革新，在性能上有所突破、有所进步的技术。

(2)"新产品"，是指在原理、结构、物理性能、化学成分、材料、功能和用途等某一方面或某几方面与旧产品相比有显著改进的产品。

(3)"新工艺"，是指在生产实践中根据产品设计要求，能使产品符合高效率、低能耗、缩短生产过程、改善劳动条件，提高经济效益的制造工艺。

(4)"新材料"，是指材料新品种的增加和材料性能的改进。所谓系统，是指含有新技术、新产品、新工艺、新材料等相组合的系统工程，如自动化生产系统工程、卫星系统工程等。

5. "验收"，指技术开发合同实施完成后，当事人双方或一方确认所完成的技术成果是否符合和达到合同标的约定的技术指标和经济指标的活动。

6. "经费的结算方式"，经费的结算包括经费包干和经费实报实销。

第二十四条　与履行本合同有关的下列技术文件，经双方以__________方式确认后，为本合同的组成部分：

1. 技术背景资料：__________；

2. 可行性论证报告：__________；

3. 技术评价报告：__________；

4. 技术标准和规范：__________；

5. 原始设计和工艺文件：__________；

6. 其他：__________。

第二十五条　补充与附件

本合同未尽事宜，依照有关法律、法规执行，法律、法规未作规定的，甲乙双方可以达成书面补充合同。本合同的附件和补充合同均为本合同不可分割的组成部分，与本合同具有同等的法律效力。

第二十六条　合同效力

本合同自双方或双方法定代表人或其授权代表人签字并加盖单位公章或合同专用章之日起生效。有效期为____年，自________年____月____日至________年____月____日。

本合同正本一式____份，双方各执____份，具有同等法律效力。

甲方(盖章):__________　　乙方(盖章):__________
法定代表人(签字):__________　　法定代表人(签字):__________
签订地点:________　　签订地点:________
________年____月____日　　________年____月____日

八、商标许可使用合同

《商标许可使用合同》系商标权人对于被许可方的一种"授权",将被许可方在什么样的商品、地域、时间等限度内可以使用何种商标进行明确约定。

商标许可使用合同

商标使用许可方(甲方):
商标使用被许可方(乙方):
甲、乙双方经协商,对商标权的使用达成如下协议。

一、许可使用的商标名称:

商标图样:(贴商标图样,并由许可方盖骑缝章)
商标注册号:
商标注册年限:

二、商标权拥有人的名称、地址:

三、许可使用商标的权限:

1. 许可使用的商品种类:(或服务的类别及名称)
2. 许可使用商标的地域:
3. 商标许可使用权的性质:(作出明确选择)
(1)独占使用许可;
(2)非独占使用许可。

四、商标使用许可合同的备案:

自本合同签订之日起三个月内,由甲、乙双方分别将合同副本交送所在地县级市场监管机关存查,并由甲方(或乙方)办理商标使用许可合同的备案手续,备案的费用由甲方(或乙方)承担。

五、商品质量的保证:

为保证许可方的有关商品质量不低于许可方或其他被许可方,双方要共同采取以下措施:
1. 许可方向被许可方提供商品的样品,提供制造上的技术指导;
2. 许可方可以监督被许可方的生产,并有权检查被许可方生产情况和产品质量;
3. 被许可方定期无偿向许可方提供不少于两份的商品样品,以备质量检查;
4. 双方均承担保守对方生产经营情况秘密的义务。

六、许可方应保证履行商标的续展手续及其保障商标注册效力的手续。

七、商标许可使用的期限:

自________年____月____日起至________年____月____日止。

八、合同有效期的终止条件:

1. 被许可方逾期未交付商标许可使用费;
2. 许可方将独占使用许可的商标,另外许可第三方使用;
3. ……

九、其他使用许可条件或双方商定的事项：

____

十、合同纠纷的解决方式：

____

十一、合同生效：

____

本合同自双方签字盖章之日起生效，本合同一式______份，具有同等法律效力。

许可方：（盖章）	被许可方：（盖章）
代表人：	代表人：
地址：	地址：
邮政编码：	邮政编码：
电话：	电话：

合同签订地点：

合同签订日期：________年____月____日

九、商标权转让合同

《商标权转让合同》系商标注册所有人将自己拥有的商标转让给受让方的合同，是一种权利义务的概括性转移。

商标权转让合同

商标权转让方：（甲方）________________

商标权受让方：（乙方）________________

甲、乙双方经协商一致，对商标权的转让达成如下协议：

一、转让的商标名称：________________

二、商标图样：（贴商标图样，并由转让方盖骑缝章）

三、商标注册号：________________；国别：________________

四、该商标下次应续展的时间：________

五、该商标取得注册所包括的商品或服务的类别及商品或服务的具体名称：________________

六、商标权转让方保证是上述商标的注册所有人。

在本合同签订前，该商标曾与__________签订过非独占（或独占）的商标使用许可合同。本商标转让合同生效之日起，原与__________签订的商标使用许可合同转由受让方为合同当事人，原合同所规定的全部权利和义务由受让方享有和承担。所有权转让事宜由转让方通告__________方。

七、商标权转让后，受让方的权限：

1. 可以使用该商标的商品种类（或服务的类别及名称）：________________。

2. 可以使用该商标的地域范围：________________。

八、商标权转让的性质：（可在下列项目中作出选择）

1. 永久性的商标权转让（　）；2. 非永久性的商标权转让（　）。

九、商标权转让的时间：

自本合同生效之日起，或办妥商标转让变更注册手续后，该商标权正式转归受让方。属非永久性商标权转让的,商标权转让的期限为____年,自________年____月____日至________年____月____日。转让方将在本合同期满之日起收回商标权。

十、商标转让合同生效后的变更手续:

由甲方(或乙方)在商标权转让合同生效后,办理变更注册人的手续,变更注册人所需费用由______方承担。

十一、商品质量的保证:

商标权转让方要求受让方保证该商标所标示的产品质量不低于转让方原有水平,转让方应向受让方提供商品的样品,提供制造该类商品的技术指导或技术诀窍(可另外签订技术转让合同);还可提供商品说明书、商品包装、商品维修法,在必要时还应提供经常购买该商品的客户名单。属非永久性转让的,转让方可以监督受让方的生产,并有权检查受让方生产情况和产品质量。

十二、双方均承担保守对方生产经营情况秘密的义务;受让方在合同期内及合同期后,不得泄露转让方为转让该商标而一同提供的技术秘密与商业秘密。

十三、转让方应保证被转让的商标为有效商标,并保证没有第三方拥有该商标所有权。

十四、商标权转让的转让费与付款方式:

1. 转让费按转让的权限计算共______万元;

2. 付款方式:________________;

3. 付款时间:________________。

十五、转让方保证在合同有效期内,不在该商标的注册有效地域内经营带有相同或相似商标的商品,也不得从事其他与该商品的产、销相竞争的活动。

十六、双方的违约责任:

1. 转让方在本合同生效后,违反合同规定,仍在生产的商品上继续使用本商标,除应停止使用本商标外,还应承担赔偿责任。

2. 受让方在合同约定的时间内,未交付商标转让费的,转让方有权拒绝交付商标的所有权,并可以通知受让方解除合同。

3. 其他:____。

十七、其他条款或双方商定的其他事项:

____。

十八、合同纠纷的解决方式:

凡因本合同或与本合同有关的一切争议,双方应友好协商解决,协商不成的,提交中国国际经济贸易仲裁委员会在深圳进行仲裁,仲裁裁决是终局决定,对双方均有约束力。

十九、本合同自双方签字盖章之日起生效。但如果转让注册商标申请未经国家知识产权局商标局核准的,本合同自然失效;责任由双方自负。

转 让 方:(盖章)	受 让 方:(盖章)
法定代表人:	法定代表人:
地　　址:	地　　址:
邮政编码:	邮政编码:
电　　话:	电　　话:
传　　真:	传　　真:
开户银行:	开户银行:
银行账号:	银行账号:

合同签订地点:

合同签订时间:________年____月____日

十、图书出版合同

《图书出版合同》以国家版权局公开发布的标准范本作为参考即可，对著作权人、出版者的权利义务进行了明确约定。

十一、律师声明

《律师声明》会根据基础的证据材料、知识产权归属信息，应委托方之邀制作。将委托方的著作权权属情况、有关需求，进行正式表达，让社会大众知悉。

律师声明

××网（此处注明具体网址）是根据中华人民共和国法律设立的合法网站，所有者为××公司。××律师事务所经××公司授权，特发表如下声明：

本网站由××版权所有，未经授权禁止复制或建立镜像。

本网站上刊载的所有内容，包括但不限于文字报道、图片、声音、录像、图表、标志、标识、广告、商标、商号、域名、软件、程序、版面设计、专栏目录与名称、内容分类标准以及为注册用户提供的任何或所有信息，均受《中华人民共和国著作权法》、《中华人民共和国商标法》、《中华人民共和国专利法》及适用之国际公约中有关著作权、商标权、专利权及/或其他财产所有权法律的保护，为××所有。

使用者将本网站提供的内容与服务用于商业、营利、广告性目的时，需征得在××网的书面特别授权，注明作者及文章出处"××网"，并按有关规定支付相应费用。

未经××网的明确书面特别授权，任何人不得变更、发行、播送、转载、复制、重制、改动、散布、表演、展示或利用××网的局部或全部的内容或服务或在非××网所属的服务器上做镜像，否则以侵权论，依法追究法律责任。本网站所使用的所有软件归属××网所有，受《中华人民共和国著作权法》、《计算机软件保护条例》及国际版权公约法律保护。除经本网站特别说明用作销售或免费下载、使用等目的外，任何其他用途包括但不限于复制、修改、经销、转储、发表、展示、演示以及反向工程均是严格禁止的。否则，本网站将依据《中华人民共和国著作权法》及相关法律追究经济赔偿和其他侵权法律责任。

转载或引用本网版权所有之内容须注明"转自（或引自）××网"字样，并标明本网网址。

除注明"来源：××网（频道）"的内容外，本网以下内容亦不可任意转载：

a. 本网所指向的非本网内容的相关链接内容；

b. 已作出不得转载或未经许可不得转载声明的内容；

c. 未由本网署名或本网引用、转载的他人作品等非本网版权内容；

d. 本网中特有的图形、标志、页面风格、编排方式、程序等；

e. 本网中必须具有特别授权或具有注册用户资格方可知晓的内容；

f. 其他法律不允许或本网认为不适合转载的内容。

转载或引用本网内容不得进行如下活动：a. 损害本网或他人利益；b. 任何违法行为；c. 任何可能破坏公共秩序的行为；d. 擅自同意他人继续转载、引用本网内容。

对于不当转载或引用本网内容而引起的民事纷争、行政处理或其他损失，××网不承担责任。对不遵守本声明或其他违法、恶意使用××网内容者，××网保留追究其法律责任的权利。

××网地方站代理商并非××网本身，而是代理××网地方站业务的代理商。××网地方站代理商代理的业务仅限于指定地方站的内容及广告。

××网地方站的中文域名统一为：××，其他域名均不是××地方站，均属侵权，××并将保留追究其法律责任的权利。

通过资格认证的地方站，应在××网地方站首页显著位置标记"××地方站许可证序号"。

若发现他人侵害××网所有者合法权益,本律师将受托依法追究其侵权责任。

××律师事务所

律师:××

××××年××月××日

十二、律师函

《律师函》通常在涉嫌侵权的情况下,才会应委托方之邀制作,制作时必须进行前期的尽职调查、收集到足够的证据,根据证据进行客观表述。将委托方的著作权权属情况、有关需求,进行正式表达,让涉嫌侵权者或社会大众知悉。

律 师 函①

[20××]××函字第[××]号

致:××公司

×××律师事务所依法接受张××先生的委托,就贵司未经张××先生同意,在贵司的××产品的包装上使用张××先生的摄影作品《××》的相关事宜,出具本律师函:

出具本律师函的法律依据包括但不限于:

1. ……

2. ……

出具本函时,本所律师审阅了张××先生提供的如下资料:

1. ……

2. ……

本所律师从××了解到:

……

基于上述情况,本所律师认为:

1. 摄影作品《××》的著作权属张××先生所有,贵司未经张××先生许可,擅自在产品包装上使用该摄影作品用于牟利,侵犯了张××先生的著作权。

2. 贵司应当自收到本律师函之日起,立即停止用该摄影作品作为贵司所生产产品的包装。

3. 请贵司于××××年××月××日前,对贵司的侵权情况作出书面说明,并提出解决方案函告张××先生。

4. 张××先生保留通过法律手段追究贵司侵权责任的行为的权利。

(注:上述内容亦可采取其他表述方式。)

本所律师将密切关注事态进展,并采取一切合法有效的手段,依法维护张××先生合法权益。

(注:上述内容亦可采取其他表述方式。)

特此函告。

×××律师事务所

律师:××

××××年××月××日

---

① 追讨欠款等问题的律师函可参照适用。

第六章

公司章程

公司章程是公司的“小宪法”,公司的一切行为均需要以章程为指导,章程可以说是一切公司的“标配”。许多公司在成立之初并未太在意这个基础配备,非常随意地套用了一些模板,这为公司的发展定位、经营导向及未来管理埋下了隐患,需要在适当的时机进行修订与完善,根据实际情况设定属于自己的独有章程,让章程发挥其应有的作用。

当处于“下位”的公司各类运营管理规范与章程不符时,需要以章程为准。不同类别的公司,因其法律属性、经营管理思路等的不同,章程也是不同的。

本章共四节,分别是:

第一节　概述

从公司章程的概念和法律特征角度,给了大家一个整体视角,方便读者对章程能有一个总体认识。

第二节　有限责任公司章程的制定

以有限公司章程为主线,对实务之中章程制定事项进行了详细的阐述。

第三节　一人有限责任公司章程的制定

对一人有限责任公司进行了特别说明,重点讲述其特殊性。

第四节　国有独资公司章程的制定

对国有独资公司章程的特殊问题进行了分析。

第一节　概述

一、公司章程的概念和法律特征

公司章程是指公司必备的,由发起设立公司的投资者制定的,并对公司、股东、公司经营管理人员具有约束力的,可以用来调整公司内部组织关系和经营行为的自治规则。通说认为,公司章程具有两大法律特征:

(一)法定性

公司章程是依照公司法的规定制定的基本法律文件,可称为公司的“宪法”。在公司法中,章程的法定性表现为:(1)章程具有必备性。2023年《公司法》第5条规定,设立公司应当依法制定公司章程。公司章程对公司、股东、董事、监事、高级管理人员均具有约束力。公司章程实质上是经营者对投资者的一种行为承诺与法律保证,也是投资者对经营者行使监督权、进行诉讼的法律依据。

(2)章程具有内容确定性。由于章程在公司法中具有特殊的法律地位,故其内容十分严格和规范,并多由法律直接规定。对有关公司的重大事项,我国都以立法形式确定下来,进行强制性规范,公司章程必须按照公司法所列举的事项记载,不得遗漏,且不能与强制性规范相抵触。(3)章程具有稳定性。章程一经依法制定,非经法定程序不得随意变更。(4)章程形式必须合法。章程是特定的法律概念和法律制度,必须采用书面形式并履行法定手续才能生效。认识章程与公司法之间的关系的基本原则是:有关章程的一切,包括内容、形式、制定与变更程序,都必须符合公司法的强制性规定,只有在此前提下,才具备谈论"当事人意思自治"的余地。违反公司法的强制性规定将导致章程全部或部分无效。

(二)契约性

公司章程是由股东或发起人共同制定的。从某种意义上来说,它是股东或发起人意思自治的产物。公司章程的契约性主要体现在:(1)公司章程作为一种行为规范,不是由国家而是由公司依法自行制定的。(2)公司章程是一种法律以外的行为规范,由公司自己来执行。当出现违反章程的行为时,只要该行为不违反法律,就由公司自行解决。(3)公司章程作为公司内部规章,其对内效力仅及于公司和相关当事人,而不具有普遍的约束力。① 公司章程的以上"契约性",并未否定其"规则性",下文笔者将对此问题进行阐述。

二、公司章程的性质

对于公司章程的法律性质有不同看法,争论的焦点是:公司章程是契约性的、按自治原则所达成的协议还是带有法律强制性的自治规则。笔者认为,从《公司法》的规定和如下对公司章程规则性与契约性的比较可知,公司章程是契约与规则的结合,公司章程更多体现出规则性。

(一)从效力范围上看

契约(或合同)的效力具有相对性,即契约的效力只及于签约的各方当事人,对契约以外的其他人无约束力。而公司章程则不仅对参与制定公司章程的股东或发起人有约束力,对后来加入公司的新股东也具有约束力,而且经过公示的章程条款也构成对公司交易相对人的约束。

(二)从遵循的原则上看

签署契约遵循"契约自由原则"。而公司章程的设置并非自由的,其在我国是公司成立所必须具备的法律文件,必须采用书面形式,且必须具备法定条款,受公司法诸多强制性规定的限制。

(三)从制定与修改程序上看

契约的制定与修改需经各方当事人的一致协商同意,但公司章程的制定与修改不需要经全体公司成员的一致同意。

(四)从法律责任上看

违约的诉权只在当事人之间产生,而违反规则的诉讼主体可能会是国家授权的特殊主体。例如,在公司设立过程中,一方出资,另一方未出资,法律只授权已出资的投资人起诉未出资人,这属于违约责任;但同时这种不履行出资的行为可能导致行政责任或刑事责任,这时公司章程体现了规则的特点。

(五)从生效时间上看

公司成立之前,章程主要是契约,对内具有约束力;而公司成立后,章程才对外有效,同时对内也有效,这时它就成了规则。②

---

① 参见方铮:《公司章程法律问题研究》,载《杭州商学院学报》2003年第6期。

② 参见林立华:《公司章程性质辨析》,载《广东行政学院学报》2003年第4期。

三、公司章程的作用

(一)公司章程是国家对公司进行管理的重要手段

在计划经济时代,国家对全民所有制企业主要通过行政手段进行管理;而在市场经济时代,国家对企业不能再过多通过行政手段管理,尤其是对公司。由于产权多元化,公司享有的不仅是经营权,还包括法人财产权,公司具有独立的法律人格,所以,对公司制企业,国家不可能、也不必要用行政手段进行直接干预,而应是运用经济、法律的手段进行间接干预。具体说来,就是通过对公司章程的法律规制实现对公司的管理。

(二)公司章程是公司的自治规范

1. 公司章程具有对股东的约束作用

股东虽是公司的出资人,但股东向公司出资后,从某种意义上说就丧失了对原有财产的所有权,并以此换取了股权。股东原有财产的所有权转移给公司,公司对股东出资的财产享有完整的占有、使用、收益和处置的权利。股东与公司的法律人格都是独立的,股东不得违背公司章程直接支配公司的财产,也不得要求公司返还财产。股东对公司的权利不表现在对公司财产的直接支配上,而是体现于参加股东会行使表决权、股份转让权、股息红利请求权、剩余财产索取权等方面。

2. 公司章程具有对公司本身的约束作用

公司作为有独立法律人格的法人,它的权利能力与行为能力是由公司章程来规定的。公司的组织机构及其权限、公司的资本、公司对内对外的一系列重大问题等都是由公司章程规定的。

3. 公司章程具有对公司董事、监事、经理的约束作用

公司章程明确规定了他们的任职资格、产生办法、行使的职权等。

(三)公司章程是股东维护其合法权益的重要工具

公司制企业的特点是"三权分立"(股权、法人财产权、经营权的分立),股东向公司出资以后就丧失了对其出资的直接支配权,所有股东的财产融合在一起就形成了公司的财产,公司对其财产享有法人财产权。但是,公司财产从最终来源看,是股东向公司出资的结果,其终极所有权仍然属于股东。股东向公司出资是投资行为,他们关心自身的股东权益,公司章程通过对股东、董事、监事和高级管理人员等权利义务的规定,实现对股东权益的保障。

(四)公司章程是保护公司债权人利益的重要手段

章程作为公司的行为规范,其内容是法定的,包括公司的名称,住所,经营范围,注册资本,股东的姓名或名称,股东的权利和义务,股东的出资方式和出资额,股东转让出资的条件,公司的机构及其产生办法、职权、议事规则,公司法定代表人,公司的解散事由与清算办法等。公司章程所应记载的这些内容涉及公司的方方面面,反映着公司的全貌,是公司信息的总披露。公司债权人通过查阅公司章程就可以把握公司财产状况、信用能力,从而决定是否与之进行交易。有了公司章程,就可以使与公司交易的相对人了解公司的重要信息,这对于提高交易的安全性、维护公司债权人的利益是非常有利的。①

四、公司章程的内容

(一)公司章程记载事项的分类

根据法律对公司章程所记载事项有无明确规定,以及所记载事项对章程效力影响的不同,将章程所记载事项分为绝对必要记载事项、相对必要记载事项和任意记载事项三种。

1. 绝对必要记载事项

绝对必要记载事项,亦称绝对记载事项,是法律规定的、章程必须记载的事项。缺少其中任何

---

① 参见汪张林:《略论公司章程的作用》,载《经济师》2000 年第 1 期。

一项,公司登记机关不予登记。其有两个基本特性:(1)按公司性质要求必须具备的条款,是涉及公司根本问题的重大事项。(2)须逐一、合法记载。一般而言,公司的名称、住所、经营性质或业务范围、注册资本、股份有限公司的股份总数和每股金额、股东或发起人的姓名或名称、公司的法定代表人、股份有限公司的通知和公告方法等,是公司章程的绝对必要记载事项。

2. 相对必要记载事项

相对必要记载事项,是在法律上有规定,但在公司章程中未记载时不影响公司章程效力的条款。如果缺乏这种条款,仅该未记载的事项不发生效力,或者可以适用法律的具体规定;公司章程如对此加以记载时,所记载的条款则发生法律效力。其特点为:(1)法律明确规定。就该特性而言,相对必要记载事项与绝对必要记载事项有共性。(2)章程制定人决定是否记载。法律虽然对相对必要记载事项有明确规定,但章程制定人对章程是否记载有选择权,如其未在章程中记载,不影响章程的效力。因此,规定相对必要记载事项的法律规范为任意性规范,而规定绝对必要记载事项的法律规范是强制性规范。(3)相对必要记载事项记载不合法时,只导致该事项无效,不影响整个章程的效力。相对必要记载事项的重要程度和意义逊于绝对必要记载事项,因此,法律虽明确规定,但对是否必须记载未做严格要求,允许章程制定人根据被设立公司的具体情况抉择。相对必要记载事项对章程制定人的指导作用则是显而易见的。就各国及各地区法律的通常规定看,相对必要记载事项主要有:发起人所得的特别利益,设立费用及发起人的报酬,有关出资、公司的期限、分公司的设立事项等。

3. 任意记载事项

任意记载事项,是指法律上没有规定或要求,完全由当事人根据需要,在不违反法律和公共道德的前提下在章程中记载的某些事项。其特点为:(1)法律未明确列举,由章程制定人协商确定。由此区别于绝对必要记载事项和相对必要记载事项。(2)是否记载由当事人任意选择,如记载则与其他事项具有同样的约束力,如不记载或者所记载的事项不合法,不影响整个章程效力。如常年法律顾问的聘请、物资的采购和产品销售、公司债的发行、任意公积金的提取等条款。①

(二)2023 年《公司法》的相关规定

以上从公司章程内容分类的角度,整体讲了章程记载事项问题,我国《公司法》并未做出“绝对”“相对”“任意”的区分。在章程记载事项问题上,使用了“应当”的表述与列举式的表述。

1. 绝对必要记载事项和任意记载事项的有关条款

从《公司法》条文的文义上理解,绝对必要记载事项(含任意记载事项)为:

依该法第 46 条的规定,有限责任公司章程应当载明如下事项:(1)公司名称和住所;(2)公司经营范围;(3)公司注册资本;(4)股东的姓名或者名称;(5)股东的出资额、出资方式和出资日期;(6)公司的机构及其产生办法、职权、议事规则;(7)公司法定代表人的产生、变更办法;(8)股东会认为需要规定的其他事项。其中,前 7 项属于公司章程的绝对必要记载事项,第(8)项属于任意记载事项。

依该法第 95 条的规定,股份有限公司章程应当载明下列事项:(1)公司名称和住所;(2)公司经营范围;(3)公司设立方式;(4)公司注册资本、已发行的股份数和设立时发行的股份数,面额股的每股金额;(5)发行类别股的,每一类别股的股份数及其权利和义务;(6)发起人的姓名或者名称、认购的股份数、出资方式;(7)董事会的组成、职权和议事规则;(8)公司法定代表人的产生、变更办法;(9)监事会的组成、职权和议事规则;(10)公司利润分配办法;(11)公司的解散事由与清算办法;(12)公司的通知和公告办法;(13)股东会认为需要规定的其他事项。其中,前 12 项是公司

① 参见郝自贤:《对公司章程内容的认识与思考》,载《内蒙古财经学院学报(综合版)》2004 年第 1 期。

章程的绝对必要记载事项，第(13)项是任意记载事项。

2. 相对必要记载事项的有关条款

全面理顺《公司法》可知，公司章程法定的相对必要记载事项在某些条款中有所体现，如：

(1)关于股东会定期会议的召开，包括召开时间、召开地点等情形。第 62 条规定："股东会会议分为定期会议和临时会议。定期会议应当按照公司章程的规定按时召开。代表十分之一以上表决权的股东、三分之一以上的董事或者监事会提议召开临时会议的，应当召开临时会议。"

(2)关于董事长、副董事长的产生办法。第 68 条第 2 款规定："董事会设董事长一人，可以设副董事长。董事长、副董事长的产生办法由公司章程规定。"

(3)关于董事任期。董事实行任期制。第 70 条规定："董事任期由公司章程规定，但每届任期不得超过三年。董事任期届满，连选可以连任。董事任期届满未及时改选，或者董事在任期内辞任导致董事会成员低于法定人数的，在改选出的董事就任前，原董事仍应当依照法律、行政法规和公司章程的规定，履行董事职务。董事辞任的，应当以书面形式通知公司，公司收到通知之日辞任生效，但存在前款规定情形的，董事应当继续履行职务。"第 10 条规定："公司的法定代表人按照公司章程的规定，由代表公司执行公司事务的董事或者经理担任。担任法定代表人的董事或者经理辞任的，视为同时辞去法定代表人。法定代表人辞任的，公司应当在法定代表人辞任之日起三十日内确定新的法定代表人。"

(4)关于股东会会议股东行使表决权的方式。第 65 条规定："股东会会议由股东按照出资比例行使表决权；但是，公司章程另有规定的除外。"

(5)关于股东会的议事方式和表决程序。第 66 条规定："股东会的议事方式和表决程序，除本法有规定的外，由公司章程规定。股东会作出决议，应当经代表过半数表决权的股东通过。股东会作出修改公司章程、增加或者减少注册资本的决议，以及公司合并、分立、解散或者变更公司形式的决议，应当经代表三分之二以上表决权的股东通过。"

第二节　有限责任公司章程的制定

《公司法》从尊重股东意思自治的角度出发，授予公司股东更大的自治权，许多公司重要事项，股东可通过章程自由约定。下文将以章程范本为例进行具体讲解。笔者在章程范本的相关条款后，加注了 2023 年修订的《公司法》对应条款和制定相关条款时的注意事项予以说明(本书其他相关章节亦大致相同)。由于股份有限公司与有限责任公司在新《公司法》规定上的重叠性，故笔者在本章有关法条部分加注"该规定同时适用于股份有限公司"，以方便读者进行比较。

有限(责任)公司章程范本①

____________有限(责任)公司章程

第一章　总　　则

第一条　依据《中华人民共和国公司法》(以下简称《公司法》)及有关法律、法规的规定，由______等______方共同出资，设立______有限(责任)公司(以下简称公司)，特制定本章程。

① 具体操作时，可查询各地市场监管部门官网公示的最新指导版本；查询相关官网办理注册登记的注意事项。本版本结合笔者实务操作经验出具。

第二条 本章程中的各项条款与法律、法规、规章不符的,以法律、法规、规章的规定为准。

第二章 公司名称和住所

第三条 公司名称:____。

第四条 住所:____。

第三章 公司经营范围

第五条 公司经营范围:(注:根据实际情况具体填写。最后应注明"以市场监督管理机关核定的经营范围为准"。)

⊙经营范围

《公司法》(2023年修订)第9条 公司的经营范围由公司章程规定。公司可以修改公司章程,变更经营范围。

公司的经营范围中属于法律、行政法规规定须经批准的项目,应当依法经过批准。

◆说明

1994年《公司法》第11条第3款中规定:"公司应当在登记的经营范围内从事经营活动。"至《公司法》2004年修正时,仍对该项内容进行了保留。而实践中经常会出现公司超越经营范围从事经营活动的情况,这使对于公司超越经营范围对外签订的合同是否有效的问题一度出现争议。

《民法典》第505条规定:"当事人超越经营范围订立的合同的效力,应当依照本法第一编第六章第三节和本编的有关规定确定,不得仅以超越经营范围确认合同无效。"

由此可见,只有当超范围经营且违法时,该经营行为方可被认定无效。但是,章程制定时仍应认真填写经营范围,经营范围会被印制在公司的营业执照上,这对公司客户对公司的认知及公司的经营定位都将产生重大影响。

根据《企业经营范围登记管理规定》的规定,经营范围分为许可经营项目和一般经营项目。许可经营项目,是指企业在申请登记前依据法律、行政法规、国务院决定应当报经有关部门批准的项目;一般经营项目,是指不需批准,企业可以自主申请的项目。申请时应注意如下两点:(1)申请许可经营项目,申请人应当依照法律、行政法规、国务院决定向审批机关提出申请,经批准后,凭批准文件、证件向企业登记机关申请登记。审批机关对许可经营项目有经营期限限制的,登记机关应当将该经营期限予以登记,企业应当在审批机关批准的经营期限内从事经营。(2)申请一般经营项目,申请人应当参照《国民经济行业分类》及有关规定自主选择一种或者多种经营的类别,依法直接向企业登记机关申请登记。

确定经营范围时,应把握如下原则:(1)股东应清楚投入公司资金的流向、投资目的及投资风险;(2)公司在该范围内进行经营的能力;(3)合理把握公司股东、董事、经理对公司经营领域的掌控能力;(4)通过适当确定经营范围,争取建立一定的管理秩序,防止无序经营的状态,经营范围不宜过大或过小。

确定的经营范围内还要注意,当出现如下情形时,市场监管部门将不予登记:(1)法律、行政法规、国务院决定禁止企业经营的;(2)经营范围属于许可经营项目,但不能提交审批机关的批准文件、证件的;(3)注册资本未达到法律、行政法规规定的从事该项目经营的最低注册资本数额的;(4)法律、行政法规、国务院规定特定行业的企业只能从事经过批准的项目而企业申请其他项目的;(5)法律、行政法规、国务院规定的其他情形的。

具体确定经营范围时,可以参照当地市场监管部门的经营范围指引,试举三例:

(1)概括型:×市××科技有限公司,经营范围:法律、法规禁止的,不得经营;应审批的,未获审批前不得经营;法律、法规未规定审批的,自主选择经营项目,开展经营活动。

(2)具体型:×市××运输有限公司,经营范围:货物运输;销售建筑材料、装饰材料、五金交电、汽车配件。

(3)混合型:×市××商贸有限公司,经营范围:销售粮油制品,干鲜果品……法律、法规禁止的,不得经营;应审批的,未获审批前不得经营。

第四章 公司注册资本及股东的姓名(名称)、出资额、出资时间、出资方式

第六条 公司注册资本:______万元人民币。

第七条 股东的姓名(名称)、认缴的出资额、出资时间、出资方式如下:

股东姓名或名称	认缴情况		
	认缴出资额	出资时间	出资方式
合计			

第五章 公司的机构及其产生办法、职权、议事规则

第八条 股东会由全体股东组成,是公司的权力机构,行使下列职权:

(一)选举和更换董事、监事,决定有关董事、监事的报酬事项;

(二)审议批准董事会的报告;

(三)审议批准监事会的报告;

(四)审议批准公司的利润分配方案和弥补亏损方案;

(五)对公司增加或者减少注册资本作出决议;

(六)对发行公司债券作出决议;

(七)对公司合并、分立、解散、清算或者变更公司形式作出决议;

(八)修改公司章程;

(九)公司章程规定的其他职权(注:由股东自行确定,如股东不作具体规定应将此条删除)。

⊙股东会职权

《公司法》(2023年修订)第59条 股东会行使下列职权:

(一)选举和更换董事、监事,决定有关董事、监事的报酬事项;

(二)审议批准董事会的报告;

(三)审议批准监事会的报告;

(四)审议批准公司的利润分配方案和弥补亏损方案;

(五)对公司增加或者减少注册资本作出决议;

(六)对发行公司债券作出决议;

(七)对公司合并、分立、解散、清算或者变更公司形式作出决议;

(八)修改公司章程;

(九)公司章程规定的其他职权。

股东会可以授权董事会对发行公司债券作出决议。

对本条第一款所列事项股东以书面形式一致表示同意的,可以不召开股东会会议,直接作出决定,并由全体股东在决定文件上签名或者盖章。

第60条 只有一个股东的有限责任公司不设股东会。股东作出前条第一款所列事项的决定时,应当采用书面形式,并由股东签名或者盖章后置备于公司。

第112条 本法第五十九条第一款、第二款关于有限责任公司股东会职权的规定,适用于股份有限公司股东会。

本法第六十条关于只有一个股东的有限责任公司不设股东会的规定,适用于只有一个股东的股份有限公司。

◆说明

1. 股东会的概念及职权范围

制定章程时,股东可根据实际需要,对《公司法》未予穷尽的股东会职权进行约定,如约定"公司对××产品的采购决定及采购计划,公司参与××类项目的决定及投标方案,决策权归属于股东会"。

股东会,是依法由全体股东组成的公司权力机构,《公司法》(2023年修订)第58条规定:"有限责任公司股东会由全体股东组成。股东会是公司的权力机构,依照本法行使职权。"第111条规定:"股份有限公司股东会由全体股东组成。股东会是公司的权力机构,依照本法行使职权。"

法律一般赋予股东会较大的职权,股东会有权决定公司的几乎一切重大事项,有权选举和更换董事、监事及决定他们的报酬,有权审议批准董事会和监事会报告,有权修改公司章程。股东会是公司最高权力机构。一般情况下,股东会是公司依法必须设立的公司组织机构。"国有独资公司不设股东会,由履行出资人职责的机构行使股东会职权。履行出资人职责的机构可以授权公司董事会行使股东会的部分职权,但公司章程的制定和修改,公司的合并、分立、解散、申请破产,增加或者减少注册资本,分配利润,应当由履行出资人职责的机构决定。"

一个公司的运作离不开自身的职能架构,它只能在法律所允许的范围内行使其权力,任何越权行为都是得不到法律支持的,股东会也不例外。我国《公司法》对股东会的职权有明确的规定,有限责任公司与股份有限公司的该职权是相一致的。

我国从立法上确立了股东会作为公司最高权力机构的地位,其权力多为决定权而非执行权。

需要注意的一点是,根据2023年《公司法》的规定,有限责任公司股东行使职权时,对相关事项以书面形式一致表示同意的,可以不召开股东会会议而直接作出决定,并由全体股东在决定文件上签名、盖章;但股份有限公司则不允许以此种方式作出决定。

2. 股东会对董事会的制衡机制

无论有限责任公司的股东会还是股份有限公司的股东会,均是公司的最高权力机构,对公司的组织、职权和重要事项享有决定权;董事会是公司的执行机构,享有对公司日常事务的管理权和执行权。在公司实践中常常会出现董事会滥用职权损害股东权益的事件,需要通过制度设计来保护股东的利益不受非法侵害,股东会对董事会的制衡机制就是建立在这一论断的基础之上的。

除了累积投票制[参见《公司法》(2023年修订)第117条]的制衡外,股东会对董事会的制衡在其职权上主要表现在董事任免权、董事报酬决定权、重大事项决定权。

3. 股东会对监事会的制衡机制

监事会作为公司中专门的监督部门,有其特殊的制约权力,如临时股东会召集权、特定条件下对股东会的召集和主持权、提案权等。股东会对监事会的制约机制主要体现在有关股东会职权的规定上:(1)选举和更换监事,决定有关监事的报酬事项;(2)审议批准监事会的报告。

从我国的立法现状和司法实践来看,对于监事会我们更多的应是加强其权利、发挥其监督作用,而并非限制其权利的行使。监事会的监督,是保证以公司章程为基础的公司治理结构科学化的重要因素,我们更应该给脆弱的监事会以支持,防止股东会过多地给监事会以限制。

2023 年修订的《公司法》已经取消了监事会为必设机构的设定,第 69 条规定:“有限责任公司可以按照公司章程的规定在董事会中设置由董事组成的审计委员会,行使本法规定的监事会的职权,不设监事会或者监事。公司董事会成员中的职工代表可以成为审计委员会成员。”

第 121 条规定:“股份有限公司可以按照公司章程的规定在董事会中设置由董事组成的审计委员会,行使本法规定的监事会的职权,不设监事会或者监事。审计委员会成员为三名以上,过半数成员不得在公司担任除董事以外的其他职务,且不得与公司存在任何可能影响其独立客观判断的关系。公司董事会成员中的职工代表可以成为审计委员会成员。审计委员会作出决议,应当经审计委员会成员的过半数通过。审计委员会决议的表决,应当一人一票。审计委员会的议事方式和表决程序,除本法有规定的外,由公司章程规定。公司可以按照公司章程的规定在董事会中设置其他委员会。”

第九条　股东会的首次会议由出资最多的股东召集和主持。

第十条　股东会会议由股东按照出资比例行使表决权(注:此条可由股东自行确定按照何种方式行使表决权)。

第十一条　股东会会议分为定期会议和临时会议。

召开股东会会议,应当于会议召开十五日以前通知全体股东(注:此条可由股东自行确定时间)。

定期会议应当按照公司章程的规定按时召开(注:由股东自行确定)。代表十分之一以上表决权的股东、三分之一以上的董事或者监事会提议召开临时会议的,应当召开临时会议。

⊙股东会召开时间

《公司法》(2023 年修订)第 62 条　股东会会议分为定期会议和临时会议。

定期会议应当按照公司章程的规定按时召开。代表十分之一以上表决权的股东、三分之一以上的董事或者监事会提议召开临时会议的,应当召开临时会议。

◆说明

股东会的会议方式一般分为定期会议和临时会议两类。章程制定时可自由约定定期会议召开的时间,如规定:“股东会定期会议一年召开两次,分别于××月××日和××月××日召开”;也可以规定“于每个会计年度终了后×个月内召开”等。

1. 定期会议

是指根据《公司法》和公司章程的规定在一定时间内必须召开的股东会议。定期会议主要决定股东会的职权范围内的重大事项。我国《公司法》规定定期会议应当依照公司章程的规定按时召开。

2. 临时会议

也称特别会议,是指定期会议以外的必要时候,由于发生法定事由或者根据法定人员、机构的提议而召开的股东会议。根据《公司法》(2023 年修订)第 62 条、第 64 条、第 113 条、第 115 条的规定,下列情形下应当召开股东会的临时会议:

(1)对于有限责任公司而言:代表 1/10 以上表决权的股东、1/3 以上的董事或者监事会提议召开临时会议的,应当召开临时会议。

召开股东会会议,应当于会议召开 15 日前通知全体股东;但是,公司章程另有规定或者全体股东另有约定的除外。

据此可见,有限责任公司并未将定期会议和临时会议的"通知"时限进行区分(但股份有限公司进行了区分)。

(2)对于股份有限公司而言:有下列情形之一的,应当在两个月内召开临时股东会会议:①董事人数不足《公司法》规定人数或者公司章程所定人数的2/3时;②公司未弥补的亏损达股本总额1/3时;③单独或者合计持有公司10%以上股份的股东请求时;④董事会认为必要时;⑤监事会提议召开时;⑥公司章程规定的其他情形。

召开股东会会议,应当将会议召开的时间、地点和审议的事项于会议召开20日前通知各股东;临时股东会会议应当于会议召开15日前通知各股东。

第十二条 股东会会议由董事会召集,董事长主持;董事长不能履行职务或者不履行职务的,由副董事长主持;副董事长不能履行职务或者不履行职务的,由半数以上董事共同推举一名董事主持(注:规模较小或者股东人数较少的有限责任公司,可以不设董事会,设一名董事,行使公司法规定的董事会的职权)。

董事会不能履行或者不履行召集股东会会议职责的,由监事会召集和主持;监事会不召集和主持的,代表十分之一以上表决权的股东可以自行召集和主持。

第十三条 股东会作出决议,应当经代表过半数表决权的股东通过。股东会会议作出修改公司章程、增加或者减少注册资本的决议,以及公司合并、分立、解散或者变更公司形式的决议,必须经代表三分之二以上表决权的股东通过(注:股东会的其他议事方式和表决程序可由股东自行确定)。

⊙股东会议事方式和表决程序

《公司法》(2023年修订)第65条 股东会会议由股东按照出资比例行使表决权;但是,公司章程另有规定的除外。

第66条 股东会的议事方式和表决程序,除本法有规定的外,由公司章程规定。

股东会作出决议,应当经代表过半数表决权的股东通过。

股东会作出修改公司章程、增加或者减少注册资本的决议,以及公司合并、分立、解散或者变更公司形式的决议,应当经代表三分之二以上表决权的股东通过。

◆说明

1. 特别事项表决

对于增减注册资本等特别事项,《公司法》明确:须经代表2/3以上表决权的股东通过。这里的"股东"指的是全体股东。

2. 普通事项表决

对于普通事项如何表决,章程制定时,应明确以下两项内容(需要注意的是,"议事定足数"的规则在《公司法》第一章"总则"部分出现,既适用于公司的特别事项表决、也适用于普通事项表决):

(1)"议事定足数",即股东会有效召开需要代表多少表决权的股东的参加。

《公司法》对于有限责任公司的"议事定足数"予以明确,章程可自行约定,其中的"出席会议的人数或者所持表决权数"即为"议事定足数"。实践中,有单限制,也有双限制,即有的公司仅进行人数或是表决权数的限制,有的公司既限制人数、也限制表决权数,要求两者均要"达标"。

《公司法》(2023年修订)第27条规定:"有下列情形之一的,公司股东会、董事会的决议不成立:(一)未召开股东会、董事会会议作出决议;(二)股东会、董事会会议未对决议事项进行表决;

（三）出席会议的人数或者所持表决权数未达到本法或者公司章程规定的人数或者所持表决权数；（四）同意决议事项的人数或者所持表决权数未达到本法或者公司章程规定的人数或者所持表决权数。”

（2）“议决定足数”，即经过多大比例股东通过，股东会决议方为有效。

《公司法》（2023 年修订）第 66 条已经明确，股东会作出决议，应当经代表过半数表决权的股东通过，并且对股东的自定规则进行了排斥：“股东会的议事方式和表决程序，除本法有规定的外，由公司章程规定。”看似非常明确，但实务往往是复杂的，基于不同的公司背景、证据效力……司法实践中的判例往往也是无法完全统一的。

例如，其一，有些公司根据股东分布情况，在 1/2 和 2/3 之间，选择了一个股东会普通事项有效通过的比例并写入章程，如果出现管理争端，章程中的这一自定比例是否能被认可？如果被认可，则根据《公司法》（2023 年修订）第 26 条的规定，股东享有撤销权。其二，不拆分决策通过的比例，而是细化与“提升”决策事项级别，将某些重要的事项或特别设计事项予以罗列，直接划入 2/3 决策范畴。其三，一票否决权股能否得到保护？实践中，会进行特别的结构设计，以期“看上去”更符合法律规定，如对于某类事项的通过“没我不行”，必须要包含某个股东的赞成票才可通过，即形式上完全符合《公司法》，但在决策之中却加入了一层特别的结构。

3. 股东会的召集和提案

有限责任公司股东会的首次会议由出资最多的股东召集和主持［参见《公司法》（2023 年修订）第 61 条］。有限责任公司设立董事会的，定期会议和临时会议由董事会召集，董事长主持；董事长不能履行职务或者不履行职务的，由副董事长主持；副董事长不能履行职务或者不履行职务的，由半数以上董事共同推举一名董事主持［参见《公司法》（2023 年修订）第 63 条］。有限责任公司不设董事会的，股东会会议由行使股东会职权的一名董事召集和主持［参见《公司法》（2023 年修订）第 75 条］。董事会不能履行或者不履行召集股东会会议职责的，由监事会召集和主持；监事会不召集和主持的，代表 1/10 以上表决权的股东可以自行召集和主持［参见《公司法》（2023 年修订）第 63 条］。

募集设立股份有限公司的发起人应当自公司设立时应发行股份的股款缴足之日起 30 日内召开公司成立大会。发起人应当在成立大会召开 15 日前将会议日期通知各认股人或者予以公告。成立大会应当有持有表决权过半数的认股人出席，方可举行。以发起设立方式设立股份有限公司成立大会的召开和表决程序由公司章程或者发起人协议规定［参见《公司法》（2023 年修订）第 103 条］。

有限责任公司召开股东会会议，应当于会议召开 15 日前通知全体股东；但是，公司章程另有规定或者全体股东另有约定的除外。股东会应当对所议事项的决定作成会议记录，出席会议的股东应当在会议记录上签名或者盖章［参见《公司法》（2023 年修订）第 64 条］。

股份有限公司召开股东会会议，应当将会议召开的时间、地点和审议的事项于会议召开 20 日前通知各股东；临时股东会会议应当于会议召开 15 日前通知各股东。单独或者合计持有公司 1% 以上股份的股东，可以在股东会会议召开 10 日前提出临时提案并书面提交董事会。临时提案应当有明确议题和具体决议事项。董事会应当在收到提案后 2 日内通知其他股东，并将该临时提案提交股东会审议；但临时提案违反法律、行政法规或者公司章程的规定，或者不属于股东会职权范围的除外。公司不得提高提出临时提案股东的持股比例。公开发行股份的公司，应当以公告方式作出前两款规定的通知。股东会不得对通知中未列明的事项作出决议［参见《公司法》（2023 年修订）第 115 条］。

4. 股东会表决

表决权为股东基于股权的持有,就股东会决议事项作出一定意思表示的权利。股东行使表决权是股东决定公司重要事项的前提,公司的任何重大决策都是股东集体表决的结果,股东的资产收益、选择管理者等权利都依赖于表决权的行使。

(1)关于表决权的行使方式。

《公司法》(2023 年修订)第 65 条规定:"股东会会议由股东按照出资比例行使表决权;但是,公司章程另有规定的除外。"

(2)关于公司自持股份表决权的限制。

《公司法》(2023 年修订)第 116 条第 1 款规定:"股东出席股东会会议,所持每一股份有一表决权,类别股股东除外。公司持有的本公司股份没有表决权。"

(3)关于累积投票制。

详见笔者在股份有限公司部分的论述。

(4)关于股东表决权排除。

股东表决权排除,是指当某一股东与股东会的决议事项有特别利害关系时,该股东与代理人均不得就其持有的股权行使表决权的制度。[①] 股东表决权排除制度是为了排除利害关系股东对关联交易的决议可能造成的影响,防止关联股东滥用表决权。各国公司法规范普遍规定了这一制度,例如,《德国股份公司法》《欧共体第五号公司法指令(草案)》。

在我国,1997 年的《上市公司章程指引》(已失效)首次提出了表决权排除制度,第 72 条规定:"股东大会审议有关关联交易事项时,关联股东不应当参与投票表决,其所代表的有表决权的股份数不计入有效表决总数;股东大会决议的公告应当充分披露非关联股东的表决情况。如有特殊情况关联股东无法回避时,公司在征得有权部门的同意后,可以按照正常程序进行表决,并在股东大会决议公告中作出详细说明。"2023 年《上市公司章程指引》第 80 条规定为:"股东大会审议有关关联交易事项时,关联股东不应当参与投票表决,其所代表的有表决权的股份数不计入有效表决总数;股东大会决议的公告应当充分披露非关联股东的表决情况。"

《公司法》(2023 年修订)第 15 条规定:"公司向其他企业投资或者为他人提供担保,按照公司章程的规定,由董事会或者股东会决议;公司章程对投资或者担保的总额及单项投资或者担保的数额有限额规定的,不得超过规定的限额。公司为公司股东或者实际控制人提供担保的,应当经股东会决议。前款规定的股东或者受前款规定的实际控制人支配的股东,不得参加前款规定事项的表决。该项表决由出席会议的其他股东所持表决权的过半数通过。"

5. 股东会的决议

股东会决议根据决议通过需要表决权的比例,可以分为普通决议和特别决议。根据我国法律规定,在遵守股东会合法召集这一前提下,就有限责任公司而言:普通决议的议事方式和表决程序依公司章程规定;特别决议须经代表 2/3 以上表决权的股东通过。就股份有限公司而言:普通决议须经出席会议的股东所持表决权的 1/2 以上通过;特别决议须经出席会议的股东所持表决权的 2/3 以上通过。适用特别决议的事项主要有:(1)修改公司章程;(2)公司的分立、合并、解散;(3)增加或减少注册资本、变更公司形式。

6. 股东会决议瑕疵相关问题

股东会是有限责任公司和股份有限公司的权力机关,是由全体股东组成的,就董事、监事的选任,章程变更及公司合并、分立、解散等法律规定的主要事项,做出公司内部最高决策。股东在股东

---

① 参见刘俊海:《股东诸权利如何行使和保护》,人民法院出版社 1995 年版,第 108 页。

会上以资本多数决的原则，对待决事项通过赞成或否定的方式来决定其意思。由股东会的性质所决定，股东会的决议对于保证公司的利益向着股东利益的正确方向发展，保证公司营利目标的实现，以及保证交易安全都具有不可忽视的意义。然而，股东会的决议可能存在各种各样的瑕疵，股东会决议瑕疵的存在，将严重影响公司、股东的利益和债权人的合法权益。因此，在法律上对股东会的瑕疵进行救济具有其不可或缺的意义。笔者在此以股份有限公司为主线，对股东会的责任追究制度进行阐述。

(1)股东会决议瑕疵。

股东会决议制度的核心，是按照资本多数决原则，为了公司维持的目的，将多数股东的意思吸收为公司团体的意思。资本多数决原则乃是资合公司区别于人合公司的一大特点。股份有限公司是典型的资合公司，必须按照“效率优先，兼顾公平”的精神进行公司经营与运作，资本多数决原则乃是此精神在公司决议时的具体体现。股东会因其显著的重要地位和决议的特点，在程序和内容上必须符合法律和公司章程的规定，否则该决议就可能被撤销、变更或确认无效。

①目的外事项的决议。

目的外事项的决议是指股东会就召集会议目的以外的事项进行决议。召集股东会的目的必须记载于召集通知上，如《日本商法》第232条第2款规定：“前款通知中应记载会议目的事项。”一般认为，未记载于通知上的事项不得进行决议。对目的外事项进行决议，虽然在形式上，每一投票股东仍按其持有股份数而享有的投票权进行投票决议，符合股份平等的原则，但此种投票违反了股份平等原则的真正内涵。原因是该决议是由知晓目的外事项股东与不知晓目的外事项股东在不平等的前提下进行表决的，因而，目的外事项的决议当然构成股东会决议的瑕疵。《日本商法》并未明确禁止目的外事项的决议，而是通过学说和判例来否定目的外事项决议。

与日本商法不同，我国公司法就目的外事项作了明确规定。2023年《公司法》对目的外事项决议的效力采取了明确的否定态度。

《公司法》(2023年修订)第115条规定：“召开股东会会议，应当将会议召开的时间、地点和审议的事项于会议召开二十日前通知各股东；临时股东会会议应当于会议召开十五日前通知各股东。……股东会不得对通知中未列明的事项作出决议。”

第26条规定：“公司股东会、董事会的会议召集程序、表决方式违反法律、行政法规或者公司章程，或者决议内容违反公司章程的，股东自决议作出之日起六十日内，可以请求人民法院撤销。但是，股东会、董事会的会议召集程序或者表决方式仅有轻微瑕疵，对决议未产生实质影响的除外。未被通知参加股东会会议的股东自知道或者应当知道股东会决议作出之日起六十日内，可以请求人民法院撤销；自决议作出之日起一年内没有行使撤销权的，撤销权消灭。”

第28条规定：“公司股东会、董事会决议被人民法院宣告无效、撤销或者确认不成立的，公司应当向公司登记机关申请撤销根据该决议已办理的登记。股东会、董事会决议被人民法院宣告无效、撤销或者确认不成立的，公司根据该决议与善意相对人形成的民事法律关系不受影响。”

②表决权受限制股东行使表决权的决议。

股东平等是现代公司法的基本原则之一，依据此原则，每一股东按其拥有股份的多少而对公司享有权利和承担义务，股份平等是股东平等原则的具体体现。

《公司法》(2023年修订)第116条第1款规定：“股东出席股东会会议，所持每一股份有一表决权，类别股股东除外。公司持有的本公司股份没有表决权。”第143条规定：“股份的发行，实行公平、公正的原则，同类别的每一股份应当具有同等权利。同次发行的同类别股份，每股的发行条件和价格应当相同；认购人所认购的股份，每股应当支付相同价额。”

在召开股东会对公司事项进行决议时，持有多数股份的股东，便较持有少数股份的股东拥有更多的发言权。在特定情况下,多数股东利用这种优势地位,滥用资本多数决原则,为自己谋取私利而损害公司和少数股东的利益。在此情形下,股份平等背离了股东平等的要求,以形式上的平等掩盖了股东间实质上的不平等。资本多数决原则,对于保护大股东的热情、平衡股东间的利益、提高公司的决策能力、维持公司的高效运营等方面都具有重大意义,资本多数决赋予股东平等原则更多的可操作性;但一旦那些占资本多数的股东利用资本多数决原则,使其意志成为公司的意志,将其利益凌驾于公司及少数股东利益之上,就有必要“揭开”资本多数决的“面纱”以对公司及少数股东进行保护。

为了避免占资本多数的股东滥用资本多数决原则,操纵股东会决议,以达其长期控制公司的目的,国外有关立法限制公司持有的自己股份,限制相互持有股份的股东、特别利害关系股东和持有优先股的股东的表决权行使。如《韩国商法》第 369 条规定:“公司持有的自己股份无表决权。”第 368 条规定:“对于股东大会的决议有特别利害关系者不得行使表决权。”《法国商事公司法》第 358 条规定:“如果一公司拥有另一公司 10% 以上股份或 10% 以上资产时,不得享有表决权。”《德国股份公司法》和《日本公司法》亦有类似规定。参与股份有限公司的股东以经济利益为共同目的,表决权的行使须受公司和全体股东共同利益的限制。公司股东就公司事项决议时,如违反表决权限制的规定,则构成股东大会决议方法上的瑕疵。

同样,我国立法者亦注意到了这一问题,2023 年修订的《公司法》对相关问题予以完善,尽力减小争议的可能性,并且尽力考虑权利义务的对等性。

第 15 条第 2 ~ 3 款规定:“公司为公司股东或者实际控制人提供担保的,应当经股东会决议。前款规定的股东或者受前款规定的实际控制人支配的股东,不得参加前款规定事项的表决。该项表决由出席会议的其他股东所持表决权的过半数通过。”

第 116 条第 1 款规定:“……公司持有的本公司股份没有表决权。”

第 144 条规定:“公司可以按照公司章程的规定发行下列与普通股权利不同的类别股:(一)优先或者劣后分配利润或者剩余财产的股份;(二)每一股的表决权数多于或者少于普通股的股份;(三)转让须经公司同意等转让受限的股份;(四)国务院规定的其他类别股。公开发行股份的公司不得发行前款第二项、第三项规定的类别股;公开发行前已发行的除外。公司发行本条第一款第二项规定的类别股的,对于监事或者审计委员会成员的选举和更换,类别股与普通股每一股的表决权数相同。”

第 145 条规定:“发行类别股的公司,应当在公司章程中载明以下事项:(一)类别股分配利润或者剩余财产的顺序;(二)类别股的表决权数;(三)类别股的转让限制;(四)保护中小股东权益的措施;(五)股东会认为需要规定的其他事项。”

第 146 条规定:“发行类别股的公司,有本法第一百一十六条第三款规定的事项等可能影响类别股股东权利的,除应当依照第一百一十六条第三款的规定经股东会决议外,还应当经出席类别股股东会议的股东所持表决权的三分之二以上通过。公司章程可以对需经类别股股东会议决议的其他事项作出规定。”

③违反议事方式和表决程序的决议。

股份有限公司实行的是资本多数决原则,以公司多数股东的意思作为单一的团体意思。因而股东大会的议事方式和表决程序,对资本多数决原则的公正运用具有重要意义。例如,《美国标准公司法》第 32 条规定:“除公司章程另有规定外,有表决权的股份之多数拥有者亲自或由代理人出席会议,应构成股东会会议的法定人数。但在任何情况下,法定人数也不应由少于有表决权股份的三分之一构成……”《日本商法》第 239 条规定:“除本法及章程另有规定者外,股东全会的决议,应有代表已发行股份总数过半数的股东出席,并经出席股东表决权的过半数通过方能形成。”以上规定即为“议事定足数”，即股东会有效召开需要多少适格股东的参加。

2023 年修订的《公司法》对股东会的“议事定足数”（简要说，即会议有效召开所需要的“人数或者表决数”，或设定为“人数 + 表决数”）对有限责任公司予以放开、可通过章程自行约定；但是对于股份有限公司的“议事定足数”依旧未明确（但成立大会除外：募集设立的需要表决权过半数的股东出席；发起设立的可自行约定）。

我们先看有限责任公司“议事定足数”的法律规定：

第 64 条规定：“召开股东会会议，应当于会议召开十五日前通知全体股东；但是，公司章程另有规定或者全体股东另有约定的除外。股东会应当对所议事项的决定作成会议记录，出席会议的股东应当在会议记录上签名或者盖章。”

第 65 条规定：“股东会会议由股东按照出资比例行使表决权；但是，公司章程另有规定的除外。”

第 66 条第 1 款规定：“股东会的议事方式和表决程序，除本法有规定的外，由公司章程规定。”

第 27 条规定：“有下列情形之一的，公司股东会、董事会的决议不成立：（一）未召开股东会、董事会会议作出决议；（二）股东会、董事会会议未对决议事项进行表决；（三）出席会议的人数或者所持表决权数未达到本法或者公司章程规定的人数或者所持表决权数……”

要说明的是，第 27 条处于《公司法》第一章总则的位置，对有限责任公司、股份有限公司均适用。如果出现股东会决议“不成立”的情况，救济途径是由法院审理、市场监管部门配合。

第 28 条第 1 款规定：“公司股东会、董事会决议被人民法院宣告无效、撤销或者确认不成立的，公司应当向公司登记机关申请撤销根据该决议已办理的登记。”但是，决议的“内部”属性是确定的，不得为第三人设定义务、不得对抗善意第三人。第 28 条第 2 款规定：“股东会、董事会决议被人民法院宣告无效、撤销或者确认不成立的，公司根据该决议与善意相对人形成的民事法律关系不受影响。”

我们再看股份有限公司“议事定足数”的法律规定：

第 103 条规定：“募集设立股份有限公司的发起人应当自公司设立时应发行股份的股款缴足之日起三十日内召开公司成立大会。发起人应当在成立大会召开十五日前将会议日期通知各认股人或者予以公告。成立大会应当有持有表决权过半数的认股人出席，方可举行。以发起设立方式设立股份有限公司成立大会的召开和表决程序由公司章程或者发起人协议规定。”

2023 年修订的《公司法》对于股份有限公司“成立大会”的“召开和表决程序”（并非整体上的“议事方式和表决程序”）中的“议事定足数”，区分募集设立（有着法律限制）、发起设立（可在章程中自行约定）两种类型进行了不同的要求；但是，对于股份有限公司“定期会议”“临时会议”的“议事方式和表决程序”（或曰“召集程序、表决方式”）并未明确。我们可以进行这样的理解：其一，召开（方式）属于召集程序/议事方式中的一项内容；其二，《公司法》第 26 条使用的是“召集程序、表决方式”的表述，其他相关条款对应部分使用的是“议事方式和表决程序”的表述，这更多同语境有关、并无根本性的区别，我们可简作“通用”理解；其三，我们需要对这一用词“错位”事项予以留意，实践之中对法条的理解需要根据真实出现的问题，形成权威判例、出台司法解释，在这之前的我们，只能尽量用更“笨”的方式进行细致表述，避免未来因理解的歧义造成股东争端的“辩点”。

关于股东会的“议决定足数”（会议作出有效决议所需要的表决权基数，以及表决权比重），2023 年修订的《公司法》对有限责任公司、股份有限公司进行了较为明确的区分，对有限责任公司保留了“（全部的）表决权”作为原则上的基数；对股份公司保留了“（出席会议的股东）所持表决权数”作为原则上的基数，并将决议事项、所需表决权的比重进行列明：

我们先看有限责任公司“议决定足数”的法律规定：

第 66 条规定:“股东会的议事方式和表决程序,除本法有规定的外,由公司章程规定。股东会作出决议,应当经代表过半数表决权的股东通过。股东会作出修改公司章程、增加或者减少注册资本的决议,以及公司合并、分立、解散或者变更公司形式的决议,应当经代表三分之二以上表决权的股东通过。”

第 15 条规定(亦适用于股份有限公司):“公司向其他企业投资或者为他人提供担保,按照公司章程的规定,由董事会或者股东会决议;公司章程对投资或者担保的总额及单项投资或者担保的数额有限额规定的,不得超过规定的限额。公司为公司股东或者实际控制人提供担保的,应当经股东会决议。前款规定的股东或者受前款规定的实际控制人支配的股东,不得参加前款规定事项的表决。该项表决由出席会议的其他股东所持表决权的过半数通过。”

我们再看股份有限公司“议决定足数”的法律规定:

第 104 条规定:“公司成立大会行使下列职权:(一)审议发起人关于公司筹办情况的报告;(二)通过公司章程;(三)选举董事、监事;(四)对公司的设立费用进行审核;(五)对发起人非货币财产出资的作价进行审核;(六)发生不可抗力或者经营条件发生重大变化直接影响公司设立的,可以作出不设立公司的决议。成立大会对前款所列事项作出决议,应当经出席会议的认股人所持表决权过半数通过。”

第 135 条规定:“上市公司在一年内购买、出售重大资产或者向他人提供担保的金额超过公司资产总额百分之三十的,应当由股东会作出决议,并经出席会议的股东所持表决权的三分之二以上通过。”

第 146 条规定:“发行类别股的公司,有本法第一百一十六条第三款规定的事项等可能影响类别股股东权利的,除应当依照第一百一十六条第三款的规定经股东会决议外,还应当经出席类别股股东会议的股东所持表决权的三分之二以上通过。公司章程可以对需经类别股股东会议决议的其他事项作出规定。”

第 229 条规定:“公司因下列原因解散:(一)公司章程规定的营业期限届满或者公司章程规定的其他解散事由出现;(二)股东会决议解散;(三)因公司合并或者分立需要解散;(四)依法被吊销营业执照、责令关闭或者被撤销;(五)人民法院依照本法第二百三十一条的规定予以解散。公司出现前款规定的解散事由,应当在十日内将解散事由通过国家企业信用信息公示系统予以公示。”

第 230 条规定:“公司有前条第一款第一项、第二项情形,且尚未向股东分配财产的,可以通过修改公司章程或者经股东会决议而存续。依照前款规定修改公司章程或者经股东会决议,有限责任公司须经持有三分之二以上表决权的股东通过,股份有限公司须经出席股东会会议的股东所持表决权的三分之二以上通过。”

为便于理解,下面将 2023 年修订的《公司法》对董事会、监事会的“议事定足数”“议决定足数”的规定,一并进行一下比较:

关于董事会的“议事定足数”,对有限责任公司、股份有限公司有着相同的限制性要求(过半数的董事出席,但第 162 条规定的股份有限公司的特殊事项除外);关于董事会的“议决定足数”,对有限责任公司、股份有限公司亦有着相同的明确要求(全体董事的过半数通过,但第 153 条规定股份有限公司的特殊事项除外)。

第 73 条第 1 ~ 3 款规定:“董事会的议事方式和表决程序,除本法有规定的外,由公司章程规定。董事会会议应当有过半数的董事出席方可举行。董事会作出决议,应当经全体董事的过半数通过。董事会决议的表决,应当一人一票。”第 27 条规定:“有下列情形之一的,公司股东会、董事会的决议不成立:(一)未召开股东会、董事会会议作出决议;(二)股东会、董事会会议未对决议事项进行表决；(三)出席会议的人数或者所持表决权数未达到本法或者公司章程规定的人数或者所持表决权数；(四)同意决议事项的人数或者所持表决权数未达到本法或者公司章程规定的人数或者所持表决权数。”

第124条规定：“董事会会议应当有过半数的董事出席方可举行。董事会作出决议，应当经全体董事的过半数通过。董事会决议的表决，应当一人一票。董事会应当对所议事项的决定作成会议记录，出席会议的董事应当在会议记录上签名。”第153条规定：“公司章程或者股东会授权董事会决定发行新股的，董事会决议应当经全体董事三分之二以上通过。”第162条第1～2款规定：“公司不得收购本公司股份。但是，有下列情形之一的除外：(一)减少公司注册资本；(二)与持有本公司股份的其他公司合并；(三)将股份用于员工持股计划或者股权激励；(四)股东因对股东会作出的公司合并、分立决议持异议，要求公司收购其股份；(五)将股份用于转换公司发行的可转换为股票的公司债券；(六)上市公司为维护公司价值及股东权益所必需。公司因前款第一项、第二项规定的情形收购本公司股份的，应当经股东会决议；公司因前款第三项、第五项、第六项规定的情形收购本公司股份的，可以按照公司章程或者股东会的授权，经三分之二以上董事出席的董事会会议决议。”

关于监事会的“议事定足数”，对有限责任公司、股份有限公司均予以放开，可通过章程自行约定；关于监事会的“议决定足数”，对有限责任公司、股份有限公司亦要求相同(全体监事的过半数通过)：

第81条规定：“监事会每年度至少召开一次会议，监事可以提议召开临时监事会会议。监事会的议事方式和表决程序，除本法有规定的外，由公司章程规定。监事会决议应当经全体监事的过半数通过。监事会决议的表决，应当一人一票。监事会应当对所议事项的决定作成会议记录，出席会议的监事应当在会议记录上签名。”

第132条规定：“监事会每六个月至少召开一次会议。监事可以提议召开临时监事会会议。监事会的议事方式和表决程序，除本法有规定的外，由公司章程规定。监事会决议应当经全体监事的过半数通过。监事会决议的表决，应当一人一票。监事会应当对所议事项的决定作成会议记录，出席会议的监事应当在会议记录上签名。”

④违反公司章程规定的决议。

章程是公司发起人依法订立的规定公司组织及活动原则的文件，是公司活动的行为准则，也是确定股东权利义务的依据。《公司法》规定了公司章程应当记载的事项，如公司名称和住所、公司的通知和公告办法等，全体股东均受公司章程的约束。股东会如未经修改章程而作出违反章程规定的决议，即为可撤销的决议。

2023年修订的《公司法》没有明确规定章程的生效时间，即对章程是经制定签章后即发生法律效力(制定说)，还是必须向有关管理部门进行登记方才有效(登记说)未予明确。笔者认为，从章程的合同属性来讲，宜采取制定说，登记更多体现的是对第三人的公示力。2023年修订的《公司法》明确了章程对“签约主体”——股东，以及公司内部的其他利益相关方有约束力；但对于第三方并无强制力。我们可以找到关于这一理念落实的若干相关条款，例如，第5条规定：“设立公司应当依法制定公司章程。公司章程对公司、股东、董事、监事、高级管理人员具有约束力。”第11条第2款规定：“公司章程或者股东会对法定代表人职权的限制，不得对抗善意相对人。”第28条第2款规定：“股东会、董事会决议被人民法院宣告无效、撤销或者确认不成立的，公司根据该决议与善意相对人形成的民事法律关系不受影响。”第34条第2款规定：“公司登记事项未经登记或者未经变更登记，不得对抗善意相对人。”第67条第3款规定：“公司章程对董事会职权的限制不得对抗善意相对人。”

《民法典》第502条规定:“依法成立的合同,自成立时生效,但是法律另有规定或者当事人另有约定的除外。依照法律、行政法规的规定,合同应当办理批准等手续的,依照其规定。未办理批准等手续影响合同生效的,不影响合同中履行报批等义务条款以及相关条款的效力。应当办理申请批准等手续的当事人未履行义务的,对方可以请求其承担违反该义务的责任。依照法律、行政法规的规定,合同的变更、转让、解除等情形应当办理批准等手续的,适用前款规定。”我国公司法律、法规(含《市场主体登记管理条例》)并未对章程须经登记方为生效作出明确规定,市场监管登记实践中,对章程采用的也是备案制。另外,对于章程修订案,从《民法典》及股东意思自治原则等方面考虑,也宜采取制定说。

违反章程规定进行决议主要有如下情形:a. 由无召集权人召集股东会作出的决议;b. 通过召开股东会的董事会决议存在瑕疵;c. 未向部分股东发出召集通知、不遵守通知期间、通知方式不正确或通知事项不齐全;d. 股东会超越股东会权限进行决议;e. 将股东会权限内事项不按委托的约定委托他人;f. 违反章程中有关股份平等原则而进行决议等。

(2)股东会决议瑕疵的法律救济。

2023年修订的《公司法》第25条至第28条,将股东会决议瑕疵的事后救济通道与相关法律效果予以明确:第一,股东会决议可以“被人民法院宣告无效、撤销或者确认不成立”的三类具体情况;第二,公司应当向公司登记机关申请撤销根据该决议已办理的登记;第三,公司根据该决议与善意相对人形成的民事法律关系不受影响。无论从理论还是实务角度讲,救济均会分为事前、事后两种形态,我们逐一来看:

①股东会决议瑕疵的事前救济。

事前救济主要是通过限制特定类型股东的表决权而实现的,笔者试列举几种特定类型表决权加以分析。

其一,相互股表决权的限制。相互股有狭义和广义之分。狭义的相互股是指两个独立的公司相互向对方公司出资的状态,而广义的相互股是指三个以上的公司之间的循环出资。相互股公司经营者们互相在对方公司的股东会上行使表决权,如果所持相互股能充分控制对方公司的规模,那么双方经营者的地位互相取决于对方的意思。于是,双方经营者在连任问题上相互协力,完全有可能产生永久性的经营者控制。同时,经营者可以将真正的出资者排除,无出资者也可以间接控制自己公司的股东会。这样,该经营者就可能既不属于他人,也不向他人负责地永续性存在。

其二,自己股份表决权的限制。公司取得自己股份,又称为公司股份的赎回和重购,即公司重新获得发行在外或流通在外的本公司股份的所有权。公司取得自己股份在日本称为“自己股份”,在英美法上称为“库藏股”或“库存股”。在法律、政策上,公司取得自己股份不但有违公司资本充实原则、股东平等原则、股份交易公正原则,而且可能导致具有反社会性的经营者永保职位的弊端,有违出资与表决均衡原则。尽管股东在公司成立后不能撤回投资是公司的一项基本制度,但为调节资本构造、安定股市行情、防卫敌对性企业收购等目的,许多国家会根据本国具体情况,在一定条件下容许公司回购自己股份。

2023年修订的《公司法》吸收了类似英美法库存股的概念,公司会出现持有自己股份的情形。第162条等条款,对于公司收购本公司股份的特殊情形予以列明,并对决策程序、后续处理等进行了较为详细的规定。

其三,特别利害关系股东表决权的限制。特别利害关系是指在与股东地位无关时,特定股东由于该项股东会决议的结果而具有个人的利益。当某一股东与股东会的决议事项有特别利害关系时,该股东与代理人均不得就其持有的股份行使表决权。参加公司的股东以经济利益为共同目的,为实现共同利益,公司股东按照资本多数决原则对公司事项作出决议。在就特别利害关系事项决议时，为确保决议的公正性，应限制特别股东停止行使特别利害关系事项的表决权，以真正实现股东平等。

中国证监会在1997年《上市公司章程指引》（已失效）中首次规定了特别利害关系股东的表决权排除制度。2023年《上市公司章程指引》对此制度也有规定，第80条规定："股东大会审议有关关联交易事项时，关联股东不应当参与投票表决，其所代表的有表决权的股份数不计入有效表决总数；股东大会决议的公告应当充分披露非关联股东的表决情况。注释：公司应当根据具体情况，在章程中制订有关联关系股东的回避和表决程序。"

上述规定仅限制关联股东对自己所持股份的表决权的行使，没有明确关联股东是否可以代理其他股东行使表决权，这无疑是立法上的缺漏。并且，上述规定是由证监会制定的有关公司章程的规范性意见，法律效力层次较低。

2023年修订的《公司法》从禁止股东权滥用、董监高勤勉义务、关联关系限制、法律后果等若干角度，对特别利害关系股东的表决权限制问题进行了系统规定，详见第11条、第14条、第15条、第21条、第22条、第23条、第89条、第135条、第141条、第163条、第210条等条款。

需要单独强调的是，对于担保事项，第15条规定："公司向其他企业投资或者为他人提供担保，按照公司章程的规定，由董事会或者股东会决议；公司章程对投资或者担保的总额及单项投资或者担保的数额有限额规定的，不得超过规定的限额。公司为公司股东或者实际控制人提供担保的，应当经股东会决议。前款规定的股东或者受前款规定的实际控制人支配的股东，不得参加前款规定事项的表决。该项表决由出席会议的其他股东所持表决权的过半数通过。"第135条规定："上市公司在一年内购买、出售重大资产或者向他人提供担保的金额超过公司资产总额百分之三十的，应当由股东会作出决议，并经出席会议的股东所持表决权的三分之二以上通过。"

对于"财务资助"有了明确的法律规定——这一问题多年前常见于"管理层收购""员工持股计划"中用于收购的资金来源的财务设计。第163条规定："公司不得为他人取得本公司或者其母公司的股份提供赠与、借款、担保以及其他财务资助，公司实施员工持股计划的除外。为公司利益，经股东会决议，或者董事会按照公司章程或者股东会的授权作出决议，公司可以为他人取得本公司或者其母公司的股份提供财务资助，但财务资助的累计总额不得超过已发行股本总额的百分之十。董事会作出决议应当经全体董事的三分之二以上通过。违反前两款规定，给公司造成损失的，负有责任的董事、监事、高级管理人员应当承担赔偿责任。"

对于"下对上"能否持股有了明确规定。第141条规定："上市公司控股子公司不得取得该上市公司的股份。上市公司控股子公司因公司合并、质权行使等原因持有上市公司股份的，不得行使所持股份对应的表决权，并应当及时处分相关上市公司股份。"

综上所述，笔者认为，要使股东会决议的事前救济真正发挥作用，在我国现行法律、法规依然不十分完善、无法穷尽，并已对股东有所授权（很多事项可由章程自行确定）的情况下，应在公司章程中对特定类型股东表决权进行相关的限制性约定，赋予事前救济以明确的依据。

②股东会决议瑕疵的事后救济。

股东会决议瑕疵的事后救济，主要体现在对决议的"无效、撤销或者确认不成立"之诉上。

股东会决议是公司内部的最高意志，是公司运作上最基本、最关键的程序。决议不得含有程序、内容上的瑕疵。含有瑕疵的决议，必然损害股东的利益，无法真正体现股东平等，且会对公司的运营带来损害，致使公司有被少数人操纵之虞。大陆法系国家的公司法大都规定，如果股东会决议在内容或程序上违反法律或章程的规定，任何股东均有权请求法院宣告该决议无效或予以撤销。股东提起诉讼时，可以单独行使诉权，亦可集体进行诉讼。

如果股东会在程序、形式等方面与法律、章程的规定不符，股东有权在一定期限内向法院提起诉讼，要求法院撤销或变更该决议。股东的撤销、变更之诉的提起条件并无股东持股比例、持股延续时间的限制，而且与瑕疵无关的股东、无表决权的股东都可以提起诉讼。股东请求法院撤销或变更决议必须在法定期限内作出，超过法定期限而股东未提出异议的，该决议即为有效。对股东会决议的撤销、变更判决，不仅对公司、股东发生效力，而且对第三人也发生效力，并具有追溯力，其无效追溯至决议作出之时。

2023年修订的《公司法》对股东会决议"不成立"的事项，以列举的方式进行明确（仅此四项），以最大限度减少文字理解上的争议：

其一，是未开会。注意，根据第59条的规定，有限责任公司全体股东一致同意时可不开会仅签署，但根据第112条的规定，股份有限公司必须开会。

其二，是未表决。注意，表决是独立存在事项，并不以开会作为前提。

其三，是"议事定足数"不满足。注意，既可能是人数、表决权数，也可能是人数加表决权数。

其四，是"议决定足数"不满足。注意，根据第66条的规定，对于有限责任公司而言，需要法定高于章程，"股东会的议事方式和表决程序，除本法有规定的外，由公司章程规定"。但2023年修订的《公司法》中并无对股份有限公司进行放权（由章程规定）的规定。这里会有一个特殊事项，即关于会议"召开"或"表决"时"电子通信"方式的选择权，无论有限责任公司还是股份有限公司，都可通过章程的约定进行排斥。第24条规定："公司股东会、董事会、监事会召开会议和表决可以采用电子通信方式，公司章程另有规定的除外。"此条规定采取的是"公司章程另有规定的除外"的表述方式，即章程可明确排斥法律适用（不排斥的则直接适用公司法）；而公司法很多条款采取的是"除本法有规定的外，由公司章程规定"，这时章程便不能排斥相关法律条款的适用，只能在法律未规定的事项之外进行约定。

第27条规定："有下列情形之一的，公司股东会、董事会的决议不成立：（一）未召开股东会、董事会会议作出决议；（二）股东会、董事会会议未对决议事项进行表决；（三）出席会议的人数或者所持表决权数未达到本法或者公司章程规定的人数或者所持表决权数；（四）同意决议事项的人数或者所持表决权数未达到本法或者公司章程规定的人数或者所持表决权数。"

2023年修订的《公司法》对股东会决议的"无效和可撤销"作出了明确规定：

简言之，决议内容违反法律、行政法规的"无效"；决议内容违反公司章程的，以及会议召集程序、表决方式违反法律、行政法规或公司章程的，属于"可撤销"。但是，"会议召集程序或者表决方式仅有轻微瑕疵，对决议未产生实质影响的除外"。对于决议被法院宣告无效或撤销的法律后果，笔者认为，应从两个层面来考虑：第一，当决议针对的仅是公司内部事宜时，决议无效或撤销后，当然地发生"恢复原状"的法律效果；第二，当公司基于决议而又与第三人签订了合同时，并不必然导致合同的无效，对合同效力的判断应按《民法典》相关规定执行。由于合同的签订、履行使公司及股东受到损失的，应根据《公司法》等的有关规定，由责任股东对公司或其他股东承担赔偿责任。对此，2023年《公司法》作出的释明体现在第28条："公司股东会、董事会决议被人民法院宣告无效、撤销或者确认不成立的，公司应当向公司登记机关申请撤销根据该决议已办理的登记。股东会、董事会决议被人民法院宣告无效、撤销或者确认不成立的，公司根据该决议与善意相对人形成的民事法律关系不受影响。"

7. 单独规定

公司股东可根据实际情况，在章程中完善股东会议事规则，亦可将规则抽出作为章程附件单独规定，单独规定时可以约定如下几大项内容：总则、股东会的职权、股东会的召开、参会与委托参会、股东会提案的审议、股东会提案的表决、股东会的决议、附则。

第十四条 公司设董事会,成员为______人,由______产生。董事任期______年(注:每届不得超过三年),任期届满,可连选连任。

董事会设董事长一人,副董事长______人,由______产生。(注:股东自行确定董事长、副董事长的产生方式)

(注:有限责任公司不设董事会的,此条应改为:公司不设董事会,设执行董事一人,由股东会选举产生。执行董事任期______年,任期届满,可连选连任。)①

⊙董事长和副董事长的产生办法

《公司法》(2023年修订)第68条 有限责任公司董事会成员为三人以上,其成员中可以有公司职工代表。职工人数三百人以上的有限责任公司,除依法设监事会并有公司职工代表的外,其董事会成员中应当有公司职工代表。董事会中的职工代表由公司职工通过职工代表大会、职工大会或者其他形式民主选举产生。

董事会设董事长一人,可以设副董事长。董事长、副董事长的产生办法由公司章程规定。

第75条 规模较小或者股东人数较少的有限责任公司,可以不设董事会,设一名董事,行使本法规定的董事会的职权。该董事可以兼任公司经理。

第120条 股份有限公司设董事会,本法第一百二十八条另有规定的除外。

本法第六十七条、第六十八条第一款、第七十条、第七十一条的规定,适用于股份有限公司。

第122条 董事会设董事长一人,可以设副董事长。董事长和副董事长由董事会以全体董事的过半数选举产生。

董事长召集和主持董事会会议,检查董事会决议的实施情况。副董事长协助董事长工作,董事长不能履行职务或者不履行职务的,由副董事长履行职务;副董事长不能履行职务或者不履行职务的,由过半数的董事共同推举一名董事履行职务。

第128条 规模较小或者股东人数较少的股份有限公司,可以不设董事会,设一名董事,行使本法规定的董事会的职权。该董事可以兼任公司经理。

第173条 国有独资公司的董事会依照本法规定行使职权。

国有独资公司的董事会成员中,应当过半数为外部董事,并应当有公司职工代表。

董事会成员由履行出资人职责的机构委派;但是,董事会成员中的职工代表由公司职工代表大会选举产生。

董事会设董事长一人,可以设副董事长。董事长、副董事长由履行出资人职责的机构从董事会成员中指定。

◆说明

1. 董事长的产生办法

有限公司章程制定中可自由约定董事长(含副董事长,下同)的产生方式:可以是某股东委派或某些股东联合委派,股东会决议(普通或特别决议)通过,董事会选举产生等。

股份有限公司的董事长,只能由董事会以全体董事的过半数选举产生。

国有独资公司董事长,只能由履行出资人职责的机构从董事会成员中指定。

2. 董事长的罢免

关于董事长的罢免,需要坚持以"原路径"为原则,即如何产生便应如何罢免。

---

① 根据2023年修订的《公司法》的规定,不再称为"执行董事",仅以"一名董事"相称。

这里需要留意六个层面的问题:(1)董事长的基础(底层)身份是“董事”,底层身份可以被“更换”,这种变动会影响上层(董事长作为管理者)身份;(2)消灭董事长身份并不必然消灭董事身份;(3)相关职能机构享有对董事的“解任”建议权;(4)职工董事身份,仅遵循“原路径”(民主产生)并不足够,需要依法“叠加”股东会的决策;(5)董事长如果系公司法定代表人,则《公司法》从保持稳定角度作出了强制继续履职的要求;(6)董事长身份如果不适格,即为“无效”的选任。

我们来看2023年修订的《公司法》在这六个层面中的相关规定:

(1)“更换”董事能否产生更换董事长的效果?

根据第59条、第112条的明确规定,有限责任公司/股份有限公司的股东会有权“更换”董事;参考第173条关于董事“委派”的规定(董事会成员由履行出资人职责的机构委派),国有独资公司董事的“更换”权,亦归属履行出资人职责的机构。

那么,如果董事身份被更换掉,是否当然就消灭了董事长身份?答案是否定的(不排除不同理论主张及实务判例)。当董事身份被更换掉的同时或于其后,需要再走一次“原路径”(按产生方式)免去董事长的身份。粗略重复一下“原路径”:有限责任公司自行约定;股份有限公司通过董事会;国有独资公司由上级指定。

(2)董事长被罢免后,董事身份还存在吗?

这个问题只要从决策层级上理解,就会变得清晰。举个例子:董事由股东会来定、董事长由董事会来定,这样就会出现十分明显的两个决策层级——如果董事长仅是被董事会免去“长”的身份,其董事身份依然存在,除非被股东会也免去了董事身份。

2023年修订的《公司法》中并未出现“罢免”字样,但“原路径”这一原则是没有太大争议的,即如何产生便应如何罢免。

(3)谁可以通过“解任”建议权参与到更换董事这一事项中?

根据第78条、第131条的明确规定,有限责任公司/股份有限公司的监事会有权对董事提出解任的建议。根据第168条的指示(“本章没有规定的,适用本法其他规定”),国有独资公司的监事会亦有权对董事提出解任的建议。

但是,当公司不设监事会,而是在董事会下设审计委员会时,审计委员会代行监事会包括对董事解任建议权在内的一切职权(第69条、第121条、第176条),这项规范对于有限责任公司、股份有限公司、国有独资公司均适用。

(4)民主更换职工董事,能否直接产生更换董事长效果?

当出现相对特殊的情况,即职工董事担任董事长之时,罢免董事长仅遵循“原路径”(民主选举产生)并不足够,需要依法“叠加”股东会的决策,并需要依法叠加董事长的去职决策,即“三重”决策。提前说明的一点是,对于职工董事“民主选举产生”的具体方式,有限责任公司/股份有限公司为“职工代表大会、职工大会或者其他形式民主选举产生”;国有独资公司仅限定为“公司职工代表大会选举产生”。

小结一下,根据上文的论述,对“职工董事长”的罢免,我们可简要理解为:①有限责任公司章程虽然可自行约定董事长的“产生办法”(任与免),但依然不能突破职工董事需要职工民主选举以及股东会对董事有选举和更换权的法律限定。换言之,无论董事长被章程约定由董事会产生,还是约定由股东会产生(抑或直接委派/指定等其他方式),均无法“避开”其首先需要是一名“董事”的前提,也无法“绕开”股东会“选举和更换董事”的命运。如果拟实现对其“一撸到底”,对其罢免时就需要安安稳稳地走完“三重”决策流程——民主决策、免董事决策、免董事长决策。这一问题在理论上可能出现不同研讨,但在实践中最好以最为直截了当的方式把能走的流程全部提前走足,最为重要的提醒便是——我们需要以公司所在地的市场监管部门的实务要求为准。②股份有限公司章程对董事长的产生办法无法自行约定，只能遵守法律限定："全体董事的过半数选举产生"。对职工董事长的罢免，亦需要走完上面的"三重"流程。③对国有独资公司而言，董事长由履行出资人职责的机构从董事会成员中指定；董事由履行出资人职责的机构委派；职工董事由公司职工代表大会选举产生。如此，对职工董事长的罢免就显得比较特殊，因为出现"指定""委派"的竞合，如果从严操作，二者并不一致，依然是"三重"流程；但实务中如果从简，可能会使用一套文件涵盖指定/委派（免除）多重含义。换言之，上级下文免除董事长身份时，可同时免除其董事身份。

（5）罢免作为法人代表的董事长有什么特殊限制？

当董事长与法定代表人身份竞合，我们需要注意的是适用2023年修订的《公司法》对法定代表人的特别规定。我们先了解一下法定代表人主动"辞任"的法律规定，总则部分第10条规定："公司的法定代表人按照公司章程的规定，由代表公司执行公司事务的董事或者经理担任。担任法定代表人的董事或者经理辞任的，视为同时辞去法定代表人。法定代表人辞任的，公司应当在法定代表人辞任之日起三十日内确定新的法定代表人。"

我们再来看罢免法定代表人问题：

2023年修订的《公司法》第46条授权有限责任公司股东通过章程规定"公司法定代表人的产生、变更办法"。第95条授权股份有限公司股东通过章程规定"公司法定代表人的产生、变更办法"。但是，第10条第1款进行了范围的框定："公司的法定代表人按照公司章程的规定，由代表公司执行公司事务的董事或者经理担任。"只要清晰地知道了"代表公司执行公司事务的董事"与"经理"的罢免方式，就可知道法定代表人的罢免方式。简要一点说，即为董事长的罢免，见前文论述；经理的罢免为由董事会"决定聘任或者解聘"（有限责任公司参见第67条、第74条；股份有限公司参见第120条、第126条；国有独资公司参见第174条）。

需要补充说明的是：

首先，"执行公司事务的董事"一般指的是那"一名董事"，即第75条的规定："规模较小或者股东人数较少的有限责任公司，可以不设董事会，设一名董事，行使本法规定的董事会的职权。该董事可以兼任公司经理。"第128条的规定："规模较小或者股东人数较少的股份有限公司，可以不设董事会，设一名董事，行使本法规定的董事会的职权。该董事可以兼任公司经理。"

其次，公司实际控制人有可能担负忠实与勤勉义务责任之时，亦包括了"执行公司事务"的概念。第180条规定："董事、监事、高级管理人员对公司负有忠实义务，应当采取措施避免自身利益与公司利益冲突，不得利用职权牟取不正当利益。董事、监事、高级管理人员对公司负有勤勉义务，执行职务应当为公司的最大利益尽到管理者通常应有的合理注意。公司的控股股东、实际控制人不担任公司董事但实际执行公司事务的，适用前两款规定。"

最后，对于国有独资公司，并无法定代表人问题的特别规定，我们只需要遵循相关指示性条款即可。第168条规定："国家出资公司的组织机构，适用本章规定；本章没有规定的，适用本法其他规定。本法所称国家出资公司，是指国家出资的国有独资公司、国有资本控股公司，包括国家出资的有限责任公司、股份有限公司。"

（6）董事长因身份问题出现"无效"选任怎么办？

具体可见2023年修订的《公司法》第178条的规定："有下列情形之一的，不得担任公司的董事、监事、高级管理人员：（一）无民事行为能力或者限制民事行为能力；（二）因贪污、贿赂、侵占财产、挪用财产或者破坏社会主义市场经济秩序，被判处刑罚，或者因犯罪被剥夺政治权利，执行期满未逾五年，被宣告缓刑的，自缓刑考验期满之日起未逾二年；（三）担任破产清算的公司、企业的董事或者厂长、经理，对该公司、企业的破产负有个人责任的，自该公司、企业破产清算完结之日起未逾三年；（四）担任因违法被吊销营业执照、责令关闭的公司、企业的法定代表人，并负有个人责任的,自该公司、企业被吊销营业执照、责令关闭之日起未逾三年;(五)个人因所负数额较大债务到期未清偿被人民法院列为失信被执行人。违反前款规定选举、委派董事、监事或者聘任高级管理人员的,该选举、委派或者聘任无效。董事、监事、高级管理人员在任职期间出现本条第一款所列情形的,公司应当解除其职务。”

3. 董事长的职权

董事长的职权主要表现在负责主持股东会,负责召集和主持董事会;2023 年修订的《公司法》明确,股份公司的董事长还要负责检查董事会决议的实施情况。

有限责任公司章程中可以约定的董事长的职权有如下几点:(1)主持股东会,召集和主持董事会会议;(2)督促、检查董事会决议的执行;(3)签署公司债券;(4)签署董事会重要文件;(5)行使法定代表人的职权(董事长担任法定代表人时适用);(6)在发生特大自然灾害等不可抗力的紧急情况下,对公司事务行使符合法律规定和公司利益的特别处置权,并在事后向公司董事会和股东会报告;(7)签署公司变更登记申请书(公司变更法定代表人的,变更登记申请书由变更后的法定代表人签署);(8)董事会授予的其他职权。

上面提及了公司变更登记、法定代表人“签署”问题,我们需要特别留意的一个关联事项是:2023 年修订的《公司法》将章程修正案、新章程之争进行了明确:公司变更登记事项涉及修改公司章程的,应当提交“修改后的公司章程”(第 35 条第 2 款),即提交新的章程而非章程修正案,这样就避免了多次修订的混乱,为全国实务部门这项非常不统一的登记备案要求指明了方向。

⊙董事任期

《公司法》(2023 年修订)第 70 条 董事任期由公司章程规定,但每届任期不得超过三年。董事任期届满,连选可以连任。

董事任期届满未及时改选,或者董事在任期内辞任导致董事会成员低于法定人数的,在改选出的董事就任前,原董事仍应当依照法律、行政法规和公司章程的规定,履行董事职务。

董事辞任的,应当以书面形式通知公司,公司收到通知之日辞任生效,但存在前款规定情形的,董事应当继续履行职务。

第 71 条 股东会可以决议解任董事,决议作出之日解任生效。

无正当理由,在任期届满前解任董事的,该董事可以要求公司予以赔偿。

第 120 条 股份有限公司设董事会,本法第一百二十八条另有规定的除外。

本法第六十七条、第六十八条第一款、第七十条、第七十一条的规定,适用于股份有限公司。

◆说明

1. 董事任期

章程中可自由约定董事任期,但每届任期不得超过法定的 3 年。

2. 董事人数

对于“导致董事会成员低于法定人数”中的“法定人数”,笔者认为,根据股东意思自治原则、维持公司稳定的原则,并参照 2023 年修订的《公司法》的规定(第 73 条第 1 款:“董事会的议事方式和表决程序,除本法有规定的外,由公司章程规定。”第 68 条:“有限责任公司董事会成员为三人以上……”),这里的“法定人数”,应当指的是公司章程规定的人数,在章程未规定时执行《公司法》的规定。

实务中要注意的是,章程对此问题最好予以明确,如规定:“董事任期届满未及时改选,或者董事在任期内辞职导致董事会成员低于本章程规定的人数的,在改选出的董事就任前,原董事仍应当依照法律、行政法规和本章程的规定,履行董事职务。”

3. 董事的义务和责任

董事对公司的义务和责任主要表现在两个方面：一是董事对公司的忠诚义务和责任；二是董事的勤勉、谨慎并具有熟练技能的义务和责任。2023 年修订的《公司法》专章进行了规定，详见第八章“公司董事、监事、高级管理人员的资格和义务”部分。

第十五条 董事会行使下列职权：

（一）召集股东会会议，并向股东会报告工作；

（二）执行股东会的决议；

（三）决定公司的经营计划和投资方案；

（四）制订公司的利润分配方案和弥补亏损方案；

（五）制订公司增加或者减少注册资本以及发行公司债券的方案；

（六）制订公司合并、分立、解散或者变更公司形式的方案；

（七）决定公司内部管理机构的设置；

（八）决定聘任或者解聘公司经理及其报酬事项，并根据经理的提名决定聘任或者解聘公司副经理、财务负责人及其报酬事项；

（九）制定公司的基本管理制度；

（十）公司章程规定或者股东会授予的其他职权（注：由股东自行确定，如股东不作具体规定应将此条删除）。

（注：2023 年《公司法》不再称为“执行董事”，第 75 条规定：“规模较小或者股东人数较少的有限责任公司，可以不设董事会，设一名董事，行使本法规定的董事会的职权。该董事可以兼任公司经理。”）

⊙董事会职权

《公司法》（2023 年修订）第 67 条 有限责任公司设董事会，本法第七十五条另有规定的除外。

董事会行使下列职权：

（一）召集股东会会议，并向股东会报告工作；

（二）执行股东会的决议；

（三）决定公司的经营计划和投资方案；

（四）制订公司的利润分配方案和弥补亏损方案；

（五）制订公司增加或者减少注册资本以及发行公司债券的方案；

（六）制订公司合并、分立、解散或者变更公司形式的方案；

（七）决定公司内部管理机构的设置；

（八）决定聘任或者解聘公司经理及其报酬事项，并根据经理的提名决定聘任或者解聘公司副经理、财务负责人及其报酬事项；

（九）制定公司的基本管理制度；

（十）公司章程规定或者股东会授予的其他职权。

公司章程对董事会职权的限制不得对抗善意相对人。

第 120 条 股份有限公司设董事会，本法第一百二十八条另有规定的除外。

本法第六十七条、第六十八条第一款、第七十条、第七十一条的规定，适用于股份有限公司。

◆说明

1. 董事会职权

章程可规定董事会负责选举产生董事长、负责聘请承办公司审计业务的会计师事务所等。

需要特别强调的两点如下:

(1)董事会有提起诉讼的权利。

《公司法》(2023 年修订)第 188 条规定:“董事、监事、高级管理人员执行职务违反法律、行政法规或者公司章程的规定,给公司造成损失的,应当承担赔偿责任。”第 189 条规定:“董事、高级管理人员有前条规定的情形的,有限责任公司的股东、股份有限公司连续一百八十日以上单独或者合计持有公司百分之一以上股份的股东,可以书面请求监事会向人民法院提起诉讼;监事有前条规定的情形的,前述股东可以书面请求董事会向人民法院提起诉讼。监事会或者董事会收到前款规定的股东书面请求后拒绝提起诉讼,或者自收到请求之日起三十日内未提起诉讼,或者情况紧急、不立即提起诉讼将会使公司利益受到难以弥补的损害的,前款规定的股东有权为公司利益以自己的名义直接向人民法院提起诉讼。他人侵犯公司合法权益,给公司造成损失的,本条第一款规定的股东可以依照前两款的规定向人民法院提起诉讼。公司全资子公司的董事、监事、高级管理人员有前条规定情形,或者他人侵犯公司全资子公司合法权益造成损失的,有限责任公司的股东、股份有限公司连续一百八十日以上单独或者合计持有公司百分之一以上股份的股东,可以依照前三款规定书面请求全资子公司的监事会、董事会向人民法院提起诉讼或者以自己的名义直接向人民法院提起诉讼。”

(2)董事会有聘请审计机构的权利。

《公司法》(2023 年修订)第 215 条规定:“公司聘用、解聘承办公司审计业务的会计师事务所,按照公司章程的规定,由股东会、董事会或者监事会决定。公司股东会、董事会或者监事会就解聘会计师事务所进行表决时,应当允许会计师事务所陈述意见。”

2. 对董事会权力的制衡

董事会的职权并非可以无限制地行使,2023 年修订的《公司法》(参见第 189 条等条款)规定了股东代表诉讼制度,通过对董事会的成员——董事的监督,来制衡董事会的权利。股东代表诉讼,在英美法系被称为股东派生诉讼或者第二级诉讼,是指当公司合法权益受到侵害,应当行使诉权的公司机构拒绝或怠于行使权利时,公司股东可以以自己的名义代表公司进行诉讼的法律制度。董事对公司负有忠实义务,要求董事在执行公司职务的过程中必须始终把公司利益放在首位,不仅把大股东的利益放在首位,而且要考虑中小股东的利益。董事若违反其忠实义务,侵害了中小股东的利益,应当区分不同情况向公司或中小股东承担法律责任。股东代表诉讼制度是一种很好的对董事的监督机制。

关于股东代表诉讼,有学者认为,中小股东为公司利益诉讼有时只是为了伸张正义,不过是从公司间接受益,因而缺乏必要的激励机制;而且,如果微量持股的股东同样可以提起股东代表诉讼,可能会给其他股东造成不利影响,而这些股东恰恰是股东代表诉讼假定的受益人。因此,一般而言,法律对提起股东代表诉讼的股东资格应有所限制。我国 2023 年修订的《公司法》的上述规定对此也有所体现,但考虑我国中小股东长期被忽视的历史情况,对提起股东代表诉讼的股东资格并未做过于严格的限制。相比较而言,美国在其股东派生诉讼中,规定了董事有权对将来的诉讼进行成本与收益分析,然后在进行商业判断的基础上作出中止诉讼的决定。这也是为了防止股东代表诉讼偏离其初衷而设立的限制。因此,笔者建议在《公司法》再行修订时或在相关司法解释中,对这一制度根据届时的实务需求做进一步的细化。

此外,审计委员会的“内部制衡”也应属于对董事会权力的制衡机制之一:

《公司法》(2023 年修订)第 137 条规定:“市公司在董事会中设置审计委员会的,董事会对下列事项作出决议前应当经审计委员会全体成员过半数通过:(一)聘用、解聘承办公司审计业务的会计师事务所;(二)聘任、解聘财务负责人;(三)披露财务会计报告;(四)国务院证券监督管理机构规定的其他事项。”

3. 董事会决议瑕疵救济方式的完善

董事会决议是由达到法定比例的董事出席、并经法定比例的董事表决通过而作出的决议。董事会决议的效力从形式要件上，要满足董事会的召集程序合法、出席方式合法（是本人出席还是委托代理人出席）及同意作出决议的董事人数符合法定的比例；从实质要件上讲，董事会决议的效力取决于董事会作出的决议是否在其职权范围内，以及决议内容是否违反法律、法规或公司章程的规定。

（1）董事会决议的无效。

一般情况下，董事会决议不符合实质要件时，决议自作出之日起即为无效。董事会决议的无效一般可分为下列几种情况：一是决议经营国家禁止或限制经营的商品或营业的；二是决议将公司资产以个人名义开立账户存储的；三是决议将公司资金挪用的。[①]

在决议无效的情况下，决议对任何人自始不具有法律约束力，不需要有人主张无效，决议也不存在事后补正的情况。《公司法》（2023 年修订）第 25 条规定：“公司股东会、董事会的决议内容违反法律、行政法规的无效。”

（2）董事会决议的可撤销。

《公司法》（2023 年修订）第 26 条规定：“公司股东会、董事会的会议召集程序、表决方式违反法律、行政法规或者公司章程，或者决议内容违反公司章程的，股东自决议作出之日起六十日内，可以请求人民法院撤销。但是，股东会、董事会的会议召集程序或者表决方式仅有轻微瑕疵，对决议未产生实质影响的除外。未被通知参加股东会会议的股东自知道或者应当知道股东会决议作出之日起六十日内，可以请求人民法院撤销；自决议作出之日起一年内没有行使撤销权的，撤销权消灭。”

（3）董事会决议的不成立。

《公司法》（2023 年修订）第 27 条规定：“有下列情形之一的，公司股东会、董事会的决议不成立：（一）未召开股东会、董事会会议作出决议；（二）股东会、董事会会议未对决议事项进行表决；（三）出席会议的人数或者所持表决权数未达到本法或者公司章程规定的人数或者所持表决权数；（四）同意决议事项的人数或者所持表决权数未达到本法或者公司章程规定的人数或者所持表决权数。”

（4）法律后果。

《公司法》（2023 年修订）第 28 条规定：“公司股东会、董事会决议被人民法院宣告无效、撤销或者确认不成立的，公司应当向公司登记机关申请撤销根据该决议已办理的登记。股东会、董事会决议被人民法院宣告无效、撤销或者确认不成立的，公司根据该决议与善意相对人形成的民事法律关系不受影响。”

⊙（执行）董事职权

《公司法》（2023 年修订）第 10 条第 1 款 公司的法定代表人按照公司章程的规定，由代表公司执行公司事务的董事或者经理担任。

第 75 条 规模较小或者股东人数较少的有限责任公司，可以不设董事会，设一名董事，行使本法规定的董事会的职权。该董事可以兼任公司经理。

第 128 条 规模较小或者股东人数较少的股份有限公司，可以不设董事会，设一名董事，行使

---

① 参见赵旭东主编：《公司法学》，高等教育出版社 2003 年版，第 341 页。

本法规定的董事会的职权。该董事可以兼任公司经理。

◆说明

章程制定时,可以根据本公司的实际情况,将2023年修订的《公司法》赋予董事会的职权授予该"一名董事",并给予其更多的职权。

第十六条 董事会会议由董事长召集和主持;董事长不能履行职务或者不履行职务的,由副董事长召集和主持;副董事长不能履行职务或者不履行职务的,由半数以上董事共同推举一名董事召集和主持。

第十七条 董事会决议的表决,实行一人一票。

董事会的议事方式和表决程序具体为:×××(注:由股东自行确定)。

⊙董事会议事方式和表决程序

《公司法》(2023年修订)第73条 董事会的议事方式和表决程序,除本法有规定的外,由公司章程规定。

董事会会议应当有过半数的董事出席方可举行。董事会作出决议,应当经全体董事的过半数通过。

董事会决议的表决,应当一人一票。

董事会应当对所议事项的决定作成会议记录,出席会议的董事应当在会议记录上签名。

◆说明

对于有限责任公司董事会的议事方式和表决程序,2023年修订的《公司法》明确"除本法有规定的外,由公司章程规定"(参见第73条)。对于股份公司董事会的议事方式和表决程序,法律规定得非常细致(参见第120~125条),并未放开由章程自行约定,但是股份公司"审计委员会的议事方式和表决程序,除本法有规定的外,由公司章程规定"(参见第121条)。

第十八条 公司设经理,由董事会决定聘任或者解聘。经理对董事会负责,行使下列职权:

(一)主持公司的生产经营管理工作,组织实施董事会决议;

(二)组织实施公司年度经营计划和投资方案;

(三)拟订公司内部管理机构设置方案;

(四)拟订公司的基本管理制度;

(五)制定公司的具体规章;

(六)提请聘任或者解聘公司副经理、财务负责人;

(七)决定聘任或者解聘除应由董事会决定聘任或者解聘以外的负责管理人员;

(八)董事会授予的其他职权。

(注:以上内容也可由股东自行确定)

经理列席董事会会议。

⊙经理职权

《公司法》(2023年修订)第74条 有限责任公司可以设经理,由董事会决定聘任或者解聘。

经理对董事会负责,根据公司章程的规定或者董事会的授权行使职权。经理列席董事会会议。

第75条 规模较小或者股东人数较少的有限责任公司,可以不设董事会,设一名董事,行使本法规定的董事会的职权。该董事可以兼任公司经理。

第 126 条 股份有限公司设经理,由董事会决定聘任或者解聘。

经理对董事会负责,根据公司章程的规定或者董事会的授权行使职权。经理列席董事会会议。

第 127 条 公司董事会可以决定由董事会成员兼任经理。

第 128 条 规模较小或者股东人数较少的股份有限公司,可以不设董事会,设一名董事,行使本法规定的董事会的职权。该董事可以兼任公司经理。

第 174 条 国有独资公司的经理由董事会聘任或者解聘。

经履行出资人职责的机构同意,董事会成员可以兼任经理。

◆说明

1. 对经理职权的设定

根据《公司法》的规定,有限责任公司与股份有限公司不同,经理不是必须设置的公司机构,可设可不设。公司可以根据本行业特点,自行在章程中设定经理的职权。

2. 经理职权存在的问题

根据《公司法》的规定,经理由董事会决定聘任或解聘。显然,经理权的授予亦由董事会代表公司进行。法律规定有限责任公司"可以设"经理;股份有限公司"(应当)设"经理,经理与董事会几乎是并列的公司机构,而非公司的雇员代理人;经理是公司的法定机构,其地位几乎相当于国外公司中的董事。实践中,经理又称总经理,公司的总经理大多由董事长或董事兼任,这就导致对经理性质和地位的认识存在偏差,混淆董事会和经理的权力界区,经理和董事会之间的权力区间不甚合理,经理的权限范围过于庞大,董事会这一上位机构的领导无法实现分散、削弱经理权力的作用。

当然,经理权力的膨胀也有深层次原因:(1)在公司制改革之前,国有企业实行厂长(经理)负责制,除国家保留的对国有企业的某些决定权外,企业的经营决策权、业务执行权、生产指挥权和对外代表权,均集中于厂长(经理)一身 。实行公司制度后,就需要通过股东会、董事会,尤其是董事会这一上位机构的领导,来分散、削弱经理的权力。然而,由于传统观念的影响和人事制度改革滞后等原因,公司的经理多由原有的厂长(经理)担任或由国家主管机关直接任命,没有严格遵守"由董事会聘任经理"的规定。公司经理仍把持着公司实权;加之其事实上不由董事会任命,不对董事会负责,而直接对政府大股东负责,以致董事会常常被架空,无法对经理实施领导、监督。(2)董事长兼任总经理。现实生活中,许多公司的总经理都由董事长兼任,其原因很大一部分在于董事长的对外代表权须以一定的对内业务执行权为基础,而总经理对公司的内部治理亦须有一定的对外代表公司的权力。这种做法忽视了两者任职程序与地位的极大不同,混淆了两者的职权,破坏了立法所设计的权力监督体系。这是因为身兼二职者无法进行自我监督,同时董事与经理的身份竞合,使二者之间串通的机会主义成本降低到零,大大削弱了董事会对总经理的制约力度,容易形成"内部人控制"。

所以,必须对经理权力进行制约;当然,不能一味地限制经理的权能,最重要的是让经理和董事会各司其职,在合理分工基础上最大限度地发挥各自的作用。为了实现这一目标,除了规范经理权力外,也要对经理采取一定的激励措施,如制定本公司的股权激励计划等。

3. 对经理层的激励和约束机制

经理层和股东之间的利益冲突总是存在的,原因在于股东和经理层的利益趋向性是不同的。股东为了追求高额的投资回报,要求经理层尽职尽责,而经理层可能一方面因缺乏足够的利益驱动而并不尽职,另一方面也会因缺乏对其应有的利益制约而滥用职权,使股东付出高昂的代理成本。为了最大限度地减少股东、公司和经理层之间的利益冲突,达到利益的制衡,就应该建立合理的激励与约束机制。通过激励和约束机制的建立,使经理层在公司治理中的作用尽量发挥。

(1)对经理层的激励机制。

建立一套良好的激励机制,是促使经理为公司最大利益服务所必需的,在西方国家往往推行股票期权计划。经理股票期权是对公司管理者实行的一种长期激励机制,公司根据有关法律和章程的规定,按照一定的标准对管理人员一定时期的工作绩效进行全面衡量和评价后,对符合条件的管理人员赋予购买本公司一定数量流通股的权利。

我国国有企业的激励机制的试点是从年薪制开始的,经理层的年薪基本上是由基本工资加奖金构成的。而在作为最先推行现代企业制度的上市公司中,经理层的薪酬结构也没实质性的改变,仍基本沿用工资和奖金的做法,即使有一定的激励措施,也未广泛推行与公司的长期利益挂钩的股权激励计划。

(2)对经理层的约束机制。

对公司经理层的监督和约束,主要来自两个方面,即公司内部的监控机制和外部的监控机制。公司的内部监控机制,主要是指股东会和董事会对经理层的控制;而外部监控机制主要是指市场竞争机制(资本市场和经理市场的竞争)的作用、政府部门的监控及各种社会舆论的监督。

笔者认为,应该加强股东会、董事会在约束机制中的作用,发挥信息披露机制和诉讼机制的作用,应使经理和董事承担同样的勤勉和忠实义务。根据2023年修订的《公司法》(参见第181~184条)的规定,公司的高级管理人员(含经理、副经理、财务负责人,上市公司董事会秘书和公司章程规定的其他人员)受到多项限制。

其一,忠实义务:不得违反忠实义务,如侵占公司财产、挪用公司资金;将公司资金以其个人名义或者以其他个人名义开立账户存储;利用职权贿赂或者收受其他非法收入;接受他人与公司交易的佣金归为己有;擅自披露公司秘密等。

其二,关联交易:直接或者间接与本公司订立合同或者进行交易,应当就与订立合同或者进行交易有关的事项向董事会或者股东会报告,并按照公司章程的规定经董事会或者股东会决议通过。

其三,竞业限制:不得利用职务便利为自己或者他人谋取属于公司的商业机会。

其四,非法经营同类营业:未向董事会或者股东会报告,并按照公司章程的规定经董事会或者股东会决议通过,不得自营或者为他人经营与其任职公司同类的业务。

根据2023年修订的《公司法》的规定(参见第186~188条),经理违反《公司法》第181~184条规定所得的收入应当归公司所有。经理需要接受质询——股东会要求其列席会议的,应当列席并接受股东的质询。经理执行职务违反法律、行政法规或者公司章程的规定,给公司造成损失的,应当承担赔偿责任。

(3)经理层激励和约束机制的完善。

随着经理层对董事会权力的蚕食,如何界定董事会与经理层之间的权力,增强董事会的独立性、经理层的积极性,是摆在各国公司治理议事日程中的共同问题。

对于经理层的激励机制而言,主要是设计合理的报酬激励机制、剩余支配权与经营控制权激励机制、声誉或荣誉的激励机制、聘用与解雇激励机制,促使经理层为追求公司利益最大化而努力。对于经理层的约束机制而言,在现代公司治理理念下,既要充分调动董事会对经理层进行约束,完善董事会制度,又要协调好董事会与经理层的关系,不能束缚住经理层的手脚。

4.关于经理工作制度的规定

另外,公司股东可根据实际情况,在章程中规定经理工作制度,亦可将工作制度抽出作为章程附件单独规定,单独规定时可以约定如下几大项内容:总则、经理职责(义务)、经理职权、经理工作细则、经理办公会议制度、附则。

第十九条　公司设监事会，成员______人，监事会设主席一人，由全体监事过半数选举产生。监事会中股东代表监事与职工代表监事的比例______：______（注：由股东自行确定，但其中职工代表的比例不得低于三分之一）。

监事的任期每届为三年，任期届满，可连选连任。

［注：《公司法》（2023年修订）第83条规定："规模较小或者股东人数较少的有限责任公司，可以不设监事会，设一名监事，行使本法规定的监事会的职权；经全体股东一致同意，也可以不设监事。"］

⊙职工监事比例

◆有限责任公司

《公司法》（2023年修订）第76条　有限责任公司设监事会，本法第六十九条、第八十三条另有规定的除外。

监事会成员为三人以上。监事会成员应当包括股东代表和适当比例的公司职工代表，其中职工代表的比例不得低于三分之一，具体比例由公司章程规定。监事会中的职工代表由公司职工通过职工代表大会、职工大会或者其他形式民主选举产生。

监事会设主席一人，由全体监事过半数选举产生。监事会主席召集和主持监事会会议；监事会主席不能履行职务或者不履行职务的，由过半数的监事共同推举一名监事召集和主持监事会会议。

董事、高级管理人员不得兼任监事。

第77条　监事的任期每届为三年。监事任期届满，连选可以连任。

监事任期届满未及时改选，或者监事在任期内辞任导致监事会成员低于法定人数的，在改选出的监事就任前，原监事仍应当依照法律、行政法规和公司章程的规定，履行监事职务。

◆股份有限公司

《公司法》（2023年修订）第130条　股份有限公司设监事会，本法第一百二十一条第一款、第一百三十三条另有规定的除外。

监事会成员为三人以上。监事会成员应当包括股东代表和适当比例的公司职工代表，其中职工代表的比例不得低于三分之一，具体比例由公司章程规定。监事会中的职工代表由公司职工通过职工代表大会、职工大会或者其他形式民主选举产生。

监事会设主席一人，可以设副主席。监事会主席和副主席由全体监事过半数选举产生。监事会主席召集和主持监事会会议；监事会主席不能履行职务或者不履行职务的，由监事会副主席召集和主持监事会会议；监事会副主席不能履行职务或者不履行职务的，由过半数的监事共同推举一名监事召集和主持监事会会议。

董事、高级管理人员不得兼任监事。

本法第七十七条关于有限责任公司监事任期的规定，适用于股份有限公司监事。

◆说明

1. 有限责任公司与股份有限公司一样，监事的任期固定为每届3年，不得更改，这一点是不同于董事任期每届"不得超过三年"的规定的。

2. 有限责任公司如果设置了监事会，就应保障监事会中有不低于1/3比例的职工代表。《公司法》从创建和谐公司、便于行政管理等角度出发，作了此种规定，但实际上造成了实务操作中的矛盾，以在北京设立某有限责任公司为例：公司设立时应提交企业设立登记申请书（内含董事会成员、经理、监事任职证明），公司设立时职工人数尚且不足甚至并未招收，是无法保障通过职工民主选举的方式产生职工监事的，而不将市场监管申请表格填写完整，公司又不得注册，造成了"依法造假”的情况。其实《公司法》类似的问题颇多,许多与章程制定无直接关系,本书中不再论述。

3. 监事会是公司的必设职能部门之一吗？根据2023年修订的《公司法》的规定:(1)有限责任公司可以取消“监事会”这一职能部门(设一名监事依然视为对职能部门的保留);(2)股份有限公司应当保留这一职能部门(设一名监事依然视为对职能部门的保留),但是如果出现职能替代的情况(董事会下设了审计委员会)则可以不设监事会;(3)国有独资公司与股份有限公司的规定相同。具体规定如下:

第83条规定:“规模较小或者股东人数较少的有限责任公司,可以不设监事会,设一名监事,行使本法规定的监事会的职权;经全体股东一致同意,也可以不设监事。”

第121条第1款规定:“股份有限公司可以按照公司章程的规定在董事会中设置由董事组成的审计委员会,行使本法规定的监事会的职权,不设监事会或者监事。”

第133条规定:“规模较小或者股东人数较少的股份有限公司,可以不设监事会,设一名监事,行使本法规定的监事会的职权。”

第176条规定:“有独资公司在董事会中设置由董事组成的审计委员会行使本法规定的监事会职权的,不设监事会或者监事。”

第二十条 监事会行使下列职权:

(一)检查公司财务;

(二)对董事、高级管理人员执行职务的行为进行监督,对违反法律、行政法规、公司章程或者股东会决议的董事、高级管理人员提出解任的建议;

(三)当董事、高级管理人员的行为损害公司的利益时,要求董事、高级管理人员予以纠正;

(四)提议召开临时股东会会议,在董事会不履行本法规定的召集和主持股东会会议职责时召集和主持股东会会议;

(五)向股东会会议提出提案;

(六)依照本法第一百八十九条的规定,对董事、高级管理人员提起诉讼;

(七)公司章程规定的其他职权(注:由股东自行确定,如股东不作具体规定应将此条删除)。

监事可以列席董事会会议,并对董事会决议事项提出质询或者建议。

⊙监事会职权

《公司法》(2023年修订)第78条 监事会行使下列职权:

(一)检查公司财务;

(二)对董事、高级管理人员执行职务的行为进行监督,对违反法律、行政法规、公司章程或者股东会决议的董事、高级管理人员提出解任的建议;

(三)当董事、高级管理人员的行为损害公司的利益时,要求董事、高级管理人员予以纠正;

(四)提议召开临时股东会会议,在董事会不履行本法规定的召集和主持股东会会议职责时召集和主持股东会会议;

(五)向股东会会议提出提案;

(六)依照本法第一百八十九条的规定,对董事、高级管理人员提起诉讼;

(七)公司章程规定的其他职权。

第79条 监事可以列席董事会会议,并对董事会决议事项提出质询或者建议。

监事会发现公司经营情况异常,可以进行调查;必要时,可以聘请会计师事务所等协助其工作,费用由公司承担。

第 80 条　监事会可以要求董事、高级管理人员提交执行职务的报告。

董事、高级管理人员应当如实向监事会提供有关情况和资料,不得妨碍监事会或者监事行使职权。

第 131 条　本法第七十八条至第八十条的规定,适用于股份有限公司监事会。

监事会行使职权所必需的费用,由公司承担。

◆说明

1. 监事会职权增加的条件

制定章程时可根据公司实际状况,增加监事会职权。

2. 监事会的职权

根据《公司法》的规定,有限责任公司监事会(包括不设监事会公司的监事,下同)行使下列职权,有限责任公司监事会职权的规定对股份有限公司适用。

(1)检查公司财务。监事会有权监督财务预算的编制、执行、分析和考核以及决算报告的编制等,通过对财务预算、决算的监督达到监控公司财务活动全过程的目的,并结合财务预算、决算的监督,通过对公司月度、季度、年度的不定期监督、对会计报表的重点监督和审计,监督公司财务会计信息的真实性。监事会对公司财务活动的监督重点在于监督财务会计报告的真实性、公司内部控制制度及执行情况。

(2)对董事、高级管理人员执行职务的行为进行监督,对违反法律、行政法规、公司章程或者股东会决议的董事、高级管理人员提出解任的建议。监事会可以检查董事、高级管理人员贯彻执行有关法律、行政法规和规章制度的情况,当发现有违法行为时有权予以制止,并要求改正。监事会在提出解任(罢免)建议时有义务向董事会、股东会做出书面情况说明。

(3)当董事、高级管理人员的行为损害公司的利益时,要求董事、高级管理人员予以纠正。监事可以监督公司领导人在执行职务过程中有无损害股东利益的行为,监督公司领导人的经营行为是否符合公司长远发展的需要,是否符合股东利益最大化的治理要求,以保证公司资产安全,防止公司资产流失。监事会还通过对公司重大诉讼案件的监督,来发现公司存在的主要问题,加强对公司执行机关行为的监督。监事会对董事、经理经营行为监督的方式主要有检查、质询、调研、建议、评价、报告等。

(4)提议召开临时股东会会议,在董事会不履行公司法规定的召集和主持股东会会议职责时召集和主持股东会会议。监事会有权提议召开临时股东会,董事会必须依法召集,董事会怠于召集和主持时,监事会可以行使召集和主持权。赋予监事会该项权力,更有利于公司及股东权益的维护。

(5)向股东会会议提出提案。实务之中,公司内部的提案(会前就有的)与议案(正式上会的)并无太大差别,提案的提出需要形式完整、内容清晰,一些要件如:标题、主送会议、案由、事项、签署……尽量“一事一议”便于表决,避免杂乱无章所言过虚。

(6)对董事、高级管理人员提起诉讼。《公司法》(2023 年修订)第 188 条规定:“董事、监事、高级管理人员执行职务违反法律、行政法规或者公司章程的规定,给公司造成损失的,应当承担赔偿责任。”

第 189 条规定:“董事、高级管理人员有前条规定的情形的,有限责任公司的股东、股份有限公司连续一百八十日以上单独或者合计持有公司百分之一以上股份的股东,可以书面请求监事会向人民法院提起诉讼;监事有前条规定的情形的,前述股东可以书面请求董事会向人民法院提起诉讼。监事会或者董事会收到前款规定的股东书面请求后拒绝提起诉讼,或者自收到请求之日起三十日内未提起诉讼,或者情况紧急、不立即提起诉讼将会使公司利益受到难以弥补的损害的,前款规定的股东有权为公司利益以自己的名义直接向人民法院提起诉讼。他人侵犯公司合法权益,给公司造成损失的,本条第一款规定的股东可以依照前两款的规定向人民法院提起诉讼。公司全资子公司的董事、监事、高级管理人员有前条规定情形,或者他人侵犯公司全资子公司合法权益造成损失的,有限责任公司的股东、股份有限公司连续一百八十日以上单独或者合计持有公司百分之一以上股份的股东,可以依照前三款规定书面请求全资子公司的监事会、董事会向人民法院提起诉讼或者以自己的名义直接向人民法院提起诉讼。"

(7)公司章程规定的其他职权。此外,根据《公司法》(2023 年修订)第 79 条、第 80 条、第 131 条的规定,监事列席董事会、提出质询或者建议,对公司异常进行调查、聘请会计师事务所的费用由公司承担,要求董事、高级管理人员提交执行职务的报告等,都对保障公司正常运行、保护股东及债权人利益具有现实意义。

第二十一条 监事会每年度至少召开一次会议,监事可以提议召开临时监事会会议。

第二十二条 监事会决议的表决,应当一人一票,监事会决议应当经全体监事的过半数通过。

监事会的议事方式和表决程序(注:由股东自行确定)。

⊙监事会议事方式和表决程序

◆有限责任公司

《公司法》(2023 年修订)第 81 条 监事会每年度至少召开一次会议,监事可以提议召开临时监事会会议。

监事会的议事方式和表决程序,除本法有规定的外,由公司章程规定。

监事会决议应当经全体监事的过半数通过。

监事会决议的表决,应当一人一票。

监事会应当对所议事项的决定作成会议记录,出席会议的监事应当在会议记录上签名。

◆股份有限公司

《公司法》(2023 年修订)第 132 条 监事会每六个月至少召开一次会议。监事可以提议召开临时监事会会议。

监事会的议事方式和表决程序,除本法有规定的外,由公司章程规定。

监事会决议应当经全体监事的过半数通过。

监事会决议的表决,应当一人一票。

监事会应当对所议事项的决定作成会议记录,出席会议的监事应当在会议记录上签名。

◆说明

1. 有关监事会的议事方式和表决程序,有限责任公司与股份有限公司是一致的,对《公司法》未规定的内容,章程制定时可另行规定。

2.《公司法》对监事会会议议事方式和表决程序做了一些基本规定,如提议召开、召集、主持、表决等,但仍显不足,章程制定时,可根据本公司的实际情况进行补充,如在章程中规定:

(1)监事会每年度至少召开一次会议(时间为:××),会议通知应于会议召开 10 日前书面送达全体监事。必要时,任何一名监事可提议召开临时会议,会议通知至少应提前 1 个工作日通知全体监事。

(2)监事会会议通知包括以下内容:举行会议的日期、地点和会议期限,事由及议题、发出通知的日期、其他需要通知的事项等。

(3)监事会的议事方式为会议方式;特殊情况下可以采取传真、电视会议方式,但应将议事过程做成记录并由所有出席会议的监事签字。

(4)监事会决议应当经全体监事的过半数通过。监事会应当对所议事项的决定做成会议记录,出席会议的监事应当在会议记录上签名。监事会的决议违反法律、行政法规或者公司章程,致使公司遭受严重损失的,参与决议的监事负赔偿责任,但经证明在表决时曾表明异议并记载于会议记录的,该监事可免除责任。

(5)监事会会议应当有1/2以上监事出席,方可召开并做出有效决议。

(6)监事会会议应有记录,出席会议的监事和记录人,应当在会议记录上签名。监事有权要求在记录上对其在会议上的发言做出某种说明性记载。

(7)监事会会议记录作为公司档案保存。监事会会议记录的保存期限为10年。

3. 公司股东可根据实际情况,在章程中完善监事会议事规则,亦可将规则抽出作为章程附件单独规定,单独规定时可以约定如下几大项内容:总则,监事的构成、义务及职权,监事会和监事会主席的职权,监事会会议的召集、通知和出席,监事会会议的议程与议案,监事会会议的表决,监事会会议记录,附则。

第六章　公司的法定代表人

第二十三条　董事长为公司的法定代表人。

⊙法定代表人

《公司法》(2023年修订)第10条　公司的法定代表人按照公司章程的规定,由代表公司执行公司事务的董事或者经理担任。

担任法定代表人的董事或者经理辞任的,视为同时辞去法定代表人。

法定代表人辞任的,公司应当在法定代表人辞任之日起三十日内确定新的法定代表人。

第11条　法定代表人以公司名义从事的民事活动,其法律后果由公司承受。

公司章程或者股东会对法定代表人职权的限制,不得对抗善意相对人。

法定代表人因执行职务造成他人损害的,由公司承担民事责任。公司承担民事责任后,依照法律或者公司章程的规定,可以向有过错的法定代表人追偿。

◆说明

1. 公司的法定代表人只能是自然人不能是法人,《公司法》虽无法定代表人必须由自然人担任的表述,但从有权担任法定代表人的人员条件上可以判断,非自然人是不能担任公司法定代表人的。

相较来看,根据《合伙企业法》(2006年修订)第2条、第3条、第26条等的规定,“对外代表合伙企业,执行合伙事务”的合伙人,可以是非自然人(法人)。我们日常见到的有限合伙企业的管理人(GP/普通合伙人)通常是由一家有限责任公司来担任。

2. 公司法定代表人只能是一人。相较来看,根据《合伙企业法》(2006年修订)第26条的规定,“对外代表合伙企业,执行合伙事务”的合伙人,可以是“一个或者数个”。

3. 法定代表人只能“由代表公司执行公司事务的董事或者经理担任”,并且须注意的是公司章程对此要进行明确规定。

第七章　股东会会议认为需要规定的其他事项

第二十四条　股东之间可以相互转让其全部或者部分股权，股东之间可以相互转让其部分或全部出资。

第二十五条　股东向股东以外的人转让股权的，应当将股权转让的数量、价格、支付方式和期限等事项书面通知其他股东，其他股东在同等条件下有优先购买权。股东自接到书面通知之日起三十日内未答复的，视为放弃优先购买权。两个以上股东行使优先购买权的，协商确定各自的购买比例；协商不成的，按照转让时各自的出资比例行使优先购买权。

（注：以上内容亦可由股东另行确定股权转让的办法。）

⊙**股权转让**

《公司法》（2023 年修订）第 84 条　有限责任公司的股东之间可以相互转让其全部或者部分股权。

股东向股东以外的人转让股权的，应当将股权转让的数量、价格、支付方式和期限等事项书面通知其他股东，其他股东在同等条件下有优先购买权。股东自接到书面通知之日起三十日内未答复的，视为放弃优先购买权。两个以上股东行使优先购买权的，协商确定各自的购买比例；协商不成的，按照转让时各自的出资比例行使优先购买权。

公司章程对股权转让另有规定的，从其规定。

第 157 条　股份有限公司的股东持有的股份可以向其他股东转让，也可以向股东以外的人转让；公司章程对股份转让有限制的，其转让按照公司章程的规定进行。

◆**说明**

1. 章程中如果不对股权转让另行规定，则依《公司法》的规定执行。

2. 章程中如果另行约定了股权转让的特别限制，则依股东们的自由约定执行。例如，约定禁止股权内部转让、禁止股权对外转让、股权对外转让时不受内部优先购买权的限制、小股东股权可强制随售、股权是否可以分割转让等内容。

3. 根据《公司法》的规定，有限责任公司与股份有限公司的股东，都获得了通过章程自行约定股权/股份转让事项的授权。

4. 除了最为基础的关于股权的对内、对外转让事项之外，2023 年修订的《公司法》总结了近些年的实务经验，将一些常见问题以立法形式进行确定，针对有限责任公司、股份有限公司分别进行规定，避免了长期存在的歧义/争议，股份有限公司的规定详见第 157 ~ 167 条，以下我们仅对有限责任公司股权转让的重点事项（第 84 ~ 90 条）进行说明：

（1）强制执行时对老股东优先购买权的保护。

法院依照法律规定的强制执行程序转让股东的股权时，应当通知公司及全体股东，其他股东在同等条件下有优先购买权。其他股东自法院通知之日起满 20 日不行使优先购买权的，视为放弃优先购买权。

（2）股东名册变得具有实质意义。

股东转让股权的，应当书面通知公司，请求变更股东名册；需要办理变更登记的，并请求公司向公司登记机关办理变更登记。公司拒绝或者在合理期限内不予答复的，转让人、受让人可以依法向法院提起诉讼。

股权转让的，受让人自记载于股东名册时起可以向公司主张行使股东权利。

（3）股权转让不需要“上会”。

依照《公司法》的规定转让股权后，公司应当及时注销原股东的出资证明书，向新股东签发出资证明书,并相应修改公司章程和股东名册中有关股东及其出资额的记载。对公司章程的该项修改不需再由股东会表决。

(4)未到期股权的补缴义务。

股东转让已认缴出资但未届出资期限的股权的,由受让人承担缴纳该出资的义务;受让人未按期足额缴纳出资的,转让人对受让人未按期缴纳的出资承担补充责任。

(5)出资不实股权的责任承担。

未按照公司章程规定的出资日期缴纳出资或者作为出资的非货币财产的实际价额显著低于所认缴的出资额的股东转让股权的,转让人与受让人在出资不足的范围内承担连带责任;受让人不知道且不应当知道存在上述情形的,由转让人承担责任。

(6)反对股东的收购请求权。

有下列情形之一的,对股东会该项决议投反对票的股东可以请求公司按照合理的价格收购其股权:①公司连续5年不向股东分配利润,而公司该5年连续盈利,并且符合《公司法》规定的分配利润条件;②公司合并、分立、转让主要财产;③公司章程规定的营业期限届满或者章程规定的其他解散事由出现,股东会通过决议修改章程使公司存续。

(7)反对股东的诉权。

自股东会决议作出之日起60日内,(投反对票的)股东与公司不能达成股权收购协议的,股东可以自股东会决议作出之日起90日内向法院提起诉讼。

(8)弱势股东的"兜底"式退出通道。

公司的控股股东滥用股东权利,严重损害公司或者其他股东利益的,其他股东有权请求公司按照合理的价格收购其股权。

(9)公司对自持股权的保留期限。

公司因《公司法》(2023年修订)第89条第1款、第3款规定的情形收购的本公司股权,应当在6个月内依法转让或者注销。

(10)章程可排斥继承。

自然人股东死亡后,其合法继承人可以继承股东资格;但是,公司章程另有规定的除外。实务之中需要留意的是:如果章程无特殊的排斥性规定,则股东继承人就当然享有继承权,而在继承过程之中因为涉及继承人的人数、个性、能力、股东关系、股权管理、公司内部的变更事项、市场监管部门的变更登记要求等一应细节问题,各地在具体处理方式上也口径各异,一直存在很大的股权"过户"障碍。如果拟安排继承,需要提前考虑与被继承人的遗嘱衔接,以及股权变更的操作细节,并须写入章程及相关法律文件之中。

第二十六条 公司的营业期限______年,自公司营业执照签发之日起计算。

第二十七条 公司因下列原因解散:

(一)公司章程规定的营业期限届满或者公司章程规定的其他解散事由出现;

(二)股东会决议解散;

(三)因公司合并或者分立需要解散;

(四)依法被吊销营业执照、责令关闭或者被撤销;

(五)人民法院依照《公司法》第二百三十一条的规定予以解散。

公司出现前款规定的解散事由,应当在十日内将解散事由通过国家企业信用信息公示系统予以公示。

(注:本章节内容除上述条款外,股东可根据《公司法》的有关规定,将认为需要记载的其他内容一并列明。)

⊙营业期限和解散事由

《公司法》(2023年修订)第33条 依法设立的公司,由公司登记机关发给公司营业执照。公司营业执照签发日期为公司成立日期。

公司营业执照应当载明公司的名称、住所、注册资本、经营范围、法定代表人姓名等事项。

公司登记机关可以发给电子营业执照。电子营业执照与纸质营业执照具有同等法律效力。

第36条 公司营业执照记载的事项发生变更的,公司办理变更登记后,由公司登记机关换发营业执照。

第229条 公司因下列原因解散:

(一)公司章程规定的营业期限届满或者公司章程规定的其他解散事由出现;

(二)股东会决议解散;

(三)因公司合并或者分立需要解散;

(四)依法被吊销营业执照、责令关闭或者被撤销;

(五)人民法院依照本法第二百三十一条的规定予以解散。

公司出现前款规定的解散事由,应当在十日内将解散事由通过国家企业信用信息公示系统予以公示。

◆说明

1. 公司营业期限可在章程里进行自由约定,公司营业执照签发日期为公司成立日期。股东应根据公司的成立目的、发展前景等事宜合理确定营业期限,并非越长越好。

2. 公司章程可以规定《公司法》规定之外的公司“其他解散事由”。

⊙公司向其他企业投资、担保

《公司法》(2023年修订)第14条 公司可以向其他企业投资。

法律规定公司不得成为对所投资企业的债务承担连带责任的出资人的,从其规定。

第15条 公司向其他企业投资或者为他人提供担保,按照公司章程的规定,由董事会或者股东会决议;公司章程对投资或者担保的总额及单项投资或者担保的数额有限额规定的,不得超过规定的限额。

公司为公司股东或者实际控制人提供担保的,应当经股东会决议。

前款规定的股东或者受前款规定的实际控制人支配的股东,不得参加前款规定事项的表决。该项表决由出席会议的其他股东所持表决权的过半数通过。

◆说明

在章程中约定投资与担保事项时,应注意以下几点。

1. 2023年修订的《公司法》进行了措辞微调,但意义重大,方向是更大“放权”给予企业自主权。第14条指出:“公司可以向其他企业投资。法律规定公司不得成为对所投资企业的债务承担连带责任的出资人的,从其规定。”也就是说,原则上公司可以同所投资企业一同承担连带责任(法律如有限制除外)。换言之,如果法律进行限制,则公司不得有连带责任;如果法律没有限制,则随意。相关限制举例:《合伙企业法》(2006年修订)第3条规定:“国有独资公司、国有企业、上市公司以及公益性的事业单位、社会团体不得成为普通合伙人。”该法第2条规定,“普通合伙人对合伙企业债务承担无限连带责任”。

2. 将对外投资及担保的决策机构明确约定:或者由董事会决策,或者由股东会决策。

3. 将对外投资、担保的限额进行规定:通常股东可根据本公司的业务情况,采取两种方式进行约定：

（1）将对外投资或者担保的总额，以及单项投资或者担保的数额进行限制，除非修改公司章程，否则不得突破。以有限责任公司为例，规定"公司全部对外投资或担保事宜，均由董事会全体成员 1/2（含）以上决定通过"。

（2）将投资、担保的决策权授予董事会行使，并设定一定的投资、担保限额；当超过限额时，决策权收归股东会。以有限责任公司为例，规定："公司每年对外投资总额××万元、对外担保总额××万元以下的，由董事会全体成员 1/2（含）以上决定通过；公司单项对外投资额××万元、对外担保额××万元以下的，由董事会全体成员 1/2（含）以上决定通过。超过前述两类限额之一时，由股东会以全部表决权的 1/2（含）以上决定通过。"

4. 约定投资及担保事项的表决程序。例如，对股东会而言，是以普通决议（1/2 以上表决权）通过，还是以特别决议（2/3 以上表决权）通过，应当明确规定。

5. 公司为"公司股东或者实际控制人"提供担保的，应当经股东会决议，章程不能另行约定；前款规定的股东或者受前款规定的实际控制人支配的股东，不得参加前款规定事项的表决。该项表决由出席会议的其他股东所持表决权的过半数通过。

⊙股东对公司及其他股东的赔偿责任

《公司法》（2023 年修订）第 21 条　公司股东应当遵守法律、行政法规和公司章程，依法行使股东权利，不得滥用股东权利损害公司或者其他股东的利益。

公司股东滥用股东权利给公司或者其他股东造成损失的，应当承担赔偿责任。

第 22 条　公司的控股股东、实际控制人、董事、监事、高级管理人员不得利用关联关系损害公司利益。

违反前款规定，给公司造成损失的，应当承担赔偿责任。

第 23 条　公司股东滥用公司法人独立地位和股东有限责任，逃避债务，严重损害公司债权人利益的，应当对公司债务承担连带责任。

股东利用其控制的两个以上公司实施前款规定行为的，各公司应当对任一公司的债务承担连带责任。

只有一个股东的公司，股东不能证明公司财产独立于股东自己的财产的，应当对公司债务承担连带责任。

◆说明

股东可根据上述规定，在公司章程中将如下事项进行明确：

1. 明确何种情况下构成"滥用股东权利"、何种情况下构成"利用关联关系"、何种情况下构成"滥用公司法人独立地位和股东责任"、何种情况下构成"造成损失"

股东违反《公司法》的规定，不依法回避、不合法查账、强令公司管理层出售资产等，均为明显的对权利的滥用。另外，公司可根据所从事行业的特点，规定股东窃取公司、股东的客户资源、商业秘密等亦构成权利的滥用。

股东滥用股东权利，是否给其他股东造成了损失，是很难明确判断的，章程中可根据股东滥用权利而在一段时间内使公司利润减少等标准，对损失构成要件进行约定。

2. 明确赔偿标准

股东可以通过章程对滥用权利的股东作出惩罚性赔偿的约定，如约定："股东滥用股东权利给公司或者其他股东造成损失的，应当按实际损失额的双倍进行赔偿。"

3. 公司法对“刺破公司面纱”的阐述

2023 年修订的《公司法》(以第 3 条、第 4 条、第 23 条、第 50 条、第 88 条、第 99 条为基础)将“刺破公司面纱”(简言之,冲破公司的有限责任限制,直接追溯至股东)这一公司法理念予以落实,我们需要从以下几个层面进行理解:

(1)什么是“面纱”?

“面纱”的核心要素为——公司与股东均为“有限”的责任、不能无限制地追究。具体包含以下五层含义,其一,公司以其全部财产对公司的债务承担责任;其二,公司的合法权益受法律保护,不受侵犯;其三,股东以其认缴的出资额(认购的股份)为限对公司承担责任;其四,如有股东未按期缴纳、出资不足,股东们仅“在出资不足的范围内”承担连带责任;其五,股权出现变动时,转、受让双方的责任范畴,依然仅限于“未按期缴纳的出资”或“出资不足的范围”。

(2)什么是“刺破”,其后果有哪些?

当出现法定情形时,公司/股东的有限责任便无法提供保护,股东对于公司的债务(通常会远远高于原始的注册资本)需要以自己的“全部家当”承担连带责任:

其一,在行为方式上,公司股东滥用公司法人独立地位和股东有限责任,逃避债务;

其二,在损害后果上,严重损害公司债权人利益的。

(3)关联公司间需要相互担责。

股东利用其控制的两个以上公司,实施了滥用公司法人独立地位/滥用股东有限责任的,各公司应当对任一公司的债务承担连带责任。

(4)慎设一人公司。

一人公司的股东,举证责任十分艰巨,如果其不能证明公司财产独立于股东自己的财产,“面纱”便被刺破,即应当对公司债务承担连带责任。故而要么设立时慎重选择一人公司这种形式,要么从严管理并充分留存有效的“财产未混同”的证据,以期在出现争议时进行抗辩之用。

(5)小心“滥用股东权利”对“刺破公司面纱”的兜底处理。

公司股东“滥用股东权利”给公司或者其他股东造成损失的,应当承担赔偿责任。这里的“滥用股东权利”不同于“滥用公司法人独立地位/滥用股东有限责任”。前者是滥用“权利”,对应“公司/股东损失的赔偿责任”;后者是滥用“面纱”,对应“公司债务的连带责任”。所谓“赔偿”责任,根据《民法典》有关侵权、合同的相关规定都可能会产生,金额上也需要根据实际损害程度、过错责任等统筹判断,难以限定最高值。如此看来,2023 年修订的《公司法》的这一规定,反而更像是一个“大筐”在“兜底”,是为股东设置了“紧箍咒”,警示其珍惜权利、不要滥用。当然,这也必然会在公司治理中带来股东不敢放手大干的顾虑,以及在案件审理尺度上出现不同的理解,我们也期待相关权威判例及司法解释的出台。

⊙公司分红方式[①]

《公司法》(2023 年修订)第 144 条 公司可以按照公司章程的规定发行下列与普通股权利不同的类别股:

(一)优先或者劣后分配利润或者剩余财产的股份;

……

第 145 条 发行类别股的公司,应当在公司章程中载明以下事项:

---

① 因为有限责任公司与股份有限公司“同股(不)同权”原则的运用在这个方面容易混淆,此处将该两类公司的规定放在一起对比说明。

（一）类别股分配利润或者剩余财产的顺序；

……

第172条　国有独资公司不……分配利润，应当由履行出资人职责的机构决定。

第210条第3～4款　公司弥补亏损和提取公积金后所余税后利润，有限责任公司按照股东实缴的出资比例分配利润，全体股东约定不按照出资比例分配利润的除外；股份有限公司按照股东所持有的股份比例分配利润，公司章程另有规定的除外。

公司持有的本公司股份不得分配利润。

第225条　……减少注册资本弥补亏损的，公司不得向股东分配，也不得免除股东缴纳出资或者股款的义务。

……

公司依照前两款的规定减少注册资本后，在法定公积金和任意公积金累计额达到公司注册资本百分之五十前，不得分配利润。

◆说明

由上可见，根据2023年修订的《公司法》的相关规定，对于股东是否需要按出资/持股比例分取红利，股份有限公司和有限责任公司两类公司的股东均可在章程中自行确定，使"同股不同权"。我们来进行简单分析。

第一，有限责任公司以"实缴"（非认缴）的出资比例为分红基础（参见第47条、第210条）；股份有限公司以"持有的股份比例"（也相当于是实缴）为分红基础（参见第96条、第101条、第103条、第105条）。

第二，如果想要打破两类公司关于分红的上述法定要求，就要进行特别的排斥性约定，这里要注意两类公司的一些细微差别：

对于有限责任公司：分红事宜须"全体"股东一致同意，无论其持股多少，而且，即使是后来加入的股东亦是"全体"中的一员。实践中，由于有限责任公司的初始章程是由全体股东"共同制定"的，市场监管部门通常会要求全体股东均签字盖章表示同意，故章程的规定即可视为"全体股东"一致同意。需要注意的是：（1）虽然2023年修订的《公司法》第87条已规定股权变动"不需再由股东会表决"，但各地市场监管部门的实际要求会有差异，可能依然需要提供股东会决议才能认可股东的变动。（2）如果"原始"章程未规定"同股不同权"，股东对特殊的分红方式拟以股东会修改章程的方式进行更改，则应经全体股东一致作出决议。

对于股份有限公司：在"章程"中约定特殊的分红方式即可。2023年修订的《公司法》具体进行了如下规定："设立股份有限公司，应当由发起人共同制订公司章程"（参见第94条）；"公司成立大会行使下列职权：……（二）通过公司章程；……"（参见第104条）；"公司可以按照公司章程的规定发行下列与普通股权利不同的类别股：（一）优先或者劣后分配利润或者剩余财产的股份；……"（参见第144条）；"发行类别股的公司，应当在公司章程中载明以下事项：（一）类别股分配利润或者剩余财产的顺序；……"（参见第145条）；"股份有限公司按照股东所持有的股份比例分配利润，公司章程另有规定的除外"（参见第210条）。

⊙股东表决权的行使[1]

《公司法》（2023年修订）第65条　股东会会议由股东按照出资比例行使表决权；但是，公司章

---

① 因为有限责任公司与股份有限公司"同股（不）同权"原则的运用在这个方面容易混淆，此处将该两类公司的规定放在一起对比说明。

程另有规定的除外。

第 116 条 股东出席股东会会议,所持每一股份有一表决权,类别股股东除外。公司持有的本公司股份没有表决权。

股东会作出决议,应当经出席会议的股东所持表决权过半数通过。

股东会作出修改公司章程、增加或者减少注册资本的决议,以及公司合并、分立、解散或者变更公司形式的决议,应当经出席会议的股东所持表决权的三分之二以上通过。

第 144 条 公司可以按照公司章程的规定发行下列与普通股权利不同的类别股:

(一)优先或者劣后分配利润或者剩余财产的股份;

(二)每一股的表决权数多于或者少于普通股的股份;

(三)转让须经公司同意等转让受限的股份;

(四)国务院规定的其他类别股。

公开发行股份的公司不得发行前款第二项、第三项规定的类别股;公开发行前已发行的除外。

公司发行本条第一款第二项规定的类别股的,对于监事或者审计委员会成员的选举和更换,类别股与普通股每一股的表决权数相同。

第 145 条 发行类别股的公司,应当在公司章程中载明以下事项:

……

(二)类别股的表决权数;

……

第 146 条 发行类别股的公司,有本法第一百一十六条第三款规定的事项等可能影响类别股股东权利的,除应当依照第一百一十六条第三款的规定经股东会决议外,还应当经出席类别股股东会议的股东所持表决权的三分之二以上通过。

公司章程可以对需经类别股股东会议决议的其他事项作出规定。

◆说明

由上文可见,2023 年修订的《公司法》关于有限责任公司与股份有限公司在股东表决权"可否自行约定"的问题上的规定已并无实质性差别,但仍有细微不同。

有限责任公司可通过"章程"自由约定表决权行使方式,可以出现"同股不同权"来排斥《公司法》关于"同股同权"的规定,《公司法》关于"表决权的定义/含义"(通俗讲即以什么作为权利基础、按什么标准来行权,如按人数、按认缴额、按实缴额、根据一定条件缩减或增大表决权基数、复合运用各种基数等)整体授权章程自行约定的情况;对于第 65 条规定的有限责任公司股东"出资比例"应作"认缴出资比例"(非实缴出资比例)来理解,除非章程进行了其他解释(如明确约定按实缴出资比例表决)。而股份有限公司以应"同股同权"为原则、以"同股不同权"为例外,即股份公司股东"所持每一股份有一表决权,类别股股东除外",关于类别股"表决权的定义/含义"需要执行《公司法》的几项法条规定(但并未整体授权章程自行约定)。

⊙公司清算后剩余财产的分配

《公司法》(2023 年修订)第 144 条 公司可以按照公司章程的规定发行下列与普通股权利不同的类别股:

(一)优先或者劣后分配利润或者剩余财产的股份;

(二)每一股的表决权数多于或者少于普通股的股份;

(三)转让须经公司同意等转让受限的股份;

(四)国务院规定的其他类别股。

公开发行股份的公司不得发行前款第二项、第三项规定的类别股；公开发行前已发行的除外。

公司发行本条第一款第二项规定的类别股的，对于监事或者审计委员会成员的选举和更换，类别股与普通股每一股的表决权数相同。

第 145 条　发行类别股的公司，应当在公司章程中载明以下事项：

（一）类别股分配利润或者剩余财产的顺序；

……

第 236 条　清算组在清理公司财产、编制资产负债表和财产清单后，应当制订清算方案，并报股东会或者人民法院确认。

公司财产在分别支付清算费用、职工的工资、社会保险费用和法定补偿金，缴纳所欠税款，清偿公司债务后的剩余财产，有限责任公司按照股东的出资比例分配，股份有限公司按照股东持有的股份比例分配。

清算期间，公司存续，但不得开展与清算无关的经营活动。公司财产在未依照前款规定清偿前，不得分配给股东。

◆说明

对于清算后剩余财产的分配问题，有限责任公司与股份有限公司相同，按照出资/股份比例，以"同股同权"的原则享受剩余财产分配权，但是股份有限公司的"类别股"可以"同股不同权"。

这里的有限责任公司股东出资比例应理解为"认缴出资比例"，如果存在出资不足则需要及时补足，适用"股东出资加速到期"的法律规定。例如，《企业破产法》第 35 条规定："人民法院受理破产申请后，债务人的出资人尚未完全履行出资义务的，管理人应当要求该出资人缴纳所认缴的出资，而不受出资期限的限制。"最高人民法院《全国法院民商事审判工作会议纪要》（以下简称《九民纪要》）第 6 条规定："【股东出资应否加速到期】在注册资本认缴制下，股东依法享有期限利益。债权人以公司不能清偿到期债务为由，请求未届出资期限的股东在未出资范围内对公司不能清偿的债务承担补充赔偿责任的，人民法院不予支持。但是，下列情形除外：（1）公司作为被执行人的案件，人民法院穷尽执行措施无财产可供执行，已具备破产原因，但不申请破产的；（2）在公司债务产生后，公司股东（大）会决议或以其他方式延长股东出资期限的。"

⊙增资优先权

《公司法》（2023 年修订）第 227 条　有限责任公司增加注册资本时，股东在同等条件下有权优先按照实缴的出资比例认缴出资。但是，全体股东约定不按照出资比例优先认缴出资的除外。

股份有限公司为增加注册资本发行新股时，股东不享有优先认购权，公司章程另有规定或者股东会决议决定股东享有优先认购权的除外。

第 228 条　有限责任公司增加注册资本时，股东认缴新增资本的出资，依照本法设立有限责任公司缴纳出资的有关规定执行。

股份有限公司为增加注册资本发行新股时，股东认购新股，依照本法设立股份有限公司缴纳股款的有关规定执行。

◆说明

1. 有限责任公司的股东"享有"优先认购权（优先增资权），除非另作"不享有"的特别约定，但要注意如下几点：

第一，根据《公司法》的规定，股东需要按已经"实缴"出资的比例认缴所增资本。

第二，法律规定股东仅是在"同等条件下"才享有优先认购权。简言之，如果有人出价更高，或是其他条件更优，则老股东失去优先权。如果不"互谅互让"，实务中对于价格、其他条件及优先权实现流程的理解都会有很大差异,出现争议的情况也会很多。股东宜尽量将相关事项提前约定详细,降低出现争端的概率。

第三,如果以特别约定来排斥《公司法》的规定,如向某类股东赋予增资优先权或进行增资限制等,则应由“全体”股东一致约定方可,那么,什么叫作全体股东的“约定”呢?实现手段包括:(1)在全体股东一致通过的章程中约定“公司新增注册资本时,由股东A进行增资,股东B无权增资;增资价款按公司上年度经审计评估后的每股净资产值确定”;(2)全体股东共同签署股东会决议,决定老股东的优先增资事项。

根据时间顺序,对增资事项,我们假设先有章程,再有股东会决议,则综合关于有限责任公司的法律规定,可以初步得出如下结论:

(1)公司章程可以提前进行优先增资权的细节设置(指的是排斥《公司法》适用的特别设置),参照《公司法》(2023年修订)第45条关于(全体)股东共同制定公司章程的规定,以及第227条对于全体股东“约定”的理解,这里的章程,无论是在公司设立之初,或在公司设立后的常规经营之中,均须由全体股东通过方可。

我们另外对比一下公司常规经营情况下的章程修改规则(注意:对于优先增资权的特别设置并不适用):首先,如果开会,则仅需要代表2/3以上表决权的股东通过(参见第66条);其次,如果不开会,须全体股东通过(直接在决定文件上签名或者盖章)。

(2)关于增资的决定(可以包括也可以不包括增资权的细节设置)无论如何都需要股东会决策,其中:首先,肯定优先增资权的(直接适配公司法时),仅需要全体股东表决权过2/3通过即可(参见第66条);其次,否定优先增资权的,则须全体股东一致通过(参见第227条)。

2. 股份有限公司与有限责任公司是“相反”的,即其股东“不享有”优先认购权(优先增资权),除非另作“享有”的特别约定:

(1)公司章程另有规定。根据《公司法》(2023年修订)第104条的规定,公司成立大会通过公司章程,应当经出席会议的认股人所持表决权过半数通过;根据第116条的规定,股东会作出修改公司章程的决议,应当经出席会议的股东所持表决权的2/3以上通过。

(2)股东会决议决定股东享有优先认购权。根据《公司法》(2023年修订)第116条的规定,股东会作出增加注册资本的决议,应当经出席会议的股东所持表决权的2/3以上通过。

根据时间顺序,对增资事项,我们假设先有章程、再有股东会决议,综合关于股份有限公司的法律规定,可以初步得出如下结论:

(1)公司章程可以提前进行优先增资权的细节设置(既包括同意《公司法》适用的设置,也包括排斥公司法适用的特别设置):在公司成立大会上,章程由参会股东(认股人)表决权1/2以上通过;在公司成立后再行修改公司章程,由参会股东表决权2/3以上通过。

(2)关于增资的决定(可以包括也可以不包括增资权的细节设置)无论如何都需要股东会决策,与有限责任公司不同的是:肯定优先增资权,或是否定优先增资权(直接适配公司法时),均为参会股东表决权2/3以上通过。需股东决策的所有事项,都要上会(参见第112条)。

⊙财务报告的报送时间

《公司法》(2023年修订)第208条 公司应当在每一会计年度终了时编制财务会计报告,并依法经会计师事务所审计。

财务会计报告应当依照法律、行政法规和国务院财政部门的规定制作。

第209条 有限责任公司应当按照公司章程规定的期限将财务会计报告送交各股东。

股份有限公司的财务会计报告应当在召开股东会年会的二十日前置备于本公司,供股东查阅;

公开发行股份的股份有限公司应当公告其财务会计报告。

◆说明

章程中宜明确财务会计报告送交各股东的时间，如规定："本公司在每一会计年度终了之日起30日内，将财务会计报告报送各股东和依本章程聘请会计师事务所审计，于审计报告出具之日起3日内将审计报告报送各股东。"

⊙会计师事务所的聘请

《公司法》(2023年修订)第215条 公司聘用、解聘承办公司审计业务的会计师事务所，按照公司章程的规定，由股东会、董事会或者监事会决定。

公司股东会、董事会或者监事会就解聘会计师事务所进行表决时，应当允许会计师事务所陈述意见。

第216条 公司应当向聘用的会计师事务所提供真实、完整的会计凭证、会计账簿、财务会计报告及其他会计资料，不得拒绝、隐匿、谎报。

第217条 公司除法定的会计账簿外，不得另立会计账簿。

对公司资金，不得以任何个人名义开立账户存储。

◆说明

1. 对于"会计凭证"是否应当向股东及会计师进行全面披露的问题，在公司重组或是股东争端诉讼实务之中，长期存在不同的认知和判例。《公司法》对此事项进行了释明，将应当提供"会计资料"的范围做了最大范围的囊括："会计凭证、会计账簿、财务会计报告及其他会计资料"。

2. "几本账"问题一直是公司治理中的"顽疾"，我们不能因为有所谓"实际需求"便以"存在即合理"肯定其合法性，这不仅是对股东们的不负责(如公司实际控制人选择性披露账本)，也是对包括债权人、职工、当地政府部门在内的所有其他利益相关主体的不负责。《公司法》对此予以明确否定，从而确定了诸如"内账""贷款账""分红账""税务账""合作账"等账簿的非法属性："公司除法定的会计账簿外，不得另立会计账簿"。

3. 当出现股东争议争端时，对公司有实际控制权的股东，如果不拟进行财务披露配合，通常会以"虽然是个人账户但却是为公司走的账"进行内部抗辩，甚至在诉讼中进行证据对抗。《公司法》对于"个人账户"予以明确否定，指出："对公司资金，不得以任何个人名义开立账户存储"。

4. 在章程制作中宜明确：聘用、解聘承办公司审计业务会计师事务所的权力属于股东会、董事会或者监事会，并且要提前考虑以下情况：(1)"审计业务"是指公司相关的所有事项，还是日常/年度审计，还是某类专项审计等；(2)注意相关的"选聘""签约""支付"等流程，如通过严格招标、一般性比选、从某类库中抽取，注意签约主体、审计事项的范围、审计预算额与公司整体预算或相关类别预算的衔接等，避免实际聘请时出现争执、工作停滞或审计后结果不被股东认可等情况。

5. 不能约定会计师事务所的聘用、解聘权由公司经理等高层管理人员行使。

6. 对"应当允许"的理解，需要根据实务情况，通过司法解释与判例，再确定方向细节，是"应当"陈述、还是"可以"陈述也可以不陈述。我们从字面上进行最简单的逻辑理解："表决时，应当允许会计师事务所陈述意见"中的"允许"是建立在会计师事务所提出"需求"的前提之下的，如果其要求陈述，则应当被"允许"；如果其不提出陈述意见的需求，则谈不上对其"允许"的问题；当然，根据选聘方式，这种"陈述意见"需要嵌入公司对应会议的表决之内的除外。

⊙高级管理人员的界定

《公司法》(2023年修订)第265条 本法下列用语的含义：

(一)高级管理人员,是指公司的经理、副经理、财务负责人,上市公司董事会秘书和公司章程规定的其他人员。

(二)控股股东,是指其出资额占有限责任公司资本总额超过百分之五十或者其持有的股份占股份有限公司股本总额超过百分之五十的股东;出资额或者持有股份的比例虽然低于百分之五十,但依其出资额或者持有的股份所享有的表决权已足以对股东会的决议产生重大影响的股东。

(三)实际控制人,是指通过投资关系、协议或者其他安排,能够实际支配公司行为的人。

(四)关联关系,是指公司控股股东、实际控制人、董事、监事、高级管理人员与其直接或者间接控制的企业之间的关系,以及可能导致公司利益转移的其他关系。但是,国家控股的企业之间不仅因为同受国家控股而具有关联关系。

◆**说明**

制定章程时可根据本公司实际情况,将必要的人员列明为“高级管理人员”,并非高级管理人员涵盖的范围越广越好。

2023 年修订的《公司法》对高级管理人员的义务、责任进行了进一步的明确和细化,例如:

第 22 条规定:“公司的控股股东、实际控制人、董事、监事、高级管理人员不得利用关联关系损害公司利益。违反前款规定,给公司造成损失的,应当承担赔偿责任。”第 53 条规定:“公司成立后,股东不得抽逃出资。违反前款规定的,股东应当返还抽逃的出资;给公司造成损失的,负有责任的董事、监事、高级管理人员应当与该股东承担连带赔偿责任。”

第八章　附　　则

第二十八条　公司登记事项以公司登记机关核定的为准。

第二十九条　本章程一式____份,并报公司登记机关一份。

全体股东亲笔签字、盖公章:

________年____月____日

⊙**章程的签署**

《公司法》(2023 年修订)第 35 条　公司申请变更登记,应当向公司登记机关提交公司法定代表人签署的变更登记申请书、依法作出的变更决议或者决定等文件。

公司变更登记事项涉及修改公司章程的,应当提交修改后的公司章程。

公司变更法定代表人的,变更登记申请书由变更后的法定代表人签署。

第 45 条　设立有限责任公司,应当由股东共同制定公司章程。

第 66 条　股东会的议事方式和表决程序,除本法有规定的外,由公司章程规定。

股东会作出决议,应当经代表过半数表决权的股东通过。

股东会作出修改公司章程、增加或者减少注册资本的决议,以及公司合并、分立、解散或者变更公司形式的决议,应当经代表三分之二以上表决权的股东通过。

第 87 条　依照本法转让股权后,公司应当及时注销原股东的出资证明书,向新股东签发出资证明书,并相应修改公司章程和股东名册中有关股东及其出资额的记载。对公司章程的该项修改不需再由股东会表决。

第94条　设立股份有限公司，应当由发起人共同制订公司章程。

第104条　公司成立大会行使下列职权：

（一）审议发起人关于公司筹办情况的报告；

（二）通过公司章程；

（三）选举董事、监事；

（四）对公司的设立费用进行审核；

（五）对发起人非货币财产出资的作价进行审核；

（六）发生不可抗力或者经营条件发生重大变化直接影响公司设立的，可以作出不设立公司的决议。

成立大会对前款所列事项作出决议，应当经出席会议的认股人所持表决权过半数通过。

第116条　股东出席股东会会议，所持每一股份有一表决权，类别股股东除外。公司持有的本公司股份没有表决权。

股东会作出决议，应当经出席会议的股东所持表决权过半数通过。

股东会作出修改公司章程、增加或者减少注册资本的决议，以及公司合并、分立、解散或者变更公司形式的决议，应当经出席会议的股东所持表决权的三分之二以上通过。

第229条　公司因下列原因解散：

（一）公司章程规定的营业期限届满或者公司章程规定的其他解散事由出现；

（二）股东会决议解散；

（三）因公司合并或者分立需要解散；

（四）依法被吊销营业执照、责令关闭或者被撤销；

（五）人民法院依照本法第二百三十一条的规定予以解散。

公司出现前款规定的解散事由，应当在十日内将解散事由通过国家企业信用信息公示系统予以公示。

第230条　公司有前条第一款第一项、第二项情形，且尚未向股东分配财产的，可以通过修改公司章程或者经股东会决议而存续。

依照前款规定修改公司章程或者经股东会决议，有限责任公司须经持有三分之二以上表决权的股东通过，股份有限公司须经出席股东会会议的股东所持表决权的三分之二以上通过。

◆说明

1. 公司新设时的章程：有限责任公司需全体股东共同签署；股份有限公司需要召开成立大会，经出席会议的认股人所持表决权过半数通过。

2. 公司设立后修改公司章程：有限责任公司经代表2/3以上表决权的股东通过；股份有限公司经出席会议的股东所持表决权的2/3以上通过。

3. 有限责任公司因股权转让而修改章程：公司应当修改公司章程和股东名册中有关股东及其出资额的记载，对公司章程的该项修改不需再由股东会表决。

4. 公司营业期满或决议解散时，可以通过修改公司章程或者经股东会决议存续，有限责任公司须经持有2/3以上表决权的股东通过，股份有限公司须经出席股东会会议的股东所持表决权的2/3以上通过［参见《公司法》（2023年修订）第229条、第230条］。

第三节　一人有限责任公司章程的制定

一人有限责任公司，是指只有一个自然人股东或者一个法人股东的有限责任公司，又被称为独资公司或独股公司。2023 年修订的《公司法》不再将“一人公司”作为一类特殊形态的公司对待(只是公司中的股东为一人而已),放宽了一人有限责任公司设立等限制,允许设立一人股份有限公司;“不再出现”执行董事的提法。

需要广大出资人特别留意的是:只有一个股东的公司,股东不能证明公司财产独立于股东自己的财产的,应当对公司债务承担连带责任。

由于一人公司已经不具更大的独特性,本节内容不再展开,一人公司章程的制作,直接适用有限责任公司与股份有限公司的法律规定即可。

现将 2023 年修订的《公司法》中同一人有限公司、一人股份公司相关的规定予以摘录,供广大读者参考。

一、举证责任加重

相关规定具体可见《公司法》(2023 年修订)第 23 条:“公司股东滥用公司法人独立地位和股东有限责任,逃避债务,严重损害公司债权人利益的,应当对公司债务承担连带责任。股东利用其控制的两个以上公司实施前款规定行为的,各公司应当对任一公司的债务承担连带责任。只有一个股东的公司,股东不能证明公司财产独立于股东自己的财产的,应当对公司债务承担连带责任。”

二、公司股东人数不设上下限(至少有 1 名股东)

相关规定具体可见《公司法》(2023 年修订)第 42 条:“有限责任公司由一个以上五十个以下股东出资设立。”

三、股份公司发起人限定为 1~200 人

相关规定具体可见《公司法》(2023 年修订)第 92 条:“设立股份有限公司,应当有一人以上二百人以下为发起人,其中应当有半数以上的发起人在中华人民共和国境内有住所。”

四、需书面签署股东决定

相关规定具体可见《公司法》(2023 年修订)第 60 条:“只有一个股东的有限责任公司不设股东会。股东作出前条第一款所列事项的决定时,应当采用书面形式,并由股东签名或者盖章后置备于公司。”第 112 条:“本法第五十九条第一款、第二款关于有限责任公司股东会职权的规定,适用于股份有限公司股东会。本法第六十条关于只有一个股东的有限责任公司不设股东会的规定,适用于只有一个股东的股份有限公司。”

第四节　国有独资公司章程的制定

国家出资公司,是指国家出资的国有独资公司、国有资本控股公司,包括国家出资的有限责任公司、股份有限公司。国家出资公司由国务院或者地方人民政府分别代表国家依法履行出资人职责,享有出资人权益。国务院或者地方人民政府可以授权国有资产监督管理机构或者其他部门、机构代表本级人民政府对国家出资公司履行出资人职责。代表本级人民政府履行出资人职责的机构、部门,统称为履行出资人职责的机构。

国有独资公司章程由履行出资人职责的机构制定;不设股东会,由履行出资人职责的机构行使股东会职权;国有独资公司的董事会成员中,应当过半数为外部董事,并应当有公司职工代表……

根据 2023 年修订的《公司法》的规定,国家出资公司的组织机构,适用第七章“国家出资公司组织机构的特别规定”规定;该章没有规定的,适用《公司法》其他规定。

由于国有独资公司已经不具更大的独特性,本节内容不再展开,国有独资公司章程的制作,直接适用有限公司与股份公司的法律规定即可。

现将 2023 年《公司法》中同国有独资公司相关的规定予以摘录,供广大读者参考。

一、国有独资公司纳入国家出资公司范畴进行规范

相关规定具体可见《公司法》(2023 年修订)第 168 条:"国家出资公司的组织机构,适用本章规定;本章没有规定的,适用本法其他规定。本法所称国家出资公司,是指国家出资的国有独资公司、国有资本控股公司,包括国家出资的有限责任公司、股份有限公司。"

二、政府系出资人、国资委等部门是被授权人

相关规定具体可见《公司法》(2023 年修订)第 169 条:"国家出资公司,由国务院或者地方人民政府分别代表国家依法履行出资人职责,享有出资人权益。国务院或者地方人民政府可以授权国有资产监督管理机构或者其他部门、机构代表本级人民政府对国家出资公司履行出资人职责。代表本级人民政府履行出资人职责的机构、部门,以下统称为履行出资人职责的机构。"

三、坚持党的领导

相关规定具体可见《公司法》(2023 年修订)第 170 条:"国家出资公司中中国共产党的组织,按照中国共产党章程的规定发挥领导作用,研究讨论公司重大经营管理事项,支持公司的组织机构依法行使职权。"

四、章程制定主体

相关规定具体可见《公司法》(2023 年修订)第 171 条:"国有独资公司章程由履行出资人职责的机构制定。"

五、不设股东会、由董事会行使部分职权

相关规定具体可见《公司法》(2023 年修订)第 172 条:"国有独资公司不设股东会,由履行出资人职责的机构行使股东会职权。履行出资人职责的机构可以授权公司董事会行使股东会的部分职权,但公司章程的制定和修改,公司的合并、分立、解散、申请破产,增加或者减少注册资本,分配利润,应当由履行出资人职责的机构决定。"

六、对董事会有特殊要求

相关规定具体可见《公司法》(2023 年修订)第 173 条:"国有独资公司的董事会依照本法规定行使职权。国有独资公司的董事会成员中,应当过半数为外部董事,并应当有公司职工代表。董事会成员由履行出资人职责的机构委派;但是,董事会成员中的职工代表由公司职工代表大会选举产生。董事会设董事长一人,可以设副董事长。董事长、副董事长由履行出资人职责的机构从董事会成员中指定。"

七、经理由董事会聘任

相关规定具体可见《公司法》(2023 年修订)第 174 条:"国有独资公司的经理由董事会聘任或者解聘。经履行出资人职责的机构同意,董事会成员可以兼任经理。"

八、更严格的竞业限制要求(无论是否同业都受限)

相关规定具体可见《公司法》(2023 年修订)第 175 条:"国有独资公司的董事、高级管理人员,未经履行出资人职责的机构同意,不得在其他有限责任公司、股份有限公司或者其他经济组织兼职。"

九、不设监事的条件

相关规定具体可见《公司法》(2023 年修订)第 176 条:"国有独资公司在董事会中设置由董事组成的审计委员会行使本法规定的监事会职权的,不设监事会或者监事。"

十、加强合规管理

相关规定具体可见《公司法》(2023 年修订)第 177 条:"国家出资公司应当依法建立健全内部监督管理和风险控制制度,加强内部合规管理。"

第七章

投资并购

投资并购已成为企业迅速扩张和企业家迅速增长财富的重要手段,因此国内和国际两个市场都上演着许多扑朔迷离的资本传奇故事。

企业并购是当前国内外普遍关注的热点问题。并购使企业综合竞争力迅速提升,行业品牌集中度迅速加大,企业经营技能迅速攀升。世界正进入并购时代。并购事务纷繁复杂,且各企业均具有个性化问题。如何透过现象看到本质,这也正是我们总结投资并购相关法律问题的初衷。

本章共五节,分别是:

第一节　概述

分析了并购的概念、实质、动因、类型、一般程序;介绍了并购的历史发展、并购理论、并购评价及其应用。

第二节　投资并购相关合同的法律问题

从合同审查制作的最直接实务角度出发,分析了如下合同中应当注意的法律问题:资产收购合同;股权转让合同;公司合并合同;公司分立合同;增资合同;股份回购合同;债务承担合同;债转股协议;信托合同。

第三节　投资并购重要法律术语解析

对一些必须了解或掌握的并购领域法律术语进行了汇总。

第四节　律师承办一般有限责任公司收购业务指引

以一般有限责任公司收购业务为例,说明律师在相应领域的工作流程。

第五节　投资并购相关法律文件

结合实际经验,整理出可供参考的投资并购领域相应合同,并提供了股权质押办理所需的法律文件。

第一节　概述①

一、并购的概念

并购(Merger & Acquisition)是合并(或兼并)与收购的合称。

(1)合并,是指两个或两个以上的企业合并成为一个新的企业,合并完成后,多个法人变成一

① 本节内容主要参考了 MBA 智库百科。

个法人。

兼并，是指两家或者更多的独立企业、公司合并组成一家企业，通常由一家占优势的公司吸收一家或者多家公司。根据我国相关政策法规，兼并，是指“一个企业通过购买等有偿方式取得其他企业的产权，使其丧失法人资格或虽然保留法人资格但改变投资主体的一种行为”。

（2）收购，是指一家企业用现金或者有价证券等，购买另一家企业的股票、股权或者资产，以获得对该企业的全部资产或者某项资产的所有权，或对该企业的控制权。

二、并购的实质

并购的实质是在企业控制权运动过程中，各权利主体依据企业产权作出的制度安排而进行的一种权利让渡行为。并购活动是在一定的财产权利制度和企业制度条件下进行的，在并购过程中，某一或某一部分权利主体通过出让其所拥有的对企业的控制权而获得相应的受益，另一个部分权利主体则通过付出一定代价而获取这部分控制权。企业并购的过程实质上是企业权利主体不断变换的过程。

三、并购的动因

产生并购行为最基本的动机就是寻求企业的发展。寻求扩张的企业面临着内部扩张和通过并购发展两种选择。内部扩张可能是一个缓慢而不确定的过程，通过并购发展则要迅速得多，尽管它会带来自身的不确定性。

具体到理论方面，并购的最常见的动机就是——协同效应（Synergy）。并购交易的支持者通常会以达成某种协同效应作为支付特定并购价格的理由。并购产生的协同效应包括经营协同效应（Operating Synergy）和财务协同效应（Financial Synergy）。

在具体实务中，并购的动因，归纳起来主要有以下几类：

1. 扩大生产经营规模，降低成本费用。通过并购，企业规模得到扩大，能够形成有效的规模效应。规模效应能够带来资源的充分利用和整合，降低管理、原料、生产等各个环节的成本，从而降低总成本。

2. 提高市场份额，提升行业战略地位。规模大的企业，伴随生产力的提高，销售网络的完善，市场份额将会有比较大的提高，从而确立企业在行业中的领导地位。

3. 取得充足廉价的生产原料和劳动力，增强企业的竞争力。通过并购实现企业的规模扩大，成为原料的主要客户，能够大大增强企业的谈判能力，从而为企业获得廉价的生产资料提供可能。同时，高效的管理、人力资源的充分利用和企业的知名度，都有助于企业降低劳动力成本，从而提高企业的整体竞争力。

4. 实施品牌经营战略，提高企业的知名度，以获取超额利润。品牌是价值的动力，同样的产品，甚至是同样的质量，名牌产品的价值远远高于普通产品。笔者在北京市某市场询问同一款皮具的原厂产品与仿制品的区别，得到的回答是：“仿制的用的是真皮，价钱便宜；原厂的是人造革，贵。”并购能够有效提高品牌知名度，提高企业产品的附加值，获得更多的利润。

5. 为实现公司发展的战略，通过并购取得先进的生产技术、管理经验、经营网络、专业人才等各类资源。并购活动收购的不仅是企业的资产，而且获得了被收购企业的人力资源、管理资源、技术资源、销售资源等。这些都有助于企业整体竞争力的根本提高，对公司发展战略的实现有很大帮助。

6. 通过收购跨入新的行业，实施多元化战略，分散投资风险。这种情况出现在混合并购模式中，随着行业竞争的加剧，企业通过对其他行业的投资，不仅能有效扩充企业的经营范围，获取更广泛的市场和利润，而且能够分散因本行业竞争带来的风险。

四、并购的类型

根据并购的不同功能或根据并购涉及的产业组织特征，可以将并购分为三种基本类型：

(一)横向并购

横向并购的基本特征就是企业在国际范围内的横向一体化。近年来,由于全球性的行业重组浪潮,结合我国各行业实际发展需要,加上我国国家政策及法律对横向重组的一定支持,行业横向并购的发展十分迅速。

(二)纵向并购

纵向并购是发生在同一产业的上下游之间的并购。纵向并购的企业之间不是直接的竞争关系,而是供应商和需求商之间的关系。因此,纵向并购的基本特征是企业在市场整体范围内的纵向一体化。

(三)混合并购

混合并购是发生在不同行业企业之间的并购。从理论上看,混合并购的基本目的在于分散风险,寻求范围经济。在面临激烈竞争的情况下,我国各行各业的企业都不同程度地想到多元化。混合并购就是多元化的一个重要方法,为企业进入其他行业提供了有力、便捷、低风险的途径。

上面的三种并购活动在我国的发展情况各不相同。目前,我国企业基本摆脱了盲目多元化的思想,更多的横向并购发生了,数据显示,横向并购在我国并购活动中的比重始终在50%左右。横向并购毫无疑问是对行业发展影响最直接的。混合并购在一定程度上也有所发展,主要发生在实力较强的企业中,相当一部分混合并购情况较多的行业都有比较好的效益,但发展前景不明朗。纵向并购在我国比较不成熟,基本都在钢铁、石油等能源与基础工业行业。这些行业的原料成本对行业效益有很大影响,因此,纵向并购成为企业强化业务的有效途径。

五、并购的一般程序

一般来说,企业并购都要经过前期准备、方案设计、谈判签约、接管与整合四个阶段。如图7-1所示。

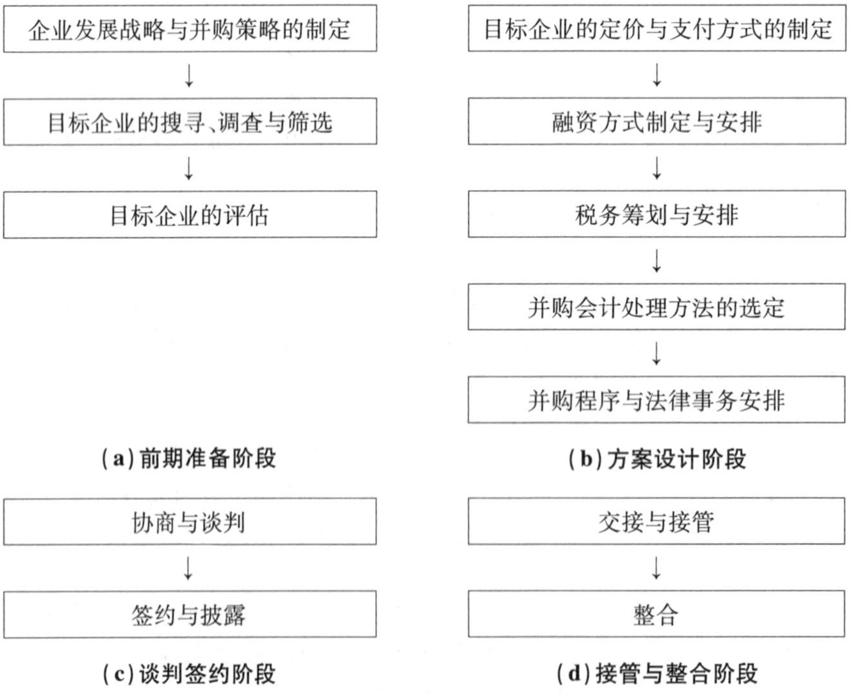

图7-1 企业并购的四个阶段

（一）前期准备阶段

企业根据发展战略的要求制定并购策略，初步勾画出拟并购的目标企业的轮廓，如所属行业、资产规模、生产能力、技术水平、市场占有率等。据此进行目标企业的市场搜寻，捕捉并购对象，并对可供选择的目标企业进行初步比较。

（二）方案设计阶段

方案设计阶段就是根据评价结果、限定条件（最高支付成本、支付方式等）及目标企业意图，对各种资料进行深入分析，统筹考虑，设计出数种并购方案，包括并购范围（资产、债务、契约、客户等）、并购程序、支付成本、支付方式、融资方式、税务安排、会计处理等。

（三）谈判签约阶段

通过分析、甄选、修改并购方案，最后确定具体可行的并购方案。并购方案确定后并以此为核心内容制成收购建议书或意向书，作为与对方谈判的基础；若并购方案设计将买卖双方利益拉得很近，则双方可能进入谈判签约阶段；反之，若并购方案设计远离对方要求，则会被拒绝，并购活动又重新回到起点。

（四）接管与整合阶段

双方签约后，进行接管并在业务、人员、技术等方面对目标企业进行整合。并购后的整合是并购程序的最后环节，也是决定并购是否成功的重要环节。

六、并购的历史发展

（一）以横向并购为特征的第一次并购浪潮

19 世纪下半叶，科学技术取得巨大进步，大大促进了社会生产力的发展，为以铁路、冶金、石化、机械等为代表的行业大规模并购创造了条件，各个行业中的许多企业通过资本集中组成了规模巨大的垄断公司。在 1899 年美国并购高峰时期，公司并购达到 1208 起，是 1896 年的 46 倍，并购的资产额达到 22.6 亿美元。1895 年到 1904 年的并购高潮中，美国有 75% 的公司因并购而消失。

在工业革命发源地——英国，并购活动也大幅增长，在 1880～1981 年，有 665 家中小型企业通过兼并组成了 74 家大型企业，垄断着主要的工业部门。后起的资本主义国家——德国的工业革命完成比较晚，但企业并购重组的发展很快，1875 年，德国出现第一个卡特尔，通过大规模的并购活动，1911 年就增加到 550～600 个，控制了德国国民经济的主要部门。在这股并购浪潮中，大企业在各行各业的市场份额迅速提高，形成了比较大规模的垄断。

（二）以纵向并购为特征的第二次并购浪潮

20 世纪 20 年代（1925～1930 年）发生第二次并购浪潮，那些在第一次并购浪潮中形成的大型企业继续进行并购，进一步增强经济实力，扩展对市场的垄断地位。这一时期的并购的典型特征是以纵向并购为主，即把一个部门的各个生产环节统一在一个企业联合体内，形成纵向托拉斯组织，行业结构从分散竞争转向寡头垄断。第二次并购浪潮中有 85% 的企业并购属于纵向并购。通过这些并购，主要工业国家普遍形成了主要经济部门的市场被一家或几家企业垄断的局面。

（三）以混合并购为特征的第三次并购浪潮

20 世纪 50 年代中期，各主要工业国出现了第三次并购浪潮。第二次世界大战后，各国经济经过 20 世纪 40 年代后期和 20 世纪 50 年代的逐步恢复，在 20 世纪 60 年代迎来了经济发展的黄金时期，主要发达国家都进行了大规模的固定资产投资。随着第三次科技革命的兴起，一系列新的科技成就得到广泛应用，社会生产力实现迅猛发展。在这一时期，以混合并购为特征的第三次并购浪潮来临，其规模、速度均超过了前两次并购浪潮。

（四）以金融杠杆并购为特征的第四次并购浪潮

20 世纪 80 年代兴起的第四次并购浪潮的显著特点是以融资并购为主，规模巨大，数量繁多。

1980～1988 年企业并购总数达到 2 万起,1985 年达到顶峰。多元化的相关产品间的“战略驱动”并购取代了“混合并购”,不再像第三次并购浪潮那样进行单纯的无相关产品的并购。此次并购的特征是:企业并购以融资并购为主,交易规模空前;并购企业范围扩展到国外企业;出现了小企业并购大企业的现象;金融界为并购提供了方便。

(五)第五次全球跨国并购浪潮

自进入 20 世纪 90 年代以来,经济全球化、一体化发展日益深入。在此背景下,跨国并购作为对外直接投资(Foreign Direct Investment,FDI)的方式之一,逐渐替代跨国创建而成为跨国直接投资的主导方式。从统计数据来看,1987 年全球跨国并购额仅有 745 亿美元,1990 年就达到 1510 亿美元,1995 年,美国企业并购额达到 4500 亿美元,1996 年上半年这一数字就达到 2798 亿美元。2000 年全球跨国并购额达到 11,438 亿美元。但是从 2001 年开始,由于受欧美等地经济增长速度的停滞和下降以及“9·11”事件的影响,全球跨国并购浪潮出现了减缓的迹象。2008 年开始的全球性金融危机,使并购活动大面积退潮。但从中长期的发展趋势来看,跨国并购还将得到继续发展。

自进入 21 世纪以来,跨国并购热潮并未消退,并购也面临着更为复杂多变的各国政治经济生态,变得更为复杂。

七、并购理论

(一)传统并购理论

1. 效率理论

企业并购理论和并购实践一样充满着鲜明的时代特色。传统的效率理论认为,并购可提高企业的整体效率,即协同效应“2+2>5”,其协同效应包括规模经济效应和范围经济效应,又可分为经营协同效应、管理协同效应、财务协同效应和多元化协同效应,如夺取核心资源、输出自己的管理能力、提高财务信誉而减少资金成本、减少上缴税收、多元化发展以避免单一产业经营风险。

横向、纵向、混合并购都能产生协同效应。美国经济学家威廉·杰克·鲍莫尔提出可竞争市场和沉淀成本理论,进一步支持效率理论。1984 年美国司法部的《合并指南》修正了《克莱顿法》的传统观点,旗帜鲜明地支持效率理论。

2. 交易费用理论

科斯提出企业的存在原因是可以替代市场节约交易成本,企业的最佳规模存在于企业内部的边际组织成本与企业外部的边际交易成本相等时,并购是当企业意识到通过并购可以将企业间的外部交易转变为企业内部行为从而节约交易费用时自然而然发生的。交易费用理论可较好地解释纵向并购发生的原因,本质上可归为效率理论。

3. 市场势力理论

通过并购减少竞争对手、提高市场占有率,从而获得更多的垄断利润;而垄断利润的获得又增强企业的实力,为新一轮并购打下基础。市场势力一般采用产业集中度进行判断,如产业中前 4 家或前 8 家企业的市场占有率之和(CR4 或 CR8)超过 30% 为高度集中,15%～30% 为中度集中,低于 15% 为低度集中。美国则采用赫芬达尔系数(市场占有率的平方之和)来表示产业集中度。该理论成为政府规制并购、反对垄断、促进竞争的依据。

4. 价值低估理论

并购活动的发生主要是目标企业的价值被低估。詹姆斯·托宾以 Q 值反映企业并购发生的可能性:Q = 公司股票的市场价值 ÷ 公司资产的重置成本。如果 Q<1,且小得越多,则企业被并购的可能性越大,进行并购要比购买或建造相关的资产更便宜些。该理论提供了选择目标企业的一种思路,应用的关键是如何正确评估目标企业的价值,但现实中并非所有价值被低估的公司都会被

并购,也并非只有价值被低估的公司才会成为并购目标。

(二)现代并购理论

1.代理成本理论

现代企业的所有者与经营者之间存在委托—代理关系,企业不再单独追求利润最大化。代理成本由詹森和麦克林提出,并购是为降低代理成本。

金融经济学解释并购失效的三大假说是过度支付假说、过度自信假说和自由现金流量假说。过度支付假说认为,主并方过度支付并购溢价,其获得的并购收益远远低于被并方的收益;过度自信假说认为,主并方的管理层常常因自大而并购,任何并购价格高于市场价格的企业并购都是一种错误;自由现金流量假说认为,并购减少企业的自由现金流量,可降低代理成本,但适度的债权更能降低代理成本进而增加公司的价值。

2.战略发展和调整理论

与内部扩充相比,外部收购可使企业更快地适应环境变化(卢东斌称为"花钱买时间"),有效降低进入新产业和新市场的壁垒,并且风险相对较小,特别是基于产业或产品生命周期的变化所进行的战略性重组,如生产"万宝路"香烟的菲利普·莫里斯公司转向食品行业。

企业处于所在产业的不同生命周期阶段,其并购策略是不同的:处于导入期与成长期的新兴中小型企业,若有投资机会但缺少资金和管理能力,则可能会出卖给现金流充足的成熟产业中的大企业;处于成熟期的企业将试图通过横向并购来扩大规模、降低成本、运用"价格战"来扩大市场份额;而处于衰退期的企业为生存而进行业内并购以打垮竞争对手,还可能利用自己的资金、技术和管理优势,向新兴产业拓展,寻求新的利润增长点。

3.其他企业并购理论

关于企业并购的理论还有:利润动机理论、投机动机理论、竞争压力理论、预防和安全动机理论等。并购的根本动机,实际上是企业逐利的本性和迫于竞争的压力。

上述这些并购理论,可总结为五种并购模式:生存型动机(倾向横向并购)、防范型动机(多为纵向并购)、多元化动机(倾向混合并购)、扩张型动机(倾向横向并购)和非利润动机(无固定模式)。

八、并购评价及其应用

(一)并购绩效、方式

关于并购绩效,从超常收益来看,一般被收购方股东获得显著的正的超常收益;而收购方股东的收益则不确定,有正收益、微弱正收益及负收益三种结论。

从并购后公司的盈利能力来看,一般认为合并没有显著提高公司的盈利能力。并购双方实力是决定双方谈判地位的重要因素之一,双方谈判地位直接决定目标企业的最终成交价格。

在并购支付方式上,国外主要采用现金,也有采用股权的;国内采用现金(目标企业方希望)支付方式较多,采用股权(主并方希望)等综合证券支付方式的较少。

(二)并购成功标准、可能性和价值

并购成功标准因人而异,并购中股东、管理者与雇员的视角不同,各自利益不一定总是重合,要看能否实现"2+2>5"、能否实现并购双方"双赢"。对主并方,能实现其发展战略、提高其核心竞争力和有效市场份额的并购就是成功的;由于主并方的目标是多元化的、分时期的和分层次的,只要当时符合自己的并购标准,符合天时、地利、人和的并购,就是成功并购,不能用单一目标进行简单评判。

总体来说,并购的利大于弊。目前,并购的成功率已提高到50%左右,种种的并购陷阱并没有阻碍并购浪潮,并购方不因害怕并购陷阱而不敢并购。并购要想成功,则天时、地利、人和三者缺一不可,但天时大于地利、地利大于人和。天时,即国家政策、经济形势、市场需求和竞争情况、产业发展趋势等;地利,即地理人文环境、开放度、区域经济布局、当地政策、各种资源供应等;人和,即双方管理层的共识和信任关系、双方与当地政府的关系、双方企业文化融合程度、双方人力资源的趋同性与互补性等。

企业并购是一项复杂的系统工程。尽管难以解释为什么以股价变动、盈利能力等指标衡量并购的失败率高达60%~80%,而并购活动仍然风起云涌的现实。但并购理论为并购实践起到理论总结和指导作用,并购动机方面的研究比较成熟完善。并购只是一种中性的工具,是一种交易行为,在不同时期与不同的主客观条件相结合,将产生不同结果。对并购的评价应将并购的目的与结果相比较而进行,只要结果达到主体当时的并购目的,就可认为具体并购行为是有效的。

第二节　投资并购相关合同的法律问题①

一、资产收购合同

(一)资产收购合同的概念与构成要素

1. 资产收购合同的概念

资产收购合同是资产转让方与收购方(受让方)为实现目标企业控制权的转移,明确双方在转让目标企业全部或实质全部资产时的权利义务的合意。资产收购是对目标企业的实物资产的受让,这就决定了资产收购合同本质上是转移资产所有权的合同。

资产收购合同与股权收购合同相类似,但在购买目标企业所拥有的资产的收购合同中的重点,在于资产的转让,而与目标企业的经营管理并无直接关联,在收购资产的合同内容方面,除关于目标企业的经营管理约定外,一般与收购股权合同大同小异;由于收购资产合同的重点,应在于目标企业资产的移转,故应特别注意有关资产的盘点交割,并要求卖方将目标企业的一切有形、无形资产开列清单,以资凭据。在资产收购合同中,陈述及保证条款是重要的条款,受让方也可要求转让方中主要经营者或大股东做此项保证。

2. 资产收购合同的构成要素

与一般买卖合同相区别,资产收购合同在构成要素上有其特殊性:②

第一,在资产收购合同中,收购方是出资购买资产的企业,被收购方是拟转让资产的目标企业。根据合同法的基本原理,资产出让方应拥有对该资产的合法处分权,通常情况下,目标企业是企业资产的合法处分权人。因此,尽管依公司法原理,公司全部或实质全部资产的转让须经股东会、董事会决议认可,但是合同的主体一方只能是目标企业。必须注意的是,国有资产的转让有其特殊性,在目标企业是国有独资公司或依《全民所有制工业企业法》设立的企业时,企业资产转让应当经国家授权投资的机构、国家授权的部门、国有资产管理部门或企业主管部门等批准。

第二,资产收购合同的标的是目标企业的资产。该资产应当具有整体性,这一特点使转移控制权的资产收购合同与一般资产转让合同相区别。资产一般可以分为实物形态的资产和货币形态的资产,而目标企业资产的性质应是实物形态的资产,包括有形资产和无形资产,货币形态的资产一般并不包括在内。在资产收购合同中,一般不涉及目标企业债务的转移,收购方没有义务同时接受资产与负债,除非当事人另有约定。

---

① 本节主要参考了李雨龙、郭智慧:《企业改制并购文书范本与操作指南》,法律出版社2006年版;李雨龙、陈景云、乔路等:《投资并购经典案例法律评析》,法律出版社2008年版;以及笔者最新操作实务。

② 参见顾功耘等:《公司并购法论》,高等教育出版社1999年版,第197页。

第三,资产收购合同的收购方在享有取得资产的权利的同时,负有支付价款的义务;而被收购方在享有取得价款的权利的同时负有支付资产的义务,以及对资产的权利瑕疵担保义务和品质瑕疵担保义务。这些权利义务,构成资产收购合同的基本内容。

(二)资产收购合同的相关法律规定

资产收购合同是买卖合同的一种,我国法律关于买卖合同的规定同样适用于资产收购合同。买卖合同是出卖人转移标的物的所有权给买受人,买受人支付价款的合同,具有典型的双务、有偿和诺成性。

1. 买卖合同中出卖人的义务主要有:

(1)交付标的物,并转移标的物的所有权。《民法典》第 598 条规定:"出卖人应当履行向买受人交付标的物或者交付提取标的物的单证,并转移标的物所有权的义务。"第 599 条规定:"出卖人应当按照约定或者交易习惯向买受人交付提取标的物单证以外的有关单证和资料。"第 600 条规定:"出卖具有知识产权的标的物的,除法律另有规定或者当事人另有约定外,该标的物的知识产权不属于买受人。"第 602 条规定:"当事人没有约定标的物的交付期限或者约定不明确的,适用本法第五百一十条、第五百一十一条第四项的规定。"

(2)按照约定的时间、地点、方式交付标的物。《民法典》第 601 条规定:"出卖人应当按照约定的时间交付标的物。约定交付期限的,出卖人可以在该交付期限内的任何时间交付。"

(3)权利瑕疵担保义务。《民法典》第 603 条规定:"出卖人应当按照约定的地点交付标的物。当事人没有约定交付地点或者约定不明确,依据本法第五百一十条的规定仍不能确定的,适用下列规定:(一)标的物需要运输的,出卖人应当将标的物交付给第一承运人以运交给买受人;(二)标的物不需要运输,出卖人和买受人订立合同时知道标的物在某一地点的,出卖人应当在该地点交付标的物;不知道标的物在某一地点的,应当在出卖人订立合同时的营业地交付标的物。"

(4)物的瑕疵担保义务。《民法典》第 612 条规定:"出卖人就交付的标的物,负有保证第三人对该标的物不享有任何权利的义务,但是法律另有规定的除外。"第 613 条规定:"买受人订立合同时知道或者应当知道第三人对买卖的标的物享有权利的,出卖人不承担前条规定的义务。"第 614 条规定:"买受人有确切证据证明第三人对标的物享有权利的,可以中止支付相应的价款,但是出卖人提供适当担保的除外。"

(5)按照约定的质量要求交付标的物。《民法典》第 615 条规定:"出卖人应当按照约定的质量要求交付标的物。出卖人提供有关标的物质量说明的,交付的标的物应当符合该说明的质量要求。"第 616 条规定:"当事人对标的物的质量要求没有约定或者约定不明确,依据本法第五百一十条的规定仍不能确定的,适用本法第五百一十一条第一项的规定。"

(6)出卖人交付的标的物不符合质量要求的,买受人可以要求出卖人承担违约责任。《民法典》第 617 条规定:"出卖人交付的标的物不符合质量要求的,买受人可以依据本法第五百八十二条至第五百八十四条的规定请求承担违约责任。"第 618 条规定:"当事人约定减轻或者免除出卖人对标的物瑕疵承担的责任,因出卖人故意或者重大过失不告知买受人标的物瑕疵的,出卖人无权主张减轻或者免除责任。"第 619 条规定:"出卖人应当按照约定的包装方式交付标的物。对包装方式没有约定或者约定不明确,依据本法第五百一十条的规定仍不能确定的,应当按照通用的方式包装;没有通用方式的,应当采取足以保护标的物且有利于节约资源、保护生态环境的包装方式。"

2. 买受人的主要义务有:

(1)付款与受领义务。《民法典》第 626 条规定:"买受人应当按照约定的数额和支付方式支付价款。对价款的数额和支付方式没有约定或者约定不明确的,适用本法第五百一十条、第五百一十一条第二项和第五项的规定。"第 627 条规定:"买受人应当按照约定的地点支付价款。对支付地点没有约定或者约定不明确,依据本法第五百一十条的规定仍不能确定的,买受人应当在出卖人的营业地支付;但是,约定支付价款以交付标的物或者交付提取标的物单证为条件的,在交付标的物或者交付提取标的物单证的所在地支付。"第 628 条规定:"买受人应当按照约定的时间支付价款。对支付时间没有约定或者约定不明确,依据本法第五百一十条的规定仍不能确定的,买受人应当在收到标的物或者提取标的物单证的同时支付。"

(2)检验和通知义务。《民法典》第 620 条规定:"买受人收到标的物时应当在约定的检验期限内检验。没有约定检验期限的,应当及时检验。"第 621 条规定:"当事人约定检验期限的,买受人应当在检验期限内将标的物的数量或者质量不符合约定的情形通知出卖人。买受人怠于通知的,视为标的物的数量或者质量符合约定。当事人没有约定检验期限的,买受人应当在发现或者应当发现标的物的数量或者质量不符合约定的合理期限内通知出卖人。买受人在合理期限内未通知或者自收到标的物之日起二年内未通知出卖人的,视为标的物的数量或者质量符合约定;但是,对标的物有质量保证期的,适用质量保证期,不适用该二年的规定。出卖人知道或者应当知道提供的标的物不符合约定的,买受人不受前两款规定的通知时间的限制。"第 622 条规定:"当事人约定的检验期限过短,根据标的物的性质和交易习惯,买受人在检验期限内难以完成全面检验的,该期限仅视为买受人对标的物的外观瑕疵提出异议的期限。约定的检验期限或者质量保证期短于法律、行政法规规定期限的,应当以法律、行政法规规定的期限为准。"第 623 条规定:"当事人对检验期限未作约定,买受人签收的送货单、确认单等载明标的物数量、型号、规格的,推定买受人已经对数量和外观瑕疵进行检验,但是有相关证据足以推翻的除外。"

资产收购合同虽属买卖合同的一种,但其具有自身的特殊性。资产收购属于重大资产转让事项,影响企业的生产经营活动,应当根据《公司法》和公司章程的规定,经公司股东会或董事会作出决议。

(三)资产收购合同的内容

资产收购合同的主要条款应当包括:标的条款(目标资产条款)、陈述与保证条款、价格和费用分担条款、履行条款等。其普通条款有:债务承担条款、担保条款以及合同的变更或解除条款等。限于篇幅,这里仅就陈述与保证条款、价格和费用分担条款和履行条款进行探讨。

1. 陈述与保证条款

陈述与保证条款是资产收购的基础性条款,是目标企业应收购方要求就转让资产的现实状况所作的一系列陈述与保证。该条款使被收购方担负起保证义务,进而为收购风险的合理承担提供重要的判断依据。

收购是一项高风险的经济行为,一方面,由于信息的不对称,不管收购方在收购前做多么细致的调查,也难以完全掌握关于资产的确切信息;另一方面,被收购方虽负有瑕疵担保义务,但其担保范围仍较有限,被收购方没有义务披露关于资产的其他重要信息,我们也难以杜绝被收购方遗漏、隐瞒、虚假陈述的情形发生。

因此,资产收购合同中陈述与保证条款的设计,不仅是法定义务的书面化,更是平衡双方利益、维护交易安全的需要。一般而言,陈述与保证条款应包括以下内容:

第一,陈述与保证人的选择。陈述与保证人一般应为被收购方,但在必要时,收购方可要求被收购方的主要经营者或大股东共同做出陈述与保证,承担违反该义务的连带赔偿责任,从而能在目标企业隐匿、转移资产或依法强制解散等特殊情形下得到较为周全的救济。

第二,陈述与保证的具体内容。收购方显然希望被收购方做出全面真实的陈述和保证,而被收购方为限制自身的责任承担范围,往往在"就卖方所知"的范围内做出相应的陈述与保证。为平衡双方的利益和责任,保障双方的合法权益,陈述与保证的内容应为:

(1)被收购方应就该收购资产的品质做出相应的陈述,包括质量状况、使用年限、使用性能等。如果该收购资产存在品质瑕疵,即该转让资产含有隐蔽的缺陷或其他的品质问题,被收购方应当做出陈述,不得遗漏、隐瞒和虚假陈述。(2)被收购方应就该转让资产的权利状况做出陈述,以保证被收购方是合法的处分权人。如果该转让资产存在权利瑕疵(包括该资产上负担第三人的合法抵押权、租赁权等),被收购方也应做出陈述,不得遗漏、隐瞒和虚假陈述。(3)被收购方保证与资产有关的企业文件、会计账表、权利证书等文件资料的真实性。(4)如收购方同意承担被收购方的债务,被收购方应就债务状况做出陈述和保证。(5)双方约定的其他事项,如针对该资产的潜在诉讼等。

第三,陈述与保证义务期间的约定。收购双方可约定陈述与保证义务的期间,即陈述与保证条款的有效期间。期间届满,收购方将不能依据陈述与保证不实获得赔偿,但这种约定不得违反法律的强制性规定。

2. 价格和费用分担条款

价格和费用分担条款是收购方为了取得资产而支付价款义务的体现,主要包含以下内容:

第一,价款的数额和形式。以收购资产的评估价格为基础,收购双方可以协商约定资产的转让价格。如果收购方承担目标企业的债务,则应在转让价格上作相应扣除。收购方支付对价的形式可以是现金,也可以是有价证券,还可以是现金与有价证券的组合。

第二,支付方式。考虑到收购方的支付能力,可以采取一次总付或分期付款的方式。分期付款的,应当约定每期支付的数额和时间。在收购实践中,很多资产收购合同采取分期付款的方式,这与转让金额巨大、收购方资金有限有很大关系。

第三,资金来源与费用分担。在理论探讨和实际操作中,大多将该项列为合同的必备条款,收购资金的提供方应保证资金来源合法。需要双方协商分担的费用包括中介服务费用、资产收购的税费等。虽然中介机构可能为一方聘请,税法也明确规定了纳税人,但双方当事人仍可就该费用的分担做出安排。①

3. 履行条款

资产收购的履行期比较长,履行手续也比较繁杂。为保证交易的顺利完成,履行条款的约定必须全面而细致,包括履行时间、地点、方式、履行条件、履行期间的义务和履行日程的安排。

第一,履行时间一般为一段时间。在资产收购的合同中,不同的资产交付的时间是不一样的。为了明确收购资产风险负担转移的时间,当事人会指定履行期中的一日为交割日或约定交割日的确定方法。根据“交付转移风险”的原则,交割日后,收购资产的风险由收购方负担,但双方另有约定的除外。

第二,为了保证双方的诚信履约,当事人可选用提存的履行方式,即将双方尚未转移的资产和价款提存给双方同意的第三者保管。除非经双方同意,任何一方不得取回。提存的履行方式,在跨地区、跨国的企业资产收购活动中具有相当重要的意义。

第三,履行条件是资产收购合同中双方当事人约定的义务和条件,只有在当事人履行该义务和条件成就后,才正式进行资产和价款的支付。履行条件包括:(1)至交割日,双方于本次交易行为中所做的一切陈述与保证皆属实。(2)本次交易已经取得第三者一切必要的授权、同意及核准,如政府反垄断机关的审查。(3)双方已取得本次资产收购的一切同意和授权,如双方董事会、股东会通过关于资产转让的决议。

第四,履行期间义务的约定。签订合同只表示双方同意转让资产,而距离资产正式交割尚有一

① 参见顾功耘等:《公司并购法论》,高等教育出版社1999年版,第200页。

段时间。这样就存在一个过渡期,存在风险。在过渡期内,收购方尚无法对资产行使控制权,而被收购方的经营者和雇员的责任心可能会降低,这就影响资产的增值甚至使资产招致毁损。

在合同法理论上,随着诚实信用原则的确立和推广,双方当事人除负担给付义务外,为辅助对方实现利益,还应负担各种附随义务。所谓附随义务,是指法律未明确规定,当事人无明确约定,为维护对方当事人利益,依社会一般交易理念,当事人应负担之义务。这些义务包括注意义务、告知义务、照顾义务、保密义务、不作为义务等。在资产收购合同中,这些附随义务将约束被收购方的行为。如果被收购方违反附随义务给收购方带来损失,被收购方应承担赔偿责任。在资产收购合同中,双方当事人应在合同中明确约定履行期间的附随义务,使其内容具体化,以维护收购双方的合法权益。①

(四)资产收购合同的无效和撤销

《民法典》第144条规定:"无民事行为能力人实施的民事法律行为无效。"第146条规定:"行为人与相对人以虚假的意思表示实施的民事法律行为无效。以虚假的意思表示隐藏的民事法律行为的效力,依照有关法律规定处理。"第153条规定:"违反法律、行政法规的强制性规定的民事法律行为无效。但是,该强制性规定不导致该民事法律行为无效的除外。违背公序良俗的民事法律行为无效。"第154条规定:"行为人与相对人恶意串通,损害他人合法权益的民事法律行为无效。"第155条规定:"无效的或者被撤销的民事法律行为自始没有法律约束力。"第156条规定:"民事法律行为部分无效,不影响其他部分效力的,其他部分仍然有效。"第157条规定:"民事法律行为无效、被撤销或者确定不发生效力后,行为人因该行为取得的财产,应当予以返还;不能返还或者没有必要返还的,应当折价补偿。有过错的一方应当赔偿对方由此所受到的损失;各方都有过错的,应当各自承担相应的责任。法律另有规定的,依照其规定。"第497条规定:"有下列情形之一的,该格式条款无效:(一)具有本法第一编第六章第三节和本法第五百零六条规定的无效情形;(二)提供格式条款一方不合理地免除或者减轻其责任、加重对方责任、限制对方主要权利;(三)提供格式条款一方排除对方主要权利。"第506条规定:"合同中的下列免责条款无效:(一)造成对方人身损害的;(二)因故意或者重大过失造成对方财产损失的。"

资产收购合同被确认无效、撤销后,由于合同标的的特殊性,在适用返还原则时应针对导致合同无效或被撤销的不同原因,分别做如下处理:

(1)因出让方的欺诈行为而无效或被撤销的,受让方除了有权要求返还价款外,有权取得对目标资产经营产生的盈利;对受让方正常经营导致的损失,由出让方自行承担。(2)因受让方的欺诈行为而无效或被撤销的,出让方有权取得产权的增值部分,受让方应当弥补因亏损造成的损失。(3)双方恶意串通导致合同无效的,双方应当按各自过错承担因此造成的损失。

二、股权转让合同

(一)股权转让合同的概念及其主要条款

股权转让,即股东将其所持有的股权(在目标公司的股权)转让于其他股东或股东以外的第三人。股权转让合同,是股权转让方和受让方就股权转让事宜协商一致依法达成的合同。

从股权转让相关规定来看,《公司法》对有限责任公司的股权转让没有做强制性的规定,允许公司股东通过公司章程对公司股权转让做出自由约定,只有在公司章程未对公司股权转让做出约定的情况下,才适用股权转让的法律规定。2023年修订的《公司法》第四章专章规定了"有限责任公司的股权转让";第六章第二节专门规定了股份有限公司的"股份转让"。新法沿袭了原有的立法形式——对于有限责任公司股权转让的规则进行法律上的规定,但是"公司章程对股权转让另

---

① 参见顾功耘等:《公司并购法论》,高等教育出版社1999年版,第202页。

有规定的，从其规定”；但需要注意的是，新法取消了“其他股东过半数同意”的规定，亦即当章程没有进行特别规定而需要适用《公司法》时，并不需要其他股东的过半数同意，仅履行通知义务、保障其他股东的优先购买权即可。2023 年修订的《公司法》关于股份公司股份转让进行了类似的规定，第 157 条规定：“股份有限公司的股东持有的股份可以向其他股东转让，也可以向股东以外的人转让；公司章程对股份转让有限制的，其转让按照公司章程的规定进行。”

1. 何为股权收购

股权收购是指收购公司通过公开方式或协议方式取得目标公司一定比例的股权、股份，从而取得对目标公司的控制。

商务部《关于外国投资者并购境内企业的规定》（2009 年修改）第 2 条中，将“股权收购”规定为外国投资者购买境内非外商投资企业股东的股权或认购境内公司增资，使该境内公司变更设立为外商投资企业。可见，股权收购包括认购股权和认购增资两种。从被并购方角度来看，股权收购可表现为股权的对外转让。

2. 股权的外部转让

有限责任公司股权转让制度包括股权的内部转让和外部转让。股权的外部转让，又因为法律是否赋予其他股东选择同意权或者优先购买权，而形成了四种立法模式：

第一种立法模式是只规定有限责任公司股东对外转让股权时，仅需要得到公司或者其他股东的同意，而不赋予公司或者其他公司以优先购买权。

第二种立法模式是只规定优先购买权而不规定同意权。

第三种立法模式是既规定同意权，又规定优先购买权。

第四种立法模式是授权公司章程规定或者协议约定同意权、优先购买权或者其他限制，美国公司法采取的正是这种模式。在美国公司法中，立法规定的可供选择的限制条款包括：（1）使股东首先有责任向公司或者其他人（分别地、依次地或者同时地）提供获得受限制股份的机会；（2）使公司或者其他人（分别地、依次地或者同时地）获得受限制的股份；（3）要求公司、任何类别股份持有人或者其他人同意受限制股份的转让，只要此等要求并非明显的不合理；（4）禁止向特定之人或者特定类别之人转让受限制的股份，只要此等要求并非明显的不合理。

2023 年修订的《公司法》取消了原有的“其他股东过半数同意”的规定，但我们需要留意：如果章程无特别约定而需要适配《公司法》时，要严格依法“走足”必要的“通知”与“答复”流程，避免因为程序问题出现争议，即股东向股东以外的人转让股权的：（1）应当将股权转让的数量、价格、支付方式和期限等事项书面通知其他股东，注意所有“事项”都要通知，才能确保对“同等条件下”优先购买权的理解无歧义，并且要留存好“通知”的证据；（2）被通知的股东自接到书面通知之日起 30 日内未答复的，视为放弃优先购买权，从“被通知的股东”的角度，需要明确提示其要进行“答复”、不要放任不理，这里的“答复”应当根据“通知”中的内容逐一进行同意或反驳的陈述，并且要留存好进行“答复”的书面证据；（3）两个以上股东行使优先购买权的，协商确定各自的购买比例，一是要对协商结果进行书面确定，二是要将协商结果以书面形式向通知人（转让方）进行告知；（4）两个以上股东协商不成的，按照转让时各自的出资比例行使优先购买权，这里的“出资比例”应作“认缴出资比例”（非实缴出资比例）来理解。

3. 股权收购的效应

股权收购的主体是收购公司和目标公司的股东，客体是目标公司的股权。股权收购后，收购公司成为目标公司控股股东，享有法律规定的各种股东权利。收购公司仅在出资范围内承担责任，目标公司仍然保持原有的法律主体地位，原有的债务仍然由目标公司承担。

不同于资产收购的是，目标公司的原有债务对今后股东的收益有巨大影响，因此在股权收购之前,收购公司必须调查清楚目标公司的债务状况。由于目标公司有债务在收购时往往难以预料,股权收购存在一定的负债风险。

股权收购中,受到影响最大的是目标公司的其他股东。2023 年修订的《公司法》保留了优先受让权条款,取消了过半数同意的规定。

(二)股权转让合同的主要条款

股权转让合同主要条款包括:被转让股权条款、股权交付条款、股权转让价款及支付方式条款、声明和保证条款等;一般条款包括:当事人双方条款、保密条款、违约条款、不可抗力条款和其他条款。

1. 当事人双方条款

该条款有两方面直接影响:

第一,当事人双方的身份,即双方当事人是不是目标公司的股东,影响有限责任公司股权转让的条件。

2023 年修订的《公司法》保留了"有限责任公司的股东之间可以相互转让其全部或者部分股权"的规定,对外转让时才会涉及"应当就股权转让的数量、价格、支付方式和期限等事项书面通知其他股东"的义务,以及其他股东优先购买权保护等事项。

关于股份有限公司的股权转让,2023 年修订的《公司法》进行了与有限责任公司类似的规定:第 157 条规定:"股份有限公司的股东持有的股份可以向其他股东转让,也可以向股东以外的人转让;公司章程对股份转让有限制的,其转让按照公司章程的规定进行。"

第二,当事人双方的身份,即转让方是不是目标公司的发起人、董事、监事和高级管理人员,受让方适格与否,影响股权转让合同的效力。

《公司法》(2023 年修订)第 160 条规定:"公司公开发行股份前已发行的股份,自公司股票在证券交易所上市交易之日起一年内不得转让。法律、行政法规或者国务院证券监督管理机构对上市公司的股东、实际控制人转让其所持有的本公司股份另有规定的,从其规定。公司董事、监事、高级管理人员应当向公司申报所持有的本公司的股份及其变动情况,在就任时确定的任职期间每年转让的股份不得超过其所持有本公司股份总数的百分之二十五;所持本公司股份自公司股票上市交易之日起一年内不得转让。上述人员离职后半年内,不得转让其所持有的本公司股份。公司章程可以对公司董事、监事、高级管理人员转让其所持有的本公司股份作出其他限制性规定。股份在法律、行政法规规定的限制转让期限内出质的,质权人不得在限制转让期限内行使质权。"

2. 鉴于条款

该条款主要表述目标公司的情况(包括股权状况和工商登记情况等),包括股权转让方的主体资格、持有目标公司的股权和转让该股权的意愿,股权受让方的主体资格、受让该股权的意思表示等情况,以便为下一步合同内容的阐述奠定事实基础。

3. 标的条款

包括关于被转让股权和股权交付的条款,该条款主要表述被转让股权的状况以及股权如何交付的问题。其中被转让股权的状况包括转让方的出资额、股东权益及股东责任;股权交付条款则应明确约定办理政府审批、转让价款到账验证、股东权利义务的移转、股东名册的变更、股权过户的变更登记等事项。2023 年修订的《公司法》进一步简化有关流程,如不必再上会——第 87 条规定:"依照本法转让股权后,公司应当及时注销原股东的出资证明书,向新股东签发出资证明书,并相应修改公司章程和股东名册中有关股东及其出资额的记载。对公司章程的该项修改不需再由股东会表决。"

4. 价格条款

股权转让的价格与转让方出资额、目标公司的净资产有关系,股权转让价款的高低会受每股净资产、企业经营利润情况、市场情况等因素影响。转让股权的购买价包括转让股权所包含的各种股东权利和股东义务,但不包括出让方隐瞒的债务或其他应付款项。转让股权的价款确定问题对股权转让与受让双方都很重要,被转让股权的具体价款、价款包含的内容以及支付方式等,应在股权转让合同中予以明确。

5. 声明和保证条款

该条款目的是防范风险、救济违约和处理法律纠纷。该条款主要表述和保证当事人双方主体适格、诚信履约以及意思表示真实。转让方的声明和保证条款主要表述和保证转让股权合法、有效和完整,其他股东的意愿以及目标公司股东会同意转让的决定。受让方的声明和保证条款主要说明和保证受让股权的意思表示真实、购买股权的资金来源合法可靠等。①

6. 过渡期条款

股权转让合同签订后,从签订之日起到股权交割日之间有一段过渡期,过渡期条款主要规定当事人双方在过渡期间的权利义务。其中,包括双方应确定各自的具体工作,相互协助办理主管部门的批准或有关第三方的同意,转让方妥善经营和管理目标公司,不得有减损目标公司资产或其他利益的行为,转让方签订新的重大合同或有重大投资应征求受让方同意,受让方先期进入目标公司参加公司经营管理等事项。

该条款的主要目的是促进股权交付工作的顺利进行,以及维护受让方在过渡期间的利益,防止转让方在股权转让合同签订后消极经营或从事其他不利于目标公司的活动,损害目标公司的资产和其他利益。

股权转让合同还包括违约条款、不可抗力及其他一般条款,这些条款与其他类型的合同中的相关条款共性较多,不再赘述。

(三)股权转让及股权转让合同的效力问题

股权转让的效力可以分为三个层次:

第一个层次是当事人签订合法的股权转让合同并交付股权,股权转让在当事人之间产生效力;

第二个层次是将股权转让情况登记于公司股东名册,股权转让对当事人、公司产生效力;

第三个层次是将股权转让情况进行工商变更登记,股权转让对当事人、公司、第三人产生效力。

当事人签订股权转让合同后,股权转让行为即在当事人之间完成,当事人不得以股权转让未进行公司登记和工商登记为由否认股权转让合同的效力,但是,因股权转让未进行公司登记和工商登记,该股权转让不得对抗公司和第三人。股权转让经公司登记和工商登记后,产生对抗公司和第三人的效力。

股权转让合同分为成立和生效两个阶段。下面将探讨关于股权转让和股权转让合同效力的几个难点问题:

1. 在有限责任公司章程未对股权转让作任何规定的情况下,股权转让合同是否以其他股东放弃优先购买权为生效条件

2023 年修订的《公司法》取消了过半数同意的规定,将相应的认定变得简化,(对于章程没有特别约定的情况)只要在股权对外转让时依法履行了“保护其他股东优先购买权的义务”,转让合同通常就应当认定是有效的,当然如果满足可撤销行为的认定条件也可能被认定为是可撤销的。2023 年修订的《公司法》关于“可撤销”的规定,仅限制在了股东会、董事会决议的认定层面,“公司股东会、董事会的会议召集程序、表决方式违反法律、行政法规或者公司章程,或者决议内容违反公司章程的,股东自决议作出之日起六十日内,可以请求人民法院撤销”(参见第 26 条)。

---

① 参见戈宇:《公司股权转让操作指南》,法律出版社 2004 年版,第 93 ~ 125 页。

我们还可参考《民法典》有关民事法律行为无效或可撤销的规定。《民法典》第153条规定:"违反法律、行政法规的强制性规定的民事法律行为无效。但是,该强制性规定不导致该民事法律行为无效的除外。违背公序良俗的民事法律行为无效。"第154条规定:"行为人与相对人恶意串通,损害他人合法权益的民事法律行为无效。"第147条规定:"基于重大误解实施的民事法律行为,行为人有权请求人民法院或者仲裁机构予以撤销。"第148条规定:"一方以欺诈手段,使对方在违背真实意思的情况下实施的民事法律行为,受欺诈方有权请求人民法院或者仲裁机构予以撤销。"

2. 股权转让情况未记载于股东名册和进行工商变更登记(参见《市场主体登记管理条例》),对股权转让和股权转让合同的效力是否有影响

《公司法》(2023年修订)第32条规定:"公司登记事项包括:(一)名称;(二)住所;(三)注册资本;(四)经营范围;(五)法定代表人的姓名;(六)有限责任公司股东、股份有限公司发起人的姓名或者名称。公司登记机关应当将前款规定的公司登记事项通过国家企业信用信息公示系统向社会公示。"第34条规定:"公司登记事项发生变更的,应当依法办理变更登记。公司登记事项未经登记或者未经变更登记,不得对抗善意相对人。"第56条规定:"有限责任公司应当置备股东名册,记载下列事项:(一)股东的姓名或者名称及住所;(二)股东认缴和实缴的出资额、出资方式和出资日期;(三)出资证明书编号;(四)取得和丧失股东资格的日期。记载于股东名册的股东,可以依股东名册主张行使股东权利。"

股权转让的效力,如前文所述,理应区分对于当事人之间的效力、对于公司的效力以及对第三人的效力。公司设置股东名册之目的,在于方便公司确认自己的股东。合法有效的股权转让合同是股权转让有效的前提,但是股东会的同意并不能代表公司已经完全知悉股东发生改变的情况,在公司股东名册上予以登记方具有对抗公司的效力。

但是在特定情况下,公司不得免责,即受让方或转让方已经向公司提出变更申请,并且提交了合法有效的证明,如股权转让合同、股东会决议等,公司拒不登记的,公司不得以自己的懈怠行为推脱责任。因此,股权转让情形未进行公司登记,不影响股权转让合同的生效,但会影响股权转让对公司的对抗效力。

对于股权转让未经工商变更登记问题,可从以下角度证明"未登记不影响合同的效力"。

(1)从工商登记的性质分析。《市场主体登记管理条例》第24条规定:"市场主体变更登记事项,应当自作出变更决议、决定或者法定变更事项发生之日起30日内向登记机关申请变更登记。市场主体变更登记事项属于依法须经批准的,申请人应当在批准文件有效期内向登记机关申请变更登记。"第8条规定:"市场主体的一般登记事项包括:(一)名称;(二)主体类型;(三)经营范围;(四)住所或者主要经营场所;(五)注册资本或者出资额;(六)法定代表人、执行事务合伙人或者负责人姓名。除前款规定外,还应当根据市场主体类型登记下列事项:(一)有限责任公司股东、股份有限公司发起人、非公司企业法人出资人的姓名或者名称;(二)个人独资企业的投资人姓名及居所;(三)合伙企业的合伙人名称或者姓名、住所、承担责任方式;(四)个体工商户的经营者姓名、住所、经营场所;(五)法律、行政法规规定的其他事项。"

公司变更的登记属于商事登记的一种,就商事登记的性质而言,可分为两类:设权性(新设权利)登记和证权性(证明权利已存在)登记。根据商事登记的效力划分,工商登记可分为登记生效主义和登记对抗主义。设权性登记的效力是登记生效主义,如公司的设立登记是公司取得法人资格的程序性要件,公司不经设立登记,无法取得法人资格,因此设立登记是一种设权程序,具有资格授予的效力。但是证权性登记具有的是证明权利存在的效果,未经登记不会导致整个商事行为失效,只是该事项本身不具备对抗第三人的效力。

法律规定股权转让办理工商登记是在合法转让股权之后，其并没有将工商登记作为股权转让发生效力的要件，这种登记是证权性的而不是设权性的，所以不会影响股权转让合同的效力，只是该股权转让不得对抗第三人(善意相对人)。①

(2)从合同当事人不得为第三人(目标公司)设定义务等角度分析。即使合同当事人在合同中约定了“经工商变更登记后生效”，该约定亦不能影响合同的效力。股权转让合同生效所附的条件可以是经公证后生效等，但不能是经工商变更登记后生效。如果合同当事人约定股权转让合同经公证后生效，则这一约定相当于对合同生效附加了条件，是对合同债权的一种限制，当条件不成就时，阻却了合同债权的形成。

而股权转让这一特定物权变更行为在工商登记上的特殊性，使之与股权转让合同附加生效条件不同，这里暂将之定义为对股权转让的“特别约定”。法律、行政法规没有规定股权转让必须办理工商登记手续后才生效，工商登记属于“宣示性登记”，公司得以据此向备案在册的股东履行义务，第三人亦得以据此确认股东，之所以说对股权转让做出经工商变更后生效的约定，并非对股权转让合同生效附条件，而是对股权这一物权转让的特别约定，是因为：①工商登记是国家行政权力对民事行为进行的一项合理干预，工商变更登记的前提条件是股权转让合同已生效，由此，从逻辑上可推出，经工商登记而使股权转让生效的约定并非股权转让合同生效的条件。②按照《市场主体登记管理条例》的规定，有限责任公司变更股东的，应当自股东发生变动之日起 30 日内申请变更登记。由此可见，股东变更在先，工商登记在后；工商登记义务人是目标公司而非股权转让合同的转让人或受让人，股权转让合同是股权转让人与受让人对双方权利义务的约定，不得为作为第三人的目标公司设定义务。

(3)2023 年修订的《公司法》仅对“善意相对人”进行保护，“公司登记事项发生变更的，应当依法办理变更登记。公司登记事项未经登记或者未经变更登记，不得对抗善意相对人”。当事股东的救济权体现在诉权上，股东转让股权的，应当书面通知公司，请求变更股东名册；需要办理变更登记的，并请求公司向公司登记机关办理变更登记。公司拒绝或者在合理期限内不予答复的，转让人、受让人可以依法向法院提起诉讼(参见第 86 条)。

3. 股东在公司设立时未出资或未足额出资，或者在公司设立后抽逃出资的，其与他人签订的股权转让合同是否有效

认股人不出资，可能被公司或其他股东作为违约行为剥夺认股资格，而致其未能取得股权，但也可能因公司或其他股东未追缴出资即被登记为股东，并在公司成立后获得股权。后面的这种情形就构成了虚假出资。因此，虚假出资者也可能拥有公司的股权，只是其还必须承担对公司的填补出资义务。

2023 年修订的《公司法》对此问题给出了更为完善的明确规定，不仅对股东、其他股东的义务予以明确，对于受让方、公司高级管理人员等的责任也进行了较为清晰的厘定。第 49 条规定：“股东应当按期足额缴纳公司章程规定的各自所认缴的出资额。股东以货币出资的，应当将货币出资足额存入有限责任公司在银行开设的账户；以非货币财产出资的，应当依法办理其财产权的转移手续。股东未按期足额缴纳出资的，除应当向公司足额缴纳外，还应当对给公司造成的损失承担赔偿责任。”第 50 条规定：“有限责任公司设立时，股东未按照公司章程规定实际缴纳出资，或者实际出资的非货币财产的实际价额显著低于所认缴的出资额的，设立时的其他股东与该股东在出资不足的范围内承担连带责任。”第 51 条规定：“有限责任公司成立后，董事会应当对股东的出资情况进行核查，发现股东未按期足额缴纳公司章程规定的出资的，应当由公司向该股东发出书面催缴书，

① 参见刘阅春：《出资转让之成立与生效》，载《法学》2004 年第 3 期。

催缴出资。未及时履行前款规定的义务,给公司造成损失的,负有责任的董事应当承担赔偿责任。”第53条规定:“公司成立后,股东不得抽逃出资。违反前款规定的,股东应当返还抽逃的出资;给公司造成损失的,负有责任的董事、监事、高级管理人员应当与该股东承担连带赔偿责任。”第54条规定:“公司不能清偿到期债务的,公司或者已到期债权的债权人有权要求已认缴出资但未届出资期限的股东提前缴纳出资。”第88条规定:“股东转让已认缴出资但未届出资期限的股权的,由受让人承担缴纳该出资的义务;受让人未按期足额缴纳出资的,转让人对受让人未按期缴纳的出资承担补充责任。未按照公司章程规定的出资日期缴纳出资或者作为出资的非货币财产的实际价额显著低于所认缴的出资额的股东转让股权的,转让人与受让人在出资不足的范围内承担连带责任;受让人不知道且不应当知道存在上述情形的,由转让人承担责任。”

4. 违反股东间约定的限制性条件的股权转让合同是否有效

有时,股东之间对向非股东转让股权还约定有法律规定之外的限制条件,如未经全体股东一致同意不得转让股权;某一股东在股权转让时必须连带由另一或其他一些股东转让一定数量的股权;股权转让必须经过某大股东同意,或经董事长、董事会的同意;股权转让时其他股东均须无条件同意,并放弃行使优先购买权等。由于当事人的这些特别约定可能与法律规定不符,如何认定这些特别约定的效力,违反约定的股权转让合同是否有效,便成为司法实践中的难题。

笔者认为,其实只要将当事人对股权转让的内部限制性约定与外部股权转让合同两者分开分析,就可以得出正确的结论:

(1)因违反合法(不违反法律强制性规定)的内部约定而签订的股权转让合同,在符合法律的其他规定时是有效的,产生的后果只是转让人承担对内部约定的违约责任,因为在原股东间的限制股权转让约定,其效力不能及于没有参与约定的非股东第三人,第三人受让股权仅受法律规定条件的限制,不受他人约定的限制,如认定股权转让无效,将损害作为受让人的第三人的合法权益。

(2)因违反非法(违反法律强制性规定)的内部约定而签订的股权转让合同,相当于内部约定无效、转让人不受其约束,股权转让合同的效力不受内部约定的影响,依据《公司法》及《民法典》的相关规定认定其效力。

5. 不经隐名股东同意,显名股东股权转让合同是否有效

《公司法》明文规定,记载于股东名册的股东可以依股东名册主张行使股东权利。显名股东转让隐名股东股权,则应以“视为隐名股东不存在”为原则来判断转让合同的效力,未实际出资的显名股东与受让人签订的股权转让合同,在符合法律规定的情况下是有效的。

对外部来讲,隐名股东并不存在,其与显名股东的内部约定等内部公示,实质功能主要是用于确定股东间的权利义务,隐名股东的权利只能通过追究显名股东对内部约定的违约责任来实现。从公司法的发展趋势上看,除特殊情况下需采取隐名持股外,也是不鼓励隐名股东存在的,其一,不利于行业管理,容易造成市场混乱;其二,不利于股东间权益协调,容易产生股东间权益纠纷;其三,不利于对第三人的保护,使第三人的交易安全系数下降。

参考最高人民法院《关于适用〈中华人民共和国公司法〉若干问题的规定(三)》(2020年修正,待根据2023年修订的《公司法》进行更新)第25条规定:“名义股东将登记于其名下的股权转让、质押或者以其他方式处分,实际出资人以其对于股权享有实际权利为由,请求认定处分股权行为无效的,人民法院可以参照民法典第三百一十一条的规定处理。名义股东处分股权造成实际出资人损失,实际出资人请求名义股东承担赔偿责任的,人民法院应予支持。”

(四)关于部分行使优先购买权的问题

我国《公司法》规定了有限责任公司股权转让时其他股东的优先购买权,但我国法律未对有限责任公司股东是否可以“部分”行使优先购买权的问题做出明确规定,这在实践中引起较多争议。

有的学者认为股东可以部分行使优先购买权,有的学者则持相反的态度。

笔者认为,如果股权转让不仅是股份的转让,还涉及公司控制权的转移,股东部分行使优先购买权将影响股权转让的价格,进而影响转让股权的股东的收益时,股东不得部分行使优先购买权。理由如下:

第一,在日常经营和公司存续中,控股股东的地位和权益体现为股权收益和控制权的总和,在股权转让时,这种地位和权益则体现为股权收益和控制权总和的总体价值,这种价值一般大于不涉及控制权转移的股权转让的价值。允许股东部分行使优先购买权,分解拟转让的股权,将减少转让股权的股东的收益,这违反《公司法》确定的对所有股东既得利益平等保护的原则。

第二,我国《公司法》规定优先购买权的行使必须在"同等条件下",而股东部分行使优先购买权,则有时不能认为是在"同等条件下"行使。因为在股东转让股权时,同等条件应当包含两个要素:(1)价格同等,即公司其他股东购买股权的价格应当与公司以外的第三人购买股权的报价相当;(2)数量同等,即公司其他股东购买股权的数量应当与公司以外的第三人购买股权的数量相当。当股权转让涉及控制权转移时,第三人主张全部购买拟转让股权,而行使优先购买权的股东主张部分购买,这样数量便不同等,导致难以保障价格的同等,这时部分行使优先购买权的实质就是在"不同等的条件下"实现优先购买权,而这与优先购买权的行权基础是相悖的。

但是,如果股权转让不涉及公司控制权的转移,股东部分行使优先购买权不会影响股权转让的价格和转让股权的股东的收益时,股东可以部分行使优先购买权。①

三、公司合并合同

(一)公司合并概述

1. 公司合并的概念

公司合并,是指两个或两个以上的公司,通过订立合并合同,依据法律和法规的规定,而演变成一个公司的法律行为。合并的性质是公司资本的集中,从一定意义上讲,合并会造成公司数量的减少,但会形成存续公司规模的扩大,成为资源配置的一种市场手段和公司外部成长的途径。

2. 合并与相关概念的区别

要正确理解公司合并这一概念,需要对合并、兼并、收购等概念进行区分。合并、兼并和收购显然有很多的相似之处。三者在后果上都是要实现资本的相对集中,但是合并与兼并、收购的使用语境和确切内涵还是不同的。

(1)兼并

1989 年,原国家体改委、原国家计划委员会、财政部、原国家国有资产管理局发布的《关于企业兼并的暂行办法》([89]体改经 38 号)给"兼并"下的定义是:"……企业兼并,是指一个企业购买其他企业的产权,使其他企业失去法人资格或改变法人实体的一种行为,不通过购买方式实行的企业之间的合并,不属本办法规范。"

1996 年财政部颁布的《企业兼并有关财务问题的暂行规定》(财工字〔1996〕224 号,已失效)对此进行了修正,认为"兼并"是指一个企业通过购买等有偿方式取得其他企业的产权,使其丧失法人资格或虽然保留法人资格但改变投资主体的一种行为。

兼并是我国企业改革中使用时间最长的用语,这主要是针对我国的实际情况提出的。众所周知,长期以来,我国经济主体的性质一直不统一,组织形式很不规范,有现代意义上的公司,也有非公司性质的企业,而且在前几年,在国有企业和集体企业中属于非公司的占有相当大的比重,这就使"企业兼并"这一术语带上了中国特色,企业兼并不同于公司合并,从此可以窥见一斑。

---

① 参见蔡峰华:《股东部分行使优先购买权问题探究》,载《北京市政法管理干部学院学报》2003 年第 1 期。

从主体上看,兼并的主体包括公司也包括非公司企业。而合并仅仅适用于《公司法》上规定的公司。从内涵上看,在被兼并企业丧失主体资格时,兼并的含义与公司合并中的吸收合并意义是相同的。也就是说,兼并与合并两者之间有交叉之处。

(2)收购

收购,是经济主体之间进行产权交易的一种方法。中国证监会于2002年颁布的《上市公司收购管理办法》①第2条指出:"上市公司收购,是指收购人通过在证券交易所的股份转让活动持有一个上市公司的股份达到一定比例,通过证券交易所股份转让活动以外的其他合法途径控制一个上市公司的股份达到一定程度,导致其获得或者可能获得对该公司的实际控制权的行为。"

兼并、合并和收购三者之间有交叉,也有不同。

3. 公司合并的特征与形式

"合并"一词出现在《民法通则》(已失效)、《合同法》(已失效)、《公司法》中,但前两者没有对其内涵加以解释,目前只有《公司法》的规定较为详细,主要体现在第十一章"公司合并、分立、增资、减资"中,可以认为合并具有以下法律特征:(1)合并是两个或两个以上的公司依照法律规定和合同约定而归并于一个公司的行为,被合并公司的法人资格必然消灭;(2)合并前公司的权利义务由合并后的公司全部、概括地继受,这种继受是法定继受,不因合并当事人之间的约定而改变;(3)合并是合并各方当事人之间的合同行为,被合并方必然要得到某种形式的对价(也存在特殊情况下的例外),对价的表现形式或者是以现金补偿被合并方的投资者,或者是以自己因合并而增加的资本向被合并方的投资者交付股权,使其成为合并后公司的股东。

一个存在争议的问题是,合并前公司的股东自然成为合并后公司的股东,是否为合并的基本特征。笔者认为,第一,目前我国的公司法并没有对此做出强制性的要求。第二,一个企业与其他企业合为一体所需对价的表现形式是多种多样的,以非股权形式支付对价并不影响上述三个合并法律特征的准确性。第三,合并前公司的股东自然成为合并后公司的股东仅是"吸收股份式"合并的典型特征,除此之外,还可能出现其他形式的合并。因此,合并前公司的股东并不必然成为合并后公司的股东。

公司合并的形式主要有吸收合并和新设合并两种。

(1)吸收合并

吸收合并也可以称为吞并式合并或接收合并,是指将一个公司或几个公司(转让公司)的资产作为整体转让给另一个公司(接收公司),转让公司的股东变为接收公司的股东,或取得接收公司的价款等支付,转让公司免经清算程序而解散,其权利义务由存续的接收公司承继的合并行为。

吸收合并中,接收公司是原已存在的公司,这不同于新设合并设立一个新的公司;合并后接收公司继续存在,主体不发生变化,但资产规模会相应扩大。而转让公司的股东可能是得到价金支付,也可能是直接取得或交换取得接受公司的股份,成为投资者。同时,转让公司转让的是公司整体,原有的法律主体资格及公司实体不复存在,这不同于对目标公司资产的收购,目标公司资产被收购后,目标公司主体资格依然存在;也不同于对目标公司的股权收购,对目标公司的股权收购未必导致目标公司的解散,往往只是目标公司投资者的变更。

吸收合并的优点主要表现为:第一,因接收公司存续使得其权利能力不变,壳资源(特别是不可转让的商誉、特许权等)得到保留;第二,吸收合并只是使存续的接收公司增加了资本,只需办理工商变更登记,免去了新设公司的手续,降低了合并成本。此外,吸收合并还有利于保证公司经营

---

① 2006年5月17日中国证监会第180次主席办公会议审议通过,自2006年9月1日起施行。其后,根据2008年8月27日中国证监会《关于修改〈上市公司收购管理办法〉第六十三条的决定》修订。现行2020年修正的文件取消了此定义。

的连续性。

(2)新设合并

新设合并也称创设合并或新建合并,是指两个以上的公司(加入公司)共同组建一个新的公司(新设公司),将每个加入公司的资产作为整体转让给新设公司,由加入公司的股东获取新设公司的股份或价款等支付,各加入公司免经清算程序而解散,其权利义务由新设公司承继的合并行为。

新设合并中,新设公司是由各加入公司共同组建的,在合并开始前并不存在,这与吸收合并不同。各加入公司组建新设公司的目的是合并,以各公司的加入为前提和条件。新设公司的成立与加入公司的解散同时发生,因每个加入公司的资产在整体上已然并入新设公司,故新设公司的资产是由各加入公司的资产合并形成的。各加入公司的股东直接取得或经交换取得新设公司的股份或价金等给付,取得股份者为新设公司的股东,获得价金给付者实际是退股权的实现,即丧失股东地位。由于加入公司的债权债务均要转为新设公司承继,各加入公司未履行完毕的合同由新设公司继续履行,因而加入公司可不经清算程序即解散。①

新设合并同吸收合并的不同点在于各被合并公司的全部解散和新公司的设立。这就产生了新设合并的两个不利之处:第一,合并各方均不存续,其享有的商誉,一些不能转让的权利、资格难以保留,不能有效利用各被合并公司的壳资源;第二,必须履行公司设立的某些手续。如要制定章程,重新产生公司组织机构,换发全部新股,有的还要重新履行上市手续,这将增加合并的成本。但同时也应看到,新设合并可以新设公司为基础,创造较新的内部与外部环境,为公司提供新的发展契机。

(二)公司合并的主要程序

根据《公司法》的规定,公司合并的主要程序如下。

1. 合并决议做出及合同签订

公司合并时,首先应由待合并公司的董事会形成初步决定,随即相互进行谈判,磋商合并事宜并签署合并合同。

根据2023年修订的《公司法》对相关问题的规定:

(1)当合并方对被合并方的控制权“达到”一定程度时,或是所需价款“达不到”一定量级时,内部决议程序可以进行简化——由股东会决议降至董事会决议即可。第219条规定:“公司与其持股百分之九十以上的公司合并,被合并的公司不需经股东会决议,但应当通知其他股东,其他股东有权请求公司按照合理的价格收购其股权或者股份。公司合并支付的价款不超过本公司净资产百分之十的,可以不经股东会决议;但是,公司章程另有规定的除外。公司依照前两款规定合并不经股东会决议的,应当经董事会决议。”

(2)国有独资公司合并,必须由“履行出资人职责的机构决定”,第172条规定:“国有独资公司不设股东会,由履行出资人职责的机构行使股东会职权。履行出资人职责的机构可以授权公司董事会行使股东会的部分职权,但公司章程的制定和修改,公司的合并、分立、解散、申请破产,增加或者减少注册资本,分配利润,应当由履行出资人职责的机构决定。”

2. 债权人要求清偿债务或提供担保

为保护债权人之合法权益,2023年《公司法》规定,债权人可以及时要求债务人公司清偿债务或提供担保。但是,公司不清偿债务或者不提供相应的担保的,不影响公司合并。债权人可以要求合并后存续或新设的公司承担责任。第220条规定:“公司合并,应当由合并各方签订合并协议,并编制资产负债表及财产清单。公司应当自作出合并决议之日起十日内通知债权人,并于三十日内

---

① 参见甘培忠:《企业与公司法学》,北京大学出版社1998年版,第448页。

在报纸上或者国家企业信用信息公示系统公告。债权人自接到通知之日起三十日内,未接到通知的自公告之日起四十五日内,可以要求公司清偿债务或者提供相应的担保。"第 221 条规定:"公司合并时,合并各方的债权、债务,应当由合并后存续的公司或者新设的公司承继。"

3. 资产转移及对价支付

签订合并合同之后,合并各方应编制资产负债表及资产清单,并由存续公司或新设公司的相关机构接管并入公司的资产。在吸收合并的情况下,各转让公司应组织编制其资产负债表并提交资产清单,接收公司可委派财务人员或聘用审计、会计事务机构的工作人员协助处理,查明转让公司的债权债务状况,接管资产。

在新设合并的情况下,各加入公司应共同组建一个新设公司的筹建机构,履行前述职责或协调各加入公司履行前述职责。如果少数股东不同意继续为存续公司或新设公司的股东,应当给其以不低于原投资额的现金等形式的补偿;继续为存续公司或新设公司股东的,则由存续公司或新设公司与其进行符合合并合同要求比例的股票或股权证书的交换。现金支付或股票交换的比例规定过低不利于保护小股东利益的,小股东可以向法院请求予以调整。

4. 工商手续履行等问题

公司合并,需组织修订存续公司章程或制定新设公司章程,并选举公司管理机构。工商登记时,存续公司涉及章程内容等变化的,提交修改后的章程或章程修正案并进行相应变更登记;新设公司的进行公司设立登记;被合并公司不经清算直接进行注销登记。①

此外,因合并使被合并公司的原债权债务关系发生变化,需要以书面形式将合并完成的结果告知债权人及债务人。第 229 条规定:"公司因下列原因解散:(一)公司章程规定的营业期限届满或者公司章程规定的其他解散事由出现;(二)股东会决议解散;(三)因公司合并或者分立需要解散;(四)依法被吊销营业执照、责令关闭或者被撤销;(五)人民法院依照本法第二百三十一条的规定予以解散。公司出现前款规定的解散事由,应当在十日内将解散事由通过国家企业信用信息公示系统予以公示。"

(三)合并合同的主要条款

合并合同的主要条款应当包括:

(1)合并各有关当事人。既包括合并合同的主体——订立合并合同、参加公司合并的各方公司,还包括合并后存续的公司或新设立的公司。合并合同要写明这些公司的名称及住所等。

(2)合并的方式(类型)。合并合同中所规定的合并方式,应当是按法律形态进行的具有法律意义的分类形式,即吸收合并或新设合并。如前文所述,这两类合并在法律特征、法律效力、合同内容及合并程序上均有区别。这决定了合并合同首先必须正确确定合并的形式,然后才能正确确定合同的其他内容和合并的法律适用等问题。

(3)合并的对价。合并对价即合并中存续公司或新设公司为取得被合并公司资产而支付的对价。合并对价的基本形式有两种——股票形式和现金形式。由这两种形式演化出第三种形式——股票(及其他有价证券)同现金结合的形式。

公司合并中,应当根据自身的资金状况、股权结构,采取适宜自己企业的有利于实现合并目的的合并对价支付形式。合并对价的数额,又称合并价格,是指存续或新设公司为取得被合并公司的资产而支付对价的数额。在吸收合并中,合并价格表现为存续公司支付给转让公司(或其股东)的存续公司的股票数额和(或)合并金的数额。在新设合并中,合并价格表现为被合并各方在新设公司中的股权份额等。

---

① 参见甘培忠:《企业与公司法学》,北京大学出版社 1998 年版,第 454 页。

(4)存续公司的新增股份、新设公司的股份情况。吸收合并中,存续公司若增发新股,则可在合同中规定增发的数量、每股金额、股份种类等。在新设合并中,可在合同中对新设公司预发行的股份总数、每股金额、股份种类等做出规定。

(5)合并各方公司的资产、债务状况。合并各方(主要指被合并方)的资产、债务状况是决定合并价格的基本要素,合并价格的科学确定对合并成功与否具有重要意义。因此,合同中应对此做出明确约定。在约定公司资产、债务状况时,合并双方必须遵守诚实信用原则,如实记载,不得做不实或遗漏记载。否则,要承担相应的赔偿责任,严重的还会引起合同的解除。

(6)职工安置办法。公司合并往往会带来公司职工(特别是被合并公司职工)劳动关系的变动。为了妥善处理这一问题,明确相关各方的权利义务,合并合同可以依法规定存续公司是否继承、继承哪些职工的劳动合同关系、解除劳动关系的手续及经济补偿等。对国有企业来讲,随着改革的深入,企业历史遗留问题的解决和社会保障制度的健全,国有企业将同其他企业一样,按照国家关于劳动合同的法律规定,在合并中依法继承劳动合同关系,或依法解除劳动合同关系并给予职工解除劳动合同的经济补偿。

(四)合并合同的普通条款

为了使合同内容更完善可行,为合并的进行提供更具体的依据和指导,还应规定以下的普通条款:

(1)合并后的公司章程。在以支付股票为对价的吸收合并中,存续公司要增发新股、增加资本、增加股东,进而引起公司章程的变更。此时,可规定公司章程的修改条款。在新设合并中,则要对新设公司章程的主要内容做出规定。

(2)公司董事的事项。公司合并给公司董事带来了重大变化,而且可能涉及公司章程中关于董事职权等条款的变化,因此,合并合同可以对董事事项做出规定。合并合同中对董事的规定包括董事选任、报酬等事项。

(3)资本和公积金。公司合并中,往往会发生资本和公积金的变化,因此合并合同可以对其做出规定。吸收合并中,合并合同可以对存续公司的资本增加额及公积金做出规定;新设合并中,合并合同可以对新设公司的资本额及公积金做出规定。

(4)资产、债务的交接与交接前的管理。合并合同可以规定资产、债务交接的方式、时间、地点,还可以规定在交接之前,被合并公司要对公司财产及公司业务执行尽善意注意义务。

(5)合并程序及合并日期。合并合同可以对合并程序的履行主体、方式、时间等做出规定,以使合并程序更有效进行。

(6)合并合同的变更、解除。合并合同可以对合同内容(特别是合并条件)的变更、合同的解除做出规定,包括变更、解除的条件、程序等。此外,合并合同还可以对违约责任做出规定,明确违反合并合同应承担的法律后果,以利于合同的履行。此外,对合同争议的解决做出规定,有利于明确因合同发生的纠纷通过何种渠道解决。

以上内容主要讨论的是内资企业的合并,关于外商投资企业的合并问题,原对外贸易经济合作部、原国家工商行政管理局 1999 年发布了《关于外商投资企业合并与分立的规定》,并于 2001 年进行修订。在起草外商投资企业的合并合同时应参照该规定执行。

(五)公司合并中债权人利益的保护问题

公司合并既是公司资产的重新组合,也是公司债务的重新分配,因此公司合并的结果关涉参与合并公司的债权人、债务人,相关问题处理不当则债权人利益可能受损。考虑到公司合并的经营风险和偿债能力变化对债权人影响较大,我国《公司法》要求合并各方必须履行通知、公告债权人的义务,同时还规定债权人可以要求公司清偿债务或者要求公司提供相应担保。但是,如果公司不清偿债务或者不提供相应担保,不影响公司合并。

债权人可依据《公司法》的规定要求公司合并后存续的公司或新设的公司承担责任。这种制度设计不仅保障了公司合并时债权人的利益,而且有利于公司扩大规模,发展壮大,实现了债权人与公司以及股东利益的平衡。

(六)公司合并中反对合并的股东利益保护问题

进行公司合并,通常都会有股东持反对意见。一旦公司合并决议经代表2/3以上表决权的股东通过,这些持反对意见的少数股东便成为公司合并的反对股东,这些反对股东往往是公司的中小股东。上市公司股东尚可自由转让所持有的股票,有限责任公司股权的转让有较严格的程序限制,反对股东被迫参与合并。这里就涉及如何保护反对股东或者说中小股东利益的问题。

《公司法》授权反对公司合并的股东可以请求公司按照合理的价格收购其股权,基本上解决了股东股份回购请求权行使的制度障碍。《公司法》(2023年修订)第89条规定:"有下列情形之一的,对股东会该项决议投反对票的股东可以请求公司按照合理的价格收购其股权:(一)公司连续五年不向股东分配利润,而公司该五年连续盈利,并且符合本法规定的分配利润条件;(二)公司合并、分立、转让主要财产;(三)公司章程规定的营业期限届满或者章程规定的其他解散事由出现,股东会通过决议修改章程使公司存续。自股东会决议作出之日起六十日内,股东与公司不能达成股权收购协议的,股东可以自股东会决议作出之日起九十日内向人民法院提起诉讼。公司的控股股东滥用股东权利,严重损害公司或者其他股东利益的,其他股东有权请求公司按照合理的价格收购其股权。公司因本条第一款、第三款规定的情形收购的本公司股权,应当在六个月内依法转让或者注销。"

但是,该制度的规定依然有待细化,有必要在这个条文的基础上,通过相应的行政法规或者部门规章再行完善:

首先,应当明确回购请求权的适用对象,是只适用于消灭公司的异议股东还是消灭公司与存续公司的股东都有回购请求权;

其次,应当详细规定回购请求权的行使程序,把回购请求权的启动条件、具体操作步骤、各种特殊情况的补救措施以及司法评估程序等规定得尽量详细;

最后,还应当对回购请求权的效力做出规定,对股份回购合同的特殊性以及股份回购的排他性等内容做出规定,以便于在实践中的认定和纠纷的解决。①

(七)无效合并的问题

公司合并是一种民事行为,同样也会因为实质要件或者形式要件的欠缺而产生无效的后果。公司合并无效制度的确立不仅有利于保护无效合并中无过错的一方当事人,而且还能促使合并行为符合国家法律和社会经济秩序的要求,同时也能兼顾债权人的利益。从这个意义上讲,它是使因不法合并而被破坏的利益格局重新恢复的有效救济措施,我国2023年修订的《公司法》对此亦未进行规定。

有学者将无效合并的原因归结为:(1)导致垄断的公司合并无效。至于垄断的判断标准,依《反垄断法》进行判定。(2)违反《公司法》关于公司合并强制性规定的合并无效,如公司合并的决议有瑕疵等。(3)符合《民法典》规定的无效合同范围的公司合并无效。包括欺诈、胁迫性公司合并,损害国家利益的,尤其是指合并一方出于非法占有目的,侵占国有资产的;恶意串通性公司合并,损害第三人利益的,尤其是指公司合并的双方或多方当事人非法串通,恶意逃废债务的;隐匿性公司合并,指合并行为当事人通过实施合法的行为而掩盖其非法的目的,或其从事的行为虽然在形

① 参见赵旭东主编:《新旧公司法比较分析》,人民法院出版社2005年版,第371页。

式上合法,在内容上却是非法的。

提起合并行为无效诉讼的主体范围,应比提起一般民事行为无效诉讼的主体范围宽泛,不只限于合并当事人,还包括被合并公司股东、持有异议的债权人、公司破产时财产管理人或清算组织以及垄断合并的受害人等。

无效公司合并的法律后果有:(1)恢复原状。合并各方进行恢复登记,使其恢复合并前的法人资格;被合并方在合并以前所享有的权利、承担的义务,只要仍然存在,应一律回归被合并方。(2)赔偿损失。任何一方对无效合并有过错,均应承担赔偿责任,双方均有过错,则各自分担相应的责任。如因无效公司合并而给第三人造成损失的,由有过错者承担赔偿责任,双方均有过错的,应承担连带责任。(3)合并后发生的资产、债务的归属。合并完成时至确认无效期间所取得的资产,属于进行合并的各方共有,且应属于按份共有;合并完成时至确认无效期间发生的债务,由进行合并的各方承担连带清偿的责任;各方应取得的资产或应承担的债务份额,可以通过协议约定,如不能达成协议,可诉至法院,由法院依据合并时各公司的资产额和其他情况酌情确定。[①]

四、公司分立合同

(一)公司分立概述

1. 公司分立的概念

公司分立,是指一个公司依照公司法有关规定,通过公司最高权力机构决议分成两个以上的公司。公司分立可以采取派生分立和新设分立两种形式。派生分立,是指本公司继续存在并设立一个以上的新公司。新设分立,是指本公司解散并设立两个以上的新公司。

2. 公司分立的法律特征

公司分立的法律特征如下:其一,公司分立是公司自身的单方法律行为;其二,公司分立必须依照法定条件和程序进行;其三,公司分立将导致具有法人资格的新公司产生。至于分立后公司的类型,有限责任公司分立的,其存续公司仍为有限责任公司,而新设公司既可以为有限责任公司,也可以为股份有限公司。对于股份有限公司而言,分立后,其存续公司仍为股份有限公司,新设公司可以为股份有限公司,也可以是有限责任公司。

3. 公司分立与相关概念的区别

(1)公司分立与公司设立子公司和分公司的区别。

分立后的公司与公司设立的子公司均具有独立法人资格,但公司分立与公司设立的子公司存在明显的区别。子公司与母公司虽然法人人格相互独立,但两者之间在股权层面存在被控制与控制的关系。而公司分立后成立的公司之间或与原公司之间,不仅法人人格相互独立,而且在股权层面相互之间也不存在控制与被控制的关系。

公司分立也不同于公司设立分公司。分公司与总公司之间是整体与部分的关系,分公司并不具有独立法人资格。而分立后公司具有独立法人资格,且与存续公司或其他新设公司之间不存在整体与部分的关系。

(2)公司分立与投资的区别。

①公司分立强调的是公司组织的变更,属于公司组织法的问题,投资强调的是财产所有权的转移及投资人股东权的取得这种投资的行为过程,而不是组织变更过程。

②公司分立具有整体性营业转移的特性,投资行为更多的则是某些特定财产的转移,而不强调这些财产是否具有整体性营业的性质,也不包括转移运营管理人员。

③公司分立应当由公司的股东会做出特别决议,即对有限责任公司而言,必须经代表 2/3 以上

---

① 参见邬健敏:《论无效公司兼并》,载《法学杂志》1997 年第 2 期。

表决权的股东通过;就股份有限公司而言,必须经出席会议的股东所持表决权的2/3以上通过。并且分立须通知债权人并在报纸上公告。公司投资通常由公司董事会做出决议,不需要通知债权人和公告。

④公司分立将导致原公司注册资本的减少及相应股份总数的减少;公司投资并不导致原公司注册资本的减少,在公司资产负债表上,资产总量并不减少,只是资产形态发生变化:有形资产或无形资产减少,长期投资增加。

(二)公司分立的程序

1. 公司分立决议与批准。根据《公司法》的规定,对于有限责任公司的分立,应当经代表2/3以上表决权的股东通过,但是如果股东以书面形式一致表示同意的,可以不召开股东会会议,直接作出决定,并由全体股东在决定文件上签名或者盖章。对于股份有限公司的分立,应当经出席会议的股东所持表决权的2/3以上通过。

2. 进行财产分割。财产是公司设立的基本物质条件,也是承担公司债务的保障,因此,进行公司分立,必须合理、清楚地分割原公司的财产。对于派生分立,是原公司财产的减少;对于新设分立,完全是公司财产的重新分配。

3. 编制表册、通告债权人。《公司法》(2023年修订)第222条规定:"公司分立,其财产作相应的分割。公司分立,应当编制资产负债表及财产清单。公司应当自作出分立决议之日起十日内通知债权人,并于三十日内在报纸上或者国家企业信用信息公示系统公告。"第223条规定:"公司分立前的债务由分立后的公司承担连带责任。但是,公司在分立前与债权人就债务清偿达成的书面协议另有约定的除外。"

4. 登记。公司派生分立,必然出现原公司登记注册变更事项,主要是注册资本的减少等变化和新公司的产生;新设分立,必然出现的是原公司的解散和新公司的产生。因此,公司分立时,同样要办理公司变更登记、注销登记或设立登记。对此,《公司法》(2023年修订)第34条规定:"公司登记事项发生变更的,应当依法办理变更登记。公司登记事项未经登记或者未经变更登记,不得对抗善意相对人。"第260条第2款规定:"公司登记事项发生变更时,未依照本法规定办理有关变更登记的,由公司登记机关责令限期登记;逾期不登记的,处以一万元以上十万元以下的罚款。"

(三)公司分立合同的条款

公司分立合同的条款主要包括:(1)分立各方的名称、住所、法定代表人;(2)分立后公司的注册资本;(3)分立形式;(4)分立各方对拟分立公司财产的分割方案;(5)分立各方对拟分立公司债权、债务的承继方案;(6)职工安置办法;(7)违约责任;(8)解决争议的方式;(9)签约日期、地点;(10)分立各方认为需要规定的其他事项。

公司分立形式条款,应该明确公司分立的形式是派生分立还是新设分立。财产分割方案,债权、债务承继方案是公司分立合同的核心所在。公司分立合同的决议和批准程序条款,要符合《公司法》及相关法律法规的规定。分立合同的其他条款可适当参照公司合并合同拟定。

(四)公司分立中债权人利益的保护问题

公司分立是公司自由意志行为,反映了公司适应市场变化的自我修正能力。但公司分立意味着原公司注册资本和股份总数的减少,对债权人而言,公司分立降低了债权实现的保障,使债权的风险上升,相应降低了债权的价值。如何平衡公司和债权人利益,是公司分立程序设定的关键。

我国对债权人保护的措施体现在如下规范性文件中:

(1)《公司法》(2023年修订)第222条、第223条规定,公司应当自作出分立决议之日起10日内通知债权人,并于30日内在报纸上或者国家企业信用信息公示系统公告;公司分立前的债务由分立后的公司承担连带责任(但是,公司在分立前与债权人就债务清偿达成的书面协议另有约定的除外）。

（2）《民法典》第 67 条规定："法人合并的，其权利和义务由合并后的法人享有和承担。法人分立的，其权利和义务由分立后的法人享有连带债权，承担连带债务，但是债权人和债务人另有约定的除外。"

（3）最高人民法院《关于审理与企业改制相关的民事纠纷案件若干问题的规定》（2020 年修正）第 12 条规定："债权人向分立后的企业主张债权，企业分立时对原企业的债务承担有约定，并经债权人认可的，按照当事人的约定处理；企业分立时对原企业债务承担没有约定或者约定不明，或者虽然有约定但债权人不予认可的，分立后的企业应当承担连带责任。"

（五）公司分立中异议股东的利益保护问题

公司分立中，可能有股东反对公司分立，对反对股东利益也应给予保护，《公司法》赋予反对股东股份回购请求权。具体可参照公司合并中反对股东保护制度的论述。

五、增资合同

（一）增资的概念、意义与方式

1. 增资的概念

增加资本，简称增资，是指公司基于筹集资金，扩大经营等目的，依照法定条件和程序增加公司的资本总额。增资合同是指当事人就公司增加注册资本事项协商一致达成的合意，从某种意义上来讲，增资合同是拟增资人对其增资行为向被增资公司及其他共同增资方所做的一种承诺。

2. 增资的意义

（1）筹集经营资金，开拓新的投资项目或投资领域，扩大现有经营规模。

（2）保持现有的运营资金，减少股东收益分配。在公司形成大量公积金和未分配利润情况下，公司将面临股东提出分配请求，通过增加注册资本可以停止或者减少对股东的收益分配，而使公司继续占用现有的资金，维持现有的经营规模。

（3）调整现有股东结构和持股比例，改变公司管理机构的组成。吸收新的股东，可以改变股东成分和结构，通过认购新股，可以调整现有股东的持股比例。在股东结构和持股比例变更之后，公司可实现其管理机构和管理人员的重新调整和安排。

（4）增强公司实力，提高公司信用。我国《公司法》确定了资本信用制度，资本规模直接反映公司的资产实力和经营规模，增资由此成为显示和提高公司商业信用以及取得竞争优势的方式。

3. 增资的方式

（1）内部增资和外部增资。内部增资，是由现有股东认购增加的公司资本。外部增资，是由股东之外的投资者认购新增的公司资本。内部增资和外部增资可以同时采用。

（2）同比增资和不同比增资。同比增资，是内部增资时各股东按照原出资比例或持股比例同步增加出资，增资后各股东的股权比例或持股比例不变。不同比增资，是内部增资时各股东改变原出资比例或持股比例而增加出资，也可能有的股东不增加出资，增资后各股东的股权比例或持股比例将发生变化。

（3）追加性增资和分配性增资。追加性增资，是现有股东或其他投资者通过对公司新的投入而增加资本，其结果既增加了公司的资本，也增加了公司的资产或营运资金。分配性增资，是内部增资的一种方式，是在现有股东不做新的投入的情况下，通过将未分配利润用于股东出资缴纳，把公积金转为资本的方式增加资本，其结果只是改变了公司资产的性质和结构，而不改变其价值总额，只增加公司的资本总额，而不增加公司的资产总额。

（4）公司债转换增资与债转股增资。公司债转换增资，是上市公司特有的增资方式，是指将公司发行的可转换公司债按照规定的条件转换为公司的股份，可转换公司债到期时，债权人有权选择将其转换为股份,相应的股份金额即转化为公司资本,由此导致公司资本增加。债转股增资,是指依照公司债权人与公司达成的债转股协议,公司的债权人变成公司的股东,由此导致公司资本的增加。[①]

(二)有限责任公司与股份有限公司的增资程序

根据2023年修订的《公司法》的规定,有限责任公司的增资流程如下:(1)由董事会制定公司增资方案(但非为法定必须)。(2)股东会对增资做出决议,必须经代表2/3以上表决权的股东通过。(3)依照法律规定和增资合同约定进行增资。有限责任公司增加注册资本时,股东认缴新增资本的出资,依照本法设立有限责任公司缴纳出资的有关规定执行。(4)公司登记事项发生变更的,应当依法办理变更登记。公司登记事项未经登记或者未经变更登记,不得对抗善意相对人。(《市场主体登记管理条例》第29条规定:"市场主体变更本条例第九条规定的备案事项的,应当自作出变更决议、决定或者法定变更事项发生之日起30日内向登记机关办理备案。……")

2023年修订的《公司法》规定的股份有限公司的增资程序为:(1)董事会制定公司增加注册资本的方案(但非为法定必须)。(2)公司章程或者股东会可以授权董事会在3年内决定发行不超过已发行股份50%的股份,但以非货币财产作价出资的应当经股东会决议。公司章程或者股东会授权董事会决定发行新股的,董事会决议应当经全体董事2/3以上通过。(3)公司向社会公开募集股份,应当经国务院证券监督管理机构注册,公告招股说明书。(4)股份有限公司为增加注册资本发行新股时,股东认购新股,依照《公司法》设立股份有限公司缴纳股款的有关规定执行。(根据《证券法》的规定,如果以发行新股的方式增加注册资本,还应当符合法定条件:具备健全且运行良好的组织机构;具有持续盈利能力,财务状况良好;最近3年财务会计文件无虚假记载,无其他重大违法行为;经国务院批准的国务院证券监督管理机构规定的其他条件。上市公司非公开发行新股,应当符合国务院证券监督管理机构规定的条件,并报国务院证券监督管理机构核准。发行新股的公司应当根据相关证券法律规定办理信息披露事项。)(5)公司登记事项发生变更的,应当依法办理变更登记。公司登记事项未经登记或者未经变更登记,不得对抗善意相对人。(《市场主体登记管理条例》第29条规定:"市场主体变更本条例第九条规定的备案事项的,应当自作出变更决议、决定或者法定变更事项发生之日起30日内向登记机关办理备案。……")

需要特别注意的是,实施增资程序时需要小心原股东的"优先认购权"保障问题,对此,2023年修订的《公司法》对有限责任公司、股份有限公司做出了"相反"的规定——有限责任公司以"享有"优先权为原则,以"全体股东另有约定"为例外;股份有限公司以"不享有"优先权为原则,以"章程另有规定"为例外(参见第84条、第157条)。

(三)增资合同的主要条款

公司增资从本质上而言是公司设立后的出资,即对现公司股东来说是再次出资,对未来公司股东来说是向公司出资,公司增资必须符合我国法律法规关于公司设立时发起人出资的有关法律规定。

增资合同的主要条款包括增资各方、增资额和增资方式(各方出资额和出资方式)、增资各方权利和义务、增资后公司股权结构的设置、增资后公司治理结构的设置、承诺与保证、保密条款等。以下着重阐述增资方式、增资后公司的治理机构。

1. 增资方式

根据《公司法》(2023年修订)第48条的规定:"股东可以用货币出资,也可以用实物、知识产权、土地使用权、股权、债权等可以用货币估价并可以依法转让的非货币财产作价出资;但是,法律、行政法规规定不得作为出资的财产除外。对作为出资的非货币财产应当评估作价,核实财产,不得

---

① 参见赵旭东主编:《公司法学》,高等教育出版社2003年版,第230~232页。

高估或者低估作价。法律、行政法规对评估作价有规定的,从其规定。”

2. 增资后公司的治理机构

公司增资后,股东的持股比例将有所改变,公司的股权结构将发生变化。增资合同中应明确增资各方的出资额及其所占公司股权比例。相应地,公司股东会、董事会和监事会组成一般会发生改变,公司(总)经理等高级管理人员也很可能发生变化。公司增资合同可以就公司股东会、董事会和监事会的组成、公司高级管理人员的变化及相关事项的变化作出明确约定。公司增资一般都会修改公司章程,增资合同对公司章程的修改也应明确。

(四)国有企业增资是否必须进产权交易市场

2016年发布的《企业国有资产交易监督管理办法》(实务中又称为“新3号令”)对增资问题予以了“进场”的明确。第2条规定:“企业国有资产交易应当遵守国家法律法规和政策规定,有利于国有经济布局和结构调整优化,充分发挥市场配置资源作用,遵循等价有偿和公开公平公正的原则,在依法设立的产权交易机构中公开进行,国家法律法规另有规定的从其规定。”第3条规定:“本办法所称企业国有资产交易行为包括:(一)履行出资人职责的机构、国有及国有控股企业、国有实际控制企业转让其对企业各种形式出资所形成权益的行为(以下称企业产权转让);(二)国有及国有控股企业、国有实际控制企业增加资本的行为(以下称企业增资),政府以增加资本金方式对国家出资企业的投入除外;(三)国有及国有控股企业、国有实际控制企业的重大资产转让行为(以下称企业资产转让)。”但是,存在以“非公开协议方式”进行增资而不用进场的几项例外。第45条规定:“以下情形经同级国资监管机构批准,可以采取非公开协议方式进行增资:(一)因国有资本布局结构调整需要,由特定的国有及国有控股企业或国有实际控制企业参与增资;(二)因国家出资企业与特定投资方建立战略合作伙伴或利益共同体需要,由该投资方参与国家出资企业或其子企业增资。”第46条规定:“以下情形经国家出资企业审议决策,可以采取非公开协议方式进行增资:(一)国家出资企业直接或指定其控股、实际控制的其他子企业参与增资;(二)企业债权转为股权;(三)企业原股东增资。”

《企业国有资产交易监督管理办法》生效前,历史上曾经存在两种观点:一种认为,国有企业增资,只是国有企业注册资本的增加,不涉及国有产权的转让,其可以但不是必须进产权交易市场挂牌交易。另一种认为,国有企业增资,表面上没有进行国有产权转让,但涉及国有股权比例甚至企业性质的变化,实际上涉及国有产权的转让,因而必须按照《企业国有产权转让管理暂行办法》(已失效)的规定进产权交易市场挂牌交易。

笔者认为,国有企业增资与存量产权转让,出资人都希望实现利益最大化,进场交易的好处是可以利用市场发现价格的机制,通过阳光操作发现合理的增资价格,避免国有资产的流失,因此,国有企业增资一般也应当通过产权交易市场进行。国资委发布的《关于进一步规范国有企业改制工作的实施意见》具体规定为:拟通过增资扩股实施改制的企业,应当通过产权交易市场、媒体或者网络等公开企业改制有关情况、投资者条件等信息,择优选择投资者;情况特殊的,经国有资产监督管理机构批准,可通过向多个具备相关资质条件的潜在投资者提供信息等方式,选定投资者。

同时,笔者认为,我们也应注意到国有企业增资与存量产权转让的区别。一般情况下国有产权转让完成后,转让方和受让方无须在公司经营方面继续合作。而国有企业增资则不同,增资各方需要共同经营管理公司,因此,应充分考虑公司的人合性质,考虑公司的长远发展,给拟增资公司原股东对同等条件和近似同等条件的受让方自由选择的权利。

(五)增资是否必须进行资产评估

不含国有资产的公司增资时是否进行资产评估由公司股东决定。国有独资企业(或公司)、国有控股公司、国有参股公司增资是否必须进行资产评估,存在争议。笔者认为,由于含有国有产权成分的企业增资涉及原国有股东股权比例的改变,应当进行评估。依据是《国有资产评估管理若干问题的规定》(财政部令第14号,2001年12月31日发布)第3条第4项的规定,除上市公司以外的原股东股权比例变动,应当对相关国有资产进行评估。

《企业国有资产交易监督管理办法》对于增资的评估问题进行了明确,除了几项特别情况可以不用评估仅是选择采用"最近一期审计报告"之外,均应当进行审计并且进行评估。第38条规定:"企业增资在完成决策批准程序后,应当由增资企业委托具有相应资质的中介机构开展审计和资产评估。以下情形按照《中华人民共和国公司法》、企业章程履行决策程序后,可以依据评估报告或最近一期审计报告确定企业资本及股权比例:(一)增资企业原股东同比例增资的;(二)履行出资人职责的机构对国家出资企业增资的;(三)国有控股或国有实际控制企业对其独资子企业增资的;(四)增资企业和投资方均为国有独资或国有全资企业的。"

六、股份回购合同①

(一)股份回购的含义及特征

1. 股份回购的含义

股份作为股份有限公司资本的基本计量单位,只能是对股份有限公司资本构成的专称,而有限责任公司的资本构成称为出资额或股权。我国《公司法》(2023年修订)第4条规定:"有限责任公司的股东以其认缴的出资额为限对公司承担责任;股份有限公司的股东以其认购的股份为限对公司承担责任。公司股东对公司依法享有资产收益、参与重大决策和选择管理者等权利。"可以看出,我国的公司法已对有限责任公司和股份有限公司的资本构成加以明确区分。

股份回购(Share Repurchase or Stock buyback),又称为股份购回、股票回购,是指股份有限公司购回本公司已发行在外的股份的法律行为。具体来说,是通过购回本公司一定数额的已发行在外股票来实现股份的回购(由于有限责任公司股权回购与股份有限公司股份回购类似,故本文除特别指明外,仅以股份回购说明相关问题。下文如无特别说明,公司即指股份有限公司,包括股份未上市公司和上市公司,股份回购即指股份未上市公司和上市公司股份回购)。

2. 股份回购的特征

股份回购具有以下特征:(1)在法律性质上,它是一种特殊的股份转让。一是交易主体特殊,是公司股东与公司本身进行交易;二是交易客体特殊,即公司发行在外的自己的股份。(2)在结果上,股份回购可构成减资、公司注册资本减少的后果。(3)在目的上,股份回购是一种重要的资本运作方式,在资本市场上发挥着重要作用。

(二)股份回购与相关概念的区别

与股份回购相关的概念有公司取得自己股份、上市公司收购、库存股和公司减少资本等,它们之间有一定的联系,也有很大不同。

1. 股份回购与公司取得自己股份

所谓公司取得自己股份,是指发行股份的股份有限公司将其股份收回、收买或收为质物。公司取得自己股份的方式主要有收回、收买、收质三种方式。

(1)公司收回自己的股份,是指公司取得其发行在外的特别股份、清算或破产股东的股份以及股东抛弃的股份。(2)公司收买自己的股份,是指公司取得自己的股份时,须支付一定财产的对价。(3)公司收质自己的股份,是指公司作为质权人,把自己的股份作为质押权的标的。

也可以说,股份回购是公司取得自己股份的方式之一。

---

① 参见蔡明:《股份回购法律问题研究》,载中国法院网2008年11月13日,https://www.chinacourt.org/article/detail/2008/11/id/331164.shtml。

2. 股份回购与上市公司收购

上市公司收购是指收购人通过在证券交易所的股份转让活动，持有一个上市公司的股份达到一定比例，或者通过证券交易所股份转让活动以外的其他合法途径控制一个上市公司的股份达到一定程度，导致其获得或者可能获得对该公司的实际控制权的行为。

两者不同之处在于，上市公司收购指向目标公司已依法发行的股份，收购的目的为控股或兼并；股份回购所购买的是本公司已依法发行的股份，回购的目的主要在于防止股份被恶意收购、资本实质减少而危害债权人利益或实现员工持股计划等；上市公司收购是一种资本扩张方式，而股份回购是一种资本收缩方式。

3. 股份回购与股份回赎

从本质上讲，二者都是公司取得自己的股份。通常，回赎被视为回购的一种情形，但二者也存在明显的区别：

(1)前提不同。公司在回赎自己的股份时是按股份发行时所订立的合同执行的，而投资者在购买自己的股份时也完全可以预期公司将会在何时以何种价格回赎，将会产生何种后果，并依此从容地选择是否成为公司股东，是否承担回赎的风险。

而回购则无此种事先合同，公司可以于经营过程中的任何时候决定回购，而此时，回购就会给股东造成压力，迫使其做出匆忙的决定。所以，为了维护股东权益，较之股份回赎，股份回购往往有更多的限制条件。

(2)法定的保护措施不同。一般而言，股份回赎不受法定条件限制，符合发行时所订立的合同即可；是否发行可回赎股，原则上由董事会通过即可。而股份回购或是需要董事会授权批准，或是必须以股东会(2023 年修订的《公司法》不再区别有限责任公司股东会、股份有限公司股东大会，统称为股东会)普通决议或特别决议批准方可。

4. 股份回购与库存股

库存股，又称为库藏股，是指由公司购回而没有注销的，并由该公司持有的已发行股份。可见，库存股往往产生于公司的股份回购之时，回购后并不注销，而由公司自己持有，在适当的时机再向市场出售或用于对员工的激励。

库存股具有以下四个特点：(1)该股票是本公司的股票；(2)它是已发行的股票；(3)它是收回后尚未注销的股票；(4)它是还可再次出售的股票。公司通过股份回购取得自己发行在外的股份后，或者作为库存股持有，或者注销。所以说，股份回购是库存股的取得方式，库存股是股份回购后的一种处理方式。

5. 股份回购与公司减少资本

公司减少资本，简称“减资”，是指公司资本过剩或亏损严重，根据生产经营的实际情况，依照法定条件和程序减少公司的资本总额。公司回购自己的股份会导致公司资本的减少，股份回购是实现减资的一种手段。公司回购股份和减少资本都面临保护债权人和股东平等权的问题。

二者的区别在于：

(1)适用的对象不同，股份回购只适用于股份有限公司，而减资既适用于股份有限公司，也适用于有限责任公司；

(2)目的不同，股份回购一般是为了稳定股价、实现员工持股、买进反对股东的股份、防止敌意收购等特定事由，而减资则是为了提高资金的使用效率或使资产与资本基本相符，因此在股份回购时股东一定取得公司资金，而在减资时股东却未必取得公司资金；

(3)数量上的限制不同，大陆法系对公司回购股份的数量有限制，除减资、合并等情形外，因其他事由而回购的股份数量，一般不得超过已发行股份的 10%，而对公司减少的资本数额，一般只要求减少后的资本达到法定最低注册资本即可。

《公司法》(2023年修订)第162条规定:"公司不得收购本公司股份。但是,有下列情形之一的除外:(一)减少公司注册资本;(二)与持有本公司股份的其他公司合并;(三)将股份用于员工持股计划或者股权激励;(四)股东因对股东会作出的公司合并、分立决议持异议,要求公司收购其股份;(五)将股份用于转换公司发行的可转换为股票的公司债券;(六)上市公司为维护公司价值及股东权益所必需。公司因前款第一项、第二项规定的情形收购本公司股份的,应当经股东会决议;公司因前款第三项、第五项、第六项规定的情形收购本公司股份的,可以按照公司章程或者股东会的授权,经三分之二以上董事出席的董事会会议决议。公司依照本条第一款规定收购本公司股份后,属于第一项情形的,应当自收购之日起十日内注销;属于第二项、第四项情形的,应当在六个月内转让或者注销;属于第三项、第五项、第六项情形的,公司合计持有的本公司股份数不得超过本公司已发行股份总数的百分之十,并应当在三年内转让或者注销。上市公司收购本公司股份的,应当依照《中华人民共和国证券法》的规定履行信息披露义务。上市公司因本条第一款第三项、第五项、第六项规定的情形收购本公司股份的,应当通过公开的集中交易方式进行。公司不得接受本公司的股份作为质权的标的。"

此外,2023年修订的《公司法》已经不再对"最低注册资本"的额度进行特别限制:

第47条规定:"有限责任公司的注册资本为在公司登记机关登记的全体股东认缴的出资额。全体股东认缴的出资额由股东按照公司章程的规定自公司成立之日起五年内缴足。法律、行政法规以及国务院决定对有限责任公司注册资本实缴、注册资本最低限额、股东出资期限另有规定的,从其规定。"

第96条规定:"股份有限公司的注册资本为在公司登记机关登记的已发行股份的股本总额。在发起人认购的股份缴足前,不得向他人募集股份。法律、行政法规以及国务院决定对股份有限公司注册资本最低限额另有规定的,从其规定。"

(三)股份回购的适用范围

1. 应允许公司为实施股票期权制度而回购股份

股票期权开始是用于规避金融风险,后来被作为完善公司改革的重要手段,对提高公司高级管理人员的薪酬激励水平,完善公司法人治理结构具有重大意义,并且逐渐被人们认可和接受。

《国有控股上市公司(境内)实施股权激励试行办法》(国资发分配〔2006〕175号)规定:"实施股权激励计划所需标的股票来源,可以根据本公司实际情况,通过向激励对象发行股份、回购本公司股份及法律、行政法规允许的其他方式确定,不得由单一国有股股东支付或擅自无偿量化国有股权。""在股权激励计划有效期内授予的股权总量,应结合上市公司股本规模的大小和股权激励对象的范围、股权激励水平等因素,在0.1%-10%之间合理确定。但上市公司全部有效的股权激励计划所涉及的标的股票总数累计不得超过公司股本总额的10%。上市公司首次实施股权激励计划授予的股权数量原则上应控制在上市公司股本总额的1%以内。"

《国有控股上市公司(境外)实施股权激励试行办法》(国资发分配〔2006〕8号)规定:"股票期权是指上市公司授予激励对象在未来一定期限内以预先确定的价格和条件购买本公司一定数量股票的权利。股票期权原则上适用于境外注册、国有控股的境外上市公司。股权激励对象有权行使该项权利,也有权放弃该项权利。股票期权不得转让和用于担保、偿还债务等。""在股权激励计划有效期内授予的股权总量,应结合上市公司股本规模和股权激励对象的范围、薪酬结构及中长期激励预期收益水平合理确定。(一)在股权激励计划有效期内授予的股权总量累计不得超过公司股本总额的10%。(二)首次股权授予数量应控制在上市公司股本总额的1%以内。"

2. 扩大为保护少数异议股东的利益而回购自己的股份

保护少数股东利益，平衡大小股东利益、股东与公司利益一直被认为是公司法立法的主线。赋予少数股东股份回购请求权则是保护少数股东利益制度设计之一。所谓股份回购请求权，是指当公司进行重大事项表决，多数股东与少数股东利益发生严重冲突时，少数异议股东可以要求公司以公平合理价格回购其股份的权利。通过股份回购请求权，少数股东可以实现安全退出，免受压榨之苦。同时，公司以股份回购为代价，可以减少决议中的摩擦与冲突，降低公司运行成本。

综合《公司法》的规定可知：(1)法律条款强调异议股东保护情况下的回购，系公司的义务（而非选择权）；(2)这类特殊的回购中排除了程序上股东会或董事会决议的前置，进一步明确回购系一项公司必须执行的事项；(3)对于回购后的处理时限、处理方式要求"应当在六个月内转让或者注销"。目前异议股东股份回购请求权的适用范围较窄，建议增加情形如下：(1)公司章程的重大修改；(2)公司出售其全部或主要资产；(3)公司章程规定的其他对公司运营产生重大影响的情形。

3. 以公司的名义为他人计算而取得自己股份

如信托取得、代购取得。其中信托取得是指信托公司基于受托关系而取得公司自己的股份，其取得是为委托者计算而为之。代购取得是指证券公司受客户的委托，基于行纪关系，代购自己公司的股份而取得自己股份的情形。由此可见，这种基于委托关系而回购股份的行为是公司的业务需要，对公司、股东及债权人并无害处。故我国公司法宜对这种情况下进行的股份回购予以承认。

4. 法律、行政法规规定的其他情形

这种规定有助于以后随着市场经济的发展，新情况、新问题的出现，为顺应形势而不致法律修改过于频繁，可在其他法律中规定或以行政法规规定的形式出现。

（四）股份回购的资金来源

股份回购的资金来源不仅直接关系公司债权的安全，而且可能影响不同类别股东的利益分配。如果公司以资本或者资本公积金作为资金来源回购自己股份，就相当于违法分配股利，实质上是对股东出资的返还，违反了资本维持原则，有可能侵害债权人利益。所以，多数国家规定公司取得自己股份的资金来源仅限于可分配盈余，意在保护公司债权安全以及平衡不同类别股东之间利益。

但是在此基础之上，还应当考虑各种回购的具体情形。对于减资及公司合并这两项回购事由，因为须经股东会特别决议并履行债权人保护程序，因此对其资金来源没必要作限制。而对于其他事由的股份回购，其资金运用应限定于可分配利润、营业盈余或资本盈余中，并且要支付股票的面额和溢价。公司持有回购的股份时，营业盈余与资本盈余要受到限制，直至股份被处置或被消除。

根据《公司法》的规定，将股份用于员工持股计划或者股权激励时，公司可以收购本公司股份。公司因此种情形收购本公司股份的，可以依照公司章程的规定或者股东会的授权，经2/3以上董事出席的董事会会议决议。公司据此收购本公司股份后，公司合计持有的本公司股份数不得超过本公司已发行股份总额的10%，并应当在3年内转让或者注销。上市公司据此收购本公司股份的，应当依照《证券法》的规定履行信息披露义务，并应当通过公开的集中交易方式进行。

（五）股份回购的价格

回购价格是否合理，不仅关系到利益分配在出让股东与不出让股东之间是否公平，而且还直接关系到股份回购是否可以顺利进行。因为价格过低可能造成国有资产流失，价格过高又会损害流通股股东和债权人的利益，所以，回购价格要尽可能使各方利益都能得到切实保障，同时防止内幕交易的发生。而定价问题并非公司单方面所能决定，因此，确定公允的股份回购价格是实施回购的关键所在。

由于国有股（包括法人股）与流通股的性质、成本等方面存在较大差异，它们的回购价格是不一样的。在确定国有股回购价格时,应该考虑国有资产的保值增值、证券市场的状况和上市公司的财务状况。

对于国有股,股份回购的价格的基准应是每股的内在价值,国有股的内在价值等于国有股每股净资产值加上溢价,国有股溢价是每股国有股将来的预期净收益的贴现值,国有股每股净资产值反映了国有股现在的价值,国有股的溢价反映了对企业未来盈利能力的预期。

对于社会公众股,回购价格的确定主要考虑目前的股价、最近一段时间股票的平均收盘价、股价的波动情况、股票回购的期限及目的。

对于回购后转让给员工,用于对员工实施股权激励的股票回购,股票回购价格应该是市场价格,根据回购期限内的市场状况决定回购价格。

对由于公司财务和经营以外的因素,证券市场发生连续暴跌,使公司股票价格非理性下跌,为了维护公司信誉和股东权益而回购股份的情况,其回购股票的原因是当前的股票价格未能反映其价值,应以股票的价值作为股票回购价格的基准。股票价值可以是每股净资产值、股票内在价值等指标,股票回购的价格区间应该在股票的市场价格和股票的价值之间。

(六)股份回购的数量

股份回购的数量与比例是一个关系到公司资本与该股票的稀缺性、投机性的参数,股份回购的比例大小也将直接影响该股票在二级市场的平稳与波动情况。对回购股份的数量进行限制,主要是为了维持公司资本,保护债权人的利益,防止公司因持有自己股份可能衍生的弊端,避免因过量回购本公司股份而扰乱证券市场的秩序。仅限定以可分配盈余作为回购的资金来源,持有大量可分配盈余的公司仍可大批回购自己股份,因此,许多国家(地区)在规定回购资金来源的同时,也限制回购的比例。

根据《公司法》的规定,属于如下情形的,公司合计持有的本公司股份数不得超过本公司已发行股份总额的10%,并应当在3年内转让或者注销:(1)将股份用于员工持股计划或者股权激励;(2)将股份用于转换上市公司发行的可转换为股票的公司债券;(3)上市公司为维护公司价值及股东权益所必需。

(七)股份回购的程序

股份回购可能危害股东平等原则,也可能危害支配公正性。这两种情形不仅造成公司资金的不正当利用,最终损及股东利益,而且造成公司支配权的固定化,使公司经营渐失活力,使公司的外部治理环境对经营者的约束作用荡然无存,从而危及公司的长远发展。因此为了防止上述种种弊端,公司应当严格规范股份回购程序。

(1)启动程序

《公司法》(2023年修订)第224条规定:"公司减少注册资本,应当编制资产负债表及财产清单。公司应当自股东会作出减少注册资本决议之日起十日内通知债权人,并于三十日内在报纸上或者国家企业信用信息公示系统公告。债权人自接到通知之日起三十日内,未接到通知的自公告之日起四十五日内,有权要求公司清偿债务或者提供相应的担保。公司减少注册资本,应当按照股东出资或者持有股份的比例相应减少出资额或者股份,法律另有规定、有限责任公司全体股东另有约定或者股份有限公司章程另有规定的除外。"

(2)决定程序

对于股份回购的决定程序,各国规定不一。主要有两种形式:一是由股东会决定或批准;二是由董事会决定。由股东会决议,可有效防止董事会滥用职权损害股东利益。

根据《公司法》的规定,将股份用于员工持股计划或者股权激励而收购本公司股份的,可以按照公司章程或者股东会的授权,经2/3以上董事出席的董事会会议决议。

（八）股份回购方式

国外常用的股份回购的方式有五种：公开市场回购、现金要约回购、可转让出售权、私下协议批量购买和交换要约，其中公开市场回购为主要方式，如美国公司90%以上的股份回购是采用公开市场回购方式。我国公司法、证券法对股份回购的方式基本未做规定。证券法只就上市公司收购规定了“要约收购”、“协议收购”及“其他合法方式”三种类型［参见《证券法》（2019年修订）第62条］。

《上市公司章程指引》（2023年修正）第25条规定，公司收购本公司股份，可以通过公开的集中交易方式，或者法律法规和中国证监会认可的其他方式进行。

1994年发布的《到境外上市公司章程必备条款》第25条规定：“公司经国家有关主管机构批准购回股份，可以下列方式之一进行：（一）向全体股东按照相同比例发出购回要约；（二）在证券交易所通过公开交易方式购回；（三）在证券交易所外以协议方式购回。”同时第26条规定，在采用第三种方式购回股份时，“应当事先经股东大会按公司章程的规定批准”。

（九）股份回购的信息披露

我们可以从《公司法》关于股东会/董事会决议的无效、可撤销、不成立，以及公司出资人/管理者责任层面的规定，理解违法回购行为的法律责任问题：

《公司法》（2023年修订）第25条规定：“公司股东会、董事会的决议内容违反法律、行政法规的无效。”

第26条规定：“公司股东会、董事会的会议召集程序、表决方式违反法律、行政法规或者公司章程，或者决议内容违反公司章程的，股东自决议作出之日起六十日内，可以请求人民法院撤销。但是，股东会、董事会的会议召集程序或者表决方式仅有轻微瑕疵，对决议未产生实质影响的除外。未被通知参加股东会会议的股东自知道或者应当知道股东会决议作出之日起六十日内，可以请求人民法院撤销；自决议作出之日起一年内没有行使撤销权的，撤销权消灭。”

第27条规定：“有下列情形之一的，公司股东会、董事会的决议不成立：（一）未召开股东会、董事会会议作出决议；（二）股东会、董事会会议未对决议事项进行表决；（三）出席会议的人数或者所持表决权数未达到本法或者公司章程规定的人数或者所持表决权数；（四）同意决议事项的人数或者所持表决权数未达到本法或者公司章程规定的人数或者所持表决权数。”

第28条规定：“公司股东会、董事会决议被人民法院宣告无效、撤销或者确认不成立的，公司应当向公司登记机关申请撤销根据该决议已办理的登记。股东会、董事会决议被人民法院宣告无效、撤销或者确认不成立的，公司根据该决议与善意相对人形成的民事法律关系不受影响。”

第188条规定：“董事、监事、高级管理人员执行职务违反法律、行政法规或者公司章程的规定，给公司造成损失的，应当承担赔偿责任。”

第226条规定：“违反本法规定减少注册资本的，股东应当退还其收到的资金，减免股东出资的应当恢复原状；给公司造成损失的，股东及负有责任的董事、监事、高级管理人员应当承担赔偿责任。”

（十）公司回购的股份的处理

根据《公司法》的规定，公司对于如下情形，可以收购本公司股份：（1）减少公司注册资本；（2）与持有本公司股份的其他公司合并；（3）将股份用于员工持股计划或者股权激励；（4）股东因对股东会作出的公司合并、分立决议持异议，要求公司收购其股份；（5）将股份用于转换公司发行的可转换为股票的公司债券；（6）公司为维护公司价值及股东权益所必需。

从决策方式上看分为两类：一是应当经股东会决议的事项：前述第（1）、（2）项；二是可以依照公司章程的规定或者股东会的授权，经2/3以上董事出席的董事会会议决议事项：前述第（3）、

(5)、(6)项。

回购股份的处理方式可分为三类:一是自收购之日起10日内注销:前述第(1)项;二是应当在6个月内转让或者注销:前述第(2)、(4)项;三是应当在3年内转让或者注销:前述第(3)、(5)、(6)项,这里公司合计持有的本公司股份数不得超过本公司已发行股份总额的10%,并且应当在3年内转让或者注销。

(十一)国企减资的进场与评估

减资的"受让方"是明确的,即公司本身,故不涉及进场问题;《企业国有资产交易监督管理办法》等相关政策对减资是否进场亦并未进行明确规定。

《国有资产评估管理若干问题的规定》对于减资是否需要评估做出了明确规定,第3条第4项中提到,除上市公司以外的原股东股权比例变动,应当对相关国有资产进行评估。

七、债务承担合同

(一)债务承担的概念及分类

债务承担,是指在不改变债的内容的前提下,债权人、债务人通过与第三人订立转让债务的协议,将债务全部或者部分移转给第三人承担的法律事实。按照承担后原债务人是否免责为标准,债务承担可以分为免责债务承担和并存债务承担:

(1)免责债务承担的效力表现在,原债务人脱离债的关系,不再对所转移的债务承担责任;第三人成为新的债务人,对所承受的债务负责,同时与主债务有关的从债务,除专属于原债务人自身的以外,也随主债务移转给新债务人承担。并且,原债务人对债权人享有的抗辩权,也转移给了新债务人。

(2)并存债务承担的效力表现在,债务人不脱离债的关系,第三人加入债的关系,与债务人共同承担债务。第三人加入后,与债务人之间成立连带关系,对同一债务负连带责任,债权人可以请求债务人履行义务,也可以向第三人请求履行义务。①

《民法典》第551条规定:"债务人将债务的全部或者部分转移给第三人的,应当经债权人同意。债务人或者第三人可以催告债权人在合理期限内予以同意,债权人未作表示的,视为不同意。"详见本书合同的变更和转让相关部分的介绍。

(二)免责债务承担的特点

免责债务承担,使债务人通过债务转让的方式免除了对债权人的义务,而由第三人对原债务接替履行;而并存债务承担,相当于在原有债权债务的基础上,新加入了义务履行方。免责债务承担具有如下特点:

(1)免责债务承担是一种以转移债务为目的的双方法律行为,并具备法律行为的有效条件。

(2)免责债务承担发生债务转移的法律后果,债务人不再对债权人负责,在第三人与债权人之间成立了新的债务承担关系。

(3)债务承担合同按其签约当事人的不同,可分为债权人与第三人之间的债务承担合同、债务人与第三人之间的债务承担合同。在实务操作中,最好是债权人、债务人、第三人三方协商,将债务承担行为记载于同一合同之中,各方当事人的权利、义务更为明确,有利于法律风险的防范及合同的顺利履行。

(4)免责债务承担具有无因性。债务承担通常是建立在一定的基础关系之上的,如基于第三人的赠与行为而承担,基于原债务人的委托行为而承担等。但债务承担不以上述基础关系的存在

① 参见陈春:《有关债务承担所涉及的几个问题探析》,载中国法院网2004年9月21日,https://www.chinacourt.org/article/detail/2004/09/id/133128.shtml。

为必要,如基于无因管理而承担;上述基础关系的无效或被撤销,也不会影响承担的效力;第三人也不得以基础关系中原债务人不向第三人履行义务为由对抗债权人。①

(三)债务承担有关法律问题

1."征得债权人同意"问题

对于第三人与债务人之间的债务承担合同是否以"征得债权人同意"作为生效要件问题,《民法典》第551条第1款规定:"债务人将债务的全部或者部分转移给第三人的,应当经债权人同意。"债务人与第三人订立债务承担合同不仅要双方协商一致,具备合同生效的一般要件,同时还必须具备征得债权人同意这一特殊要件才能生效。

另外,由于该条规定并未明确债务人和第三人应当以何种方式征得债权人的意见,所以他们既可以在签订合同的当时征得债权人意见,也可以在签订后征得债权人意见。实践中,有很多债务承担合同,也都是通过先由债务人与第三人订立合同后再征求债权人意见而生效的。

对有关债务承担合同在征得债权人意见之前的效力问题,存有两种不同的观点:一种观点认为,此类合同在征得债权人意见之前应属效力待定合同;另一种观点认为,订立债务承担合同之前必须先征得债权人同意,否则即为无效合同。笔者赞同第一种观点。理由是,合同法并未明确债权人应当以何种方式征得债权人的意见,这就意味着法律为方便当事人订立债务承担合同而赋予了当事人更大的选择权,在征得债权人同意之前,债务承担合同只要不存在其他导致合同无效和可撤销的事由,应属效力待定合同。

2."经债务人同意"问题

对于第三人与债权人之间的债务承担合同是否以"经债务人同意"作为生效要件问题,关于债务承担的法律规定,仅是针对债务人与第三人订立债务承担合同而言的,没有对债权人与第三人之间债务承担问题做出规定,但由于没有任何规定限制债权人不能接受第三人代债务人承担债务,所以债权人与第三人是可以订立债务承担合同的。

并且,无论合同内容是免除原债务人的责任承担,还是第三人加入债的关系,原则上都对债务人有利,因此,此类合同只要符合有关合同生效的一般规定,且通知了债务人,一般即应认定有效,而不必把"经债务人同意"作为生效条件。

但是,在以下两种例外情况下,债权人与第三人订立的债务承担合同须经债务人同意才能生效:第一,有偿性质的债务承担;第二,债务人与债权人事先订有禁止债务转移条款。

对于第一种情况,由于多数债的当事人既为债权人,又为债务人,所以当债权人通过债务人处于不利状态而获得利益时,往往也承担有对待给付义务,在此情况下,债权人与第三人订立的债务承担合同势必将影响债权人向债务人对待给付义务的履行,从而使债务人利益受损,因此,"经债务人同意"就成为合同生效的要件。

对于第二种情况,因债权人与债务人事先有关于禁止债务转移的约定,客观上赋予了债务的不可移转性,所以债权人在未征得债务人同意的情况下与第三人订立债务承担合同,显然会因欠缺债务承担的生效要件而不能生效,除非通过征得债务人同意的方式赋予债务可移转性而使债务承担合同生效。②

3.债务承担与第三人代为履行的区别

根据合同的相对性原则,合同关系发生在合同当事人之间,因此,在合同成立并生效后,当事人应当按照合同的约定履行自己的义务,即合同债务应当由债务人履行,债权人也只能请求债务人向

---

① 参见唐德华、孙秀君:《合同法及司法解释条文释义》,人民法院出版社2004年版,第365页。

② 参见陈春:《有关债务承担所涉及的几个问题探析》,载中国法院网2004年9月12日,https://www.chinacourt.org/article/detail/2004/09/id/133128.shtml。

其履行合同。

实践中,债务人并不总是自己履行其义务,债务人往往通过第三人或者由第三人代其履行义务,这种情形就是法律上所谓第三人(代为)履行。[①]《民法典》第523条和第551条规定了第三人代为履行制度与债务承担制度,二者的主要区别是:

(1)债务人与第三人在新合同中的法律地位不同。在债务转移的情况下,第三人已经成为合同的当事人,如果是免责的债务承担,则第三人将完全代替债务人的地位,债务人将退出原合同关系,原合同关系消灭;即使是并存的债务承担,第三人也将加入合同关系成为合同当事人之一(共同债务人)。

但是在第三人代替债务人履行义务的情况下,对于债权人来讲,只能将第三人作为债务履行的辅助人,而不能将其作为合同当事人。所谓履行辅助人,其概念通常在狭义上使用,即仅指为债务人履行债务为辅助性行为的人,比如,根据债务人的委托将所应交付的货物运送至债权人处的运输公司等。这里所称的"履行辅助人"不限于此,包括一切为债务人履行债务的人,并主要是指代替债务人履行主要义务或实质性义务的人。[②]

(2)债务人与第三人承担的责任不同。在债务转移的情况下,第三人已经成为合同关系当事人,如果其未能依照合同约定履行义务,债权人可直接要求第三人履行义务和承担违约责任;如果原债务人退出原债的关系,那么债权人便不能要求债务人履行债务或承担责任,第三人将完全代替债务人履行义务。

而在第三人代为履行时,当第三人不履行或履行债务不符合约定时,仍由债务人承担债务不履行或履行不当的民事责任。[③]

八、债转股协议

(一)债转股的概念与分类

债转股是企业通过债权向股权的转换实现企业债务的重组。对于债权人来说,债权转为股权可以盘活不良债权,将呆滞债权转化为资产形态,解决债务悬空的问题;对于债务人企业来说,通过债转股,企业的债务负担得到缓解,股本增加,并使原债权人成为股东,为原企业注入新的活力。

按国家政策是否进行干预,可将债转股分为政策性债转股和纯商业性债转股。

(1)政策性债转股,是国家1999年做出的减轻国有企业债务和推动国企改革的重大举措。债转股是国有商业银行处理国企负债的一种重要手段和运作模式。为了实施债转股,国家先后成立了信达、长城、东方、华融四家资产管理公司,这些公司作为投资主体,成为实施债转股企业的股东,依法行使股东权利,参与企业重大事务的决策。因此,债转股并不是"债务豁免",而是由原来的债权债务关系,转变为资产管理公司与企业之间的持股与被持股或控股与被控股的关系,由原来的还本付息转变为按股分红。原国家经贸委、财政部、人民银行《关于进一步做好国有企业债权转股权工作意见的通知》(国办发〔2003〕8号)和财政部、国资委、原中国银监会《关于推进和规范国有企业债权转股权工作的意见》(国办发〔2004〕94号)对政策性债转股进行了详细规定。

(2)纯商业性债转股,完全出于当事人的自由意志,是市场经济主体基于平等地位实施的民事法律行为。纯商业性债转股是通过将合同之债变为企业股权的方式来消灭债务关系的法律行为,它直接引起的是债权债务关系的消灭和持股与控股关系的产生。本部分所阐述内容限于纯商业性债转股。

---

① 参见王利明:《合同法要义与案例析解(总则)》,中国人民大学出版社2001年版,第243页。

② 参见王利明:《合同法要义与案例析解(总则)》,中国人民大学出版社2001年版,第244页。

③ 参见赵振营:《浅谈合同法中的第三人代为履行与债务转移》,载中国法院网2004年6月8日,https://www.chinacourt.org/article/detail/2004/06/id/119882.shtml。

（二）纯商业性债转股合同的效力

纯商业性债转股，是债权人将债权转换为对企业的股权，是在原有合同基础上对合同内容的变更，这种变更是以当事人之间的协商一致为要件的。《民法典》第 543 条规定："当事人协商一致，可以变更合同。"第 544 条规定："当事人对合同变更的内容约定不明确的，推定为未变更。"第 502 条规定："依法成立的合同，自成立时生效，但是法律另有规定或者当事人另有约定的除外。依照法律、行政法规的规定，合同应当办理批准等手续的，依照其规定。未办理批准等手续影响合同生效的，不影响合同中履行报批等义务条款以及相关条款的效力。应当办理申请批准等手续的当事人未履行义务的，对方可以请求其承担违反该义务的责任。依照法律、行政法规的规定，合同的变更、转让、解除等情形应当办理批准等手续的，适用前款规定。"

最高人民法院《关于审理与企业改制相关的民事纠纷案件若干问题的规定》(2020 年修正)第 14 条规定："债权人与债务人自愿达成债权转股权协议，且不违反法律和行政法规强制性规定的，人民法院在审理相关的民事纠纷案件中，应当确认债权转股权协议有效。政策性债权转股权，按照国务院有关部门的规定处理。"

纯商业性债转股是在原来的债务人无力履行原合同债务，经过债权人同意的基础上，由债权人将债权作为对债务人企业的投资，通过债权人取得股权的方式使原有的债务消灭。经过双方的协议变更，原有合同的内容发生了变化，这种自愿的协议还要遵守法律、行政法规才能最终有效，得到法律的保护。

纯商业性债转股涉及对公司享有股权的问题，这种债转股要符合《公司法》上关于股权转让与股本增加的条件，需要股东会通过专门的决议。对于法律、法规禁止或限制持股的自然人或法人为债权人的情况，债转股是无效的。比如，债权人要符合法律上关于自然人权利能力与行为能力的规定，行政机关类法人不能成为公司的发起人等。①

（三）纯商业性债转股合同的撤销

债权人选择债转股来变更原来的合同，一方面，债转股后，债权人成为债务人企业的股东，如债务人减债增资后，经营状况良好，债权人能够通过股东收益获得对原来债权的补偿，可能给债权人带来更大的收益。另一方面，债权人接受债转股也要承担相应的风险。如果将债权转化为股权后，债务人的经营状况没有好转，甚至继续恶化，那么债权人则丧失了原有的债权，只能按照股东的权利获得企业破产清算后的财产。

这就涉及债权人是选择债务人直接清偿债务，还是通过对债务人财产情况进行客观判断并实施债转股的问题。无论选择哪一种方式，都是债权人和债务人双方的自愿行为，后果由其自负。

但在实践中，债务人往往利用债权人对企业经营状况的不熟悉，为了达到消灭债务的目的，在双方签订债转股协议的过程中，隐瞒企业资产负债真实状况，骗取债权人与其签订债转股的协议，这对债权人的合法权益构成极大的危害，是一种合同欺诈行为。对于此种行为，债权人应当利用法律武器来保护自己的合法权益。

我国《民法典》第 5 条规定："民事主体从事民事活动，应当遵循自愿原则，按照自己的意思设立、变更、终止民事法律关系。"因此，债权人与债务人自愿达成债转股协议，只要不违反法律和行政法规强制性规定的，应当确认债转股协议有效。《民法典》第 148 条规定："一方以欺诈手段，使对方在违背真实意思的情况下实施的民事法律行为，受欺诈方有权请求人民法院或者仲裁机构予以撤销。"第 132 条规定："民事主体不得滥用民事权利损害国家利益、社会公共利益或者他人合法权益。"第 534 条规定："对当事人利用合同实施危害国家利益、社会公共利益行为的，市场监管和

---

① 参见石少侠：《公司法教程》，中国政法大学出版社 1999 年版，第 61 页。

其他有关行政主管部门依照法律、行政法规的规定负责监督处理。”

关于债转股中涉及欺诈该如何处理的问题,最高人民法院《关于审理与企业改制相关的民事纠纷案件若干问题的规定》(2020年修正)第15条明确规定,债务人以隐瞒企业资产或者虚列企业资产为手段,骗取债权人与其签订债权转股权协议,债权人在法定期间内行使撤销权的,人民法院应当予以支持。债权转股权协议被撤销后,债权人有权要求债务人清偿债务。

“隐瞒企业资产”一般是指债务人有资产、具备清偿能力,但故意隐瞒不报、逃避债务,迫使债权人选择债转股来实现其债权利益;“虚列企业资产”一般是指债务人在经营状况不好的情况下,为诱使债权人以债权投资折抵债务,采取制造虚假资产负债表的欺诈手段,使债权人做出错误的判断而实施债转股。隐瞒和虚列企业资产行为虽然表现不同,但其性质是相同的,均属于债务人采取的欺诈行为,其目的是诱使债权人签订债转股协议。

我国《民法典》第155条规定,无效的或者被撤销的民事法律行为自始没有法律约束力。债转股协议被撤销后,法律关系恢复到原来的状态,即原来的债权债务关系恢复,债权人有权要求债务人返还尚欠债务及利息。

需要注意的是,债权人行使撤销权必须在法定期间内。依据我国《民法典》第152条的规定,具有撤销权的当事人自知道或者应当知道撤销事由之日起1年内没有行使撤销权的,撤销权消灭,具有撤销权的当事人知道撤销事由后明确表示或者以自己的行为表明放弃撤销权的,撤销权消灭。债权人行使撤销权应当符合上述有关除斥期间的规定。

(四)纯商业性债转股对其他债权人的影响

债务人存在多个债权人的情况下,可能只有部分债权人选择以债转股的方式转化债权,而其他的债权人则会坚持债务人清偿债务,或者用其他方式抵销债务。债转股是债务人与部分债权人通过签订债转股协议对原有合同内容的变更,对签订协议的双方当事人具有法律效力,对于其他的债权人不具有约束力,其他债权人可按约定或者以其他方式向债务人主张债权。最高人民法院《关于审理与企业改制相关的民事纠纷案件若干问题的规定》(2020年修正)第16条明确规定,部分债权人进行债权转股权的行为,不影响其他债权人向债务人主张债权。

实行债转股的债权人将债权转化为股权后,就与其他的债权人不在同一个清偿顺序上了,而且债权人取得了股东的地位,就要在享有股东权利的同时承担股东的相应义务。如果企业经营不善导致破产,实行债转股的债权人要在投资范围内对其他债权人负有限责任。也就是说,要用本属于自己债权的那部分财产与债务人一起清偿债务,只有当破产清算有剩余财产的时候才能够与其他股东一起参与分配。①

(五)债转股的利益风险

债权和股权的利益风险不同,源于债权与股权之间的重大区别,它们分别是:

1. 二者义务主体不同。债权的义务主体可以是对债权人有履行债务义务的任何民事主体(含自然人与法人);而股权的义务主体只能是与股权相应的公司。

2. 二者权利内容不同。债权的内容表现为债权人可请求债务人为某种特定给付,但无权介入债务人的经营管理;股权的内容则较丰富,除了自益权外,还包括表决权、提案权等参与公司经营决策、对公司机关进行监督方面的共益权。

3. 二者效力不同。在同一股份制公司为义务人的场合,债权要优先于股权的实现。债权人可以不问公司的盈利状况如何,直接请求公司为一定给付。但股东只有当公司清偿对债权人的债务

---

① 参见李国光主编:《最高人民法院关于企业改制司法解释条文精释及案例解析》,人民法院出版社2003年版,第62页。

后，方有可能获得公司向其分配的股利；在公司存续期间，原则上不得抽回资本；在公司解散的场合，除非公司债权人的债权获得清偿，否则股东不得分取公司的剩余财产。

4. 二者与担保制度的关系不同。债权可以依法实行担保；但股权不存在担保制度。

5. 二者所体现的财产利益稳定性不同。债权中的财产数额在债权成立时是确定的或可以确定的；而股权所体现的财产利益则是无法事先确定的，甚至一直处于波动之中。

九、信托合同

（一）信托与行纪[①]的区别

行纪，是指行纪人接受委托人的委托，为委托人的利益，以自己的名义从事一定行为并取得报酬的营业活动。信托与行纪的主要区别有：

1. 来源不同。现代意义上的信托是由中世纪英国衡平法的用益制度发展而来的，就其内容而言，近似于大陆法系的他物权。而行纪源于罗马法，属于债权法范围，是债权法里合同的一种。

2. 当事人不同。信托有委托人、受托人和受益人（委托人可以同时为受益人）三方当事人，而行纪通说认为有委托人和行纪人两方当事人。

3. 涉及的财产范围不同。信托财产的范围十分广泛，包括动产、不动产、债务、有价证券和知识产权等，而行纪一般只限于特定待交易的财产。

4. 受托财产稳定性不同。信托中的受益人是信托合同的当事人，且在信托合同中往往处于纯受益地位，其对信托财产所有权归属问题较为清晰。行纪中，虽然行纪人是代替委托人行使物的处分权，但对第三人而言，行纪人的占有被推定为所有权人的占有，第三人可以适用善意取得制度取得受托财产。在委托人与行纪人的内部法律关系中，行纪人并未取得受托财产（代买之物或代卖之物）的所有权，行纪结束后，行纪人应将代买之物原封不动地移交给委托人，在代卖之物无法售出时，委托人有权取回该物。并且在行纪人破产时，委托人可以依法主张取回权。由此可见，在受托财产的稳定性上，行纪远不及信托。

5. 成立要件和利益归属不同。信托以委托人交付信托财产为信托法律关系成立要件，行纪不以财产交付为成立要件。信托财产的收益归信托受益人所有，行纪财产的收益归委托人所有。

6. 管理期限不同。信托关系一旦设立，委托人和受托人不得随意撤销，信托关系比较稳定，适于财产的长期管理。行纪关系设立后，这种关系撤销和终止相对容易，因此行纪适于短期财产处理。

（二）信托与委托[②]的区别

委托，是指一方受他方委托，按委托人的指示以委托人的名义，为委托人处理事务的行为。信托与委托的主要区别有：

1. 法律对合同主体及主体资格要求不同。信托合同的当事人是委托人、受托人和受益人三方，法律对委托人和受托人，尤其是受托人的要求较为严格。委托合同的当事人是委托人和受托人，法律对受托人没有特别要求。

2. 委托事务的范围和性质不同。信托一般适用于财产管理，而委托适用的范围十分广泛，法律没有特别限定。

3. 办理委托事务的名义不同。信托关系中受托人以自己的名义办理委托事项，而在委托关系中，一般是受托人以委托人的名义办理委托事项。

4. 合同成立的要件及解除规定不同。信托合同以信托财产的交付为信托合同成立要件，而委

---

① 参见《民法典》第三编第二十五章，专章规定了“行纪合同”。

② 参见《民法典》第三编第二十三章，专章规定了“委托合同”。

托合同自双方就委托事项达成协议时即成立生效,不以标的物的交付为合同成立生效要件。合同解除的规定不同:《信托法》对信托合同的解除有限制,委托人和受托人一般不得随意解除信托合同,而我国《民法典》第934条规定:"委托人死亡、终止或者受托人死亡、丧失民事行为能力、终止的,委托合同终止;但是,当事人另有约定或者根据委托事务的性质不宜终止的除外。"第935条规定:"因委托人死亡或者被宣告破产、解散,致使委托合同终止将损害委托人利益的,在委托人的继承人、遗产管理人或者清算人承受委托事务之前,受托人应当继续处理委托事务。"第936条规定:"因受托人死亡、丧失民事行为能力或者被宣告破产、解散,致使委托合同终止的,受托人的继承人、遗产管理人、法定代理人或者清算人应当及时通知委托人。因委托合同终止将损害委托人利益的,在委托人作出善后处理之前,受托人的继承人、遗产管理人、法定代理人或者清算人应当采取必要措施。"①

5.受托财产所有权转移程度不同。信托关系是财产性的,信托财产所有权的性质极为特殊,表现为"所有权与利益相分离"。对受托人来说,享有了信托财产的占有、管理和处分权,但不能将管理处分信托财产所生的利益归于自己,而是将信托利益交给委托人指定的受益人,这也是信托区别于类似财产管理制度的根本特质之一。从某种意义上说,委托关系是一种对人关系,委托产生后,并不发生任何属于委托人财产的所有权转移。委托过程中,委托涉及的财产所有权与其利益并不发生分离,都归属于委托人。受控于受托人的这部分财产很可能受到委托人的债权人的追及,在委托人破产时也可能被列入破产财产而被强制执行。

(三)信托合同与第三人利益合同的比较

第三人利益合同是一方当事人不为自己设定权利,而为第三人设定权利,并使他方当事人向第三人履行义务的合同。由于信托合同通常也是为第三人的利益而订立,因此与第三人利益合同非常相似。其区别主要体现于两个方面:

1.信托受益人与利益第三人的法律地位不同

首先,信托是为受益人的利益而设计的一种财产管理制度,不存在受益人的信托是无效的,但没有利益第三人的合同不仅有效,而且是普遍的、正常的。

其次,信托一经设立,就不能随意撤销甚至变更,委托人不能与受托人协商变更受益人的受益权。而对于第三人利益合同而言,由于合同法律后果的本质和范围应当由当事人的意愿来决定,合同当事人有权不经第三人同意而撤销或变更第三人的权利,除非第三人信赖合同当事人的允诺有约束力并相应作出了对其不利的安排。

最后,信托可以由受益人强制实施,而且主要由受益人强制实施,即使受益人未支付任何对价,或者在信托设立很久后才知道信托的存在,也不影响其此项权利的行使。第三人利益合同中,第三人要求合同的强制实施是需要对价支持的,其非合同当事人,未支付对价是不得强制实施的。

2.信托受益人与利益第三人的权利性质不同

信托虽也可由合同创设,而且主要是由合同创设,但受益权不是一种"合同权利",因为受益人可以从取得信托财产的陌生人手中,追回被错误处分的信托财产,因而具有物权性质,因此,在英美法上,受益人的权利义务不是由合同法管辖,而是属于财产法领域。但受益权又不是一种对物的权利,因为受益人不能直接支配信托财产,仅有对信托收益的请求权。②

利益第三人的权利,可以说是一种"合同权利",无论他是债权人还是受赠人,其权利是由立约人与受约人之间的合同创设的,权利有效性是由合同法来决定的。

---

① 霍玉芬:《信托法要论》,中国政法大学出版社2003年版,第41~48、86~97页。

② 参见左传卫:《信托与合同的比较分析》,载《肇庆学院学报》2003年第6期。

(四)集合资金信托计划与证券投资基金

1. 集合资金信托计划

《信托公司集合资金信托计划管理办法》(2009 年修订)第 2 条规定:“在中华人民共和国境内设立集合资金信托计划(以下简称信托计划),由信托公司担任受托人,按照委托人意愿,为受益人的利益,将两个以上(含两个)委托人交付的资金进行集中管理、运用或处分的资金信托业务活动,适用本办法。”第 52 条规定:“两个以上(含两个)单一资金信托用于同一项目的,委托人应当为符合本办法规定的合格投资者,并适用本办法规定。”第 53 条规定:“动产信托、不动产信托以及其他财产和财产权信托进行受益权拆分转让的,应当遵守本办法的相关规定。”

2. 证券投资基金

《证券投资基金法》(2015 年修正)第 2 条规定:“在中华人民共和国境内,公开或者非公开募集资金设立证券投资基金(以下简称基金),由基金管理人管理,基金托管人托管,为基金份额持有人的利益,进行证券投资活动,适用本法;本法未规定的,适用《中华人民共和国信托法》、《中华人民共和国证券法》和其他有关法律、行政法规的规定。”

3. 两者的比较

(1)采用的募集方式不同

前者只能采取私募的方式,根据相关法律规定,不得“进行公开营销宣传”;而后者通过公开发售基金份额募集。

(2)对募集行为的限制不同

信托公司设立信托计划,应当符合以下要求:①委托人为合格投资者;②参与信托计划的委托人为唯一受益人;③单个信托计划的自然人人数不得超过 50 人,但单笔委托金额在 300 万元以上的自然人投资者和合格的机构投资者数量不受限制;④信托期限不少于 1 年;⑤信托资金有明确的投资方向和投资策略,且符合国家产业政策以及其他有关规定;⑥信托受益权划分为等额份额的信托单位;⑦信托合同应约定受托人报酬,除合理报酬外,信托公司不得以任何名义直接或间接以信托财产为自己或他人牟利;⑧原中国银监会(现为国家金融监管总局)规定的其他要求。

证券投资基金的募集行为没有上述的限制规定。

(3)投资对象的范围不同

信托计划的投资对象十分广泛,仅受到“信托资金有明确的投资方向和投资策略,且符合国家产业政策以及其他有关规定”的原则性限制;而证券投资基金集中的投资对象只是证券市场中的各种可交易证券。

(4)监管机构不同

信托计划分为两个阶段:信托活动阶段和投资活动阶段,前一阶段由原中国银监会(现为国家金融监管总局)监管,后一阶段如果投资证券,由中国证监会监管;证券投资基金的设立、募集、交易、投资运作及管理等主要由中国证监会监督管理。

除了上述区别外,《信托公司集合资金信托计划管理办法》《证券投资基金法》还可显示出诸多方面的差别,此处不再赘述。[①]

(五)股权信托和资金信托比较

股权信托,一般是指委托人(持股人)基于对受托人(信托公司)的信任,将其持有的公司股份作为信托财产,委托给信托公司对该股份进行管理。

资金信托,是指委托人基于对信托公司的信任,将自己合法拥有的资金委托给信托公司,由信

---

① 详细内容参见于萍:《资金信托和证券投资基金的甄别》,载《证券之窗》2003 年第 6 期。

托公司按委托人的意愿以自己的名义,为受益人的利益或者特定目的管理、运用和处分。

股权信托和资金信托在本质上都适用信托法律关系,二者的主要区别有:

(1)信托财产属性不同

股权信托中,信托财产是委托人持有的公司股权,而在资金信托中,信托财产是委托人自己拥有的合法资金。

(2)信托财产管理内容不同

股权信托中,受托人信托公司要对信托股权进行管理,要根据委托人的意志行使股东权利,有关股权管理事项是股权信托的重要内容。

资金信托中,受托人信托公司要对信托资金进行管理,主要依据双方在信托合同中约定的管理方式进行,所以在资金信托中必须明确受托人对资金管理的方式,以及管理方式变更的条件等相关事项。

(3)法律关系复杂程度不同

与资金信托相比,股权信托涉及的法律关系通常比较复杂,一个完整的股权信托计划包括:①融资法律关系。信托公司向社会个人或机构投资者发行集合资金信托计划,为特定购股人提供购股资金,这里会产生资金信托法律关系,即不特定投资者和信托公司的资金信托合同。②贷款法律关系。信托公司向购股人提供购股贷款资金,合同双方是信托公司和购股人。③股权质押法律关系。即购股人取得购股贷款购买股权后,将股权质押给信托公司作为购股贷款的担保,合同双方是信托公司和购股人。④股权信托法律关系。购股人作为委托人与受托人信托公司签订股权信托合同,委托信托公司对信托股权进行管理。

(六)信托贷款合同中各方的权利义务

1. 信托关系中委托人与受托人之间的权利和义务

信托关系中,委托人的主要权利有:向受托人提出委托事项的权利,请求受托人交付贷款收益的权利等。委托人的主要义务有:支付报酬和费用的义务,不得要求受托人接受违反国家金融法律法规实施贷款行为的义务等。

信托关系中,受托人即贷款人的主要权利有:向委托人请求报酬和支付费用的权利,拒绝委托人违规委托事项的权利等。受托人的主要义务有:保证自己有接受信托贷款业务资格的义务,对信托贷款负有谨慎管理的义务,对信托贷款事项负有向委托人通知和报告的义务,贷款期满后收回贷款本金的义务或者协助委托人收回信托贷款的义务,按期向委托人交付贷款本金和利息的义务等。

2. 贷款关系中受托人(贷款人)与借款人之间的权利和义务

贷款关系中,贷款人的主要权利有:监督借款人依照贷款合同规定使用贷款的过程并向委托人报告的权利,依照合同约定从借款人的存款中划收贷款本金及利息的权利,借款人违约时根据委托人的指示终止贷款合同的权利等。贷款人的主要义务有:及时将委托人的资金按照委托人的指示贷给借款人的义务,对借款人提供的信息资料予以保密的义务等。

贷款关系中,借款人的主要权利有:按照合同约定取得和使用贷款的权利等。借款人的主要义务有:如实向贷款人提供其资料信息的义务,接受贷款人对其使用贷款过程监督的义务,按照贷款合同使用贷款的义务,按贷款合同的约定按期清偿贷款本金和利息的义务等。①

3. 担保关系中贷款人和担保人之间的权利和义务

担保关系中,贷款人的主要权利是借款人违反合同约定不按期交付贷款本金和利息时,要求担保人承担担保责任、交付贷款本息的权利。担保人的主要义务是借款人违反合同约定不按期交付贷款本息时,承担担保责任,向贷款人支付贷款本息的义务。担保人在向贷款人支付贷款本息后,

① 参见仇京荣:《委托贷款合同中的法律问题》,载《中国律师》1998 年第 4 期。

可向借款人追偿贷款本金和利息。

（七）无效信托贷款合同

无效信托贷款合同，是指信托贷款合同违反法律强制性规定，欠缺合同的生效条件，从而不发生当事人所预期的法律效果的合同。从实践来看，导致信托贷款合同无效的原因主要有：

（1）委托人信托贷款的资金，属依法不允许用于信托贷款的资金，即用于信托贷款资金的来源不合法。

（2）办理信托贷款业务的金融机构即受托人，不具有办理信托贷款业务的资格。

对无效信托贷款合同通常做出如下处理：

首先，返还财产。信托贷款合同被确认无效后，委托人对已经交付给受托人的款项，有权要求返还；借款人通过受托人取得的委托人的款项，有义务返还给受托人；受托人也有义务将借款人退还的款项交还委托人，同时，受托人取得的手续费也应当返还。如果委托人已经将贷款交给受托人，而受托人尚未将贷款转给借款人，此时，受托人应将贷款退还给委托人。

其次，赔偿损失。信托贷款合同中有过错的一方当事人，应当赔偿对方当事人的损失，具体而言：

（1）如果因委托人的过错而导致信托贷款合同无效，给受托人金融机构造成损失，应由委托人予以赔偿。受托人遭受的损失，就是受托人依有关规定收取的手续费，其数额较容易确定。而对借款人的损失是否也应由委托人予以赔偿，在诉讼进行的过程中，借款人是第三人，第三人的损失是否也应由委托人予以赔偿，其赔偿的数额应如何确定，有待从法律上再行探讨。

（2）若信托贷款合同因受托人不具备中国人民银行确定的信托贷款人的资格而导致信托贷款合同无效，过错明显在受托人，因这种情况而给委托人造成的损失，特别是借款人无力偿还贷款的本金和利息时，应当如何处理，亦有待再行研究。①

（八）贷款不能按期返还时的责任承担

贷款不能按期返还时，根据信托贷款合同，借款人负有返还贷款的责任是毫无争议的，争议最多的是，贷款不能按期返还时委托人和受托人如何承担责任，尤其是受托人是否承担责任以及承担何等责任的问题。

中国人民银行《关于以〈关于委托贷款有关问题的请示〉的复函》（银条法〔1992〕13 号）第 1 条规定："我们认为，委托贷款行为在事实上的确类似于《民法通则》中的代理行为，但两者并不完全相同，这主要表现在：委托贷款行为是金融机构根据委托人的委托，在委托贷款协议书所确定的权限内，按照委托人确定的金额、期限、用途、利率等，以金融机构自己的名义，同委托人指定的借款人订立借款合同的行为。而《民法通则》中的代理行为则是代理人在代理权限内，以被代理人的名义实施的民事法律行为。但两者所产生的法律责任都是由委托人（即被代理人）承担的。"第 3 条规定："关于受托方的权利、义务和责任的问题，我们认为银发［1988］285 号文件已经规定得比较明确，因此不再重申。"

中国人民银行《关于加强对信托投资机构委托存贷款业务管理的通知》（银发〔1988〕285 号，已失效）规定，"委托贷款的风险由委托方承担"。

第一个问题是，当借款人到期不能偿还贷款时，是否贷款损失的责任一概由委托人承担，受托人在任何情况下对贷款损失均不承担责任呢？笔者认为，要回答这个问题，首先需要明确风险责任、违约责任和过错责任的概念。

（1）"风险责任"，是指在双务合同中，由于不可归责于当事人双方的事由造成的损失，应由哪

① 参见王瑞洲：《谈无效委托贷款合同案件的处理》，载《政法论丛》2001 年第 1 期。

一方承担的问题。它所要解决的是,在双方当事人均无过错的时候,损失承担责任的分配问题,其适用的条件是双方当事人均无过错。

(2)"违约责任",是指合同当事人违反合同约定,不履行或不完全履行合同义务导致的责任。违约责任不以过错为要件,只要合同当事人违反了合同约定,即使其没有过错,也应该按照合同约定承担违约责任。

(3)"过错责任",以过错为承担责任的必要条件之一,有过错则有责任,无过错则无责任。

风险责任、违约责任与过错责任是在不同范畴内使用的概念。《民法典》第 929 条规定:"有偿的委托合同,因受托人的过错造成委托人损失的,委托人可以请求赔偿损失。无偿的委托合同,因受托人的故意或者重大过失造成委托人损失的,委托人可以请求赔偿损失。受托人超越权限造成委托人损失的,应当赔偿损失。"即信托贷款合同一般是有偿的委托合同,根据《民法典》第 929 条的规定,当受托人有过错给委托人造成损失时,委托人可以要求赔偿损失。具体而言,只有受托人对委托人受到的损失没有过错时,受托人才不承担法律责任。也就是说,如果委托人受到的损害是由于受托人的过错造成的,受托人应该承担赔偿责任。如果受托人没有过错,单纯因为借款人经营不善、亏损破产或其他不能归责于委托人或受托人的原因造成到期不能收回贷款本息的,这就属于信托贷款合同的风险责任问题,按我国法律规定,贷款损失的风险完全由委托人一方承担。

所以说,贷款不能按期返还时,受托人并非在任何情况下都不承担贷款损失责任,其有过错时应该承担贷款损失的过错责任。

第二个问题是,什么情况下受托人有过错,如何判断受托人有过错?合同当事人一般应该承担合同法上的违约责任,即只要合同当事人违反合同约定,无论是否有过错,都应该承担违约责任。

违约责任在本质上而言与过错是无关的,只与合同约定有关。过错责任一般适用于侵权责任当中,即多数情况下,有过错给他人造成侵害才承担赔偿责任。但《民法典》第 929 条对有偿委托合同规定了过错责任,这无疑在实体上减轻了受托人的合同责任,在程序上加重了委托人的举证责任。委托人必须证明受托人有过错导致其受到损失,才可以要求受托人赔偿损失。关键的问题在于什么情况下界定受托人有过错。

过错包括故意和过失,是一种主观心理状态,其在客观方面一般表现为违反法律规定、合同约定或者未尽到一般人的注意义务。

(1)就违反法律规定而言,如果受托人即贷款人违反了国家关于贷款发放的法律规定,而且这种违反法律规定的行为不是由于委托人的指示造成的,则可以认定受托人有过错。比如,受托人即贷款人没有严格按照国家关于发放贷款手续给借款人贷款,由于贷款手续的瑕疵导致贷款不能按期返还的,受托人有过错,委托人可以要求受托人赔偿损失。

(2)就违反合同约定而言,如果受托人即贷款人违反在信托合同中的主要义务,导致贷款不能按期收回,受托人有过错,委托人可以要求受托人即贷款人赔偿损失。受托人违反义务的情况包括没有接受信托贷款业务的资格却虚假承诺或表示有资格;违反委托人的指示发放贷款;对贷款没有进行谨慎管理,事前没有详细调查借款人的情况、贷款时没有认真严格审查借款人提供的信息和资料,事后对贷款的使用情况没有进行检查和监督;贷款到期时怠于收回贷款、没有及时向借款人行使请求返还贷款的权利导致超过诉讼时效;没有及时向担保人请求行使担保权利导致超过担保期限;对贷款事项没有及时全面地向委托人报告和通知等。

第三个问题是,如果受托人即贷款人对贷款不能按期收回有过错,其责任范围如何确定。是承担委托人全部损害的赔偿责任,还是仅承担一定范围的赔偿责任?有观点认为,受托人是为了委托人的利益与借款人订立贷款合同的,且其只收取少量的手续费,贷款不能按期收回时,如果让受托人承担委托人全部损害的赔偿责任,偿还本应由借款人偿还的全部贷款本息的话,则使其收益与承担的责任极不相称，有失平衡。笔者不同意该观点。

受托人由于其过错导致贷款不能按期收回的，应该承担赔偿委托人全部损害的责任，即应该赔偿委托人无法收回的贷款本金及利息。因为，委托人与受托人之间的法律基础是信托贷款合同，信托贷款合同是委托合同的一种，应根据国家规范合同及委托合同关系的法律规定来处理。《民法典》第577条规定："当事人一方不履行合同义务或者履行合同义务不符合约定的，应当承担继续履行、采取补救措施或者赔偿损失等违约责任。"依法律规定，违约损害采取的是"完全赔偿"原则，根据该原则，除非双方当事人另有约定，因违约方的违约行为使非违约方遭受的全部损失，违约方都必须负责赔偿。

违约赔偿还应该遵循"可预见性"要求，即要求违约方承担的赔偿责任不能超过其订约时所能预见的由其违约行为可能造成的损失。[①]《民法典》第584条规定："当事人一方不履行合同义务或者履行合同义务不符合约定，造成对方损失的，损失赔偿额应当相当于因违约所造成的损失，包括合同履行后可以获得的利益；但是，不得超过违约一方订立合同时预见到或者应当预见到的因违约可能造成的损失。"受托人订立信托贷款合同时，应该预见到其违约行为可能导致委托人损失贷款本金和利息，因受托人过错导致贷款不能按期收回时，受托人负责赔偿委托人全部贷款本息符合违约完全赔偿原则和可预见性要求，不能以受托人在信托贷款业务中只收取少量的手续费为由减轻其赔偿责任。

第四个问题是，贷款不能按期收回，受托人即贷款人拒绝起诉时，委托人应该怎么办。委托人可否作为原告，以借款人为被告直接起诉。

《民法典》第925条规定："受托人以自己的名义，在委托人的授权范围内与第三人订立的合同，第三人在订立合同时知道受托人与委托人之间的代理关系的，该合同直接约束委托人和第三人；但是，有确切证据证明该合同只约束受托人和第三人的除外。"第926条规定："受托人以自己的名义与第三人订立合同时，第三人不知道受托人与委托人之间的代理关系的，受托人因第三人的原因对委托人不履行义务，受托人应当向委托人披露第三人，委托人因此可以行使受托人对第三人的权利。但是，第三人与受托人订立合同时如果知道该委托人就不会订立合同的除外。受托人因委托人的原因对第三人不履行义务，受托人应当向第三人披露委托人，第三人因此可以选择受托人或者委托人作为相对人主张其权利，但是第三人不得变更选定的相对人。委托人行使受托人对第三人的权利的，第三人可以向委托人主张其对受托人的抗辩。第三人选定委托人作为其相对人的，委托人可以向第三人主张其对受托人的抗辩以及受托人对第三人的抗辩。"

实际操作中比较完善的做法是，在信托贷款合同中，明确贷款合同直接约束委托人和借款人，赋予委托人以贷款人对借款人的一切权利（包括通过诉讼解决纠纷的权利），这样，如果贷款不能按期收回时，受托人没有过错的话，委托人可单独起诉借款人；如果受托人有过错，则委托人可以借款人和受托人为共同被告，要求其承担连带赔偿责任。不过这种做法亦有违反贷款管理法规之嫌。

第三节　投资并购重要法律术语解析[②]

一、杠杆收购

1. 杠杆收购的定义

所谓杠杆收购（Leverage Buy-Out，LBO），即某一企业拟收购其他企业，进行结构调整及资产重

---

① 参见张学文：《委托贷款及其法律责任探究》，载《河北法学》1998年第6期。

② 本节主要参考了李雨龙、陈景云、乔路等编著的《投资并购经典案例法律评析》以及最新政策法规。

组时,以被收购企业的资产和将来的收益能力作为抵押,筹集部分资金用于收购行为的一种财务管理活动。

杠杆收购与一般收购相比其特点主要表现在:(1)收购者只需要投入少量的自有资金,便可获得较大金额的银行贷款用于收购目标企业。投资者的资金只在其中占很小部分,通常为10%~30%。(2)收购者可以通过杠杆收购取得纳税利益;资本的利息支出可以税前扣除,对于目标企业,被购进前若有亏损,可递延冲抵收购后的盈利,从而减低应纳税所得额基数。(3)高比例负债能给经营者、投资者以压力,促使其改善经营管理,提高经济效益。

2. 杠杆收购的融资方式

杠杆收购主要特点就是举债融资,企业在并购活动中对融资方式的选择是由多种因素决定的,融资方式的选择不仅会影响并购活动能否顺利完成,而且对优势企业和目标公司未来发展也将产生较大的影响。融资方式以资金来源划分,可分为内部融资来源和外部融资来源。其中外部融资来源为杠杆收购的主要途径,其又分为权益融资、债务融资和准权益融资三大部分。

(1)权益融资主要有两大类:一类是指通过发行股票筹集资金,包括向社会公众公开发行和定向募集等形式,该类形式往往以向目标公司支付现金的方式完成并购。另一类是股权支付,即通过增发新股,以新发行的股票交换目标公司的股票,或者发行新股取代收购方和被收购方的股票,从而取得对目标公司的控股权。

(2)债务融资包括向金融机构贷款、发行债券和卖方融资等。从西方各国并购的经验来看,债务融资是杠杆收购最重要的资金来源,不仅有商业银行,还有大量的保险公司、退休基金组织、风险资本企业等机构都可以向优势企业提供债务融资。贷款与发行债券两种债务融资方式可以说各有千秋,相对而言,贷款速度快、灵活性强,但用途往往受到限制;而在我国,发行债券由于金融政策对发行主体的硬性规定而使其在应用中受到了较大限制。二者的共性优点在于筹集资金成本相对于权益融资低,而且债权债务关系不会影响企业的控制权。但是,由于还本利息压力,可能导致企业财务状况恶化,增加了企业的风险。在利用债务融资时,需要妥善处理好企业的资本结构以及长期债务的合理搭配问题。①

3. 杠杆收购的程序

杠杆收购与一般收购不同,投资人的资金很少,收购中引起的负债主要用目标企业的资产或现金流量来支持或偿还,因而收购后公司能否还清负债是关键。典型的杠杆收购通常有以下程序:

第一阶段:设计准备阶段。这一阶段的工作主要是由发起人制定收购方案,与被收购方谈判,以及进行购并的融资安排,必要时以自有资金参股被收购公司。这里所谓的发起人通常就是公司的收购者,也有由专为债务购并而设立的公司或投资银行充当发起人的。

第二阶段:资金筹集阶段。收购资金有以下三个筹集渠道:(1)由杠杆收购组织者及公司管理层组成的集团,自筹资金一般约占收购价的10%;(2)以公司资产为抵押,向投资银行等借入一笔过渡性贷款,一般占收购所需资金的50%~70%;(3)向投资者推销高息风险债券,占收购额的20%~40%。

第三阶段:以筹集到的资金购入被收购公司期望份额的股份。

第四阶段:对被收购公司进行重组整改,作适度的拆卖,同时优化被收购公司的经营,使之符合收购公司的总体经营规划和方向。有时,整改成功后,收购公司也会在保留控制权的前提下出售部分已经升值的被收购公司的股份,以达到迅速偿还负债的目的,同时赚取收购收益。

第五阶段:若整改后尚有不足偿还的收购时形成的负债,则由被收购公司发行债券用于清偿。

---

① 参见谢华伟:《浅谈杠杆收购》,载《经济师》2006年第1期。

之后,被收购公司进入正常经营状态。只要被收购公司的总资产报酬率高于借入资金的资金成本,收购公司仍可获得财务杠杆收益。[①]

4.杠杆收购在中国的运用

杠杆收购是一种以小博大、高风险、高收益、高技巧的企业并购方式。20世纪七八十年代的并购时代是杠杆收购的黄金年代。在中国,杠杆收购还是个全新的事物,许多人对这种新型收购方式不是很了解,因此非常容易产生误解。客观地说,杠杆收购并不是一般人想象中的“空手套白狼”,它不仅需要拥有相当雄厚的资金实力,而且需要高超的运作能力,其中投资银行和市场中介组织发挥着极其重要的作用。

在杠杆收购中,由于杠杆融资的资金绝大部分依赖于外部融资,并且风险较高,因此只有获得金融组织的强力支持才能完成。

在杠杆收购中,收购方实现了以小博大的高收益,但被收购方却要承担可能出现的股东不稳定的风险,因为可能出现收购方在融资后实现不了承诺而被强行司法处理的情况。

二、要约收购

1.何为要约收购

要约收购和协议收购、委托书收购一样,都是收购上市公司的方法之一。

《上市公司收购管理办法》(2020年修正)第23条规定:“投资者自愿选择以要约方式收购上市公司股份的,可以向被收购公司所有股东发出收购其所持有的全部股份的要约(以下简称全面要约),也可以向被收购公司所有股东发出收购其所持有的部分股份的要约(以下简称部分要约)。”第24条规定:“通过证券交易所的证券交易,收购人持有一个上市公司的股份达到该公司已发行股份的30%时,继续增持股份的,应当采取要约方式进行,发出全面要约或者部分要约。”

由以上规定不难看出,要约收购包括自愿要约收购和强制要约收购两种。要约收购中的要约是指收购方向目标公司的所有股东发出的公开通知,表明收购方将以一定的价格在某一有效期之前买入全部或一定比例的目标公司的股票。要约收购在美国近20年的“收购战”中被广泛应用。而我国上市公司股权结构的特殊性,决定了我国上市公司收购中主要采用的是协议收购的方式。因此,提到要约收购,多指的是强制要约收购的情况。

强制要约收购是指当一持股者持股比例达到法定数额时,强制其向目标公司同类股票的全体股东发出公开收购要约的法律制度。这一制度是对股东平等原则的救济。“强制要约收购”制度始于20世纪60年代的英国。强制要约制度的立法理由主要有两个:一是当股份有限公司由于股份转让导致控制权的转换时,可能会导致该公司的经营者和经营策略的改变,这对小股东是不利的,因此,应给予他们退出的机会;二是大股东所持有的股份具有对公司的控制价值,并不应只属于持有该股份的大股东,而应属于公司的全体股东,因此收购者为获得公司的控制权而付出的溢价应归公司的全体股东平均享有。

采用强制要约收购制度的有英国、法国、新加坡、中国香港特别行政区等国家或地区,起始点从30%~50%不等。不采用强制要约收购制度的有美国、德国、日本、澳大利亚、韩国等。我国《证券法》(2019年修订)第73条第1款规定了上市公司强制要约收购制度:“采取协议收购方式的,收购人收购或者通过协议、其他安排与他人共同收购一个上市公司已发行的有表决权股份达到百分之三十时,继续进行收购的,应当向该上市公司所有股东发出收购上市公司全部或者部分股份的要约。但是,按照国务院证券监督管理机构的规定免除发出要约的除外。”

2.要约收购的触发

根据我国《证券法》(2019年修订)第73条第1款的规定,强制要约收购的触发,基于以下两个

---

① 参见王宛秋、毛春华:《杠杆收购及其对我国企业购并的启示》,载《上海会计》2000年第7期。

前提:一是收购人收购或者通过协议、其他安排与他人共同收购一个上市公司已发行的股份达到30%;二是收购人继续进行收购。也就是说,强制要约收购的强制性是建立在收购人选择继续收购的基础上的。据此,收购人在没有取得30%的股票之前没有义务进行强制要约收购,收购人在取得30%的股票时如果不想继续收购股票也没有义务强制要约收购。

这反映出强制要约收购的强制性并不是很强,体现了市场调节经济的思想。强制要约收购通过实现公开、公平、公正的原则,使每一个股东有机会卖出或按比例卖出自己的股票,获得因为收购人的收购行为而给公司带来的价值增量,以免该增量为少数人所占有。

3. 要约收购的豁免

《上市公司收购管理办法》(2020年修正)第62条、第63条规定了向中国证监会申请免除发出要约的条件。同时第27条规定,收购人为终止上市公司的上市地位而发出全面要约的,或者因不符合该办法第六章的规定而发出全面要约的,应当以现金支付收购价款。第47条第3款则规定得更详细,收购人拟通过协议方式收购一个上市公司的股份超过30%的,超过30%的部分,应当改以要约方式进行;但符合本办法第六章规定情形的,收购人可以免于发出要约。符合前述规定情形的,收购人可以履行其收购协议;不符合前述规定情形的,在履行其收购协议前,应当发出全面要约。

与协议收购相比,要约收购要经过较多的环节,操作程序比较繁杂,收购方的收购成本较高。而且一般情况下要约收购都是实质性资产重组,非市场化因素被尽可能淡化,重组的水分极少,有利于提高资产重组的整体质量,促进重组行为的规范化和市场化运作。

三、要约收购义务的豁免

收购人持有一个上市公司股份达到该公司已发行股份的法定比例(《证券法》规定该比例为30%),若继续增持股份,应当采取要约方式进行,发出全面要约或者部分要约。与协议收购相比,要约收购要经过较多的环节,操作程序比较繁杂,收购方的收购成本较高。

根据《上市公司收购管理办法》(2020年修正)第47条的规定,收购人拟通过协议方式收购一个上市公司的股份超过30%的,超过30%的部分,应当改以要约方式进行;但符合该办法第六章规定情形的,收购人可以向中国证监会申请免除发出要约。收购人在取得中国证监会豁免后,履行其收购协议;未取得中国证监会豁免且拟继续履行其收购协议的,或者不申请豁免的,在履行其收购协议前,应当发出全面要约。

根据《上市公司收购管理办法》(2020年修正)第62条的规定,有下列情形之一的,收购人可以免于以要约方式增持股份:(1)收购人与出让人能够证明本次股份转让是在同一实际控制人控制的不同主体之间进行,未导致上市公司的实际控制人发生变化;(2)上市公司面临严重财务困难,收购人提出的挽救公司的重组方案取得该公司股东大会批准,且收购人承诺3年内不转让其在该公司中所拥有的权益;(3)中国证监会为适应证券市场发展变化和保护投资者合法权益的需要而认定的其他情形。

符合上述规定情形的,投资者及其一致行动人可以:(1)免予以要约收购方式增持股份;(2)存在主体资格、股份种类限制或者法律、行政法规、中国证监会规定的特殊情形的,免予向被收购公司的所有股东发出收购要约。

四、反向收购

1. 何为反向收购

反向收购(Reverse Merger,RM)又称借壳上市、买壳上市,是指非上市公司股东通过收购一家壳公司(public shell)的股份控制该公司,再由该公司反向收购非上市公司的资产和业务,使之成为上市公司的子公司,原非上市公司的股东一般可以获得上市公司70%~90%的控股权。

这种方式是以部分现金和大部分资产作为支付手段，用来兼并已在境外上市的公司，然后将自身的业务和资产置入上市公司，获得上市资格，从而实现上市的目的。而这个境外上市的公司就是所谓的壳公司或壳，由于各种原因已经停止了正常的经营业务，但还保留着上市公司的身份和资格。有的壳公司的股票仍然在交易，有的暂时停止了交易。

反向收购作为一种市场行为，在美国相当普遍。据不完全统计，在美国证券交易所上市的企业中，只有一部分是通过首次公开发行（Initial Public Offering，IPO）方式上市的占56.7%，而通过其他方式上市的占43.3%，有许多系以反向收购方式上市的公司，而更多的反向收购交易的目标市场是纳斯达克（NASDAQ）。在历史上，美国有许多大公司是通过反向收购上市的，如特纳广播公司（CNN的前身，营业收入28亿美元）、Radio Shack（美国最大的音像制品连锁经销商，营业收入48亿美元）、Blockbuster、西方石油公司（营业收入136亿美元）、污水处理公司（营业收入124亿美元）等。[①] 但对中国企业来说，反向收购还是个较新的上市办法。

2. 反向收购买壳上市的优势

（1）时间周期短，一般3～6个月可以结束。与此相反，IPO需要的时间则较长，一般需一年以上。在首次公开发行过程中，上市审批、融资和挂牌交易都要求同步完成，缺一不可。而在反向收购中上市审批、交易和融资都可以分步进行。在审批方面，反向收购的公司只需要通过一系列的重组令国内的业务由非中国公司（海外公司）所持有，并不需要获得中国证监会的审批，国内审批程序大大减少，使上市时间更短。

（2）上市成功有保障。反向收购理论上讲是一个市场行为，不需要证券交易委员会的审批，只要报送备案材料。而IPO方式存在一定风险，即在支付了审计费用和律师费用之后，也有可能找不到承销商，或者承销条件难以接受，造成发行失败。目前，我国内地企业在境外可以选择的主要上市地有三个：中国香港特别行政区、新加坡和美国，对于条件满足我国香港特别行政区上市要求的内地企业，香港特别行政区当仁不让地成为它们的首选上市地，次之是新加坡，最后是美国。[②]

（3）上市成本较低。[③] 买壳上市的费用要比IPO的费用低，因为没有庞大的律师费用、保荐人费用、公开发行说明书费用以及承销商的佣金。买壳上市除了买壳费用外，只要付有限的律师费用、会计师费用和财务顾问费用。

3. 反向收购的种类

目前的反向收购主要分为两种：第一种是中国企业到境外上市，第二种是中国集团公司整体上市。

第一种中国企业到境外上市，其主要目的是规避证监会严格的境外上市规则。很多国内企业选择在融资能力较强的证券市场，如中国香港特别行政区、美国等地购买当地的上市公司，然后注入资产，上市交易，并通过以后的新股发行筹集资金。

第二种反向收购则更为简单，即国内的一些大型集团公司为了达到集团整体上市的目的，利用旗下的上市公司收购集团资产从而达到集团整体上市。

当然这两种反向收购从法律关系上来看大致相同，只是前者多了一个购买海外公司的程序。

4. 反向收购的步骤

一个典型的买壳上市必须经过两个步骤：第一，买壳交易，非上市公司股东以收购上市公司股份的形式，绝对或相对地控制一家已经上市的股份有限公司，即母公司控股上市公司；第二，上市公司通过关联交易收购母公司资产。在第一个步骤中涉及的是上市公司的收购问题，在第二个步骤

---

① 参见张志浩、龚茂泉：《反向收购的历史演变》，载《数字财富》2004年第9期。

② 参见崔晓黎：《反向收购与IPO哪一个才是你的最爱?》，载《证券日报》2006年7月9日。

③ 参见周凯：《四方信息：一个成功的反向收购案例》，载《中国青年报》2004年8月16日。

中涉及的则是关联交易的问题。

五、关联交易

反向收购涉及买壳交易及上市公司通过关联交易收购母公司的资产。

1. 何为关联交易

关联交易(关联方交易),是指关联方之间转移资源、劳务或义务的行为,而不论是否收取价款。一方控制、共同控制另一方或对另一方施加重大影响,以及两方或两方以上同受一方控制、共同控制或重大影响的,构成关联方。

2. 对关联交易的法律规制

通过上市公司购买母公司(控股的集团公司)的资产,使母公司的资产成为上市资产,从而达到母公司整体上市的目的。由于上市公司同母公司的特殊关系,而且这样的资产购买同一般的公司活动又有很大的不同,其中存在的关联交易的成分是不言而喻的。关联交易双方当事人地位的不平等;其中隐含的内部人的利益冲突等,都使反向并购中的关联交易必须受到强而有力的规制。

一般来说,世界各国对关联交易的法律规制主要有信息披露制度,股东大会批准制度,股东表决权排除制度,反对股东的股份收买请求权制度,独立董事制度,股东大会决议的撤销、无效、不存在之诉制度等。

(1)信息披露制度,是指关联交易的双方必须就关联交易的内容、数额、条件等签订关联交易协议,关联协议应当向股东或社会公众披露。我国《企业会计准则第 36 号——关联方披露》第四章第 9 ~ 12 条对披露信息作了详细规定。此外,我国《上海证券交易所股票上市规则》(2023 年 8 月修订)第六章对关联交易的披露也作了详细规定。

(2)股东会批准制度,是指公司参与的一些重大的关联交易决议应当经股东会表决通过,是防范控股股东与公司进行不公平关联交易的重要措施。

根据关联交易对上市公司股东权益影响的程度,《香港联合交易所有限公司证券上市规则》将关联交易分为三类:

第一类,轻微的关联交易,交易总额少于 100 万港元,或者不超过上市公司有形资产净值 0.03%。此类交易对公司经营及业绩的影响非常小,不至于影响股东权益,可以豁免。第二类,普通的关联交易,交易总额小于 1000 万港元或者不超过上市公司有形资产净值 3%,此类交易对公司经营及业绩有较大影响,故须经董事会批准,并作出说明。第三类,重大的关联交易,交易总额大于 1000 万港元,或者超过上市公司有形资产净值 3%。此类交易,对公司经营及业绩有重大影响,故须经股东会批准,并向联交所报告。

可见,对于重大的关联交易,香港联交所执行了严格的信息披露制度和股东会批准制度。①

(3)股东表决权排除制度,是指当某一股东与股东会的决议事项有特别利害关系时,该股东与代理人均不得就其持有的股份行使表决权的制度。② 股东表决权排除制度在一定程度上排除了利害关系股东对关联交易的决议可能造成的影响,防止了关联股东滥用表决权。各国公司法普遍规定了这一制度,如《德国股份公司法》③、欧共体第五号公司法指令。④

① 参见全球并购研究中心编:《中国并购报告(2005)》,人民邮电出版社 2005 年版,第 423 页。

② 参见刘俊海:《股东诸权利如何行使与保护》,人民法院出版社 1995 年版,第 108 页。

③ 《德国股份公司法》第 136 条规定了不得行使表决权的情形,如果是对他是否应当被减免责任,或者解除他的债务约束,或者公司是否应当对他提出一项赔偿请求权作出决议,任何人都不得为自己或他人行使表决权。那些使股东不能行使表决权的股票的表决权,也不得由他人来行使表决权。

④ 欧共体第五号公司法指令第 34 条规定,就与下列事项有关的决议而言,无论是股东还是代理人都不得行使自己的股份,或者属于第三人的股份的表决权:(1)该股东责任的解除;(2)公司可以对股东行使的权利;(3)免除该股东对公司所负的义务;(4)批准公司与该股东之间订立的协议。

在我国,1997 年发布的《上市公司章程指引》(已失效)首次提出了表决权排除制度,《上市公司章程指引》(2023 年修正)第 80 条规定:“股东大会审议有关关联交易事项时,关联股东不应当参与投票表决,其所代表的有表决权的股份数不计入有效表决总数;股东大会决议的公告应当充分披露非关联股东的表决情况。注释:公司应当根据具体情况,在章程中制订有关联关系股东的回避和表决程序。”

《公司法》(2023 年修订)第 15 条规定“公司向其他企业投资或者为他人提供担保,按照公司章程的规定,由董事会或者股东会决议;公司章程对投资或者担保的总额及单项投资或者担保的数额有限额规定的,不得超过规定的限额。公司为公司股东或者实际控制人提供担保的,应当经股东会决议。前款规定的股东或者受前款规定的实际控制人支配的股东,不得参加前款规定事项的表决。该项表决由出席会议的其他股东所持表决权的过半数通过。”

(4)反对股东的股份收买请求权制度,是指在股东会上决议对股东的利益关系产生重大影响的议案时,反对决议的股东有让公司收买自己所有的股份的权利。

《公司法》(2023 年修订)第 89 条规定:“有下列情形之一的,对股东会该项决议投反对票的股东可以请求公司按照合理的价格收购其股权:(一)公司连续五年不向股东分配利润,而公司该五年连续盈利,并且符合本法规定的分配利润条件;(二)公司合并、分立、转让主要财产;(三)公司章程规定的营业期限届满或者章程规定的其他解散事由出现,股东会通过决议修改章程使公司存续。自股东会决议作出之日起六十日内,股东与公司不能达成股权收购协议的,股东可以自股东会决议作出之日起九十日内向人民法院提起诉讼。公司的控股股东滥用股东权利,严重损害公司或者其他股东利益的,其他股东有权请求公司按照合理的价格收购其股权。公司因本条第一款、第三款规定的情形收购的本公司股权,应当在六个月内依法转让或者注销。”

(5)关于独立董事制度,2000 年《上海证券交易所上市公司治理指引(草案)(征求意见稿)》就上市公司建立独立董事制度作了较为详细的规定。2001 年 8 月 16 日,中国证监会《关于在上市公司建立独立董事制度的指导意见》(已失效)中规定,独立董事应当就重大关联交易向董事会或股东大会发表独立意见。

《公司法》(2023 年修订)第 136 条规定:“上市公司设独立董事,具体管理办法由国务院证券监督管理机构规定。上市公司的公司章程除载明本法第九十五条规定的事项外,还应当依照法律、行政法规的规定载明董事会专门委员会的组成、职权以及董事、监事、高级管理人员薪酬考核机制等事项。”

(6)股东会决议的无效、可撤销、不成立之诉制度,按照大陆法系各国或地区的公司法,如果股东会的决议在内容或程序上违反法律或章程规定,任何股东均有权请求法院宣告该决议无效或撤销该决议。

由于笔者已在本书的不同部分进行过论述,本处简略,详见《公司法》(2023 年修订)第 25 ~ 28 条。

六、恶意收购

1. 收购方式的分类

上市公司的收购可以分为两种:善意收购和恶意收购。

(1)善意收购又称友好收购,是指收购者事先与目标公司经营者商议,征得同意后,目标公司主动向收购者提供必要的资料等,并且目标公司经营者还劝其股东接受公开收购要约,出售股票,从而完成收购行为的公开收购。

(2)恶意收购又称敌意收购,是指收购者在收购目标公司股权时,虽然该收购行为遭到目标公司的反对,而收购者仍然强行收购,或者收购者事先未与目标公司协商,而突然提出收购要约。强烈的对抗性是其基本特点。

2. 收购方式的比较

由于国际资本市场比较成熟,并购容易操作,一般是双方协商友好收购。这种收购的好处是,双方都会考虑两个公司的文化是否能融合,会做大量的尽职调查,还会讨论公司的人员安置等这些细节的问题。

一般而言,善意收购与恶意收购相比,既节约成本,也节约时间。另外,善意收购后的效果也比恶意收购要好。如果这种收购不能完成,则只能从二级市场收购股票,进入董事会。各国的公司法和证券法都对善意收购的程序进行了相关规定,表现出政府对善意收购的支持。相应地,许多国家的公司法和证券法等法律法规都对恶意收购行为进行监控,防范恶意收购引发的风险。

3. 恶意收购的判断

《上市公司收购管理办法》要求流通股的要约价格与市价挂钩,将要约提示性公告前 30 个交易日均价作为要约价格的底线,所以恶意并购对那些具有优势资源,但市值被低估的公司威胁最大。在全流通背景下,公司市值管理不善的上市企业将要面临随时被并购的危险。另外,《上市公司收购管理办法》对于防止国有企业被恶意收购进行了相关规定,有利于防止国有资产流失。

事实上,在美国证券交易所上市的公司——包括在纳斯达克上市的公司,必须遵守美国证券法律法规。美国证券交易委员会是监管上市公司是否遵守美国证券法律法规的机构。美国证券交易委员会规定任何个人或集体拥有超过上市公司 5% 的任何类别的股票,必须向其提交备案,即 13D 表格,表明其所拥有的股票数量及认购股票的目的。13D 表格的目的是确保任何对上市公司股票的大量购买在 10 日之内公之于众。当购买方登记备案后,所披露信息便可以公布并在美国证券交易委员会网站(http://www.sec.gov)获得。如果所披露信息有任何重要变化,购买方必须立即提交补充文件。[①] 这也就说明,在二级市场大量购买股票的行为并不违法。

七、“毒丸计划”“白衣骑士”等反收购措施

(一)“毒丸计划”

1. 何为“毒丸计划”

“毒丸计划”(poison pill)是美国著名的并购律师马丁·利普顿于 1982 年发明的,正式名称为“股权摊薄反收购措施”。一旦未经认可的一方收购了目标公司一大笔股份(一般是 10%~20% 的股份)时,“毒丸计划”就会启动,导致新股充斥市场,继而使收购变得代价高昂。“毒丸计划”是一种虽有争议但很流行的抵制敌意要约收购的机制。

2. “毒丸计划”的实质

“毒丸计划”是一种负向重组方式。通常情况下表现为目标公司面临收购威胁时,其董事会启动“股东权利计划”,通过股本结构重组,降低收购方的持股比例或表决权比例,或增加收购成本以减低公司对收购人的吸引力,达到反收购的效果。

“毒丸计划”与反并购紧密相关,是很好的事前防御准备。它有助于抑制敌意收购,在公司内部多种防御策略选择中应该是最有效的方法之一,在美国适用尤其广泛。

作为防御性条款,正常情况下,“毒丸计划”体现不出其存在价值。但公司一旦遇到恶意收购,或恶意收购者收集公司股票超过了预定比例,则该等权证及条款的作用就立刻显现出来。“毒丸计划”的实施,或者是权证持有人以优惠价格购得兼并公司股票(吸收合并情形)或合并后新公司股票(新设合并情形)或者是债权人依据毒丸条款向目标公司要求提前赎回债券、清偿借贷或将债

---

① 参见李芃:《新浪控制权无任何变化》,载《国际金融报》2005 年 2 月 22 日。

券转换成股票，从而客观上稀释了恶意收购者的持股比例，增大收购成本，或者使目标公司现金流出现重大困难，引发财务风险，使恶意收购者一接手即举步维艰。

3.“毒丸计划”的特点

(1)“毒丸”权证是作为红利分配给普通股股东的每一单位股份的一种特别权利，权利持有人拥有在该种权证的有效期内依约定购买一定数量股份的权利，有效期一般为10年。

(2)这种权利只有在某种触发事件发生一定时间(如10日)后才能行使，这种权利具有不同形式，但其目的都是使旨在夺取发行人控制权的要约收购难以成功，或者即使要约收购成功，但耗资巨大，得不偿失。

(3)这种权利在发行之后没有独立的权利证书，一般附随在普通股上，并与其一起交易，但是，一旦触发事件发生，发行人立即将“毒丸”权证的权利证书邮寄给在册的股东。

(4)“毒丸计划”一般由董事会决定，无须得到股东会的批准。①

(二)“白衣骑士”

“白衣骑士”措施，是指目标公司为了阻止敌意接管，可主动要求其认可的另外一家收购公司或个人来接管，另一家收购公司或个人被称为“白衣骑士”。这是一般目标公司常用的反并购策略。

“白衣骑士”是公司更加愿意接受的买家，其角色通常由具有强大背景和实力、与公司有较为密切的关联关系的公司充当，而且公司给予“白衣骑士”的收购价格和成本等收购条件远优于恶意收购者，同时目标公司的管理人员确信“白衣骑士”会让现有的管理层留任。

“白衣骑士”的出价应该高于袭击者的初始出价。

(三)分期选举董事会成员和超级多数投票权

1. 分期选举董事会成员是一种常见的反收购策略，这种策略可以阻止收购者特别是恶意收购者在控制股权之后，一次性将目标公司的董事会成员换掉，迅速组建新的对自己有利的董事会。这种策略还有利于目标公司的管理层在被部分收购的情况下，即使一部分董事会成员被选举出局，另一些成员(很可能是关键成员)仍然可以继续管理公司，不被收购方完全控制。②

2. 一般公司一项决议1/2的投票就可以通过，但为了阻止被收购，可以把这一比例提高到2/3甚至90%，这被称为超级多数投票权。

(四)“降落伞”

“降落伞”分金、银、锡三种，高级管理者为金色降落伞，中层管理者为银色降落伞，一般员工为锡色降落伞。

1. 所谓“金色降落伞”，是指当一家美国上市公司的控股权发生变化时，如一个公司进行合并或者被收购的时候，目标公司的高管层若被解职，通常会得到一次性的巨额退休金(解职费)、股票选择权收入或额外津贴，其数额最高可达数千万美元。由于这种策略势必让收购者“大出血”，因此也被看作反收购的利器之一。

在美国，“金色降落伞”规定出现以前，许多公司被收购以后，其高管人员通常会在很短时间内被“踢”出公司，辛苦奋斗换来如此结果，让人于心难忍。于是一种旨在保护目标公司高管人员的规定，即“金色降落伞”应运而生。但是随着商业的发展，新增案例不断出现，“金色降落伞”的弊端时有暴露。由于高管层得到的经济补偿有时可达到一个天文数字，因此这种补偿反而可能成为高管层急于出售公司的动机，甚至是以很低的价格出售。如果是这样，很显然，股东的利益就将遭受

---

① 参见郑其武：《徐工并购风云——来自一线的调查》，载《中国外汇》2006年第9期。

② 参见王卫东：《反收购新浪还可用两利器》，载北京大学新闻网2005年2月25日，http://pkunews.pku.edu.cn/xwzh/129-98015.htm。

极大的损害。因此这一策略,也曾一度饱受争议。

2."银色降落伞",主要是向下面几级的管理人员提供较为逊色的同类保证,根据工龄长短领取数周至数月的工资。

3."锡色降落伞",是指目标公司的员工若在公司被收购后两年内被解雇的话,则可领取员工遣散费。①

从反收购效果的角度来说,"金色降落伞"、"银色降落伞"和"锡色降落伞"策略,能够加大收购成本或增加目标公司现金支出从而阻碍购并。"金色降落伞"策略可有助于防止管理者从自己的后顾之忧出发阻碍有利于公司和股东的合理并购。

(五)"绿色邮件"

"绿色邮件"又叫"溢价回购""定向回购",是目标公司通过私下协商,以高于市场价的溢价,从单个股东或者某些股东手中购回其大量股份。其目的在于消除大股东或者其他试图接管公司的人的敌意接管威胁。管理层进行"绿色邮件"支付是为了在公司控制权的竞争中保护自己。"绿色邮件"这一术语有时意味着敲诈,对支付者和接受者的名声都不好。

"绿色邮件",其操作手法是给收购方一大笔钱以换取其不对目标公司进行收购,这在一定程度上涉嫌行贿,因而是肯定不被允许的,即使在国际市场上也是被禁止的。因此,上市公司在设置反收购措施时,要注意不与现行法律法规相抵触。

(六)"焦土政策"

目标公司通过出售它的一些有价值的资产来降低公司的价值,从而减少公司对敌意接管者的吸引力,进而达到防御敌意接管者的目的。"焦土政策"是一种颇为激烈的防御措施,往往会损伤股东的利益,基本是不得已而为之。

由于法律法规的限制,有些反收购措施在目前的中国是不适用的,有的措施在现有法规中已被否定掉。比如,《上市公司收购管理办法》(2020 年修正)规定,在收购完成前,"未经股东大会批准,被收购公司董事会不得通过处置公司资产、对外投资、调整公司主要业务、担保、贷款等方式,对公司的资产、负债、权益或者经营成果造成重大影响";"被收购公司不得公开发行股份募集资金,不得进行重大购买、出售资产及重大投资行为",这样的话,国际成熟市场上可能被采用的"焦土政策"等措施就没有使用的空间了。

八、对赌协议

近几年,对赌协议(Valuation Adjustment Mechanism,VAM)在我国的企业融资、兼并重组过程中得到了较为广泛的应用,以蒙牛为代表的一些国内企业曾成功地运用对赌协议,也促进了企业的飞速发展,从而诱使国内众多企业在吸引海外资金的时候,选择了对赌协议这项相对新颖的融资方式。

1.何为对赌协议

所谓对赌协议,或者直译为"估值调整协议",实际上是一种期权的形式,由投资方和接受投资的企业(融资方)管理层在达成协议时,对企业未来业绩的不确定性进行约定。当约定的情况满足时,投资方可以行使一种对自身有利的权利,否则融资方就可以行使另一种对自身有利的权利。

具体来讲,如果公司的经营业绩能够达到合同所规定的某一额度,投资方在获得投资股份大幅增值的前提下,将向公司管理层支付一定数量的股份;相反,如果公司经营无法完成合同规定的业绩指标,则必须向投资方支付一定数量的股份,以弥补其投资收益的不足。在这样的对赌协议中,协议双方赌的是公司的经营业绩,而协议双方手中所持的股份则成为其赌注。通过协议条款的设

① 参见刘永:《从盛大新浪案看海外市场并购》,载《第一财经日报》2005 年 3 月 7 日。

计,对赌协议可以有效地保护投资人的利益。①

从对赌协议签订涉及的核心条款来看,国外对赌协议通常涉及财务绩效、非财务绩效、赎回补偿、企业行为、股票发行和管理层去向六个方面的条款。而外资投资者与国内企业的对赌协议通常只是采用财务绩效条款。

选择对赌协议,对于投资方与相关企业管理层的影响应该是大致相近的:"双赢"或者"双亏"。如果公司的经营业绩达成对赌协议中所规定的数额,扣除了赠与的股份后,投资方仍然可以获得巨额的股份增值,而公司管理层在获得公司发展的同时又获得投资方的股份赠与,双方的利益都得以增长。相反,如果公司的经营没能达到对赌协议所规定的数额,公司管理层须向投资方支付一定数额的股份,而投资方即使获得了管理层赠与的股份,可以借此获得相关公司的控制权,但对于投资方来说,这也只是增加其负担而已,自己的利益仍然受到了损害。因此,在对赌协议中,投资方与公司、公司的管理层处于"一荣俱荣,一损俱损"的同一阵线。②

一般而言,买卖双方对企业的估值是不同的。卖方设定的底价即最低要价,也就是企业继续原样经营下去的价值,交易价格低于此限,不如不卖。买方对企业估值,出发点是并购之后自己有能力改善、整合,提升其价值,或者是该企业对自己的总体经营具有特殊的协同价值。据此确定的底价是最高出价,目标价次之,谈判之初的出价则更低。双方的底价互相保密,但成交的前提条件是买方的最高出价高于卖方的最低要价。如果买方底价和卖方底价之间没有交汇点,生意就谈不成。避免破裂的办法之一便是"对赌"。

2. 对赌协议的基础

采用对赌协议的基础在于双方一致认为:(1)企业的价值不在于历史业绩,而在于未来收益能力;(2)企业各项有形、无形资产的价值,包括技术、专利、商标、品牌、声誉、市场地位,集中反映于收益指标,收益上不去,一切免谈;(3)企业的未来收益能力和真实内在价值,事先很难作出精确的判断。③

卖方强调企业的长处和优势,证明未来前景可观;买方指出企业的弱点和面临的困难,大讲前景堪忧。既然双方达不成共识,何不用未来的实践结果作为"检验真理的唯一标准"?如果之后的事实证明企业果真效益不俗,则当初卖方的要价有道理,买方应当追加补付价款;反之,卖方应当减收退还价款。所以,对赌是赌未来,将成交条件付诸未来裁决。交易的时候只约定基本对价,事后再根据被并购企业的绩效来调整,多退少补(双向对赌)。

必须指出,如果并购交易导致企业获得注资且新股东对提升企业绩效有所贡献,"新"企业的营利能力将胜过原企业。"新"企业的效益达到对赌条件虽可证明原企业具有一定潜力和价值,但二者不能完全画等号。

九、垄断

对于控制外资并购、防止行业垄断,美国、德国、日本等发达国家以及许多发展中国家很早就开始外资并购审查和反垄断立法,防止外资通过并购控制国内行业、实施垄断进而威胁国家经济安全。如德国法律明确规定,禁止导致收购方产生或强化市场垄断地位的并购行为;加拿大规定,超过两亿美元的并购协议必须经过政府批准后方可生效;美国国会和政府对外国并购更是层层把关,多道设防。

我国亦于 2007 年 8 月 30 日出台了《反垄断法》,自 2008 年 8 月 1 日起施行,该法从垄断协议,滥用市场支配地位,经营者集中,滥用行政权力排除、限制竞争,对涉嫌垄断行为的调查,法律责任

---

① 参见程锋:《对赌协议中的成本分析与决策》,载《财会研究》2007 年第 2 期。

② 参见姜达洋:《并购中慎用对赌协议》,载《连锁与特许》2006 年第 11 期。

③ 参见管维立:《解读凯雷并购徐工对价》,载《首席财务官》2006 年第 10 期。

等若干层面,对反垄断进行了规定,根据该法的规定,“经营者达成垄断协议;经营者滥用市场支配地位;具有或者可能具有排除、限制竞争效果的经营者集中”均系垄断行为。

十、定向增发

所谓定向增发,即非公开发行股票,是指上市公司采用“非公开”方式,“向特定对象”发行股票(及可转债)的行为。增发价一般是上市公司和增发参与方多次协商形成的一个重要价位,有其一定的合理性,大多数股票在该价位会获得支持。

根据《上市公司证券发行注册管理办法》(2023 年修订)第 3 条第 3 款的规定:“向特定对象发行证券包括上市公司向特定对象发行股票、向特定对象发行可转债。”

我们以“向特定对象发行股票”为例来说明:

1. 上市公司年度股东会可以根据公司章程的规定,授权董事会决定向特定对象发行融资总额不超过 3 亿元且不超过最近一年末净资产 20% 的股票,该项授权在下一年度股东会召开日失效(参见第 21 条)。

2. 向特定对象发行证券申请经注册后,上市公司应当在证券发行前将公司募集文件刊登在交易所网站和符合中国证监会规定条件的报刊依法开办的网站,供公众查阅(参见第 50 条)。

3. 向特定对象发行证券的,上市公司应当在证券发行后的 2 个工作日内,将发行情况报告书刊登在交易所网站和符合中国证监会规定条件的报刊依法开办的网站,供公众查阅(参见第 50 条)。

4. 上市公司向特定对象发行证券,发行对象应当符合股东会决议规定的条件,且每次发行对象不超过 35 名(参见第 55 条)。

5. 发行对象为境外战略投资者的,应当遵守国家的相关规定(参见第 55 条)。

6. 上市公司向特定对象发行股票,发行价格应当不低于定价基准日前 20 个交易日公司股票均价的 80%(定价基准日是指计算发行底价的基准日)(参见第 56 条)。

7. 向特定对象发行股票的定价基准日为发行期首日。上市公司应当以不低于发行底价的价格发行股票(参见第 57 条)。

8. 向特定对象发行股票发行对象属于此办法第 57 条第 2 款规定以外的情形的,上市公司应当以竞价方式确定发行价格和发行对象(参见第 58 条)。

9. 向特定对象发行的股票,自发行结束之日起六个月内不得转让。发行对象属于此办法第 57 条第 2 款规定情形的,其认购的股票自发行结束之日起 18 个月内不得转让(参见第 59 条)。

10. 向特定对象发行股票的定价基准日为本次发行股票的董事会决议公告日或者股东会决议公告日的,向特定对象发行股票的董事会决议公告后,出现下列情况需要重新召开董事会的,应当由董事会重新确定本次发行的定价基准日:(1)本次发行股票股东会决议的有效期已过;(2)本次发行方案发生重大变化;(3)其他对本次发行定价具有重大影响的事项(参见第 60 条)。

11. 上市公司向特定对象发行股票将导致上市公司控制权发生变化的,还应当符合中国证监会的其他规定(参见第 87 条)。

12. 通过向特定对象发行股票取得的上市公司股份,其减持不适用《上市公司股东、董监高减持股份的若干规定》的有关规定(参见第 88 条)。

上述条款之中所提及的此办法第 57 条第 2 款的具体规定为:“上市公司董事会决议提前确定全部发行对象,且发行对象属于下列情形之一的,定价基准日可以为关于本次发行股票的董事会决议公告日、股东大会决议公告日或者发行期首日:(一)上市公司的控股股东、实际控制人或者其控制的关联人;(二)通过认购本次发行的股票取得上市公司实际控制权的投资者;(三)董事会拟引入的境内外战略投资者。”

十一、外资并购

（一）外资并购的审批程序

1. 外资并购审批的意义

外资并购作为国际直接投资的一种方式，它对东道国经济的发展与国际直接投资是一致的。外资并购在引进先进科学技术、管理经验等方面推动我国经济发展的同时，也可能产生一些负面的影响。比如，外商大规模地并购中国企业容易形成行业垄断和不正当竞争，对我国的民族工业体系造成冲击；也可能危害我国的经济主权和独立性，使我国经济对外资产生过度依赖。

基于外国投资对东道国政治、经济可能产生的不同影响，世界各国的相关法律制度对外国投资采取了不同的立场和态度，作为限制国际资本自由流动重要形式的审批制度也就成为东道国调整外国投资的基本手段之一。① 通过完善审批制度，可以最大限度地消除外资并购对东道国经济的消极影响，并且将引进外资的优势得以充分发挥。

2. 审批程序及机关设置

外资并购涉及的审批制度主要为两部分，即成立外商投资企业的行政审批制度和外资并购的反垄断审查制度。成立外商投资企业的行政审批制度是所有外资并购的必经程序，而外资并购的垄断审查只对达到一定条件的外资并购实施。②

就外资并购的审批机关而言，从我国吸引外资之初到今天为止，总体上呈现较为混乱的局面。在较长一段时间内，就企业并购行为的审批而言存在多个审批机关，而针对外资并购，并没有一个明确的审批机构。

直至 2003 年 4 月 12 日，《外国投资者并购境内企业暂行规定》（已失效）正式施行，外资并购的审批机关才得以明确下来。根据该暂行规定第 6 条的规定，审批机关为外经贸部（现已撤销）或省级对外贸易经济主管部门，登记机关为国家工商行政管理总局（现为国家市场监管总局）或其授权的地方工商行政管理局（现为地方市场监管局）。根据其第 19 条的规定，涉及反垄断审查的外资并购行为，应当经过外经贸部和国家工商行政管理总局（现为国家市场监管总局）批准。

随着国务院机构改革和 2006 年《关于外国投资者并购境内企业的规定》的实施，外资并购的审批机关有了新变化。《关于外国投资者并购境内企业的规定》（2009 年修改）第 10 条将普通的行政审批机关由外经贸部变更为商务部或省级商务主管部门。并购后所设外商投资企业，根据法律、行政法规和规章的规定，属于应由商务部审批的特定类型或行业的外商投资企业的，省级审批机关应将申请文件转报商务部审批，商务部依法决定批准或不批准。根据其第 51 条的规定，外国投资者并购境内企业达到国务院《关于经营者集中申报标准的规定》规定的申报标准的，应当事先向商务部申报，未申报不得实施交易。根据国家发改委 2014 年颁布的《外商投资项目核准和备案管理办法》的规定，按照《政府核准的投资项目目录》分类，国家发改委对总投资额达到一定数量的外商投资项目也有审批权限。

由此可见，目前我国外资并购行为所涉及的反垄断类审批机关有两个：商务部与国家发改委。商务部与国家发改委的行政审批为第一步，商务部的反垄断审批为第二步。

事实上，以上所说的审批机关只是国家部、委、局层面，而要进入这一层面的审批还必须要历经各级地方政府审批机关的层层审批。如收购对象为上市公司，则还会涉及中国证监会的相关审批。

3. 具体审批要求（以“阿赛洛并购莱钢案”为例③）

该案交易的复杂性主要源自中国不断发展的政府和监管机构的批准程序，由于涉及上市公司

---

① 参见肖冰：《外资审批制度的法律问题研究》，载《现代法学》1997 年第 5 期。

② 参见叶军：《外资并购中国企业的法律分析》，法律出版社 2004 年版，第 280 ~ 281 页。

③ 具体案例可参考李雨龙、陈景云主编：《投资并购经典案例法律评析》，法律出版社 2008 年版。

股权大比例向外资转让,本次股权转让的审批程序较多。

具体来讲,此次收购除了收购方与被收购方董事会的批准外,还涉及以下几方面:

(1)山东省人民政府和国资委的批准。

(2)国务院国资委批准本次股份转让和拟转让股份从国有法人股变更为外商投资法人股。

(3)国家发改委批准本次收购符合中国政府产业政策。

(4)商务部批准:①本次股份转让;②修改后的莱钢股份公司章程;③莱芜钢铁股份有限公司股份变更为外商投资股份有限公司。

(5)中国证监会未对本报告提出异议。

(6)中国证监会已准予豁免全面要约收购义务等。

和其他外资并购国内上市公司一样,在整个过程中将涉及国家发改委、国资委、商务部、中国证监会、国家外汇管理局、原国家工商行政管理局和上海证券交易所7家监管机构。多层批准程序所产生的重大执行风险是交易过程中的一个重要障碍。与向其他中国非上市或非国有企业投资相比,外资向中国上市国有企业投资所需要的批准手续最繁杂,因而实施难度也最大。

其中涉及大量的备查文件,主要有:公司章程、《股份转让合同》及其附件、《股东协议》、《莱芜钢铁股份有限公司上市收购报告书》、股东会决议、修订的公司章程、山东省人民政府、国务院国资委、国家发改委、中国证监会的批准文件等。

(二)外资并购的途径分析

随着我国加入世界贸易组织,证券市场也随之对外资实行开放,这使外资并购国内上市公司成为可能。

总体来说,外资并购中国上市公司的途径主要有以下几种:

1. 以外国公司身份跨境并购中国上市公司

(1)间接收购。是指通过购买某上市公司的控股公司自身的股权,加强控制这些控股公司的程度,得以间接控制上市公司。外商可以根据我国《外商投资产业指导目录》中鼓励和支持的投资方向,整体或部分买断上市公司的母公司或控股股东企业,将该企业变成外商独资企业或外商投资企业,从而通过迂回的方式间接控股上市公司。

(2)直接收购。外商也可以根据我国《外商投资产业指导目录》中鼓励和支持的投资方向,直接收购上市公司的部分股权,从而使上市公司成为外商投资企业。从收购股权所达到的比例来分,可以分为绝对控股式收购、相对控股式收购和参股式收购;从收购所采取的手段来分,可以分为协议收购、要约收购和增资式收购。此外,外商也可通过收购上市公司在境外发行的股票来达到并购的目的。

2. 以具有中国法人资格的外商投资企业身份并购上市公司

实践中,外商投资企业会通过下列各种方式对国内企业实施全部收购或部分收购:

(1)企业投资者之间协议转让股权;

(2)企业投资者经其他各方投资者同意向其关联企业或其他受让人转让股权;

(3)企业投资者协议调整企业注册资本导致变更各方投资者股权;

(4)企业投资者经其他各方投资者同意将其股权质押给债权人,质权人或受益人依照法律规定和合同约定取得该投资者股权;

(5)企业投资者破产、解散、被撤销、被吊销或死亡,其继承人、债权人或其他受益人依法取得该投资者股权;

(6)企业投资者合并或者分立,其合并或分立后的承继者依法承继原投资者股权;

(7)企业投资者不履行企业合同、章程规定的出资义务,经原审批机关批准,更换投资者或变更股权。

十二、股权质押

（一）股权质押的概念

股权质押又称股权质权，是指出质人以其所拥有的股权作为质押标的物而设立的质押。因设立股权质押而使债权人取得对质押股权的担保物权，为质权。按照目前世界上大多数国家有关担保的法律制度的规定，质押以其标的物为标准，可分为动产质押和权利质押。股权质押就属于权利质押的一种。

（二）我国股权质押相关法律规定

《民法典》第443条规定："以基金份额、股权出质的，质权自办理出质登记时设立。基金份额、股权出质后，不得转让，但是出质人与质权人协商同意的除外。出质人转让基金份额、股权所得的价款，应当向质权人提前清偿债务或者提存。"

第四节　律师承办一般有限责任公司收购业务指引①

本部分内容以律师承办一般有限责任公司收购为切入点，对于其他类别的收购亦具有很强的通行性参考作用，律师需要协助收购活动中的当事人实现收购目的，就要对该类业务是什么、怎样操作、其间的常见问题等有一个系统性的了解。

第一章　总　　则

一、定义

本指引所称之收购，仅指收购人通过购买有限责任公司股东的出资或以其他合法途径控制该出资，进而取得该公司的控制权，以及购买该公司的主要资产并得以自主运营该资产的行为。

本指引所称目标公司指被收购的有限责任公司，系不含有国有资产且不是外商投资企业的有限责任公司。

二、收购方式

按照收购标的的不同来划分，有限责任公司收购方式主要有：

（1）资产收购，以目标公司的全部或部分资产为收购标的的收购；

（2）股权收购，以目标公司股东的全部或部分股权为收购标的的收购。

本指引以股权收购为例说明，资产收购参照执行。

第二章　业 务 指 引

一、基本流程

（1）收购方与目标公司或其股东进行洽谈，初步了解情况，进而达成收购意向，签订收购意向书；

（2）收购方在目标公司的协助下对目标公司的资产、债权、债务进行清理，进行资产评估，对目标公司的管理构架进行详尽调查，对职工情况进行造册统计；

（3）收购双方及目标公司债权人代表组成小组，草拟并通过收购实施预案；

（4）债权人与被收购方达成债务重组协议，约定收购后的债务偿还事宜；

（5）收购双方正式谈判，协商签订收购合同；

（6）双方根据公司章程或公司法及相关配套法规的规定，提交各自的权力机构，如股东会就收购事宜进

① 参考某律师事务所相关指引草稿及笔者最新操作实务。具体操作时需根据项目情况而定。

行审议表决;

(7)双方根据法律、法规的要求,将收购合同交有关部门批准或备案;

(8)收购合同生效后,双方按照合同约定履行资产转移、经营管理权转移手续,除法律另有规定外,应当依法办理包括股东变更登记在内的工商、税务登记变更手续。

二、律师业务

收购的全过程可以分为收购预备阶段、尽职调查阶段、意向达成阶段、收购执行阶段以及收购合同的履行阶段。在每一个阶段,律师都可以提供相应的法律服务,为当事人规避法律风险、收购项目的顺利进行提供保障。

(一)收购预备阶段

收购预备阶段为收购方初步确定目标公司起至实施收购前的准备期间。律师在收购预备阶段的法律事务有:

(1)根据收购方的需求,为其寻找收购目标;

(2)协助收购方收集目标公司的公开资料和企业资信情况、经营能力等信息,在此基础上进行信息整理和分析,从公司经营的市场风险方面考察有无重大障碍影响收购活动的进行;

(3)综合研究公司法、证券法、税法及外商投资等法律法规,对收购的可行性进行法律论证,寻求立项的法律依据;

(4)就收购可能涉及的具体行政程序进行调查,如收购行为是否违背我国收购政策和法律、可能产生怎样的法律后果、收购行为是否需要经当地政府批准或进行事先报告、地方政策对同类收购有无倾向性态度。

(二)对目标公司的尽职调查阶段

律师应就收购方拟收购的目标公司进行深入调查,核实预备阶段获取的相关信息,以备收购方在信息充分的情况下做出收购决策。根据个案的不同,由律师灵活掌握需要调查的内容。

1. 对目标公司基本情况的调查核实

(1)目标公司及其子公司的经营范围;

(2)目标公司及其子公司设立及变更的有关文件,包括工商登记材料及相关主管机关的批件;

(3)目标公司及其子公司的公司章程;

(4)目标公司及其子公司股东名册和持股情况;

(5)目标公司及其子公司历次董事会和股东会决议;

(6)目标公司及其子公司的法定代表人身份证明;

(7)目标公司及其子公司的规章制度;

(8)目标公司及其子公司与他人签订收购合同;

(9)收购标的是否存在诸如设置担保、诉讼保全等在内的限制转让的情况。

2. 对目标公司相关附属性文件的调查

(1)政府有关主管部门对目标公司及其子公司的批准文件;

(2)目标公司及其子公司土地、房屋产权及租赁文件;

(3)目标公司及其子公司与职工签订的劳动合同;

(4)目标公司及其子公司签订的有关代理、许可证合同。

3. 对目标公司财产状况的调查

(1)公司的财务数据,包括各种财务报表、评估报告、审计报告;

(2)不动产证明文件、动产清单及其保险情况;

(3)债权、债务清单及其证明文件;

(4)纳税情况证明。

4. 对目标公司管理人员和职工情况的调查

(1)管理人员、技术人员、职工的雇佣条件、福利待遇；

(2)主要技术人员对公司商业秘密的掌握情况及其与公司签订的保密协议、不竞争协议等；

(3)特别岗位职工的保险情况。

5. 对目标公司经营状况的调查

(1)目标公司经营项目的立项、批准情况；

(2)目标公司对外签订的所有合同；

(3)目标公司客户清单和主要竞争者名单；

(4)目标公司产品质量保证文件和对个别客户的特别保证情况；

(5)目标公司广告协议和广告品的拷贝；

(6)目标公司产品责任险的保险情况；

(7)目标公司产品与环境保护问题；

(8)目标公司产品的消费者投诉情况；

(9)目标公司的特许经营情况。

6. 对目标公司及其子公司知识产权情况的调查

(1)目标公司及其子公司拥有的专利、商标、著作权和其他知识产权证明文件；

(2)目标公司及其子公司正在研制的可能获得知识产权的智力成果报告；

(3)目标公司及其子公司正在申请的知识产权清单。

7. 对目标公司法律纠纷情况的调查

(1)正在进行和可能进行的诉讼和仲裁；

(2)诉讼或仲裁中的权利主张和放弃情况；

(3)生效法律文书的执行情况。

(三)收购意向达成阶段

律师在收购双方达成收购意向阶段，应在信息收集和调查的基础上，向委托人提示收购的法律风险并提出风险防范措施，必要时出具法律意见书，并为委托人起草或审查收购意向书。

1. 意向书包括的内容

(1)收购标的。

(2)收购方式及收购合同主体，是资产收购、出资转让还是其他，并根据收购方式的不同确定签订收购合同的主体。

(3)收购项目是否需要收购双方股东会决议通过。

(4)收购价款及确定价格的方式。转让价格的确定通常有以下几种方式：

①以被收购股权持有人出资时的股权价值作为转让价格；

②以被收购股权对应的公司净资产值为转让价格；

③以评估价格为转让价格；

④其他确定转让价格的方式。

(5)收购款的支付。

(6)收购项目是否需要政府相关主管部门的批准。

(7)双方约定的进行收购所需满足的条件。

2. 保障条款

律师应向委托人提示意向书与正式收购合同的区别和联系，根据委托人的实际需要提示意向书应具备何种程度的法律约束力。鉴于收购活动中，收购方投入的人力、物力、财力相对较大，承担的风险也较大，作为收购方的律师，为使收购方获得具有法律约束力的保障，应提请委托人注意在意向书中订立如下保障条款，以预防和最大限度降低收购的法律风险。

(1)排他协商条款。此条款规定，未经收购方同意，被收购方不得与第三方以任何方式再行协商出让或出售目标公司股权或资产,否则视为违约,并要求其承担违约责任。

(2)提供资料及信息条款。该条款要求目标公司向收购方提供其所需的企业信息和资料,尤其是目标公司尚未向公众公开的相关信息和资料,以利于收购方更全面地了解目标公司。

(3)不公开条款。该条款要求收购的任何一方在共同公开宣告收购事项前,未经对方同意不得向任何特定或不特定的第三人披露有关收购事项的信息或资料,但有权机关根据法律强制要求公开的除外。

(4)锁定条款。该条款要求,在意向书有效期内,收购方可依约定价格购买目标公司的部分或全部资产或股权,进而排除目标公司拒绝收购的可能。

(5)费用分摊条款。该条款规定,无论收购是否成功,因收购事项发生的费用应由收购双方分摊。

3. 附加条款

在收购过程中,为避免目标公司借收购之名套取收购方的商业秘密,作为收购方律师,应在意向书中设定防范此类风险的附加条款:

(1)终止条款。该条款明确,如收购双方在某一规定期限内无法签订收购协议,则意向书丧失效力。

(2)保密条款。出于谨慎的考虑,收购双方往往在签订收购意向书之前即签订保密协议,也可在签订意向书的同时设定保密条款。保密条款的主要内容有:

①保密条款适用的对象。除了收购双方之外,还包括参与收购事务的顾问等中介服务人员。

②保密事项。除了会谈、资料保密的要求外,还包括禁止投资条款,即收到目标公司保密资料的第三方在一段时间内不得购买目标公司的股权。

③收购活动中双方相互披露的各种资料的保密,通常约定所披露的信息和资料仅用于评估收购项目的可行性和收购对价,不得用于其他目的。

④资料的返还或销毁。保密条款应约定,如收购项目未能完成,收购双方负有相互返还或销毁对方提供之信息资料的义务。

(四)收购执行阶段

律师在收购双方初步达成收购意向后,应协助委托人进行谈判,共同拟定收购合同,准备相关法律文件,协助委托人向政府主管机关提出申请。较为完整的收购合同包括主合同和附件两部分:

1. 收购主合同的起草

收购合同的主合同,除标的、价款、支付、合同生效及修改等主要条款外,一般还应具备如下内容:

(1)收购项目合法性的法律依据。

(2)收购的先决条件条款一般是指:

收购行为已取得相关的审批手续,如当收购项目涉及金融、建筑、房地产、医药、新闻、电讯、通信等特殊行业时,收购项目需要报请有关行业主管部门批准。

收购各方当事人已取得收购项目所需的第三方必要的同意。

至收购标的交接日止,收购各方因收购项目所做的声明及保证均应实际履行。

在所有先决条件具备后,才履行股权转让和付款义务。

(3)收购各方的声明、保证与承诺条款,包括:

①目标公司向收购方保证没有隐瞒影响收购事项的重大问题;

②收购方向目标公司保证具有实施收购行为的资格和财务能力;

③目标公司履行收购义务的承诺以及其董事责任函。

(4)收购标的资产评估。

(5)确定出资转让总价款。

(6)确定转让条件。

(7)确定出资转让的数量及交割日。

(8)确定拟转让出资的当前价值。

(9)设定付款方式与时间,必要时可以考虑在金融机构设立双方共管或第三方监管账户,并设定共管或监管程序和条件,以尽可能地降低信用风险,保障收购合同的顺利履行。

(10)确定出资转让过程中产生的税费及其他费用的承担。

(11)限制竞争条款。

(12)确定违约责任和损害赔偿条款。

(13)设定或有损害赔偿条款,即收购方如因目标公司在收购完成之前的经营行为导致的税务、环保等纠纷受到损害,被收购方应承担相应的赔偿责任。

(14)设定不可抗力条款。

(15)设定有关合同终止、收购标的交付、收购行为完成条件、保密、法律适用、争议解决等其他条款。

2. 收购合同的附件

(1)目标公司的财务审计报告;

(2)目标公司的资产评估报告;

(3)目标公司土地转让协议;

(4)政府批准转让的文件;

(5)其他有关权利转让协议;

(6)目标公司的固定资产与机器设备清单;

(7)目标公司的流动资产清单;

(8)目标公司的债权、债务清单;

(9)目标公司对外提供担保的清单;

(10)联合会议纪要;

(11)谈判记录。

上述附件的内容,律师可以根据实际情况在符合法律法规的情况下,选择增减。

3. 特别提醒:收购合同的生效条款

律师应当提请委托人注意,如收购项目涉及必须由国家有关部门批准的,应建议委托人约定收购合同自批准之日起生效。其他情况下,可根据委托人实际情况约定合同生效条件和时间。

(五)收购合同的履行阶段

1. 收购履约阶段的律师主要工作

(1)为收购各方拟定"履约备忘录",载明履约所需各项文件,并于文件齐备时进行验证,以确定是否可以开始履行合同。

(2)委托人举行验证会议。

(3)按相关法律法规的规定办理报批手续。

(4)协助办理收购涉及的各项变更登记、重新登记、注销登记手续。

2. 律师协助收购方或目标公司起草或调取的、需要向相关政府主管部门报送的文件材料

(1)股东变更申请书;

(2)收购前各方的原合同、章程及其修改协议;

(3)收购各方的批准证书和营业执照复印件;

(4)目标公司董事会、股东会关于出资转让的决议;

(5)出资变更后的董事会成员名单;

(6)各方签订的并经其他股东签字或以其他书面方式认可的出资转让协议;

(7)审批机关要求报送的其他文件。

3. 收购履约阶段的事务

(1)收购款到账验收,出具报告书。在收购方支付全部转让款并将付款凭证传真给出让方后,在约定的工作日内,出让方指定的或双方约定的注册会计师对该转让金额是否到账予以验证,并将验证报告传真给收购方。

(2)收购标的的交付及股东名册的变更。收购双方及目标公司应及时办理被收购资产的交割手续和被收购股权的变更登记手续,包括所涉资产权属变更需要办理的物的交付和权属变更登记手续,以及股权收购中目标公司股东名册变更和签发新股东出资证明书等手续。

(3)股东权利义务的移转。出资转让协议可以约定,转让标的交割之后,出让方将不再作为目标公司的股东而享有任何股东权利,亦不再承担目标公司的任何义务、负债或损失;收购方将成为目标公司的股东,并取代出让方继续履行目标公司发起人协议书及章程中规定的股东权利和股东义务。

(4)新股东与公司其他股东应当签订新的合营(合作)协议,修订原公司章程和议事规则,更换新董事。签订新的合营(合作)协议与新章程后,公司签发新的股东出资证明书,变更公司的股东名册,并于变更后30日内向市场监督管理机关提交目标公司股东、出资、章程等变更登记申请或备案申请。

4.特别提示

律师应向委托人提示出资转让与出资转让合同生效,即收购合同生效的区别。出资转让合同除法律法规明文规定需经主管部门批准生效,或者当事人约定了生效条件之外,一般自合同主体签字盖章之日起生效;而出资转让的生效以合同的生效为前提,但出资转让合同的生效并不当然意味着出资自合同生效时起转让,其生效根据公司性质有可能还需满足法律规定的条件或当事人约定的条件。

第五节 投资并购相关法律文件

投资并购相关法律文件,是根据每一个不同的交易行为所设计的单一或成套的文件,需要以实现最终交易目的并防范法律风险为原则,切勿过度"沉迷"于文件本身的合法合理以及严谨性而失去了交易的本源目标。

一、资产收购合同

资产收购合同,顾名思义,交易的是"资产",文件的设计内涵需要以资产为基础。

资产收购合同

合同编号:________

当事人双方

资产转让方:________企业(以下简称甲方)

(住所、法定代表人、电话、传真、邮政编码)

资产受让方:________企业(以下简称乙方)

(住所、法定代表人、电话、传真、邮政编码)

鉴于

第一条 甲方企业性质:________,注册资本________元,主营________业务,甲方愿意按照本合同约定条件将其企业资产转让给乙方。

第二条 乙方企业性质:________,注册资本________元,主营________业务,乙方愿意按照本合同约定条件受让甲方企业的资产。

第三条 甲、乙双方本着公平互惠、诚实信用的原则,就甲方向乙方转让甲方企业全部资产(以下简称目标企业资产)事宜,经协商一致,达成合同如下。

合同正文

第一条 目标企业资产条款

目标企业资产包括如下:

1. 土地使用权

位于________市________平方米国有土地使用权，使用年限______年，土地使用权证号：________。

2. 房屋所有权

位于________市________平方米的房屋所有权，房产证号：________。

3. 固定资产所有权

目标企业厂房内所有的机器、设备、设施（包括设备资料及所有目标企业档案资料、备品备件及办公用品）。

4. 无形资产所有权

目标企业"________牌"注册商标，商标注册证号：____________。

（详见企业经过审计的财务报表和目标资产明细单）

第二条　债权、债务处理条款

目标企业在本合同签订前所发生的一切债权、债务（其中包括欠职工工资、社会统筹保险金及税费）不在本次合同签订的转让资产以内，由甲方自行处理。如发生由此所引起的诉讼和纠纷，由甲方予以处理。

第三条　转让价款及支付方式条款

现双方议定资产整体出售价格为人民币________万元。该价格包括甲方转让的全部资产价款，但不包括乙方应向自然资源主管部门缴付的国有土地使用权出让金，以及在转让过程中应由乙方承担的一切税费。

乙方分两期支付转让价款。本合同签订之日起5日内，乙方支付给甲方转让价款的50%，即人民币________万元；甲方完成资产权属在土地管理等部门变更登记之日起5日内，乙方支付给甲方转让价款的剩余50%，即人民币________万元。

第四条　履行条款（资产交付条款）

1. 在本合同签订后，甲、乙双方根据作为合同附件的目标资产明细单进行资产清点工作，资产清点工作应在合同签订之日起10日内完成。

2. 在本合同签订后，乙方支付的第一期款项到位后，甲方承诺在30日内负责为乙方办理目标资产权属变更登记手续，包括土地使用权变更登记、房屋所有权变更登记、固定资产变更登记和无形资产变更登记手续。

3. 有关权证转让手续由甲方负责办理，乙方配合，办理权属转让手续所需的工本费、手续费由乙方负担。

4. 自本合同签订之日起至目标资产权属变更登记完毕之日的过渡期内，甲方应妥善善意管理目标资产，不得有任何有害于目标资产的行为。

第五条　陈述与保证条款

1. 甲方的陈述与保证

（1）甲方保证目标资产明细单上所列关于目标资产的质量状况、使用年限、性能状况等情况真实；

（2）甲方保证以上转让的资产权属无争议、无抵押并无查封，并且甲方对该资产拥有完全的所有产权，如发生由此引起的有关所购资产产权的一切纠纷，由甲方负责处理，并承担由此所造成的乙方损失；

（3）关于目标资产转让事宜，甲方已获得有关政府部门的批复，甲方企业股东会、董事会已做出同意转让目标资产的决议；

（4）甲方上述陈述和保证在目标资产交付之日起2年内有效。

2. 乙方的陈述与保证

（1）乙方将按照本合同的约定诚信履行义务；

（2）乙方受让目标资产的资金来源合法。

第六条　保密条款

对于在本次目标资产转让中甲、乙双方获取的关于对方一切商业文件、数据和资料等信息，双方负有保密义务，除法律强制性规定外，不得向任何第三方透露。

第七条　违约责任

本合同生效后,双方均应诚信履约,如有任何一方违反合同约定,应当承担违约责任。

1. 如甲方不能依法转让资产,或在约定期限内因甲方原因不能办理完相关合法资产凭证,则甲方应按资产转让总额10%承担违约责任。

2. 乙方应保证在约定期内按时支付合同所约定的款项,如仍不能交付,则乙方按同期应付额10%计赔损失。

第八条　合同的附件

本合同设附件5份,附件是本合同不可分割的组成部分,也是本合同生效的必备条件,附件包括:

1. 有关政府部门出具的同意甲方转让资产的批复;
2. 目标资产明细清单;
3. 土地使用权属证明(使用权证和土管局证明);
4. 房屋产权证明(所有权证和房管局证明);
5. 甲方股东会、董事会等有权决定转让者同意目标资产转让的决议。

第九条　争议的解决

若因履行本合同发生纠纷,双方协商解决,不能协商解决的,则任何一方可以向法院起诉。

第十条　其他

1. 本合同未尽事宜及需变更事项,经协商后以补充合同形式确定,补充合同与本合同具有同等效力。
2. 本合同正本一式四份,双方各执二份,副本十份,相关部门各执一份。

甲方:(盖章)　　　　乙方:(盖章)

签约代表:(签字)　　　　签约代表:(签字)

________年____月____日

二、股权转让合同

股权转让,系从转让方的角度出发来定义的,对于受让方,对应的就是股权收购/受让,其标的是股权,要紧紧围绕“股权”这个交易标的的特点来设置合同条款。

股权转让合同

合同编号:__________

当事人双方

转让方:____________________(以下简称甲方)

(住所、法定代表人、电话、传真、邮政编码)

受让方:____________________(以下简称乙方)

(住所、法定代表人、电话、传真、邮政编码)

鉴于

1. 在合同签订日,__________公司(以下简称目标公司或该公司)的注册资本为人民币________万元,该公司依法有效存续。

2. 甲方持有目标公司______%的股权,是该公司的合法股东。

3. 甲、乙双方经协商,决定由甲方将其持有的______%的股权转让与乙方,据此双方达成以下条款共同信守。

合同正文

第一条　释义

除非合同另有所指，以下词语和语句在本合同及各附件中具有以下的含义：

1.“转让”或“该转让”指本合同第二条所述甲、乙双方就甲方在目标公司的股权所进行的转让；

2.“被转让股权”指依据本合同，甲方向乙方转让的目标公司______%的股份及依该股份享有的股东权益；

3.“转让成交日”指依本合同第3条第1款的规定，双方将转让的有关事宜记载于股东名册并办理完毕工商登记手续，或在股份托管机构办理完毕转让手续并完成相应的工商登记之日。

第二条　股权转让

1.甲方依据本合同，将其持有的目标公司______%的股份计________股及其依该股份享有的相应股东权益一并转让给乙方；

2.乙方同意受让上述被转让股份，并在转让成交后，依据受让的股份享有相应的股东权益并承担相应的义务。

第三条　股权交付

1.本合同签订后，甲、乙双方应当就该转让的有关事宜要求目标公司将乙方的名称、住所、受让的出资额记载于股东名册，并办理完毕工商登记手续，甲方应就该转让已记载于股东名册并办理完毕工商登记手续的事实，向乙方出具书面的证明。如目标公司的股份已进行了集中托管，则双方应当在股份托管机构办理完毕转让手续并完成相应的工商登记手续。

2.从本合同签订之日起，如______日内不能办理完毕前款规定的成交手续，乙方有权解除本合同，拒绝支付转让价款。如乙方已支付了相应款项，则甲方应将乙方已支付的款项退还乙方。

第四条　价款及支付方式

1.甲、乙双方同意甲方转让目标公司______%股份的价款为人民币________万元。

2.支付方式：

(1)自甲方出具其持有目标公司______%股份的合法、有效的证明之日起______日内，乙方向甲方支付人民币________万元；

(2)乙方于转让成交日向甲方支付人民币________万元。

第五条　声明、保证和承诺

甲方特此向乙方做出以下声明、保证和承诺：

1.甲方已合法成为目标公司的股东，全权和合法拥有本合同项下该公司______%的股份，并具备相关的有效法律文件；

2.甲方承诺未以被转让股份为其自身债务或第三方提供任何形式的担保；

3.甲方履行本合同的行为，不会导致任何违反其与他人签署的合同、单方承诺、保证等；

4.甲方已取得签订并履行本合同所需的一切批准、授权或许可；

5.甲方承认乙方系以甲方的以上声明、保证和承诺为前提条件，同意与甲方签订本合同；

6.以上声明、保证和承诺，在本合同签订后将持续、全面有效。

第六条　过渡期条款

1.为使本合同约定的股权转让工作尽快完成，双方应共同成立工作小组负责本次股权转让工作，尽快获得主管部门的批准和相关人员(部门)的同意，并办理股权转让有关手续。

2.转让方在过渡期间应妥善经营管理目标公司，维护目标公司生产经营、资产、人员等情况的稳定，最大限度地维护该公司的各项利益，并诚信履行本合同约定的义务。

3.受让方在过渡期间有权对目标公司做进一步调查，有权制止转让方有损目标公司利益的行为，受让方应诚信履行本合同约定的义务。

第七条　保密条款

甲、乙双方应尽最大努力，对其因履行本合同所获得的有关对方的一切形式的商业文件、资料和秘密等一切信息,包括本合同的内容和其他可能合作事项予以保密。

第八条　不可抗力

任何一方由于不可抗力造成的部分或全部不能履行本合同义务的行为,将不视为违约,但应在条件允许下采取一切合理及实际可行的补偿措施,以减少因不可抗力造成的损失。

第九条　争议解决

凡因履行本合同所发生的或与本合同有关的一切争议,双方应首先通过友好协商解决,如果协商不能解决,则选择如下解决方法中的第______种:

1. 提请____________仲裁委员会仲裁。仲裁的裁决是终局的,对双方都有约束力。
2. 依法向____________人民法院起诉。

第十条　一般规定

1. 本合同自生效之日起对双方均有约束力,非经双方书面同意,本合同项下的权利义务不得变更;
2. 本合同项下部分条款或内容被认定为无效或失效,不影响其他条款的效力;
3. 本合同中的标题,只为阅读方便而设,在解释本合同时对甲、乙双方并无约束力;
4. 本合同经双方法定代表人或授权代表人签字并加盖公章后生效;
5. 本合同一式四份,甲、乙双方各执两份,具有同等法律效力;
6. 本合同于________年____月____日,在________签订。

甲方:(盖章)　　　　乙方:(盖章)

签约代表:(签字)　　　　签约代表:(签字)

三、关于股权转让的股东会决议

股权转让在形式上体现为一种交易合同,而交易合同的签订前提时常会被人们忽视,大家以为拿着印章盖在合同上,就完全完成了交易法律行为;实则不然。当后续出现争议时,交易行为是否已经“穿透”到股东、是否具备完整的交易前提,是非常重要的,股东会决议是否签订,以及签订的内容,有时会决定股权转让争议的胜败。

________有限责任公司

________年度第____次股东会决议①

时间:________年____月____日

地点:___________________

主持人:____________,职务:____________

记录人:__________

参会股东:__________

参会股东持股额:____________元,占本公司注册资本的______%

本次股东会召开前已通知全体股东参会,参会股东持股比例及会议的召开、表决程序,符合公司法和本公司章程的规定。

到会股东经表决,一致形成如下决议:

1. 同意____________成为本公司股东;

---

① 本文件适用于股权对外转让,内部股东间转让可参照执行。此外,有些市场监管部门要求,对于股东会,需以“××届××次”的形式表述。

2. 同意____________将其所持本公司____________元股权转让给____________；
3. 股权转让后公司的股权结构为：________________；
4. 全体股东同意放弃本次股权转让的优先购买权；
5. 根据本次股权转让情况及公司法的规定，修改公司章程（修改后的章程附后）。
（正文完）
（本页为签署页）①

法人股东盖章、自然人股东签字：
______年____月____日

四、公司分立协议（派生分立）

公司分立，需要把分立的类型事先确定，不同类型的分立合同中的相应内容会存在差异。

公司分立协议

（派生分立）

甲方（存续企业）：____________________。
住所：____________________。
邮政编码：____________________。
电话：____________________。
传真：____________________。
乙方（派生企业）：____________________。（筹，具体名称以市场监督管理部门核定为准）
住所：____________________。
邮政编码：____________________。
电话：____________________。
传真：____________________。
存续企业、派生企业的全体投资方：
A. ____________（公司）
住所：____________________
邮政编码：____________________
电话：____________________
传真：____________________
B. ____________（自然人）
身份证号：

甲方拟进行派生分立，派生出乙方，经协议各方充分协商后，根据《中华人民共和国公司法》等有关法律规定，订立如下条款，以资信守。

第一条　分立方式

甲方采用派生分立方式，派生分立出乙方，甲方的主体资格保留。

第二条　分立前后的注册资本与股权结构

1. 分立前：

① 为便于按相关管理要求及时调整文件内容，应当单独制作签署页（下同）。

甲方的注册资本为________万元,股权结构如下:

____。

2. 分立后:

A. 甲方的注册资本为________万元,股权结构如下:

____。

B. 乙方的注册资本为________万元,股权结构如下:

____。

第三条 分立前后的净资产

根据__________________《资产评估报告》(基准日为________年____月____日):

1. 分立前:

甲方净资产________万元。

2. 分立后:

甲方保留________万元净资产,乙方接受________万元净资产。

第四条 业务分割

1. 分立后的甲方:

____。

2. 分立后的乙方:

____。

第五条 资产债务分割(详见资产债务划分明细表)

1. 分立后的甲方:

如下资产债务归分立后的甲方所有(并管理):

____。

2. 分立后的乙方:

____。

3. 分立后的债权实现与债务承担:

分立后甲、乙双方的有关债权实现与债务承担,按照本协议以及资产债务划分明细表执行,分立后的甲方有义务配合乙方完善债权、债务的相关法律手续,协助乙方追缴债权。

第六条 分立程序

1. 甲方股东会,做出同意分立的决议;

2. 报国资委批准(如有);

3. 分立后甲、乙方分别制定各自的公司章程;

4. 财产作相应的分割,编制资产负债表及财产清单;

5. 甲方应当自作出分立决议之日起10日内通知债权人,并于30日内在报纸上公告;

6. 及时申请工商登记,提交分立的股东会决议,和甲方在报纸上登载公司分立公告的证明和债务清偿或者债务担保情况的说明。

第七条 分立后的法人治理结构

分立后的甲、乙双方按照《中华人民共和国公司法》的规定,建立与完善股东会、董事会、经理、监事会的公司治理结构。甲方原有治理结构不变;乙方重新产生相关机构。

第八条 争议解决

因分立而产生的全部争议,协议各方通过友好协商的方式解决。

第九条 附则

1. 协议各方同意并执行××分立实施方案(含职工安置等内容)。

2. 本次分立的工商登记完成之日,甲方正式派生分立完成,变更为:分立后的甲方和乙方两个公司。

3. 本协议自各方签署之日起生效，一式若干份，协议各方各执一份，甲方另存一份，提交市场监督管理机关一份。

（加盖各投资方公章，自然人投资者签字）

（存续企业盖章）①

________年____月____日

五、公司分立协议（解散分立/新设分立）

解散分立这种分立形式，对应着两个基本法律行为，一为原有公司的解散，二为全新的两家公司的设立。

公司分立协议

（解散分立/新设分立）

合同编号：__________

当事人

甲方：a公司（筹，具体名称以市场监管部门核定为准）

（住所、股东代表、电话、传真、邮政编码、开户银行、户名及账号）

乙方：b公司（筹，具体名称以市场监管部门核定为准）

（住所、股东代表、电话、传真、邮政编码、开户银行、户名及账号）

A公司：（拟进行解散分立的公司）

全体投资人：（A公司的全体法人或自然人股东）

鉴于

由于________，A公司拟进行分立，成立a公司、b公司两公司，经协议各方充分协商后，根据《中华人民共和国公司法》等有关法律规定，订立如下条款，以资信守。

合同正文

第一条　分立方式

A公司采用新设分立（解散分立）方式。

A公司分立为a公司和b公司，a公司、b公司设立时，A公司主体资格消灭。

第二条　分立前后公司的注册资本

1. 原A公司的注册资本为________万元，现有净资产________万元，其中分立后a公司接受________万元净资产，b公司接受________万元净资产。

2. 分立后a公司注册资本为________万元，股权结构为________。

3. 分立后b公司注册资本为________万元，股权结构为________。

第三条　业务分立条款

1. 原A公司的X业务，由分立后的a公司经营，b公司不得经营X业务。

2. 原A公司的Y业务，由分立后的b公司经营，a公司不得经营Y业务。

第四条　财产分割条款（详见财产分割清单）

1. 原A公司所有的___________资产由a公司享有，原A公司所有的________资产由b公司享有。

---

① 分立协议的签约主体，各地市场监管局要求存在差异，具体操作时须先征询当地意见。例如，要求提交"因公司分立而拟存续、新设公司所涉及的各方投资者签订的公司分立协议（加盖各投资方公章，自然人投资者签字）"。

2. 原A公司截至________年____月____日账面上所有的________万元货币资金,a公司享有________万元,b公司享有________万元。

3. 原A公司享有的无形资产,包括商标权、企业名称权等,由a公司享有。

第五条　债权、债务分割条款

原A公司关于X业务的所有债权债务由a公司承继,关于Y业务的所有债权债务由b公司承继(详见债权债务分割清单)。

第六条　职工安置条款

原A公司共有在岗职工______名,无离退休、内退和工伤等人员。其中______名职工随X业务进入a公司,由a公司承继原A公司与这______名职工的劳动关系。其中______名职工随Y业务进入b公司,由b公司承继原A公司与这______名职工的劳动合同关系。原劳动合同的内容不变(详见职工安置方案)。

第七条　公司分立的程序条款

1. 公司分立,应当由公司的股东会做出决议,分立后a公司、b公司分别制定各自的公司章程。

2. 公司分立,其财产作相应的分割。公司分立时,应当编制资产负债表及财产清单。

3. 公司应当自作出分立决议之日起10日内通知债权人,并于30日内在报纸上公告。公司分立前的债务按约定由分立后的公司承担。

4. 公司分立,应当自分立决议或者决定做出之日起______日内申请工商登记,提交分立决议或者决定,以及A公司在报纸上登载公司分立公告至少三次的证明和债务清偿或者债务担保情况的说明。

第八条　违约责任条款

(略,依具体情况按照法律规定自行约定。)

第九条　争议解决条款

(略,依具体情况按照法律规定自行约定。)

第十条　合同变更或解除

(略,依具体情况按照法律规定自行约定。)

第十一条　附则

1. 公司进行分立的日程为:________年____月____日至________年____月____日双方共同清理资产账册,对原A公司财产进行分割,并按期交割完毕。相应工商登记完成后,原A公司将不复存在,a公司与b公司正式成立。

2. 本协议自各方签署之日起生效,一式若干份,协议各方各执一份,A公司另存一份,提交市场监督管理相关机关一份。

(加盖各投资方公章,自然人投资者签字)

(A公司盖章)①

________年____月____日

六、关于分立的股东会决议(解散分立)

以解散分立为例,原有公司的股东需要对分立予以确认,这就需要有一个正式的股东会决议,对分立行为中的旧公司解散、新公司股权设置等情况进行约定。

---

① 分立协议的签约主体,各地市场监管部门要求存在差异,具体操作时须先征询当地市场监管部门的意见。例如,要求提交“因公司分立而拟存续、新设公司所涉及的各方投资者签订的公司分立协议(加盖各投资方公章,自然人投资者签字)”。

××有限责任公司

第______届股东会第________会议决议①

时间:________年____月____日

地点:__________________

主持人:____________,职务:____________

记录人:______________

参会股东:_______________

参会股东持股额:________元,占本公司注册资本的______%

本次股东会召开前已通知全体股东参会,参会股东持股比例及会议的召开、表决程序,符合公司法和本公司章程的规定。

到会股东经表决,一致形成如下决议:

1. 同意原A公司分立为a公司和b公司(具体名称以市场监督管理部门核定为准)。

2. 分立后:

a公司的注册资本为________万元,股权结构为____________。

b公司的注册资本为________万元,股权结构为____________。

3. 同意调整公司组织机构。调整方式:____________。②

4. 同意终止A公司章程,由a公司和b公司制定各自新的公司章程。

(正文完)

(本页为签署页)

法人股东盖章、自然人股东签字:

________年____月____日

七、公司分立公告(通知)(解散分立)

分立公告系依据公司法的规定必须制作的文件。

分 立 公 告

(通知)(解散分立)

A公司拟分立为a公司和b公司,已于________年____月____日获得公司股东会(或股东大会)同意。

公司分立前的债务由分立后的公司承担连带责任。

本公司债权人可自________年____月____日(指第一次发布公告之日)起____日内申报债权。本公司债权人未在规定期限内行使上述权利的,公司分立将按照法定程序实施。

特此公告。

联系人:

联系方式:

---

① 标题以当地市场监管部门的要求为准,亦可能是要求"××年度第××次股东会决议"。

② 对于需董事会、监事会决定的事项,不在此表述,而应当另行制作相关决议。如果当地市场监管部门要求组织机构调整事项单独制作股东会决议,则应当单独制作。

A公司:(盖章)
法定代表人:(签字)
________年____月____日

八、增资合同

新股东以增资的形式进入公司,公司的注册资本会相应变动,需要以《增资合同》对包括公司本身在内的各方当事人的权利义务进行约定。

增资合同

合同编号:________

当事人

H公司(被增资企业)

(住址、法定代表人、电话、传真、邮政编码)

甲方:A公司(原股东、增资方)

(住址、法定代表人、电话、传真、邮政编码)

乙方:B公司(原股东、增资方)

(住址、法定代表人、电话、传真、邮政编码)

丙方:(新股东、增资方)

(住所、电话、传真、邮政编码、身份证号码)

丁方:(新股东、增资方)

(住址、法定代表人、电话、传真、邮政编码)

鉴于

1. H公司系一家于________年____月____日在________注册成立的公司,经营范围:________,注册资本为人民币________。为增强公司实力,尽快将公司做大做强,经________年度公司第______次股东会决议,通过了增资扩股决议。

2. 甲方及乙方为H公司本次增资扩股前的股东。增资扩股前,H公司出资结构为:甲方出资________万元,占注册资本的______%,乙方出资________万元,占注册资本的______%。

3. 拟将H公司注册资本由________增加至________。丙方、丁方同意按照本合同规定的条款和条件投资入股。各方本着自愿、公平、公正的原则,经友好协商,就对H公司增资扩股事宜达成协议如下:

合同正文

第一条　释义

1. 本合同内(包括“鉴于”中的内容),除为了配合文义所需而要另作解释或有其他定义外,下列的字句应作以下解释:

增资扩股,指在原公司股东之外,吸收新的股东投资入股,并增加公司注册资本。

溢价,指在本次增资扩股中,投资方实际出资额高出授予其资本额的部分。

原H公司,指本次增资扩股前的H公司。

新H公司,指本次增资扩股后的H公司。

违约方,指没有履行或没有完全履行其按照本合同所应承担的义务以及违反了其在本合同所作的承诺或保证的任何一方。

非违约方,指根据本合同所规定的责任和义务以及各方所做的承诺与保证,发生了一方没有履行或没有完全履行合同义务,以及违反了其在本合同所作的承诺或保证事件时的本合同其余各方。

中国,指中华人民共和国。

书面及书面形式,指信件和数据电文(包括电报、电传、传真和电子邮件)。

本合同,指本合同或对本合同进行协商修订、补充或更新的合同或文件,同时包括对本合同或任何其他相关合同的任何条款进行修订、予以放弃、进行补充或更改的任何文件,或根据本合同或任何其他相关合同或文件的条款而签订的任何文件。

2. 本合同中的标题是为方便阅读而加入的,解释本合同时应不予理会。

第二条 增资扩股方案

1. 方案内容

(1)对原H公司进行增资扩股。将公司注册资本增加至人民币________万元,新增注册资本________万元。

(2)甲方、乙方以H公司现有资本公积金转增资本(或以现金、实物等法定形式),甲方新出资________万元,占新H公司注册资本的______%。乙方新出资________万元,占新H公司注册资本的______%,甲方、乙方在新H公司中的出资比例变为______%和______%。

(3)丙方、丁方投资入股H公司,丙方、丁方分别以现金出资________万元和________万元,其出资分别占新H公司注册资本的______%和______%。

(4)增资扩股完成后,新H公司股东由甲、乙、丙、丁四方组成。修改原H公司章程,重组新H公司董事会。

2. 对方案的说明

(1)各方确认,原H公司的整体资产、负债全部转归新H公司;各方确认,原H公司净资产为________万元。关于原H公司净资产现值的界定详见《资产评估报告》。

(2)各方一致认同新H公司仍承继原H公司的业务,以________经营为主业。

(3)各方同意,共同促使增资扩股后的新H公司符合法律的要求取得相应的资质。

3. 新H公司股权结构

本次增资扩股后的新H公司股权结构如下表所示:

股东的姓名或名称	出资额/万元	出资比例/%
甲方		
乙方		
丙方		
丁方		
合计		

第三条 重组后的新H公司董事会组成

1. 重组后的新H公司董事会由________人组成,其中,甲方提名________人,乙方提名________人,丙方提名________人,丁方提名________人,为促进公司治理结构的完善,设立独立董事________名,由本合同各方共同选定。

2. 董事长由________方提名并由董事会选举产生,副董事长由________方提名并由董事会选举产生,总经理由________方提名并由董事会聘任,财务总监由________方提名并由董事会聘任。

第四条 各方的责任与义务

1. 甲方、乙方将经评估后各方认可的原H公司净资产________万元投入到新H公司。

甲方、乙方保证原H公司除本合同及其附件已披露的债务负担外,不会因新H公司对其权利和义务的承继而增加任何运营成本,如有该等事项,则甲方、乙方应对新H公司、丙方、丁方以等额补偿。

2. 丙方、丁方保证按本合同确定的时间及数额投资到位,汇入原H公司账户或相应的工商验资账户。

第五条 投资到位期限

本合同签署前,由甲方、乙方作为原H公司的股东召开股东会审议通过了本合同所述增资事项,并由________批准同意H公司增资改制,丙方、丁方保证在本合同签署之日起______日内将增资全部汇入H公司增资账户。

第六条 陈述、承诺及保证

1. 本合同任何一方向本合同其他各方陈述如下:

(1)其有完全的民事权利能力和民事行为能力参与、订立及执行本合同,或具有签署与履行本合同所需的一切必要权力与授权,并且直至本合同所述增资扩股完成,仍将持续具有充分履行其在本合同项下各项义务的一切必要权力与授权;

(2)签署本合同并履行本合同项下的各项义务并不会侵犯任何第三方的权利。

2. 本合同任何一方向本合同其他各方做出承诺和保证如下:

(1)本合同一经签署即对其构成合法、有效、具有约束力的合同;

(2)其在合同内的陈述以及承诺的内容均是真实、完整且无误导性的;

(3)其根据本合同进行的合作具有排他性,在未经各方一致同意的情况下,任何一方均不能与任何第三方签订类似的合作合同或进行类似的合作,否则,违约方所得利益和权利由新H公司无偿取得或享有。

第七条 违约事项

1. 各方均有义务诚信、全面遵守本合同。

2. 任何一方如果没有全面履行其按照本合同应承担的责任与义务,应当赔偿由此而给非违约方造成的一切经济损失。

第八条 合同生效

本合同于各方盖章或授权代表签字之日起生效。

第九条 保密

1. 自各方就本合同所述与原H公司增资扩股进行沟通和商务谈判始,包括(但不限于)财务审计、现场考察、制度审查等工作过程,以及本合同的签订和履行,完成市场监督管理部门的变更登记手续等,在增资扩股全部完成的整个期间内,各方均负有保密的义务。未经各方事先书面同意,任何一方不得将他方披露或提供的保密资料以及本增资扩股方案披露或泄露给任何第三方或用作其他用途,但通过正常途径已经为公众获知的信息不在此列。

2. 保密资料的范围涵盖与本次增资有关的,由各方以书面、实物、电子方式或其他可能的方式向他方(或其代理人、咨询人、顾问或其他代表)提供或披露的涉及各方的信息资料,包括但不限于各方的财务报表、人事情报、公司组织结构及决策程序、业务计划、与其他公司协作业务的有关情报、与关联公司有关的信息资料以及本合同等。

3. 本合同终止后本条保密义务仍然继续有效。

第十条 通知

1. 任何与本合同有关的需要送达或给予的通知、合同、同意或其他通信,必须以书面发出,并可用亲自递交、邮资付讫之邮件、传真或电子邮件等方式发至收件人在本合同中留有的通信地址、传真号码或电子邮件地址,或有关方面为达到本合同的目的而通知对方的其他联系地址。

2. 各方须于本合同签署当日将通信地址、电话号码、传真号码及电子邮件地址在H公司登记备案。如有变动,须书面通知各方及相关人员。

第十一条 合同的效力

本合同作为解释新H公司股东之间权利和义务的依据,长期有效,除非各方达成书面合同修改;本合同在不与新H公司章程明文冲突的情况下,视为对新H公司股东权利和义务的解释并具有最高效力。

第十二条 其他事项

1. 转让

除法律另有规定外,本合同任何一方的权利和义务不得转让。

2. 更改

除非各方书面同意,本合同不能做任何修改、补充或更改。

3. 独立性

如果本合同任何条款被法院裁定属于非法或无法执行,该条款将与本合同其他条款分割并应被视作无效,该条款并不改变其他条款的运作。

4. 不可抗力

由于发生地震、台风、火灾、战争等在订立本合同时不能预见、对其发生和后果不能避免并不能克服的事件,使本合同规定的条款无法履行或受到严重影响时,或由于国家政策的调整改变,致使本合同无法履行时,遇有上述不可抗力事件的一方,应在该事件发生后15日内,将经由当地公证机关出具的证明文件或有关政府批文通知对方。由于发生上述事件,需要延期或解除(全部或部分)本合同时,由本合同各方协商解决。

5. 适用法律

本合同的订立、效力、解释、执行、修改、终止及争议的解决,均应适用中华人民共和国法律。

6. 争议解决

凡是因本合同引起的或与本合同有关的任何争议应通过友好协商解决。在无法达成互谅的争议解决方案的情况下,任何一方均可将争议提交________仲裁委员会仲裁,根据该仲裁委员会现行有效的仲裁规则通过仲裁解决。仲裁委员会做出的裁决是终局的,对各方均具有法律约束力。

7. 正本

本合同一式四份,每份文本经签署并交付后即为正本。所有文本应为同一内容及样式,各方各执一份。

H公司:(盖章)
授权代表:(签字)
甲方:(盖章)
授权代表:(签字)
乙方:(盖章)
授权代表:(签字)
丙方:(签字)
丁方:(盖章)
授权代表:(签字)
签署地点:______________
签署时间:________年____月____日

九、股权回购协议(减资)

股东减持公司的注册资本,交易双方为作为转让方的原股东,以及作为收购(回购)方的被投资公司。

股权回购协议

(减资)

当事人

甲方(转让方):X公司

地址: 邮编:

法定代表人:

电话:

乙方(回购方):Y 公司

地址: 邮编:

法定代表人:

电话:

鉴于

甲方为乙方的合法股东,甲方认缴出资××万元,占乙方注册资本××万元的×%。

甲、乙双方根据《中华人民共和国公司法》、《中华人民共和国民法典》和其他有关的法律、法规,经友好协商,本着平等互利的原则签订本协议,以资信守。

合同正文

第一条 回购标的及价款

1. 乙方回购甲方持有的乙方股权××万元(占注册资本的×%);

2. 股权回购的价款合计××万元;

3. 甲方保证对其向乙方转让的股权享有完全的独立权益,没有设置任何抵押、质押,否则对由此给乙方造成的损失全额赔偿。

第二条 回购价款的支付

本协议签订之日起×日内,乙方全额付清股权回购的价款。

第三条 乙方注册资本的变更

股权回购完成后,乙方的注册资本相应由××万元减至××万元;甲、乙双方共同委托公司办理股权回购的工商变更登记手续。

第四条 甲方的义务

1. 甲方应对乙方注册资本变更登记等法律手续提供必要协作与配合;

2. 自股权回购工商变更登记手续办理完毕之日起,甲方失去相应股权对应的股东权利。

第五条 乙方的义务

1. 乙方应按照本协议的约定支付股权回购价款;

2. 自股权回购工商变更登记手续办理完毕之日起,乙方注册资本相应变更。

第六条 违约责任

1. 本协议签订后,任何一方不履行或不完全履行本协议约定条款的,即构成违约,违约方应当赔偿其违约行为给守约方造成的一切直接和间接经济损失;

2. 任何一方违约时,守约方有权要求违约方继续履行本协议。

第七条 费用

甲、乙双方各自承担其洽谈、准备、签署和执行本协议所发生的费用。

第八条 争议解决

凡因本协议引起的或与本协议有关的任何争议,双方应当通过友好协商解决。

第九条 其他

1. 本协议经双方签署后生效;

2. 本协议未尽事宜,甲、乙双方以书面形式修改、补充;

3. 本协议正本一式四份,甲、乙方各执一份,其余用于办理相关手续之用,各份具有同等法律效力。

甲方:(盖章) 乙方:(盖章)

签约代表:(签字) 签约代表:(签字)

________年____月____日

十、债务承担协议

债务承担协议是一种三方协议，原债权、债务关系真实有效且三方自愿的情况下，一方受让另一方债务，并经过债权方同意。新债务人接替了原债务人的位置。

债务承担协议

（免责的债务承担）

协议编号：______________

当事人

债务转让方：____________（以下简称甲方）

（住所、法定代表人、电话、传真、邮政编码）

债务受让方：____________（以下简称乙方）

（住所、法定代表人、电话、传真、邮政编码）

债权人：____________（以下简称丙方）

（住所、法定代表人、电话、传真、邮政编码）

鉴于

1. 根据《中华人民共和国民法典》以及其他有关法律、法规的规定，缔约三方本着平等互利、等价有偿的原则，就乙方债务承担中的相关问题，通过友好协商，订立本协议。

2. 甲方、丙方之间原债权、债务关系真实有效，乙方受让甲方债务，业经丙方同意。

合同正文

第一条 债务转移

三方同意，由乙方承担下列甲方对丙方所负债务，共计________元：

1. ________年____月____日订立的编号为____________的借款合同，借款到期日为________年____月____日，甲方尚欠丙方______元；

2. 其他甲方未向丙方清偿的债务（如应付货款、应付劳务费等）________元。

第二条 甲方承诺

如按照我国法律规定，本协议被法院或仲裁机构确定为无效或被撤销后，则甲方仍继续向丙方承担原债务。

第三条 乙方承诺

1. 乙方通过审查甲方、丙方债权、债务发生的相关文件，已确知甲方对丙方所负债务真实，并自愿接受本合同第一条中甲方对丙方所负债务，接替甲方成为丙方债务人。

2. 乙方与甲方或任何第三方的其他任何协议或债权、债务均与本协议无关。本协议生效后，乙方不以其与甲方、任何第三方之间的任何其他协议或债权、债务的无效、撤销或解除为由，拒绝本协议的履行。

3. 乙方不以甲方的任何过错为由，拒绝履行本协议约定的义务。

4. 或有事项：如甲方对丙方的原有债务上设有担保，则乙方承诺已办理完毕由于承担甲方债务而发生的有关担保合同重新确认手续或提供了经丙方认可的新的担保。

第四条 丙方承诺

本协议生效后，丙方不再向甲方主张本协议中已被转让的债务的履行。

第五条 其他事项

1. 本合同订立、效力、解释、履行及争议的解决均适用中华人民共和国法律。

2. 因履行本合同发生的争议，由争议双方协商解决，协商不成的，按本款第______项规定的方式解决：

（1）提交________________仲裁委员会，按提交仲裁时该仲裁委员会仲裁规则进行仲裁，仲裁裁决是终局的，对各方均有约束力；

(2)依法向________________人民法院起诉。

3. 本协议经甲、乙、丙三方加盖公章并由三方法定代表人或由法定代表人授权的代理人签字后生效。

4. 本协议未尽事宜,遵照国家有关法律、法规和规章办理,另行达成的补充协议与本协议具有同等法律效力。

5. 本协议一式三份,甲、乙、丙三方各执一份。

6. 本合同于________年____月____日在中华人民共和国________________省(自治区、直辖市)____________市(县)签订。

甲方:(盖章)
法定代表人(委托代理人):(签字)
乙方:(盖章)
法定代表人(委托代理人):(签字)
丙方:(盖章)
法定代表人(委托代理人):(签字)

十一、债转股协议

债转股,实际是一种特殊类型的增资,只不过增资的对价不是现金,而是债权。

债转股协议

合同编号:__________

当事人双方

甲方(债权人):______________

(住所、法定代表人、电话、传真、邮政编码)

乙方:______________

(住所、法定代表人、电话、传真、邮政编码)

鉴于

1. 根据《中华人民共和国民法典》、《中华人民共和国公司法》,以及其他有关法律、法规的规定,缔约双方本着平等互利、等价有偿的原则,就甲方对乙方的债权转为甲方对乙方的股权问题,通过友好协商,订立本协议;

2. 甲方、乙方之间原债权、债务关系真实有效,债权转为股权后,甲方成为乙方的股东,不再享有债权人权益,转而享有股东权益。

合同正文

第一条　债权的确认

甲、乙双方确认:

1. 截至________年____月____日,甲方对乙方的待转股债权总额为________元;

2. 如甲方债权在债转股完成日之前到期,乙方确认其诉讼时效自动延期2年,各方无须另行签订延期文件。

第二条　债转股后乙方的股权构成

1. 甲方将转股债权投入乙方,成为乙方的股东之一,乙方负责完成变更工商登记等必要的法律手续;

2. 债转股完成后,乙方的股权构成为:

(1)甲方以________元的债转股资产向乙方出资,占乙方注册资本的______%;(2)________以

________元的________资产向乙方出资，占乙方注册资本的______%。

第三条　费用承担

因签订、履行本协议所发生的聘请中介机构费用及其他必要费用，均由乙方负担。

第四条　违约责任

1. 任何一方违反本协议规定义务给其他方造成经济损失的，应负责赔偿受损方所蒙受的全部损失；

2. 若在债转股完成日前本协议被解除，甲方的待转股债权、担保权益及其时效将自动恢复至本债转股协议签订前的状态。

第五条　争议解决

因签订、履行本协议发生的一切争议，由争议双方协商解决，协商不成的，按下列第______项规定的方式解决：

(1)提交__________________仲裁委员会，按提交仲裁时该仲裁委员会仲裁规则进行仲裁，仲裁裁决是终局的，对各方均有约束力；

(2)依法向__________________人民法院起诉。

第六条　其他约定

1. 本协议经甲、乙双方签订后，并经乙方股东会决议通过后生效；

2. 本协议正本一式两份，各方各执一份，具有同等法律效力；

3. 本协议于________年____月____日，于____________签订。

甲方：(盖章)

法定代表人(委托代理人)：(签字)

乙方：(盖章)

法定代表人(委托代理人)：(签字)

十二、资金信托合同

资金信托合同，是信托中最为常见的合同，委托方将资金交付受托人进行管理，最终由第三方受益。

资金信托合同

合同编号：__________

当事人

委托人：________(以下简称甲方)

(住所、法定代表人、电话、传真、邮政编码)

受托人：________(以下简称乙方)

(住所、法定代表人、电话、传真、邮政编码)

受益人：________

(甲方可以是唯一受益人，实务中通常要求受益人是委托人)

鉴于

甲方需将资金交付信托管理并谋取相应收益，乙方是经中国人民银行批准的专业从事信托业务的金融机构，甲方、乙方就信托设立及信托管理有关事宜经平等协商，依据《中华人民共和国信托法》等相关法律、法规、规章的规定，签订本合同。

合同正文

第一条　信托目的

1. 甲方为有效运用其资金,基于对乙方的信任,通过本合同设定双方的资金信托关系。

2. 按本合同约定,甲方将自己合法拥有的资金委托给乙方,由乙方按甲方的意愿以乙方自己的名义,为甲方的利益或者特定目的管理、运用和处分。

第二条　信托资金金额、划款时间、信托期限

1. 信托资金币种:人民币,金额(大写:____________,小写:____________)。

2. 划款时间:甲方须在本合同签订之日起8个营业日内将全部款项划入乙方指定的银行账户。

3. 信托期限:______年,自________年____月____日至________年____月____日。

第三条　信托资金及其管理方式、处分权限与核算

1. 信托资金

信托资金包括但不限于:

(1)甲方交付乙方管理的信托本金;

(2)甲方交付的信托本金自交付日至信托期限开始日期间的利息(按中国人民银行规定的同期活期存款利率计算);

(3)乙方管理、运用和处分以上第(1)、(2)项所述信托本金形成的财产;

(4)前述财产取得的收益、赔偿和其他收入。

2. 信托资金的管理、运用和处分

____________________________。

3. 信托资金的核算

____________________________。

第四条　甲方的权利和义务

1. 甲方承诺:本合同所指向的全部信托资金来源合法。

2. 甲方有义务向乙方提供有关资料,以使乙方从事金融业务符合有关监管规定。

3. 甲方有权向乙方了解信托资金的管理情况,并要求乙方做出说明。

4. 甲方有权要求乙方按本合同第三条核算方法所述支付信托收益。

5. 本合同及法律、行政法规规定的其他权利、义务。

第五条　乙方的权利和义务

1. 积极制订并履行信托计划,如遇国家金融政策重大调整,及时通知甲方,双方应就收益分配等内容进行协商和调整。

2. 信托资金不属于乙方的自有财产,乙方终止时,信托资金不属于其清算财产或破产财产。

3. 信托不因乙方的名称变更、法人变更、依法解散、被宣告破产或者被依法撤销而终止,也不因乙方的辞任而终止。

4. 乙方应当为甲方、受益人以及处理信托事务的情况和资料保密。

5. 乙方应当将信托资金和自有资金分开管理,并将不同客户的信托资金分别记账。

6. 乙方应妥善保存信托资金管理、分配的完整记录至少15年,以便甲方或受益人日后查询。

7. 乙方按本合同约定收取报酬。

8. 乙方因处理信托事务所支出的费用、对第三人所负债务,以信托资金承担。乙方以其固有财产先行支付的,对信托资金享有优先受偿的权利。

9. 乙方以信托资金为限向受益人承担支付信托利益的责任。

10. 如果受益人为自然人,乙方有代扣代缴受益人个人所得税费的义务。

第六条　受益人的权利与义务

1. 本合同有效期限内,受益人可以根据本合同的规定转让其享有的信托受益权。乙方应为受益人办理

信托受益权转让的有关手续。

2. 受益人可以随时向乙方了解信托资金的管理情况,并要求乙方做出说明。

3. 根据本信托合同规定转让和依法继承信托受益权。

4. 本合同及法律、行政法规规定的其他权利。

第七条 信托终止时信托资金的归属、分配方式及乙方的报酬

1. 信托终止时信托资金归甲方所有,乙方须在信托终止起5个工作日内划入甲方指定账户。

2. 乙方经营资金信托业务,以收取手续费的方式收取报酬。

3. 在本合同设定的信托期限内,乙方收取手续费计算标准为:____________。

4. 信托终止后乙方行使请求给付报酬权时,可以留置信托资金。扣除乙方应收手续费后的信托资金及利益归甲方所有,乙方须在信托终止之日起3个工作日内划入甲方指定账户。

第八条 信托的变更、终止

1. 本合同生效后,甲方、乙方均不得擅自变更。如需要变更本合同,须经双方协商一致并达成书面协议。

2. 在本合同约定的信托期限内,甲方不得随意提前终止合同,由于甲方提前终止合同造成的损失,全部由甲方承担,且甲方须向乙方全额支付手续费。

3. 信托期限届满或甲方和乙方以书面协议提前终止合同,本合同设定的资金信托即告终止,信托终止时,乙方在扣除手续费后须将全部信托资金及利益归还给甲方。

4. 本合同信托资金应与甲方其他信托财产、未设立信托的其他财产相区别。设立信托后,甲方死亡或者依法解散、被依法撤销、被宣告破产时,甲方是唯一受益人的,信托终止,信托资金作为其遗产或者清算财产。甲方不是唯一受益人的,信托存续,信托资金不作为其遗产或者清算财产;但作为共同受益人的甲方死亡或者依法解散、被依法撤销、被宣告破产时,其信托受益权作为其遗产或者清算财产。

第九条 信托事务的报告

本资金信托终止,乙方应当于信托终止后10个工作日内做出处理信托事务的清算报告,并以事先约定的方式送达甲方。

第十条 税费的缴纳

甲方、乙方和受益人应各自承担各自取得的信托利益和手续费部分应缴纳的有关税费及其他费用。

第十一条 风险提示与承担

(对信托运用风险及本合同所述资金信托的特有风险予以明示,并说明责任分配原则)

第十二条 新受托人的选任方式

乙方职责终止或辞任时,新受托人由甲方另行指定,新受托人接任前,由乙方或其财产管理人依本合同先行管理信托资金。

第十三条 通知与送达

1. 地址变更的告知

一方通信地址或联系方式发生变化,应在15日内以书面形式通知另一方,未按时通知的,不得对抗另一方。

2. 信托利益划付账户变更的告知

受益人获取信托收益的信托利益划付账户发生变化,受益人应在信托收益分配前15日内以书面形式通知乙方。未按时通知的,不得对抗乙方。

3. 信托事务处理情况的告知

乙方按本合同载明的通信地址或联系方式以专人送达、挂号信件、传真、电报或电子邮件等有效方式,就处理信托事务过程中需要通知的事项通知甲方和受益人,并存放乙方的营业场所备查。

第十四条 违约责任

1. 乙方以全部信托资金为限向甲方承担支付信托利益的责任。乙方因管理不善或者违反法律、法规及本合同的规定致使信托资金损失的,乙方应当予以补偿或者赔偿,具体标准为:____________。

2. 如甲方违约(包括但不限于:擅自变更合同、未按约定方式提前终止合同),甲方应负责赔偿乙方处理信托事务而支出的费用及所受到的损失。

第十五条　争议的解决方式

对于甲方和乙方在履行本合同中发生的争议,由双方协商解决,协商不成,任何一方可依法向人民法院起诉。

第十六条　需要载明的其他事项

1. 合同组成

对本合同的任何修改、补充都构成对本合同的附加,与本合同具有同等的法律效力。

2. 合同生效

本合同自各方签字、盖章之日起生效。

3. 合同文本

本合同一式二份,甲、乙双方各持一份,均具有同等的法律效力。甲方与受益人不是同一人的,按受益人人数增加份数。

第十七条　附件

下列附件是本合同不可分割的部分:

(如风险告知单、信托计划、信托收益分配明细等)

甲方:(盖章)　　　　　　　　　　　　乙方:(盖章)

代表人:(签字)　　　　　　　　　　　代表人:(签字)

________年____月____日

十三、股权信托合同

在股权信托中,委托方交付的不是资金而是其持有的某(些)公司的股权,由受托人管理股权,最终由第三方受益。实际操作中几乎均要进行股权的过户,亦即进行股权转让。

股权信托合同

合同编号:__________

当事人

委托人:____________(以下简称甲方)

(住所、法定代表人、电话、传真、邮政编码)

受托人:____________(以下简称乙方)

(住所、法定代表人、电话、传真、邮政编码)

受益人:__________

(甲方可以是唯一受益人,实务中通常要求受益人是委托人)

鉴于

依据《中华人民共和国信托法》、《信托公司管理办法》、《信托公司集合资金信托计划管理办法》及其他相关法律、法规、规章的规定,甲、乙双方就信托设立及信托管理有关事宜,经平等协商达成一致,签订本合同。

合同正文

第一条　信托目的

1. 甲方为理顺投资关系,确保财产权益,基于对乙方信任,特将其在________有限公司的股权(出资额)信托给乙方,并通过本合同设定双方的信托关系。

2. 本合同设定的信托系甲方指定管理方式的指定型信托，经双方同意，在本合同执行期间，乙方以自己的名义按照甲方的意愿对信托股权进行管理、运用和处分。

第二条 信托的种类

经双方同意，本合同设定的信托系甲方将其持有的____________公司股权交由乙方管理的股权信托。

第三条 信托股权数量、信托起始时间、信托期限

1. 信托股权数量：______股。

2. 信托起始时间：甲方须在本合同签订之日起____日内到有关市场监督管理机关将本合同所涉全部股权办理到乙方名下。

3. 信托期限：自本条第2款手续办理完成之日起______年。

第四条 甲方的权利

1. 甲方承诺：本合同所指向的全部信托股权是符合《中华人民共和国信托法》及有关法律、法规规定的财产。

2. 甲方可以随时向乙方或被授权人了解信托股权的管理、处分、收益、收支情况，并要求乙方做出说明。

3. 甲方有权查阅、抄录或复制与其信托股权有关的信托账目以及处理信托事务的其他文件，其复制费用由甲方承担。

4. 因设立信托时未能预见的特别事由，致使信托股权的管理方法不利于实现信托目的或者不符合受益人利益的情况下，甲方在没有指定乙方授权他人行使该信托股权的管理权时，甲方有权要求乙方调整该信托股权的管理方法。

5. 乙方违反信托目的处分信托股权或者不因甲方的特殊要求而违背管理职责、处理信托事务不当致使信托股权受到损失的，甲方有权申请人民法院撤销该处分行为，并有权要求乙方恢复信托股权的原状或予以赔偿。

6. 甲方作为本合同项下的唯一受益人，自本信托生效之日起享有信托受益权，从信托股权投资中获得收益。乙方应当按(月/年)向受益人支付信托收益。信托不因委托人或受托人依法解散、被依法撤销或受托人辞任而终止。

7. 由于本合同终止或者其他特殊原因，甲方希望将信托股权、信托股权的受益权和信托股权产生的对____________公司间接的财产权一并转让给其他第三方的情况下，乙方同意依照法律、法规或者其他有关规定配合甲方办理股权转让事宜。

第五条 甲方的责任和义务

1. 信托股权必须是符合《中华人民共和国信托法》和有关法律、法规规定的财产。

2. 甲方为依据中华人民共和国法律具有完全民事行为能力的自然人、法人或依法成立的非法人组织。

3. 乙方受甲方委托在投资项目中行使部分股东权利、履行股东义务时所需承担的各项义务和责任若与甲方及信托股权有关，都应由甲方实际承担。

4. 甲方有义务向乙方提供有关资料，以使乙方从事本合同项下的信托业务符合有关监管规定。

5. 乙方以信托股权(含孳息)为限向受益人支付信托利益。

6. 乙方将依照____________公司章程及本合同的约定行使股东权利。如果在行使股东权利时甲方要求乙方按其意志行使股东权利，甲方或其代理人应提前15日书面通知乙方其意志，乙方将按照书面通知行使股东权利，甲方承担由此产生的义务及责任。如果甲方的通知违反法律、法规及合同与章程时，乙方有权拒绝执行该项委托，并以书面形式在10日内通知甲方，经双方协商解决。如协商不成或甲方未作书面通知，乙方有权按照保护甲方及受益人利益的原则行使股东权利，甲方承担由此产生的义务及责任。

第六条 乙方的权利

1. 乙方根据《中华人民共和国信托法》和本合同的约定，为受益人的最大利益处理信托事务。

2. 乙方有权依照本合同第8条第2款的约定取得报酬。

3. 乙方因处理信托事务所支出的费用(指对第三人所负债务费用),以信托财产承担。乙方有权拒绝以自己固有财产先行支付。

第七条　乙方的责任和义务

1. 乙方从事信托活动,应当遵守法律、法规和本合同的约定,不得损害国家利益、社会公众利益和他人的合法权益。如遇国家金融政策重大调整,应及时通知甲方及受益人,双方应就手续费等内容进行协商和调整。

2. 乙方管理信托股权,必须恪尽职守,履行诚实、信用、谨慎、有效管理的义务。

3. 乙方必须保存处理信托事务的完整记录,并应当每年定期将信托股权的管理运用、处分及收支状况报告给甲方。

4. 乙方对甲方、受益人以及处理信托事务的情况和资料负有依法保密的义务,但根据法律、法规规定应予以披露的除外。

5. 信托股权不属于乙方的自有财产,乙方终止时,信托股权及其收益不属于乙方清算财产或破产财产,乙方亦不得以信托股权对外承担债务清偿责任或担保责任。

6. 乙方违反信托目的处分信托股权或者因违背管理职责、处理信托事务不当致使信托股权受到损失的,在未恢复信托股权的原状或者未予赔偿前,不得请求给付报酬,并应在信托合同结束后的90日内予以恢复或赔偿。

第八条　信托利益分配方式及乙方报酬

1. 乙方经营信托业务,以收取手续费的方式收取报酬。

2. 乙方按信托股权账面价值的________(年费率)每年从股权收益中收取手续费,支付时间为每年____月____日之前,共支付______年。

3. 乙方须在本合同终止之日起3个营业日内,将全部信托利益移转至甲方的指定单位或个人,并且在合理期限内,根据当时的法律、法规的有关规定,完成与甲方或受益人的财产转移手续。

第九条　税费的缴纳

甲方、受益人和乙方应分别承担各自取得的信托收益和手续费等应缴纳的有关税费。

第十条　信托的变更或终止

1. 本合同生效后,甲方、乙方均不得擅自变更。如需要变更本合同,须经双方协商一致并达成书面协议。

2. 在本合同约定的信托期限内,甲方不得随意提前终止合同,由于甲方提前终止合同造成的损失,全部由甲方承担,且甲方须向乙方全额支付手续费。

3. 信托期限届满或甲方和乙方以书面协议提前终止合同,本合同设定的股权信托即告终止,信托终止时,乙方协助甲方办理信托股权股东名称变更手续,并在扣除手续费后将全部信托股权及利益归还给甲方或受益人。

4. 有下列情形之一的,信托可以变更或终止:

(1)信托的存续违反信托目的;

(2)信托目的已经实现或者不能实现;

(3)信托当事人双方协商同意;

(4)信托被解除或被撤销;

(5)作为唯一受益人的甲方死亡或丧失民事行为能力;

(6)如果由于政策导致本协议无法继续履行,乙方不承担任何责任,各方当事人将终止本协议或另行协商解决;

(7)本信托合同期限届满。

5. 信托终止后,乙方应做出处理信托事务的清算报告。甲方或者受益人的权利归属人对清算报告无异议的,乙方就清算报告所列事项解除责任。

第十一条　违约责任

本协议成立后，双方应真实、全面履行。如任何一方违约致使本协议的目的无法实现，违约方应承担违约责任，给对方造成损失的应当支付赔偿金；如双方违约则分别承担违约责任。

第十二条　争议的解决

发生争议后，甲、乙双方应协商解决；不愿协商或无法达成协议，可向被告所在地人民法院起诉解决。

第十三条　合同的生效

本合同经双方签字、盖章，在信托股权依法办理完毕登记手续后生效。

第十四条　其他

1. 本合同一式三份，具有同等的法律效力，甲、乙双方及信托股权登记部门各执一份。

2. 本合同于________年____月____日在________________签订。

甲方：（盖章）　　　　　　　　　　乙方：（盖章）

代表人：（签字）　　　　　　　　　代表人：（签字）

十四、股权信托实施方案（摘要）

由于股权信托较资金信托复杂，涉及持股问题以及相关公司的治理事项，故提前准备好实施方案是必要的。

股权信托实施方案（摘要）

一、整体思路

本股权信托实施方案是指职工持股会作为甲方将其代为持有的________公司股权信托给乙方信托公司，信托公司成为________公司的名义股东，对该部分股权进行管理、处分和收益分配，职工作为受益人，依据股权信托合同的规定享有信托利益。

二、受益人范围

受益人为根据职工持股会章程具有持股资格的公司职工。

三、信托财产

职工持股会现持有的股权占________公司总股本的____%。

四、实施步骤

1. 职工持股会依照决议与信托公司签订股权信托合同。

2. 职工与信托公司签订信托受益权质押合同，作为信托公司向职工贷款的履约担保。

3. 工商变更登记，信托公司成为公司名义股东。

五、股权信托后公司的股权结构

股权信托后，________公司的股权结构为：________公司出资________万元，占总股本的____%；________公司出资________万元，占总股本的____%；信托公司持有股权________万元，占总股本的____%。

六、股权管理机构

股权管理机构为持股职工代表大会，对内享有信托项下股权管理的最高权力。持股职工代表大会设立股权管理委员会，与信托公司共同负责信托股权的管理工作。

七、表决权管理

信托股权项下的股东权以信托公司名义行使。信托公司出席________公司股东大会的人选应由持股职工代表大会选举产生。被选举参加公司股东大会的代表应忠实执行有关决议，以维护全体持股职工的最大利益为原则，审议相关议案，行使表决权。

八、信托公司的职责

信托公司作为乙方持有股权,在信托期内为受益人的最大利益管理信托股权,行使表决权、划付信托收益、办理信托受益权转让登记等日常信托事务。

十五、信托贷款合同

信托贷款是具有贷款资质的公司根据委托人的指令,将款项贷给借款人的法律行为,需要以书面合同的形式约定权利义务。

信托贷款合同

当事人

委托人:________(以下简称甲方)

(住所、法定代表人、电话、传真、邮政编码)

受托人:________信托有限公司(以下简称乙方)

(住所、法定代表人、电话、传真、邮政编码)

借款人:________(以下简称丙方)

(住所、电话、邮政编码、身份证号码)

鉴于

甲、乙、丙三方为有效利用和管理资金,明确三方法律地位,经协商一致,达成此协议。乙方接受甲方的委托,按协议办理其信托贷款,保证按甲方指定的方式和程序向丙方发放贷款,丙方能否按时偿还贷款本金及利息的风险责任由甲方承担。

合同正文

第一条　标的

1. 根据本合同约定,甲方向丙方提供本金数额________万元(大写:________________)的贷款。贷款项目、种类、金额、用途、利率、期限如下表所示:

项目			
种类	(1)固定资产		(2)流动资金
金额	(大写)	圆(小写)	元
用途			
利率	每年　%	手续费率	每年　%
期限	年　月(从________年____月____日至________年____月____日)		

上述事项已经甲方与丙方共同商定。

2. 甲方保证该贷款资金来源和用途符合国家有关法律和政策规定。

第二条　委托关系的确立

1. 借款手续

在本合同签字盖章生效后30日内甲方在乙方开立"信托存款专户",并将于________年____月____日将贷款资金________万元(大写:____________)一次存入专户。在甲方贷款资金到账后3个工作日内,乙方将把信托贷款发放给丙方。甲、丙双方另有约定的,按双方约定执行。甲方委托乙方发放的贷款,不得超过信托存款资金总额。

2. 还款来源

丙方承诺用其合法资金归还本合同项下借款本息。

3. 还款义务

丙方应在合同第1条第1款规定的借款期限内归还全部借款本息。三方明确同意，经甲方同意，丙方有权提前还款。乙方应在收到甲方同意丙方提前还款的书面通知后，应及时办理提前还款手续。此外，三方同意甲方有权以向乙方和丙方发出书面通知的方式，要求丙方提前偿还全部或部分贷款，丙方接到甲方通知后应按甲方通知要求提前还款。

第三条 收益分配

1. 利息

乙方对甲方"信托存款专户"余额，按中国人民银行活期存款利率计付利息。计息以实际资金到账日为准。信托贷款利息由乙方代甲方向丙方收取，按每年______%计，在每季度最后一个月的20日结息。乙方在收到利息后当日将贷款利息划入甲方账户，并通知甲方。如遇国家调整利率，甲方要求作相应调整时，由甲方书面通知乙方，办理利率调整手续，由乙方填制《委托贷款利率调整通知单》通知丙方。从调整之日起，按新的贷款利率计收利息。

2. 手续费

乙方发放信托贷款，按规定收取手续费。三方同意，乙方收取的手续费为每年信托贷款总额的______%，按季向丙方收取。如丙方不能支付，则由甲方支付。

第四条 担保条款

对本合同项下的信托贷款，甲方可根据需要，要求丙方提供担保。担保方式、担保人资格和抵押财产等由甲方审定，由甲方与丙方另签《保证合同》或《抵押合同》作为本合同附件。

第五条 信托贷款的管理

1. 乙方按合同规定，定期向丙方寄发利息单、催收利息；在信托贷款到期前，乙方向丙方寄发催收贷款通知书；收到还款后，乙方应于当日将还款划入甲方账户，并通知甲方。

2. 信托贷款到期不能归还时，经甲方要求，乙方有义务协助甲方催收，如需诉讼，乙方不承担相关费用。贷款损失的，乙方不承担赔偿责任。

3. 在本合同有效期内，如果甲方提出要求，乙方有权检查贷款使用情况，丙方应按乙方要求如实提供情况和资料。

第六条 信托资产归属

信托贷款收回后，甲方可提取委托存款，也可指定新的委托贷款项目。

第七条 合同的变更、解除

本合同生效后，当事人任何一方不得擅自变更、解除本合同。需要变更或解除合同条款时，应征得另外两方当事人同意，经三方协商一致后达成书面协议。

第八条 违约责任

1. 甲方未按本合同第2条第1款的约定，如期将约定的资金存入"信托存款专户"，或超出"信托存款专户"总额要求发放信托贷款，乙方可拒绝发放信托贷款。

2. 乙方未按本合同中确定的贷款对象和贷款项目发放信托贷款，甲方可要求乙方支付贷款总额日万分之五的违约金，并有权提取部分或全部信托存款。

3. 信托贷款的延期必须由丙方向甲方提出书面申请，经甲方审查同意，由甲方向乙方提出书面委托，并由甲、乙、丙三方共同办理信托贷款展期手续。乙方违反本合同约定擅自同意丙方延期，应向甲方支付延期贷款余额金额日万分之五的违约金，甲方并可要求乙方限期收回延期信托贷款，由此造成的贷款损失由乙方承担赔偿责任。

4. 本合同存续期内，如丙方出现无力偿还贷款的重大情形，乙方可根据甲方的要求提前收回贷款。

5. 丙方未能按本合同的约定，归还借款本息，应甲方要求，乙方有权催收贷款。逾期贷款是否加、罚利息由甲方决定，并由甲方书面通知乙方，乙方按通知要求办理。

第九条　争议解决

对与甲、乙、丙三方因本合同而发生的争议,由甲、乙、丙三方协商解决。协商不成的,可向___________人民法院起诉。

第十条　其他

1. 本合同自甲、乙、丙三方签字盖章之日起生效。至本合同项下贷款本息全部清偿时,本合同自动失效。

2. 本合同正式文本一式三份,甲、乙、丙三方各执一份。

3. 本合同于________年____月____日在___________签署。

甲方:(盖章)

代表人:(签字)

乙方:(盖章)

代表人:(签字)

丙方:(签字)

十六、信托受益权质押合同

信托受益权质押,本质上是一种权利质押,标的是一种受益权。

信托受益权质押合同

当事人

出质人(以下简称甲方):_____________

(住所、电话、邮政编码、身份证号码)

质权人(以下简称乙方):________信托有限公司

(住所、法定代表人、电话、传真、邮政编码)

鉴于

乙方向甲方发放信托贷款人民币________元。为保证乙方的合法权益,根据《中华人民共和国信托法》及《中华人民共和国民法典》的有关规定,甲方以其拥有的________年第________号《资金信托合同》项下的信托受益权向乙方提供质押担保,作为乙方向甲方提供贷款的担保。

经审查,乙方同意接受甲方的质押担保。

双方经友好协商,达成如下合同,以资信守。

合同正文

第一条　甲方的声明与保证

甲方作为本合同中的出质人,就本合同做出如下声明及保证:

1. 甲方保证自己是本合同项下的出质权利完全的、有效的、合法的所有者;

2. 甲方保证本合同项下出质权利不存在所有权方面的争议;

3. 当本合同项下被质押的权利价值发生变化,以致不足以担保乙方贷款本息及其他应付费用时,将按乙方要求及时提供其他资产进行抵押、质押,直至足以担保乙方贷款本息及其他应付费用的清偿时止。

第二条　被担保的主债权及履行期限

被担保的主债权为乙方向甲方提供的信托贷款,贷款本金为人民币________元;贷款种类为信托贷款;贷款年利率为____;贷款期限为______年,自________年____月____日至________年____月____日。

第三条　出质的权利

1. 本合同中出质的权利是指甲方在________年第______号《资金信托合同》所设立的信托项下的

____________元信托资金所对应的信托受益权。

2. 本合同项下出质权利的所有有效证明文件和资料凭证(包括但不限于甲方持有的______年第________号《资金信托合同》及付款凭证正本)由甲方按乙方要求交与乙方保管,同时乙方应向甲方出具收据。

第四条 质押担保的范围

质押担保的范围包括贷款本金、贷款利息、违约金、损害赔偿金、实现质权的费用和所有其他应付费用。

第五条 质押担保的期限

质押担保的期限自贷款合同生效之日起,至贷款合同中约定的借款人全部债务履行期限届满之日后6个月。

第六条 质权的实现

如果借款人未在贷款合同约定之日偿还贷款本金及利息的,乙方有权独自或聘请评估机构对甲方出质的信托受益权及其所对应的信托财产进行评估,并有权将甲方出质的信托受益权及所对应的信托财产进行处置(包括但不限于折价、拍卖、变卖)。处置后所得的金额如超过乙方为借款人提供贷款的贷款本金、贷款利息、违约金、损害赔偿金、实现债权的费用及实现质权的费用,则乙方有义务将超出的部分返还给甲方。如处置后所得的金额不足以弥补上述金额,则乙方有权继续向甲方追偿。

第七条 甲方权利和义务

1. 甲方有权要求乙方给付证明质押成立的书面凭证;质押期满后有权要求乙方返还质押标的;

2. 甲方应向乙方提供有关本合同项下的出质权利所有权的有效资料;

3. 在本合同有效期内,未经乙方书面同意,甲方不得将本合同项下的出质权利做出赠与、转让、再质押或任何其他方式的处分。

第八条 乙方权利和义务

1. 出现下列情况之一的,乙方有权处分本合同项下的出质权利,并从处分后的价款中优先受偿:

(1)贷款合同约定的贷款本金及利息的还款期限已到,而借款人未依约归还贷款项下本金、利息及其他费用;

(2)出现使乙方在本次贷款项下的债权难以实现或无法实现的其他情况。

2. 当本合同项下出质权利价值发生变化,不足以担保贷款的全部本息及应付费用时,乙方有权要求甲方及时提供其他资产进行抵押、质押,直至足以担保贷款的全部本息及应付费用的清偿时。

第九条 违约责任

违约方因违反本合同或其他违约行为给守约方造成损失的,违约方应按守约方的实际经济损失予以赔偿。

第十条 合同生效

本合同自甲方签字、乙方法定代表人或授权代表签字并加盖公章之日起成立,在完成信托受益权凭证交付之日生效。

第十一条 协议的变更和解除

本合同生效后,甲、乙双方不得擅自变更和解除合同。

本合同任何一方需要变更本合同条款或解除本合同时,应经双方协商一致达成书面补充协议。

第十二条 通知

本合同有效期内,合同所涉及的任何一方变更住所、法定代表人、通信地址、邮政编码、电话、传真,应在变更后7日内书面通知对方。

第十三条 争议的解决

本合同双方因本合同或在履行本合同过程中发生的争议,应首先通过协商或调解解决。协商或调解不成的,诉讼的管辖法院为合同履行地有管辖权的人民法院。

第十四条 合同组成

甲方根据本合同向乙方提供的有关材料、________年第______号《资金信托合同》,以及其他变更本合同条款的协议,均为本合同的组成部分。

第十五条 附则

1. 本合同手写部分与打印部分具有同等效力。

2. 本合同未尽事宜,按国家有关法律、法规和规章的规定执行,如无规定的,由本合同各方协商,另行签订书面补充协议。

3. 文本:本合同正本一式两份,甲、乙方各持一份,具有同等法律效力。

甲方:(盖章) 乙方:(盖章)

代表人:(签字) 代表人:(签字)

________年____月____日

十七、如何办理股权出质登记

以北京市为例,市场监管部门指导文本更新后的告知单力行简化,并推行电子化。本书范本以旧版为基础,以供不同地域参考之需。请以有关地方市场监管部门的具体要求为准。具体操作时,请查询官方最新版,或于相关官方网站办理。

如何办理股权出质登记

申请方式

申请人以非固定形式申请行政许可所提交的格式文本应当使用北京市市场监督管理局提供的申请书格式文本。

申请人以非固定形式提交行政许可申请的,应当在提交材料的同时,提供申请人或者经申请人依法委托的代理人翔实的联系电话、通信地址、电子邮箱、委托文件等。

申请人以信函方式向市场监督管理机关的行政许可机构提出行政许可申请的,应当是有关申请文件、证件的原件,申请文件签字、盖章应当真实、有效。

提请注意:

股权出质登记的申请人为出质人和质权人。到登记机关办理股权出质登记和领取有关通知书的可以是出质人和质权人,也可以是其指定的具有相关权限的代表或者代理人。

适用范围

股东将自己所持有的可以依法转让的在本市登记注册的内资有限责任公司或外商投资的有限责任公司的股权出质的,参照本告知办理。

受理审核时限

申请办理股权出质登记,凡材料齐全,符合法定形式,市场监督管理机关当场作出登记决定,并发放有关通知书。申请人以非固定形式提交申请的,受理审核时限按《企业登记程序性规定》执行。

登记注册咨询方式

如您想获得有关登记注册的信息,您可以登录北京市市场监管局网站(http://sc.jgj.beijing.gov.cn)、阅读一次性告知单或直接到市场监管局登记注册咨询窗口咨询。

登记管辖

北京市市场监管局及其区县分局、北京经济技术开发区分局、燕山分局的企业登记机构为股权出质的登记机关,负责办理由其登记注册的出质股权所在公司的股权出质登记。

收费标准

股权出质登记实行免费登记。

股权出质登记程序

办理股权出质登记，一般要经过以下步骤：

第一步：咨询后领取并填写《股权出质设立登记申请书》等登记表格，同时准备相关材料；

第二步：递交申请材料，材料齐全，符合法定形式的，等候领取《股权出质设立登记通知书》；

第三步：领取《股权出质设立登记通知书》。

申请股权出质登记注册应提交文件、证件

（一）股权出质设立登记应提交的文件、证件：

1. 申请人签字或者盖章的《股权出质设立登记申请书》；

2. 记载有出质人姓名（名称）及其出资额的有限责任公司股东名册复印件（需加盖公司印章）；

3. 质押合同；

4. 出质人、质权人的主体资格证明或者自然人身份证明复印件（出质人、质权人属于自然人的由本人签名，属于法人的加盖法人印章）；

5. 以外商投资的有限责任公司的股权出质的，应提交审批机关的批准文件；

6. 加盖公章的出质股权所在公司的营业执照复印件；

7.《指定代表或者共同委托代理人证明》。

（二）股权出质变更登记应提交的文件、证件：

1. 申请人签字或者盖章的《股权出质变更登记申请书》。

2. 有关登记事项变更的证明文件：

(1)出质股权数额变更的，提交质押合同修正案或者补充合同；

(2)出质人、质权人姓名（名称）或者出质股权所在公司名称更改的，提交姓名或者名称更改的证明文件和更改后的主体资格证明或者自然人身份证明复印件（属于自然人的由本人签名，属于法人的加盖法人印章）；

(3)出质股权所在公司名称变更的，提交股权所在公司名称变更的证明文件。

3. 加盖公章的出质股权所在公司的营业执照复印件，出质股权所在公司名称变更的，提交出质股权所在公司名称变更后的营业执照复印件（加盖公章）。

4.《指定代表或者共同委托代理人证明》。

（三）股权出质注销登记应提交的文件、证件：

1. 申请人签字或者盖章的《股权出质注销登记申请书》；

2. 加盖公章的出质股权所在公司的营业执照复印件；

3.《指定代表或者共同委托代理人证明》。

（四）股权出质撤销登记应提交的文件、证件：

1. 申请人签字或者盖章的《股权出质撤销登记申请书》；

2. 质押合同被依法确认无效或者被撤销的法律文书；

3. 加盖公章的出质股权所在公司的营业执照复印件；

4.《指定代表或者共同委托代理人证明》。

特别提请注意：

1. 建议在登记过程中不要更换被委托人。如被委托人发生变化，请重新提交《指定代表或者共同委托代理人证明》。

2. 如果委托有资格的登记注册代理机构办理，应提交加盖该代理机构公章的代理机构营业执照复印件、《指派函》、《委托书》、代理人员的资格证明及身份证明。

3. 上述提交材料中涉及的申请表格均应提交登记机关制式格式的申请文件，可到就近市场监督管理部门领取或登录其官方网站下载。

4. 所有提交的材料均须使用 A4 纸打印。

5. 未明确提示可提交复印件的,应当提交文件原件。提交复印件时,应在复印件上注明与原件一致,并由申请人签字确认。

6. 除了现场提交申请材料外,还可选择通过网上申请的方式提交材料。

十八、股权出质登记全套申请文件

包括股权出质设立登记申请书、股权出质变更登记申请书、股权出质注销登记申请书、股权出质撤销登记申请书、指定代表或者共同委托代理人证明。具体范本如下,供读者参考。

股权出质设立登记申请书

<table>
<tr><td rowspan="4">登记事项</td><td>股权所在公司名称</td><td></td><td>注册号</td><td></td></tr>
<tr><td colspan="4">出质人姓名(名称)及证照号码</td></tr>
<tr><td colspan="4">质权人姓名(名称)及证照号码</td></tr>
<tr><td colspan="4">出质股权数额　　万元/万股</td></tr>
<tr><td rowspan="4">申报事项</td><td>被担保债权数额</td><td colspan="3">万元</td></tr>
<tr><td>股权类型</td><td colspan="3">□有限责任公司股权　□股份有限公司股权</td></tr>
<tr><td>出质人类型</td><td colspan="3">□公司　□非公司企业法人　□合伙企业
□个人独资企业　□农民专业合作社　□自然人
□其他</td></tr>
<tr><td>质权人类型</td><td colspan="3">□银行　□非银行金融机构
□非金融业企业　□自然人
□其他</td></tr>
<tr><td>申请人声明</td><td colspan="4">出质人已对上述股权做必要审查,并自愿接受其作为出质标的。
申请人申请股权出质登记,已阅知下列内容:
1. 申请人应当对申请材料的真实性和质押合同的合法性、有效性负责。
2. 出质股权所在公司为有限责任公司或者股权未在证券登记结算机构登记的股份有限公司。
3. 出质股权应当是依法可以转让的股权,且权能完整,未被人民法院依法冻结。
4. 出质股权所在公司为有限责任公司的,公司应当将股东的姓名或者名称及其出资额向公司登记机关登记;登记事项发生变更的,应当办理变更登记。未经登记或者变更登记的,不得对抗第三人。
5. 股份有限公司不得接受本公司的股票作为质押权的标的。
6. 公司为他人提供担保,依照公司章程的规定,由董事会或者股东会决议;公司章程对担保的总额及单项担保的数额有限额规定的,不得超过规定的限额。公司为公司股东或者实际控制人提供担保的,必须经股东会决议。
因提交材料实质内容违反法律、行政法规和公司章程的相关规定,产生的经济纠纷和法律责任,由申请人负责。</td></tr>
</table>

出质人签字(盖章):　　　　　　　　质权人签字(盖章):

年　月　日　　　　　　　　年　月　日

领通知书人签字:　　　　　　　　通知书文号:

年　月　日

(注:出质人或质权人为多人时,应复印本表填写并签字、盖章。)

股权出质变更登记申请书

质权登记编号：

<table>
<tr><td colspan="2">变更事项</td><td>原登记内容</td><td>申请变更登记内容</td></tr>
<tr><td rowspan="5">登记事项</td><td>□股权所在公司名称</td><td></td><td></td></tr>
<tr><td>□股权所在公司注册号</td><td></td><td></td></tr>
<tr><td>□出质人姓名(名称)
及证照号码</td><td></td><td></td></tr>
<tr><td>□质权人姓名(名称)
及证照号码</td><td></td><td></td></tr>
<tr><td>□出质股权数额</td><td>万元/万股</td><td>万元/万股</td></tr>
<tr><td>申报事项</td><td>被担保债权数额</td><td colspan="2">万元</td></tr>
<tr><td>申请人声明</td><td colspan="3">出质人已对上述股权做必要审查,并自愿接受其作为出质标的。
申请人申请股权出质登记,已阅知下列内容:
1. 申请人应当对申请材料的真实性和质权合同的合法性、有效性负责。
2. 出质股权所在公司为有限责任公司或者股权未在证券登记结算机构登记的股份有限公司。
3. 出质股权应当是依法可以转让的股权,且权能完整,未被人民法院依法冻结。
4. 出质股权所在公司为有限责任公司的,公司应当将股东的姓名或者名称及其出资额向公司登记机关登记;登记事项发生变更的,应当办理变更登记。未经登记或者变更登记的,不得对抗第三人。
5. 股份有限公司不得接受本公司的股票作为质押权的标的。
6. 公司为他人提供担保,依照公司章程的规定,由董事会或者股东会决议;公司章程对担保的总额及单项担保的数额有限额规定的,不得超过规定的限额。公司为公司股东或者实际控制人提供担保的,必须经股东会决议。
因提交材料实质内容违反法律、行政法规和公司章程的相关规定,产生的经济纠纷和法律责任,由申请人负责。</td></tr>
</table>

出质人签字(盖章):　　　　　　　　　　质权人签字(盖章):

年　月　日　　　　　　　　　　年　月　日

领通知书人签字:　　　　　　　　　　通知书文号:

年　月　日

(注:出质人或质权人为多人时,应复印本表填写并签字、盖章。)

股权出质注销登记申请书

质权登记编号:

股权所在公司名称		
股权所在公司注册号		
出质人姓名(名称)及证照号码		
质权人姓名(名称)及证照号码		
出质股权数额	万元/万股	
注销原因	□ 1. 主债权消灭; □ 2. 质权实现; □ 3. 质权人放弃质权; □ 4. 法律规定的其他情形导致质权消灭。 (注:注销原因在备选项前□上画"√"。)	
申请人声明	申请人自愿提出股权出质注销登记申请,并对提交材料的真实性、有效性负责。	

出质人签字(盖章):　　　　　　　　　　质权人签字(盖章):

　　　　　　　年　月　日　　　　　　　　　　　　　年　月　日

领通知书人签字:　　　　　　　　　　　　通知书文号:

　　　　　　　年　月　日

(注:出质人或质权人为多人时,应复印本表填写并签字、盖章。)

股权出质撤销登记申请书

质权登记编号：

股权所在公司名称		
股权所在公司注册号		
出质人姓名（名称）及证照号码		
质权人姓名（名称）及证照号码		
出质股权数额	万元/万股	
申请人声明	申请人依法申请股权出质撤销登记，因提交材料实质内容违反法律规定产生的经济纠纷和法律责任，由申请人负责。	

附：质押合同被依法确认无效或者被撤销的法律文件。

出质人或质权人签字（盖章）：

年　月　日

领通知书人签字：　　　　　　　　　通知书文号：

年　月　日

（注：出质人或质权人为多人时，应复印本表填写并签字、盖章。）

指定代表或者共同委托代理人证明

出质人：____________________

质权人：____________________

指定代表或者委托代理人：____________________

委托事项：□报送登记文件　□领取通知书　□其他事项

指定代表或者委托代理人更正有关材料的权限：

1. 同意□不同意□修改文件材料的文字错误；

2. 同意□不同意□修改有关表格的填写错误；

3. 其他有权更正的事项：____。

委托有效期限自________年____月____日至________年____月____日。

(指定代表或者委托代理
人身份证复印件粘贴处)

出质人、质权人盖章或签字:

年　月　日

(注:1. 出质人和质权人是法人和非法人组织的由其盖章,出质人和质权人是自然人的由其签字。

2. 指定代表或者委托代理人更正有关材料的权限,选择“同意”或“不同意”并在□中打√;第3项按授权内容自行填写。)

十九、股权质押协议

股权质押协议所质押的是一种股权,实务中有些类似的交易结构设计,或是在有些管理机关需要进行股权转让的操作,这里仅给出通常意义上的质押合同。

股权质押协议①

出质人:A公司

注册地址:__________________

法定代表人:________________

质权人:B公司

注册地址:________________

法定代表人:__________________

本协议双方经友好协商,就出质人将所持××公司的股权质押给质权人,以作为对××的担保事宜,达成如下协议,以资信守。

第一条　主债权

1. 主合同名称:__________________

2. 债权人:__________________

3. 债务人:__________________

4. 债权种类:__________________

5. 债权数额:__________________

6. 债权期限:__________________

第二条　质押的股权

1. 质物:__________________

2. 担保范围:__________________

3. 担保期限:__________________

(法理上应当不写,但部分市场监管局曾做出过此项特别要求)

第三条　质权的行使

如主债权无法如期得到清偿,则质权人有权按照下列方式和程序行使其质权:

---

① 各地市场监管部门对质押合同的要求差异很大,建议制作前先征求所在地市场监管部门的意见,以免无法登记。

1. 由质权人委托相关评估机构对质押股权进行评估。

2. 由质权人委托相关拍卖行将质押股权予以拍卖，质权人/拍卖行应于拍卖前一个月内，至少在一种全国性报纸上发布三次拍卖公告，以尽可能地吸引潜在的竞买人，从而充分保障出质人的权益。但相关公告及拍卖费用应由出质人承担。

3. 在拍卖无人竞买的情形下，质权人有权以评估价的×%将质押股权转让给任何买受人。

（律师可根据相关交易及客户要求，依法做出其他设计，如股权向特定对象的转让等）

第四条　加速到期

一旦出质人未能履行××义务，则质权人有权按本协议约定方式，随时行使质权人的权利。

第五条　出质人承诺

出质人向质权人做出如下承诺：

1. 出质人是质押股权的合法持有人，有权将质押股权质押给质权人；质权人在将来行使质权时不会存在任何法律上或事实上的障碍；出质人签订和履行本协议，目前和将来都不会使出质人违反他作为一方的任何协议或其他须遵守的法律、法规及任何有关政府批文、许可或授权。

2. 质押股权在本协议生效之日不存在任何质权、其他担保权利或任何其他类似权利（按本协议规定设立的担保权益除外）。

3. 除非质权人事先书面同意，出质人将不得：(1)转让或以任何其他方式处置或者试图转让或以其他方式处置质押股权；(2)直接或间接造成或允许在质押股权上设立任何担保权益（按本协议规定设立的担保权益除外）。

4. 未经质权人事先书面同意，出质人不能对质押股权做任何可能致使其价值减少的改动。

5. 质权人应获得因处置质押股份所需的一切证明、执照、许可和授权，出质人有提供或协助提供上述所需一切证明、执照、许可和授权之义务。

6. 如在本协议期间，质押股权发生任何实质性变动，出质人应立即将上述情况通知质权人并向质权人提供必要的详情报告。如果前述情况导致质押股权价值减少，质权人有权要求出质人恢复质押股权的价值，或者提供与减少的价值相当的担保。

7. 一旦质权人要求，出质人应立即将有关质押股权的状况资料提供给质权人并允许质权人指定的人员在任何合理的时间查阅。

8. 出质人有义务促使其股东会作出决议，一致通过并授权其合法代表签署本协议（《股东会决议》作为本协议附件），从而对出质人具有约束力并可按其条款执行。

9. 出质人将在本协议签署后5个工作日内，将本协议及市场监督管理部门要求的其他文件提交市场监督管理部门，办理质押登记手续，并从该市场监督管理部门取得签发给质权人的有关权利证书。

第六条　证书的保管

在本协议有效期内，所有有关证明和文件应交质权人或质权人指定的人保管，并在主债权实现后返还给出质人。

第七条　协议生效与质权设立

1. 本协议经质权人和出质人签署后生效；

2. 自本次股权质押的工商登记完成之日质权设立。

第八条　质权注销及本协议的独立性

1. 满足下列条件之一起5日内，出质人与质权人共同到市场监督管理部门办理质权注销登记，质权人自工商注销登记完成之日丧失质权：

(1)主债权消灭；

(2)质权实现；

(3)质权人书面放弃质权；

(4)法律规定的其他情形导致质权消灭。

2. 本协议独立存在,不因主债权对应的主合同的失效而失效。

第九条　违约责任

质押期内,质权人就出质人的任何违约或迟延履约而给予出质人的延期/展期,不影响、损害或限制质权人在本协议项下根据有关法律、法规被赋予的任何权利,不视为质权人同意出质人的违约行为,不构成质权人放弃对出质人已发生的违约行为进行追究的权利,亦不构成质权人放弃对出质人今后的违约行为进行追究的权利。

(需根据项目情况设计)

第十条　争议解决

本协议的订立、生效、解释、执行等,均适用中华人民共和国法律。凡因本协议引起的或与本协议有关的一切争议,在协商解决不成的情况下,均应提交中国国际经济贸易仲裁委员会,并按其届时有效的仲裁规则,在北京仲裁解决。仲裁裁决是终局的,对双方均有约束力。

(律师可协助客户选择其他方式)

第十一条　附则

1. 对本协议所作的任何修改必须采用书面形式,由本协议双方签署并报市场监督管理部门办理变更登记。

2. 本协议一式四份,出质人、质权人各一份,××公司(质押股权所在公司)留存一份,提交市场监督管理部门一份。

本协议附件为:

(1)质押股权所在公司的《股东会决议》等决策文件;

(2)登记了股权质押的《股东名册》;

(3)其他(根据项目情况而定,如执照、章程、身份证、资金往来凭证等)。

出质人:　　　　　　　　　　　　　　公司(公章)

授权代表:(签字)

质权人:　　　　　　　　　　　　　　公司(公章)

授权代表:(签字)

________年____月____日

第八章

国企改制与产权转让

本章主要从实务角度出发，引导读者对国企改制与产权转让有一个正确、清晰的认识；并将实务操作中，国企改制与产权转让中的常见问题以及热点、难点、敏感问题进行剖析，提供解决方案。实务中以《公司法》为基础的涉及国有股变动的事项，基本上都会涉及国企改制或是国有产权转让问题，本章可以作为处理国有资产交易事项的核心参考。

本章共分为五节：

第一节　国企改制中的法律问题

包括：国企改制的内涵；国企改制的主要政策；国企改制的模式与步骤；管理层与职工持股；经济补偿金；清产核资；审计与评估；国企改制方案的制定与审批；国企改制的法律意见书；国企改制中的律师作用。

第二节　国有产权转让中的法律问题

包括：产权转让的内涵；产权转让方案的制定与挂牌前的审批；可以不进场转让的例外及审批；"手拉手"进场问题；股东行使优先购买权问题；清产核资与资产评估；信息披露；竞价方式的选择；签订转让合同应当注意的问题；国有产权转让过渡期的特殊性；国有产权转让的法律意见书；产权转让中的律师作用；产权转让应提交交易所的法律文件；对32号令（新3号令）的补充说明。

第三节　律师承办国企改制与产权转让业务指引

第四节　国企改制中的法律文件

包括尽职调查文件清单、尽职调查报告（摘录）、××公司改制方案（目录）、律师见证书（股东会）、律师见证书（通知解除劳动合同问题）等。

第五节　产权转让中的法律文件

包括相应的法律意见书、产权交易相关文件与合同等。

第一节　国企改制中的法律问题

一、国企改制的内涵

（一）什么是国企改制

2003年11月，国务院办公厅《转发国务院国有资产监督管理委员会关于规范国有企业改制工作意见的通知》（国办发〔2003〕96号，以下简称96号文）对国企改制进行了界定："国有企业改制应采取重组、联合、兼并、租赁、承包经营、合资、转让国有产权和股份制、股份合作制等多种形式进行。”换句话说,符合上述形式的改革,均可划归“国企改制”。该意见进一步指出:“国有企业改制,包括转让国有控股、参股企业国有股权或者通过增资扩股来提高非国有股的比例……”也就是说,上述几类国有股权的变动,亦属于国企改制。

此外,国务院办公厅《转发国资委关于进一步规范国有企业改制工作实施意见的通知》(国办发〔2005〕60号,以下简称60号文)以及一些地方性法规、规章中,对国企改制的内涵亦有所表明,但基本尚在96号文对国企改制界定的框架之中。

随着2008年10月28日全国人大常委会通过《企业国有资产法》,国企改制的概念被进一步明确下来,其第39条规定:“本法所称企业改制是指:(一)国有独资企业改为国有独资公司;(二)国有独资企业、国有独资公司改为国有资本控股公司或者非国有资本控股公司;(三)国有资本控股公司改为非国有资本控股公司。”

近年来,国家推行新一轮国企改制——“混改1+N”,与既有的改制内核不存在本质的区别,介入此类业务的读者,注意适用届时有效的国家政策法规即可,如:

国家层面已出台近20个专项改革意见或方案;地方层面已制定出台国资国企改革文件400余件:

1:中共中央、国务院《关于深化国有企业改革的指导意见》(中发〔2015〕22号)

\+

N1:国务院《关于国有企业发展混合所有制经济的意见》(国发〔2015〕54号)

N2:《关于加强和改进企业国有资产监督防止国有资产流失的意见》(国办发〔2015〕79号)

N3:《关于国有企业功能界定与分类的指导意见》(国资发研究〔2015〕170号)

N4:国务院《关于改革和完善国有资产管理体制的若干意见》(国发〔2015〕63号)

N5:《关于在深化国有企业改革中坚持党的领导加强党的建设的若干意见》

N6:《关于推动中央企业结构调整与重组的指导意见》(国办发〔2016〕56号)

N7:《企业国有资产交易监督管理办法》(国务院国有资产监督管理委员会、中华人民共和国财政部令第32号,以下简称32号令,实务中亦常被称为新3号令)

N8:国务院国资委、财政部、中国证监会《关于印发〈关于国有控股混合所有制企业开展员工持股试点的意见〉的通知》(国资发改革〔2016〕133号)

N9:《关于建立国有企业违规经营投资责任追究制度的意见》(国办发〔2016〕63号)

N10:《关于完善中央企业功能分类考核的实施方案》(国资发综合〔2016〕252号)

N11:《关于印发加快剥离国有企业办社会职能和解决历史遗留问题工作方案的通知》(国发〔2016〕19号)

N12:《关于国有企业职工家属区“三供一业”分离移交工作的指导意见》(国办发〔2016〕45号)

N……

(二)公司法中的改制

国企改制和《公司法》中规定的公司改制不是一回事。国企改制主要是将传统的国有企业转变为以股份制公司为主要实现形式的制度创新;公司改制,主要是指有限责任公司变更为股份有限公司或股份有限公司变更为有限责任公司等方面的公司变革。《公司法》(2023年修订)第17条第3款规定:“公司研究决定改制、解散、申请破产以及经营方面的重大问题、制定重要的规章制度时,应当听取公司工会的意见,并通过职工代表大会或者其他形式听取职工的意见和建议。”

二、国企改制的主要政策

(一)整体政策

国企改制的政策包括改制总体政策、财税政策、职工安置政策、管理层与职工持股政策、市场监管政策、外资政策、上市公司政策、土地政策、房产政策、金融政策等若干方面，整体上讲，涉及的主要政策有：

1.《企业国有资产法》(2009 年 5 月 1 日起施行)

2.《关于国有企业改制重组中积极引入民间投资的指导意见》(国资发产权〔2012〕80 号，2012 年 5 月 23 日起施行)

3.《关于规范国有企业职工持股、投资的意见》(国资发改革〔2008〕139 号，2008 年 9 月 16 日起施行)

4.《关于企业国有产权转让有关事项的通知》(国资发产权〔2006〕306 号，2006 年 12 月 31 日起施行，已失效)

5.《关于推进国有资本调整和国有企业重组的指导意见》(国办发〔2006〕97 号，2006 年 12 月 5 日起施行)

6.《中央企业投资监督管理暂行办法》(国务院国有资产监督管理委员会令第 16 号，2006 年 7 月 1 日起施行，已失效)

7.《关于进一步规范国有企业改制工作的实施意见》(国办发〔2005〕60 号，2005 年 12 月 19 日发布实施)

8.《关于进一步规范国有大中型企业主辅分离辅业改制的通知》(国资发分配〔2005〕250 号，2005 年 9 月 20 日起施行，以下简称 250 号文)

9.《企业国有资产评估管理暂行办法》(国务院国有资产监督管理委员会令第 12 号，2005 年 9 月 1 日起施行)

10.《企业国有产权无偿划转管理暂行办法》(国资发产权〔2005〕239 号，2005 年 8 月 29 日起施行)

11.《关于国有大中型企业主辅分离辅业改制分流安置富余人员有关财务问题的通知》(财企〔2005〕78 号，2005 年 5 月 17 日起施行，已失效)

12.《企业国有产权向管理层转让暂行规定》(国资发产权〔2005〕78 号，2005 年 4 月 11 日起施行，已失效)

13.《关于〈企业公司制改建有关国有资本管理与财务处理的暂行规定〉有关问题的补充通知》(财企〔2005〕12 号，2005 年 1 月 26 日起施行)

14.《关于企业国有产权转让有关问题的通知》(国资发产权〔2004〕268 号，2004 年 8 月 25 日起施行，已失效，以下简称 268 号文)

15.《企业国有产权转让管理暂行办法》(国务院国有资产监督管理委员会、中华人民共和国财政部令第 3 号，2004 年 2 月 1 日起施行，已失效，以下简称 3 号令)

16.《关于中央企业主辅分离辅业改制分流安置富余人员资产处置有关问题的通知》(国资发产权〔2004〕9 号，2004 年 1 月 19 日起施行，已失效)

17.《关于规范国有企业改制工作的意见》(国办发〔2003〕96 号，2003 年 11 月 30 日起施行)

18.《关于进一步明确国有大中型企业主辅分离辅业改制有关问题的通知》(国资分配〔2003〕21 号，2003 年 7 月 4 日起施行)

19.《企业国有资产监督管理暂行条例》(中华人民共和国国务院令第 378 号，2003 年 5 月 27 日起施行；中华人民共和国国务院令第 709 号，2019 年修订)

20.《关于审理与企业改制相关的民事纠纷案件若干问题的规定》(法释〔2003〕1 号，2003 年 2 月 1 日起施行；法释〔2020〕18 号，2020 年修正)

21.《关于国有大中型企业主辅分离辅业改制分流安置富余人员的实施办法》(国经贸企改

〔2002〕859号,2002年11月18日起施行,以下简称859号文)

22.《企业公司制改建有关国有资本管理与财务处理问题的暂行规定》(财企〔2002〕313号,2002年8月27日起施行)

23.《国有资产评估管理若干问题的规定》(中华人民共和国财政部令第14号,2002年1月1日起施行)

24.《企业国有资本与财务管理暂行办法》(财企〔2001〕325号,2001年4月28日起施行)

25.《国有资产评估管理办法》(1991年11月16日起施行;2020年修订)

(二)增资扩股改制的政策

《关于进一步规范国有企业改制工作的实施意见》规定,拟通过增资扩股实施改制的企业,应当通过产权交易市场、媒体或网络等公开企业改制有关情况、投资者条件等信息,择优选择投资者;情况特殊的,经国有资产监督管理机构批准,可通过向多个具备相关资质条件的潜在投资者提供信息等方式,选定投资者。

这是改制政策首次对企业采取增资扩股实施改制的情形作出的规定。由于改制企业情况的复杂性与多样性,对于通过增资扩股实施改制的企业,60号文并未强制要求进场交易,而是视具体的环境与条件,择优进行选择。这既增强了增资扩股改制方式的公开性与规范性,也考虑到了企业所在不同地域、不同发展程度的差异性,为企业的选择留下了一定的空间。

三、国企改制的模式与步骤

(一)国企改制的模式及债务承担

《关于规范国有企业改制工作的意见》规定,国有企业改制应采取重组、联合、兼并、租赁、承包经营、合资、转让国有产权和股份制、股份合作制等多种形式进行。基于股份制是公有制的主要表现形式,因此国企改制将主要采取股份制形式,即改制为有限责任公司或股份有限公司。

1. 整体改制

《企业国有资产法》所定义的"企业改制",主要是整体改制,结合实践操作,整体改制的模式通常是指:(1)企业的公司制改造,是指非公司制企业按照《公司法》要求改建为有限责任公司(含国有独资公司)或股份有限公司,或经批准由有限责任公司变更为股份有限公司,可在改造的同时引入非国有出资;(2)国有有限(股份)公司引入非国有股份。国企整体改制可以采用增资、股权(产权)转让或二者结合的方式。

对于整体改制的债务承担,最高人民法院《关于审理与企业改制相关的民事纠纷案件若干问题的规定》(2020年修正)第5条对此规定了一般原则:"企业通过增资扩股或者转让部分产权,实现他人对企业的参股,将企业整体改造为有限责任公司或者股份有限公司的,原企业债务由改造后的新设公司承担。"

2. 分立改制

分立改制分为存续分立(派生分立)和解散分立(新设分立)两种基本模式。前者指原公司继续存在并设立一个以上的新公司;后者指原公司解散并设立两个以上的新公司。

原国家工商行政管理总局在《关于做好公司合并分立登记支持企业兼并重组的意见》(工商企字〔2011〕226号)中规定:"因分立而存续或者新设的公司,其注册资本、实收资本数额由分立决议或者决定约定,但分立后公司注册资本之和、实收资本之和不得高于分立前公司的注册资本、实收资本。"根据北京市市场监管局现行政策要求,因为分立而存续或者新设的公司,其注册资本数额由分立协议或者决定约定,但分立后公司注册资本之和不得高于分立前公司的注册资本。因分立而存续或者新设的公司,其股东(发起人)的出资比例、认缴的出资额,由分立协议或者决定约定。法律、行政法规或者国务院规定公司分立涉及出资比例、认缴或者实缴的出资额必须报经批准的,应当经过批准。

以矿业企业的派生分立为例，在税收上大体如下（各地政策或有不同）：

（1）存续企业需缴纳的税金：

增值税 = 流动资产转让（存货、备品备件等）价格 ×17%

可能需要缴纳的营业税（视税务机关政策而不同）= 与矿结合的不动产 ×5% + 矿权（如单独作价）×5%

城建税及教育费附加 = 增值税 + 营业税 ×10%

印花税 = 不动产转让价格 ×0.05%

涉及土地使用权（不与矿结合的土地）、房产所有权不需缴纳营业税、土地增值税。

（2）分立出的公司须缴纳的税金：

印花税 = 不动产转让价格 ×0.05%

不需缴纳契税。

此外，分立改制应当着重做好资产债务的划分工作。最高人民法院《关于审理与企业改制相关的民事纠纷案件若干问题的规定》（2020 年修正）第 12 条规定："债权人向分立后的企业主张债权，企业分立时对原企业的债务承担有约定，并经债权人认可的，按照当事人的约定处理；企业分立时对原企业债务承担没有约定或者约定不明，或者虽然有约定但债权人不予认可的，分立后的企业应当承担连带责任。"第 13 条规定："分立的企业在承担连带责任后，各分立的企业间对原企业债务承担有约定的，按照约定处理；没有约定或者约定不明的，根据企业分立时的资产比例分担。"

3. 部分改制

企业部分改制为公司，是指企业将剥离的部分财产和债务与其他投资者共同组建公司，同时原企业法人资格并不消灭，仍然存在。企业采取部分公司制改造形式，是希望通过改变企业资本结构和组织形式，变单一投资主体为多元投资主体，增强企业的市场竞争力。

实务中，一些企业拿出优质资产对外合资，这种方式的改制要谨防涉嫌逃债。最高人民法院《关于审理与企业改制相关的民事纠纷案件若干问题的规定》（2020 年修订）第 6 条规定："企业以其部分财产和相应债务与他人组建新公司，对所转移的债务债权人认可的，由新组建的公司承担民事责任；对所转移的债务未通知债权人或者虽通知债权人，而债权人不予认可的，由原企业承担民事责任。原企业无力偿还债务，债权人就此向新设公司主张债权的，新设公司在所接收的财产范围内与原企业承担连带民事责任。"第 7 条规定："企业以其优质财产与他人组建新公司，而将债务留在原企业，债权人以新设公司和原企业作为共同被告提起诉讼主张债权的，新设公司应当在所接收的财产范围内与原企业共同承担连带责任。"

（二）改制后的股权结构

1. 国有绝对控股

根据《关于统计上对公有和非公有控股经济的分类办法》的相关规定，绝对控股是指在企业的全部实收资本中，某种经济成分的出资人拥有的实收资本（股本）所占企业的全部实收资本（股本）的比例大于 50%。投资双方各占 50%，且未明确由谁绝对控股的企业，若其中一方为国有或集体的，一律按公有绝对控股经济处理；若投资双方分别为国有、集体的，则按国有绝对控股处理。

根据《公司法》（2023 年修订）第 168 条第 2 款的规定："本法所称国家出资公司，是指国家出资的国有独资公司、国有资本控股公司，包括国家出资的有限责任公司、股份有限公司。"

根据《企业国有资产法》第 5 条的规定："本法所称国家出资企业，是指国家出资的国有独资企业、国有独资公司，以及国有资本控股公司、国有资本参股公司。"

优点:

(1)国有股股东绝对控股,可以对子公司重大事项(2/3 以上)或一般事项(1/2 以上)行使单方面否决权。2/3 以上:母公司拥有“公司增加或者减少注册资本、分立、合并、解散或者变更公司形式”等重大事项单方面决定权;1/2 以上:母公司拥有其他事项单方面决定权。

(2)母公司可以合并子公司的会计报表。

缺点:

(1)公司股权结构不利于公司治理结构的完善。

(2)战略投资者与经营者投资积极性不高。

(3)国有职工不能进行身份置换。

适用范围:四类行业(涉及国家安全的行业、自然垄断的行业、提供重要公共产品和服务的行业)、两类企业(支柱产业和高新技术产业中重要的骨干企业)以及国有大中型企业的主业部分、重要子公司。

2. 国有相对控股或国有参股

根据《关于统计上对公有和非公有控股经济的分类办法》的相关规定,相对控股是指在企业的全部实收资本中,某经济成分的出资人拥有的实收资本(股本)所占的比例虽未大于 50%,但根据协议规定拥有企业的实际控制权(协议控股);或者相对大于其他任何一种经济成分的出资人所占比例(相对控股)。

优点:

(1)股权分布的多元化与平均化有助于公司治理的完善,有助于公司决策的民主化。

(2)经营者与战略投资人具有较高的投资积极性。

(3)国有职工可以进行身份置换。

缺点:

(1)母公司可能丧失控制权,无法对公司重大事项行使单方面的决定权。

(2)母公司不能或不绝对合并子公司的会计报表。

适用范围:四类行业、两类企业以外的其他行业及其国有大中型企业的辅业部分。

3. 中外合资企业控制权分配的特殊性

企业产权改革中外资参与国企改制、并购国有企业,由于治理结构的特殊性,控制权分配具有独特的运行机制。中外合资企业的控制权分配:董事多数决。

董事会是合营企业的最高权力机构,决定合营企业的一切重大问题。董事名额的分配由合营各方参照出资比例协商确定。董事会会议应当有 2/3 以上董事出席方能举行,出席董事会会议的董事一致通过方可作出以下决议:合营企业章程的修改;合营企业的中止、解散;合营企业注册资本的增加、减少;合营企业的合并、分立。其他事项可以根据合营企业章程载明的议事规则作出决议。

(三)国企改制的基本步骤

国企改制的基本步骤包括以下几项:(1)改制准备;(2)改制申请;(3)清产核资、财务审计(含离任审计)和资产评估;(4)改制方案的制定、审批及股权设置;(5)改制方案的实施(可能涉及国有产权交易);(6)新公司创立。

(四)国企改制必须履行的程序

根据 96 号文和 60 号文等的要求,国企改制必须严格履行以下四个程序:(1)资产处置必须履行财务审计、资产评估程序;(2)产权转让必须履行公开信息、竞价转让程序;(3)职工安置必须履行双向选择、民主决策程序;(4)改制方案必须履行企业决策、政府审批程序。

(五)国企改制前的准备工作

国企改制前进行的准备工作主要包括以下内容:

(1)思想准备。改制企业要组织职工认真学习有关国企改制的法律法规政策,通过会议动员、宣传培训、座谈讨论等形式,统一思想,达成共识。

(2)组织准备。先行成立由企业领导及党、团、妇联、工会等各方面代表组成的改制领导小组(工作组),抽调精干人员组成改制工作办公室,成立资产处置、人员安置、政策法规等办事机构。

(3)安置职工准备。改制企业要摸清资产、人员等情况,初步测算职工分流安置费用等,结合企业净资产及处置收益情况计算出企业的改制成本,草拟职工安置方案,着手落实改制成本的筹措渠道。

(4)改制模式准备。改制企业要综合分析改制资产质量、产品潜力、市场前景等因素,收集同类企业的改制信息和投资主体合作意向,充分考虑职工的利益,研究企业的发展方向和前景,初选企业改制的模式,并进行可行性论证,在企业内部进行宣传,广泛征求职工的意见。

(5)落实债权准备。改制企业提出改制申请前,应征求主要债权人和相关部门的意见,尤其是主要金融机构债权人的意见。

四、管理层与职工持股

(一)管理层持股

管理层持股源自管理层收购(Management Buy - out,MBO),MBO 是杠杆收购的一种特殊形式。在西方国家,管理层收购被认为是可以减少公司代理成本、更好地激励管理层的有效手段,发展迅速。随着我国国有企业改制呈现多样化的发展态势,国企改制中的管理层持股已不仅限于通过 MBO 这一种方式来实现,管理层可通过增资、受让非国有股权等多种形式持有改制企业的股权。虽然改制形式多样,但随着国家相关政策法规的出台,管理层持股变得更加规范。

(二)职工持股计划

职工持股计划(Employee Stock Ownership Plan,ESOP),源于美国,最早是美国经济学家和律师路易斯·凯尔索提出的。他认为人具有通过劳动和资本获得收入的基本权利。据此,凯尔索及其追随者设计了一套能使企业每个职工既能获得劳动收入又能获得资本收入的计划。其基本内容是:

在企业内部或外部设立专门机构(员工持股会或员工持股信托基金),这种机构通过借贷方式形成购股资金,然后帮助职工购买并取得本企业的股票,进而使本企业员工从中分得一定比例、一定数额的股票红利,同时也通过员工持股制度调动员工参与企业经营的积极性,形成对企业经营者的有效约束。

职工持股计划从 20 世纪 50 年代中期开始,在西方国家特别是美国普遍推行,成为企业中一个重要的制度。在我国,职工持股计划的含义与国外有所不同,指的是国有企业、民营企业、私营企业等各种所有制企业在建立现代企业制度中,职工通过法定程序直接持有或间接持有本企业股权。

(三)管理层和职工持股政策演变

职工持股自 20 世纪 80 年代中期国有企业的股份制试点改革开始,在推行现代企业制度的过程中逐渐发展。30 多年来,国有企业管理层和职工持股政策法规的演变大致可分为以下三个阶段。

第一阶段:政策探索期(1984 ~ 1999 年)

这一阶段国有企业改革重点之一是国有中小型企业的改制。该阶段职工持股的主要特点是:以企业存量资产为基础,吸收职工现金投资入股,将原企业改造成公司制或者股份合作制企业;职工持股额度不高,总体处于参股状态。大型国有企业职工持股情况则较少。

1989 ~ 1991 年,由于政治上和经济上的紧缩政策,企业股份制改革一度受到影响,但基本的发展趋势并未改变。根据原国家经济体制改革委员会对全国 34 个省、自治区、直辖市和计划单列市的不完全统计,1991 年年末,上述地区共有各类股份制试点企业 3220 家(不包含乡镇企业中的股份合作制和中外合资、国内联营企业)。据上海市 1991 年的调查,在已批准的 20 家股份制试点企业中,股本金总额达到 20.1 亿元,其中国家股占 50.0%,法人股占 29.5%,个人股占 15.4%,外资股占 5.1%。国家股和主要为公有制企业拥有的法人股合计占 79.5%,国有股占据绝对控股地位,而职工股的规模较小。

1992 年邓小平同志南方谈话以后,企业股份制改革再掀高潮。此时,国家也开始以法规形式规范职工持股。1992 年 5 月 15 日,原国家经济体制改革委员会、原国家计划委员会、财政部、中国人民银行、国务院原生产办公室发布了《股份制企业试点办法》(已失效),其中就"股份制企业内部职工持股"规定了以下基本规则:(1)不向社会公开发行股票;(2)采用记名股权证形式,不印制股票;(3)企业内部职工持有的股权证,要严格限定在本股份制企业内部;(4)在转为向社会公开发行股票时,其内部职工持有的股权证应换发成股票,并按规定进行转让和交易;(5)转化为有限责任公司的,内部职工所持股份可以转为"职工合股基金",以"职工合股基金"组成的法人成为本有限责任公司的股东。

1992 年 5 月 15 日,原国家经济体制改革委员会发布了《股份有限公司规范意见》(已失效);1993 年 7 月 3 日,进一步发布了《定向募集股份有限公司内部职工持股管理规定》。这两份文件采取的基本政策是有限度地允许职工持股。其限制主要为:(1)职工持股审批制。公司实行内部职工持股,应当按照《股份有限公司规范意见》(已失效)及国家有关规定,中央企业、地方企业分别向国家体改委或省级政府的体改部门报送有关文件,经批准后方可实施。(2)限制职工持股比例。定向募集公司的职工股总额不得超过公司股份总额的 2.5%[《股份有限公司规范意见》(已失效)规定为 20%,后《定向募集股份有限公司内部职工持股管理规定》降低为 2.5%],社会募集公司的职工股不得超过向社会公众发行部分的 10%。(3)限制职工股持股人员的范围。公司法人股东单位(包括发起单位)的职工、公司非全资附属企业及联营单位的职工、公司关系单位的职工、公司外的党政机关干部、公司外的社会公众人士均不得购买和持有公司向内部职工募集的股份。(4)职工股采取股权证和持股卡的形式。股权证不得交内部职工个人持有,由公司委托省级、计划单列市人民银行认可的证券经营机构集中托管。持股卡不得载明持股职工持有的股数、金额。内部职工仅可凭本人的持股卡、身份证及工作证(职工离退休证)到公司委托的证券经营机构核对自己拥有的股份,办理股权证转让、过户、分红手续。(5)限制职工股的转让。职工股在公司配售三年内不得转让,三年后也只能在内部职工之间转让,不得在社会上转让交易。职工股在持有人脱离公司、死亡或其他特殊情况下,可以不受转让期限限制,转让给本公司其他内部职工,也可以由公司收购。(6)防止以职工股侵蚀公司利益。禁止将法人股转让给职工,禁止将公司财产以股份形式派送给职工。

1992 年 5 月 15 日,原国家经济体制改革委员会发布了《有限责任公司规范意见》(已失效),但这份文件中没有对职工持股作规定。

1994 年 7 月 1 日《公司法》施行后,各地在有限责任公司的框架内,以职工持股会的形式进行了企业改制。上海、陕西、浙江、甘肃、安徽、江苏、云南等地在 20 世纪 90 年代先后以地方性法规或政府规章的形式,明确本地区企业实施员工持股制度可以或应当设立依托工会、以工会名义从事活动的职工持股会,管理职工股权。

1996～1999 年,国有企业改革伴随"国有经济战略性调整"的要求,改革力度加大,实践中出现了大量的职工持股。政策允许职工包括经营者出资买断国有中小企业的存量净资产,然后将其改制为公司制企业或股份合作制企业;或由职工集资组成持股会,买断大中型国有企业的部分净资产,成立由国有企业法人股和职工持股会等组成的公司制企业。

第二阶段:政策规范期(2000～2004年)

在这一阶段,国家有关部门对职工持股的规范力度开始加大。职工持股的政策导向发生了一些积极的变化,其中尤以鼓励经营者和骨干多持股、持大股的政策导向为典型。对于上市公司中的职工持股问题,证券监督管理机构也出台了相关规定,对职工持股问题进行了一定的规范。

2000年7月6日,民政部办公厅发布的《关于暂停对企业内部职工持股会进行社团法人登记的函》(民办函〔2000〕110号,已失效)中明确,“职工持股会属于单位内部团体,不应再由民政部门登记管理”,“此前已登记的职工持股会在这次社团清理整顿中暂不换发社团法人证书”。同年12月11日,中国证监会在《关于职工持股会及工会能否作为上市公司股东的复函》(法律部〔2000〕24号)中规定,职工持股会不能成为公司的股东。

2002年7月27日,财政部发布《企业公司制改建有关国有资本管理与财务处理的暂行规定》,明确“企业实行公司制改建,不得将国有资本低价折股或者低价转让给经营者及其他职工个人”。“经批准实行内部职工持股的企业,内部职工股份的认购应当符合《中华人民共和国公司法》的有关规定。改建企业或者公司制企业不得为个人认购股份垫付款项,也不得为个人贷款提供担保。”“内部职工(包括经营者)持有股份尚未缴付认股资金的,不得参与分红;超过法律规定期限尚未缴付认股资金的,应当调整公司制企业的股权比例,并依法承担出资违约的责任。”“改建企业账面原有的应付福利费、职工教育经费余额,仍作为流动负债管理,不得转为职工个人投资。”“改建企业账面原有应付工资余额中欠发职工工资部分,在符合国家政策、职工自愿的条件下,依法扣除个人所得税后可转为个人投资。不属于欠发职工工资的应付工资余额,作为工资基金使用,不得转为个人投资。改建企业未退还的职工集资款、欠缴的社会保险费,应当以现有资产清偿。在符合国家政策、职工自愿的条件下,改建企业也可以将未退还的职工集资款转作个人投资。”“经批准实行内部职工持股的公司制企业,因吸收其他单位投资或者进行资本重组、经营者任期届满或者任期未满而离职、因故调离、解除职务或者离退休时,经与股份持有人协商一致,有关股份可以在公司制企业内部转让。”

2002年9月17日,国务院办公厅《转发财政部、科技部关于国有高新技术企业开展股权激励试点工作指导意见的通知》(国办发〔2002〕48号,已失效),就国有高新技术企业开展股权激励试点工作提出一系列的指导意见。主要有:(1)股权激励的对象是对试点企业的发展做出突出贡献的科技人员和经营管理人员。(2)试点企业股权激励方式包括奖励股权(份)、股权(份)出售、技术折股。用于奖励股权(份)和以价格系数体现的奖励总额之和,不得超过试点企业近3年税后利润形成的净资产增值额的35%,其中,奖励股权(份)的数额不得超过奖励总额之和的一半;要根据试点企业的发展统筹安排,留有余量,一般在3～5年内使用。采用技术折股方式时,可以评估作价入股,也可按该技术成果实施转化成功后为企业创造的新增税后利润折价入股,但折股总额应不超过近3年该项技术所创造的税后利润的35%。(3)试点企业有关人员持有的股权(份)在规定的期限内不能转让。经营管理人员所持股权(份)的期限一般应不短于其任职期限;限制期满,可依法转让。(4)试点企业实施股权激励前,必须进行资产评估,股权激励方案须经股东大会或董事会审议通过,再由试点企业提出申请,报主管财政部门、科技部门批准后实施。(5)主管财政部门、科技部门及试点企业,要严格按照本指导意见进行试点。严禁无偿量化、随意处置国有资产的行为。对弄虚作假、侵害国有资产权益的,要依法追究有关责任人的责任,对造成国有资产流失的要依法查处。

2003年2月24日,国务院办公厅《转发国务院体改办等部门关于深化转制科研机构产权制度改革若干意见的通知》(国办发〔2003〕9号),鼓励科研机构转制企业的经营者和科技人员个人持股。其中规定:“鼓励社会法人资本、个人资本和外商资本等多种资本投资入股或受让股权,将转制科研机构改制成为多元股权的公司制企业。允许职工个人自愿投资入股;在公正、公平的条件下,鼓励经营管理人员和科技人员持有较大比重的股份。”还规定:“转制科研机构改制时,原则上不再新设职工集体股。由于历史原因已经设立的,要规范和完善管理办法。现有集体股可用于以后加入企业的科技人员和经营管理人员的股权激励;也可本着自愿协商的原则,由本企业经营管理人员和科技人员购买,其余部分吸引其他资本认购。暂时难以转让的部分,可委托信托投资机构管理。对集体股收益和股权转让所得,经职工代表大会审议通过,可用于原有入股职工补充养老保险、医疗保险等方面。”

2003 年 8 月 6 日,为制止电力企业职工持股大量侵蚀国有资产的现象,国资委、国家发改委、财政部《关于继续贯彻落实国务院有关精神暂停电力系统职工投资电力企业的紧急通知》(国资改革〔2003〕37 号,已失效)下发,严令暂停将电力企业改制为职工持股的企业,暂停将电力企业的发电设施、变电设施和电力线路设施及其有关辅助设施等实物资产出售给职工或职工持股的企业,暂停违规改制或新设立职工持股的企业投资新设立发电企业。

2003 年 11 月 30 日,国务院办公厅《转发国务院国有资产监督管理委员会关于规范国有企业改制工作意见的通知》(国办发〔2003〕96 号)指出:“向本企业经营管理者转让国有产权必须严格执行国家的有关规定,以及本指导意见的各项要求,并需按照有关规定履行审批程序。向本企业经营管理者转让国有产权方案的制订,由直接持有该企业国有产权的单位负责或其委托中介机构进行,经营管理者不得参与转让国有产权的决策、财务审计、离任审计、清产核资、资产评估、底价确定等重大事项,严禁自卖自买国有产权。”

2003 年 12 月 31 日,国资委和财政部发布了 3 号令(已失效),于 2004 年 2 月 1 日起施行,对企业国有产权转让的监督管理、转让的程序、转让的批准程序等问题予以明确。

2004 年 8 月 13 日,国资委等部门下发了《关于开展企业国有产权转让管理检查工作的通知》(国资发产权〔2004〕261 号)、268 号文(已失效),对上海联合产权交易所、天津产权交易中心和北京产权交易所下发《关于做好企业国有产权交易信息统计试点工作的通知》(国资厅产权〔2004〕189 号,已失效)等。其中,经营者持股成为重点检查和规范的对象。

此外,国资委同期还连续出台了《中央企业经济责任审计管理暂行办法》(国务院国有资产监督管理委员会令第 7 号,已失效)、《中央企业内部审计管理暂行办法》(国务院国有资产监督管理委员会令第 8 号)和《企业国有资本保值增值结果确认暂行办法》(国务院国有资产监督管理委员会令第 9 号)等一系列相关文件,加强对国有资产的保护。

第三阶段:政策调整规范期(2005 年至今)

随着新的国有资产监督管理体制的逐步到位,国有企业职工持股的问题再次成为无法回避并引起社会广泛关注的重大问题。

2005 年 4 月 11 日,国资委和财政部发布《企业国有产权向管理层转让暂行规定》(国资发产权〔2005〕78 号,已失效)。

2005 年 12 月 19 日,国务院办公厅发布 60 号文。

2006 年 1 月 27 日,为指导国有控股的境外上市公司依法实施股权激励,建立中长期激励机制,国资委和财政部发布了《国有控股上市公司(境外)实施股权激励试行办法》(国资发分配〔2006〕8 号),对股权激励计划的拟订、审核和管理作出了较详细的规定;《国有控股上市公司(境内)实施股权激励试行办法》(国资发分配〔2006〕175 号)亦于 2006 年 9 月 30 日发布。

为规范金融企业国有资本保值增值结果确认工作,财政部发布《金融企业国有资本保值增值结果确认暂行办法》(财政部第 43 号令),于 2007 年 3 月 1 日起施行。

2008 年 1 月 28 日,《关于规范电力系统职工投资发电企业的意见》(国资发改革〔2008〕28 号)

出台,主要规定:"地(市)级电网企业的领导班子成员和省级以上电网企业的电力调度人员、财务人员、中层以上管理人员,不得直接或间接持有本省(区、市)电网覆盖范围内发电企业的股权,已持有本省(区、市)电网覆盖范围内发电企业股权的,应自本意见印发之日起 1 年内全部予以清退或转让,发电企业可以优先回购"。还规定:"发电企业职工不得直接投资于共用同一基础设施或同一生产经营管理系统的发电机组,不得在水坝溢流洞、泄洪洞投资安装发电机组。已持有共用同一基础设施、同一生产经营管理系统的不同发电机组股权的,应自本意见印发后逐步予以清退或转让,发电企业可以优先回购。"

2008 年 9 月 16 日,《关于规范国有企业职工持股、投资的意见》(国资发改革〔2008〕139 号)出台,职工持股、投资的政策明朗化。

2009 年 3 月 24 日,国资委《关于实施〈关于规范国有企业职工持股、投资的意见〉有关问题的通知》(国资发改革〔2009〕49 号)出台,对需清退或转让股权的企业中层以上管理人员的范围、涉及国有股东受让股权的基本要求、国有股东收购企业中层以上管理人员股权的定价原则、国有企业改制违规行为的处理方式和进一步加强对股权清退转让的监督管理等问题进行了进一步规定。

2010 年 9 月 15 日,财政部、中国人民银行、原中国银监会等《关于规范金融企业内部职工持股的通知》(财金〔2010〕97 号)发布,对规范金融企业内部职工持股的主要措施、解决内部职工持股的历史遗留问题以及规范内部职工持股在资本市场的上市和流通等进行了进一步规定。

2014 年 6 月 11 日,财政部办公厅《关于组织开展中央级事业单位所办企业员工持股情况摸底调查的通知》(财办教〔2014〕27 号)发布,对中央级事业单位所办企业员工持股情况进行摸底调查。

2014 年 6 月 20 日,中国证监会发布《关于上市公司实施员工持股计划试点的指导意见》(证监会公告〔2014〕33 号),对员工持股计划的基本原则、主要内容、实施程序、信息披露以及监管作了相应的规定。该指导意见中所说的员工持股计划,是指上市公司根据员工意愿,通过合法方式使员工获得本公司股票并长期持有,股份权益按约定分配给员工的制度安排。员工持股计划的持有人既是设立持股计划的委托人,也是持股计划的受益人。员工持股计划的持有人根据出资额享有标的股票对应的份额权益。员工持股计划持有的股票、资金为委托财产,员工持股计划管理机构不得将委托财产归入其固有财产。

(四)国企改制中的管理层与职工持股重要政策解读

1. 一般性规定

(1)2003 年 11 月 30 日发布实施的 96 号文明确规定,管理层收购要严格履行相关程序;管理层不得参与收购具体过程;管理层不得向国有企业借款;管理层对经营业绩下降负有责任的,不得参与收购。

(2)2004 年 2 月 1 日起施行的 3 号令(已失效)明确:国有资产监督管理机构、持有国有资本的企业,将所持有的企业国有产权有偿转让给境内外法人、自然人或者非法人组织的,适用本办法。企业国有产权转让可以采取拍卖、招投标、协议转让以及国家法律、行政法规规定的其他方式进行。企业国有产权转让应当在依法设立的产权交易机构中公开进行。

(3)2004 年 8 月 25 日发布实施的 268 号文(已失效),对重要子企业的重大国有产权转让事项作出了规定:暂由中央企业确定其转让行为报国资委批准或自行决定;地方企业暂由地方国资监管机构按照有关规定,结合各地实际明确相应的管理要求。

(4)2005 年 4 月 11 日发布实施的《企业国有产权向管理层转让暂行规定》(已失效)指出:"可以探索中小型国有及国有控股企业国有产权向管理层转让(法律、法规和部门规章另有规定的除外)”。该规定将管理层及转让行为进行了明确界定:管理层即改制企业与改制企业股东单位的领导班子成员;转让包括直接或间接转让行为,管理层不得采取信托或委托等方式间接受让企业国有产权。该规定还将禁止向管理层转让的国有产权进行了规定:大型国有及国有控股企业的产权,所属从事该大型企业主营业务的重要全资或控股企业的国有产权,上市公司的国有股权不向管理层转让。在向管理层转让国有产权时,要严格进行离任审计;管理层不得参与收购具体过程;要进场交易、公平竞价;不得将职工安置费等从国有净资产中抵扣;应当提供其受让资金来源的相关证明,不得向国有企业借款等。

(5)2005 年 12 月 19 日发布实施的 60 号文严格控制了管理层通过增资扩股持股。国有及国有控股大型企业实施改制,应严格控制管理层通过增资扩股以各种方式直接或间接持有本企业的股权,具备条件的管理层持股总量亦不得达到控股或相对控股数量。该通知还列举了管理层不得通过增资扩股持股的 5 种情况。改制方案必须对管理层不再持股的有关事项作出规定。管理层通过增资持股涉及该企业所持上市公司国有股性质变更的,按国家有关规定办理。

(6)2008 年 9 月 16 日,《关于规范国有企业职工持股、投资的意见》出台,该意见对管理层与职工持股相关政策进行了明确,对职工持股企业范围进行了限定:放开搞活国有中小企业,鼓励职工自愿投资入股。严格控制职工持股企业范围。职工入股原则限于持有本企业股权。国有企业集团公司及其各级子企业改制,经国资监管机构或集团公司批准,职工可投资参与本企业改制,确有必要的,也可持有上一级改制企业股权,但不得直接或间接持有本企业所出资各级子企业、参股企业及本集团公司所出资其他企业股权。科研、设计、高新技术企业科技人员确因特殊情况需要持有子企业股权的,须经同级国资监管机构批准,且不得作为该子企业的国有股东代表。

该意见对关联企业持股亦进行了限制:关联企业指与本国有企业有关联关系或业务关联且无国有股份的企业。严格限制职工投资关联关系企业;禁止职工投资为本企业提供燃料、原材料、辅料、设备及配件和提供设计、施工、维修、产品销售、中介服务或与本企业有其他业务关联的企业;禁止职工投资与本企业经营同类业务的企业。

2. 辅业改制政策

(1)2005 年 9 月 20 日发布实施的 250 号文规定:净资产进行各项支付和预留后的剩余部分向参与改制的管理层转让的,管理层不得参与收购的具体过程;管理层应当与其他拟受让方平等竞买,并提供其受让资金来源的相关证明,不得向改制企业及主体国有企业借款;管理层要取得改制企业绝对控股权的,国有产权转让应进入国有资产管理机构选定的产权交易机构公开进行。

(2)2008 年 9 月 16 日,《关于规范国有企业职工持股、投资的意见》规定:国有大中型企业主辅分离辅业改制,鼓励辅业企业的职工持有改制企业股权,但国有企业主业企业的职工不得持有辅业企业股权。

3. 关于上市公司

(1)2006 年 3 月 1 日起施行的《国有控股上市公司(境外)实施股权激励试行办法》(国资发分配〔2006〕8 号)规定,“本办法适用于中央非金融企业改制重组境外上市的国有控股上市公司”;“坚持激励与约束相结合,风险与收益相对称,适度强化对管理层的激励力度”。该办法还对激励对象的构成、股权激励计划有效期内授予的股权总量、首次股权授予数量、高管人员预期股权激励收益水平控制、股权激励计划有效期、行权限制期、行权有效期等若干细节问题予以明确。

(2)2006 年 9 月 1 日起施行的《上市公司收购管理办法》(证监会令第 35 号,2008 年、2012 年、2014 年均有修订),对管理层收购进行明确。第 51 条规定:“上市公司董事、监事、高级管理人员、员工或者其所控制或者委托的法人或者其他组织,拟对本公司进行收购或者通过本办法第五章规定的方式取得本公司控制权(以下简称管理层收购)的,该上市公司应当具备健全且运行良好的组织机构以及有效的内部控制制度,公司董事会成员中独立董事的比例应当达到或者超过1/2……上市公司董事、监事、高级管理人员存在《公司法》第一百四十九条规定情形,或者最近3年有证券市场不良诚信记录的,不得收购本公司。”

(3)2006年9月30日发布实施的《国有控股上市公司(境内)实施股权激励试行办法》(国资发分配〔2006〕175号)规定,“本办法适用于股票在中华人民共和国境内上市的国有控股上市公司”;“坚持激励与约束相结合,风险与收益相对称,强化对上市公司管理层的激励力度”。该办法明确指出:“实施股权激励计划所需标的股票来源,可以根据本公司实际情况,通过向激励对象发行股份、回购本公司股份及法律、行政法规允许的其他方式确定,不得由单一国有股股东支付或擅自无偿量化国有股权。”该办法也对股权激励的若干细节问题予以了规定。

(五)管理层与职工持股的法律问题

1. 持股主体问题

(1)自然人名义持股

在政策允许的范围内,对于股东人数较少的改制企业,可以由管理层与职工以个人名义直接持股。

(2)壳公司持股

管理层和职工自己或联合他人组建一个新公司进行持股。这种新公司是专门为收购而设立的,故有人称为“壳公司”。根据《公司法》的规定,壳公司对外全投资不受限制。由于比较规范,权利义务较明确,申请上市时容易得到监管部门的认可;但其运作费用较高,所得也存在双重征税的问题,从而会减损投资者收益。

(3)自然人委托持股

委托持股亦属一种间接持股方式,一般由多个委托人委托一个受托人持有改制企业股权。这种方式一般适用于股东人数众多的改制企业。但难以对受托人实施有效监督,委托人存在较大风险,且容易引发纠纷,对公司以后的正常经营可能会产生影响;委托人的财产不能从受托人中独立,该财产可以被法院判决用于偿还受托人的债务,不利于保护职工利益。对于拟上市企业,这种方式会给未来上市带来法律障碍。对于因某种原因有必要选择此种持股模式的改制企业,应当进行完备的持股制度设计,对表决、分红、股份转让等若干问题予以明确,以期将委托持股的风险降至最低。

(4)工会受托持股

按《工会法》的规定,基层工会组织具备《民法典》规定的法人条件的,依法取得社会团体法人资格,而我国《社会团体登记管理条例》(2016年修订)第4条第2款规定:“社会团体不得从事营利性经营活动。”工会作为管理层与职工受托股东,与工会的设立和活动宗旨不一致,可能会对工会正常活动产生不利影响;但我国一些地方性政策允许工会持股,并在工商登记时予以支持。

(5)信托公司受托持股

我国国企改制进程刚起步的阶段曾出现过信托公司持股的方式,后来较少见到。这样的持股载体,可以解决职工人数众多时的股权管理问题,可以解决职工持股带来的公司治理与决策效率低下的问题,但目前该种方式由于存在股权清晰与信托受益权的转让自由不相吻合等问题,而不被中国证监会认可。

2. 持股人范围问题

对于改制企业管理层与职工持股的范围问题,应当严格执行《关于规范国有企业职工持股、投资的意见》等政策法规的规定,笔者认为政策法规的限定,源于实际操作中出现的问题,现简要分析如下:

(1)应当允许管理层和职工在符合相关规定的前提下持有本企业股权。尤其对于人力资本价值突出的企业管理层职工,持股会建立起他们与企业之间的产权纽带,有利于吸引人才、留住人才,有利于调动他们的积极性与创造性。

(2)母公司的管理层与职工不宜持有子公司的股权。当前,很多地方企业发生母公司的职工持有子公司的股权,这种状况是否合适在实践中存在争议。笔者之所以主张母公司的管理层与职工不宜持有子公司的股权,主要原因在于:子公司内部董事和管理层已经持股了,母公司派往的外部董事持有子公司的股权,表面上看有利于董事会成员利益的趋同,有利于形成统一决策意见,但实际上非常容易造成不公平的利益输送问题,并可能产生不公平的关联交易。

(3)子公司的管理层与职工可以持有母公司的股权。因为子公司的管理层与职工在母公司持股,有助于增强该部分职工的全局意识,有利于母公司的整体发展战略的实现,同时便于母公司协调各个子公司之间和母子公司之间利益的冲突问题。

(4)职工尤其是管理层不宜持有关联企业的股份。改制企业与关联企业之间可能存在利益冲突问题,实际控制人可能系同一人,存在非法输送利益的风险。根据2000年11月30日中共中央纪律检查委员会、原监察部《关于中央纪委第四次全会重申和提出的国有企业领导人员廉洁自律有关规定的解释》第7条:"……国有企业领导人员经批准兼职的,兼职单位给予的工资或者其他报酬,应当上交本企业。企业领导人员个人出资在经批准兼职的企业合法持有的股份,其红利不视为个人兼职取酬。但兼职企业给予企业领导人员的股份及其红利应视为兼职取酬。"

3. 持股资金来源问题

(1)资金来源的限制

中国人民银行总行《贷款通则》第20条规定,从金融机构获得的贷款不得用于股本权益性投资。

《关于规范国有企业改制工作意见》明确规定:经营管理者筹集收购国有产权的资金,要执行《贷款通则》的有关规定,不得向包括本企业在内的国有及国有控股企业借款,不得以这些企业的国有产权或实物资产作标的物为融资提供保证、抵押、质押、贴现等。

(2)可行路径

①个人及家庭储蓄:合法但资金量有限。②民间资本借贷:融资成本较高。③银行贷款:受《贷款通则》的限制,存在相当大的风险。④信托贷款:信托公司兼具银行的功能,通常可以从事信托贷款服务,由非国有委托人将资金委托给信托公司,由信托公司贷给管理层与职工。⑤战略投资人借款:外部战略投资人通常希望企业的主要管理层持有企业股权,有利于他们利益与股东利益的趋同,因此战略投资人往往会鼓励支持管理层持有企业股权并给予融资便利。

4. 交易方式问题

(1)一般性规定

管理层和职工受让国有股权,原则上应通过招、拍、挂的方式规范进行。通过增资持股的,拟改制的企业应当通过产权交易市场、媒体或网络等公开企业改制有关情况、投资者条件等信息,择优选择投资者;情况特殊的,经国有资产监督管理机构批准,可通过向多个具备相关资质条件的潜在投资者提供信息等方式,选定投资者。企业改制涉及公开上市发行股票的,按照《证券法》等有关法律法规执行。总之,管理层与职工要与其他拟受让国有股权的主体平等参与市场竞争。

(2)辅业改制的特殊规定

主辅分离辅业改制的政策相对而言是最宽的:

①协议转让。859号文明确规定:"改制企业的国有净资产按规定进行各项支付的不足部分,应由原主体企业予以补足;剩余部分可向改制企业的员工或外部投资者出售。"268号文(已失效)规定:"对于改制企业的国有净资产按规定进行各项支付的剩余部分,采取向改制企业的员工或外

部投资者出售的，应当按照国家有关规定办理，具体交易方式可由所出资企业或其主管部门（单位）决定。"这里并未限定出售的方式，可以进行协议转让。

②公开挂牌交易。250号文中规定："具备条件的辅业企业，应尽可能进入产权交易市场公开挂牌交易。""管理层要取得改制企业绝对控股权的，国有产权转让应进入国有资产管理机构选定的产权交易机构公开进行"政策只是建议挂牌，除绝对控股权外并未作出强制性规定。

五、经济补偿金

职工安置是企业改制中的关键性环节。职工安置利益能够得到有效保障，则企业改制可顺利推行；职工安置利益被忽视或是受到损害，则即使企业改制完成也将存在巨大的隐患，直接影响企业的发展与社会的稳定。企业改制时除依法支付有关经济补偿金外，还要清偿所欠职工工资、医药费等费用，并办好职工社会保险关系的转移接续手续，妥善安置职工。

职工安置最为重要的是经济补偿金发放问题，在《劳动合同法》2012年修正后，需强调指出的是：

第一，在2008年1月1日之前的经济补偿，按原有法律法规的补偿标准执行；2008年1月1日之后解除合同的，其后的经济补偿年限自2008年1月1日起计算，按《劳动合同法》规定标准补偿，即每满一年支付一个月工资的标准向劳动者支付。6个月以上不满一年的，按一年计算；不满6个月的，向劳动者支付半个月工资的经济补偿。

第二，劳动者月工资高于用人单位所在直辖市、设区的市级人民政府公布的本地区上年度职工月平均工资3倍的，向其支付经济补偿的标准按职工月平均工资3倍的数额支付，向其支付经济补偿的年限最高不超过12年。

就国企改制而言，辅业改制需按859号文等文件支付经济补偿金；对主业改制而言，随着60号文的出台，对经济补偿金的支付问题确定了一定的原则：

第一，60号文是国务院办公厅颁布的文件，因此，无论是央属企业还是地方企业，都要按照该文的要求规范和处理改制中经济补偿金的支付问题。

第二，60号文明确规定，对于改制为国有控股企业的，改制后企业继续履行改制前企业与留用的职工签订的劳动合同；留用的职工在改制前企业的工作年限应合并计算为在改制后企业的工作年限；原企业不得向继续留用的职工支付经济补偿金。我们认为，改制为国有控股企业，只要职工在改制后企业继续留用、签订劳动合同的，都不能再支付经济补偿金。国有股权控股分为绝对控股和相对控股，60号文对"国有控股"的界定是从严的，包括国有绝对控股和国有相对控股。

第三，60号文规定，对于改制为非国有企业的，要严格按照有关法律法规和政策处理好改制企业与职工的劳动关系。60号文对于改制为非国有企业的情形下是否支付经济补偿金没有给予直接的回答，而是指向了"有关法律法规和政策"，从而留下了一定的政策空间。这里的"法律法规和政策"包括国家和地方的法律法规和政策。目前，对于央属企业的主业改制职工继续留用、与改制后企业签订劳动合同的情形，没有明确的政策支持经济补偿金的支付。相对而言，地方政策比较明确，有的政策规定只要留用的，无论改制为何种性质的企业，都不支付经济补偿金；而有的政策则规定，企业改制为非国有控股的，无论职工是否留用，均要向职工支付经济补偿金。因此，对于地方企业而言，则要适用改制企业所在地的相关法规和政策进行妥善处理。

第四，60号文规定，对企业改制时解除劳动合同且不再继续留用的职工，要支付经济补偿金。无论改制为国有控股企业还是改制为非国有控股企业，只要是解除劳动合同不再继续留用的职工，都要支付经济补偿金。在改制企业所对应的政策中没有明确规定的，可以适用《劳动合同法》的规定予以补偿。

六、清产核资①

(一)为何及如何清产核资

清产核资,是指国有资产监督管理机构根据国家专项工作要求或者企业特定经济行为需要,按照规定的工作程序、方法和政策,组织企业进行账务清理、财产清查,并依法认定企业的各项资产损益,从而真实反映企业的资产价值和重新核定企业国有资本金的活动。清产核资的重点是清产而不是核资。

按照《国有企业清产核资办法》第8条的规定,符合下列情形之一,需要进行清产核资的,由企业提出申请,报同级国有资产监督管理机构批准:(1)企业分立、合并、重组、改制、撤销等经济行为涉及资产或产权结构重大变动情况的;(2)企业会计政策发生重大更改,涉及资产核算方法发生重要变化情况的;(3)国家有关法律法规规定企业特定经济行为必须开展清产核资工作的。

企业清产核资包括账务清理、资产清查、价值重估、损溢认定、资金核实和完善制度等内容。企业清产核资清出的各项资产损失和资金挂账,依据国家清产核资有关法律、法规、规章和财务会计制度的规定处理。

1.“账务清理”,是指对企业的各种银行账户、会计核算科目、各类库存现金和有价证券等基本财务情况进行全面核对和清理,以及对企业的各项内部资金往来进行全面核对和清理,以保证企业账账相符,账证相符,促进企业账务的全面、准确和真实。

2.“资产清查”,是指对企业的各项资产进行全面的清理、核对和查实。在资产清查中把实物盘点同核实账务结合起来,把清理资产同核查负债和所有者权益结合起来,重点做好各类应收及预付账款、各项对外投资、账外资产的清理,以及做好企业有关抵押、担保等事项的清理。

企业对清查出的各种资产盘盈和盘亏、报废及坏账等损失按照清产核资要求进行分类排队,提出相关处理意见。

3.“价值重估”,是对企业账面价值和实际价值背离较大的主要固定资产和流动资产按照国家规定方法、标准进行重新估价。

企业在以前清产核资中已经进行资产价值重估或者因特定经济行为需要已经进行资产评估的,可以不再进行价值重估。

4.“损溢认定”,是指国有资产监督管理机构依据国家清产核资政策和有关财务会计制度规定,对企业申报的各项资产损溢和资金挂账进行认证。

5.“资金核实”,是指国有资产监督管理机构根据企业上报的资产盘盈和资产损失、资金挂账等清产核资工作结果,依据国家清产核资政策和有关财务会计制度规定,组织进行审核并批复准予账务处理,重新核定企业实际占用的国有资本金数额。

企业占用的国有资本金数额经重新核定后,应当作为国有资产监督管理机构评价企业经营绩效及考核国有资产保值增值的基数。

(二)清产核资时中介机构的聘请人

所出资企业由于国有产权转让、出售等发生控股权转移等产权重大变动需要开展清产核资的,由同级国有资产监督管理机构组织实施并负责委托社会中介机构。

子企业由于国有产权转让、出售等发生控股权转移等重大产权变动的,可以由所出资企业自行组织开展清产核资工作。对有关资产损溢和资金挂账的处理,按规定程序申报批准。

(三)企业实施清产核资的步骤

(1)指定内设的财务管理机构、资产管理机构或者多个部门组成的清产核资临时办事机构,统

① 参见徐永前主编:《规范改制与产权交易100问》,企业管理出版社2006年版。

称为清产核资机构，负责具体组织清产核资工作；

（2）制定本企业的清产核资实施方案；

（3）聘请符合资质条件的社会中介机构；

（4）按照清产核资工作的内容和要求具体组织实施各项工作；

（5）向同级国有资产监督管理机构报送由企业法人代表签字、加盖公章的清产核资工作结果申报材料。

企业清产核资实施方案以及所聘社会中介机构的名单和资质情况应当报同级国有资产监督管理机构备案。

（四）国家对清产核资的要求

1. 对监管机构的要求

各级国有资产监督管理机构应当对企业清产核资情况及相关社会中介机构清产核资审计情况进行监督，对社会中介机构所出具专项财务审计报告的程序和内容进行检查。

2. 对企业的要求

（1）清查工作全面彻底。企业进行清产核资应当做到全面彻底、不重不漏、账实相符，通过核实“家底”，找出企业经营管理中存在的矛盾和问题，以便完善制度、加强管理、堵塞漏洞。

（2）实事求是。企业在清产核资工作中应当坚持实事求是的原则，如实反映存在问题，清查出来的问题应当及时申报，不得瞒报虚报。

（3）资产损失处理需要有效的证据。企业清产核资申报处理的各项资产损失应当提供具有法律效力的证明材料。

（4）闲置资产处置收益最大化的要求。企业在清产核资中应当认真清理各项长期积压的存货，以及各种未使用、剩余、闲置或因技术落后淘汰的固定资产、工程物资，并组织力量进行处置，积极变现或者收回残值。

（5）有效利用清产核资工作改进企业的管理。企业在完成清产核资后，应当全面总结，认真分析在资产及财务日常管理中存在的问题，提出相应整改措施和实施计划，强化内部财务控制，建立相关的资产损失责任追究制度，以及进一步完善企业经济责任审计和企业负责人离任审计制度。

（6）处理好历史遗留问题，明晰产权。企业清产核资中产权归属不清或者有争议的资产，可以在清产核资工作结束后，依据国家有关法规，向同级国有资产监督管理机构另行申报产权界定。

（7）不良资产处置。企业对经批复同意核销的各项不良债权、不良投资及实物资产损失，应当加强管理，建立账销案存管理制度，组织力量或成立专门机构积极清理和追索，避免国有资产流失。

（8）清理账外资产负债。企业应当在清产核资中认真清理各项账外资产、负债，对经批准同意入账的各项盘盈资产及同意账务处理的有关负债，应当及时纳入企业日常资产及财务管理的范围。

（9）总结经验教训，落实和巩固清产核资的成果。企业对清产核资中反映出的各项管理问题应当认真总结经验，分清工作责任，建立各项管理制度，并严格落实。应当建立健全不良资产管理机制，巩固清产核资成果。

3. 对中介机构的要求

除涉及国家安全的特殊企业以外，企业清产核资工作结果须委托符合资质条件的社会中介机构进行专项财务审计。

社会中介机构应当按照独立、客观、公正的原则，履行必要的审计程序，认真核实企业的各项清产核资材料，并按规定进行实物盘点和账务核对。对企业资产损溢按照国家清产核资政策和有关财务会计制度规定的损溢确定标准，在充分调查研究、论证的基础上进行职业推断和合规评判，提出经济鉴证意见,并出具鉴证证明。

4. 对企业配合工作的要求

进行清产核资的企业应当积极配合社会中介机构的工作,提供审计工作和经济鉴证所必需的资料和线索。企业和个人不得干预社会中介机构的正常执业行为。社会中介机构的审计工作和经济鉴证工作享有法律规定的权利,承担法律规定的义务。

5. 对档案管理工作的要求

企业及社会中介机构应当根据会计档案管理的要求,妥善保管有关清产核资各项工作的底稿,以备检查。

(五)清产核资结果的时效

《关于印发清产核资工作问题解答(三)的通知》(国资发评价〔2004〕220 号,已失效)规定,企业清产核资结果经审核确认后,自清产核资基准日起 3 年内有效。在清产核资结果有效期内,企业经批准或决定进行资产移交、改制或国有产权转让等事项时,直接以该次清产核资结果作为基础开展工作,不再另行组织清产核资。该规定系对清产核资结果时效的一般性规定。60 号文中作出了特殊规定,即清产核资结果经国有产权持有单位审核认定,并经国有资产监督管理机构确认后,自清产核资基准日起 2 年内有效,在有效期内企业实施改制不再另行组织清产核资。

(六)企业实施何种改制可不进行清产核资

企业实施改制仅涉及引入非国有投资者少量投资,且企业已按照国家有关规定进行会计核算的,经本级国有资产监督管理机构批准,可不进行清产核资。少量投资一般掌握在 5% ~ 10% 的比例。

(七)资产损失的核销

清查出来的资产损失包括坏账损失、存货损失、固定资产及在建工程损失、担保损失、股权投资损失或者债权投资损失以及经营证券期货、外汇交易损失等。资产损失的认定核销要按照财政部《企业资产损失财务处理暂行办法》(财企〔2003〕233 号)和国资委《国有企业资产损失认定工作规则》(国资评价〔2003〕72 号)的有关规定确认处理。

资产损失核销处理工作应当按照下列程序进行:

首先,企业内部应当按照下列程序进行处理:

(1)企业内部有关责任部门经过取证,提出报告,阐明资产损失的原因和事实;

(2)企业内部审计(监察)部门经过追查责任,提出结案意见;

(3)涉及诉讼的资产损失,企业应当委托律师出具法律意见书;

(4)企业财务管理部门经过审核后,对确认的资产损失提出财务处理意见,按照企业内部管理制度提交董事会或者经理(厂长)办公会审定。

企业内部形成审定意见后,上报企业国有产权持有单位,根据《企业国有资产监督管理暂行条例》等有关规定处理。

国有资产监督管理机构对由其履行出资人职责的国有企业审批核销国有权益,并应抄送企业的主管机关,其中审批处理的资产损失涉及企业损益的,应当事先征求主管机关的意见。

(八)产权争议的处理

清产核资中,清理出来产权不明或存在产权争议的资产,应当根据有关规定进行产权界定,按照"谁投资,谁拥有,谁受益"的原则来办理。

96 号文规定,在清产核资过程中,要按照"谁投资,谁拥有,谁受益"的原则核实和界定国有资本金及其权益,其中国有企业借贷资金形成的净资产必须界定为国有产权。

原国家国有资产管理局颁布的《国有资产产权界定和产权纠纷处理暂行办法》(国资法规发

〔1993〕68 号）规定，国有企业中的产权界定按照以下办法来处理：

（1）国家授权投资的部门和机构以货币、实物和所有权属于国家的土地使用权、知识产权等向企业投资，构成的国家资本金，界定为国有资产；

（2）国有企业运用国家资本金及在经营中借入的资金等所形成税后利润经国家批准留给企业作为增加投资的部分以及从税后利润中提取的资本盈余公积金、公益金和未分配利润等，界定为国有资产；

（3）以国家机关和其他全民单位名义担保，完全用国内外借入资金投资创办的或完全由其他单位借款创办的国有企业，其收益积累的净资产，界定为国有资产；

（4）国有企业接受馈赠而增加的国家资本金及其权益界定为国有资产；

（5）在实行《企业财务通则》《企业会计准则》以前，国有企业用从留利中提取的职工福利基金、职工奖励基金和"两则"实行后的公益基金构建的集体福利设施而相应增加的所有者权益，界定为国有资产；

（6）国有企业中党、团、工会组织等占用企业的财产，不包括以个人缴纳的党费、团费、会费以及按国家规定由企业拨付的活动经费等结余购建的资产，界定为国有资产。

上述这些规定都是按照"谁投资，谁拥有，谁受益"的原则制定出来的，对于企业国有产权界定具有参考价值。

七、审计与评估

（一）审计评估中介机构的聘请

96 号文规定，必须由直接持有该国有产权的单位决定聘请具备资格的会计师事务所进行财务审计。改制企业必须按照有关规定向会计师事务所或政府审计部门提供有关财务会计资料和文件，不得妨碍其办理业务。任何人不得授意、指使、强令改制企业会计机构、会计人员提供虚假资料文件或违法办理会计事项。

60 号文进一步规定，企业实施改制必须由审批改制方案的单位确定的中介机构进行财务审计和资产评估。确定中介机构必须考察和了解其资质、信誉及能力；不得聘请改制前两年内在企业财务审计中有违法、违规记录的会计师事务所和注册会计师。

需要特别注意的是：根据 60 号文的规定，不得聘请参与该企业上一次资产评估的中介机构和注册资产评估师；不得聘请同一中介机构开展财务审计与资产评估。

（二）离任审计

凡拟改制为非国有的企业，必须在改制前由国有产权持有单位组织进行法定代表人离任审计，不得以财务审计代替离任审计。离任审计应依照国家有关法律法规和《中央企业经济责任审计管理暂行办法》（国务院国有资产监督管理委员会令第 7 号，已失效）及相关配套规定执行。

需要特别注意的是：根据 60 号文的规定，财务审计和离任审计工作应由两家会计师事务所分别承担，分别出具审计报告。

八、国企改制方案的制定与审批

（一）改制方案的制定

《企业国有资产法》、96 号文均规定，国有企业改制，包括转让国有控股、参股企业国有股权或者通过增资扩股来提高非国有股的比例等，必须制定改制方案。企业改制涉及重新安置企业职工的，还应当制定职工安置方案。

方案可由改制企业国有产权持有单位制定，也可由其委托中介机构或者改制企业（向本企业经营管理者转让国有产权的企业和国有参股企业除外）制定。

859 号文及其配套文件对国有大中型企业实行主辅分离辅业改制分流、改制方案的主要内容进行了明确规范。

60号文首次对国有企业主业改制方案的内容进行了明确规范,列举了方案必备的主要内容。改制方案应包括:

(1)改制的目的及必要性,改制后企业的资产、业务、股权设置和产品开发、技术改造等;

(2)改制的具体形式;

(3)改制后形成的法人治理结构;

(4)改制企业的债权、债务落实情况;

(5)职工安置方案;

(6)改制的操作程序,财务审计、资产评估等中介机构和产权交易市场的选择等。

改制方案的内容一要全面,二要细化,尽量提出具体的措施。制定方案时能明确的,写进方案,不能明确的,将解决的思路、程序写进方案,以保证程序的公正性、合法性。

(二)改制方案的审批

60号文明确了方案的审批权限,原则上谁持有产权谁负责审批。如集团层面的改制由同级国资委审批,但是集团内部的改制方案审批权由集团决定,集团确定的重要子企业的重大国有产权转让事项,报同级国资委审批。如果改制为非国有企业,还需报同级人民政府审批,同时改制方案还必须要经过金融债权人同意。

九、国企改制的法律意见书

60号文提出,企业改制必须对改制方案出具法律意见书,但企业改制方案的法律意见书出具的主体不仅仅为律师事务所。出具法律意见书的主体有:

(1)审批改制方案的单位的法律顾问;

(2)审批改制方案的单位决定聘请的律师事务所;

(3)拟改制为国有控股企业且职工(包括管理层)不持有本企业股权的,可由审批改制方案的单位授权该企业法律顾问出具。

近年对国有企业改制过程中国有资产流失的质疑不绝于耳,但到底什么是国有资产流失,如何衡量,很难有明确的标准。国资委在出台60号文的过程中,借鉴了国有企业改制上市的规范化运作的经验,借助律师事务所、审计评估等中介机构的中立力量,特别是要求国有企业改制需要出具法律意见书,对改制的合法性、合规性发表法律意见,对于规范国有企业改制、防止国有资产流失、保护职工的合法权益等,具有重要的意义。

十、国企改制中的律师作用

1. 规范作用

国资委和有关部门明确规定,在国企改革中要聘请律师担任法律顾问,并将律师出具的法律意见书等相关法律文书作为国企改革报批的重要文件。主要是应有关企业的委托就委托的事项提供符合法律法规要求的法律意见书、关于改制具体方案的可行性的法律意见书;关于资产重组、债务重组、股权重组方案等的法律意见书;根据32号令的规定,企业国有产权的转让,也必须有律师事务所出具的法律意见书。这些法律意见书,是律师按照律师行业公认的业务标准、道德规范和勤勉尽责的精神,经过慎重斟酌的结果,进一步从法律上为国企改制进行把关,以确保改制方案等文件的合法性和可获批性。

2. 加速作用

笔者参与操作的某航务工程局某工程公司的改制就是一宗成功改制的典型案例。该改制项目从正式接受委托开始,至标的企业改制变更为有限责任公司并正式挂牌成立止,前后历时仅3个月。笔者认为,其主要因素在于:律师能够把握政策导向,确定改制思路;全面深入沟通,解决关键问题;确保各方通力合作,积极推进改制。

3. 主协调作用

律师作为政府相关部门、企业、其他中介直至职工等相关利益主体的主协调人,基于负责的工作态度和对政策法律的深入把握,以专家的身份,介入各项工作的协调,能够有力保障改制的平衡推进。

4. 平衡作用

改制相当于对以往各种既得利益的再分配,涉及各利益主体的平衡。在这项工作中,律师的作用是显著的。例如,笔者操作的某集团某船舶工程有限公司改制,职工开始时对改制意见很大,后律师充分宣传改制政策,充分征求各方意见,充分采纳合理建议,向职工做了有力的解释工作。职工的知情权得到保障,对改制理解了,改制得以顺利推进。

第二节 国有产权转让中的法律问题

一、产权转让的内涵

3 号令(已失效)第 2 条第 3 款规定:"本办法所称企业国有产权,是指国家对企业以各种形式投入形成的权益、国有及国有控股企业各种投资所形成的应享有的权益,以及依法认定为国家所有的其他权益。"32 号令(也被称为新 3 号令)对转让进行了更为系统的规范。

根据 3 号令(已失效),企业国有产权转让,是指国有资产监督管理机构、持有国有资本的企业将所持有的企业国有产权有偿转让给境内外法人、自然人或者非法人组织的活动。根据《企业国有资产法》,国有资产转让,是指依法将国家对企业的出资所形成的权益转移给其他单位或者个人的行为;按照国家规定无偿划转国有资产的除外。

32 号令称:"本办法所称企业国有资产交易行为包括:(一)履行出资人职责的机构、国有及国有控股企业、国有实际控制企业转让其对企业各种形式出资所形成权益的行为(以下称企业产权转让);(二)国有及国有控股企业、国有实际控制企业增加资本的行为(以下称企业增资),政府以增加资本金方式对国家出资企业的投入除外;(三)国有及国有控股企业、国有实际控制企业的重大资产转让行为(以下称企业资产转让)。"

其具有以下几个特征:

(1)转让标的必须是企业国有的产权;

(2)转让主体是行使国有出资人职能的国有资产监督管理机构或持有国有产权的企业;

(3)转让必须是等价有偿的,国有企业之间产权的无偿划拨不属于企业国有产权转让;

(4)受让人是境内外法人、自然人或非法人组织。

国企改制与产权转让的关系如图 8 - 1 所示。从整个发展趋势来看,中央国有经济布局和结构调整的政策取得了了不起的成就,但也存在一些问题。一方面,我国国有经济分布仍然较宽,整体素质有待进一步提高,需要继续贯彻党的十五大、十六大有关国有经济布局和战略结构调整的方针政策,进一步深化国有企业改革;另一方面,在国有经济布局和战略结构调整和企业改制过程中也出现了一些偏离政策方向的错误认识和做法。有些人把国有经济布局和结构的战略性调整片面地理解为"国退民进",主张"国有经济从一切竞争性领域退出";有些地方采用下指标、派任务、定时限、赶进度的做法,用搞运动的方式要求国有经济从竞争性领域全部退出;也有把国有经济布局和结构调整简单地理解为"卖",改制方式单一;更有甚者,有些地方把国有企业当作包袱急于甩掉,一卖了之,置国有出资人、债权人和职工的合法权益于不顾,不仅导致了国有资产流失,也引起了职工的不满,诱发了社会不稳定因素。

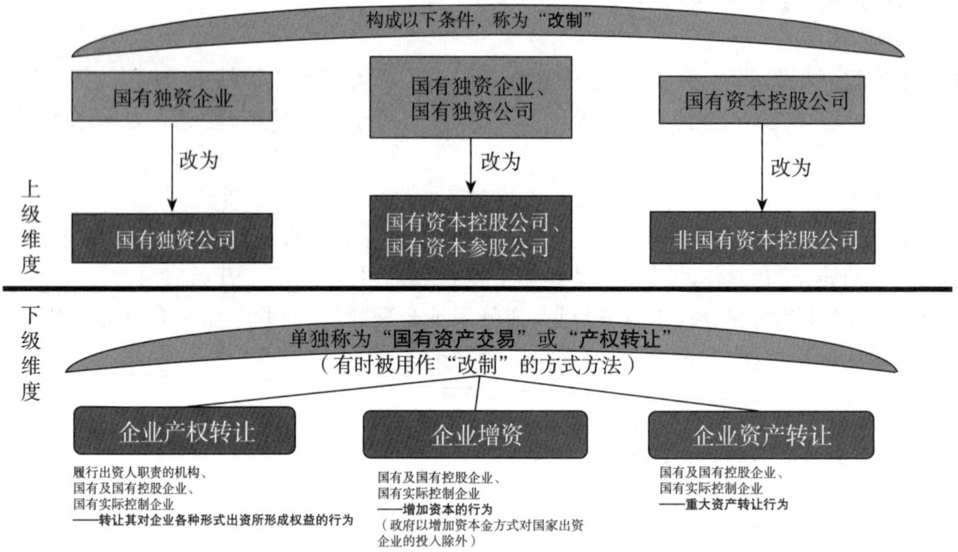

图 8-1　国企改制与产权转让关系

根据《企业国有资产法》的规定,国有企业改制,是指国有独资企业改为国有独资公司,国有独资企业、国有独资公司改为国有资本控股公司或者非国有资本控股公司,国有资本控股公司改为非国有资本控股公司。根据《关于进一步规范国有企业改制工作的实施意见》的规定,国有企业改制可以通过公司制改制、增资扩股、国有产权转让、合并分立等多种形式进行。

党的十六大后,国务院贯彻落实十六大精神,颁布了《企业国有资产监督管理暂行条例》,成立了国资委代表国务院专门履行国有出资人职责。为规范国有经济布局和战略结构调整过程中企业国有产权转让行为,防止国有资产流失,国资委和财政部联合颁布了 3 号令(已失效),对企业国有产权交易应当遵循的基本原则、国有资产监督管理机构和相关各方在国有企业产权交易过程中应当履行的职责、产权交易必须遵守的操作程序、违反有关规定应当承担的法律责任等都作了明确规定。

二、产权转让方案的制定与挂牌前的审批

(一)产权转让方案的制定

32 号令规定:“转让方应当按照企业发展战略做好产权转让的可行性研究和方案论证。”国资监管机构批准、国家出资企业审议决策采取非公开协议方式的企业产权转让行为时,应当审核产权转让方案。

需要补充说明的是,企业增资应当符合国家出资企业的发展战略,做好可行性研究,制定增资方案,明确募集资金金额、用途、投资方应具备的条件、选择标准和遴选方式等。增资后企业的股东数量须符合国家相关法律法规的规定。

企业国有产权转让方案一旦获得有关机构批准,就必须不折不扣地按照方案来进行操作。根据有关规定,企业国有产权转让方案的制定应当遵循以下几个方面的规定:

1. 转让方案应当将提高转让企业核心竞争力、促进企业持续发展、维护社会稳定作为其出发点和核心。在企业国有产权转让上,所出资企业的一个重要职责就是研究企业国有产权转让行为是否有利于提高企业的核心竞争力、促进企业的持续发展、维护社会稳定。从转让方来说,转让企业国有产权并不是为了套现,也不是为了甩包袱,转让产权应当是深化国有企业改革,实现战略结构调整,转换企业经营机制,提高企业核心竞争力,促进企业持续发展的手段,而不是目的,这是制定转让方案的出发点和核心。

2. 制定转让方案的主体。转让方应当按照企业发展战略做好产权转让的可行性研究和方案论证,也可以由其委托中介机构或者转让标的企业制定。但如果转让标的企业的经营管理团队参与企业国有产权交易的,则转让方案就必须由产权持有单位或其委托的中介机构制定。

3. 转让方案应当包括的主要内容。企业国有产权转让方案一般应当包括以下内容:(1)转让标的企业国有产权的基本情况;(2)企业国有产权转让行为有关论证情况;(3)转让标的企业涉及的、经企业所在地劳动保障行政部门审核的职工安置方案;(4)转让标的企业涉及的债权、债务包括拖欠职工债务的处理方案;(5)企业国有产权转让收益处置方案;(6)企业国有产权转让公告的主要内容。产权转让涉及职工安置事项的,安置方案应当经企业职工代表大会或职工大会审议通过;涉及债权、债务处置事项的,应当符合国家相关法律法规的规定。

(二)挂牌前审批的规定

1. 标的企业的内部决策

(1)企业国有产权转让应当做好可行性研究,按照内部决策程序进行审议,并形成书面决议。国有独资企业的产权转让,应当由总经理办公会议审议。国有独资公司的产权转让,应当由董事会审议;没有设立董事会的,由总经理办公会议审议。

实践中,以有限责任公司国有股权形式转让的,须由标的有限责任公司股东会决议;组织机构特别不完备或有其他特殊情况的标的企业,可以用标的企业的出资人决定的方式作出决定。

(2)涉及职工合法权益的,应当听取转让标的企业职工代表大会的意见,对职工安置等事项应当经职工(代表)大会讨论通过。

2. 关于企业国有产权转让的外部批准程序

(1)所出资企业国有产权的转让

一般由国有资产监督管理机构决定,国家不再拥有控股地位的由本级人民政府批准。

32 号令第 7 条规定:“国资监管机构负责审核国家出资企业的产权转让事项。其中,因产权转让致使国家不再拥有所出资企业控股权的,须由国资监管机构报本级人民政府批准。”

《企业国有资产监督管理暂行条例》(2019 年修订)第 23 条规定:“国有资产监督管理机构决定其所出资企业的国有股权转让。其中,转让全部国有股权或者转让部分国有股权致使国家不再拥有控股地位的,报本级人民政府批准。”

60 号文第 1 条第 5 款中规定,国有资产监督管理机构所出资企业改制为非国有企业(国有股不控股及不参股的企业),改制方案须报同级人民政府批准。

(2)所出资企业的子企业国有产权的转让

根据 32 号令的规定,所出资企业投资设立的重要子企业的重大事项,需由所出资企业报国有资产监督管理机构批准的,管理办法由国务院国有资产监督管理机构另行制定,报国务院批准。

3. 上市公司国有股变化问题

32 号令规定,产权转让导致国有股东持有上市公司股份间接转让的,应当同时遵守上市公司国有股权管理以及证券监管相关规定。

4. 关于增资

32 号令规定:国有资产监管机构负责审核国家出资企业的增资行为。其中,因增资致使国家不再拥有所出资企业控股权的,须由国资监管机构报本级人民政府批准。国家出资企业决定其子企业的增资行为。其中,对主业处于关系国家安全、国民经济命脉的重要行业和关键领域,主要承担重大专项任务的子企业的增资行为,须由国家出资企业报同级国资监管机构批准。

增资企业为多家国有股东共同持股的企业,由其中持股比例最大的国有股东负责履行相关批准程序;各国有股东持股比例相同的,由相关股东协商后确定其中一家股东负责履行相关批准程序。

企业增资应当符合国家出资企业的发展战略,做好可行性研究,制定增资方案,明确募集资金金额、用途、投资方应具备的条件、选择标准和遴选方式等。增资后企业的股东数量须符合国家相关法律法规的规定。

企业增资涉及上市公司实际控制人发生变更的,应当同时遵守上市公司国有股权管理以及证券监管相关规定。金融、文化类国家出资企业的国有资产交易和上市公司的国有股权转让等行为,国家另有规定的,依照其规定。

(三)我国的国有资产监督管理体系

党的十六大之后,我国将统一所有、分级管理的国有资产管理体制,改革为在国家统一所有前提下,中央政府和地方政府分别代表国家履行出资人职责,所有者权利、义务和责任相统一,管资产和管人、管事相结合的国有资产监督管理体制。

这一体制在2003年《企业国有资产监督管理暂行条例》第4条以法律形式明确确定下来。根据该暂行条例第4条和第5条的规定,代表国家行使所有权的法律主体应当是国务院和各级地方人民政府。根据该暂行条例第12条的规定,国务院国有资产监督管理机构代表国务院行使出资人职责、负责监督企业国有资产的直属特设机构。省、自治区、直辖市人民政府国有资产监督管理机构,设区的市、自治州级人民政府国有资产监督管理机构是代表本级政府履行出资人职责、负责监督管理企业国有资产的直属特设机构。

亦即按照《企业国有资产监督管理暂行条例》设计的国有资产监督管理体制,国务院和地方人民政府代表国家履行出资人职责,行使国有资产所有权职能;而国有资产监督管理机构又代表中央人民政府和地方政府行使出资人的职责。所以从法律关系上来看,国务院对国有资产的管理权力来自国家法律授权,而国有资产监督管理机构监督管理权力来自其所代表的中央或地方政府的授权,中央和地方政府对本级国有资产监督管理机构授权可以分别采取行政法规、政府规章等方式进行。

因此,从这个角度来讲,在国有资产监督管理上,国务院和地方人民政府最终要对国家负责,而国有资产监督管理机构作为政府的代表要对同级政府负责。因此,涉及重大企业国有产权转让事项的,国有资产监督管理机构还要报请其所代表人民政府审查批准。

三、可以不进场转让的例外及审批

1. 可以不进场的"非公开协议转让"

32号令的相关规定如下:

第31条规定,以下情形的产权转让可以采取非公开协议转让方式:(1)涉及主业处于关系国家安全、国民经济命脉的重要行业和关键领域企业的重组整合,对受让方有特殊要求,企业产权需要在国有及国有控股企业之间转让的,经国资监管机构批准,可以采取非公开协议转让方式;(2)同一国家出资企业及其各级控股企业或实际控制企业之间因实施内部重组整合进行产权转让的,经该国家出资企业审议决策,可以采取非公开协议转让方式。

第32条规定,采取非公开协议转让方式转让企业产权,转让价格不得低于经核准或备案的评估结果。以下情形按照《公司法》、企业章程履行决策程序后,转让价格可以资产评估报告或最近一期审计报告确认的净资产值为基础确定,且不得低于经评估或审计的净资产值:(1)同一国家出资企业内部实施重组整合,转让方和受让方为该国家出资企业及其直接或间接全资拥有的子企业;(2)同一国有控股企业或国有实际控制企业内部实施重组整合,转让方和受让方为该国有控股企业或国有实际控制企业及其直接、间接全资拥有的子企业。

2. 对于增资时进场"遴选"的特别说明

根据32号令的规定,企业国有资产交易应当在依法设立的产权交易机构中公开进行,这里的

“企业国有资产交易”行为包括企业产权转让、企业增资、企业资产转让三类：

(1)履行出资人职责的机构、国有及国有控股企业、国有实际控制企业转让其对企业各种形式出资所形成权益的行为；

(2)国有及国有控股企业、国有实际控制企业增加资本的行为，政府以增加资本金方式对国家出资企业的投入除外；

(3)国有及国有控股企业、国有实际控制企业的重大资产转让行为。

可见，增资是要“进场”的，但是进场增资的方式却是多样化的，也就是法律并未对“遴选方式”进行限制，可以自行确定：“企业增资应当符合国家出资企业的发展战略，做好可行性研究，制定增资方案，明确募集资金金额、用途、投资方应具备的条件、选择标准和遴选方式等。增资后企业的股东数量须符合国家相关法律法规的规定。”

四、“手拉手”进场问题

实践中，企业国有产权进入产权交易市场公开交易时出现转让方和受让方“手拉手”进场问题，即转让方和受让方在进入产权交易市场公开交易前已经就企业国有产权转让事项达成协议，双方为符合必须进入公开市场交易的强制性规定，一起进入产权交易市场“走走过场”。

由于产权转让的非单一性(可能是改制中的重要一步)及现实复杂性(含有产权层面的不确定因素及特殊企业的职工特别安置等情况)，除特殊情况下必须由特定的受让方受让，才更有利于或才能确保改制、产权转让后企业发展和职工利益保护之外，转让方和受让方“手拉手”进场。

一方面，可能导致国有资产的流失，因为企业国有产权的转让价格，在真正公开的市场中才能最大化。转让方和受让方“手拉手”进场实质是采用了协议转让方式，这种转让方式缺乏国有资产管理部门的监管和市场的检验，极有可能使国有资产流失。

另一方面，转让方和受让方“手拉手”进场，侵害了其他潜在受让方的利益。企业国有产权进场交易，给予了所有潜在受让方受让国有产权的机会，而转让方和受让方“手拉手”进场，无形中剥夺了其他潜在受让方受让国有产权的权利，影响了市场的优化资源配置作用。

为防止转让方和受让方“手拉手”进场，268号文(已失效)对企业国有产权转让信息公开披露和意向受让方的登记管理作了特别规定，保证企业国有产权转让信息披露的充分性和广泛性，有利于防止这一问题发生。企业国有产权转让相关批准机构必须加强对转让公告内容的审核，产权交易机构也应当加强对企业国有产权转让信息披露的管理。

产权转让公告应由产权交易机构按照规定的渠道和时间公开披露，对于重大的产权转让项目或产权转让相关批准机构有特殊要求的，转让方可以与产权交易机构通过委托协议另行约定公告期限，但不得少于20个工作日。转让公告期自报刊发布信息之日起计算。产权转让公告发布后，转让方不得随意变动或无故提出取消所发布信息。因特殊原因确需变动或取消所发布信息的，应当出具相关产权转让批准机构的同意或证明文件，并由产权交易机构在原信息发布渠道上进行公告，公告日为起算日。在产权转让公告中提出的受让条件，不得出现具有明确指向性或违反公平竞争的内容。企业国有产权转让信息公开披露后，有关方面应当按照同样的受让条件选择受让方。

对意向受让方的登记管理问题进行特别规定，将有利于保证有关方面能够按照公开、公正、公平的原则参与企业国有产权交易。产权交易机构不得将对意向受让方的登记管理委托转让方或其他方面进行。对征集到的意向受让方由产权交易机构负责登记管理，并与转让方按照有关标准和要求对登记的意向受让方共同进行资格审查，确定符合条件的意向受让方的数量。在对意向受让方的登记过程中，产权交易机构不得预设受让方登记数量或以任何借口拒绝、排斥意向受让方进行登记。同样，转让方在转让条件中也不得预设受让方的数量，或对受让方规定不同的产权转让条件，实行差别对待。

五、股东行使优先购买权问题

企业国有产权进入产权交易市场公开交易,征集到适合的受让方时,涉及企业股东行使优先购买权的问题。如果转让方和受让方的产权转让协议侵犯了股东的优先购买权,将极有可能导致产权转让协议无效。

实践中,在国有产权进场交易时,应在招标文件中注明交易成功的条件,其中包括股东优先购买权的行使。实践中,在产权交易前,产权交易所一般要求股东会应当事先做出同意转让的决议,相关股东声明放弃优先购买权。如果未放弃,则在招标结束后,转让方会给享有优先购买权的股东发函,要求其在5日内决定是否放弃行使优先购买权,如不放弃,则享有优先购买权的股东应在1个月内决定是否购买转让的产权,转让价格一般不得低于原投标方最后投标的价格。如果享有优先购买权的股东表示放弃行使优先购买权,则股权转让方和受让方可按照招投标协议签订国有产权转让协议。

这里还涉及股东可否部分行使优先购买权的问题,即享有优先购买权的股东可否就部分待转让产权行使优先购买权。笔者认为,《公司法》赋予股东优先购买权,主要是考虑到有限责任公司具有较重的人合色彩,但股东行使部分购买权将有可能影响转让产权的价格,因此不应当允许股东行使部分优先购买权。

六、清产核资与资产评估

企业国有产权转让之前必须进行清产核资。企业国有产权转让一定要进行资产评估。资产评估在防止国有资产流失上发挥着重要作用:

(1)评估报告是确定企业国有产权转让价格的参考依据。

(2)在产权交易过程中,资产评估结果是确定拍卖保留价和标底的重要参考依据。

(3)资产评估是国有资产监督管理机构对企业国有产权交易定价进行监管,防止交易过程中国有资产流失的重要依据。在企业国有产权交易过程中,当交易价格低于评估结果的90%时,应当暂停交易,只有当获得相关产权转让机构同意后方可继续进行交易。

关于清产核资与资产评估的详细阐述,详见前一节“国企改制中的法律问题”。

七、信息披露

32号令对信息披露进行了详细的规定。

1. 披露原则

产权转让原则上不得针对受让方设置资格条件,确需设置的,不得有明确指向性或违反公平竞争原则,所设资格条件相关内容应当在信息披露前报同级国资监管机构备案,国资监管机构在5个工作日内未反馈意见的视为同意。

2. 披露内容

转让方披露信息包括但不限于以下内容:(1)转让标的基本情况;(2)转让标的企业的股东结构;(3)产权转让行为的决策及批准情况;(4)转让标的企业最近一个年度审计报告和最近一期财务报表中的主要财务指标数据,包括但不限于资产总额、负债总额、所有者权益、营业收入、净利润等(转让参股权的,披露最近一个年度审计报告中的相应数据);(5)受让方资格条件(适用于对受让方有特殊要求的情形);(6)交易条件、转让底价;(7)企业管理层是否参与受让,有限责任公司原股东是否放弃优先受让权;(8)竞价方式,受让方选择的相关评判标准;(9)其他需要披露的事项。

3. 责任归属

转让方应当按照要求向产权交易机构提供披露信息内容的纸质文档材料,并对披露内容和所提供材料的真实性、完整性、准确性负责。产权交易机构应当对信息披露的规范性负责。

4. 底价要求

产权转让项目首次正式信息披露的转让底价,不得低于经核准或备案的转让标的评估结果。

5. 未征集到受让方的规定

信息披露期满未征集到意向受让方的，可以延期或在降低转让底价、变更受让条件后重新进行信息披露。

降低转让底价或变更受让条件后重新披露信息的，披露时间不得少于20个工作日。新的转让底价低于评估结果的90%时，应当经转让行为批准单位书面同意。

转让项目自首次正式披露信息之日起超过12个月未征集到合格受让方的，应当重新履行审计、资产评估以及信息披露等产权转让工作程序。

6. 延长时间

在正式披露信息期间，转让方不得变更产权转让公告中公布的内容，由于非转让方原因或其他不可抗力因素导致可能对转让标的价值判断造成影响的，转让方应当及时调整补充披露信息内容，并相应延长信息披露时间。

7. 期满的法律后果

产权转让信息披露期满、产生符合条件的意向受让方的，按照披露的竞价方式组织竞价。竞价可以采取拍卖、招投标、网络竞价以及其他竞价方式，且不得违反国家法律法规的规定。

8. 预披露的特别规定

产权转让原则上通过产权市场公开进行。转让方可以根据企业实际情况和工作进度安排，采取信息预披露和正式披露相结合的方式，通过产权交易机构网站分阶段对外披露产权转让信息，公开征集受让方。其中正式披露信息时间不得少于20个工作日。

因产权转让导致转让标的企业的实际控制权发生转移的，转让方应当在转让行为获批后10个工作日内，通过产权交易机构进行信息预披露，时间不得少于20个工作日。

信息预披露应当包括但不限于：

(1)转让标的基本情况；

(2)转让标的企业的股东结构；

(3)产权转让行为的决策及批准情况；

(4)转让标的企业最近一个年度审计报告和最近一期财务报表中的主要财务指标数据，包括但不限于资产总额、负债总额、所有者权益、营业收入、净利润等(转让参股权的，披露最近一个年度审计报告中的相应数据)；

(5)受让方资格条件(适用于对受让方有特殊要求的情形)。

八、竞价方式的选择

实务中，企业国有产权转让的挂牌方通常在挂牌内容中表明：挂牌期满，如征集到两个及以上符合条件的意向受让方，则挂牌期满后，在5个工作日内选择竞价方式(网络竞价、拍卖、招投标或评审)之一确定受让方。此处涉及了企业国有产权转让的竞价方式选择问题。以北京产权交易所为例，根据我国相关法律法规及北京产权交易所有关文件及实务操作：

1. 竞价

竞价，是各种非协议转让方式的统称。《企业国有产权交易操作规则》第32条规定："产权转让信息公告期满后，产生两个及以上符合条件的意向受让方的，由产权交易机构按照公告的竞价方式组织实施公开竞价；只产生一个符合条件的意向受让方的，由产权交易机构组织交易双方按挂牌价与买方报价孰高原则直接签约……"不同竞价方式的选择，应当提前在产权转让公告中确定。

2. 网络竞价

北京产权交易所《企业国有产权转让网络竞价实施办法》第3条第1款规定："本办法所称的

网络竞价,是指产权转让信息正式披露(以下简称‘信息披露’)公告期满,产生两个及以上符合条件的竞买人,由北交所依据公告的竞价方式,通过北交所指定的网络竞价系统,组织竞买人竞争受让转让标的的行为。网络竞价的方式主要包括多次报价、一次报价、权重报价等。”

3. 拍卖

《拍卖法》(2015 年修正)第 3 条规定:“拍卖是指以公开竞价的形式,将特定物品或者财产权利转让给最高应价者的买卖方式。”

北京产权交易所《企业国有产权转让拍卖实施办法》第 13 条规定:“信息披露公告期满征集到两个及以上符合条件的竞买人的,由拍卖机构主持拍卖”。

4. 招投标

招投标是招标与投标的统称。关于招标与投标,我国相关法律法规进行了详细的规定。

《企业国有产权交易操作规则》第 14 条规定:“产权转让公告中应当明确在征集到两个及以上符合条件的意向受让方时,采用何种公开竞价交易方式确定受让方。选择招投标方式的,应当同时披露评标方法和标准。”《招标投标法》(2017 年修正)第 40 条规定:“评标委员会应当按照招标文件确定的评标标准和方法,对投标文件进行评审和比较;设有标底的,应当参考标底。评标委员会完成评标后,应当向招标人提出书面评标报告,并推荐合格的中标候选人。招标人根据评标委员会提出的书面评标报告和推荐的中标候选人确定中标人。招标人也可以授权评标委员会直接确定中标人。国务院对特定招标项目的评标有特别规定的,从其规定。”可见,招投标活动中的“评审”,系对相关投标文件内容的甄别,不同于下述评审的竞价方式。

5. 评审

《招标投标法》(2017 年修正)第 17 条第 1 款规定:“招标人采用邀请招标方式的,应当向三个以上具备承担招标项目的能力、资信良好的特定的法人或者其他组织发出投标邀请书。”评审,是实践中当意向受让方不足三人,而为两人时,对招投标灵活运用的一种竞价方式。

6. 常用竞价方式比较

表 8-1 以笔者在北京产权交易所操作的一些产权转让项目为例(具体操作时请查询相关机构官方公布的最新规范性文件)。

表 8-1　常用竞价方式比较

竞价方式	费用	耗时	分析	依据
网络竞价	约为成交价的 2%	委托竞价机构后 5 个工作日内,确定交易合同条款等事项;其后的电脑系统竞价时间很短	1. 节省转让成本; 2. 时间短; 3. 风险可控; 4. 公平,不留转让后遗症	北京产权交易所《企业国有产权转让网络竞价实施办法》
拍卖	约为成交价的 5%	拍卖机构确定后,在拍卖日的 7 日前发布拍卖公告; 其后对申请参加的意向受让方进行认定、组织拍卖等,时间相对较短	1. 与网络竞价方式效果类似; 2. 但较为耗时; 3. 且成本较高	北京产权交易所《企业国有产权转让拍卖实施办法》
招投标	约为成交价的 3%,最低 × × 元,另付至少 5 位专家费,每位约 × × 元	确定招标机构后,评标委员会的选定、编制招标文件,报送北京产权交易所审批等事项,耗时较长且不确定	1. 成本高; 2. 形式上公正,实务中有时难以达到让各个意向受让方均认可的公正; 3. 适用于某些复杂、有特殊要求的项目	《企业国有产权交易操作规则》

九、签订转让合同应当注意的问题

企业国有产权转让合同应当包括以下主要内容:(1)转让方与受让方双方的名称与住所;(2)转让标的企业国有产权的基本情况;(3)转让标的企业涉及的职工安置方案;(4)转让标的企业涉及的债权、债务处理方案;(5)转让方式、转让价格、价款支付时间和方式及付款条件;(6)产权交割事项;(7)转让涉及的有关税费负担;(8)合同争议的解决方式;(9)合同各方的违约责任;(10)合同变更和解除的条件;(11)转让方和受让方认为必要的其他条款。

据此,在签订国有企业产权转让合同时,双方要注意以下几个方面:

(1)关于转让标的。鉴于"产权"的概念在理论上和实践中很容易引起歧义,为防止产生误解,双方应当在合同中对转让的产权基本情况进行完整和准确的描述。

(2)职工和债权人虽然不是转让合同的当事人,但他们是利害关系人,是利益相关者,他们的合法权益需要转让方和受让方精诚合作才能得到有效保障,也只有他们的权益得到保障,产权转让合同才能顺利地得到履行。因此,产权转让合同必须真实、完整反映经过职工审议通过的职工安置方案的内容和经过债权人同意的债务处理方案的内容,转让方和受让方不可擅自变更和背离经过职工代表大会审议通过和债权人认可,并经过有关批准部门或机构批准的职工安置方案和债务处理方案。

(3)定价、价款支付方式。96 号文、3 号令(已失效)都对定价和价款支付方式作了明确规定,双方约定不得违反这些规定,否则就可能被确认为无效。

(4)税费的负担。产权转让涉及的税费是一笔不小的财务负担,根据项目情况,双方当事人可以协商确定如何分担。

(5)保密协议。如果产权转让涉及商业秘密的,转让方和受让方应当就转让合同履行期间和转让合同履行后的保密作出明确约定,以确保转让标的企业的商业秘密不致泄露。

(6)保证与担保。在产权交易合同中,受让方通常都会要求转让方对转让产权所涉及权属、资产构成及作价依据等有关文件及资料的真实性、完整性和合法性予以保证,而转让方也要求受让方对价款支付提供担保。这些安排都对合同履行及合同履行过程中可能产生纠纷的解决至关重要,当事人都必须非常慎重。

(7)各时间点的有效确定,如摘牌后何时签约、何时付费、何时交割等。目前,各产权交易机构都备有产权转让格式合同,但企业国有产权交易合同涉及的法律、政策问题非常复杂,各企业情况又差别很大,合同要做到完备非常不容易,因此,在签订合同时,最好能够寻求到专业法律顾问的帮助。合同越完备,合同履行过程中产生纠纷的可能性就越小,才能最大化地降低法律风险。

十、国有产权转让过渡期的特殊性

(一)什么是国有产权转让的过渡期

我国关于国企改制相关的政策法规,对过渡期问题有所规定,但对于国有产权转让的过渡期问题未进行明确界定,而产权转让由于多为向非国有外部投资人挂牌进行,其过渡期反而受到各方利益主体的深入关注。笔者认为,国有产权转让作为国企改制的重要方式和组成部分,应参照执行国企改制相关法律规定。据此,过渡期是指:自评估基准日到改制、产权转让所涉标的企业工商变更(新设①)登记日的期间。

根据既有国有产权转让实务操作案例,受产权交易所的统筹安排及转、受让双方利益博弈影响,有些项目的过渡期被界定为:自评估基准日到产权交割(完成)日。

---

① 各地政策对于企业改制、产权转让的变更登记的要求有所不同,对于某些类型的改制与转让,一些地方市场监管局按企业新设予以处理。

(二)过渡期的相关法律规定

1.《企业公司制改建有关国有资本管理与财务处理的暂行规定》

第2条规定:“本规定所称公司制改建,是指国有企业经批准改建为有限责任公司(含国有独资公司)或者股份有限公司。本规定所称改建企业,是指经批准实行公司制改建的国有企业。本规定所称公司制企业,是指实行公司制改建以后依法设立的有限责任公司(含国有独资公司)或者股份有限公司。本规定所称国有资本持有单位,是指直接持有或者直接管理改建企业国有资本的国家授权的部门或者国家授权投资的机构、国有企业以及其他组织。本规定所称存续企业,是指企业采取分立式改建后继续保留的企业。”

第8条规定:“资产评估结果是国有资本持有单位出资折股的依据,自评估基准日起一年内有效。自评估基准日到公司制企业设立登记日的有效期内,原企业实现利润而增加的净资产,应当上缴国有资本持有单位,或经国有资本持有单位同意,作为公司制企业国家独享资本公积管理,留待以后年度扩股时转增国有股份;对原企业经营亏损而减少的净资产,由国有资本持有单位补足,或者由公司制企业用以后年度国有股份应分得的股利补足。企业超过有效期未能注册登记,或者在有效期内被评估资产价值发生重大变化的,应当重新进行评估。”

2. 60号文

“……为确保国有企业改制工作健康发展,防止国有资产流失,维护职工合法权益,现就进一步规范国有企业改制工作提出以下意见:……(三)国有独资企业实施改制,自企业资产评估基准日到企业改制后进行工商变更登记期间,因企业盈利而增加的净资产,应上交国有产权持有单位,或经国有产权持有单位同意,作为改制企业国有权益;因企业亏损而减少的净资产,应由国有产权持有单位补足,或者由改制企业用以后年度国有股份应得的股利补足。国有控股企业实施改制,自企业资产评估基准日到改制后工商变更登记期间的净资产变化,应由改制前企业的各产权持有单位协商处理……”

(三)过渡期的财务处理

1. 对于国有企业经批准改建为有限责任公司或者股份有限公司,以及主辅分离改制

根据《企业公司制改建有关国有资本管理与财务处理的暂行规定》的规定,原企业实现利润而增加的净资产,应当上交国有资本持有单位,或经国有资本持有单位同意,作为公司制企业国家独享资本公积管理,留待以后年度扩股时转增国有股份;对原企业经营亏损而减少的净资产,由国有资本持有单位补足,或者由公司制企业用以后年度国有股份应分得的股利补足。

2. 对于国有独资企业改制的补充规定

根据60号文的规定,自企业资产评估基准日到企业改制后进行工商变更登记期间,因企业盈利而增加的净资产,应上交国有产权持有单位,或经国有产权持有单位同意,作为改制企业国有权益;因企业亏损而减少的净资产,应由国有产权持有单位补足,或者由改制企业用以后年度国有股份应得的股利补足。

3. 对于国有控股企业改制

根据60号文的规定,自企业资产评估基准日到改制后工商变更登记期间的净资产变化,应由改制前企业的各产权持有单位协商处理。

(四)过渡期实务法律问题

1. 重新评估与补充评估

(1)重新评估

根据《企业公司制改建有关国有资本管理与财务处理的暂行规定》第8条第3款的规定,企业超过有效期(自评估基准日起一年内)未能注册登记(指改制后的公司制企业),或者在有效期内被

评估资产价值发生“重大”变化的，应当重新进行评估。32 号令第 12 条规定：“对按照有关法律法规要求必须进行资产评估的产权转让事项，转让方应当委托具有相应资质的评估机构对转让标的进行资产评估，产权转让价格应以经核准或备案的评估结果为基础确定。”

对于何为“重大”变化，相关政策法规并未明确界定，实务操作时可参考如下相关情况：

第一，3 号令（已失效）第 13 条第 2 款具有一定的参照作用：“在产权交易过程中，当交易价格低于评估结果的 90% 时，应当暂停交易，在获得相关产权转让批准机构同意后方可继续进行。”32 号令第 17 条规定：“产权转让项目首次正式信息披露的转让底价，不得低于经核准或备案的转让标的评估结果。”

第二，根据标的企业情况，对于过渡期可能发生的经济补偿金、审计评估费用、经营费用等，在《产权转让方案》中进行提示，并在挂牌时明确受让方需同意《产权转让方案》。对于该类费用的发生而造成的被评估资产价值减损，不应被视为“重大”变化。

（2）补充评估

评估报告有效期为一年。实务中因审批流程、标的企业现实法律问题等诸多因素，产权转让挂牌时，评估报告有可能接近于失效，而在不到一年的时间里，标的企业可能发生了净资产的“较大”变化。

发生上述情况时，或因出资人、出资人上级主管单位、标的企业的要求，或因意向受让方的主张，可能启动过渡期补充评估。对于该补充评估，笔者认为：

第一，过渡期补充评估一般应针对过渡期损益进行，并非对转让标的再次进行整体评估。

第二，过渡期补充评估的基准日如果发生在挂牌前，必须重新申请评估核准或者备案，以作为定价依据，这时的“补充评估”相当于“重新评估”。

第三，原则上，过渡期补充评估的基准日如果发生在挂牌后，则：

①从产权转让定价的角度：不应重新申请评估核准或者备案以作为定价依据。评估报告经核准或者备案后，作为确定企业国有产权转让价格的参考依据。此时重申意味着被评估资产价值发生“重大”变化；同时，重申亦会导致挂牌价的变动，这样会有违国家政策法规规定。32 号令第 12 条规定：“对按照有关法律法规要求必须进行资产评估的产权转让事项，转让方应当委托具有相应资质的评估机构对转让标的进行资产评估，产权转让价格应以经核准或备案的评估结果为基础确定。”

②从国资评估监管角度：应当经过核准或者备案。

第四，从过渡期补充评估的结果分析判断出：资产价值发生“重大”变化，则无论处于哪一时点，应再次启动“重新评估”、重走挂牌流程。

第五，以上主要是从国有产权角度分析。实践中，当资产价值发生“重大”变化时，不仅应在挂牌时予以提示，还应当在产权交易合同中列明相关风险及处理方式，以免国有出资人对受让方违约。

2. 由谁负责补足过渡期减少的净资产

对于国有产权转让而言，根据我国相关政策法规：因企业盈利而增加的净资产，一般应上缴国有产权持有单位。对于减少净资产：（1）当仅有国有出资人时，一般应由国有产权持有单位补足。（2）存在国有出资人和非国有出资人时，应由产权转让前标的企业的各产权持有单位协商处理。

3. 向谁补足过渡期减少的净资产

就此问题我国法律法规未进行明确界定，从财务角度出发并根据实际案例，如果涉及国有出资人补足过渡期减少的净资产问题，则应向受让方补足，而非补给标的企业。

十一、国有产权转让的法律意见书

(一)法律意见书为必备文件

根据相关规定,律师事务所出具的法律意见书是批准转让的有关机构决定或者批准企业国有产权转让行为的必备的法律文件之一,因此,进行企业国有产权报批时,律师事务所就企业国有产权转让出具的法律意见书是不可缺少的。

企业产权转让涉及非常多的专业法律问题,为有效确保企业国有产权转让依法合规,公平与公正维护各方当事人的合法权益,有关部门和国有资产监督管理机构明确由律师进行专业法律审查,并出具法律意见书作为企业国有产权转让的前置程序,要求所有企业国有产权转让都有专业律师从法律上进行把关。

根据32号令的规定,当出现如下两种情形时,法律意见书是必备的:其一,国资监管机构批准、国家出资企业审议决策采取非公开协议方式的企业产权转让行为时,应当审核法律意见书;其二,国资监管机构批准、国家出资企业审议决策采取非公开协议方式的企业增资行为时,应当审核法律意见书。

从法律规定可见,法律意见书的强制性降低了,但是,实务之中还是要出具的,下面依然以3号令(已失效)中较为详细的规定,对法律意见书中的注意事项进行梳理,以供参考。

(二)法律意见书的内容

一份完整的产权转让的法律意见书,一般应当反映以下几个方面的内容:

(1)转让方、标的企业的主体资格。法律意见书应当对转让方是否是转让产权的合法持有人,是否有资格作为产权转让合同当事人进行审查并发表意见;并对标的企业的合法存续等情况发表法律意见。

(2)转让标的、转让方式及转让定价是否依法合规。法律意见书应当就转让标的是否符合有关法律、法规和规章规定的转让条件,是否可以按照转让方案规定的转让方式进行转让进行审查,并发表法律意见;并对定价方式合法性发表法律意见。

(3)转让方案中职工安置方案和债权、债务处理方案是否合法。职工安置方案和债权、债务处理方案是企业国有产权转让方案中必须反映的内容,也是企业国有产权转让时必须要处理好的主要法律问题,转让方案有关这些法律关系处理是否符合有关法律、法规和规章的规定,法律意见书应当进行审查并发表法律意见。

(4)就本次转让是否已履行完毕职工代表大会通过、审批决策、评估备案等手续,发表法律意见。

(5)产权转让方案规定的转让程序安排是否依法合规。除了对实体问题进行法律审查外,对于企业国有产权转让程序上安排是否依法合规,也应当进行审查,并发表法律意见书。

(6)结论。法律意见书对企业国有产权转让方案涉及的主要法律问题进行审查后,最终应当对转让方案、有关法律问题和产权转让合法性做出法律上的整体判断性结论。

(三)法律意见书出具实务中的问题

1. 出具时点问题

实践中,因转让方及上级单位有关决策程序的顺序安排不同,以及相关项目的特殊性,出具法律意见书存在“出具时点”问题:(1)标的企业、出资人及审批单位的任何文件均未做出时;(2)仅有审批单位原则批复时;(3)仅有标的企业做出决策时;(4)仅有出资人做出决策时;(5)审计评估已完成、评估备案未取得,相关决策均未做出时;(6)部分决策已做出、审计评估未完成时……可谓差异巨大。

相关政策法规,并未对法律意见书出具的时点作出明确要求,只能从法规的字面意思去理解判断:法律意见书出具前,应当是“转让企业国有产权的有关决议文件”和“企业国有产权转让方案”已经存在。但实际操作中相当数量的企业无法满足上述两项基本要求。

笔者根据实务操作经验建议,律师此时需要特别注意的是:产权转让前需签署的法律文件是不齐备的,律师仅应就当时所掌握的有关情况,据实发表法律意见,将产权转让还需完善的手续在法律意见书中予以列明,而不能就产权转让发表已整体合法的法律意见。对于缺失文件较多、无法发表产权转让法律意见的,可以就产权转让前期的准备工作等情况,发表法律意见或做出法律建议,待材料完备时,再行发表正式的产权转让法律意见。

2. 无转让方案问题

实践中,一些国有企业进行产权转让不制作转让方案,而是直接进行,直至正式挂牌前才被产权交易所要求提供律师出具的法律意见书,在此种情况下,产权转让前的相关手续通常会有所缺失或错误。律师应谨慎接受单项法律意见书出具业务的委托;如接受,亦应明确要求委托人补齐所缺手续和法律文件,如判断其无法达到律师要求,应当明确拒绝接受委托,避免执业风险。

对于特殊情况下无产权转让方案的产权转让,律师接受委托后,应当尽职尽责,审查全部政策法规及产权交易机构要求的法律文件,尤其是职工安置方案及转让相关的全部决策及批复性法律文件,以客观判断产权转让的合法性。

3. 实务案例

律师出具产权转让法律意见书前,需对企业挂牌若干基础性法律文件进行审查,如企业经初步审核判断不具备挂牌条件,则律师应当拒绝出具法律意见书,或出具有保留意见的法律意见书。以笔者拒绝接受委托的某企业挂牌事项为例,其存在如下问题(实务中的问题绝非仅限如下几种),可供相关领域人士参考:

基本情况:

A 有限责任公司(标的企业),股东情况:

(1)转让前:B 国有出资人持股 49%,C 非国有出资人持股 51%;

(2)转让后:B 本次转让 14% 股权(此次挂牌的股权),转让后为 35%。

意向受让方:D。

存在问题:

(1)转让申请书中的净资产与评估报告中的不一致。

(2)挂牌价格未具体化。应当具体确定,比如,等于或比评估值略高:9000 万元 × 14%(转让 14% 股权)= 1260 万元。

(3)转让价款可由 D 打入北京产权交易所,但实际上价款在挂牌前就已打入了 B 的账上。

(4)A 的营业执照缺少最近一年的年检章。

(5)A 的国有产权登记证缺少最新的年检章。

(6)B 的上级集团公司批复称:同意“协议转让”而非“挂牌”。

(7)转让方案中已锁定了受让方。

(8)本次转让,经 A 的董事会决议通过,而非经股东会决议通过。

(9)缺少 B 的总经理办公会决议。

(10)评估报告已过有效期。

十二、产权转让中的律师作用

(一)转让方案制定

企业国有产权转让涉及的法律与政策都非常复杂,企业国有产权转让要依法合规进行。从法律角度上讲,产权转让方案至少包括两方面的基本内容:一是对产权转让合法合规性进行分析论证;二是对转让涉及各种法律关系如何妥善处理提出解决的法律方案。因此,在产权转让方案制定过程中,专业律师提供的法律服务是不可缺失的。

(二)法律意见书的出具

1. 转让方案编制前,应当有专业律师的尽职调查

尽职调查是律师制作转让方案和出具法律意见书之前必须要做的基础工作。律师出具法律意见书时,对法律意见书的受众负有审慎注意义务,法律意见书对其所反映的事实和结论不得有欺诈、不实陈述或误导的成分,否则要承担相应的法律责任。因此,在出具法律意见书之前,律师应当对其法律意见书要反映事实作审慎调查,核实其真实性、合法性和完整性。转让方应当协助配合律师工作,对其要求律师发表法律意见的事项根据律师的要求提供相关资料,并对资料的真实性、合法性和完整性负责,律师也应根据自己专业知识对相关资料进行综合分析、澄清、核实。

2. 在尽职调查基础上,出具法律意见书

在决定或者批准企业国有产权转让行为过程中,报批的企业要提供律师事务所出具的法律意见书,批准机构在决定或者批准前应当对该法律意见书进行审查,以决定是否批准企业国有产权转让行为。律师事务所就企业国有产权转让出具的法律意见书,是企业国有产权转让报批必须要提供的法律文件。

(三)主协调人作用

国资委出版的《企业国有产权转让操作指南》明确规定,转让方可以聘请专业律师作为主协调人,将整个转让方案制定和法律意见书的出具及产权转让全程的专业服务都“一揽子”承担。

实际操作时,在产权转让过程中会发生诸多现实法律问题,如评估委托障碍、产权归属不清、相关决策机构不明或决策难以做出、与意向受让方谈判僵局、转让合同的签订争议及执行争议等。有专业律师的全程服务和支持,不仅可以确保整个产权转让过程依法合规,而且可以大大提高工作效率。

十三、产权转让应提交交易所的法律文件

产权转让应提交交易所的法律文件如下:

(1)《产权转让信息发布申请书》;

(2)转让方和转让标的企业法人营业执照;

(3)转让标的企业国有资产产权登记证;

(4)转让方的内部决策文件(转让方董事会决议及章程);

(5)产权转让有权批准机构同意产权转让的批复或决议;

(6)转让标的企业为有限责任公司的,提交标的企业的股东会决议和公司章程;转让标的企业为中外合资或中外合作企业的,提交标的企业的董事会决议和公司章程;

(7)涉及职工安置的,提交标的企业职工(代表)大会决议;

(8)转让标的企业资产评估报告,资产评估项目核准表或备案表;

(9)转让标的企业审计报告;

(10)向转让标的企业法定代表人转让的,提交法定代表人的经济责任审计报告;

(11)《产权交易委托合同》;

(12)律师事务所出具的《法律意见书》;

(13)相关交易所要求的其他文件。

十四、对32号令的补充说明

32号令,系为规范企业国有资产交易行为,加强企业国有资产交易监督管理,防止国有资产流

失,根据《企业国有资产法》《公司法》《企业国有资产监督管理暂行条例》等有关法律法规制定,可以说是对原来的3号令(已失效)的更新版本。

32号令首次从定义、产权转让、交易统一等方面进行了规范,与3号令(已失效)相比,就国有资产交易方式、增资扩股与资产转让作出了明确的规定,对于律师而言,产权转让、增资,都需要出具《法律意见书》,而资产转让的法律意见并非必需。

1. 明确国有资产交易行为包括企业产权转让、增资及资产转让

32号令第3条规定,企业国有资产交易行为包括:

(1)履行出资人职责的机构、国有及国有控股企业、国有实际控制企业转让其对企业各种形式出资所形成权益的行为;

(2)国有及国有控股企业、国有实际控制企业增加资本的行为,政府以增加资本金方式对国家出资企业的投入除外;

(3)国有及国有控股企业、国有实际控制企业的重大资产转让行为。

2. 明确增资及资产转让应当进场交易

32号令第2条规定,企业国有资产交易应当在依法设立的产权交易机构中公开进行,国家法律法规另有规定的从其规定。同时,32号令第39条明确了企业增资通过产权交易机构网站对外披露信息公开征集投资方的,信息公告时间不得少于40个工作日,并明确了信息披露应包含的主要内容;第48条明确了企业一定金额的实物资产转让,应当按照企业内部管理制度履行相应决策程序后,在产权交易机构公开进行。

此外,32号令第45条、第46条分别就非公开协议方式增资予以明确规定。

其中,第45条规定:如下情形,经同级国资监管机构审批,可以采取非公开协议方式进行增资。(1)因国有资本布局结构调整需要,由特定的国有及国有控股企业或国有实际控制企业参与增资;(2)因国家出资企业与特定投资方建立战略合作伙伴或利益共同体需要,由该投资方参与国家出资企业或其子企业增资。

第46条规定:以下情形经国家出资企业审议决策,可以采取非公开协议方式进行增资。(1)国家出资企业直接或指定其控股、实际控制的其他子企业参与增资;(2)企业债权转为股权;(3)企业原股东增资。

同时,32号令第48条中规定,涉及国家出资企业内部或特定行业的资产转让,确需在国有及国有控股、国有实际控制企业之间非公开转让的,由转让方逐级报国家出资企业审核批准。

3. 首次提出了增资扩股的审批权限、交易流程及定价原则

32号令第34条规定,国家出资企业的增资,由国资委审批。因增资致使国家不再拥有所出资企业控股权的,须由国资监管机构报本级人民政府批准。第35条规定,国家出资企业决定其子企业的增资行为。其中,对主业处于关系国家安全、国民经济命脉的重要行业和关键领域,主要承担重大专项任务的子企业的增资行为,须由国家出资企业报同级国资监管机构批准。增资企业为多家国有股东共同持股的企业,由其中持股比例最大的国有股东负责履行相关批准程序;各国有股东持股比例相同的,由相关股东协商后确定其中一家股东负责履行相关批准程序。

32号令第36~38条等明确规定,企业增资应做好可行性研究,制定增资方案,明确募集资金金额、用途、投资方应具备的条件、选择标准和遴选方式等。增资应由增资企业按照企业章程和内部管理制度进行决策,形成书面决议。增资企业应委托具有相应资质的中介机构开展审计和资产评估。32号令第38条同时规定,以下情形可以依据评估报告或最近一期审计报告确定企业资本及股权比例:(1)增资企业原股东同比例增资的;(2)履行出资人职责的机构对国家出资企业增资的;(3)国有控股或国有实际控制企业对其独资子企业增资的;(4)增资企业和投资方均为国有独

资或国有全资企业的。

同时,32 号令第 43 条规定,投资方以非货币资产出资的,应当经增资企业董事会或股东会审议同意,并委托具有相应资质的评估机构进行评估,确认投资方的出资金额。

4. 首次明确转让方为多家国有股东共同持股的企业的产权转让审批权限

32 号令第 8 条明确规定,转让方为多家国有股东共同持股的企业,由其中持股比例最大的国有股东负责履行相关批准程序;各国有股东持股比例相同的,由相关股东协商后确定其中一家股东负责履行相关批准程序。

5. 明确国有资产交易信息预披露和正式披露相结合的原则,分阶段对外披露资产交易信息

32 号令首次明确提出,国有资产交易根据企业实际情况和工作进度安排,采取信息预披露和正式披露相结合的方式,通过产权交易机构网站分阶段对外披露资产交易信息,公开征集受让方。其中:

A. 产权(股权)转让——正式披露信息时间不得少于 20 个工作日(国有不再控股/实际控制权转移,前面再加 20 个工作日的预披露,需要转让方在转让行为获批后 10 个工作日内提交预披露)。

B. 增资——正式披露信息时间不得少于 40 个工作日。

C. 资产转让:

(1)转让底价高于 100 万元、低于 1000 万元的资产转让项目,信息公告期应不少于 10 个工作日;

(2)转让底价高于 1000 万元的资产转让项目,信息公告期应不少于 20 个工作日;

(3)北京产权交易所实务:低于 100 万元的,不少于 5 个工作日。

6. 企业国有产权转让、增资应当对产权转让方案或增资方案出具法律意见书(不含“企业资产转让”,但并不是禁止,甚至提倡出具)

32 号令明确规定,国有资产监督管理机构批准、国家出资企业审议决策采取非公开协议方式的企业产权转让行为、增资行为时,应当审核有关产权转让行为或增资行为的法律意见书。60 文亦明确规定,企业改制必须对改制方案出具法律意见。3 号令(已失效)也明确提出,决定或批准企业国有产权转让行为,应当审查律师事务所出具的法律意见书。

由此可见,32 号令进一步强化了依法规范、阳光操作这一产权改革的主旋律。借助律师事务所的独立第三方力量出具法律意见书,对国有资产交易的合法性、合规性发表法律意见,对规范交易行为,防止国有资产损失,保护职工、债权人的合法权益等具有重要意义。[①]

7. 对投资方的选择

(1)“竞价”语境[3 号令(已失效)],称为:网络竞价(价高者得)、拍卖(实物)、招投标(特殊需求)、评审(两家)、动态报价(预防流标)。

(2)“遴选”语境(32 号令中的增资部分),称为:竞价(价高者得)、竞争性谈判(取自政府采购语境下的竞争性磋商,可排名、可无打分、可投票)、综合评议(有打分、类似于招投标、企业可自行组织)。

第三节　律师承办国企改制与产权转让业务指引[②]

国企改制与产权转让存在交叉包容的关系,国企改制的一个过程、一种方式便是产权转让;产

---

① 摘自笔者相关讲义。

② 参考中华全国律师协会相关指引、笔者参与编写的某律师事务所相关业务指引及笔者操作实务。

权转让法律行为中的一种形态便是国企改制。律师承办相关业务需要遵守一般性的法律规定，更需要遵守国有资产管理的特别法律规定。

律师承办国企改制与产权转让业务指引

第一章 总 则

一、宗旨

为指导律师事务所律师承办国有企(事)业改制重组与产权转让业务，规范律师执业行为，保障律师依法履行职责，充分发挥律师在相关业务领域的作用，依据《中华人民共和国公司法》、《关于进一步规范国有企业改制工作的实施意见》(国办发〔2005〕60号)及其他相关法律、法规、规章、规范性政策文件的规定，制定本指引。

二、定义及业务范围

(一)本指引所称律师承办国有企(事)业改制重组与产权转让业务，是指律师事务所接受改制重组企业(含事业单位，下同)、产权持有单位、其他改制重组当事人的委托，指派律师为委托人提供与国有企业改制(含重组，下同)相关的法律服务，包括产权转让辅助服务。

(二)律师承办国有企业改制与产权转让业务包括但不限于下列范围：

1. 开展尽职调查，编制《尽职调查报告》；

2. 协助产权持有单位或改制企业完成国有产权界定的工作，代理产权持有单位或改制企业处理国有产权方面的纠纷；

3. 制作《改制方案》《职工安置方案》，涉及国有产权转让的，制作《国有产权转让方案》；

4. 编制各类规范性法律文书，参与谈判，审核其他交易方提供的材料或法律文件；

5. 依法对产权持有单位或改制企业报批的《改制方案》《国有产权转让方案》出具《法律意见书》，涉及职工安置的，一并发表意见；

6. 对改制企业的职工(代表)大会、董事会、股东会，或解除劳动合同等事宜进行见证，并出具见证意见，协助完成国有企业各项内部审核与批准程序；

7. 协助改制方案、国有产权转让方案的实施和完成产权交易工作，协助公司或企业办理工商变更登记手续。

三、工作原则

(一)律师应当坚持“以事实为根据，以法律为准绳”的原则，并依据国家相关部门制定的规范性政策文件，在委托人的授权范围内，独立进行工作，发表法律意见。

(二)律师应以谨慎勤勉、尽职尽责、实事求是的态度，为委托人提供独立、优质、高效的综合性法律服务。

(三)律师应当依法执业，遵守国家法律、行政法规、地方性法规、自治条例和单行条例、部门规章和地方规章的规定。

(四)律师应当协助改制企业维护社会稳定，保证企业改制重组工作顺利进行。

(五)律师应当按照律师执业道德规范要求，保守国家秘密和改制企业及委托人的商业秘密。

(六)律师应当坚持和遵循事前法律风险防范、事中法律风险控制和事后法律风险补救的工作原则。

(七)律师应当尊重同行，同业互助，自觉维护律师行业的社会声誉，不得开展不正当竞争。

(八)律师如遇改制企业资产权属或债权、债务等的诉讼、仲裁，可以提供帮助，积极维护改制企业的合法权益。

(九)律师可以在从事改制与产权转让业务时，另行接受诉讼代理或仲裁代理的委托。如果涉及利益冲突，应遵守律师业务利益冲突相关规则。

(十)如遇同一改制企业的业务,律师事务所应当避免同时接受产权主体、改制企业或其他利益相关方的委托。

四、委托程序

(一)受理相关业务应当以律师事务所的名义接受委托,并组织两名以上的律师或其他专业人员组成项目工作团队提供服务,律师不得私自接受委托。

(二)律师事务所接受委托后应与委托人订立书面《委托合同》,明确约定委托事项、承办律师、提供法律服务的方式和范围、双方的权利和义务以及收费金额等委托事项。

(三)律师事务所与委托人订立书面《委托合同》后,根据委托事项的情况,在充分尊重委托人意见的前提下确定承办律师。

律师事务所变更承办律师应当经委托人同意。

(四)律师可与委托人协商收费,收费应当充分考虑改制企业规模、资产标的、服务内容及创新性等方面的相关情况。

五、特别事项

(一)本指引旨在向律师提供办理国有企业改制和产权转让业务方面的经验,对相关业务予以规范,降低事务所及律师的执业风险,律师应当严格执行。

(二)律师可以主协调人身份全程参与国企改制与产权转让过程,依据委托人的授权,全面主导改制工作组的活动,安排会计师事务所、资产评估机构等中介机构的相关工作,协调各中介机构的活动,以充分发挥律师在该业务领域中的作用。

(三)律师从事与国有企业改制与产权转让业务有关的法律服务时,可参照本指引执行。

第二章　国有企业改制重组与产权转让业务

第一节　尽职调查与编制报告

六、尽职调查的概念

本指引所称尽职调查,专指法律尽职调查,即在国有企业改制过程中,律师依据改制企业的改制、产权交易等计划,通过对相关资料、文件、信息以及其他事实情况的收集,从法律或规范性政策文件的角度进行调查、研究、分析和判断。

七、尽职调查的原则

律师开展尽职调查应当遵循几个基本原则:

(一)独立性原则。律师开展尽职调查,应当独立于委托人意志,独立于审计、评估等其他中介机构。

(二)审慎原则。在尽职调查过程中,律师应持审慎的态度,保持合理怀疑。

(三)专业性原则。在尽职调查过程中,律师应当结合自身优势从法律角度作出专业的判断。

(四)避免利益冲突原则。律师应履行利益冲突审查义务,在提供服务过程中或服务结束后不应利用获悉的相关信息获取任何利益,也不应在提供服务过程中,代理与产权持有单位或改制企业有直接或间接利益冲突关系的单位或个人的任何诉讼或非诉讼事务。

八、调查方式

律师开展尽职调查,应要求被调查对象在合理或约定时间内向律师提供真实、完整的资料原件或与原件审核一致的复印件。

律师通过对相关被调查人进行口头询问,或对被调查事项进行现场勘查等方式了解情况。律师制作的谈话记录、现场勘查记录等文件材料,除非有相关人员或部门的书面保证或书面证明,否则不能作为制作《尽职调查报告》的依据。

九、调查事项

律师开展尽职调查,一般应当涉及下列事项:

(一)对"设立、沿革和变更情况"的核查,应包括但不限于下列文件(必要时需要辅之以企业工商登记的查询资料）：

1. 改制企业的营业执照；

2. 改制企业历次变更的章程及目前有效的章程；

3. 与改制企业设立相关的政府有权部门的批文；

4. 与业务经营相关的批准、许可或授权；

5. 企业取得的资格认定证书，如业务经营许可证等；

6. 企业变更登记事项的申请与批准文件；

7. 审计、评估报告；

8. 股东会、董事会的会议记录和决议；

9. 企业分支机构和企业对外投资证明；

10. 税务登记证以及有关税收优惠情况说明及批文；

11. 外汇登记证；

12. 海关登记证明；

13. 企业已经取得的优惠政策的相关证明文件；

14. 其他相关证明文件。

（二）对“基本运营结构”的核查，应包括但不限于下列文件：

1. 企业目前的股本结构或出资人出资情况的说明；

2. 有关企业目前的管理结构、薪酬体系的文件；

3. 有关企业内部管理制度与风险控制制度的文件。

（三）对“股权情况”的核查，应包括但不限于下列文件：

1. 有关企业的股权结构及其演变过程的证明文件；

2. 股权有无质押或其他形式权利行使障碍的证明文件；

3. 有关股东出资方式、出资金额的证明文件；

4. 股东以非货币财产出资的财产权属证明文件及权属变更登记文件。

（四）对“有形资产情况”的核查，应包括但不限于下列文件：

1. 企业及其附属机构房屋产权及重要设备的清单；

2. 企业及其附属机构有关房屋及重要设备租赁的文件；

3. 企业及其附属机构有关海关免税的机械设备（车辆）的证明文件；

4. 企业其他有形资产的清单及权属证明文件。

（五）对“土地使用权及其他无形资产情况”的核查，应包括但不限于下列文件：

1. 企业及其附属机构对各项软件、产品等无形资产所拥有的知识产权清单，包括专利、商标、版权及其他知识产权；

2. 所有与知识产权有关的注册登记证明及协议；

3. 企业及其附属机构土地使用权证、租赁土地的协议；

4. 企业及其附属机构签署的重大知识产权或专有技术相关协议。

（六）对改制企业所签署或者有关联关系的“重大合同情况”的核查，应包括但不限于下列文件：

1. 任何与企业及其附属机构股权有关的合同；

2. 任何在企业及其附属机构的动产或不动产设定的所有抵押、质押、留置权等担保权益或其他与权益限制相关的合同；

3. 企业及其关联机构的兼并、分立、合并、歇业、清算、破产的相关合同；

4. 企业及其附属机构签署的所有重要服务协议；

5. 企业及其附属机构签署的所有重要许可协议、特许安排及附有条件的买卖合同；

6. 企业及其附属机构签署的所有重要能源与原材料或必需品的供应合同；

7. 企业及其附属机构签署的重大保险合同;

8. 企业及其附属机构改制前签署的任何与合并、联合、重组、收购或出售有关的重要文件;

9. 企业及其附属机构与主要客户签订的其他与其经营有重大影响的合同;

10. 其他重要合同,如联营合同,征收土地合同,大额贷款或拆借合同,重大承包经营、租赁经营合同或投资参、控股及利润共享的合同或协议等。

(七)对改制企业“重大债权、债务”的核查,应包括但不限于下列文件:

1. 有关公司应收款、其他应收款的真实性及完整性;

2. 应付款项是否与业务相关,有无异常负债;

3. 有无其他或有事项;

4. 有无提供抵押担保的债权、债务及具体情况;

5. 有无因债权、债务事项而可能引发的纠纷等。

(八)律师需要调查改制企业所涉及的“重大法律纠纷、行政处罚等情况”的,应包括但不限于下列文件:

1. 企业未了结的诉讼、仲裁、行政处罚、索赔要求及政府部门之调查或质询的详细情况;

2. 企业违反或被告知违反卫生、防火、建筑、规划、安全、环保等方面之法律、法规、通知的情况;

3. 企业所知晓的将来可能涉及诉讼、仲裁、行政处罚、索赔要求、政府部门的调查或质询的事实。

(九)律师需要调查改制企业“人员基本情况”的,应包括但不限于下列文件:

1. 企业高级管理人员的基本情况;

2. 企业和职工签订的劳动合同样本;

3. 企业工会组织的情况和与工会签订的集体劳动合同或协议;

4. 企业职工福利政策;

5. 企业缴纳社会保险费的情况。

(十)律师还可以依据改制计划、特点与要求的不同,要求委托人以及被调查对象提供其他各类相关文件或信息。

十、调查中的注意问题

律师开展尽职调查,应当注意下列问题:

(一)律师应当保持与委托人以及被调查对象的良好沟通,以便将律师在调查过程中所发现的问题及解决问题的方法及时反馈给委托人。

(二)律师应当注意同其他中介机构的配合。律师在工作中应当同其他中介机构相互配合,确保改制项目顺利完成。

(三)律师开展尽职调查,应当认真审核、比对相关资料。如果发现相关资料存在矛盾或者不一致,应当要求委托人予以核实,也可以商请其他中介机构协助调查,或由律师再次调查,以保证尽职调查的准确性。

(四)律师开展尽职调查,应当注意收集完整的调查资料,对于因客观原因无法获得与改制或产权转让有重大关系的文件和证据的,应当在有关法律文件中明确说明。

(五)律师开展尽职调查,应当制作工作底稿以防范执业风险。工作底稿应当真实、完整、记录清晰并适宜长期保存。

(六)未经产权持有单位或改制企业同意,律师在提供服务过程中或服务结束后均不应将获悉的相关信息透露给任何第三方,应履行保密义务。

十一、编制《尽职调查报告》

《尽职调查报告》一般包括下列内容:

1. 范围与目的。明确律师开展尽职调查工作的范围,出具尽职调查报告的目的。

2. 律师的工作准则。律师是否根据有关法律、法规、规章和规范性政策文件,根据委托人的授权,按照律师行业公认的业务标准、道德规范和勤勉尽责精神,出具工作报告。

3. 律师的工作程序。律师在开展尽职调查过程中的主要工作方式、工作时间以及工作流程。

4. 相关依据。律师获取的各项书面材料和文件、谈话记录、现场勘查记录等。

5. 正文。正文内容应当与律师的工作程序以及律师出具的调查清单所涉及的范围保持一致，如公司概况、经营情况、资产状况、知识产权、诉讼以及处罚情况等，正文部分可以分别对每一个具体问题进行确认、分析与解释。

6. 结尾。律师对尽职调查的结果发表结论性意见。

第二节　编 制 方 案

十二、编制《改制方案》(《产权转让方案》参照执行)

(一)律师编制改制方案应当依据国家法律、法规、规章和规范性政策文件，处理好改革、发展与稳定的关系，妥善解决改制过程中遇到的问题。

(二)改制方案一般包括下列内容：

1. 改制企业及拟出资各方的基本情况(历史沿革、主营业务、人员结构、财务状况、近几年的经营情况、组织结构图等)；

2. 改制的目的、必要性和可行性；

3. 改制后企业的发展前景和规划；

4. 改制的基本原则；

5. 拟采取的改制形式；

6. 国有产权受让、资产及债务处置的方式和条件；

7. 职工安置；

8. 党、工、团组织关系的处理；

9. 股权设置及法人治理结构；

10. 改制工作的组织和领导；

11. 改制实施程序和步骤。

(三)改制方案中涉及股权设置的，根据是否处于国家重点行业和关键领域决定国有控股、参股还是退出时，律师应注意下列问题：

1. 涉及国家安全和经济安全的行业、自然垄断行业、提供重要公共产品和服务的行业、资源性行业和两类企业即支柱产业和高新技术产业中的骨干企业的主业部分，国有经济应继续发挥其控制力、影响力，进行股权重组时，国有股原则上应占到相对控股地位。

2. 根据规模大小决定应当采取整体改制还是主辅分离辅业改制。实施辅业改制后的国有大股东持股比例原则上不能超过75%，律师应当协助改制企业在听取国资监管机构及其所出资企业、拟出资各方和改制企业职工意见的基础上，编制股权重组方案。

(四)改制方案中涉及"资产和债权、债务处置"的，律师应注意下列问题：

1. 接受委托，在清产核资、财务审计的基础上，根据产权持有单位的改制目的和改制企业的具体情况制定债权、债务处置方案；

2. 要求改制企业如实告知各项未结债权、债务，如果债权人中的金融机构持反对或保留意见，应说明该项金融债权对本次改制的影响；

3. 如涉及或有负债或正在进行的有关债权、债务的诉讼、仲裁和执行情况，应重点指出或有负债及诉讼、仲裁事项对本次改制的影响。

(五)国有企业在改制过程中如将现金补偿转为股权补偿，律师应注意下列事项：

1. 选择股权补偿必须自愿，不得以保留工作岗位为条件强迫职工选择；

2. 职工入股采用自然人持股形式，若人数众多，应建议采取信托方式将职工的表决权和分红权分开，强化分红权，淡化表决权，通过受托人实现表决权的集中，以提高公司治理水平和决策效率。

十三、编制《职工安置方案》

(一)律师在参与国有企业的改制与重组过程中,应熟悉《中华人民共和国劳动法》、《中华人民共和国劳动合同法》以及相关的法律、法规、规章和规范性政策文件。

(二)律师应帮助改制企业按照《中华人民共和国劳动法》的有关规定确立和职工之间的劳动关系,建立企业自主用工、劳动者自主择业的市场化机制,妥善安置职工。

(三)律师应防止有关各方借改制之机侵害职工利益的不法行为出现。同时律师也应谨慎处理改制中发生的各种问题,避免激化矛盾,协助企业和各级政府机关维护社会稳定。

(四)律师在接受产权持有单位或改制企业委托后,凡是涉及职工合法权益的问题,应建议委托人听取工会或企业职工(代表)大会的意见。

(五)律师协助产权持有单位或改制企业编制有关改制方案以前应尽可能要求进行有关职工问题的尽职调查。律师开展尽职调查,应按照本指引第二章第一节的相关要求,排除各种干扰,认真收集、审核各项资料,保证尽职调查工作的独立性、真实性和准确性。

(六)律师应首先了解企业对改制事项的初步意见,并据此寻找尽职调查的重点:

1. 律师应当了解企业改制后是否将导致转让方不再拥有控股地位。如国有股在改制或重组后的企业中不占控股地位,律师对有关职工情况进行尽职调查时,应特别注意了解拖欠工资、医药费、挪用职工住房公积金以及欠缴社会保险费等债务情况。

2. 律师应当了解改制企业准备采取何种方式安置职工。如转让方希望通过一次性补偿置换职工的全民所有制企业职工身份,律师在进行尽职调查时,应要求改制企业整理并列明全体职工的基本情况,特别是职工在改制企业连续工作时间情况,以便下一步测算职工安置费用。

(七)律师在尽职调查时应注意收集和研究改制企业原有的政策文件和规章制度;查阅职工(代表)大会的会议记录及决议;审阅集体合同、劳动合同以及相关协议的样本;审阅已有或正在进行的劳动争议纠纷调解、仲裁或诉讼文件,并要求改制企业提供职工基本情况以及为职工缴纳社会保险及住房公积金情况的说明。

(八)律师在对改制企业提供的职工基本情况的尽职调查中,应具体了解下列内容:

1. 职工人数、职工参加工作时间以及在改制企业连续工作时间、工资以及职务、职位的基本情况;
2. 不在岗(包括内退、借调、留职停薪或以其他任何形式分流的)职工的基本情况;
3. 改制企业与职工之间签订的劳动合同是否有违反法律规定的内容或条款;
4. 改制企业是否存在拖欠职工工资或欠缴社会保险以及住房公积金的情况;
5. 职工工伤及职业病情况;
6. 职工与改制企业之间是否有已发生或可能发生的仲裁或诉讼;
7. 改制后有可能受到影响或发生变更的有关福利制度;
8. 改制企业的劳动纪律和规章制度是否符合《中华人民共和国劳动法》的有关规定。

(九)律师对于改制企业违反劳动法律、法规的情况,应建议企业及时纠正。

(十)律师应在尽职调查的基础上帮助改制企业起草职工安置方案。职工安置方案一般应包括下列内容:

1. 制定职工安置方案的指导思想、原则和政策依据;
2. 企业的人员状况及分流安置意见;
3. 职工劳动合同的变更、解除及重新签订办法;
4. 解除劳动合同职工的经济补偿金支付办法;
5. 社会保险关系接续情况;
6. 拖欠职工的工资、集资款等债务和企业欠缴的社会保险费处理办法等。

(十一)对产权转让企业,特别是产权转让后国有股不再拥有控股地位的企业,律师应督促企业将职工安置方案提交职工(代表)大会讨论,并要求企业协助职工(代表)大会按法定要求表决通过职工安置方案。

律师在起草改制企业国有产权转让合同时，应将职工安置方案的内容包含在内，并将职工(代表)大会通过的决议或决定作为附件，和其他改制方案一起上报有关部门批准。

(十二)律师在对国有企业改制方案出具《法律意见书》时，应对职工安置方案明确提出自己的意见。如果律师认为改制企业在职工安置过程中有任何违法或不当之处，应在保留意见中予以陈述或说明。

(十三)国有企业在改制过程中如对职工安置采取支付经济补偿金方式，律师应对该方式是否合法合规进行认真审核，其中包括：

1. 经济补偿标准是否达到法定最低要求；

2. 经济补偿方式是否有合法依据等。

(十四)律师在帮助改制企业确定方案时应遵守劳动法律、法规和政策，不得损害职工权益。

(十五)律师在帮助改制企业确定经济补偿方式时，除非改制企业确有困难，应首先考虑现金即时兑付方式。如果必须选择其他补偿方式时，应以双方自愿协商，特别是职工一方自愿接受为前提。

(十六)在改制企业中，下列弱势群体，需要律师在工作中予以特别关注，并在安置方案中予以考虑其实际困难和安置方式：

1. 内部退养人员；

2. 距法定退休年龄不到5年的在职人员；

3. 因公负伤或患职业病，丧失或部分丧失劳动能力的人员；

4. 职工遗属；

5. 征地农民工等。

第三节 报批备案

十四、改制报批

律师接受委托，依法协助《改制方案》的报批工作。对报批程序提供咨询意见时，应注意下列问题：

(一)国有企业改制方案存在下述情况的不得实施：

1. 未按照《企业国有资产监督管理暂行条例》的规定履行决定或批准程序；

2. 未按照国务院国有资产监督管理机构或省、自治区、直辖市国有资产监督管理机构的有关规定履行决定或批准程序。

(二)国有企业改制涉及财政、劳动保障事项的，须预先报经同级人民政府有关部门审核，批准后报国有资产监督管理机构协调审批。

(三)国有企业改制涉及政府社会公共管理审批事项的，依照国家有关法律法规，报经政府有关部门审批。

(四)国有企业改制涉及由国有资产监督管理机构出资的企业改制为非国有企业的，改制方案须报同级人民政府批准。

(五)国有企业改制涉及职工安置的，其职工安置方案须经改制企业所在地劳动保障行政部门核准。

(六)国有企业改制涉及转让上市公司国有股权的，其审批程序按国资委和证监会的有关规定办理。

(七)国有企业改制涉及转让银行资产的，其审批程序按国资委、国家金融监管总局及中国人民银行的有关规定办理。

十五、产权转让报批

律师接受委托，依法协助《国有产权转让方案》的报批、备案工作。律师对报批、备案程序提供咨询意见时，应注意下列操作规范：

(一)国有企业改制涉及由国有资产监督管理机构出资的企业，其国有产权转让事项应报同级人民政府批准。

(二)产权持有单位应按照国家有关规定，制定所属企业的国有产权转让管理办法，并报国有资产监督管理机构备案。

(三)国有资产监督管理机构决定所出资企业的国有产权转让,其中转让行为致使国家不再拥有控股地位的,应报同级人民政府批准。

(四)产权持有单位决定其出资的子企业的国有产权转让,其中重要子企业的重大国有产权转让事项,应当报同级国有资产监督管理机构批准。

(五)企业国有产权转让事项经批准或决定后,如转让和受让双方需调整产权转让比例或者企业国有产权转让方案发生重大变化的,产权持有单位应当按照规定程序重新报批。

(六)产权持有单位向改制企业经营管理者转让国有产权,必须严格执行国家有关规定。

(七)转让国有产权的价款原则上应当一次结清。一次结清确有困难的,经产权转让双方协商一致,依法报请批准国有企业改制或批准国有产权转让的部门审批后,可采取分期付款的方式。分期付款时,首期付款不得低于总价款的30%,并在产权转让合同签署之日起5个工作日内支付;其余价款应当由受让方提供合法担保,并应当按同期银行贷款利率向转让方支付延期付款期间的利息,付款期限不超过一年。上市公司母公司转让控股股权导致股权性质发生变化的,受让方应当一次付清。

十六、债权确认

律师依法协助改制企业与金融机构债权人办理改制确认手续。律师对确认手续所涉及的法律问题提供咨询意见时,应注意下列操作规范:

(一)转让企业国有产权导致转让方不再拥有控股地位的,改制企业应与债权金融机构订立书面的债权、债务处置协议,或取得债权金融部门签发的同意改制确认书。

(二)国有企业改制审批时,改制企业未征得金融机构债权人同意,未提交书面协议或确认书的,不得进行改制。

十七、财务问题

律师可以对改制企业的清产核资、财务审计、资产评估工作提供辅助法律服务。律师对所涉及的核准或备案程序问题提供咨询意见时,应注意下列操作规范:

(一)向委托人进行如下提示:

1. 清产核资结果经国有产权持有单位审核认定,并经国有资产监督管理机构确认后,自清产核资基准日起2年内有效;

2. 经核准或备案的资产评估结果使用有效期为自评估基准日起1年;

3. 不得聘请参与该企业上一次资产评估的中介机构和注册资产评估师,不得聘请同一中介机构开展财务审计与资产评估;

4. 财务审计和离任审计工作应由两家会计师事务所分别承担。

(二)产权持有单位出让国有产权的,应在清产核资和财务审计的基础上委托具有资质的资产评估机构进行资产评估。评估报告依法报经核准或者备案后,作为确定企业国有产权转让价格的参考依据。在产权交易过程中,当交易价格低于评估结果的90%时,应当暂停交易,在获得相关产权转让批准部门同意后方可继续进行。

(三)企业改制中涉及资产损失认定与处理的,改制企业必须依据有关规定履行批准程序。

十八、外资利用问题

律师接受委托,依法协助"利用外资改组国有企业"有关事项的报批工作。律师对报批程序提供咨询意见时,应注意下列操作规范:

(一)产权持有单位拟利用外资改组国有企业的,除应向国有资产监督管理机构提出申请,还应参考国家有关外商投资产业目录及商务部的有关规定。

(二)产权持有单位转让国有产权、债权或出售资产的外汇资金收入,应当凭改组申请和转让协议的批准文件及有关文件报外汇管理部门批准后结汇。

(三)利用外资改组的改制企业通过增资扩股方式吸收外国投资者投资进行改组的,经外汇管理部门批准,可以开立外汇资本金账户,保留境外投资者投入的外汇资金。

第四节 产 权 转 让

十九、国有产权转让概述

（一）本指引所称国有产权转让，是指国有资产监督管理机构、产权持有单位将所持有的企业国有产权有偿转让给境内外法人、自然人或者非法人组织（以下简称受让方）的活动。

（二）国有产权转让可以采取拍卖、招投标、网络竞价、协议转让以及国家法律、行政法规规定的其他方式进行。涉及上市公司国有股或企业法人股应在规定的证券交易市场进行；破产企业所持有的国有股权除非债务人会议另有决议，由受理破产案件的法院委托拍卖机构进行拍卖。

（三）国有产权转让应当在依法设立的产权交易机构中公开进行，其中涉及国务院国有资产监督管理机构所出资企业的国有产权的，应在北京产权交易所、上海联合产权交易所、天津产权交易中心进行。律师介入产权交易应当遵循下列原则：

1. 有利于国有资产的保值增值，防止国有资产流失；

2. 使交易各方在等价有偿和诚实信用的前提下完成交易；

3. 符合国家产业政策，有利于资源的优化配置；

4. 有利于引进国内外资金、先进科学技术和管理经验；

5. 不受地区、行业、隶属关系、企业性质的限制。

（四）律师可以接受委托，协助委托方选择具有产权经纪资质的交易所经纪会员（以下简称经纪会员）。产权交易所一般实行会员代理交易制度，从事产权交易的转让方和受让方应当委托经纪会员代理进行产权交易。在同一宗产权交易项目中，除下述情况外，一家经纪会员不得同时接受出让方和受让方的委托：

1. 国有独资企业、事业法人下属的全资企业（事业）法人之间的产权交易；

2. 其他经产权交易机构批准同意的产权交易。

二十、产权交易流程

律师可以接受委托，协助企业完成国有产权交易流程：

（一）律师可以协助转让方或其经纪机构向产权交易机构提交以下文件：

1.《产权转让信息发布申请书》；

2. 转让方和转让标的企业法人营业执照；

3. 转让标的企业国有资产产权登记证；

4. 转让方的内部决策文件；

5. 产权转让有权批准机构同意产权转让的批复或决议；

6. 转让标的企业为有限责任公司的，提交转让标的企业的股东会决议和公司章程，转让标的企业为中外合资或中外合作企业的，提交转让标的企业的董事会决议和公司章程；

7. 涉及职工安置的，提交转让标的企业职工（代表）大会决议；

8. 转让标的企业资产评估报告及其核准表或备案表；

9. 转让标的企业审计报告；

10. 律师事务所出具的法律意见书；

11. 拟向转让标的企业法定代表人转让的，提交法定代表人的经济责任审计报告；

12.《产权交易委托合同》。

（二）转让方或其经纪机构提交文件齐备后，产权交易所对文件进行形式审查，审查通过的，向转让方或其经纪机构出具《产权转让申请受理通知书》。

（三）产权交易项目挂牌公示不少于20个工作日，通过产权交易所网站、电子显示屏及指定的各类媒体对外披露产权交易信息。信息披露内容以《产权转让申请书》内容为主；如项目属于向管理层转让，还需披露《管理层拟受让国有产权申请表》。

（四）挂牌期间，律师可以接受意向受让方的委托，协助受让方向产权交易所提交以下文件：《产权受让申请书》、受让方的资格证明、机构法人的《企业法人营业执照》副本复印件、自然人的身份证复印件、机构法人的近期资产负债表和损益表、《产权交易委托合同》、有关此次收购的内部决议及批准情况、符合受让条件的相关文件或证明,以及按照交易规则应提交的其他文件、材料。

(五)挂牌期满,只产生一个意向受让方的,律师应协助转让方或意向受让方与对方签订《产权交易合同》;产生两个及以上意向受让方的,采取竞价转让的方式,如拍卖、招投标、网络竞价、评审或其他竞价程序。律师应协助转让方或意向受让方组织或参加竞价程序。

(六)律师可以协助委托方办理产权交易结算交割,受让方将产权交易价款交产权交易所。如最终受让方属于管理层,价款应源于管理层本人银行账户。

(七)交易价款到账后,产权交易所审核并出具产权交易凭证。交易双方将产权交易手续费统一交纳至产权交易所并领取产权交易凭证。

(八)律师可以代理交易的一方制作工商登记所要求的规范性文件并代理完成工商登记;向产权交易所出具工商变更后的公司法人营业执照和市场监督管理部门核准的公司章程,协助转让方领取产权交易价款。

二十一、挂牌相关工作

律师协助产权主体或改制企业完成实施国有产权转让方案的具体内容,完成交易挂牌的相关准备工作,主要包括:

(一)协助产权持有单位或改制企业完成申请或参加产权交易前,依据法律、公司章程及国家规定应当完成内部决策、清产核资、审计和资产评估、审批或备案等相关手续。

(二)协助产权持有单位或改制企业对受让方的资质、商业信誉、经营情况、财务状况、管理能力、资产规模等提出必要的受让条件,但所提出的受让条件不得出现具有明确指向性或违反公平竞争的内容。

(三)在产权交易的转让方和受让方按照产权交易规则确定的交易方式成交后,律师可以协助产权持有单位或改制企业与产权交易受让方订立《产权交易合同》,并对合同内容和各项条款提出修改意见。《产权交易合同》一般应当包括下列主要内容:

1. 转让与受让双方的名称与住所;
2. 转让标的企业国有产权的基本情况;
3. 转让标的企业涉及的职工安置方案;
4. 转让标的企业涉及的债权、债务处理方案;
5. 转让方式及付款条件;
6. 产权交割事项;
7. 转让涉及的有关税费负担;
8. 合同争议的解决方式;
9. 合同各方的违约责任;
10. 合同变更和解除的条件;
11. 转让和受让双方认为必要的其他条款。

(四)转让企业国有产权导致转让方不再拥有控股地位的,在签订产权交易合同时,律师可以协助产权持有单位或改制企业与受让方协商提出企业重组方案,包括在同等条件下对转让标的企业职工的优先安置方案。

(五)采取协议转让方式的,律师可以协助产权持有单位或改制企业与受让方草签《产权交易合同》并按照内部决策程序进行审议,形成的书面决议通过后方可正式签订合同。国有独资企业的产权转让,应当由总经理办公会议审议;国有独资公司的产权转让,应当由董事会审议;没有设立董事会的,由总经理办公会议审议。涉及职工合法权益的,律师应当建议改制企业必须听取转让标的企业职工(代表)大会的意见,对职工安置等事项应当经职工(代表)大会讨论通过。

(六)通过增资扩股方式提高非国有股比例实施国企改制的,律师可以协助产权持有单位或改制企业通过产权交易所等公开方式择优选择拟出资方。

第五节　政策文件的制定与改制辅导

二十二、政策文件制定

律师除可以为改制企业编制《改制方案》《职工安置方案》《国有产权转让方案》外，还可以根据改制企业的实际情况协助制定其他规范性政策文件，如土地处置方案、债权债务处置方案以及用于安置人员的资产委托管理等相关方案。

二十三、政策文件制定的注意问题

律师为企业改制拟定、编制其他规范性政策文件，应注意下列问题：

（一）拟定决议类法律文件、公告类法律文件、协议类法律文件、当事人之间承诺或保证类法律文件，为委托人编制向政府提交用于审批、核准或备案的申请报告时，应当根据法律、法规和规范性政策文件规定的程序，在充分听取产权持有单位、改制企业或其他改制当事人意见的基础上进行。

（二）在拟定公司章程的同时，为改制企业拟定新的规章制度，应符合改制企业建立法人治理结构的需要和要求。

（三）拟定《集体劳动合同书》和《劳动合同书》，应依据《中华人民共和国劳动法》《中华人民共和国劳动合同法》等法律、法规、规章及其他规范性政策文件。

二十四、改制辅导

律师应当为改制企业提供改制辅导，改制辅导目的是通过对《中华人民共和国公司法》和国有企业改革政策的宣传同步实现观念更新，观念更新包含四项主要内容：培养股份制意识、形成公司治理文化、树立市场经济的理念、控股股东或出资人代表的平等意识等。改制辅导一般包括下列内容：

（一）协助改制企业组织职工认真学习国家和所处地区有关国企改革的法律、法规、规章和规范性政策文件，通过会议动员、宣传培训、座谈讨论等形式，统一思想，达成共识。

（二）帮助职工培养股份制意识是指实现权利意识、法律意识、财务意识、风险意识四种意识的合一。公司治理文化是一种以分权制衡为核心的和谐发展文化。制度创新以后，应以分权制衡的公司治理文化取代领导与被领导的传统国有企业文化，应以和谐发展文化取代内耗斗争文化。

第六节　工商登记

二十五、登记原则

律师应当协助改制后的企业严格按照改制方案、《中华人民共和国公司法》、《中华人民共和国市场主体登记管理条例》及市场监管部门的有关规定，完成新公司设立的各项准备工作。

二十六、法人资格取得

公司经公司登记机关依法登记，领取企业法人营业执照，方取得企业法人资格。

二十七、名称预核准

设立有限责任公司，应当由全体股东指定的代表或者共同委托的代理人向公司登记机关申请名称预先核准；设立股份有限公司，应当由全体发起人指定的代表或者共同委托的代理人向公司登记机关申请名称预先核准。律师协助设立公司办理申请名称预先核准手续的，应当提交下列文件：

1. 有限责任公司的全体股东或者股份有限公司的全体发起人签署的公司名称预先核准申请书；
2. 全体股东或者发起人指定的代表或者共同委托代理人的证明；
3. 市场监督管理部门规定要求提交的其他文件。

二十八、有限责任公司设立所需文件

申请设立有限责任公司，律师应当协助设立企业向公司登记机关提交下列文件：

1. 公司法定代表人签署的设立登记申请书；
2. 全体股东指定的代表或者共同委托代理人的证明；
3. 公司章程；

4. 股东首次出资是非货币财产的,应当在公司设立登记时提交已办理其财产权转移手续的证明文件;

5. 股东的主体资格证明或者自然人身份证明;

6. 载明公司董事、监事、经理的姓名、住所的文件以及有关委派、选举或者聘用的证明;

7. 公司法定代表人任职文件和身份证明;

8. 企业名称预先核准通知书;

9. 公司住所证明;

10. 市场监督管理部门规定要求提交的其他文件。

法律、行政法规或者国务院决定规定设立有限责任公司必须报经批准的,律师可以协助设立企业提交有关批准文件。

二十九、股份有限公司设立所需文件

申请设立股份有限公司,应当由董事会向公司登记机关申请设立登记。以募集方式设立股份有限公司的,应当于创立大会结束后30日内向公司登记机关申请设立登记。律师可以协助设立企业向公司登记机关提交下列文件:

1. 公司法定代表人签署的设立登记申请书;

2. 董事会指定的代表或者共同委托代理人的证明;

3. 公司章程;

4. 发起人首次出资是非货币财产的,应当在公司设立登记时提交已办理其财产权转移手续的证明文件;

5. 发起人的主体资格证明或者自然人身份证明;

6. 载明公司董事、监事、经理的姓名、住所的文件以及有关委派、选举或者聘用的证明;

7. 公司法定代表人任职文件和身份证明;

8. 企业名称预先核准通知书;

9. 公司住所证明;

10. 市场监督管理部门规定要求提交的其他文件。

三十、律师的其他工作

律师可以协助新公司召开公司创立大会、登记注册与变更有关手续。律师依照有关规定,可以协助新公司办理公司登记、税务、土地、房屋、车辆等相关手续。

第三章　法律意见书

三十一、法律意见书及签署要求

法律意见书,是指律师应当事人的委托或要求,针对某一特定的法律事实、法律行为或法律文书,根据自己所掌握的事实和材料,正确运用法律作出分析、判断,据此向当事人出具的载有正式律师意见的书面法律文件。

法律意见书一般以律师事务所的名义出具,由一至二名承办律师签字;简易事项或其他需要仅以律师事务所名义出具的,可以仅由事务所盖章出具;时间紧急或有其他特殊情况的,可以由事务所合伙人律师签字出具,事后补盖律师事务所公章。

三十二、法律建议书

法律建议书,是指律师向当事人提供的载有律师对该项问题的想法与处理意见的书面建议性法律文件,不具有法律意见书的效力,其出具可以参照本章相关规定执行。当出现下列情形之一时,律师可以出具法律建议书:时间紧迫不能及时形成正式的法律意见书而当事人需要律师的书面文件的;律师根据相关证明材料无法确定有关事实的;当事人就专项问题的处理方式向律师提出法律咨询的;当事人有其他特别要求的。

三十三、其他事务参照出具

律师就非国有企业改制和产权转让事宜出具法律意见书或法律建议书的,在无其他相关规定时,可参照本指引执行。

三十四、法律意见书针对的事项

律师在承办国有企业改制和产权转让业务中，可以应当事人的委托或要求，就以下事项出具法律意见书：

1. 整体或专项产权界定；

2. 改制涉及的资产评估相关事项（该法律意见书应仅从评估机构的资格、评估备案的程序等方面发表意见）；

3. 改制方案；

4. 职工安置方案；

5. 国有产权转让方案；

6. 国有企业改制的操作及审批流程；

7. 公司治理结构、章程、议事规则、工作制度、薪酬计划、股权变化、会议决议及其调整和安排等。

三十五、执业风险防范

律师出具法律意见书要谨防执业风险，在出具法律意见书之前，可以根据项目情况要求委托人出具《委托方承诺》，一般可以包括如下内容：承诺所依据的法律服务委托关系；向律师提供材料的截止时间，材料原件与复印件是一致的；提供给律师的材料是真实、准确且完整的；有关人员就相关事项的说明属实；不干预法律意见书的出具等。

三十六、对承办律师的要求

在承接相关业务时，律师事务所应当考虑指派的律师是否具备下列方面的素质和专业能力：

1. 通过适当的培训和业务操作，已具备从事类似性质和复杂程度业务的知识和实务经验；

2. 掌握与所出具的法律意见相关的法律、法规及规范性政策文件的规定；

3. 对委托人所处的行业有适当的了解，能够把握该行业所特有的法律问题；

4. 具有相当的职业判断能力和执业素养。

三十七、法律意见书的出具前提

律师在出具法律意见书时，应参照本指引尽职调查的规定进行尽职调查，以保证出具法律意见书所依据的相关资料的真实性、准确性、完整性。

三十八、政策法规的引用

律师应当选择相关法律、法规及规范性政策文件作为出具法律意见书的依据。如果引用的是部门规章、地方性法规或其他仅适用于特定主体或目的的文件，律师应声明法律意见书的使用应仅限于该特定主体或目的。

三十九、使用人的限定

当律师出具法律意见仅服务于特定的使用者，或具有特定目的时，律师应当考虑在法律意见中声明该意见的使用仅限于特定的使用者或特定目的。

四十、法律意见书的构成

法律意见书一般应由首部、主文和结尾组成。

首部包括标题和文件编号，标题一般采用“××律师事务所关于××事项的法律意见书”的形式，编号可以采用本所编号规则。

主文是法律意见书的核心部分，应当根据不同的事项确定其主要内容。如有必要，法律意见书可附相应附件，用以补充主文的相应内容；必要时，应委托人的要求，法律意见书的出具律师可以出具法律意见书的补充说明，作为法律意见书的有效组成部分，补充说明的出具参照本章规定执行。

结尾供法律意见书的签署之用，可以说明法律意见书的文本份数，加盖律师事务所公章、由经办律师加盖人名章（或采用打印律师姓名加律师签字的形式），并注明出具日期。

四十一、法律意见书的主文

法律意见书的主文部分一般应包括引言、正文。

(一)引言

引言一般包括下述五部分内容:

1. 第一部分是律师事务所出具法律意见书所依据的委托关系表述。委托关系可基于律师事务所是委托人的常年法律顾问、本次委托事项的特聘专项法律顾问或其他委托关系,从而说明律师具有出具该法律意见书的合法身份。

2. 第二部分是律师出具法律意见书所引用的法律依据。引用法律依据时律师应当注意适用法律、法规的准确性,正确处理法律和法规的效力冲突等问题,使用司法解释或法理以及规范性、政策性文件作为依据时,应当作出适当说明。

3. 第三部分是律师出具法律意见书所引用的证据材料。该证据材料须是与出具法律意见书相关的如下材料:律师依法调查取得的文件;委托人或其他相关主体提供并证明其来源真实、合法的文件;经被调查人签字确认的谈话记录;其他可以作为证据使用的材料。律师应当对证据材料来源进行说明。

4. 第四部分是律师声明事项。律师可以根据具体情况确定声明事项,但不得作出违反律师行业公认的业务标准、道德规范和勤勉尽责精神的免责声明。对于律师出具法律意见书过程中受到条件或资料等局限,以致可能影响法律意见的全面性或准确性的,律师应当作出相应的声明。

5. 第五部分是法律意见书的名词释义。当法律意见书中使用简称、专业术语等表述时,应当进行名词释义,避免相关内容的歧义。

(二)正文

在法律意见书的正文部分,律师应根据出具法律意见书所针对的法律行为、法律事实或法律文书,就其所涉及的具体法律问题分别进行表述。正文部分一般包括委托人或交易事项主体的法律资格的说明、法律意见书所述各种事项决定权的说明、委托人的决策机构情况、委托人的财产情况、相关事项的合法性分析、总体结论性意见,以及律师认为需要说明的其他事项。

1. 对委托人或交易事项的双方主体资格进行说明时,应查验其在有关登记机关登记注册的事项,说明其是否为依法有效存续的企业法人或其他合法主体,是否具有处理相应事项的主体资格,如审查近期经年检的企业法人营业执照、企业国有资产产权登记证或国有资产产权登记年度检查表等。

2. 关于各种事项决定权的说明,主要说明所述事项是否满足外部(如法律要求)和内部决策(如章程)程序。

在出具国有产权转让的法律意见书时,要注意其内部审议程序有所不同:转让标的企业为国有独资企业的,说明产权转让方案是否为该企业总经理办公会审议,会议的审议程序和审议结果是否合法;转让标的企业为国有独资公司的,说明产权转让方案是否为该公司董事会审议,会议的审议程序和审议结果是否合法;转让标的企业为有限责任公司的,说明该国有产权转让是否已经取得股东会同意。

企业国有产权转让涉及职工合法权益的,说明是否听取转让标的企业职工(代表)大会的意见,职工安置事项是否已经职工(代表)大会讨论通过。

若内部审议的程序和结果均符合法律规定,说明该企业国有产权转让尚需转让方或有权批准的部门决定或审批;若审批方已经审批通过,则需要核查并说明审批程序及有关文件是否齐备、合法。

3. 关于相关事项的合法性分析,是律师根据相关法律规定作出的合法性判断。

在出具国有产权转让方案的法律意见书时,律师一般应就本所参与制作的相关方案中各项内容逐项发表意见;对于本所前期并未参与相关方案制定的,出具法律意见书前,应当进行尽职调查,审查改制方案、产权转让方案、职工安置方案以及有关附属文件。

出具法律意见书时,特别注意如下几点:说明方案中基本情况的介绍、转让行为的论证情况是否与律师查证的相关情况一致;职工安置方案与经职工(代表)大会审议通过的方案内容是否一致;企业拖欠职工的各项费用的解决方案和有关社会保险关系的接续方案是否合法;债权债务的处理方案是否合法;转让收益的处置方案是否合法;有关方案中的数值与资产评估报告中的是否一致;转让底价的确定是否合法;期间损益、期后事项的处理是否合法;产权转让公告的主要内容是否合法等。

4. 总体结论性意见，是律师根据委托事项进行概括总结，发表明确的总体结论性意见，包括无保留意见、保留意见、否定意见三种基本形式。对不符合有关法律、法规和相关规定的事项，或已勤勉尽责仍不能对其法律性质或其合法性作出准确判断的事项，律师应发表保留意见，并说明相应的理由。

四十二、工作底稿

律师应及时、准确、真实地制作工作底稿，工作底稿的质量是判断律师是否勤勉尽责的重要依据，也是律师防范执业风险的重要保障。工作底稿是指律师在承办国有企业改制和产权转让业务中，在出具法律意见书时形成的工作记录及在工作中获取的所有文件、会议纪要、谈话记录等资料。工作底稿与法律意见书一同归档留存，按本所档案管理规定管理。

四十三、工作底稿的留存要求

为避免原件丢失或造成其他不必要的误解和责任，律师不应留存有关材料的原件，委托方或有关主体提供的材料应是经核对的原始资料复印件（A4纸复印并在首页和骑缝处加盖提供方公章，或特殊情况下经有关人员签字确认）。律师的工作底稿应包括但不限于以下内容：

1. 律师承担项目的基本情况，包括委托单位的名称、项目名称、服务于项目的时间或期间、工作量统计；

2. 为制作法律意见书制订的工作计划及其操作程序的记录，律师工作组会议记录；

3. 委托人或交易双方设立及历史沿革的有关资料，如设立批准书、出资协议、合同、章程、营业执照等文件（含变更文件）的复印件；

4. 重大合同、协议、人员、财务资料，以及其他重要文件和会议记录的摘要或副本；

5. 与委托人及相关人员相互沟通情况的记录，对其提供资料的检查、调查访问记录、往来函件、现场勘查记录、查阅文件清单等相关的资料进行详细说明；

6. 委托人的书面承诺或声明书的复印件；

7. 对保留意见及疑难问题所作的说明；

8. 其他相关的重要资料。

四十四、法律意见书的变更

律师应当要求委托人，在改制方案、产权转让方案或其他方案有任何变动时立即通知律师，并经过委托人书面确认，该书面确认意见或就改动内容出具的法律意见书补充说明，应当立即报送决定或有权批准部门；但企业国有产权转让事项经批准或决定后，如转让或受让双方调整产权转让比例或者企业国有产权转让方案有重大变化的，应当重新出具法律意见书并按照规定程序重新报批。

第四章　律师见证

四十五、见证事项

律师应当首先向委托人提示，律师见证不具有公证处公证的法律效力，律师通常受托见证的事项如下：

1. 对职工（代表）大会审议改制、产权转让方案，审议通过职工安置方案进行见证；

2. 对股东会或董事会（中外合资经营企业）审议通过改制、产权转让方案进行见证；

3. 出席其他相关会议（含谈判），并对有关事项进行见证；

4. 对企业通知职工解除劳动合同进行见证。

四十六、见证意见的内容

律师出具的《律师见证意见》一般包括以下内容：

1. 见证事项；

2. 见证材料、相关程序；

3. 法律依据；

4. 见证结论。

四十七、对会议的见证事项

对会议的“见证事项”一般包括：会议召集召开程序、出席会议人员的资格、会议审议事项、表决程序、表决结果等问题的真实性、合法性。

四十八、对解除劳动合同的见证事项

对通知职工解除劳动合同的"见证事项"一般包括:通知过程、通知内容、通知结果的真实性、合法性。

四十九、对会议的见证材料

对会议的"见证材料"通常包括:

1. 会议通知;
2. 会议议程;
3. 签名册;
4. 会议议案、提案;
5. 有关章程;
6. 会议表决票;
7. 会议决议;
8. 会议记录。

五十、对解除劳动合同的见证材料

对通知职工解除劳动合同的"见证材料"通常包括:

1. 委托人的《见证申请书》;
2. 企业营业执照;
3. 被通知职工的居民身份证;
4. 企业《通知解除劳动合同的授权委托书》(委托相关负责人员通知职工解除劳动合同事宜);
5. 企业《解除劳动合同通知书》;
6.《解除劳动合同通知的会谈纪要》。

五十一、对律师的见证要求

律师参加见证,应当至少由两人进行,做好见证记录,一人作为记录人签字、一人作为见证人签字,条件允许时并由其他在场参加人签字。

律师见证书由律师事务所盖章、一或两名见证律师签字。出具正式见证书前应当编制见证工作底稿。

五十二、其他

有关律师见证未规定的部分,参照本指引关于出具法律意见书的有关规定执行。

第五章　附　　则

(略)

第四节　国企改制中的法律文件

国企改制中的法律文件,既有通常法律服务业务中的通用性,又有其特殊性,即使文件名称是相同、相似的,其内核亦有很大的特殊性,需要考虑国有资产的严格监管特点、国有资产保护、国有资产保值增值等诸多因素。

尽职调查文件清单通常会在调查前发给相关企业,但基于实务业务推进的不同阶段、不同企业的不同需求,清单可能会进行拆分提供,亦可能分阶段提供,如第一期、第二期……下文整体给出较全面的清单,供读者参考。

一、尽职调查文件清单

××律师事务所关于××公司
××事宜的尽职调查文件清单(初步)

致:××公司

根据相关委托,本所律师对贵司××事宜进行尽职调查,律师只有在充分了解企业基本情况的基础上,才能发现和解决法律、政策问题。

请按本清单提供题述××公司的全部相关资料。

尽职调查清单说明

1. 为完成本次法律服务工作,需进行法律尽职调查,现提供本资料清单,以列明需核查的事项及所需文件等资料。

2. 贵司应及时提供本清单项下所列资料,并保证所提供资料的真实性和完整性。

3. 请按以下要求提供资料:

被调查方应在提供资料的同时提供一份资料目录,并请将所提供资料、文件按本清单的顺序对应编号。

如果资料、文件需稍后提供或不存在、不适用,请在清单注明"待提供""无""不适用"字样或作出相应的解释说明。

提供文件、资料应为贵司核对后的副本或复印件,请用A4纸复印,如有条件请使用双面复印,提供方应在复印件上加盖公章,加盖公章即视为提供方承诺其系真实的。

对于有关政府或其他相关部门颁发的权属证书或其他批准文件,请复印其证件的全部内容,包括封面、正文、附页及其他附注说明等。

4. 本资料清单仅为初步内容,根据工作进展情况,将继续提供补充调查清单。请于________年____月____日前,按本清单内容向律师提供全部资料。

为保证本所律师顺利完成该项目,贵司须保证:(1)向律师陈述与该项目有关的所有事实;(2)所提供的文件及相关资料、信息是真实、完整、准确的,无虚假成分或重大遗漏;(3)若不能向律师出示并由律师审阅原件,应保证文件副本或复印件与原件相符。

顺颂商祺!

××律师事务所

________年____月____日

联系律师:××

联系方式:

序号	调查事项	文件或资料	说明
1	基本情况及基本法律文件	1.1 公司基本情况介绍; 1.2 营业执照正、副本(复印件); 1.3 公司成立时的相关政府部门的批准文件; 1.4 公司的出资协议或发起人协议; 1.5 公司章程; 1.6 股东实物出资的相关评估报告; 1.7 所拥有的特殊经营资质、相关政府审批文件。	1.1 贵司全部上级单位对贵司的资产、财务、人员等的监管方式及相关证明文件。 1.2 营业执照上需有近期年检页。 1.3 请提供本次××相关的外部审批及内部决策文件。

续表

序号	调查事项	文件或资料	说明
2	股权结构及其变化	2.1 公司设立以来的股权转让、增资等股权变化情况及其相应的法律文件,如股权转让协议、增资协议、相关审批文件、验资报告、工商变更登记文件等; 2.2 现有公司股东的基本情况。	2.1 请提供贵司的工商变更登记文件,指股权变更工商登记的核准备案文件。 2.2 贵司的基本情况,指名称、注册资本及经营范围(如自然人姓名、住所、工作单位等)。适用于公司对外出资公司。
3	组织结构	3.1 组织结构图; 3.2 股东会、董事会(总经理办公会)、监事会的组成人员; 3.3 上述三会的议事规则(如有); 3.4 公司近三年来的股东会、董事会会议文件(决议、决定、会议纪要等)。	3.2 请提供贵司的全部上、下级公司的管理层成员名单。
4	财务状况	4.1 近三年及最近一期的资产负债表和利润表; 4.2 近三年及最近一期的财务审计报告。	
5	对外长期投资	5.1 对外出资的基本情况(出资金额、被投资方); 5.2 对外出资的相关审批文件及证明文件; 5.3 参股、控股公司的基本情况。	5.3 请提供贵司的全部上、下级公司的现行有效营业执照、章程。
6	资产情况	6.1 请提供一份贵司主要固定资产的清单,请提供与购置和证明权利/所有权有关的文件; 6.2 已设置的所有权保留、质押、留置、限制、支付义务、担保或任何其他第三人权利的公司资产的详细资料。	
7	重大合同	7.1 请提供过去一年签署的重大合同和协议的副本; 7.2 是否发生了任何违约事件以及贵司是否了解该违约事件可能合理预期的情况; 7.3 任何一方是否针对贵司上述重大合同已采取、威胁采取或可以预见将采取任何行动。	7.1 包括但不限于贵司与职工、贵司与被派遣单位的合同样本。
8	销售资料	请提供有关公司主要产品及销售详情,包括以下各项:详细产品清单(按类分列),说明其最近一年销售、获利情况以及产品价格。	此处的产品,包括服务。
9	供货资料	9.1 请提供一份附表,列明在上一个会计年度及迄今为止的贵司主要供应商以及供应商与公司签订的主要合同; 9.2 与第三方签订的有关重要服务的合同。	如不发生,则不用提供。

续表

序号	调查事项	文件或资料	说明
10	重大债权、债务	10.1　应付账款明细及债权人名单； 10.2　其他应付款明细及债权人名单； 10.3　应收账款明细及债务人名单； 10.4　其他应收款明细及债务人名单； 10.5　因环保、知识产权、产品质量、劳动安全、人身权等原因而产生的侵权之债数额及债权人名单(如有)。	
11	纳税情况	11.1　请说明公司的税收政策，即执行的税种、税率及其依据，如享受任何税收优惠，请说明优惠政策具体情况及其执行依据(提供依据文件)； 11.2　请出具书面文件说明公司近三年来是否依法纳税并说明具体纳税情况；如有欠缴税款情况，请说明其税种、金额、欠缴原因及其处理情况等。	
12	劳动保障情况	12.1　请说明公司是否依法执行现行的社会劳动保障制度，请提供公司参加各类社会保险及其他社会保障机制的基本情况； 12.2　请提供公司现使用的劳动合同的样本及一份实签合同复印件； 12.3　提供公司现有人员的基本情况。	12.3　至少应当包括人员总数，不同劳动关系的人员统计(是否为按劳动合同法的规定签订劳动合同)。
13	或有事项	13.1　公司的对外担保事项及其相关法律文件； 13.2　其他或有事项。	
14	涉诉事项	尚未了结或可预见的诉讼、仲裁或其他纠纷情况及其相关资料。	
15	守法经营情况	15.1　公司是否因违反市场监督管理方面的规定而受到过相关行政处罚； 15.2　公司是否因纳税问题而受到相关处罚； 15.3　生产经营符合环保、卫生等相关法规并请提供相应证明； 15.4　劳动监察执法方面证明。	本部分事项，旨在核查公司是否存在行政违法事项，是否有受到相应处罚的情况或可能。
16	专利和商标	请提供贵司全部商标和专利(包括正在申请的)的证书和相关评估文件。	本部分主要涉及贵司无形资产的价值评估。
17	其他	请提供贵司认为重要的，与本次××事宜相关的行业规定、企业文件等。	

二、尽职调查报告(摘录)

尽职调查报告是对工作成果的集中展示，需要查明事实，但更重要的是能发现问题并能给出对相关问题的解决方案。

关于××公司××事宜的
尽职调查报告(摘录)

××号

致:××公司

××律师事务所依法接受贵司的委托,就××事宜,提供专项法律顾问服务,现根据对××事宜的尽职调查情况,出具本报告。

第一章 摘 要

本尽职调查报告主要以贵司于________年____月____日提供的相关书面文件(本所律师已签收《接收文件清单》)为基础,并对上述文件中反映出的有关问题予以相应提示。

如未特别说明,本报告依据的事实与文件均截至________年____月____日。

一、调查基本情况介绍

(略)

二、尽职调查结论

本所律师认为:(略)

以上内容摘自"报告书正文",欲了解本所律师尽职调查的具体情况,应详阅下文。

第二章 说明与声明

一、名词释义

若无特别说明之处,本报告书中下列名词是指:

(略)

二、法律依据

为出具本报告书,本所律师所依据和参考的法律、法规及政策性文件包括但不限于:

(略)

三、事实依据

出具本报告书,本所律师依据的文件资料主要限于如下,并谨慎假定以下文件、陈述系真实的,以作为出具本报告的事实基础:

(略)

四、调查基准日

本次尽职调查的调查基准日为________年____月____日,调查基准日是从本所律师能尽可能多地、尽量及时地掌握客观事实角度出发而确定的。

本报告书所陈述,均为截至调查基准日的事实情况(特别说明的除外)。

五、调查目的

(略)

六、调查经过

(略)

七、律师声明

为出具本报告书,本所律师特作如下声明:

1. 在制作与提供本报告时,律师谨慎假定:(1)贵司及其关联方提交的所有文件复印件与原件是保持一致的;(2)上述文件上的全部签名、印鉴和公章均是真实的;(3)贵司相关人员向本所律师或贵司项目工作组成员就本报告所涉事项的陈述均系真实、准确的。

本所律师没有得到任何明示或暗示表明以上假定是不成立的。

2. 对缺乏独立(直接)证据支持的事实,本报告依赖于可以印证该事实的关联(间接)证据或证据线索。

3. 鉴于本次调查受调查时间、方式及被调查方对法律文件、相关事实的披露程度等限制,本所律师未能详尽而全面地了解相关情况。本报告系在有限的时间内,由本所律师使用有限的手段进行制作的,因此,本报告不可能完整无误诠释××事宜所涉企业的全部情况,包括但不限于或有风险等。特予提示,请贵司予以充分注意。

4. 本所律师并不具有对本报告所涉及的财务会计资料、结论进行审核的适格资质,本报告对相关财务会计资料的引述并不代表本所律师对该财务会计资料、结论的认可或否定评价。本报告内容涉及财务、会计等专业知识的部分,存在可能的错误描述、偏差或遗漏,请以贵司财务顾问的核实结论为准,特予以说明。

5. 本报告的所有内容构成完整的体系,不可对本报告单独或割裂引用、使用等。

6. 本报告经本所盖章后生效,仅供贵司、贵司股东及贵司管理层成员就本报告项下相关事宜进行审阅参考,贵司可在相关范围内传阅。贵司应当对××事宜进行审慎判断并独立做出决策。

第三章　正　　文

一、××的基本情况

【经查】

(略)

【本所律师认为】

(略)

二、……

……

三、特别法律风险提示与建议

本所律师根据我国现有的法律、法规、相关规范性文件,结合尽职调查情况,就下列事项做出特别风险提示与建议。

(略)

四、综合结论

(略)

以上报告供参考。

顺祝商祺!

××律师事务所

__________律师

__________律师

________年____月____日

三、××公司改制方案(目录)①

改制方案是对改制过程的全面性陈述,需要涵盖系列基本事项以及解决的方式。

---

① 由于企业改制的差异性非常明显,需根据企业情况做出不同的改制安排,无统一模板。加之受客户保密要求,故仅提供目录参考。产权转让方案可参照制作。

目　录

四、律师见证书(股东会)

不是每一个股东会都需要见证,但经律师见证的股东会的可信性会提高、出错概率会降低,因为律师在见证前通常需要进行尽职调查、分析,参加会议的启动流程,并参加制作各类会议文件,这样就会让股东会的召开更具有“可靠性”。

关于××公司××年度××股东会的
律师见证书

编号：__________

致：××公司

××律师事务所接受××的委托，指派本所律师出席了贵司于××××年××月××日，在××召开的××股东会，并对会议进行律师见证。

【律师声明】

1. 本律师的见证基于贵司已对本律师作出的如下承诺：(1)所有提供给本律师的文件资料均为真实、完整、可靠的，签字属实，复印件与原件一致；(2)已经依法通知全体股东参会；(3)所有参会股东均系贵司的合法股东(或得到合法股东关于代为参会及签字的合法授权)。

2. 本见证系关于股东会会议程序合法性的见证，贵司/贵司股东应当对本次股东会审议的具体事项独立做出决策。

3. 本见证意见仅供贵司内部留存备查之用，不得用于其他目的。

【文件资料】

为出具本见证意见，本律师依法审查了贵司提供的资料，包括但不限于：

1. 公司章程；

2. ××××年××月××日，贵司据董事会的召集发布的《召开股东会的通知》(含会议议程)；

3. ××××年××月××日，贵司董事会提交贵司股东会审议的《××》；

……

【见证意见】

根据《中华人民共和国律师法》《中华人民共和国公司法》，参照《上市公司股东大会规则》，现出具见证意见如下：

1. 本次股东会的召集、召开程序符合法律、行政法规和贵司公司章程的规定；

2. 出席本次股东会的人员资格、召集人资格合法有效；

……

本律师见证书一式两份，贵司和××律师事务所各留存一份。

××律师事务所
见证律师：
见证律师：
××××年××月××日

五、律师见证书(通知解除劳动合同问题)

通知解除劳动合同问题如果能有律师参加，相关流程会更加合法与有序。下文给出相关文本供大家参阅，从文本中可了解具体的内容。

1. 关于××公司通知职工解除劳动合同的律师见证书

致：××公司

××律师事务所依法接受××公司(以下简称贵司/公司)的委托，指派本所律师出席了贵司于××××年××月××日，在××举行的“解除劳动合同通知的会谈”，并出具本律师见证书。

【律师声明】

1. 本律师见证书基于贵司在《见证申请书》中的委托和承诺;

2. 本律师见证书系关于"贵司依法单方通知相关职工解除劳动合同"的"通知过程和通知内容"的见证,不涉及其他本律师见证书未表明的方面;

3. 非经法定目的,贵司不得对本律师见证书不当使用;

4. 贵司应当依法支付应付职工的经济补偿金、工资等全部款项,并处理好与职工的各项法律关系;不得将本见证书作为有损职工合法权益、不付/少付职工有关款项的任何依据。

【文件资料】

为出具本律师见证意见,本所律师依法审查了贵司提供的资料和相关文件,包括但不限于如下,详见附件:

1. 贵司《见证申请书》;

2. 贵司的营业执照;

3. 被通知职工的居民身份证;

4. 贵司《通知解除劳动合同的授权委托书》;

5. 贵司《解除劳动合同通知书》;

6.《解除劳动合同通知的会谈纪要》。

【见证意见】

根据《中华人民共和国律师法》《中华人民共和国劳动合同法》等相关法律法规的规定,现出具见证意见如下:

1. 贵司与职工××(身份证号:××)的《解除劳动合同通知的会谈纪要》所述的相关程序属实。

2.《解除劳动合同通知的会谈纪要》《通知解除劳动合同的授权委托书》中所述的《解除劳动合同通知书》,与本律师见证书附件中一致,职工已阅……(据实际情况表述)。

本律师见证书一式两份,贵司和××律师事务所各留存一份。

××律师事务所
见证律师:
见证律师:
××××年××月××日

2. 见证申请书

申请人:××公司

申请事项:

申请人就申请人单方通知本公司职工××(身份证号:××)解除劳动合同事宜,特委托××律师事务所,就通知过程和通知内容进行律师见证。

申请人承诺:

为保证贵所客观公正、合理合法地进行见证工作,我司承诺如下,并承担相应的法律责任:

1. 我司在贵所《律师见证书》出具前,已经或将要向贵所提供的与本次见证相关的法律及其他资料,均是真实、准确和完整的;

2. 相关资料的复印件与原件完全一致;

3. 对见证相关事宜,已进行了完整、如实的说明;

4. 受我司委托参加通知会谈的人员,其身份与向贵所提供的身份证上相符;

5. 被通知的职工,其身份与向贵所提供的身份证上相符;

6. 不干预《律师见证书》的出具工作。

××公司(盖章)
××××年××月××日

3. 通知解除劳动合同的授权委托书

委托人：××公司
受托人：××（身份证号：××）
……
兹委托上述受托人，代表委托人：
1. 通知本公司职工××（身份证号：××）：委托人与该职工的劳动合同关系于××××年××月××日解除；
2. 向该职工出示《解除劳动合同通知书》（附后）；
3. 就职工关于解除劳动合同的相关疑问，进行解答。
授权期限：自本委托书签发之日起至上述事项办理完毕止。

委托人：××公司（盖章）
××××年××月××日

4. 解除劳动合同通知书

××（身份证号：××）：
……
因为本公司××事宜，公司××，致使原劳动合同无法履行。
经公司与您协商，未能就变更劳动合同内容达成协议，为了维护职工的合法权益，现根据《中华人民共和国劳动合同法》第四十条第三款等相关法律法规的规定，对您通知如下：
1. 公司与您的劳动合同于本通知书向您下发之日解除；
2. 公司向您支付经济补偿金合计××元人民币；
……
请于收到本通知书之日起3日内，到本公司财务部门领取上述全部相关款项总计××元人民币，并配合办理相关离职手续。
逾期不领款的，本公司将把相关款项全额打入您的个人工资卡上，由此造成的损失，由您个人承担全部责任。
特此通知。

××公司（盖章）
××××年××月××日

5. 解除劳动合同通知的会谈纪要

时间：××××年××月××日
地点：××
参会人：
××（身份证号：××）
……
会谈职工：××（身份证号：××）
会谈内容：××公司单方通知会谈职工解除劳动合同
记录人：××
见证律师：××

××:

我们受××公司的委托,和你进行座谈。

请看一下这份《解除劳动合同通知书》(出示,职工阅读)。

现在正式通知你:××劳动合同在××××年××月××日正式解除。

请在3日内从××领取经济补偿金……

××:

……

全体参会人签字:

记录人签字: 见证律师签字:

第五节 产权转让中的法律文件

产权转让中的法律文件,包括法律意见书、信息预披露申请书、产权转让信息披露申请书、产权受让申请书、适用于不同主体的产权交易合同、中央企业国有产权转让信息发布承诺函、国有资产评估项目备案表、各种类型的股权转让信息发布申请书、各类股权受让申请书、股权转让信息发布申请书、股权交易合同、接受非国有资产评估项目备案表……类别非常多,下文给出相关文本供大家参阅,根据项目的不同需求选择使用即可。

一、关于××(企业)国有产权转让的法律意见书

××律师事务所关于××(企业)国有产权转让的
法律意见书①

编号:__________

致:__________企业

__________律师事务所(以下简称本所)接受__________企业(以下简称__________)的委托,依据本所与__________签订的《国有产权转让法律事务委托合同》,指派我们(以下简称本所律师)担任__________的特聘专项法律顾问,就其国有产权转让事宜出具法律意见书。

一、法律依据

本所律师出具本法律意见书的法律依据:

1.《企业国有资产监督管理暂行条例》;

2.《企业国有资产监督管理办法》;

3.《关于规范国有企业改制工作的意见》;

……

二、事实依据

本所律师为出具本法律意见书所审阅的相关文件资料,包括(但不限于):

1. __________企业法人营业执照;

2. 企业总经理办公会(董事会)关于企业国有产权转让的决议;

3. 企业职工(代表)大会关于企业国有产权转让的意见;

---

① 改制方案的法律意见书,可参照制作。

4. 企业职工(代表)大会关于职工安置方案的决议;
5. ＿＿＿＿＿会计师事务所关于＿＿＿＿＿的《审计报告》;
6. ＿＿＿＿＿资产评估公司关于＿＿＿＿＿的《资产评估报告》;
7. ＿＿＿＿＿关于＿＿＿＿＿的《资产评估报告》核准(备案)的函;
8. ＿＿＿＿＿《企业国有资产产权登记证》;
9. ＿＿＿＿＿《企业国有产权转让方案》;
10. ××批复。

三、律师声明

为出具本法律意见书,本所律师特作如下声明:

1. 关于法律意见书出具的法律依据的声明;
2. 对本法律意见书真实性的声明;
3. 对本法律意见书出具证据材料的声明;
4. 对委托方保证提供资料属实的声明;
5. 对本法律意见书使用目的的声明。

四、释义(或有)

(略,根据具体情况自行补充)

五、正文

本所律师根据国家法律、法规的有关规定,按照律师行业公认的业务标准、道德规范和勤勉尽责的精神对＿＿＿＿＿提供的文件和相关事实进行了核查和验证,现发表法律意见如下:

(一)主体资格

经查:

1. ＿＿＿＿＿——转让产权的目标企业

＿＿＿＿＿成立于＿＿＿＿年＿＿月＿＿日,注册资金＿＿＿＿＿万元,经营范围为:＿＿＿＿＿,目标企业持有＿＿＿＿＿市场监督管理局核发的企业法人营业执照,注册号＿＿＿＿＿,经＿＿＿＿年工商年度检验……

2. ＿＿＿＿＿——产权的转让方(为企业时)

＿＿＿＿＿成立于＿＿＿＿年＿＿月＿＿日,注册资金＿＿＿＿＿万元,经营范围为:＿＿＿＿＿,持有＿＿＿＿＿市场监督管理局核发的企业法人营业执照,注册号＿＿＿＿＿,经＿＿＿＿年工商年度检验……

本所律师认为:

(就各方主体的合法存续发表意见)

(二)待转让的国有产权

经查:

目标企业＿＿＿＿＿持有＿＿＿＿＿国有资产(财政)局(厅)核发的企业国有资产产权登记证,该证核发日期为＿＿＿＿年＿＿月＿＿日,核定的国有资产为＿＿＿＿＿万元。

目标企业章程规定:注册资本＿＿＿＿＿万元。

本所律师认为:

(就转让标的的合法有效发表意见)

(三)审计评估及转让定价

经查:

(审计评估、评估备案情况和数据,以及定价依据)

本所律师认为:

(就经审计评估,以及定价相关情况发表意见)

(四)企业国有产权转让的授权或批准

经查:

1. 标的企业的批准

(情况一:国有独资公司)

__________作为国有独资公司,公司董事会于________年____月____日召开了第______届董事会第______次会议,会议应到董事______人,实到董事______人,符合该公司公司章程的规定,会议审议通过了《__________关于企业国有产权转让的可行性分析报告》及《__________关于企业国有产权转让的方案》。

(情况二:国有独资企业)

__________作为国有独资企业,公司总经理办公会于________年____月____日召开了年度第______次会议,会议审议通过了《__________关于企业国有产权转让的可行性分析报告》及《__________关于企业国有产权转让的方案》。

2. 转让方的决策

(略,根据具体情况自行确定)

3. 上级出资人的有权批复(或有)

(略,根据具体情况自行确定)

……

本所律师认为:

(就产权转让的程序和批准程序发表意见)

(五)《企业国有产权转让方案》的合法性

经查:

《企业国有产权转让方案》主要内容有:

(1)(转让标的企业)国有产权的基本情况;

(2)企业国有产权转让行为的有关论证情况;

(3)转让标的企业涉及的、经企业所在地劳动保障行政部门审核的职工安置方案;

(4)转让标的企业涉及的债权、债务包括拖欠职工债务的处理方案;

(5)企业国有产权转让收益处置方案;

(6)企业国有产权转让公告的主要内容等。

本所律师认为:

(就方案的合法性发表意见)

(六)职工安置

经查:

________年____月____日,公司职工(代表)大会审议了《__________关于企业国有产权转让的方案》,审议并通过了《关于企业产权转让过程中职工安置的方案》(列明方案主要内容)。

本所律师认为:

(就职工安置合法性发表意见)

(七)律师认为需要说明的事项

(略,根据具体情况自行确定)

(八)结论

(综合发表意见)

本法律意见书一式五份,具有同等法律效力。

××律师事务所

律师:__________

律师:__________

________年____月____日

二、产权转让信息预披露申请书(国有)①

产权转让信息预披露申请书

标的名称:

转让方(盖章):

法定代表人或授权代表(签章):

申请日期:　　　年　　月　　日

《产权转让信息预披露申请书》主要内容填列说明

一、封面

1. 标的名称:指拟转让的产权名称,应填列为"×××××有限责任公司×××%股权"、"×××××股份有限公司×××股股份(×××%股权)"或"×××××公司整体产权"。

2. 法定代表人或授权代表(签章):应由转让方法定代表人签字;若是授权代表签字,应附有授权委托书。

二、产权转让信息预披露公告

1. 转让方承诺:转让方就转让事项的承诺。

2. 标的企业名称:按在市场监管部门登记注册的企业全称填列。

3. 注册地(住所)、法定代表人、注册资本、企业类型、经营范围:按营业执照登记内容填列。

4. 所属行业 :依据《国民经济行业分类》(GB/T 4754—2011),分二十大类。

5. 经营规模:按照国家统计局《关于印发统计上大中小微型企业划分办法的通知》(国统字〔2011〕75号)规定的分类标准填列。

6. 标的企业股权结构:按标的企业股东情况填列。

7. 主要财务指标:依据审计报告和企业财务报表填列。

8. 转让方基本情况:参照上述方式填列。

9. 持有产(股)权比例:指产权转让前转让方在标的企业中所拥有的股权比例。

10. 信息预披露公告期:指转让信息在北京产权交易所网站公开进行预披露的持续时间。

11. 受让方资格条件:指对意向受让方提出的包括财务状况、相关资质等方面的要求,须逐条填列,且不得出现具有明确指向性或违反公平竞争的内容。

12. 其他披露事项:指转让方认为需要说明的其他事项,包括标的权利瑕疵状况、权利限制状况、标的公司或有债权、债务、涉诉等重大事项。

13. 如为多个转让方联合转让,应分别填列本申请书。

14. 表中选择项请在对应的□内画"√"。

15. 除特别说明外,表中采用的货币单位为万元。

16. 表中各栏、各项指标内容,请如实、准确填列。本说明未能解释的栏目,如有疑义,请与北京产权交易所联系,最终解释权归北京产权交易所。

北京产权交易所地址:中国·北京市西城区金融大街甲17号　　邮编:100033

联系电话:010－66295566　　网址:http://www.cbex.com.cn

https://otc.cbex.com

---

① 除特别标明外,产权交易相关范本均源于北京产权交易所网站(http://www.cbex.com.cn/)范本,结合笔者个人从业经验进行调整,以供读者参考。具体操作时可于北京产权交易所等机构网站查询最新版本。

产权转让信息预披露公告

一、转让方承诺

本转让方拟转让持有标的企业产权,并委托北京产权交易所公开预披露信息和组织交易活动。依照公开、公平、公正、诚信的原则做如下承诺:

1. 本次产权转让标的权属清晰,我方对该产权拥有完全的处置权且实施产权转让不存在任何法律法规禁止或限制的情形;对于设定担保物权的产权转让,符合我国担保法的有关规定;涉及政府社会公共管理事项的,已依法报政府有关部门审核。

2. 本次转让是我方真实意愿表示,相关行为已履行了相应程序,经过有效的内部决策,并获得相应批准。

3. 我方所提交的《产权转让信息预披露公告》及附件材料内容真实、完整、合法、有效,不存在虚假记载、误导性陈述或重大遗漏。

4. 我方已充分了解并承诺遵守产权转让有关法律法规和北京产权交易所相关交易规则及各项规定,按照有关要求履行我方义务。

5. 我方承诺在实施本项目产权转让信息正式披露时,按照前述规定通过北京产权交易所办理相关手续。

我方保证遵守以上承诺,如违反上述承诺或有其他违法、违规行为,给交易相关方造成损失的,我方愿意承担相应的法律责任。

二、转让标的基本情况

<table>
<tr><td>标的企业名称</td><td colspan="4"></td></tr>
<tr><td rowspan="10">标的企业基本情况</td><td>注册地(住所)</td><td colspan="3"></td></tr>
<tr><td>法定代表人</td><td></td><td>成立日期</td><td></td></tr>
<tr><td>注册资本</td><td></td><td>实收资本</td><td></td></tr>
<tr><td>经济类型</td><td colspan="3">□国有独资公司(企业)/国有全资企业
□国有控股企业
□国有事业单位、国有社团等
□国有实际控制企业
□国有参股企业
□其他</td></tr>
<tr><td>企业类型</td><td></td><td>所属行业</td><td></td></tr>
<tr><td colspan="2">统一社会信用代码</td><td colspan="2"></td></tr>
<tr><td>经营规模</td><td colspan="3">□大 □中 □小 □微</td></tr>
<tr><td>经营范围</td><td colspan="3"></td></tr>
<tr><td colspan="3">导致标的企业的实际控制权发生转移</td><td>□是 □否</td></tr>
</table>

续表

<table>
<tr><td rowspan="11"></td><td colspan="4">前十位股东名称</td><td colspan="2">持有比例</td></tr>
<tr><td colspan="4"></td><td colspan="2"></td></tr>
<tr><td colspan="4"></td><td colspan="2"></td></tr>
<tr><td colspan="4"></td><td colspan="2"></td></tr>
<tr><td colspan="4"></td><td colspan="2"></td></tr>
<tr><td colspan="4"></td><td colspan="2"></td></tr>
<tr><td colspan="4"></td><td colspan="2"></td></tr>
<tr><td colspan="4"></td><td colspan="2"></td></tr>
<tr><td colspan="4"></td><td colspan="2"></td></tr>
<tr><td colspan="4"></td><td colspan="2"></td></tr>
<tr><td colspan="4"></td><td colspan="2"></td></tr>
<tr><td rowspan="12">主要财务指标</td><td colspan="6">以下数据出自________年度审计报告</td></tr>
<tr><td>营业收入</td><td colspan="2">营业利润</td><td colspan="2">利润总额</td><td>净利润</td></tr>
<tr><td></td><td colspan="2"></td><td colspan="2"></td><td></td></tr>
<tr><td colspan="2">资产总计</td><td colspan="2">负债总计</td><td colspan="2">所有者权益</td></tr>
<tr><td colspan="2"></td><td colspan="2"></td><td colspan="2"></td></tr>
<tr><td colspan="2">审计机构</td><td colspan="4"></td></tr>
<tr><td colspan="6">以下数据出自________年____月____日的财务报表</td></tr>
<tr><td>营业收入</td><td colspan="2">营业利润</td><td colspan="2">利润总额</td><td>净利润</td></tr>
<tr><td></td><td colspan="2"></td><td colspan="2"></td><td></td></tr>
<tr><td colspan="2">资产总计</td><td colspan="2">负债总计</td><td colspan="2">所有者权益</td></tr>
<tr><td colspan="2"></td><td colspan="2"></td><td colspan="2"></td></tr>
</table>

三、决策及批准情况

<table>
<tr><td rowspan="4">基本情况</td><td colspan="2">转让方名称</td><td colspan="4"></td></tr>
<tr><td colspan="2">经济类型</td><td colspan="4">□国资监管机构/政府部门
□国有独资公司(企业)/国有全资企业
□国有控股企业
□国有事业单位、国有社团等
□国有实际控制企业
□国有参股企业</td></tr>
<tr><td colspan="2">持有产(股)权比例</td><td></td><td colspan="2">拟转让产(股)权比例</td><td></td></tr>
<tr><td>联系人</td><td></td><td>电话</td><td></td><td>邮箱</td><td></td></tr>
</table>

续表

<table>
<tr><td rowspan="8">产权转让行为批准情况</td><td>国资监管机构</td><td>□国务院国资委监管 □中央其他部委监管
□省级国资委监管 □省级其他部门监管
□市级国资委监管 □市级其他部门监管</td></tr>
<tr><td>国家出资企业或主管部门名称</td><td></td></tr>
<tr><td>统一社会信用代码</td><td></td></tr>
<tr><td>转让方决策文件类型</td><td>□ 股东会决议 □ 董事会决议
□ 总经理办公会决议 □ 其他________</td></tr>
<tr><td>批准单位名称</td><td></td></tr>
<tr><td>批准日期</td><td></td></tr>
<tr><td>批准单位决议文件类型</td><td>□股东会决议 □董事会决议
□批复 □总经理办公会决议
□其他____________</td></tr>
<tr><td>决议文件名称</td><td></td></tr>
<tr><td colspan="2">预披露公告期</td><td>□自公告之日起______个工作日
□自公告之日起不少于______个工作日</td></tr>
</table>

四、受让方资格条件

五、其他披露事项

三、产权转让信息披露申请书(国有)

产权转让信息披露申请书

标的名称:

转让方(盖章):

法定代表人或授权代表(签章):

申请日期: 年 月 日

《产权转让信息披露申请书》主要内容填列说明

一、封面

1. 标的名称:指拟转让的产权名称,应填列为“×××××有限责任公司×××%股权”、“×××××股份有限公司×××股股份(×××%股权)”或“×××××公司整体产权”。

2. 法定代表人或授权代表(签章):应由转让方法定代表人签字;若是授权代表签字,应附有授权委托书。

二、产权转让信息披露公告

1. 转让方承诺:转让方就转让事项的承诺。

2. 标的企业名称:按在市场监管部门登记注册的企业全称填列。

3. 注册地(住所)、法定代表人、注册资本、经营范围:按营业执照登记内容填列。

4. 所属行业:依据《国民经济行业分类》(GB/T 4754—2011),分二十大类。

5. 经营规模:按照国家统计局《关于印发统计上大中小微型企业划分办法的通知》(国统字〔2011〕75号)规定的分类标准填列。

6. 标的企业股权结构:按标的企业股东情况填列。

7. 主要财务指标:依据审计报告和企业财务报表填列。

8. 内部决策:指按照公司法等法律法规和公司章程的要求履行的内部决策情况。

9. 其他披露的内容:指转让方认为需要说明的其他事项,包括标的权利瑕疵状况、权利限制状况、标的公司或有债权、债务、涉诉等重大事项。

10. 转让方基本情况:参照上述方式填列。

11. 持有产(股)权比例:指产权转让以前转让方在标的企业中所拥有的股权比例。

12. 交易条件:指包括价款支付、职工安置和债权债务处置等相关交易条件。

13. 受让方资格条件:指对意向受让方提出的包括财务状况、相关资质等方面的要求,须逐条填列,且不得出现具有明确指向性或违反公平竞争的内容。

14. 信息披露公告期:指转让信息在北京产权交易所网站公开进行披露的持续时间。

15. 自由报价期:自产权转让信息发布次工作日零时起至信息发布期满的次日起第3个工作日的10时止。

16. 限时报价周期:自由报价期结束后即进入限时报价期,限时报价期由限时报价周期组成。在每个限时报价周期内,如出现新的有效报价,则进入新的限时报价周期;在一个限时报价周期内如未出现新的有效报价,报价终结。每个限时报价周期不少于2分钟。

17. 涉及管理层拟受让的项目需填列《管理层拟受让国有产权申请表》。《管理层拟受让国有产权申请表》根据管理层情况分别填列。

18. 如为多个转让方捆绑转让,应分别填列本申请书。

19. 审核意见由受托经纪会员填列,受托经纪会员对《产权转让信息披露申请书》填报内容及相关材料的核实意见,由受托经纪会员盖章、执业经纪人签字确认。

20. 表中选择项请在对应的□内画“√”。

21. 除特别说明外,表中采用的货币单位为万元。

22. 表中各栏、各项指标内容,请如实、准确填列。本说明未能解释的栏目,如有疑义,请与受托经纪会员联系,最终解释权归北京产权交易所。

北京产权交易所地址:中国·北京市西城区金融大街甲17号　　邮编:100033

联系电话:010-66295566　　网址:http://www.cbex.com.cn

https://otc.cbex.com

产权转让信息披露公告

一、转让方承诺

本转让方拟转让持有标的企业产权,并委托交易机构公开披露产权转让信息和组织交易活动。依照公开、公平、公正、诚信的原则做如下承诺:

1. 本次产权转让标的权属清晰,我方对该产权拥有完全的处置权且实施产权转让不存在任何法律法规禁止或限制的情形;对于设定担保物权的产权转让,符合我国担保法的有关规定;涉及政府社会公共管理事项的,已依法报政府有关部门审核。

2. 本次转让是我方真实意愿表示,相关行为已履行了相应程序,经过有效的内部决策,并获得相应批准。

3. 我方已认真考虑转让行为可能导致的企业经营、行业、市场、政策以及其他不可预计的各项风险因素,愿意承担可能存在的一切交易风险。

4. 我方所提交的《产权转让信息披露公告》及附件材料内容真实、完整、合法、有效,不存在虚假记载、误导性陈述或重大遗漏。

5. 我方已充分了解并承诺在产权转让过程中遵守有关法律法规和北京产权交易所相关交易规则及各项规定,按照有关要求履行我方义务。

6. 我方如选择以动态报价方式实施产权转让,表明我方已了解并认可北京产权交易所《企业国有产权转让动态报价实施办法》等内容和规定,并不可撤销地授权北京产权交易所对各意向受让方的受让资格进行审核并确认,资格确认结果对我方具有拘束力。动态报价系统因不可抗力、软硬件故障、非法入侵、恶意攻击等原因而导致系统异常、竞价活动中断的,我方授权北京产权交易所视情况组织继续报价或重新报价。

7. 产权交易合同签署后,我方承诺按照北京产权交易所收费办法及相关交易文件的约定及时支付交易服务费用,不因与受让方有任何争议或合同解除终止等任何原因拒绝交纳或主张退还交易服务费用。

8. 涉及标的企业其他股东未放弃优先购买权的,我方承诺按照北京产权交易所《企业国有产权转让股东行使优先购买权操作细则》第四条的规定履行通知及征询其他股东的义务,并在公告发布之日起5日内就信息公告内容,行权期限、方式及后果等通知其他股东。

我方保证遵守以上承诺,如违反上述承诺或有其他违法、违规行为,给交易相关方造成损失,我方愿意承担相应的法律责任。

二、转让标的基本情况

<table>
<tr><td>标的企业名称</td><td colspan="4"></td></tr>
<tr><td rowspan="22">标的企业基本情况</td><td>注册地(住所)</td><td colspan="3"></td></tr>
<tr><td>法定代表人</td><td></td><td>成立日期</td><td></td></tr>
<tr><td>注册资本</td><td></td><td>实收资本</td><td></td></tr>
<tr><td>经济类型</td><td colspan="3">□国有独资公司(企业)/国有全资企业
□国有控股企业
□国有事业单位、国有社团等
□国有实际控制企业
□国有参股企业
□其他</td></tr>
<tr><td>企业类型</td><td></td><td>所属行业</td><td></td></tr>
<tr><td>职工人数</td><td colspan="3">人</td></tr>
<tr><td colspan="2">是否含有国有划拨土地</td><td colspan="2">□是　　□否</td></tr>
<tr><td colspan="2">统一社会信用代码</td><td colspan="2"></td></tr>
<tr><td>经营规模</td><td colspan="3">□大　□中　□小　□微</td></tr>
<tr><td>经营范围</td><td colspan="3"></td></tr>
<tr><td colspan="3">其他股东是否放弃优先受让权</td><td>□是　□否</td></tr>
<tr><td colspan="3">企业管理层是否参与受让</td><td>□是　□否</td></tr>
<tr><td colspan="3">是否涉及职工安置</td><td>□是　□否</td></tr>
<tr><td colspan="3">导致标的企业的实际控制权发生转移</td><td>□是　□否</td></tr>
<tr><td colspan="3">前十位股东名称</td><td>持有比例</td></tr>
<tr><td colspan="3"></td><td></td></tr>
<tr><td colspan="3"></td><td></td></tr>
<tr><td colspan="3"></td><td></td></tr>
<tr><td colspan="3"></td><td></td></tr>
<tr><td colspan="3"></td><td></td></tr>
<tr><td colspan="3"></td><td></td></tr>
<tr><td colspan="3"></td><td></td></tr>
</table>

续表

主要财务指标	以下数据出自________年度审计报告			
	营业收入	营业利润	利润总额	净利润
	资产总计	负债总计	所有者权益	
	审计机构			
	以下数据出自________年____月____日的财务报表			
	营业收入	营业利润	利润总额	净利润
	资产总计	负债总计	所有者权益	
其他披露的内容				

三、转让方基本情况

基本情况	转让方名称			
	注册地(住所)			
	经济类型	□国资监管机构/政府部门 □国有独资公司(企业)/国有全资企业 □国有控股企业 □国有事业单位、国有社团等 □国有实际控制企业 □国有参股企业		
	法定代表人		成立日期	
	注册资本		实收资本	

续表

<table>
<tr><td rowspan="4"></td><td>企业类型</td><td colspan="2"></td><td colspan="2">所属行业</td><td colspan="2"></td></tr>
<tr><td>统一社会信用代码</td><td colspan="2"></td><td colspan="2">经营规模</td><td colspan="2">大☐ 中☐
小☐ 微☐</td></tr>
<tr><td>持有产(股)权比例</td><td colspan="2"></td><td colspan="2">拟转让产(股)权比例</td><td colspan="2"></td></tr>
<tr><td>联系人</td><td colspan="2"></td><td>电话</td><td></td><td>邮箱</td><td></td></tr>
<tr><td rowspan="8">产权转让
行为决策
及批准情况</td><td>国资监管机构</td><td colspan="6">☐国务院国资委监管 ☐中央其他部委监管
☐省级国资委监管 ☐省级其他部门监管
☐市级国资委监管 ☐市级其他部门监管</td></tr>
<tr><td>国家出资企业或
主管部门名称</td><td colspan="6"></td></tr>
<tr><td>统一社会信用代码</td><td colspan="6"></td></tr>
<tr><td>转让方决策文件类型</td><td colspan="6">☐ 股东会决议 ☐ 董事会决议
☐ 总经理办公会决议 ☐ 其他________</td></tr>
<tr><td>批准单位名称</td><td colspan="6"></td></tr>
<tr><td>批准日期</td><td colspan="6"></td></tr>
<tr><td>批准单位决议
文件类型</td><td colspan="6">☐股东会决议 ☐董事会决议
☐批复 ☐总经理办公会决议
☐其他____________</td></tr>
<tr><td>决议文件名称</td><td colspan="6"></td></tr>
</table>

四、交易条件与受让方资格条件

以下条件为转让的基本条件，是产权交易合同的必备条款。意向受让人所提受让意向须满足该等条件，在不低于条件所确定标准的前提下，可对该条件进行细化和补充，其中优于该基本条件的内容应当作为受让文件和产权交易合同的组成部分。

<table>
<tr><td rowspan="5">交易条件</td><td>标的名称</td><td></td></tr>
<tr><td>转让底价</td><td></td></tr>
<tr><td>价款支付方式</td><td>☐一次性付款 ☐分期付款</td></tr>
<tr><td>分期付款支付要求</td><td></td></tr>
<tr><td>与转让相关的
其他条件</td><td></td></tr>
<tr><td>受让方
资格条件</td><td colspan="2"></td></tr>
</table>

续表

保证金设定	交纳保证金	□是 □否
	交纳金额	设定为__________万元
	交纳时间	□ 意向受让方经资格确认后____个工作日内交纳 □本项目选择动态报价方式,意向受让方在提交受让申请同时交纳保证金

五、信息披露期

信息披露公告期	自公告之日起______个工作日
信息披露期满,如未征集到意向受让方	□信息披露终结 □延长信息披露: 不变更信息披露内容,按照____个工作日为一个周期延长, □直至征集到意向受让方 □最多延长____个周期(任选其一) □变更公告内容,重新申请信息披露

六、竞价方式

竞价方式	信息披露期满,如征集到两个及以上符合条件的意向受让方,选择以下竞价方式: □网络竞价(□多次报价 □一次报价 □权重报价) □拍卖 □招投标 □其他________ 在原股东未放弃优先购买权的情况下,如仅征集到1个符合条件的非原股东意向受让方,则不再组织上述竞价活动,由该意向受让方单独进行报价,并以此价格征询原股东是否行使优先购买权
	动态报价 (1)自由报价期为______个工作日 (2)限时报价周期为______分钟(______秒) (3)加价幅度为人民币(大写)__________万元[人民币(小写)________万元] [注:自由报价期一般自信息披露公告发布次工作日零时起至信息发布期满次日起第3个工作日的10时止,限时报价周期应不少于2分钟(120秒)]
权重报价或招投标主要内容、动态报价项目拟签署的《产权交易合同》、要求意向受让方递交的《动态报价承诺函》	

七、管理层拟受让国有产权情况

管理层(自然人)拟受让国有产权情况

标的企业名称:____________________

<table>
<tr><td rowspan="7">管理层持有及拟受让标的企业国有产权情况</td><td>姓名</td><td>所在单位</td><td>职务</td><td>现持有产权比例</td><td>拟受让产权比例</td><td>本人签字</td></tr>
<tr><td></td><td></td><td></td><td></td><td></td><td></td></tr>
<tr><td></td><td></td><td></td><td></td><td></td><td></td></tr>
<tr><td></td><td></td><td></td><td></td><td></td><td></td></tr>
<tr><td></td><td></td><td></td><td></td><td></td><td></td></tr>
<tr><td></td><td></td><td></td><td></td><td></td><td></td></tr>
<tr><td></td><td></td><td></td><td></td><td></td><td></td></tr>
<tr><td>备注</td><td colspan="6"></td></tr>
</table>

管理层(法人)拟受让国有产权情况

标的企业名称:____________________

<table>
<tr><td rowspan="2" colspan="2">意向受让方持有及拟受让标的企业国有产权情况</td><td colspan="2">公司名称</td><td>现持有产权比例</td><td>拟受让产权比例</td><td>公司盖章</td></tr>
<tr><td colspan="2"></td><td></td><td></td><td></td></tr>
<tr><td colspan="7">管理层股东持有意向受让方股权情况:</td></tr>
<tr><td>姓名</td><td colspan="2">身份证号码</td><td>职务</td><td>占意向受让方股权比例</td><td colspan="2">是否进行了经济责任审计</td></tr>
<tr><td></td><td colspan="2"></td><td></td><td></td><td colspan="2" rowspan="4">□ A. 是　B. 否</td></tr>
<tr><td></td><td colspan="2"></td><td></td><td></td></tr>
<tr><td></td><td colspan="2"></td><td></td><td></td></tr>
<tr><td></td><td colspan="2"></td><td></td><td></td></tr>
<tr><td>备注</td><td colspan="6"></td></tr>
</table>

八、会员核实意见

标的资料清单

附件类型	资料名称	备注
主体资格类资料	营业执照或事业法人证书	
	统一社会信用代码	
	国家出资企业产权登记表(证)	
	股权证明等	
	公司章程	
内部决议类资料	股东会决议	
	董事会决议	
	职工大会或职工代表大会决议	
	职工安置方案	
中介机构类资料	资产评估报告	
	资产评估项目核准表或备案表	
	上年度审计报告	
	近期财务报表	
其他资料		

转让方资料清单

附件类型	资料名称	备注
申请类资料	产权转让信息披露申请书和公告	
	产权转让委托合同	
主体资格类资料	营业执照或事业法人证书等	
	统一社会信用代码	
	自然人身份证明	
	公司章程	
决议及批准类资料	国资监管机构批准或国家出资企业审议决策文件	
	总经理办公会决议	
	股东会决议	
	董事会决议	
	受让方资格条件已向同级国资监管机构备案文件	
其他资料		

续表

经纪会员核实意见	本经纪会员接受转让方委托,向贵所提出产权转让信息披露的申请,并已对转让方提供的材料进行了核实。 经核实,转让方提供的材料真实、完整、准确,无误导和重大遗漏。转让方的产权转让行为符合相关规定,现提交转让信息披露的申请。 经纪会员(盖章): 执业经纪人(签字):__________ 日期:________年____月____日

四、产权受让申请书(国有)

产权受让申请书

标的名称:

项目编号:

意向受让方:(盖章)

法定代表人或授权代表(签章):

申请日期:　　　年　　月　　日

《产权受让申请书》主要内容填列说明

一、封面

1. 标的名称:指拟受让标的产权名称,应按照该标的信息披露公告中的标的名称填列。项目编号亦按照该标的信息披露公告中的项目编号填列。

2. 意向受让方(盖章):意向受让方为法人或非法人组织的应当加盖公章,意向受让方为自然人的应当签字。

3. 法定代表人或授权代表(签章):应由意向受让方法定代表人签字;若是授权代表签字,应附有授权委托书。

二、交易风险揭示书

意向受让方通过北京产权交易所参与交易,可能存在一定的风险,需要意向受让方仔细阅读并充分理解风险揭示书的全部内容,审慎做出交易决策。

三、受让申请与承诺

意向受让方提出受让申请,并对受让申请行为相关事项作出承诺。

四、意向受让方基本情况

1. 名称:意向受让方为法人或其他组织的,按在市场监督管理部门登记注册的企业全称填列;意向受让方为自然人的,按身份证登记的姓名填列。

2. 是否是标的公司股东:按意向受让方是否与标的企业存在股权关系填列。

3. 是否涉及企业管理层:按意向受让方是否为标的企业管理层填列。

4. 是否为联合受让体:按意向受让方是单方提出受让申请,还是以与其他方签署联合受让协议,组成联合体的形式受让标的进行填列。

5. 受让底价:不低于转让标的的转让底价。

6. 注册地(住所)、法定代表人、注册资本、经济性质、经营范围:按营业执照登记内容填列。

7. 所属行业:依据《国民经济行业分类》(GB/T 4754—2011),分二十大类。

8. 资产总计、负债总计、所有者权益等财务指标:依据审计报告和企业财务报表填列。

9. 经营规模:按照国家统计局《关于印发统计上大中小微型企业划分办法的通知》(国统字〔2011〕75号)规定的分类标准填列。

10. 持有产(股)权比例:指产权受让以前意向受让方在标的企业中所拥有的股权比例。

11. 如为多方组成联合受让体,联合受让体各方应分别填列"联合体其他成员基本情况"。

12. 审核意见由受托经纪会员填列,受托经纪会员对《产权受让申请书》填报内容及相关材料的核实意见,由受托经纪会员盖章、执业经纪人签字确认。

13. 表中选择项请在对应的□内画"√"。

14. 除特别说明外,表中采用的货币单位为万元。

15. 表中各栏、各项指标内容,请如实、准确填列。本说明未能解释的栏目,如有疑义,请与受托经纪会员联系,最终解释权归北京产权交易所。

北京产权交易所地址:中国·北京市西城区金融大街甲17号　　邮编:100033
联系电话:010-66295566　　网址:http://www.cbex.com.cn
https://otc.cbex.com

交易风险揭示书

尊敬的意向受让方:

您通过北京产权交易所(本风险揭示书以下简称北交所)参与交易时,可能会获得交易、投资带来的收益,但同时也存在一定的风险。本风险揭示书旨在让您更好地了解其中的风险,审慎做出交易决策。您在提交交易申请或注册交易账户前,请仔细阅读并确保自己理解本风险揭示书的全部内容。对本风险揭示书有不理解或不清晰的地方请及时咨询北交所相关人员。交易过程中可能发生的风险包括但不限于:

1. 宏观经济风险:因我国宏观经济形势以及其他国家、地区宏观经济环境的变化,引起交易标的价值的波动,投资者将自行承担由此产生的损失。

2. 政策风险:由于国家相关法律法规、政策发生变化,紧急措施的出台,相关监管部门监管措施的实施,北交所交易规则及相关文件的修订等原因,可能导致交易标的价值的波动,甚至导致北交所无法继续为您提供交易服务,您将自行承担由此产生的损失。

3. 信息披露风险:北交所披露的交易标的相关信息(包括但不限于信息披露公告以及交易标的的图片、名称、文字描述及其他相关信息等)系北交所根据转让方提供的信息内容进行的发布,北交所仅对披露信息内容进行齐全性和合规性审核,不保证披露的交易标的相关信息的真实性、完整性和准确性,不保证披露的交易标的名称、图片、描述与交易标的实际相符,北交所也不对交易标的做任何担保。您在决定参与交易活动前,应对交易标的进行全面了解。对明示按交易标的现状进行交易的,您应在提交交易申请前,自行勘察交易标的实物。您提交交易申请、参与竞买的,即表明认可交易标的现状。您将自行承担可能由此产生的损失。

4. 交易风险:您因未按照交易规则及相关文件、公告、通知等的规定参与交易或履行相关义务的,您交纳的保证金可能被扣除和/或产生其他不利后果;因您所填写的信息不真实、不准确或不完整而造成注册账户无法激活或保证金无法退还的,由您自行承担相应后果;交易标的成交后,对交易标的交割过程中所发生的包括但不限于包装、运输、交付、税费等一切费用、纷争等均由交易双方依据北交所交易规则及相关文件规定或交易合同约定自行承担和处理,北交所不承担任何责任。

5. 互联网风险:您通过北交所交易系统参与交易将存在(包括但不限于)以下风险:交易账户信息泄露或您的身份可能被仿冒;由于您自身的终端设备和网络异常等原因导致无法正常交易;您的网络终端设备或软件系统与北交所交易系统不兼容,无法进行交易或交易失败;由于您自身终端设备时间与北交所交易系统时间不符而导致未按时参与竞价活动;因缺乏互联网经验,您可能因操作不当造成交易失败或交易失误。您将自行承担由此造成的损失和不利后果。

6. 不可抗力风险：因不可抗力、软硬件故障、通信故障、电力故障、网络故障、非法入侵、恶意攻击、政府行为、司法行政机关的命令等原因导致北交所交易系统异常或者瘫痪，致使您的交易指令出现延迟、中断、数据错误等情况的，北交所不承担任何责任，您将自行承担由此产生的损失。

7. 其他风险：您参与交易时，他人给予您保证获利或不会发生损失的任何承诺都是没有根据的，类似的承诺不会减少您发生损失的可能。

北交所敬告您，应当根据自身的经济条件、心理及风险承受能力谨慎、理性地参与交易，树立正确的消费、投资理念，注意资金安全。本风险揭示书并不能揭示全部风险及情形，您务必要对此有清醒的认识，认真考虑是否参与交易，独立作出参与交易的各项决策。交易有风险，操作须谨慎！

受让申请与承诺

北京产权交易所：

本意向受让方拟受让（转让方名称）____________________________持有的（转让标的名称）__________________________，依照公开、公平、公正、诚实的原则，作出如下承诺：

1. 本次受让是我方真实意愿表示，相关行为已经过有效的内部决策并得到相应的批准，所提交材料及受让申请中内容不存在虚假记载、误导性陈述或重大遗漏，我方对其真实性、完整性、合法性、有效性承担相应的法律责任。（法人及其他经济组织适用）

本次受让是我方真实意愿表示，所提交材料及受让申请中内容不存在虚假记载、误导性陈述或重大遗漏，并对其真实性、完整性、合法性、有效性承担相应的法律责任。（自然人适用）

2. 我方系合法有效存续的民事主体；具有良好的财务状况、支付能力和商业信用，且资金来源合法，符合有关法律法规及本项目对受让方应当具备条件的规定。（法人及其他经济组织适用）

我方具有完全民事行为能力，并具备良好的社会信誉和支付能力，且资金来源合法，符合有关法律法规及本项目对受让方应当具备条件的规定。（自然人适用）

3. 我方已充分了解并接受信息披露的全部内容和要求，且已认真阅读并充分理解《交易风险揭示书》的全部内容，认真考虑了标的和标的企业经营、行业、市场、政策以及其他不可预计的各项风险因素，愿意承担可能存在的一切交易风险。

4. 我方已充分了解并承诺在参与产权受让过程中遵守有关法律法规和北京产权交易所相关交易规则及相关规定，按照有关要求履行我方义务。

5. 我方承诺以不低于转让底价参与后续交易活动。

6. 我方承诺，被确认为受让方后按照北京产权交易所收费办法及相关交易文件的约定及时支付交易服务费用，不因与转让方有任何争议或合同解除终止等任何原因拒绝交纳或主张退还交易服务费用。

7. 我方承诺已了解并严格遵守北京产权交易所《股东行使优先购买权操作细则》的相关规定。（涉及其他股东未放弃优先购买权情形适用）

我方保证遵守以上承诺，如违反上述承诺或有违规行为，给交易相关方造成损失，我方愿意承担法律责任及相应的经济赔偿责任。

意向受让方（盖章）：
法定代表人（签字）：
日期：　　　　年　　月　　日

一、意向受让方基本情况

名　称		
是否为标的公司股东		是□　　　否□

续表

是否涉及企业管理层			是□ 否□		
是否为联合受让体			是□ 否□		
意向受让方基本信息	联系人		手机		微信号
	邮箱				
意向受让方或联合受让体代表基本情况	法人或其他经济组织				
	注册地(住所)				
	法定代表人或负责人		成立日期		
	注册资本		币种		
	企业类型		所属行业		
	经济类型	□国有独资公司(企业)/国有全资企业 □国有控股企业 □国有事业单位、国有社团等 □国有实际控制企业 □国有参股企业 □非国有企业 □外资企业 □其他			
	统一社会信用代码		经营规模	大□ 中□ 小□ 微□	
	经营范围				
	资产总计	负债总计		所有者权益	
	自然人				
	证件类型	□居民身份证 □护照			
	证件号码		微信号		
	手机		邮箱		
受让意向(非管理层)	拟受让比例		受让底价	不低于转让底价	
受让意向(管理层)	姓名	所在单位	职务	原持有比例	拟受让比例
	受让底价	不低于转让底价			

续表

<table>
<tr><td colspan="6">若为联合受让体,则按以下格式逐一填写</td></tr>
<tr><td rowspan="18">联合受让体
其他成员
基本情况</td><td colspan="5">法人或其他经济组织</td></tr>
<tr><td>名称</td><td colspan="4"></td></tr>
<tr><td>注册地
(住所)</td><td colspan="4"></td></tr>
<tr><td>法定代表人
或负责人</td><td></td><td colspan="2">成立日期</td><td></td></tr>
<tr><td>注册资本</td><td></td><td colspan="2">币种</td><td></td></tr>
<tr><td>企业类型</td><td></td><td colspan="2">所属行业</td><td></td></tr>
<tr><td>经济类型</td><td colspan="4">□国有独资公司(企业)/国有全资企业
□国有控股企业
□国有事业单位、国有社团等
□国有实际控制企业
□国有参股企业
□非国有企业
□外资企业
□其他</td></tr>
<tr><td>统一社会
信用代码</td><td></td><td colspan="2">经营规模</td><td>大 □　中 □
小 □　微 □</td></tr>
<tr><td>经营范围</td><td colspan="4"></td></tr>
<tr><td>资产总计</td><td colspan="2">负债总计</td><td colspan="2">所有者权益</td></tr>
<tr><td></td><td colspan="2"></td><td colspan="2"></td></tr>
<tr><td>拟受让比例</td><td colspan="4"></td></tr>
<tr><td colspan="5">自 然 人</td></tr>
<tr><td>姓名</td><td colspan="4"></td></tr>
<tr><td>证件类型</td><td colspan="4">□居民身份证　□护照</td></tr>
<tr><td>证件号码</td><td></td><td colspan="2">微信号</td><td></td></tr>
<tr><td>手机</td><td></td><td colspan="2">邮箱</td><td></td></tr>
<tr><td>拟受让比例</td><td colspan="4"></td></tr>
</table>

二、意向受让方资料清单

附件类型	资料名称	备注
申请类资料	产权受让申请书	
	产权受让委托合同	
	联合受让协议	
主体资格类资料	营业执照或事业法人证书等	
	统一社会信用代码	
	自然人身份证明	
	公司章程	
决议及批准类资料	受让相关决议文件	
财务状况类资料	企业近期财务报表	
	资信证明	
其他资料		
经纪会员核实意见	本经纪会员接受意向受让方委托,提出受让申请,对意向受让方提交的材料及相关内容进行了调查核实,意向受让方符合相关受让条件。因我方未尽核实责任或违反法律法规及交易规则的,我方愿意承担相应法律责任。 经纪会员(盖章): 执业经纪人(签字):________ 日期:________年____月____日	

五、产权交易合同(适用于整体产权或控股股权转让)(国有)

合同编号:

产权交易合同

(示范文本)

(适用于整体产权或控股股权转让)

标的企业:____________________

合同使用须知

1. 本合同文本是根据《中华人民共和国民法典》《企业国有资产交易监督管理办法》《企业国有产权交易操作规则》制定的示范文本。合同条款均为示范性条款,仅供产权交易各方当事人选择采用。当事人可按照实际情况在本合同文本基础上修改、调整或补充。

2. 为更好地维护合同各方当事人的权益,签订时应当慎重,力求具体、严密。对于不涉及本合同条款所述情形的事项,可用“本合同不适用此条款”表示,或直接删除有关条款。

3. 转让方:指持有标的企业的产权或股权并能够依法转让产权或股权的法人、自然人或者非法人组织。

受让方：指以有偿方式依法受让产权或股权的法人、自然人或者非法人组织。当事人为自然人的，应在当事人概况中填写姓名及身份证号码。

4. 转让标的：本合同所称产权交易是指出资人或股东持有的标的企业的产权或股权的有偿转让行为。转让标的为产权交易所指向的对象，包括非公司制企业的全部或者部分投资权益，有限责任公司、非上市股份有限公司、股份合作制企业的全部或部分股权，以及依法能够进行交易的其他资本性权益。

5. 标的企业：是指转让方因其出资所享有的产权或股权依存的载体，即转让方自行或与他人合资设立的非公司制企业、有限责任公司、非上市股份有限公司、股份合作制企业等。

6. 北京产权交易所郑重声明：本合同范本仅供在本交易所进行产权交易的双方根据其实际情况选择使用。本交易所不因制作和/或提供本合同范本而承担任何保证义务，包括但不限于保证本合同范本条款内容完备、保证交易双方签约目的的真实、保证交易双方的签约主体资格适格、保证交易双方为签订本合同而做出的声明及承诺以及提供的文件资料真实准确等一切保证责任。

本合同当事人

转让方（甲方）：
注册地址/住所：
法定代表人：
电话：　　　　　　　　　　邮编：
开户银行：　　　　　　　　账号：
转让方经纪会员：　　　　　电话：

受让方（乙方）：
注册地址/住所：
法定代表人：
电话：　　　　　　　　　　邮编：
开户银行：　　　　　　　　账号：
受让方经纪会员：　　　　　电话：

鉴于：

1. 甲方为于________年____月____日依中国法律设立并合法存续的企业法人，为__________________所属国有（或国有控股）企业，注册证号：______________________。

2. 本合同所涉及之标的企业________________（以下简称标的企业）是合法存续的并由甲方合法持有产权或____%股权的企业法人，具有独立的企业法人资格，注册证号：______________。

3. 乙方为依据______国法律依法设立并合法存续的______________（性质）的企业或机构，注册证号：____________________；

或：乙方为______国合法公民，身份证或护照号码：__________。

4. 甲方拟转让其合法持有的标的企业的产权或股权；乙方拟收购上述产权或股权。

根据《中华人民共和国民法典》和《企业国有资产交易监督管理办法》等相关法律、法规、规章的规定，甲、乙双方遵循自愿、公平、诚实信用的原则，经友好协商，就甲方向乙方转让其拥有的________________（企业名称）的产权（或股权）相关事宜达成一致，签订本产权交易合同（以下简称本合同）如下：

第一条　定义与释义

除非本合同中另有约定，本合同中的有关词语含义如下：

1.1　转让方，是指____________________（企业名称），即甲方。

1.2　受让方，是指____________________（企业名称或自然人姓名），即乙方。

1.3　北交所，是指承担产权交易的场所及其主体北京产权交易所有限公司。

1.4 产权转让,是指甲方将其持有的标的企业的产权或______%股权转让给乙方。

1.5 转让价款,本合同下甲方就转让所持有的产权或股权自乙方获得该产权或股权的对价。

1.6 知识产权,指标的企业拥有、被许可或使用的所有知识产权,该知识产权在中国或任何其他司法管辖区法律下均可得到保护、创立或产生,包括所有专利及其申请以及任何司法管辖区法律下产生的所有类似权利(合称"专利");所有商标、服务标志、商号、服务名称、品牌名称、商业布置权、标识、互联网域名和公司名称及类似性质的一般无形资产(合称"标识");登记和未登记的版权及就其进行的登记和申请(合称"版权");标的企业的概念、观点、研究与开发、专有技术、方案、发明、创作、制造与生产流程与技术、技术数据、程序、设计、图纸、规格、数据库、客户名单、供应商名单、价格与成本信息、业务与营销计划和建议等其他专属或保密信息(合称"商业秘密");标的企业的所有软件和技术以及上述各项的复制文本或有形载体。

1.7 知识产权许可,是指标的企业授予任何其他人的使用任何知识产权的任何权利,及其他人授予标的企业的使用该人知识产权的任何权利。

1.8 重大不利影响,是指在标的企业的财务或业务、资产、财产、收益及前景中发生的,依据合理预计,将单独或共同导致任何改变或影响,而该等改变或影响会对历史的、近期或长期计划的业务、资产、财产、经营结果、标的企业的状况(财务或其他)及前景,各方完成本合同下拟进行的交易,标的企业的价值,或转让方完成本合同下交易或履行其在本合同下义务的能力等,产生重大不利影响。

1.9 评估基准日,指甲方委托具有合法资质的会计师事务所进行评估并出具的《资产评估报告书》的基准日,指________年____月____日。

1.10 保证金,指在本合同签订前,乙方按照甲方和北交所的要求,支付至北交所指定账户的、作为乙方提出受让意向的担保,并表明其资信状况及履约能力的________万元交易保证金。

1.11 审批机关,指中华人民共和国商务部、中国证监会等依法律、法规规定具有审批权限的机关或其地方授权机关。

1.12 登记机关,指国家市场监督管理总局或其地方授权机关。

1.13 产权/股权转让完成,是指甲、乙双方将产权或股权转让事宜记载于股东名册并办理完毕工商变更登记手续,或在股权托管机构办理完毕转让手续并办理完毕工商变更登记手续。

1.14 过渡期,是指评估基准日至产权交割日。

1.15 产权交易费用,指转让方和/或受让方或标的企业就转让产权或谈判、准备、签署本合同和/或本合同下的任何文件,或履行、完成本合同下交易而发生的,包括取得必要或适当的任何政府部门或第三方的豁免、同意或批准而发生的费用及支出,以及产权交易机构、经纪人或中间人费用等所有现款支出和费用的总额。

1.16 产权交易凭证,指北交所就产权或股权转让事项出具的用于表明已按照交易规则完成场内交易程序的凭证。

除非另有明确规定,在本合同中,应适用如下解释规则:

1.17 期间的计算,如果根据本合同拟在某一期间之前、之中或之后采取任何行动或措施,在计算该期间时,应排除计算该期间时作为基准日的日期。如果该期间最后一日为非营业日,则该期间应顺延至随后的第一个营业日终止。

1.18 货币,在本协议中,凡提及 RMB 或人民币时均指中国法定货币,凡提及 $ 或美元时均指美国法定货币。

1.19 包括,指包括但不限于。

第二条 产权转让标的

2.1 本合同转让标的为甲方所持有的标的企业的______%产权或______%股权。以下均称产权。

2.2 甲方就其持有的转让标的所认缴的出资________万元已经全额缴清。

或:甲方就其持有的转让标的所认缴的出资________万元,已经缴清________万元;其余尚未缴纳的出资,按照出资人协议及章程规定,应于________年____月____日缴足。

2.3 转让标的上未做过任何形式的担保,包括但不限于在该产权上设置质押或任何影响产权转让或股东权利行使的限制或义务。转让标的也未被任何有权机构采取查封等强制性措施。

或:转让标的已于________年____月____日,因__________质押给 __________公司并在市场监督管理部门办理质押登记(或记载于标的企业股东名册)。本次转让行为已经获得质押权人的书面同意或认可。

第三条 标的企业

3.1 标的企业是合法存续的并由甲方合法持有其全部出资人权益的国有独资企业(或由甲方合法持有其______%股权的有限责任公司或股份有限公司),具有独立的企业法人资格。

3.2 标的企业拥有在下列范围内经营的合法的批准或许可文件:

(1)____;

(2)____;

(3)____。

3.3 标的企业拥有如下土地使用权和房产所有权:

(1)土地使用权

土地性质:(划拨/出让)

位置:________省(市)______区(县)______________;

面积:_________________________________平方米;

土地使用证号:______________________________。

(2)房产所有权

位置:________省(市)______区(县)______________;

建筑面积:______________________________ 平方米;

房产证号:_________________________________。

3.4 标的企业拥有下列固定及非固定资产的所有权:

标的企业厂房内所有的机器、设备、设施、产品、在产品(包括设备资料及所有标的企业的档案资料、备品备件、办公用品)等。

3.5 标的企业拥有下列知识产权或无形资产:

(1)____。

(2)____。

(3)____。

上述标的企业拥有的知识产权没有未经披露或遗漏的任何知识产权许可。

(4)标的企业拥有下述他方授予的知识产权许可:

____;

____。

3.6 标的企业的全部资产经拥有评估资质的________资产评估有限公司评估,出具了以________年____月____日为评估基准日的__________号《资产评估报告书》。

3.7 标的企业不存在第3.6条所述《资产评估报告书》中未予披露或遗漏的、可能影响评估结果的,或对标的企业及其产权价值产生重大不利影响的任何事项。

3.8 标的企业已将相关的权属证书、批件、财务报表、资产清单、档案资料、印章印鉴、建筑工程图表、技术资产等文件资料编制《财产及资料清单》。

3.9 甲、乙双方在标的企业拥有上述资产及《资产评估报告书》评估结果的基础上达成本合同各项条款。

第四条　产权转让的前提条件

4.1　甲方依法就本合同所涉及的标的企业的改制方案已履行了法定批准或备案程序。

4.2　甲方依法就标的企业改制所涉及的职工安置方案已履行了法定表决程序。

4.3　甲方依据有关法律、法规、政策的规定,就本合同项下产权交易已在北交所完成公开挂牌和/或竞价程序。

4.4　乙方依本合同的约定受让甲方所拥有的转让标的事项,已依法律和章程的规定履行了批准或授权程序。

第五条　产权转让方式

本合同项下产权交易已于________年____月____日经北交所公开挂牌,挂牌期间只产生乙方一个意向受让方,由乙方依法受让本合同项下转让标的。

或:本合同项下产权交易已于________年____月____日经北交所公开挂牌,挂牌期间产生________个意向受让方,并于________年____月____日以拍卖方式(或招投标、网络竞价等其他竞价方式)组织实施,由乙方依法作为买受人(或中标人)受让本合同项下转让标的。

或:本合同项下产权交易经甲方申请,已于________年____月____日获得甲方出资人______________(省级以上国有资产监督管理机构)的批准,采取协议转让方式进行。

第六条　产权转让价款及支付

6.1　转让价格

根据公开挂牌结果(或公开竞价结果,或协议转让之批准文件),甲方将本合同项下转让标的以(大写)________万元[(小写)________万元]转让给乙方。乙方按照甲方和北交所的要求支付的保证金,折抵为转让价款的一部分。

6.2　计价货币

上述转让价款以人民币作为计价单位。

以外币支付转让价款的,以乙方支付转让价款前一日中国人民银行公布的人民币与外币买入价和卖出价的中间价为汇兑牌价,确定乙方应向甲方支付的外币金额。乙方逾期支付转让价款的,应付转让价款最后一日与逾期支付日期间的汇率风险,由乙方承担。

6.3　转让价款支付方式

乙方采用一次性付款方式,将转让价款在本合同生效后______日内汇入北交所指定的结算账户。

或:乙方采用分期付款方式,将转让价款中的______%(不低于30%,含保证金)即(小写)__________万元,在本合同生效后______日内汇入北交所指定结算账户;剩余价款(小写)____________万元,应按同期银行贷款利率计算延期付款期间的利息且在______天内(不超过1年)一并付清。对于剩余价款以____________的方式提供担保(具体见担保合同)。

第七条　产权转让的交割事项

7.1　甲、乙双方应履行或协助履行向审批机关申报的义务,并尽最大努力,配合处理任何审批机关提出的合理要求和质询,以获得审批机关对本合同及其项下产权交易的批准。

7.2　本合同项下的产权交易获得北交所出具的产权交易凭证后______个工作日内,甲方应促使标的企业到登记机关办理标的企业的股权变更登记手续,乙方应给予必要的协助与配合。登记机关办理完毕股权变更登记手续并颁发标的企业新的营业执照之日,视为产权交易完成之日。

7.3　产权交易完成后______日内,双方应商定具体日期、地点,办理有关产权转让的交割事项。甲方应按照本合同第3.8条规定的标的企业的《财产及资料清单》,将标的企业的资产及清单、权属证书、批件、财务报表、档案资料、印章印鉴、建筑工程图表、技术资产等移交给乙方,由乙方核验查收。

7.4　甲方对其提供的上述材料的完整性、真实性,所提供材料与标的企业真实情况的一致性负责,并承担因隐瞒、虚报所引起的一切法律责任。

7.5　甲方应在上述约定的期限内,将标的企业的资产、控制权、管理权移交给乙方,由乙方对标的企业实施管理和控制。

7.6　乙方将原标的企业注销，将其资产并入本企业或其所控制的其他关联企业，需要办理相关证书或批件的过户或主体变更手续的，甲方应予以协助。

第八条　过渡期安排

8.1　本合同过渡期内，甲方对标的企业及其资产负有善良管理义务。甲方应保证和促使标的企业的正常经营，过渡期内标的企业出现的任何重大不利影响，甲方应及时通知乙方并作出妥善处理。

8.2　本合同过渡期内，甲方及标的企业保证不得签署、变更、修改或终止一切与标的企业有关的任何合同和交易，不得使标的企业承担《资产评估报告书》之外的负债或责任，不得转让或放弃权利，不得对标的企业的资产做任何处置。但标的企业进行正常经营的除外。

8.3　除非甲方未尽足够的善良管理义务，标的企业有关资产的损益均由乙方承担。

第九条　产权交易费用的承担

本合同项下产权交易过程中所产生的产权交易费用，依照有关规定由甲、乙双方各自承担。

或：本合同项下产权交易过程中，甲方应承担以下费用：

____；

乙方应承担以下费用：

____。

第十条　未缴纳出资的责任承担（已缴足出资的不适用）

10.1　根据前述第2.2条，甲方就其持有的股权在标的企业所认缴出资______元，尚有________元未缴足，依据出资人协议及章程规定，应于________年____月____日缴纳。就此，甲方已如实披露。

10.2　乙方受让甲方所转让股权的同时，即继受在章程规定的未来时日缴足上述出资的义务。

10.3　本合同约定之转让价款是在乙方承担缴足出资义务的基础上确定的产权转让价款。

第十一条　职工安置方案

11.1　标的企业的职工情况：

在职职工：__________

离退休职工：__________

11.2　标的企业的职工由甲方（或乙方）依据《________职工安置方案》的规定负责妥善安置。

11.3　上述《________职工安置方案》已经标的企业________年____月____日召开的第______届第______次职工大会（或职工代表大会）讨论通过。

第十二条　债务处理方案

12.1　乙方受让产权后对原标的企业进行改建，标的企业法人资格存续的，原标的企业的债务仍由改建后的标的企业承担；债权人有异议的，由乙方承担责任。

12.2　乙方受让产权后将原标的企业并入本企业或其控制的其他企业，标的企业法人资格消亡的，原标的企业的债务全部由乙方承担。

12.3　本条所称标的企业的债务指《资产评估报告书》中记载和披露的债务。《资产评估报告书》中未披露的债务，无论是甲方或标的企业过失遗漏还是故意隐瞒，均应由甲方自行承担。

第十三条　甲方的声明与保证

13.1　甲方对本合同项下的转让标的拥有合法、有效和完整的处分权。

13.2　为签订本合同之目的向乙方及北交所提交的各项证明文件及资料均为真实、准确、完整的。

13.3　签订本合同所需的包括但不限于授权、审批、公司内部决策等在内的一切手续均已合法有效取得，本合同成立和产权转让的前提条件均已满足。

13.4　转让标的未设置任何可能影响产权转让的担保或限制。

或：就转让标的上设置的可能影响产权转让的任何担保或限制，甲方已取得有关权利人的同意或认可。

第十四条　乙方的声明与保证

14.1　乙方受让本合同项下转让标的符合法律、法规的规定,并不违背中国境内的产业政策;

14.2　为签订本合同之目的向甲方及北交所提交的各项证明文件及资料均为真实、准确、完整的;

14.3　签订本合同所需的包括但不限于授权、审批、公司内部决策等在内的一切批准手续均已合法有效取得,本合同成立和受让产权的前提条件均已满足。

第十五条　违约责任

15.1　本合同生效后,任何一方无故提出终止合同,均应按照本合同转让价款的______%向对方一次性支付违约金,给对方造成损失的,还应承担赔偿责任。

15.2　乙方未按合同约定期限支付转让价款的,应向甲方支付逾期付款违约金。违约金按照延迟支付期间应付价款的每日万分之______计算。逾期付款超过______日,甲方有权解除合同,要求乙方按照本合同转让价款的______%承担违约责任,并要求乙方承担甲方及标的企业因此遭受的损失。

15.3　甲方未按本合同约定交割转让标的的,乙方有权解除本合同,并要求甲方按照本合同转让价款的______%向乙方支付违约金。

15.4　标的企业的资产、债务等存在重大事项未披露或存在遗漏,对标的企业可能造成重大不利影响,或可能影响产权转让价格的,乙方有权解除合同,并要求甲方按照本合同转让价款的______%承担违约责任。

乙方不解除合同的,有权要求甲方就有关事项进行补偿。补偿金额应相当于上述未披露或遗漏的资产、债务等事项可能导致的标的企业的损失数额。

第十六条　合同的变更和解除

16.1　当事人双方协商一致,可以变更或解除本合同。

16.2　发生下列情况之一时,一方可以解除本合同。

(1)由于不可抗力或不可归责于双方的原因致使本合同的目的无法实现的;

(2)另一方丧失实际履约能力的;

(3)另一方严重违约致使不能实现合同目的的;

(4)另一方出现本合同第十五条所述违约情形的。

16.3　变更或解除本合同均应采用书面形式,并报北交所备案。

第十七条　管辖及争议解决方式

17.1　本合同及产权交易中的行为均适用中华人民共和国法律。

17.2　有关本合同的解释或履行,当事人之间发生争议的,应由双方协商解决;协商解决不成的,按下列第______种方式解决:(任选一种)

(1)提交______________________________仲裁委员会仲裁;

(2)依法向______________________________人民法院起诉。

第十八条　合同的生效

本合同自甲乙双方的授权代表签字或盖章之日起生效。

或:本合同自甲乙双方授权代表签字或盖章,并依法律、行政法规规定报审批机构批准后生效。

第十九条　其他

19.1　双方对本合同内容的变更或补充应采用书面形式订立,并作为本合同的附件。本合同的附件与本合同具有同等法律效力。

19.2　乙方在受让转让标的过程中依照挂牌条件递交的承诺函等文件为本合同不可分割的组成部分,与本合同具有同等法律效力。

19.3　本合同一式______份,甲乙双方各执______份,甲乙双方的经纪会员各执一份,北交所留存一份用于备案,其余用于办理产权交易的审批、登记。

(此页无正文)

转让方(甲方):　　　　　　　　　　受让方(乙方):
(盖章)　　　　　　　　　　　　　(盖章)

法定代表人　　　　　　　　　　　　法定代表人
或授权代表(签字):　　　　　　　　或授权代表(签字):

签约地点:
签约时间:　　　　年　　月　　日

六、产权交易合同(适用于参股股权转让)(国有)

合同编号:

产权交易合同

(示范文本)

(适用于参股股权转让)

标的企业:____________________

合同使用须知

1. 本合同文本是根据《中华人民共和国民法典》《企业国有资产交易监督管理办法》《企业国有产权交易操作规则》制定的示范文本。合同条款均为示范性条款,仅供产权交易各方当事人选择采用。当事人可按照实际情况在本合同文本基础上修改、调整或补充。

2. 为更好地维护合同各方当事人的权益,签订时应当慎重,力求具体、严密。对于不涉及本合同条款所述情形的事项,可用“本合同不适用此条款”表示,或直接删除有关条款。

3. 转让方:指持有标的企业的产权或股权并能够依法转让产权或股权的法人、自然人或者非法人组织。受让方:指依法受让产权或股权的法人、自然人或者非法人组织。当事人为自然人的,应在当事人概况中填写姓名及身份证号码。

4. 转让标的:本合同所称产权交易是指出资人或股东持有的标的企业的产权或股权的转让行为。转让标的为产权交易所指向的对象,包括非公司制企业的部分投资权益,有限责任公司、非上市股份有限公司、股份合作制企业的部分股权,以及依法能够进行交易的其他资本性权益。

5. 标的企业:是指转让方因其出资所享有的产权或股权依存的载体,即转让方自行或与他人合资设立的非公司制企业、有限责任公司、非上市股份有限公司、股份合作制企业等。

6. 北京产权交易所郑重声明:本合同范本仅供在本交易所进行产权交易的双方根据其实际情况选择使用。本交易所不因制作和/或提供本合同范本而承担任何保证义务,包括但不限于保证本合同范本条款内容完备、保证交易双方签约目的的真实、保证交易双方的签约主体资格适格、保证交易双方为签订本合同而做出的声明及承诺以及提供的文件资料真实准确等一切保证责任。

本合同当事人

转让方(甲方):
注册地址/住所:
法定代表人:
电话: 邮编:
开户银行: 账号:
转让方经纪会员: 电话:

受让方(乙方):
注册地址/住所:
法定代表人:
电话: 邮编:
开户银行: 账号:
受让方经纪会员: 电话:

鉴于:

1. 甲方为于________年____月____日依中国法律设立并合法存续的企业法人,为__________所属________________(企业性质,如国有企业、国有控股企业、有限责任公司、股份有限公司等)的企业,注册证号:________________。

2. 本合同所涉及之标的企业__________________(以下简称标的企业)是合法存续的并由甲方合法持有______%产权或______%股权的企业法人,具有独立的企业法人资格,注册证号:________________。

3. 乙方为依据______国法律依法设立并合法存续的________(性质)的企业或机构,注册证号:________________;

或:乙方为______国合法公民,身份证或护照号码:____________________。

4. 甲方拟转让其合法持有的标的企业的股权,乙方拟收购甲方转让的上述股权。

或:甲方拟对标的企业进行改制并转让部分出资;乙方拟收购甲方转让的上述出资,合法取得标的企业的部分股权。

根据《中华人民共和国民法典》和《企业国有资产交易监督管理办法》等相关法律、法规、规章的规定,甲乙双方遵循自愿、公平、诚实信用的原则,经友好协商,就甲方向乙方转让其拥有的________________(企业名称)的股权(或产权)相关事宜达成一致,签订本产权交易合同(以下简称本合同)如下:

第一条 定义与释义

除非本合同中另有约定,本合同中的有关词语含义如下:

1.1 转让方,是指____________________(企业名称),即甲方。

1.2 受让方,是指____________________(企业名称或自然人姓名),即乙方。

1.3 北交所,是指承担产权交易的场所及其主体北京产权交易所有限公司。

1.4 转让价款:本合同下甲方就转让所持有的股权或产权自乙方获得的对价。

1.5 评估基准日,指甲方委托具有合法资质的会计师事务所进行评估并出具的《资产评估报告书》的基准日,指________年____月____日。

1.6 保证金,指在本合同签订前,乙方按照甲方和北交所的要求,支付至北交所指定账户的、作为乙方提出受让意向的担保,并表明其资信状况及履约能力的________万元人民币交易保证金。

1.7 审批机关:指中华人民共和国商务部、中国证监会等依法律、法规规定具有审批权限的机关或其地方授权机关。

1.8 登记机关:指国家市场监督管理总局或其地方授权机关。

1.9 产权交易费用:指转让方和/或受让方或标的企业就转让产权或谈判、准备、签署本合同和/或本合同下的任何文件,或履行、完成本合同下交易而发生的,包括取得必要或适当的任何政府部门或第三方的豁免、同意或批准而发生的费用及支出,以及产权交易机构、经纪人或中间人费用等所有现款支出和费用的总额。

1.10 产权交易凭证,指北交所就股权转让事项制定并出具的用于表明已按照交易规则完成场内交易程序的凭证。

除非另有明确规定,在本合同中,应适用如下解释规则:

1.11 期间的计算:如果根据本合同拟在某一期间之前、之中或之后采取任何行动或措施,在计算该期间时,应排除计算该期间时作为基准日的日期。如果该期间最后一日为非营业日,则该期间应顺延至随后的第一个营业日终止。

1.12 货币:在本协议中,凡提及 RMB 或人民币时均指中国法定货币,凡提及 $ 或美元时均指美国法定货币。

1.13 包括:指包括但不限于。

第二条 产权转让标的

2.1 甲方拟对标的企业进行改制,并将持有的标的企业________万元的出资转让给乙方,乙方依法持有改制后公司的______%股权。以下均称产权。

或:甲方持有标的企业的______%股权,拟将标的企业______%股权转让给乙方。以下均称产权。

2.2 甲方就其持有的转让标的所认缴的出资________万元人民币(或其他币种)已经全额缴清。

或:甲方就其持有的转让标的所认缴的出资________万元人民币(或其他币种),已经缴清________万元人民币(或其他币种);其余尚未缴纳的出资,按照出资人协议及章程规定,应于________年____月____日缴足。

2.3 转让标的上未做过任何形式的担保,包括但不限于在该产权上设置质押或任何影响产权转让或股东权利行使的限制或义务。转让标的也未被任何有权机构采取查封等强制性措施。

或:转让标的已于________年____月____日,因________质押给____________(公司或其他主体)并在市场监督管理部门办理登记(或记载于标的企业股东名册)。上述转让行为已经获得质权人的书面同意或认可。

第三条 标的企业

3.1 标的企业是合法存续的并由甲方合法持有其产权或______%股权的__________(性质)企业,具有独立的企业法人资格。

3.2 标的企业经拥有评估资质的____________资产评估有限公司评估,出具了以________年____月____日为评估基准日的______号《资产评估报告书》。

3.3 标的企业不存在《资产评估报告书》中未予披露或遗漏的、可能影响评估结果的,或对标的企业及其股权价值产生重大不利影响的任何事项。

3.4 甲、乙双方在标的企业《资产评估报告书》评估结果的基础上达成本合同各项条款。

第四条 产权转让的前提条件

4.1 甲方依据有关法律、法规、政策的规定,就本合同项下产权交易已在北交所完成公开挂牌和/或竞价程序。

4.2 乙方依本合同的约定受让甲方所拥有的转让标的事项,已依法律和章程的规定履行了批准或授权程序。

第五条 产权转让方式

本合同项下产权交易已于________年____月____日经北交所公开挂牌,挂牌期间只产生乙方一个意向受让方,由乙方依法受让本合同项下转让标的。

或:本合同项下产权交易已于________年____月____日经北交所公开挂牌,挂牌期间产生______个意向受让方,并于________年____月____日以拍卖方式(或招投标、网络竞价等其他方式)组织实施,由乙方依法作为买受人(或中标人)受让本合同项下转让标的。

或:本合同项下产权交易经甲方申请,已于________年____月____日获得甲方出资人______________(省级以上国有资产监督管理机构)的批准,采取协议转让方式进行。

第六条　产权转让价款及支付

6.1　转让价格

根据公开挂牌结果(或公开竞价结果、协议转让之批准文件),甲方将本合同项下转让标的以人民币(大写)________万元[人民币(小写)________万元]转让给乙方。乙方按照甲方和北交所的要求支付的保证金,折抵为转让价款的一部分。

6.2　计价货币

上述转让价款以人民币作为计价单位。

以外币支付转让价款的,以乙方支付转让价款前一日中国人民银行公布的人民币与外币买入价和卖出价的中间价为汇兑牌价,确定乙方应向甲方支付的外币金额。乙方逾期支付转让价款的,应付转让价款最后一日与逾期支付日期间的汇率风险,由乙方承担。

6.3　转让价款支付方式

乙方采用一次性付款方式,将转让价款在本合同生效后______日内汇入北交所指定的结算账户。

或:乙方采用分期付款方式,将转让价款中的______%(不低于30%,含保证金)即人民币(小写)____________万元,在本合同生效后______日内汇入北交所指定结算账户;剩余价款人民币(小写)____________万元,应按同期银行贷款利率计算延期付款期间的利息且在______天内(不超过1年)一并付清。对于剩余价款应以______________的方式提供担保(具体见担保合同)。

第七条　产权转让的审批及交割

7.1　本次转让依法应报审批机构审批的,甲、乙双方应履行或协助履行向审批机关申报的义务,并尽最大努力,配合处理任何审批机关提出的合理要求和质询,以获得审批机关对本合同及其项下产权交易的批准。

7.2　本合同项下的产权交易获得北交所出具的产权交易凭证后______个工作日内,甲方应召集标的企业股东会作出股东会决议、修改章程,并促使标的企业到登记机关办理标的企业的股权变更登记手续,乙方应给予必要的协助与配合。

第八条　产权交易费用的承担

本合同项下产权交易过程中所产生的产权交易费用,依照有关规定由甲、乙双方各自承担。

或:本合同项下产权交易过程中,甲方应承担以下费用:

____;

乙方应承担以下费用:

____。

第九条　未缴纳出资的责任承担(已缴足出资的不适用)

9.1　根据前述第2.2条,甲方就其持有的股权在标的企业所认缴出资________元人民币(或其他币种),尚有________元人民币(或其他币种)未缴足,依据出资人协议及章程规定,应于________年____月____日缴纳。就此,甲方已如实披露。

9.2　乙方受让甲方所转让股权的同时,即继受在章程规定的未来时日缴足上述出资的义务。

9.3　本合同约定之转让价款是在乙方承担缴足出资义务的基础上确定的产权转让价款。

第十条　甲方的声明与保证

10.1　甲方对本合同项下的转让标的拥有合法、有效和完整的处分权。

10.2　为签订本合同之目的向乙方及北交所提交的各项证明文件及资料均为真实、准确、完整的。

10.3　签订本合同所需的包括但不限于授权、审批、公司内部决策等在内的一切手续均已合法有效取得,本合同成立和产权转让的前提条件均已满足。

10.4　转让标的未设置任何可能影响产权转让的担保或限制。

或:就转让标的上设置的可能影响产权转让的任何担保或限制,甲方已取得有关权利人的同意或认可。

第十一条 乙方的声明与保证

11.1 乙方受让本合同项下转让标的符合法律、法规的规定,并不违背中国境内的产业政策;

11.2 为签订本合同之目的向甲方及北交所提交的各项证明文件及资料均为真实、准确、完整的;

11.3 签订本合同所需的包括但不限于授权、审批、公司内部决策等在内的一切批准手续均已合法有效取得,本合同成立和受让产权的前提条件均已满足。

第十二条 违约责任

12.1 本合同生效后,任何一方无故提出终止合同,均应按照本合同转让价款的______%向对方一次性支付违约金,给对方造成损失的,还应承担赔偿责任。

12.2 乙方未按合同约定期限支付转让价款的,应向甲方支付逾期付款违约金。违约金按照延迟支付期间应付价款的每日万分之______计算。逾期付款超过______日,甲方有权解除合同,要求乙方按照本合同转让价款的______%承担违约责任,并要求乙方承担甲方及标的企业因此遭受的损失。

12.3 甲方未按本合同约定履行相关的报批和股权变更登记义务的,乙方有权解除本合同,并要求甲方按照本合同转让价款的______%向乙方支付违约金。

12.4 标的企业的资产、债务等存在重大事项未披露或存在遗漏,对标的企业可能造成重大不利影响,或可能影响产权转让价格的,乙方有权解除合同,并要求甲方按照本合同转让价款的______%承担违约责任。

乙方不解除合同的,有权要求甲方就有关事项进行补偿。补偿金额应相当于上述未披露或遗漏的资产、债务等事项可能导致的标的企业的损失数额中转让标的所对应部分。

第十三条 合同的变更和解除

13.1 当事人双方协商一致,可以变更或解除本合同。

13.2 发生下列情况之一时,一方可以解除本合同。

(1)由于不可抗力或不可归责于双方的原因致使本合同的目的无法实现的;

(2)另一方丧失实际履约能力的;

(3)另一方严重违约致使不能实现合同目的的;

(4)另一方出现本合同第十二条所述违约情形的。

13.3 变更或解除本合同均应采用书面形式,并报北交所备案。

第十四条 管辖及争议解决方式

14.1 本合同及产权交易中的行为均适用中华人民共和国法律。

14.2 有关本合同的解释或履行,当事人之间发生争议的,应由双方协商解决;协商解决不成的,按下列第______种方式解决:(任选一种)

(1)提交__________________________仲裁委员会仲裁;

(2)依法向__________________________人民法院起诉。

第十五条 合同的生效

本合同自甲、乙双方的授权代表签字或盖章之日起生效。

或:本合同自甲、乙双方授权代表签字或盖章,并依法律、行政法规规定报审批机构批准后生效。

第十六条 其他

16.1 双方对本合同内容的变更或补充应采用书面形式订立,并作为本合同的附件。本合同的附件与本合同具有同等法律效力。

16.2 乙方在受让转让标的过程中依照挂牌条件递交的承诺函等文件为本合同不可分割的组成部分,与本合同具有同等法律效力。

16.3 本合同一式______份,甲、乙双方各执______份,甲、乙双方的经纪会员各执一份,北交所留存一份用于备案,其余用于办理产权交易的审批、登记。

转让方(甲方): 受让方(乙方):
(盖章) (盖章)
法定代表人 法定代表人
或授权代表(签字): 或授权代表(签字):

签约地点:
签约时间: 年 月 日

七、中央企业国有产权转让信息发布承诺函

承 诺 函

北京产权交易所:

我司拟在贵所转让________________(转让标的企业名称)______%股权(或产权),本次转让属于________[以下任选,可多选:(1)转让所持全部国有股权;(2)转让后致使我司不再拥有控股地位],并且本次转让过程中涉及____________[以下任选,可多选:(1)管理层拟参与受让;(2)有限责任公司其他股东未放弃优先购买权;(3)中外合资经营企业的合营他方未放弃优先购买权]。

我司已按照相关规定将本项目在国务院国资委完成备案手续,现将我司在国务院国资委报备的材料复印件提交给贵所,并保证向贵所提交的相关材料与我司在国务院国资委备案材料一致。

特此承诺。

转让方:__________________(盖章)
年 月 日

八、国有资产评估项目备案表

备注:

1. 本备案表应与资产评估报告书同时使用,评估报告的使用各方应关注评估报告书中所揭示的特别事项和评估报告的法律效力等内容,合理使用评估结果。

2. 本项目所出具的资产评估报告的法律责任由受托评估机构和在评估报告中签字的具有相应执业资格的评估人员共同承担,不因本备案而转移其法律责任。

3. 本表一式三份。一份留存备案单位,一份送产权持有单位,一份送上级单位。

附件1

备案编号:

国有资产评估项目备案表

产权持有单位(盖章):______________________
法定代表人(签字):______________________
填报日期:______________________

国务院国有资产监督管理委员会 制

一、资产评估项目基本情况

<table>
<tr><td colspan="2">评估对象</td><td colspan="6"></td></tr>
<tr><td colspan="2">产权持有单位</td><td colspan="3"></td><td colspan="2">企业管理级次</td><td></td></tr>
<tr><td colspan="2">资产评估委托方</td><td colspan="6"></td></tr>
<tr><td colspan="2">所出资企业(有关部门)</td><td colspan="6"></td></tr>
<tr><td>经济行为类型</td><td colspan="7">☐ 整体或者部分改建为有限责任公司或者股份有限公司 ☐以非货币资产对外投资
☐ 合并、分立、破产、解散 ☐ 非上市公司国有股东股权比例变动
☐ 产权转让 ☐ 资产转让、置换 ☐ 整体资产或者部分资产租赁给非国有单位
☐ 以非货币资产偿还债务 ☐ 资产涉讼 ☐ 其他</td></tr>
<tr><td colspan="2">评估报告书编号</td><td colspan="2"></td><td colspan="2">主要评估方法</td><td colspan="2"></td></tr>
<tr><td colspan="2">评估机构名称</td><td colspan="2"></td><td colspan="2">资质证书编号</td><td colspan="2"></td></tr>
<tr><td colspan="2">注册评估师姓名</td><td></td><td></td><td colspan="2">注册评估师编号</td><td></td><td></td></tr>
<tr><td colspan="2">产权持有单位联系人</td><td></td><td>电话</td><td></td><td>通信地址</td><td colspan="2"></td></tr>
<tr><td colspan="2">所出资企业(有关部门)联系人</td><td></td><td>电话</td><td></td><td>通信地址</td><td colspan="2"></td></tr>
<tr><td colspan="3">申报备案

产权持有单位盖章

法定代表人签字:

年 月 日</td><td colspan="2">同意转报备案

上级单位盖章

单位领导签字:

年 月 日</td><td colspan="3">备案

国有资产监督管理机构

(所出资企业、有关部门)

年 月 日</td></tr>
</table>

二、资产评估结果

评估基准日:　　年　月　日

评估结果使用有效期至:　　年　月　日

货币单位:万元人民币

项目	账面价值	评估价值	增减值	增减率/%
流动资产				
长期投资				
固定资产				
无形资产				
土地使用权				
其他资产				

续表

项目	账面价值	评估价值	增减值	增减率/%
资产总计				
流动负债				
长期负债				
负债总计				
净资产				

(保留两位小数点)

九、股权转让信息发布申请书(挂牌转让)(非国有)

项目编号:__________

股权转让信息发布申请书

(挂牌转让)

标的名称:
申请人:(转让方盖章)
法定代表人或授权代表(签字):
受托经纪会员(盖章):
会员编号:
申请日期:　　　　年　　月　　日

《股权转让信息发布申请书》(挂牌转让)
主要内容填列说明

一、标的企业简况

1. 标的企业名称:按在市场监督管理部门登记注册的企业全称填写。

2. 内部决策情况:指按照公司法等法律法规和公司章程的要求履行的内部决策情况。

3. 其他需要披露的内容:指项目转让方认为对产权转让需要说明的其他问题。包括资产的重大调整、变化;权利限制状况,如标的质押、抵押等情况;债权债务、风险(重大合同、诉讼仲裁)揭示等。

二、转让方简况

1. 住所、法定代表人、注册资本、经济性质:按营业执照登记内容填列。

2. 内部决策情况:指按照公司法等法律法规和公司章程的要求履行的内部决策情况。

三、交易条件与受让方资格条件

1. 交易条件:指包括价款支付、转让底价等相关交易条件。

2. 受让方资格条件:指对意向受让方提出的包括财务状况、相关资质等方面的要求,不能具有明确指向性或违反公平竞争的内容,须逐条填列。

3. 保证金交纳截止时间:需注明交纳的具体截止时间及交纳地点。

四、挂牌信息

信息发布公告期:指转让信息在北京产权交易所网站及报刊媒体公开披露的持续时间,不少于20个工作日,累计不超过6个月。

五、会员核实意见由受托经纪会员填列,是受托经纪会员对《股权转让信息发布申请书》填报内容及相关材料的核实意见,由受托经纪会员盖章、执业经纪人签字确认。

六、表中选择项请在对应的□内画"√"。

七、表中各栏、各项指标内容,请如实、准确填列。本说明未能解释的栏目,如有疑义,请与受托经纪会员联系,最终解释权归北京产权交易所。

北京产权交易所地址:中国·北京市西城区金融大街甲17号　　邮编:100033

联系电话:010－66295566　　网址:http://www.cbex.com.cn

https://otc.cbex.com

转让申请与承诺

北京产权交易所:

本转让方现委托(受托经纪会员名称)__________________提出申请,将持有的(转让标的名称)____________________通过贵所网站及相关媒体公开发布产权转让信息并转让,请予审核。本转让方依照公开、公平、公正、诚信的原则,做如下承诺:

1. 本次股权转让是我方真实意愿表示,转让的股权权属清晰,我方对该股权拥有完全的处置权且实施不存在任何限制条件;

2. 我方转让股权的相关行为已履行了相应程序,经过有效的内部决策;

3. 我方所提交的转让材料内容真实、完整、合法、有效,不存在虚假记载、误导性陈述或重大遗漏;

4. 我方在转让过程中,遵守法律法规规定和产权交易市场的相关规则,按照有关要求履行我方义务。

我方保证遵守以上承诺,如违反上述承诺或有违规行为,给交易相关方造成损失的,我方愿意承担法律责任及相应的经济赔偿责任。

转让方(盖章):

法定代表人(签字):

一、标的企业简况

货币单位:万元人民币

标的企业名称		
标的企业基本情况	所属行业	
	设立时间	
	注册地	
	公司类型（经济性质）	
	经营范围	
	注册资本	

续表

<table>
<tr><td rowspan="4"></td><td>法定代表人</td><td colspan="3"></td></tr>
<tr><td>经营规模</td><td colspan="3">□大 □中 □小</td></tr>
<tr><td rowspan="2">企业总人数</td><td colspan="3">共计: 人</td></tr>
<tr><td colspan="3">在编 人,在岗 人 (其中:需安置 人)
其他 人</td></tr>
<tr><td rowspan="12">标的企业
股权结构</td><td colspan="4">老股东是否放弃行使优先购买权 □是 □否</td></tr>
<tr><td colspan="3">前十位出资人名称</td><td>持股比例</td></tr>
<tr><td colspan="3"></td><td></td></tr>
<tr><td colspan="3"></td><td></td></tr>
<tr><td colspan="3"></td><td></td></tr>
<tr><td colspan="3"></td><td></td></tr>
<tr><td colspan="3"></td><td></td></tr>
<tr><td colspan="3"></td><td></td></tr>
<tr><td colspan="3"></td><td></td></tr>
<tr><td colspan="3"></td><td></td></tr>
<tr><td colspan="3"></td><td></td></tr>
<tr><td colspan="3"></td><td></td></tr>
<tr><td rowspan="7">主要财务指标</td><td colspan="4">以下数据出自________年度审计报告</td></tr>
<tr><td>审计机构</td><td colspan="3"></td></tr>
<tr><td>主营业务收入</td><td colspan="2">主营业务利润</td><td>净利润</td></tr>
<tr><td></td><td colspan="2"></td><td></td></tr>
<tr><td colspan="4">以下数据出自________年____月____日的财务报表</td></tr>
<tr><td>主营业务收入</td><td colspan="2">主营业务利润</td><td>净利润</td></tr>
<tr><td></td><td colspan="2"></td><td></td></tr>
<tr><td rowspan="9">资产评估情况
(详见附件)</td><td>评估机构</td><td colspan="3"></td></tr>
<tr><td>评估基准日</td><td colspan="3"></td></tr>
<tr><td></td><td colspan="2">账面价值</td><td>评估价值</td></tr>
<tr><td>总资产</td><td colspan="2"></td><td></td></tr>
<tr><td>流动资产</td><td colspan="2"></td><td></td></tr>
<tr><td>现金及银行存款</td><td colspan="2"></td><td></td></tr>
<tr><td>应收账款</td><td colspan="2"></td><td></td></tr>
<tr><td>其他应收款</td><td colspan="2"></td><td></td></tr>
<tr><td>长期投资</td><td colspan="2"></td><td></td></tr>
</table>

续表

	固定资产		
	无形资产		
	总负债		
	流动负债		
	短期借款		
	应付账款		
	其他应付款		
	长期负债		
	所有者权益		
	主要固定资产		
	主要无形资产		
内部决策（详见附件）	内部决策形式	以下决议已按公司法及其他有关法律法规要求完成，议事规则和决策程序符合规定。 □股东会决议 □董事会决议 □其他________	
其他需要披露的内容			

二、转让方简况

转让方名称				
基本情况	法 人			
	住所			
	法定代表人			
	注册资本			
	公司类型（经济性质）			
	自 然 人			
	证件类型		证件号码	
联系方式	联系人			
	通信地址			
	联系电话		传真	
	电子邮件		邮编	
内部决策情况	以下决议已按公司法及其他有关法律法规要求完成，议事规则和决策程序符合规定。 □股东会决议 □董事会决议 □其他____________________			

三、交易条件与受让方资格条件

<table>
<tr><td rowspan="4">交易条件</td><td>标的名称</td><td></td></tr>
<tr><td>转让底价</td><td></td></tr>
<tr><td>价款支付方式</td><td>□一次性支付　□分期支付</td></tr>
<tr><td>与转让相关的
其他条件</td><td></td></tr>
<tr><td>受让方
资格条件</td><td colspan="2"></td></tr>
<tr><td>保证金设定</td><td colspan="2">1. 交纳金额:________万元
2. 交纳截止时间:
3. 交纳方式:□现金　□电汇　□转账　□其他__________
4. 保证事项:
5. 处置方法:</td></tr>
</table>

四、挂牌信息

挂牌公告期	______个工作日
信息发布期满后,如未征集到意向投资方	□信息发布终结 □延长信息发布:不变更挂牌条件,按照______个工作日为一个周期延牌,直至征集到意向受让方 □变更公告内容,重新申请信息发布
交易方式	挂牌期满,如征集到两个及以上符合条件的意向受让方,选择以下交易方式: □网络竞价(□多次报价　□一次报价　□权重报价) □招投标　　　　□其他__________
权重报价或招投标实施方案主要内容	

五、会员核实意见

<table>
<tr><td>材料类型</td><td>附件资料</td><td>备注</td></tr>
<tr><td rowspan="6">审核材料</td><td>□标的企业营业执照</td><td></td></tr>
<tr><td>□标的企业公司章程</td><td></td></tr>
<tr><td>□标的企业股东会决议　□标的企业董事会决议</td><td></td></tr>
<tr><td>□标的企业审计报告　□标的企业最近一期财务报表</td><td></td></tr>
<tr><td>□标的企业评估报告(含全部附件、明细表)</td><td></td></tr>
<tr><td>□转让委托合同</td><td></td></tr>
</table>

续表

	□转让方营业执照	
	□转让方公司章程	
	□转让方股东会决议　□转让方董事会决议	
	□法律意见书	
其他材料		
会员核实意见	本公司接受转让方委托，向贵所提出挂牌申请，并已对转让方提供的挂牌材料进行了核实。 经核实，转让方提供的材料真实、完整、有效，无误导和重大遗漏。转让方的转让产权行为符合相关规定，同意挂牌。 经纪会员（盖章）： 执业经纪人（签字）：________ 日期：______年____月____日	

注：转让方为多个的，应分别填写提交的附件资料，并注明转让方名称。

十、股权转让信息发布申请书（拍卖转让）（非国有）

项目编号：________

股权转让信息发布申请书
（拍卖转让）

标的名称：

申请人：（转让方盖章）

法定代表人或授权代表（签字）：

受托经纪会员（盖章）：

会员编号：

申请日期：　　　年　　月　　日

《股权转让信息发布申请书》（拍卖转让）
主要内容填列说明

一、标的企业简况

1. 标的企业名称：按在市场监管部门登记注册的企业全称填写。

2. 内部决策情况：指按照公司法等法律法规和公司章程的要求履行的内部决策情况。

3. 其他需要披露的内容：指项目转让方认为对产权转让需要说明的其他问题。包括资产的重大调整、变化；权利限制状况，如标的质押、抵押等情况；债权债务、风险（重大合同、诉讼仲裁）揭示等。

二、转让方简况

1. 住所、法定代表人、注册资本、经济性质：按营业执照登记内容填列。

2. 内部决策情况：指按照公司法等法律法规和公司章程的要求履行的内部决策情况。

三、交易条件与受让方资格条件

1. 交易条件：指包括信息发布时间、价款支付、转让底价等相关交易条件。

2. 信息发布公告期:指转让信息在北京产权交易所网站及报刊媒体公开披露的持续时间,按照《中华人民共和国拍卖法》的规定不得少于7个自然日。

3. 受让方资格条件:指对意向受让方提出的包括财务状况、相关资质等方面的要求,不能具有明确指向性或违反公平竞争的内容,须逐条填列。

4. 保证金交纳截止时间:须注明交纳的具体截止时间及交纳地点。

四、会员核实意见由受托经纪会员填列,是受托经纪会员对《股权转让信息发布申请书》填报内容及相关材料的核实意见,由受托经纪会员盖章、执业经纪人签字确认。

五、表中选择项请在对应的□内画"√"。

六、表中各栏、各项指标内容,请如实、准确填列。本说明未能解释的栏目,如有疑义,请与受托经纪会员联系,最终解释权归北京产权交易所。

北京产权交易所地址:中国·北京市西城区金融大街甲17号　　邮编:100033
联系电话:010－66295566　　网址:http://www.cbex.com.cn
https://otc.cbex.com

转让申请与承诺

北京产权交易所:

本转让方现委托(受托经纪会员名称)____________提出申请,将持有的(转让标的名称)____________通过贵所网站及相关媒体公开发布产权转让信息并转让,请予审核。本转让方依照公开、公平、公正、诚信的原则,做如下承诺:

1. 本次股权转让是我方真实意愿表示,转让的股权权属清晰,我方对该股权拥有完全的处置权且实施不存在任何限制条件;

2. 我方转让股权的相关行为已履行了相应程序,经过有效的内部决策;

3. 我方所提交的转让材料内容真实、完整、合法、有效,不存在虚假记载、误导性陈述或重大遗漏;

4. 我方在转让过程中,遵守法律法规规定和产权交易市场的相关规则,按照有关要求履行我方义务。

我方保证遵守以上承诺,如违反上述承诺或有违规行为,给交易相关方造成损失,我方愿意承担法律责任及相应的经济赔偿责任。

转让方(盖章):
法定代表人(签字):

一、标的企业简况

货币单位:万元人民币

标的企业名称		
标的企业基本情况	所属行业	
	设立时间	
	注册地	
	公司类型(经济性质)	
	经营范围	

续表

<table>
<tr><td rowspan="5"></td><td>注册资本</td><td colspan="3"></td></tr>
<tr><td>法定代表人</td><td colspan="3"></td></tr>
<tr><td>经营规模</td><td colspan="3">□大　　□中　　□小</td></tr>
<tr><td rowspan="2">企业总人数</td><td colspan="3">共计：　人</td></tr>
<tr><td colspan="3">在编　　人,在岗　　人（其中:需安置　　人）
其他　　人</td></tr>
<tr><td rowspan="12">标的企业
股权结构</td><td colspan="4">老股东是否放弃行使优先购买权　□是　　□否</td></tr>
<tr><td colspan="3">前十位出资人名称</td><td>持股比例</td></tr>
<tr><td colspan="3"></td><td></td></tr>
<tr><td colspan="3"></td><td></td></tr>
<tr><td colspan="3"></td><td></td></tr>
<tr><td colspan="3"></td><td></td></tr>
<tr><td colspan="3"></td><td></td></tr>
<tr><td colspan="3"></td><td></td></tr>
<tr><td colspan="3"></td><td></td></tr>
<tr><td colspan="3"></td><td></td></tr>
<tr><td colspan="3"></td><td></td></tr>
<tr><td colspan="3"></td><td></td></tr>
<tr><td rowspan="7">主要财务指标</td><td colspan="4">以下数据出自________年度审计报告</td></tr>
<tr><td>审计机构</td><td colspan="3"></td></tr>
<tr><td>主营业务收入</td><td>主营业务利润</td><td colspan="2">净利润</td></tr>
<tr><td></td><td></td><td colspan="2"></td></tr>
<tr><td colspan="4">以下数据出自________年____月____日的财务报表</td></tr>
<tr><td>主营业务收入</td><td>主营业务利润</td><td colspan="2">净利润</td></tr>
<tr><td></td><td></td><td colspan="2"></td></tr>
<tr><td rowspan="8">资产评估情况
（详见附件）</td><td>评估机构</td><td colspan="3"></td></tr>
<tr><td>评估基准日</td><td colspan="3"></td></tr>
<tr><td></td><td>账面价值</td><td colspan="2">评估价值</td></tr>
<tr><td>总资产</td><td></td><td colspan="2"></td></tr>
<tr><td>流动资产</td><td></td><td colspan="2"></td></tr>
<tr><td>现金及银行存款</td><td></td><td colspan="2"></td></tr>
<tr><td>应收账款</td><td></td><td colspan="2"></td></tr>
<tr><td>其他应收款</td><td></td><td colspan="2"></td></tr>
</table>

续表

	长期投资		
	固定资产		
	无形资产		
	总负债		
	流动负债		
	短期借款		
	应付账款		
	其他应付款		
	长期负债		
	所有者权益		
	主要固定资产		
	主要无形资产		
内部决策(详见附件)	内部决策形式	以下决议已按公司法及其他有关法律法规要求完成,议事规则和决策程序符合规定。 □股东会决议 □董事会决议 □其他__________	
其他需要披露的内容			

二、转让方简况

转让方名称				
基本情况	法人			
	住所			
	法定代表人			
	注册资本			
	公司类型(经济性质)			
	自 然 人			
	证件类型		证件号码	
联系方式	联系人			
	通信地址			
	联系电话		传真	
	电子邮件		邮编	
内部决策情况	以下决议已按公司法及其他有关法律法规要求完成,议事规则和决策程序符合规定。 □股东会决议 □董事会决议 □其他__________			

三、交易条件与受让方资格条件

交易条件	标的名称	
	信息发布公告期	______个自然日
	拍卖时间	________年____月____日
	转让底价	
	价款支付方式	□一次性支付 □分期支付
	与转让相关的其他条件	
受让方资格条件		
保证金设定	1. 交纳金额:________万元 2. 交纳截止时间: 3. 交纳方式:□现金 □电汇 □转账 □其他__________ 4. 保证事项: 5. 处置方法:	

四、会员核实意见

材料类型	附件资料	备注
审核材料	□标的企业营业执照	
	□标的企业公司章程	
	□标的企业股东会决议 □标的企业董事会决议	
	□标的企业审计报告 □标的企业最近一期财务报表	
	□标的企业评估报告(含全部附件、明细表)	
	□转让委托合同	
	□转让方营业执照	
	□转让方公司章程	
	□转让方股东会决议 □转让方董事会决议	
	□法律意见书	
其他材料		

续表

会员核实意见	本公司接受转让方委托,向贵所提出挂牌申请,并已对转让方提供的挂牌材料进行了核实。 经核实,转让方提供的材料真实、完整、有效,无误导和重大遗漏。转让方的转让产权行为符合相关规定,同意挂牌。 经纪会员(盖章): 执业经纪人(签字):________ 日期:______年____月_____日

注:转让方为多个的,应分别填写提交的附件资料,并注明转让方名称。

十一、股权受让申请书(非国有)

北京产权交易所
非国有产权受让申请书

标的名称:

项目编号:

申请人(意向受让方盖章):

法定代表人或授权代表(签字):

申请日期:　　　年　　月　　日

《非国有产权受让申请书》主要内容填列说明

一、封面

1. 标的名称:指拟受让标的名称,应按照该标的信息披露公告中的标的名称填列。项目编号亦按照该标的信息披露公告中的项目编号填列。

2. 申请人:意向受让方。意向受让方为法人或非法人组织的应当加盖公章,意向受让方为自然人的应当签字。

3. 法定代表人或授权代表(签字):应由意向受让方法定代表人签字;若是授权代表签字,应附有授权委托书。

二、交易风险揭示书

意向受让方通过北京产权交易所参与交易,可能存在一定的风险,需要意向受让方仔细阅读并充分理解风险揭示书的全部内容,审慎做出交易决策。

三、受让申请与承诺

意向受让方提出受让申请,并对受让申请行为相关事项作出承诺。

四、意向受让方基本情况

1. 名称:意向受让方为法人或非法人组织的,按在市场监督管理部门登记注册的企业全称填列;意向受让方为自然人的,按身份证登记的姓名填列。

2. 是否为标的公司股东:按意向受让方是否与标的企业存在股权关系填列。

3. 基本情况:按意向受让方为法人或非法人组织、自然人分类进行填列。

意向受让方为法人或非法人组织的,按营业执照登记内容填写“住所”“注册资本”“法定代表人”“企业类型(经济性质)”“经营范围”;意向受让方为自然人的,填写“证件类型”“证件号码”。

4. 受让底价:不低于转让标的的转让底价。

5. 总资产、总负债、所有者权益等财务指标:依据审计报告和企业财务报表填列。

6. 资信证明:根据标的信息披露公告中的要求,意向受让方提交的能证明其资信状况的材料及文件信息。

7. 合作机构/会员核实意见:受托合作机构/会员按照意向受让方提交的材料情况,在已提交的文件名称后画“√”,或者注明意向受让方提交的其他材料,并对《非国有产权受让申请书》填报内容及相关材料进行核实后,加盖合作机构/经纪会员公章、合作机构经办人/执业经纪人签字确认。

8. 除特别说明外,表中采用的货币单位为万元。

9. 表中各栏、各项指标内容,请如实、准确填列。本说明未能解释的栏目,如有疑义,请与受托合作机构/经纪会员联系,最终解释权归北京产权交易所。

北京产权交易所地址:中国·北京市西城区金融大街甲 17 号　　邮编:100033
联系电话:010-66295566　　网址:http://www.cbex.com.cn
https://otc.cbex.com

交易风险揭示书

尊敬的意向受让方:

您通过北京产权交易所(本风险揭示书以下简称北交所)参与交易时,可能会获得交易、投资带来的收益,但同时也存在一定的风险。本风险揭示书旨在让您更好地了解其中的风险,审慎做出交易决策。您在提交交易申请或注册交易账户前,请仔细阅读并确保自己理解本风险揭示书的全部内容。对本风险揭示书有不理解或不清晰的地方请及时咨询北交所相关人员。交易过程中可能发生的风险包括但不限于:

1. 宏观经济风险:因我国宏观经济形势以及其他国家、地区宏观经济环境的变化,引起交易标的价值的波动,投资者将自行承担由此产生的损失。

2. 政策风险:由于国家相关法律法规、政策发生变化,紧急措施的出台,相关监管部门监管措施的实施,北交所交易规则及相关文件的修订等原因,可能导致交易标的价值的波动,甚至导致北交所无法继续为您提供交易服务,您将自行承担由此产生的损失。

3. 信息披露风险:北交所披露的交易标的相关信息(包括但不限于信息披露公告以及交易标的的图片、名称、文字描述及其他相关信息等)系北交所根据转让方提供的信息内容进行的发布,北交所仅对披露信息内容进行齐全性和合规性审核,不保证披露的交易标的相关信息的真实性、完整性和准确性,不保证披露的交易标的名称、图片、描述与交易标的实际相符,北交所也不对交易标的做任何担保。您在决定参与交易活动前,应对交易标的进行全面了解。对明示按交易标的现状进行交易的,您应在提交交易申请前,自行勘察交易标的实物。您提交交易申请、参与竞买的,即表明认可交易标的现状。您将自行承担可能由此产生的损失。

4. 交易风险:您因未按照交易规则及相关文件、公告、通知等的规定参与交易或履行相关义务的,您交纳的保证金可能被扣除和/或产生其他不利后果;因您所填写的信息不真实、不准确或不完整而造成注册账户无法激活或保证金无法退还的,由您自行承担相应后果;交易标的成交后,对交易标的交割过程中所发生的包括但不限于包装、运输、交付、税费等一切费用、纷争等均由交易双方依据北交所交易规则及相关文件规定或交易合同约定自行承担和处理,北交所不承担任何责任。

5. 互联网风险:您通过北交所交易系统参与交易将存在(包括但不限于)以下风险:交易账户信息泄露或您的身份可能被仿冒;由于您自身的终端设备和网络异常等原因导致无法正常交易;您的网络终端设备或软件系统与北交所交易系统不兼容,无法进行交易或交易失败;由于您自身终端设备时间与北交所交易系统时间不符而导致未按时参与竞价活动;因缺乏互联网经验,您可能因操作不当造成交易失败或交易失误。您将自行承担由此造成的损失和不利后果。

6. 不可抗力风险:因不可抗力、软硬件故障、通信故障、电力故障、网络故障、非法入侵、恶意攻击、政府行为、司法行政机关的命令等原因导致北交所交易系统异常或者瘫痪,致使您的交易指令出现延迟、中断、数据错误等情况的,北交所不承担任何责任,您将自行承担由此产生的损失。

7. 其他风险:您参与交易时,他人给予您保证获利或不会发生损失的任何承诺都是没有根据的,类似的承诺不会减少您发生损失的可能。

北交所敬告您,应当根据自身的经济条件、心理及风险承受能力谨慎、理性地参与交易,树立正确的消费、投资理念,注意资金安全。本风险揭示书并不能揭示全部风险及情形,您务必要对此有清醒的认识,认真考虑是否参与交易,独立作出参与交易的各项决策。交易有风险,操作须谨慎!

受让申请与承诺

北京产权交易所:

本意向受让方拟受让(转让方名称)____ 持有的(转让标的名称)____,依照公开、公平、公正、诚实的原则,作出如下承诺:

1. 本次受让是我方真实意愿表示,相关行为已经过有效的内部决策并得到相应的批准,所提交材料及受让申请中内容不存在虚假记载、误导性陈述或重大遗漏,我方对其真实性、完整性、合法性、有效性承担相应的法律责任。(法人及其他经济组织适用)

本次受让是我方真实意愿表示,所提交材料及受让申请中内容不存在虚假记载、误导性陈述或重大遗漏,我方对其真实性、完整性、合法性、有效性承担相应的法律责任。(自然人适用)

2. 我方系合法有效存续的民事主体;具有良好的财务状况、支付能力和商业信用,且资金来源合法,符合有关法律法规及本项目对受让方应当具备条件的规定。(法人及其他经济组织适用)

我方具有完全民事行为能力,并具备良好的社会信誉和支付能力,且资金来源合法,符合有关法律法规及本项目对受让人应当具备条件的规定。(自然人适用)

3. 我方已充分了解并接受信息披露的全部内容和要求,且已认真阅读并充分理解《交易风险揭示书》的全部内容,考虑了标的和标的企业经营、行业、市场、政策以及其他不可预计的各项风险因素,愿意承担可能存在的一切交易风险。

4. 无论采用何种交易方式,我方将以不低于填报的受让底价报价,否则已缴纳的交易保证金转作违约金,作为对转让方、受托合作机构/经纪会员及北京产权交易所的违约赔偿,不予退还。

5. 一旦我方受让成功,在我方与转让方签署《非国有产权交易合同》之日起______个工作日内,按照成交价格______%的标准向北京产权交易所支付交易服务费。

我方保证遵守以上承诺,如违反上述承诺或有违法、违规行为,给交易相关方造成损失的,我方愿意承担包括但不限于赔偿损害在内的相关法律责任。

意向受让方(盖章):
法定代表人(签字):
日期:　　　　年　　月　　日

一、意向受让方基本情况

货币单位:万元人民币

<table>
<tr><td>名　称</td><td colspan="4"></td></tr>
<tr><td colspan="2">是否为标的企业股东</td><td colspan="3">□是　　　　□否</td></tr>
<tr><td rowspan="8">基本情况</td><td colspan="4">法人</td></tr>
<tr><td>住所</td><td colspan="3"></td></tr>
<tr><td>注册资本</td><td></td><td>委派代表人</td><td></td></tr>
<tr><td>企业类型
(经济性质)</td><td colspan="3"></td></tr>
<tr><td>经营范围</td><td colspan="3"></td></tr>
<tr><td colspan="4">自然人</td></tr>
<tr><td>证件类型</td><td></td><td>证件编号</td><td></td></tr>
<tr><td rowspan="3">联系方式</td><td>联系人</td><td></td><td>联系电话</td><td></td></tr>
<tr><td>传　　真</td><td></td><td>电子邮件</td><td></td></tr>
<tr><td>通信地址</td><td></td><td>邮编</td><td></td></tr>
<tr><td rowspan="3">近期资产情况</td><td colspan="4">以下数据出自:□审计报告　□财务报表　报表日期:________年____月____日</td></tr>
<tr><td>总资产</td><td colspan="2">总负债</td><td>所有者权益</td></tr>
<tr><td></td><td colspan="2"></td><td></td></tr>
<tr><td>受让意愿</td><td>拟受让比例</td><td></td><td>受让底价</td><td></td></tr>
<tr><td>资信证明</td><td colspan="4"></td></tr>
<tr><td>备　注</td><td colspan="4"></td></tr>
</table>

二、意向受让方资料清单

材料类型	附件资料	备注
审查材料	□产权交易受让委托合同	
	□产权受让申请书	
	□联合受让协议	
	□营业执照	
	□法定代表人身份证明　　□自然人身份证	
	□公司章程	
	□内部决策文件	
	□资信证明	
	□投资人承诺函	
其他材料		

续表

合作机构/会员核实意见	本合作机构/会员接受意向受让方委托,向贵所提出受让申请,并已对意向受让方提交的材料及相关内容进行了调查核实。 经核实,意向受让方提交的材料真实、完整、有效,意向受让方资质符合相关受让条件。因我方未尽核实责任或违反法律法规及交易规则的,我方愿意承担相应法律责任。 合作机构/会员(盖章): 合作机构经办人/会员执业经纪人(签字): 日期:________年____月____日

注:受让方为多个的,应分别填写提交的附件资料,并注明受让方名称。

十二、股权转让信息发布申请书(动态报价转让)(非国有)

项目编号:__________

股权转让信息发布申请书

(动态报价转让)

标的名称:

申请人(转让方盖章):

法定代表人或授权代表(签字):

受托经纪会员(盖章):

会员编号:

申请日期:　　　　年　　月　　日

《股权转让信息发布申请书》(动态报价转让)

主要内容填列说明

一、标的企业简况

1. 标的企业名称:按在市场监督管理部门登记注册的企业全称填写。

2. 内部决策情况:指按照公司法等法律法规和公司章程的要求履行的内部决策情况。

3. 其他需要披露的内容:指项目转让方认为对产权转让需要说明的其他问题。包括资产的重大调整、变化;权利限制状况,如标的质押、抵押等情况;债权债务、风险(重大合同、诉讼仲裁)揭示等。

二、转让方简况

1. 住所、法定代表人、注册资本、经济性质:按营业执照登记内容填列。

2. 内部决策情况:指按照公司法等法律法规和公司章程的要求履行的内部决策情况。

三、交易条件

1. 交易条件:指包括信息发布时间、价款支付、转让底价等相关交易条件。

2. 首次报价期:指转让信息在北京产权交易所网站及报刊媒体公开披露的持续时间,不少于10个工作日。

3. 限时报价期:指信息发布期满已有有效报价即进入限时报价期,限时报价期以小时为单位,若在限时报价期内出现新的报价,报价时限从该时点重新往后计算,若在限时报价期内无最新报价,报价终结。

4. 保证金交纳截止时间:需注明交纳的具体截止时间及交纳地点。

四、会员核实意见由受托经纪会员填列,是受托经纪会员对《股权转让信息发布申请书》填报内容及相关材料的核实意见,由受托经纪会员盖章、执业经纪人签字确认。

五、表中选择项请在对应的□内画"√"。

六、表中各栏、各项指标内容,请如实、准确填列。本说明未能解释的栏目,如有疑义,请与受托经纪会员联系,最终解释权归北京产权交易所。

北京产权交易所地址:中国·北京市西城区金融大街甲17号　　邮编:100033
联系电话:010－66295566　　网址:http://www.cbex.com.cn
https://otc.cbex.com

转让申请与承诺

北京产权交易所:

本转让方现委托(受托经纪会员名称)________________提出申请,将持有的(转让标的名称)______________通过贵所网站及相关媒体公开发布产权转让信息并转让,请予审核。本转让方依照公开、公平、公正、诚信的原则,做如下承诺:

1. 本次股权转让是我方真实意愿表示,转让的股权权属清晰,我方对该股权拥有完全的处置权且实施不存在任何限制条件;

2. 我方转让股权的相关行为已履行相应程序,经过有效的内部决策;

3. 我方所提交的转让材料内容真实、完整、合法、有效,不存在虚假记载、误导性陈述或重大遗漏;

4. 我方在转让过程中,遵守法律法规规定和产权交易市场的相关规则,按照有关要求履行我方义务。

我方保证遵守以上承诺,如违反上述承诺或有违规行为,给交易相关方造成损失,我方愿意承担法律责任及相应的经济赔偿责任。

转让方(盖章):
法定代表人(签字):

一、标的企业简况

货币单位:万元人民币

标的企业名称		
标的企业基本情况	所属行业	
	设立时间	
	注册地	
	公司类型(经济性质)	
	经营范围	
	注册资本	
	法定代表人	
	经营规模	□大　□中　□小
	企业总人数	共计:　人
		在编　人,在岗　人 (其中:需安置　人) 其他　人

续表

<table>
<tr><td rowspan="12">标的企业
股权结构</td><td colspan="3">老股东是否放弃行使优先购买权　□是　　□否</td></tr>
<tr><td colspan="2">前十位出资人名称</td><td>持股比例</td></tr>
<tr><td colspan="2"></td><td></td></tr>
<tr><td colspan="2"></td><td></td></tr>
<tr><td colspan="2"></td><td></td></tr>
<tr><td colspan="2"></td><td></td></tr>
<tr><td colspan="2"></td><td></td></tr>
<tr><td colspan="2"></td><td></td></tr>
<tr><td colspan="2"></td><td></td></tr>
<tr><td colspan="2"></td><td></td></tr>
<tr><td colspan="2"></td><td></td></tr>
<tr><td colspan="2"></td><td></td></tr>
<tr><td rowspan="7">主要财务指标</td><td colspan="3">以下数据出自________年度审计报告</td></tr>
<tr><td>审计机构</td><td colspan="2"></td></tr>
<tr><td>主营业务收入</td><td>主营业务利润</td><td>净利润</td></tr>
<tr><td></td><td></td><td></td></tr>
<tr><td colspan="3">以下数据出自________年____月____日的财务报表</td></tr>
<tr><td>主营业务收入</td><td>主营业务利润</td><td>净利润</td></tr>
<tr><td></td><td></td><td></td></tr>
<tr><td rowspan="14">资产评估情况
（详见附件）</td><td>评估机构</td><td colspan="2"></td></tr>
<tr><td>评估基准日</td><td colspan="2"></td></tr>
<tr><td></td><td>账面价值</td><td>评估价值</td></tr>
<tr><td>总资产</td><td></td><td></td></tr>
<tr><td>流动资产</td><td></td><td></td></tr>
<tr><td>现金及银行存款</td><td></td><td></td></tr>
<tr><td>应收账款</td><td></td><td></td></tr>
<tr><td>其他应收款</td><td></td><td></td></tr>
<tr><td>长期投资</td><td></td><td></td></tr>
<tr><td>固定资产</td><td></td><td></td></tr>
<tr><td>无形资产</td><td></td><td></td></tr>
<tr><td>总负债</td><td></td><td></td></tr>
<tr><td>流动负债</td><td></td><td></td></tr>
<tr><td>短期借款</td><td></td><td></td></tr>
</table>

续表

	应付账款		
	其他应付款		
	长期负债		
	所有者权益		
	主要固定资产		
	主要无形资产		
内部决策 （详见附件）	内部决策形式	以下决议已按公司法及其他有关法律法规要求完成，议事规则和决策程序符合规定。 □股东会决议 □董事会决议 □其他____________	
其他需要披露的内容			

二、转让方简况

转让方名称				
基本情况	法人			
	住所			
	法定代表人			
	注册资本			
	公司类型 （经济性质）			
	自 然 人			
	证件类型		证件号码	
联系方式	联系人			
	通信地址			
	联系电话		传真	
	电子邮件		邮编	
内部决策情况	以下决议已按公司法及其他有关法律法规要求完成，议事规则和决策程序符合规定。 □股东会决议 □董事会决议 □其他____________			

三、交易条件

交易条件	标的名称	
	首次报价期	______个工作日
	限时报价期	______小时

续表

	转让底价	
	价款支付方式	□一次性支付　□分期支付
	与转让相关的 其他条件	
受让方 资格条件		
保证金设定	1. 交纳金额:________万元 2. 交纳截止时间: 3. 交纳方式:□现金　□电汇　□转账　□其他__________ 4. 保证事项: 5. 处置方法:	

四、会员核实意见

材料类型	附 件 资 料	备注
审核材料	□标的企业营业执照	
	□标的企业公司章程	
	□标的企业股东会决议　□标的企业董事会决议	
	□标的企业审计报告　□标的企业最近一期财务报表	
	□标的企业评估报告(含全部附件、明细表)	
	□转让委托合同	
	□转让方营业执照	
	□转让方公司章程	
	□转让方股东会决议　□转让方董事会决议	
	□法律意见书	
其他材料		
会员核实意见	本公司接受转让方委托,向贵所提出挂牌申请,并已对转让方提供的挂牌材料进行了核实。 经核实,转让方提供的材料真实、完整、有效,无误导和重大遗漏。转让方的转让产权行为符合相关规定,同意挂牌。 经纪会员(盖章): 执业经纪人(签字):____________ 日期:________年____月____日	

注:转让方为多个的,应分别填写提交的附件资料,并注明转让方名称。

十三、股权交易合同(非国有)

合同编号:

股权交易合同

(示范文本)

标的企业:____________________

合同使用须知

1. 本合同文本是根据《中华人民共和国民法典》和《中华人民共和国公司法》制定的示范文本。合同条款均为示范性条款,仅供股权交易各方当事人选择采用。当事人可按照实际情况在本合同文本基础上修改、调整或补充。

2. 为更好地维护合同各方当事人的权益,签订时应当慎重,力求具体、严密。

3. 转让方:指持有标的企业的股权并能够依法转让股权的法人、自然人或者非法人组织。受让方:指依法受让股权的法人、自然人或者非法人组织。当事人为自然人的,应在当事人概况中填写姓名及身份证号码。

4. 转让标的:本合同所称股权交易是指股东持有的标的企业股权的转让行为。转让标的为股权交易所指向的对象,包括有限责任公司的全部或部分股权。

5. 标的企业:是指转让方因其出资所享有的股权,即转让方自行或与他人合资设立的有限责任公司等。

6. 北京产权交易所郑重声明:本合同范本仅供在本交易所进行股权交易的双方根据其实际情况选择使用。本交易所不因制作和/或提供本合同范本而承担任何保证义务,包括但不限于保证本合同范本条款内容完备、保证交易双方签约目的的真实、保证交易双方的签约主体资格适格、保证交易双方为签订本合同而做出的声明及承诺以及提供的文件资料真实准确等一切保证责任。

本合同当事人

转让方(甲方):

注册地址/住所:

法定代表人:

电话:　　　　　　　　　　邮编:

开户银行:　　　　　　　　账号:

转让方经纪会员:　　　　　电话:

受让方(乙方):

注册地址/住所:

法定代表人:

电话:　　　　　　　　　　邮编:

开户银行:　　　　　　　　账号:

受让方经纪会员:　　　　　电话:

鉴于:

1. 甲方为于________年____月____日依______国法律设立并合法存续的企业法人,注册证号:________。

2. 本合同所涉及之标的企业________(以下简称标的企业)是合法存续的并由甲方合法持有____%股权的企业法人,具有独立的企业法人资格,注册证号:________。

3. 乙方为依据______国法律依法设立并合法存续的________________(性质)企业或机构,注册证号:________;

或:乙方为______国合法公民,身份证或护照号码:____________。

4. 甲方拟转让其合法持有的标的企业的部分股权,乙方拟收购甲方转让的上述股权。

根据《中华人民共和国民法典》和《中华人民共和国公司法》等相关法律、法规、规章的规定,甲乙双方遵循自愿、公平、诚实信用的原则,经友好协商,就甲方向乙方转让其拥有的________(企业名称)的股权相关事宜达成一致,签订本股权交易合同(以下简称本合同)如下:

第一条　定义与释义

除非本合同中另有约定,本合同中的有关词语含义如下:

1.1　转让方,是指________(企业名称),即甲方。

1.2　受让方,是指________(企业名称),即乙方。

1.3　北交所,是指承担股权交易的场所及其主体北京产权交易所有限公司。

1.4　转让价款:本合同下甲方就转让所持有的股权自乙方获得的对价。

1.5　评估基准日,指甲方委托具有合法资质的会计师事务所进行评估并出具《资产评估报告书》的基准日,指________年____月____日。

1.6　保证金,指在本合同签订前,乙方按照甲方和北交所的要求,支付至北交所指定账户的、作为乙方提出受让意向的担保,并表明其资信状况及履约能力的________万元交易保证金。

1.7　审批机关:指中华人民共和国商务部或其地方授权机关。

1.8　登记机关:指国家市场监督管理总局或其地方授权机关。

1.9　产权交易费用:指转让方和/或受让方或标的企业就转让股权或谈判、准备、签署本合同和/或本合同下的任何文件,或履行、完成本合同下交易而发生的,包括取得必要或适当的任何政府部门或第三方的豁免、同意或批准而发生的费用及支出,以及产权交易机构、经纪人或中间人费用等所有现款支出和费用的总额。

1.10　产权交易凭证,指北交所就股权转让事项制定并出具的用于表明股权交易完成的文件。

除非另有明确规定,在本合同中,应适用如下解释规则:

1.11　期间的计算:如果根据本合同拟在某一期间之前、之中或之后采取任何行动或措施,在计算该期间时,应排除计算该期间时作为基准日的日期。如果该期间最后一日为非营业日,则该期间应顺延至随后的第一个营业日终止。

1.12　货币:在本协议中,凡提及 RMB 或人民币时均指中国法定货币,凡提及 $ 或美元时均指美国法定货币。

1.13　包括:指包括但不限于。

第二条　转让标的

2.1　甲方持有标的企业的______%股权,拟将标的企业______%股权转让给乙方。

2.2　转让标的上未做过任何形式的担保,包括但不限于在该股权上设置质押或任何影响股权转让或股东权利行使的限制或义务。转让标的也未被任何有权机构采取查封等强制性措施。

或:转让标的已于________年____月____日,因________质押给________(公司或其他主体)并在市场监督管理部门办理登记(或记载于标的企业股东名册)。上述转让行为已经获得质权人的书面同意或认可。

第三条　标的企业

3.1　标的企业________是合法存续的并由甲方合法持有其______%股权的________(性质)企业,具有独立的企业法人资格。

3.2　标的企业经拥有评估资质的________资产评估有限公司评估,出具了以________年____月____日为评估基准日的________号《资产评估报告》。(见附件____)

3.3　标的企业不存在《资产评估报告》中未予披露或遗漏的、可能影响评估结果的,或对标的企业及其股权价值产生重大不利影响的任何事项。

3.4　甲、乙双方在标的企业《资产评估报告》评估结果的基础上达成本合同各项条款。

第四条　股权转让的前提条件

4.1　甲方就本合同项下股权交易已在北交所完成公开挂牌和/或竞价程序。

4.2　乙方依本合同的约定受让甲方所拥有的转让标的事项,已依法律和章程的规定履行了批准或授权程序。

第五条　股权转让方式

本合同项下股权交易已于________年____月____日经北交所公开挂牌,挂牌期间只产生乙方一个意向受让方,由乙方依法受让本合同项下转让标的。

或:本合同项下股权交易已于________年____月____日经北交所公开挂牌,挂牌期间产生______个意向受让方,并于________年____月____日以拍卖方式(或招投标、网络竞价等其他竞价方式)组织实施,由乙方依法作为买受人(或中标人)受让本合同项下转让标的。

第六条　股权转让价款及支付

6.1　转让价格

根据公开挂牌结果或公开竞价结果,甲方将本合同项下转让标的以(大写)________万元[(小写)________万元](以下简称转让价款)转让给乙方。乙方按照甲方和北交所的要求支付的保证金,折抵为转让价款的一部分。

6.2　计价货币

上述转让价款以人民币作为计价单位。

以外币支付转让价款的,以乙方所支付转让价款结汇当日中国人民银行公布的人民币与外币买入价和卖出价的中间价为汇兑牌价,确定乙方应向甲方支付的外币金额。乙方逾期支付转让价款的,应付转让价款最后一日与逾期支付日期间的汇率风险,由乙方承担。

6.3　转让价款支付方式

乙方采用一次性付款方式,将转让价款在本合同生效后五日内汇入北交所指定的结算账户。

或:乙方采用分期付款方式,将转让价款中的______%即(小写)__________万元,在本合同生效后五日内汇入北交所指定结算账户;剩余价款(小写)__________万元,应按同期银行贷款利率计算延期付款期间的利息且在______日内一并付清。对于剩余价款应以__________的方式提供担保(具体见担保合同)。

第七条　股权转让的审批及交割

7.1　本次转让依法应报审批机构审批的,甲乙双方应履行或协助履行向审批机关申报的义务,并尽最大努力,配合处理任何审批机关提出的合理要求和质询,以获得审批机关对本合同及其项下股权交易的批准。

7.2　本合同项下的股权交易获得北交所出具的产权交易凭证后三十个工作日内,甲方应召集标的企业股东会作出股东会决议、修改章程,并促使标的企业到登记机关办理标的企业的股权变更登记手续,乙方应给予必要的协助与配合。

第八条　股权交易费用的承担

8.1　本合同项下股权交易过程中所产生的交易费用,依照有关规定由甲乙双方各自承担。

或:本合同项下股权交易过程中,甲方应承担以下费用:

____;

乙方应承担以下费用:

____。

第九条 未缴纳出资的责任承担

9.1 甲方就其转让的股权在标的企业所认缴出资________万元(人民币或其他币种),已经全部缴清。

或:甲方就其转让的股权在标的企业所认缴出资________万元(人民币或其他币种),尚有________万元(人民币或其他币种)未缴足,依据出资人协议及章程规定,应于________年____月____日缴纳。就此,甲方已如实披露。乙方受让甲方所转让的股权的同时,即继受在章程规定的未来时日缴足上述出资的义务。

9.2 本合同约定之转让价款是在乙方承担缴足出资义务的基础上确定的股权转让价款。

第十条 甲方的声明与保证

10.1 甲方对本合同项下的转让标的拥有合法、有效和完整的处分权;

10.2 为签订本合同之目的向乙方及北交所提交的各项证明文件及资料均为真实、准确、完整的;

10.3 签订本合同所需的包括但不限于授权、审批、公司内部决策等在内的一切手续均已合法有效取得,本合同成立和股权转让的前提条件均已满足;

10.4 转让标的未设置任何可能影响股权转让的担保或限制,或就转让标的上设置的可能影响股权转让的任何担保或限制,甲方已取得有关权利人的同意或认可。

第十一条 乙方的声明与保证

11.1 乙方受让本合同项下转让标的符合法律、法规的规定,并不违背中国境内的产业政策;

11.2 为签订本合同之目的向甲方及北交所提交的各项证明文件及资料均为真实、完整的;

11.3 签订本合同所需的包括但不限于授权、审批、公司内部决策等在内的一切批准手续均已合法有效取得,本合同成立和受让股权的前提条件均已满足。

第十二条 违约责任

12.1 本合同生效后,任何一方无故提出终止合同,应按照本合同转让价款的______%向对方一次性支付违约金,给对方造成损失的,还应承担赔偿责任。

12.2 乙方未按合同约定期限支付转让价款的,应向甲方支付逾期付款违约金。违约金按照延迟支付期间应付价款的每日万分之______计算。逾期付款超过______日,甲方有权解除合同,要求乙方按照本合同转让价款的______%承担违约责任,并要求乙方承担甲方及标的企业因此造成的损失。

12.3 甲方未按本合同约定履行相关的报批和股权变更登记义务的,乙方有权解除本合同,并要求甲方按照本合同转让价款的______%向乙方支付违约金。

12.4 标的企业的资产、债务等存在重大事项未披露或存在遗漏,对标的企业可能造成重大不利影响,或可能影响股权转让价格的,乙方有权解除合同,并要求甲方按照本合同转让价款的______%承担违约责任。

乙方不解除合同的,有权要求甲方就有关事项进行补偿。补偿金额应相当于上述未披露或遗漏的资产、债务等事项可能导致的标的企业的损失数额中转让标的所对应部分。

第十三条 合同的变更和解除

13.1 当事人双方协商一致,可以变更或解除本合同。

13.2 发生下列情况之一时,一方可以解除本合同。

(1)由于不可抗力或不可归责于双方的原因致使本合同的目的无法实现的;

(2)另一方丧失实际履约能力的;

(3)另一方严重违约致使不能实现合同目的的;

(4)另一方出现本合同第十五条所述违约情形的。

13.3 变更或解除本合同均应采用书面形式,并报北交所备案。

第十四条 管辖及争议解决方式

14.1 本合同及股权交易中的行为均适用中华人民共和国法律。

14.2 有关本合同的解释或履行,当事人之间发生争议的,应由双方协商解决;协商解决不成的,按下

列第______种方式解决:(任选一种)

(1)提交____________________________仲裁委员会仲裁;

(2)依法向______________________________人民法院起诉。

第十五条　合同的生效

本合同自甲乙双方的授权代表签字或盖章之日起生效。

或:本合同自甲乙双方授权代表签字或盖章,并依法律、行政法规规定报审批机构批准后生效。

第十六条　其他

16.1　双方对本合同内容的变更或补充应采用书面形式订立,并作为本合同的附件。本合同的附件与本合同具有同等的法律效力。

16.2　本合同一式______份,甲乙双方各执______份,甲乙双方的经纪会员各执一份,北交所留存一份用于备案,其余用于办理股权交易的审批、登记。

合同附件:

附件一:

附件二:

附件三:

(本页无正文)

转让方(甲方):　　　　　　　　　　受让方(乙方):

(盖章)　　　　　　　　　　　　　　(盖章)

法定代表人　　　　　　　　　　　　法定代表人

或授权代表(签字):　　　　　　　　或授权代表(签字):

签约地点:

签约时间:　　　　年　　月　　日

十四、接受非国有资产评估项目备案表

备注:

1. 本备案表应与资产评估报告书同时使用,评估报告的使用各方应关注评估报告书中所揭示的特别事项和评估报告的法律效力等内容,合理使用评估结果。

2. 本项目所出具的资产评估报告的法律责任由受托评估机构和在评估报告中签字的具有相应执业资格的评估人员共同承担,不因本备案而转移其法律责任。

3. 本表一式三份。一份留存备案单位,一份送产权持有单位,一份送上级单位。

备案编号:

接受非国有资产评估项目备案表

接受非国有资产的企业(盖章):__________________________

法定代表人(签字):__________________________

填报日期:__________________________

国务院国有资产监督管理委员会　制

一、资产评估项目基本情况

<table>
<tr><td colspan="2">评估对象</td><td colspan="6"></td></tr>
<tr><td colspan="2">产权持有单位</td><td colspan="3"></td><td colspan="2">企业管理级次</td><td></td></tr>
<tr><td colspan="2">资产评估委托方</td><td colspan="6"></td></tr>
<tr><td colspan="2">所出资企业(有关部门)</td><td colspan="6"></td></tr>
<tr><td>经济行为类型</td><td colspan="7">□ 收购非国有单位的资产
□ 接受非国有单位以非货币资产出资
□ 接受非国有单位以非货币资产抵债
□ 其他</td></tr>
<tr><td colspan="2">评估报告书编号</td><td colspan="2"></td><td>主要评估方法</td><td colspan="3"></td></tr>
<tr><td colspan="2">评估机构名称</td><td colspan="2"></td><td>资质证书编号</td><td colspan="3"></td></tr>
<tr><td colspan="2">注册评估师姓名</td><td></td><td></td><td>注册评估师编号</td><td colspan="2"></td><td></td></tr>
<tr><td colspan="2">接受非国有资产的企业联系人</td><td></td><td>电话</td><td></td><td>通信地址</td><td colspan="2"></td></tr>
<tr><td colspan="2">所出资企业(有关部门)联系人</td><td></td><td>电话</td><td></td><td>通信地址</td><td colspan="2"></td></tr>
<tr><td colspan="3">申报备案

产权持有单位盖章

法定代表人签字:

年　月　日</td><td colspan="2">同意转报备案

上级单位盖章

单位领导签字:

年　月　日</td><td colspan="3">备案

国有资产监督管理机构

(所出资企业、有关部门)

年　月　日</td></tr>
</table>

二、资产评估结果

评估基准日:　　　年　月　日

评估结果使用有效期至:　　　年　月　日

货币单位:万元人民币

项目	账面价值	评估价值	增减值	增减率/%
流动资产				
长期投资				
固定资产				
无形资产				
土地使用权				
其他资产				

续表

项目	账面价值	评估价值	增减值	增减率/%
资产总计				
流动负债				
长期负债				
负债总计				
净资产				

（保留两位小数点）

第九章

企业解散

当企业因各种原因需要终止其法人人格时，它的解散和清算程序将不可避免地到来。2023 年修订的《公司法》将公司解散与清算的一般情况进行了规定，明确董事为清算义务人，并新增了公司自愿解散情形下继续存续的规则。此外，自 2007 年 6 月 1 日起正式实施的《企业破产法》确认了在法院督导下由管理人主持破产清算、企业重整和企业和解的体制，律师可以直接担任管理人，也可以担任管理人聘请的法律顾问，在企业破产程序中发挥自己的专业技能，为此，我们把破产业务操作也列为本章的内容。

公司解散、清算和破产是程序性极强的活动，本章将侧重介绍律师参与此类业务活动应关注的各项程序的特点和要点。

本章共六节，分别是：

第一节　公司解散的事由和法律后果

本节对公司解散的三种形式予以说明：任意解散、强制解散、股东请求解散，并对公司解散的法律后果进行了分析。

第二节　解散清算程序

具体包括：成立清算组；通知和公告债权人；债权申报及债权登记；清理公司资产和处理债权、债务；清偿债务、分配财产；清算终结。

第三节　破产清算程序

该节内容有：破产程序的特点；《企业破产法》的适用范围；破产申请；破产受理；破产申请受理后与债务人的诉讼问题；破产申请受理后相关方的职责；破产管理人；债权申报；债权人会议；破产重整；破产和解；破产清算。

第四节　公司注销登记

包括：公司注销税务登记的流程；公司注销登记应提交的文件、证件；公司分立、合并所引起的注销登记；需要注意的事项。

第五节　律师办理企业破产业务操作指引（范本）

第六节　破产清算的有关法律文书

本节仅列《公司重整和解协议》，对于其他众多格式性法律文书，以目录的方式标明，便于读者需要时再行查找。

第一节 公司解散的事由和法律后果

公司的解散,是指已成立的公司基于一定的合法事由,使公司法人人格消灭的法律行为。公司作为一个具有虚拟人格的市场活动主体,其存续与否将直接影响与公司相关的各利害关系人的利益以及市场经济秩序,因此,公司解散必须严格依照法律法规的规定进行,公司解散的事由必须符合法律规定。

根据《公司法》的相关规定,公司解散的原因主要有三大类:第一类是任意解散;第二类是强制解散;第三类是股东请求解散。

一、任意解散

任意解散,是指公司依公司章程规定或股东决议而解散。这种解散与公司外的意志无关,而取决于公司股东的意志,股东可以选择解散或者不解散公司。我国公司法规定的任意解散的原因有以下四个方面。

1. 公司章程规定的营业期限届满,股东会未形成延长营业期限的决议

我国公司法既未规定公司的最高营业期限,又未强制要求将公司营业期限作为公司章程的必备条款,因此,营业期限是我国公司章程任意规定的事项。《市场主体登记管理条例》第 9 条规定:"市场主体的下列事项应当向登记机关办理备案:……(二)经营期限或者合伙期限……"营业期限也在企业法人营业执照中有所体现,因此,除营业期限为永久存续的公司外,大部分公司在设立时都在公司章程中规定了营业期限,该期限由公司股东自主决定,通常为 10 年至 50 年。在此期限届满前,公司的股东会可以形成延长营业期限的决议,如果没有形成此决议,公司将在营业期限届满时即进入解散程序。

此外,提醒注意的是,如果公司的营业期限系基于某些特许经营权或附期限的营业许可,则营业期限的延长将取决于特许经营权期限或营业许可期限的延长。

2. 公司章程规定的其他解散事由出现

解散事由一般是公司章程相对必要记载的事项,律师可以根据公司的营业特点,以及股东对于其投资损益的心理预期,在协助股东制定公司章程时,预先约定公司的各种解散事由。如果在公司经营过程中,出现公司章程所规定的公司解散的事由,公司股东会可以决议公司解散。根据实践操作,公司章程中特别指出的解散事由包括:

(1)公司在一定期间持续亏损,亏损累计达到预定的金额,且未来实现盈利的可能性不大;

(2)公司的主营业务无法继续开展,尚不具备开展其他主营业务的条件;

(3)设立公司的目的无法实现或公司失去持续经营能力;

(4)公司设立时既定的营业任务或项目已经全部完成。

3. 股东会决议解散

根据公司法的规定,尽管公司处于章程规定的营业期间,也未出现公司章程规定的公司解散的其他事由,但有限责任公司经持有 2/3 以上表决权的股东通过,或股份有限公司经出席股东大会的股东所持表决权的 2/3 以上通过,均有权随时做出解散公司的决议。

提醒注意的是,因国有独资公司不设股东会,其解散的决定应由国家授权投资的机构或部门做出。

4. 因公司合并或者分立需要解散

公司因合并或分立而解散的事由包括:当公司吸收合并时,吸收方存续,被吸收公司解散;当公司新设合并时,合并各方均解散;当公司分立时,如果原公司存续,则不存在解散问题,如果原公司

分立后不再存在,则原公司应解散。

上述解散将伴随公司合并或分立的发生,但公司合并或分立,必须经过股东会做出合并或分立决议。根据2023年修订的《公司法》的规定,对于公司合并或分立,有限责任公司必须经持有2/3以上表决权的股东通过,股东以书面形式一致表示同意的,可以不召开股东会会议,直接作出决定,并由全体股东在决定文件上签名或者盖章;股份有限公司经出席股东会的股东所持表决权的2/3以上通过。

二、强制解散

强制解散的原因是指由于某种情况的出现,公司的上级机关、市场监管机关或行业主管机关命令公司解散。公司法规定强制解散公司的原因主要有以下三个方面。

1. 主管机关决定

公司的主管机关作出公司解散的决定。如国有独资公司由国家授权投资的机构或者国家授权的部门作出解散的决定,该国有独资公司即应解散。

2. 责令关闭

公司因违反法律、行政法规被主管机关依法责令关闭的,应当解散。如证券公司严重违规经营,证监会作出该证券公司关闭的决定。

3. 被吊销营业执照

公司因违反市场监管的相关规定,而被市场监督机关吊销营业执照。根据《市场主体登记管理条例》的规定,公司被吊销营业执照的原因有:(1)虚报注册资本,或提交虚假材料或者采取其他欺诈手段隐瞒重要事实,从而取得公司登记,情节严重的;(2)公司成立后无正当理由超过6个月未开始营业,或开业后又自行停止营业连续6个月以上的;(3)变更经营范围涉及法律、行政法规或者国务院决定规定须经批准的项目而未取得批准,擅自从事相关经营活动,情节严重的;(4)不按照规定接受年度检验,经要求限期接受年度检验而逾期仍不接受年度检验的;(5)年度检验中隐瞒真实情况、弄虚作假,情节严重的;(6)伪造、涂改、出租、出借、转让营业执照,情节严重的;(7)利用公司名义从事危害国家安全、社会公共利益的严重违法行为的。

三、股东请求解散

公司法规定,当公司经营管理发生严重困难,继续存在会使股东利益受到重大损失,通过其他途径不能解决的,持有公司全部股东表决权10%以上的股东可以请求人民法院解散公司。最高人民法院《关于适用〈中华人民共和国公司法〉若干问题的规定(二)》(2020年修正)对股东请求解散作了更加具体的规定。

1. 股东申请解散公司的理由

(1)公司持续2年以上无法召开股东会,公司经营管理发生严重困难的;

(2)股东表决时无法达到法定或者公司章程规定的比例,持续2年以上不能做出有效的股东会决议,公司经营管理发生严重困难的;

(3)公司董事长期冲突,且无法通过股东会解决,公司经营管理发生严重困难的;

(4)经营管理发生其他严重困难,公司继续存续会使股东利益受到重大损失的情形。

但公司股东以知情权、利润分配请求权等权益受到损害,或者公司亏损、财产不足以偿还全部债务,以及公司被吊销企业法人营业执照未进行清算等为由,提起解散公司诉讼的,人民法院将不予受理。

2. 持有公司表决权10%以上股东的计算

根据上述司法解释的规定,持有公司全部股东表决权10%以上的股东,该持有可分为单独持有或者合计持有,即只要持有的股东表决权超过公司全部股东表决权10%即可。

3. 关于股东请求解散公司的被告

(1)股东提起解散公司诉讼应当以公司为被告。

(2)原告以其他股东为被告一并提起诉讼的,人民法院将会告知原告将其他股东变更为第三人;原告坚持不予变更的,人民法院将驳回原告对其他股东的起诉。

(3)原告提起解散公司诉讼应当告知其他股东,或者由人民法院通知其参加诉讼。其他股东或者有关利害关系人申请以共同原告或者第三人身份参加诉讼的,人民法院应予准许。

4. 关于股东请求解散公司的法院管辖

解散公司诉讼案件由公司住所地人民法院管辖。公司住所地是指公司主要办事机构所在地。公司主要办事机构所在地不明确的,由其注册地人民法院管辖。

基层人民法院管辖县、县级市或者区的公司登记机关核准登记公司的解散诉讼案件;中级人民法院管辖地区、地级市以上的公司登记机关核准登记公司的解散诉讼案件。

四、公司解散的法律后果

根据《公司法》的规定,除因公司合并或者分立需要解散的情形外,其他公司解散的原因均可导致公司进入清算程序。

1. 不需要清算的公司解散的法律后果

公司因合并或分立而解散,并不需要进行解散清算。律师应当意识到并提示公司及其股东注意此时公司解散的法律后果为:(1)老公司或被吸收合并的公司解散注销的同时,新公司成立。(2)被解散公司的营业活动将转移到新公司或存续公司,并不发生中止、中断或终止。(3)被解散注销的公司的股东可以选择是否在新公司或存续公司中持有股东权益。(4)在合并情况下,被解散公司的债权债务以及公司资产将全部由合并后存续的公司承继。(5)在分立的情况下,公司的资产及对外债权按约定在分立后新设的公司中间分割;对于债务,除非此前与债权人另有约定,否则公司原有债务由分立后新设的所有公司连带承担。

另外,需要强调的是,因合并或分立而发生解散的,公司尽管不需要履行清算责任,但仍需要履行公司解散的登记程序。

2. 需要清算的公司解散的法律后果

除公司合并或分立以外,因其他事由而发生的解散均需要进入公司清算程序,其法律后果为:

(1)进入清算程序,成立清算组织

公司解散之后,都必须依法成立清算组织,进入清算程序。成立清算组织后,清算组织对内将接管公司财产和公司管理事务,对外将代表公司行为。但是,公司的股东会及监事会依然存在。

《公司法》(2023年修订)第229条规定:"公司因下列原因解散:(一)公司章程规定的营业期限届满或者公司章程规定的其他解散事由出现;(二)股东会决议解散;(三)因公司合并或者分立需要解散;(四)依法被吊销营业执照、责令关闭或者被撤销;(五)人民法院依照本法第二百三十一条的规定予以解散。公司出现前款规定的解散事由,应当在十日内将解散事由通过国家企业信用信息公示系统予以公示。"

第230条规定:"公司有前条第一款第一项、第二项情形,且尚未向股东分配财产的,可以通过修改公司章程或者经股东会决议而存续。依照前款规定修改公司章程或者经股东会决议,有限责任公司须经持有三分之二以上表决权的股东通过,股份有限公司须经出席股东会会议的股东所持表决权的三分之二以上通过。"

第231条规定:"公司经营管理发生严重困难,继续存续会使股东利益受到重大损失,通过其他途径不能解决的,持有公司百分之十以上表决权的股东,可以请求人民法院解散公司。"

第232条规定:“公司因本法第二百二十九条第一款第一项、第二项、第四项、第五项规定而解散的,应当清算。董事为公司清算义务人,应当在解散事由出现之日起十五日内组成清算组进行清算。清算组由董事组成,但是公司章程另有规定或者股东会决议另选他人的除外。清算义务人未及时履行清算义务,给公司或者债权人造成损失的,应当承担赔偿责任。”

第233条规定:“公司依照前条第一款的规定应当清算,逾期不成立清算组进行清算或者成立清算组后不清算的,利害关系人可以申请人民法院指定有关人员组成清算组进行清算。人民法院应当受理该申请,并及时组织清算组进行清算。公司因本法第二百二十九条第一款第四项的规定而解散的,作出吊销营业执照、责令关闭或者撤销决定的部门或者公司登记机关,可以申请人民法院指定有关人员组成清算组进行清算。”

(2)限制权利能力,停止营业活动

根据《公司法》(2023年修订)第236条第3款的规定,“清算期间,公司存续,但不得开展与清算无关的经营活动”。公司宣告解散后,其权利能力即受到法律的特别限制,这种限制系特指解散公司的权利能力仅局限于清算范围内,除为实现清算目的,由清算组代表公司处理未了结业务外,公司不得开展新的经营活动。但是,由于股份有限公司属资合公司,股份的转让对于解散后的公司并不产生重大的利害关系,原则上股份有限公司的股份仍可自由转让。

第二节　解散清算程序

公司清算是终结已解散公司的一切法律关系,处理公司剩余资产、了结公司债务的程序。2023年修订的《公司法》明确董事为清算义务人,新增了公司自愿解散情形下继续存续的规则;进一步完善了公司清算制度,强化了清算义务人和清算组成员的义务和责任,公司除因合并或分立解散无须清算,以及因破产而解散的公司适用破产清算程序外,其他解散的公司,都应当按《公司法》的规定进行清算。

一、成立清算组

如前文所述,公司进入清算程序以后,清算组即将成立,成为公司开展清算事宜的主导人,清算组应在解散事由出现之日起15日内成立。根据公司解散的原因不同,清算组成立的组成人员也有所不同。

1.清算组的产生

(1)自愿解散

根据2023年修订的《公司法》的规定,董事为公司清算义务人,清算组由董事组成(但是公司章程另有规定或者股东会决议另选他人的除外);清算义务人未及时履行清算义务,给公司或者债权人造成损失的,应当承担赔偿责任。

(2)强制解散

《公司法》(2023年修订)第233条对逾期不清算、吊销执照两类强制解散的情况,进行了责任的明确,“利害关系人”与“作出吊销营业执照、责令关闭或者撤销决定的部门或者公司登记机关”需要向“人民法院”提出申请,要求法院指定清算组成员:其一,逾期不成立清算组进行清算或者成立清算组后不清算的,利害关系人可以申请法院指定有关人员组成清算组进行清算。法院应当受理该申请,并及时组织清算组进行清算。其二,作出吊销营业执照、责令关闭或者撤销决定的部门或者公司登记机关,可以申请法院指定有关人员组成清算组进行清算。

实务中,清算组成员可以从下列人员或者机构中产生:①公司股东、董事、监事、高级管理人员;②依法设立的律师事务所、会计师事务所、破产清算事务所等社会中介机构;③依法设立的律师事务所、会计师事务所、破产清算事务所等社会中介机构中具备相关专业知识并取得执业资格的人员。

《人民法院中介机构管理人名册》和《人民法院个人管理人名册》中的中介机构或者个人是组成清算组成员的重要候选人"库"，法院也可根据实际需要，指定公司股东、董事、监事、高级管理人员，与上述两类管理人名册中的中介机构或者个人共同组成清算组。法院指定上述两类管理人名册中的中介机构或者个人组成清算组，或者担任清算组成员的，应当参照适用最高人民法院《关于审理企业破产案件指定管理人的规定》。

2. 清算组的职权

《公司法》(2023 年修订)第 234 条规定："清算组在清算期间行使下列职权：(一)清理公司财产，分别编制资产负债表和财产清单；(二)通知、公告债权人；(三)处理与清算有关的公司未了结的业务；(四)清缴所欠税款以及清算过程中产生的税款；(五)清理债权、债务；(六)分配公司清偿债务后的剩余财产；(七)代表公司参与民事诉讼活动。"

3. 清算组备案

《市场主体登记管理条例》第 32 条规定："市场主体注销登记前依法应当清算的，清算组应当自成立之日起 10 日内将清算组成员、清算组负责人名单通过国家企业信用信息公示系统公告。清算组可以通过国家企业信用信息公示系统发布债权人公告。清算组应当自清算结束之日起 30 日内向登记机关申请注销登记。市场主体申请注销登记前，应当依法办理分支机构注销登记。"

二、通知和公告债权人

1. 通知或公告的时限和方式

《公司法》(2023 年修订)第 235 条规定："清算组应当自成立之日起十日内通知债权人，并于六十日内在报纸上或者国家企业信用信息公示系统公告。债权人应当自接到通知之日起三十日内，未接到通知的自公告之日起四十五日内，向清算组申报其债权。债权人申报债权，应当说明债权的有关事项，并提供证明材料。清算组应当对债权进行登记。在申报债权期间，清算组不得对债权人进行清偿。"

2. 未通知或公告的法律后果

最高人民法院《关于适用〈中华人民共和国公司法〉若干问题的规定(二)》(2020 年修正)第 11 条规定："公司清算时，清算组应当按照公司法第一百八十五条的规定，将公司解散清算事宜书面通知全体已知债权人，并根据公司规模和营业地域范围在全国或者公司注册登记地省级有影响的报纸上进行公告。清算组未按照前款规定履行通知和公告义务，导致债权人未及时申报债权而未获清偿，债权人主张清算组成员对因此造成的损失承担赔偿责任的，人民法院应依法予以支持。"

《公司法》(2023 年修订)第 238 条规定："清算组成员履行清算职责，负有忠实义务和勤勉义务。清算组成员怠于履行清算职责，给公司造成损失的，应当承担赔偿责任；因故意或者重大过失给债权人造成损失的，应当承担赔偿责任。"

3. 关于简易程序注销登记

2023 年修订的《公司法》增加了简易程序注销登记，具体规定在第 240 条："公司在存续期间未产生债务，或者已清偿全部债务的，经全体股东承诺，可以按照规定通过简易程序注销公司登记。通过简易程序注销公司登记，应当通过国家企业信用信息公示系统予以公告，公告期限不少于二十日。公告期限届满后，未有异议的，公司可以在二十日内向公司登记机关申请注销公司登记。公司通过简易程序注销公司登记，股东对本条第一款规定的内容承诺不实的，应当对注销登记前的债务承担连带责任。"

三、债权申报及债权登记

1. 债权申报

2023 年《公司法》将“公告”方式扩展为“报纸上或者国家企业信用信息公示系统公告”。债权人应当自接到通知之日起 30 日内,未接到通知的自公告之日起 45 日内,向清算组申报其债权。

2. 债权登记

清算组在收到债权人申报债权的同时,审查债权人所提交的债权证明材料,对符合要求的,应对债权进行登记;对不符合要求或不能证明对公司享有债权的,应说明理由,不予以登记。

公司清算时,债权人对清算组核定的债权有异议的,可以要求清算组重新核定。清算组不予重新核定,或者债权人对重新核定的债权仍有异议,债权人以公司为被告向人民法院提起诉讼请求确认的,人民法院应予受理。

3. 债权补充申报

根据最高人民法院《关于适用〈中华人民共和国公司法〉若干问题的规定(二)》(2020 年修正,待根据 2023 年修订的《公司法》更新)的规定:

(1)债权人在规定的期限内未申报债权,在公司清算程序终结前补充申报的,清算组应予登记。公司清算程序终结,是指清算报告经股东会或者法院确认完毕。

(2)债权人补充申报的债权,可以在公司尚未分配财产中依法清偿。公司尚未分配财产不能全额清偿,债权人有权主张股东以其在剩余财产分配中已经取得的财产予以清偿,但债权人因重大过错未在规定期限内申报债权的除外。

(3)债权人或者清算组,以公司尚未分配财产和股东在剩余财产分配中已经取得的财产,不能全额清偿补充申报的债权为由,向人民法院提出破产清算申请的,人民法院不予受理。

四、清理公司资产和处理债权、债务

清算组自成立之日起即应开始对公司财产进行清理、核对和登记,如果公司资产规模较大或资产构成情况较为复杂,或者公司的债权、债务较为复杂,则清算组可以聘请律师进行相应的法律尽职调查,聘请会计师对公司财务进行审计,聘请评估师对公司财产进行资产评估。清算组在清理公司财产、编制资产负债表和财产清单后,应当制定清算方案,并报股东会或者法院确认。

清算组在清理公司财产、编制资产负债表和财产清单以后,如果发现公司财产不足以清偿债务的,应当立即向人民法院申请宣告破产。

五、清偿债务、分配财产

公司财产能够清偿公司债务的,清算组应按照如下顺序清偿债务及分配财产:(1)支付清算费用;(2)支付职工工资、社会保险费用和法定补偿金;(3)缴纳所欠税款;(4)清偿债务;(5)向股东分配,有限责任公司按照股东的出资比例分配,股份有限公司按照股东持有的股份比例分配。

在清理公司债务时,请注意是否存在享有抵押、质押、留置等担保物权的债务,如存在,该等债务应当优先得到清偿。

六、清算终结

公司清算结束后,清算组应当制作清算报告,报股东会或者法院确认,并报公司登记机关,申请注销公司登记。

第三节　破产清算程序

2006 年 8 月 27 日,我国颁布了《企业破产法》,该法于 2007 年 6 月 1 日起正式施行。近年来,随着破产实务工作的深入,修订呼声日高,我们拭目以待。《企业破产法》作为市场经济主体“死”

与“再生”的法律,解决的是市场退出与重整的问题。其后,最高人民法院又陆续颁布与修订了《关于适用〈中华人民共和国企业破产法〉若干问题的规定(一)》《关于适用〈中华人民共和国企业破产法〉若干问题的规定(二)》《关于适用〈中华人民共和国企业破产法〉若干问题的规定(三)》,对一系列实务问题作出了解释。

该法的颁布和实施,有利于形成优胜劣汰的市场竞争机制,促进资产和劳动力由低效率市场向高效率市场转换,达到资源的合理配置和产业结构的合理调整;有利于强化企业的风险意识,激活企业活力,搞好企业的经营管理,提高经济效益,促进我国社会主义市场经济的发展;有利于保护债权人和债务人的合法权益,建立正常的经济秩序,维护安定的社会环境。总体来说,该法填补了我国经济法律体系中的一大缺口,是一个历史性的进步。

一、破产程序的特点

破产程序是指法院审理破产案件、终结债权债务关系的诉讼程序,也叫破产还债程序。它主要包括破产申请和受理、破产宣告、破产清算三大程序。

破产程序与通常的审判程序相比,具有以下特点:(1)破产程序是清偿企业债务的特殊手段;(2)破产程序的适用以法定事实存在为前提;(3)破产程序以债权人依法得到公平受偿为目的;(4)破产程序实行一审终审。

二、《企业破产法》的适用范围

根据《企业破产法》的规定,其适用范围为企业法人,即适用于所有的企业法人,包括全民所有制企业与法人型的“三资企业”,私营企业,上市公司和非上市公司,有限责任公司和股份有限公司等。

但《企业破产法》对商业银行、保险公司、证券公司等金融机构的破产作了特别规定,并将金融机构的破产正式提到议事日程。该法第 134 条规定,商业银行、证券公司、保险公司等金融机构有《企业破产法》第 2 条规定情形的,国务院金融监督管理机构可以向人民法院提出对该金融机构进行重整或者破产清算的申请。国务院金融监督管理机构依法对出现重大经营风险的金融机构采取接管、托管等措施的,可以向人民法院申请中止以该金融机构为被告或者被执行人的民事诉讼程序或者执行程序。金融机构实施破产的,国务院可以依据《企业破产法》和其他有关法律的规定制定实施办法。

《企业破产法》尚未把非法人组织破产纳入调整范围,但是为非法人组织的准入破产预留了一个渠道。该法第 135 条规定,其他法律规定企业法人以外组织的清算,属于破产清算的,参照适用《企业破产法》规定的程序。

三、破产申请

1. 破产情形

《企业破产法》第 2 条规定:“企业法人不能清偿到期债务,并且资产不足以清偿全部债务或者明显缺乏清偿能力的,依照本法规定清理债务。企业法人有前款规定情形,或者有明显丧失清偿能力可能的,可以依照本法规定进行重整。”

根据上述规定,《企业破产法》规定的破产情形有以下三种情形:(1)不能清偿到期债务,并且资产不足以清偿全部债务;(2)不能清偿到期债务,并且明显缺乏清偿能力的;(3)不能清偿到期债务或明显丧失清偿能力可能的。该项破产情形仅适用于提起重整申请。

通过上述规定可以看出,《企业破产法》去除了破产原因中“经营管理不善”“严重亏损”等在实践中难以把握的内容,更加强调“不能清偿到期债务”这一原因,这一调整不仅使实践中的可操作性更强,同时,也降低了破产申请的“门槛”。

对于如何认定“不能清偿到期债务”的问题,最高人民法院《关于适用〈中华人民共和国企业破产法〉若干问题的规定(一)》进行了规定。根据该司法解释,下列情形同时存在的,人民法院应当认定债务人不能清偿到期债务:(1)债权债务关系依法成立;(2)债务履行期限已经届满;(3)债务人未完全清偿债务。

如果债务人的资产负债表,或者审计报告、资产评估报告等显示其全部资产不足以偿付全部负债,人民法院应当认定债务人资产不足以清偿全部债务,但有相反证据足以证明债务人资产能够偿付全部负债的除外。

对于如何认定"明显缺乏清偿能力"的问题,上述司法解释作出如下规定。

债务人账面资产虽大于负债,但存在下列情形之一的,人民法院应当认定其明显缺乏清偿能力:(1)因资金严重不足或者财产不能变现等原因,无法清偿债务;(2)法定代表人下落不明且无其他人员负责管理财产,无法清偿债务;(3)经人民法院强制执行,无法清偿债务;(4)长期亏损且经营扭亏困难,无法清偿债务;(5)导致债务人丧失清偿能力的其他情形。

2. 破产申请人

《企业破产法》第7条规定:"债务人有本法第二条规定的情形,可以向人民法院提出重整、和解或者破产清算申请。债务人不能清偿到期债务,债权人可以向人民法院提出对债务人进行重整或者破产清算的申请。企业法人已解散但未清算或者未清算完毕,资产不足以清偿债务的,依法负有清算责任的人应当向人民法院申请破产清算。"

根据上述规定,破产申请人既可以是不能清偿到期债务的债务人,也可以是债权人以及发现资不抵债的清算人。

3. 申请破产所提交的资料

(1)债务人申请破产,应当向人民法院提交下列材料:①书面破产申请,破产申请书内容应包括申请人的基本情况、申请目的、申请的事实和理由、人民法院认为应当载明的其他事项;②企业主体资格证明;③企业法定代表人与主要负责人名单;④企业职工情况和安置预案;⑤企业亏损情况的书面说明,并附审计报告;⑥企业至破产申请日的资产状况明细表,包括有形资产、无形资产和企业投资情况等;⑦企业在金融机构开设账户的详细情况,包括开户审批材料、账号、资金等;⑧企业债权情况表,列明企业的债务人名称、住所、债务数额、发生时间和催讨偿还情况;⑨企业债务情况表,列明企业的债权人名称、住所、债权数额、发生时间;⑩企业涉及的担保情况;⑪企业已发生的诉讼情况;⑫人民法院认为应当提交的其他材料。

(2)债权人申请债务人破产,应当向人民法院提交下列材料:①书面破产申请,破产申请书内容应包括申请人、被申请人的基本情况、申请目的、申请的事实和理由、人民法院认为应当载明的其他事项;②债权发生的事实与证据;③债权性质、数额、有无担保,并附证据;④债务人不能清偿到期债务的证据。

就债权人申请债务人破产的,人民法院可以通知债务人对债权的真实性、债权在债务人不能偿还的到期债务中所占的比例,以及债务人是否存在不能清偿到期债务的情况进行核查。

值得注意的是,在债权人申请债务人破产时,如果债务人对债权人的申请未在法定期限内向人民法院提出异议,或者异议不成立,人民法院在受理破产申请后应当责令债务人依法提交其财产状况说明、债务清册、债权清册、财务会计报告等有关材料,债务人拒不提交的,人民法院可以对债务人的直接责任人员采取罚款等强制措施。

四、破产受理

(一)破产管辖

根据《企业破产法》的规定,破产案件由债务人住所地人民法院管辖。根据司法实践,具体破产管辖如下:

(1)企业破产案件由债务人住所地人民法院管辖。债务人住所地指债务人的主要办事机构所在地。债务人无办事机构的,由其注册地人民法院管辖。

(2)基层人民法院一般管辖县、县级市或者区的市场监管机关核准登记的企业破产案件。中级人民法院一般管辖地区、地级市(含本级)以上的市场监管机关核准登记的企业破产案件;纳入国家计划调整的企业破产案件,由中级人民法院管辖。

(3)上级人民法院审理下级人民法院管辖的企业破产案件,或者将本院管辖的企业破产案件移交下级人民法院审理,以及下级人民法院需要将自己管辖的企业破产案件交由上级人民法院审理的,依照民事诉讼法的规定办理;省、自治区、直辖市范围内因特殊情况需对个别企业破产案件的地域管辖做调整的,须经共同上级人民法院批准。

(二)受理期限

债权人提出破产申请的,人民法院应当自收到申请之日起 5 日内通知债务人。债务人对申请有异议的,应当自收到人民法院的通知之日起 7 日内向人民法院提出。人民法院应当自异议期满之日起 10 日内裁定是否受理。

除前述规定的情形外,人民法院应当自收到破产申请之日起 15 日内裁定是否受理。

有特殊情况需要延长前两款规定的裁定受理期限的,经上一级人民法院批准,可以延长 15 日。

(三)破产裁定

1. 不予受理

(1)不予受理的情形

人民法院经审查发现有下列情况的,破产申请不予受理:①债务人有隐匿、转移财产等行为,为了逃避债务而申请破产的;②债权人借破产申请毁损债务人商业信誉,意图损害公平竞争的。

(2)不予受理的裁定

人民法院裁定不受理破产申请的,应当自裁定作出之日起 5 日内送达申请人并说明理由。申请人对裁定不服的,可以自裁定送达之日起 10 日内向上一级人民法院提起上诉。

人民法院受理破产申请后至破产宣告前,经审查发现债务人不符合《企业破产法》第 2 条规定情形的,可以裁定驳回申请。申请人对裁定不服的,可以自裁定送达之日起 10 日内向上一级人民法院提起上诉。

2. 予以受理的裁定

人民法院受理破产申请的,应当自裁定作出之日起 5 日内送达申请人。其中,债权人提出申请的,人民法院应当自裁定作出之日起 5 日内送达债务人。债务人应当自裁定送达之日起 15 日内,向人民法院提交财产状况说明、债务清册、债权清册、有关财务会计报告以及职工工资的支付和社会保险费用的缴纳情况。

3. 驳回受理申请

人民法院受理破产申请后至破产宣告前,如发现下列情形,人民法院有权裁定驳回申请:

(1)债务人不存在不能清偿到期债务,并且资产足以清偿全部债务或者有清偿能力的。

(2)存在前述破产申请不予受理的情形。

(3)人民法院受理债务人的破产申请后,发现债务人巨额财产下落不明且不能合理解释财产去向的。

破产申请人对驳回破产申请的裁定不服的,可以在裁定送达之日起 10 日内向上一级人民法院提起上诉。

五、破产申请受理后与债务人的诉讼问题

1. 人民法院受理破产申请后,对债务人财产的其他民事执行程序应当中止,由债权人凭生效的法律文书向受理破产案件的人民法院申报债权。

2. 人民法院受理破产申请后,已经开始而尚未终结的有关债务人的民事诉讼或者仲裁应当中止;在管理人接管债务人的财产后,该诉讼或者仲裁继续进行。

六、破产申请受理后相关方的职责

(一)人民法院职责

1. 人民法院裁定受理破产申请的,应当同时指定管理人。

2. 人民法院应当自裁定受理破产申请之日起25日内通知已知债权人,并予以公告。通知和公告应当载明下列事项:(1)申请人、被申请人的名称或者姓名;(2)人民法院受理破产申请的时间;(3)申报债权的期限、地点和注意事项;(4)管理人的名称或者姓名及其处理事务的地址;(5)债务人的债务人或者财产持有人应当向管理人清偿债务或者交付财产的要求;(6)第一次债权人会议召开的时间和地点;(7)人民法院认为应当通知和公告的其他事项。

3. 人民法院决定受理企业破产案件后,应当组成合议庭,并在10日内完成下列工作:(1)将合议庭组成人员情况书面通知破产申请人和被申请人;(2)在债务人企业发布公告,要求保护好企业财产,不得擅自处理企业的账册、文书、资料、印章,不得隐匿、私分、转让、出售企业财产;(3)通知债务人立即停止清偿债务,非经人民法院许可不得支付任何费用;(4)通知债务人的开户银行停止债务人的结算活动,并不得扣划债务人款项抵扣债务。但经人民法院依法许可的除外。

(二)债务人职责

自人民法院受理破产申请的裁定送达债务人之日起至破产程序终结之日止,债务人的有关人员承担下列义务:(1)妥善保管其占有和管理的财产、印章和账簿、文书等资料;(2)根据人民法院、管理人的要求进行工作,并如实回答询问;(3)列席债权人会议并如实回答债权人的询问;(4)未经人民法院许可,不得离开住所地;(5)不得新任其他企业的董事、监事、高级管理人员。

上述有关人员,是指企业的法定代表人;经人民法院决定,可以包括企业的财务管理人员和其他经营管理人员。

七、破产管理人

依据《企业破产法(试行)》(已失效)的规定,主要是由政府组成的清算组来承担各种破产事宜,带有强烈的政府干预的色彩;而《企业破产法》引入了国际通行的破产管理人制度,将整个破产运作交由专业化人士来处理,使破产程序更符合我国市场经济的发展要求。

1. 管理人的产生时间

《企业破产法》明确了管理人产生的时间,在破产程序开始的同时确定管理人,可使债务人财产从破产程序一开始就置于专门管理人的管理和控制之下,有效地避免了部分债务人因某种目的采取不当或非法的手段处置财产、损害债权人利益的事情发生,从而可以最大限度地保障债权人的利益。《企业破产法》第13条规定:人民法院裁定受理破产申请的,应当同时指定管理人。

2. 管理人的组成

《企业破产法》第24条规定:管理人可以由有关部门、机构的人员组成的清算组或者依法设立的律师事务所、会计师事务所、破产清算事务所等社会中介机构担任。人民法院根据债务人的实际情况,可以在征询有关社会中介机构的意见后,指定该机构具备相关专业知识并取得执业资格的人员担任管理人。

根据该规定,可以担任管理人的有三类:(1)由有关部门、机构的人员组成的清算组;(2)依法设立的律师事务所、会计师事务所、破产清算事务所等社会中介机构;(3)具有相关专业知识并取得执业资格的人员,主要指律师和会计师。

根据世界各国破产法关于管理人的选任制度,以及我国《企业破产法》的立法精神,对于上述三类组织或个人，法院在指定管理人的时候，应当以律师事务所、会计师事务所为主的中介机构为首选。

但根据《企业破产法》的规定，有下列情形之一的，不得担任管理人：(1)因故意犯罪受过刑事处罚；(2)曾被吊销相关专业执业证书；(3)与本案有利害关系；(4)人民法院认为不宜担任管理人的其他情形。

3. 管理人职责

根据《企业破产法》的规定，管理人主要履行以下职责：(1)接管债务人的财产、印章和账簿、文书等资料；(2)调查债务人财产状况，制作财产状况报告；(3)决定债务人的内部管理事务；(4)决定债务人的日常开支和其他必要开支；(5)在第一次债权人会议召开之前，决定继续或者停止债务人的营业；(6)管理和处分债务人的财产；(7)代表债务人参加诉讼、仲裁或者其他法律程序；(8)提议召开债权人会议；(9)人民法院认为管理人应当履行的其他职责。

《企业破产法》对管理人的职责另有规定的，适用其规定。

4. 管理人报酬

管理人履行《企业破产法》规定的上述职责的，有权获得相应报酬。而管理人报酬由审理企业破产案件的人民法院确定。

根据最高人民法院《关于审理企业破产案件确定管理人报酬的规定》的相关规定，人民法院应根据债务人最终清偿的财产价值总额，在以下比例限制范围内分段确定管理人报酬：(1)不超过100万元(含本数，下同)的，在12%以下确定；(2)超过100万元至500万元的部分，在10%以下确定；(3)超过500万元至1000万元的部分，在8%以下确定；(4)超过1000万元至5000万元的部分，在6%以下确定；(5)超过5000万元至1亿元的部分，在3%以下确定；(6)超过1亿元至5亿元的部分，在1%以下确定；(7)超过5亿元的部分，在0.5%以下确定。

担保权人优先受偿的担保物价值，不计入前款规定的财产价值总额。

高级人民法院认为有必要的，可以参照上述比例在30%的浮动范围内制定符合当地实际情况的管理人报酬比例限制范围，并通过当地有影响的媒体公告，同时报最高人民法院备案。

债权人会议对管理人的报酬有异议的，有权向人民法院提出。

5. 管理人的管理事务

《企业破产法》关于管理人的管理事务规定了三种：破产清算事务、重整事务、和解事务。

八、债权申报

人民法院受理破产申请后，债权人应当按照人民法院通知和公告的时间向管理人申报债权。

1. 债权人申报债权应提交的资料

债权人申报债权应当提交债权证明和合法有效的身份证明；代理申报人应当提交委托人的有效身份证明、授权委托书和债权证明。申报的债权有财产担保的，应在申报时作出说明，并应当提交证明财产担保的证据。

2. 可以申报债权的情形

(1)未到期的债权，在破产申请受理时视为到期。附利息的债权自破产申请受理时起停止计息。

(2)附条件、附期限的债权和诉讼、仲裁未决的债权。

(3)连带债权人可以由其中一人代表全体连带债权人申报债权，也可以共同申报债权。

(4)债务人的保证人或者其他连带债务人已经代替债务人清偿债务的，以其对债务人的求偿权申报债权。

(5)债务人的保证人或者其他连带债务人尚未代替债务人清偿债务的，以其对债务人的将来求偿权申报债权。但是,债权人已经向管理人申报全部债权的除外。

(6)连带债务人数人被裁定适用《企业破产法》规定的程序的,其债权人有权就全部债权分别在各破产案件中申报债权。

(7)管理人或者债务人依照《企业破产法》规定解除合同的,对方当事人以因合同解除所产生的损害赔偿请求权申报债权。

(8)债务人是委托合同的委托人,被裁定适用《企业破产法》规定的程序,受托人不知道该事实,继续处理委托事务的,受托人以由此产生的请求权申报债权。

(9)债务人是票据的出票人,被裁定适用《企业破产法》规定的程序,该票据的付款人继续付款或者承兑的,付款人以由此产生的请求权申报债权。

3. 可以不申报的债权

债务人所欠职工的工资和医疗、伤残补助、抚恤费用,所欠的应当划入职工个人账户的基本养老保险、基本医疗保险费用,以及法律、行政法规规定应当支付给职工的补偿金,不必申报,由管理人调查后列出清单并予以公示。

职工对清单记载有异议的,可以要求管理人更正;管理人不予更正的,职工可以向人民法院提起诉讼。

4. 未在规定期限申报债权的处理

在人民法院确定的债权申报期限内,债权人未申报债权的,可以在破产财产最后分配前补充申报;但是,此前已进行的分配,不再对其补充分配。为审查和确认补充申报债权的费用,也将由补充申报人承担。此外,债权人未依照《企业破产法》规定申报债权的,不得依照《企业破产法》规定的程序行使权利。

5. 债权登记

管理人收到债权申报材料后,应当登记造册,对申报的债权进行审查,并编制债权表。债权表和债权申报材料由管理人保存,供利害关系人查阅。此外,管理人编制的债权表,还应当提交第一次债权人会议核查。债务人、债权人对债权表记载的债权无异议的,由人民法院裁定确认;有异议的,可以向受理破产申请的人民法院提起诉讼。

九、债权人会议

(一)债权人会议的组成

(1)依法申报债权的债权人为债权人会议的成员,有权参加债权人会议,享有表决权。债权尚未确定的债权人,除人民法院能够为其行使表决权而临时确定债权额之外,不得行使表决权。

(2)债权人可以委托代理人出席债权人会议,行使表决权。代理人出席债权人会议,应当向人民法院或者债权人会议主席提交债权人的授权委托书。

(3)债权人会议设主席一人,由人民法院从有表决权的债权人中指定。债权人会议主席主持债权人会议。

(二)债权人会议的职权

根据《企业破产法》的规定,债权人会议行使下列职权:(1)核查债权;(2)申请人民法院更换管理人,审查管理人的费用和报酬;(3)监督管理人;(4)选任和更换债权人委员会成员;(5)决定继续或者停止债务人的营业;(6)通过重整计划;(7)通过和解协议;(8)通过债务人财产的管理方案;(9)通过破产财产的变价方案;(10)通过破产财产的分配方案;(11)人民法院认为应当由债权人会议行使的其他职权。

对债务人的特定财产享有担保权的债权人,未放弃优先受偿权利的,对于上述第(7)、(10)项规定的事项不享有表决权。

（三）债权人会议议事程序

1. 会议的召集

第一次债权人会议由人民法院召集，自债权申报期限届满之日起 15 日内召开。以后的债权人会议，在人民法院认为必要时，或者管理人、债权人委员会、占债权总额 1/4 以上的债权人向债权人会议主席提议时召开。

召开债权人会议，管理人应当提前 15 日通知已知的债权人。

2. 会议决议的通过

（1）债权人会议的决议，由出席会议的有表决权的债权人过半数通过，并且其所代表的债权额占无财产担保债权总额的 1/2 以上。但是，《企业破产法》另有规定的除外。通过的债权人会议的决议，对于全体债权人均有约束力。

（2）如债权人会议未能表决通过债务人财产的管理方案、破产财产的变价方案，由人民法院裁定。

（3）如债权人会议两次表决均未通过破产财产的分配方案，由人民法院裁定。

如债权人认为债权人会议的决议违反法律规定，损害其利益，可以自债权人会议作出决议之日起 15 日内，请求人民法院裁定撤销该决议，责令债权人会议依法重新作出决议。

（4）如债权人对人民法院所作出的关于财产的管理方案、破产财产的变价方案或破产财产的分配方案不服，可以自裁定宣布之日或者收到通知之日起 15 日内向该人民法院申请复议。复议期间不停止裁定的执行。

十、破产重整

破产重整制度是指不对无偿付能力债务人的财产立即进行清算，而是在法院的主持下由债务人与债权人达成协议，制订重整计划，规定在一定的期限内，债务人按一定的方式全部或部分地清偿债务，同时债务人可以继续经营其业务的制度。

1. 重整申请人

《企业破产法》第 70 条规定：债务人或者债权人可以依照本法规定，直接向人民法院申请对债务人进行重整。

债权人申请对债务人进行破产清算的，在人民法院受理破产申请后、宣告债务人破产前，债务人或者出资额占债务人注册资本 1/10 以上的出资人，可以向人民法院申请重整。

根据上述规定，重整申请人为债务人、债权人或出资额占债务人注册资本 1/10 以上的出资人。

2. 重整期间

重整期间是指自人民法院裁定债务人重整之日起至重整程序终止的这段时间。在重整期间，经债务人申请，人民法院批准，债务人可以在管理人的监督下自行管理财产和营业事务。

管理人负责管理财产和营业事务的，可以聘任债务人的经营管理人员负责营业事务。

在重整期间，有下列情形之一的，经管理人或者利害关系人请求，人民法院应当裁定终止重整程序，并宣告债务人破产：

（1）债务人的经营状况和财产状况继续恶化，缺乏挽救的可能性；

（2）债务人有欺诈、恶意减少债务人财产或者其他显著不利于债权人的行为；

（3）由于债务人的行为致使管理人无法执行职务。

3. 重整计划草案

债务人或者管理人应当自人民法院裁定债务人重整之日起 6 个月内，同时向人民法院和债权人会议提交重整计划草案。经债务人或者管理人请求，有正当理由的，人民法院可以裁定延期 3 个月。重整计划草案应包括如下内容:(1)债务人的经营方案;(2)债权分类;(3)债权调整方案;(4)债权受偿方案;(5)重整计划的执行期限;(6)重整计划执行的监督期限;(7)有利于债务人重整的其他方案。

4. 重整计划草案表决

(1)债权分组

下列各类债权的债权人参加讨论重整计划草案的债权人会议,依照下列债权分类,分组对重整计划草案进行表决:①对债务人的特定财产享有担保权的债权;②债务人所欠职工的工资和医疗、伤残补助、抚恤费用,所欠的应当划入职工个人账户的基本养老保险、基本医疗保险费用,以及法律、行政法规规定应当支付给职工的补偿金;③债务人所欠税款;④普通债权。

人民法院在必要时可以决定在普通债权组中设小额债权组对重整计划草案进行表决。

(2)表决

人民法院应当自收到重整计划草案之日起 30 日内召开债权人会议,对重整计划草案进行表决。出席会议的同一表决组的债权人过半数同意重整计划草案,并且其所代表的债权额占该组债权总额的 2/3 以上的,即为该组通过重整计划草案。

(3)后果

各表决组均通过重整计划草案时,重整计划即为通过。自重整计划通过之日起 10 日内,债务人或者管理人应当向人民法院提出批准重整计划的申请。人民法院经审查认为符合《企业破产法》规定的,应当自收到申请之日起 30 日内裁定批准,终止重整程序,并予以公告。

重整计划草案未获得通过且未依照《企业破产法》第 87 条的规定获得批准,或者已通过的重整计划未获得批准的,人民法院应当裁定终止重整程序,并宣告债务人破产。

5. 重整计划执行

重整计划由债务人负责执行。人民法院裁定批准重整计划后,已接管财产和营业事务的管理人应当向债务人移交财产和营业事务。

债务人不能执行或者不执行重整计划的,人民法院经管理人或者利害关系人请求,应当裁定终止重整计划的执行,并宣告债务人破产。

人民法院裁定终止重整计划执行的,债权人在重整计划中作出的债权调整的承诺失去效力。债权人因执行重整计划所受的清偿仍然有效,债权未受清偿的部分作为破产债权。

十一、破产和解

破产和解,是指具备破产原因的债务人,为避免破产清算,而与债权人会议达成以让步方法了结债务的协议,协议经法院认可后生效的法律程序。

1. 和解申请人

根据《企业破产法》的规定,债务人可以直接向人民法院申请和解;也可以在人民法院受理破产申请后、宣告债务人破产前,向人民法院申请和解。债务人申请和解,应当提出和解协议草案。

2. 裁定和解

人民法院经审查认为和解申请符合《企业破产法》规定的,应当裁定和解,予以公告,并召集债权人会议讨论和解协议草案。对债务人的特定财产享有担保权的权利人,自人民法院裁定和解之日起可以行使权利。

3. 和解协议通过及效力

债权人会议通过和解协议的决议,由出席会议的有表决权的债权人过半数同意,并且其所代表的债权额占无财产担保债权总额的 2/3 以上。债权人会议通过和解协议的,由人民法院裁定认可,并予以公告。

经人民法院裁定认可的和解协议,对债务人和全体和解债权人均有约束力。管理人应当向债务人移交财产和营业事务,并向人民法院提交执行职务的报告。

和解债权人,是指人民法院受理破产申请时对债务人享有无财产担保债权的人。和解债权人未依照《企业破产法》规定申报债权的,在和解协议执行期间不得行使权利;在和解协议执行完毕后,可以按照和解协议规定的清偿条件行使权利。和解债权人对债务人的保证人和其他连带债务人所享有的权利,不受和解协议的影响。

债务人应当按照和解协议规定的条件清偿债务。按照和解协议减免的债务,自和解协议执行完毕时起,债务人不再承担清偿责任。

4. 和解协议未通过及终止

(1)和解协议草案经债权人会议表决未获得通过,或者已经债权人会议通过的和解协议未获得人民法院认可的,人民法院应当裁定终止和解程序,并宣告债务人破产。

(2)因债务人的欺诈或者其他违法行为而成立的和解协议,人民法院应当裁定无效,并宣告债务人破产。和解债权人因执行和解协议所受的清偿,在其他债权人所受清偿同等比例的范围内,不予返还。

(3)债务人不能执行或者不执行和解协议的,人民法院经和解债权人请求,应当裁定终止和解协议的执行,并宣告债务人破产。人民法院裁定终止和解协议执行的,和解债权人在和解协议中作出的债权调整的承诺失去效力。和解债权人因执行和解协议所受的清偿仍然有效,和解债权未受清偿的部分作为破产债权。前述债权人,只有在其他债权人同自己所受的清偿达到同一比例时,才能继续接受分配。

十二、破产清算

(一)破产宣告

破产宣告,是指人民法院在对破产案件审理后认为债务人具备了法定的破产条件,从而作出裁定,宣告其破产的法律行为。

人民法院受理债务人破产案件后,根据相关法律的规定,债务人存在下列情形的,应当裁定宣告债务人破产:(1)债务人不能清偿债务且与债权人不能达成和解协议的;(2)因债务人的欺诈或者其他违法行为而成立的和解协议;(3)债务人不履行或者不能履行和解协议的;(4)债务人不能执行或者不执行重整计划的,经利害关系人申请。

(二)破产财产

1. 破产财产的构成

破产申请受理时属于债务人的全部财产,以及破产申请受理后至破产程序终结前债务人取得的财产,为债务人财产,即破产财产。破产财产由下列财产构成:(1)债务人在破产宣告时所有的或者经营管理的全部财产。(2)债务人在破产宣告后至破产程序终结前取得的财产。(3)应当由债务人行使的其他财产权利。(4)债务人与他人共有的物、债权、知识产权等财产或者财产权,应当在破产清算中予以分割,债务人分割所得属于破产财产;不能分割的,应当就其应得部分转让,转让所得属于破产财产。(5)债务人的开办人注册资金投入不足的,应当由该开办人予以补足,补足部分属于破产财产。(6)企业破产前受让他人财产并依法取得所有权或者土地使用权的,即便未支付或者未完全支付对价,该财产仍属于破产财产。(7)债务人的财产被采取民事诉讼执行措施的,在受理破产案件后尚未执行的或者未执行完毕的剩余部分,在该企业被宣告破产后列入破产财产。因错误执行应当执行回转的财产,在执行回转后列入破产财产。(8)债务人依照法律规定取得代位求偿权的,依该代位求偿权享有的债权属于破产财产。(9)债务人在被宣告破产时未到期的债权视为已到期,属于破产财产,但应当减去未到期的利息。

2. 非破产财产

根据司法实践,以下财产不属于破产财产:(1)债务人基于仓储、保管、加工承揽、委托交易、代销、借用、寄存、租赁等法律关系占有、使用的他人财产;(2)抵押物、留置物、出质物,但权利人放弃优先受偿权的或者优先偿付被担保债权剩余的部分除外;(3)担保物灭失后产生的保险金、补偿金、赔偿金等代位物;(4)依照法律规定存在优先权的财产,但权利人放弃优先受偿权或者优先偿付特定债权剩余的部分除外;(5)特定物买卖中,尚未转移占有但相对人已完全支付对价的特定物;(6)尚未办理产权证或者产权过户手续但已向买方交付的财产;(7)债务人在所有权保留买卖中尚未取得所有权的财产;(8)所有权专属于国家且不得转让的财产;(9)破产企业工会所有的财产。

上述财产在破产宣告前已经毁损灭失的,财产权利人仅能以直接损失额为限申报债权;在破产宣告后因清算组的责任毁损灭失的,财产权利人有权获得等值赔偿。

3. 管理人撤销权

(1)人民法院受理破产申请前一年内,涉及债务人财产的下列行为,管理人有权请求人民法院予以撤销:①无偿转让财产的;②以明显不合理的价格进行交易的;③对没有财产担保的债务提供财产担保的;④对未到期的债务提前清偿的;⑤放弃债权的。

(2)人民法院受理破产申请前6个月内,债务人有《企业破产法》第2条第1款规定的情形,仍对个别债权人进行清偿的,管理人有权请求人民法院予以撤销。但是,个别清偿使债务人财产受益的除外。

4. 债务人资产的追回

(1)因《企业破产法》第31条、第32条或者第33条规定的行为而取得的债务人的财产,管理人有权追回。

(2)人民法院受理破产申请后,债务人的出资人尚未完全履行出资义务的,管理人应当要求该出资人缴纳所认缴的出资,而不受出资期限的限制。

(3)债务人的董事、监事和高级管理人员利用职权从企业获取的非正常收入和侵占的企业财产,管理人应当追回。

(4)人民法院受理破产申请后,管理人可以通过清偿债务或者提供为债权人接受的担保,取回质物、留置物。前述规定的债务清偿或者替代担保,在质物或者留置物的价值低于被担保的债权额时,以该质物或者留置物当时的市场价值为限。

(三)变价和分配

债务人被宣告破产后,管理人应当及时拟订破产财产变价方案,提交债权人会议讨论。管理人应当按照债权人会议通过的或者人民法院依照《企业破产法》第65条第1款规定裁定的破产财产变价方案,适时变价出售破产财产。

1. 变价出售方式

(1)变价出售破产财产应当通过拍卖进行。但是,债权人会议另有决议的除外。

(2)破产企业可以全部或者部分变价出售。企业变价出售时,可以将其中的无形资产和其他财产单独变价出售。

(3)按照国家规定不能拍卖或者限制转让的财产,应当按照国家规定的方式处理。

2. 分配顺序

破产财产在优先清偿破产费用和共益债务后,依照下列顺序清偿:

(1)破产人所欠职工的工资和医疗、伤残补助、抚恤费用,所欠的应当划入职工个人账户的基本养老保险、基本医疗保险费用,以及法律、行政法规规定应当支付给职工的补偿金;

(2)破产人欠缴的除前项规定以外的社会保险费用和破产人所欠税款;

(3)普通破产债权。

破产财产不足以清偿同一顺序的清偿要求的,按照比例分配。

破产企业的董事、监事和高级管理人员的工资按照该企业职工的平均工资计算。

3. 分配方案

管理人在法院宣告债务人破产后,应当及时拟订破产财产分配方案,提交债权人会议讨论。破产财产分配方案应当载明下列事项:

(1)参加破产财产分配的债权人名称或者姓名、住所;

(2)参加破产财产分配的债权额;

(3)可供分配的破产财产数额;

(4)破产财产分配的顺序、比例及数额;

(5)实施破产财产分配的方法。

债权人会议通过破产财产分配方案后,由管理人将该方案提请人民法院裁定认可。破产财产分配方案经人民法院裁定认可后,由管理人执行。

(四)破产程序的终结

当破产人无财产可供分配时,管理人应当请求人民法院裁定终结破产程序。管理人在最后分配完结后,应当及时向人民法院提交破产财产分配报告,并提请人民法院裁定终结破产程序。

人民法院应当自收到管理人终结破产程序的请求之日起 15 日内作出是否终结破产程序的裁定。裁定终结的,应当予以公告。

管理人应当自破产程序终结之日起 10 日内,持人民法院终结破产程序的裁定,向破产人的原登记机关办理注销登记。

管理人于办理注销登记完毕的次日终止执行职务。但是,存在诉讼或者仲裁未决情况的除外。

第四节　公司注销登记

无论公司是因分立或合并、营业期限到期、股东会决议、公司章程规定公司解散的事由出现还是破产,公司法人人格的消亡均以市场监管机关注销登记的完成为标志。

一、公司注销税务登记的流程

纳税人发生解散、破产、撤销以及其他情形,依法终止纳税义务的,应当在向市场监管机关办理注销登记前,向纳税人主管税务机关申报办理注销税务登记,税务机关受理申请后将进行税务清缴处理。按规定不需要在市场监管机关或者其他机关办理注册登记的,应当自有关机关批准或者宣告终止之日起 15 日内,持有关证件和资料向原税务登记机关申报办理注销税务登记。

纳税人被市场监管机关吊销营业执照或者被其他机关予以撤销登记的,应当自营业执照被吊销或者被撤销登记之日起 15 日内,向原税务登记机关申报办理注销税务登记。

注销税务登记的流程如下(以北京为例):

(1)对于国地税共管户,纳税人一般须先办理国税注销登记后,再到地税办理注销税务登记。

(2)纳税人填写《注销税务登记申请表》,并到主管区局申请清缴发票和清缴税款。

(3)纳税人办理完清缴发票和清缴税款后持《注销税务登记申请表》前往主管区局或主管税务所的综合服务窗口申请办理注销登记。

(4)税务人员录入注销税务登记受理信息,并向纳税人发放受理回执。

(5)主管税务机关对纳税人实施注销税务稽查(核准)。

(6)纳税人凭主管税务机关实施注销税务稽查(核准)后加盖同意注销意见的《注销税务登记

申请表》、原注销受理回执及税务登记证到主管区局或主管税务所的综合服务窗口办理注销核准手续。

(7)税务人员受理纳税人的注销核准申请后,收回纳税人的税务登记证件(正、副本)并为纳税人开具《注销税务登记通知书》。

二、公司注销登记应提交的文件、证件

公司清算组应当自公司清算结束之日起30日内向原公司登记机关申请注销登记,并提交下列资料:

1.《企业注销登记申请书》。

2.《指定(委托)书》。

3.依照《公司法》作出的决议或决定或行政机关责令关闭的文件或法院的解散裁定或破产裁定。

4.股东(大)会、一人有限责任公司的股东或人民法院确认的清算报告。清算报告中应载明下列事项:(1)债权债务已清理完毕;(2)各项税款、职工工资已经结清;(3)已经在××报纸上发布注销公告(该报纸应为公开发行的报纸)。如公司是因未按时参加年检而被吊销营业执照而关闭的,应由法定验资、审计机构出具清算审计报告。

5.清算组成员《备案确认通知书》。

6.企业法人营业执照的正、副本。

三、公司分立、合并所引起的注销登记

如前文所述,无须清算的公司解散情形为公司合并或分立。在发生公司合并的情况下,采取吸收合并方式的,吸收方办理变更登记,被吸收方办理注销登记;采取新设合并方式的,合并各方合并设立的新公司办理设立登记,合并各方办理注销登记。

在发生公司分立的情况下,采取解散分立方式的,原公司办理注销登记,新设立的两个以上的公司办理设立登记。而如果采取存续分立方式,则存续公司办理变更登记,因分立而新设的公司办理设立登记,没有任何公司需要办理注销登记。

在公司合并或分立时办理相关公司注销登记的,提交如下文件:(1)《企业注销登记申请书》;(2)《指定(委托)书》;(3)公司股东(大)会作出的关于批准合并或分立决议;(4)合并或分立的当事各方(包括拟设立的新公司)签署的合并协议或分立协议;(5)有权机关批准本次合并或分立的批准文件(如需批准);(6)合并或分立的当事各方在报纸上公告合并或分立事宜的报样;(7)企业法人营业执照的正、副本。

四、需要注意的事项

1.有分公司的公司申请注销登记时,还应当提交分公司的注销登记证明;

2.因未参加年检被吊销营业执照的公司办理注销登记时,应一并办理解除法定代表人警示限制手续。

第五节 律师办理企业破产业务操作指引(范本)

企业破产财产清算、破产企业整顿期间公司治理等层面,均有律师的身影,律师办理企业破产业务是企业法律服务的“一体两面”,其在企业经营活跃时帮助企业成长壮大,在企业出现困境时参与挽救。

律师办理企业破产业务操作指引(范本)(节录)①

目 录

第一章 总 则

第1条 指引的宗旨

为指导律师承办企业破产业务,规范律师执业行为,保障律师依法履行职责,充分发挥律师在企业破产实务中的作用,依据《中华人民共和国企业破产法》及其他相关法律、法规、规章和国家关于规范企业破产的政策文件(以下简称规范性政策文件)的规定,制定本指引。

第2条 业务定义及范围

2.1 本指引所称律师承办企业破产业务,是指律师事务所接受人民法院指定,及受破产企业、债权人、其他相关企业破产当事人的委托,提供与企业破产相关的法律服务,或在和解、整顿、破产重组、建立和健全现代企业制度方面协助企业进行企业治理。

2.2 律师承办企业破产业务包括但不限于下列范围:

2.2.1 根据法院指定,担任破产企业管理人,独立管理破产企业财产,客观公正地在法定权限内配合法院开展破产程序,履行破产主协调人责任。

2.2.2 根据债务人委托,向法院提交申请企业破产的材料,申请企业破产。进入破产程序后,监督管理人,协调债务人和法院及其他企业破产当事人的关系,依法积极维护债务人合法权益。

2.2.3 根据债权人委托,撰写债权申报材料,向法院申报债权,参加整个破产程序,监督管理人,协调债权人和法院及其他企业破产当事人的关系,依法积极维护债权人合法权益。

2.2.4 根据委托,主持、参加或列席管理人、债权人、债务人及其他破产当事人召开的各项工作会议,发表律师意见或建议。

2.2.5 根据委托,协助企业草拟《破产财产清算报告》《破产财产分配方案》,企业进行和解整顿的,草拟《和解整顿方案》。

2.2.6 根据委托,依法对《破产财产清算报告》《和解整顿方案》《破产财产分配方案》出具相关法律意见书。

2.2.7 根据委托,在和解、整顿、破产重组、建立和健全现代企业制度方面协助企业进行企业治理。

第3条 其他事项

3.1 本指引由中华全国律师协会起草,旨在向律师提供办理企业破产业务方面的借鉴和经验,而非强制性或规范性规定,供律师在实践中参考。

---

① 根据北京市律师协会、某律师事务所相关指引及笔者实务经验提供。

3.2 律师从事企业破产业务,应当坚持实事求是的原则,依法执业,在法律、行政法规、规章和其他规范性政策文件的规定权限内,依照指定人或委托人授权的范围,勤勉尽职地独立进行法律服务。

3.3 律师从事其他与企业破产业务有关的法律服务时,可参照本指引。

第二章 企业破产财产清算

第一节 破产申请

第4条 在企业破产程序中,律师可以接受债权人、债务人或破产企业代管人的委托,提供破产申请法律服务。

第5条 律师代理债权人提出破产申请的,应当向法院提交破产申请书以及证明债权、债务性质、数额和债务人不能清偿到期债务,以及资产不足以清偿全部债务或者明显缺乏清偿能力的相关证据材料。

破产申请书的主要内容包括:

5.1 申请人、被申请人的基本情况;

5.2 申请目的和请求;

5.3 债权发生的相关事实和证据;

5.4 债权的性质、数额及相关证据;

5.5 债权有无担保及相关证据;

5.6 债务人不能清偿到期债务,及资产不足以清偿全部债务或者明显缺乏清偿能力的相关证据。

第6条 律师代理债务人提出破产申请的,除向法院提交破产申请书外还应提交下列书面材料:

6.1 财产状况明细;

6.2 亏损情况的说明;

6.3 债务清册、债权清册;

6.4 财务会计报告;

6.5 在职职工及离退休人员或其他有劳(动)务关系人员名册及其自然状况;

6.6 劳动人员安置预案以及工资的支付和社会保险费用的缴纳情况;

6.7 人民法院认为依法应当提供的其他材料。

第7条 人民法院审查破产申请后,责令申请人限期更正、补充材料的,律师应当协助委托人及时更正、补充待补材料。

第8条 人民法院驳回破产申请的,律师在委托权限内应就是否上诉向委托人出具法律意见。申请人决定上诉的,律师可在委托权限内代理委托人提起上诉。

第二节 担任管理人或受管理人委托

第9条 律师担任管理人或受管理人委托的应当履行下列职责:

9.1 接管债务人的财产、印章和账簿、文书等资料;

9.2 清理债务人财产状况,制作财产状况报告;

9.3 决定债务人的内部管理事务;

9.4 决定债务人的日常开支和其他必要开支;

9.5 在第一次债权人会议召开之前,决定继续或者停止债务人的营业;

9.6 管理和处分债务人的财产;

9.7 代表债务人参加诉讼、仲裁或者其他法律程序;

9.8 提议召开债权人会议;

9.9 人民法院认为管理人应当履行的其他职责。

第10条 律师担任管理人或受管理人委托的,可以全面接管破产企业,与破产企业签订破产企业移交接管书,列明财产交接清单。之后,起草并向法院提供破产企业移交接管情况说明书或报告书。

10.1 律师应接收破产企业如下财产:

10.1.1 破产企业全部权属证书、证照、合同、档案、纸质版及电子版文件、文档、印章等;

10.1.2 破产企业的财务账册、银行账户资料、银行存款的凭证、库存现金、股权、投资、有价证券等;

10.1.3 破产企业固定资产及存货;

10.1.4 破产企业无形资产;

10.1.5 破产企业的其他财产。

10.2 律师对破产企业资产进行接管时,应当要求企业法定代表人及有关负责人(财务、物业管理等)共同进行清点,财产交接时应由其签字确认。

第11条 律师担任管理人或受管理人委托的,债务人的债务人或者财产持有人应当向管理人或其委托律师清偿债务或者交付财产。

债务人的债务人或者财产持有人故意违反规定向债务人清偿债务或者交付财产,使债权人受到损失的,管理人或其律师应当明确记载该事实,申请法院不免除责任人清偿债务或者交付财产的义务。

第12条 管理人行使撤销权的,可以由律师向人民法院提交申请书。

第13条 律师担任管理人或受管理人委托的可以委托有关机构对破产财务进行审计和评估,并将审计、评估结果一并报告法院。

13.1 律师担任管理人或受管理人委托应着重审查破产企业以下财务内容:

13.1.1 破产企业的基本情况:企业的注册登记情况、股东组成情况、股权比例情况、企业注册资本合成及到位与否;

13.1.2 破产企业财务管理情况;

13.1.3 破产企业财务人员情况和变动情况;

13.1.4 财务账册及原始凭证的真实和完整情况;

13.1.5 账目记录真伪情况;

13.1.6 财务审批合法、合规或合章情况。

13.2 破产企业历任法定代表人、主要负责人及财务人员对企业破产所负的责任情况。

第14条 律师应当对接管的破产财产进行严格清理。

14.1 本指引所称清理破产财产,专指在企业破产清算过程中,律师依据掌握的破产企业的破产财产,通过对相关资料、文件、信息以及其他事实情况的收集,从法律或规范性政策文件的角度进行清理、研究、分析和判断的法律行为。

14.2 律师清理破产财产应当遵循以下三个基本原则:

14.2.1 独立性原则。律师清理破产财产,应当独立于委托人意志,独立于审计、评估等其他中介机构。

14.2.2 审慎原则。律师应当以审慎原则贯穿清理破产财产全过程。对于通过被清理对象提供的任何资料、信息以及相关人员所作出的口头陈述而发现的任何问题,律师均应持审慎的怀疑态度,进行更深入的了解和探究。这是律师在清理破产财产工作中控制自身风险的重要手段之一。

14.2.3 专业性原则。(略)

第六节 破产清算的有关法律文书

破产清算的法律文书包括公司破产重整计划、公司重整和解协议、其他法律文书等若干个层面。律师需要深度参与,重要的不是提供文本,而是文本中的内容是否能帮助到企业、是否具有可实施性。

一、公司破产重整计划

以下通过一个真实的案例,向大家呈现一家企业在破产重整中需要考虑的框架性问题,供大家参考。

A 公司破产重整计划

一、债务人经营方案

由于A公司有效资产均被抵押、质押,或处于被查封、冻结状态,生产经营已经停止,完全丧失了自我挽救的能力。经过测算,A公司如实施破产清算,普通债权人所能获得的清偿比例为____%。要从根本上解决A公司的问题,必须对A公司进行债务重组和资产重组,减轻公司债务负担,并注入具有盈利能力的优质资产,使A公司获得重生。

1. 在A公司重整程序中,按重整计划以B公司提供的现金及非流通股股东让渡的部分股票对债权人进行清偿或补偿,债权人未获清偿的部分债权(不包括债权人对特定财产享有担保权的债权),由C公司负责清偿;A公司将现有的全部资产(不包括被设定担保的特定财产)转让给C公司,作为C公司承接债务的对价。B公司向A公司提供偿债资金,形成A公司对B公司的负债。

2. B公司的关联方D公司在本重整计划经法院裁定批准后,向A公司注入具有盈利能力的优质资产,完成A公司的资产重组。

3. 通过上述债务及资产重组,A公司恢复持续经营能力和盈利能力,健康发展。

二、债权分类和调整方案

根据《中华人民共和国企业破产法》(以下简称《企业破产法》)的规定,本重整计划对债权做如下分类及调整:

(一)优先债权组

优先债权组的债权总额为________元,共计____家债权人。

该组债权的调整方案为:债权人享有担保权的特定财产,直接抵偿给该债权人,特定财产的变现所得由相应的优先债权人受偿;同时,按照债权本金____%的比例向债权人支付现金作为其因延期清偿所受损失的补偿。债权人获得上述补偿后,A公司对债权人不再承担其他任何清偿责任。

(二)职工债权组

职工债权组的债权总额为________元。

职工债权不做调整,全额清偿,即清偿率为____%。另外,A公司欠缴的职工债权以外的社会保险费用共计________元,根据《企业破产法》第83条之规定,参照职工债权全额清偿。

(三)税款债权组

税款债权组的债权总额为________元,共计____家税务机构。

税款债权不做调整,全额清偿,即清偿率为100%。

(四)普通债权组

普通债权组的债权总额为________元,共计____家债权人。

该组债权的调整方案为:按已经确认的债权本金的____%清偿。债权人获得上述清偿后,A公司对其不再承担其他任何清偿责任。

债权人未获清偿的全部剩余债权,由C公司作为清偿义务人承担清偿责任。

三、出资人组及出资人权益调整方案

在本次A公司重整程序中,对A公司的全部非流通股股东的权益作出调整,故设立出资人组对相关事项进行表决。

出资人权益的具体调整方案为:全体非流通股股东通过股权分置改革让渡其持有的A公司的____%股权,共计让渡股票____股。非流通股股东让渡股票中的不超过____股股票,以每股________元的价格折抵现金,按本重整计划的规定用于向债权人进行清偿或补偿。让渡的____股股票中,除债权人受偿的股票外,剩余股票由B公司受让。

四、债权受偿方案

(一)债权受偿方式

1. A公司的职工债权和税款债权的受偿方式为现金受偿。

2. 优先债权和普通债权的受偿方式为现金受偿。同时,根据自愿原则,优先债权人和普通债权人可以向A公司提出书面申请,要求以A公司非流通股股东让渡的部分股票,按每股________元价格折抵其根据本重整计划应享有的部分现金清偿或补偿;申请股票受偿的债权人申请受偿的股票数量由债权人与A公司协商确定。

3. 接受股票折抵现金受偿的债权人应承诺所受偿的股票遵守《上市公司股权分置改革管理办法》第27条的规定。

4. 若债权人受偿的股票在依法可以流通且恢复正常交易之日起1个月内的交易均价低于____________元/股,不足部分由B公司以现金形式补足。

(二)偿债资金来源

根据本重整计划的规定,应当支付给债权人的资金全部由B公司提供。B公司按照本重整计划提供的资金形成A公司对B公司的负债,在A公司进行股权分置改革时,A公司的该负债将被豁免。

(三)债权受偿期限

1. 债权人自愿以股票折抵现金受偿的,应当在本重整计划经法院裁定批准后的2个工作日内向A公司提出书面申请及与A公司进行协商,并在A公司公告法院批准本重整计划的裁定后的10个工作日内提供其在________证券交易所的证券账户;在A公司股权分置改革方案获得相关股东会通过并经主管部门批准后,A公司将在实施股权分置改革方案时把相应的股票过户至相关债权人指定的________证券交易所的证券账户内。股票过户方须缴纳的税费,由相应债权人自行承担。

2. 债权人以现金受偿的,A公司在本重整计划经法院裁定批准,且A公司股权分置改革方案获得相关股东会通过并经主管部门批准后的10个工作日内支付给债权人。B公司于本重整计划经法院裁定批准后的10个工作日内将用于偿还债务的资金直接支付至管理人指定的账户,该等款项不构成对A公司履行重整计划的担保。

五、重整计划的执行期

重整计划的执行期限为6个月,自法院裁定批准重整计划之日起计算。在此期间内,A公司及相关各方要严格依照重整计划制定的债权受偿方案向有关债权人清偿债务,并随时清偿破产费用。

六、重整计划执行的监督期限

重整计划的监督期限与执行期相同。

七、关于重整计划的特别说明

1. 经法院裁定批准的重整计划中,对本公司和全体债权人均有约束力;

2. 债权人未依照《企业破产法》规定申报债权的,在重整计划执行期内不得行使权利,在重整计划执行完毕后,可以按照重整计划规定的同类债权的清偿条件行使权利;

3. 债权人对本公司的保证人和其他连带债务人所享有的权利,不受重整计划的影响;

4. 按照重整计划调整的债务,自重整计划执行完毕时起,公司不再承担任何清偿责任;

5. 为确保重整计划的顺利执行,A公司全部非流通股股东保证其有权按照本重整计划的规定让渡其持有的A公司的股权,在该等股权上不存在质押和其他第三方权利,且在让渡股权的过户手续完成前,不得转让、质押该等股权。

二、公司重整和解协议

以下通过一个真实的案例,向大家呈现一家企业在破产重整中需要考虑的框架性问题,供大家参考。

公司重整和解协议

甲方:_______________公司

地址:________________________________

法定代表人:__________

职务:__________

乙方:_______________公司破产案债权人会议

地址:________________________________

会议主席:______________

为了切实保障债权人的利益,给债务人____________公司重振的机会,共谋发展,甲乙双方经过反复协商就____________公司整顿和解的有关事宜达成如下协议:

1. ____________公司将以公司近______年的盈利作为偿还债务的主要来源。另外,还包括近期从其债务人处追讨来的欠款。

2. 清偿债务的办法。每季度____________公司与债权人会议结算一次,清偿的债款由债权人会议按比例分配给债权人。

3. 清偿债务的期限。近______年内必须偿还债权总额的______%,剩余款项必须在______年内还清。

4. 关于债务的减免数额。全体债权人一致同意免除债款利息部分。

5. 在整个整顿期间,债务人将接受债权人会议的监督。____________公司一切重大经营决策的变化必须征求债权人会议的意见,并按月呈报企业财务状况的有关会计报表,不得有任何损害债权人利益的行为发生。

以上各项经人民法院许可生效后,对债权人、债务人均有约束力。和解协议对该协议产生法律效力以后成立的债权人不发生效力。

__________公司(盖章)

法定代表人(签字):__________

________年____月____日

签订地点:______________

____________公司破产案债权人会议(盖章)

会议主席(签字):__________

________年____月____日

签订地点:______________

三、其他法律文书

由于破产清算的法律文书较多,且一般均为格式文件,便于找到,故在此不予提供,仅列部分文件目录如下。

1. 指定成立清算组函
2. 破产还债债权人会议表决结果统计表(破产清算文书)
3. 破产还债债权人会议签到表(破产清算文书)
4. 确认债权数额及有无担保情况统计表(破产清算文书)
5. 破产财产交接清单(破产清算文书)
6. 破产债权申报书(破产清算文书)
7. 破产清算组关于提请撤销______破产清算组的报告(破产清算文书)
8. 破产清算组关于破产费用开支情况的报告(破产清算文书)
9. 破产清算组提请裁定准予执行破产财产分配方案的报告(破产清算文书)
10. 破产清算组关于处置______划拨土地的请示(破产清算文书)

11. 破产清算组关于降价拍卖破产财产的请示(破产清算文书)
12. 破产清算组关于从速变卖破产财产的请示(破产清算文书)
13. 破产清算组关于转让破产企业投资权益的请示(破产清算文书)
14. 破产清算组关于破产财产权属争议处理意见的请示(破产清算文书)
15. 破产清算组关于继续履行合同的请示(破产清算文书)
16. 破产清算组关于______行使优先购买权的函(破产清算文书)
17. 破产清算组公告(清算组变卖破产财产用,破产清算文书)
18. 破产清算组参与分配债权申请书(破产清算文书)
19. 破产清算组破产企业对外债权分配通知书(破产清算文书)
20. 破产清算组关于解除合同的通知书(破产清算文书)
21. 破产清算组关于指定留守人员的通知书(破产清算文书)
22. 破产财产分配表(破产清算文书)
23. 破产还债债权人会议表决票(破产清算文书)
24. 破产还债案债权分配明细表(破产清算文书)
25. 破产财产情况一览表(破产清算文书)
26. 债权人申报债权登记表(破产清算文书)
27. 破产清算组会议纪要(破产清算文书)
28. 破产清算组关于______破产财产分配方案执行情况的报告(破产清算文书)
29. 破产清算组关于提请人民法院裁定终结______破产还债程序的报告(破产清算文书)
30. 破产清算组关于______的破产清算报告(破产清算文书)
31. 破产清算组破产财产处理方案(破产清算文书)
32. 破产清算组关于______(享有优先购买权的单位或个人)行使优先购买权的请示(破产清算文书)
33. 破产清算组关于拍卖______破产财产的请示(破产清算文书)
34. 破产清算组报废处理破产财产的请示(破产清算文书)
35. 破产清算组关于转让破产企业股权的请示(破产清算文书)
36. 破产清算组关于解除合同的请示(破产清算文书)
37. 破产清算组股权转让征求股东意见函(破产清算文书)
38. 破产清算组公告(转让破产企业股权用,破产清算文书)
39. 破产财产委托拍卖合同书(破产清算文书)
40. 破产清算组关于注销______(写明破产企业名称)工商登记的申请书(破产清算文书)
41. 破产清算组债务人到期债权执行申请书(破产清算文书)
42. 破产清算组关于行使优先购买权的通知(破产清算文书)
43. 破产清算组关于继续履行合同的通知书(破产清算文书)

第十章
债务重组

谈及“债务重组”,业界通常会多写上几个字称为“法庭外债务重组”或“法庭外重组”,以和另一种重组方式——法院主导的“司法重整”或“破产重整”进行区分。

本章共五节,分别是:

第一节　债务重组综述

包括:“债”的中华文化基因;举债促进了经济社会的跃迁式发展;债务困境的成因;什么是债务重组;中国式债务重组的历史演进;我国《企业破产法》中的破产重整。

第二节　国有企业金融债务重组与债权人委员会模式

包括:国有企业债务重组的政策精神;认清国有银行归谁所有;理解我国的国资监管结构;关于“国”字头的企业;深入认识《企业国有资产法》;认识我国企业债务危机的严重性;金融债务重组条件;银行业金融机构债权人委员会概述;债权人委员会的筹备与成立;债权人委员会的组织架构与运行。

第三节　新一轮市场化债转股

包括:债转股的发展历程;新一轮债转股的开展;新一轮债转股之我见。

第四节　市场化债转股法律意见拆解

包括:历史背景——政策性债转股向新一轮市场化债转股的转变;法律依据——新一轮市场化债转股的政策法规基础;律师分析——对债转股法律意见书的拆解说明。

第五节　债务重组法律文书

包括:初步法律尽职调查清单;法律尽职调查报告(框架);债务重组方案结构。

第一节　债务重组综述

一、“债”的中华文化基因

我国有一句古语:“救急不救穷”,这样的文化观念深入人心、根植于大多中国人的基因之中,维系了千年血脉传承的同时,也严重影响到现代社会企业债务重组实务的挥洒余地,人们习惯于“自扫门前雪”并会认为债务问题严重到需要重组了,企业在这一状态下,便脱离出“急”、走进了“穷”、便不能去“救”了。个人、家庭、企业、行业、机构、国家……大体如此。

对于“债”这一既定状态的成因,我们却少有关注,或为无心、或为无力或为其他。

例如,某一行业遇到极大的市场机遇,各地政府为民生、为政绩,将巨资注入处于上升状态的企业；然而项目尚未建成、市场便已退潮，机器设备未加油便锈蚀为成堆的铁块，巨额债务进入“呆滞”状态，令人五味杂陈。

我们不得不去更为理智地探寻一下同一状态“债”的不同成因、其存在的意义、发展的态势等更多层面的问题。

二、举债促进了经济社会的跃迁式发展

债务，说得通俗一点，其实就是资金或者说是可投入企业的生产资料，科研、原材料、人力、渠道、试错成本等。一切的一切，一家企业可自由支配的生产资料越多，其在市场上存活、发展的空间就越大。

即使是带有浓重行政色彩的政府指令性借贷，也可能会在短期内促进企业与相关区域/领域的大发展。多年前，某地紧急上马了一个能源项目，间接促进了当地运输业的发展，据当地人说，仅仅是给汽车换胎的路边夫妻小店，一年之间便换了两个大别墅。

不过从长期的经济规律来看，由市场发挥主导作用而形成的自由借贷而非行政指令性借贷越多，经济发展就越稳定。还是同一地区的能源项目，过了几年，地方政府想把财政更多地控制在自己的区域，便投出巨款，建造了一连串的重复工程，残破的钢铁身躯孤独地躺在荒漠深处。

良莠不齐的状况必将长久存在，从概率上讲，投资失败无论在经济体量上还是数量上，都会占绝大多数，集资诈骗等刑事犯罪也不可能一下子消失（如果构成犯罪当然需要制裁），但这并不是阻却市场自由借贷的理由，民众的心智发展有一个渐进的过程，这一过程甚至需要迭代而后上升，但并非全然需要政府将其当作低智而强行介入进行保护。

如果放弃其他因素不谈，只从契约自由的角度讲，时而见诸网络的信托、基金、理财等各色名目投资的“刚性兑付”，虽然解了一时之急、被群众送匾，但从历史维度去看，却破坏了整体经济的自主性、限制了社会大众经济意识的成熟，继而颠覆了契约精神、影响正常的经济社会演进。

广大民众将永远无法体会与认知——投资与借贷的法律本质截然相反：投资，是自己当了股东，收益高但会血本无归；借贷，是自己当了债权人，收益低但可保本。股东是有话语权/决策权的，如果全人类都当了股东，经济领域将只余焦躁重叠的“哇”声一片，再无从容指挥的澎湃乐章。

话便说了回来，企业家需要生产资料的集中，而银行、民众有着自己暂时不用的或零星的生产资料，人类的高明之处便显现无遗——举债、集中。一群鹦鹉不会将食物集中后再分配，一群猴子不会将猴孩子们集中放在“幼儿园”统一看护，一群企鹅不会把到嘴的鱼借给没有找到食物即将饿死的同伴……可人类会。

更为有效的合作，在经济上直接体现为更为有效的借债及对生产资料的集中使用，目前流行的打车、单车等共享经济，以及网络购物、便捷物流等创新经济，无不体现出生产资料的集中、资本力量的介入。

推而广之，时间不必太久，40 年前提到“楼上、楼下、电灯、电话”，20 年前喊着“呼机、手机、商务通，一个都不能少”，现在认识“商务通”的人恐怕不会太多了。照这样的发展态势，不用 10 年，手机恐怕也会被新的产品淘汰了，或许便是依托人工智能、纳米技术而生的全新存在。

经济的爆炸式发展，不是简单的乞丐梦想、量的堆砌。吃一根油条、扔一根油条，与其连动的是科技的变革，最终使小到企业经营、大到社会管理都被颠覆，社会的跃迁式前进无可避免，先不论发展的终点为何。

三、债务困境的成因

债务对企业与社会的意义重大，但并不仅因其有意义就不出问题，外部市场的影响、企业内生的因素，企业运行的大量资金调配出现障碍时，便会导致企业债务困境的出现。

负债问题在一些产能过剩行业的大型企业尤为突出。我国企业，正面临严重的债务危机，四大产能过剩行业(煤炭、钢铁、有色金属和水泥)的存量有息负债巨大。随着越来越多央企债券刚兑被打破,央企债台不断垒高。

企业债务困境的成因是多元的,笔者认为大体如下。

(一)计划经济走向市场经济的"阵痛"

奥地利法学家埃利希在《法社会学的基本原理》中提及:"社会与经济的变迁,也引起法的变迁。改变社会和经济生活基础的同时不带来法律上的相应变化,是不可能的。"如果反向去理解:我们从基本法的变迁,很容易认识基础经济的变迁。

我国1982年《宪法》规定中华人民共和国的社会主义经济制度的基础是生产资料的社会主义公有制;1988年《宪法》规定国家允许私营经济在法律规定的范围内存在和发展。私营经济是社会主义公有制经济的补充;1999年《宪法》规定在法律规定范围内的个体经济、私营经济等非公有制经济,是社会主义市场经济的重要组成部分。

完全计划经济的时代,生产资料由国家"从左口袋装进右口袋",现金等生产资料几乎全部以划拨方式在使用,难以谈得上债权人、债务人主体分明,"债"的概念都是不明晰的;随着改革开放的深入,自由市场、竞争机制的引入,"废拨改贷"等行政举措的转变标志着在经济领域政府对市场的认可,这便带来了计划转为市场的"阵痛",当然这"阵痛"是良性而必需的。

不同的企业性质、治理制度,与之匹配的是不同的资源配置机制、资金支持的导向,其间必然存在矛盾,无法瞬间完成磨合,债务困境在这种大变革中"迸发"了。

(二)老国企的隐形负担

举例来说,21世纪初,笔者参与了大量的"企业改制"工作,从开始时的"主辅分离""分离企业办社会职能",到接续的"主业改制""混合所有制改革",开展得如火如荼。驻场访谈调查时,除了感触颇多的员工对企业的依依不舍,便是诧异于企业的隐形社会负担:报纸补贴、暖气补贴、绿豆汤补助、房补、药补、解除劳动合同的额外补贴……有的发了几十年雷打不动,哲学上"存在便是合理的",经济上却让老国企这辆旧车不堪重负。

加之上下级企业、关联企业之间的"三角债""互保",人力资本不升值反降值、逐年累积,设备陈旧甚至有的设备从"保护国有资产"考虑,没有人敢提折旧,造成账面与实物资产状况的严重背离,老国企债务问题的解决变得更为复杂。

对待这个问题万不可"一刀切",我国经济发展不平衡,企业员工的构成、对同一经济行为的接受习惯千差万别,有年龄因素、学历因素、地域因素,甚至还有性格成分:如有的企业员工一听说企业要重组了,纷纷表示尽快离职、拿经济补偿金走人;有的企业绝大部分员工"誓死"也要留下来。

我们需要一企一策、一地一策具体来做,这不仅仅是"维稳"二字所能涵盖的,社会责任、企业责任、民众责任,全在其中。

(三)现代企业的发展压力

"鸡犬之声相闻,老死不相往来"的桃花源世界,为现代人所向往,这样的封闭世界人与人极少合作,不需要生产资料的集中,不需要每年都要发展。

但向往的东西往往是不存在或极为稀缺之物,笔者访查过诸多的现代企业,"企训"大体是"以人为本、以企为家"开篇,没有哪家明目张胆把"一定要不断地赚钱"贴在墙上的,可是"人"却是目前已知最为昂贵的生产资料,人需要满足自己与家人的物质与精神需求。曾有一家企业的人事主任对笔者说:某年效益不佳,没能给员工涨工资,这一年便走了一批年轻人,这些年轻人在企业干了好多年、对企业也是不舍,但房贷、通货膨胀、发展欲望等因素叠加,他们没有更多选择。

对企业来讲,"以人为本"的背后便是每年都要发展,而且需要增长性地发展,至少要跑过通货膨胀及员工的最低心理预期。公益性的企业除外,一般意义上的企业为了这一目标,通过向金融机构、银行间债券市场、民间资本大量举债，利息压力使举债一发而不可收，有的超出能力范围走向了盲目扩张、非理性多元经营。一旦经济下行，企业市场竞争力减弱，亏损和负债同时增加，资金链趋紧甚至断裂，债务危机便一触即发。

（四）企业“刹车机制”失灵

商业社会总是在歌颂胜利者，这是正常的逻辑。广告、大片中永远是“吃肉不见挨打”，成功人士红酒名车，名车后面风光旖旎，永远不可能追加一名落魄乞丐或一座冰冷牢狱——那属于“股市有风险、投资需谨慎”的务虚提示，属于反腐宣传画，属于艺术，属于政治，而不属于商业战场。

这种状态下，表面的浮华前景，导致了企业内在调节机理的缺失。从管理者的角度来看，有些企业高管由监管部门任命，缺乏责任与担当；有些自身经营管理水平有待提高，或是低于平均社会道德标准；有些追求一时的稳定保值或高效获利两个极端，并未客观推动企业进入良性轨道……从制度层面看：公司法与公司章程限定的股东会、董事会、监事会、经理层，权责不分、形同虚设。

我国众多的企业家群体形式上宣扬“众志成城”、本心上笃信“大事不赖众谋”，无论是民营企业还是国有企业，从事一项商事活动前，便已假设肯定能够做成，跟自己一致的意见便采纳、不一致的便不采纳，即使走一下尽职调查、法律分析、内部决策，那也是为“我”服务的“过场”而已。

企业自身管理出现问题，“刹车机制”失灵，便成了企业风险尤其是债务风险的内生性因素。资金的融入、贷出，理出同源。

多年前，笔者曾受企业之托进行过一项法律尽职调查，说起来也并不复杂，某大型投资机构想要投资某项目，在资金投入之前，由律师核查一下项目的真实性。时间要求非常急迫，律师要在两周内查清所有细节、出具报告，标的企业的资产、人员、表内负债、或有负债、重大交易、资产真实性等都要查清。

一日，笔者正在其他项目上做事，突然接到该投资机构一位负责人愤怒的电话，大概的意思是：因为你们律师的调查失误，造成投资被骗，该投资机构已经无法向其背后的几个实际出资人交代（融来的钱是要还的），与律所解约不算，还要赔偿几千万元的全部投资损失。

事出突然，我便抓紧协调项目律师查一查工作沟通细节，事实渐清：原来，我们几日前向客户提交了一份电子版调查报告的初稿（非正式报告），并明确了项目资产存在不实风险、不满足投资条件，投资机构的联系人几次让项目律师删除保留意见，律师坚持没改。即使这样，投资人依然是在收到这份初稿之前，便已将资金投了出去，律师的存在仅仅是一个假意的流程而已。也许是的确无法抓来律师垫背吧，此项目上再无人联络，律师费尾款收回无望、客户也再无音讯，据说后来有人涉嫌刑事犯罪，具体情节无心关注也不得而知了。

（五）形式上合法的银行借款

企业面临的融资困境，是导致企业陷入债务困境的一个重要因素，这里面有历史、政治、经济发展、企业发展等诸多方面的因素。主管部门实施信贷管理，会影响金融机构发放贷款的进度，从而会加剧企业融资难度；利率受市场的影响上下浮动，将会使某些领域的企业财务成本加大；银行防范风险而采取的抽贷、压贷等措施，也会使企业瞬间停产或是步入破产。

企业为了生存发展，便面临两条路：生存或者灭亡，大部分企业会去再赌一把，而不愿轻易就死——被重组（股东或重要资产出局）、清理解散或走向法院破产等。

这一“赌”又有两条路可走：从银行等常规渠道筹资，或者进行民间高利贷融资。

从银行借款是否成功，受到诸多因素的影响，但是说得简单一点，只有满足不同银行有关贷款人资格审核表格中的各项条件，银行才能走通内部的审批流程，最终发放贷款。这些条件大体为：贷款主体适格、无不良记录、发展预期好、有适当抵押、资金用途合格。

可以说，如果这些条件全部为真，银行的风险会小、企业因此而陷入债务困境的风险也会小，但有时为了救一时之急,甚至为了大局,大家便一起赌了。不就是满足条件吗?我去让它满足便是了。深说不宜,大家身边最明显的例子便是国家限制房地产融资时,资金会从关联企业"过一下水",再转回房地产企业。

(六)民间借贷的合法性认知

企业经营总是缺少资金的,先不用说那些"穷"到了借债补洞的企业,一家正常经营的企业,有1万元会去想做10万元的事,有10亿元会去想做万亿元的事,对杠杆的利用在商业上十分普遍,这谈不上对错,对资金的强烈需求,会让企业铤而走险,走上民间"高利贷"的道路,但我们也不需谈"利"色变,只要把利息控制在合法的范畴即可,超出合法范畴的利息,是不被法律支持的,企业也要拿出勇气维护我国法律的严肃性,同时也是维护自身企业的合法权益。

2015年8月6日,最高人民法院发布《关于审理民间借贷案件适用法律若干问题的规定》(以下简称《民间借贷规定》),并于2020年进行了2次修改。该规定的发布具有划时代的意义,以往为保障金融市场秩序而简单"禁止企业间拆借"的状态,已经不复存在了,正常的民间借贷已被我国法律允许或者说支持。下文笔者将结合实务详细说明。

1. 企业之间的拆借已经合法化

18号文规定:民间借贷是指自然人、法人、非法人组织之间及其相互之间进行资金融通的行为。这就将企业间拆借包含了进来,即企业间拆借合法化,成为合法的民间借贷。但是经金融监管部门批准设立的从事贷款业务的金融机构及其分支机构,因发放贷款等相关金融业务引发的纠纷,不适用本规定。

2. 什么是合法的企业间拆借(产生、经营需要)

具有法律效力的企业间拆借,需满足如下两个条件:(1)法人之间、非法人组织之间以及它们相互之间为生产、经营需要订立的民间借贷合同;(2)不存在《民法典》第146条及最高人民法院《民间借贷规定》(2020年第二次修正)第11条规定的情形(有关合同无效的情况)。

3. 什么样的内部职工集资是有效的(依然有一个条件是:生产、经营需要)

具有法律效力的职工集资,需要满足五个条件:(1)法人或者非法人组织在本单位内部进行;(2)通过借款形式筹集资金;(3)向本单位职工筹集资金;(4)用于本单位生产、经营;(5)且不存在《民法典》第146条及《民间借贷规定》(2020年第二次修正)第11条规定的情形,即有关合同无效的情况,当事人主张民间借贷合同有效的,人民法院应予支持。

4. 民间借贷合同无效的六种情形

具有下列情形之一,人民法院应当认定民间借贷合同无效:(1)套取金融机构贷款转贷的;(2)以向其他营利法人借贷、向本单位职工集资,或者以向公众非法吸收存款等方式取得的资金转贷的;(3)未依法取得放贷资格的出借人,以营利为目的向社会不特定对象提供借款的;(4)出借人事先知道或者应当知道借款人借款用于违法犯罪活动仍然提供借款的;(5)违反法律、行政法规强制性规定的;(6)违背公序良俗的。

5. 关于合法的利息

(1)未约定,则不支持。借贷双方没有约定利息,出借人主张支付借期内利息的,人民法院不予支持。

(2)约定不明,则自然人间的不支持、非自然人间的法院自由裁量:①自然人之间借贷对利息约定不明,出借人主张支付利息的,人民法院不予支持。②除自然人之间借贷的外,借贷双方对借贷利息约定不明,出借人主张利息的,人民法院应当结合民间借贷合同的内容,并根据当地或者当事人的交易方式、交易习惯、市场利率等因素确定利息。

(3)一年期贷款市场报价利率4倍之内的,予以支持:①借贷双方约定的利率未超过合同成立时一年期贷款市场报价利率 4 倍,出借人请求借款人按照约定的利率支付利息的,人民法院应予支持。②借贷双方对前期借款本息结算后将利息计入后期借款本金并重新出具债权凭证,如果前期利率没有超过合同成立时一年期贷款市场报价利率 4 倍,重新出具的债权凭证载明的金额可认定为后期借款本金;超过部分的利息不能计入后期借款本金。约定的利率超过合同成立时一年期贷款市场报价利率 4 倍,当事人主张超过部分的利息不能计入后期借款本金的,人民法院应予支持。

按前文标准计算,借款人在借款期间届满后应当支付的本息之和,不能超过最初借款本金与以最初借款本金为基数,以合同成立时一年期贷款市场报价利率 4 倍计算的整个借款期间的利息之和。出借人请求借款人支付超过部分的,人民法院不予支持。

(4)合同成立时一年期贷款市场报价利率 4 倍之外的,超过部分不支持。借贷双方约定的利率超过合同成立时一年期贷款市场报价利率 4 倍的,超过部分的利息约定无效。借款人请求出借人返还已支付的超过合同成立时一年期贷款市场报价利率 4 倍部分的利息的,人民法院应予支持。

6. 以实收款项为本金、不认可预扣利息(实践中仍需证据支持与认定)

借据、收据、欠条等债权凭证载明的借款金额,一般认定为本金。预先在本金中扣除利息的,人民法院应当将实际出借的金额认定为本金。

7. 逾期利息的核算

(1)有约定从约定,但不超过合同成立时一年期贷款市场报价利率 4 倍:借贷双方对逾期利率有约定的,从其约定,但以不超过合同成立时一年期贷款市场报价利率 4 倍为限。未约定逾期利率或者约定不明的,人民法院可以区分不同情况处理。

(2)借期利息、逾期利息都没有约定,按当时一年期贷款市场报价利率标准计算:既未约定借期内的利率,也未约定逾期利率,出借人主张借款人自逾期还款之日起按照当时一年期贷款市场报价利率标准计算支付资金占用期间利息的,人民法院应予支持。

(3)约定了借期利息、未约定逾期利息,则执行借期利息(但不超过合同成立时一年期贷款市场报价利率 4 倍):约定了借期内的利率但未约定逾期利率,出借人主张借款人自逾期还款之日起按照借期内的利率支付资金占用期间利息的,人民法院应予支持。

8. 逾期利息、违约金、其他费用可一并主张,但合计不超过合同成立时一年期贷款市场报价利率 4 倍

出借人与借款人既约定了逾期利息,又约定了违约金或者其他费用,出借人可以选择主张逾期利息、违约金或者其他费用,也可以一并主张,但总计超过合同成立时一年期贷款市场报价利率 4 倍的部分,人民法院不予支持。

9. 特别提示:借款人有权提前还款(但可事先约定限制借款人提前还款,以保障出借人的利息收益)

借款人可以提前偿还借款,但当事人另有约定的除外。

借款人提前偿还借款并主张按照实际借款期间计算利息的,人民法院应予支持。

10. 实务中对于“职业放贷人”的顾虑

许多人因为用高息借出去了较多资金,而且是借给了很多人,在起诉要求债务人还款之时,往往就会被债务人以“职业放贷人”作为理由进行抗辩。那么,什么是职业放贷人? 这类人是否构成刑事犯罪呢?

最高人民法院、最高人民检察院、公安部、司法部 2019 年发布的《关于办理非法放贷刑事案件若干问题的意见》较为详细地规定了“职业放贷”的相关刑事责任。该意见第 1 条规定:“违反国家规定,未经监管部门批准,或者超越经营范围,以营利为目的,经常性地向社会不特定对象发放贷款,扰乱金融市场秩序,情节严重的,依照刑法第二百二十五条第(四)项的规定,以非法经营罪定

罪处罚。前款规定中的'经常性地向社会不特定对象发放贷款',是指2年内向不特定多人(包括单位和个人)以借款或其他名义出借资金10次以上。贷款到期后延长还款期限的,发放贷款次数按照1次计算。"可知,"职业放贷"行为符合该条"2年""10次"标准且情节严重的,则可能构成非法经营罪。

(七)流水贸易——一种容易引起纠纷的借债方式

把流水贸易放在这里,貌似与企业债务困境的形成无直接关系,但是,如果我们了解了流水贸易实际上具有一项潜在的融资功能,便能够理解:原来这种方式运用不当,便会因一个链条的断裂而使整个交易出现问题,全体参与主体都会被卷入其中,造成企业欠债、连环欠债,其危害更大。

流水贸易因企业的交易压力、资金需求压力而生,某种程度上可以看作一种企业互助,将一笔钱轮流来使用,其有许多的变种/称谓,如托盘交易、循环贸易、无货交易、走票交易、非实货交易等,但不论怎样变化,本质上都是——"货物贸易中无实际货物交付的买卖合同"。

其模式大体有三种:一是"回购",无货物交易、以融资为目的; 二是"托盘",可能有货物、托盘人提供融资服务;三是"循环",货物需求或有或无、为了资金周转不断循环。我国司法实践中,对流水贸易性质的认定基本上有三种,其中一种看中的便是其融资效力,某一流水贸易到底归属哪种,需要具体案件具体分析,这里不在个案定性上过多探讨,大家只了解几个主流判例即可:

1. 认定买卖合同有效(继续履行,或解除、赔偿)

【判例A】——判令承担合同义务、继续履行

"中设国际贸易有限责任公司与中国航油集团上海石油有限公司一般买卖合同纠纷案"

——最高人民法院(2014)民二终字第00056号民事判决

对判决的分析:

2014年4月17日,最高人民法院就该案作出二审判决,认为:

(1)关于交易方式。在我国现行法律、行政法规对其所谓"走单、走票、不走货"的交易方式没有明确强制性禁止规定,且双方当事人意思表示真实的情况下,以此为由主张买卖合同无效,不予支持,可以确认双方存在买卖合同法律关系。

(2)关于举证责任分配。依据原告提供的框架合同、收货证明、北京市增值税专用发票等一系列证明买卖关系成立且已实际交付货物的证据,被告否认原告实际交付标的物,被告应当承担货物没有交付的举证责任。

(3)关于货物交付。从被告出具的提货确认函、收货证明等事实看,被告在法律意义上已经实际收到了《框架合同》项下的货物。

判决摘录:

"判决:中航油上海公司于判决生效之日起十日内向中设贸易公司支付货款人民币一亿六千五百万元及违约金(自二〇〇九年一月八日起至上述款项实际清偿之日止,按每日万分之六计算)。如果中航油上海公司未按判决指定的期间履行给付金钱义务的,应当依照《中华人民共和国民事诉讼法》第二百五十三条[①]之规定,加倍支付迟延履行期间的债务利息。案件受理费人民币九十万七千八百八十五元,由中航油上海公司负担(于判决生效后七日内交纳)。财产保全费人民币五千元,由中航油上海公司负担(于判决生效后七日内交纳)。"

【判例B】——判决解除合同,返还货款、支付违约金

"首钢国际贸易(天津)有限公司与北新建材集团有限公司买卖合同纠纷案"

——北京市第一中级人民法院(2014)一中民商终字第8906号民事判决

---

① 此案例中适用的是2012年《民事诉讼法》,相关规定参见2023年修正的《民事诉讼法》第264条。

对判决的分析：

2014 年 12 月 18 日，北京市第一中级人民法院就该案作出二审判决，认为：在循环贸易中，如果存在买卖合同及付款行为，一方当事人虽主张名为买卖实为融资，但不能提供充分证据的，应认定买卖合同成立。

判决摘录：

“原被告购销合同解除，被告首钢国际贸易（天津）有限公司返还原告北新建材集团有限公司货款并支付违约金。”

2. 认定买卖合同无效、回归签约前的状态（返还财产等）

【判例】

“查某某与杭州天恒实业有限公司、上海豫玉都钢铁贸易有限公司、常熟科弘材料科技有限公司企业借贷纠纷案”

——最高人民法院（2010）民提字第 110 号民事判决

判决摘录：

“天恒公司并不具有从事融资贷款业务的资质，其与豫玉都公司、科弘公司采用虚假贸易形式进行的借贷活动，违反了国家相关金融法规的禁止性规定，属于以合法形式掩盖非法目的行为。根据《合同法》第五十二条第三款①的规定，本案当事人签订的《代理采购协议》《代理采购合同》《销售合同》均属无效合同。因《代理采购协议》无效，天恒公司请求豫玉都公司支付 28 万元代理费没有法律依据，本院不予支持。”

“天恒公司、豫玉都公司、科弘公司通过签订《代理采购协议》《代理采购合同》《销售合同》，达到了天恒公司向科弘公司提供 2000 万元融资款的目的。上述协议被确认为无效后，根据《合同法》第五十八条②的规定，科弘公司应将收取的 2000 万元返还给天恒公司。”

“本院认为，查某某、豫玉都公司、天恒公司作为融资交易的参与人，明知企业间的借贷交易非法，仍然参与，主观上均有过错，对于本案融资交易无效所造成的天恒公司的损失均应承担相应责任。根据其过错程度，按照公平原则，查某某、豫玉都公司应当对于科弘公司不能清偿天恒公司的损失部分，各承担三分之一的赔偿责任，天恒公司自行承担三分之一的损失。”

“综上，本院认为，查某某关于本案当事人之间签订的系列合同形为钢材贸易实为企业间借贷资金的无效合同的主张应予以支持。”

3. 认定买卖合同无效、进而按企业“借贷纠纷”处理

【判例】

“上海富雷雅科技有限公司诉上海航天能源股份有限公司企业借贷纠纷再审案”

——最高人民法院（2013）民再申字第 15 号民事裁定

裁定摘录：

“富雷雅公司申请再审称：……原再审判决案由认定错误。本案在原一、二审、申诉及原再审期间，人民法院均围绕买卖合同纠纷进行审理，法庭也均围绕买卖合同纠纷进行事实调查和辩论，各方当事人所出示的所有证据也均证明本案系买卖合同纠纷。但原再审判决却改变案由，将案由定为企业借贷纠纷，改变了富雷雅公司的诉求，剥夺富雷雅公司的举证和辩论权利。”

“本院认为：……富雷雅公司和航天公司之间长期以来形成的此种‘买卖’关系的交付过程，均无货物实际流转与交接……鉴于富雷雅公司在本案中作为中间商，不需要提取货物亦未实际取得

① 现行有效规定可参见《民法典》第 146 条。

② 《民法典》合同编不再保留该条内容，相应规定体现在《民法典》总则编第 154 条。

并交付提货凭证,不承担市场价格变动风险,只需要按照上家的指示开具增值税发票,并通过加价行为获取利润,涉案交易流程不符合买卖合同交易特征,富雷雅公司与航天公司之间系名为买卖,实为借贷法律关系,原再审判决认定本案属于企业借贷纠纷并无不当。”

四、什么是债务重组

(一)基本概念

上文介绍了债务困境的成因,需要明确厘清紧随其后的债务重组,实践中,关于债务重组的概念,各界对其认识不统一,有的认为债务重组指不良贷款/债权重组,有的认为指债务人/企业重组。①

(1)广义重组,是指“债务人/企业重组”,是对债务企业构成要素的重新配置,与“企业快照”——资产负债表相对应,包括资产重组、债务重组、股权并购等子类型。

(2)狭义重组,是指“债务重组”,具体表现为减债、延期、再融资等,通常是企业整体重组方案中的一个部分。

国外先进商业银行提倡重组优先,对债务企业的经营方向,资产、负债、所有者权益结构进行调整,主张前瞻性地主动开展重组业务,其核心理念是对陷入债务困境的企业“早诊断、早治疗”。业界对此有一个很形象的比喻,可以称为“治病论”:“走着或者扶着进医院的病人,再走出医院的概率远远高于被担架抬进医院的病人。”

之所以特别强调广义重组概念,是因为它蕴含了与传统清收手段不同的处置思路,拓宽了资产处置的工作范围,这是“看现在”与“看未来”的区别:

(1)直接追偿、诉讼清收等传统手段关心负债的即时清偿,难点在于债务企业财产线索的查找。

(2)广义重组关心负债的未来受偿,难点在于对困境企业的救助。为使债务企业走出困境,债权银行要了解的不仅仅是债务企业的财产状况,更要站在债务企业的立场,对问题作出通盘考虑。

债务重组工作的一般程序如图10-1所示。

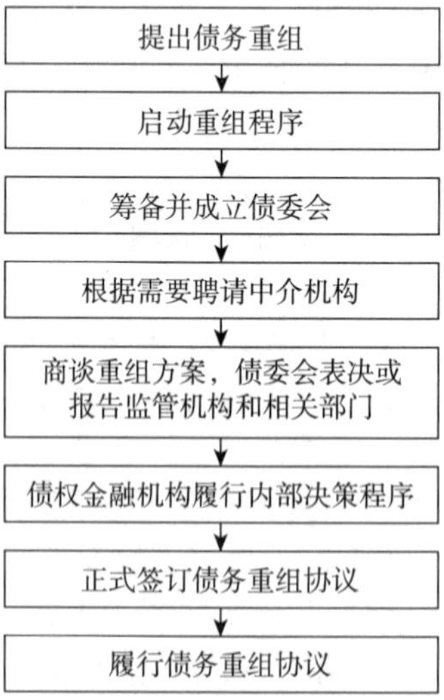

图10-1 债务重组工作的一般程序示意

① 参见张劲松、求夏雨、沙涛:《企业金融债务重组实务》,中国市场出版社2016年版。

（二）金融债务重组的概念

根据《企业会计准则第12号——债务重组》（2019年修订）的有关规定，债务重组，是指在不改变交易对手方的情况下，经债权人和债务人"协定"或人民法院"裁定"，就清偿债务的时间、金额或方式等重新达成协议的交易。债务重组一般包括下列方式，或下列一种以上方式的组合：（1）债务人以资产清偿债务；（2）债务人将债务转为"权益工具"（能证明拥有某个企业在扣除所有负债后的资产中的剩余权益的合同）；（3）除前述以外，采用调整债务本金、改变债务利息、变更还款期限等方式修改债权和债务的其他条款，形成重组债权和重组债务。

金融债务重组，通常可以理解为在债务企业发生财务困难难以偿还到期金融债务的情况下，按照市场化原则，由债权金融机构与债务企业进行协商，对原合同规定的权利与义务进行重新安排的行为。这里的"难以偿还"，既应包括当期不能偿还债务，也应包括逾期不能偿还到期债务。

原中国银监会办公厅《关于做好银行业金融机构债权人委员会有关工作的通知》（银监办便函〔2016〕1196号，以下简称银监办1196号文）第11条规定："债委会实施金融债务重组的，可以采取协议重组和协议并司法重组的方式。"这与《企业会计准则第12号——债务重组》明确的"经债权人和债务人协定或法院裁定"本质相同。

五、中国式债务重组的历史演进

目前的法律实务界，通常会在债务重组前加定语，称为"法庭外债务重组"，以区别于法院主导下的破产重整。①

20世纪90年代，市场竞争因素以及体制转轨所形成的非经济因素导致中国企业的债务困境问题突出，尤其是国有企业的债务困境。由于企业没有更多的退出市场机制，当时又缺乏有效的司法拯救手段和破产清算制度，我国对困境国有企业开始了大规模的法庭外债务重组，并尝试进行各种解决方案的探索。

自20世纪90年代起，中国的法庭外债务重组大致经历了几个阶段，并伴随不同的重组方式：

第一阶段（1990～1994年），主要采取清理三角债、银行销债和财政注资的方式。清理三角债，是由国家行政机关动用行政资源清理企业拖欠债务的行政清债方式；银行销债，即由银行通过银行的呆坏账准备金免除企业的部分债务；财政注资，即向企业注入资本。

第二阶段（1994～1998年），主要采取优化资本结构计划下的兼并、破产方式。在计划下发布的一系列行政法规和部门规章都强调规范破产、鼓励兼并的政策，并为其提供各种政策优惠，特别是企业兼并被作为一种独立或者与破产相配合的重要措施，受到相当重视。但是以计划破产方式处理企业债务问题也出现了很大问题，包括企业破产超过规定的范围、出现大面积破产现象；地方保护主义严重，损害债权人的合法权益；企业破产中出现"先分后破""新老划断"等假破产、真逃债的做法；国有资产严重流失；破产费太高等，而且企业改革的成本基本上由银行独家承担，引发了银行系统的强烈不满。

第三阶段（1998～2007年），集中处置国有银行不良资产。主要方法是设立四大国有金融资产管理公司，通过集中对国有银行的不良资产进行剥离的方式实现银企债务重组，期望在盘活不良资产的同时推动国有企业的改革，由此开始了大规模动用国家的存量资产——银行资源的债务重组。金融资产管理公司处置不良债权的最主要的方法是行政计划式的债转股，目的在于通过"债转股"帮助一批重要的国有企业摆脱困境，促进这些企业转换经营机制，建立现代企业制度，因此为具有政策性的债转股。但是基于当时法律的现状，在债转股中遇到许多法律问题，包括股权退出途径、

① 参见胡利玲：《困境企业的法庭外债务重组》，载王卫国、郑志斌主编：《法庭外债务重组》（第1辑），法律出版社2017年版。

金融资产管理公司作为临时股东权利义务的行使、非经营性资产的剥离等。

第四阶段(2007年至今),"交响乐的社会属性"凸显,不同乐器、各个声部协同,才能完成一部伟大的乐章,依法操作、顾全多赢的重组理念得以投入实践。2007年6月1日,《企业破产法》实施,该法填补了市场经济规则体系中关于退出法与再生法的一大缺口,引入重整制度、破产管理人制度……此后无论是法庭内司法重整、法庭外债务重组,都如火如荼地在企业、银行、政府的积极参与下展开了。

但不可忽视的是,法庭外债务重组虽然可以依据《公司法》《民法典》《证券法》,并可以参考破产法精神开展,但缺少明确法律规制的现状客观存在,使许多重组事项即使有国外经验可考,但仍然要立足我国实际、不得不"充分论证""踩线而行",严重影响困难企业的及时拯救。

六、我国《企业破产法》中的破产重整

2007年实施的《企业破产法》结构完整、内容较以前更加丰富、全面,统一了适用对象的范围,首提跨境破产问题,引入重整制度、破产管理人制度,重新界定破产财产清偿顺序,创造性地解决了职工权益与担保权益的冲突,对金融机构破产进行特别规定。

(一)破产重整的提出(破产程序的启动)

1. 债务人启动破产程序

《企业破产法》第2条规定:"企业法人不能清偿到期债务,并且资产不足以清偿全部债务或者明显缺乏清偿能力的,依照本法规定清理债务。企业法人有前款规定情形,或者有明显丧失清偿能力可能的,可以依照本法规定进行重整。"

根据上述规定,债务人在满足破产条件时,可以直接自行提起重整、和解和破产清算申请,这是法律赋予债务人的第一次选择权;在法院受理破产申请后、宣告债务人破产前,债务人可以申请重整或者和解,这是法律赋予债务人的第二次选择权,即在进入清算程序前可以重新选择重整、和解程序。

2. 债权人启动破产程序

依据《企业破产法》,债权人可以直接提起债务人重整和破产清算申请,但不能提起和解申请,债权人也不能在破产清算程序中再提起重整申请。与债务人提起破产申请相比,债权人提出申请的条件不同,仅限于"债务人不能清偿到期债务"这一种情况,法律未对提起破产、重整申请的债权人进行任何限制,似乎任何一个债权人无论其拥有多少债权都可以提起重整申请。

3. 出资人提起重整程序

出资人不能提起破产清算、和解申请,也不能直接提起重整申请,必须是在债权人申请债务人破产清算的情况下,在法院受理破产申请后宣告破产前这段时间内才能提出重整申请,而且对出资人有特殊限制,必须是出资额占债务人注册资本1/10以上的出资人。

4. 清算责任人提起破产清算申请

《企业破产法》第7条第3款规定:"企业法人已解散但未清算或者未清算完毕,资产不足以清偿债务的,依法负有清算责任的人应当向人民法院申请破产清算。"因此,清算责任人提起破产申请既是法定权利又是法定义务,而且只能申请破产清算,不能申请重整、和解。对于清算责任人未依法提起破产清算申请,应承担怎样的法律责任,《企业破产法》没有规定。

5. 金融机构破产程序的启动

《企业破产法》规定,金融机构只能进行重整或者破产清算,不能进行和解。除了金融机构本身、债权人可以提起破产申请以外,金融机构的监管部门也可以直接提出申请,这是金融机构破产的特殊之处。

(二)关于破产管理人

《企业破产法》引入了国际通行的破产管理人制度,以市场化方式运作企业破产,使破产程序更符合市场经济的发展要求，最高人民法院2007年发布的《关于审理企业破产案件指定管理人的规定》、浙江省高级人民法院2016年发布的《破产案件管理人指定工作规程（试行）》等政策法规，从实务角度对管理人制度予以了完善。

我国破产管理人的选任方式是法院指定，并赋予债权人会议向法院申请更换管理人的权利。对于破产管理人的产生时间，我国是在破产程序开始的同时指定管理人。

《企业破产法》规定管理人主要由清算组及律师事务所、会计师事务所、破产清算事务所等社会中介机构担任。另外，法院可以指定中介机构具备相关专业知识并取得执业资格的人员担任管理人，个人担任管理人的，应当参加执业责任保险。

破产管理人有取得报酬的权利，管理人的报酬由法院确定，确定管理人报酬的方法由最高人民法院规定。债权人会议有权对管理人的报酬和费用进行审查，有权对管理人的报酬提出异议。破产管理人报酬列为破产费用，由债务人财产先行清偿。

（三）破产债权的申报和确认

根据《企业破产法》的规定，只要是在受理破产申请时对债务人享有债权，无论是无担保债权，还是有担保债权，无论是到期债权，还是未到期债权，无论是已经确定的债权，还是附条件、附期限的债权及诉讼、仲裁未决的债权，债权人都可以向管理人申报债权。但是，债务人所欠职工的工资、基本保险费用、补偿金等职工债权不必申报。另外，法律对于连带债权人的申报问题进行了专门规定。

债权人应在法院确定的债权申报期限内申报债权。债权人逾期申报债权应承担相应法律后果。《企业破产法》第56条第1款有明确规定："在人民法院确定的债权申报期限内，债权人未申报债权的，可以在破产财产最后分配前补充申报；但是，此前已进行的分配，不再对其补充分配。为审查和确认补充申报债权的费用，由补充申报人承担。"

债权人应当向管理人申报债权，管理人应当登记造册，对申报的债权进行审查，编制债权表，并将债权表提交第一次债权人会议核查。债务人、债权人对债权表记载的债权无异议的，由法院裁定确认。债务人、债权人对债权表记载的债权有异议的，可以向受理破产申请的法院提起诉讼。

（四）重整程序中的具体问题

1. 重整期间对相关权利的特殊限制

重整具有不同于清算的特殊意义，需要挽救债务人。因此，在重整期间对相关利益方进行了特别限制。

（1）对管理人：在重整期间，经债务人申请，人民法院批准，债务人可以在管理人的监督下自行管理财产和营业事务；

（2）对担保权人：在重整期间，对债务人的特定财产享有的担保权暂停行使（但是，担保物有损坏或者价值明显减少的可能，足以危害担保权人权利的，担保权人可以向人民法院请求恢复行使担保权）；

（3）对出资人受益权的限制：在重整期间，债务人的出资人不得请求投资收益分配；

（4）对高管人员股权转让的限制：在重整期间，债务人的董事、监事、高级管理人员不得向第三人转让其持有的债务人的股权（但是，经人民法院同意的除外）；

（5）对取回权的限制：债务人合法占有的他人财产，该财产的权利人在重整期间要求取回的，应当符合事先约定的条件。

2. 重整计划的表决

《企业破产法》规定，重整计划草案实行分组表决。这体现了破产法的一个原则，重整计划可以对不同组的债权人提供不同的待遇，但必须对同一组的债权人提供平等的待遇。

分组的原则是,每一组内所有成员的权益应实质上相同。各表决组均通过重整计划草案时,重整计划即为通过。未通过重整计划草案的表决组拒绝再次表决或者再次表决仍未通过,但重整计划草案符合一定条件的,债务人或者管理人可以申请人民法院批准。所谓“一定条件”,《企业破产法》第 87 条的规定是:

(1)按照重整计划草案,该法第 82 条第 1 款第 1 项所列债权(对债务人的特定财产享有担保权的债权)就该特定财产将获得全额清偿,其因延期清偿所受的损失将得到公平补偿,并且其担保权未受到实质性损害,或者该表决组已经通过重整计划草案;

(2)按照重整计划草案,该法第82 条第1 款第2 项(债务人所欠职工的工资和医疗、伤残补助、抚恤费用,所欠的应当划入职工个人账户的基本养老保险、基本医疗保险费用,以及法律、行政法规规定应当支付给职工的补偿金)、第 3 项(债务人所欠税款)所列债权将获得全额清偿,或者相应表决组已经通过重整计划草案;

(3)按照重整计划草案,普通债权所获得的清偿比例,不低于其在重整计划草案被提请批准时依照破产清算程序所能获得的清偿比例,或者该表决组已经通过重整计划草案;

(4)重整计划草案对出资人权益的调整公平、公正,或者出资人组已经通过重整计划草案;

(5)重整计划草案公平对待同一表决组的成员,并且所规定的债权清偿顺序不违反该法第 113 条的规定(关于破产财产在优先清偿破产费用和共益债务后的清偿顺序);

(6)债务人的经营方案具有可行性。

人民法院经审查认为重整计划草案符合前款规定的,应当自收到申请之日起 30 日内裁定批准,终止重整程序,并予以公告。

(五)金融机构破产的特殊问题

金融机构发生重大经营风险、出现破产原因时,债权人或债务人可以提起破产清算、重整程序,但不能进行和解。考虑到证券公司风险处置的实践,需要行政处置与司法破产相结合,法律赋予了监管部门破产申请权。

《企业破产法》规定,商业银行、证券公司、保险公司等金融机构有本法第 2 条规定情形的,国务院金融监督管理机构可以向人民法院提出对该金融机构进行重整或者破产清算的申请。国务院金融监督管理机构依法对出现重大经营风险的金融机构采取接管、托管等措施的,可以向人民法院申请中止以该金融机构为被告或者被执行人的民事诉讼程序或者执行程序。

第二节 国有企业金融债务重组与债权人委员会模式

近年来,随着市场经济的发展、经济体制及经济结构的改革和调整,大量企业,特别是国有企业出现的高额负债、大面积亏损和资产流失等问题,严重影响了国民经济持续稳定发展和整体效益的提高。尽早将国有企业进行有效债务重组,有利于及时解决债务危机、避免企业直接进入破产清算而造成社会资源的浪费、影响社会稳定,这也是国家各项政策精神的要求。

银监办 1196 号文对通过银行业金融机构债权人委员会实施企业债务重组做出系统规定,为增强银行业金融机构支持困难企业扭亏、转型、发展、脱困提供合力依据。后续又出台了银监办 1196 号文相关的配套规定《关于进一步做好银行业金融机构债权人委员会有关工作的通知》(银监办便函〔2017〕802 号)。

笔者团队有缘全程参与银监办 1196 号文的制定工作,提出针对性的建议、意见,并被采纳。

一、国有企业债务重组的政策精神

国有企业债务重组中,其重要债权人通常便是各大国有商业银行,从某种意义上讲,抓住金融债务,也就是抓住了债务重组的绳索。债务重组利于解决债务危机,是防控金融风险的有效方法、是稳妥化解产能过剩的有效渠道、是扩大有效供给的可行路径,我们需要对国有企业债务重组的政策导向有一个统一认识:

2016 年 6 月发布的国务院《关于国有资产管理与体制改革情况的报告》指出:“加快推进供给侧结构性改革,推动国有企业瘦身健体、提质增效”是国有资产管理与体制改革下一步工作的重要措施,有四个重点:一是优化国有资本投向,二是推动重组整合,三是加快化解过剩产能,四是深入实施创新驱动。

2016 年 9 月发布的国务院《关于积极稳妥降低企业杠杆率的意见》(国发〔2016〕54 号)指出:“推动重点行业兼并重组。发挥好产业政策的引导作用,鼓励产能过剩行业企业加大兼并重组力度,加快‘僵尸企业’退出,有效化解过剩产能,实现市场出清。加大对产业集中度不高、同质化竞争突出行业或产业的联合重组,加强资源整合,发展规模经济,实施减员增效,提高综合竞争力。”

根据国务院《关于钢铁行业化解过剩产能实现脱困发展的意见》(国发〔2016〕6 号)、国务院《关于煤炭行业化解过剩产能实现脱困发展的意见》(国发〔2016〕7 号)文件的精神:全面贯彻党的十八大和十八届三中、四中、五中全会以及中央经济工作会议精神,按照“五位一体”总体布局和“四个全面”战略布局,牢固树立和贯彻落实创新、协调、绿色、开放、共享的新发展理念。着眼于推动钢铁行业、煤炭行业供给侧结构性改革,坚持市场倒逼、企业主体,地方组织、中央支持,突出重点、依法依规,综合运用市场机制、经济手段和法治办法,因地制宜、分类施策、标本兼治,积极稳妥化解过剩产能,建立市场化调节产能的长效机制。促进钢铁行业结构优化、脱困升级、提质增效,实现煤炭行业扭亏脱困升级和健康发展。

二、认清国有银行归谁所有

以法律人的思维,处理复杂问题之前,需要先厘清法律关系的主体,其背后的股东/实际控制人。国有银行股权结构如图 10－2、表 10－1 所示。其中,中国投资有限责任公司由国务院 100% 持股,中央汇金投资有限责任公司由中国投资有限责任公司 100% 持股。

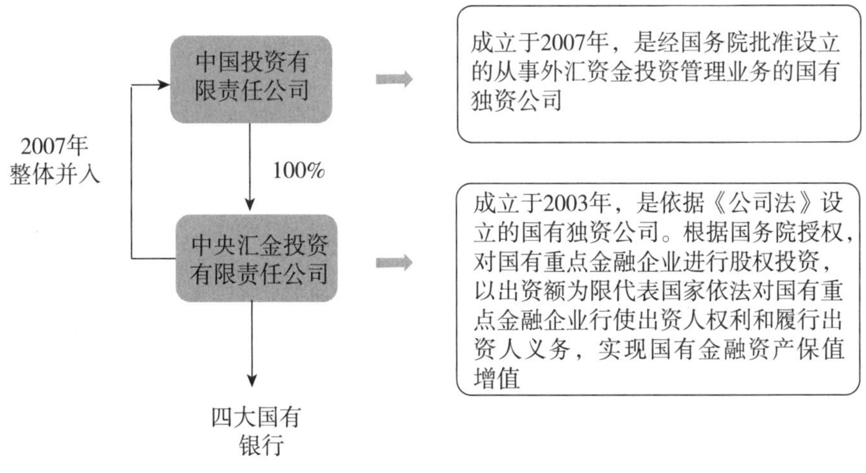

图 10－2　国有银行股权结构

表 10-1　国有银行股权结构

银行名称	股东名称	持股情况	占总股本比例/%
中国银行股份有限公司	中央汇金投资有限责任公司	1884.86 亿股	64.03
	香港中央结算(代理人)有限公司	817.43 亿股	27.77
中国工商银行股份有限公司	中央汇金投资有限责任公司	1237.45 亿股	34.72
	中华人民共和国财政部	1109.85 亿股	31.14
	香港中央结算(代理人)有限公司	861.50 亿股	24.17
中国农业银行股份有限公司	中央汇金投资有限责任公司	1401.25 亿股	40.04
	中华人民共和国财政部	1235.15 亿股	35.29
中国建设银行股份有限公司	中央汇金投资有限责任公司	1428.05 亿股	57.12
	香港中央结算(代理人)有限公司	938.22 亿股	37.53
交通银行股份有限公司	中华人民共和国财政部	177.32 亿股	23.88
	香港上海汇丰银行有限公司	141.36 亿股	19.03
	全国社会保障基金理事会	115.38 亿股	15.54
	香港中央结算(代理人)有限公司	77.11 亿股	10.38
国家开发银行	中华人民共和国财政部	15,390,799.9985 万元	36.5362
	中央汇金投资有限责任公司	14,609,200.0013 万元	34.6807
	梧桐树投资平台有限责任公司	11,453,695.5968 万元	27.1899
	全国社会保障基金理事会	671,140.9416 万元	1.5932

资料来源:天眼查网站(https://www.tianyancha.com),截至 2024 年 1 月 24 日的数据。

三、理解我国的国资监管结构

"企业"是法律拟制的人,如同我们与自然人打交道时要了解其性格特点、行为方式一样,对企业的"头脑"、管理与决策方式,法律人需要有一个清醒的认识,这样才能在相关工作流程中知道如何去处理,才会使制作的解决方案具有现实的可操作性。

首先,党的十六大之后,我国将统一所有、分级管理的国有资产管理体制,改革为在国家统一所有前提下,中央政府和地方政府分别代表国家履行出资人职责,所有者权利、义务和责任相统一,管资产和管人、管事相结合的国有资产管理体制。

这一体制在《企业国有资产监督管理暂行条例》(2019 年修订)第 4 条以法律形式明确确定下来。根据该条例第 4 条和第 5 条的规定,代表国家行使所有权的法律主体应当是国务院和各级地方人民政府。根据该条例第 12 条的规定,国务院国有资产监督管理机构,是代表国务院行使出资人职责、负责监督企业国有资产的直属特设机构。省、自治区、直辖市人民政府国有资产监管管理机构,设区的市、自治州级人民政府国有资产管理机构,是代表本级政府履行出资人职责、负责监督管理企业国有资产的直属特设机构。

其次,上级政府国有资产监督管理机构依法对下级政府的国有资产监督管理工作进行指导和监督(而非管理)。

最后,按照《企业国有资产监督管理暂行条例》设计的国有资产监督管理体制:国务院和地方人民政府代表国家履行出资人职责,行使国有资产所有权职能;而国有资产监督管理机构又代表中央人民政府和地方政府行使出资人的职责,所以从法律关系上来说——国务院对国有资产的管理权力来自国家法律授权,而国有资产监督管理机构监督管理权力来自其所代表的中央或地方政府的授权,中央和地方政府对本级国有资产监督管理机构授权可以分别采取行政法规、政府规章等方式进行。

因此,从这个角度来讲,在国有资产监督管理上,国务院和地方人民政府最终要对国家负责,而国有资产监督管理机构作为政府的代表要对同级政府负责。因此,涉及重大企业国有产权转让的事项的,国有资产监督管理机构还要报请其所代表的人民政府审查批准。

四、关于“国”字头的企业

笔者在参加企业会议或审查法律文件时,经常发现大家把不同“国”字头的企业搞混,这会使内部决策、资产处置等若干活动走入不同的方向、出现错误,有必要在此澄清一下法律依据、单独强调一下以下内容。

(一)国家出资企业

国家出资企业,是指国家出资的国有独资企业、国有独资公司,以及国有资本控股公司、国有资本参股公司。

(参见《企业国有资产法》第5条)

国家出资公司,是指国家出资的国有独资公司、国有资本控股公司,包括国家出资的有限责任公司、股份有限公司。

[参见《公司法》(2023年修订)第168条]

(二)国有独资企业/全民所有制(工业)企业

1. 具备法人条件的下列企业,应当办理企业法人登记:(1)全民所有制企业;(2)集体所有制企业;(3)联营企业;(4)在中华人民共和国境内设立的中外合资经营企业、中外合作经营企业和外资企业;(5)私营企业;(6)依法需要办理企业法人登记的其他企业。

2. 全民所有制(工业)企业是依法自主经营、自负盈亏、独立核算的社会主义商品生产的经营单位。此类企业的财产属于全民所有,国家依照所有权和经营权分离的原则授予企业经营管理。企业对国家授予其经营管理的财产享有占有、使用和依法处分的权利。企业依法取得法人资格,以国家授予其经营管理的财产承担民事责任。

3. 国有独资企业,是指完全由有权代表国家的政府部门或机构单独投资形成的企业及该企业的全资下属企业。

[参见《全民所有制工业企业法》(2009年修正)第2条,国家国有资产管理局、财政部清产核资办公室《关于一九九四年清产核资企业产权登记问题的通知》(国资产发〔1994〕76号),国家国有资产管理局《关于印发修订的产权登记表的通知》(国资综发〔1993〕65号)]

(三)国有独资公司

国有独资公司,是指国家单独出资、由国务院或者地方人民政府委托本级人民政府国有资产监督管理机构履行出资人职责的公司。

国有独资公司的相关内容包括:

(1)章程由履行出资人职责的机构制定。

(2)不设股东会,由履行出资人职责的机构行使股东会职权。履行出资人职责的机构可以授权公司董事会行使股东会的部分职权,但公司章程的制定和修改,公司的合并、分立、解散、申请破产,增加或者减少注册资本,分配利润,应当由履行出资人职责的机构决定。

(3)董事会依照《公司法》的规定行使职权。董事会成员中,应当过半数为外部董事,并应当有公司职工代表。董事会成员由履行出资人职责的机构委派;但是,董事会成员中的职工代表由公司职工代表大会选举产生。董事会设董事长一人,可以设副董事长。董事长、副董事长由履行出资人职责的机构从董事会成员中指定。

(4)经理由董事会聘任或者解聘。经履行出资人职责的机构同意,董事会成员可以兼任经理。

(5)董事、高级管理人员,未经履行出资人职责的机构同意,不得在其他有限责任公司、股份有限公司或者其他经济组织兼职。

(6)在董事会中设置由董事组成的审计委员会行使《公司法》规定的监事会职权的,不设监事会或者监事。

[参见《公司法》(2023 年修订)第 171 ~ 176 条]

(四)国有一人公司

对于中央企业国有产权无偿划转行为:

1. 国有独资企业、国有独资公司、国有事业单位投资设立的一人有限责任公司及其再投资设立的一人有限责任公司(统称国有一人公司),可以作为划入方(划出方)。

2. 国有一人公司作为划入方(划出方)的,无偿划转事项由董事会审议;不设董事会的,由股东作出书面决议,并加盖股东印章。

3. 国有独资企业产权拟无偿划转国有独资公司或国有一人公司持有的,企业应当依法改制为公司。

[参见《企业国有产权无偿划转工作指引》(国资发产权〔2009〕25 号)第 2 条]

根据 2023 年修订的《公司法》的相关规定,国有一人公司不仅可能是有限责任公司,也可能是股份有限公司。

(五)国有资本控股公司、国有资本参股公司

对何为"控股"进行界定,是区分国有资本控股公司、国有资本参股公司、非国有资本控股公司的关键:

1. 从"国有"资本的角度来区分

"国有控股"可分为两种:一种是"国有绝对控股",另一种是"国有相对控股"(含协议控制)。

(1)国有绝对控股,是指在企业的全部资本中,国家资本(股本)所占比例大于 50% 的企业。

(2)国有相对控股(含协议控制),是指在企业的全部资本中,国家资本(股本)所占的比例虽未大于 50%,但相对大于企业中的其他经济成分所占比例的企业(相对控股);或者虽不大于其他经济成分,但根据协议规定,由国家拥有实际控制权的企业(协议控制)。

2. 从一般"企业"的角度来区分

(1)绝对控股:是指在企业的全部实收资本中,某种经济成分的出资人拥有的实收资本(股本)所占企业的全部实收资本(股本)的比例大于 50%。投资双方各占 50%,且未明确由谁绝对控股的企业,若其中一方为国有或集体的,一律按公有绝对控股经济处理;若投资双方分别为国有、集体的,则按国有绝对控股处理。

(2)相对控股:是指在企业的全部实收资本中,某经济成分的出资人拥有的实收资本(股本)所占的比例虽未大于 50%,但根据协议规定拥有企业的实际控制权(协议控股);或者相对大于其他任何一种经济成分的出资人所占比例(相对控股)。

[参见《企业国有资产法》第 5 条,《关于统计上对公有和非公有控股经济的分类办法》(国统字〔2005〕79 号)第 4 条、第 5 条]

2023 年修订的《公司法》对"国家出资公司"进行了界定,第 168 条第 2 款规定:"本法所称国家出资公司,是指国家出资的国有独资公司、国有资本控股公司,包括国家出资的有限责任公司、股份

有限公司。”

五、深入认识《企业国有资产法》

2008年10月28日，十一届全国人大常委会第五次会议上表决通过了《企业国有资产法》，并于2009年5月1日开始实施。

该法界定了国资委作为法定出资人的牢固地位，充分解释了企业国有资产的范围，使国有企业改制与资产转让有了较明确的法律依据，使国有资本经营预算制度有了操作的基础。

需要再了解一个背景：实施于2007年10月1日的《物权法》（已失效）对于《企业国有资产法》的立法进程起到了极大的助推作用，在《物权法》制定过程中，有不少意见要求同时抓紧制定国有资产法，以落实《物权法》的有关规定，因为《物权法》坚持对国家、集体和私人的物权实行平等保护原则，并对国有财产的范围、国家所有权的行使和加强对国有财产的保护作了明确规定。

《企业国有资产法》无论从实践意义、制度创新，还是从解放思想的角度看，都是里程碑性的。

国资委《关于贯彻实施〈中华人民共和国企业国有资产法〉有关问题的通知》（国资发法规〔2008〕194号）系对《企业国有资产法》最为权威的解读，具体说明如下。

（一）企业国有资产的界定

《企业国有资产法》明确了调整对象。《企业国有资产法》明确规定其调整对象为企业国有资产，即国家对企业各种形式的出资所形成的权益。

从企业所涉及的领域上看，不仅包括工商企业，还包括金融企业。

从企业组织形态上看，包括国有独资企业、国有独资公司、国有资本控股公司和国有资本参股公司等各类国家出资企业。

（二）国资监管体制的明确

《企业国有资产法》确立了企业国有资产监督管理体制。根据党的十六大、十七大精神，《企业国有资产法》对企业国有资产管理体制作出了相应规定：

一是国务院和地方人民政府依照法律、行政法规的规定，分别代表国家对国家出资企业履行出资人职责，享有出资人权益。

二是明确规定了政府履行出资人职责时应当遵循的原则：“国务院和地方人民政府应当按照政企分开、社会公共管理职能与国有资产出资人职能分开、不干预企业依法自主经营的原则，依法履行出资人职责。”

三是明确了代表政府履行出资人职责的机构。国务院国有资产监督管理机构和地方人民政府按照国务院的规定设立的国有资产监督管理机构作为履行出资人职责的机构，根据本级人民政府的授权，代表本级人民政府对国家出资企业履行出资人职责。

（三）对履行出资人职责机构的规定

《企业国有资产法》明确规定了履行出资人职责的机构及其职权和责任。《企业国有资产法》在总结国有资产监管体制改革实践成果的基础上，在第二章明确规定履行出资人职责的机构，并对其依法享有的职权和应承担的责任作了原则性的规定。

根据《企业国有资产法》的规定，国务院国有资产监督管理机构和地方人民政府按照国务院的规定设立的国有资产监督管理机构，是根据本级人民政府的授权，代表本级人民政府对国家出资企业履行出资人职责的机构。

国有资产监督管理机构对国家出资企业依法享有资产收益、参与重大决策和选择管理者等出资人权利，有权依照法律、行政法规的规定，制定或者参与制定国家出资企业的章程，委派股东代表参加国有资本控股公司、国有资本参股公司召开的股东会会议等。

同时,国有资产监督管理机构应当对本级人民政府负责,保障出资人权益,对国有资产保值增值负责,防止国有资产流失,维护企业作为市场主体依法享有的权利,除依法履行出资人职责外,不得干预企业经营活动。

(四)国家出资企业的财产权

《企业国有资产法》规定了国家出资企业的财产权及其对出资人的相关责任。《企业国有资产法》规定的国家出资企业,包括国有独资企业、国有独资公司、国有资本控股公司和国有资本参股公司。

《企业国有资产法》规定,国家出资企业对其动产、不动产和其他财产依照法律、行政法规以及企业章程享有占有、使用、收益和处分的权利。

国家出资企业依法享有的经营自主权和其他合法权益受法律保护。

国家出资企业对其所出资企业依法享有资产收益、参与重大决策和选择管理者等出资人权利。

同时,国家出资企业应当依法经营管理,接受政府及政府有关部门、机构依法实施的监督管理,接受社会公众的监督,承担社会责任,对出资人负责。

国家出资企业应当建立和完善法人治理结构,建立健全内部监督管理和风险控制制度,依照法律、行政法规和国务院财政部门的规定,建立健全财务、会计制度,设置会计账簿,进行会计核算,依照法律、行政法规以及企业章程的规定向出资人提供真实、完整的财务、会计信息。

国家出资企业应当依照法律、行政法规以及企业章程的规定,向出资人分配利润。

国家出资企业依照法律规定,通过职工代表大会或者其他形式,实行民主管理。

(五)对企业管理者的选择

《企业国有资产法》确定了国家出资企业管理者的选择与考核相关规则。选择并考核国家出资企业的管理者,是履行出资人职责的机构的重要职权。

在《公司法》等法律规定的基础上,《企业国有资产法》明确了履行出资人职责的机构依法任免或者建议任免的企业管理者的范围,从品行、任职能力、身体状况等方面对国家出资企业管理者的任职条件和程序、履行职责的要求作出原则规定。同时,为保障和督促国家出资企业管理者履行忠实和勤勉义务,《企业国有资产法》对管理者兼职问题作出限制,规定了国家出资企业管理者的考核与奖惩等内容。

(六)重大权益事项的规定

《企业国有资产法》明确了涉及国有资产出资人权益的重大事项。《企业国有资产法》立足于维护国有资产出资人权益的立场,要求国家出资企业发生合并、分立、改制、上市,增加或者减少注册资本,发行债券,进行重大投资,为他人提供大额担保,转让重大财产,进行大额捐赠,分配利润,以及解散、申请破产等重大事项时,应当遵守法律、行政法规以及企业章程的规定,不得损害出资人和债权人的权益。

同时,还分别就企业改制、与关联方交易、资产评估、国有资产转让等重点问题作出具体规定,对于保护国有资产出资人利益提供了完善的法律依据。

(七)预算管理

《企业国有资产法》规定了国有资本经营预算制度的相关原则。为充分保障国有资产出资人的收益权,《企业国有资产法》要求国家建立健全国有资本经营预算制度,对取得的国有资本收入及其支出实行预算管理。

同时,还就编列预算的收支项目、预算编制方法等作出原则规定,授权国务院规定国有资本经营预算管理的具体办法和实施步骤,报全国人大常委会备案。

（八）国有资产监督

《企业国有资产法》强化了国有资产监督。企业国有资产属于全民所有，强化国有资产监督管理是保障全民利益的根本措施。

《企业国有资产法》明确规定各级人大常委会通过听取和审议本级人民政府履行出资人职责的情况和国有资产监督管理情况的专项工作报告，组织对本法实施情况的执法检查等，依法行使监督职权。

国务院和地方人民政府及其审计机关依法对国有资产相关工作进行监督。企业国有资产状况和国有资产监管工作还应接受社会公众的监督。此外，《企业国有资产法》还对有关行为的法律责任作出了相应规定，有利于法律的贯彻实施，有利于保护各方的合法利益。

六、认识我国企业债务危机的严重性

先来看看中国企业负债率（债务总额占 GDP 的比率）：

2014 年 11 月 29 日召开的“2014 搜狐财经变革力峰会：寻路中国”论坛中，时任中国社科院副院长李扬曾公开预警，“中国企业的负债率过高，远高于发达国家的水平，高于经济合作与发展组织（OECD）国家的平均水平，我们的比例达到 115%，OECD 国家平均 90%，所以中国的问题只要企业一出问题马上所有问题都暴露，这是我们的一个大问题”。由此，企业高负债率问题引发了业界热议。

2015 年 10 月 27 日，世界经济与政治研究所研究员余永定发表了题为《新常态、新挑战——目前中国经济面临的几个重要问题》的演讲，其表示，根据国外机构的研究，中国的公司债务目前大约是 16 万亿美元，这是非常高的数字；公司债务占 GDP 比重已经高达 140% ~160%（有些国外投行研究大概是 160%，根据中国社会科学院研究结果，中国的公司债务占 GDP 比重是 140% ~150%），从公司债务绝对数量来说超过了美国，这是我国目前面临的严重挑战。根据其对未来公司债务占 GDP 比率的发展趋势做出的推算，未来这一比率将超过 200%，这是非常危险的。

2016 年 5 月，国际货币基金组织（IMF）第一副总裁戴维 · 利普顿在北京大学汇丰商学院举办的 2016 年中国留美经济学年年会上发表题为《中国再平衡——企业债务方面的国际经验》的演讲，在谈及中国债务问题时同时指出，“总体而言，中国债务总额相当于 GDP 的 225% 左右。其中，政府债务约占 GDP 的 40%。同时，家庭债务约占 40%。按照国际标准来看，这两者都不是特别高。而企业债务问题则是另一番景象：约占 GDP 的 145%，不管以何种标准来衡量都非常高”。

经历了 20 世纪 80 年代的经济危机，经过十余年的发展后，我国企业再一次面临债务问题严峻的现状。理论上，如果企业有足够的盈利能力，高负债并不会演变为债务危机，“只有当企业盈利能力比较低时”，负债经营才会演变为债务危机。所以，企业债务负担过重只是表象，问题的本质是企业运营的低效率。

国资委公布的数据显示，2021 年年末中央企业平均资产负债率为 64.90%。

企业，尤其是大型国有企业，如何摆脱债务困境是目前面临的严峻问题，当前化解企业债务危机最有效的方法，是通过债务重组方式解决企业债务困境：

一是通过债转股方式降低企业杠杆，主要是 20 世纪 90 年代的政策性债转股。20 世纪末，我国为防范和化解金融风险，促进企业改革发展，对部分企业实施政策性债转股。总体来说，前一轮政策性债转股取得了积极成效，在化解金融风险、推进国企建立现代企业制度等方面取得一定突破；但也存在一些问题，如转股的资产管理公司难以行使股东权利等。

二是进行股权融资，在经济总体下行的情况下，企业的杠杆率不断上升，企业还付利息的压力巨大，一些企业还面临债务违约风险，在这种情况下，大力发展直接融资，特别是股权融资，能够为实体的企业提供长期的资本支持，改善企业资产负债结构，减轻现金流压力和经营困难，同时也能够降低其融资成本。

三是通过企业债务重组,有效化解企业和银行之间的矛盾。企业通过债务重组,能够有效地降低企业资产负债率,缓解企业面临的财务困境,为企业的重新发展提供机会。

七、金融债务重组条件

(一)适用债务重组的企业范围

根据困难企业的不同类别,界定如何采取工作:

1. 无重组必要

有负债,但经济效益好,有能力偿还全部贷款和债务,这类企业无重组必要,但可以随时加强内部风险防控管理、防患于未然。

2. 可以重组

负债经营,目前无还款能力,但具有经营潜力,经过重组,可能偿还贷款,这类企业可以进入债务重组。

3. 尽快重组

负债严重,经营状况差,无力偿还贷款,但并未达到资不抵债的程度,这类企业有必要尽快进行债务重组,以免事态恶化跌入破产。

4. 直接破产

负债累累、资不抵债、经营效率极低、无任何发展前途,企业处于破产边缘,这类企业直接予以破产,反而能减少社会资源的浪费。

(二)债权人委员会对企业实施金融债务重组的条件

债权人委员会对企业实施金融债务重组,判断标准是什么样的呢?具体来说,企业一般应当具备以下条件:

(1)企业发展符合国家宏观经济政策、产业政策和金融支持政策;

(2)企业产品或服务有市场、发展有前景,具有一定的重组价值;

(3)企业和债权银行业金融机构有金融债务重组意愿。

我国正处在产业结构调整的关键时期,产业发展的宏观经济政策对企业的发展起到非常重要的作用,如果一个企业所属行业处于退出性行业,即使当前的重组价值再高,也不能做出重组的打算,如某些需要彻底清理的"僵尸企业"。

(三)企业提出金融债务重组的方式

1. 企业与主债权银行协商

一个企业要想通过债务重组的方式摆脱困境,在提出、启动阶段务必拿出诚意和决心,把自家的真实"家底"告知主债权银行,这是关键,只有这样,主债权银行才能为之所动,由其发起成立债权人委员会,通过债权人委员会启动企业债务重组。

2. 正式向银行业监督管理机构提出

向银行业监督管理机构,包括国家金融监管总局、各地金融监管局等提出重组,原则上应当通过发送函件的形式,且应当附有初步的重组思路,提出重组的主体应当在对债务企业的股权结构、债务数额、经营实际状况等基本信息进行初步调查的基础上,形成初步重组思路。

3. 多方联动

理论上讲,债务重组是市场行为,应由债权银行与债务企业自行协商发起,这样做,符合市场化原则和精神,但从三九集团、德隆集团、中冶纸业、中钢集团、中国二重等近几年债务重组成功的案例看,均是在银行业监督管理机构和国家相关部门的推动下才发起和启动的。[①]

对于债务企业涉及债务巨大,情况复杂,主要债权银行单独牵头组织债权人委员会难以协调债务重组事宜的,可以由主要债权银行向银行业监督管理机构、政府有关部门进行报告,提请银行业监督管理机构、政府有关部门共同主持会议,有关债权金融机构、债务企业共同参加,充分协商,达成共识,并形成会议纪要,在银行业监督管理机构、政府有关部门的指导监督下,有序推动债务重组工作。

(四)提出金融债务重组的主体

提出金融债务重组的主体众多,包括企业本身、金融债权人、政府、资产管理公司等(见图10－3)。

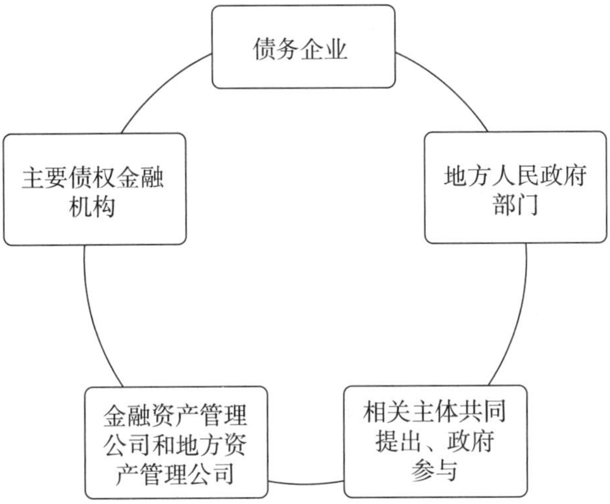

图10－3　提出金融债务重组的主体

(五)金融债务重组启动时机

现阶段,债权金融机构对债务重组时机的认定和把握标准也不统一。有的商业银行认为,贷款进入不良后才可以开展债务重组活动;有的商业银行认为,贷款出现潜在风险后,无论是否在不良资产中反映均可以进行债务重组行为。

在企业出现初步危机的时候,如果相关主体能够适时介入,就可以有效地挽回甚至保留企业的核心价值,给予企业以重生的机会,许多企业在资金链出现问题时,同时存在营运情况不明朗的情况,金融债务重组对挽救企业和最大限度保护债权金融机构利益都非常重要。

国际货币基金组织第一副总裁戴维·利普顿在北京大学汇丰商学院举办的2016年中国留美经济学年年会发表题为《中国再平衡——企业债务方面的国际经验》的演讲中提及发达国家、转型国家和新兴国家债务重组可供借鉴经验时第一条便是,“迅速采取有效行动,否则问题只会恶化”,他同时指出,“今天的企业债务问题可能成为明日的系统性债务问题。系统性债务问题可能会导致经济增长进一步放缓,或者出现银行业危机,或者两者都出现”。

八、银行业金融机构债权人委员会概述

2016年7月6日,银监办1196号文发布,为加强金融债权管理,维护经济金融秩序,支持实体

---

① 参见张劲松、求夏雨、沙涛:《企业金融债务重组实务》,中国市场出版社2016年版。

经济发展,对通过银行业金融机构债权人委员会实施企业债务重组做出规定。[①] 2018 年 6 月 20 日,原中国银监会重庆监管局《关于进一步加强银行业金融机构债权人委员会工作的通知》(渝银监办发〔2018〕78 号)发布实施。

(一)我国债权人委员会运作的历史困境与实践努力

1. 债权人委员会在国内运作尚无明确细致的法律规定

我国关于债权人委员会领域长期存在法律空白(银监办 1196 号文已经引入债权人委员会制度并做出了一定的指导性规定)。企业债务重组过程中引入的债权人委员会,仅是各债权人自发自愿组织起来的联合维权、松散型的组织,并不具备民事主体资格:既无民事权利能力,也无民事行为能力,各债权人因债务主体、担保情况、受偿意愿等的不同导致各自利益存在很大差异,没有法律地位和权力的债权人委员会来协调各债权人,难度可想而知。

2. 地方政府行政干预债权人委员会的维权工作

在债务重组中,地方政府往往占有主导地位。有的地方政府为了尽快摆脱企业债务危机对本地的影响,从地方利益、局部利益出发,只考虑维持企业经营和员工稳定问题,不考虑债权金融机构的利益,对债权人委员会的诉求置之不理,部分政府还想利用债转股等政策来简单消除债务,甚至动用包括经济、行政、法律手段,迫使重组企业出售资产或转让股权,从而削弱了债权人拯救企业的努力,这实质上是一种典型的逃废银行债务行为。

3. 债权金融机构维权步调难统一

由于债权人委员会制度在我国无法律规定,在债权人委员会成员单位之间,由于利益诉求不同,部分成员会对债务企业和担保企业抢先起诉,抢先查封资产、抢先冻结账户,成为重组计划的"紧箍咒"。不但使企业的经营加剧恶化,并为下一步债务重组带来困难。

4. 债券、理财等刚性兑付问题

由于债券、理财融资等金融产品涉及公开市场和个人投资者,社会影响大,存在刚性兑付的可能。但从法律角度分析,贷款、债券、理财融资都是普通债权,按照"同债同权"的原则,债券、理财融资不应享受优先受偿的权利,不应刚性兑付,如刚性兑付势必会损害其他债权人的利益,不符合法治精神。

5. 学习国外债权人委员会经验

国际上许多国家和地区建立了完善的债权人委员会制度,作为法院外的化解方式,替代破产清偿程序,在为企业摆脱财务困境、保障银行债权方面发挥了重要作用。其中一些做法值得我国商业银行借鉴。

国外债权人委员会主要采取以下三种方式:

一是设立债权人委员会这一常设机构。例如,日本、德国、英国和美国等国家将债权人会议作为最高权力机构,代表全体债权人行使日常性、常规性的参与权和监督权。

二是由部分债权人负责处理债务。例如,意大利破产法仅规定设立由部分债权人组成的"债权人委员会",不认可由全体债权人组成的债权人委员会。

三是不设立由债权人组成的任何机构。例如,法国新破产法采取债权人代表的方式,从社会中介机构中选定律师、会计师、审计师等作为"债权人代表"自始至终参加破产程序。

(二)我国债权人委员会制度

我们要将银监办 1196 号文所指的债权人委员会,同我国《企业破产法》所指的债权人委员会进行区分。《企业破产法》中破产程序里规定的债权人委员会,其作用与主观能动性要小于银监办

---

① 参见张劲松、求夏雨、沙涛:《企业金融债务重组实务》,中国市场出版社 2016 年版。

1196 号文中债务重组程序里规定的债权人委员会。

1. 银监办 1196 号文所指的债权人委员会

(1)债权人委员会为协议重组过程中的主导机构;

(2)为启动债务重组程序的“必设机构”;

(3)是为各金融债权人采取联合统一行动,维护债权人合法权益而成立的,是债权人解决债务危机的决策机构。

在国内的中国二重、英利集团、东盛系企业、粤海、德隆、啤酒花等企业的债务重组实践中,逐渐发展形成。

2.《企业破产法》所指的债权人委员会

(1)并非破产程序的“必设机构”,由债权人会议自行决定是否设立;

(2)债权人委员会由债权人会议选任的债权人代表和一名债务人的职工代表或者工会代表组成,债权人委员会成员不得超过 9 人;

(3)债权人委员会成员应当经人民法院书面决定认可;

(4)债权人委员会作为债权人会议的代表机关,在破产程序中代表债权人全体之利益监督破产程序的进行;

(5)债权人委员会向债权人会议负责并报告工作,但它不是债权人会议的代理人,有自己的职权范围和权利义务;

(6)从其与管理人的关系上看,是监督与被监督的关系。

九、债权人委员会的筹备与成立

(一)债权人委员会的筹备

1. 确定债权人委员会成员。根据银监办 1196 号文第 5 条的规定:(1)“原则上应当参加”债权人委员会的:一是所有债权银行业金融机构;二是原中国银监会(现为国家金融监管总局)批准设立的其他金融机构。(2)“也可以建议参加”债权人委员会的是:非原中国银监会(现为国家金融监管总局)批准设立的金融机构债权人。

2. 确定重组的原则及工作设想。

3. 讨论重组范围。

4. 讨论成立债权人委员会的主要问题:一是明确债权人协议基本条款,二是明确成立债权人委员会,三是讨论债权人委员会机构的基本设置,四是关于聘请中介机构。

5. 召开筹备会议。

(二)债权人委员会的成立

召开债权人委员会成立大会——标志着债权人委员会的成立——标志着启动债务重组。

在债权人委员会成立时,可以充分发挥银行业监督管理机构的指导作用。作为银行业金融机构的监管机构,原中国银监会(现为国家金融监管总局)或其下属机构对金融债权机构同时具有监管和保护的职责,在其指导下成立债权人委员会,有利于保证金融债权机构债权人的一致行动,如银行推动债权人委员会有困难,在必要情况下,原中国银监会(现为国家金融监管总局)或其下属机构应主动担当协助推动相关工作。

(三)债权人委员会成立大会的主要事项

1. 确定债权人委员会成立事宜,包括相关领导讲话、正式宣布债权人委员会成立等;

2. 宣布筹备组确定的重组工作相关事项,如债权人委员会的组织架构、工作原则、工作机制、聘请中介机构等事项;

3. 签订债权人协议并正式生效,债权人委员会成员单位要将盖章签字的债权人协议带到会场,交由主席行,由主席行办理后续手续。

十、债权人委员会的组织架构与运行

(一)债权人委员会的组织架构

银监办 1196 号文对债权人委员会的组织架构作出如下规定(见图 10-4)。

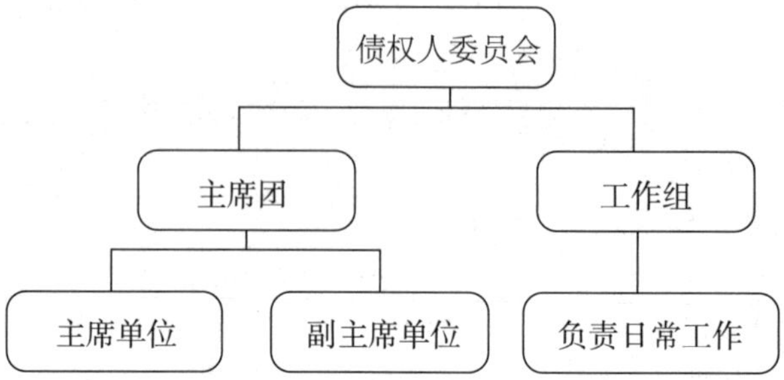

图 10-4 债权人委员会组织架构

主席单位,原则上由债权金额较大且有协调能力和意愿的一至两家银行业金融机构担任。

副主席单位可以由代表债权金额较大的银行业金融机构和代表债权金额较小的银行业金融机构共同组成。

非银行业债权金融机构通常不得担任主席团成员,但应当按照要求出席相关会议。

(二)债权人委员会的运行

银监办 1196 号文对债权人委员会的层级、工作原则、工作机制(表决方式)作出如下规定:

1. 层级

债权人委员会原则上由企业所在地的债权银行业金融机构组建,涉及中央企业以及重大复杂的企业集团的,可以在总行层面组建债权人委员会。

(1)所谓"中央企业",不仅包括 106 家中央企业,还包括由其行使出资人职责的下属企业以及全资子公司;

(2)所谓"重大复杂"企业,因各地经济水平及发展状况差异,由各地原银监局(现为各地金融监管局)灵活掌握,并报地方政府确定实施。

2. 工作原则

债权人委员会应当按照"市场化、法治化、公平公正"的原则开展工作。

3. 工作机制(表决方式)

债权人委员会重大事项的确定,原则上应当"同时"符合以下条件:首先,经占金融债权总"金额"的 2/3 以上比例债权人委员会成员同意;其次,经全体债权人委员会"成员"过半数同意。(参照了《企业破产法》表决比例)

第三节 新一轮市场化债转股

2016 年 3 月 16 日,十二届全国人大四次会议闭幕后,时任国务院总理李克强回答记者提问时表示,"要坚定不移地发展多层次的资本市场,而且也可以通过市场化债转股的方式来逐步降低企业的杠杆率"。随后,其分别在 2016 年 3 月 24 日的博鳌亚洲论坛、2016 年 4 月 11 日部分省(市)政府主要负责人经济形势座谈会上提出以"市场化债转股"的方式降低企业杠杆率。

2016 年 9 月 22 日,国务院发布《关于积极稳妥降低企业杠杆率的意见》(国发〔2016〕54 号,以

下简称 54 号文）及其附件《关于市场化银行债权转股权的指导意见》，标志着新一轮债转股大幕的开启。

一、债转股的发展历程

（一）政策性债转股

1999 年发布的原国家经贸委（已于 2003 年并入商务部）、中国人民银行《关于实施债权转股权若干问题的意见》（国经贸产业〔1999〕727 号）以及 2000 年发布的国务院《金融资产管理公司条例》对政策性债转股进行了详细约定。总结起来，政策性债转股，即由原国家经贸委向金融资产管理公司（Asset Management Companies，AMC）推荐实施债转股的企业，金融资产管理公司对被推荐的企业进行独立评审，制定企业债权转股权的方案并与企业签订债权转股权协议，双方履行债权转股权协议的过程。

1999 年的政策性债转股，实际上是由政府主导，基于银行不良率和国有企业负债大幅上升等背景，四大银行把不良资产剥离给 AMC，AMC 对国有企业实施债转股。

根据原国家经贸委产业政策司于 2001 年出版的《债转股工作进展情况》，在其向金融资产管理公司和开发银行推荐的 601 户企业中，确定实施债权股的企业有 580 户，债权总额为 4050 亿元，约占各商业银行和开发银行剥离贷款总额 13939 亿元的 29%。

总体来说，该轮政策性债转股取得了积极成效，在化解金融风险、推进国有企业建立现代企业制度等方面取得一定突破，但也存在一些问题，如未能解决企业经营绩效低下的核心问题、AMC 难以有效行使股东权利、退出机制不完善等。

（二）政策性债转股向商业性债转股的转化

2011 年 11 月 23 日，原国家工商行政管理总局公布《公司债权转股权登记管理办法》，标志着我国政策性债转股向商业性债转股的转化。其对债转股的定义规定为：债权人以其依法享有的对在中国境内设立的有限责任公司或者股份有限公司的债权，转为公司股权，增加公司注册资本的行为。

2014 年 2 月发布的《公司注册资本登记管理规定》废止了《公司债权转股权登记管理办法》。《公司注册资本登记管理规定》第 7 条规定："债权人可以将其依法享有的对在中国境内设立的公司的债权，转为公司股权。转为公司股权的债权应当符合下列情形之一：（一）债权人已经履行债权所对应的合同义务，且不违反法律、行政法规、国务院决定或者公司章程的禁止性规定；（二）经人民法院生效裁判或者仲裁机构裁决确认；（三）公司破产重整或者和解期间，列入经人民法院批准的重整计划或者裁定认可的和解协议。用以转为公司股权的债权有两个以上债权人的，债权人对债权应当已经作出分割。债权转为公司股权的，公司应当增加注册资本"。

《公司注册资本登记管理规定》被 2022 年 3 月发布的《市场主体登记管理条例实施细则》废止。根据《市场主体登记管理条例实施细则》的规定，"依法以境内公司股权或者债权出资的，应当权属清楚、权能完整，依法可以评估、转让，符合公司章程规定。"

在债务重组中，主要涉及商业性债转股问题。

二、新一轮债转股的开展

根据 54 号文的规定，笔者认为，本轮债转股最主要的特点体现在以下几个方面。

（一）坚持市场化、法治化原则

区别于 20 世纪 90 年代的政策性债转股，本轮债转股最突出的特点是市场化、法治化。

根据 54 号文的规定，本次债转股要充分发挥市场在资源配置中的决定性作用和更好发挥政府作用。市场化原则体现在债转股的对象企业、转股债权质量类型、债转股的价格、实施机构、资金筹措方式、股权退出方式等均通过市场化确定。

法治化原则不仅体现在银行转股债权的洁净、真实,防止企业风险向金融机构转移,还体现在明确了银行不得直接主动实施债转股,而是通过向实施机构转让债权、由实施机构将债权转为对象企业股权的方式实现,符合《商业银行法》关于商业银行不能主动持有工商企业股权的规定。

(二)明确了适用债转股的企业范围

54 号文明确规定了实施债转股对象企业由各相关市场主体自主协商确定,但同时明确了需要具备的三个条件:(1)发展前景较好,具有可行的企业改革计划和脱困安排;(2)主要生产装备、产品、能力符合国家产业发展方向,技术先进,产品有市场,环保和安全生产达标;(3)信用状况较好,无故意违约、转移资产等不良信用记录。

此外,54 号文明确鼓励面向发展前景良好但遇到暂时困难的优质企业开展市场化债转股,禁止扭亏无望、已失去生存发展前景的"僵尸企业",有恶意逃废债行为的企业,债权债务关系复杂且不明晰的企业,有可能助长过剩产能扩张和增加库存的企业作为市场化债转股对象。

(三)明确了银行参与债转股的方式

54 号文明确规定了银行不得直接将债权转为股权,应当通过向实施机构转让债权、由实施机构将债权转为对象企业股权的方式实现。实施机构包括金融资产管理公司、保险资产管理机构、国有资本投资运营公司等多种类型;实施机构可以是现有符合条件的所属机构,也可以是由银行申请设立的新机构;银行转让债权实施机构,可以是本行所属实施机构,也可以是非本行所属实施机构,各个银行之间可以交叉实施债转股。

54 号文出台以后,银行市场化债转股加速落地,根据公开可查询的信息,已有"五大行"、股份行(平安银行、兴业银行、浦发银行)和城商行(广州农商行)投资设立全资子公司,专门开展本行的债转股业务。有关专家分析表示,市场化的债转股突破了原有债权与股权的一一对应关系,通过同专业投资机构、国有资本运营机构及产业基金等合作,可以在更大范围内实现企业间的股权整合,从而推动产业升级和转型。

三、新一轮债转股之我见

(一)正确认识债转股

对债务企业而言,不能简单地以为债转股可以降低自己的杠杆率,可以不必再支付贷款利息,从而解决现有债务问题,而是应该意识到,股本融资是一种比债务融资成本更高的融资方式,股本不仅是需要回报的,而且其回报率(股权分红率)理应比借贷利率更高(否则是吸引不到投资者的)。同时,债务企业还应该认识到,在引入新的股权所有者尤其是控股股东之后,按照规范的法人治理机制要求,其也就失去了企业的重大事项决策权。

对债权人而言,债转股意味着放弃了原有的债权固定收益(利息),放弃了对原有债权抵押担保的追索权,而由此换得的股本收益权能否真正得以保证,相当程度上取决于债转股后企业的经营管理状况能否有根本的改善,取决于自己的股东权利能否确保落实,如若把握不当很有可能陷入既不是债权人,又不像股权持有人的尴尬境地。

因此,债权金融机构、债务企业对债转股都应该持一种谨慎的态度,切不可盲目实施债转股。

(二)谨慎选择实施债转股企业

1999 年实施的政策性债转股的对象企业由原国家经贸委推荐,虽然实践中存在诸多问题,但避免了大规模盲目实施债转股带来的弊端。在新一轮债转股实施过程中,虽然 54 号文明确规定了债转股对象企业应当具备的条件,但赋予了各相关市场主体自主协商确定的权利。

在本轮债转股中，从债权人角度看，债转股对象企业的选择十分重要，笔者认为，应当结合行业政策及企业的实际情况，对企业各种因素进行综合考量，并结合财务、资产、法律等专业机构意见做出判断。有两类企业可以考虑作为选择对象：一是国家支持、保护的行业中涉及国计民生的骨干企业；二是一些虽然负债率较高，但仍有发展潜力的企业。当然，具体对象企业的选择需要对企业进行详细的评估和论证。

（三）谨防债转股的道德风险

债转股行为不可避免面临极大的道德风险，主要体现在以下方面：债务人认为债转股是解决当前债务危机的捷径，盲目实施债转股；对债权人来讲，对应该破产的企业不坚决破产，而是“仁慈地”实施债转股，拖了几年后不得不进入破产程序，使国家资产受到更大损失。从上述角度看，债转股成为一种风险转移的方式，有可能让公众投资者成为最终的买单人。

第四节　市场化债转股法律意见拆解

54 号文的发布，标志着新一轮债转股大幕的开启，《关于市场化银行债权转股权的指导意见》作为 54 号文的附件，规定了债转股的实施方式，并明确规定要营造良好的环境。律师参与债转股法律服务，将会形成工作成果之一——法律意见书，笔者就此进行拆解说明，供读者参考。

一、历史背景——政策性债转股向新一轮市场化债转股的转变

如前文所述，1999 年的《关于实施债权转股权若干问题的意见》以及 2000 年的《金融资产管理公司条例》对政策性债转股进行了详细约定，这是由政府主导，基于银行不良率和国有企业负债大幅上升等背景，四大银行把不良资产剥离给 AMC，AMC 对国有企业实施的债转股。

总体来说，政策性债转股，即由原国家经贸委向 AMC 推荐实施债转股的企业，AMC 对被推荐的企业进行独立评审，制定企业债权转股权的方案并与企业签订债权转股权协议，双方履行债权转股权协议的过程。

2016 年 9 月 22 日，国务院发布 54 号文，标志着新一轮债转股大幕的开启。

2017 年 5 月 10 日，原中国银监会办公厅《关于进一步做好银行业金融机构债权人委员会有关工作的通知》提出：金融债务重组期间，各银行业金融机构可通过市场化债转股等方式，最大限度地帮助困难企业实现解困。

二、法律依据——新一轮市场化债转股的政策法规基础

债转股为法庭外债务重组方案安排之一，因重组企业的负债规模较大，很少有债权人会将全部债权转为股权，进行债转股的可能仅是部分债权，对于剩余债权，可以灵活采取留债、以资抵债、利息优惠、延长期限等重组方式，也就共同组成了债务重组的整个体系。

本轮市场化债转股最主要的亮点是“市场化”“法治化”两大原则，54 号文明确提出市场化债转股概念以来，相关政策也日趋完善。

1. 基本政策：54 号文附件——《关于市场化银行债权转股权的指导意见》，规定了债转股的实施方式，并明确规定要营造良好的环境。

2. 实施机构政策：54 号文规定的参与开展债转股的实施机构包括——金融资产管理公司、保险资产管理机构、国有资本投资运营公司、银行现有符合条件的所属机构、银行申请设立符合规定的新机构。

系列政策有：

原中国银监会办公厅《关于 2016 年进一步提升银行业服务实体经济质效工作的意见》（银监

办发〔2016〕35 号);

财政部、原中国银监会《金融企业不良资产批量转让管理办法》(财金〔2012〕6 号);

原中国银监会办公厅《关于适当调整地方资产管理公司有关政策的函》(银监办便函〔2016〕1738 号);

原中国银监会《关于提升银行业服务实体经济质效的指导意见》(银监发〔2017〕4 号);

原中国保监会《关于保险业支持实体经济发展的指导意见》(保监发〔2017〕42 号);

国务院《关于钢铁行业化解过剩产能实现脱困发展的意见》(国发〔2016〕6 号);

国务院《关于煤炭行业化解过剩产能实现脱困发展的意见》(国发〔2016〕7 号);

原中国银监会、国家发改委、工业和信息化部《关于钢铁煤炭行业化解过剩产能金融债权债务问题的若干意见》(银监发〔2016〕51 号);

原国家安全监督管理总局、国家煤矿安全监察局《关于支持钢铁煤炭行业化解过剩产能实现脱困发展的意见》(安监管四〔2016〕38 号);

……

三、律师分析——对债转股法律意见书的拆解说明

(一)对象企业

债转股的实施对象就是"对象企业",债转股实施时对象企业中的"债务承载企业"与"转股承载企业"可能合一,也可能是不同的两家或几家,根据债转股实施方案的不同而有法律与财务上的较大差异。

54 号文规定:市场化债转股对象企业由各相关市场主体依据国家政策导向自主协商确定。市场化债转股对象企业应当具备以下条件:发展前景较好,具有可行的企业改革计划和脱困安排;主要生产装备、产品、能力符合国家产业发展方向,技术先进,产品有市场,环保和安全生产达标;信用状况较好,无故意违约、转移资产等不良信用记录。鼓励面向发展前景良好但遇到暂时困难的优质企业开展市场化债转股。禁止将下列情形的企业作为市场化债转股对象:扭亏无望、已失去生存发展前景的"僵尸企业";有恶意逃废债行为的企业;债权债务关系复杂且不明晰的企业;有可能助长过剩产能扩张和增加库存的企业。

(二)实施机构

1. 商业银行、实施机构

商业银行参与企业债转股受《商业银行法》规定不得主动持有工商企业股权的限制,主要体现在第 43 条,很多年来,如何界定"主动"和"被动",如何确定是否属于"国家另有规定",在实务中存在很大的争议。吴晓灵在《用市场化思维和手段去杠杆——兼谈对债转股手段的运用》一文中就曾指出,"《商业银行法》不允许银行投资非金融企业和不允许持有非自用不动产,但并不禁止银行被动地持有非金融企业股权"。

实际上,54 号文出台以前,有很多商业银行参与企业债转股的案例,也有在实施过程中遇到法律操作障碍的情形。从商业银行角度看,银行之所以直接参与债转股,而不是将不良债权处置给其他实施机构,很重要的原因是银行出于对优质企业发展前景的考虑,否则对不良债权以折扣价处置实际是对银行自身造成损失。而经验也表明,很多企业经过重组之后扭亏为盈,实际上不仅无须银行低价处置债权,而且银行还可以享受后期作为股东的收益。

这一问题在 54 号文中得到了很好的解决。首先,54 号文提出,银行不得直接将债权转为股权;其次,54 号文提出"银行将债权转为股权,应通过向实施机构转让债权、由实施机构将债权转为对象企业股权的方式实现",而且支持银行充分利用现有符合条件的所属机构,或允许申请设立符合规定的新机构开展市场化债转股。

2. 银行设立专门开展本行债转股业务的全资子公司

为落实国务院54号文的要求，农业银行、建设银行、工商银行于2016年年底向原中国银监会提出设立全资子公司专门开展本行的债转股业务的申请，主要经营范围为开展债转股所需的债权收购、债权转股权、资产处置、债转股相关资产管理等业务。

农业银行、建设银行、工商银行分别申请设立的农银金融资产投资有限公司、建信金融资产投资有限公司、工银金融资产投资有限公司均获得原中国银监会批准成立。

除国有银行设立的全资子公司外，银行参与设立的地方资产管理公司也相继出现。2017年2月，兴业银行通过下属企业在福建成立兴业资产管理股份有限公司，被称为首家落地的"银行系"资产管理公司。注册资本30亿元，经营范围包括债权转股权、破产管理、同业往来及向金融机构进行商业融资和金融通道业务。

因此，资产管理公司，尤其是商业银行以自有资金设立的、专司债转股业务的资产管理公司，为参与开展债转股的主要实施机构，不仅更具备专业性、提高债转股效率，也符合目前债转股的政策趋势。

3. 金融资产管理公司

为了实施20世纪90年代的政策性债转股，国家于1999年相继设立了4家金融资产管理公司，即中国华融资产管理公司、中国长城资产管理公司、中国信达资产管理公司和中国东方资产管理公司，四大银行把不良资产剥离给资产管理公司，由其对国企实施债转股。后来，出现了很多地方性资产管理公司实施银行不良资产的剥离及债转股业务。

2016年发布的《关于适当调整地方资产管理公司有关政策的函》对《金融企业不良资产批量转让管理办法》（财金〔2012〕6号）有了很大突破，比如：（1）考虑当地不良贷款处置压力，突破原有的各省级人民政府原则上可设立一家地方资产管理公司的限制，允许确有意愿的省级人民政府增设一家地方资产管理公司；（2）突破地方资产管理公司收购的不良资产不得对外转让的限制，允许以债务重组、对外转让等方式处置不良资产，对外转让的受让主体不受地域限制。

4. 保险资产管理机构

《关于保险业支持实体经济发展的指导意见》提出保险资金支持供给侧结构性改革，支持方式包括：（1）保险资产管理机构发起设立去产能并购重组基金，促进钢铁、煤炭等行业加快转型发展和实现脱困升级；（2）保险资金发起设立债转股实施机构，开展市场化债转股业务；（3）保险资产管理机构开展不良资产处置等特殊机会投资业务、发起设立专项债转股基金等。

（三）债权定性

转股债权范围以银行对企业发放贷款形成的债权为主，适当考虑其他类型债权。转股债权质量类型由债权人、企业和实施机构自主协商确定。

54号文规定：银行、企业和实施机构自主协商确定债权转让、转股价格和条件。对于涉及多个债权人的，可以由最大债权人或主动发起市场化债转股的债权人牵头成立债权人委员会进行协调。经批准，允许参考股票二级市场交易价格确定国有上市公司转股价格，允许参考竞争性市场报价或其他公允价格确定国有非上市公司转股价格。为适应开展市场化债转股工作的需要，应进一步明确、规范国有资产转让相关程序。

"债转股"后，投资人持有的企业股权为真实股权，投资人通常要履行股东权利，完善公司治理，发挥股东作用。

"明股实债"模式，是投资者并不参与企业的管理，其投资回报不与被投资企业的经营业绩挂钩，也不根据企业的投资收益或亏损进行分配，而是向投资者承诺保本保收益，根据约定日期向投资者支付固定收益，并在满足特定条件后由被投资企业赎回股权或者偿还本息的投资方式。常见形式包括回购、第三方收购、对赌、定期分红等。

在募集社会化资金参与市场化债转股的过程中,需要平衡投资者收益和企业降低财务成本的关系。从操作层面看,明股实债相当于一笔风险锁定的高息债,这种将短期债务转为长期债务,实质是"债务置换",而不是真正市场化的债转股,可能还会加重企业包袱,让企业"生而复死",与当前通过市场化债转股方式降杠杆的政策是背离的。

如何区分债转股与明股实债,主要在于法律文件条款的设置和把握,如债转股后股东权利行使、债务转换方式等条款。

(四)债权定价

根据54号文及相关文件要求,本轮债转股遵循市场化原则,由市场主体自主协商确定各类交易的价格与条件,银行、企业和实施机构自主协商确定"债权转让、转股价格"和条件;经批准,允许参考股票二级市场交易价格确定国有上市公司转股价格,允许参考竞争性市场报价或其他公允价格确定国有非上市公司转股价格。

债转股项目中涉及几个定价时点:银行对于不良贷款的最低折扣价格(债权折扣)、实施机构从银行收购债权的价格(转让价格)、实施机构参与企业债转股的价格(转股价格)、实施机构退出时股权价格(退出价格)。

所有价格的确定必须以企业价值为基础,价值不仅体现为当前净资产价值,还需要综合企业发展前景、产品市场竞争力情况确定。而各个时点对于企业价值的判断需要在中介机构全面尽职调查的基础上,按照"一企一策"的原则进行。如通过清产核资核查企业的资产范围,通过对资产评估确定企业资产价值,审计企业的债权债务情况,律师在上述结果基础上综合确定资产、股权的权属、瑕疵以及运营的合法性等,以及在债转股平台主体的选择上从综合税税费、登记机关操作可行性和便利性角度提供整体交易结构和方案设计,并由律师参与谈判定价,起草交易文件,提供法律支撑,保证各方主体受法律文件约束。

(五)所需资金的筹措

资金筹措政策分为两个层面:一是企业角度,可以通过发行优先股、可转换债券等方式筹集"兼并重组资金",各类投资者可以通过股权投资基金、创业投资基金、产业投资基金等形式参与企业兼并重组。

二是在实施机构筹集"债转股资金"层面,鼓励实施机构引入社会资本,特别是可用于股本投资的资金,包括各类受托管理的资金,以及发行专项用于市场化债转股的金融债券、企业债券。

对于落实债转股资金来源,国家发改委分别于2016年、2017年印发了文件:

1.《市场化银行债权转股权专项债券发行指引》(发改办财金〔2016〕2735号):为探索54号文提出的发行用于市场化债转股的企业债券,国家发改委于2016年12月19日印发该指引,明确债转股实施机构可以通过发行债转股专项债券方式筹措资金,需要注意如下内容。

(1)债券申报流程:签订债转股合同并正式生效——向国家发改委提供相关材料,并向联席会议办公室报送项目进展信息——向国家发改委申报发行债转股专项债券。

(2)募集资金用途:主要用于债转股项目,债转股专项债券发行规模不超过债转股项目合同约定的股权金额的70%。发行人可利用不超过发债规模40%的债券资金补充营运资金。债券资金既可用于单个债转股项目,也可用于多个债转股项目。对于已实施的债转股项目,债券资金可以对前期已用于债转股项目的银行贷款、债券、基金等资金实施置换。

(3)债券期限:对于有约定退出时间的债转股项目,债券期限原则上与债转股项目实施期限一致,到期一次还本。也可在实施期限基础上,设置可续期条款。

2. 国家发改委办公厅《关于发挥政府出资产业投资基金引导作用 推进市场化银行债权转股权相关工作的通知》(发改办财金〔2017〕1238 号):政府出资产业投资基金可以是现有的,也可以新设。其参与方式包括:以权益投资的方式参与市场化债转股项目;以出资参股实施机构发起设立的债转股投资基金的方式参与市场化债转股项目;以经基金章程、合伙协议或基金协议明确或约定的其他投资形式参与市场化债转股项目。

(六)程序规范与股东权利保护

54 号文规定:债转股企业应依法进行公司设立或股东变更、董事会重组等,完成工商注册登记或变更登记手续。涉及上市公司增发股份的应履行证券监管部门规定的相关程序。

相关主体完成增资及股东变更的内部决策及工商变更登记手续;如果构成上市公司增发股份,交易预案应经上市公司董事会审议通过,由上市公司董事会、股东会对相关交易正式方案审议通过后,向中国证监会递交申报材料……

54 号文规定:市场化债转股实施后,要保障实施机构享有公司法规定的各项股东权利,在法律和公司章程规定范围内参与公司治理和企业重大经营决策,进行股权管理。

相关交易完成后,上市公司需要继续遵守《公司法》《证券法》等有关规定,保障实施机构在内的全体股东合法权利、维护中小股东的合法利益不受侵害,上市公司将确保实施机构在法律法规、公司章程和合同约定的范围内参与公司治理和企业重大经营决策,进行股权管理。

(七)市场化的股权退出

54 号文提出,实施机构应当采取多种市场化方式实现股权退出,例如,可与企业协商约定退出方式,上市公司股权转让退出,利用并购、全国中小企业股份转让系统挂牌、区域性股权市场交易、证券交易所上市等渠道实现非上市公司股权转让退出。

实务中,较为常见的是考虑债转股平台公司未来上市或者装入主板的上市公司中,通过二级市场退出,也会设定一定的业绩条件和改善公司治理的要求,如果没有达到这个条件和要求,也可以要求其母公司按照一定的价格回购。

需要考虑的是,基于实施机构本身的国资属性,其约定的未来退出方式与国资监管的衔接问题:比如以国有银行投资设立的全资子公司参与债转股,未来退出时需要符合国有产权转让公开交易的要求,因此,在债转股协议退出条款及回购条件的设置上,需要考虑国资监管因素,避免因受监管因素影响导致追究实施机构违约责任。

基于债转股的特殊性,在国有产权转让公开交易日趋严格的背景下,应该有一些针对实施机构债转股退出的特殊规定,而且需要跟税收、公司登记等政策衔接,有待立法进一步完善。

(八)其他事项

其他事项"一企一议",并非一定出现:

1. 获得增资现金的具体用途;

2. 对是否有利于提高上市公司资产质量、改善财务状况、增强持续盈利能力的分析;

3. 交易完成后,控制上市公司杠杆水平,保持良好资本结构的具体措施;

4. 土地、房产瑕疵及对公司生产经营的影响;

5. 关联关系、一致行动安排等的说明;

6. 其他需要据实临时补充的专项意见。

综上所述,区别于 20 世纪 90 年代的政策性债转股,本轮市场化债转股最突出的特点是市场化、法治化。市场化原则体现在债转股的对象企业、转股债权质量类型、债转股的价格、实施机构、资金筹措方式、股权退出方式等均通过市场化确定。法治化原则不仅体现在银行转股债权的洁净、真实,防止企业风险向金融机构转移,还体现在明确了银行不得直接主动实施债转股,而是通过向实施机构转让债权、由实施机构将债权转为对象企业股权的方式实现,符合《商业银行法》关于商业银行不能主动持有工商企业股权的规定。

律师需要根据本轮债转股"市场化""法治化"的精神要求,更为务实、扎实地做好项目甄别与风险把控工作。

第五节　债务重组法律文书

债务重组的核心法律文件有三项:法律尽职调查清单、法律尽职调查报告、债务重组方案,现提供文本如下,方便大家参考。

一、法律尽职调查清单(初步)①

法律尽职调查在很多情况下,是在律师并未了解有关背景的情况下展开的,故而实务操作中有一个"递进"的过程,先提供初步的清单,再根据调查的深入、初步清单的完成度,后续不断补充清单。

法律尽职调查清单(初步)

致:×公司

就贵司债务重组项目(以下简称本项目),××律师事务所(以下简称××或本所)出具本法律尽职调查清单,现对本清单做如下说明:

1. 本清单仅为初步调查所需的内容,根据工作进展情况,将存在本所继续向贵司提供补充调查清单的可能,望给予充分的理解与配合。

2. 请依据本清单要求及附表所列事项提供相关资料,并保证所提供资料的真实性、准确性和完整性。为了保证调查的完整性,本清单没有要求提交的其他有关文件也请一并提交。

3. 本所对提供的资料承担保密义务。

4. 提供的资料应符合以下要求:

应在提供资料的同时提供一份资料目录,并请将所提供的资料、文件按本清单的顺序对应编号。对于不能提供或不适用的资料,请随附说明。

如提供文件、资料为复印件,请提供方在复印件上加盖公章,并请用A4纸复印。

对于有关政府或其他相关部门颁发的权属证书或其他批准文件,请复印其证件的全部内容,包括封面、正文、附页及其他附注说明等。

除特别说明外,请提供截至答复本清单之日的相关文件资料。

5. 在做出上述答复之后,可能会有新的情况或文件资料在本次尽职调查进行期间出现,其中有对上述答复做出说明、补充、修改、肯定或否定的,也请务必及时完整地以书面形式提供。

6. 本所将会根据工作的需要亲赴贵司登记注册地的市场监管、民政、税务、劳动、房屋、土地、知识产权管理机关及其他政府部门进行必要的核查工作,届时将需要贵企业给予协助,包括提供相关的调查证明文件等,希望能够予以理解和配合。

7. 随着工作进展,本所会根据工作的需要向贵司相关财务、人事、资产管理等部门负责人或其他知情人员了解情况,届时希望相关人员给予配合。

8. 本清单仅为初步调查所需的内容,根据工作进展情况,将存在本所继续向贵司提供补充调查清单的可能,望给予充分的理解与配合。

---

① 参照某律师事务所及笔者某一版本的草稿。

对于贵司将对律师工作给予的各项配合和支持,我们首先表示感谢。

顺颂商祺!

××律师事务所

××××年××月××日

附:

1. 法律尽职调查清单

2. 附表:

附表一:银行借款情况统计

附表二:矿产资源情况统计

附表三:房屋情况统计

附表四:土地情况统计

附表五:车辆情况统计

法律尽职调查清单

序号	调查事项	文件或资料(企业)	说明	备注(资料提供情况)
1	基本情况及基本法律文件	1.1 企业基本情况介绍; 1.2 营业执照正、副本(三证合一版本); 1.3 开户许可证、社保登记证等企业其他证照; 1.4 企业成立时的相关政府主管部门的批准文件; 1.5 企业现行有效的章程; 1.6 股东出资方式及相关评估报告; 1.7 企业的工商年检报告; 1.8 所拥有的特殊业务资质及其相关政府审批文件	1.4~1.7 可自市场监管局调取工商档案,并加盖"工商档案查询专用章"	
2	股权结构及其变化	2.1 企业股权结构图; 2.2 企业设立以来的股权转让、增资等股权变化情况及其相应的法律文件,如股权转让协议、增资协议、相关审批文件、验资报告、工商变更登记文件等; 2.3 现有法人股东的营业执照、自然人股东的身份证复印件; 2.4 请说明股东是否签署有一致行动协议或者类似法律文件,如有,请提供; 2.5 请说明企业是否存在实际控制人(穿透至自然人),如果存在,请提供实际控制人身份证复印件;	2.2 可自市场监管局调取工商档案,并加盖"工商档案查询专用章"	

续表

序号	调查事项	文件或资料(企业)	说明	备注(资料提供情况)
		2.6　企业股权是否存在权属纠纷或者被质押,被司法机关查封、执行等情况		
3	组织结构	3.1　企业组织结构图; 3.2　股东会、董事会、监事会的组成人员及变化情况; 3.3　企业核心人员基本情况以及相关资格证书; 3.4　决策机构议事规则(如有); 3.5　企业近三年来的决策机构决议文件; 3.6　企业设置的各个部门及其职责、组成人员	3.2　应包括企业董事、监事、高级管理人员基本情况介绍; 3.3　应包括与企业日常业务运营活动相关的人员	
4	财务情况	4.1　企业财会政策说明(包括企业内部有关财务、会计方面的基本政策、制度文件或说明); 4.2　最近一期资产负债表等财务报表; 4.3　近三年及最近一期的财务审计报告; 4.4　企业接受外部审计的政策,及近三年会计师事务所名单; 4.5　企业现行会计报表的合并原则及范围; 4.6　【　】年度企业现金流预测	4.2　请提供截至××××年××月××日的数据; 4.3　请提供××××~××××年度数据	
5	重大债权、债务及资信状况	5.1　逾期清偿负债或贷款的情况说明; 5.2　应付账款明细及债权人名单; 5.3　应收账款明细及债务人名单; 5.4　请说明银行借款情况; 5.5　企业目前所有未清偿债务清单,包括是否为金融债务、债务的金额、利息及计算方式、履行情况、债务成因及对应的合同; 5.6　因环保、知识产权、劳动安全、人身权等原因而产生的侵权之债数额及债权人名单(如有)	5.1　包括债务的数额、逾期时间、逾期理由及目前是否清偿; 5.4　可以填写附表一	
6	对外投资情况	6.1　请提供企业所有的对外投资企业的股权结构图和清单; 6.2　请提供企业所投资企业注册地市场监管局出具的盖有"工商档案查询专用章"的该企业成立至今的所有工商底档; 6.3　企业对外投资的相关审批文件	6.1　请注明每家企业的准确名称、注册地址、注册资本、股权比例及经营范围; 6.2　"所投资企业"包括所有全资子企业、控股企业、参股企业	

续表

序号	调查事项	文件或资料(企业)	说明	备注(资料提供情况)
		及证明文件; 6.4 企业签署或拟签署的任何合资、合作、联营以及承诺对外投资的文件; 6.5 请提供企业所投资企业最近三年财务审计报告及最近一期的财务会计报表		
7	关联关系及同业竞争情况	7.1 企业现有关联交易、同业竞争相关制度; 7.2 企业与主要关联方之间关联交易的具体情况; 7.3 对关联交易具体内容的介绍,包括但不限于关联交易的内容、交易标的基本情况,数量、金额以及关联交易的相对比重、关联交易的定价政策和定价依据等; 7.4 企业与关联方之间资金占用情况; 7.5 企业与关联方之间互相担保情况; 7.6 企业实际控制人及亲属为企业提供担保情况; 7.7 请说明企业是否存在与控股股东、实际控制人及其控制的其他企业从事相同、相似业务的情况; 7.8 对存在相同、相似业务的,请说明是否存在同业竞争; 7.9 如存在同业竞争,请就该等相同或相近业务进行具体说明,说明应包括:各自业务的客户对象,各自业务的市场区域,是否存在明显的市场差别等	7.2 关联方包括但不限于,企业股东、实际控制人、控股股东或者实际控制人控制的其余企业、企业所投资企业等	
8	业务及经营资质情况	8.1 对企业目前从事的全部经营业务的简要描述,包括企业目前主营业务、核心产业、优势产业、市场占有率、市场竞争力、行业发展状况及未来发展趋势等; 8.2 企业取得国家发改委示范工程项目的相关资料; 8.3 与企业目前所从事的业务方面相关的特殊政策; 8.4 请介绍企业主要业务的经营模式、销售模式以及盈利模式; 8.5 请介绍企业竞争对手基本情况、未来潜在竞争对手的情况,以及企业与竞争对手相比,有哪些竞争优势; 8.6 载明企业经营业务所需的所有资格、登记、备案、许可、同意或其他形	8.1 应包括企业所经营的业务种类、企业所从事的主要业务的主管部门或协会(包括地方主管部门和国家主管部门)等	

续表

序号	调查事项	文件或资料(企业)	说明	备注(资料提供情况)
		式的批准的清单及所对应的文件(包括相关证书和年检记录情况); 8.7 与企业目前所从事的业务有关的所有政府奖励和优惠待遇的介绍,及证明企业享有该等奖励和优惠待遇的文件		
9	企业矿产资源情况	9.1 企业所有的矿产资源清单及分布情况; 9.2 企业矿产资源矿权性质及矿权所有人; 9.3 企业矿产资源矿区及开采面积; 9.4 企业矿产资源资源税价款总额(元/吨)及上交程度; 9.5 企业矿产资源采(探)矿权服务年限; 9.6 企业取得矿产资源证件情况(如采矿许可证、安全生产许可证、煤炭经营许可证、矿长资格证、矿长安全资格证等); 9.7 企业矿产资源地质勘查程度(普查与详查); 9.8 企业矿产资源地质储量(登记储量与实际储量); 9.9 企业矿产资源煤质种类及发热值区间; 9.10 企业矿产资源覆盖层及可采煤层厚度(平均); 9.11 企业矿产资源年产规模(设计年产与实际年产); 9.12 企业矿产资源开采方式(如露采、井采、洞采)	9.1 可填写附表二	
10	房屋、土地使用权及在建工程情况	10.1 企业现使用的房屋基本情况清单; 10.2 相关的房屋产权证书、房屋购买合同、房屋租赁合同等,如不能提供相应的权利证书,请说明原因及是否存在产权纠纷; 10.3 企业现使用的土地的基本情况清单; 10.4 所使用土地的国有土地使用权证、国有土地使用权出让合同(如划拨土地请提供划拨批准文件)、土地使用权转让合同、土地租赁合同等,如不能提供相应的权利证书,请说明原因及是否存在产权纠纷; 10.5 企业在建工程:国有土地使用	10.1/10.3 可分别填写附表三、附表四; 10.4 如企业系以受让、租赁或其他方式取得和使用农用地、集体土地,请特别予以说明,并提供相应的文件(包括但不限于转让合同、租赁合同、转让价款或租金的支付凭证,并请说明征地、审批进行的情况及遇到的主要障碍)	

续表

序号	调查事项	文件或资料(企业)	说明	备注(资料提供情况)
		权证、建设用地规划许可证、审定设计方案通知书、建设工程规划许可证、建设工程施工许可证、生态环境部门关于建设项目环境影响评价文件的批复,并请说明该在建工程的实际使用情况,以及是否存在未取得竣工验收即投入使用的情况		
11	知识产权	11.1　请提供企业知识产权相关的管理制度; 11.2　所拥有或使用的专利技术,以及相关的专利权证书、专利申请书或专利实施许可合同; 11.3　企业所拥有的任何已经取得或正在申请的商标、域名以及与前述相关的所拥有的任何已经取得或正在申请的文件清单以及相关的商标权属证书或商标使用权合同; 11.4　自第三方取得许可权的以及企业许可第三方使用的商标、专有技术、专利技术、域名的许可使用协议及登记备案文件; 11.5　企业作为一方签订的,或其他方为企业的利益签订的关于知识产权的协议副本以及权利人持有的相关权利证明文件; 11.6　现存或潜在的有关企业所有或第三方所有的专利、商标、商誉、专有技术、域名或其他知识产权的争议或纠纷; 11.7　与企业知识产权、商业秘密等相关的其他文件		
12	企业整体资产情况及其他资产情况	12.1　企业资产规模、主要资产构成、主要资产分布、现金资产情况; 12.2　企业资产权利受限制情况; 12.3　企业生产经营所需的主要设备资产清单; 12.4　企业车辆清单(填写附表五),以及企业车辆行驶证、车辆保险购买凭证,并请说明是否存在实际权利人与证载权利人不一致的情况及形成原因; 12.5　其他重大资产的基本情况; 12.6　自设立以来进行的重大资产收购、处置、转换等行为的基本情况及其相关资料; 12.7　出资人或股东投入的实物资产、土地、知识产权等是否办理了过户	12.3　主要设备资产清单说明设备名称、用途、购置时间等,上述固定资产如存在闲置,说明对闲置资产做出的安排;如存在租赁,提供租赁合同;请提供企业关键设备等重要资产的保险合同或其他保障协定; 12.5　其他重大资产清单说明资产名称、用途、购置时间等	

续表

序号	调查事项	文件或资料(企业)	说明	备注(资料提供情况)
		手续及其相应证明,如尚未办理的,请说明原因; 12.8 企业资产对外进行抵押、质押担保或被司法机关查封、扣押情况以及其他使该项资产权利受到限制的情况,请提供相应的证明文件		
13	重大合同	13.1 借款合同及担保合同; 13.2 采购合同、销售合同; 13.3 合作协议、服务协议; 13.4 租赁合同; 13.5 其他与主营业务相关重要业务合同	需提供的合同应为正在或尚未履行的合同; 所谓重大合同应指与企业的业务经营活动有直接关系、金额较大或影响较大的合同	
14	劳动人事情况	14.1 请提供企业劳动人事管理制度; 14.2 请提供企业员工花名册以及员工基本情况,包括员工入职时间、学历、劳动合同签署情况、劳动合同期限、签署劳动合同次数、社保缴纳情况、社会公积金缴纳情况等; 14.3 请说明企业是否依法执行现行的社会劳动保障制度,请提供企业参加各类社会保险及其他社会保障机制的基本情况; 14.4 企业现行有效的劳动合同,请分类提供样本,如企业以前使用过不同的劳动合同文本,请分类提供样本; 14.5 是否存在劳动争议情况; 14.6 是否存在拖欠职工工资和医疗、伤残补助、抚恤费用或者未缴纳各项社会保险费用等情况; 14.7 企业的职工福利计划、股权激励计划及其实施情况		
15	纳税情况	15.1 请说明企业的税收政策,即执行的税种、税率及其依据,如享受任何税收优惠,请说明优惠政策具体情况及其执行依据(提供依据文件); 15.2 请出具书面文件说明企业近三年来是否依法纳税并说明具体纳税情况,如有欠缴税款情况,请说明其税种、金额、欠缴原因及其处理情况等	15.2 可至税务部门调取证明文件	
16	环境保护情况	企业自设立以来接受生态环境部门或其他环保监督管理部门监督检查的所有环保证明和相关文件		

续表

序号	调查事项	文件或资料(企业)	说明	备注(资料提供情况)
17	或有事项	17.1 企业的对外担保事项及其相关法律文件; 17.2 其他或有事项	17.1 包括但不限于担保合同及他项权利设定相关证明材料	
18	涉诉事项	尚未了结或可预见的诉讼、仲裁或其他纠纷情况及其相关资料		
19	守法经营情况	19.1 企业是否因违反工商管理方面的规定而受到过相关行政处罚; 19.2 企业是否因纳税问题而受到相关处罚; 19.3 业务经营符合环保、卫生等相关规定的,并请提供相应证明	本部分事项旨在核查企业是否存在行政违法事项,是否有受到相应处罚的情况或可能	

附表一:银行借款情况统计

截至　　年　　月　　日

序号	债权人银行	类别	借款或授信金额/万元	借款期限/到期日	保证情况			抵押情况				
					保证人	保证方式	保证期限	抵押人	抵押财产	抵押金额	抵押期限	抵押登记
1												
2												
3												
4												
5												
6												

填表说明:

1. 本统计表应当包含企业与债权人银行之间业务往来的所有信息。
2. "类别"一栏请填写业务类型,包括但不限于流动资金借款、承兑汇票、透支、保理等。
3. "抵押登记"一栏填写抵押登记机关、办理抵押登记的日期和他项权利证书。

附表二:矿产资源情况统计

截至　　　年　　　月　　　日

序号	矿产资源种类	分布区域	性质及所有权人	开采面积	资源税价款总额(元/吨)及上交程度	采(探)矿权服务年限	地质勘察程度	地质储量	煤质种类及发热值区间	覆盖层及可采煤层厚度	年产规模	开采方式
1												
2												
3												
4												
5												
6												

填表说明:

1. 本统计表应当包含企业所有矿产资源信息。
2. “地质储量”应当包括登记储量与实际储量。
3. “年产规模”应当包括设计年产与实际年产规模。

附表三:房屋情况统计

截至　　　年　　　月　　　日

序号	房屋所有权证号	证载所有权人	实际使用人	所占土地使用权证号	使用状况	基本情况			他项权利情况			备注
						坐落	用途	建筑面积/m^2	抵押面积	抵押期限	主债权数额	
1												
2												
3												
4												
5												
6												
7												

填表说明:

1. 本统计表应当包含企业所使用和享有所有权的全部房产信息,包括尚未办理房屋产权证的房产以及通过租赁、无偿使用等方式使用的其他单位的房产。
2. “证载所有权人”一栏填写所有权人全称;“实际使用人”一栏填写目前实际使用房屋的单位全称。
3. “使用状况”一栏按房屋建筑物的实际使用情况填写。
4. “备注”一栏应对以下事项作出说明:(1)通过租赁方式使用其他单位房屋建筑物或将房屋建筑物提供给其他单位使用的,租赁协议的签订主体、租赁期限和租金缴纳情况;(2)通过无偿使用的方式使用其他单位房屋建筑物或将房屋建筑物提供给其他单位使用的;(3)相关房屋产权手续和抵押登记手续的办理情况;(4)其他应予说明的事项。

附表四:土地情况统计

截至　　年　　月　　日

序号	使用权证编号	证载使用权人	实际使用人	基本情况						他项权利情况			是否缴纳出让金	备注
				坐落	土地用途	土地面积/m^2	取得方式	使用期限	终止期限	抵押面积	抵押期限	主债权数额		
1														
2														
3														
4														
5														
6														
7														

填表说明:

1.本统计表应当包含企业所占用和享有使用权的全部土地信息,包括通过租赁、无偿使用等方式占用的其他单位的土地。

2."证载使用权人"一栏填写使用权人全称;"实际使用人"一栏填写目前实际占用土地的单位全称。

3."取得方式"一栏填写"划拨"或者"出让"。

4."备注"一栏应对以下事项作出说明:(1)通过租赁、无偿使用等方式占用该宗土地的;(2)通过租赁、无偿使用等方式将土地提供给其他单位使用的;(3)土地实际用途与证载土地用途不一致的;(4)相关土地手续正在办理中的,目前的办理情况;(5)其他应予说明的事项。

附表五:车辆情况统计

截至　　年　　月　　日

序号	车辆牌号	车辆名称型号	机动车行驶证载所有权人	购置日期	账面价值		他项权利情况		是否正常行驶	备注
					原值	净值	担保金额	抵押期限		
1										
2										
3										
4										
5										
6										
7										
8										

填表说明:

1.本统计表应当包含目标企业所有和实际使用的全部车辆信息。

2."机动车行驶证载所有权人"一栏填写所有权人全称。

3."备注"一栏应对车辆保险的办理情况及与该车辆有关的其他情况作出说明。

二、法律尽职调查报告(框架)[①]

法律尽职调查报告是律师的服务成果,需要全面且有针对性,尤其是对于调查出来的问题,要有深入的阐释。

法律尽职调查报告(框架)

致:×公司

本所受贵司的委托,就贵司债务重组项目提供专项法律服务。

本所律师根据《中华人民共和国民法典》以及其他相关法律、行政法规、规章之规定,按照律师行业公认的业务标准、道德规范和勤勉尽责精神,出具本尽职调查报告。

顺祝商祺!

××律师事务所

××××年××月××日

释义

在本法律尽职调查报告中,除非文义另有所指,以下用语具有如下含义:

(略,请根据具体情况自行确定。)

前　　言

一、调查目的

本所就重组企业债务重组之目的,对重组企业进行全面的法律尽职调查,供贵司决策时参考。

二、调查范围与调查方法

本所组成了________在内的项目小组,于________年____月____日至________年____月____日派员进驻重组企业,现场开展法律尽职调查。

(一)尽职调查范围

为完成贵司委托的法律尽职调查工作,本所律师对重组企业进行了全面调查,包括但不限于:重组企业基本情况、股权结构及其变化、组织机构、资产情况、业务经营情况、财务状况、对外长期投资情况、重大合同情况、重大债权、债务情况(含对外担保情况)、或有负债及资信状况、劳动与人事情况、纳税情况、涉诉情况;调查重点为:重组企业财务状况、债务情况、资产情况、资金状况、重组企业以及实际控制人现实偿债能力。

(二)工作方式与信息来源

为完成本次法律尽职调查工作,本所律师审阅了重组企业提供的资料,与企业有关负责人员进行了会面和交谈。

(三)工作过程

为出具本报告,本所大致开展了以下四个阶段的工作:

1. 初步收集资料阶段

________年____月____日,本所律师向重组企业提交关于本次尽职调查的《尽职调查清单》。

2. 进驻企业所在地实地考察并收集资料阶段

________年____月____日至________年____月____日,本所律师进驻重组企业所在地,对重组企业进

---

① 参照某律师事务所及笔者某一版本的草稿。

行实地考察,现场收集资料。

3. 审阅有关资料阶段

本所律师对重组企业提供的资料进行了认真审阅,并就调查中出现的情况与重组企业有关人员进行多次沟通。

4. 补充收集资料与资料整理审核阶段

根据调查工作的深入开展,本所律师于________年____月____日向重组企业提交《补充法律尽职调查清单(一)》、________年____月____日向重组企业提交《补充法律尽职调查清单(二)》,进行资料的进一步收集。

5. 制作尽职调查报告

本所律师根据法律、法规和主管机关的有关规定,对前期的审查工作进行归纳总结、修改完善、分析研究,最终形成本报告。

三、律师声明

为出具本报告,本所律师特作声明如下:

(一)在进行本次尽职调查及出具本报告过程中,我们假设:

1. 重组企业提供的所有文件资料内容真实、准确、完整;

2. 重组企业提供的文件资料复印件与正本一致;

3. 重组企业提供的文件资料上的签字和盖章真实有效,并经合法授权。

(二)本报告的尽职调查基准日为________年____月____日,本报告描述或阐明法律问题时涉及的事实、信息和数据以本次调查基准日为准(文中另有说明除外)。

(三)对本报告至关重要而又无法获得独立证据支持的事实,本所律师依赖于有关行政机关、重组企业出具的证明文件和其工作人员作出的有关说明。

(四)本所律师依据有关法律、行政法规及其他规范性文件的规定及重组企业提供的资料所反映的事实出具本报告。本所律师并不对有关会计审计、资产评估等专业事项发表评论。在本报告中涉及会计审计、资产评估等内容时,均为按照重组企业提供的有关文件引述。

(五)本报告的所有内容构成完整的体系,不可对本报告单独或割裂引用、使用等。

(六)本报告系本所律师基于基准日以前已经发生或存在的事实作出的分析和判断,不排除在本所律师获取新的信息、资料或有关事实发生变化后对本报告的相关内容作出补充或修正。

第一章 基本情况

根据重组企业提供的企业法人营业执照、开户许可证、社保登记证……及工商登记资料,重组企业的基本信息如下:

一、重组企业概况

(本部分包括重组企业股权架构图。)

二、×公司

(一)基本信息

(本部分包括×公司的基本工商登记信息。)

(二)基本证照

(本部分包括×公司的所有证照信息。)

(三)股东及股权比例

(本部分包括×公司的股权结构情况,如股东名称、认缴出资额、实缴出资额、出资时间、股权比例等,以及股东基本信息等。)

三、其余重组企业

(本部分包括其余重组企业相关信息。)

四、小结

(本部分律师重点针对以下事项发表意见。)

1. 重组企业主体资质情况,是否符合债务重组的主体条件。

2. 重组企业股权是否存在瑕疵或者受权利限制,是否会对债务重组产生影响。

第二章　历 史 沿 革

一、×公司

(一)企业设立

(本部分包括×公司的工商设立登记信息,包括但不限于名称预先核准情况、设立时股权结构、股东实缴出资情况、×公司经营范围、住所、高级管理人员、准予设立登记情况等。)

(二)历次变更

1. 第一次变更——____________________变更

……

2. 第二次变更——____________________变更

……

(本部分包括×公司的历次变更信息。)

二、其余重组企业

(本部分包括其余重组企业历史沿革情况。)

三、小结

(本部分律师重点针对以下事项发表意见。)

1. 重组企业是否系依法设立并合法存续,是否能够独立享有民事权利及承担义务,是否存在可能影响其有效存续的法律障碍,以及存在法律法规和企业章程规定需要终止或解散的情形。

2. 除上述情形外,重组企业历次变更是否依法履行内部决策程序,并向市场监管部门进行了变更登记或备案,是否存在任何瑕疵。

第三章　组织架构及治理机制

一、组织架构

(本部分包括重组企业的组织架构图,如果存在各个重组企业组织架构相同的情况,可一并归纳。)

二、治理结构

(本部分包括重组企业的治理结构,如果存在各个重组企业治理结构相同的情况,可一并归纳。)

三、董事、监事、高级管理人员

(本部分包括重组企业现任董事、监事、高级管理人员情况。)

四、小结

(本部分律师重点针对以下事项发表意见。)

1. 重组企业现有管理结构及业务部门设置是否合理。

2. 重组企业是否按照法律规定设置了完善的治理结构,是否存在企业运营的重大法律风险。

第四章　企业业务与资质

一、重组企业主营业务概述

(本部分主要包括重组企业目前主营业务、核心产业、优势产业、市场占有率、市场竞争力等内容。)

二、重组企业业务资质

(本部分主要包括重组企业的业务资质。)

三、重组企业行业发展现状

（本部分将主要针对重组企业主营业务所处行业的行业政策、发展现状、发展趋势。）

四、小结

（本部分律师重点针对以下事项发表意见。）

1. 重组企业所处行业是否符合国家宏观经济政策、国家产业政策，是否符合通过债权人委员会主导的债务重组的条件。

2. 重组企业所具有的特殊业务资质，以进一步证明企业具有重组价值。

第五章 企业财务情况

一、企业财务管理情况

（本部分包括重组企业的财务管理制度、现行会计报表的合并原则及范围等财务管理情况。）

二、主要财务数据

（本部分主要包括根据重组企业××××年度审计报告、××××年度审计报告、××××年度审计报告以及截至××××年××月××日的财务报表反映的财务数据。）

（一）资产负债情况

（二）利润情况

三、主要债权债务情况

（本部分为尽职调查的重点内容，主要包括重组企业债权债务情况。）

（一）重组企业债务情况

1. 债务组成

（本部分包括全面梳理每笔债务的债权人、债务性质、债务成因、债务数额、期限、诉讼情况、财产抵押情况、查封保全情况、担保情况等。）

2. 债务分类

[本部分根据不同的分类标准，将各个种类的债务分类列示，分类标准包括如下内容：

根据债权人性质，可以分为：金融债务（包括银行债务和非银行金融债务）、非金融债务（包括供应商债务、承包商债务、委托贷款、集团内部往来等）。

根据债务是否实际发生，分为：直接债务、或有债务。

根据债务成因，可以分为：对债务人的特定财产享有担保权的债权；债务人所欠职工的工资和医疗、伤残补助、抚恤费用，所欠的应当划入职工个人账户的基本养老保险、基本医疗保险费用，以及法律、行政法规规定应当支付给职工的补偿金；债务人所欠税款；普通债权。

此外，在实际操作过程中，还可以债务金额、对后续债务重组方案的影响、债权人资金状态等对债务进行更为细化的分组（分类）。]

3. 债务总额及债权人数量

（本部分包括重组企业债务总额、金融债务总额、非金融债务总额等统计数据。）

（二）重组企业逾期负债情况

（本部分包括重组企业逾期负债金额、逾期时间、逾期理由等情况的全面梳理。）

（三）重组企业债权情况

1. 债权组成

（本部分为对重组企业所有应收账款的全面梳理，包括每笔债权的债务人、债权性质、债权成因、债权数额、期限、诉讼情况、担保情况、追索情况、是否逾期等。）

2. 债权分类

（本部分根据不同的分类标准，将各个种类的债权分类列示，以提供不同的标准全面追收应收账款。）

3. 债权总额

(本部分包括重组企业债权总额、债务人数量等统计数据。)

四、小结

(本部分律师重点针对以下事项发表意见。)

1. 通过对重组企业主营业务收入、主业营业成本、主业经营现金净流量、利润情况、可承受的债务水平等进行分析,论证是否符合债务重组的条件。

2. 通过分析重组企业债务组成,妥善处理每笔债务,提供合理的债务重组方案。

3. 通过分析重组企业的债权组成,提供不同的应收账款追收方案,为重组企业债务重组提供支持。

第六章　企业资产情况

一、不动产

(一)土地

(本部分包括重组企业享有土地使用权的所有土地,取得和使用农用地、集体土地的情况。)

(二)房屋

(本部分包括重组企业使用的通过购买、租赁方式取得的房屋情况。)

(三)在建工程

(本部分包括重组企业所有在建工程审批、建设、使用情况。)

二、动产

(一)固定资产

(本部分包括重组企业开展生产经营所需的主要设备设施情况,具体包括设备名称、取得方式、入账日期、原值、累计折旧、净值等。)

(二)车辆

(本部分包括重组企业使用车辆情况,包括车辆号牌、所有权人、车辆识别代码、车辆品牌、购买日期、账上原值、净值等。)

三、知识产权

(一)商标注册权

(本部分包括重组企业已取得商标权或者正在申请商标权的商标情况,包括商标标识、注册号、申请人、类别/核定使用商品、专用年限等。)

(二)专利

(本部分包括重组企业取得或者使用专利情况。)

(三)域名

(本部分包括重组企业域名注册情况。)

……

四、重组企业资产情况汇总

(本部分包括重组企业资产总额、资产分布区域、资产组成情况、现金资产所占比例、资产变现能力等。)

五、小结

(本部分律师重点针对以下事项发表意见。)

1. 现有重组企业的资产是否存在权利瑕疵、是否存在法律风险、是否存在影响本次债务重组的中重大障碍。

2. 通过对重组企业资产情况全面核查以及现金资产情况的核查,以确定债权人委员会成立区域、债务重组方案的制订与落实等。

第七章 重大合同

（本部分内容包括各类合同重点条款的梳理。）

一、借款合同

二、担保合同

三、采购协议

四、销售协议

五、××协议

六、小结

（本部分律师重点针对以下事项发表意见。）

1. 重组企业签署的尚处于履行期的合同是否存在重大法律风险。

2. 通过对重组企业借款合同、担保合同的梳理，核查企业债务组成情况。

第八章 企业税务及财政奖励情况

一、缴纳税种及税率

（本部分包括重组企业使用的税种、税率以及计税依据。）

二、税收优惠

（本部分内容包括重组企业享受的税收优惠。）

三、税款缴纳情况

（本部分包括重组企业欠缴税款情况。）

四、财政奖励

（本部分包括重组企业享受的财政奖励政策。）

五、小结

（律师重点针对以下事项发表意见。）

1. 重组企业是否存在欠缴税款的情况，如果存在，是否会对债务重组产生影响。

2. 重组企业是否享受税收优惠、财政奖励政策。

第九章 企业劳动人事情况

一、人员基本情况

（本部分包括重组企业所有员工人数、分类。）

二、员工管理制度

（本部分包括重组企业员工手册、员工管理制度等内容。）

三、劳动合同签署情况

（本部分包括重组企业与员工签署劳动合同情况、是否到期、劳动合同内容等。）

四、保密协议签署情况

（本部分包括重组企业与员工签署保密协议情况、保密协议内容等。）

五、社保和住房公积金缴纳情况

（本部分包括重组企业为员工办理的社会保险险种、缴费比例、缴费基数、缴纳情况等。）

（一）社会保险和住房公积金缴费比例

（二）社会保险和住房公积金缴费基数

（三）社会保险及住房公积金缴纳情况

六、劳动争议情况

（本部分包括重组企业与员工存在的劳动纠纷等情况。）

七、小结

(律师重点针对以下事项发表意见。)

1. 重组企业是否与所有员工签署劳动合同、是否存在到期续签的情形、是否按照相关规定足额为员工缴纳社会保险和住房公积金。

2. 重组企业是否存在拖欠职工工资和医疗、伤残补助、抚恤费用或者未缴纳各项社会保险费用等情况,是否需要纳入本次重组范围。

3. 重组企业是否与员工之间存在劳动纠纷,以至于对本次重组产生影响。

第十章　企业诉讼仲裁情况

(本部分包括重组企业涉及的所有尚未执行完毕的诉讼仲裁案件。)

第十一章　其他需要说明的情况

(本部分包括对律师在尽职调查过程中发现的,对本次债务重组产生重大影响的事项。)

第十二章　综 合 结 论

综合上述事项,本所律师认为:

一、基本结论

(本部分本所律师将主要针对重组企业是否具备通过债权人委员会主导的债务重组的条件进行论证,以及其他相关内容。)

二、影响本次债务重组的重大事项

(本部分包括对本次债务重组产生影响的重大事项进行归纳,并提供对应解决方案。)

1. ……

2. ……

(以下无正文。)

××律师事务所

律师签字:__________

××××年××月××日

三、债务重组方案(框架)①

债务重组方案包括对企业基本情况的说明,以及重组的操作方式,属于体现核心竞争力的解决问题的文件。

××债务重组项目的初步方案(框架)

释义

在本方案中,除非文义另有所指,以下用语具有如下含义:

(略,根据具体情况自行确定。)

① 参照某律师事务所及笔者某一版本的草稿。

一、重组企业概述

(一)重组企业范围

(本部分包括贵司及贵司下属纳入本次债务重组范围的企业的简要概括,包括股权架构、业务板块、重组原因等。)

(二)重组企业基本情况

(本部分包括重组企业基本情况介绍,包括主体资格、分布区域、主营业务、财务状况等。)

二、债务重组的必要性及可行性分析

(一)债务重组的必要性

(本部分内容主要包括重组企业面临的债务困境、重组企业债务危机对相关主体的影响、能否通过债务重组解决重组企业的债务危机等。)

(二)债务重组的可行性

(本部分内容主要包括重组企业主营业务的行业发展趋势,重组企业发展是否符合国家宏观经济政策、产业政策和金融支持政策,重组企业是否具有重组价值,金融机构或者地方政府等各方支持力度等。)

三、债务重组整体方案选择及操作流程

(一)整体方案选择

(本部分主要在上述分析论证的基础上,提供不同的整体债务解决方案,如债权人委员会主导的法庭外债务重组、由重组企业分别与金融机构进行协议重组、进入司法重整程序等,并进行对比分析,提出律师建议方案。)

(二)操作流程

(本部分将在选定的债务重组整体方案的基础上,提供重组方案的具体实施流程。)

四、债务重组具体方案安排

[本部分将结合重组企业的债务组成及分组(类)情况,提供不同的具体方案安排,如现金清偿债务、调整债务结构、转移债务、以资抵债、可转债、债转股等。]

五、其他需要说明的事项

(本部分律师将结合项目具体情况,对尽职调查过程中发现的、对本次重组具有重大影响的事项进行分析论证。)

六、综合结论

(本部分内容包括对上述事项的归纳总结,并明确提出律师建议。)

第十一章
税收管理[①]

税收是国家为了满足社会公共需要以及维持其统治阶级的职能,凭借其政治权力,依法参与社会财产再分配的一种形式。可以说,企业从“生”至“死”均离不开国家的税收管理。企业首先要了解税收基本知识,其次也需要进行合理合法的税收筹划,这里所讲的筹划,基础含义为确保能够做到依法纳税。

本章共分五节:

第一节　概述

介绍了税收的基本内涵、主要类型、构成要素、税收征收管理法律体系,以及税收实体法律体系。

第二节　公司税收基础政策解读

包括:公司税收法律发展;《企业所得税法》解读;增值税转型政策解读;个人所得税政策调整解读。

第三节　公司涉税管理操作实务

包括:公司并购业务税务管理;公司分立业务税务管理;公司债务重组业务税务管理。

第四节　公司涉税法律风险及税务行政救济

包括:影响公司涉税风险的基本因素;公司面临的主要涉税风险;公司涉税风险防范;公司涉税法律责任;公司涉税争议法律救济。

第五节　公司涉税事项办税指南

介绍了公司税务登记、涉税认定、发票管理、税收证明、税收优惠、申请纳税担保办税指南。

第一节　概述

一、税收的基本内涵

通过税收,国家按照事先公布的法定标准,强制地、无偿地取得财政收入,其基本职能是满足国家的基本财政需要和对经济运行实施有效的调控。税收是人类社会经济发展到一定历史阶段的产物,社会剩余产品和国家的存在是税收产生的基本前提。

---

① 本章相应内容仅作基础性参考,业内有“法规不过夜”之说,可见税务政策法规更新之快,具体操作时请查询国家及地方届时有效的法律法规,并以实务部门的要求为准。

从财政职能来看,税收是国家财政收入的主要来源。政府凭借社会公共权力,根据法律法规,代表国家对纳税人(包括法人企业、非法人企业和单位以及自然人)强制无偿征收税款,以满足社会公共需求和公共商品的需要。税收体现了国家主权和国家权利。

从经济调控职能来看,税收是国家实行宏观经济调控的重要经济杠杆之一。适度的宏观税收水平,科学合理的税收结构和税收制度,规范的税收政策,可以有效地调节国民收入再分配,促进生产要素流动,引导资源优化配置,推动经济增长和产业升级,促进充分就业和社会稳定。①

从监督职能来看,税收起到了对客观经济情况进行监督管理的作用。在税款征收过程中,国家需要在查明情况后,正确计算并收取税款,因而能发现纳税人在生产经营过程中或是在缴纳税款过程中存在的问题。国家征税部门对在征税过程中发现的问题,可以及时纠正解决,从而对纳税人的社会经济行为进行监督。

二、税收的主要类型

税收依据不同的分类标准和分类方法可以划分为不同的类型。

(一)中央税与地方税

按照收入的归属级次,税收可以分为中央税与地方税。中央税的收入归属中央政府,地方税的收入归属地方政府。如果遵循规范的财政收支划分,按照地方政府的层级不同,地方税还可以分为省级税、市级税、区县级税,以及乡镇级税等。不过,我国对税收收入的划分还只限于中央和地方,至于地方政府内部的收入划分,目前还没有统一的法律依据,而是由上级地方政府通过行政命令加以规定。

在实践中,除了中央税与地方税之外,还存在中央、地方共享税的形式。例如,我国的增值税即属于此种类型,增值税收入的75%归中央,25%归地方。除此之外,从2002年开始,企业所得税和个人所得税也开始实行按比例分享。

(二)一般目的税与特定目的税

根据收入的目的是否特定,税收可以分为一般目的税与特定目的税。从税收收入的用途来看,一般目的税并没有特定的用途,而是为了满足政府一般性的经费开支。而特定目的税进入国库之后,则会用于特定项目的开支,如环境保护税用于环境保护和污染治理,教育税用于教育事业的促进和发展,城建税用于城市维护及基础设施建设,等等。

(三)内地税与关税

内地税与关税的相异之处非常明显。关税针对商品及技术进出关境而征收,内地税则是针对境内的商品、劳务、所得、财产而征收的。不过,针对进出口商品,我国仍然征收增值税;如果符合条件,也可能征收消费税。对于境外的所得或财产,如果属于我国居民纳税人,还会征收所得税或财产税。尽管如此,关税仍然不同于内地税。关税考虑的并不是商品交易,或者所得与财产的取得,它只考虑商品是否进出关境。而增值税或消费税考虑的是交易,所得税考虑的是取得收益,财产税考虑的是取得财产。正因如此,对于进出口商品,完全可能同时征收三种税:增值税、消费税和关税。如果在境外取得所得或财产,还需缴纳所得税与财产税。

(四)所得税、流转税、财产税

由于征税对象可以分为所得额、流转额、财产额,因此税收也可以分为对应的三种,这通常被认为是税收最重要和最基本的分类。不过,这仅仅是针对内地税而言,不包括进出口环节的税收。

所得税是针对纳税人一定期限或特定交易的纯收益而征收的税,它包括企业所得税和个人所得税。流转税是针对商品或服务的流通交易额而征收的税,它所包含的具体税种非常丰富,如增值

① 参见国家税务总局教材编写组:《新征管法及其实施细则培训手册》,人民出版社2003年版,第2页。

税、营业税、消费税等。财产税是针对某些价额较高、对国民经济影响较大的稳定财产如土地、房产、车船等征收的税,它是抛开财产的流通或交易过程,特别着眼于财产本身而设计的税种。

一般情况下,我们都可以根据征税对象对税收分类。但是在某些情况下,流转税、所得税和财产税可能是同一过程的不同表述形式,如通过促销行为获得销售额,通过商品流通而取得财产,通过财产的利用而获取收益等。这样,一个税种究竟应该归入何种类型,并不一定只有一个答案。例如,契税在我国长期归入财产税,但契税的计税依据却是房地产的交易额,这又与流转税非常相似。又如,如果着眼于房地产,土地增值税似乎应当归入财产税;如果着眼于房地产交易,土地增值税似乎应当归入流转税;如果着眼于房地产交易的增值,土地增值税似乎又应归入所得税。除此之外,车辆购置税也存在类似的问题,无论是将其归入财产税还是流转税,都具有一定的合理性。

在我国税收理论中还存在一类税,它们是针对经济生活中纳税人的特定行为而开征的,因而被称为行为税。它们既可能出于财政目的,如印花税、屠宰税,也有可能出于对特定行为的鼓励或限制等政策目的,如固定资产投资方向调节税。行为税的征税范围一般都比较小,收入也不多,其地位远不如所得税和流转税重要。行为税一般针对事实行为而征收,不考虑该行为的法律效果。无论该行为在法律上是否合法,是否符合法律规定的形式要件,是否一直维持特定的法律效力,只要行为曾经发生,就必须缴纳税款。①

(五)从价税与从量税

根据计税依据的标准不同,税收可以分为从价税和从量税。从价税是指以征税对象的价格为计税依据,因而其应纳税额随课税对象价格的变化而变化。我国目前税制以从价税为主,如增值税、营业税、关税等。

从量税是指以征税对象的自然计量单位(如征税对象的件数、重量、容积、面积或长度)为标准课征的税,因而其应纳税额随课税对象的数量变化而变化,如资源税、耕地占用税、车船使用税、屠宰税等。

(六)价内税与价外税

以税收与价格的关系为标准,税收可分为价内税与价外税。价内税,是指以税金构成价格的内涵,作为课税对象价格的组成因素的税种。我国现行的消费税、营业税等都属于价内税。

价外税,是指税金不包括在课税对象价格之中的税种,增值税就是典型的价外税。在市场经济条件下,商品价格受价值规律的自发支配,商品生产者可以根据市场供求关系自由定价,其往往把价外税加到商品价格之中以达到转嫁税负的目的。②

三、税收的构成要素

税收的构成要素,又称课税要素,是指各种单行税法具有的共同的基本要素的总称。这一概念包含以下基本含义:一是税收要素既包括实体性的,也包括程序性的;二是税收要素是所有完善的单行税法都共同具备的,仅为某一税法所单独具有而非普遍性的内容,不构成税法要素,如扣缴义务人。在任何一个国家里,无论采用什么样的税收制度,税收的构成要素不外乎以下几项:纳税主体、征税对象、税率、纳税环节、纳税期限、纳税地点、税收优惠、税务争议及税收法律责任。

(一)纳税主体

纳税主体,又称纳税人或纳税义务人,是指税法规定的依法享有权利和直接负有纳税义务的自然人、法人或非法人组织。任何一部单行税法首先要解决的就是国家到底对谁征税的问题,税法对每一种税都规定了特定的纳税人,但往往存在重复、交叉的现象。同一纳税人可能要承担多个税种

---

① 参见刘剑文、熊伟:《财政税收法》,法律出版社 2007 年版,第 141 ~ 144 页。

② 参见欧阳光、张杨清:《公司税务管理与筹划》,法律出版社 2007 年版,第 6 页。

的纳税义务。

(二)征税对象

征税对象,又称征税客体,是指税法规定的征税标的物,指明了税法对什么征税。征税对象是各个税种之间相互区别的根本标志。根据征税范围不相交叉的原则设计出来的各个税种都有其各自的征税对象,并通过税法予以明确界定。因此,征税对象决定各个单行税法不同的特点和作用。我国目前税法规定的征税对象主要包括流转额、所得额或收益额、财产、行为及资源。

(三)税率

税率是应纳税额与征税对象之间的比例,是计算应纳税额的尺度,反映了征税的程度。在征税对象既定的情况下,税率的高低直接影响国家财政收入的多少和纳税人税收负担的轻重,反映了国家与纳税人之间的利益分配关系。因此,税率是税法的核心要素,是衡量国家税收负担是否适当的标志。税率主要有比例税率、定额税率和累计税率三种基本形式。

1. 比例税率,即对同一征税对象不论数额大小,都按同一比例征税。比例税率的优点在于同一征税对象的不同纳税人税收负担相同,有利于公平竞争;同时,计算简便,有利于税收征管。但是,比例税率没有考虑不同纳税人的负担能力,因而不能实现税负的实质公平。

2. 定额税率,即按照征税对象的计量单位规定固定税额,是税率的一种特殊形式,又称为固定税额。定额税率一般适用于从量计征的税种。其优点在于从量计征,有利于鼓励纳税人提高产品质量和改进包装,计算简便。但是,由于税额的规定与价格的变化情况脱离,因而,在价格提高时,不能使国家财政收入随国民收入的增长而同步增长,在价格下跌时,则会限制纳税人的生产积极性。

3. 累计税率,即按征税对象数额的大小,划分若干等级,每个等级由低到高规定相应的税率,征税对象数额越大税率越高,数额越小税率越低。累计税率根据计算方法和依据的不同,又可分为四种:一是全额累计税率,即对征税对象的金额按照与之相适应等级的税率计算税额。二是超额累计税率,即把征税对象按数额大小划分为若干等级,每个等级由低到高规定相应的税率,每个等级分别按该级的税率计税。三是全率累计税率,与全额累计税率的原理相同,只是税率累进的依据变为征税对象的某种比率,如销售利润率、资金利润率等。四是超率累计税率,与超额累计税率的原理相同,只是税率累进的依据变为征税对象的某种比率。

(四)纳税环节

纳税环节是指商品在整个流转过程中按照税法规定应当缴纳税款的阶段。纳税环节解决的就是在整个商品流转过程中征几道税,以及在哪个环节征税的问题。它关系到税收由谁负担、税款能否及时足额入库以及纳税人纳税是否便利的问题。

(五)纳税期限

纳税期限是税法规定的纳税主体向税务机关缴纳税款的具体时间。纳税期限是衡量征纳双方是否按时行使征税权力和履行纳税义务的尺度,是税收的强制性和固定性特征在时间上的体现。在纳税期限之前税务机关不能征税,纳税人也不能在纳税期限届满后拖延纳税。合理规定和严格纳税期限,对于国家财政收入及时入库起着重要的保障作用。纳税期限一般分为按次征收和按期征收两种。在现代税制中,一般还将纳税期限分为交税期限和申报期限两段,但也可以将申报期限内含于交税期限之中。

(六)纳税地点

纳税地点是指缴纳税款的地域范围。纳税地点一般为纳税人的住所地,也有规定在营业地、财产所在地或特定行为发生地的。纳税地点关系到税收管辖权和是否便利纳税等问题,在税法中明确规定纳税地点有助于防止漏征或重复征税。

(七)税收优惠

税收优惠是指税法对某些特定的纳税人或征税对象给予的一种免税规定,它包括减免税、税收抵免、先征后返等多种形式,其实质内容就是免除纳税人依法应当履行的纳税义务中的一部分。税收优惠按照优惠目的通常可分为照顾性和鼓励性两种;按照优惠范围可分为区域性和产业性两种。一般而言,为了维护税法的严肃性和统一性,税法中对税收优惠的规定较为严格,并且要履行一定的审批手续。税收优惠是体现国家宏观经济政策导向的重要手段。

(八)税务争议

税务争议是指税务机关与税务管理相对人之间,因确认或实施税收法律关系而产生的纠纷。解决税务争议主要通过税务行政复议和税务行政诉讼两种方式,并且一般要以税务管理相对人缴纳税款为前提,在税务争议期间,税务机关的决定不停止执行。这主要是为了保护国家税收利益不受侵犯,具有典型的行政法特征。

(九)税收法律责任

税收法律责任是税收法律关系的主体因违反税法所应当承担的法律后果。税法规定的法律责任形式主要有三种:一是经济责任,包括补缴税款、加收滞纳金等;二是行政责任,包括吊销税务登记证、行政罚款等;三是刑事责任,对违反税法情节严重构成犯罪的行为,要依法承担刑事责任。[①]税收法律责任是税收强制性的具体体现,是税法得以贯彻执行,国家税收利益得以实现的有力保障。

四、税收征收管理法律体系

我国现行税收征管体制是按照"以纳税申报和优化服务为基础,以计算机网络为依托,集中征收,重点稽查,强化管理"原则构建的。税收征管的法律依据主要是《税收征收管理法》及配套的《税收征收管理法实施细则》,以及《海关法》和《进出口关税条例》。由税务机关负责征收的税种的征收管理,按照《税收征收管理法》及其实施细则执行;由海关负责征收的税种的征收管理,则按照《海关法》《进出口关税条例》等有关规定执行。

(一)税收征收管理的基本内涵

税收依赖于制定的税收政策,但是,税收无法自动实现其职能,它必须通过税收管理才能实现。税收管理是国家以法律为依据,根据税收的特点及其客观规律,对税收参与社会分配活动全过程进行决策、计划、组织、协调和监督控制,以保证税收职能作用得以实现的一种管理活动,也是政府通过税收满足自身需求,促进经济结构合理化的一种活动。

一般认为,广义上的税收管理包括税收立法管理、税收征收管理、税务行政司法管理和税务组织管理等几个方面。其中,税收征收管理是一种执行性管理,是指在税法制定之后,由税务行政机关按照税法的要求具体实施的过程。通常具体包括税务登记管理、纳税申报管理、税款征收管理、减税免税及退税管理、税收票证、纳税检查和税务稽查、纳税档案资料管理、税收计划、会计及统计管理。

狭义上的税收管理就是税收征收管理,是税务行政机关为了保证税收职能的实现,依照税收法律、法规的规定,代表国家行使征税权力,对纳税人应纳税额组织入库的一种行政行为。

按照上述定义,可以概括出税收征收管理概念的基本要点是:

1. 税收征收管理的主体是各级税务行政机关。各级税务行政机关代表国家行使征税权力,进行税款的征收活动。按照《税收征收管理法》(2015 年修正)第 14 条的规定,所谓税务机关就是指各级税务局、税务分局、税务所和按照国务院规定设立的并向社会公告的税务机构。

---

① 参见马林:《税收法制基本知识》,东北财经大学出版社 2000 年版,第 33~35 页。

2. 税收征收管理的对象是纳税单位和个人以及征纳双方的征纳活动过程。

3. 税收征收管理的目的是保证税收职能的实现。税收最基本的职能是财政职能,只有通过税款征收、组织入库,才能保证财政收入。从而满足社会公共需要,补偿社会费用,使社会再生产得以正常运行。税收的宏观调控职能,以及税收监督的职能,也只有通过税收的征收管理,才能真正得以实现。

4. 税收征收管理的依据是税收法律、法规,它不仅包括《税收征收管理法》及其实施细则和《海关法》和《进出口关税条例》等税收程序法律,还包括各税种的税法、条例及其实施细则等税收实体法律。税收的征收管理,要坚持依法办事,税收征管法律、法规是征纳双方都必须共同遵守的准绳。例如,《税收征收管理法》(2015 年修正)第 3 条明确规定,税收的开征、停征以及减税、免税、退税、补税,依照法律的规定执行;法律授权国务院规定的,依照国务院制定的行政法规的规定执行。任何机关、单位和个人不得违反法律、行政法规的规定,擅自作出税收开征、停征以及减税、免税、退税、补税和其他同税收法律、行政法规相抵触的决定。

总之,税收征收管理就其实质而言属于一种国家行政行为。具体地说,税收征收管理是税务机关按照国家税法实施的各种具有法律效力的税务行政行为。它是国家行使政治权力的体现,是对纳税人应纳税额征收入库过程进行组织、计划、指挥、协调、监督和控制的一种行政管理活动。

(二)税收征收管理的基本内容

作为政府,在税收问题上,除了税制设计外,几乎最重要的工作就是强化税收征管。一种不可管理的税制是没有价值的,理论上完美的税制,很可能在实践中由于难以执行而变成蹩脚的税制。在这方面,不少国家吃过亏。我国的筵席税、奖金税以及固定资产投资方向调节税,从税制设计角度来看,不能不说没有新意,然而,都因为无法进行有效的税收征管而作罢。正是基于这样的原因,每一个国家为了确保税收功能的实现,都将建立一个完善的税收征管制度作为不懈追求的目标。

纳税义务虽然通常由实体法作出明确规定,但须经过征税主体对其确认才能履行。具体而言,这种确认包括以下几个方面:一是征税主体对纳税义务主体的确认,一般可以称为税务登记;二是征税主体对纳税义务数额的确认,一般可以称为纳税申报审核;三是征税主体对纳税义务完成的确认,一般可以称为税款征收;四是征税主体对纳税主体履行纳税义务质量的确认,一般可以称为税务稽查。以这四个环节即税务登记、纳税申报、税款征收和税务稽查为主线,加之为纳税人提供服务和对纳税人税务违法行为的处罚,就构成了税收征收管理的主要内容。

税收征收管理有着十分广泛的内容,如果我们适当归并,则基层税务机关的日常征管工作就可以概括为税款征收、税务管理和税务稽查三个方面的内容:

1. 税款征收包括纳税申报、税款征收,以及纳税资料的收集、整理、传递和保管工作。它是税务机关按照税收法律、法规的规定,采取一定的税收征收管理形式、税款征收方法和步骤,以保证税款及时、足额入库的具体征税活动,也是应缴国家的税款自纳税人手里转移到国家财政金库的具体过程。

2. 税务管理是相对于征收和检查而言的狭义的管理,包括经济税源管理、税务登记、纳税辅导、税法宣传、发票账簿管理以及催缴税款等。它是通过制定、建立并贯彻一系列的办法、制度和措施,以指导和监督纳税人遵守税收法规,正确履行纳税义务。

3. 税务稽查是税务机关依据国家税收法律、法规和财务会计制度的规定,采取各种方法和手段,对纳税人履行纳税义务的情况进行检查监督,以纠正违反税收法规的行为,确保应纳税款全部及时入库,做到应收尽收的一种管理活动。税务稽查可视情况及需要对纳税人进行普查或抽查、定期或不定期稽查。对于违法和逃税、骗税及抗税案件,还要负责汇集、整理、上报有关资料,以及传递有关信息。

税款征收、税务管理和税务稽查是税收征收管理的主要内容,它们是相互联系、相互补充、相互依存又相互制约的统一的有机整体。其中,自税务登记开始的税务管理,属事前管理,它是征收和稽查的基础与前提;以申报纳税和税款解缴入库为主要内容的税款征收,是事中控制,它是整个税收征收管理的中心环节,也是其主要目的之所在;而纠正违反税收法规的行为及处理违法案件的税务稽查则是事后监督,它既可以反映事前管理存在的问题,又可以检查事中征收的质量,是管理的深入和实现征收的保障。①

五、税收实体法律体系

我国目前的实体税制基本上是以间接税和直接税为双主体的税制结构,其中以间接税(增值税、消费税、营业税)为主。我国税制的发展共经历了三个时期、六次变革。1994 年税制改革在我国初步建立了适应社会主义市场经济体制需要的税收制度。

从 1994 年起,经过历次税收制度改革,我国目前主要税种有:(1)增值税;(2)消费税;(3)营业税;(4)城市维护建设税;(5)关税;(6)资源税;(7)土地增值税;(8)城镇土地使用税;(9)房产税;(10)印花税;(11)契税;(12)车船使用税、车辆购置税、城市房地产税;(13)企业所得税;(14)个人所得税;(15)耕地占用税、烟叶税等。这些税种中,除《企业所得税法》和《个人所得税法》是以国家法律的形式发布实施外,其他各税种都是经全国人大授权立法,由国务院以暂行条例的形式发布实施的。规范这些税种的税收法律、法规就组成了我国的税收实体法律体系。下文对主要税种进行说明。

(一)增值税

增值税,是指以商品流通和劳务提供在各个流转环节的增值额为征税对象的一种税。它是以商品销售额和应税劳务营业额为计税依据,运用税收抵扣原则征收的一种流转税。

增值税的纳税人,是在我国境内销售货物或者提供加工、修理修配劳务以及进口货物入境的单位和个人。增值税的纳税人分为两类,即小规模纳税人和一般纳税人。小规模纳税人是指经营规模较小,会计核算不健全的纳税人,其与一般纳税人的划分原则相比,关键是看会计核算是否健全,是否能够以规范化的办法计征增值税。

增值税实行不含税价计税方式,俗称价外税,税率设计是以价外税为基础,遵循中性和简便原则,考虑到大多数纳税人的承受能力等诸多因素确定的。目前增值税税率有三档:基本税率定为 17%;低税率为 13%,列入低税率的产品主要是农业生产资料以及关系到人民生活的必需品;再有就是零税率,只适用于出口货物,出口货物包括两类,一是报关出境货物,二是输往海关管理的保税工厂、保税仓库和保税区的货物。另外,小规模纳税人发生应税行为,实行按照销售额和征收率计算应纳税额的简易办法,并不得抵扣进项税额,小规模纳税人增值税征收率为 3%。

(二)消费税

消费税,是 1994 年税制改革在流转税中新设置的一个税种,是在对商品普遍征收增值税的基础上,选择少数消费品再征收的一个税种,主要是为了调解产品结构,引导消费方向,保证国家财政收入。目前,确定征收消费税的只有烟、酒、化妆品、贵重首饰及珠宝玉石、成品油等 14 个消费品。

消费税的纳税义务人,是指在我国境内生产、委托加工和进口特定消费品的单位和个人。消费税纳税义务人必须同时具备两项条件:一是发生应税行为,即从事生产(包括自产自用)、委托加工和进口应税消费品;二是应税行为发生在中国境内。消费税实行价内税,只在应税消费品生产、委托加工和进口环节缴纳,在以后的批发、零售等环节,因为价格中已包含消费税,因此不用再缴纳消费税,其税款最终由消费者承担。

① 参见国家税务总局教材编写组:《新征管法及其实施细则培训手册》,人民出版社 2003 年版,第 8 页。

消费税的征税范围在我国主要是指需要进行特殊税收调解的消费品,主要有六大类:(1)过度消费对人类健康、社会秩序和生态环境造成危害的消费品,主要包括烟、酒、鞭炮及焰火、木制一次性筷子和实木地板;(2)奢侈品,主要包括贵重首饰及珠宝玉石、高尔夫球及球具、高档手表;(3)高能耗及高档消费品,主要包括汽车轮胎、摩托车、小汽车和游艇;(4)不可再生和替代的消费品,主要包括成品油;(5)非生活必需品,主要包括化妆品;(6)具有一定财政意义的消费品。我国消费品的征税范围具体可划分为 14 个税目。

我国消费品采用从价定率和从量定额的办法征税,按不同消费品分别采用比例税率、定额税率以及比例税率与定额税率相结合的税率。对黄酒、啤酒和成品油实行定额税率,对卷烟和白酒实行比例税率与定额税率相结合的税率,对其他应税消费品实行比例税率。

(三)营业税

营业税,是对在我国境内提供应税劳务、转让无形资产或销售不动产的单位和个人,就其所取得的营业额征收的一种税。营业税是流转税中的一个主要税种。

营业税的纳税人,是指在我国境内提供应税劳务、转让无形资产或销售不动产的单位和个人。外商投资企业、外国企业以及在我国境内有经营行为的外籍个人也是营业税的纳税人。营业税的征税对象是纳税人在我国境内提供应税劳务、转让无形资产或销售不动产所取得的营业额。其中所称"应税劳务"是指属于交通运输业、建筑业、金融保险业、邮电通信业、文化体育业、娱乐业、服务业征税范围的劳务。其中"无形资产"是指土地使用权、商标权、专有技术、著作权等。"不动产"是指不能移动,移动后会引起性质、形状改变的财产,包括建筑物及其地上附着物。

营业税根据行业的不同实行有差别的比例税率,具体分为三档税率:交通运输业、建筑业、邮电通信业、文化体育业适用 3% 税率;金融保险业、服务业、转让无形资产、销售不动产适用 5% 税率;娱乐业税率为 5% ~ 20%,具体适用税率由省、自治区、直辖市人民政府根据当地的实际情况,在规定的税率幅度内确定。营业税税目的调整权在国务院。纳税人兼营不同税目应税行为的,应分别核算不同税目应税行为的营业额,不分别核算或不能准确核算营业额的,从高适用税率计算应纳营业税税额。

根据《关于印发〈营业税改征增值税试点方案〉的通知》(财税〔2011〕110 号)的规定,改革试点的主要税制安排包括:

1. 在现行增值税 17% 标准税率和 13% 低税率基础上,新增 11% 和 6% 两档低税率。租赁有形动产等适用 17% 税率,交通运输业、建筑业等适用 11% 税率,其他部分现代服务业适用 6% 税率。

2. 计税方式。交通运输业、建筑业、邮电通信业、现代服务业、文化体育业、销售不动产和转让无形资产,原则上适用增值税一般计税方法。金融保险业和生活性服务业,原则上适用增值税简易计税方法。

3. 计税依据。纳税人计税依据原则上为发生应税交易取得的全部收入。对一些存在大量代收转付或代垫资金的行业,其代收代垫金额可予以合理扣除。

4. 服务贸易进出口。服务贸易进口在国内环节征收增值税,出口实行零税率或免税制度。

(四)城市维护建设税

城市维护建设税,是以纳税人实际缴纳的增值税、消费税和营业税的税额为计税依据而征收的一种税。外商投资企业、外国企业和进口货物者不征收城市维护建设税。

城市维护建设税的纳税义务人,是缴纳增值税、消费税和营业税的单位与个人。其计税依据是纳税人实际缴纳的增值税、消费税和营业税的税额,并实行差别比例税率。

(五)关税

关税,是指设在边境、沿海口岸或国家指定的其他水、陆、空国际交往通道的海关,按照法律法规规定,对进出国境的货物、物品征收的一种税。关税分为进口关税和出口关税。

关税的纳税人,包括进口货物的收货人、出口货物的发货人、进出境物品的所有人。关税的征税对象包括进出我国国境的货物和物品。除国家规定享受减免税的货物可以免征或减征关税外,所有进口货物和少数出口货物均属于关税的征收范围。

关税的税目和税率由《进出口关税条例》《进境物品进口税税率表》等法规规定。关税的税率为差别比例税率,分为进口税率、出口税率和特别关税。

(六)资源税

资源税,是指为了调节资源开发过程中的级差收入,以自然资源为征税对象的一种税。

资源税的纳税义务人,是在我国境内开采应税矿产品或生产盐的单位和个人。资源税的征税范围包括矿产品和盐类。

资源税采用定额税率,实行从量定额征收。

(七)土地增值税

土地增值税,是指对转让国有土地使用权、地上建筑物及其附着物,并取得收入的单位和个人,就其转让房地产所取得的增值额征收的一种税。

土地增值税的纳税义务人,是指转让国有土地使用权、地上建筑物及其附着物并取得收入的单位和个人。土地增值税的征税范围包括:转让国有土地使用权;地上建筑物及其附着物连同国有土地使用权一并转让。土地增值税的计税依据为纳税人转让房地产所取得的增值额,并实行四级超率累计税率。

(八)城镇土地使用税

城镇土地使用税,是以城镇土地为征税对象,对拥有土地使用权的单位和个人征收的一种税。城镇土地使用税只对内资企业、单位和个人开征,对外资企业和外籍人员不征收。

城镇土地使用税的纳税义务人,是指在税法规定的范围内使用土地的单位和个人。城镇土地使用税的征税对象是在城市、县城、建制镇和工矿区内的国家所有和集体所有的土地。

城镇土地使用税采用分类分级的幅度定额税率。

(九)房产税

房产税,是以房产为征税对象,按照房产的计税价值或房产租金收入向房屋产权所有人征收的一种税。

房产税的纳税义务人,是指在我国城市、县城、建制镇和工矿区内拥有房屋产权的单位和个人。具体包括产权所有人、经营管理单位、承典人、房屋代管人或实际使用人。房产税的征税对象是房产。

房产税以房产的计税价值或房产租金收入为计税依据。房产税采用比例税率,依照房产计税价值计算缴纳的,税率为1.2%;依照房产租金收入计算缴纳的,税率为12%。

(十)印花税

印花税,是对经济活动和经济交往中书立、领受具有法律效力的凭证的单位和个人征收的一种税。

印花税的纳税义务人,是在我国境内书立、领受、使用法规所列举的凭证的单位和个人。根据书立、领受、使用应税凭证的不同,纳税人可分为立合同人、立账簿人、立据人、领受人和使用人。

印花税的征税范围具体采用列举法,按照法规列举的税目征税,共划分为13个税目。印花税的税率包括比例税率和定额税率两种。

(十一)契税

契税,是对在我国境内转移土地、房屋权属,而对承受土地、房屋权属的单位和个人征收的一种税。

契税的纳税义务人,是在我国境内,因土地、房屋权属转移而承受土地、房屋权属的单位和个人。契税以在我国境内转移土地、房屋权属的行为为征税对象,土地、房屋权属未发生转移的,不征收契税。

契税采用比例税率,并实行3%~5%的幅度税率。

(十二)车船使用税

车船使用税,是指国家对行驶于境内公共道路的车辆和航行于境内河流、湖泊或领海的船舶,依法征收的一种税。

车船使用税的纳税人,是指在我国境内拥有并使用车船的各类国有企业、集体企业、私营企业、股份制企业、其他企业和行政单位、事业单位、军事单位、社会团体、其他单位及个体经营者和其他个人。

车船使用税采取定额税率计税,分别按车船的种类、大小、使用性质规定不同的定额税率。由于不同的地区经济发展不平衡,运输单位和个人的收入水平和税负能力差别较大,为贯彻合理负担原则,对应税车辆全国统一规定固定的幅度税额。①

(十三)企业所得税

根据最新的企业所得税税制改革方案,我国已将《企业所得税暂行条例》和《外商投资企业和外国企业所得税法》予以合并,并自2008年1月1日起实行统一的《企业所得税法》。

企业所得税,是指对我国境内的企业和其他取得收入的组织,就其源于中国境内、境外的生产、经营所得和其他所得征收的一种税。

企业所得税的纳税义务人分为居民企业和非居民企业,其中:居民企业是指依法在中国境内成立,或者依照外国(地区)法律成立但实际管理机构在中国境内的企业;非居民企业是指依照外国(地区)法律成立且实际管理机构不在中国境内,但在中国境内设立机构、场所的,或者在中国境内未设立机构、场所,但有源于中国境内所得的企业。企业所得税的纳税人不包括个人独资企业和合伙企业。

居民企业应当就其源于中国境内、境外的所得缴纳企业所得税;非居民企业在中国境内设立机构、场所的,应当就其所设机构、场所取得的源于中国境内的所得,以及发生在中国境外但与其所涉机构、场所有实际联系的所得,缴纳企业所得税;非居民企业在中国境内未设立机构、场所的,或者虽设立机构、场所但取得的所得与其所设机构、场所没有实际联系的,应当就其源于中国境内的所得缴纳企业所得税。

企业所得税的计税依据为纳税人每一纳税年度的收入总额,减除不征税收入、免税收入、各项扣除以及允许弥补的以前年度亏损后的余额,即应纳税所得额。

企业所得税实行比例税率,基本税率为25%。同时法律规定,对符合法律法规规定条件的小型微利企业实行20%的比例税率;对符合法律法规规定条件的高新技术企业实行15%的比例税率;对未在我国境内设立机构、场所的非居民企业取得源于我国境内的所得,或者取得所得与其所设机构、场所没有实际联系的实行10%的预提所得税率。

(十四)个人所得税

个人所得税,是指对个人(自然人)取得的各项应税所得征收的一种税。

个人所得税的纳税义务人,包括中国公民、个体工商户、合伙企业、个人独资企业以及在中国有所得的外籍人员(包括无国籍人员)和中国香港特别行政区、澳门特别行政区、台湾地区同胞。个

---

① 参见欧阳光、张杨清:《公司税务管理与筹划》,法律出版社2007年版,第13~17页。

人所得税纳税人分为居民纳税人和非居民纳税人,其中:居民纳税人是指在中国境内有住所,或者无住所而在中国境内居住满一年的个人;非居民纳税人是指在中国境内无住所又不居住或者无住所而在我国境内居住不满一年的个人。对于居民纳税人,应就其源于中国境内和境外的所得征收个人所得税;对于非居民纳税人,仅就其源于中国境内的所得征收个人所得税。

现行个人所得税共有 11 个应税项目,实行超额累计税率与比例税率相结合的税率,其中:(1)综合所得,适用3% ~45% 的超额累进税率;(2)经营所得,适用 5% ~35% 的超额累进税率;(3)利息、股息、红利所得,财产租赁所得,财产转让所得和偶然所得,适用比例税率,税率为 20% 。

(十五)耕地占用税

耕地占用税,是国家为了合理利用土地资源,加强土地管理和保护耕地之目的而开征的一个税种。

耕地占用税的纳税人,是指占用耕地建房或者从事非农业建设的单位和个人,包括国有企业、集体企业、私营企业、股份制企业、外商投资企业、外国企业以及其他企业和事业单位、国家机关、军事单位、社会团体、其他单位及个体经营者和其他个人。

耕地占用税的计税依据是纳税人实际占用的耕地面积,并根据耕地所处地区实行幅度定额税率。

第二节　公司税收基础政策解读

一、公司税收法律发展

1994 年的税制改革后,我国初步建立了适应社会主义市场经济体制要求的税制体系框架,有力地促进了改革开放和经济发展。然而,随着我国经济发展的不断深入,我国现行税制在某些方面出现了与经济发展需要不符的问题,特别是在我国"入世"后,肩负着"入世"承诺,面对国内外的竞争压力,我国税收法律制度有待做进一步的调整。新一轮税制改革正在进行中。

2003 年 10 月 14 日,党的十六届三中全会通过了《中共中央关于完善社会主义市场经济体制若干问题的决定》,在"完善财税体制,深化金融改革"的决定中,确定了新一轮税制改革的基本方向和内容。根据该决定,我国将分步实施税收制度改革,新一轮税制改革的主要内容包括:按照"简税制、宽税基、低税率、严征管"的原则,稳步推进税收改革。改革出口退税制度;统一各类企业税收制度;增值税由生产型改为消费型,将符合条件的固定资产投资纳入增值税抵扣范围;完善消费税,适当扩大税基;改进个人所得税,实行综合和分类相结合的个人所得税制度;实施城镇建设税费改革,条件具备时对不动产开征统一规范的物业税,相应取消有关收费;在统一税政前提下,赋予地方适当的税政管理权;创造条件逐步实现城乡税制统一。①

从党的十六届三中全会确立新一轮税收体制改革总体目标后,我国政府以"简税制、宽税基、低税率、严征管"为税制改革指导原则,逐步稳妥地对现有税种及相关税收体制实施了进一步的修改和完善,并已取得卓有成效的改革成果,初步建立了相对完善,符合我国经济现状及经济发展需求,适应经济全球一体化格局的新的税收体制。在出口退税方面,已初步完成出口退税制度改革,降低了出口退税率,调整了出口退税适用商品的范围;在个人所得税方面,将工资、薪金所得减除额标准上调至 2000 元,调整了个人所得税代扣代缴制度,并开始实行年所得 12 万元以上个人自行申报纳税制度;在企业所得税方面,结束实行多年的内资企业与外资企业分立两套税制制度,实现内资企业与外资企业所得税的统一;在消费税方面,推行成品油价税费改革,取消公路养路费等六项

① 参见欧阳光、张杨清:《公司税务管理与筹划》,法律出版社 2007 年版,第 19 页。

收费政策,同时提高成品油消费税税率;在增值税方面,在全国范围内推行增值税转型改革,变生产型增值税制度为消费型增值税制度,对符合条件的固定资产投资允许增值税进项税额抵扣,并相应调整营业税和消费税相关税收政策。

随着我国经济的不断发展,改革开放的不断推进,我国政府还将继续完善和调整现行的税收体制,如实行综合和分类相结合的个人所得税制度,调整和完善资源税,在条件和机会成熟的情况下实现增值税和营业税的两税合并,采取有效的税收制度提高企业所得税和个人所得税在财政收入的比重,适时推行物业税和遗产税等新型税种。

二、《企业所得税法》解读

(一)《企业所得税法》及其实施条例的制定背景

为进一步完善社会主义市场经济体制,适应经济社会发展新形势的要求,为各类企业创造公平竞争的税收环境,根据党的十六届三中全会关于"统一各类企业税收制度"的精神,2007 年 3 月 16 日,十届全国人大五次会议审议通过了《企业所得税法》,并于 2017 年、2018 年修正。2017 年修正内容为:将第 9 条修改为"企业发生的公益性捐赠支出,在年度利润总额 12% 以内的部分,准予在计算应纳税所得额时扣除;超过年度利润总额 12% 的部分,准予结转以后三年内在计算应纳税所得额时扣除。"2018 年修正内容为:将第 51 条第 1 款中的"非居民企业在中国境内设立两个或者两个以上机构、场所的,经税务机关审核批准"修改为"非居民企业在中国境内设立两个或者两个以上机构、场所,符合国务院税务主管部门规定条件的"。

为了保障《企业所得税法》的顺利实施,财政部、国家税务总局、原国务院法制办会同有关部门根据《企业所得税法》规定,认真总结实践经验,充分借鉴国际惯例,对需要在实施条例中明确的重要概念、重大税收政策以及征管问题做了深入研究论证,在此基础上起草了《企业所得税法实施条例(草案)》,报送国务院审议。2007 年 11 月 28 日,国务院第 197 次常务会议审议通过。12 月 6 日正式发布《企业所得税法实施条例》,自 2008 年 1 月 1 日起与《企业所得税法》同步实施,并于 2019 年进行了修订。

(二)《企业所得税法》及其实施条例与原税法相比的重大变化

与《外商投资企业和外国企业所得税法》(已失效)及其实施细则、《企业所得税暂行条例》(已失效)相比,《企业所得税法》及其实施条例的重大变化,表现在以下方面:

一是法律层次得到提升,改变了过去内资企业所得税以暂行条例(行政法规)形式立法的做法;

二是制度体系更加完整,在完善所得税制基本要素的基础上,充实了反避税等内容;

三是制度规定更加科学,借鉴国际通行的所得税处理办法和国际税制改革新经验,在纳税人分类及义务的判定、税率的设置、税前扣除的规范、优惠政策的调整、反避税规则的引入等方面,体现了国际惯例和前瞻性;

四是更加符合我国经济发展状况,根据我国经济社会发展的新要求,建立税收优惠政策新体系,实施务实的过渡优惠措施,服务我国经济社会发展。

(三)《企业所得税法》及其实施条例的主要内容

《企业所得税法》实现了五个方面的统一,具体是:统一税法并适用于所有内外资企业,统一并适当降低税率,统一并规范税前扣除范围和标准,统一并规范税收优惠政策,统一并规范税收征管要求。

除了上述"五个统一"外,《企业所得税法》规定了两类过渡优惠政策:

一是对《企业所得税法》公布前已经批准设立、享受企业所得税低税率和定期减免税优惠的老企业,给予过渡性照顾。

二是对法律设置的发展对外经济合作和技术交流的特定地区内,以及国务院已规定执行上述地区特殊政策的地区内新设立的国家需要重点扶持的高新技术企业,给予过渡性税收优惠。同时,国家已确定的其他鼓励类企业,可以按照国务院规定享受减免税优惠政策。

为了保证《企业所得税法》的可操作性,《企业所得税法实施条例》按照《企业所得税法》的框架,对《企业所得税法》的规定逐条逐项细化,明确了重要概念、重大政策以及征管问题。主要内容包括:

一是明确界定了《企业所得税法》的若干重要概念,如实际管理机构、公益性捐赠、非营利组织、不征税收入、免税收入等;

二是进一步明确了企业所得税重大政策,具体包括收入、扣除的具体范围和标准,资产的税务处理,境外所得税抵免的具体办法,优惠政策的具体项目范围、优惠方式和优惠管理办法等;

三是进一步规范了企业所得税征收管理的程序性要求,具体包括特别纳税调整中的关联交易调整、预约定价、受控外国公司、资本弱化等措施的范围、标准和具体办法,纳税地点,预缴税和汇算清缴方法,纳税申报期限,货币折算等。

(四)企业所得税制度体系建设的总体设想

《企业所得税法》及其实施条例出台后,对企业所得税的基本税制要素、重大政策问题以及主要的税收处理作了明确规定,但由于企业所得税涉及各行各业,与企业生产经营的方方面面密切相关,还无法做到对所有企业、所有经济交易事项的所得税处理逐一规定。例如,《企业所得税法实施条例》中仅规定了企业重组的所得税处理原则,没有对各种形式的企业重组的所得税处理予以具体明确;居民企业汇总纳税的所得税管理也没有作具体规定。

因此,针对企业所得税制度的特点,结合我国税收立法实践,《企业所得税法》及其实施条例出台后,国务院财政、税务主管部门还将根据《企业所得税法》及其实施条例的规定,针对一些具体的可操作性问题,研究制定部门规章和具体操作的规范性文件,作为《企业所得税法》及其实施条例的配套制度。通过这样的制度安排,形成企业所得税法律、行政法规、规章及其规范性文件的三个层次的制度框架,形成一个体系完备、符合国际惯例、便于操作的企业所得税制度体系。

(五)纳税人范围的确定

考虑到实践中从事生产经营经济主体的组织形式多样,为充分体现税收公平、中性的原则,《企业所得税法》及其实施条例改变过去内资企业所得税以独立核算的三个条件来判定纳税人标准的做法,将以公司制和非公司制形式存在的企业和取得收入的组织确定为企业所得税纳税人,具体包括国有企业、集体企业、私营企业、联营企业、股份制企业、中外合资经营企业、中外合作经营企业、外国企业、外资企业、事业单位、社会团体、民办非企业单位和从事经营活动的非法人组织,与国际上大多数国家的做法保持协调一致。

同时考虑到个人独资企业、合伙企业属于自然人性质企业,没有法人资格,股东承担无限责任,因此,《企业所得税法》及其实施条例将依照中国法律、行政法规成立的个人独资企业、合伙企业排除在企业所得税纳税人之外。

(六)纳税人和纳税义务的确定

税收管辖权是一国政府在税收管理方面的主权,是国家主权的重要组成部分。为了更好地有效行使我国税收管辖权,最大限度地维护我国的税收利益,《企业所得税法》根据国际通行做法选择了地域管辖权和居民管辖权相结合的双重管辖权标准,把纳税人分为居民企业和非居民企业,分别确定不同的纳税义务。居民企业承担全面纳税义务,就源于我国境内、境外的全部所得纳税;非居民企业承担有限纳税义务,一般只就源于我国境内的所得纳税。

《企业所得税法》划分居民企业和非居民企业采用“注册地标准”和“实际管理机构标准”的双

重标准。《企业所得税法实施条例》根据注册地标准，将依法在中国境内成立的企业，具体界定为依照中国法律、行政法规在中国境内成立的企业、事业单位、社会团体以及其他取得收入的组织，认定为居民企业。尽管登记注册地标准便于识别居民企业身份，但同时考虑到目前许多企业为规避一国税负和转移税收负担，往往在低税率地区或避税港注册登记，设立基地公司，人为选择注册地以规避税收负担，因此，《企业所得税法》同时采用实际管理机构标准，规定在外国（地区）注册的企业但实际管理机构在我国境内的，也认定为居民企业，需承担无限纳税义务。《企业所得税法实施条例》对实际管理机构的概念作了界定，即实际管理机构是指对企业的生产经营、人员、账务、财产等实施实质性全面管理和控制的机构。

（七）应纳税所得额计算的基本原则

《企业所得税法实施条例》规定，企业应纳税所得额的计算，以权责发生制为原则。权责发生制要求，属于当期的收入和费用，不论款项是否收付，均作为当期的收入和费用；不属于当期的收入和费用，即使款项已经在当期收付，均不作为当期的收入和费用。权责发生制以企业经济权利和经济义务是否发生作为计算应纳税所得额的依据，注重强调企业收入与费用的时间配比，要求企业收入费用的确认时间不得提前或滞后。企业在不同纳税期间享受不同的税收优惠政策时，坚持按权责发生制原则计算应纳税所得额，可以有效防止企业利用收入和支出确认时间的不同规避税收。另外，企业会计准则规定，企业要以权责发生制为原则确认当期收入或费用，计算企业生产经营成果。《企业所得税法》与企业会计准则采用同一原则确认当期收入或费用，有利于减少两者的差异，减轻纳税人税收遵从成本。

但由于信用制度在商业活动广泛采用，有些交易虽然权责已经确认，但交易时间较长，超过一个或几个纳税期间。为了保证税收收入的均衡性和防止企业避税，《企业所得税法》及其实施条例中也采取了有别于权责发生制的情况，如长期工程或劳务合同等交易事项。

（八）确认货币性收入和非货币性收入的原则

为防止纳税人将应征税的经济利益排除在应税收入之外，《企业所得税法》将企业以货币形式和非货币形式取得的收入，均作为收入总额。《企业所得税法实施条例》将企业取得收入的货币形式，界定为取得的现金、存款、应收账款、应收票据、准备持有至到期的债券投资以及债务的豁免等；将企业取得收入的非货币形式，界定为固定资产、生物资产、无形资产、股权投资、存货、不准备持有至到期的债券投资、劳务以及有关权益等。由于取得收入的货币形式的金额是确定的，而取得收入的非货币形式的金额不确定，企业在计算非货币形式收入时，必须按一定标准折算为确定的金额。《企业所得税法实施条例》规定，企业以非货币形式取得的收入，按照公允价值确定收入额。公允价值，是指按照市场价格确定的价值。

（九）对于持续时间跨越纳税年度的收入的确认

企业受托加工、制造大型机械设备、船舶等，以及从事建筑、安装、装配工程业务和提供劳务，持续时间通常分属于不同的纳税年度，甚至会跨越数个纳税年度，而且涉及的金额一般比较大。为了及时反映各纳税年度的应税收入，一般情况下，不能等到合同完工时或进行结算时才确定应税收入。企业按照完工进度或者完成的工作量对跨年度的特殊劳务确认收入和扣除进行纳税，也有利于保证跨纳税年度的收入在不同纳税年度得到及时确认，保证税收收入的均衡入库。因此，《企业所得税法实施条例》规定对企业受托加工、制造大型机械设备、船舶等，以及从事建筑、安装、装配工程业务和提供劳务，持续时间跨越纳税年度的，应当按照纳税年度内完工进度或者完成的工作量确定收入。

除受托加工、制造大型机械设备、船舶等，以及从事建筑、安装、装配工程业务和提供劳务之外，其他跨纳税年度的经营活动，通常情况下持续时间短、金额小，按照纳税年度内完工进度或者完成的工作量确定应税收入没有实际意义。另外,这些经营活动在纳税年度末收入和相关的成本费用不易确定,相关的经济利益能否流入企业也不易判断,因此,一般不采用按照纳税年度内完工进度或者完成的工作量确定收入的办法。

(十)不征税收入的具体确认

考虑我国企业所得税纳税人的组织形式多样,除企业外,有的以非政府形式(如事业单位)存在,有的以公益慈善组织形式存在,还有的以社会团体形式存在等。这些组织中有些主要承担行政性或公共事务职能,不从事或很少从事营利性活动,收入来源主要靠财政拨款、行政事业性收费等,纳入预算管理,对这些收入征税没有实际意义。因此,《企业所得税法》引入“不征税收入”概念。《企业所得税法实施条例》将不征税收入的财政拨款,界定为各级人民政府对纳入预算管理的事业单位、社会团体等组织拨付的财政资金,但国务院和国务院财政、税务主管部门另有规定的除外。

这里包含了两层意思:一是作为不征税收入的财政拨款,原则上不包括各级人民政府对企业拨付的各种价格补贴、税收返还等财政性资金,这样有利于加强财政补贴收入和减免税的规范管理,同时与现行财务会计制度处理保持一致;二是对于一些国家重点支持的政策性补贴以及税收返还等,为了提高财政资金的使用效率,根据需要,有可能也给予不征税收入的待遇,但这种待遇应由国务院和国务院财政、税务主管部门来明确。

(十一)企业所得税税前扣除

1. 税前扣除的一般框架

按照企业所得税的国际惯例,一般对税前扣除进行总体上的肯定性概括处理(一般扣除规则),辅之以特定的禁止扣除的规定(禁止扣除规则),同时又规定了允许税前扣除的特别规则(特殊扣除规则)。

在具体运用上,一般扣除规则服从于禁止扣除规则,同时禁止扣除规则又让位于特殊扣除规则。例如,为获得长期利润而发生的资本性支出是企业实际发生的合理相关的支出,原则上应允许扣除,但禁止扣除规则规定资本性资产不得“即时”扣除,同时又规定了资本性资产通过折旧摊销等方式允许在当年及以后年度分期扣除的特别规则。《企业所得税法》明确对企业实际发生的与取得收入有关的、合理的支出允许税前扣除的一般规则,同时明确不得税前扣除项目的禁止扣除规则,又规定了允许扣除的特殊项目。这些一般扣除规则、禁止扣除规则和特殊扣除规则,构成了我国企业所得税制度税前扣除的一般框架。

《企业所得税法》及其实施条例中采取税前扣除一般框架的安排,可以避免将企业所有的支出项目一一列举,同时给纳税人、税务机关和司法部门提供一个合理的框架,简化了对扣除项目的定性工作。

2. 税前扣除的相关性和合理性原则

相关性和合理性是企业所得税税前扣除的基本要求和重要条件。《企业所得税法实施条例》规定,支出税前扣除的相关性是指与取得收入直接相关的支出。对相关性的具体判断一般是从支出发生的根源和性质方面进行分析,而不是看费用支出的结果。如企业经理人员因个人原因发生的法律诉讼,虽然经理人员摆脱法律纠纷有利于其全身心投入企业的经营管理,结果可能确实对企业经营会有好处,但这些诉讼费用从性质和根源上分析属于经理人员的个人支出,因而不允许作为企业的支出在税前扣除。

同时,相关性要求为限制取得的不征税收入所形成的支出不得扣除提供了依据。《企业所得税法实施条例》规定,企业的不征税收入用于支出所形成的费用或财产,不得扣除或计算对应的折旧、摊销扣除。由于不征税收入是企业非营利性活动取得的收入,不属于企业所得税的应税收入,与企业的应税收入没有关联,因此,对取得的不征税收入所形成的支出,不符合相关性原则,不得在税前扣除。

《企业所得税法实施条例》规定,支出税前扣除的合理性是指符合生产经营活动常规,应当计入当期损益或者有关资产成本的必要和正常的支出。合理性的具体判断,主要是发生的支出其计算和分配方法是否符合一般经营常规。例如,企业发生的业务招待费与所成交的业务额或业务的利润水平是否相吻合,工资水平与社会整体或同行业工资水平是否差异过大。

3. 工资薪金支出的税前扣除

《企业所得税法》(2018 年修正)第 8 条规定:"企业实际发生的与取得收入有关的、合理的支出,包括成本、费用、税金、损失和其他支出,准予在计算应纳税所得额时扣除。"据此,《企业所得税法实施条例》规定,企业发生的合理的工资薪金支出,准予扣除。同时将工资薪金支出进一步界定为企业每一纳税年度支付给在本企业任职或者受雇的员工的所有现金或者非现金形式的劳动报酬,包括基本工资、奖金、津贴、补贴、年终加薪、加班工资,以及与任职或者受雇有关的其他支出。

对工资支出合理性的判断,主要包括两个方面:一是雇员实际提供了服务;二是报酬总额在数量上是合理的。实际操作中主要考虑雇员的职责、过去的报酬情况,以及雇员的业务量和复杂程度等相关因素。同时,还要考虑当地同行业职工平均工资水平。

4. 职工福利费的税前扣除

《企业所得税法实施条例》规定,企业发生的职工福利费支出,不超过工资薪金总额 14% 的部分,准予扣除。这与原内、外资企业所得税对职工福利费的处理做法一致。目前,我国发票管理制度尚待完善、发票管理亟待加强,纳税人的税法遵从意识有待提高,对职工福利费的税前扣除实行比例限制,有利于保护税基,防止企业利用给职工搞福利之名侵蚀税基,减少税收漏洞。

5. 业务招待费的税前扣除

业务招待是正常的商业做法,但商业招待又不可避免包括个人消费的成分,在许多情况下,无法将商业招待与个人消费区分开。因此,国际上许多国家采取对企业业务招待费支出在税前"打折"扣除的做法,如意大利,业务招待费的 30% 属于商业招待可在税前扣除,加拿大为 80%,美国、新西兰为 50%。借鉴国际做法,结合原税法按销售收入的一定比例限制扣除的经验,同时考虑业务招待费管理难度大,坚持从严控制的要求,《企业所得税法实施条例》规定,将企业发生的与生产经营活动有关的业务招待费,按照发生额的 60% 扣除,且扣除总额全年最高不得超过当年销售(营业)收入的 5‰。

6. 广告费和业务宣传费的税前扣除

过去,内资企业对广告费和业务宣传费支出分别实行比例扣除的政策,外资企业则允许据实扣除。《企业所得税法实施条例》(2019 年修订)第 44 条规定:"企业发生的符合条件的广告费和业务宣传费支出,除国务院财政、税务主管部门另有规定外,不超过当年销售(营业)收入 15% 的部分,准予扣除;超过部分,准予在以后纳税年度结转扣除。"这主要考虑以下几点:一是许多行业反映,业务宣传费与广告费性质相似,应统一处理;二是广告费和业务宣传费是企业正常经营必需的营销费用,应允许在税前扣除;三是广告费具有一次投入大、受益期长的特点;四是目前我国的广告市场不规范,有的甚至以虚假广告欺骗消费者。实行每年比例限制扣除,有利于收入与支出配比,符合广告费支出一次投入大、受益期长的特点,也有利于规范广告费和业务宣传费支出。

7. 公益性捐赠的税前扣除

允许公益性捐赠支出按一定比例在税前扣除,主要是为了鼓励企业支持社会公益事业,促进我国社会公益事业的发展。《企业所得税法》规定,企业发生的公益性捐赠支出,在年度利润总额 12% 以内的部分,准予在计算应纳税所得额时扣除。

《企业所得税法实施条例》将公益性捐赠界定为,企业通过公益性社会组织或者县级以上人民政府及其部门,用于符合法律规定的慈善活动、公益事业的捐赠。同时规定,将计算公益性捐赠扣除比例的基数由应纳税所得额改为企业会计利润总额,并将年度利润总额界定为企业依照国家统一会计制度的规定计算的年度会计利润。这样更方便公益性捐赠税前扣除的计算,有利于纳税人正确申报,体现了国家对发展社会公益事业的支持。

(十二)资产税务处理的原则

考虑到过去在资产取得、持有、使用、处置等税务处理上税法与财务会计制度存在一定的差异,并且主要是时间性差异、纳税调整烦琐、税务机关税收执行成本和纳税人遵从成本都较高,《企业所得税法实施条例》在资产税务处理的规定上,对资产分类、取得计税成本等问题,尽量与财务会计制度保持一致,比如,固定资产取得计税成本与会计账面价值基本保持一致、残值处理一致,只是在折旧年限上有所差异,这样可以降低纳税人纳税调整的负担。

在企业重组的所得税处理方面,考虑目前企业重组形式多样,发展变化较快,所得税处理较为复杂,很难用几个简单条款把企业重组的所有形式都规范清楚,有些规定还需要根据实际经验做适当调整。为保持规定的稳定性,《企业所得税法实施条例》(2019 年修订)第 75 条只对企业重组所得税处理内容进行了原则性概括,具体规定将在部门规章中明确。

(十三)境外所得的税收抵免

为实施“走出去”战略,提高我国企业国际竞争力,《企业所得税法》保留了现行对境外所得直接负担的税收采取的抵免法,同时引入了股息红利负担税收的间接抵免方式。从国际惯例来看,实行间接抵免一般要求以居民企业对外国公司有实质性股权参与为前提。如美国、加拿大、英国、澳大利亚、墨西哥等国规定,本国公司直接或间接拥有外国公司 10% 以上有表决权的股票;日本、西班牙规定的比例为 25% 以上。《企业所得税法》中首次引入间接抵免,税收征管经验相对不足,为严格税收征管,《企业所得税法实施条例》规定,居民企业直接持有或间接持有外国企业 20% 以上股份,可以实行间接抵免。

间接抵免的母子公司的层次问题,目前各国的规定有所不同,如德国、日本为两层,西班牙为三层,美国为六层,英国不限层次。考虑到我国企业的海外投资状况和我国税收的征管水平,《企业所得税法实施条例》对间接抵免的规定比较原则性,具体抵免层次和计算方法等详细规定,将在部门规章或规范性文件中具体明确。

(十四)优惠政策的具体范围和方法

按照《企业所得税法》有关优惠的规定,《企业所得税法实施条例》对优惠范围和方法作了进一步明确。主要内容包括:

一是明确了免征和减半征收企业所得税的从事农、林、牧、渔项目的所得的具体范围。

二是明确了对企业从事港口码头、机场、铁路、公路、电力、水利等基础设施项目投资经营所得,给予“三免三减半”的优惠。

三是明确对企业从事符合条件的环境保护、节能节水项目的所得,给予“三免三减半”的优惠。

四是明确了符合国家产业政策规定的综合利用资源生产的产品所取得的收入,可以在计算应纳税所得额时,减按 90% 计入收入总额。

五是明确了企业购置用于环境保护、节能节水、安全生产等专用设备的投资额的 10%,可以从企业当年的应纳税额中抵免。

六是借鉴国际通行做法,按照便于税收征管的原则,规定了小型微利企业的标准:(1)工业企业,年度应纳税所得额不超过 30 万元,从业人数不超过 100 人,资产总额不超过 3000 万元;(2)其他企业,年度应纳税所得额不超过 30 万元,从业人数不超过 80 人,资产总额不超过 1000 万元。

七是明确了促进技术创新和科技进步的五个方面的优惠:第一,企业从事符合条件的技术转让所得可以免征、减半征收企业所得税。第二，国家需要重点扶持的高新技术企业，减按15%的税率征收企业所得税。第三，企业开发新技术、新产品、新工艺发生的研究开发费用，可以在计算应纳税所得额时再加计扣除50%。第四，创业投资企业采取股权投资方式投资于未上市的中小高新技术企业2年以上的，可以按照其投资额的70%在股权持有满2年的当年抵扣该创业投资企业的应纳税所得额。第五，企业的固定资产由于技术进步等原因，确需加速折旧的，可以缩短折旧年限或者采取加速折旧的方法。

八是明确了安置残疾人员的企业支付给残疾职工的工资加计扣除100%。

（十五）农、林、牧、渔项目减税或免税规定

对农、林、牧、渔项目实行不同的税收优惠政策，可以更好地体现国家政策的引导作用，突出优惠政策的导向性。粮食、蔬菜、肉类、水果等农产品，关系到国计民生，是维持人们基本生存条件的生活必需品，应当列为税收优惠政策重点鼓励的对象。

同时对为生产此类产品的服务业也应同样扶持，因此，《企业所得税法实施条例》中将此类归为免税项目。花卉、饮料和香料作物，以及海水养殖、内陆养殖，一般盈利水平较高，也不是人们基本生活必需品，在优惠力度上应与基本生活需要的农产品等的免税有所区别，因此，实行减半征收。

（十六）高新技术企业执行15%优惠税率的规定

与原税收优惠政策相比，《企业所得税法》对高新技术企业优惠的主要变化，表现在以下方面：

一是扩大高新技术企业的生产经营范围。《企业所得税法实施条例》将高新技术企业的界定范围，由按高新技术产品划分改为按高新技术领域划分，规定产品（服务）应在《国家重点支持的高新技术领域》的范围之内，以解决现行政策执行中产品列举不全、覆盖面偏窄、前瞻性欠缺等问题。

二是明确高新技术企业的具体认定标准。《企业所得税法实施条例》将高新技术企业的认定标准原则化处理，对研究开发费用占销售收入的比例、高新技术产品（服务）收入占企业总收入的比例、科技人员占企业职工总数的比例以及其他条件等具体标准，放在由国务院科技、财政、税务主管部门会同国务院有关部门制定的认定办法中，便于今后根据发展需要适时调整。

三是强调核心自主知识产权问题。《企业所得税法实施条例》最后采用“核心自主知识产权”作为高新技术企业的认定条件之一，相对容易操作，突出技术创新导向。

（十七）非营利组织收入的征免税

《企业所得税法实施条例》从八个方面对非营利组织作了具体规定，明确了非营利组织享受税收优惠的条件。从世界各国对非营利组织的税收优惠来看，一般区分营利性收入和非营利性收入给予不同的税收待遇。考虑到按照相关管理规定，我国的非营利组织一般不能从事营利性活动，为规范此类组织的活动，防止从事经营性活动可能带来的税收漏洞，条例规定，对非营利组织从事非营利性活动取得的收入给予免税，但从事营利性活动取得的收入则要征税。

（十八）居民企业之间的股息红利收入

原税法规定，内资企业之间的股息红利收入，低税率企业分配给高税率企业要补税率差。鉴于股息红利是税后利润分配形成的，对居民企业之间的股息红利收入免征企业所得税，是国际上消除法律性双重征税的通行做法，《企业所得税法》也采取了这一做法。为更好体现税收优惠意图，保证企业投资充分享受到西部大开发、高新技术企业、小型微利企业等实行低税率的好处，《企业所得税法实施条例》明确不再要求补税率差。

鉴于以股票方式取得且连续持有时间较短（短于12个月）的投资，并不以股息、红利收入为主要目的，主要是从二级市场获得股票转让收益，而且买卖和变动频繁，税收管理难度大，因此，《企业所得税法实施条例》将持有上市公司股票的时间短于12个月的股息红利收入排除在免税范围之外。对来自所有非上市企业，以及持有股份12个月以上取得的股息红利收入，适用免税政策。

（十九）享受税率20%税收优惠的小型微利企业的具体标准

《企业所得税法实施条例》采取了按照工业企业和其他企业分类划分小型微利企业的办法，兼顾行业特点和政策的操作管理。在具体标准上，条例借鉴国际做法，结合我国国情，把年度应纳税所得额、从业人数、资产总额作为小型微利企业的界定指标。无论工业企业还是其他企业，将年度应纳税所得额确定为30万元，大大高于现行标准。同时将工业企业的从业人数界定为不超过100人，资产总额不超过3000万元；其他企业从业人数不超过80人，资产总额不超过1000万元。

（二十）公共基础设施的优惠

重点基础设施投资大，回收期长，关系国计民生，《企业所得税法实施条例》规定，对企业从事港口码头、机场、铁路、公路、电力、水利等项目投资经营所得，给予“三免三减半”的优惠。与原来的“两免三减半”相比，减免期限作了适当延长，缓解基础设施建设初期的经营困难。

原针对外资企业的相关所得税制度规定以获利年度为企业减免税的起始日，在实践中出现了一些企业用推迟获利年度来避税的问题，税收征管难度大。《企业所得税法实施条例》规定了从企业取得第一笔生产经营收入所属纳税年度起计算减免税起始日的新办法，可以兼顾项目投资规模大、建设周期长的情况，较原来的从内资企业开业之日起计算减免税优惠，更为符合实际，也促使企业缩短建设周期，尽快实现盈利，提高投资效益。

（二十一）汇出境外利润的预提税

为解决改革开放初期我国资金不足问题，吸引外资，我国对外资企业采取了有别于内资企业的优惠政策，规定对汇出境外的利润暂免征收预提所得税。按照国际通行做法，来源国对汇出境外的利润有优先征税权，一般征收预提所得税，税率多在10%以上，如越南、泰国税率为10%，美国、匈牙利、菲律宾、哥伦比亚的税率分别为30%、20%、15%、7%。税收协定规定减免的，可以按照协定规定减免，如我国与美国的协定税率为10%、我国内地与香港特别行政区的安排为5%（25%以上股权）或10%。

《企业所得税法》及其实施条例借鉴国际惯例，规定对汇出境外利润减按10%的税率征收企业所得税，没有给予普遍的免税政策，这样有利于通过双边互惠维护我国税收权益维护“走出去”企业的利益。

（二十二）对股息、红利和利息、租金、特许权使用费征收预提税

对非居民企业在中国境内未设立机构、场所而取得的股息、红利等权益性投资收益和利息、租金、特许权使用费所得，或者是虽设立机构、场所，但取得的上述所得与其机构、场所没有实际联系，按收入全额征收预提所得税，是国际上的通行做法，在我国目前与其他国家签订的税收协定中也遵循了这种国际惯例。由于收入取得在我国境内，但在我国境内没有机构场所，无法确定应纳税所得额，《企业所得税法实施条例》参照国际通常的做法，规定对此类所得按收入全额作为计税依据，同时规定以比企业营业利润适用的所得税税率稍低税率扣缴所得税。

（二十三）指定非居民企业应纳税款的代扣代缴义务人

由于外国企业在中国境内从事工程承包和提供劳务业务具有临时性和流动性特点，税收管理难度大，税款易于流失，国际、国内税收征管实践经验表明，采取一些特殊的税收征管措施是必要的，赋予税务机关指定扣缴义务人的权限也是一个行之有效的办法。《外商投资企业和外国企业所得税法》（已失效）也有这方面的规定。为避免税务机关随意指定，特别是要防止其成为地区间争抢税源的手段，《企业所得税法实施条例》明确规定，税务机关指定非居民企业在中国境内取得工程价款或者劳务费的支付人为扣缴义务人，必须是以下几种特定情形：

1. 预计工程作业或者提供劳务期限不足一个纳税年度，且有证据表明不履行纳税义务的；

2. 没有办理税务登记或者临时税务登记，且未委托中国境内的代理人履行纳税义务的；

3. 未按照规定期限办理企业所得税纳税申报或者预缴申报的。

(二十四)关于特别纳税调整

1. 规定特别纳税调整的意义

《企业所得税法》及其实施条例专门规定了特别纳税调整条款,确立了我国企业所得税的反避税制度。这是在总结完善原来转让定价税制和调查实践基础上,借鉴国际反避税立法经验,结合我国税收征管实践做出的具体规定,目的是制约和打击各种避税行为。这是我国首次较为全面的反避税立法。主要考虑:

一是税收法律体系建设的需要。《税收征收管理法》对关联交易的处理做出原则性规定,这些原则性规定远远不能满足企业所得税实体税法的要求,还需要从实体法的角度,对关联交易的税收处理以及其他反避税措施作出规定。《企业所得税法》丰富和扩展了《税收征收管理法》的反避税规定,增加了成本分摊协议、提供资料义务、受控外国企业、资本弱化、一般反避税条款以及加收利息等规定,是对反避税的全面规范。

二是参照国际通行做法、维护我国税收权益的需要。随着我国对外经济开放度的不断提高,跨国经济往来越加频繁,如果不加强对反避税的立法和管理,国家税收权益将会受到损害。近年来,各国都非常关注跨国公司避税问题,从完善反避税立法和加强管理两个方面采取措施,防止本国税收转移到国外,维护本国税收权益。

2. 特别纳税调整的主要内容

《企业所得税法》及其实施条例规定的特别纳税调整的主要内容:

一是明确提出了转让定价的核心原则——"独立交易原则",增列了成本分摊协议条款,强化了纳税人、关联方和可比企业对转让定价调查的协助义务。这些规定有利于防止跨国集团利用转让定价向国外转移利润,侵蚀我国税基。

二是规定了受控外国企业、资本弱化、一般反避税等相关条款,对反避税制度作了进一步规范。

三是赋予了税务机关必要的反避税处置权,规定了加收利息条款。《企业所得税法》通过上述反避税措施的安排,建立了比较全面、规范、与国际惯例接轨的企业所得税反避税制度。

(二十五)独立交易原则的判断

《企业所得税法实施条例》规定,独立交易原则是指没有关联关系的交易各方之间按照公平成交价格和营业常规进行业务往来所遵循的原则。在判断关联企业与其关联方之间的业务往来是否符合独立交易原则时,强调将关联交易定价或利润水平与可比情形下没有关联关系的交易定价和利润水平进行比较,如果存在差异,就说明因为关联关系的存在而导致企业没有遵循正常市场交易原则和营业常规,从而违背了独立交易原则。

(二十六)关于关联方

1. 关联方的界定

《企业所得税法》明确规定,企业与其关联方之间的业务往来,不符合独立交易原则而减少企业或者其关联方应纳税收入或者所得额的,主管税务机关有权按照合理方法调整。《企业所得税法实施条例》在总结我国对关联方税收管理实践的基础上,借鉴国际上成熟的做法,将有下列情况之一的企业、非法人组织或者个人界定为关联方:(1)在资金、经营、购销等方面存在直接或者间接的控制关系;(2)直接或者间接地同为第三者控制;(3)在利益上具有相关联的其他关系。

2. 对不符合独立交易原则的合理调整方法

按照《企业所得税法》的规定,在判定纳税人的关联交易不符合独立交易原则,减少了应税收入或者所得额之后,税务机关可以运用合理方法进行纳税调整。从国际上通行的转让定价调整方法来看,合理方法是指符合独立交易原则的定价原则和方法,《企业所得税法实施条例》采取国际上通行的做法,规定转让定价具体调整方法包括:(1)可比非受控法;(2)再销售价格法;(3)成本加成法;(4)交易净利润法;(5)利润分割法;(6)其他符合独立交易原则的方法。

3. 成本分摊协议

《企业所得税法》(2018 年修正)第 41 条第 2 款借鉴了国际通行做法,将成本分摊协议引入我国税收立法。成本分摊协议是企业间签订的一种契约性协议,签约各方约定在研发或劳务活动中共摊成本、共担风险,并按照预期收益与成本相配比的原则合理分享收益。企业与其关联方共同开发、受让无形资产,或者共同提供、接受劳务时,应预先在各参与方之间达成协议安排,采用合理方法分摊上述活动发生的成本,即必须遵循独立交易原则:在可比情形下没有关联关系的企业之间共同开发、受让无形资产,或者按共同提供、接受劳务所能接受的协议分配方法分摊上述活动发生的成本。

(二十七)关于反避税

1. 反避税核定方法

《企业所得税法》增加了核定征收条款,规定企业不提供与其关联方之间业务往来资料,或者提供虚假、不完整资料,未能真实反映其关联业务往来情况的,税务机关可以核定其应纳税所得额。这是维护国家税收权益、明确纳税人履行举证责任和解决反避税调查调整日趋复杂、案件旷日持久不能结案等困难的重要规定,这也是世界上许多国家采用的通常做法。《企业所得税法实施条例》对税务机关实施特别纳税调整采用的核定应纳税所得额的具体方法作了明确:(1)参照同类或者类似企业的利润率水平核定;(2)按照成本加合理的费用和利润的方法核定;(3)按照关联企业集团整体利润的合理比例核定;(4)按照其他合理方法核定。

2. 受控外国企业反避税规则

为了防止企业在低税率国家或地区建立受控外国企业,将利润保留在外国企业不分配或少量分配,逃避国内纳税义务,我国参照国际上一些国家的做法,引入了受控外国公司的反避税措施,从以下三个方面进行了明确:

一是明确了构成受控外国企业的控制关系。具体包括:(1)居民企业或者中国居民直接或者间接单一持有外国企业 10% 以上有表决权股份,且由其共同持有该外国企业 50% 以上股份;(2)居民企业,或者居民企业和中国居民持股比例没有达到第(1)项规定的标准,但在股份、资金、经营、购销等方面对该外国企业构成实质控制。

二是明确实际税负偏低的判定标准。即实际税负明显低于《企业所得税法》(2018 年修正)第 4 条第 1 款规定的税率水平,是指低于该款规定税率的 50%。

三是明确中国居民的含义,是指根据《个人所得税法》的规定,其从中国境内、境外取得的所得在中国缴纳个人所得税的个人。

3. 资本弱化条款

企业投资方式有权益投资和债权投资。由于以下两方面原则,企业往往愿意采用债权投资,相应减少权益投资:

首先,由于债务人支付给债权人的利息可以在税前抵扣,而股东获得的收益即股息却不能在税前扣除,选择借债的融资方式比权益的融资方式,从税收的角度来说更具有优势。

其次,许多国家对非居民纳税人获得的利息征收的预提所得税税率,通常比对股息征收的企业所得税税率低,采用债权投资比采用股权投资的税收负担低。对于债务人和债权人同属于一个利益集团的跨国公司来说,就有动机通过操纵融资方式,降低集团整体的税收负担。纳税人在为投资经营而筹措资金时,常常刻意设计资金来源结构,加大借入资金比例,扩大债务与权益的比率,人为形成“资本弱化”。

因此,许多国家在税法上对关联方之间的债权性投资与权益性投资比例做出限制,防范企业通过操纵各种债务形式的支付手段,增加税前扣除、降低税收负担。

《企业所得税法实施条例》对债权性投资和权益性投资作了界定,债权性投资及权益性投资的比例和标准由国务院财政、税务主管部门另行规定。

4. 一般反避税条款

《企业所得税法》借鉴了国外立法经验,将一般反避税条款作为兜底的补充性条款,主要在于打击和遏制以规避税收为主要目的,其他反避税措施又无法涉及的避税行为。如果对主要目的是获取税收利益而并非出于正常商业目的的安排不进行制约,势必造成对其他企业的不公平,破坏公平市场环境。一般反避税条款用以弥补特别反避税条款的不足,有利于增强税法的威慑力。面对各种各样新的避税手法,必须要有相应的应对措施。

一般反避税条款规定对不具有合理商业目的的安排进行调整,是指税务机关有权对以减少、免除或者推迟缴纳税款为主要目的的安排进行调整。不具有合理商业目的的安排通常具有以下特征:一是必须存在一个安排,即人为规划的一个或一系列行动或交易;二是企业必须从该安排中获取"税收利益",即减少企业的应纳税收入或者所得额;三是企业获取税收利益是其安排的主要目的。满足以上三个特征,可推断该安排已经构成了避税事实。

5. 特别纳税调整的加收利息

《企业所得税法》借鉴国际通行做法,增加对反避税调整补税加收利息的条款,明确规定,税务机关按照特别纳税调整的规定对纳税人作出纳税调整,需要补征税款的,除补征税款外,应当按照国务院的规定加收利息,以此加大企业避税成本,打击各种避税行为,维护国家税收权益。

鉴于反避税调查一般涉及的年份较长,调整补缴税款的性质与其他形式补缴税款有一定的差别,因此,《企业所得税法实施条例》规定加收利息按照税款所属纳税年度中国人民银行公布的与补税期间同期的人民币贷款基准利率加5个百分点计算。企业与其关联方之间的业务往来,不符合独立交易原则,或者企业实施其他不具有合理商业目的的安排的,税务机关有权在该业务发生的纳税年度起10年内,进行纳税调整。

(二十八)对原税收优惠实行过渡性措施

《企业所得税法》规定,对原税收法律、行政法规规定的低税率和定期减免税、特定地区和西部大开发地区,实行过渡性优惠政策。国务院《关于实施企业所得税过渡优惠政策的通知》(国发〔2007〕39号)对企业所得税优惠政策过渡问题作了具体明确:

1. 新税法公布前批准设立的企业税收优惠过渡办法。企业按照原税收法律、行政法规和具有行政法规效力文件规定享受的企业所得税优惠政策,按以下办法实施过渡:

(1)自2008年1月1日起,原享受低税率优惠政策的企业,在新税法施行后5年内逐步过渡到法定税率。其中:享受企业所得税15%税率的企业,2008年按18%税率执行,2009年按20%税率执行,2010年按22%税率执行,2011年按24%税率执行,2012年按25%税率执行;原执行24%税率的企业,2008年起按25%税率执行。

(2)自2008年1月1日起,原享受企业所得税"两免三减半""五免五减半"等定期减免税优惠的企业,新税法施行后继续按原税收法律、行政法规及相关文件规定的优惠办法及年限享受至期满为止,但因未获利而尚未享受税收优惠的,其优惠期限从2008年度起计算。

(3)享受上述过渡优惠政策的企业,是指2007年3月16日以前经工商等登记管理机关登记设立的企业;实施过渡优惠政策的项目和范围按《实施企业所得税过渡优惠政策表》执行。

2. 继续执行西部大开发税收优惠政策。即财政部、国家税务总局、海关总署《关于西部大开发税收优惠政策问题的通知》(财税〔2001〕202号,已失效)和《关于深入实施西部大开发战略有关税收政策问题的通知》(财税〔2011〕58 号,部分失效)中规定的西部大开发企业所得税优惠政策继续执行。

3. 实施企业税收过渡优惠政策的其他规定:

(1)享受企业所得税过渡优惠政策的企业,应按照《企业所得税法》及其实施条例中有关收入和扣除的规定计算应纳税所得额,并按有关规定计算享受税收优惠。

(2)企业所得税过渡优惠政策与《企业所得税法》及其实施条例规定的优惠政策存在交叉的,由企业选择最优惠的政策执行,不得叠加享受,且一经选择,不得改变。

(二十九)解决跨地区汇总纳税后地区间税源转移问题

《企业所得税法》规定,不具有法人资格的营业机构应实行法人汇总纳税制度,由此会出现地区间税源转移问题。经请示国务院同意,将按照"统一核算、分级管理、就地预缴、集中清算、财政调库"的原则,合理确定总、分机构所在地区的企业所得税分享比例和办法,妥善解决实施《企业所得税法》后引起的税收转移问题,处理好地区间利益分配关系。

三、增值税转型政策解读

(一)增值税转型改革的背景

自 1994 年税制改革以来,增值税一直是我国第一大税种,对于保障财政收入、调控国民经济发展发挥了积极作用。但 2008 年修订前的《增值税暂行条例》(《增值税暂行条例》共经历 2008 年、2016 年、2017 年三次修订,后文展开说明)实行的是生产型增值税,不允许企业抵扣购进固定资产的进项税额,存在重复征税问题,制约了企业技术改进的积极性。随着经济社会环境的发展变化,各界要求增值税由生产型向消费型转变的呼声很高。

党的十六届三中全会明确提出适时实施增值税转型改革,"十一五"规划明确在"十一五"期间完成这一改革。自 2004 年 7 月 1 日起,经国务院批准,东北、中部等部分地区已先后进行改革试点,取得了成功经验。为了进一步消除重复征税因素,降低企业设备投资税收负担,鼓励企业技术进步和促进产业结构调整,有必要尽快在全国推开转型改革;尤其为应对目前国际金融危机对我国经济发展带来的不利影响,努力扩大需求,作为一项促进企业设备投资和扩大生产,保持我国经济平稳较快增长的重要举措,全面推行增值税转型改革的紧迫性更加突出。因此,国务院决定自 2009 年 1 月 1 日起,在全国推开增值税转型改革。

增值税转型改革的核心是在企业计算应缴增值税时,允许扣除购入机器设备所含的增值税,这一变化,与 2008 年修订前的《增值税暂行条例》关于不得抵扣购进固定资产进项税额的规定有冲突。因此,实行增值税转型改革需要对《增值税暂行条例》进行修订。

(二)增值税转型改革的重要意义

1. 对经济发展的意义

增值税转型改革,允许企业抵扣其购进设备所含的增值税,将消除我国当前生产型增值税制产生的重复征税因素,降低企业设备投资的税收负担,在维持现行税率不变的前提下,是一项重大的减税政策。由于它可避免企业设备购置的重复征税,有利于鼓励投资和扩大内需,促进企业技术进步、产业结构调整和经济增长方式的转变。

2. 对完善增值税制度的意义

增值税制的一大优点是能够避免生产专业化过程中的重复征税问题。根据对外购固定资产所含税金扣除方式的不同,增值税制分为生产型、收入型和消费型三种类型。生产型不允许扣除外购固定资产所含的已征增值税,税基相当于国民生产总值,税基最大,但重复征税也最严重。收入型允许扣除外购固定资产当期折旧所含的增值税,税基相当于国民收入,税基其次。消费型允许一次性扣除外购固定资产所含的增值税,税基相当于最终消费,税基最小,但消除重复征税也最彻底。

在目前世界上140多个实行增值税的国家中,绝大多数国家实行的是消费型增值税。

党的十六届三中全会明确提出要适时实施这项改革,“十一五”规划明确在“十一五”期间完成这一改革。自2004年7月1日起,在东北、中部等部分地区已先后实行了改革试点,试点工作运行顺利,达到了预期目标。2008年国务院政府工作报告提出,要研究制定全国增值税转型改革方案。十一届全国人大一次会议审议同意的全国人大财经委关于预算草案审查结果报告,明确提出争取2009年在全国推进增值税转型改革。在这种情况下,国务院决定实施增值税转型改革,规范和完善我国增值税制度,使税收制度更加符合科学发展观的要求,并为最终完善增值税制、完成全国人大常委会要求5年内制定增值税法的任务创造条件。

(三)增值税转型改革的主要内容

1.修订《增值税暂行条例》遵循的原则

考虑经济形势和转型改革的紧迫性,2008年对《增值税暂行条例》进行修订的原则是:(1)确保改革重点,不做全面修订,为增值税转型改革提供法律依据;(2)体现法治要求,保持政策稳定,将现行政策和条例的相关规定进行衔接;(3)满足征管需要,优化纳税服务,促进征管水平的提高和执法行为的规范。

2.增值税转型改革的基本内容

增值税转型改革方案的基本内容是:自2009年1月1日起,在维持现行增值税税率不变的前提下,允许全国范围内(不分地区和行业)的所有增值税一般纳税人抵扣其新购进设备所含的进项税额,未抵扣完的进项税额结转下期继续抵扣。为预防出现税收漏洞,将与企业技术更新无关,且容易混为个人消费的应征消费税的小汽车、摩托车和游艇排除在上述设备范围之外。同时,作为转型改革的配套措施,将相应取消进口设备增值税免税政策和外商投资企业采购国产设备增值税退税政策,将小规模纳税人征收率统一调低至3%,将矿产品增值税税率恢复到17%。

3.允许抵扣固定资产的范围

现行增值税征税范围中的固定资产主要是机器、机械、运输工具以及其他与生产、经营有关的设备、工具、器具,因此,转型改革后允许抵扣的固定资产仍然是上述范围。房屋、建筑物等不动产不能纳入增值税的抵扣范围。

4.统一小规模纳税人征收率

适用转型改革的对象是增值税一般纳税人,改革后这些纳税人的增值税负担会普遍下降,而规模小、财务核算不健全的小规模纳税人(包括个体工商户),由于是按照销售额和征收率计算缴纳增值税且不抵扣进项税额,其增值税负担不会因转型改革而降低。

既有政策规定,小规模纳税人按工业和商业两类分别适用6%和4%的征收率。因此为了平衡小规模纳税人与一般纳税人之间的税负水平,促进中小企业的发展和扩大就业,需要相应降低小规模纳税人的征收率。考虑到现实经济活动中小规模纳税人混业经营十分普遍,实际征管中难以明确划分工业和商业小规模纳税人,对小规模纳税人不再区分工业和商业设置两档征收率,将小规模纳税人的征收率统一降低至3%。

小规模纳税人征收率水平的大幅下调,将减轻中小企业税收负担,为中小企业提供一个更加有利的发展环境。此外,财政部和国家税务总局还将通过调高增值税、营业税起征点等政策在税收上进一步鼓励中小企业的发展。

5.取消部分增值税免税和退税政策

为更好地推进增值税转型改革,实现增值税税负的公平合理,在实施此次增值税转型改革的同时,取消了进口设备免税政策和外商投资企业采购国产设备增值税退税政策。

改革要取消的进口设备增值税免税政策,主要是指国务院《关于调整进口设备税收政策的通知》(国发〔1997〕37 号)和国务院办公厅《转发外经贸部等部门关于当前进一步鼓励外商投资意见的通知》(国办发〔1999〕73 号)规定的增值税免税政策。这些政策是在我国实行生产型增值税的背景下出台的,主要是为了鼓励相关产业扩大利用外资、引进国外先进技术。但在执行中也反映出一些问题,主要有:一是进口免税设备范围较宽,不利于自主创新、设备国产化和我国装备制造业的振兴;二是内资企业进口设备的免税范围小于外资企业,税负不公。增值税转型改革后,企业购买设备,无论是进口的还是国产的,其进项税额均可以抵扣,原有政策已经可以用新的方式替代,原来对进口设备免税的必要性已不复存在,这一政策应予停止执行。

外商投资企业采购国产设备增值税退税政策也是在生产型增值税和对进口设备免征增值税的背景下出台的。由于增值税转型改革后,这部分设备一样能得到抵扣,因此,外商投资企业采购国产设备增值税退税政策也相应停止执行。

6. 调整部分商品增值税税率

1994 年税制改革时,部分矿产品仍实行计划价格和计划调拨,历史遗留问题较多。经国务院批准,1994 年 5 月起将金属矿、非金属矿采选产品的税率由 17% 调整为 13%。这一政策对采掘业的稳定和发展起到了一定的作用,但也出现一些问题,主要有:一是对不可再生的矿产资源适用低税率,不符合资源节约、环境保护的要求;二是减少了资源开采地的税收收入,削弱资源开采地提供公共产品的能力;三是矿产资源基本都作为原料使用,矿山企业少交的增值税因下个环节减少进项税额而补征回来,政策效果并不明显;四是导致征纳双方要对这类适用低税率的货物与其他货物划分,增大征收和纳税成本。

增值税转型改革后,矿山企业外购设备将纳入进项税额的抵扣范围,整体税负将有所下降,为公平税负,规范税制,促进资源节约和综合利用,需要将金属矿、非金属矿采选产品的增值税税率恢复到 17%。

提高矿产品增值税税率以后,因下个环节可抵扣的进项税额相应增加,最终产品所含的增值税在总量上并不会增加或减少,只是税负在上下环节之间会发生一定转移,在总量上财政并不因此增加或减少收入。

(四)混合销售行为与兼营销售行为的处理

增值税转型改革后,继续维持对混合销售行为处理的一般原则,即按照纳税人的主营业务统一征收增值税或者营业税。但鉴于销售自产货物并同时提供建筑业劳务的混合销售行为较为特殊,对其采用分别核算、分别征收增值税和营业税的办法。

既有政策规定,纳税人兼营销售货物、增值税应税劳务和营业税应税劳务应分别核算销售额和营业额,不分别核算或不能准确核算的,应一并征收增值税,是否应一并征收增值税由国家税务总局确定。但在执行中,对于此种情形,容易出现增值税和营业税重复征收的问题,给纳税人产生额外负担。此次增值税转型改革后,将这一规定改为:未分别核算的,由主管税务部门分别核定货物、增值税应税劳务的销售额和营业税应税劳务的营业额。

(五)同时修订营业税和消费税条例

增值税、消费税和营业税是我国流转税体系中三大主体税种,在我国税制中占有十分重要的地位。增值税的征税范围是所有货物和加工修理修配劳务,而交通运输、建筑安装等其他劳务则属于营业税的征税范围,在税收实践中纳税人同时缴纳增值税和营业税的情形十分普遍;消费税是在对所有货物普遍征收增值税的基础上选择少量消费品征收的,因此,消费税纳税人同时也是增值税纳税人。

增值税条例除了为转型改革的需要做相应修订外,还存在以下问题需要在此次修订时一并解决:首先,纳税申报期限较短,不便于纳税人申报纳税;其次,经国务院同意,财政部、国家税务总局对增值税条例的有些内容已经作了调整，增值税条例需要做相应的补充完善。鉴于营业税、消费税与增值税之间存在较强的相关性，消费税条例和营业税条例也存在增值税条例的上述两个问题，因此为了保持这三个税种相关政策和征管措施之间的有效衔接，需要同时对消费税条例和营业税条例进行相应修改。

（六）2008 年《增值税暂行条例》修订

为更好地实施增值税转型改革，将改革落到实处，2008 年对《增值税暂行条例》主要做了以下五个方面的修订：

1. 允许抵扣固定资产进项税额。修订前的增值税条例规定，购进固定资产的进项税额不得从销项税额中抵扣，即实行生产型增值税，这样企业购进机器设备税负比较重。为减轻企业负担，修订后的增值税条例删除了有关不得抵扣购进固定资产的进项税额的规定，允许纳税人抵扣购进固定资产的进项税额，实现增值税由生产型向消费型的转换。

2. 为堵塞因转型可能会带来的一些税收漏洞，修订后的增值税条例规定，与企业技术更新无关且容易混为个人消费的自用消费品（如小汽车、游艇等）所含的进项税额，不得予以抵扣。

3. 降低小规模纳税人的征收率。修订前的增值税条例规定，小规模纳税人的征收率为 6%。根据条例的规定，经国务院批准，从 1998 年起已经将小规模纳税人划分为工业和商业两类，征收率分别为 6% 和 4%。考虑到增值税转型改革后，一般纳税人的增值税负担水平总体降低，为了平衡小规模纳税人与一般纳税人之间的税负水平，促进中小企业的发展和扩大就业，应当降低小规模纳税人的征收率。同时考虑到现实经济活动中，小规模纳税人混业经营十分普遍，实际征管中难以明确划分工业和商业小规模纳税人，因此修订后的增值税条例对小规模纳税人不再设置工业和商业两档征收率，将征收率统一降至 3%。

4. 将一些现行增值税政策体现到修订后的条例中。主要是补充了有关农产品和运输费用扣除率、对增值税一般纳税人进行资格认定等规定，取消了已不再执行的对来料加工、来料装配和补偿贸易所需进口设备的免税规定。

5. 根据税收征管实践，为了方便纳税人纳税申报，提高纳税服务水平，缓解征收大厅的申报压力，将纳税申报期限从 10 日延长至 15 日。明确了对境外纳税人如何确定扣缴义务人、扣缴义务发生时间、扣缴地点和扣缴期限的规定。

（七）《增值税暂行条例》2016 年、2017 年的修订

1. 2016 年对《增值税暂行条例》的修订

2016 年 1 月 13 日国务院第 119 次常务会议通过的《关于修改部分行政法规的决定》（中华人民共和国国务院令第 666 号，部分失效）第 11 条规定："将《中华人民共和国增值税暂行条例》第十三条修改为：'小规模纳税人以外的纳税人应当向主管税务机关办理登记。具体登记办法由国务院税务主管部门制定。小规模纳税人会计核算健全，能够提供准确税务资料的，可以向主管税务机关办理登记，不作为小规模纳税人，依照本条例有关规定计算应纳税额。'"

2. 2017 年对《增值税暂行条例》的修订

原国务院法制办、财政部、国家税务总局负责人《就〈国务院关于废止《中华人民共和国营业税暂行条例》和修改《中华人民共和国增值税暂行条例》的决定〉答记者问》对 2017 年的修改进行了说明："……全面推开营改增试点后，原来实行营业税的服务业领域已统一征收增值税，实质上全面取消了实施 60 多年的营业税，营业税暂行条例实际已停止执行。为依法确定和巩固营改增试点成果，进一步稳定各方面预期，国务院决定废止营业税暂行条例，同时对增值税暂行条例作相应修改。"

"对增值税暂行条例具体作了哪些主要修改？主要有四个方面：一是将实行营改增的纳税人，

即销售服务、无形资产、不动产的单位和个人明确规定为增值税的纳税人。这样修改后,增值税纳税人的范围是:在中国境内销售货物或者加工、修理修配劳务,销售服务、无形资产、不动产以及进口货物的单位和个人。同时,对增值税暂行条例关于销售额、应纳税额、销项税额、进项税额、小规模纳税人等条款中涉及征税范围的表述相应作了调整。二是在增值税暂行条例规定的税率中相应增加销售服务、无形资产、不动产的税率,并根据已实施的简并增值税税率改革将销售或者进口粮食、食用植物油、自来水、图书、饲料等货物的税率由13%调整为11%。三是对准予从销项税额中抵扣的进项税额以及不得抵扣的进项税额作了相应调整。四是为保证增值税暂行条例与营改增有关规定以及今后出台的改革措施相衔接,规定纳税人缴纳增值税的有关事项,国务院或者国务院财政、税务主管部门经国务院同意另有规定的,依照其规定。”

四、个人所得税政策调整解读

2011年7月19日,国务院《关于修改〈中华人民共和国个人所得税法实施条例〉的决定》公布,自2011年9月1日起施行。此次个人所得税政策调整的主要内容如下:(1)将工资、薪金所得减除费用标准由2000元/月提高到3500元/月。(2)将个人承包经营、承租经营所得的减除费用标准由2000元/月提高到3500元/月。(3)调整了涉外人员(《个人所得税法》规定的在中国境内无住所而在中国境内取得工资、薪金所得的纳税人和在中国境内有住所而在中国境外取得工资、薪金所得的纳税人)工资、薪金所得的附加减除费用标准。在涉外人员的工资、薪金所得减除费用标准由2000元/月提高到3500元/月的同时,将其附加减除费用标准由2800元/月调整为1300元/月。

2019年1月1日,第四次修订后的《个人所得税法实施条例》施行,参考《司法部、财政部、国家税务总局负责人就个人所得税法实施条例修订答记者问——明确政策界限　维护纳税人权益》①针对相关情况的解答,本次实施条例修订的具体内容如下:

(一)明确对符合居民个人标准的境外人士的税收优惠

2018年修正的《个人所得税法》将判定居民个人的标准由在中国境内居住满1年调整为满183日。为吸引境外人才,加大对符合居民个人标准的境外人士的税收优惠力度,实施条例规定:在中国境内无住所的个人,在中国境内居住累计满183日的年度连续不满6年的,经向主管税务机关备案,其来源于中国境外且由境外单位或者个人支付的所得,免予缴纳个人所得税;在中国境内居住累计满183日的任一年度中有1次离境超过30日的,其在中国境内居住累计满183日的年度的连续年限重新起算。

(二)完善经营所得应纳税所得额的计算方法

修改后的《个人所得税法》将个体工商户的生产、经营所得和对企事业单位的承包经营、承租经营所得统一调整为经营所得。为支持鼓励自主创业,对个体工商户等经营主体给予家庭生计必要支出减除,实施条例规定:取得经营所得的个人,没有综合所得的,计算其每一纳税年度的应纳税所得额时应当减除费用6万元、专项扣除、专项附加扣除以及依法确定的其他扣除。

(三)明确相关事项的政策界限

实施条例明确了个人所得税征收中一些重要事项的政策界限,包括《个人所得税法》所称依法确定的其他扣除包括个人缴付符合国家规定的企业年金、职业年金,个人购买符合国家规定的商业健康保险、税收递延型商业养老保险的支出,以及国务院规定可以扣除的其他项目;专项扣除、专项附加扣除和依法确定的其他扣除以居民个人一个纳税年度的应纳税所得额为限额,一个纳税年度扣除不完的不结转以后年度扣除等。

---

① 参见《司法部、财政部、国家税务总局负责人就个人所得税法实施条例修订答记者问——明确政策界限　维护纳税人权益》,载国家税务总局官网2018年12月29日,http://www.chinatax.gov.cn/chinatax/n810219/n810744/n3752930/n3761874/c3982664/content.html。

（四）保障专项附加扣除项目顺利落地相关规定

1. 工资、薪金所得可以由扣缴义务人在扣缴税款时减除专项附加扣除，其他综合所得在汇算清缴时减除专项附加扣除，纳税人可以委托扣缴义务人或者其他单位和个人办理汇算清缴。

2. 纳税人、扣缴义务人应当按照规定保存与专项附加扣除相关的资料，税务机关可以对专项附加扣除信息进行抽查，发现纳税人提供虚假信息的，责令改正并通知扣缴义务人，情节严重的，有关部门应当依法予以处理，纳入信用信息系统并实施联合惩戒。

3. 专项扣除、专项附加扣除和依法确定的其他扣除以居民个人一个纳税年度的应纳税所得额为限额，一个纳税年度扣除不完的不结转以后年度扣除。

4. 修改后的《个人所得税法》授权国务院制定税收优惠政策，为确保新《个人所得税法》顺利平稳实施，财政部、税务总局对个人所得税优惠政策进行了梳理，与修改后的《个人所得税法》相衔接，经报国务院批准，继续保留现行有关税收优惠政策，并由国务院报全国人大常委会备案。

第三节　公司涉税管理操作实务

一、公司并购业务税务管理

在现代市场经济多元化和全球经济一体化条件下，市场参与主体之间的竞争日趋激烈。为了在竞争中立于不败之地，企业必须不断发展壮大，提升自身的技术水平，实现产业升级换代或者扩大企业经营规模，而并购是实现企业发展的最有效形式之一。通过并购，企业可以实施战略重组，实现产业多元化或发挥整合现有经营、管理、财务、人员以及渠道的协同效应，从而使企业取得更大的竞争优势。

在企业并购决策和实施过程中，税收是不可忽视的规划对象。是否能够享受并购税收优惠以及是否能够合理降低并购税收成本，直接决定企业并购是否能够顺利实施及其成败。因此，合理的并购税务管理不仅能够降低企业并购的成本、实现并购的最大效益，而且对企业的后续经营管理至关重要。

（一）公司并购的税法概念及其分类

1. 并购的税法概念

并购是一个很宽泛的概念，概括来说，并购是彼此独立的两个或两个以上的公司的联合，或者是独立公司通过购买权益证券、资产、承担债务、签订协议或其他方式取得对其他一家独立公司或几家独立公司控制权的行为。在并购过程中，某一或某一部分权利主体通过出让所拥有的对公司的控制权而获得相应的收益，另一或另一部分权利主体则通过付出一定代价而获取这部分控制权。并购的过程实质是公司权利主体不断变换的过程。

我国税法对并购概念的规定较为单一，主要是指两个或两个以上公司之间的合并。根据财政部、国家税务总局《关于企业重组业务企业所得税处理若干问题的通知》（财税〔2009〕59 号，以下简称财税 59 号文）的规定，合并，是指一家或多家企业（以下简称被合并企业）将其全部资产和负债转让给另一家现存或新设企业（以下简称合并企业），被合并企业股东换取合并企业的股权或非股权支付，实现两个或两个以上企业的依法合并。

2. 并购的税法分类

税法对并购的分类是在并购概念的基础上划分的，主要包括吸收合并和新设合并两种方式：

（1）吸收合并是指两个以上企业合并时，其中一个企业吸收了其他企业而存续（对此类企业以下简称存续企业），被吸收的企业解散。

（2）新设合并是指两个以上企业合并为一个企业，合并各方解散。

(二)内资企业合并的税务处理

1. 企业合并,当事各方一般应按下列规定处理:

(1)合并企业应按公允价值确定接受被合并企业各项资产和负债的计税基础。

(2)被合并企业及其股东都应按清算进行所得税处理。

(3)被合并企业的亏损不得在合并企业结转弥补。

2. 企业合并同时符合下列条件的,适用特殊性税务处理规定:

(1)具有合理的商业目的,且不以减少、免除或者推迟缴纳税款为主要目的。

(2)被收购、合并或分立部分的资产或股权比例符合财税 59 号文规定的比例。

(3)企业重组后的连续 12 个月内不改变重组资产原来的实质性经营活动。

(4)重组交易对价中涉及股权支付金额符合财税 59 号文规定的比例。

(5)企业重组中取得股权支付的原主要股东,在重组后连续 12 个月内,不得转让所取得的股权。

3. 企业重组符合前述规定条件的,交易各方对其交易中的股权支付部分,可以按以下规定进行特殊性税务处理:

企业合并,企业股东在该企业合并发生时取得的股权支付金额不低于其交易支付总额的85%,以及同一控制下且不需要支付对价的企业合并,可以选择按以下规定处理:合并企业接受被合并企业资产和负债的计税基础,以被合并企业的原有计税基础确定。被合并企业合并前的相关所得税事项由合并企业承继。可由合并企业弥补的被合并企业亏损的限额 = 被合并企业净资产公允价值 × 截至合并业务发生当年年末国家发行的最长期限的国债利率。被合并企业股东取得合并企业股权的计税基础,以其原持有的被合并企业股权的计税基础确定。

4. 关于关联企业合并:

(1)根据《企业所得税法》及其实施条例,将有下列情况之一的企业、非法人组织或者个人界定为关联方:①在资金、经营、购销等方面存在直接或者间接的控制关系;②直接或者间接地同为第三者控制;③在利益上具有相关联的其他关系。

(2)根据税法规定,关联企业之间通过交换普通股实现企业合并的,必须符合独立企业之间公平交易的原则,否则,对企业应纳税所得造成影响的,税务机关有权进行调整。

(3)根据《税收征收管理法》及其实施细则规定,对关联企业未按独立企业之间公平交易的原则开展业务经营活动的,税务机关有权按下列方法对所涉各方的计税收入或所得额进行纳税调整:①按照独立企业之间进行的相同或类似业务活动的价格;②按照再销售给无关联关系的第三者的价格所应取得的收入和利润水平;③按照成本加合理的费用和利润;④按照其他合理方法。

根据《企业所得税法》及其实施条例的规定,在判定纳税人的关联交易不符合独立交易原则,减少了应税收入或者所得额之后,税务机关可以运用下列合理方法进行纳税调整:①可比非受控法;②再销售价格法;③成本加成法;④交易净利润法;⑤利润分割法;⑥其他符合独立交易原则的方法。

(三)公司合并的契税管理

根据财政部、国家税务总局《关于继续执行企业事业单位改制重组有关契税政策的公告》(财政部、税务总局公告 2021 年第 17 号)的规定,两个或两个以上公司,依据法律规定、合同约定,合并为一个公司,且原投资主体存续的,对合并后公司承受原合并各方的土地、房屋权属,免征契税。

(四)公司合并的印花税管理

根据财政部、国家税务总局《关于企业改制过程中有关印花税政策的通知》(财税〔2003〕183号)的规定,以合并方式成立的新公司,其新启用的资金账簿记载的资金,凡原已贴花的部分可不再贴花，未贴花的部分和以后新增加的资金按规定贴花。

二、公司分立业务税务管理

（一）公司分立的税法概念及其分类

1. 分立的税法概念

根据税法规定，企业分立是指被分立企业将部分或全部资产分离转让给两个或两个以上现存或新设的企业（以下简称分立企业），为其股东换取分立企业的股权或其他财产。

2. 分立的税法分类

税法对分立的分类是在分立概念的基础上划分的，主要包括存续分立和新设分立两种方式：

（1）存续分立，也称派生分立，是指原企业存续，而将其一部分营业或资产分离设立一个或数个新的企业。

（2）新设分立，是指原企业解散，分离出的各方分别设立为新的企业。

公司无论采取何种方式分立，一般不需履行法定清算程序。分立前企业债权债务，按法律规定的程序和分立协议的约定，由分立后的各企业承继。

（二）内资企业分立的税务处理

1. 企业分立，当事各方一般应按下列规定处理：（1）被分立企业对分立出去的资产应按公允价值确认资产转让所得或损失。（2）分立企业应按公允价值确认接受资产的计税基础。（3）被分立企业继续存在时，其股东取得的对价应视同被分立企业分配进行处理。（4）被分立企业不再继续存在时，被分立企业及其股东都应按清算进行所得税处理。（5）企业分立相关企业的亏损不得相互结转弥补。

2. 企业分立同时符合下列条件的，适用特殊性税务处理规定：（1）具有合理的商业目的，且不以减少、免除或者推迟缴纳税款为主要目的。（2）被收购、合并或分立部分的资产或股权比例符合财税 59 号文规定的比例。（3）企业重组后的连续 12 个月内不改变重组资产原来的实质性经营活动。（4）重组交易对价中涉及股权支付金额符合财税 59 号文规定的比例。（5）企业重组中取得股权支付的原主要股东，在重组后连续 12 个月内，不得转让所取得的股权。

3. 企业重组符合前述规定条件的，交易各方对其交易中的股权支付部分，可以按以下规定进行特殊性税务处理：企业分立，被分立企业所有股东按原持股比例取得分立企业的股权，分立企业和被分立企业均不改变原来的实质经营活动，且被分立企业股东在该企业分立发生时取得的股权支付金额不低于其交易支付总额的 85%，可以选择按以下规定处理：分立企业接受被分立企业资产和负债的计税基础，以被分立企业的原有计税基础确定。被分立企业已分立出去资产相应的所得税事项由分立企业承继。被分立企业未超过法定弥补期限的亏损额可按分立资产占全部资产的比例进行分配，由分立企业继续弥补。被分立企业的股东取得分立企业的股权（以下简称“新股”），如需部分或全部放弃原持有的被分立企业的股权（以下简称“旧股”），“新股”的计税基础应以放弃“旧股”的计税基础确定。如无须放弃“旧股”，则其取得“新股”的计税基础可从以下两种方法中选择确定：直接将“新股”的计税基础确定为零；或者以被分立企业分立出去的净资产占被分立企业全部净资产的比例先调减原持有的“旧股”的计税基础，再将调减的计税基础平均分配到“新股”上。

（三）公司分立的契税管理

根据财政部、国家税务总局《关于继续执行企业事业单位改制重组有关契税政策的公告》的规定，公司依照法律规定、合同约定分立为两个或两个以上与原公司投资主体相同的公司，对分立后公司承受原公司土地、房屋权属，免征契税。

这里需要提示的是，与企业合并的契税处理不同，企业分立的，无论是存续分立还是新设分立，分立完成后各企业的股东应当与被分立企业原股东相同,一般持股比例也应当与原持股比例相同,否则不能享受不征收契税的优惠政策。

(四)公司分立的印花税管理

根据财政部、国家税务总局《关于企业改制过程中有关印花税政策的通知》的规定,以分立方式成立的新公司,其新启用的资金账簿记载的资金,凡原已贴花的部分可不再贴花,未贴花的部分和以后新增加的资金按规定贴花。

三、公司债务重组业务税务管理

(一)债务重组的税法概念

根据税法规定,债务重组是指债权人与债务人之间发生的涉及债务条件修改的所有事项。

(二)债务重组的方式

企业实施债务重组的主要方式包括:(1)以低于债务计税成本的现金清偿债务;(2)以非货币性资产清偿债务;(3)债务转换为股权,包括国有企业债转股;(4)修改其他债务条件,如延长债务偿还期限、延长债务偿还期限并加收利息、延长债务偿还期限并减少债务本金或债务利息;(5)以上两种或者两种以上方式组合进行的混合重组。

(三)债务重组的税务处理

企业债务重组,相关交易应按以下规定处理:(1)以非货币资产清偿债务,应当分解为转让相关非货币性资产、按非货币性资产公允价值清偿债务两项业务,确认相关资产的所得或损失。(2)发生债权转股权的,应当分解为债务清偿和股权投资两项业务,确认有关债务清偿所得或损失。(3)债务人应当按照支付的债务清偿额低于债务计税基础的差额,确认债务重组所得;债权人应当按照收到的债务清偿额低于债权计税基础的差额,确认债务重组损失。(4)债务人的相关所得税纳税事项原则上保持不变。

第四节 公司涉税法律风险及税务行政救济

在我国市场经济发展初期,公司及其经营管理者往往只关注财务风险、审计风险等,而忽视了公司涉税风险。随着改革的深入,市场经济迅猛发展,公司交易行为和模式更加复杂多样;同时,我国市场经济体制不断完善,税收征管日趋严格,依法治税的观念不断深入人心。因而,公司及其经营管理者也越来越关注公司的涉税活动,并逐步意识到涉税风险的存在,开始加强公司涉税风险防范。

所谓公司涉税风险,通俗地讲就是指纳税人在计算和缴纳税款方面承担的各种风险,进一步讲则是指纳税人因负担税款、违反税收法律规定等原因而可能招致权益受损的可能性。

一、影响公司涉税风险的基本因素

公司涉税活动每一环节的具体风险是不完全相同的,影响该环节涉税风险的因素也是多种多样的。不过总的来说,影响公司涉税风险的基本因素主要有以下几种。

(一)影响涉税风险的公司内部因素

1. 公司及其经营管理者的依法纳税意识

实践中,有部分公司及其经营管理者依法纳税意识不是很强,存在侥幸心理,企图通过违法行为(如逃税、骗税等)来达到减少公司税负的目的。随着我国税收征管体系的健全,税收征管力度的加大,公司逃税、骗税被发现的可能性也增加了,而且企业税务违法行为一旦被发现,将面临行政处罚甚至是刑事处罚。

2. 公司及其经营管理者的涉税风险防范意识

有些公司管理人员认为自己不主动去非法逃税、骗税就不会有涉税风险。但是事实并非如此，例如，公司有可能对税收法规政策理解有误，从而作出错误的涉税行为或交易。又如，公司可能对自身权利未充分了解，从而没有去争取本该获得的税收利益。公司及其经营管理者有必要树立涉税风险防范意识，加深对公司涉税风险的了解，加强税务风险防范。

3. 公司税务人员的专业水平

公司税务人员的专业水平不高也可能加大公司涉税风险。公司税务人员由于自身业务水平限制，对于国家财会制度以及税收法规的认识与运用出现差错，可能会加大公司的税负，减少公司的经济利益，严重的还可能在主观没有违法意图的情况下作出事实违法的税务行为，给企业带来税务风险。

4. 公司经营管理体制

完善的公司经营管理体制是公司涉税风险防范的基础。公司如果缺乏有效的经营管理体制，就很难从源头上控制和防范涉税风险。因而，公司应该建立健全公司财务制度、内部审计制度、投资控制及担保制度、业绩考核及激励制度、人才管理制度，特别是公司风险管理制度。

(二)外部因素对涉税风险的影响

1. 税收政策法规的影响

目前我国正处于经济变革时期，为了适应经济发展的需要，税收政策变化频繁。再加上我国纳税人与税务机关的交流不够，信息传播渠道不畅通，纳税人难以及时准确掌握税收政策法规的变动。如果公司不及时了解这些变动，调整自己的涉税行为，极可能使自己本来合法的纳税行为变成不合法，加大公司涉税风险。

另外，由于我国税收政策法规的有些内容的表述不够精确，以及不同层次的税收法规规定间的差异，导致公司对这些税收法规的理解可能会出现偏差，从而影响公司的涉税行为，加大公司涉税行为法律效力的不确定性，从而增加了公司的涉税风险。

2. 税收行政执法的影响

目前我国税务行政管理体系复杂，税务执法主体多元化(包括国税、地税、海关、财政等多个政府部门)，税务行政管理权存在重叠，这也加大了公司的涉税风险。

另外，税收法律法规中赋予行政机关过多的自由裁量权，纳税人即使具有较为充分的理由，税务机关也可以利用"税收政策的解释权归税务机关"轻易加以否定，增加了公司的涉税风险。此外，税务机关与公司之间有关税收政策信息的不对称，也会加大公司涉税风险。

二、公司面临的主要涉税风险

(一)公司面临的主要涉税风险

1. 误解政策法规的风险

纳税人如果不能正确理解有关税收政策法规，或者不知道某些重要的政策法规，极可能因此付出不必要的涉税成本。

2. 税务处理与会计处理不一致的风险

我国现行企业会计制度与现行税务制度，无论是在基本原则还是在具体处理规定之间都存在较大的差异，企业依法纳税必须按照税务制度的有关规定进行。因为会计核算的目的是为相关利益者提供会计信息，有助于相关利益者进行科学的决策，为企业的生产经营服务；而税收制度的目的是保证国家的财政收入，促进纳税人正确地履行纳税义务。

纳税人在纳税时，如果不能正确地按照税务制度的要求计算缴纳税款，税务机关将依法追究相应的责任。

3. 未能正确行使权利的风险

根据《税收征收管理法》及其实施细则的有关规定,纳税人在履行依法纳税义务的同时,也享有税法规定的相应的权利,包括有权向税务机关了解国家税收法律、行政法规规定以及与纳税程序有关的情况;有权要求税务机关为纳税人、扣缴义务人的情况保密;依法享有申请减税、免税、退税的权利;对税务机关作出的决定,享有陈述权、申辩权,依法享有申请行政复议,提起行政诉讼,请求国家赔偿等权利;有权控告和检举税务机关、税务人员的违法违纪行为。

公司作为纳税人和扣缴义务人,一方面,有必要了解自己在纳税方面负有哪些法定义务,并依法履行义务,否则将承担相应的法律责任;另一方面,也有必要了解自己在纳税方面享有哪些权利,只有全面了解自己的权利才能更有效地行使法律所赋予的权利,无论是放弃应有的权利还是滥用权利,都是不明智的选择。

4. 各税种计算缴纳中的风险

公司从设立初期到经营阶段再到变更终止的一系列行为,都可能涉及税务问题。公司经营活动涉及的税务不仅仅是某个实体税种的问题,还可能涉及税务检查、税务救济等其他税务问题。公司涉税行为如此复杂,税款的计算缴纳甚是麻烦。因而,公司在计算应纳税额时必须小心谨慎,严格按照税收法律法规的要求行事,不可贪一时小利而逃税、骗税,否则等待它的必是法律的严惩。甚至,公司税务工作人员的一时疏忽都可能给公司带来不必要的税务麻烦。公司在计算完应纳税额后,应在法定期限内依法缴纳税款,对于未经批准的延迟纳税,税务机关将会加收滞纳金。

5. 税务管理的风险

公司涉税行为众多复杂,除依法足额缴纳税款外,公司还必须依法处理好其他税务管理事项。公司必须依法办理税务登记、设立账簿、报送财务会计制度、领用发票并依法纳税申报等。否则,公司将会受到税务机关给予的相应的行政处罚,涉及犯罪的,还需要依法追究刑事责任。

6. 税务救济中的风险

公司不服税务机关的行政行为时,可依法提起税务行政复议和税务行政诉讼,如果税务机关的行政行为侵害了公司的合法权益,还可以提起税务行政赔偿。但是,任何途径的税务救济都有严格的法律条件和法律程序,公司如果不按法律规定的要求行使救济权就难以得到有效的法律保障。公司在因税务机关的行政行为违法而受到侵害后,如果因税务救济风险而导致不能得到及时、有效的法律救济,这对公司来说无疑是雪上加霜。因而,公司在提起税务救济的同时,必须做好税务救济风险的防范,减少不必要的损失。

(二)公司涉税风险可能导致的损失

1. 直接经济损失

公司在实际经营中,未能及时、有效地防范税务风险,致使风险事项实际发生遭受到的最直接的损失往往是经济利益的损失。例如,公司在应纳税额的计算中出现差错,致使公司多纳税款,承担了不必要的税负。

公司在应纳税额的计算中出现差错,还可能使税款少缴或者晚缴,如一旦被税务机关查实,不仅需要补缴未缴的税款,还要多承担滞纳金,情节严重的,可能还会受到税务机关给予的行政处罚。

2. 信誉损失

公司涉税风险事项实际发生后,除遭受到经济利益损失外,还将受到无形的损失。例如,公司因涉税风险防范不足导致偷税、逃税,被税务机关处以税务行政处罚的,将面临信誉损失。公司背负着逃税、漏税的处罚包袱,公司信誉必将受损,某些潜在的客户或合作伙伴极可能因此取消合作的打算。因而,公司风险防范不力将可能影响公司的长远发展。

3.刑事责任

公司违反税法规定,构成犯罪的,将会被依法追究刑事责任。

三、公司涉税风险防范

(一)杜绝违法逃税、漏税的意图

随着我国税收征管体系的健全,税收征管力度的加大,公司逃税、漏税被发现的可能性也增加了,而且企业税务违法行为一旦被发现,将面临行政处罚和刑事处罚,后果严重,得不偿失。因此,公司应树立依法纳税的意识,不能有试图通过违法手段来达到减少公司税负的侥幸心理。

(二)提高涉税风险防范意识

公司及其经营管理者有必要树立涉税风险防范意识,加深对公司涉税风险的了解,加大对税务风险的防范。只有从意识上认识到涉税风险防范的重要性,才能在实际税务管理中谨慎行事,将公司的涉税风险实际产生的可能性降低。

(三)提高专业人员业务水平

公司税务人员由于自身业务水平的限制,对于国家财会制度以及税收法规的认识与运用出现差错,可能会加大公司税负,减少公司经济利益,严重者还可能在主管人员没有违法意图的情况下做出事实违法的税务行为,给企业带来税务风险。因此,有必要提高公司税务专业人员的业务水平,防止公司税务人员因专业原因而发生的税务风险。

(四)加大与税务机关的交流,及时了解政策变动

我国正处于经济变革时期,为了适应经济发展需要,税收政策变化频繁。再加上我国纳税人与税务机关的交流不够,信息传播渠道不畅通,纳税人难以及时准确掌握税收政策法规的变动。如果公司不及时了解这些变动,调整自己的涉税行为,极可能使自己本来合法的纳税行为变为不合法,加大公司涉税风险。因此,公司在涉税活动中,应及时与税务机关交流,了解税收政策变动,避免因不了解税收政策而产生的税务风险。

(五)谨慎处理每一个涉税环节

公司涉税活动复杂多变,税款的计算缴纳烦琐,因而公司及其经营管理者在进行涉税活动时,必须谨慎小心,处理好每一个涉税环节,防止不必要的涉税风险发生。

(六)定期进行税务自查

公司在完成每一个环节的税务活动后,不能有所松懈,仍需保持高度警惕。公司除在税务机关通知稽查前进行税务自查外,还应设立定期税务自查机制,通过公司的自我税务检查,及时发现公司以往涉税活动中可能存在的漏洞。一旦发现问题,应及时处理,如有必要还须与税务机关联系,努力将损失降到最低。

(七)积极应对税务评估、检查

公司除有依法纳税义务外,还有配合税务机关实施税务评估和税务检查的义务。对于税务机关的税务评估和税务检查,公司不应有排斥心理,不予配合甚至予以阻挠的做法是极不明智的。因为,公司越是反对税务评估和税务检查,就越会让税务机关觉得可疑。后果就是,公司的排斥行为不仅可能受到行政处罚,还可能会使公司成为税务机关的重点关注对象,从而加大其税务风险。

(八)合法节税,专业筹划

公司是以营利为目的的组织,而税负的减轻将增加公司的盈利空间。因而,公司应在法律允许的框架内,通过合法的手段尽可能地减少公司的税收负担。公司节税必须依法进行,不能通过逃税、漏税等违法手段去实现,而税收筹划则是一个很好的选择。税收筹划是指纳税人在税法规定许可的范围内,通过对投资、经营、理财活动事先进行筹划和安排,尽可能地取得节约税收成本的税收行为。税收筹划不仅可以减少纳税人的税收成本,在某种意义上,通过专业税收筹划还可以防止公

司陷入税法陷阱,有利于实现公司利益最大化。①

四、公司涉税法律责任

(一)公司涉税行政责任

1. 关于税收违法行为

追究纳税人、扣缴义务人以及其他税务行政相对人行政责任的税收违法行为可以归纳为违反税务管理的税务违法行为和妨碍税款征收的税务违法行为两大类。

(1)违反税务管理的税务违法行为。

根据《税收征收管理法》及其实施细则,违反税务管理的税务违法行为主要包括:不按规定办理、使用税务登记证;违反账簿、凭证、账号管理;不按规定安装、使用税控装置;违反发票管理;不按规定期限办理申报;非法印制、使用完税凭证;阻挠税务检查;以及不按规定协助税务工作:

①不按规定办理、使用税务登记证:该税务违法行为主要包括纳税人未按规定期限申报办理税务登记、变更或注销登记;未按规定办理税务登记证件验证或换证手续;未按规定使用税务登记证件,或者转借、涂改、损毁、买卖、伪造税务登记证件。

②违反账簿、凭证、账号管理:该税务违法行为主要包括纳税人未按规定设置、保管账簿或者保管记账凭证和有关资料;未按规定将财务、会计制度或者财务、会计处理办法和会计核算软件报送税务机关备查;未按规定将其全部银行账号向税务机关报告;或者扣缴义务人未按规定设置、保管代扣代缴、代收代缴税款账簿或者保管代扣代缴、代收代缴税款记账凭证及有关资料。

③不按规定安装、使用税控装置:该税务违法行为主要包括损毁或擅自改动税控装置。

④违反发票管理规定:该税务违法行为主要包括非法印制发票;未按规定印制发票或生产发票防伪专用品;未按规定领购、开具、取得、保管发票;或者未按规定接受税务机关对发票的检查;非法携带、邮寄、运输或者存放空白发票;倒买倒卖发票;以及私自制作发票监制章、发票防伪专用品。

⑤不按规定期限办理申报:该税务违法行为主要包括纳税人未按规定期限办理纳税申报和报送纳税资料;或者扣缴义务人未按规定期限向税务机关报送代扣代缴、代收代缴税款报告表和有关资料。

⑥非法印制、使用完税凭证:该税务违法行为包括非法印制、转借、倒卖、变造或者伪造完税凭证。

⑦阻挠税务检查:该税务违法行为是指纳税人、扣缴义务人逃避、拒绝或者以其他方式阻碍税务机关检查。

⑧不按规定协助税务工作:该税务违法行为主要包括纳税人、扣缴义务人的开户银行或者其他金融机构拒绝接受税务机关依法检查纳税人、扣缴义务人存款账户;拒绝执行税务机关做出的冻结存款或者扣缴税款的决定;接到税务机关书面通知后帮助纳税人、扣缴义务人转移存款;不按规定在纳税人账户中登录税务登记证号码,或者不按规定在税务登记证中登录纳税人账户账号的;以及有关单位拒绝税务机关按规定到车站、码头、机场、邮政企业及其分支机构检查纳税人情况。

(2)妨碍税款征收的税务违法行为。

根据《税收征收管理法》及其实施细则,妨碍税款征收的税务违法行为主要包括:逃税;不缴或者少缴税款;应扣未扣、应收不收税款;编造虚假计税依据;不申报纳税;逃避追缴欠税;骗税;抗税;以及因违法行为导致他人未缴、少缴或者骗取税款。

①逃税:是指纳税人伪造、变造、隐匿、擅自销毁账簿、记账凭证,或者在账簿上多列支出或者不列、少列收入,或者经税务机关通知申报而拒不申报或者进行虚假的纳税申报,不缴或者少缴应纳

① 参见欧阳光、张杨清:《公司税务管理与筹划》,法律出版社 2007 年版,第 48 ~ 54 页。

税款的。扣缴义务人采取上述手段不缴或者少缴已扣、已收税款的，亦为偷税。

②不缴或者少缴税款：是指纳税人、扣缴义务人在规定期限内不缴或者少缴应纳或者应解缴的税款。

③应扣未扣、应收不收税款：是指扣缴义务人应扣未扣、应收而不收的税款。

④编造虚假计税依据：是指纳税人、扣缴义务人编造虚假计税依据。

⑤不申报纳税：是指纳税人不进行纳税申报，不缴或者少缴应纳税款。

⑥逃避追缴欠税：是指纳税人欠缴应纳税款，采取转移或者隐匿财产的手段，妨碍税务机关追缴其欠缴的税款。

⑦骗税：是指以假报出口或者其他欺骗手段，骗取国家出口退税款。

⑧抗税：是指以暴力、威胁方法拒不缴纳税款。

⑨因违法行为导致他人未缴、少缴或者骗取税款：包括为纳税人、扣缴义务人非法提供银行账户、发票、证明或者其他方便，导致未缴、少缴税款或者骗取国家出口退税款；违反发票管理法规，导致其他单位或个人未缴、少缴或骗取税款；以及税务代理人违反税收法律、行政法规，造成纳税人未缴或者少缴税款。

2. 税务行政处罚

纳税人、扣缴义务人以及其他税务行政相对人在税收征收管理过程中实施了税收违法行为的，由税务机关依法追究行政责任，依法给予行政处罚。税务行政处罚的种类主要是三类：罚款、没收违法所得、停止出口退税权。

（1）罚款是最主要的处罚措施，适用于所有的税收违法行为。根据违法行为对税收征管的损害程度，法律上设定不同的罚款力度。违反税收管理的税务违法行为，情节严重的，必须处以罚款；非属情节严重的，则可以处也可以不处罚款。妨害税款征收的税务违法行为，较违反税收管理行为性质严重，除个别情况，法律上均要求必须处以罚款，罚款幅度基本上设定为不缴或者少缴的税款50%以上1倍以下。

（2）没收违法所得适用于有违法所得的税收违法行为。主要是违反发票管理的行为，不法分子通过非法印制、使用、倒买倒卖发票，非法生产、制作发票防伪专用品等手段牟取非法利益。

（3）停止出口退税权适用于骗税行为。享有出口退税权的企业，以假报出口或者其他欺骗手段，骗取国家出口退税款的，税务机关可以在规定期间内停止为其办理出口退税。

（二）公司涉税刑事责任

根据现行刑法规定，纳税人、扣缴义务人以及其他税务行政相对人如实施了妨害税款征收的税务违法行为，或者违反发票管理规定，情节严重，构成犯罪的，应当根据刑法追究相关当事人的刑事责任（详见本书刑事法律风险防范部分）：

1. 妨碍税款征收的犯罪

主要包括逃税、抗税、逃避追缴欠税和骗取出口退税。

对危害税收征管罪的刑罚，包括管制、拘役、有期徒刑、无期徒刑以及罚金和没收财产。其中虚开增值税专用发票罪、虚开用于骗取出口退税罪、抵扣税款发票罪，以及伪造、出售伪造的增值税专用发票罪，骗取出口退税罪，非法出售增值税专用发票罪的最高刑是无期徒刑。

2. 妨碍发票管理的犯罪

主要是妨碍增值税专用发票管理的犯罪，是我国危害税收征管罪的重要内容。

（1）虚开增值税专用发票，虚开用于骗取出口退税、抵扣税款发票。

（2）伪造、非法出售、非法购买增值税专用发票，出售、购买伪造的增值税专用发票，非法制造、出售用于骗取出口退税、抵扣税款的其他发票。

(3)非法出售、非法制造普通发票。

对于涉嫌危害税收征管犯罪的税收违法行为,税务机关可以依法先行给予行政处罚。经人民法院审判构成犯罪并判处罚金时,税务机关已经给予当事人罚款的,应当折抵罚金。

在刑事处罚中,税款追缴优先。因犯逃税罪、抗税罪、逃避追缴欠税罪、骗取出口退税罪、虚开增值税专用发票或者虚开用于骗取出口退税、抵扣税款的其他发票罪,被判处罚金、没收财产的,在执行前,应当先由税务机关追缴税款和所骗取的出口退税款。

五、公司涉税争议法律救济

纳税人、扣缴义务人或者其他税收当事人在征纳税过程中与税务机关发生争议或者分歧,可以依照法律规定申请行政复议,或者向人民法院起诉,提起行政诉讼。

税务机关和税务人员在征纳税过程中违法行使职权侵犯纳税人、扣缴义务人或者其他税收当事人合法权益造成损害的,受害人可以依法取得赔偿。

在我国现行法律体制下,当公司在税收征管和税款缴纳等环节与税务机关发生争议时,可寻求的法律救济途径主要有三种,即税务行政复议、税务行政诉讼和税务行政赔偿。

(一)税务行政复议

纳税人、扣缴义务人或者其他税务当事人认为税务机关的行政行为侵犯其合法权益,可以向税务机关提出行政复议申请。在符合法律规定复议范围及条件下,税务机关应当受理行政复议申请,并做出行政复议决定。税务机关负责法制工作的机构为复议机构,具体办理行政复议事项。

税务行政复议实行复议前置制度。纳税人、扣缴义务人、纳税担保人同税务机关在纳税上发生争议时寻求法律救济,应先申请行政复议,对行政复议决定不服的,才能依法向人民法院提起行政诉讼。

而且,申请行政复议,必须先依照税务机关的纳税决定缴纳或者解缴税款及滞纳金或者提供相应的纳税担保。税收当事人对税务机关作出的行政处罚决定、强制执行措施或者税收保全措施不服的,可以依法申请税务行政复议,也可以依法向法院提起行政诉讼,至于是申请行政复议还是提起行政诉讼,税收当事人具有自由选择权。

1. 税务行政复议的受案范围

税务行政复议的范围,是指法律、法规及规章确定的税务机关受理复议案件的范围。纳税人、扣缴义务人或者其他税收当事人与税务机关发生税收争议,只能对税务机关作出的行政行为申请行政复议。主要是指:

(1)税务机关作出的征税行为,包括确认纳税主体、征税对象、征税范围、减税、免税及退税、适用税率、计税依据、纳税环节、纳税期限、纳税地点以及税款征收方式等行政行为和征收税款、加收滞纳金及扣缴义务人、受税务机关委托征收的单位作出的代扣代缴、代收代缴行为。

(2)税务机关作出的税收保全措施,即书面通知银行或者其他金融机构暂停支付存款,以及扣押、查封商品、货物或者其他财产。

(3)税务机关未及时解除税收保全措施,使当事人合法权益遭受损失的行为。

(4)税务机关作出的税收强制执行措施,即书面通知银行或者其他金融机构从其存款中扣缴税款,以及变卖、拍卖扣押、查封的商品、货物或者其他财产。

(5)税务机关作出的税务行政处罚行为,即罚款、没收非法所得、停止出口退税权。

(6)税务机关不予依法办理或答复的行为,包括不予审批减免税或出口退税;不予抵扣税款;不予退还税款;不予颁发税务登记证、发售发票;不予开具完税凭证和出具票据;不予认定为增值税一般纳税人;以及不予核准延期申报、批准延期缴纳税款。

(7)税务机关作出的取消增值税一般纳税人资格的行为。

(8)税务机关作出的收缴发票、停止发售发票的行为。

(9)税务机关责令纳税人提供纳税担保或者不依法确认纳税担保有效的行为。

(10)税务机关不依法给予举报奖励的行为。

(11)税务机关作出的通知出境管理机关阻止出境行为。

行政复议法没有将抽象行政行为纳入行政复议范围,但设立了文件规定审查制度。纳税人及其他税收当事人认为税务机关的行政行为所依据的文件规定不合法,可以在税务行政复议时提出对文件规定的审查申请。当事人对文件规定提出审查申请,只限于国家税务总局和国务院其他部门的规章以外的文件规定;地方政府的规章以外的文件规定;以及国家税务总局以下各级税务机关和地方政府部门的文件规定。当事人不能单独对文件规定提出审查申请,只能在对行政行为申请税务行政复议时一并提出。

2. 税务行政复议管辖

税务行政复议管辖,是指税务行政复议机关之间受理税务行政复议案件的权限和分工。根据《行政复议法》(2023 年修订)的规定,税务行政复议的管辖权按以下规则确定。

第 24 条规定:"县级以上地方各级人民政府管辖下列行政复议案件:(一)对本级人民政府工作部门作出的行政行为不服的;(二)对下一级人民政府作出的行政行为不服的;(三)对本级人民政府依法设立的派出机关作出的行政行为不服的;(四)对本级人民政府或者其工作部门管理的法律、法规、规章授权的组织作出的行政行为不服的。除前款规定外,省、自治区、直辖市人民政府同时管辖对本机关作出的行政行为不服的行政复议案件。省、自治区人民政府依法设立的派出机关参照设区的市级人民政府的职责权限,管辖相关行政复议案件。对县级以上地方各级人民政府工作部门依法设立的派出机构依照法律、法规、规章规定,以派出机构的名义作出的行政行为不服的行政复议案件,由本级人民政府管辖;其中,对直辖市、设区的市人民政府工作部门按照行政区划设立的派出机构作出的行政行为不服的,也可以由其所在地的人民政府管辖。"

第 25 条规定:"国务院部门管辖下列行政复议案件:(一)对本部门作出的行政行为不服的;(二)对本部门依法设立的派出机构依照法律、行政法规、部门规章规定,以派出机构的名义作出的行政行为不服的;(三)对本部门管理的法律、行政法规、部门规章授权的组织作出的行政行为不服的。"

第 26 条规定:"对省、自治区、直辖市人民政府依照本法第二十四条第二款的规定、国务院部门依照本法第二十五条第一项的规定作出的行政复议决定不服的,可以向人民法院提起行政诉讼;也可以向国务院申请裁决,国务院依照本法的规定作出最终裁决。"

第 27 条规定:"对海关、金融、外汇管理等实行垂直领导的行政机关、税务和国家安全机关的行政行为不服的,向上一级主管部门申请行政复议。"

第 28 条规定:"对履行行政复议机构职责的地方人民政府司法行政部门的行政行为不服的,可以向本级人民政府申请行政复议,也可以向上一级司法行政部门申请行政复议。"

第 29 条规定:"公民、法人或者其他组织申请行政复议,行政复议机关已经依法受理的,在行政复议期间不得向人民法院提起行政诉讼。公民、法人或者其他组织向人民法院提起行政诉讼,人民法院已经依法受理的,不得申请行政复议。"

3. 税务行政复议程序

(1)税务行政复议的申请。

税务行政复议是一种依申请的行政行为,没有税收行政相对人的申请,不能启动税务行政复议程序。

依法提起税务行政复议的纳税人及其他税收行政相对人为税务行政复议申请人,具体是指纳税人、扣缴义务人、纳税担保人和其他税收行政相对人。在下列特殊情况下,申请人可以为其他人,主要有以下情况:①有权申请行政复议的自然人死亡,其近亲属可以申请税务行政复议;②有权申请行政复议的自然人为无行为能力人或限制行为能力人,其法定代表人的监护人可以代理申请税务行政复议;③有权申请行政复议的法人或非法人组织发生合并、分立或终止,承受其权利义务的法人或组织可以申请税务行政复议;④与申请税务行政复议的行政行为有利害关系的其他自然人、法人或非法人组织,可以作为第三人参加税务行政复议;⑤虽非行政行为的相对人,但其权利直接被该行政行为所侵犯、限制或者被赋予义务的第三人,在税务行政相对人没有申请税务行政复议时,可以单独申请行政复议。

纳税人、扣缴义务人或者其他当事人可以在知道税务机关作出行政行为之日起60日内提出税务行政复议申请。因不可抗力或者其他正当理由耽误法定申请期限的,申请期限自障碍消除之日起继续计算。如果该行政行为属于税务机关作出的与征税有关的行政行为,复议申请人必须先依照税务机关的纳税决定缴纳或者解缴税款及滞纳金或者提供相应的纳税担保,然后在收到税务机关填发的缴款凭证之日起60日内提出税务行政复议申请。

税务行政相对人申请税务行政复议,既可以书面申请,也可以口头申请。

(2)税务行政复议的受理。

税务行政复议机关收到复议申请后,应当在5日内进行审查,并做出是否受理的决定。税务行政复议机关主要从以下几个方面对复议申请进行审查:①该复议申请是否符合法定的受案范围。②该复议申请是否符合法定的申请条件,即是否在法定期限内提出复议申请;对税务机关的征税行为提出复议申请,是否已按税务机关的征税决定缴纳或者解缴税款及滞纳金或者提供相应的纳税担保。③是否已向其他法定复议机关申请复议,或者已向法院提起行政诉讼。④是否符合税务行政复议管辖的有关规定。

经审查,对不符受案范围及申请条件的复议申请,税务行政复议机关应当作出不予受理的决定,并书面告知申请人,书面告知中应当载明不予受理复议申请的理由。税务行政复议机关决定不予受理的情形主要包括:①不属于税务行政复议范围;②超过法定的申请期限;③没有明确的被申请人和行政复议对象;④已向其他法定复议机关申请复议且被受理;⑤已向人民法院提起行政诉讼且已受理;⑥申请人就纳税发生争议未按规定缴清税款、滞纳金且未按规定提供担保或担保失效;⑦申请人与行政行为无利害关系。

对符合规定的复议申请,税务行政复议机关应当予以受理,并书面告知复议申请人。对于不属于本机关受理的复议申请,应当告知复议申请人向有关行政复议机关提出申请。

(3)税务行政复议的审查。

税务行政复议机关应当自受理复议申请之日起7日内将行政复议申请书副本或者行政复议申请笔录复印件发送给被申请人。被申请人对其作出的行政行为负有举证责任,其应当自收到行政复议申请书副本或者行政复议申请笔录复印件之日起10日内,提出书面答复,并提交当初作出行政行为的证据、依据和其他有关材料。被申请人不答复、不提交的,视为该行政行为没有证据和法律依据。在税务行政复议期间,被申请人不得自行向申请人和其他有关组织或个人收集证据。

复议申请人、第三人有权查阅被申请人提交的书面答复,作出行政行为的证据、依据和其他有关材料,除涉及国家秘密、商业秘密或个人隐私外,税务行政复议机关不得拒绝。

税务行政复议机关对复议案件原则上采取书面审理的方式,但申请人提出要求或者税务行政复议机关认为有必要时,可以向有关组织和人员调查了解情况,听取复议申请人、被申请人和第三人的意见。税务行政复议机关应当对被申请人作出的行政行为的合法性和适当性进行审查,主要审查的内容包括:①作出行政行为的税务机关是否具备执法主体资格;②作出行政行为所依据的事实是否清楚、证据是否确凿、理由是否充分;③行政行为适用的法律依据是否正确;④作出行政行为是否符合法定程序;⑤行政行为有无明显不当。

复议申请人在申请税务行政复议时,对原行政行为所依据的有关规定一并提出审查申请的,税务行政复议机关对该规定有权处理的,应当在30日内依法处理;无权处理的,应当在7日内按照法定程序转送有权处理的行政机关依法处理,有权处理的行政机关应当在60日内依法处理。对有关规定进行审查处理期间,中止对行政行为的审查。

(4)税务行政复议的决定。

税务行政复议机关对复议案件进行审理,应当自受理复议申请之日起60日内作出行政复议决定。情况复杂,不能在规定期限内作出行政复议决定的,经税务行政复议机关负责人批准,可以适当延长,但延长期限最多不得超过30日。

税务行政复议机关经过对行政行为进行审查,作出的税务行政复议决定主要包括:

①认为行政行为认定事实清楚、证据确凿、适用依据正确、程序合法、内容适当的,可以决定维持该行政行为。

②认为被申请人不履行法定职责的,可以决定其在一定期限内履行。

③认为行政行为主要事实不清、证据不足、适用依据错误、违反法定程序、超越或者滥用职权,或者明显不当的,可以决定撤销、变更或者确认该行政行为违法。

④如果被申请人不按照规定对复议申请书副本或复议申请笔录复印件提出书面答复、提交当初做出行政行为的证据、依据和其他有关材料的,视为该行政行为没有证据、依据,决定撤销该行政行为。

⑤决定撤销或者确认该行政行为违法的,可以同时责令被申请人在一定期限内重新作出行政行为。

(5)税务行政复议决定的执行。

税务行政复议决定一经送达,即发生法律效力。被申请人应当履行行政复议决定。被申请人不履行或者无正当理由拖延履行行政复议决定的,复议机关或者有关上级行政机关应当责令其限期履行。

申请人逾期不履行行政复议决定又不提起行政诉讼的,按照以下规则分别处理:①维持原行政行为的复议决定,由最初做出行政行为的税务机关依法强制执行,或者申请法院强制执行;②变更原行政行为的复议决定,由税务行政复议机关依法强制执行,或者申请法院强制执行。申请人对税务行政复议决定不服,在法定期限内向法院提起诉讼的,应当停止启动税务强制执行程序。

4. 纳税人在税务行政复议中依法享有的权利

(1)对税务机关执法依据的合法性有申请审查权。

纳税人认为税务机关作出侵害自己合法权益的行政行为所依据的规定不合法时,可根据《行政复议法》的有关规定,对税务机关所依据的下列规定提出审查申请:国务院部门的规定;县级以上地方各级人民政府及其工作部门的规定;乡镇人民政府的规定。

(2)有委托他人代为参加税务行政复议权。

纳税人认为自己对行政复议程序、行政法律法规不熟悉,或认为自己在复议期间内,因故不能参加行政复议的,有权委托他人代为参加税务行政复议。

(3)对复议申请方式有选择权。

纳税人申请税务行政复议,既可以书面申请,也可以口头申请。应注意的是,在选择口头申请时,一定要让税务复议机关当场制作详细笔录,记录完毕还要核对一下,看是否准确。若采用书面申请时,要写明申请人的基本情况、复议请求、申请复议的主要事实和理由等。

(4)对税务行政复议机关有选择权。

纳税人对税务机关做出的行政行为不服的,可在本级人民政府和做出行政行为的上一级税务机关两者之间选择一个向其提起复议申请,但是税务机关实行垂直系统管理的除外。

(5)税务行政复议期间有查询权。

复议申请人在税务行政复议期间有权查询被申请人提交的书面答复、做出行政行为的依据和其他有关材料。除涉及国家机密、商业秘密或个人隐私外,税务行政复议机关不得拒绝。

(6)申请赔偿权。

纳税人认为自己的合法权益受到税务机关侵犯时,有权在申请行政复议时,一并提出行政赔偿请求。

(7)对行政行为有申请停止权。

在税务行政复议期间,纳税人有权提出停止行政行为的申请,税务行政复议机关认为要求合理,如不停止执行,将会给纳税人带来更大的损害时,可以作出停止执行的决定。

(8)申请行政复议或提起行政诉讼选择权。

纳税人对税务机关的行政处罚决定,采取的强制执行措施、税收保全措施不服的,有权选择申请行政复议或直接提起行政诉讼。

(9)拒绝提供证据权。

在税务行政复议期间,被申请人自行向纳税人收集证据的,纳税人有权拒绝。

(10)不负担行政复议费用权。

申请税务行政复议是法律赋予纳税人的法定权利。税务行政复议机关受理复议申请,不得向纳税人收取任何费用。

(二)税务行政诉讼

税务行政诉讼程序与一般的行政诉讼程序没有本质区别。唯一需要注意的是,对于纳税争议,即对税务机关的征税决定的争议,实行税务行政复议前置制度,即纳税人必须先申请税务行政复议,对行政复议决定不服的,才能依法向人民法院起诉。纳税人对税务机关的处罚决定、强制执行措施、税收保全措施等行政行为不服的,可以直接向人民法院起诉。

1. 税务行政诉讼的管辖

具体而言,税务行政诉讼的管辖分为级别管辖、地域管辖和裁定管辖。

(1)级别管辖。

级别管辖是指上下级人民法院间受理第一审税务行政案件的分工和权限。根据《行政诉讼法》有关规定,基层人民法院管辖一般的税务行政诉讼案件;中高级人民法院管辖本辖区内重大、复杂的税务行政诉讼案件;最高人民法院管辖全国范围内重大、复杂的税务行政诉讼案件。

(2)地域管辖。

地域管辖是指同级人民法院之间受理第一审税务行政案件的分工和权限,分为一般地域管辖和特殊地域管辖两种。

一般地域管辖是指按照最初做出行政行为的机关所在地确定管辖法院。凡是未经复议直接向人民法院提起诉讼,或者经过复议,复议裁决维持原行政行为,税务行政相对人不服向人民法院提起诉讼的,均由最初做出行政行为的税务机关所在地人民法院管辖。

特殊地域管辖是指根据特殊行政法律关系或特殊行政法律关系所指向的对象来确定管辖法院。税务行政案件中的特殊地域管辖是指经过复议的案件,复议机关改变原具体行为的,由原告(纳税人)选择最初做出行政行为的税务机关所在地的人民法院,或者税务行政复议机关所在地的人民法院管辖。

（3）裁定管辖。

裁定管辖是指人民法院依法自行裁定的管辖，包括移送管辖、指定管辖和管辖权的转移三种情况。

移送管辖，是指人民法院将已受理的案件，移送给有管辖权的人民法院审理。移送管辖必须具备三个条件：一是移送人民法院已经受理该行政案件；二是移送人民法院发现自己对该行政案件没有管辖权；三是接受移送的人民法院必须对该行政案件确有管辖权。

指定管辖，是指上级人民法院以裁定方式，指定某下一级人民法院管辖某一行政案件。指定管辖包括两种情况：一是有管辖权的人民法院因特殊原因不能行使对行政案件的管辖权；二是两个以上人民法院之间对管辖权发生争议且协商不成的，由他们共同的上级人民法院指定管辖。

管辖权的转移，包括两种情况：一是上级人民法院有权审理下级法院管辖的第一审行政案件；二是下级人民法院对其管辖的第一审行政案件，认为需要由上级人民法院审理或指定管辖的，可以报请上级人民法院决定。

2. 税务行政诉讼的受案范围

税务行政诉讼的受案范围是指人民法院审理税务行政争议的范围，即人民法院对税务机关的哪些行政行为拥有司法审查权。根据法律规定，税务行政诉讼的受案范围限于税务机关做出的影响税收行政相对人人身权和财产权的行政行为，其具体的受案范围与税务行政复议的受案范围一致。

3. 提起税务行政诉讼的期限

对于可以直接向人民法院提起税务行政诉讼的案件，税收行政相对人应当自知道税务机关做出行政行为之日起6个月内向有管辖权的人民法院提起行政诉讼。

对于适用复议前置制度的税务案件，税收行政相对人对税务行政复议机关作出的复议决定不服的，应当在收到税务行政复议决定书之日起15日内向有管辖权的人民法院提起行政诉讼。如果税务行政复议机关逾期不作出复议决定，税收行政相对人应当在税务行政复议期限届满之日起15日内向有管辖权的人民法院提起行政诉讼。

尚需说明的是，税务机关做出行政行为后，未履行告知税务行政相对人诉权和起诉期限的法定义务，致使税务行政相对人逾期向人民法院提起行政诉讼的，其起诉期限从税务行政相对人实际知道诉权或者起诉期限时开始计算，但逾期的时间最长不得超过2年。

4. 税务行政诉讼的受理

税收行政相对人对税务机关做出的行政行为或者税务行政复议机关做出的复议决定不服，向人民法院提起行政诉讼的，经人民法院审查，如符合法定的起诉条件，人民法院应当在7日内予以立案；如认为不符合法定的起诉条件，应当在7日内作出不予受理的裁定。

税收行政相对人对不予受理裁定不服的，可以提起上诉。受诉法院在7日内不予立案，又不作出不予受理裁定的，起诉人可以向上一级人民法院申诉。税务行政诉讼的法定起诉条件主要包括。

（1）原告必须是其合法权益受到税务行政行为侵犯的自然人、法人或者非法人组织。但是，有权提起诉讼的自然人死亡的，其近亲属可以作为原告提起诉讼；有权提起诉讼的法人或非法人组织发生合并、分立或者终止的，承受其权利的法人或非法人组织可以提起诉讼。（2）要有明确的被告。（3）要有具体的诉讼请求和事实依据。（4）应当属于人民法院的受案范围和受诉人民法院管辖。（5）必须符合法定的期限和必经的程序。

5. 税务行政诉讼的审理

税务行政诉讼审理是指人民法院对税务行政案件进行实质性审查,并确认、判决税务机关的行政行为是否合法、正确的诉讼活动,是人民法院自受理案件之后至终审判决前的各种诉讼行为的总称。

税务行政诉讼审理的核心是审查被诉行政行为是否合法,即做出行政行为的税务机关是否具备税收执法主体资格;行政行为是否有事实依据;行政行为所依据的法律是否正确;税务机关做出行政行为是否履行了法定程序等。税务行政诉讼案件的审理实行公开、合议、回避、两审终审制度。

税务行政诉讼期间,税务机关作出的被诉行政行为不停止执行。除非作为被告的税务机关认为需要停止执行;或者原告申请停止执行,人民法院认为该行政行为的执行会造成难以弥补的损失,并且停止执行不损害社会公共利益的,人民法院可以裁定停止执行。

6. 税务行政诉讼的判决

税务行政诉讼判决是指人民法院代表国家依法对被诉行政行为是否合法、适当作出的具有法律约束力的判定。税务行政诉讼判决是法院行使国家审判权的意思表示,是国家司法意志的体现,是具有法律约束力的司法判断和处理。生效的税务行政诉讼判决,对税务机关和税务行政相对人均具有法律约束力。税务行政诉讼判决分为一审判决和二审判决。

一审判决主要包括:维持判决,即人民法院经审理认为被诉行政行为所依据的证据充分确凿、适用法律法规正确、符合法定程序,判决维持被诉行政行为;撤销判决,即人民法院对被诉行政行为作出的否定评价,分为全部撤销和部分撤销。法院在判决撤销被诉税务行政行为时,可以同时判决被诉税务机关重新做出行政行为。被诉税务行政行为符合下列条件之一的,法院有权判决撤销:(1)主要证据不足;(2)适用法律法规错误;(3)违反法定程序;(4)超越职权;(5)滥用职权;(6)明显不当。履行判决,是指在税务机关不履行或者拖延履行其法定职责的情况下,法院判决其在一定期限内履行;变更判决,是指在税务机关作出的行政处罚显失公正的情况下,人民法院可以判决变更税务行政处罚的实体内容,以维护税务行政相对人的合法权益。

二审判决主要包括:维持原判,适用于一审判决认定事实清楚、适用法律法规正确的案件;依法改判,适用于一审判决认定事实清楚,但适用法律法规错误的案件;撤销原判、发回重审,适用于一审判决认定事实不清,证据不足,或者违反法定程序,可能影响案件的正确审判的案件。

7. 税务行政诉讼判决的执行

税务行政诉讼案件经过人民法院一审、二审或再审的程序审定后,诉讼当事人必须履行人民法院发生法律效力的判决、裁定。

纳税人或者其他税务行政相对人拒绝履行判决、裁定的,税务机关可以向第一审人民法院申请强制执行,或者依法强制执行。

被诉税务机关拒绝履行判决、裁定的,人民法院可以通知银行从该税务机关的账户内划拨应当归还的罚款或者应当给付的赔偿金;在规定期限内不执行的,从期满之日起,按日处 50 元至 100 元的罚款;并向上级税务机关或者监察、人事机关提出司法建议等。

(三)税务行政赔偿

税务行政赔偿,是指税务机关作为履行国家赔偿义务的机关,对本机关及其工作人员的职务违法行为给纳税人和其他税务当事人的合法权益造成的损害,代表国家予以赔偿的制度。纳税人或者其他税务当事人,因税务机关和税务人员违法行使职权,致其人身权或者财产权受到侵犯并造成损害的,可以依法取得税务行政赔偿。因税务人员与行使职权无关的个人行为,或因纳税人或者其他税务当事人自己的行为致使损害发生的,国家不承担赔偿责任。

1. 税务行政赔偿的构成要件

税务机关承担国家赔偿责任必须具备以下条件：

(1)税务机关及其工作人员存在行政侵权行为,其内涵包括:①责任主体是行使国家税收征管职权的税务机关及其工作人员;②必须是税务机关及其工作人员行使税收征管职权的行为;③行使税收征管职权的行为具有违法性。

(2)存在对纳税人和其他税务当事人的合法权益造成损害的事实。该要件强调的是损害后果已经发生的事实,对尚未发生的损害,税务机关不承担赔偿责任。

(3)税务行政侵权行为与损害事实之间存在因果关系。

2. 税务行政赔偿的范围

我国现行的国家赔偿制度将损害赔偿的范围限于对财产权和人身权中的生命健康权、人身自由权的损害,未将精神损害等列入国家赔偿的范围。如果国家机关及其工作人员的职务违法行为仅给受害人的名誉权、荣誉权等造成损害,侵权机关在侵权影响范围内,为受害人消除影响、恢复名誉、赔礼道歉,而不给予经济补偿。此外,我国的国家赔偿制度仅将直接损害纳入赔偿范围,而不包括间接损害。具体而言,税务行政赔偿的范围主要包括:

(1)侵犯人身权的赔偿范围。

因税务机关及其工作人员的行政违法行为而给纳税人和其他税务当事人的人身权造成损害的,其损害赔偿主要集中在生命健康权和人身自由权,具体的赔偿范围主要包括:①违法通知出入境管理部门组织纳税人出境的;②非法拘禁或以其他方式非法剥夺自然人人身自由的;③违法采取限制自然人人身自由的行政强制措施的;④以殴打等暴力行为或者唆使他人以殴打等暴力行为造成自然人身体伤害或死亡的;⑤违法使用武器、警械造成自然人身体伤残或死亡的;⑥其他造成自然人身体伤残或死亡的违法行为。

(2)侵犯财产权的赔偿范围。

税务机关及其工作人员的行政违法行为给纳税人和其他税务当事人的财产权造成损害的,其具体的赔偿范围主要包括:①违法征收税款、加收滞纳金、代扣代缴税款等征税行为。此类行为直接对相关纳税主体的财产权造成损害,这是税务行政赔偿的主要范围;②违法给予行政罚款、没收违法所得等行政处罚行为;③违法收缴税务登记证、取消增值税一般纳税人资格和停止出口退税权等税收管理行为;④违法采取税收强制措施或税收保全措施,或者采取税收强制措施或税收保全措施不当的行为;⑤违法向纳税人和其他税务当事人征收财务、摊派税务的行为;⑥不予审批减免税或出口退税、不予抵扣税款、不予退税、不予颁发税务登记证、不予认定增值税一般纳税人、不予核准延期申报或延期纳税等行政不作为行为;⑦不予发售发票、不予代开发票、不予开具完税凭证和出具票据等票证管理行为;⑧税务机关及其工作人员造成纳税人和其他税务当事人财产损害的其他违法行为。

(3)税务行政赔偿的免责范围。

在一些法定的特殊情况下,虽然纳税人和其他税务当事人的人身权和财产权遭受损害,但税务机关并不承担国家赔偿义务,该例外情形主要包括:①纳税人和其他税务当事人的损害后果是由税务机关工作人员与行使税收征管职权无关的个人行为造成的;②因纳税人和其他税务当事人自己的行为造成的损害;③法律规定的其他情形,如不可抗力、正当防卫、紧急避险情况下发生的损害。

3. 税务行政赔偿的方式

税务行政赔偿方式是指税务机关代表国家承担赔偿责任的各种形式。税务行政赔偿以支付赔偿金为主要方式,如果赔偿义务机关能够通过返还财产或者恢复原状实施国家赔偿的,应当返还财产或者恢复原状。

(1)支付赔偿金。

支付赔偿金是最主要的税务行政赔偿方式,其可以是针对财产损害的赔偿,也可以是针对人身权损害的赔偿。支付赔偿金简便易行,适用范围广泛,可以使受害人的赔偿要求迅速得到满足。

(2)返还财产。

返还财产是针对造成财产所有权损害后的赔偿方式。返还财产赔偿方式要求财产或原物存在,只有这样才谈得上返还财产。返还财产所指的财产一般是特定物,但也可以是种类物,如返还行政罚款所收缴的货币。

(3)恢复原状。

恢复原状赔偿方式是指对受到损害的财产进行修复,使之恢复到受损害前的形状或者性能。适用恢复原状赔偿方式的前提是受损害财产能够恢复原状且易行。

4. 税务行政赔偿的费用标准

(1)侵害人身权的赔偿标准。

①侵犯人身自由的,每日赔偿金按照国家上年度职工日平均工资计算。所谓上年度,是指赔偿义务机关、复议机关作出赔偿决定时的上年度;复议机关决定维持原赔偿决定的,按作出原赔偿决定时的上年度执行。国家上年度职工日平均工资数额,应当以职工年平均工资除以全年法定工作日数的方法计算。年平均工资以国家统计局公布的数字为准。

②造成身体伤害的,应当赔付医疗费、护理费,以及赔偿因误工而减少的收入。减少的收入每日赔偿金按照国家上年度职工日平均工资计算,最高额不得超过国家上年度职工日平均工资的5倍。

③造成部分或者全部丧失劳动能力的,应当支付医疗费、护理费、残疾生活辅助具费、康复费等因残疾而增加的必要支出和继续治疗所必需的费用,以及残疾赔偿金。残疾赔偿金根据丧失劳动能力的程度,按照国家规定的伤残等级确定,最高不超过国家上年度职工年平均工资的20倍。造成全部丧失劳动能力的,对其扶养的无劳动能力的人,还应当支付生活费。

④造成死亡的,应当赔付死亡赔偿金、丧葬费,总额为国家上年度职工年平均工资的20倍。对死者生前扶养的无劳动能力的人,还应当支付生活费。

(2)侵害财产权的赔偿标准。

①违法征收税款、加收滞纳金的,应当返还税款及滞纳金,同时赔偿税款及滞纳金占用期间的利息损失。

②违法对应予出口退税而未退税的,由赔偿义务机关办理退税。

③违法处以行政罚款、没收非法所得或违法征收财物、摊派费用的,应当返还。

④违法查封、扣押、冻结财产的,应当解除对财产的查封、扣押、冻结,造成财产毁损或灭失的,还应当恢复原状或者给付相应的赔偿金。

⑤应当返还的财产损坏的,能够恢复原状的恢复原状,不能恢复原状的,按照毁损程度承担赔偿责任。

⑥应当返还的财产灭失的,应给付相应的赔偿金。

⑦财产已经拍卖或变卖的,给付拍卖或变卖所得的价款,变卖的价款明显低于财产价值的,应当支付相应的赔偿金。

⑧吊销许可证或执照、责令停产停业的,赔偿停业期间必要的经常性费用开支。

⑨对财产权造成其他损害的,按照直接损失给予赔偿。

5. 税务行政赔偿的程序

税务行政赔偿请求人要求赔偿,可以向赔偿义务机关单独提出,也可以在申请行政复议和提起行政诉讼时一并提出。

税务行政赔偿请求人请求国家赔偿的时效为2年,自其知道或应当知道税务机关及税务人员行使职权时的行为侵犯其人身权、财产权之日起计算。

第五节 公司涉税事项办税指南

一、公司税务登记办税指南

(一)公司设立税务登记

1. 业务概述

税务登记是整个税收征收管理的首要环节,是税务机关对纳税人的基本情况及生产经营项目进行登记管理的一项基本制度,也是纳税人已经被纳入税务机关监督管理的一项证明。根据法律、法规规定具有应税收入、应税财产或应税行为的各类纳税人,都应依照有关规定办理税务登记。

2. 公司办理设立税务登记的时限要求

从事生产、经营的纳税人应当自领取营业执照,或者自有关部门批准设立之日起30日内,或者自纳税义务发生之日起30日内,到税务机关领取税务登记表,填写完整后提交税务机关,办理设立税务登记。

3. 需提交的文件资料

纳税人办理设立税务登记业务,应当按照税务机关的要求填写完整的税务登记表,房屋、土地、车船情况登记表,同时提交下列文件资料:

(1)营业执照或其他核准执业证件原件及其复印件。

(2)注册地址及生产、经营地址证明原件及其复印件:如为自有房产,应当提供产权证或买卖契约等合法的产权证明原件及其复印件;如为租赁的场所,应当提供租赁协议原件及其复印件,出租人为自然人的还须提供产权证明的复印件;如生产、经营地址与注册地址不一致,分别提供相应证明。

(3)验资报告或评估报告原件及其复印件。

(4)有关合同、章程、协议书复印件。

(5)法定代表人(负责人)居民身份证、护照或其他证明身份的合法证件原件及其复印件。

(6)改组改制企业还须提供有关改组改制的批文原件及其复印件。

(7)房屋产权证、土地使用证、机动车行驶证等证件的复印件。

(8)汽油、柴油消费税纳税人还需提供:①企业基本情况表;②生产装置及工艺路线的简要说明;③企业生产的所有油品名称、产品标准及用途。

(9)外商投资企业还需提供商务部门批复设立证书原件及其复印件。

4. 税务机关审核

税务机关对纳税人提交的文件资料主要采取形式审查,经审查,纳税人提供资料完整、相关登记表内容填写准确、各项手续齐全、无违章问题,符合条件的当场办结,核发税务登记证;如纳税人提交的证件和资料明显有疑点的,在2个工作日内转下一环节进行实质审查,经核实符合规定的,自受理之日起20个工作日内核发税务登记证件。

(二)公司变更税务登记

1. 业务概述

纳税人税务登记内容发生变化的,应当向原税务登记机关申请办理变更税务登记。

2. 公司办理变更税务登记的时限要求

纳税人已在市场监管机关或其他机关办理变更登记的，应当自办理工商变更登记之日起30日内向原税务登记机关申报办理变更登记。纳税人按照规定不需要在市场监管机关办理变更登记，或者其变更登记的内容与工商登记内容无关的，应当自税务登记内容实际发生变化之日起30日内，或者自有关机关批准或者宣布变更之日起30日内，向原税务登记机关申报办理变更登记。

3. 需提交的文件资料

纳税人办理变更税务登记业务，应当按照税务机关的要求填写完整变更税务登记表，同时提交下列文件资料：

（1）营业执照及工商变更登记表复印件；

（2）业主或法定代表人身份证件的原件及复印件（涉及变动的提供）；

（3）场地使用证明：自有房屋的提供房屋产权证，租赁房屋的提供租房协议和出租方的房屋产权证复印件，无房屋产权证的提供情况说明，无偿使用的提供无偿使用证明（涉及变动的提供）。

4. 税务机关审核

税务机关对纳税人提交的文件资料主要采取形式审查，经审查，纳税人提供资料完整、相关登记表内容填写准确、各项手续齐全、无违章问题，符合条件的当场办结，发放变更后的税务登记证；如纳税人提交的证件和资料明显有疑点，在2个工作日内转下一环节进行实质审查，经核实符合规定的，自受理之日起30个工作日内核发变更后的税务登记证件。

（三）公司注销税务登记

1. 业务概述

纳税人发生解散、破产、撤销以及其他情形，依法终止纳税义务的，应当在向市场监管机关或者其他机关办理注销登记前，持有关证件和资料向原税务登记机关申报办理注销税务登记；按规定不需要在市场监管机关或者其他机关办理注销登记的，应当自有关机关批准或者宣告终止之日起15日内，持有关证件和资料向原税务登记机关申报办理注销税务登记。

纳税人因住所、经营地点变动，涉及改变税务登记机关的，应当在向市场监管机关或者其他机关申请办理变更、注销登记前，或者住所、经营地点变动前，持有关证件和资料，向原税务登记机关申报办理注销税务登记。

2. 公司办理注销税务登记的时限要求

纳税人发生解散、破产、撤销以及其他情形，依法终止纳税义务的，应当在向市场监管机关或者其他机关办理注销登记前，持有关证件向原税务登记机关申报办理注销税务登记。

按照规定不需要在市场监管机关或者其他机关办理注销登记的，应当自有关机关批准或者宣告终止之日起15日内，持有关证件向原税务登记机关申报办理注销税务登记。

纳税人因住所、经营地点变动，涉及改变税务登记机关的，应当在向市场监管机关或者其他机关申请办理变更、注销登记前，或者住所、经营地点变动前，持有关证件和资料，向原税务登记机关申报办理注销税务登记。

纳税人被市场监管机关吊销营业执照或者被其他机关予以撤销登记的，应当自营业执照被吊销或者被撤销登记之日起15日内，向原税务登记机关申报办理注销税务登记。

境外企业在中国境内承包建筑、安装、装配、勘探工程和提供劳务的，应当在项目完工、离开中国前15日内，持有关证件和资料，向原税务登记机关申报办理注销税务登记。

3. 需提交的文件资料

纳税人办理注销税务登记业务，应当按照税务机关的要求填写完整注销税务登记申请审批表，同时提交下列文件资料:(1)税务登记证正、副本;(2)上级主管部门批复文件或董事会决议及复印件;(3)营业执照被吊销的应提交市场监管部门发出的吊销决定及复印件。

4. 税务机关审核

经税务机关审查,纳税人提供资料完整、填写内容准确、各项手续齐全,符合受理条件的,自受理之日起在2个工作日内办结纳税人注销登记受理手续,并转入税务注销清算阶段;在注销清算过程中未发现纳税人涉嫌逃税、骗税、抗税或虚开发票或欠税等行为的,办结相关涉税事项的,应在受理后2个工作日内办理完毕税务注销登记手续。纳税人在办理完毕税务注销登记手续前,应当办结下列涉税事项:(1)取消相关资格认定,如一般纳税人资格、高新技术企业资格、资源综合利用资格等;(2)结清税款、多退(免)税款、滞纳金、罚款;(3)结存发票作验旧、缴销处理;(4)办结最近一期纳税申报事项;(5)防伪税控纳税人取消防伪税控资格、交回防伪税控设备;(6)办结未结案的税务稽查案件。

(四)公司外埠经营税务登记

1. 业务概述

从事生产、经营的纳税人到外县(市)临时从事生产、经营活动的,应当持税务登记证副本和所在地税务机关填开的外出经营活动税收管理证明,向营业地税务机关报验登记,接受税务管理。在经营活动结束后向外出经营地税务机关申报核销。

2. 公司办理外埠经营税务登记的时限要求

纳税人应当在外出经营活动税收管理证明注明地进行生产经营前,向当地税务机关报验。

纳税人外出经营活动结束,应当向经营地税务机关填报外出经营活动情况申报表,并结清税款、缴销发票。

3. 需提交的文件资料

纳税人申请办理外埠经营报验登记的,应当向营业地税务机关提交税务登记证副本和外出经营活动税收管理证明。

纳税人申请办理外埠经营核销登记的,应当向营业地税务机关提交税务登记证副本和外出经营活动情况申报表。

4. 税务机关审核

纳税人申请办理外埠经营报验登记的,经营业地税务机关审查,纳税人提供资料完整、填写内容准确、各项手续齐全,符合条件的当场办结外埠经营报验登记,纳税人外埠经营业务涉税事项接受营业地税务机关管理。

纳税人经营活动结束申请缴销时,根据税源管理部门查验和管理后反馈的信息,审核纳税人外出经营活动情况申报表的税款缴纳、发票使用情况,如存在未结清税款、未交回发票,责成纳税人重新填报外出经营活动情况申报表,并按规定结清税款、交回发票后,按照外出经营活动情况申报表填写外出经营活动税收管理证明,签署意见退还纳税人作核销证明,缴销外埠经营活动税收证明。

(五)公司存款账户账号报告

1. 业务概述

从事生产、经营的纳税人应当按照国家有关规定,持税务登记证件,在银行或者其他金融机构开立基本存款账户和其他存款账户,并将其全部账号向税务机关报告。

2. 公司办理存款账户账号报告业务的时限要求

从事生产、经营的纳税人应当自开立基本存款账户或者其他存款账户之日起15日内,向主管税务机关书面报告其全部账号;发生变化的,应当自变化之日起15日内,向主管税务机关书面报告。

3. 需提交的资料

公司应当在办理存款账户账号报告业务时,按照税务机关要求填写纳税人存款账户账号报告表,同时向税务机关提交税务登记证副本和银行开户许可证及复印件。

4. 税务机关受理

对纳税人提交的证件资料齐全、合法、有效,纳税人存款账户账号报告表填写完整准确,印章齐全,与附报资料一致的,应当当场办理完毕纳税人存款账户账号报告的受理手续。

(六)公司财务会计制度及核算软件备案

1. 业务概述

从事生产、经营的纳税人应当在领取税务登记证件后将其财务、会计制度或者财务、会计处理办法报主管税务机关备案。纳税人使用计算机记账的,应当在使用前将会计电算化系统的会计核算软件、使用说明书及有关资料报送主管税务机关备案。

2. 纳税人办理业务的时限要求

从事生产、经营的纳税人应当自领取税务登记证件之日起 15 日内,将其财务、会计制度或者财务、会计处理办法报主管税务机关备案。纳税人使用计算机记账的,应当在使用前将会计电算化系统的会计核算软件、使用说明书及有关资料报送主管税务机关备案。

3. 需提交的资料

公司应当在办理财务会计制度及核算软件备案业务时,按照税务机关要求填写财务会计制度及核算软件备案报告书,同时向税务机关提交公司财务、会计制度或财务会计核算办法;如使用计算机记账的,同时提供财务会计核算软件及其使用说明书。

4. 税务机关受理

对纳税人提交的证件资料齐全、合法、有效,财务会计制度及核算软件备案报告书填写完整准确,印章齐全,与附报资料一致的,应当当场办理完毕公司财务会计制度及核算软件备案手续。

二、公司涉税认定办税指南

(一)出口货物退(免)税认定

1. 业务概述

对外贸易经营者按《对外贸易法》和商务部《对外贸易经营者备案登记办法》的规定办理备案登记后,没有出口经营资格的生产企业委托出口自产货物(含视同自产产品)的,应分别在备案登记后,代理出口协议签订之日起 30 日内,到主管税务机关退税部门办理出口货物退(免)税认定手续。

特定退(免)税的企业和人员办理出口货物退(免)税认定手续按国家有关规定执行。

2. 纳税人办理业务的时限要求

对外贸易经营者(包括从事对外贸易经营活动的法人、非法人组织和自然人)应在办理对外贸易经营者备案登记后 30 日内,持有关证件,到主管税务机关退税部门申请办理出口货物退(免)税认定手续。

没有出口经营资格的生产企业委托出口自产货物(含视同自产产品)的,应在代理出口协议签订之日起 30 日内,持有关证件,到主管税务机关退税部门申请办理出口货物退(免)税认定手续。

3. 需提交的文件资料

(1)已办理备案登记并加盖备案登记专用章的对外贸易经营者备案登记表原件及复印件,没有出口经营资格的生产企业委托出口货物的提供代理出口协议原件及复印件。

(2)海关自理报关单位注册登记证明书原件及复印件(无进出口经营资格的生产企业委托出

口货物的不需要提供)。

(3)特许退(免)税的单位和人员还须提供现行有关出口货物退(免)税规定要求的其他相关凭证。

(4)税务登记证(副本)。

4.税务机关认定

对纳税人提交的证件资料齐全、合法、有效,出口货物退(免)税认定表填写完整准确,印章齐全,与附报资料一致的,应当自受理之日起20日内办结出口货物退(免)税认定手续,并向纳税人核发经审批签章的出口货物退(免)税认定表一份。

(二)增值税一般纳税人认定

《增值税一般纳税人登记管理办法》是非常重要的增值税管理规定,下文采用逐一梳理的方式对每一条进行理解分析,以飨读者。

第一条 为了做好增值税一般纳税人(以下简称"一般纳税人")登记管理,根据《中华人民共和国增值税暂行条例》及其实施细则有关规定,制定本办法。

【分析】本条是关于制定依据的规定。《增值税暂行条例》属于行政法规,《增值税暂行条例实施细则》属于财政部和国家税务总局联合颁布的部门规章。前者于2017年进行了修订,由认定制改为了登记制;后者在2011年之后尚未再进行修订,相关表述仍然是"认定",迫切需要修改。认定制改为登记制,也是《增值税一般纳税人登记管理办法》取代《增值税一般纳税人资格认定管理办法》的关键因素。如果实施细则不及时修改,会有制定依据未动、下位法先行(暂且借用这个概念,尽管用在此处不妥,因为细则和办法都是部门规章,法律位阶相同)的嫌疑。不过本条规定在表述方面没有问题,即便是实施细则以后发生了修改,也不影响。

第二条 增值税纳税人(以下简称"纳税人"),年应税销售额超过财政部、国家税务总局规定的小规模纳税人标准(以下简称"规定标准")的,除本办法第四条规定外,应当向主管税务机关办理一般纳税人登记。

【分析】该款规定相当于按照销售额标准对"一般纳税人"做了个定义。对于从事税务工作的人来说,增值税纳税人分为一般纳税人和小规模纳税人是一个常识。但是,对于其他人来说,可能会感觉到奇怪:一般纳税人的对应概念不应该是特殊纳税人吗?小规模纳税人的对应概念不应该是大规模纳税人吗?"一般"和"小规模"怎么会存在对应关系?《增值税暂行条例》及其实施细则均没有一般纳税人的定义。条例中甚至没有一般纳税人的说法,只是提到"小规模纳税人以外的纳税人";实施细则中为了表述方便,将"小规模纳税人以外的纳税人"改称"以下称一般纳税人"。

本办法所称年应税销售额,是指纳税人在连续不超过12个月或四个季度的经营期内累计应征增值税销售额,包括纳税申报销售额、稽查查补销售额、纳税评估调整销售额。

【分析】该款规定完善了连续经营期的滚动计算方式,将按季申报的情况考虑了进来,在"连续不超过12个月"的基础上增加了"连续不超过四个季度"。

销售服务、无形资产或者不动产(以下简称"应税行为")有扣除项目的纳税人,其应税行为年应税销售额按未扣除之前的销售额计算。纳税人偶然发生的销售无形资产、转让不动产的销售额,不计入应税行为年应税销售额。

【分析】全面"营改增"后,所有的流转税业务均统一为增值税应税行为。传统增值税业务的一般纳税人年销售额标准为50万元和80万元,"营改增"业务为500万元,尽管"营改增"在年销售额标准方面充分照顾了纳税人的选择权,但偶然发生的不动产转让,可能瞬间超出500万元的标准,因此,国家税务总局《关于全面推开营业税改征增值税试点有关税收征收管理事项的公告》(国家税务总局公告2016年第23号,已失效)中将偶然发生的转让不动产的销售额排除在应税行为年应税销售额之外。在本条款中,排除范围进一步囊括了"偶然发生的销售无形资产",更有利于保障纳税人的身份选择权。

第三条 年应税销售额未超过规定标准的纳税人,会计核算健全,能够提供准确税务资料的,可以向主管税务机关办理一般纳税人登记。

本办法所称会计核算健全,是指能够按照国家统一的会计制度规定设置账簿,根据合法、有效凭证进行核算。

【分析】"会计核算健全"是区分一般纳税人和小规模纳税人"年应税销售额"标准之外的另一标准,本条规定在措辞方面比《增值税暂行条例》更加科学。因为两个标准同时存在,所以不宜直接将"年应税销售额未超过规定标准的纳税人""一刀切"地都先称为"小规模纳税人"。

第四条 下列纳税人不办理一般纳税人登记:

(一)按照政策规定,选择按照小规模纳税人纳税的;

(二)年应税销售额超过规定标准的其他个人。

【分析】这两种情况也是旧文件下的沿袭规定,本来没有必要展开。不过,鉴于部分读者纠结于"其他个人"的身份归属,试作分析如下。我们做个推理:《增值税暂行条例》首先将增值税纳税人分为单位和个人;《增值税暂行条例实施细则》其次将个人分为个体工商户和其他个人;国家税务总局《关于增值税一般纳税人登记管理若干事项的公告》中明确"其他个人"是指自然人;《增值税一般纳税人登记管理办法》《增值税一般纳税人资格认定管理办法》(已失效)都规定其他个人即使年应税销售额超过了规定标准,也不办理一般纳税人登记。根据上述推理可知,增值税纳税人身份除了一般纳税人和小规模纳税人,没有第三种情况。显而易见,自然人一定属于小规模纳税人。

第五条 纳税人应当向其机构所在地主管税务机关办理一般纳税人登记手续。

【分析】本条为沿袭规定,不予赘述。

第六条 纳税人办理一般纳税人登记的程序如下:

(一)纳税人向主管税务机关填报《增值税一般纳税人登记表》(附件1),如实填写固定生产经营场所等信息,并提供税务登记证件;

(二)纳税人填报内容与税务登记信息一致的,主管税务机关当场登记;

(三)纳税人填报内容与税务登记信息不一致,或者不符合填列要求的,税务机关应当场告知纳税人需要补正的内容。

【分析】办理一般纳税人登记的程序非常简单,只要提供税务登记证件、填报内容信息一致,即可成为一般纳税人。"放管服"改革,在这里"放"得很到位。

第七条 年应税销售额超过规定标准的纳税人符合本办法第四条第一项规定的,应当向主管税务机关提交书面说明(附件2)。

【分析】严格来说,本办法第4条第1项中"按照政策规定"的表述不是太完美,因为这不是一个规范的法律术语,但可能没有更好的办法了。不过,这不影响理解。那么,按照有关政策,可以按照小规模纳税人纳税的情况包括哪些呢?《增值税暂行条例实施细则》及财政部、国家税务总局《关于全面推开营业税改征增值税试点的通知》等相关文件中列举了"非企业性单位""不经常发生应税行为"等情况。"非企业性单位"容易理解,不过何为"不经常发生"?国家税务总局于2011年和2013年曾发文明确"旅店业和饮食业纳税人销售非现场消费的食品,属于不经常发生增值税应税行为",并在解读中说明旅店业和饮食业纳税人的主业为提供住宿、饮食服务,其销售非现场消费的食品,属于不经常发生增值税应税行为。现在全面"营改增"了,关于何为"不经常发生",笔者认为,大可不必咬文嚼字钻牛角尖,可由纳税人和主管税务机关根据具体情况判断。

第八条　纳税人在年应税销售额超过规定标准的月份（或季度）的所属申报期结束后15日内按照本办法第六条或者第七条的规定办理相关手续；未按规定时限办理的，主管税务机关应当在规定时限结束后5日内制作《税务事项通知书》，告知纳税人应当在5日内向主管税务机关办理相关手续；逾期仍不办理的，次月起按销售额依照增值税税率计算应纳税额，不得抵扣进项税额，直至纳税人办理相关手续为止。

【分析】本条是关于办理登记手续时限的要求。“金三”系统比较强大，当年应税销售额滚动计算超过标准后，会有自动提醒。如果经过通知办理逾期仍不办理，后果很严重：按照税率而非征收率计算应纳税额、不得抵扣进项税额。

第九条　纳税人自一般纳税人生效之日起，按照增值税一般计税方法计算应纳税额，并可以按照规定领用增值税专用发票，财政部、国家税务总局另有规定的除外。

本办法所称的生效之日，是指纳税人办理登记的当月1日或者次月1日，由纳税人在办理登记手续时自行选择。

【分析】关于生效之日，《增值税一般纳税人资格认定管理办法》（已失效）规定“纳税人自认定机关认定为一般纳税人的次月起”，本办法给予纳税人选择权，可以在办理登记的当月1日或者次月1日之间自行选择。另外，用“领用”增值税专用发票替代旧文件中的“领购”“购买”，更加科学。毕竟，发票都是税务机关免费供应了，不存在“购”了。

第十条　纳税人登记为一般纳税人后，不得转为小规模纳税人，国家税务总局另有规定的除外。

【分析】如果小规模纳税人会计核算健全、能够提供准确税务资料，可以登记为一般纳税人。反之，如果一般纳税人会计核算不健全、不能提供准确税务资料，不得转为小规模纳税人，而应按销售额依照增值税税率计算应纳税额，不得抵扣进项税额，也不得使用增值税专用发票。至于一般转为小规模的“另有规定”，笔者尚未见到。

第十一条　主管税务机关应当加强对税收风险的管理。对税收遵从度低的一般纳税人，主管税务机关可以实行纳税辅导期管理，具体办法由国家税务总局另行制定。

【分析】根据现行有关规定，主管税务机关可以在一定期限内对新登记为一般纳税人的小型商贸批发企业以及在登记为一般纳税人后发生增值税偷税、骗取出口退税和虚开增值税扣税凭证等行为的企业实行纳税辅导期管理。对前者的辅导期为3个月，对后者的辅导期为6个月。所谓“辅导期”，其实就是加强监督并课以一定限制。此处的“具体办法由国家税务总局另行制定”，应该会出台新的辅导期管理办法替代旧的辅导期管理办法。因为旧办法的辅导对象比“税收遵从度低”的范围要狭窄，有必要与时俱进。

第十二条　本办法自2018年2月1日起施行，《增值税一般纳税人资格认定管理办法》（国家税务总局令第22号公布）同时废止。

【分析】《规章制定程序条例》中规定：“规章应当自公布之日起30日后施行；但是，涉及国家安全、外汇汇率、货币政策的确定以及公布后不立即施行将有碍规章施行的，可以自公布之日起施行。”尽管我们看到本办法时略迟几天，但它是2017年12月29日公布的，2018年2月1日施行，符合“自公布之日起30日后施行”的规定。

（三）残疾人就业税收优惠企业税务资格认定

1. 业务概述

残疾人就业税收优惠企业税务资格认定是指由县以上民政部门或县级残疾人联合会审批认定，以及按照规定不需要民政部门或残疾人联合会认定的，从事生产销售货物或提供加工、修理修配劳务的纳税人，申请办理减免税、退税之前，向主管税务机关对其进行税务资格认定的业务。

2. 时限要求

纳税人认为其符合残疾人就业税收优惠企业税务资格的,可以随时向主管税务机关申请税务资格认定。

3. 需提交的文件资料

公司办理残疾人就业税收优惠企业税务资格认定手续时,应当按照税务机关的要求填写《税务认定审批确认表(残疾人就业税收优惠企业)》,并分情况提交下列资料:

(1)需要民政部门或残疾人联合会认定的单位,提交以下材料:①经民政部门或残疾人联合会认定的纳税人,出具民政部门或残疾人联合会的书面审核认定意见及复印件;②纳税人与残疾人签订的劳动合同或服务协议(副本);③纳税人为残疾人缴纳社会保险费缴费记录;④纳税人向残疾人通过银行等金融机构实际支付工资凭证。

(2)不需要民政部门或残疾人联合会认定的单位以及因认定部门向其收取费用直接向主管税务机关提出减免税申请的单位,提交以下材料:①纳税人与残疾人签订的劳动合同或服务协议(副本);②纳税人为残疾人缴纳社会保险费缴费记录;③纳税人向残疾人通过银行等金融机构实际支付工资凭证。

4. 税务机关认定

税务机关收到纳税人认定申请的,主要查验民政部门或残疾人联合会的书面审核认定意见以及纳税人报送的劳动合同或服务协议、社会保险费缴费记录、金融机构实际支付工资凭证等相关资料是否齐全、合法、有效;《税务认定审批确认表(残疾人就业税收优惠企业)》填写是否完整准确,印章是否齐全,与附报资料是否一致。

经审查符合条件的,应当自受理之日起20日内办理完毕认定手续,并制作《税务认定通知书(残疾人就业税收优惠企业)》交纳税人留存。

(四)资源综合利用企业税务资格认定

1. 业务概述

回收和综合利用矿产资源开采加工过程中共生伴生资源、工业"三废"、社会再生资源和其他废弃资源,生产国家《资源综合利用目录》中规定的资源综合利用产品的企业,申请享受税收优惠政策之前,主管税务机关对其进行税收优惠资格认定的业务。

2. 时限要求

纳税人认为其符合资源综合利用企业税务资格的,可以随时向主管税务机关申请税务资格认定。

3. 需提交的资料

公司办理资源综合利用企业税务资格认定手续时,应当按照税务机关的要求填写《税务认定审批确认表(资源综合利用企业)》,并提交产品质量执行标准和质量检测报告及其复印件、《资源综合利用企业证书》及其复印件。

4. 税务机关认定

税务机关收到纳税人认定申请的,主要查验纳税人出示的《资源综合利用企业证书》及产品质量执行标准和质量检测报告是否齐全、合法、有效;《税务认定审批确认表(资源综合利用企业)》填写是否完整准确,印章是否齐全,与附报资料是否一致。经审查符合条件的,应当自受理之日起20日内办理完毕认定手续,并制作《税务认定通知书(资源综合利用企业)》交纳税人留存。

(五)生产新型墙体材料产品企业税务资格认定

1. 业务概述

回收和综合利用社会再生资源生产国家规定的新型墙体材料产品的企业,申请享受税收优惠政策之前,向主管税务机关对其进行税收优惠资格认定的业务。

2. 时限要求

纳税人认为其符合生产新型墙体材料产品企业税务资格的，可以随时向主管税务机关申请税务资格认定。

3. 需提交的资料

公司办理资源综合利用企业税务资格认定手续时，应当按照税务机关的要求填写《税务认定审批确认表（生产新型墙体材料产品企业）》，并提交产品质量执行标准和质量检测报告及其复印件、《新型墙体材料产品资质认定证书》及其复印件。

4. 税务机关认定

税务机关收到纳税人认定申请的，主要查验纳税人出示的《新型墙体材料产品资质认定证书》及产品质量执行标准和质量检测报告是否齐全、合法、有效；《税务认定审批确认表（生产新型墙体材料产品企业）》填写是否完整准确，印章是否齐全，与附报资料是否一致。经审查符合条件的，应当自受理之日起20日内办理完毕认定手续，并制作《税务认定通知书（生产新型墙体材料产品企业）》交纳税人留存。

（六）废旧物质回收企业税务资格认定

1. 业务概述

经市场监管部门核发营业执照，从事废旧物质回收经营业务的纳税人，申请享受税收优惠政策之前，主管税务机关对其进行税收优惠资格认定的业务。

2. 时限要求

纳税人认为其符合废旧物质回收企业税务资格的，可以随时向主管税务机关申请税务资格认定。

3. 需提交的资料

公司办理废旧物质回收企业税务资格认定手续时，应当按照税务机关的要求填写《税务认定审批确认表（废旧物质回收企业）》，并提交固定的经营场所及仓储场地土地使用证及其复印件、房屋产权证及其复印件或租赁协议。

4. 税务机关认定

税务机关收到纳税人认定申请的，主要查验纳税人是否为废旧物质回收企业；《税务认定审批确认表（废旧物质回收企业）》填写是否完整准确，印章是否齐全，与附报资料是否一致；同时通过实地调查，核实纳税人的实际生产经营情况与企业申请的资格认定信息是否相符，是否为废旧物质回收经营企业。

经审查符合条件的，应当自受理之日起20日内办理完毕认定手续，并制作《税务认定通知书（废旧物质回收企业）》交纳税人留存。

三、公司发票管理办税指南

（一）公司发票领用资格审批

1. 业务概述

依法办理税务登记的纳税人，应当持设立登记证件或者税务登记证件，向主管税务机关办理发票领用手续。纳税人申请领用发票属于税务行政许可范畴，非经税务机关行政许可，不具备领用发票资格。

2. 时限要求

纳税人办理完毕税务登记后，如果在其生产经营过程中，需要自行对外开具发票，可以随时向税务机关申请领用发票。

3. 需提交的文件资料

纳税人向税务机关申请领用发票的,应当按照税务机关的要求填写纳税人领用发票票种核定申请表和税务行政许可申请表,并提交如下资料:(1)经办人的身份证明;(2)财务专用章或发票专用章印模;(3)税务登记证(副本)。

4. 税务机关审核

税务机关审核纳税人领用发票申请采取形式审查与实地调查相结合的方式,形式审查是审查纳税人提交的证件资料是否齐全、合法、有效,纳税人领用发票票种核定申请表和税务行政许可申请表是否填写完整准确、印章齐全,与附报资料是否一致;所谓实地调查,是指通过实地调查,主要核实纳税人的实际生产经营情况与申请的票种信息是否相符,是否具备发票保管、开具的能力。

经审核符合条件的,应当根据领购单位和个人的经营范围、规模和风险等级,在5个工作日内确认领用发票的种类、数量及领用方式。

(二)防伪税控企业最高开票限额审批

1. 业务概述

新认定为增值税一般纳税人的防伪税控企业,可以在认定的同时申请专用发票最高开票限额,防伪税控企业已申请专用发票最高开票限额的,可以根据生产经营实际情况的需要,提出变更最高开票限额的申请,主管税务机关按照相关规定,对其申请进行受理、调查、许可。防伪税控企业最高开票限额审批属于税务行政许可范畴,非经税务机关许可,纳税人不得超过最高开票限额对外开具增值税专用发票。

2. 时限要求

新认定为增值税一般纳税人的防伪税控企业,可以在认定的同时申请专用发票最高开票限额;防伪税控企业已申请专用发票最高开票限额的,可以根据生产经营实际情况的需要,随时提出变更最高开票限额的申请。

3. 需提交的文件资料

纳税人向税务机关申请领用发票的,应当按照税务机关的要求填写防伪税控企业最高开票限额申请表和税务行政许可申请表,并向税务机关提交单笔销售业务、单台设备销售合同及其复印件和履行合同的证明材料。

4. 税务机关审核

税务机关审核防伪税控企业最高开票限额申请采取形式审查与实地调查相结合的方式,形式审查是审查纳税人提交的证件资料是否齐全、合法、有效,防伪税控企业最高开票限额申请表和税务行政许可申请表是否填写完整准确、印章齐全,与附报资料是否一致;所谓实地调查,主要是核实纳税人的生产经营情况,是否确实需要变更最高开票限额。

经审核符合条件的,应当自受理之日起20日内办理完毕防伪税控企业最高开票限额审批业务,并制作准予行政许可决定书,连同一份经审批签章的防伪税控企业最高开票限额申请表返还纳税人。

(三)企业衔头发票印制审批

1. 业务概述

有固定生产经营场所、财务和发票管理制度健全、发票使用量较大的单位,可以申请印制印有本单位名称的发票(企业衔头发票);如统一发票式样不能满足业务需要,也可以自行设计本单位的发票式样,但均须报经县(市)以上税务机关批准。企业衔头发票印制属于税务行政许可范畴,非经有权税务机关许可,公司不得自行印制印有本单位名称的发票,也不得自行设计本单位的发票式样。

2. 时限要求

公司认为其符合印制企业衔头发票的条件,或统一发票式样不能满足公司业务需要时,可随时向税务机关申请印制企业衔头发票或自行设计本单位的发票式样。

3. 需提交的文件资料

纳税人向税务机关申请领购发票的,应当按照税务机关的要求填写企业衔头发票印制申请审批表和税务行政许可申请表,并向税务机关提交企业自行设计的本单位发票式样。

4. 税务机关审核

税务机关审核防伪税控企业最高开票限额申请采取形式审查与实地调查相结合的方式,所谓形式审查,主要是审查纳税人企业衔头发票印制申请审批表上填写的申请衔头发票信息是否准确,印制发票理由是否合理;所谓实地调查,主要是核实纳税人的实际生产经营情况与企业衔头发票印制申请审批表的申请理由是否相符。

经审核符合条件的,应当自受理之日起20日内办理完毕企业衔头发票印制审批业务,并制作准予行政许可决定书送达纳税人。

(四)增值税专用发票代开业务

1. 业务概述

已办理税务登记的小规模纳税人以及国家税务总局确定的其他可予代开增值税专用发票的纳税人,提出代开增值税专用发票的申请,主管税务机关为其代开增值税专用发票的业务。

2. 时限要求

公司根据其经营业务要求,需要由税务机关代开增值税专用发票的,可随时向税务机关申请代开增值税专用发票。纳税人在申请代开增值税专用发票前,应当按照增值税专用发票注明的税额缴纳税款。

3. 需提交的文件资料

纳税人向税务机关申请代开增值税专用发票的,应当按照税务机关的要求填写代开增值税专用发票缴纳税款申报单,并向税务机关提交税务登记证(副本)和税收完税凭证。

4. 税务机关办理

(1)受理审核。①审核是否属于本税务机关管辖的增值税纳税人;②审核代开增值税专用发票缴纳税款申报单的相关项目填写是否完整准确,增值税征收率和计算的税额是否正确,印章是否齐全,销售的货物是否为免税货物,如果相关项目填写不全、不符合规定、适用税率错误、税额计算错误或者存在其他疑点问题,应当场一次性告知纳税人补正或重新填报;③审核纳税人是否提供加盖银行收讫印章的税收完税凭证。

(2)核准。经审核无误的,根据“一单一证一票”原则,即代开增值税专用发票缴纳税款申报单、税收完税凭证和增值税专用发票三者一一对应,为纳税人代开增值税专用发票,收取增值税专用发票工本费。

对提供资料完整、填写内容准确、各项手续齐全、符合条件的,税务机关应当当场为纳税人代开增值税专用发票。

(五)申请使用经营地发票审批

1. 业务概述

纳税人持外出经营活动税收管理证明到异地经营,需要使用经营地发票时可以到经营地税务机关申请领购普通发票。申请使用经营地发票审批属于税务行政许可范畴,非取得经营地税务机关许可,纳税人异地经营时,不得使用经营地的普通发票。

2. 时限要求

公司应当在外出经营活动税收管理证明注明的有效期前,根据自身的实际业务需要,向经营地税务机关申请使用经营地普通发票。

3. 需提交的文件资料

公司向经营地税务机关申请使用经营地普通发票的,应当按照税务机关的要求填写税务行政许可申请表和纳税人领用发票票种核定申请审批表,并向税务机关提交如下资料:(1)购票员身份证明;(2)注册地税务机关核发的税务登记证副本;(3)《外出经营活动税收管理证明》;(4)财务专用章或发票专用章印模。

4. 税务机关办理

(1)受理审核。①查验纳税人出示的证件资料是否有效、合法、齐全;②《纳税人领购发票票种核定申请审批表》填写是否完整准确,印章是否齐全;③审核《纳税人领购发票票种核定申请表》中申请的发票票种信息与《外出经营活动税收管理证明》中的货物数量等是否相符;④实地调查纳税人的实际生产经营情况及货物数量与《外出经营活动税收管理证明》上注明的是否一致。

(2)核准。对提供资料完整、填写内容准确、各项手续齐全、符合条件的,税务机关应当自受理之日起20日内确定审批结果,签署审批意见,并制作《准予行政许可决定书》送达纳税人。

(六)使用计算机开具发票审核

1. 业务概述

纳税人使用电子计算机开具发票,须经主管税务机关批准,并使用税务机关统一监制的机外发票,开具后的存根联应当按照顺序号装订成册。申请使用计算机开具发票属于税务行政许可范畴,非经税务机关许可,纳税人不得自行使用计算机对外开具发票。

2. 时限要求

公司可根据自身经营需要,随时向税务机关申请使用计算机对外开具发票。

3. 需提交的文件资料

公司向经营地税务机关申请使用经营地普通发票的,应当按照税务机关的要求填写税务行政许可申请表和纳税人领用发票票种核定申请审批表,并向税务机关提交如下资料:(1)计算机开具发票软件及使用说明书;(2)税务登记证(副本);(3)发票票样;(4)财务专用章或发票专用章印模。

4. 税务机关审核

(1)受理审核。①查验纳税人的发票软件及使用说明书名称、版本;②审核申请资料是否齐全、合法、有效;③审核纳税人领用发票票种核定申请审批表和税务行政许可申请表是否填写准确,与所附资料是否一致;④实地调查纳税人的实际生产经营能力、财务核算能力、生产经营场所等,确认纳税人是否具备使用计算机开具发票的条件。

(2)核准。对提供资料完整、填写内容准确、各项手续齐全、符合条件的,税务机关应当自受理之日起20日内确定审批结果,签署审批意见,并制作准予行政许可决定书送达纳税人。

四、公司税收证明办税指南

(一)业务概述

纳税人到外县(市)临时从事生产经营活动的,应当在外出生产经营之前,持税务登记证向主管税务机关申请开具外出经营活动税收管理证明。税务机关按照“一地一证”的原则,核发外出经营活动税收管理证明。外出经营活动税收管理证明的有效期限一般为30日,最长不得超过180日。

(二)时限要求

纳税人应在外出从事经营活动前到主管税务机关开具外出经营活动税收管理证明。

（三）需提交的文件资料

公司向经营地税务机关申请使用经营地普通发票的，应当按照税务机关的要求填写外出经营活动税收管理证明，并向税务机关提交税务登记证（副本）。

（四）税务机关办理

1. 受理审核

具体核查两个方面的内容：（1）查验纳税人出示的证件是否有效；（2）外出经营活动税收管理证明填写是否完整、逻辑关系是否正确、有关印章是否齐全。

2. 核准

对提供资料完整、填写内容准确、各项手续齐全、符合条件的，税务机关应当当场办结，并将签章后的外出经营活动税收管理证明交付纳税人。

五、公司税收优惠办税指南

（一）业务概述

依法享受各税种减免税的纳税人，依照法律、行政法规的规定向主管税务机关提出减免税书面申请，经审核批准后享受减免税优惠政策。

（二）时限要求

公司认为其经营业务符合法定的减免税条件的，可随时向税务机关提出减免税申请。经主管税务机关批准后，方可享受减免税优惠政策。

（三）需提交的文件资料

公司向税务机关提出减免税申请的，应当按照税务机关的要求填写《纳税人减免税申请审批表》，并向税务机关提交如下资料：（1）税务登记证（副本）；（2）有关部门颁发的认定证书或批准文书或批复文件；（3）纳税人与减免税税种有关的业务资料、技术标准、人员情况等；（4）税务机关要求提供的其他资料。

（四）税务机关办理

1. 受理审核

（1）审核纳税人出示的证件是否合法、真实、有效；

（2）审核纳税人申请的减免税项目，是否属于需要由税务机关审查后执行的，不需要的应当即时告知纳税人不受理；

（3）审核《纳税人减免税申请审批表》填写是否完整准确，印章是否齐全，与所附资料是否一致；

（4）审核纳税人提供的有关部门颁发的认定证书或批准文书或批复文件与申请的减免期限是否相符；

（5）审核纳税人申请的减免事项（减免方式、减免额度、减免幅度、减免期限）是否符合相关政策规定；

（6）对申请材料的内容进行实地核实，核查是否一致。

2. 核准

税务机关办理减免税审批业务，根据如下情况办理审批事项：属于县、区级税务机关负责审批的减免税事项，应当自受理之日起 20 个工作日内作出审批决定；属于地市级税务机关负责审批的减免税事项，应当自受理之日起 30 个工作日内作出审批决定；属于省级税务机关负责审批的减免税事项，应当自受理之日起 60 个工作日内作出审批决定。在规定期限内不能作出决定的，经本级税务机关负责人批准，可以延长 10 个工作日，并将延长期限的理由告知纳税人。

对纳税人提供资料完整、填写内容准确、各项手续齐全、符合减免税条件的，税务机关应当自作出减免税决定之日起 10 个工作日内制作纳税人减免税申请审批表，加盖公章后送达纳税人。

六、公司申请纳税担保办税指南

(一)业务概述

纳税担保是税收保全措施的一种,根据法律规定,税务机关如发现纳税义务人在纳税期限内有明显转移、隐匿应纳税商品、货物,以及其他财产或应纳税收入的迹象的,可以责成纳税义务人提供纳税担保。

纳税担保是纳税义务人为按时足额履行纳税义务而向税务机关提供的,并经税务机关认可的保证,主要包括由纳税义务人提供的并经税务机关认可的纳税担保人,以及纳税义务人拥有的未设置抵押权的财产。

提供纳税担保人的,由纳税担保人与税务机关约定,当纳税义务人不履行纳税义务时,由纳税担保人履行纳税义务或者承担连带责任;以财产提供抵押的,如纳税义务人不履行纳税义务,税务机关可依法拍卖抵押财产,并用取得拍卖款抵偿应纳税款。

(二)时限要求

1. 税务机关有根据认为从事生产、经营的纳税人有逃避纳税义务行为的,可以在规定的纳税期之前,责令限期缴纳应纳税款;在限期内发现纳税人有明显的转移、隐匿其应纳税的商品、货物以及其他财产或者应纳税收入的迹象的,税务机关可以责成纳税人提供纳税担保;

2. 欠缴税款、滞纳金的纳税人或者其法定代表人需要出境之前须提供纳税担保;

3. 纳税人同税务机关在纳税上发生争议而未缴清税款,在申请行政复议之前提供纳税担保。

(三)需提交的文件资料

公司向税务机关提出纳税担保申请的,应当按照税务机关的要求填写《纳税担保书》,并根据纳税担保方式提交如下资料:

1. 以纳税担保人方式提供纳税担保的,需提交:(1)纳税担保人的主体资格证明资料,如营业执照;(2)纳税担保人与纳税义务人的关系说明;(3)纳税担保人的资信证明资料;(4)纳税担保人出具的书面保证承诺;(5)税务机关要求的其他资料。

2. 以财产抵押方式提供纳税担保的,需提交:(1)《纳税担保财产清单》;(2)有关部门出具的抵押登记的证明及其复印件。

(四)税务机关办理

1. 受理审核

(1)审核纳税义务人及纳税担保人提交的资料是否齐全、合法、有效,内容填写是否完整准确,印章是否齐全;

(2)审核纳税担保书中填写的纳税义务人应缴纳的税款及滞纳金数额、所属期间、税种、税目名称等是否一致,其他项目填写是否正确等;

(3)审阅纳税义务人的税务登记信息、税种登记信息、应纳税款信息;

(4)到银行、房产等部门对纳税担保人提供的银行存款账户、国有土地使用权证等财产信息的真实性进行实地核实;

(5)实地核查纳税义务人抵押财产的真实性。

2. 核准

对纳税义务人及纳税担保人提供资料完整、填写内容准确、各项手续齐全、符合纳税担保条件的,税务机关应当自受理之日起10个工作日内办理完毕纳税担保手续,并在《纳税担保书》上签署确认意见、加盖公章后分别送达纳税义务人和纳税担保人。

第十二章
房地产业务

房地产业务是律师从事法律顾问服务，经常要接触到的一种业务类型，我们主要从一般企业的房地产买卖、租赁等角度出发予以阐述，并不特别涉及房地产开发企业的开发流程等业务种类。

本章所指的商品房是按法律、法规及其他有关规范性文件（以下统称法律）规定可在市场上自由交易，不受政府政策限制的各类商品房屋，包括新建商品房（一手房）、二手房等；所指的商品房交易，包括商品房预售、一手房现售、二手房买卖以及商品房抵押、租赁等交易行为。

本章共分十一节：

第一节　我国房地产行业发展历程

对我国房地产相关法律，按时间顺序进行了梳理和分析。

第二节　商品房买卖

对商品房买卖问题予以综述。

第三节　商品房销售涉及的法律问题

包括：商品房认购（预订）；商品房销售广告；商品房销售（买卖）合同内容；商品房预售条件及无证销售法律责任；销售价格计价、明码标价及面积误差相关问题；现房销售条件；购房款支付；商品房交付；房屋保修；房屋所有权证办理。

第四节　不动产登记

对不动产登记的意义、我国统一不动产登记制度的构建、不动产登记的效力与例外、不动产物权合同与物权变动的关系、我国不动产登记的特殊类型等问题予以揭示。

第五节　二手房交易注意的问题

从一般调查与对卖方的特别调查角度，对二手房交易相关注意问题进行了分析。

第六节　商品房交易律师法律服务

包括：为买受人购买商品房提供法律服务；为出卖人出售商品房提供法律服务。

第七节　房产抵押

详细说明了：抵押合同、抵押财产范围、抵押登记的效力、抵押登记提交材料、抵押与房屋租赁、抵押房屋的转让、最高额抵押等问题。

第八节　房屋租赁

分类说明：出租人与出租房屋、租赁合同当事人的权利和义务、租赁合同的形式和内容、优先购买权。

第九节　土地使用权出让合同的签订

对出让合同的概念、出让合同中涉及的法律概念、出让合同的有关法律问题予以诠释。

第十节　土地使用权租赁合同的签订

从签订相应租赁合同的角度出发,分析了土地租赁的有关法律问题。

第十一节　土地使用权转让合同的签订

从签订相应转让合同的角度出发,分析了土地转让的有关法律问题。

第一节　我国房地产行业发展历程

从相关房地产法律法规来看,我国房地产行业的发展历程大体如下:

1949 年,新中国确立了土地的社会主义公有制。按照当时法律规定,任何组织或者个人不得侵占、买卖、出租或者以其他形式非法转让土地。至改革开放前,中国城镇国有土地实行的是单一行政划拨制度,国家将土地使用权无偿、无限期地提供给用地者,土地使用权不能在土地使用者之间流转。

1979 年 7 月 1 日,五届全国人大二次会议通过的《中外合资经营企业法》(已失效)提出了“土地使用费”的概念。

1980 年 7 月,国务院《关于中外合营企业建设用地的暂行规定》发布。经济特区和沿海开放城市制定和颁布了相应的地方性法规,对外资企业用地征收土地使用费,深圳经济特区首先于 1982 年开始征收土地使用费。

1986 年 6 月 25 日,六届全国人大常委会第十六次会议通过《土地管理法》。标志着我国土地管理工作纳入依法管理的轨道;但是由于当时正是我国经济改革的初期阶段,土地管理带有浓厚的计划经济色彩。

房地产行业作为我国新兴的行业,按照业内公认的观点,真正起步是在 1987 年。根据原国家计划委员会、原城乡建设环境保护部、国家统计局《关于加强商品房屋建设计划管理的暂行规定》(已失效)的规定,为了有效地指导商品房屋建设,从 1987 年开始,各地区的商品房屋建设均纳入国家计划。同年,深圳率先敲下了拍卖国有土地使用权的第一槌,突破了土地使用权不允许转让的法律规定。

1988 年 2 月 25 日,国务院《关于印发在全国城镇分期分批推行住房制度改革实施方案的通知》发布。根据该实施方案决定,从 1988 年起,用三五年时间,在全国城镇分期分批把住房制度改革推开。按照社会主义有计划的商品经济的要求,实现住房商品化。一改当时计划经济条件下房屋只能由政府分配的局面。随后,房产商品化、开发市场化的局面逐步向全国铺开。

1988 年 4 月 12 日发布的《宪法修正案》规定,土地的使用权可以依照法律的规定转让。这是一次历史性突破,是我国土地使用制度的根本性变革,标志着我国的根本大法承认了土地使用权的商品属性。

1993 年,国务院发布《土地增值税暂行条例》,根据该条例及有关规定,转让国有土地使用权、地上的建筑物及附着物(转让房地产)并取得收入的单位和个人,应当缴纳土地增值税,税率为 30%～60%。

1994 年 7 月 5 日,八届全国人大常委会第八次会议通过《城市房地产管理法》。这是继《土地管理法》之后规范房地产市场的第二部重要法律,标志着中国房地产法制逐渐走向完备,地产、房产分开立法的状况逐步走向房地产一体化立法。

1998 年 4 月 7 日,中国人民银行出台《关于加大住房信贷投入,支持住房建设与消费的通知》(已失效),全面实行购房按揭政策,鼓励住房消费,并极大地推动了商品房建设的投资。1998 年中国建设银行发出了中国的第一份个人住房抵押贷款,正式拉开了贷款买房的序幕。商品房按揭政策为我国房地产业的发展开辟了广阔空间,金融工具直接推动房地产业进入发展新高潮。

1998 年 7 月 3 日,国务院发布《关于进一步深化城镇住房制度改革加快住房建设的通知》,该通知提出从 1998 年下半年开始,停止住房实物分配,逐步实行住房分配货币化。这是一个划时代的文件。

2002 年 5 月 9 日,原国土资源部签发《招标拍卖挂牌出让国有土地使用权规定》,叫停已沿用多年的土地协议出让方式。即商业、旅游、娱乐和商品住宅等各类经营性用地,必须以招标、拍卖或者挂牌方式出让。该文件的颁布被业界称为"新一轮土地革命"的开始。

2004 年 1 月 31 日,国务院《关于推进资本市场改革开放和稳定发展的若干意见》(国发〔2004〕3 号,又被称为"国九条",已失效)出台,该文件主要针对资本市场的稳定与发展问题,对房地产业亦产生了影响。

2004 年 3 月 18 日,原国土资源部、原监察部联合下发了《关于继续开展经营性土地使用权招标拍卖挂牌出让情况执法监察工作的通知》(国土资发〔2004〕71 号)。该通知要求各地在 2004 年 8 月 31 日前将历史遗留问题处理完毕,从 2004 年 8 月 31 日起,所有经营性项目用地一律公开竞价出让。开发商须在两年内实施开发,否则土地将被无偿收回。"8·31"土地大限由此得名。

2005 年 3 月 26 日,国务院办公厅发出《关于切实稳定住房价格的通知》(国办发明电〔2005〕8 号,又被称为"国八条"),该通知明确房地产业是我国国民经济的重要支柱产业。首度明确要采取有效措施,抑制住房价格过快上涨,并要求省级人民政府对本地区稳定住房价格工作负总责。同时要落实市、县人民政府的责任。

2006 年 5 月 17 日,国务院常务会议提出了促进房地产业健康发展的六项措施(又被称为"国六条")出台,提出切实调整住房供应结构,重点发展中低价位、中小套型普通商品住房、经济适用住房和廉租住房等共六条指导性意见。

2006 年 5 月 24 日,原建设部、国家发改委、原监察部、财政部、原国土资源部、中国人民银行、国家税务总局、国家统计局、原中国银监会九部门联合制定的《关于调整住房供应结构稳定住房价格的意见》发布,由国务院办公厅以国办发〔2006〕37 号文件(又被称为"国十五条")转发。该意见要求明确新建住房结构比例。即自 2006 年 6 月 1 日起,凡新审批、新开工的商品住房建设,套型建筑面积 90 平方米以下住房(含经济适用住房)面积所占比重,必须达到开发建设总面积的 70% 以上。

2006 年 7 月 11 日,原建设部等六部委出台了《关于规范房地产市场外资准入和管理的意见》(建住房〔2006〕171 号),该意见对外商投资房地产市场准入予以较为严格的限制。同时规定境外人士只有在境内工作、学习时间超过 1 年,才可以购买符合实际需要的自用、自住商品房,但不得购买非自用、非自住商品房。

2007 年 5 月 23 日,商务部、国家外汇管理局联合发布《关于进一步加强、规范外商直接投资房地产业审批和监管的通知》(商资函〔2007〕50 号)。根据该文件,外商投资房地产企业的中外投资各方,不得以任何形式订立保证任何一方固定回报或变相固定回报的条款;外汇管理部门、外汇指定银行对未完成商务部备案手续或未通过外商投资企业联合年检的外商投资房地产企业,不予办理资本项目结售汇手续。这意味着,海外热钱投资房地产的通道正在被切断。

2007 年 9 月 27 日,中国人民银行、原中国银监会共同发布了《关于加强商业性房地产信贷管理的通知》,该通知规定,对项目资本金(所有者权益)比例达不到 35% 或未取得土地使用权证书、建设用地规划许可证、建设工程规划许可证和施工许可证的项目,商业银行不得发放任何形式的贷款。同时将第二套房首付提至四成。贷款利率不得低于基准利率的 1.1 倍。

2007 年 10 月 1 日,《物权法》(已失效)正式实施。根据该法规定,只有为了公共利益的需要,依照法律规定的权限和程序,才可以征收集体所有的土地和单位、个人的房屋及其他不动产。

2007 年 6 月 28 日,国家发改委和商务部联合发布了《外商投资产业指导目录(2007 年修订)》(已失效),将土地成片开发(限于合资、合作),高档宾馆、别墅、高档写字楼和国际会展中心的建设、经营,房地产二级市场交易及房地产中介或经纪公司等列为“限制”行列。

2007 年度,六次加息,十次上调存款准备金率。

2007 年 12 月 30 日,国务院办公厅发布《关于严格执行有关农村集体建设用地法律和政策的通知》(国办发〔2007〕71 号,已失效),规定严格规范使用农民集体所有土地进行建设。

2008 年 4 月 11 日,国家税务总局发布《关于房地产开发企业所得税预缴问题的通知》(国税函〔2008〕299 号,已失效),对房地产开发企业所得税预缴问题作出了明确规定。对省级地区的住宅(非经济适用房)的预售收入,按照预计利润率不低于 20% 的标准预缴企业所得税,开发产品完工、结算计税成本后按照实际利润再行调整。

2008 年 10 月 22 日,经国务院同意,财政部、国家税务总局宣布:自 2008 年 11 月 1 日起,对个人首次购买 90 平方米及以下普通住房的,契税税率暂统一下调到 1%;对个人销售或购买住房暂免征收印花税;对个人销售住房暂免征收土地增值税。金融机构对居民首次购买普通自住房和改善型普通自住房提供贷款,其贷款利率的下限可扩大为贷款基准利率的 0.7 倍,最低首付款比例调整为 20%。

2008 年 12 月 20 日,国务院办公厅《关于促进房地产市场健康发展的若干意见》(国办发〔2008〕131 号)出台,就加大保障性住房建设力度、进一步鼓励普通商品住房消费、支持房地产开发企业积极应对市场变化、强化地方人民政府稳定房地产市场的职责、加强房地产市场监测、积极营造良好的舆论氛围等问题予以规定,并给出具体的处理措施。

2008 年 12 月 22 日,中国人民银行宣布年内第五次降息:从 12 月 23 日起,下调一年期人民币存贷款基准利率各 0.27 个百分点。

2010 年 1 月 7 日,国务院办公厅《关于促进房地产市场平稳健康发展的通知》(国办发〔2010〕4 号)出台,就增加保障性住房和普通商品住房有效供给、合理引导住房消费抑制投资投机性购房需求、加强风险防范和市场监管、加快推进保障性安居工程建设、落实地方各级人民政府责任等相关问题予以规定。

2011 年 1 月 26 日,国务院办公厅《关于进一步做好房地产市场调控工作有关问题的通知》(国办发〔2011〕1 号)出台,就进一步落实地方政府责任、加大保障性安居工程建设力度、调整完善相关税收政策,加强税收征管、强化差别化住房信贷政策、严格住房用地供应管理、合理引导住房需求、落实住房保障和稳定房价工作的约谈问责机制、坚持和强化舆论引导等问题进行了规定。

2013 年 2 月 26 日,国务院办公厅《关于继续做好房地产市场调控工作的通知》(国办发〔2013〕17 号)出台,就完善稳定房价工作责任制、坚决抑制投机投资性购房、增加普通商品住房及用地供应、加快保障性安居工程规划建设、加强市场监管和预期管理、加快建立和完善引导房地产市场健康发展的长效机制等问题作了规定。

2015 年 3 月 25 日,原国土资源部、住房和城乡建设部《关于优化 2015 年住房及用地供应结构促进房地产市场平稳健康发展的通知》(国土资发〔2015〕37 号)出台,就合理安排住房及其用地供应规模、优化住房及用地供应结构、统筹保障性安居工程建设、加大市场秩序和供应实施监督力度等相关问题作了要求。

2019 年 8 月 26 日,《城市房地产管理法》第三次修正。

2020 年 11 月 29 日,《城市房地产开发经营管理条例》第五次修订。

2021 年 1 月 1 日,最高人民法院《关于审理建设工程施工合同纠纷案件适用法律问题的解释(一)》(法释〔2020〕25 号)施行,该解释系根据《民法典》《建筑法》《招标投标法》《民事诉讼法》等相关法律规定，结合审判实践制定。

第二节　商品房买卖

一、概述

（一）新建商品房等的含义

本章所涉新建商品房，是指由房地产开发企业（以下简称开发商）按法律、法规及其他有关规定开发建设，并直接出售给买受人且可在市场上自由交易的商品房。

本章所涉二手房，是指已经取得政府房地产行政管理部门颁发的房屋所有权属证明（小产权证），可在住房二级市场上进行交易，卖房人拥有完全处置权利的各类房产。

本章所涉商品房交易，包括新建商品房预售和现房销售，以及二手房屋转让。

（二）适用范围

本章适用于中国境内外自然人、企事业单位和非法人组织有关房屋交易的行为。

二、一般规定

（一）房地产立法现状

从目前来看，我国房地产业正处在向成熟阶段发展的过程中，在这个过程中国家相继出台了一系列的法律、法规、规章。我国第一部城市房地产管理方面的法律是 1994 年 7 月 5 日八届全国人大常委会第八次会议通过的《城市房地产管理法》。以后又颁布了《土地管理法》、《城乡规划法》、《建筑法》、《物权法》（已失效）、《民法典》等一系列的法律，国务院也颁布了《城市房地产开发经营管理条例》《物业管理条例》等行政法规。

依据这些法律、法规，住建部及各地房地产主管部门也相继出台了相当数量的部门规章、地方规章及规范性文件。最高人民法院从司法解释的角度，为更好地处理房地产纠纷，也出台了一系列的司法解释，特别是在 2003 年、2004 年、2005 年、2009 年，先后出台了四个司法解释，即最高人民法院《关于审理商品房买卖合同纠纷案件适用法律若干问题的解释》（法释〔2003〕7 号）、最高人民法院《关于审理建设工程施工合同纠纷案件适用法律问题的解释》（法释〔2004〕14 号）、最高人民法院《关于审理涉及国有土地使用权合同纠纷案件适用法律问题的解释》（法释〔2005〕5 号）和最高人民法院《关于当前形势下进一步做好房地产纠纷案件审判工作的指导意见》（法发〔2009〕42 号），分别涉及商品房交易、建筑工程、土地使用权交易及其相关纠纷处理。由此可见，房地产作为新兴行业，房地产立法随房地产业的发展而日臻完善。[①] 2021 年 1 月 1 日，最高人民法院《关于审理建设工程施工合同纠纷案件适用法律问题的解释（一）》（法释〔2020〕25 号）开始实施。该司法解释的出台对我国建设工程领域将产生深远影响，未来包括国际工程在内的工程项目开展、招标投标、项目签约与管理，以及争议解决等，均将受到进一步的规范。

（二）概念界定

本章所涉下列词语的定义分别为：

1. 房地产开发，是指房地产开发企业在依法取得国有土地使用权的土地上进行基础设施、房屋建设的行为。

2. 房地产开发企业，即开发商，是指以营利为目的，从事房地产开发和经营的企业。

3. 买受人，即购房者，是指向房地产开发企业购买其开发建设的商品房的自然人或单位。

4. 业主，是指取得新建商品房所有权的人，一般指买受人，如房地产开发企业未售完所有商品

---

① 参见中华全国律师协会民事专业委员会编：《房地产建筑律师实务——前沿、务实与责任》，法律出版社 2006 年版。

房,则开发商亦是业主。

5. 商品房预售,是指房地产开发企业将正在建设中的房屋预先出售给买受人,由买受人支付定金或房价款的行为。

6. 商品房现售,是指房地产开发企业将竣工验收合格的商品房出售给买受人,并由买受人支付房价款的行为。

7. 商品房预售许可证,是指商品房符合预售条件后,经房地产开发企业申请,房地产行政主管部门核发的同意开发商进行商品房预售的书面许可文件。

8. 返本销售,是指开发商以定期向买受人返还购房款的方式销售商品房的行为。《商品房销售管理办法》明令禁止这种销售方式。·

9. 售后包租,是指开发商以在一定期限内承租或者代为出租买受人所购该企业商品房的方式销售商品房的行为。《商品房销售管理办法》规定未竣工的商品房不得售后包租。

10. 预测面积,又称暂测面积、合同约定面积,是指在商品房预售中,开发商或其委托的有资质的测绘部门根据设计图纸计算出来并在商品房销售合同加以约定的预售商品房面积。

11. 实测面积,又可称产权登记面积,是指预售商品房竣工验收后,经有资质的测绘机构实地测量,房地产行政主管部门确认登记的房屋面积。

12. 面积误差比,是指实测面积(产权登记面积)与预测面积(合同约定面积)发生误差的比例,具体公式:

面积误差比=(产权登记面积-合同约定面积)×100% ÷合同约定面积

13. 商品房的销售面积,即为购房者所购买的套内或单元内建筑面积与应分摊的公用建筑面积之和,具体公式:

商品房销售面积=套内建筑面积+分摊的公用建筑面积

14. 套内建筑面积,成套房屋的套内建筑面积由房屋的套内使用面积、套内墙体面积、套内阳台建筑面积三部分组成:

套内使用面积包括:(1)卧室、起居室、厅、过道、厨房、卫生间、厕所、储藏室、壁橱等分户门内面积的总和;(2)跃层住宅中的户内楼梯按自然层数的面积总和计入使用面积;(3)不包括在结构面积内的烟囱、通风道、管道井均计入使用面积;(4)内墙面装修厚度计入使用面积。

套内墙体面积,新建住宅各套(单元)内使用空间周围的围护或承重墙体,有公共墙和非公共墙两种。其中套(单元)与套(单元)、套(单元)与共有建筑空间之间的分隔墙以及外墙(包括山墙)均为公共墙。公共墙按墙体水平面积的一半计入套内墙体面积。套(单元)内的分隔墙为非公共墙。非公共墙按墙体水平面积的全部计入套内墙体面积。

套内阳台建筑面积,封闭式阳台,按其外围水平投影面积计算建筑面积;未封闭的阳台按其围护结构外围水平投影面积的一半计算建筑面积。

15. 分摊的共有(公用)建筑面积:

分摊的共有建筑面积=套内建筑面积×共有建筑面积分摊系数

共有建筑面积由以下两部分组成:(1)电梯井、楼梯、垃圾道、变电室、设备层(间)、公共门厅和走道、地下设备间、值班警卫室等共有部位的面积,以及为整幢服务的公共用房和管理用房的建筑面积。单独具备使用功能的独立使用空间(如车库、自行车库、会所或俱乐部、仓库、人防工程等);为多幢房屋服务的警卫室、管理用房、设备间等,均不计入共有建筑面积。(2)套(单元)与共有建筑空间之间的分隔墙以及外墙(包括山墙)的公共墙体,墙体水平面积一半的建筑面积。

共有建筑面积分摊系数是整幢房屋的共有建筑面积除以整幢房屋各套内建筑面积之和。

16. 代理销售,是指开发商委托具有房地产经纪资格的专业公司代为销售商品房的行为。

17. 包销，是指开发商将其开发建设的房屋交由包销人以开发商的名义销售，包销期满未售出的房屋，由包销人按照合同约定的包销价格购买的行为。

18. 住宅专项维修资金，是指专项用于住宅共用部位、共用设施设备保修期满后的维修和更新、改造的资金。

19. 规划变更，是指开发商在不违反控制性详细规划的前提下，经城市、县人民政府城乡规划主管部门批准，对原批准规划条件进行改变和修改的行为。该变更相对于设计变更而言，属行政许可事项变更。

20. 设计变更，是指设计部门对原施工图纸和设计文件中所表达的设计标准状态的改变和修改。设计变更需要经住建委委托的建筑设计院审核同意。

21. 两书，一般指住宅质量保证书、住宅使用说明书。

22. 住房公积金，是指国家机关、国有企业、城镇集体企业、外商投资企业、城镇私营企业及其他城镇企业、事业单位、民办非企业单位、社会团体（以下统称单位）及其在职职工分别按职工工资的一定比例缴存的长期住房储备金。

23. 住房公积金个人购房贷款，是指以住房公积金为资金来源，向缴存住房公积金的职工发放的定向用于购买自住房的消费贷款。正常缴存住房公积金的城镇职工，在本城镇购买具有所有权的自住房时，可以其所购买的产权住房作抵押，向住房公积金个人购房贷款受托商业银行申请住房公积金个人购房贷款。

24. 住房按揭贷款，是指贷款人向借款人发放的用于购买自用普通住房的贷款，贷款人在发放该项贷款时，借款人必须已交付规定比例的首期购房款，并以所购住房作抵押，在所购住房房地产权证未颁发且办妥住房抵押登记之前，由开发商提供连带责任保证，并承担回购义务的一种贷款方式。

25. 个人住房组合贷款，是指在住房买卖中借款人以所购城镇住房作为抵押物，同时申请住房公积金个人购房贷款和商业性个人住房贷款的贷款方式。

26. 个人住房贷款担保，是指借款人向城镇公积金管理中心或商业银行申请住房公积金个人购房贷款或商业性个人住房贷款时，由担保公司为其提供承担连带责任的保证担保。

27. 商品房买卖合同备案，是指在商品房预售行为中，开发商与买受人签订房屋预售合同后，由开发商将合同交房屋行政管理部门登记备案的一种行政管理制度。

28. 房屋登记，是指房屋登记机构依法将房屋权利和其他应当记载的事项在房屋登记簿上予以记载的行为。房屋应当按照基本单元进行登记。房屋基本单元是指有固定界限、可以独立使用并且有明确、唯一的编号（幢号、室号等）的房屋或者特定空间。

29. 大产权证，即新建商品房初始登记后的房地产权证，是指开发商在新建商品房竣工验收后，交付给买受人之前，持有关文件和商品房屋建设项目批准文件，办理新建商品房初始登记后取得的新建商品房房地产权证。这是买受人办理小产权证的前提。

30. 小产权证，即分户产权证，是指买受人取得所购商品房所有权的权利凭证。

31. 房地产广告，是指开发商、房地产权利人、房地产中介服务机构发布的房地产项目预订、预售、预租、出售、出租、项目转让以及其他有关房地产项目介绍的广告。包括报纸、杂志上的印刷广告、广播电视广告、招贴广告等媒体广告，售楼书及各种宣传材料，施工现场的广告牌，样板房展示等。

第三节　商品房销售涉及的法律问题

一、商品房认购(预订)

(一)房屋认购定金的性质

由于协商签订《商品房买卖合同》一般都有个较长的过程,开发商为了稳住买受人,往往要求买受人在签订正式的合同前先签订认购协议(认购书、预订书等),要求买受人交付一定的定金。

就房屋认购定金的性质问题,因我国现行法律没有明确界定,因此在房地产实务及司法实践中一直认识不一,后经司法解释规定现已明确为立约定金。所谓立约定金,是指当事人一方以保证合同签订为目的,而向另一方交付定金作为订立合同的担保。最高人民法院《关于适用〈中华人民共和国担保法〉若干问题的解释》(法释〔2000〕44 号,已失效)第 115 条规定:"当事人约定以交付定金作为订立主合同担保的,给付定金的一方拒绝订立主合同的,无权要求返还定金;收受定金的一方拒绝订立合同的,应当双倍返还定金。"这是最高人民法院首次以司法解释的形式对立约定金作出明确规定。2003 年最高人民法院发布《关于审理商品房买卖合同纠纷案件适用法律若干问题的解释》在第 4 条中作出了在商品房买卖领域中房屋认购定金罚则适用的相关规定,进一步明确了房屋买卖合同立约定金的存在。《民法典》第 586 ~ 588 条分别就定金担保、定金罚则及定金与违约金的选择作出了具体的规定。

房屋认购定金,是指房屋购买方在初步确定了需购置房屋的基本情况后,在尚未正式与出卖方签订《商品房买卖合同》前,以交纳一定数额的款项作为房屋购买人要购买上述房屋的担保的一种定金形式。而出卖方必须在收取定金后的一段时间内,保留上述房屋给认购人,不得再向他人出售,以保障认购人顺利购得上述房屋。实践中当事人多在认购书中对此加以约定。可以看出,房屋认购定金完全符合立约定金的条件,是立约定金在房屋法律关系中的具体体现。

(二)立约定金罚则的适用条件

根据《民法典》和最高人民法院《关于适用〈中华人民共和国民法典〉有关担保制度的解释》的精神,当事人约定立约定金的目的不是保证合同的履行,而是约束双方当事人去订立合同。当双方当事人善意地履行了合同洽谈,因为不可归责于当事人的事由,最终未达成合意,立约定金罚则不应当发生作用。

换言之,立约定金罚则的适用应以当事人对合同不能订立存在主观过失为条件,即以当事人恶意不订立合同为条件。最高人民法院《关于审理商品房买卖合同纠纷案件适用法律若干问题的解释》(2020 年修正)第 4 条明确规定:"出卖人通过认购、订购、预订等方式向买受人收受定金作为订立商品房买卖合同担保的,如果因当事人一方原因未能订立商品房买卖合同,应当按照法律关于定金的规定处理;因不可归责于当事人双方的事由,导致商品房买卖合同未能订立的,出卖人应当将定金返还买受人。"①

另外,认购协议中常常出现订金、押金、担保金、保证金、订约金等字眼,这些不是法律意义上的定金。但如果认购书上载明:双方未签订正式的商品房买卖合同,买受人违约订金、押金等不退还,出卖人违约双倍返还订金、押金,则此时订金和押金可能会被法院或仲裁机构认定具有定金的性质。

---

① 参见北京市高级人民法院编:《房地产新型疑难案例判解——〈审判前沿〉房地产法案例专辑》,法律出版社 2006 年版。

（三）认购书（预订书）的基本内容

签署认购协议时，注意认购协议应包括以下基本内容：当事人姓名或名称、预订的房地产的坐落地点、面积、价格、预订期限、定金数额及定金处理办法等。由于认购协议系由出卖人制定，国家有关行政机关对订立认购协议无限制性规定，因此，出卖人和买受人对认购协议内容均要认真审核，尤其应注意认购协议中设置的对买受人不公平的条件。如果商品房的认购、订购、预订等协议具备符合商品房买卖合同特征的主要内容，并且出卖人已经按照约定收受购房款，该协议应当认定为商品房买卖合同。

（四）买受人签订及履行认购协议时应注意的问题

1. 为避免买卖双方事后发生争议，从买受人的角度出发，建议买受人在签订认购协议中明确约定，买受人应在认购协议约定的期限内与出卖人协商商品房买卖合同的相关条款。如双方就商品房买卖合同条款未达成一致意见，自约定的期限届满之次日，双方签订的认购协议自动解除，出卖人应于认购协议解除后约定的期限内将已收取的定金退还买受人。

2. 买受人必须在合同约定的预约签订正式合同的期限内，与出卖人协商正式合同的内容并应留下书面记录，避免出现如因故未能签订正式合同，出卖人以买受人未进行过协商或买受人因无法证明与出卖人进行过协商而导致定金被没收的情形。

（五）出卖人签订及履行认购协议时应注意的问题

1. 根据现行房地产销售行业操作惯例，出卖人在与买受人签订商品房认购协议前，已完成了商品房预售合同文本的制定工作。为提高商品房交易的成功率，避免买卖双方因未签订商品房预售涉及定金退还事宜发生争议，建议出卖人在与买受人签订商品房认购协议前，将已制订的商品房预售合同文本进行公示或提前将合同文本提交给买受人，以保证买受人在签订商品房认购协议前，就已知晓商品房预售合同具体条约内容。避免非善意买受人以双方就合同条款协商无法达成一致而无理要求退还认购定金。

2. 出卖人在实际签约过程中，应注意对商品房预售合同文本公示或向买受人提交合同文本进行必要的证据保留，以避免纠纷出现后因无法提交证据而败诉。

二、商品房销售广告

（一）房地产销售广告的性质

在最高人民法院《关于审理商品房买卖合同纠纷案件适用法律若干问题的解释》出台以前，对于销售宣传广告的定性，有两种意见：第一种意见认为，销售宣传广告只是一种要约邀请。第二种意见认为，销售宣传广告原则上属要约邀请，但如广告在宣传时，其宣传的内容具体、确定，则可根据《民法典》第472条等的规定，认定为要约。只要双方在广告宣传后签订购房合同，该广告宣传中记载的内容即为合同条款。

最高人民法院《关于审理商品房买卖合同纠纷案件适用法律若干问题的解释》的出台，给房屋销售广告作出了一个明确的定性，即“商品房的销售广告和宣传资料为要约邀请，但是出卖人就商品房开发规划范围内的房屋及相关设施所作的说明和允诺具体确定，并对商品房买卖合同的订立以及房屋价格的确定有重大影响的，构成要约。该说明和允诺即使未载入商品房买卖合同，亦应当为合同内容，当事人违反的，应当承担违约责任”。

根据上述法律规定，笔者认为，商品房的销售广告和宣传材料原则上属于要约邀请，如未将广告宣传的内容订入合同，就不能认定为是合同内容。房地产开发企业所交付的房屋与广告宣传的内容不符，可认定为广告中的虚假宣传，其违背诚实信用原则应负的义务，可考虑以缔约过失责任对买受人予以补救。只有当商品房销售广告和宣传同时符合以下三个条件的，才可视为要约，如一方违反该宣传内容，即构成违约，应承担相应的违约责任。

1. 该内容是对开发规划范围内的房屋及相关设施所作的说明和允诺。如广告称房屋为混凝土结构,居住区内绿地、电梯、车库、健身、购物、收视等设施齐全等。对规划范围之外的周边环境的渲染、描述等应予除外,如水岸豪庭、小区坐落于万亩绿色氧吧之中等。

2. 对房屋的说明和允诺应具体确定。如小区绿化率达80%,规划区内有健身房、游泳池,每单元两部原装日本三菱电梯等。如果该宣传内容对房屋的说明和允诺不够具体,则不应认定为要约。如小区内有"超大面积"绿地,娱乐设施齐全等。

3. 该说明和允诺对商品房买卖合同的订立和房屋价格的确定有重大影响。对于是否具有"重大影响",是认定销售广告和宣传资料构成要约的关键。但相关法律并未作出明确规定。因此,对"重大影响"的理解,往往成为纠纷当事人争论的焦点。

笔者认为,对于"重大影响"的理解,因每个购房人对买房的需求是不一样的,所以导致的影响程度也是不一样的。在处理此类案件时,应具体案件具体分析,不应一概而论。

例如,开发商承诺小区里有一个幼儿园,对不同的购房人影响是不一样的。对一个家里有小孩需要上幼儿园的购房人来讲,如果在实际交房时幼儿园没有了,这就可能导致购房人的购房目的不能实现。此时幼儿园的有无,对该购房人决定是否购买该套房屋即有"重大影响"。相反,对一个双方均已退休的老年人来讲,自家没有孩子需要上幼儿园,在交房时幼儿园没了,对这两个老年人而言影响就不会很大。

又如,开发商在广告宣传时承诺小区内有10,000平方米花园,但在房屋交付时,该花园面积变为9000平方米,相差了1000平方米。首先,花园确实是存在的;其次,是在图纸的规划区内;最后,面积减少并没有对房屋价格及合同的订立产生重大影响。对此,一般不应以"重大影响"论。

(二)房地产销售广告应载明事项

根据《房地产广告发布规定》(2021年修改)第7条的规定,除广告中仅介绍房地产项目名称的外,房地产预售、销售广告,必须载明以下事项:(1)开发企业名称;(2)中介服务机构代理销售的,载明该机构名称;(3)预售或者销售许可证书号。

如果以上事项欠缺,购房者就应慎重或再作仔细调查。

(三)禁止发布销售广告情形

根据《房地产广告发布规定》(2021年修改)第5条的规定,凡下列情况的房地产,不得发布广告:(1)在未经依法取得国有土地使用权的土地上开发建设的;(2)在未经国家征用的集体所有的土地上建设的;(3)司法机关和行政机关依法裁定、决定查封或者以其他形式限制房地产权利的;(4)预售房地产,但未取得该项目预售许可证的;(5)权属有争议的;(6)违反国家有关规定建设的;(7)不符合工程质量标准,经验收不合格的;(8)法律、行政法规规定禁止的其他情形。

(四)买受人对商品房销售广告的判断

通过前文关于商品房销售广告性质的论述,商品房的销售广告和宣传资料一般均为要约邀请,如果未写入合同,对开发商不具有约束力。如广告中出现"本广告仅作参考。广告中具体确定的内容,不作为购房合同附件"等内容,则应签订合同对合同条件与广告内容是否相符给予更多的关注。

为避免因对未写入合同的广告内容的属性发生争议而影响买受人的利益,建议买受人应要求开发商,将影响购房意愿的广告的内容写入正式合同或补充协议中。

(五)出卖人制作商品房销售广告时应注意的问题

1. 出卖人在发布商品房广告(包括预售和现房销售等)前,须符合法律规定的广告发布条件,同时审核广告内容是否符合现行法律规定。

2. 出卖人在销售广告制作和使用过程中,不应为增加卖点而在广告中作虚假的宣传,防止因广告欺诈引发法律风险。

3. 对广告宣传内容，特别是项目规划指标、配套设施等内容，不宜过于具体。以避免因广告内容过于具体导致宣传内容被认定为双方商品房合同条款。

4. 在广告宣传过程中，为减少因广告宣传内容给买受人选定房屋造成误解，建议在广告宣传及商品房预售合同中明确注明，其在商品房销售中所做的广告，仅供买受人选购房屋时参考，不构成双方合同约定条款的提示条款。特别注意不能在广告中对涉及买受人实质性权利和具体数据（如土地使用权配套设施等）的内容方面作不符合实际情况的描述。

三、商品房销售（买卖）合同内容

根据《商品房销售管理办法》第16条的规定，在通常情况下，商品房买卖合同应当明确以下主要内容：（1）当事人名称或者姓名和住所；（2）商品房基本状况；（3）商品房的销售方式；（4）商品房价款的确定方式及总价款、付款方式、付款时间；（5）交付使用条件及日期；（6）装饰、设备标准承诺；（7）供水、供电、供热、燃气、通讯、道路、绿化等配套基础设施和公共设施的交付承诺和有关权益、责任；（8）公共配套建筑的产权归属；（9）面积差异的处理方式；（10）办理产权登记有关事宜；（11）解决争议的方法；（12）违约责任；（13）双方约定的其他事项。

四、商品房预售条件及无证销售法律责任

（一）商品房预售条件

根据现行法律、法规的规定，商品房预售应当符合下列条件：（1）开发商应当具有企业法人营业执照和房地产开发企业资质证书；（2）已取得建设用地规划许可证；（3）已交付全部土地使用权出让金，取得土地使用权证书；（4）持有建设工程规划许可证和施工许可证；（5）按提供预售的商品房计算，投入开发建设的资金达到工程建设总投资的25%以上；（6）已办理预售登记，取得商品房预售许可证；（7）开发商已签订前期物业管理合同；（8）已确定竣工及交付日期；（9）已符合地方性法规、行政规章及行政机关规定的开发程序规定的预售条件。

（二）无证预售的风险

商品房预售许可证是衡量商品房预售行为是否合法的最直接、最关键的书面证明文件。开发商未依法取得商品房预售许可证，而以预订、预约、认购、订购等方式变相预售商品房的，根据最高人民法院《关于审理商品房买卖合同纠纷案件适用法律若干问题的解释》（2020年修正）第2条的规定，均属于无证预售行为。但如果开发商在买受人起诉前取得商品房预售许可证，合同可被认定有效。

（三）买受人在预售商品房选择时需注意的问题

为保证预售商品房买卖合同的合法性，买受人在预售商品房选择前，应对预售商品房的合法性进行必要的审查。具体包括：

1. 审查开发商出示商品房预售许可证是否在批准的预售许可有效期内。如商品房预售许可证已超出行政机关批准的有效期，则购买该商品房将存在较大法律风险。

2. 审查所选购的商品房是否在商品房预售许可证批准的预售范围之内，特别是在开发商对同一项目实行分期开发或分阶段施工时，应验证已有的商品房预售许可证是否包含所要预购的商品房。

3. 审查商品房预售许可证批准的房地产项目建设单位与商品房预售合同中的出卖人主体是否一致；然后，审核出卖人的主体资格是否存在。

五、销售价格计价、明码标价及面积误差相关问题

（一）商品房销售价格计价方式

商品房买卖过程中，当事人可以通过协商的方式确定商品房交易价格的计价方式，具体包括按

套(单元)计价,按套内建筑面积或者建筑面积计价。

按套(单元)计价或者按套内建筑面积计价的,商品房买卖合同中应当注明建筑面积和分摊的共有建筑面积。

按套(单元)计价的预售房屋,开发商应当在合同中附所售房屋的平面图。平面图应当标明详细尺寸,并约定误差范围。房屋交付时,套型与设计图纸一致,相关尺寸也在约定的误差范围内,维持总价款不变;套型与设计图纸不一致或者相关尺寸超出约定的误差范围,合同中未约定处理方式的,买受人可以退房或者与开发商重新约定总价款。买受人退房的,由开发商承担违约责任。

按套内建筑面积或者建筑面积计价的,当事人应当在合同中载明合同约定面积与产权登记面积发生误差的处理方式。

(二)商品房明码标价

根据国家发改委《关于发布〈商品房销售明码标价规定〉的通知》(发改价检〔2011〕548 号)的规定,中国境内的房地产开发企业和中介服务机构销售新建商品房,应当实行明码标价。明码标价,是指商品房经营者在销售商品房时按照《商品房销售明码标价规定》的要求公开标示商品房价格、相关收费以及影响商品房价格的其他因素。

商品房经营者应当明确标示以下与商品房价格密切相关的因素:

(1)开发企业名称、预售许可证、土地性质、土地使用起止年限、楼盘名称、坐落位置、容积率、绿化率、车位配比率。

(2)楼盘的建筑结构、装修状况以及水、电、燃气、供暖、通信等基础设施配套情况。

(3)当期销售的房源情况以及每套商品房的销售状态、房号、楼层、户型、层高、建筑面积、套内建筑面积和分摊的共有建筑面积。

(4)优惠折扣及享受优惠折扣的条件。

(5)商品房所在地省级价格主管部门规定的其他内容。

商品房销售应当公示以下收费:

(1)商品房交易及产权转移等代收代办的收费项目、收费标准。代收代办收费应当标明由消费者自愿选择。

(2)商品房销售时选聘了物业服务企业的,商品房经营者应当同时公示前期物业服务内容、服务标准及收费依据、收费标准。

(3)商品房所在地省级价格主管部门规定的其他内容。

对已销售的房源,商品房经营者应当予以明确标示。如果同时标示价格,应当标示所有已销售房源的实际成交价格。

商品房经营者不得在标价之外加价销售商品房,不得收取任何未予标明的费用。

(三)面积误差涉及相关问题

面积是房屋使用价值和房屋交易价格的基础。因商品房买卖面积误差问题而发生的纠纷逐年递增,商品房买卖纠纷中面积误差的认定和法律责任的承担也是审判实践中难以把握的问题。正确认定面积误差是审理好这类案件的前提,明确其法律责任有利于公正判决,切实保护买卖双方的合法权益。

1. 面积误差形成原因

法律规定和合同约定中所指的面积误差,是指开发商交付房屋时的实际面积(实测面积)与预售合同中约定的预售面积的差距。

面积误差形成原因主要包括以下几个方面:

(1)图纸测算和现房测量由于测量对象实体不同可能会产生误差。买受人在购房时(主要指期房）拿到的面积叫“预测面积”，它主要是测量单位根据图纸得来；而买受人在入住时拿到的面积叫“实测面积”，是由测绘单位在项目竣工以后实地测出的。这样，从图纸到现房，本身就出现了产生误差的环节。

（2）开发商在施工过程中可能会修改图纸，这可能会造成原始预测面积与实测面积存在较大差异。

（3）政策的不完善也是产生测量误差的一个重要原因。据了解，目前测量单位所依据的政策本身就有许多不完善的地方。例如，有关公用面积具体分摊计算的政策目前还不够完善，政策只规定了分摊部分，但如何分摊计算却没有具体规定；有些建筑面积如何测算，规范没有反映出来。如墙体不垂直、挑窗台承重柱突出墙外、室外楼梯具体如何计算等规范中就没有提到，这就特别容易导致作业人员因理解不同而测算出不同的结果。

（4）测量本身有误差。

2. 房屋面积的基本概念和计算方法

根据原建设部 1995 年 9 月 8 日颁布的《商品房销售面积计算及公用建筑面积分摊规则（试行）》规定，商品房销售以建筑面积为面积计算单位。建筑面积应按国家现行《建筑工程建筑面积计算规范》进行计算；商品房整栋销售，商品房的销售面积即为整栋商品房的建筑面积（地下室作为人防工程的，应从整栋商品房的建筑面积中扣除）；商品房按“套”或“单元”出售，商品房的销售面积即为购房者所购买的套内或单元内建筑面积（以下简称套内建筑面积）与应分摊的公用建筑面积之和。

商品房销售面积 = 套内建筑面积 + 分摊的公用建筑面积

（1）套内建筑面积由以下三部分组成：①套（单元）内的使用面积；②套内墙体面积；③阳台建筑面积。

（2）套内建筑面积各部分的计算原则。

①套（单元）内的使用面积。

住宅按《住宅建筑设计规范》（GBJ 96—86）规定的方法计算。其他建筑，按照专用建筑设计规范规定的方法或参照《住宅建筑设计规范》计算。

②套内墙体面积。

商品房各套（单元）内使用空间周围的维护或承重墙体，有共用墙及非共用墙两种。

商品房各套（单元）之间的分隔墙、套（单元）与公用建筑空间之间的分隔墙以及外墙（包括山墙）均为共用墙，共用墙墙体水平投影面积的一半计入套内墙体面积。

非共用墙墙体水平投影面积全部计入套内墙体面积。

③阳台建筑面积。

按国家现行《建筑工程建筑面积计算规范》进行计算，包括：封闭式阳台，按其外围水平投影面积计算建筑面积；挑阳台，按其底板水平投影面积的一半计算建筑面积；凹阳台，按其净面积一半计算建筑面积。

④套内建筑面积的计算公式为：

套内建筑面积 = 套内使用面积 + 套内墙体面积 + 阳台建筑面积

（3）公用建筑面积由以下两部分组成：①电梯井、楼梯间、垃圾道、变电室、设备间、公共门厅和过道、地下室、值班警卫室以及其他功能上为整栋建筑服务的公共用房和管理用房建筑面积；②套（单元）与公用建筑空间之间的分隔墙以及外墙（包括山墙）墙体水平投影面积的一半。

（4）公用建筑面积计算原则。

凡已作为独立使用空间销售或出租的地下室、车棚等，不应计入公用建筑面积部分。作为人防工程的地下室也不计入公用建筑面积部分。

公用建筑面积按以下方法计算:

整栋建筑物的建筑面积扣除整栋建筑物各套(单元)套内建筑面积之和,并扣除已作为独立使用空间销售或出租的地下室、车棚及人防工程等建筑面积,即为整栋建筑物的公用建筑面积。

(5)公用建筑面积分摊系数计算。

将整栋建筑物的公用建筑面积除以整栋建筑物的各套套内建筑面积之和,得到建筑物的公用建筑面积分摊系数。

公用建筑面积分摊系数 = 公用建筑面积 ÷ 套内建筑面积之和

(6)公用建筑面积分摊计算。

各套(单元)的套内建筑面积乘以公用建筑面积分摊系数,得到购房者应合理分摊的公用建筑面积。

分摊的公用建筑面积 = 公用建筑面积分摊系数 × 套内建筑面积

3. 面积误差处理

(1)面积误差处理原则。

当事人在商品房买卖合同中明确约定了解决误差方法的,应按约定处理;合同没有约定的,解决面积误差的处理方法应当按以下原则处理:

①面积误差比绝对值在3%以内(含3%),按照合同约定的价格据实结算,买受人请求解除合同的,不予支持;

②面积误差比绝对值超出3%,买受人请求解除合同、返还已付购房款及利息的,应予支持。买受人同意继续履行合同,房屋实际面积大于合同约定面积的,面积误差比在3%以内(含3%)部分的房价款由买受人按照约定的价格补足,面积误差比超出3%部分的房价款由出卖人承担,所有权归买受人;房屋实际面积小于合同约定面积的,面积误差比在3%以内(含3%)部分的房价款及利息由出卖人返还买受人,面积误差比超过3%部分的房价款买受人有权要求出卖人双倍返还。

(2)规划与设计变更造成的面积误差处理原则。

因规划设计变更造成面积差异,当事人不解除合同的,应当签署补充协议,重新约定面积、单位面积价格、支付方式。

房地产开发企业应当按照批准的规划、设计建设商品房。商品房销售后,房地产开发企业不得擅自变更规划、设计。

经规划部门批准的规划变更、设计单位同意的设计变更导致商品房的结构形式、户型、空间尺寸、朝向变化,以及出现合同当事人约定的其他影响商品房质量或者使用功能情形的,房地产开发企业应当在变更确立之日起10日内,书面通知买受人。

买受人有权在通知到达之日起15日内作出是否退房的书面答复。买受人在通知到达之日起15日内未做书面答复的,视同接受规划、设计变更以及由此引起的房价款的变更。房地产开发企业未在规定时限内通知买受人的,买受人有权退房;买受人退房的,由房地产开发企业承担违约责任。

六、现房销售条件

1. 现售商品房的房地产开发企业,应当具有企业法人营业执照和房地产开发企业资质证书;

2. 取得土地使用权证书或者使用土地的批准文件;

3. 持有建设工程规划许可证和施工许可证;

4. 已通过竣工验收;

5. 拆迁安置已经落实；

6. 供水、供电、供热、燃气、通信等配套基础设施具备交付使用条件，其他配套基础设施和公共设施具备交付使用条件或者已确定施工进度和交付日期；

7. 物业管理方案已经落实。

七、购房款支付

（一）购房款支付方式

根据目前房地产销售惯例及国家金融机构现行房地产贷款产品模式，商品房买受人可以通过以下几种方式向出卖人支付购房款：

1. 一次性付款，即根据商品房买卖合同约定，买受人以一次性向出卖人付清全部购房款的付款方式。

2. 分期付款，即根据商品房买卖合同约定，买受人向出卖人先行支付部分购房款，剩余购房款在双方约定条件成就或约定时间到期时支付的付款方式。

3. 贷款，即买受人向出卖人支付部分购房款，剩余购房款以向金融机构借款方式支付的付款方式。

（二）购房贷款分类

根据所购商品房用途不同，目前我国购房贷款可分为：公积金贷款、组合贷款及商业银行按揭贷款。前两种方式仅适用于住宅类房屋贷款；而商业银行按揭贷款除适用于住宅类房屋贷款外，还适用于非住宅类房屋贷款。

（三）按揭贷款中的各种法律关系

从我国现行按揭中的法律关系来看，其所涉各方主体主要包括银行、开发商、购房人。各主体之间的法律关系分别为：

1. 购房人与开发商之间的商品房买卖关系。购房人欲以按揭的形式购买房屋，首先必须与开发商签订商品房买卖合同，约定购买特定的房屋，并在付款方式中约定以银行按揭的方式付款。

2. 购房人与银行之间的借贷关系。购房人在与开发商签订买卖合同后，应按银行的要求提供相应文件资料，向银行申请个人住房（或商业）抵押贷款，银行则根据购房人的个人情况、资信情况确定是否同意放款以及具体方式，双方签署借贷合同。

3. 购房人与银行之间的抵押担保关系。购房人在向银行申请贷款的同时，要将所购房屋在取得产权证后抵押给银行。这需要在产权证下发后，方能实现，在此之前由开发商提供阶段性担保。

4. 开发商与银行、购房人之间的担保关系。由于在按揭过程中，房屋尚未取得产权证无法办理抵押登记，所以银行在放款后，即使有抵押合同，但抵押行为尚未生效，也无法保障银行的放款风险。此时银行往往会要求开发商为购房人提供阶段性的一般保证或连带责任保证。

（四）按揭贷款各方法律风险

由于按揭贷款涉及的法律主体多，各个主体之间的法律关系就显得更为复杂。如果对其中的一个法律关系的处理与把握稍有不慎，就会引发法律纠纷。

1. 买受人贷款法律风险及其风险应对

按现行房地产按揭贷款操作模式，买受人与开发商签订商品房买卖合同后，需先行向出卖人支付一定比例的购房首付款，并根据双方当事人约定，买受人向商业银行申请按揭贷款。而银行能否如期按买受人申请的金额及年限提供剩余的按揭贷款，则需要经过银行的严格的资料审查及审批程序。一旦买受人贷款申请未获批准，将直接导致买受人无法继续履行与开发商签订的商品房买卖合同中的付款义务，造成商品房买卖合同无法履行。

为减少此类纠纷的发生,买受人应当在商品房买卖合同中约定,买受人以担保贷款方式付款,因为买受人的原因未能订立商品房担保贷款合同并导致商品房买卖合同不能继续履行的,对方当事人可以请求解除合同和赔偿损失。因不可归责于买受人的事由未能订立商品房担保贷款合同并导致商品房买卖合同不能继续履行的,双方当事人均可以请求解除合同,开发商应当将收受的购房款本金及其利息或者定金返还给买受人。因商品房买卖合同被确认无效或者被撤销、解除,致使商品房担保贷款合同的目的无法实现,当事人要求解除商品房担保贷款合同的,商品房买卖合同被确认无效或者被撤销、解除后,开发商应当将收受的购房贷款和购房款分别返还给按揭银行和买受人。

2. 开发商按揭贷款法律风险及其风险应对

(1)因买受人的原因按揭银行拒绝放款法律风险及其风险应对

在房地产销售法律实务中,经常出现买受人向按揭银行提供基本按揭申请材料后,按揭银行根据对买受人资信情况审核,要求买受人补充提交资料或提高购房首付款比例,而买受人拒绝办理上述事务,按揭银行就此不批准买受人按揭贷款申请,导致出卖人无法按商品房买卖约定全额收回购房款。另外,有部分买受人在办理按揭贷款过程中提交虚假资料,导致按揭银行拒绝向其发放按揭贷款。同样造成出卖人无法全额收回购房款。

为分清按揭贷款申请未获批准原因,明确当事人法律责任,有效降低该纠纷的出现,建议出卖人在商品房买卖合同中明确约定,因买受人原因导致按揭贷款申请未获批准的法律责任。

(2)承担保证责任的风险

根据现行房地产销售模式,开发商在买受人所购房屋办理抵押登记手续前,承担阶段性担保责任。担保方式为一般或连带的保证担保(绝大部分为连带的保证担保)。开发商担保期限内,一旦买受人逾期还款,按揭银行可以根据与开发商的合作协议,从开发商的保证金账户中直接扣划担保金额。或者将开发商和买受人作为共同被告要求承担连带责任。而买受人与开发商比较起来,要开发商首先承担责任是银行的首选,开发商会因此承担向银行偿还贷款本息及滞纳金的责任。

为有效降低开发商此项法律风险,建议开发商在与买受人签订的《商品房买卖合同》中应对下列问题予以明确:

①与买受人明确开发商承担保证责任的解约权。在买受人逾期偿还银行月供情形下,在银行不积极履行解约权的条件下,在《商品房买卖合同》协议中约定,明确开发商在银行的保证金账户因买受人逾期还款原因被扣划的(可约定具体扣划次数或金额),开发商可以解除《商品房买卖合同》,同时可约定购房人应承担因此产生的违约责任。

②与买受人关于产权证的办理问题的约定。因为在实践中,可能出现多种原因导致买受人不积极办理产权证或怠于行使权利,如个人经济问题、产生退房打算等,这时在办理产权证时,买受人往往不积极主动。因此应在《商品房买卖合同》中严格约束买受人办理产权证时的相关义务;如不及时到场导致办理延期,不缴纳税费而造成办理拖延,买受人都要为此承担相应的违约责任。

八、商品房交付

商品房交付,是商品房出卖人履行《商品房买卖合同》的重要义务之一,也是商品房出卖人与买受人争议最多的焦点问题之一,现就商品房交付涉及的几个法律问题做如下评析。

现行《商品房买卖合同(预售)示范文本》(GF-2014-0171)、《商品房买卖合同(现售)示范文本》(GF-2014-0172)涉及商品房交付问题共有四个条款即“商品房交付条件”“商品房相关设施设备交付条件”“交付时间和手续”“逾期交付责任”。综合上述四个条款得出以下结论:从合同条款角度出发,所谓合格的交付必须是交付时间、交付条件、通知方式以及附随资料四个方面同时满足合同约定,即开发商必须在合同约定的时间内,将符合交付条件的房屋以书面形式通知买卖人前来接受交付，同时还须附随交付相关资料。如有任一方面不符合合同约定，开发商便有可能承担法律责任。

（一）关于交付时间

《商品房买卖合同（预售）示范文本》（GF－2014－0171）关于交付时间和手续的条款第1款约定："出卖人应当在________年____月____日前向买受人交付该商品房"看这一条款，我们都明白，从单纯的交付时间看不可能引起多大的争议，因为就是合同上白纸黑字填写的那个年月日；真正引起争议的是在该交付时间之前，商品房应具备什么样的条件。由此可知，交付时间不能孤立地去理解，它与交付条件密不可分。

（二）关于交付条件

《商品房买卖合同（预售）示范文本》（GF－2014－0171）、《商品房买卖合同（现售）示范文本》（GF－2014－0172）关于交付条件包括商品房交付条件、商品房相关设施设备交付条件的约定。其中约定的商品房交付条件为：该商品房已取得建设工程竣工验收备案证明文件、取得房屋测绘报告以及其余自行约定的文件，若商品房为住宅的，出卖人还须提供《住宅使用说明书》和《住宅质量保证书》；商品房相关设施设备的交付条件包括基础设施设备以及公共服务及其他配套设施（以建设工程规划许可为准）两个方面。

现实生活中主要考虑的是"已取得建设工程竣工验收备案证明文件"。下面就这种交付条件简述如下。

1. 法律依据

已取得建设工程竣工验收备案证明文件，首先须满足"商品房经验收合格"，其法律依据是《城市房地产开发经营管理条例》（2020年第2次修订）第17条："房地产开发项目竣工，依照《建设工程质量管理条例》的规定验收合格后，方可交付使用。"

2. 验收主体

按照上述规定，商品房验收的主体是房地产开发主管部门，验收合格后出具相应的证明文件。但从2000年起我国改革了竣工验收制度，根据2013年12月2日起实行的《房屋建筑和市政基础设施工程竣工验收规定》（建质〔2013〕171号）第3条的规定，"国务院住房和城乡建设主管部门负责全国工程竣工验收的监督管理。县级以上地方人民政府建设主管部门负责本行政区域内工程竣工验收的监督管理，具体工作可以委托所属的工程质量监督机构实施"。第4条规定："工程竣工验收由建设单位负责组织实施。"由此可见，验收主体由原来的房地产开发主管部门变更为建设单位，房地产开发主管部门转换为监督主体。

3. 已取得建设工程竣工验收备案证明文件的时间

《房屋建筑和市政基础设施工程竣工验收规定》（建质〔2013〕171号）第6条规定："工程竣工验收应当按以下程序进行：

（一）工程完工后，施工单位向建设单位提交工程竣工报告，申请工程竣工验收。实行监理的工程，工程竣工报告须经总监理工程师签署意见。

（二）建设单位收到工程竣工报告后，对符合竣工验收要求的工程，组织勘察、设计、施工、监理等单位组成验收组，制定验收方案。对于重大工程和技术复杂工程，根据需要可邀请有关专家参加验收组。

（三）建设单位应当在工程竣工验收7个工作日前将验收的时间、地点及验收组名单书面通知负责监督该工程的工程质量监督机构。

（四）建设单位组织工程竣工验收。

1. 建设、勘察、设计、施工、监理单位分别汇报工程合同履约情况和在工程建设各个环节执行法

律、法规和工程建设强制性标准的情况;

2. 审阅建设、勘察、设计、施工、监理单位的工程档案资料;

3. 实地查验工程质量;

4. 对工程勘察、设计、施工、设备安装质量和各管理环节等方面作出全面评价,形成经验收组人员签署的工程竣工验收意见。

参与工程竣工验收的建设、勘察、设计、施工、监理等各方不能形成一致意见时,应当协商提出解决的方法,待意见一致后,重新组织工程竣工验收。”

从上述程序来看,竣工验收合格的时间应当是建设单位提出《工程竣工验收报告》之日。《商品房买卖合同(预售)示范文本》(GF-2014-0171)、《商品房买卖合同(现售)示范文本》(GF-2014-0172)约定交付条件之一是已取得建设工程竣工验收备案证明文件。根据《房屋建筑和市政基础设施工程竣工验收备案管理办法》的规定,竣工备案时间是建设行政主管部门收到建设单位报送的竣工备案文件并验证齐全后,在《竣工备案表》上签署收讫的时间。因此,这和工程通过竣工验收是两个时间概念。

一些大城市制定的地方性法规中已明确将取得《竣工备案表》作为开发商交付房屋的必备条件。例如,《北京市城市房地产转让管理办法》(2008 年修正)第 50 条明确规定:“房地产开发企业交付预售商品房,应当符合下列条件:(一)取得建筑工程竣工验收备案表;(二)取得商品房面积实测技术报告书;(三)预售合同约定的其他交付条件。……”

由此可见,以取得竣工验收备案文件——《竣工备案表》作为交付房屋的条件之一,是广大房屋买受人的要求,趋势所在,《商品房买卖合同(预售)示范文本》(GF-2014-0171)、《商品房买卖合同(现售)示范文本》(GF-2014-0172)的“已取得建设工程竣工验收备案证明文件”的约定条款较已有版本有所改进。

(三)关于通知方式

《商品房买卖合同(预售)示范文本》(GF-2014-0171)、《商品房买卖合同(现售)示范文本》(GF-2014-0172)中规定,商品房达约定的交付条件后,出卖人应当在交付日期届满前不少于 10 日将查验房屋的时间、办理交付手续的时间地点以及应当携带的证件材料的通知书面送达买受人。由此可见,开发商应以书面方式通知买房人接受房屋交付。实践中,一般是开发商向买受人寄发《入住通知书》,我们建议以挂号信或者特快专递寄发为宜,这样便于日后查询。

需注意的是,一些开发商在当地报纸上刊登房屋交付通知,而不再向购房业主发放《入住通知书》,这一做法是有违《商品房买卖合同》约定的。在报纸上刊登房屋交付通知,并不能免除开发商向购房业主发放《入住通知书》这一合同义务。

(四)关于附随交付资料

根据现行法律规定,开发商在房屋交付时应向买受人提供的附随资料有:达到合同约定验收合格的文件、《住宅质量保证书》、《住宅使用说明书》。如未向买受人提供这三份资料,买受人有权拒绝接受房屋,由此产生的延期交房责任由开发商承担。

除此之外,开发商还应向买受人出示商品房的实测面积依据。因为对于期房买卖来讲,《商品房买卖合同》约定的商品房面积是开发商依据图纸暂测出来的,商品房建成后的测绘结果与合同约定的面积数据往往会有差异,商品房交付时开发商与买受人应对面积差异根据合同约定进行结算,并且商品房实测面积也是计算物业管理费的依据,因此开发商在商品房交付时还有必要向买受人出示商品房的实测面积依据。

九、房屋保修

(一)现行商品房质量保修的分类及法律适用

根据我国房地产及建筑方面的法规,商品房的质量保修期如下:

1. 建设工程承包单位对开发商商品住宅建筑质量保修期。目前执行的法律主要有《建筑法》《建设工程质量管理条例》。

2. 开发商对商品住宅房屋质量保修期。目前执行的法律主要有《城市房地产开发经营管理条例》、《商品房销售管理办法》、《房屋建筑工程质量保修办法》、原建设部《关于印发〈商品住宅实行住宅质量保证书和住宅使用说明书制度的规定〉的通知》(建房〔1998〕第102号)。

3. 开发商对非住宅商品房质量保修期。目前执行的法律主要有《商品房销售管理办法》(建设部2001年第88号令)。

(二)保修范围及保修期的计算方式

1. 原建设部发布的于1998年9月1日起实施的《商品住宅实行住宅质量保证书和住宅使用说明书制度的规定》中明确,住宅保修期从开发企业将竣工验收的住宅交付用户使用之日起计算,保修期限不低于下列期限:

(1)地基基础和主体结构在合理使用寿命年限内承担保修;

(2)屋面防水3年;

(3)墙面、厨房和卫生间地面、地下室、管道渗漏1年;

(4)墙面、顶棚抹灰层脱落1年;

(5)地面空鼓开裂、大面积起砂1年;

(6)门窗翘裂、五金件损坏1年;

(7)管道堵塞2个月;

(8)供热、供冷系统和设备1个采暖期或供冷期;

(9)卫生洁具1年;

(10)灯具、电器开关6个月;

(11)其他部位、部件的保修期限,由房地产开发企业与用户自行约定。

2.《建设工程质量管理条例》以及《房屋建筑工程质量保修办法》规定如下:在正常使用条件下,建设工程的最低保修期限为:

(1)基础设施工程、房屋建筑的地基基础工程和主体结构工程,为设计文件规定的该工程的合理使用年限;

(2)屋面防水工程,有防水要求的卫生间、房间和外墙面的防渗漏,为5年;

(3)供热与供冷系统,为2个采暖期、供冷期;

(4)电气管线、给排水管道、设备安装和装修工程,为2年。

其他项目的保修期限由发包方与承包方约定。建设工程的保修期,自竣工验收合格之日起计算。

3. 基于我国现行法律对建筑施工单位向建设单位与开发单位商品房保修期限规定的不一致,从而引发对商品房保修期限产生误解。对此,2001年6月,原建设部发布了《商品房销售管理办法》。对房地产开发企业房屋保修期限作出了明确的规定:

房地产开发企业应当对所售商品房承担质量保修责任。当事人应当在合同中就保修范围、保修期限、保修责任等内容作出约定。保修期从交付之日起计算。

商品住宅的保修期限不得低于建设工程承包单位向建设单位出具的质量保修书约定保修期的存续期,存续期少于《商品住宅实行质量保证书和住宅使用说明书制度的规定》中确定的最低保修期限的,保修期限不得低于《商品住宅实行质量保证书和住宅使用说明书制度的规定》中确定的最低保修期限。

4. 非住宅商品房的保修期限,不得低于建设工程承包单位向建设单位出具的质量保修书约定保修期的存续期。

列举说明:以屋面防水保修期为例,假定项目于2000年3月10日竣工验收,根据《建设工程质量管理条例》及《房屋建筑工程质量保修办法》的规定,施工单位对该项目保修期应为5年(自2000年3月10日至2005年3月9日)。

同时,根据《商品房销售管理办法》的规定,开发单位以房屋交付日期作为向业主承担房屋质量保修责任的起点。鉴于房屋交付日期的不同,可能存在以下三种情况:

第一,开发单位在2001年3月10日向业主交房,根据《商品房销售管理办法》之规定,此时,施工单位的保修存续期限为4年,开发单位就该房屋屋面防水保修期限应为4年(自2001年3月10日至2005年3月9日)。

第二,开发单位在2004年将该房屋售出,且2004年3月10日交房,根据《商品房销售管理办法》之规定,此时,施工单位的保修存续期限已低于《商品住宅实行质量保证书和住宅使用说明书制度的规定》中的3年保修期限的规定,因此,开发单位就该房屋屋面防水保修期限应为3年(自2004年3月10日至2007年3月9日);2005年3月9日至2007年3月9日的保修责任由开发单位承担。

第三,开发单位在2007年将该房屋售出,且2007年3月10日交房,开发单位就该房屋屋面防水保修期限仍为3年(自2007年3月10日至2010年3月9日);在此期间的保修责任由开发单位承担(理由同第二种情况)。

保修期限计算方法为:

最低保修期限为5年减去房屋空置期(本书指竣工验收合格之日至住宅交付使用之日)的期限,如该期限少于3年,则不得低于3年。

(三)开发商逾期履行保修义务的法律责任

根据现行法律规定,对房屋出卖人来说,修复房屋存在的质量问题是其法定义务。在保修期限内发生的属于保修范围的质量问题,开发商应当履行保修义务,并对造成的损失承担赔偿责任。如买受人提出质量问题后,出卖人拒绝修复或者怠于履行保修义务,在此情况下,买受人可自行维修或者委托第三方进行维修,因此所支付的维修费用应由出卖人负担。如造成买受人损失,出卖人应承担赔偿责任。

同时,最高人民法院《关于审理商品房买卖合同纠纷案件适用法律若干问题的解释》规定,因房屋质量问题严重影响买受人正常使用所购房屋,买受人有权解除合同,也可以要求出卖人承担赔偿责任。

(四)逾期交房责任与保修赔偿责任的界定

根据《商品房销售管理办法》第30条第1款之规定:"房地产开发企业应当按照合同约定,将符合交付使用条件的商品房按期交付给买受人。未能按期交付的,房地产开发企业应当承担违约责任。"根据该规定,开发商向买受人交付商品房的质量标准除了满足双方合同约定的房屋交付条件之外,还必须是具备使用条件的房屋。

在日常房屋交付过程中,经常出现开发商向业主交付的商品房仅存在一些小的质量问题,如小的质量瑕疵,而该瑕疵又并不影响业主对房屋的正常使用,那么此种情况下,业主拒收房屋,并要求开发商承担"逾期交房的违约责任",显然也不具有合理性。因为,开发商对其所售出的每一套商品房在保修期限内都承担法定的保修义务,此种情况下,业主可以先行收房,然后根据合同约定要求开发商承担保修义务,如果因维修而对其正常使用房屋造成一定影响,可以要求开发商承担相应的赔偿责任。

十、房屋所有权证办理

(一)房屋所有权证分类

商品房买卖合同法律关系中,涉及房屋权属登记包括初始登记和转移登记。

初始登记,即大产权证,是指开发商在新建商品房竣工验收后,交付给买受人之前,持有关文件和商品房屋建设项目批准文件,办理新建商品房初始登记后取得的新建商品房房地产权证。这是买受人办理小产权证的前提。

转移登记,即小产权证,指买受人取得所购商品房所有权的权利凭证。

(二)产权证办理义务主体

在商品房买卖中,出卖人交付房屋并办妥房屋产权证,是房地产出卖人约定的基本义务。因此,相关的法律、法规对商品房买卖中办理不动产权属证书的期限作出明确规定,如《城市房地产开发经营管理条例》(2020 年第二次修订)第 32 条规定:"预售商品房的购买人应当自商品房交付使用之日起 90 日内,办理土地使用权变更和房屋所有权登记手续;现售商品房的购买人应当自销售合同签订之日起 90 日内,办理土地使用权变更和房屋所有权登记手续。房地产开发企业应当协助商品房购买人办理土地使用权变更和房屋所有权登记手续,并提供必要的证明文件。"

《商品房销售管理办法》第 34 条第 2 款、第 3 款规定:"房地产开发企业应当在商品房交付使用之日起 60 日内,将需要由其提供的办理房屋权属登记的资料报送房屋所在地房地产行政主管部门。房地产开发企业应当协助商品房买受人办理土地使用权变更和房屋所有权登记手续"。

根据上述法律规定,办理房屋产权转移登记的法定义务人是房屋的买受人,出卖人在此过程中,仅承担协助义务。具体而言,一是房屋出卖人应在房屋交付后 60 日内办理产权初始登记手续;二是买受人申办产权时其所承担的协办义务、转移登记。

(三)对"由于出卖人的原因"的理解

最高人民法院《关于审理商品房买卖合同纠纷案件适用法律若干问题的解释》(2020 年修正)第 14 条第 1 款规定:"由于出卖人的原因,买受人在下列期限届满未能取得不动产权属证书的,除当事人有特殊约定外,出卖人应当承担违约责任:(一)商品房买卖合同约定的办理不动产登记的期限;(二)商品房买卖合同的标的物为尚未建成房屋的,自房屋交付使用之日起 90 日;(三)商品房买卖合同的标的物为已竣工房屋的,自合同订立之日起 90 日。"

现实操作过程中,对该司法解释规定的"由于出卖人的原因"的理解存在较大争议。对此,笔者认为,出卖人承担买受人逾期取得不动产权属证书的违约责任也是以过错责任为归责原则,即出卖人只有在因其自身的原因导致买受人不能在合同约定或者法律规定的期限内领取不动产权属证书情况下,才需承担买受人逾期取得房屋权属证据的违约责任。如因规划、建设行政主管部门的原因或者买受人自身原因引发逾期办理房屋所有权证的,出卖人可对此免责。

(四)违约金的计算

根据最高人民法院《关于审理商品房买卖合同纠纷案件适用法律若干问题的解释》(2020 年修正)第 14 条的规定,合同没有约定违约金或者损失数额难以确定的,可以按照已付购房款总额,参照中国人民银行规定的金融机构计收逾期贷款利息的标准计算。

(五)逾期办理产权证引发的合同解除

房屋买卖合同成立后,出卖人应保证及时将所出卖的房屋的所有权转移给买受人,由于出卖人的原因,致使买受人在双方约定或法律规定的期限届满后超过一年无法办理房屋所有权登记的,最高人民法院《关于审理商品房买卖合同纠纷案件适用法律若干问题的解释》(2020 年修正)第 15 条规定:"商品房买卖合同约定或者《城市房地产开发经营管理条例》第三十二条规定的办理不动产登记的期限届满后超过一年,由于出卖人的原因,导致买受人无法办理不动产登记,买受人请求解除合同和赔偿损失的,应予支持。"

第四节　不动产登记

一、概述

不动产登记是物权法中的一项重要制度。在现代市场经济社会中,法律在保护财产"静"的安全的同时,更加注重保护财产"动"的交易安全。由于不动产在财产权体系中占据非常重要的地位,因而作为其物权公示手段的不动产登记,就扮演了极为重要的角色,它甚至决定了基于法律行为的不动产物权变动能否发生效力。梁慧星先生在论述登记制度的重要性时曾经指出:"不论物权法如何完善,如果没有一个好的登记制度,那物权法就不会有好的结果,不会得到切实的实施。"因此,研究不动产登记制度,对于正确理解物权变动法理,准确适用法律,保障交易安全,维护交易秩序,都具有重要意义。

《民法典》出台后,将《物权法》废止并进行了全面的更新,《民法典》第二编即为"物权",网络上、实体书中的相关权威解读有很多,最终还是需要详细阅读法律条款本身。为便于同历史上出台的法律法规进行比对,下文保留了对《物权法》(已失效)的分析,便于大家对照查看《民法典》相应章节的"背景"与"前身"、方便理解与比对。

二、不动产登记的意义

不动产登记,是指经权利人或利害关系人申请,由国家专职部门将有关不动产物权及其变动事项记载于不动产登记簿的事实。例如,某甲合法建造住宅一处,经甲向房产管理部门申请,由房产管理部门将其房屋权属状况记载于不动产登记簿,该项记载就是不动产登记,又称不动产物权登记。不动产登记具有如下含义:

(一)登记是依当事人申请的行为

当事人提出登记申请,是不动产登记的起始环节和必经步骤,是启动不动产登记程序的重要法律事实。没有当事人的申请,就不会产生登记法律关系。但是,并不是任何人都可以提出登记申请。不动产登记的直接后果是产生不动产登记关系主体之间的权利和义务,其最终目的是使当事人的不动产权利通过法律程序得到认可。因此,只有与待登记的不动产权利具有直接利害关系的人,如权利人和利害关系人,才能依法定程序向不动产登记机关提出登记申请。

(二)登记是国家专职部门的活动

不动产物权的变动必须登记,这是各国立法的通例。然而,由于登记具有公示作用,对当事人权利具有重要影响,这就要求登记机关必须具有权威性。如果登记机关没有权威性,其所办理的财产登记就可能失去公信力,申请人的权利也无从得到保障,从而不能实现财产登记的基本目的。只有法律规定的国家专职部门才能以国家行为担保登记的公信力,从而担当登记重任。因此各国均明确规定由专门的登记机关办理不动产登记。

(三)登记内容为不动产物权及其变动事项

不动产登记的内容是法律规定要求进行登记的不动产权利。我国法律明确规定不动产物权的设立、变更、转让和消灭,应当依照法律规定登记。故登记内容应为不动产物权及其变动事项。

(四)登记事项须记载于不动产登记簿

不动产登记簿是登记机关依法制作的用于登录、记载不动产物权状况的档案簿册。不动产物权只有由登记机关记载于不动产登记簿,才能由国家行为担保其公信力,并依此对不动产物权变动的可信性作出保障，才便于由登记机关长期保存，并为权利人和利害关系人查询提供方便。因此，登记机关在受理不动产登记申请后，须依照法律规定的格式、形式、程序、方法和具体要求建立登记簿，对当事人申请的不动产物权事项在登记簿上进行记载，才能发生不动产物权设立、变更、转让、消灭的效果。

三、我国统一不动产登记制度的构建

2007 年 3 月 16 日，十届全国人大五次会议通过了《物权法》(已失效)，该法设专节规定了不动产登记制度。它在总结我国不动产登记实践经验的基础上，借鉴西方国家先进立法经验，对不动产登记的法律效力、不动产登记机构、登记程序、登记类型及登记错误的赔偿责任等重要问题作出了明确规定，确立了我国不动产登记的基本结构，为将来不动产登记法的制定，提供了整体架构和思路，标志着我国统一不动产登记制度的正式确立。《民法典》第二编“物权”进行了对应且更为全面的规定。

1. 确立了统一的不动产登记制度。《物权法》(已失效)明确规定建立统一的不动产登记制度，统一登记的范围、登记机构和登记办法由其他法律、行政法规另行规定。上述规定为有助于建立不动产安全与交易的登记制度，确立了科学的法律依据。

2. 明确了不动产登记的效力。《物权法》(已失效)规定了不动产登记为物权变动的生效要件，同时明确规定了不动产物权变动的生效时间，即自记载于不动产登记簿时发生效力。规定不动产登记簿是物权归属和内容的根据，为登记簿的公示公信提供了良好的基础。关于不动产物权变动与债权合同的关系问题，《物权法》(已失效)确立了二者的区分原则。这一制度安排，有助于明确交易中的权利归属和义务承担，为解决交易纠纷提供了法律依据。

3. 规定了不动产登记程序。《物权法》(已失效)确立了科学合理、方便规范的不动产登记规则。规定不动产登记由不动产所在地的登记机构办理。登记采取当事人申请为主的方式，登记机构在登记时，应当履行查验、询问、登记等职责。为保证不动产登记能够公正廉明地进行，《物权法》(已失效)还规定了登记机构不得从事的行为，并特别强调不动产登记费按件收取，不得按照不动产的面积、体积或者价款的比例收取等。

4. 健全了不动产登记类型。一是规定了更正登记和异议登记制度，规定权利人、利害关系人在认为不动产登记簿记载的事项错误时，可以申请更正登记。在不动产登记簿记载的权利人不同意更正时，利害关系人可以申请异议登记。二是规定了预告登记制度。当事人签订买卖房屋或者其他不动产物权的协议，为保障将来实现物权，按照约定可以申请预告登记。

5. 规范了登记当事人和登记机关的赔偿责任。《物权法》(已失效)明确了登记错误的赔偿责任。规定当事人提供虚假材料申请登记，给他人造成损害的，应当承担赔偿责任。因登记错误，给他人造成损害的，登记机构应当承担赔偿责任。登记机构赔偿后，可以向造成登记错误的人追偿。登记责任制度的完善，对于规范不动产登记秩序，充分实现不动产登记的价值，都具有重要意义。

四、不动产登记的效力

所谓不动产登记的效力，指的是登记这一法律事实对当事人的不动产物权所施加的实际作用。登记在不同立法体例中对不动产物权的作用是不同的。在我国不动产登记体制下，不动产登记具有公示力、形成力、推定力和公信力四种效力。

(一)登记的公示力

所谓公示，是指物权在变动时，必须将物权变动的事实通过一定方法向社会公开，从而使第三人知道物权变动的情况，以避免第三人遭受损害并保护交易安全。物权属于绝对权、对世权，具有排他性和优先效力，如果物权的变动不采用一定的公示方式昭示于众，则不动产物权归属不明，必将有害交易安全。《民法典》第 208 条规定：“不动产物权的设立、变更、转让和消灭，应当依照法律规定登记。动产物权的设立和转让,应当依照法律规定交付。”从原则上规定了不动产物权应当公示,公示方法为不动产登记。

不动产登记的主要目的在于公示,即通过登记向公众公开不动产物权归属及变动情况,使其了解不特定的物权状态,使第三人在参与交易时有一个识别、判断物权的客观标准。物权公示,最根本的作用是给物权的各种变动提供统一的、有公信力的法律基础。

不动产登记的公示力,对物权人来讲,发挥着确定物权归属的作用,它使不动产物权能够按其意志发生设立、移转、变更及消灭的效力;对第三人而言,登记则使他们知悉物权归属及变动状况,帮助他们了解谁是真正的权利人,物权是否设有负担等,为其将要发生的法律关系提供法律基础,从而维护交易秩序和交易安全。

“物权公示使物上权属之状况公之于众,明确权利的归属,起着定分止争的作用,不论对所有权还是他物权而言,都使义务人负不侵犯物权的义务。”①物权公示制度的权利归属宣示功能,对于保护物权人的利益,稳定财产关系,具有重要的秩序价值。

(二)登记的形成力

在讨论不动产登记的形成力时,我们必须划清两层关系:一是关于不动产物权变动的基础关系,即不动产物权变动的原因行为的成立与生效必须按照该行为自身要件予以判断,而不能以其物权的变动是否成就来判断;二是关于不动产物权的变动,必须以登记为必要条件,而不能认为基础关系的成立生效就必然发生物权变动的结果。

《民法典》第209条规定:“不动产物权的设立、变更、转让和消灭,经依法登记,发生效力;未经登记,不发生效力,但是法律另有规定的除外。依法属于国家所有的自然资源,所有权可以不登记。”这是《民法典》对登记的形成力的规定。由此可见,立法者采纳的是登记要件主义立法例,即不动产物权依据法律行为发生的变动必须登记,如果不登记就不会发生当事人期待的物权变动。只有经过登记才能使物权变动既对抗第三人,又在交易当事人之间发生变动效果。

需要说明的是,不动产登记的形成力仅针对因法律行为发生的物权变动而言。对于非因法律行为而发生的不动产物权变动,例如,因继承、强制执行、公用征收、法院判决等,因其是由法律直接规定的,不以登记为物权变动的生效要件。如在不动产继承中,自被继承人死亡时起,不动产物权即转归继承人享有。此时,该不动产物权变动乃直接根据法律规定而发生,无须以登记为要件。

(三)登记的推定力

登记的推定力,又称权利正确性推定效力,是指以不动产登记簿上所记载的当事人的权利内容来确定不动产权利的效力。一般而言,不动产登记物权与实际的不动产物权是一致的,但不能否认,有时也会因主观、客观因素的影响,导致两者不一致的情形出现。此时从不动产交易安全的角度和登记的公示公信效力来讲,都应推定登记簿上记载的权利是真正的权利,即使已登记公示的物权并不存在,法律上也认为该物权存在。《民法典》对此虽无明文规定,但根据该法第216条“不动产登记簿是物权归属和内容的根据”的规定可以看出,我国《民法典》也承认了不动产物权登记的权利正确性推定效力这一基本规则。

但是登记权利正确性推定效力,不及于明知登记权利瑕疵而恶意取得该项权利者,即第三人明知或者应当知道不动产登记簿记载的权利人并非真正权利人而与之所为的法律行为不产生效力,这是登记权利正确性推定效力的相对性。《民法典》第311条规定:“无处分权人将不动产或者动产转让给受让人的,所有权人有权追回;除法律另有规定外,符合下列情形的,受让人取得该不动产或者动产的所有权:(一)受让人受让该不动产或者动产时是善意;(二)以合理的价格转让;

---

① 江帆、孙鹏:《交易安全与中国民商法》,中国政法大学出版社1997年版,第81页。

(三)转让的不动产或者动产依照法律规定应当登记的已经登记,不需要登记的已经交付给受让人。受让人依据前款规定取得不动产或者动产的所有权的,原所有权人有权向无处分权人请求损害赔偿。当事人善意取得其他物权的,参照适用前两款规定。"对上述规定作反对解释,则受让人受让该不动产时不是出于善意的,不能取得不动产的所有权,即登记权利的正确性推定效力对恶意第三人并不适用。

(四)登记的公信力

登记的公信力,是指登记簿记载的权利人在法律上推定其为真正的权利人,如果以后事实证明登记记载的物权不存在或存在瑕疵,对于信赖该物权的存在并已从事了物权交易的人,法律仍然承认其具有与真实的物权相同的法律效果。也就是说,不动产登记簿所记载的权利推定为真正的权利,并赋予其公信力,基于登记的公信力,即使登记错误或遗漏,因相信登记正确而与登记名义人进行交易的善意第三人,其所得利益仍将受到法律的保护。

例如,房产登记簿上,某房屋的所有权登记为甲所有,乙信赖此项登记而向甲买受该房屋,并进行了所有权移转登记。其后即使发现房屋的真正所有人为丙而非甲时,乙因信赖登记而取得的房屋权利,不受真正权利人丙的追夺,法律对其权利予以保护,此时乙取得上述房屋的所有权。当然,法律赋予登记以公信力,旨在保护善意第三人的利益,如果第三人明知该登记错误而为民事行为则不产生法律效力。

五、不动产登记的例外

不动产物权变更经依法登记始产生法律效力是一项原则,但并非所有不动产物权的设立、变更、转让和消灭都需要登记才产生法律效力。不动产物权登记的例外有两种:一是一些不动产物权无须进行登记;二是一些不动产物权的变动并不依登记作为生效的要件。当然,按照物权法定原则,只有在法律另有规定的情形下,这种例外才能被承认。

(一)无须进行登记的不动产物权

《民法典》第209条规定:"不动产物权的设立、变更、转让和消灭,经依法登记,发生效力;未经登记,不发生效力,但是法律另有规定的除外。依法属于国家所有的自然资源,所有权可以不登记。"依法属于国家所有的自然资源包括矿藏、水流、海域,城市的土地,法律规定属于国家所有的农村和城市郊区的土地,森林、山岭、草原、荒地、滩涂等自然资源,野生动物资源等。由于国家所有权依法不能进行转移,也不可能设立新的所有权,另外有些自然资源也无法进行登记,所以可以不进行登记。《民法典》对国家所有的财产的相关规定,具体可参见第246~259条。

(二)不动产物权的变动不以登记为生效要件

该种情况包括两种情形:

1. 无须登记即能发生不动产物权变动效力

(1)因人民法院、仲裁委员会的法律文书或者人民政府的征收决定等,导致物权设立、变更、转让或者消灭的,自法律文书或者人民政府的征收决定等生效时发生效力;

(2)因继承取得物权的,自继承开始时发生效力;

(3)因合法建造、拆除房屋等事实行为设立或者消灭物权的,自事实行为成就时发生效力;

(4)土地承包经营权自土地承包经营权合同生效时设立。

2. 登记是不动产物权效力的对抗要件

《民法典》第333条规定:"土地承包经营权自土地承包经营权合同生效时设立。登记机构应当向土地承包经营权人发放土地承包经营权证、林权证等证书,并登记造册,确认土地承包经营权。"第334条规定:"土地承包经营权人依照法律规定,有权将土地承包经营权互换、转让。未经依法批准,不得将承包地用于非农建设。"第335条规定:"土地承包经营权互换、转让的,当事人可以向登记机构申请登记;未经登记,不得对抗善意第三人。”由此可见,土地承包经营权的转让、互换等变动不以登记为生效要件,而是以登记为对抗要件。土地承包经营权转让未登记的,对当事人双方仍然产生法律效力,但不能对抗第三人。

六、不动产物权合同与物权变动的关系

《民法典》第 215 条规定:“当事人之间订立有关设立、变更、转让和消灭不动产物权的合同,除法律另有规定或者当事人另有约定外,自合同成立时生效;未办理物权登记的,不影响合同效力。”

该条是关于不动产物权变动的原因与结果进行区分的规定。对此加以区分,是由债权与物权的性质决定的。商品房买卖是现代社会典型的不动产交易行为,也是典型的不动产物权变动。以此为例,出卖人订立商品房买卖合同的目的是取得价款,买受人支付价款的目的在于取得商品房的所有权。这样,在商品房买卖这种典型的不动产交易中,物权变动当然就有了其原因,即商品房买卖合同。

与此相对应的是,商品房所有权的移转就成为上述原因的结果。在商品房买卖合同中,两种不同的权利变动是在两种不同的法律基础上进行的。依据商品房买卖合同所产生的法律关系是债权债务关系,其建立的基础是双方当事人的意思表示。在双方当事人就订立商品房买卖合同的意思表示达成一致时,合同即产生约束力,即债权法上的约束力。但是,由于债权法上的权利只是一种相对权、对人权,不具有排他的效力,故而物权的变动必须依赖物权变动中的公示行为,即物的交付(动产)或者登记(不动产)。

物权变动只能在交付或者登记后才能生效。因为物权的本质与债权完全不同。债权属于请求权、对人权、相对权,因此债权的变动不必予以公示即可产生法律上的效果。而物权本质是支配权、绝对权、对世权,物权的变动必须在公示之后,才能发生对世的效果,目的是使世人了解到物权的变动,知道物权的变动对世人的排他性作用,以保障交易的安全。

由此可见,商品房买卖合同所涉及的债权变动及物权变动,是建立在完全不同的法律基础之上的,是两个不同的法律事实,其生效要件完全不同。换言之,不动产物权合同除法律另有规定或者合同另有约定外,自合同成立时生效。该不动产物权是否办理登记并不影响合同的效力。

七、我国不动产登记的特殊类型

(一)更正登记

更正登记,是指为消除因登记错误或遗漏而导致的登记与实体权利关系原始的不一致状态,对既存登记内容的一部分进行订正补充而发生的登记。更正登记的目的在于为错误的登记提供救济途径,保护真正权利人的权利,维护秩序安定与交易安全。

作为不动产登记瑕疵的基本救济手段,各国登记制度中均有更正登记的规定。《民法典》第 220 条第 1 款规定:“权利人、利害关系人认为不动产登记簿记载的事项错误的,可以申请更正登记。不动产登记簿记载的权利人书面同意更正或者有证据证明登记确有错误的,登记机构应当予以更正。”

更正登记与异议登记同样是保护事实上的权利人或者真正权利人以及真正权利状态的法律措施。与异议登记不同的是,更正登记是彻底地消除登记权利与真正权利不一致的状态,可避免第三人依据不动产登记簿取得不动产登记簿上记载的物权。故更正登记是对原登记权利的涂销登记,同时也是对真正权利的初始登记。

更正登记应具备如下构成要件:

(1)不动产登记事项记载错误。更正登记以登记手续的错误或遗漏为修正对象。登记错误是申请更正登记的前提条件,包括错误和遗漏两种情形。所谓错误,是指虽然登记簿上有记载但欠缺真实,所记载的内容与不动产的真实状态不一致。而遗漏,则是指应该登记的内容未予登记。无论错误或遗漏,其实质均在于欠缺真实的记载,使登记不能反映不动产的实际状态。至于该错误与遗漏是基于当事人的过错还是因登记机关的过错所致则在所不问。

(2)须权利人或利害关系人申请。更正登记的目的是保护事实上的权利人的物权,许可真正的权利人或者利害关系人依据真正的权利状态对不动产登记簿记载的内容进行更正,因此须有权利人或者利害关系人向不动产登记机关提出申请,登记机关才能进行更正登记。这里的权利人,包括登记权利人和事实上的权利人,而利害关系人则是指与登记权利有法律上利益关系的人,如其权利因错误、遗漏登记而受到侵害的当事人。对于非权利人或利害关系人,因错误、遗漏登记并未损害其利益,故无权申请更正登记。

(3)须登记权利人书面同意更正,或者有证据证明登记确有错误。更正登记是对原登记事项的订正补充,事关登记权利人的利益,只有在登记权利人书面同意更正或者有证据证明登记确有错误的情况下,登记机关才可以进行更正登记。因此,登记权利人的书面同意或者有证据证明登记确有错误,是进行更正登记必不可少的要件。

更正登记是对错误登记的更正和补充,因而具有向未来消灭登记权利的法律效力,从而保护真正权利人的利益不致因错误登记而遭受损害。不动产登记由专门的登记机关执行,由专业的登记人员具体操作,虽然有严格的操作程序,但也很难避免发生错误或遗漏登记,出现登记簿记载的权利人与真正权利人不一致或权利遗漏现象,从而使真正的权利人可能因此遭受损害。

为了彻底地消除登记权利与真正权利不一致的状态,使登记权利人与真正权利人保持一致,从而维护真正权利人的利益,避免第三人基于登记的公信力取得不动产登记簿上记载的权利,造成真正权利人的损害,法律设置了更正登记制度,作为对错误登记的救济措施。更正登记既然仅具有向未来消灭登记权利的法律效力,因此不得对抗在更正登记之前取得权利的善意第三人。

(二)异议登记

异议登记,是指事实上的权利人或利害关系人对不动产登记簿记载的权利提出异议而进行的登记。异议登记制度的目的在于阻却登记的公信力,从而保护事实上的权利人或真正权利人的利益,它是为更正登记所设置的临时保全措施。

《民法典》第220条第2款规定:"不动产登记簿记载的权利人不同意更正的,利害关系人可以申请异议登记。登记机构予以异议登记,申请人自异议登记之日起十五日内不提起诉讼的,异议登记失效。异议登记不当,造成权利人损害的,权利人可以向申请人请求损害赔偿。"

法律之所以要创设异议登记制度,是因为不动产登记具有公信力,即使登记事项存在错误,对于信赖该登记而进行不动产交易并办理了登记的人而言,其取得的物权也应受到法律保护,这样真正权利人的利益就会受到损害。虽然通过法律规定的更正登记可以消除登记权利与真正权利不一致的状态,但登记错误的更正需要一个过程,在此过程中,登记权利人有可能处分不动产,从而使真正权利人的权利受到损害。为防止更正登记之前登记权利人的处分行为,有必要采取措施来保全权利。

异议登记应具备如下要件:

(1)不动产登记事项被认为错误。登记错误是指不动产登记簿记载的权利状态和事实权利不一致。登记错误既可能因当事人原因,也可能因登记机关的过错而发生。不管是何种原因,只要权利人或者利害关系人依自己的见解认为登记错误时即可提出异议登记,并不需要已有确切的证据证明登记确实有误。

(2)登记权利人不同意更正或登记机关不予更正。登记事项错误并不必然导致异议登记,因为此时权利人、利害关系人可以申请更正登记,来消除登记权利与真正权利不一致的状态。如果登记权利人书面同意更正,或者在有确切证据证明登记错误的情况下登记机关予以更正的,均无须提起异议登记。只有在登记权利人不同意更正或者登记机关不予更正时,才有提起异议登记的必要。

(3)须权利人或利害关系人向不动产登记机关申请。异议登记是为保护事实上的权利人或者真正权利人的利益而设立的,因此只有权利人和利害关系人才有权申请异议登记。异议登记的申请人具体包括:事实上享有不动产物权而未在登记簿上记载或者在登记簿上错误记载的人,以及因登记错误而使其应有权利受到侵害的利害关系人。如果不是真正权利人或与登记权利无关的人,即使登记错误也无权提起异议登记。

异议登记并非不动产物权变动的登记,而只是一种对登记事项存在异议而将异议记载于登记簿的制度。但是该制度具有阻却登记公信力的作用,其效力主要有如下几项:①权利保全效力。不动产登记具有公信力,但登记记载也有错误的时候。假如发生登记错误,第三人在不知情的情况下,与登记簿记载的权利人进行了不动产交易并办理了物权登记,根据不动产登记的权利正确性推定效力,其取得的物权也应受法律保护。这样真正权利人的物权就会被剥夺。鉴于此,真正权利人在发现登记错误时可以申请异议登记,由登记机关将其异议记入登记簿,这样,登记簿上记载的权利失去正确性推定的效力。登记权利人如果处分该权利,则在异议登记所保全权利的范围内其处分无效,第三人不得援引登记的公信力而取得被移转的物权,只能要求不法转让人赔偿其损失或自行承担风险。②风险警示效力。异议登记的存在,使意欲进行不动产交易的第三人了解到,登记物权可能存在瑕疵,与登记簿上记载的权利人进行交易要冒很大风险,从而使第三人谨慎行事,避免因登记错误受到损害。这样,异议登记就起到对第三人的警示作用。如果第三人甘愿冒险,则当其所取得的权利因异议正确而被剥夺时,无权要求登记机关赔偿。

异议登记虽然可以对真正权利人提供保护,但它同时也给不动产物权交易造成了一种不稳定状态,如果任由此种状态长期存续,同样会危及交易安全。因此,通过异议登记而进行的保护应当是临时性的。为使不动产物权的不稳定状态早日恢复正常,法律有必要对异议登记的有效期间作出限制,以促使异议登记的申请人积极行使权利,使登记权利人的利益和正常交易秩序不致受到严重影响。

因此法律规定登记机构予以异议登记的,申请人在异议登记之日起 15 日内不起诉,异议登记失效。同时,由于异议登记可以使登记簿上记载的权利失去正确性推定的效力,而且异议登记的申请人在提出异议登记申请时也无须充分证明其权利受到了损害,因此异议登记权利亦有被他人滥用的可能,从而给登记权利人的利益造成损害。为防止申请人滥用异议登记制度,法律在赋予异议登记申请人权利的同时,亦明确规定,如果异议不当,造成权利人损害的,权利人可以向申请人请求损害赔偿。

(三)预告登记

预告登记,是指当事人所期待的不动产物权变动所需要的条件缺乏或者尚未成就时,法律为保全这项将来发生的不动产物权变动为目的的请求权而进行的登记。

不动产预告登记最早为中世纪德国民法所创,《德国民法典》加以继承,并为瑞士、日本民法等所继受。我国《民法典》亦规定了预告登记制度,该法第 221 条规定:"当事人签订买卖房屋的协议或者签订其他不动产物权的协议,为保障将来实现物权,按照约定可以向登记机构申请预告登记。预告登记后,未经预告登记的权利人同意,处分该不动产的,不发生物权效力。预告登记后,债权消灭或者自能够进行不动产登记之日起九十日内未申请登记的,预告登记失效。"

由此可见,预告登记所登记的,并非现实的不动产物权,而是关于未来发生不动产物权变动的请求权,是一种期待权。预告登记的目的就在于保护关于未来发生不动产物权变动的请求权,以维护不动产交易秩序。通过预告登记,使当事人之间关于不动产物权变动的债权请求权,因为预告登记而公示于众,使该债权请求权具有了对抗第三人的效力,即一定的物权效力,对后来发生的与该请求权内容相同的不动产物权的处分行为，如果未经预告登记权利人同意，不发生物权效力，从而确保将来只发生该债权请求权所期待的法律结果。

预告登记完成后即具有如下法律效力。

(1)权利保全效力。在不动产交易中，当事人依债法规则产生了债权债务关系，权利人对债务人享有债权性质的请求权，但债权是相对权，基于债权平等性的本质和维护交易安全的需要，债权并不具有对抗第三人的效力。通过预告登记，使该债权以登记的方式记录下来并予以公示，使那些与预告登记的请求权内容相同的任何不动产处分，皆为无效，实际上是保障请求权得以实现并发生所期待的物权效果。预告登记最重要的作用就在于，将可能妨害或者损害履行所保全的请求权的处分视为违反预告登记的处分使其无效，这是一种相对无效。正是通过使违背请求权的处分无效，预告登记的权利人获得了保障。

(2)顺位保全效力。指实际发生预告登记的请求权所指向的物权变动时，依预告登记的顺位记入登记。预告登记在保全请求权这一实体权利的同时，因为有登记的存在，还保全了请求权人取得权利的有利顺位，使其请求权具有排斥后序登记权利的效力，以此来实现所保护的请求权的优先地位。这样，不动产权利的顺位即依预告登记的日期加以确定，而不是根据本登记的日期确定。

(3)破产保护效力。预告登记的请求权不但可以对抗不动产物权人，从而保障请求权人取得不动产物权，而且可以在不动产物权人陷入破产时，排斥其他债权人，从而实现请求权人指定的效果。这一效力，同样适用于不动产物权人死亡时，其不动产纳入遗产范围进入继承程序的情形，迫使继承人不得以继承为由要求涤除预告登记。请求权人基于预告登记破产保护的效力，可以要求破产管理人或继承人直接将指定不动产从破产财产或遗产中别除。

预告登记后，预告登记权利人应当在约定的条件成就或者期限到达时，积极地履行合同义务，同时办理移转不动产物权的本登记。因为，预告登记的只是债权人的请求权，并不能代替合同义务的履行，也不能代替不动产物权移转的登记。《民法典》规定，预告登记后，债权消灭或者自能够进行不动产登记之日起 90 日内未申请登记的，预告登记失效。即在预告登记权利人不积极行使请求权时，预告登记即失去法律效力，以维护各方当事人利益的平衡。

八、房屋登记纠纷

目前我国的不动产登记纠纷主要集中在房屋登记纠纷。2010 年 8 月 2 日，最高人民法院通过《关于审理房屋登记案件若干问题的规定》(法释〔2010〕15 号)，对审理房屋登记案件进行了若干规定。

(一)房屋登记有关的行政诉讼

(1)自然人、法人或者非法人组织对房屋登记机构的房屋登记行为以及与查询、复制登记资料等事项相关的行政行为或者相应的不作为不服，可以提起行政诉讼的。

(2)房屋登记机构根据人民法院、仲裁委员会的法律文书或者有权机关的协助执行通知书以及人民政府的征收决定办理的房屋登记行为，自然人、法人或者非法人组织不服提起行政诉讼的，人民法院不予受理，但自然人、法人或者非法人组织认为登记与有关文书内容不一致的除外。

(3)房屋登记机构作出未改变登记内容的换发、补发权属证书、登记证明或者更新登记簿的行为，自然人、法人或者非法人组织不服提起行政诉讼的，人民法院不予受理。房屋登记机构在行政诉讼法施行前作出的房屋登记行为，自然人、法人或者非法人组织不服提起行政诉讼的，人民法院不予受理。

(4)自然人、法人或者非法人组织对房屋登记行为不服提起行政诉讼的，不受下列情形的影响：房屋灭失；房屋登记行为已被登记机构改变；生效法律文书将不动产权属证书、房屋登记簿或者房屋登记证明作为定案证据采用。

(5)当事人以作为房屋登记行为基础的买卖、共有、赠与、抵押、婚姻、继承等民事法律关系无效或者应当撤销为由,对房屋登记行为提起行政诉讼的,人民法院应当告知当事人先行解决民事争议,民事争议处理期间不计算在行政诉讼起诉期限内;已经受理的,裁定中止诉讼。

(二)房屋转移登记

(1)房屋登记机构为债务人办理房屋转移登记,债权人不服提起诉讼,符合下列情形之一的,人民法院应当依法受理:以房屋为标的物的债权已办理预告登记的;债权人为抵押权人且房屋转让未经其同意的;人民法院依债权人申请对房屋采取强制执行措施并已通知房屋登记机构的;房屋登记机构工作人员与债务人恶意串通的。

(2)同一房屋经多次转移登记,原房屋权利人、原利害关系人对首次转移登记行为提起行政诉讼的,人民法院应当依法受理。原房屋权利人、原利害关系人对首次转移登记行为及后续转移登记行为一并提起行政诉讼的,人民法院应当依法受理;人民法院判决驳回原告就在先转移登记行为提出的诉讼请求,或者因保护善意第三人确认在先房屋登记行为违法的,应当裁定驳回原告对后续转移登记行为的起诉。原房屋权利人、原利害关系人未就首次转移登记行为提起行政诉讼,对后续转移登记行为提起行政诉讼的,人民法院不予受理。

(三)诉讼主体

(1)人民法院受理房屋登记行政案件后,应当通知没有起诉的下列利害关系人作为第三人参加行政诉讼:房屋登记簿上载明的权利人;被诉异议登记、更正登记、预告登记的权利人;人民法院能够确认的其他利害关系人。

(2)房屋登记行政案件由房屋所在地人民法院管辖,但有下列情形之一的,也可由被告所在地人民法院管辖:请求房屋登记机构履行房屋转移登记、查询、复制登记资料等职责的;对房屋登记机构收缴房产证行为提起行政诉讼的;对行政复议改变房屋登记行为提起行政诉讼的。

第五节　二手房交易注意的问题

一、一般调查

在购买二手房前,应当对预购房屋进行调查,调查内容主要为房屋权属调查,包括:

(1)房屋是否已经领取产权证。根据我国法律规定,未领取房屋产权证的二手房是禁止流通的。

(2)房屋产权证的内容与房屋登记机关的存档文件记载的内容是否一致。

(3)卖方是否是房屋产权证上载明的所有权人,如不是,则无权卖房。

(4)房屋是否有其他共有权人,如有,共有权人有优先购买权,因此,在签订买卖合同前应当首先征得其他共有权人的同意。

(5)房屋是否已经出租,如已出租,承租人有优先购买权,应先征得承租人的同意。

(6)如系已经出租的房屋,房屋所有权转移后不影响原租赁合同的效力,新的房屋所有权人应当继续履行原租赁合同。

(7)房屋有无设置抵押等他项权利,如有,应当首先取得他项权利人的同意。

(8)凡需在签订买卖合同前征得他人同意的,该同意的意思表示应为书面形式。

(9)禁止买卖情形:①司法机关和行政机关依法裁定,决定查封或者以其他方式限制二手房权利的;②已被国家有关机关依法收回土地使用权的;③权属有争议的;④未依法登记领取权属证书的;⑤列入拆迁范围的;⑥法律、行政法规规定禁止转让的其他情形。

(10)对土地使用权状况进行调查:①调查拟购买的二手房是否取得土地使用权属证书。②调查拟购买的商品房利用的土地使用年限。③购买带有花园的别墅时,调查花园是否取得土地使用权。

二、对卖方的特别调查

1. 二手房属于有限责任公司、股份有限公司的，应当审查公司董事会、股东（大）会审议同意的书面文件。

2. 二手房属于国有或集体资产的，应当审查政府主管部门的批准文件。①

第六节 商品房交易律师法律服务

一、为买受人购买商品房提供法律服务

1. 接受委托人的委托，对预购商品房销售主体及销售条件进行合法性调查，向委托人出具法律意见。

2. 参与委托人与出卖人关于商品房买卖事宜的谈判，审查、修改《认购书》《预售合同》《房屋买卖合同》及补充协议等法律文件。

3. 协助委托人办理有关银行按揭贷款手续（包括借款担保合同、公证文件、保险手续等），并根据需要出具咨询意见。

4. 接受委托人的委托，办理所购房屋预售登记、产权转移登记、抵押登记手续。

5. 协助委托人办理房屋交接手续，处理有关房屋交付争议及其他争议。

二、为出卖人出售商品房提供法律服务

1. 参与委托人与销售代理商关于代理销售事宜的谈判，审查修改客户与代理商的代理销售协议书。

2. 协助委托人选聘前期物业服务企业，起草、修改《前期物业服务合同》及《临时管理规约》等相关法律文件。

3. 协助委托人审查有关楼宇预售、销售的广告内容。在实现广告目的的同时，确保广告内容的适当性，避免因广告问题引发日后纠纷。

4. 协助委托人起草、修改《订购书》、补充条款等相关法律文件。

5. 协助委托人起草、修改《预售合同》《房屋买卖合同》补充条款等相关法律文件。

6. 为委托人组织预售、销售展示、交易活动提供相应的法律服务。

7. 协助委托人参与房屋销售涉及的洽商、谈判，向委托人提供法律意见。

8. 协助委托人办理有关预售、销售合同的公证手续。

9. 协助委托人办理有关银行按揭贷款手续（包括借款担保合同、公证文件、保险手续等），并根据需要出具咨询意见。

10. 协助委托人办理商品房买卖合同登记备案、产权登记备案等手续。

11. 协助委托人完善房屋交接手续，处理有关房屋交付争议等纠纷。

第七节 房产抵押

一、概述

（一）法律依据

根据我国目前的法律规定，涉及房地产抵押的法律主要有《民法典》《城市房地产管理法》等。

---

① 参见中华全国律师协会：《律师办理商品房交易业务操作指引》。

(二)概念界定

本节所称的抵押,是指债务人或者第三人继续保持对不动产、不动产权利、动产等特定财产的占有,而依照一定的方式将该等财产作为债权的担保,在债务人不履行到期债务时,债权人有权依照法律规定以该财产折价或者以拍卖、变卖该财产的价款优先受偿。

本节所称的房屋抵押,是指抵押人以其拥有所有权的房屋,以不转移占有的方式向抵押权人提供债务履行担保的行为。债务人不履行债务时,抵押权人(债权人)有权依法以抵押的房屋折价或以拍卖变卖抵押房屋所得的价款优先受偿。

抵押人,是指将自己拥有所有权的房屋提供给抵押权人(债权人),作为本人或者第三人履行债务的担保的自然人、法人或者非法人组织。

抵押权人,是指接受房地产抵押作为债务人履行债务担保的债权人(包括自然人、法人或者非法人组织)。

最高额抵押,是指抵押人与抵押权人协议,在最高债权额限度内,以抵押物对一定期间内连续发生的债权作担保。

二、抵押合同

1. 抵押合同订立的形式

根据《民法典》第400条的规定,设立抵押权,当事人应当采用书面形式订立抵押合同。抵押合同一般包括下列条款:(1)被担保债权的种类和数额;(2)债务人履行债务的期限;(3)抵押财产的名称、数量等情况;(4)担保的范围。

2. 房产抵押合同的主要内容

(1)抵押人、抵押权人的名称或者个人姓名、住所;

(2)主债权的种类、数额;

(3)抵押房地产的处所、名称、状况、建筑面积、用地面积以及四至等;

(4)抵押房地产的价值;

(5)抵押房地产的占用管理人、占用管理方式、占用管理责任以及意外损毁、灭失的责任;

(6)债务人履行债务的期限;

(7)抵押权灭失的条件;

(8)违约责任;

(9)争议解决方式;

(10)抵押合同订立的时间与地点;

(11)双方约定的其他事项。

3. 抵押合同不得约定的事项

《担保法》(已失效)第40条规定,订立抵押合同时,抵押权人和抵押人在合同中不得约定在债务履行期届满抵押权人未受清偿时,抵押物的所有权转移为债权人所有。《物权法》(已失效)第186条规定,抵押权人在债务履行期届满前,不得与抵押人约定债务人不履行到期债务时抵押财产归债权人所有。

但法律没有明文限制在抵押权人未受清偿的事实发生后、抵押权人可以和抵押人协商。换言之,当债务履行期限届满,抵押权人可以与抵押人约定,将抵押财产归债权人所有。

《民法典》对此进行了调整变动,第401条规定,抵押权人在债务履行期限届满前,与抵押人约定债务人不履行到期债务时抵押财产归债权人所有的,只能依法就抵押财产优先受偿。

三、抵押财产范围

(一)可以设定抵押权的财产

《民法典》第395条以列举的方式规定,以下七类财产可以设定抵押。

1. 建筑物和其他土地附着物

建筑物，是指定着于土地上或地面以下，其具有顶盖、梁柱、墙壁，供人居住或者使用的构造物。例如，房屋、仓库、地下室、立体停车场等。但并非所有的建筑物都可以抵押，只有抵押人有权处分的建筑物才可以抵押。《城市房地产管理法》第 48 条规定，依法取得的房屋所有权连同该房屋占用范围内的土地使用权，可以设定抵押权。以出让方式取得的土地使用权，可以设定抵押权。按照这一规定，私人建造或者购买的住宅、商业用房；集体所有的乡镇企业厂房；企事业单位自建和购买的工商业用房、职工住房等，只要取得了所有权，就可以抵押。

其他土地附着物，是指附着于土地之上的除房屋以外的不动产。通常包括林木、桥梁、隧道、大坝、道路等构筑物。

2. 建设用地使用权

建设用地使用权，是指权利主体在法律允许的范围内，依法享有对国家所有的土地占有、使用和收益的权利，权利主体有权利用该土地建造并经营建筑物、构筑物及其附属设施。

按照法律规定，取得建设用地使用权主要有出让和划拨两种方式：(1)出让，是国家以所有者的身份将建设用地使用权在一定年限让与使用者，并由使用者向国家支付建设用地使用权出让金的行为。具体包括协议、招标和拍卖三种具体方式。使用者可以其所获得的建设用地使用权设定抵押权。(2)划拨，是指国家通过行政审批程序将土地无偿地确定给使用人使用，使用权人只需按照一定的程序向主管机关提出申请，经批准即取得建设用地使用权，无须向国家支付费用。

另外，根据《民法典》第 354 条的规定，转让、互换、出资、赠与以及行使抵押权等，原则上也可以成为取得建设用地使用权的方式。

3. 海域使用权

此项为《民法典》新增的规定。海域，是指中国内水、领海的水面、水体、海床和底土；海域中的内水，是指中国领海基线向陆地一侧至海岸线的海域。海域使用权，是指民事主体基于县级以上人民政府海洋行政主管部门的批准和颁发的海域使用权证书，依法在一定期限内使用一定海域的权利。

4. 生产设备、原材料、半成品、产品

生产设备包括工业企业的各种机床、计算机、化学实验设备、仪器仪表设备、通信设备，海港、码头、车站的装卸机械，拖拉机、收割机、脱粒机等农用机械等。

原材料，是指用于制造产品的原料和材料，比如，用于炼钢的铁矿石，用于造纸的纸浆，用于生产家具的木料，用于制作面粉的小麦，用于建设工程的砖、瓦、沙、石等。

半成品，是指尚未全部生产完成的产品，比如，尚未组装完成的汽车，尚未缝制纽扣的服装，尚未成熟的农作物等。

产品，是指生产出来的物，比如，汽车、轮船等交通工具，仪表、仪器、机床等生产设备，电视机、电冰箱、大米、白面等生活用品。

5. 正在建造的建筑物、船舶、航空器

最高人民法院《关于适用〈中华人民共和国民法典〉有关担保制度的解释》第 51 条规定，当事人仅以建设用地使用权抵押，债权人主张抵押权的效力及于土地上已有的建筑物以及正在建造的建筑物已完成部分的，人民法院应予支持。债权人主张抵押权的效力及于正在建造的建筑物的续建部分以及新增建筑物的，人民法院不予支持。当事人以正在建造的建筑物抵押，抵押权的效力范围限于已办理抵押登记的部分。当事人按照担保合同的约定，主张抵押权的效力及于续建部分、新增建筑物以及规划中尚未建造的建筑物的，人民法院不予支持。抵押人将建设用地使用权、土地上的建筑物或者正在建造的建筑物分别抵押给不同债权人的，人民法院应当根据抵押登记的时间先后确定清偿顺序。

6. 交通运输工具

交通运输工具包括飞机、船舶、火车、各种机动车辆等。

7. 法律、行政法规未禁止抵押的其他财产

这是一项兜底性规定,以适应不断变化的经济生活需要。这项规定表明,以前六项规定以外的财产抵押,必须同时具备两个条件:(1)不是法律、行政法规规定禁止抵押的财产;(2)债务人或者第三人对该财产有处分权。

(二)不得设定抵押的财产

根据《民法典》第399条的规定,下列财产不得抵押:(1)土地所有权;(2)宅基地、自留地、自留山等集体所有土地的使用权,但是法律规定可以抵押的除外;(3)学校、幼儿园、医疗机构等为公益目的成立的非营利法人的教育设施、医疗卫生设施和其他公益设施;(4)所有权、使用权不明或者有争议的财产;(5)依法被查封、扣押、监管的财产;(6)法律、行政法规规定不得抵押的其他财产。

四、抵押登记的效力

财产抵押是重要的民事法律行为,法律除要求设立抵押权要订立书面合同外,针对不动产抵押,还要求办理抵押登记,未经抵押登记,抵押权不发生法律效力。

根据《民法典》第395条的规定,债务人或者第三人有权处分的下列财产可以抵押:(1)建筑物和其他土地附着物;(2)建设用地使用权;(3)海域使用权;(4)生产设备、原材料、半成品、产品;(5)正在建造的建筑物、船舶、航空器;(6)交通运输工具;(7)法律、行政法规未禁止抵押的其他财产。抵押人可以将前款所列财产一并抵押。《城市房地产抵押管理办法》(2001年修正)第31条明确规定,房地产抵押合同自抵押登记之日起生效。

《民法典》对抵押登记效力的规定如下:

第402条规定:“以本法第三百九十五条第一款第一项至第三项规定的财产或者第五项规定的正在建造的建筑物抵押的,应当办理抵押登记。抵押权自登记时设立。”

第403条规定:“以动产抵押的,抵押权自抵押合同生效时设立;未经登记,不得对抗善意第三人。”

第404条规定:“以动产抵押的,不得对抗正常经营活动中已经支付合理价款并取得抵押财产的买受人。”

第405条规定:“抵押权设立前,抵押财产已经出租并转移占有的,原租赁关系不受该抵押权的影响。”

第406条规定:“抵押期间,抵押人可以转让抵押财产。当事人另有约定的,按照其约定。抵押财产转让的,抵押权不受影响。抵押人转让抵押财产的,应当及时通知抵押权人。抵押权人能够证明抵押财产转让可能损害抵押权的,可以请求抵押人将转让所得的价款向抵押权人提前清偿债务或者提存。转让的价款超过债权数额的部分归抵押人所有,不足部分由债务人清偿。”

五、抵押登记应提交的材料

《城市房地产抵押管理办法》(2001年修正)第32条规定:“办理房地产抵押登记,应当向登记机关交验下列文件:(一)抵押当事人的身份证明或法人资格证明;(二)抵押登记申请书;(三)抵押合同;(四)《国有土地使用权证》、《房屋所有权证》或《房地产权证》,共有的房屋还必须提交《房屋共有权证》和其他共有人同意抵押的证明;(五)可以证明抵押人有权设定抵押权的文件与证明材料;(六)可以证明抵押房地产价值的资料;(七)登记机关认为必要的其他文件。”

第33条规定:“登记机关应当对申请人的申请进行审核。凡权属清楚、证明材料齐全的,应当在受理登记之日起7日内决定是否予以登记,对不予登记的,应当书面通知申请人。”

第34条规定:“以依法取得的房屋所有权证书的房地产抵押的,登记机关应当在原《房屋所有

权证》上做他项权利记载后，由抵押人收执。并向抵押权人颁发《房屋他项权证》。以预售商品房或者在建工程抵押的，登记机关应当在抵押合同上做记载。抵押的房地产在抵押期间竣工的，当事人应当在抵押人领取房地产权属证书后，重新办理房地产抵押登记。”

六、抵押与房屋租赁

我国立法体系中，抵押权立法目的在于担保债权的实现，主要实现标的物的“交换价值”。在抵押法律关系中，不要求转移抵押财产的占有；而租赁权的立法目的在于实现标的物的“使用价值”，要求转移标的物的占有。

只要租赁期限小于或等于抵押权实现的期限，抵押权和租赁权就会出现并存现象，此时两项权利之间不涉及冲突问题；但如租赁期限大于抵押权实现的期限，当抵押权实现时，抵押权与租赁权即发生冲突，两者的关系根据设定的先后顺序，所产生的法律后果就会出现不同。根据抵押权与租赁权形成的时间不同，分为以下两种情况。

（一）先租后抵

《合同法》（已失效）第 229 条规定了“买卖不破租赁”规则，根据该规定，租赁关系成立后，即使出租人将租赁房屋转让给第三人，承租人仍然可以向受让人主张租赁权，受让人所取得的财产是负担租赁权的房屋。

同时，根据《物权法》（已失效）第 190 条的规定，订立抵押合同前，抵押人将抵押财产出租，原租赁关系不受该抵押权的影响。换言之，已出租的房屋可以抵押，但实现抵押权（处分该房屋）时，承租人在同等条件下对该房屋有优先购买权；抵押权实现后，租赁合同在有效期限内对于房屋的受让人继续有效，即承租人仍可在租赁合同约定的租赁期限内继续占有、使用该房屋并从中收益，受让人除可向承租人收取租金外，不得妨害承租人的租赁权。

《民法典》第 405 条规定：“抵押权设立前，抵押财产已经出租并转移占有的，原租赁关系不受该抵押权的影响。”

（二）先抵后租

《物权法》（已失效）对不动产物权采取登记成立主义，即只要登记便产生对抗善意第三人的效力。《物权法》（已失效）第 190 条规定，抵押权设立后抵押财产出租的，该租赁关系不得对抗已登记的抵押权。据此，已办理抵押登记房屋出租的，不适用“买卖不破租赁”规则。换言之，已办理抵押登记的房屋出租，抵押权实现后，租赁合同对房屋受让人不具有约束力，即受让人可终止原租赁合同，承租人对该房屋不享有优先购买权、继续租赁权。如抵押权未办理登记，则该抵押权未生效，不具有对抗承租人的效力。

《民法典》删除了《物权法》关于“先抵后租”的规定，体现出“物权优先于债权”的原理，并且对于先权利优于后权利的逻辑进行了支持。可以理解为，已经经过交付或者登记的形式完成了公示后，即对外产生了对抗第三人的效力，此时的租赁权，当然不能以“善意”来对抗已经成立在先的抵押权。

七、抵押房屋的转让

抵押权是不转移财产占有的物权。传统理论认为，抵押期间，抵押人不丧失对物的占有、使用、收益和处分的权利。

我国制定《担保法》（已失效）时，对抵押财产的转让附加了一些条件。《担保法》（已失效）第 49 条第 1 款规定：“抵押期间，抵押人转让已办理登记的抵押物的，应当通知抵押权人并告知受让人转让物已经抵押的情况；抵押人未通知抵押权人或者未告知受让人的，转让行为无效。”

《物权法》（已失效）第 191 条对此作出了不同的规定：“抵押期间，抵押人经抵押权人同意转让抵押财产的，应当将转让所得的价款向抵押权人提前清偿债务或者提存。转让的价款超过债权数额的部分归抵押人所有,不足部分由债务人清偿。抵押期间,抵押人未经抵押权人同意,不得转让抵押财产,但受让人代为清偿债务消灭抵押权的除外。”可见,《物权法》(已失效)实施后,在以下两个方面修改了《担保法》(已失效)的规定。

一是抵押期间,抵押人转让抵押财产的,应当经抵押权人同意,而不是仅仅通知抵押权人并告知受让人;同时,要将转让所得的价款向抵押权人提前清偿债权或者提存。

二是抵押期间,未经抵押权人同意,不得转让抵押财产。除非受让人替抵押人向抵押权人偿还了债务消灭了抵押权。

按照物权法的制度设计,转让抵押财产,必须消除该财产上的抵押权。既然买受人取得的是没有物上负担的财产,也就不再有物上追及的问题。

一般来说,抵押人转让抵押财产所得的价款不可能完全与其担保的债权数额一致,当抵押财产价款超过债权数额时,超过的部分,应当归抵押人所有;不足的部分由债务人清偿。

《民法典》将“是否事先要经抵押权人同意”的逻辑顺序进行了调整,原则允许、除非另有约定不允许。第406条规定:“抵押期间,抵押人可以转让抵押财产。当事人另有约定的,按照其约定。抵押财产转让的,抵押权不受影响。抵押人转让抵押财产的,应当及时通知抵押权人。抵押权人能够证明抵押财产转让可能损害抵押权的,可以请求抵押人将转让所得的价款向抵押权人提前清偿债务或者提存。转让的价款超过债权数额的部分归抵押人所有,不足部分由债务人清偿。”

八、最高额抵押

(一)定义

最高额抵押,是指抵押人在最高额限度内,以抵押财产对将来一定期间发生的不特定债权提供的抵押担保。最高额抵押属于特殊抵押形式,对连续发生的债权和特定的交易关系中的债权具有强大的保障功能。

(二)最高额抵押的特殊性

最高额抵押权是一种特殊的抵押权,其在具有抵押权一般共性的同时,又具有其独特的法律特征。

1. 在抵押权的从属性上具有特殊性

具体存在三个方面的不同:首先,最高额抵押权成立在先,而债权可能成立在后;普通抵押权则是债权成立在前,而抵押权成立在后;其次,普通抵押权应当随主债权的转移而转移,而最高额抵押权却并不随某一具体债权的转让而转让,而只能随基础法律关系一同转让;最后,在抵押期间,最高额抵押权不因某一具体债权的消灭而消灭。全部债权都归于消灭,最高额抵押权消灭。

2. 在抵押权的特定性上具有特殊性

最高额抵押权所担保的债权,以约定的最高额为限度,在最高额抵押权确定时,实际确定的债权额并不当然为抵押权所担保的债权,在最高额限度内的,以实际债权额为优先债权额;超出最高额的,超出部分的实际债权额则不受最高额抵押的担保。

3. 在抵押权适用范围上具有特殊性

最高额抵押权只能适用于发生债权的继续性法律关系,而不适用仅发生一个独立债权的情形。也就是说,只有在发生同一性质的法律关系的债权人与债务人之间,才能设定最高额抵押权。

4. 在抵押权实现上具有特殊性

作为最高额抵押,其在抵押权实现时,除满足普通抵押权应具备的抵押权有效存在、债务人的债务清偿期限届满、债务人未清偿债务及债务人未清偿不是由于债权人方面的原因以外,还必须有“最高额确定”的条件。没有最高额的确定,最高额的抵押权所担保的债权额就不能对应确定,最高额抵押权也就不能实现。

(三)最高额抵押权所担保的债权范围

最高额抵押权所担保的债权在抵押权设立时并没有确定具体的数额,只是确定了最高额和一定时间。在最高额抵押权没有确定时,债权额得随时增减变动。当最高额抵押权确定时,债权额始得确定,此时的债权以最高额为限度为抵押权所担保。由此可见,最高额抵押权所担保的债权仅以现在及将来的债权为限,而不能回溯至过去的债权。

但是,如果当事人约定同意可以回溯至过去的债权,即当事人同意最高额抵押权设立之前已经存在的债权可以转入最高额抵押权担保的范围的,根据《民法典》第420条的规定,可以转入最高额抵押担保的债权范围。

(四)最高额抵押权所担保债权确定事由

根据《民法典》第423条的规定,有下列情形之一的,抵押权人的债权确定:

1. 约定的债权确定期间届满

最高额抵押合同中,如果没有约定决算期,最高额抵押权就会无限期地延长,对抵押财产所有人非常不利。如果最高额抵押合同约定了决算期,则决算期届满时,最高抵押权所担保的债权额确定。

2. 没有约定债权确定期间或者约定不明确,抵押权人或者抵押人自最高额抵押权设立之日起满两年后请求确定债权

《物权法》(已失效)规定该制度,是为了保护抵押物所有人的利益,因此不允许当事人之间以任何特别约定予以排除。即使当事人有排除确定请求权行使的特别约定,亦为无效,不影响确定请求权的存在。

3. 新的债权不可能发生

如果最高额抵押权所担保的债权已没有发生的可能性,则构成最高额抵押权确定的原因。

4. 抵押权人知道或者应当知道抵押财产被查封、扣押

最高额抵押权存在期间,抵押财产被查封、扣押的,其通常的结果可能导致抵押财产被强制拍卖,此时,如果强制拍卖抵押财产,抵押权消灭,最高抵押应当确定。

5. 债务人、抵押人被宣告破产或者解散

最高额抵押的抵押人或者债务人被宣告破产或者解散的,最高额抵押所担保的债权于债务人或者抵押人被破产宣告,或者被有关机关作出撤销决定之日起,抵押权人的债权得以确定。

6. 法律规定债权确定的其他情形

(五)申请最高额抵押权设立登记的材料

申请最高额抵押权设立登记,应当提交下列材料:(1)登记申请书;(2)申请人的身份证明;(3)房屋所有权证书或房地产权证书;(4)最高额抵押合同;(5)一定期间内将要连续发生的债权的合同或者其他登记原因证明材料;(6)其他必要材料。

当事人将最高额抵押权设立前已存在债权转入最高额抵押担保的债权范围,申请登记的,应当提交下列材料:(1)已存在债权的合同或者其他登记原因证明材料;(2)抵押人与抵押权人同意将该债权纳入最高额抵押权担保范围的书面材料。

第八节　房屋租赁

一、一般规定

(一)概念

本节的房屋租赁,是指出租人将房屋交付承租人使用、收益,由承租人向出租人支付租金的行为。其形式包括现房租赁、商品房预租、房屋转租等。

现房租赁,是房地产租赁关系中最普遍的一种情况,即需要租用房地产的人向房地产所有权人(包括授权出租人)借用房屋,出租人支付租金的行为。

商品房预租,是指房地产开发企业在新建商品房未办理房地产初始登记、取得房地产权证前,在符合地方性法规或有关政府部门规范性文件要求的情况下,与承租人签订商品房预租协议,并根据预租协议约定,向承租人收取一定数额的款项的行为。

房屋转租,是指承租人在租赁期间将其承租房屋的部分或者全部出租给第三人的行为。

(二)适用范围

本节适用于房屋的租赁行为,房屋出租、商品房预租、房屋转租等属于房屋租赁行为的范围。

二、出租人与出租房屋

1. 出租人

出租人应当是拥有房屋所有权的自然人、法人或者非法人组织,依法代管房屋的房屋代管人或者法律规定的其他权利人。

2. 出租房屋应当具备的条件

自然人、法人或者非法人组织,对享有所有权的房屋和他人授权出租的房屋,可以依法出租。

3. 不得出租

有下列情形之一的,房屋不得出租:(1)未依法登记取得房地产权证或者无其他合法权属证明的;(2)司法机关和行政机关依法裁定、决定查封或者以其他形式限制房地产权利的;(3)共有的房屋,未经全体共有人书面同意的;(4)不符合安全标准且被鉴定为危险房屋的;(5)不符合公安、环保、卫生等主管部门有关规定的;(6)改变房屋用途,依法须经有关部门批准而未经批准的;(7)法律、法规规定不得出租的其他情形。

三、租赁合同当事人的权利和义务

(一)出租人的权利和义务

1. 出租人的权利

根据现行法律规定,房屋出租人享有以下权利:

(1)收取房屋租金的权利。租赁合同是有偿合同,出租人转让租赁房屋的占有、使用、收益权的目的是收取房屋租金,因此,收取房屋租金是房屋租赁合同中出租人最主要的权利。

(2)租赁期限届满收回租赁房屋的权利。在租赁期限届满时,出租人有权要求承租人返还租赁物,使自己对租赁房屋的所有权恢复至租赁之前的状态。

(3)租赁期间内转让租赁房屋的权利。在租赁期间内,出租人依法对租赁房屋享有所有权。作为所有权的一项重要权能就是对所有财产享有处置的权利。因此,出租人有权出卖或者赠与出租房屋。当出租人将租赁房屋转让给第三人时,租赁房屋新的所有人和承租人的租赁关系继续有效,即“买卖不破租赁”。《民法典》第725条规定:“租赁物在承租人按照租赁合同占有期限内发生所有权变动的,不影响租赁合同的效力。”

(4)在法定情形下解除租赁合同的权利。根据现行法律规定,承租人有下列情形之一的,出租人有权解除房屋租赁合同:①未按照约定的方法或者租赁房屋的性质使用租赁房屋,致使租赁房屋受到损失的;②未经出租人同意将租赁房屋对外转租的;③无正当理由未支付或者迟延支付房屋租金,出租人要求其在合理期限内支付,而承租人逾期仍不支付的;④当事人对租赁期限没有约定或者约定不明确,依照《民法典》第510条[①]的规定仍不能确定的,视为不定期租赁。当事人可以随时解除合同,但出租人解除合同应当在合理期限之前通知承租人。《民法典》第707条规定:"租赁期限六个月以上的,应当采用书面形式。当事人未采用书面形式,无法确定租赁期限的,视为不定期租赁。"

2. 出租人的义务

(1)按约定将租赁房屋交付给承租人使用的义务。出租人就该项义务,包含以下两个方面内容:

①出租人应当按租赁合同约定的时间,将租赁房屋交付给承租人;

②出租人交付的房屋应符合合同约定的使用条件。

(2)在租赁期间保持租赁房屋符合约定的用途的义务。出租人就该项义务,包含以下四个方面内容:

①出租人不得妨碍承租人对租赁房屋的合理使用;

②在租赁期间,如发生租赁房屋被毁损,致使承租人无法使用租赁房屋的,出租人应负责维修,以使租赁房屋恢复到合同约定的使用状态;

③在租赁期间,如发生第三人对租赁房屋的侵害,致使承租人无法使用租赁房屋,出租人应积极排除妨害;

④在租赁期间,如出租人转让租赁房屋,应在合同时间内通知承租人,以保证承租人的优先购买权。

(3)瑕疵担保责任。瑕疵担保包括权利瑕疵担保和物的瑕疵担保。前者担保权利不存在任何不足与缺陷,不会有任何人向债权人提出权利主张;后者担保租赁房屋在价值、效能或质量方面无缺陷。

(4)修缮义务。根据《民法典》第712条的规定,出租人应当履行租赁物的维修义务,但是当事人另有约定的除外。

(二)承租人的权利和义务

1. 承租人的权利

(1)依照合同约定的或者租赁房屋的性质使用租赁物

对租赁房屋进行使用、收益,是租赁合同中承租人的最主要的权利。《民法典》第710条规定,承租人按照约定的方法或者根据租赁物的性质使用租赁物,致使租赁物受到损耗的,不承担赔偿责任。

(2)对租赁物享有收益权

承租人的收益权,是指承租人在租赁期间通过对租赁房屋的实际占有、使用所获得的利益,收益权指的是对收益的拥有权。《民法典》第720条规定,在租赁期限内因占有、使用租赁物获得的收益,归承租人所有,但是当事人另有约定的除外。

(3)要求出租人保障租赁房屋良好状态的权利

承租人有权要求出租人采取必要的措施,使租赁房屋符合合同约定的用途,并有权要求出租人对租赁房屋承担瑕疵责任。除合同另有约定外,由出租人负责维修、保养租赁物,如承租人代修租

---

① 《民法典》第510条规定:"合同生效后,当事人就质量、价款或者报酬、履行地点等内容没有约定或者约定不明确的,可以协议补充;不能达成补充协议的,按照合同相关条款或者交易习惯确定。"

赁房屋,有权请求出租人偿还修缮的必要费用或从租金中扣除。

(4)请求排除妨碍的权利

当承租权受到第三人的侵害,承租人有权要求出租人排除该侵害。若该侵害致使承租人无法对租赁房屋正常使用、收益,承租人可以请求出租人减少租金或者不支付租金。

2. 承租人的义务

(1)按期支付租金的义务

这是承租人的主要义务。承租人应当按照合同约定的金额和期限向出租人支付租金,不得拖欠。《民法典》第 721 条规定:"承租人应当按照约定的期限支付租金。对支付租金的期限没有约定或者约定不明确,依据本法第五百一十条的规定仍不能确定,租赁期限不满一年的,应当在租赁期限届满时支付;租赁期限一年以上的,应当在每届满一年时支付,剩余期限不满一年的,应当在租赁期限届满时支付。"

(2)合理使用租赁房屋的义务

承租人按照约定的方法或者租赁房屋的性质使用租赁房屋,致使租赁房屋损耗的,不承担损害赔偿责任。承租人未按约定的方法或者租赁房屋的性质使用租赁房屋,出租人可以请求承租人停止其违反义务的行为。若承租人未按约定的方法或者租赁房屋的性质使用租赁房屋,致使房屋受损,属于对合同不适当履行,出租人有权解除合同并有权要求承租人赔偿损失。

(3)妥善保管租赁房屋的义务

所谓妥善保管,是指应当按约定的方式或者租赁房屋的性质保管,应当确保租赁房屋符合约定的用途,并且保持租赁房屋继续收益的能力。承租人未尽保管义务,应向出租人承担赔偿责任。

(4)保持租赁房屋原状的义务

承租人对租赁房屋使用、收益期间,应保持租赁房屋符合出租人交付时的原状,未经出租人同意不得改善或者增设他物。承租人未经出租人同意,擅自对租赁房屋进行改善或者增设他物的,出租人可以要求承租人恢复原状。不能恢复原状的,承租人应向出租人赔偿损失。

(5)不得擅自转租义务

《民法典》第 716 条规定:"承租人经出租人同意,可以将租赁物转租给第三人。承租人转租的,承租人与出租人之间的租赁合同继续有效;第三人造成租赁物损失的,承租人应当赔偿损失。承租人未经出租人同意转租的,出租人可以解除合同。"

第 717 条规定:"承租人经出租人同意将租赁物转租给第三人,转租期限超过承租人剩余租赁期限的,超过部分的约定对出租人不具有法律约束力,但是出租人与承租人另有约定的除外。"

第 718 条规定:"出租人知道或者应当知道承租人转租,但是在六个月内未提出异议的,视为出租人同意转租。"

第 719 条规定:"承租人拖欠租金的,次承租人可以代承租人支付其欠付的租金和违约金,但是转租合同对出租人不具有法律约束力的除外。次承租人代为支付的租金和违约金,可以充抵次承租人应当向承租人支付的租金;超出其应付的租金数额的,可以向承租人追偿。"

(6)租赁期满返还租赁房屋的义务

房屋租赁合同期限届满,承租人应当返还租赁物,返还的租赁物应当符合按照约定或者租赁物的性质使用后的状态。

四、租赁合同的形式和内容

(一)租赁合同的形式

房屋租赁合同的形式要求,主要涉及两个方面:一是书面形式要求;二是备案登记形式要求。

1. 租赁合同的书面形式

《民法典》第 707 条规定："租赁期限六个月以上的，应当采用书面形式。当事人未采用书面形式，无法确定租赁期限的，视为不定期租赁。"而不能理解为因未订立书面合同而导致房屋租赁合同无效。

2. 租赁合同的备案效力

根据《商品房屋租赁管理办法》的规定，房屋租赁实行登记备案制度。

房屋租赁合同订立后 30 日内，房屋租赁当事人应当到租赁房屋所在地直辖市，市、县人民政府建设（房地产）主管部门办理房屋租赁登记备案。

需要说明的是，《民法典》第 706 条规定："当事人未依照法律、行政法规规定办理租赁合同登记备案手续的，不影响合同的效力"。《商品房屋租赁管理办法》中规定的房屋租赁合同登记，系从行政管理的角度要求而设定，如当事人未按《商品房屋租赁管理办法》规定办理租赁合同登记，根据司法解释规定，租赁合同的有效性不受影响。

3. 租赁合同无效的情形

根据最高人民法院《关于审理城镇房屋租赁合同纠纷案件具体应用法律若干问题的解释》的规定，发生以下情况时，租赁合同无效：

（1）出租人就未取得建设工程规划许可证或者未按照建设工程规划许可证的规定建设的房屋，与承租人订立的租赁合同无效。但在一审法庭辩论终结前取得建设工程规划许可证或者经主管部门批准建设的，人民法院应当认定有效。

（2）出租人就未经批准或者未按照批准内容建设的临时建筑，与承租人订立的租赁合同无效。但在一审法庭辩论终结前经主管部门批准建设的，人民法院应当认定有效。

（3）租赁期限超过临时建筑的使用期限，超过部分无效。但在一审法庭辩论终结前经主管部门批准延长使用期限的，人民法院应当认定延长使用期限内的租赁期间有效。

房屋租赁合同无效的，当事人请求参照合同约定的租金标准支付房屋占有使用费的，人民法院一般应予支持。

（二）租赁合同的内容

一般情况下，租赁合同的内容应包括以下事项：

1. 租赁当事人或其法定代理人、委托代理人的姓名或者名称、住所、联系地址、电话、传真等。

2. 房屋坐落地点、面积、结构、附属设施和设备状况。面积应注明建筑面积和实际计算租金的面积；结构应与房产证上一致；附属设施和设备状况建议不宜拟定过细。

3. 房屋用途。房屋用途应与房地产权证上所登记的用途一致，如果是商业用房还应明确业务经营状态和经营品牌。

4. 房屋交付日期。在确定交付日期时应明确约定起租日期和不履行收房义务的后果。

5. 租赁期限。租赁合同一般应约定租赁期限，房屋租赁期限不得超过 20 年，同时不应超过土地使用权出让合同、土地租赁合同约定的土地使用年限；应对续租时优先承租权的行使做适当限制性的约定：如时间、价格等；应对免租期或装修期约定明确：免租期是否纳入租赁期内；同时应明确承租人在免租期内除免交租金外是否还免除物业管理费、水电费等其他费用。

如未约定租赁期限，出租人可以随时终止租赁关系，但应以书面形式通知承租人，并应给承租人合理的搬迁期限。

6. 租金数额、支付方式和期限。应审查和明确租金和有关费用的范围。非整月应按实际使用天数计算租金；如有提成租金应明确营业收入的范围，同时应增加营业提成监管的有关条款。

7. 房屋使用要求和维修责任。使用房屋应符合有关管理条例、公约、制度的要求，合法使用；商业用房要约定用途、营业时间、对装修(包括增加附属设施)的管理标准、控制审核图纸和增加设备等项目;应明确双方的维修责任:若当事人没有另外约定,出租房屋的养护、自然损坏或故障,以及第三人造成的损坏或故障,其维修责任在于出租人;若因承租人使用不当或过错造成的损坏或故障,则承租人须承担维修责任或维修费用。

8. 房屋返还时的状态。应明确约定房屋返还时的状态,对装修的处理方式:如拆除装修、装修不补偿或者折价补偿等;对商业用房、办公用房必须约定承租人在租赁合同终止后一定期限内将注册地址迁出;对承租人遗留物的权属作出约定。

9. 转租的约定。双方当事人达成协议,可以转租,且要明确转租后对出租人及第三人造成损害时的责任承担问题。如出租人不同意转租,应明确限制变相转租,如股权转让、承包经营等。

10. 优先购买权。双方当事人应就行使优先购买权的程序、期限、方式等作出具体约定。

11. 变更和解除合同的条件。明确合同变更和解除的条件,并注意行使合同解除权的期限。

(1)有下列情形之一,出租人可以解除合同:①对房屋租赁期限没有约定,依照法律规定仍不能确定的;②承租人未征得出租人同意改变房屋用途的;③承租人逾期不支付租金累计超过6个月或约定的期限的;④承租人造成房屋主体结构损坏的;⑤房屋租赁合同未约定可以转租,承租人转租房屋未征得出租人同意的;⑥承租人非法经营的。(2)有下列情形之一,承租人可以解除合同:①对房屋租赁期限没有约定,依照法律规定仍不能确定的;②出租人未按时交付房屋的,承租人可以催告出租人在合理期限内交付,逾期仍未交付的;③出租人交付的房屋不符合租赁合同约定,致使不能实现租赁目的的;④交付的房屋危及承租人安全的;⑤出租人对承租人的权利有瑕疵,并且未告知承租人的;⑥因相邻方造成承租人无法正常使用的;⑦房屋使用条件发生变化,不能正常使用达到一定期限的。

12. 违约责任。合同中应明确约定当事人双方应承担的义务的,同时约定违约合同约定所应承担的违约责任,如约定违约金计算方式等。

13. 争议的解决方式。当事人可以在合同中约定向租赁物所在地人民法院提起诉讼,也可以选择向明确的仲裁机构申请仲裁。

14. 租赁当事人约定的其他内容,如保证金、物业管理费、抵押状况、租赁场地调整等。

五、优先购买权

(一)定义

承租人的优先购买权是指出租人在出卖出租标的物时,承租人享有在同等条件下的优先购买该标的物的权利。

(二)承租人优先购买权的性质

1. 承租人的优先购买权,是一种由法律直接规定的权利,而不是根据当事人的租赁合同产生的。因此,无论租赁合同中是否约定了这项权利,承租人都依法享有同等条件下的优先购买权。

2. 承租人的优先购买权,是一种从属权,只能由承租人享有和行使,该项权利不得转让和继承。

3. 承租人的优先购买权,是一种在行使上附有限制条件的形成权。一方面,它是一种形成权,优先购买权人依据自己的意思形成以义务人(出租人)与第三人同等条件为内容的契约,无须义务人的承诺。另一方面,该形成权的行使附有限制性的条件,即承租人只有在符合同等条件的前提下,才能行使对租赁物的优先购买权。

(三)承租人优先购买权的行使条件

1. 须在租赁期间行使

承租人只有在租赁合同存续期间,才能主张其优先购买权,若租赁合同已经终止,则原承租人不享有优先购买权。

2. 须在同等条件下行使

承租人优先购买权的立法目的和权利实质在于:在不损害出卖人利益的前提下,给承租人一个买受的机会。如何做到不损害出卖人的利益,关键是要严格遵守同等条件的原则,即优先购买权人的认购条件不仅包括最主要的价格条件,还包括价款支付期限、方式、卖方迁址期限以及所卖房屋的部位、数量等因素。

如果出卖人基于某种特殊原因给予其他买受人一种比较优惠的价格,而这种特殊原因能以金钱计算,则应折合金钱计入价格之中;如果不能以金钱计算,则优先购买权人应当具有同样的特殊原因,如果优先购买权人不能做到,出卖人的利益就不能实现,就不符合同等条件的要求。

第三人提供的某种机会能否以金钱替代,应以出卖人的价值观判断,不能以优先购买权人的观念衡量。只要其价值判断标准符合常理,并不违法,就应支持。

另外,在考察同等条件时,付款方式这一条件具有特殊性。由于个人的信用不同,如果出卖人允许第三人分期付款,则优先购买权人除非为出卖人提供了充分而适当的担保,否则不得请求分期付款。对于这些合同之外的特殊利益,出卖人负有举证责任。

3. 须在一定期限内行使

承租人的优先购买权受到一定期间的限制,也就是说,承租人只能在一定期限内行使优先购买权,超过一定的期限,承租人就丧失了该项权利。

关于租赁人行使优先购买权的期限,《民法典》第 726 条规定:"出租人出卖租赁房屋的,应当在出卖之前的合理期限内通知承租人,承租人享有以同等条件优先购买的权利;但是,房屋按份共有人行使优先购买权或者出租人将房屋出卖给近亲属的除外。出租人履行通知义务后,承租人在十五日内未明确表示购买的,视为承租人放弃优先购买权。"

(四)侵犯优先购买权

根据最高人民法院《关于审理城镇房屋租赁合同纠纷案件具体应用法律若干问题的解释》(2020 年修正)第 15 条的规定:"出租人与抵押权人协议折价、变卖租赁房屋偿还债务,应当在合理期限内通知承租人。承租人请求以同等条件优先购买房屋的,人民法院应予支持。"

第九节 土地使用权出让合同的签订

一、出让合同的概念

土地使用权出让合同,是指作为出让人的国家以土地所有者的身份,与受让人签订的将土地使用权在一定年限内交给受让人使用,并由受让人支付土地使用权出让金的合同。国有土地使用权出让的方式有:协议出让和公开出让。公开出让包括招标、拍卖、挂牌和网上竞价。办理土地使用权出让手续的受让方,可以将取得的土地使用权转让、出租或抵押。

以出让方式处置土地使用权的优点是:企业取得的土地使用权,可依法转让、出租、抵押和作价入股,即对土地享有处置权,可根据生产经营需要对其进行融资、产权运作,而且国家与企业之间产权清晰,企业对土地享有完整的法人财产权。缺点是:出让金数额巨大,会形成企业沉重的资金负担。企业如果负债率偏高,则无力支付巨额出让金。

二、出让合同中涉及的法律概念

1. 宗地:采用的是《城镇地籍调查规程》中的概念,即"凡被权属界址线所封闭的地块称为一宗地。一个地块内由几个土地使用者共同使用而其间又难以划清权属界线的也称为一宗地。大型企事业单位用地内具有法人资格的独立经济核算单位用地应独立分宗"。

2. 土地用途:应按照《城镇地籍调查规程》中二级类规定的24种用途明确填写,属于综合用地的,应注明各类具体用途及其所占土地的面积比例。

3. 土地条件:应按照双方实际约定选择和填写。

(1)属于原划拨土地使用权补办出让手续的,选择“现状土地条件”。

(2)属于待开发建设的用地,应根据出让人承诺交地时的土地开发程度选择“达到场地平整和周围基础设施××通,即通××”或“周围基础设施达到××通,即通××,但场地尚未拆迁和平整,建筑物和其他地上物状况如下:××”。

(3)出让人承诺交付土地时完成拆迁和场地平整的,选择“达到场地平整和周围基础设施××通,即通××”,并注明地上待拆迁的建筑物和其他地上物面积等状况,基础设施条件按双方约定填写“七通”“三通”等,并具体说明基础设施内容,如“通路、通电、通水”等。

4. 土地使用权出让金的支付方式:出让金可一次性付清或分期支付。按照《城镇国有土地使用权出让和转让暂行条例》(2020年修订)第14条的规定:“土地使用者应当在签订土地使用权出让合同后六十日内,支付全部土地使用权出让金。逾期未全部支付的,出让方有权解除合同,并可请求违约赔偿。”

5. 首次转让(包括出售、交换和赠与)剩余年期土地使用权的条件:(1)属于房屋开发的,应当“完成开发投资总额的25%以上”;(2)属于土地成片开发的,应当“形成工业用地或其他建设用地条件”。

6. 合同的生效:(1)宗地出让方案业经有权人民政府批准的,合同自双方签订之日起生效;(2)宗地出让方案未经有权人民政府批准的,合同自批准之日起生效。

三、出让合同的有关法律问题

(一)出让合同的无效

1. 出让主体不合法

出让人须有合法主体资格,《城镇国有土地使用权出让和转让暂行条例》(2020年修订)第7条规定:“土地使用权出让、转让、出租、抵押、终止及有关的地上建筑物、其他附着物的登记,由政府土地管理部门、房产管理部门依照法律和国务院的有关规定办理。登记文件可以公开查阅。”第10条规定:“土地使用权出让的地块、用途、年限和其他条件,由市、县人民政府土地管理部门会同城市规划和建设管理部门、房产管理部门共同拟定方案,按照国务院规定的批准权限报经批准后,由土地管理部门实施。”第11条规定:“土地使用权出让合同应当按照平等、自愿、有偿的原则,由市、县人民政府土地管理部门(以下简称出让方)与土地使用者签订。”

依据现行法律规定,出让主体为市、县人民政府,但合同的订立及履行等具体行为由市、县人民政府所属的土地行政管理职能部门代行。一些地方存在市辖区及设立的经济技术开发区人民政府出让土地的情形,实际上市辖区、经济技术开发区非国有土地合法持有者,不能出让土地。

实践中,买受人往往先和一些村委会或集体经济组织签订出让合同,然后再补办各项手续,这类合同的出让人不具备土地出让主体资格,合同不受法律保护。至于事后补办了法定审批、征用手续,也仅是相当于政府的追认,而并非原来的出让合同本身有效,一旦政府不予追认,争议将难以避免。

2. 出让标的不合法

对土地使用权出让合同的标的物,按照法律规定,应为国有土地使用权,而非集体土地使用权,即市、县城、建制镇、工矿区范围内属于全民所有的土地使用权。

《土地管理法》(2019年修正)第37条规定:“非农业建设必须节约使用土地,可以利用荒地的,不得占用耕地;可以利用劣地的,不得占用好地。禁止占用耕地建窑、建坟或者擅自在耕地上建房、挖砂、采石、采矿、取土等。禁止占用永久基本农田发展林果业和挖塘养鱼。”

第38条规定:“禁止任何单位和个人闲置、荒芜耕地。已经办理审批手续的非农业建设占用耕地,一年内不用而又可以耕种并收获的,应当由原耕种该幅耕地的集体或者个人恢复耕种,也可以由用地单位组织耕种;一年以上未动工建设的,应当按照省、自治区、直辖市的规定缴纳闲置费;连续二年未使用的,经原批准机关批准,由县级以上人民政府无偿收回用地单位的土地使用权;该幅土地原为农民集体所有的,应当交由原农村集体经济组织恢复耕种。在城市规划区范围内,以出让方式取得土地使用权进行房地产开发的闲置土地,依照《中华人民共和国城市房地产管理法》的有关规定办理。”

第82条规定:“擅自将农民集体所有的土地通过出让、转让使用权或者出租等方式用于非农业建设,或者违反本法规定,将集体经营性建设用地通过出让、出租等方式交由单位或者个人使用的,由县级以上人民政府自然资源主管部门责令限期改正,没收违法所得,并处罚款。”

对于国有农场的土地使用权,根据我国现行法律规定和土地立法确定的土地用途管制原则,出让的国有土地使用权是指城市规划区内的国有建设性用地使用权,而国有农场的土地属于国有农用地,未经依法批准不得出让。对土地使用权出让合同的标的予以限制,目的在于对农用地加以保护,稳定土地市场秩序,保证土地合理利用并提高土地使用价值。

3. 出让方式不合法

对于采取协议方式出让国有土地使用权的,《协议出让国有土地使用权规定》第9条规定,“在公布的地段上,同一地块只有一个意向用地者的,市、县人民政府国土资源行政主管部门方可依照本规定采取协议方式出让;但商业、旅游、娱乐和商品住宅等经营性用地除外。同一地块有两个或者两个以上意向用地者的,市、县人民政府国土资源行政主管部门应当按照《招标拍卖挂牌出让国有土地使用权规定》,采取招标、拍卖或者挂牌方式出让。”

《关于继续开展经营性土地使用权招标拍卖挂牌出让情况执法监察工作的通知》明确提出,要“明确政策,严格和规范执行经营性土地使用权招标拍卖挂牌出让制度”,“要加快工作进度,在2004年8月31日前将历史遗留问题界定并处理完毕。8月31日后,不得再以历史遗留问题为由采用协议方式出让经营性土地使用权”。

4. 土地使用权出让金不合理

为配合和促进国有企业改革,原国土资源部于2001年下发了《关于改革土地估价结果确认和土地资产处置审批办法的通知》(国土资发〔2001〕44号),指出:“为支持和促进企业改革,企业改制时,可依据划拨土地的平均取得和开发成本,评定划拨土地使用权价格,作为原土地使用者的权益,计入企业资产。”由此可知,划拨土地使用权价格由两个方面构成:一方面是划拨土地使用权的取得成本,即无偿或有偿取得划拨土地使用权直接支出的有关费用,如拆迁补偿安置费等;另一方面是在对应的划拨土地上所投入的土地开发成本,如场地平整等改善土地利用条件的合理费用。

如果以协议方式出让国有土地使用权,应当按照《协议出让国有土地使用权规定》的规定,“协议出让最低价不得低于新增建设用地的土地有偿使用费、征地(拆迁)补偿费用以及按照国家规定应当缴纳的有关税费之和;有基准地价的地区,协议出让最低价不得低于出让地块所在级别基准地价的70%。低于最低价时国有土地使用权不得出让”。

协议出让国有土地使用权时,出让金低于当地政府按国家规定所确定的基准地价的,在合同效力的认定上,存在以下两种基本观点:

一种观点认为,《城市房地产管理法》(2019年修正)第13条第3款已明确规定,“采取双方协议方式出让土地使用权的出让金不得低于按国家规定所确定的最低价”,其目的就在于防止出让人和受让人随意甚至恶意串通,以极低的价格获取土地使用权,导致“炒地”现象大量出现,损害国家和社会公共利益。《民法典》第146条规定:“行为人与相对人以虚假的意思表示实施的民事法律行为无效。以虚假的意思表示隐藏的民事法律行为的效力,依照有关法律规定处理。”第154条规定:“行为人与相对人恶意串通,损害他人合法权益的民事法律行为无效。”

另一种观点认为,由于我国地域广,各地情况差异大,再加上某些人为因素,对如何认定出让金是否低于按国家规定确定的最低价难度较大,同时,认定合同无效的依据也不是很明确,如果以出让金低于按国家规定确定的最低价为由认定合同无效,就会造成出让人滥用确认合同无效的诉权,这不仅不利于合同交易关系的稳定和对土地的有效利用,也不利于保护受让人的合法权益。另外,还存在如果当事人不主张合同无效,又应由谁来请求确认合同无效的问题,且合同无效后也难以处理。因此,建议规定在出让金低于按国家规定确定的最低价时,只认定出让金支付的约定条款无效,责令或者允许当事人补足价款,促使合同有效履行。①

5. 出让年限超限,超过部分无效

根据《城镇国有土地使用权出让和转让暂行条例》(2020年修订)第12条的规定,土地使用权出让最高年限按下列用途确定:(1)居住用地70年;(2)工业用地50年;(3)教育、科技、文化、卫生、体育用地50年;(4)商业、旅游、娱乐用地40年;(5)综合或者其他用地50年。

(二)违约行为的构成及救济

1. 构成违约行为的情形

(1)出让方的违约行为

政府作为出让方在土地使用权出让中的违约行为主要表现为:未能按出让合同规定的期限和条件提供土地;将已经出让的土地占做他用和擅自解除出让合同等。

①出让方未能按出让合同规定的期限和条件提供土地,是指政府的自然资源主管部门急于收取高额的土地出让金,不顾自己开发土地的能力,虽在出让合同中承诺于一定的期间内使土地达到三通一平、五通一平或七通一平等用地条件,但在签订合同和收取出让金后,无法在规定的期限内使土地达到规定的用地条件。

此种情况多发生在城镇建设不断膨胀、政府穷于应付,只好通过“拆东墙补西墙”的方式筹集建设资金的时期,并且多见于协议出让方式之中,因为以招标和拍卖方式出让土地使用权的,地方政府一般已经将土地开发到具备一定的条件才进行招标和拍卖。

②将已经出让的土地占做他用。某房地产公司以协议出让方式从广东省某市取得土地用于小区房地产建设,但在该房地产公司开发建设的过程中,政府单方面调整了城市建设规划,需在该块土地上修建城市快速干线,该干线不仅占用大片已经出让的土地,还改变了原来房地产建设计划,并由于有市政道路从小区通过,使该房地产公司的开发和销售工作受到影响。

③出让方单方面解除出让合同。某集团公司与某市政府签订了关于位于广东省沿海某地的成片开发土地出让合同。合同签订后,该集团公司依约支付土地出让金并取得土地使用权证。该片土地经前期开发后由该集团先后部分转让给多家用地人,这些用地人也都支付了转让费并取得土地使用证。其后,当地政府未做任何通知即单方解除与该集团公司的出让合同,并注销其已转让及未转让部分土地的使用证,因而引起一连串的法律纠纷。

(2)受让方的违约行为

受让方的违约行为主要表现为以下几种形式:

---

① 参见韩延斌:《〈国有土地使用权出让、转让合同及相关纠纷案件适用法律若干问题的解释〉修改意见综述》,载原创力文档网,https://max.book118.com/html/2017/0211/90162518.shtm。

①未按期支付出让金。受让人未能按出让合同规定的期限和条件支付出让金，在逾期后一定期限内仍未支付，因而构成违约。

②未按期开发土地。本来，土地使用权一经出让，即归受让人拥有，何时开发或何时不开发，受让人以其利益需要自有斟酌，为何要限期开发土地呢？因为土地是稀缺资源，对其利用不仅出于用地人的利益需要，也出于社会公共利益的需要。用地人为社会公共利益和社会可持续发展的要求，有义务充分、有效地利用土地，不应闲置土地。

由于法律对利用开发土地的期限有明确的规定，此义务既是约定义务，又是法定义务，其违反义务的行为既是违约行为，也是违法行为。

③受让人擅自改变土地用途。因不同的土地用途使用年限不同，地价也不一样，而且，土地用途的改变还涉及城市规划的改变，比如，工业厂房用地改为居民住宅在可行性上，从城市规划的角度需考虑该地块周围是否有配套的生活设施，供水、供电、供气和排污的能力，道路交通的承受力等综合因素。因此，未经出让方和规划部门同意擅自改变土地的用途是严重的违约和违法行为。

④未按要求利用土地。开发商为最大限度地赚取开发利润，会不经批准而扩大建筑容积率、提高建设密度、突破建设高度限制、缩小绿化率等，此类行为目前虽多由规划部门出面处理，但如果出让合同对土地利用要求有明确规定，则开发商的此类行为亦是对出让合同的违反。

⑤未按规定完成公共设施建设。属于成片开发的土地，出让合同往往会规定受让人在小区内建设部分公用设施，如学校、医院、派出所、邮政所、居委会和汽车站等，此类建设虽在出让金和市政配套等方面有减免措施以资鼓励，但因对开发商无利可图，故往往被拖后建设或被故意省略掉。一些有眼光和有实力的开发商先将小区绿化和配套设施建设好以吸引更多的购房人，但并不是谁都做得到。不按规定完成公共设施建设是较为常见的违反出让合同的行为。

⑥未按出让合同规定的期限和条件招商和安排建设项目。对于成片开发的土地，出让合同除将土地使用权出让给用地人外，还可能要求用地人对土地进行初步开发，并在一定的期限按照一定的条件招商引资和安排项目建设，未达到合同要求的，构成违约。

2. 对违约行为的救济

(1) 出让方违约行为的救济

有违约，就应当有违约责任，无论违约方是何种身份。对出让方的违约行为，一般可采取换地、退还出让金和赔偿的方式解决。

①换地。因出让方违约行为导致受让方无法使用土地的，出让方多会提供另一块价值相当的土地给受让方作为补偿，土地价值不相当的，在受让方同意的前提下多退少补。但出让方无权强令受让方接受另一块土地，因为土地是不可再生的资源，每一块土块都是唯一的，都因其特殊的地理位置而不可取代，所以换地必须征得受让方的同意。受让方也可以主动请求出让方以换地的方式承担违约责任。双方同意换地的，可重新签订出让合同，也可变更原出让合同。

②退还出让金。受让方可以根据出让方违约的程度，请求其返还出让金的一部分或全部。

③赔偿。因出让方违约给受让方造成的损失可以是多方面的，受让方为开发土地付出的前期勘探、设计费用，已经投入的建设资金，开发土地的部分预期利益，因不能履行相应的工程发包合同、房屋预售合同而产生的违约责任等，都可以构成出让方违约给受让方造成的损失。

由于现行体制下地方法院与当地国土部门特别是财政部门有千丝万缕的利益关系，在法院判决生效需要执行政府财产（如国土部门的土地出让金专户或政府财政资金）时，土地受让方可能会遇到意想不到的困难。比如，在地方法院由地方财政拨款的情况下，很难想象法院强制扣划地方财政资金具有可行性，所以，有人认为，可行的方式是请求超越于地方利益的上级法院对案件提级执行。

(2)受让方违约行为的救济

对于受让方的违约行为,出让合同已经规定有滞纳金、违约金和无偿收回土地使用权等多种救济手段供政府选择采用。此外,政府还可利用其行政权力在竣工、验收、确权办证、交易过户等多个环节对受让方的违约行为进行钳制。

第十节　土地使用权租赁合同的签订

一、土地租赁合同的概念

土地使用权租赁合同,是随着我国市场经济的发展而出现的,它是在不变更土地所有权的前提下,由国家将土地使用权在一定期限内租赁给承租人使用并收取租金而签订的合同。

从广义上讲,土地使用权租赁包括转租赁(有学者称为"土地使用权出租"),即非国家的土地合法持有人将土地使用权予以租赁的行为。本节涉及的土地使用权租赁,特指国家对国有土地使用权的出租,即国家将国有土地出租给使用者使用,由使用者与县级以上人民政府自然资源主管部门签订一定期限的土地租赁合同,并支付租金的行为。

以租赁方式取得国有土地使用权,优点是企业资金负担小,通过适时调整租金,可保证国家收益;缺点是不利于充分发挥土地资产的功能,再对土地使用权进行转让、出租、抵押需经土地主管部门同意或在租赁合同中进行特别约定。

二、土地租赁的有关法律问题

(一)租赁的适用范围

按照《规范国有土地租赁若干意见》(国土资发〔1999〕222 号)的规定,对原有建设用地,法律规定可以划拨使用的仍维持划拨,不实行有偿使用,也不实行租赁。对因发生土地转让、场地出租、企业改制和改变土地用途后依法应当有偿使用的,可以实行租赁。对于新增建设用地,重点仍应是推行和完善国有土地出让,租赁只作为出让方式的补充。对于经营性房地产开发用地,无论是利用原有建设用地,还是利用新增建设用地,都必须实行出让,不实行租赁。

(二)租赁期限的限制

国有土地租赁可以根据具体情况实行两种方式的租赁:一种为短期租赁;另一种为长期租赁。对短期使用或用于修建临时建筑物的土地,应实行短期租赁,短期租赁年限一般不超过 5 年;对需要进行地上建筑物、构筑物建设后长期使用的土地,应实行长期租赁。

《规范国有土地租赁若干意见》第 4 条规定:"长期租赁,具体租赁期限由租赁合同约定,但最长租赁期限不得超过法律规定的同类用途土地出让最高年期。"《城镇国有土地使用权出让和转让暂行条例》(2020 年修订)第 12 条规定:"土地使用权出让最高年限按下列用途确定:(一)居住用地七十年;(二)工业用地五十年;(三)教育、科技、文化、卫生、体育用地五十年;(四)商业、旅游、娱乐用地四十年;(五)综合或者其他用地五十年。"而《民法典》第 705 条规定:"租赁期限不得超过二十年。超过二十年的,超过部分无效。租赁期限届满,当事人可以续订租赁合同,但是,约定的租赁期限自续订之日起不得超过二十年。"

由此可知,在租赁年限的确定上存在法律冲突。

一种观点认为,土地租赁合同也是现实经济生活中的一种租赁合同形式。土地使用权租赁并未将财产所有权转移,而是国家作为出租人将其财产的使用收益在一定期限内转让给承租人,因此承租人不可能对租赁物永久使用,物的使用价值也是有一定期限的。这完全符合租赁合同的特征,应该适用《民法典》调整,租期不得超过 20 年。

另一种观点认为,土地使用权是一种用益物权,应通过物权法来调整。合同法有关租赁的规定不适用于土地使用权的租赁，土地使用权租赁应适用特别法。

笔者认为，对待这一问题应分两个方面来考虑。从法律效力上讲，虽然《民法典》的效力高于《规范国有土地租赁若干意见》和《城镇国有土地使用权出让和转让暂行条例》，但就目前我国具体国情来看，土地使用权具有其特殊性，国家对土地使用权的租赁与对土地使用权的出让具有相似的特性，进行租赁时完全可以比照相关法律规范对出让年限的规定执行。至于国家已将土地使用权租赁给承租人，承租人转租赁时，才应考虑对于《民法典》关于 20 年租期的适用问题。这样既保持了土地使用权的稳定性，也给协议双方以必要的灵活度。

（三）租金的确定

以国有企业改制为例，目前通常做法是根据土地评估机构对改制企业用地评估的熟地价格，按一定的土地还原利率、签订的土地租用年期对土地租金进行折算。这种租金的计算存在如下两个问题：

一是如果企业当初取得土地时，采用的是有偿划拨方式，即在支付了土地补偿、安置等费用后取得划拨土地使用权，那么，折算租金时采用熟地价格会重复计算土地重置取得费部分。

二是如果企业采用划拨方式取得土地使用权后，自己投资进行了基础设施的投资开发，则在折算租金时采用熟地价格又会重复计算土地开发费部分。

因此，土地租赁的租金标准应与地价标准相均衡，相应扣减掉企业已支付的征地、拆迁、土地开发等费用。

（四）与土地使用权出租合同之比较

按照《城镇国有土地使用权出让和转让暂行条例》的规定，土地使用权出租指的是土地使用者作为出租人将土地使用权随同地上建筑物、其他附着物租赁给承租人使用，由承租人向出租人支付租金的行为。未按土地使用权出让合同规定的期限和条件投资开发、利用土地的，土地使用权不得出租。

"土地使用权出租"制度中存在两层法律关系，即"出租人"与国家间土地使用权出让、租赁等关系，以及"出租人"与"承租人"间的土地使用权的租赁关系。实际上，这两层关系与一般的租赁合同关系中的出租和转租本质上是一致的。这里提到的土地使用权出租（以下简称出租）与本节所涉及的国有土地使用权租赁（以下简称租赁）主要有如下几点区别：

1. 出租方不同

租赁合同的出租方为国家（由市、县人民政府自然资源主管部门代表国家签订合同）；出租合同的出租方为依法取得土地使用权的单位和个人。例如，企业改制中，新成立的股份有限公司的控股集团公司，可以将合法取得的土地使用权出租给该新成立的股份有限公司使用，由新股份有限公司和集团公司签订《土地使用权出租合同》。

2. 合同标的取得方式不同

租赁合同中的土地使用权为国家原始所有；出租合同的土地使用权系由出租人通过出让、租赁等方式从国家处取得的。

3. 承租方的权利范围不同

租赁合同的承租方取得土地使用权后，权利范围较为广泛，对土地享有占有、使用、收益和部分处分权（如依法转让、转租、抵押）；出租合同的承租方享有的土地使用权范围较小，使用土地受到严格限制，一般只能按土地现状加以利用，承租人的权利范围不能超过出租人获得土地使用权时的权利范围。

第十一节　土地使用权转让合同的签订

一、土地使用权转让合同的概念

土地使用权转让合同,是指土地使用人将其拥有的土地使用权,再次转移给他人而签订的合同。再次转移表明已经发生过至少一次土地使用权主体的变更,将要发生使用权主体的再次变更。这里的交易主体不包括国家。由于转让是以主体的变更为标志的,所以,土地使用权出售、交换、赠与、继承、合建、投资入股等均涉及土地转让合同的签订问题。

二、土地转让有关法律问题

(一)土地转让合同的订立条件

1. 转让主体适格

与土地出让合同不同的是,转让合同不存在合同的一方为政府或代表政府行使国土管理的职能部门的问题,境内外有民事行为能力的自然人、法人和其他经济组织均可成为土地使用权转让合同的主体。合伙型联营企业,因其不能以自己独立的财产对外承担民事责任,故不能成为土地转让合同的主体,参加土地转让合同的签订。

2. 合同标的适合转让

我国《土地管理法》规定,农民集体所有的土地使用权不得出让、转让或出租用于非农业建设。任何单位和个人进行建设,需要使用土地的,必须依法申请使用国有土地。集体土地使用权不能成为转让合同的标的,如确有必要,应先由国家将集体土地收归国有后,再按照法定程序进行转让。

转让合同中,对待转让土地,要载明其所在方位、四至、面积,原土地用途,是否已进行基础设施和公用设施的建设,以及建筑物占地、建筑面积、用途等。其他地上定着物、附着物如水渠、路桥、林木、花卉等,均可载明。已经铺设的管、线和安装的机器、设备可另附详细清单,作为合同附件。

3. 转让年限不得超限

《城市房地产管理法》(2019年修正)第42条规定,房地产转让时,土地使用权出让合同载明的权利、义务随之转移。这里所说的权利与义务,应是出让合同载明的、转让方尚未履行完毕的权利和义务,如出让合同规定的转让方应该向政府缴纳而未缴纳的土地出让金。出让合同规定的土地使用年限是50年,转让合同的受让人使用土地的年限不能也是50年,必须减去转让人已经使用土地的年限。

《城镇国有土地使用权出让和转让暂行条例》(2020年修订)第22条对此作出明确规定:土地使用者通过转让方式取得的土地使用权,其使用年限为土地使用权出让合同规定的使用年限减去原土地使用者已使用年限后的剩余年限。

4. 转让方已按照相关法律规定对土地进行了初步开发

我国实行的是"地随房走、房随地走"的土地管理制度,按照《城镇国有土地使用权出让和转让暂行条例》的规定,土地使用权转让时,地上建筑物、其他附着物的所有权随之转让;土地使用者转让地上建筑物、其他附着物所有权时,其使用范围内的土地使用权随之转让。

《城市房地产管理法》(2019年修正)第39条规定,以出让方式取得土地使用权的,转让房地产时,应当符合下列条件:(1)按照出让合同约定已经支付全部土地使用权出让金,并取得土地使用权证书;(2)按照出让合同约定进行投资开发,属于房屋建设工程的,完成开发投资总额的25%以上,属于成片开发土地的,形成工业用地或者其他建设用地条件。转让房地产时房屋已经建成的,还应当持有房屋所有权证书。

以上讲的是以出让方式取得土地使用权的转让,须以进行了法定的必要开发为前提。对于转让以租赁方式取得的土地使用权,则要求转让方已得到土地行政管理部门的同意或原租赁合同中约定了土地使用权可以转让的,方可进行转让。

5. 已付土地使用权出让金、取得土地使用证

转让以出让方式取得的土地使用权,缴清土地出让金是土地使用权得以转让的前提条件,《城市房地产管理法》(2019 年修正)第 39 条第 1 款第 1 项对此作出了明确规定——按照出让合同约定已经支付全部土地使用权出让金,并取得土地使用权证书。土地使用权证的取得是以出让金的缴纳为前提的,没有取得土地使用权证,就不能认为受让人取得了土地使用权。

但在实践中,一些地方政府为支持房地产业的发展或出于其他考虑,往往通过同意土地使用权受让方分期缴付出让金,在出让金缴清前,先予发放土地使用证的方式出让土地使用权。这时,如果土地出让的受让方将土地进行转让,就会造成土地市场的混乱。

6. 其他转让条件

《城市房地产管理法》(2019 年修正)第 38 条列举了房地产不得转让的其他情形,包括:(1)以出让方式取得土地使用权的,不符合《城市房地产管理法》第 39 条规定的条件的;(2)司法机关和行政机关依法裁定、决定查封或者以其他形式限制房地产权利的;(3)依法收回土地使用权的;(4)共有房地产,未经其他共有人书面同意的;(5)权属有争议的;(6)未依法登记领取权属证书的;(7)法律、行政法规规定禁止转让的其他情形。

(二)转让价格的确定

国家对土地使用权转让价格没有提出明确的限制性规定,但是,当转让价格明显低于市场价格时,市、县人民政府有优先购买的权利。

土地使用权的转让以土地使用权的买卖为主要形式。对转让价格的确定是土地使用权转让合同的重要内容。其他的转让方式,除赠与、继承外,虽未直接以价金的支付作为取得土地使用权的对价,但都以价金作为确定对价的参照标准。如通过交换方式转让土地使用权时其交换之所得,通过合建转让方式转让土地使用权时其所应分配的房屋面积,以及通过折价入股方式转让土地使用权时其所取得的股东权益或其他合作权益等,皆与特定地块的土地使用权的价值有关,因而也都以其通过买卖方式转让所可能获得的价金为参考标准来确定。

影响转让价格的因素众多,地块位置、出让金多寡、基础设施和公用设施建设、地上建筑物、地上的权利义务之状况以及转让时的土地市场的供求关系等都须在确定转让价格时加以综合考虑。

1. 强制性转让

在法院执行程序中的土地使用权转让,如果关系到国有资产的保护这一公共利益问题时,应委托独立的不动产评估机构进行评估,以准确确定土地使用权的价值。经执行法院同意,执行程序中的当事人也可以共同指定评估机构对土地使用权进行评估。

执行程序中的土地使用权转让,因其具有强制性,不一定是双方当事人的真实意思表示,故与合同转让有较大差异。但当事人在执行程序中和解、被执行人以土地使用权抵债的,仍须以转让合同约定双方的权利义务并确定土地使用权用以抵偿债务的金额。

2. 非强制性转让

如果当事人的土地使用权转让行为不涉及公共利益及损害第三人权益的问题,则当事人可以自由决定土地使用权转让价格。但因为转让也是经济行为,受价值规律左右,所以,转让人为追求最大利益或受让人为避免遭遇潜在风险,往往都会请专门机构对土地资产的价格进行评估,以便作为转让时的依据。

(三)转让合同效力的认定

1. 转让方开发土地未达法定投资总额的,转让合同的效力问题

根据法律规定,取得国有土地使用权须具备法定条件,即持有规划部门的建设项目立项批文、城市规划部门颁发的用地规划证书等。没有具体的建设项目不得申请用地。取得土地使用权后,须按出让合同约定进行开发建设,炒卖土地为法律所禁止。

《城市房地产管理法》(2019 年修正)第 39 条规定,以出让方式取得土地使用权的,转让房地产时,应当按出让合同约定进行投资开发,属于房屋建设工程的,完成开发投资总额的 25% 以上。对于违反上述规定而签订的土地使用权转让合同的效力问题,至今仍有争议,大体上有如下三种观点:

第一种观点认为,《城市房地产管理法》对土地使用权转让的规定属于"法律、行政法规的强制性规定"。土地转让只要不完全具备法定条件,即应认定转让合同无效。

第二种观点认为,《城市房地产管理法》的立法精神是为了防止投机炒地的行为,规范土地交易市场,并非对交易设置障碍。只要在起诉前符合转让条件,即可以认定转让合同有效。

第三种观点则认为,土地交付或登记与转让合同是相互独立的,转让人如取得土地使用权证书后与受让人订立土地使用权转让合同的,只要符合《民法典》所规定的民事行为有效条件,合同即成立生效。至于合同所转让的标的物是否达到《城市房地产管理法》(2019 年修正)第 39 条规定的投资开发条件,能否完成转让行为只是合同履行的问题,并不影响合同本身的效力。受让人可通过瑕疵担保责任寻求救济,投机炒地行为应由政府行政管理部门监管,不能把政府义务强加给转让合同的交易主体。笔者倾向于第三种观点,即转让合同效力的认定,应适用《民法典》的相关规定,除非法律另有规定或合同另有约定外,自成立时生效,不因未达到开发进度而影响合同的效力。

2. 成片开发土地未形成工业用地或其他建设用地条件的,转让合同的效力问题

这种情况与上述问题是类似的,笔者同样倾向于认定转让合同是有效的。至于出让合同的原受让人未按合同规定进行土地开发即进行转让,政府可通过追究其违约责任或通过行政性手段寻求救济。

这里所谓形成工业用地或其他建设用地条件,是指开办工厂和开发房地产用地应当具备的供排水、供热、供电、道路和通信等供公共使用的设施条件。需要注意的是,政府出让成片开发土地和出让宗地的目的是不同的。出让宗地的目的一般是出于对土地进行直接开发建设的目的;出让成片开发土地,则有让受让人对土地进行前期投入,以利用土地进行招商引资,然后分割转让给其他用地人开发使用的目的。成片开发土地的出让,一般面积大,价格相对低廉,以便用地人在完成前期开发后再行转让时有利可图。

3. 转让方未按照原出让合同约定支付全部土地使用权出让金的,转让合同是否有效

我国实行的是土地有偿使用制度。根据法律规定,以出让方式取得国有土地使用权的,土地使用者须与市、县人民政府的自然资源主管部门签订国有土地使用权出让合同,并按照出让合同的约定缴纳土地出让金,即支付取得土地使用权的对价。

实践中,有些地方政府允许土地受让方分期支付出让金,甚至决定对应缴纳的土地出让金进行减、免、缓。政府违规的后果是造成土地交易市场的混乱。笔者认为,政府自身创制的风险应由政府承担,不应转嫁给交易双方。"支付全部土地使用权出让金",不应作为转让土地使用权的前提和必要条件。理由是:

(1)出让合同亦为合同的一种,仅对合同当事人具有约束力,不能对第三人设定义务,政府不能以用地人未缴清出让金为由来对抗转让合同中的受让人。(2)我国对土地的管理采用的是登记公示的原则,土地使用权证一经核发,其登记资料即依法公示,受让人无义务具体查实转让人是否

已经缴清出让金,只要查实转让方拥有土地使用证即可。

因此,用地人未缴清土地出让金,但已取得土地使用权证的,其转让土地使用权合同应当认为有效,政府只可依出让合同向转让人追缴出让金。

4. 转让方未依法取得土地使用权证书的,转让合同的效力问题

有观点认为,根据物权公示原则,土地使用权登记作为一种公示行为,一经完成,用地者即取得了合法的土地使用权。土地使用证只是政府部门颁发的一份权利凭证,用地者是否实际取得和持有,不影响其经依法登记而取得的权利,故土地使用证的取得不作为土地使用权转让的条件。

但笔者认为,就我国目前的土地管理现状来看,不宜仅将登记作为一种公示,其只是公示中的一个步骤,应当严格按照法律规定,将土地使用证的取得视为最终的公示。至于土地转让时未取得土地使用证,而是在其后补办的,视为政府对其转让行为的追认,但不能因此认定土地使用证的取得不是土地转让的前提条件。

5. 未经政府部门批准转让划拨土地使用权的,转让合同的效力问题

《城市房地产管理法》(2019 年修正)第 40 条规定:"以划拨方式取得土地使用权的,转让房地产时,应当按照国务院规定,报有批准权的人民政府审批。有批准权的人民政府准予转让的,应当由受让方办理土地使用权出让手续,并依照国家有关规定缴纳土地使用权出让金。以划拨方式取得土地使用权的,转让房地产报批时,有批准权的人民政府按照国务院规定决定可以不办理土地使用权出让手续的,转让方应当按照国务院规定将转让房地产所获收益中的土地收益上缴国家或者作其他处理。"

因此,以划拨方式取得土地使用权的,须经有批准权的市、县人民政府审批后,方可进行转让。《城镇国有土地使用权出让和转让暂行条例》(2020 年修订)第 45 条还规定了划拨土地使用权的转让条件,但同样规定政府审批是转让的前提。未经政府部门批准擅自转让划拨土地使用权的,所签订土地使用权转让合同属于无效合同。

划拨土地是一种无偿使用国有土地的方式,不需要支付使用土地的对价。严格来讲,现行法律规定的划拨土地使用权的转让并非真正的土地使用权转让。划拨土地使用权经政府批准转让的实质是国家收回划拨的土地使用权,然后再出让给受让方;或经批准不再办理土地使用权出让手续,但土地收益须上缴国家。

由此可见,划拨土地的使用权人依据转让合同取得的并非土地使用权的对价,充其量算作对其交回土地使用权的一种补偿(含地上附属物的补偿)。划拨土地使用权转让及变相转让,一定程度上导致了土地市场的混乱,也是造成国家土地资产流失的一个黑洞。随着使用划拨土地的范围越来越小和土地市场的逐步规范,笔者建议取消划拨土地使用权转让之规定,禁止划拨土地使用权转让,凡不符合现行法律规定的划拨土地使用权一律变成有偿使用,无力支付土地出让金的由国家直接收回或变更为租赁等其他使用方式。

6. 未经其他共有人书面同意转让共有土地使用权的,转让合同的效力问题

土地使用权共有的情况较为少见,一般指的是合作开发、联合建房用地和城市居民的私人建房用地。根据法律规定,一方出地、一方出资或双方甚至几方共同出地、出资进行合作开发、联合建房的,须将国有土地使用权过户至各方名下,土地使用权由单一主体变为共有主体。一方转让土地使用权的,须经其他共有人的书面同意,其他共有人有优先购买权,否则转让行为构成对他人权利的侵害。

《城市房地产管理法》(2019 年修正)第 38 条规定:"下列房地产,不得转让:……(四)共有房地产,未经其他共有人书面同意的……"故未经其他共有人书面同意的,所签订的土地使用权转让合同亦应属于无效合同。

7. 转让司法机关和行政机关依法限制转让的土地使用权的,转让合同的效力问题

土地使用权作为具有重大经济价值的财产权利,经常因与使用权人有关的经济纠纷而被债权人申请司法机关裁决采取查封等强制措施,用以担保债权的实现;也可能因权属争议或其他原因被土地管理等行政机关决定采取限制性措施。司法、行政机关作出裁决、决定后,通知自然资源主管部门协助执行,该宗土地的抵押、转让行为即被依法禁止。以被采取司法或行政限制的土地使用权作为标的物而签订的转让合同,属于无效合同。

法律虽对司法机关、行政机关裁决或决定采取限制措施的土地使用权作了禁止转让的规定,但规定十分原则,可操作性不强。尤其是司法、行政机关作出限制土地使用权转让的裁决或决定后,未向政府土地使用权登记机关送达协助执行通知书的,土地使用权转让合同是否有效,受让方因此而取得的土地使用证是否必然无效或应被依法撤销,争议较大。

笔者认为,经司法、行政机关裁决或决定限制土地使用权转让的,转、受让双方所签订的转让合同应认定为无效,但受让方已依法办理土地使用权变更登记且系出自善意的,其合法权益应予以保护。

8. 转让被政府部门依法收回的土地使用权的,转让合同的效力问题

根据《土地管理法》(2019 年修正)第 58 条及其他相关规定,为实施城市规划进行旧城区改建及其他公共利益需要等原因,原批准用地或有批准权的人民政府可以依法收回国有土地使用权,包括划拨土地和出让土地。

根据《城市房地产管理法》《城镇国有土地使用权出让和转让暂行条例》的规定,土地使用权人一定期限内未按出让合同约定对土地进行开发建设的,人民政府或自然资源主管部门有权收回土地使用权。当政府依法作出收回土地使用权的决定后,根据《城市房地产管理法》(2019 年修正)第 38 条的规定,该土地使用权不得转让。土地使用权人再与他人签订土地使用权转让合同的,属于违反法律的禁止性规定,转让合同无效。

政府部门依法收回土地使用权的,原土地使用人已丧失土地使用权,当然无权转让。关于土地使用权的收回,原国土资源部《闲置土地处置办法》规定了具体的条件与程序,即有批准权的政府批准、公告、下达决定书,注销土地登记和土地证书。

笔者认为,在收回土地使用权的程序未进行完毕,即土地登记和土地证书未被注销之前,土地使用权人与受让方签订土地使用权转让合同的,不能轻易否定其合同效力。土地登记被注销之前,土地权属依然合法存在。当土地使用权人申请行政复议或提起行政诉讼后,其权属即处于待定状态,此时便认定转让合同无效确有不妥。

9. 转让权属有争议的土地使用权的,转让合同的效力问题

根据法律规定,土地使用权发生争议,应先经人民政府处理,对处理不服的,可以向人民法院起诉。按照《城市房地产管理法》(2019 年修正)第 38 条的规定,土地权属有争议的土地使用权不得转让。

但在实践中,土地使用权争议的类型很多,有一方持有土地使用证,另一方未持有土地使用证的;有双方均持有土地使用证,但对有关使用范围与面积产生争议的;有对一方持有的土地使用证合法性产生异议的;有民事争议,也有行政争议等。

因"权属有争议"而不得转让的规定,立法本意是避免更多的争议,但实际执行中会遇到对"争议"认定上的困难。

一方面,我国对土地使用权转让实行的是登记公示原则。土地使用权一经合法登记发证,第三人即可推定权属无争议,并无查明其权属是否真实存在争议的义务。

另一方面,权属争议形式多样。仅就司法程序中涉及的权属问题而言,有的已采取保全措施,

有的可能进入司法程序但未采取保全措施，有的尚未进入司法程序。

所以对争议的界定，本身就存在问题。若将所有发生争议的土地使用权均禁止转让，既不符合交易规则、造成资源闲置浪费，也可能会损害交易双方利益。笔者建议应通过司法解释加以明确分类，具体情况具体对待，或直接规定凡争议未进入司法、行政处理程序的，不影响转让合同效力；凡已进入司法、行政处理程序的，待上述程序处理完毕后，再予以认定与处理，不将土地权属存在争议直接作为否定合同效力的依据。

10. 转让已办理抵押登记的土地使用权的，转让合同的效力问题

已抵押的土地使用权的转让问题，现行土地管理法律法规未作具体规定，应当适用《民法典》关于抵押物转让的有关规定。《民法典》第 406 条规定："抵押期间，抵押人可以转让抵押财产。当事人另有约定的，按照其约定。抵押财产转让的，抵押权不受影响。抵押人转让抵押财产的，应当及时通知抵押权人。抵押权人能够证明抵押财产转让可能损害抵押权的，可以请求抵押人将转让所得的价款向抵押权人提前清偿债务或者提存。转让的价款超过债权数额的部分归抵押人所有，不足部分由债务人清偿。"

（四）转让合同的风险防范

为更好地处理支付与转让登记之间的关系问题，防范土地使用权转让中的风险，可以考虑由中介机构或第三者参与转让活动。

（1）受让人可以请求银行向转让人出具担保函，承诺在转让人办理土地使用权转让手续后，银行将担保转让款的支付。待转让人办完转让登记，受让人不能如期支付转让款的，转让人可以向银行追索。

为取得银行的担保函，受让人可以先将买地款如数存入银行，或通过其他方式取得银行信用。

（2）转让人也可以请银行向受让人出具担保函，承诺在受让人支付转让款后，银行将保证转让人会如约办理转让登记，否则，银行愿向受让人承担担保责任。这样，受让人在支付转让款后，转让人未能办理转让登记的，受让人可向银行追偿。

转让人为取得银行支持，可与银行签订协议，约定由银行代收和代管转让款，或通过其他方式，取得银行信用。

（3）转让人和受让人可共同选定律师事务所或公证机关为托管单位，监督合同履行并托管转让款。转让人在办理转让登记后方可向托管单位申请支付，在一定期间内不能办理转让登记时，受让人可向托管单位申请退款。

为避免托管安排不当给当事人带来风险，可要求托管单位购买责任保险，并指定当事人为受益人。

第十三章
民事诉讼法律风险防范

民事法律风险,是企业最常见的法律风险,根据民事法律的细分,民事法律风险又可分为公司法律风险、劳动法律风险、合同法律风险、知识产权法律风险、投资融资法律风险、破产法律风险等,而法律风险又往往通过诉讼或仲裁的形式最终表现出来。

企业民事诉讼法律风险的防范,是律师必须熟练掌握的业务,其不仅直接影响诉讼代理的成败,而且对非诉讼业务也有巨大的引导作用。

本章共五节:

第一节　概述

对民事诉讼法律风险相关基本问题进行介绍。

第二节　庭前法律风险

包括:前往立案需准备的材料;起诉不符合条件的风险;诉讼请求和事实、理由不适当的风险;逾期改变诉讼请求的法律问题;超过诉讼时效的风险;授权不明的风险;不按时交纳诉讼费用的风险;不准确提供送达地址的风险;申请财产保全不符合规定的风险。

第三节　庭中法律风险

包括:举证责任承担的法律风险;举证逾期的法律风险;不提供原始证据的法律风险;证人不出庭作证的法律风险;不按规定申请鉴定等问题;不按时出庭或中途退庭;拒签、拒收裁判文书。

第四节　庭后法律风险

主要针对民事执行进行分析,并指明了民事执行实务中的几种主要风险。

第五节　民事诉讼业务法律文书

包括:律师接受委托所涉相关文件、诉讼过程中涉及的法律文件等。

第一节　概述

一、风险的含义

"风险"(risk)一词的由来,最为普遍的一种说法是,在远古时期,以打鱼捕捞为生的渔民们,每次出海前都要祈祷,祈求神灵保佑自己能够平安归来,其中主要的祈祷内容就是让神灵保佑自己在出海时能够风平浪静、满载而归。他们在长期的捕捞实践中,深深地体会到"风"给他们带来的无法预测且无法确定的危险;他们认识到,在出海捕捞打鱼的生活中,"风"即意味着"险",因此有了"风险"一词的由来。

而另一种据说经过多位学者论证的“风险”一词的“源出说”称，“风险”（RiskISK）一词是“舶来品”，有人认为，来自阿拉伯语，有人认为，源于西班牙语或拉丁语，但比较权威的说法是来自意大利语的“RisqueISQUE”一词。在早期的运用中，也是被理解为客观的危险，体现为自然现象或者航海遇到礁石、风暴等事件。大约到了19世纪，在英文的使用中，“风险”一词常常用法文拼写，主要是用于与保险有关的事情上。

现代意义上的“风险”一词的适用，已经大大超越了“遇到危险”的狭义理解，而是随着人类活动的复杂性和深刻性逐步深化，并被赋予了哲学、经济学、社会学、统计学甚至文化艺术领域更广泛、更深层次的含义。最为熟知的就是“股市有风险，入市需谨慎”的提示语。

目前，学术界对风险的内涵还没有统一的定义。由于对风险的理解和认识程度不同，或对风险研究的角度不同，不同的学者对风险概念有着不同的解释，但其基本的核心含义是“风险是指在一定条件下和一定时期内，对可能发生的各种结果变动程度的不确定性”。[①]

风险发生的可能性通常可以用概率进行估算。风险发生的概率在0～1波动。越接近1，风险发生的可能性越大；越接近0，风险发生的可能性越小。但0和1应当是接近但无法达到，否则不能称为风险。

二、法律风险

比尔·盖茨曾说：“微软离破产永远只有18个月。”海尔创始人张瑞敏在谈到海尔的发展时感叹地说，这些年来他的总体感觉就是“惧”。特斯拉创始人马斯克虽然是一个非常愿意承担风险的人，但他却不会盲目地去寻找风险。他在需要控制风险的地方，都显得十分谨慎。比如说在SpaceX的生产过程中，他就鼓励管理层与工程师都要在生产线上工作，跟生产线上的员工尽可能多地交流，这样可以避免很多不必要的失误。这样的操作即使在很多大型制造业巨头也是很少能见到的。他一方面鼓励设计师跟工程师尽量大胆地运用创造力，但另一方面对于运营跟生产团队，马斯克却要求他们尽可能地控制与避免风险。这无一例外地表明了世界一流企业、一流企业家的风险意识。尽管引起风险发生的原因不同，风险的表现形式不同，但所有的风险都可能表现为法律风险。

1. 根据引发法律风险的因素来源，可以分为内部法律风险和外部法律风险

所谓“内部法律风险”，是指企业内部管理、经营行为、经营决策、股东之间等因素引发的法律风险。比如，公司设立登记、股东之间股权转让、经营手段、员工聘用等是否合法、合规等。由于风险引发因素是企业自身能够掌控的，所以企业内部法律风险是防范的重点，这往往属于企业内部控制的范畴。

所谓“外部法律风险”，是指由企业以外的社会环境、法律环境、政策环境等因素引发的法律风险。由于在市场经济环境中，企业与市场有着千丝万缕的联系，所以引发因素不是企业所能够准确控制的，因而不能从根本上杜绝外部环境法律风险的发生。但对于内部法律风险的有效防范及进行前瞻性的风险控制，可以降低外部法律风险发生的概率。一般谈到公司的法律风险，往往被界定为外部法律风险。

2. 根据法律风险涉及的法律部门的不同，可以将法律风险分为刑事法律风险、行政法律风险、民事法律风险等

刑事法律风险，是指行为因违反刑法、构成犯罪而需要承担的法律制裁的法律风险。刑事责任是最为严格的责任。随着法律意识的普及，很多企业家认为，随着市场经济的发展和法制的完善，虽然民商事诉讼是难免的，但是刑事案件不会与自己邻近。其实恰恰相反，这是一种对法律的不甚

---

① 参见唐晓春主编：《企业诉讼的法律风险及防范》，中国法制出版社2007年版，第1页。

了解造成的误解。诸多曾经风光无限的企业家因遭遇法律风险而身陷囹圄,有"云南红塔"的褚时健、"荷兰村"的杨斌、"上海首富"周正毅、"爱多"的胡志标、"蓝田神话"瞿兆玉、"国美"的黄光裕和"三鹿"的田文华等,他们触犯的罪名各异,但是结局相同。往往企业经营者被绳之以法的同时,企业也陷入混乱,最终消失在市场竞争之中。

行政法律风险,是指因行为违反行政法规或规定,而需要承担行政法律不利后果的法律风险。行政法律风险以违法风险为主,即企业行为违法,而遭受行政机关处罚。虽然行政法律风险没有刑事法律风险严苛,但是行政机关作为市场的管理者,责令停产停业、暂扣或者吊销许可证件等行政处罚,往往给企业的实际运营造成阻碍。由于我国行政机关级别较多,企业涉及的管理部门较多,所以有时会造成"法出多门、人无所措"①的感觉,同时该风险的一个显著特点就是具有十分明显的地域性及行业性。

民事法律风险,是企业最常见的法律风险,根据民事法律的细分,民事法律风险又可以分为公司法律风险、劳动法律风险、合同法律风险、知识产权法律风险、投资融资法律风险、破产法律风险等。

三、诉讼风险

法律风险最终往往通过诉讼或仲裁的形式表现出来。鉴于诉讼目前仍是解决争议的主要方式,且仲裁在很大程度上适用了诉讼的规则,如《仲裁法》(2017 年修正)第 74 条规定,"法律对仲裁时效有规定的,适用该规定。法律对仲裁时效没有规定的,适用诉讼时效的规定"。所以,我们在本章主要从民事诉讼的角度讨论诉讼风险。

诉讼风险,是指当事人行使诉讼权利、履行诉讼义务不当,以及因某一法律事实的出现,所导致法律或事实上的不利后果的可能性。从诉讼风险的概念可知,诉讼风险之所以客观存在,其原因既有法律层面的因素,也有事实方面的因素。

就法律层面而言,案件的结果会受实体法及程序法两方面因素的影响。首先,当事人之间形成法律关系必定要根据实体法的规定。如在商品房买卖合同中,购销双方对于房屋的迟延交付约定了相应的逾期违约金,那么对合同当事人而言,逾期交付的违约结果是基本确定的。但是,客观的事实必须经过一定的法律程序才能演变成法律的事实,这个过程就需要按照程序法的规定,在诉讼过程中对其进行质证认定或否定。其次,如果当事人违反程序法的规定,如超过诉讼时效起诉导致的胜诉权的丧失、对提出的诉讼请求不能提交有效证据等情形,那么其必然要承担法律上的不利后果。

对事实上的不利后果而言,存在如作为被执行人破产后,破产财产不足以清偿申请执行人的债权由此导致执行程序的终结,债权人"赢了官司输了钱"等情形。由此可见,胜诉并不意味着是当事人最大的诉讼收益,而败诉则无疑是当事人最大的诉讼风险。

在现实生活中,首先,并非任何纠纷都可以寻求司法救济,不属于人民法院处理范围的纠纷,应当寻求非诉讼解决的方式,否则只能承担人民法院不予受理的风险。其次,当事人往往不能考虑到可能出现的诉讼风险。有的当事人在诉讼前不考虑"完胜"的概率小、败诉风险和不能完全执行的可能,诉讼中又不正确行使诉讼权利,诉讼后不能正视自身主观原因,导致以各种方式缠讼,这在客观上造成了当事人自己的损失,同时也引发了诸多的社会矛盾。

四、民事诉讼风险的类型

自 20 世纪 90 年代以来,我国的民事诉讼制度不断地创新、改革、完善。民事诉讼制度已经从法官职权主义逐步进入当事人主义的诉讼制度。"尽管最后做出判决的是法官,当事人却被视为

---

① 出自(北宋)欧阳修:《新唐书·刘贲传》:"或正刑于外则破律于中,法出多门,人无所措。"

形成判决的主体。在诉讼开始时,当事人必须按自己追求的判决内容提出请求,该请求划定了判决的范围,最后的判决既不能超出其上限,也不能代之以其他救济形式。接着,当事人双方必须就存在争执的事项进行协议,把争执的焦点确定下来,而这些争点一旦确定同样对法官具有拘束力,法官不能自行确定争点,也不能在判决中离开当事人确定的争点做出判断。”①

与此同时,当事人往往还停留在过去的旧有观念上,认为诉讼到法院的案件,法官就应当而且必须把当事人诉争的问题查得水落石出,把诉讼的希望寄托在法官身上。这种观念,使当事人在诉讼中,仍然居于被动的地位,而不是主动地为自身的权利去取证、举证。从目前的民事诉讼案件来看,仍然有相当的当事人及其代理人,由于未及时主张其权利而导致权利未得到保护,这仍是民事诉讼风险产生的一种原因。

“依法治国”这一思想成为我国的基本治国方略。但是“法治”思想的普及是一个循序渐进的过程,无论是对民事诉讼的当事人还是对司法裁判人员都是如此。自 2001 年起,全国大多数法院采用多种方式向当事人提示民事诉讼风险,使当事人在立案阶段就能预知案件审理和执行中潜在的风险,此举无疑彰显了法院的服务理念,突出了现代法院的司法服务和司法指导功能,昭示着现代法院越来越重视与当事人之间的沟通与合作。

2003 年最高人民法院在广泛争取各方面意见后,公布了《人民法院民事诉讼风险提示书》。该提示书将诉讼风险归纳为 17 类。包括:(1)起诉不符合条件;(2)诉讼请求不适当;(3)逾期改变诉讼请求;(4)超过诉讼时效;(5)授权不明;(6)不按时交纳诉讼费用;(7)申请财产保全不符合规定;(8)不提供或者不充分提供证据;(9)超过举证时限提供证据;(10)不提供原始证据;(11)证人不出庭作证;(12)不按规定申请审计、评估、鉴定;(13)不按时出庭或者中途退出法庭;(14)不准确提供送达地址;(15)超过期限申请强制执行;(16)无财产或者无足够财产可供执行;(17)不履行生效法律文书确定义务。

上述内容散见于相关的民事法律和司法解释中当事人行使诉讼权利或者履行义务不当而导致的法律后果中,并没有创设新的民事诉讼风险。用通俗易懂的语言表现出相关风险并予以提示,这一举动一方面体现了人民法院“权为民所用,情为民所系,利为民所谋,亲民、便民、为民、护民的思想”;另一方面也是尊重大众知情权的体现。

各级法院有的又在《人民法院民事诉讼风险提示书》的基础上,就具体问题进一步向当事人作出说明。如 2007 年 7 月 31 日北京市东城区法院制定出台了《支付令案件诉讼风险提示书》,该提示书对支付令申请费交纳的具体金额、支付令的效力、申请费的处理等均做了充分的提示。

上述种种举动,昭示着“风险提示”会长期持续地进行下去,这也是我国法制进步的重要体现,打破历来“法律”及“诉讼”的神秘性,在提示风险的同时,也进行法律的普及推广。

第二节　庭前法律风险

一、前往立案需准备的材料

根据笔者代理民事诉讼案件的实务,律师代委托人(原告)前往相关法院立案,应当提交如下材料,如果材料不齐备或不符合法院要求,将面临不予立案的风险。实务中,各级法院对所需提交的材料会有不同要求,律师在合理合法的前提下,应当满足届时有关法院立案庭的要求:(1)律师执业证,需要经过近期年检。(2)《授权委托书》原件两份,需要加盖委托人公章和法定代表人的人名章(或签字)。(3)原告的营业执照副本原件(需经近期年检),以及复印件一份(需加盖原告公

① 王亚新:《论民事、经济审判方式的改革》,载《中国社会科学》1994 年第 1 期。

章)。(4)《法定代表人身份证明书》一份,需加盖原告公章。(5)《起诉状》若干份,需加盖原告公章。(6)《证据目录》及证据复印件若干套(需加盖原告公章),亦有法院要求提供原件。(7)对被告的工商查询单一份,从国家企业信用信息公示系统查询,或按法院要求从各地市场监管局或有关的官方授权平台查询(不同法院不同案件可能会要求查询后加盖市场监管局的查询专用章)。

律师参加庭审,另外需要携带:(1)律师事务所为律师出庭开具的《律师事务所函》。(2)相关证据的原件(律师原则上不收取当事人原件,由当事人自行携带前往)。(3)笔、笔录纸,以及为可能出现的长时间持续开庭准备的水、方便食品等。

二、起诉不符合条件的风险

1. 当事人起诉不符合法律规定条件的,人民法院不会受理,即使受理也会驳回起诉。

2. 当事人起诉不符合管辖规定的,案件将会被移送到有权管辖的人民法院审理。

3. 虽然到法院起诉是启动整个诉讼程序的第一步,但这并不意味着诉讼程序的必然开始。因为诉讼并不是解决社会矛盾的唯一途径,亦并非任何纠纷都可以通过诉讼手段得到解决,也不是什么纠纷人民法院都能够受理。起诉必须符合以下条件:(1)原告是与本案有直接利害关系的自然人、法人或非法人组织;(2)有明确的被告;(3)有具体的诉讼请求和事实、理由;(4)属于人民法院受理民事诉讼的范围和受诉人民法院管辖。

在起诉前,当事人和代理人应当逐项审查其起诉状是否具备上述四个要件,缺一不可。

(一)是否属于人民法院受理范围

1. 人民法院受理自然人之间、法人之间、非法人组织之间以及他们互相之间因财产关系和人身关系提起的民事诉讼。法院主管的民事、经济案件的范围有四类:

一是民法、婚姻法调整的财产关系以及与财产关系相联系的人身关系而产生的民事案件,如财产所有权、债权、肖像权、名誉权、荣誉权等纠纷案件和婚姻、赡养、抚养、继承等纠纷案件。

二是经济法调整因经济合同纠纷所发生的各类合同纠纷,如买卖合同、加工承揽、建筑工程等纠纷案件。

三是其他法律调整的社会关系而产生的纠纷案件。法律明文规定,依照民事诉讼程序审理的案件,如环境污染所引起的民事损害赔偿案件、选举法和民事诉讼法规定的选民资格案件等。

四是最高人民法院规范性文件规定的案件,如部分专利、海事、海商案件等。①

2. 当事人往往易混淆案件的职能管辖,即对民事、行政、刑事法律关系不加区分地提起诉讼。例如,某公司高管私刻印章对外签订大量的经济合同谋取不当利益,公司起诉该高管要求其"销毁印章、消除影响、赔偿损失"。该高管的行为已经触犯了刑法,该公司有权选择及时向公安机关报案,以避免可能造成损失的进一步扩大,但由于采取的法律措施不力,耽误了该事件的处理,使众多债务人以"表见代理"②为由向公司提出民事诉讼,主张还款并赔偿,由此加大了公司所面临的法律风险。

如在诉讼过程中,当事人一旦发现案件不属于目前受诉法院的职能管辖范围,就应当积极提出

---

① 参见唐晓春主编:《企业诉讼的法律风险及防范》,中国法制出版社 2007 年版,第 21 页。

② 《民法典》第 171 条规定:"行为人没有代理权、超越代理权或者代理权终止后,仍然实施代理行为,未经被代理人追认的,对被代理人不发生效力。相对人可以催告被代理人自收到通知之日起三十日内予以追认。被代理人未作表示的,视为拒绝追认。行为人实施的行为被追认前,善意相对人有撤销的权利。撤销应当以通知的方式作出。行为人实施的行为未被追认的,善意相对人有权请求行为人履行债务或者就其受到的损害请求行为人赔偿。但是,赔偿的范围不得超过被代理人追认时相对人所能获得的利益。相对人知道或者应当知道行为人无权代理的,相对人和行为人按照各自的过错承担责任。"

第 504 条规定:"法人的法定代表人或者非法人组织的负责人超越权限订立的合同,除相对人知道或者应当知道其超越权限外,该代表行为有效,订立的合同对法人或者非法人组织发生效力。"

将案件移送给相应的职能机关处理，或待相关职能机关处理完毕后再进行该案件的审理，以充分维护自己的合法权益。以上述案件为例，该公司在接到相关债务人的诉状后，应当请求法院中止对案件的审理，待私刻印章的高管刑事责任确定后再进行案件的审理。这样一来，一方面暂缓了公司的诉讼及资金压力；另一方面刑事判决在某种程度上可以帮助公司对抗债权人的诉讼。

3. 值得注意的是，虽然有些案件属于人民法院受案范围，但必须经过一定的前置程序，人民法院才能够进行受理，如劳动争议案件，当事人对仲裁裁决结果不服的，方可在法律规定期限内向当地人民法院提起诉讼。但是《劳动争议调解仲裁法》对一些事项进行了特别规定：

第 16 条规定："因支付拖欠劳动报酬、工伤医疗费、经济补偿或者赔偿金事项达成调解协议，用人单位在协议约定期限内不履行的，劳动者可以持调解协议书依法向人民法院申请支付令。人民法院应当依法发出支付令。"

第 47 条规定："下列劳动争议，除本法另有规定的外，仲裁裁决为终局裁决，裁决书自作出之日起发生法律效力：（一）追索劳动报酬、工伤医疗费、经济补偿或者赔偿金，不超过当地月最低工资标准十二个月金额的争议；（二）因执行国家的劳动标准在工作时间、休息休假、社会保险等方面发生的争议。"

（二）是否属于受诉人民法院的管辖

民事案件的管辖，是指各级人民法院和同级人民法院之间，受理第一审民事案件的分工和权限，又称受诉权限，即在受案范围确定的前提下，确定拥有审判权的各级及同级人民法院受理案件的内部分工权限。收到起诉状而法院没有管辖权的案件，该院将告知原告向有管辖权的人民法院起诉；原告坚持起诉的，裁定不予受理；立案后发现本院没有管辖权的，应当将案件移送有管辖权的人民法院。

我国的管辖种类分为四种：地域管辖、级别管辖、移送管辖和指定管辖。

1. 地域管辖

地域管辖，是按照人民法院的辖区和民事案件的隶属关系划分的诉讼管辖，又称为"属地管辖"。

（1）一般地域管辖。

确定一般地域管辖时，遵循的一般原则是"原告就被告"。采取"原告就被告"的原则，其依据一般认为有三点：一是便于被告参加诉讼；二是便于采取诉讼保全措施和执行判决；三是在一定程度上可以防止原告滥诉，保护被告的合法权益。① "原告就被告"包括下列几种情形：

①对自然人提起的民事诉讼，由被告住所地人民法院管辖；被告住所地与经常居住地不一致的，由经常居住地人民法院管辖。自然人的住所地，是指公民的户籍所在地。自然人的经常居住地，是指自然人离开住所地至起诉时已连续居住一年以上的地方，但自然人住院就医的地方除外。

②对法人或者非法人组织提起的民事诉讼，由被告住所地人民法院管辖。法人的住所地是指法人的主要营业地或者主要办事机构所在地。

③对没有办事机构的自然人合伙、合伙型联营体提起的诉讼，由被告注册登记地人民法院管辖。没有注册登记，几个被告又不在同一辖区的，被告住所地的人民法院都有管辖权。

④债权人申请支付令，请求债务人给付钱款、有价证券时，债务人提出异议的，由债务人住所地的基层人民法院管辖。

⑤同一诉讼的几个被告住所地、经常居住地在两个以上人民法院辖区的，各该人民法院都有管辖权。

---

① 参见周道鸾主编：《民事诉讼法教程》（第 2 版），法律出版社 1992 年版，第 86 页。

根据现实的客观情况,我国法律规定了“被告就原告”管辖原则,作为一般原则有力的补充。下列民事诉讼,由原告住所地人民法院管辖;原告住所地与经常居住地不一致的,由原告经常居住地人民法院管辖:

①对不在中华人民共和国领域内居住的人提起的有关身份关系的诉讼。

②对下落不明或者宣告失踪的人提起的有关身份关系的诉讼。

③对被采取强制性教育的人提起的诉讼。

④对被监禁的人提起的诉讼。

⑤被告一方被注销户籍的。

⑥夫妻一方离开住所地超过一年,另一方起诉离婚的案件,可以由原告住所地人民法院管辖。夫妻双方离开住所地超过一年,一方起诉离婚的案件,由被告经常居住地人民法院管辖;没有经常居住地的,由原告起诉时被告居住地的人民法院管辖。

⑦追索赡养费、抚养费、扶养费案件的几个被告住所地不在同一辖区的,可以由原告住所地人民法院管辖。

(2)特殊地域管辖。

民事案件特殊地域管辖以诉讼标的所在地、法律事实发生地以及被告所在地为标准,据此确定案件的受诉法院。包括以下情形:

①因合同纠纷提起的诉讼,由被告住所地或合同履行地法院管辖。

由于对于合同的履行地存在不同的认识,当事人往往借此抢先选择受诉法院。最高人民法院《关于适用〈中华人民共和国民事诉讼法〉的解释》(2022 年修正)针对司法实践存在的问题,对合同履行地作出了具体规定:

第 18 条规定:“合同约定履行地点的,以约定的履行地点为合同履行地。合同对履行地点没有约定或者约定不明确,争议标的为给付货币的,接收货币一方所在地为合同履行地;交付不动产的,不动产所在地为合同履行地;其他标的,履行义务一方所在地为合同履行地。即时结清的合同,交易行为地为合同履行地。合同没有实际履行,当事人双方住所地都不在合同约定的履行地的,由被告住所地人民法院管辖。”

第 19 条规定:“财产租赁合同、融资租赁合同以租赁物使用地为合同履行地。合同对履行地有约定的,从其约定。”

第 20 条规定:“以信息网络方式订立的买卖合同,通过信息网络交付标的的,以买受人住所地为合同履行地;通过其他方式交付标的的,收货地为合同履行地。合同对履行地有约定的,从其约定。”

②因财产保险合同纠纷提起的诉讼,如果保险标的物是运输工具或者运输中的货物,可以由运输工具登记注册地、运输目的地、保险事故发生地人民法院管辖。因人身保险合同纠纷提起的诉讼,可以由被保险人住所地人民法院管辖。

③因票据纠纷提起的诉讼,由票据支付地或者被告住所地人民法院管辖。票据支付地,是指票据上载明的付款地。票据未载明付款地的,票据付款人(包括代理付款人)的住所地或主营业所所在地为票据付款地。

④因铁路、公路、水上、航空运输和联合运输合同纠纷提起的诉讼,由运输始发地、目的地或者被告住所地人民法院管辖。

⑤因侵权行为提起的诉讼,由侵权行为地或者被告住所地人民法院管辖。侵权行为地,包括侵权行为实施地、侵权结果发生地。因产品质量不合格造成他人财产、人身损害提起的诉讼,产品制造地、产品销售地、侵权行为地和被告住所地的人民法院都有管辖权。

⑥因铁路、公路、水上和航空事故请求损害赔偿提起的诉讼，由事故发生地或者车辆、船舶最先到达地、航空器最先降落地或者被告住所地人民法院管辖。铁路运输合同纠纷及与铁路运输有关的侵权纠纷，由铁路运输法院管辖。

⑦因船舶碰撞或者其他海事损害事故请求损害赔偿提起的诉讼，由碰撞发生地、碰撞船舶最先到达地、加害船舶被扣留地或者被告住所地人民法院管辖。

⑧因海难救助费用提起的诉讼，由救助地或者被救助船舶最先到达地人民法院管辖。

⑨因共同海损提起的诉讼，由船舶最先到达地、共同海损理算地或者航程终止地的人民法院管辖。

⑩在借贷案件中，债权人起诉时，债务人下落不明的，由债务人原住所地或其财产所在地的人民法院管辖。

⑪诉前财产保全，可以向被保全财产所在地、被申请人住所地或者对案件有管辖权的人民法院申请采取保全措施。

需要注意的是，2023 年修正的《民事诉讼法》对于涉外民事纠纷进行了特别的规定，扩大了人民法院可以管辖的“连接”范围：

第 276 条规定：“因涉外民事纠纷，对在中华人民共和国领域内没有住所的被告提起除身份关系以外的诉讼，如果合同签订地、合同履行地、诉讼标的物所在地、可供扣押财产所在地、侵权行为地、代表机构住所地位于中华人民共和国领域内的，可以由合同签订地、合同履行地、诉讼标的物所在地、可供扣押财产所在地、侵权行为地、代表机构住所地人民法院管辖。除前款规定外，涉外民事纠纷与中华人民共和国存在其他适当联系的，可以由人民法院管辖。”

第 277 条规定：“涉外民事纠纷的当事人书面协议选择人民法院管辖的，可以由人民法院管辖。”

第 278 条规定：“当事人未提出管辖异议，并应诉答辩或者提出反诉的，视为人民法院有管辖权。”

第 280 条规定：“当事人之间的同一纠纷，一方当事人向外国法院起诉，另一方当事人向人民法院起诉，或者一方当事人既向外国法院起诉，又向人民法院起诉，人民法院依照本法有管辖权的，可以受理。当事人订立排他性管辖协议选择外国法院管辖且不违反本法对专属管辖的规定，不涉及中华人民共和国主权、安全或者社会公共利益的，人民法院可以裁定不予受理；已经受理的，裁定驳回起诉。”

(3) 专属管辖。

①因不动产纠纷提起的诉讼，由不动产所在地人民法院管辖。

不动产是不能移动，否则会造成损失或丧失使用性能的土地、山林、草原、附着于土地的建筑物及其他定着物、建筑物的固定附属设施。由不动产所在地人民法院管辖，便于收集证据和对涉案多数当事人进行合并审理等。①

社会有一种普遍的观点认为，建设工程合同属于不动产合同，因此纠纷应由不动产所在地人民法院受理。《民法典》第 511 条规定：“当事人就有关合同内容约定不明确，依据前条规定仍不能确定的，适用下列规定：……(三)履行地点不明确，给付货币的，在接受货币一方所在地履行；交付不动产的，在不动产所在地履行；其他标的，在履行义务一方所在地履行。……”

②因港口作业中发生纠纷提起的诉讼，由港口所在地人民法院管辖。

③因继承遗产纠纷提起的诉讼，由被继承人死亡时住所地或者主要遗产所在地人民法院管辖

---

① 参见张卫平：《民事诉讼法教程》，法律出版社 1998 年版，第 117 页。

[参见《民事诉讼法》(2023 年修正)第 34 条]。对遗产管理人的确定有争议,利害关系人申请指定遗产管理人的,向被继承人死亡时住所地或者主要遗产所在地基层人民法院提出[参见《民事诉讼法》(2023 年修正)第 194 条]。

2. 级别管辖

我国法院设有专门法院和普通法院。

专门法院设置有海事法院、铁路运输法院和军事法院。专门法院审理法律对管辖有特别规定的案件,例如,海事、海商案件由海事法院管辖,其他的案件由普通法院审理。

普通法院根据行政区域划分为基层人民法院(区、县、旗、自治县)、中级人民法院(地区、自治州、省辖市)、高级人民法院(省、自治区、直辖市)和最高人民法院(全国)四级。

根据行政区域的层级确定各级人民法院受理第一审民事案件的范围和权限的管辖,称为级别管辖。民事诉讼法要求要根据案件的性质、繁简程度、影响范围来确定各级法院不同的管辖权限。当事人在起诉时应当严格遵守民事诉讼关于级别管辖的规定,否则可能面临起诉不予受理的法律风险。

(1)基层人民法院管辖第一审民事案件,但民事诉讼法另有规定的除外。

一般的民事纠纷,地域性较强,纠纷发生的原因、争议标的、当事人、证人等都与当地的社会关系、风俗民俗、自然条件有着比较紧密的关系。我国基层人民法院数量多、分布广、最为接近民事纠纷的争议地,处于审判的第一线,便于案件的审理、案情的调查和判决的执行。基层人民法院还可以根据辖区人口以及辖区范围等情况设立派出机构——人民法庭,受理部分案情简单、当事人的权利义务明确的第一审民事案件。

(2)中级人民法院管辖下列第一审民事案件:

①重大涉外案件,是指争议标的额大,或者案情复杂,或者居住在国外的当事人人数众多的涉外案件;

②在本辖区有重大影响的案件;

③最高人民法院确定由中级人民法院管辖的案件。例如,专利纠纷案件由最高人民法院确定的中级人民法院管辖。

(3)高级人民法院管辖在本辖区有重大影响的第一审民事案件。

(4)最高人民法院管辖下列第一审民事案件:

①在全国有重大影响的案件;

②认为应当由本院审理的案件。

对于"重大"的认定,各省、自治区、直辖市高级人民法院可以从本地实际情况出发,根据案情繁简、诉讼标的金额大小、在当地的影响等情况,对本辖区内一审案件的级别管辖提出意见,报最高人民法院批准。

最高人民法院《关于调整高级人民法院和中级人民法院管辖第一审民事案件标准的通知》于 2019 年 5 月 1 日施行;各地法院也会陆续出台相关标准,与金额大小、是否跨区、是否涉外等因素相关联,并根据经济发展状况进行调整,具体诉讼时需要在相关法院官网查询届时的具体标准。

3. 移送管辖和指定管辖

(1)人民法院发现受理的案件不属于本院管辖的,应当移送有管辖权的人民法院,受移送的人民法院应当受理。受移送的人民法院认为受移送的案件依照规定不属于本院管辖的,应当报请上级人民法院指定管辖,不得再自行移送。

(2)有管辖权的人民法院由于特殊原因,不能行使管辖权的,由上级人民法院指定管辖。上级人民法院指定管辖的,应书面通知报送的人民法院和被指定的人民法院。报送的人民法院接到通知后，应及时告知当事人。

(3)上级人民法院有权审理下级人民法院管辖的第一审民事案件，确有必要将本院管辖的第一审民事案件交下级人民法院审理的，应当报请其上级人民法院批准。下级人民法院对它所管辖的第一审民事案件，认为需要由上级人民法院审理的，可以报请上级人民法院审理。

(4)两个以上人民法院都有管辖权的诉讼，先立案的人民法院不得将案件移送给另一个有管辖权的人民法院。人民法院在立案前发现其他有管辖权的人民法院已先立案的，不得重复立案，立案后发现其他有管辖权的人民法院已先立案的，裁定将案件移送给先立案的人民法院。

(5)案件受理后，受诉人民法院的管辖权不受当事人住所地、经常居住地变更的影响。有管辖权的人民法院受理案件后，不得以行政区域变更为由，将案件移送给变更后有管辖权的人民法院。判决后的上诉案件和依审判监督程序提审的案件，由原审人民法院的上级人民法院进行审判；第二审人民法院发回重审或者上级人民法院指令再审的案件，由原审人民法院重审或者再审。

(6)人民法院之间因管辖权发生争议，由争议双方协商解决；协商解决不了的，报请它们的共同上级人民法院指定管辖。发生管辖权争议的两个人民法院因协商不成报请它们的共同上级人民法院指定管辖时，如双方同属一个地、市辖区的基层人民法院，由该地、市的中级人民法院及时指定管辖；同属一个省、自治区、直辖市的两个人民法院，由该省、自治区、直辖市的高级人民法院及时指定管辖；如双方为跨省、自治区、直辖市的人民法院，高级人民法院协商不成的，由最高人民法院及时指定管辖。依前款规定报请上级人民法院指定管辖时，应当逐级进行。

4. 管辖的应用

每个人都是生活在现实世界的空间中，而绝不可能生活在真空中，法官也毫无例外，人文环境、地域习俗、教育、家庭、人生经历等因素在某种程度上都将影响法官的判断，甚至有一句俗语“法官的早餐往往能决定一个人的命运”，这导致不同的受诉法院可能会使案件最终的审理结果迥异；加之出于异地应诉成本等方面的考虑，受诉法院之争历来被诉讼双方视为“兵家必争之地”。

案件管辖问题往往是诉讼中当事人要面临的第一次选择。选择的结果，不但直接关系当事人的诉讼成本支出，还决定着其诉讼权益维护。

共同管辖的选择：共同管辖，是指按照法律规定，两个以上人民法院对同一案件都有管辖权。如因合同纠纷提起的诉讼，由被告住所地或合同履行地法院管辖。最为典型的是同一个案件的几个被告住所地或者经常居住地，或同一个案件的标的物分散在两个以上法院辖区内，这些法院都有管辖权。在这种情况下，原告可以向其中任何一个法院选择起诉，这就是选择管辖。在司法实践中，利用法律选择受诉法院的现象屡见不鲜。

(1)虚拟法律关系，通过改变案件的性质选择受诉法院

案件的性质即案由决定适用的法律。如买卖合同纠纷适用的是买卖法律关系，确定受诉法院的原则一般为合同履行地和被告所在地，而加工承揽合同纠纷适用的是加工承揽法律关系，确定受诉法院的原则一般为加工承揽地和被告所在地。倘若买卖合同纠纷的原告欲在原告所在地法院起诉，便会将本是买卖合同关系的案件虚拟为加工承揽关系，将卖方(原告)所在地认为是加工承揽地，从而最终通过改变案件性质选择受诉法院。如果被告方不能通过提出管辖异议等手段推翻原告规避法律的设计，可能会跌入原告精心布设的陷阱里。[①]

(2)选择有利的侵权行为地

侵权行为提起的诉讼，由侵权行为地或被告住所地法院管辖。侵权行为地包括侵权行为实施地和侵权结果发生地。这样对于知识产权案件、网络侵权案件等新型案件，就给予了比较大的可选

---

① 参见唐晓春主编：《企业诉讼的法律风险及防范》，中国法制出版社2007年版，第47页。

择范围。

例如,某作者在上海出差期间发现盗版图书侵犯了自己的知识产权,出版单位为上海某出版社,作者回到北京后找到自己住所附近的书店购买了该盗版图书,而后以该书店及出版单位作为共同被告,主张权利。这样作者就将“客场”转移到自己的“主场”,最大限度地节省了自己的诉讼开支。

最高人民法院《关于审理侵害信息网络传播权民事纠纷案件适用法律若干问题的规定》(法释〔2020〕19 号)第 15 条规定:“侵害信息网络传播权民事纠纷案件由侵权行为地或者被告住所地人民法院管辖。侵权行为地包括实施被诉侵权行为的网络服务器、计算机终端等设备所在地。侵权行为地和被告住所地均难以确定或者在境外的,原告发现侵权内容的计算机终端等设备所在地可以视为侵权行为地。”

最高人民法院《关于审理涉及计算机网络域名民事纠纷案件适用法律若干问题的解释》(法释〔2020〕19 号)第 2 条规定:“涉及域名的侵权纠纷案件,由侵权行为地或者被告住所地的中级人民法院管辖。对难以确定侵权行为地和被告住所地的,原告发现该域名的计算机终端等设备所在地可以视为侵权行为地。涉外域名纠纷案件包括当事人一方或者双方是外国人、无国籍人、外国企业或组织、国际组织,或者域名注册地在外国的域名纠纷案件。在中华人民共和国领域内发生的涉外域名纠纷案件,依照民事诉讼法第四编的规定确定管辖。”

(3)有目的增添主体或内容,选择受诉法院

按照法律规定,有预谋地通过对原合同中主体或内容进行变更,从而使管辖地范围扩大,进而优先选择对自己有利的受诉法院。

例如,某建设单位欠承包人工程款 3000 万元,该案件作为建设工程施工合同纠纷,应以建设工程施工合同的行为地、履行地或被告所在地作为管辖地。承包人认为,在建设单位所在地打官司对己不利,于是屡次向建设单位催款,双方进而达成还款协议,并应承包方要求以承包人信任的第三人作为担保人并承担连带责任,建设单位认为,这并未增加自己的义务,欣然应允。

最高人民法院《关于适用〈中华人民共和国民法典〉有关担保制度的解释》(法释〔2020〕28 号)第 21 条规定:“主合同或者担保合同约定了仲裁条款的,人民法院对约定仲裁条款的合同当事人之间的纠纷无管辖权。债权人一并起诉债务人和担保人的,应当根据主合同确定管辖法院。债权人依法可以单独起诉担保人且仅起诉担保人的,应当根据担保合同确定管辖法院。”承包人即以担保人作为被告,选择了担保人住所地法院作为受诉法院提起诉讼,在法院立案后申请追加债权人作为被告。被告虽提出管辖异议,但未获法院支持。该案件虽有争议,但对承包人来讲不失为一种选择。

又如,建设工程施工合同,建设单位与工程项目往往在同一地域,通常施工方应当在工程项目所在地提起诉讼。而在垫资施工中,出现了把垫资的贷款银行所在地作为确定建设工程施工合同的行为地、履行地,从而把垫资的贷款银行所在地确定为建设工程施工合同管辖地之一的司法实践。①

(4)协议管辖

根据法律规定,合同或者其他财产权益纠纷的当事人可以书面协议选择被告住所地、合同履行地、合同签订地、原告住所地、标的物所在地等与争议有实际联系的地点的人民法院管辖,但不得违反本法对级别管辖和专属管辖的规定:①仅对合同或者其他财产权益纠纷有效;②约定范围不能超出法律所规定的范围;③约定必须以书面形式做出;④不得违反级别管辖和专属管辖的规定;

---

① 参见朱树英:《工程合同实务问答》,法律出版社 2007 年版,第 63 页。

⑤约定必须明确，不能含混不清。

例如，北京某公司（乙方）与韩国一家公司（甲方）签订了《商标许可合同》，合同中约定“本合同的诉讼管辖法院为韩国的首尔地方法院或甲方指定的法院”，在双方发生争议后，乙方为了节省诉讼费用，率先在合同签订地，即乙方的住所地，根据我国对知识产权案件级别管辖的要求向北京市第一中级人民法院提起诉讼。

甲方对此提出管辖异议，认为该案件为涉外诉讼不应适用属地管辖而应该适用协议管辖，合同对管辖地已经约定，甲方要求在韩国的首尔地方法院管辖。法院认为，第一，涉外合同当事人可以用书面协议选择与争议有实际联系的地点的法院管辖。第二，我国法律规定，当事人选择管辖协议不明确或者选择两个以上法院管辖的，选择管辖的协议无效。第三，虽然上述规定并非针对涉外民事诉讼作出的，但涉外民事诉讼同样可以适用。第四，从本合同约定的形式上看，选择了两个法院；从实质上看，选择的法院并不明确，据此，合同中关于管辖的约定无效。故驳回被告管辖异议。

又如，北京某公司与山西某公司签订供货合同，由山西某公司从山西发货至北京，合同中约定争议由合同签订地所在的北京东城区人民法院裁决。后双方因为合同价款发生争议，争议金额实际为300万元。山西某公司以争议金额700万元向约定法院提起诉讼，由于该标的超出该法院一审受案范围（500万元[1]以下），所以北京东城区人民法院不予受理。山西某公司转而以货物的发送地——山西太原作为合同履行地，提起诉讼。

综上所述，对于管辖地的约定首先应当明确、唯一，如“甲方住所地”；其次对于管辖地法院的约定不宜过分具体，如“某某区人民法院”，否则一旦超出该法院级别管辖的范围，就可能被认定为无效约定。

（5）利用级别管辖

由于对当事人赖以选择级别管辖的诉讼标的金额，受诉法院一般仅作程序性审查，在按级别管辖规定受理当事人的起诉后，无论当事人在诉讼中是否增加或减少标的金额，受诉法院一般都会“从一而终”，不会因为诉讼标的金额的增加或减少而改变级别管辖，直至审理终结。

因此，在诉讼实践中，当事人以“夸大”或“缩小”诉讼标的的手段，规避受诉法院级别管辖的现象司空见惯，而且也极易生效。在级别管辖之争中，原告最常见、最惯用的方式就是将诉讼标的由“小”夸“大”或者将“大”缩“小”，从而达到选择有利于自己的受诉法院的目的。[2]

某患者诉某医院的一起医疗事故损害赔偿案件中，按照合理的赔偿数额应当由该医院所在地某区人民法院管辖，但鉴于该医院是该法院的定点医疗单位，两者之间有着千丝万缕的关系，患者将赔偿金额的主张提高，远远超出了该区法院一审受案标准，所以该案件由市中级人民法院受理，二审上诉至高级人民法院，最大限度地避免了案外因素对案件审理的影响，获得了不俗的效果。

（6）管辖异议

①由于享有管辖权的法院并非确定的、唯一的，基于一方当事人的选择或者合同约定，会出现多个不同的结果，这就有可能造成对一方当事人有利，而对另一方当事人不利的局面。这时，原告拥有对管辖的选择权。为了避免原告滥用该权利，同时为了达到诉讼权利的平衡，诉讼法规定了管

---

① 该案当时适用了北京市高级人民法院《关于下发〈关于北京市各级人民法院受理第一审民事、经济纠纷案件级别管辖的规定〉的通知》（京高法发〔2000〕202号）关于级别管辖的规定。2008年4月1日起施行的《全国各省、自治区、直辖市高级人民法院和中级人民法院管辖第一审民商事案件标准》规定：北京市“中级人民法院、北京铁路运输中级法院管辖诉讼标的额在5000万元以上的第一审民商事案件，以及诉讼标的额在2000万元以上且当事人一方住所地不在本辖区或者涉外、涉港澳台的第一审民商事案件”。

② 参见唐晓春主编：《企业诉讼的法律风险及防范》，中国法制出版社2007年版，第32~33页。

辖异议权这一诉讼权利,这是对被告权利保护的体现。

管辖异议,是指当事人认为受诉法院对该案件无管辖权,而向受诉法院提出的不服该法院管辖、要求变更管辖法院的异议申请。人民法院受理案件后,当事人对管辖权有异议的,应当在提交答辩状期间提出。人民法院对当事人提出的异议,应当审查。异议成立的,裁定将案件移送有管辖权的人民法院;异议不成立的,裁定驳回。[①]

②地域管辖和级别管辖是以"审判权的分担及土地"为标准对管辖权进行划分的结果。"地域管辖权""级别管辖权"均为管辖权异议的客体。

司法实践中,当事人常常在有相应仲裁约定的情况下仍然提起诉讼。鉴于选定仲裁管辖是当事人意思自治的充分体现,因此对于在合同中约定有仲裁条款的作出如下处理。

当事人在书面合同中订有仲裁条款,或者在发生纠纷后达成书面仲裁协议,一方向人民法院起诉的,人民法院应当告知原告向仲裁机构申请仲裁,其坚持起诉的,人民法院裁定不予受理,告知原告向仲裁机构申请仲裁。但仲裁条款、仲裁协议无效、失效或者内容不明确无法执行的除外;当事人对仲裁协议的效力有异议的,可以请求仲裁委员会作出决定或者请求人民法院作出裁定。一方请求仲裁委员会作出决定,另一方请求人民法院作出裁定的,由人民法院裁定。在人民法院首次开庭前,被告以有书面仲裁协议为由对受理民事案件提出异议的,人民法院应当进行审查。经审查符合下列情形之一的,人民法院应当裁定驳回起诉:A. 仲裁机构或者人民法院已经确认仲裁协议有效的;B. 当事人没有在仲裁庭首次开庭前对仲裁协议的效力提出异议的;C. 仲裁协议符合《仲裁法》(2017 年修正)第 16 条规定且不具有《仲裁法》(2017 年修正)第 17 条规定情形的。

③提出管辖异议的一些当事人是出于恶意拖延诉讼的目的,换取一段较长的履行义务期限。如果异议成立,受理法院将案件移送至有管辖权的法院审理;如果异议不成立,被法院裁定驳回,异议方还可以依据法律的规定在上诉期内提起上诉,如果二审依然被驳回,则根据相关规定,人民法院应当重新指定不少于 30 日的举证期限。[②] 这样就达到了拖延诉讼进程的目的。

有的被告根本没有打算履行义务,而是利用这段时间转移财产或逃匿,仅留下并不完全知情的代理人或无财产可供执行的"烂摊子",使对方当事人即使胜诉也难以执行回应得的财产,无法维护自己的合法权益。上述种种行为在亵渎法律的同时,也极大地浪费了有限的司法资源。

④对于管辖权异议制度中存在的一些问题,上海法院在司法实践中为有效制约滥用权利的现象,规范对管辖权异议案件的处理,按照民事诉讼法的有关精神,上海市高级人民法院制定了《关于加强管辖权异议处理的若干意见》(沪高法〔2007〕69 号)。该意见从程序和时间节点等方面作出了相应规定:

第一,基层法院审查管辖权异议,可以适用简易程序。在有多名被告的案件中,只有部分被告提出管辖权异议的,一般只需对提出的异议理由进行审查。对部分当事人提出管辖权异议进行裁定,其效力同样作用于其他当事人。

---

① 2003 年 12 月 21 日至 2004 年 12 月 20 日,(北京)门头沟区人民法院共受理吉利(上海)产品服务有限公司等 21 个原告分别诉北京普尔斯马特会员购物企业中心(以下简称普尔斯马特)的 21 起案件中,被告普尔斯马特均向法院提出管辖权异议,称该中心的注册地虽然在门头沟,但实际经营地却在石景山区和海淀区,要求将案件移送至石景山区人民法院管辖;而部分原告在石景山区人民法院起诉普尔斯马特的,该被告又提管辖权异议,要求移送至门头沟区人民法院审理,这样普尔斯马特的异议就出现了自相矛盾,受理的两个基层法院同时将此问题送交上一级法院市第一中级人民法院裁定,北京市第一中级人民法院作出书面裁定,凡涉及普尔斯马特的合同案件,只要其注册地位于门头沟区的,一律由门头沟区人民法院审理。此裁定于 2004 年年底前送达了当事人。然而,2004 年 12 月 21 日至 2005 年 1 月 25 日,门头沟区人民法院又受理了 18 起被告方为普尔斯马特的合同纠纷,在已经收到北京市第一中级人民法院裁定的前提下,普尔斯马特仍然向法院提出管辖权异议,法院裁定驳回其申请。

② 参见最高人民法院《关于适用〈关于民事诉讼证据的若干规定〉中有关举证时限规定的通知》(法发〔2008〕42 号)。

第二，一审期间，经审查管辖权异议不成立的，应在收到申请后5日内裁定驳回。管辖权异议成立的，应当在3日内征询原告意见，原告同意将案件移送的，应当记明笔录，次日作出移送裁定（裁定可以采取口头形式）；原告不同意将案件移送的，应当在原告表示不同意之日起7日内作出书面裁定。当事人对管辖权异议裁定提起上诉的，一审法院应在发送上诉状副本后即可移送卷宗；案卷移送至迟不得超过5个工作日。

该举措是对现实法律操作中遇到的问题所作出的大胆尝试，也取得了不错的效果。

（三）起诉人是否具备原告资格

当事人（民事诉讼当事人），是指以自己的名义，就特定的民事争议要求人民法院行使民事裁判权的人以及相对人。要求法院行使民事裁判权的人就是提起诉讼的人即原告；其被诉的相对人即被告。[①]

在审判实践中，实际存在两种性质的当事人：一种是形式上的当事人；另一种是实质上的当事人。形式上的当事人，是指案件进入诉讼程序后的原告和被告。因为这时的当事人是否在事实上真的存在利害关系还是个未知数，真正的利害关系只有在法院开庭审理之后才能确定，因此称为形式上的诉讼主体。实质上的当事人，是指经过案件的审理法院依法确定的案件当事人，这些人与案件有直接的利害关系，因此称为实质上的当事人。也就是说，程序上的当事人只有经过法律的程序确认后才有可能成为实质上的当事人。原告在起诉时作为形式上的当事人一方，法院所需要做的是对其进行形式上的审核，审核其是否具有原告的资格即可，而无须对原告的权利义务进行实质性审核。

1. 自然人、法人和非法人组织可以作为民事诉讼的当事人

自然人是具有中国国籍、依照宪法和法律享有权利和承担义务的自然人。自然人是我国民事法律关系的基本主体。个体工商户和农村承包经营户，是自然人作为民事法律关系主体的特殊表现形式。《民法典》第2条规定："民法调整平等主体的自然人、法人和非法人组织之间的人身关系和财产关系。"

法人，是具有民事权利能力和民事行为能力，依法独立享有民事权利和承担民事义务的组织。法人的根本特征是独立的组织、独立的财产、独立的责任、能以自己的名义参加民事活动。我国的法人分为企业法人、机关法人、事业单位法人、社团法人。

法人由其法定代表人进行诉讼。法人的正职负责人是法人的法定代表人。没有正职负责人的，由主持工作的副职负责人担任法定代理人。设有董事会的法人，以董事长为法定代表人（公司章程规定由经理任法定代表人的除外）；没有董事长的法人，经董事会授权的负责人可作为法人的法定代表人。在诉讼中，法人的法定代表人更换的，由新的法定代表人继续进行诉讼，并应向人民法院提交新的法定代表人身份证明书。原法定代表人进行的诉讼行为有效。法人非依法设立的分支机构，或者虽依法设立，但没有领取营业执照的分支机构，以设立该分支机构的法人为当事人。企业法人合并的，因合并前的民事活动发生的纠纷，以合并后的企业为当事人；企业法人分立的，因分立前的民事活动发生的纠纷，以分立后的企业为共同诉讼人。法人的工作人员因职务行为或者授权行为发生的诉讼，该法人为当事人。

非法人组织，是指合法成立、有一定的组织机构和财产，但又不具备法人资格的组织，包括：(1)依法登记领取营业执照的个人独资企业；(2)依法登记领取营业执照的合伙企业；(3)依法登记领取我国（非独立法人）营业执照的中外合作经营企业、外资企业；(4)依法成立的社会团体的分支机构、代表机构；(5)法人依法设立并领取营业执照的分支机构；(6)中国人民银行、各专业银行设

---

① 参见张卫平主编：《民事诉讼法教程》，法律出版社1998年版，第124页。

在各地的分支机构;(7)中国人民保险公司设在各地的分支机构;(8)经核准登记领取营业执照的乡镇、街道、村办企业;(9)符合规定条件的非法人组织。

非法人组织由其主要负责人进行诉讼。非法人组织的工作人员因职务行为或者授权行为发生的诉讼,该非法人组织为当事人。不具备法人资格的非法人组织,以其主要负责人为代表人。

法人或者非法人组织应登记而未登记即以法人或者非法人组织名义进行民事活动,或者他人冒用法人、非法人组织名义进行民事活动,或者法人或者非法人组织依法终止后仍以其名义进行民事活动的,以直接责任人为当事人。

个体工商户、个人合伙或私营企业挂靠集体企业,并以集体企业的名义从事生产经营活动的,在诉讼中,该个体工商户、个人合伙或私营企业与其挂靠的集体企业为共同诉讼人。

2. 作为原告的当事人应当与案件有直接利害关系

所谓与案件有直接利害关系,是指按照法律规定,所诉案件直接侵害了原告的合法权益或与他人发生了争议,并且该权益属于财产和人身范畴。

与案件没有直接利害关系的人,如支持受损害的单位和个人起诉的机关、团体、企业事业单位,不是民事诉讼的当事人。只有为保护自己的民事权益而提起诉讼的人,才是合格原告。

例如,在损害赔偿诉讼中,与本案有直接利害关系的原告,是认为自己民事权益受到侵害而主张侵权人负赔偿责任的自然人、法人和非法人组织;因合同纠纷提起诉讼的原告,应当是合同的一方因对方不履行合同中的义务,而依合同主张权利的自然人、法人和非法人组织。又如,在离婚诉讼中,有直接利害关系的原告,是指提出解除婚姻关系的夫妻一方。再如,患者由于医院的过失成为植物人,其妻子成为其监护人。在该起医疗事故纠纷中,尽管患者无法表达其意志,但还是要以患者作为原告起诉医院,因为医院的行为导致其人身受到损害,并且其生命处于存续状态,所主张的赔偿是就其个人给予的赔偿,而不能简单以其妻子的名义要求残疾赔偿金等针对患者项目的赔偿。

(四)被告是否明确、正确

所谓被告,是指起诉人诉称侵犯其民事权益或与之发生民事权益争议,由法院通知应诉,并接受法院裁判或调解协议约束的自然人、法人或非法人组织。选错了被告,意味着没有民事责任的承担者,法院对原告的起诉就会裁定不予受理或者判决驳回起诉。因此,在进入诉讼程序之前,原告应首先选择被告。①

在选择被告的这个过程中,企业可能面临以下风险:

1. 被告不明确具体,法院不予立案的风险

"打官司",原告就应当明确要告谁,谁侵犯了自己的合法权益,要求谁予以补偿、赔偿或纠正,要做到"有的放矢"。如果原告不能够提供明确的被告,那么法院没有代为原告查明的职责,只能根据法律,对其案件不予受理。

比如,违法拆迁案件,如果被拆迁人认为有人侵害其合法权益,就违法拆迁行为提起诉讼,那么他就必须指明违法拆迁人是谁。

但是"明确的被告"与"适格的被告"是不同的概念,就如同形式的主体与实质的主体,如果原告起诉的是不适格的被告,那么诉请将被驳回,由其自行承担该诉讼风险。但有的法院在立案过程中就过早地进行了案件的实质性审查,以被告是否适格作为立案与否的标准,这就混淆了程序与实体。

---

① 参见唐晓春主编:《企业诉讼的法律风险及防范》,中国法制出版社 2007 年版,第 19 页;张卫平:《诉讼构架与程式——民事诉讼的法理分析》,清华大学出版社 2000 年版,第 244 页。

2. 被告下落不明的风险

原告起诉的最终目的是取得实际的效果，但是当前审判中被告一方下落不明的情况较为普遍，这给案件的审理及执行造成了很大的风险及阻碍。一方当事人下落不明的，必然造成送达等程序工作的复杂化，当事人要承担因法定原因所致审理周期长、无法尽快结案等风险。

(1)送达方式复杂，时间长

根据法律规定，人民法院的诉讼文书应当直接送达，直接送达诉讼文书有困难的，可以委托其他人民法院代为送达，或者邮寄送达。受送达人下落不明，或者上述方式无法送达的，人民法院可以采用公告送达。自发出公告之日起，经过 60 日，即视为送达。公告送达，应当在案卷中记明原因和经过。

(2)不适用简易程序，审判期限长

根据最高人民法院《关于适用简易程序审理民事案件的若干规定》(法释〔2020〕20 号)的规定，起诉时被告下落不明的不适用简易程序。一审民事案件适用简易程序的，审限为 3 个月，即立案以后 3 个月必须结案。一审普通程序为 6 个月。

(3)审理结果不确定

根据《民事诉讼法》(2023 年修正)第 95 条第 1 款的规定："受送达人下落不明，或者用本节规定的其他方式无法送达的，公告送达。自发出公告之日起，经过三十日，即视为送达。"

对于被告下落不明及难以送达的情形，法律也进行着不断修正，否则原告会面临更大的法律风险——裁定驳回起诉，由此反映出法律对当事人权利保护的增强，也体现了法律不断完善的演进过程。

2001 年 11 月 7 日公布施行的北京市高级人民法院《关于企业下落不明、歇业、撤销、被吊销营业执照、注销后诉讼主体及民事责任承担若干问题的处理意见(试行)》规定："诉讼中，企业(被告)的法人执照虽未注销，但法院在原告提供的企业主要营业地、主要办事机构所在地、法人登记注册地均不能查明其下落的，应告知原告继续提供被告的地址；不能提供或提供的地址仍查无下落的，视为起诉不符合《民事诉讼法》第一百零八条第(二)项[①]之规定，可裁定驳回起诉。"

最高人民法院《关于适用简易程序审理民事案件的若干规定》(2020 年修正)第 8 条规定："人民法院按照原告提供的被告的送达地址或者其他联系方式无法通知被告应诉的，应当按以下情况分别处理：(一)原告提供了被告准确的送达地址，但人民法院无法向被告直接送达或者留置送达应诉通知书的，应当将案件转入普通程序审理；(二)原告不能提供被告准确的送达地址，人民法院经查证后仍不能确定被告送达地址的，可以被告不明确为由裁定驳回原告起诉。"

2004 年 12 月 2 日起施行的最高人民法院《关于依据原告起诉时提供的被告住址无法送达应如何处理问题的批复》明确提出："近来，一些高级人民法院就人民法院依据民事案件的原告起诉时提供的被告住址无法送达应如何处理问题请示我院。为了正确适用法律，保障当事人行使诉讼权利，根据《中华人民共和国民事诉讼法》的有关规定，批复如下：人民法院依据原告起诉时所提供的被告住址无法直接送达或者留置送达，应当要求原告补充材料。原告因客观原因不能补充或者依据原告补充的材料仍不能确定被告住址的，人民法院应当依法向被告公告送达诉讼文书。人民法院不得仅以原告不能提供真实、准确的被告住址为由裁定驳回起诉或者裁定终结诉讼。"

(4)难以执行

在被告下落不明的情况下，通常对于其财产状况也难以知晓。所以这时候就容易造成原告得到"判决白条"。即使原告依法申请强制执行，也会被裁定中止执行。这一方面导致法律的权威受

---

① 参见 2023 年修正的《民事诉讼法》第 122 条第 2 项。

损;另一方面导致原告的损害无法得到救济。

3. 错列被告被驳回诉讼请求的风险

如前文所述,在立案阶段法院对原告的起诉对象是进行形式性的审核,即仅从原告提供的证据上显示符合《民事诉讼法》规定的起诉条件即可,但如果原告起诉的被告并非适格的主体,法院则会判令驳回原告诉请。

例如,最高人民法院《关于适用〈中华人民共和国公司法〉若干问题的规定(二)》(2020 年修正)第 4 条第 1 ~2 款规定:"股东提起解散公司诉讼应当以公司为被告。原告以其他股东为被告一并提起诉讼的,人民法院应当告知原告将其他股东变更为第三人;原告坚持不予变更的,人民法院应当驳回原告对其他股东的起诉。"

特别值得提醒的是,被告的姓名、名称是界定被告主体是否适格的基本依据,同时该称谓的准确与否将直接影响对被告的送达以及判决生效后的执行,失之毫厘就会使案件谬以千里。

例如,原告针对"北京某某公司"提起债权债务纠纷案件,但将被告主体错写为"北京市某某公司",被告在整个案件过程中不答辩、不出庭,原告历经几个月取得了一审生效判决,但在执行过程中被执行人提出"执行异议",认为被执行主体错误,应当是"北京某某公司"而非"北京市某某公司"。这一异议使执行中止,执行庭将该异议反馈回法院,法院经审判监督程序后认为该判决确有错误,决定撤销原判决,裁定驳回原告诉请。原告因一字之差,而前功尽弃。当原告就正确的被告名称再行提起诉讼时,被告以原告已过诉讼时效为由进行了抗辩。

又如,在一起医疗事故纠纷中,原告代理律师详尽地查阅了委托人提供的病历资料,该病历所载医院名称与病历所盖"治疗专用章"名称相符,与该医院网站及相关报道所载名称也是完全一致的。故该律师以此医院名称提起诉讼,开庭时对方提出异议,因为在原告起诉前一个月该医院已经由"×市×医院"更名为"×医科大学附属×医院",原告方无奈先行撤诉。

4. 漏列被告,减少偿还主体,削弱偿还能力

民事纠纷中,诉讼一方通常是多个主体,被告方主体之间的责任承担方式通常为连带责任、补充责任或独立责任三种形式。

在违约之诉中,被告方应承担连带责任的情形下,如果原告漏列被告,势必会削弱被告方整体的偿还能力,对原告"有弊无利"。如被告方的偿付能力不足,原告还需就其余被告另行提起诉讼,诉讼成本加大及诉讼期限的延长不利于原告权利的及时救济。

在侵权之诉中,根据《民法典》第 1168 条的规定:"二人以上共同实施侵权行为造成他人损害的,应当承担连带责任。"最高人民法院《关于审理人身损害赔偿案件适用法律若干问题的解释》(2022 年修正)第 2 条第 1 款规定:"赔偿权利人起诉部分共同侵权人的,人民法院应当追加其他共同侵权人作为共同被告。赔偿权利人在诉讼中放弃对部分共同侵权人的诉讼请求的,其他共同侵权人对被放弃诉讼请求的被告应当承担的赔偿份额不承担连带责任。责任范围难以确定的,推定各共同侵权人承担同等责任。"

在承担补充责任的情形下,如仅列保证人为被告,法院将判令驳回原告诉请;如仅列被保证人为被告,在被告方的偿付能力不足情形下,原告还需就保证人另行提起诉讼,诉讼成本加大及诉讼期限的延长不利于原告权利的及时救济。

在被告为多人并彼此承担独立责任的情形下,如仅就部分被告起诉,原告的权利难以得到全面的救济。例如,最高人民法院《关于审理建设工程施工合同纠纷案件适用法律问题的解释(一)》(法释〔2020〕25 号)第 15 条规定:"因建设工程质量发生争议的,发包人可以以总承包人、分包人和实际施工人为共同被告提起诉讼。"第 43 条规定:"实际施工人以转包人、违法分包人为被告起诉的,人民法院应当依法受理。实际施工人以发包人为被告主张权利的,人民法院应当追加转包人

或者违法分包人为本案第三人，在查明发包人欠付转包人或者违法分包人建设工程价款的数额后，判决发包人在欠付建设工程价款范围内对实际施工人承担责任。”第44条规定：“实际施工人依据民法典第五百三十五条规定，以转包人或者违法分包人怠于向发包人行使到期债权或者与该债权有关的从权利，影响其到期债权实现，提起代位权诉讼的，人民法院应予支持。”

三、诉讼请求和事实、理由不适当的风险

1.当事人提出的诉讼请求应明确、具体、完整，具体的诉讼请求，是指原告必须明确其起诉所要解决的问题，也就是向人民法院提出保护自己民事权益的具体内容。诉讼请求一般有以下几种类型。

一是请求人民法院确认某种法律关系或者法律事实，比如，请求确认双方的收养关系，请求确认某自然人失踪或者死亡；二是请求对方当事人履行给付义务，比如，请求对方赔偿损失，请求对方偿还贷款本息，请求对方履行合同约定的义务；三是请求变更或者消灭一定的民事法律关系，比如，请求离婚，请求变更或者撤销合同。通常而言，一个诉讼之中，只允许存在一种类型的诉讼请求。

2.原告提出诉讼请求应当有事实根据和理由。原告提供的事实主要是纠纷发生的事实经过，即客观情况。有证明客观情况的证据的，应当提供证据，并在事实的基础上，根据法律规定说明提出诉讼请求的理由。人民法院在受理案件时，并不以要求原告提供足以胜诉的证据作为立案条件。起诉是原告的诉讼权利，至于是否胜诉，人民法院在审理中根据原告、被告双方提供的证据，以及人民法院自己调查收集的证据进行分析，才能最后认定。

3.按诉、审相对应的原则，对未提出的诉讼请求人民法院不会审理。《民事诉讼法》(2023年修正)第175条规定：“第二审人民法院应当对上诉请求的有关事实和适用法律进行审查。”诉讼请求不当，主要指请求内容无法律及事实依据，这将承担被依法驳回起诉的风险；诉讼请求不完全，将承担不完全部分被依法认定为放弃权利的风险。

例如，当事人约定分期履行债务的，原告就到期债务与未到期债务一并起诉，法院不保护原告请求被告履行未到期债务而提起的诉讼请求，如果在一审诉讼期间，起诉时未到期债务履行期限届满，原告可以追加诉讼请求，一审法院根据案件审理情况，决定是否受理或告知原告另行起诉；如果在二审诉讼期间，当事人以同样理由追加诉讼请求，二审法院将会告知当事人另行起诉。

4.当事人提出的诉讼请求范围要适当，不要随意扩大诉讼请求范围，否则就是对权力的滥用。禁止权利滥用就是要求权利人在不损害他人利益和社会利益的前提下追求自己的利益，从而在当事人之间的利益关系和当事人与社会之间的利益关系中实现平衡，体现了法律追求“矫正正义”和“分配正义”的目标。当事人应当据实提出相应的诉讼请求，偏离实际情况，人为地扩大损失、夸大诉讼请求范围的，要承担被驳回并导致相应诉讼费等诉讼成本无法弥补的风险。

5.原告可以放弃或者变更诉讼请求。被告可以承认或者反驳诉讼请求，有权提起反诉。当事人增加、变更诉讼请求或者提起反诉的，应当在举证期限届满前提出。

6.值得一提的是，案件案由是人民法院依据当事人主张的民事法律关系的性质来确定的。第一审法院立案时当事人诉争的法律关系性质根据《民事案件案由规定》确定案由。当事人的诉讼请求直接反映出当事人所主张的民事法律关系的性质，所以人民法院在审理过程中确定的民事案件案由，对案件的性质、案件的管辖、当事人的请求范围、举证责任等都有着直接的影响。实践中，一些法院对于起诉状中未列明案由的案件不予立案。

同一诉讼中涉及两个以上的法律关系，属于主从关系的，人民法院应当以主法律关系确定案由，但当事人仅以从法律关系起诉的，则以从法律关系确定案由；不属于主从关系的，则以当事人诉争的法律关系确定案由；均为诉争法律关系的，则按诉争的两个以上法律关系确定并列的两个案由。

鉴于具体案件中当事人诉争的民事法律关系的性质具有复杂性，当事人的诉讼请求、争议的焦点可能有多个,争议的标的也可能是两个以上,这会使当事人甚至专业法律人员对于案由的确定产生困惑,尤其是在请求权竞合的情况下,人民法院应当按照当事人自主选择行使的请求权,根据当事人诉争的法律关系的性质,确定相应的案由。

7. 当事人在起诉时应确定自己的诉讼请求与自己主张的案件性质吻合程度。诉讼过程中,当事人主张的法律关系性质或者民事行为效力与人民法院根据案件事实作出的认定不一致的,人民法院应当将法律关系性质或者民事行为效力作为焦点问题进行审理。但法律关系性质对裁判理由及结果没有影响,或者有关问题已经与当事人充分辩论的除外。存在上述情形,当事人根据法庭审理情况变更诉讼请求的,人民法院应当准许并可以根据案件的具体情况重新指定举证期限。

四、逾期改变诉讼请求的法律问题

当事人增加、变更诉讼请求或者提出反诉,超过人民法院许可或者指定期限的,可能不被审理。当事人变更、追加诉讼请求或者提出反诉的,应当在举证期限届满前提出(虽然实务中,许多法院从维护当事人利益、更好查明案件事实、有效解决纠纷的角度,并未严格执行举证期限或变相模糊了举证期限)。原告增加诉讼请求,被告提出反诉,第三人提出与本案有关的诉讼请求,可以合并审理。

当事人在一审举证期限内增加、变更诉讼请求或者提出反诉,或者当事人主张的法律关系的性质或者民事行为的效力,与人民法院根据案件事实作出的认定不一致,当事人依法变更诉讼请求的,人民法院应当根据案件的具体情况重新指定举证期限。

在第二审程序中,原审原告增加独立的诉讼请求或原审被告提出反诉的,第二审人民法院可以根据当事人自愿的原则,就新增加的诉讼请求或反诉进行调解,调解不成的,告知当事人另行起诉。

五、超过诉讼时效的风险

(一)诉讼时效的法律特性

1. 诉讼时效,是指权利人通过诉讼程序请求人民法院保护其民事权利的有效时间,权利人在法定期限内不行使权利就丧失了胜诉权的法律制度。诉讼时效制度是"法律不保护权利上的睡眠者"的充分体现,即法律只帮助积极主张权利的人,而不帮助怠于主张权利的人。权利人虽然丧失了胜诉权,但是其实体权利并未消灭,如果债务人在债权人丧失胜诉权后,主动履行了债务,那么就不能以不当得利为理由要求债权人返还。

2. 当事人超过诉讼时效期间起诉的,人民法院应予受理。当事人未提出诉讼时效抗辩,人民法院不应对诉讼时效问题进行释明,否则无异于提醒和帮助义务人逃债,有违诚实信用的基本原则,也有违法院居中裁判的中立地位。当事人提出诉讼时效抗辩的,法院受理后查明已超过诉讼时效且无中止、中断、延长事由的,判决驳回原告诉讼请求。

3. 时效制度属于强制性规定,体现的是国家基于公共利益和社会秩序的要求对于私领域的强制性干预,民法对时效作出强制性规定,当事人不得依自由意志排除时效的适用、改变时效期间,或预先抛弃时效利益。当事人违反法律规定,约定延长或者缩短诉讼时效期间、预先放弃诉讼时效利益的,人民法院不予认可。

4. 根据时间的长短和适用范围的不同,诉讼时效可分为普通诉讼时效和特殊诉讼时效。《民法典》第188条规定:"向人民法院请求保护民事权利的诉讼时效期间为三年。法律另有规定的,依照其规定。诉讼时效期间自权利人知道或者应当知道权利受到损害以及义务人之日起计算。法律另有规定的,依照其规定。但是,自权利受到损害之日起超过二十年的,人民法院不予保护,有特殊情况的,人民法院可以根据权利人的申请决定延长。"

《民法典》还进行了一些特别的规定:

第189条规定:"当事人约定同一债务分期履行的,诉讼时效期间自最后一期履行期限届满之日起计算。"

第190条规定:"无民事行为能力人或者限制民事行为能力人对其法定代理人的请求权的诉讼时效期间,自该法定代理终止之日起计算。"

第191条规定:"未成年人遭受性侵害的损害赔偿请求权的诉讼时效期间,自受害人年满十八周岁之日起计算。"

第192条规定:"诉讼时效期间届满的,义务人可以提出不履行义务的抗辩。诉讼时效期间届满后,义务人同意履行的,不得以诉讼时效期间届满为由抗辩;义务人已经自愿履行的,不得请求返还。"

第193条规定:"人民法院不得主动适用诉讼时效的规定。"

根据《民法典》第594条的规定,因国际货物买卖合同和技术进出口合同争议提起诉讼或者申请仲裁的时效期间为4年。

《民法典》第196条明确了下列请求权不适用诉讼时效的规定:(1)请求停止侵害、排除妨碍、消除危险;(2)不动产物权和登记的动产物权的权利人请求返还财产;(3)请求支付抚养费、赡养费或者扶养费;(4)依法不适用诉讼时效的其他请求权。

自权利受到损害之日起超过20年的,人民法院不予保护。有特殊情况的,人民法院可以延长诉讼时效期间。最长保护期限是从权利被侵害之日起开始计算。需要注意的是,20年的诉讼时效期间,可以适用有关延长的规定,而不适用中止、中断的规定,但是,其他各种诉讼时效则可以适用有关中止、中断和延长的规定。

(二)诉讼时效的起算

1. 诉讼时效的起算点

自权利人知道或者应当知道权利受到损害以及义务人之日起计算。所谓"应当知道"其实是一种客观推定,就是不管当事人实际上是否知道权利受到侵害,只要客观上存在知道的可能,当事人应当知道而没有知道其权利受到侵害的,人民法院就应当开始计算诉讼时效期间。《民法典》第一编第十章对期间计算的规定如下:

(1)民法所称的期间按照公历年、月、日、小时计算。

(2)按照年、月、日计算期间的,开始的当日不计入,自下一日开始计算。按照小时计算期间的,自法律规定或者当事人约定的时间开始计算。

(3)按照年、月计算期间的,到期月的对应日为期间的最后一日;没有对应日的,月末日为期间的最后一日。

(4)期间的最后一日是法定休假日的,以法定休假日结束的次日为期间的最后一日。期间的最后一日的截止时间为24时;有业务时间的,停止业务活动的时间为截止时间。

(5)期间的计算方法依照本法的规定,但是法律另有规定或者当事人另有约定的除外。

2. 关于"除斥期间"

系与诉讼时效不同的概念。享有撤销权的当事人一方请求撤销合同的,撤销权的存续期间一般为1年,自当事人知道或应当知道撤销事由之日起计算。该1年即为除斥期间。

除斥期间,是指某种权利的法定存续期间,是不变期间,不因任何事由而中止、中断或者延长。对方当事人对撤销合同请求权提出诉讼时效抗辩的,人民法院不予支持。合同被撤销,返还财产、赔偿损失请求权的诉讼时效期间从合同被撤销之日起计算。

《民法典》关于除斥期间的规定如下:

第147条规定:"基于重大误解实施的民事法律行为,行为人有权请求人民法院或者仲裁机构予以撤销。"

第 148 条规定:“一方以欺诈手段,使对方在违背真实意思的情况下实施的民事法律行为,受欺诈方有权请求人民法院或者仲裁机构予以撤销。”

第 149 条规定:“第三人实施欺诈行为,使一方在违背真实意思的情况下实施的民事法律行为,对方知道或者应当知道该欺诈行为的,受欺诈方有权请求人民法院或者仲裁机构予以撤销。”

第 150 条规定:“一方或者第三人以胁迫手段,使对方在违背真实意思的情况下实施的民事法律行为,受胁迫方有权请求人民法院或者仲裁机构予以撤销。”

第 151 条规定:“一方利用对方处于危困状态、缺乏判断能力等情形,致使民事法律行为成立时显失公平的,受损害方有权请求人民法院或者仲裁机构予以撤销。”

第 152 条规定:“有下列情形之一的,撤销权消灭:(一)当事人自知道或者应当知道撤销事由之日起一年内、重大误解的当事人自知道或者应当知道撤销事由之日起九十日内没有行使撤销权;(二)当事人受胁迫,自胁迫行为终止之日起一年内没有行使撤销权;(三)当事人知道撤销事由后明确表示或者以自己的行为表明放弃撤销权。当事人自民事法律行为发生之日起五年内没有行使撤销权的,撤销权消灭。”

3. 特定案件的诉讼时效的起算

(1)返还不当得利请求权的诉讼时效期间,从当事人一方知道或者应当知道不当得利事实及对方当事人之日起计算。

(2)管理人因无因管理行为产生的给付必要管理费用、赔偿损失请求权的诉讼时效期间,从无因管理行为结束并且管理人知道或者应当知道本人之日起计算。本人因不当无因管理行为产生的赔偿损失请求权的诉讼时效期间,从其知道或者应当知道管理人及损害事实之日起计算。

(3)附条件或附期限的债的民事法律关系,从条件成就或期限届满之时起算。

(4)财产被侵害,要求返还财产或恢复原状的,从权利人知道或者应当知道财产被侵害及加害人为谁时起算。

(5)人身受到伤害,损害明显的,从受伤之日起算,伤害当时未发现的,从伤势确诊之日起算。

(6)期间以时、日、月、年计算。期间开始的时和日,不计算在期间内。期间不包括在途时间,诉讼文书在期满前交邮的,不算过期。① 期间届满的最后 1 日是节假日的,以节假日后的第 1 日为期间届满的日期。

(7)最高人民法院《关于审理民事案件适用诉讼时效制度若干问题的规定》(2020 年修正)第 1 条规定:“当事人可以对债权请求权提出诉讼时效抗辩,但对下列债权请求权提出诉讼时效抗辩的,人民法院不予支持:(一)支付存款本金及利息请求权;(二)兑付国债、金融债券以及向不特定对象发行的企业债券本息请求权;(三)基于投资关系产生的缴付出资请求权;(四)其他依法不适用诉讼时效规定的债权请求权。”

这是因为前两种请求权的实现关系到社会公共利益的保护,如果适用诉讼时效的规定,将使民众的切身利益受到损害;缴付出资请求权也不适用诉讼时效的规定,否则有违公司资本充足原则,且不利于对其他足额出资的股东及公司债权人的保护。

(8)近年来,由于供暖费体制的改革,使全国各省市供暖费案件直线上升。鉴于供热单位属社会公用企业,履行供热义务不仅是基于合同的约定,而且是基于有关行政规章和国家政策的规定,政府每年冬季均要求并检查供热方是否保证正常供热。同时,供热在技术上系整体供热,在采暖方欠费时,供热单位难以行使一般民事合同的履行抗辩权、停止向特定采暖方供热,而必须继续履行

① 注意与《民法典》中的“到达主义”相区别,具体规定参见《民法典》第 137 条、第 141 条、第 481 条、第 482 条、第 486 条、第 487 条、第 516 条、第 565 条、第 568 条……

供热合同以保证整体供暖。

由此供热合同具有不同于其他民事合同的公共服务性、行政强制性和强制继续履行的特点，供热合同中供热方与采暖方的权利失衡。并且，由于实际采暖单位与个人众多，居住分散，供热单位在主张权利方面处于不利地位。实践中，采暖单位与个人拖欠供暖费，势必对供热这一社会公用事业造成不利影响，损害社会利益。笔者认为，鉴于以上情况，在诉讼时效问题上应适用以下原则：审理追索供暖费案件，一般应遵守《民法典》关于诉讼时效的规定。但在适用诉讼时效时不宜过苛，除供热单位明显怠于行使权利的，应认定供热单位在持续主张权利。

（三）诉讼时效的中止

诉讼时效的中止，是指在时效进行中，因出现了法定事由，致使权利人不能行使权利，因而暂停计算诉讼时效期间，待中止事由消除后，继续计算诉讼时效期间。暂停的一段时间不计入诉讼时效期间之内，而合并计算中止前后的期间。我国法律规定在诉讼时效期间的最后6个月内，因不可抗力或者其他障碍不能行使请求权的，诉讼时效中止。从中止时效的原因消除之日起，诉讼时效期间继续计算。

适用时效中止应当注意以下问题：

1. 诉讼时效的中止，必须发生在诉讼时效期间的最后6个月内，包括障碍在最后6个月前发生延续到最后6个月时的情形。否则不发生时效中止。

2. 诉讼时效的中止，须有法定事由：(1)不可抗力。指不能预见，不能避免并且不能克服的客观情况。(2)其他障碍。指不可抗力以外的，非由权利人的意志所决定的，足以阻碍权利人行使权利的情况，包括：①无民事行为能力人或者限制民事行为能力人没有法定代理人，或者法定代理人死亡、丧失代理权、丧失行为能力；②继承开始后未确定继承人或者遗产管理人；③权利人被义务人或者其他人控制；④其他导致权利人不能行使请求权的障碍。

（四）诉讼时效的中断

诉讼时效的中断，是指在诉讼时效期限内，因发生法定事由，而使已经经过的时效期间统归无效，待中断事由消除后，诉讼时效重新计算。对于连带债权人中的一人发生诉讼时效中断效力的事由，应当认定对其他连带债权人也发生诉讼时效中断的效力。

诉讼时效在重新计算期间内，如再发生中断事由，则再次中断。诉讼时效中断的法定事由有如下几种：

1. 提起诉讼

包括民事诉讼法上的一切权利主张形式，如起诉、应诉，作为第三人参加诉讼，申请支付令、申报破产债权、申请强制执行等，也包括依照其他法律规定的争议解决程序提出的权利主张，还包括权利人向人民调解委员会或有关单位提出保护民事权利的请求等。

当事人一方向人民法院提交起诉状或者口头起诉的，诉讼时效从提交起诉状或者口头起诉之日起中断，而无须等待法院受理。诉讼时效“从提交起诉状或者口头起诉之日起中断”而非“法院依法受理之日中断”，更符合诉讼时效中断制度的立法目的，也有利于保护权利人的权利。

根据最高人民法院《关于审理民事案件适用诉讼时效制度若干问题的规定》(2020年修正)第11条的规定，“下列事项之一，人民法院应当认定与提起诉讼具有同等诉讼时效中断的效力：(一)申请支付令；(二)申请破产、申报破产债权；(三)为主张权利而申请宣告义务人失踪或死亡；(四)申请诉前财产保全、诉前临时禁令等诉前措施；(五)申请强制执行；(六)申请追加当事人或者被通知参加诉讼；(七)在诉讼中主张抵销；(八)其他与提起诉讼具有同等诉讼时效中断效力的事项。”

债权人提起代位权诉讼的，应当认定对债权人的债权和债务人的债权均发生诉讼时效中断的效力。

2. 权利人主张权利

权利人主张权利，是指权利人在诉讼程序外，向义务人明确提出要求其履行义务的意思通知。这种意思通知，在方式上没限制，只要将催告的意思传达于相对人，并于事后能证明即可。包括权利人向债务保证人、债务人的代理人或者财产代管人提出催告。

根据最高人民法院《关于审理民事案件适用诉讼时效制度若干问题的规定》（2020 年修正）第 8 条的规定，具有下列情形之一的，应当认定为“当事人一方提出要求”，产生诉讼时效中断的效力：“（一）当事人一方直接向对方当事人送交主张权利文书，对方当事人在文书上签名、盖章、按指印或者虽未签名、盖章、按指印但能够以其他方式证明该文书到达对方当事人的；（二）当事人一方以发送信件或者数据电文方式主张权利，信件或者数据电文到达或者应当到达对方当事人的；（三）当事人一方为金融机构，依照法律规定或者当事人约定从对方当事人账户中扣收欠款本息的；（四）当事人一方下落不明，对方当事人在国家级或者下落不明的当事人一方住所地的省级有影响的媒体上刊登具有主张权利内容的公告的，但法律和司法解释另有特别规定的，适用其规定。前款第（一）项情形中，对方当事人为法人或者其他组织的，签收人可以是其法定代表人、主要负责人、负责收发信件的部门或者被授权主体；对方当事人为自然人的，签收人可以是自然人本人、同住的具有完全行为能力的亲属或者被授权主体。”

权利人对同一债权中的部分债权主张权利，诉讼时效中断的效力及于剩余债权，但权利人明确表示放弃剩余债权的情形除外。权利人向人民调解委员会以及其他依法有权解决相关民事纠纷的国家机关、事业单位、社会团体等社会组织提出保护相应民事权利的请求，诉讼时效从提出请求之日起中断。权利人向公安机关、人民检察院、人民法院报案或者控告，请求保护其民事权利的，诉讼时效从其报案或者控告之日起中断。上述机关决定不立案、撤销案件、不起诉的，诉讼时效期间从权利人知道或者应当知道不立案、撤销案件或者不起诉之日起重新计算；刑事案件进入审理阶段，诉讼时效期间从刑事裁判文书生效之日起重新计算。

债权转让的，应当认定诉讼时效从债权转让通知到达债务人之日起中断。债务承担情形下，构成原债务人对债务承担的，应当认定诉讼时效从债务承担意思表示到达债权人之日起中断。

3. 义务人同意履行义务

义务人同意履行义务，是指权利人的相对人表示知悉该权利人的权利存在的行为。同意履行义务的形式，无特别要求，例如，义务人做出分期履行、部分履行、提供担保、请求延期履行、制订清偿债务计划等承诺或者行为的，均应当认定为当事人一方“同意履行义务”。

主债务诉讼时效期间届满，保证人享有主债务人的诉讼时效抗辩权。保证人未主张前述诉讼时效抗辩权，承担保证责任后向主债务人行使追偿权的，人民法院不予支持，但主债务人同意给付的情形除外。

诉讼时效期间届满，当事人一方向对方当事人作出同意履行义务的意思表示或者自愿履行义务后，又以诉讼时效期间届满为由进行抗辩的，人民法院不予支持。

（五）诉讼时效的延长

诉讼时效期间从知道或者应当知道权利被侵害时起计算。但是，自权利受到损害之日起超过 20 年的，人民法院不予保护。有特殊情况的，人民法院可以延长诉讼时效期间。权利人由于客观的障碍在法定诉讼时效期间内不能行使请求权的，属于民法中的“特殊情况”。造成诉讼时效期间延长的“特殊情况”必须发生在诉讼时效期间内，而诉讼时效期间的延长发生在诉讼时效完成即时效期间届满后。

（六）诉讼时效实务运用中的几个问题

1. 诉讼时效的抗辩期间

当事人在一审期间未提出诉讼时效抗辩，在二审期间提出的，人民法院不予支持，但其基于新的证据能够证明对方当事人的请求权已过诉讼时效期间的情形除外。当事人未按照前款规定提出诉讼时效抗辩，以诉讼时效期间届满为由申请再审或者提出再审抗辩的，人民法院不予支持。

2. 当事人撤诉能否引起诉讼时效中断

2019 年 1 月 14 日，吴某向陈某购买货物，欠下货款 350 万元。2020 年 1 月、11 月，陈某两次向法院起诉，要求吴某立即清偿所欠货款，但陈某又先后向法院申请撤诉，法院裁定准许陈某撤诉。2021 年 3 月 10 日，陈某以同一事实为由再次起诉吴某。吴某辩称：陈某的起诉已过诉讼时效，恳请法院驳回陈某的诉讼请求。陈某称其在 2020 年 11 月对吴某进行起诉，依法构成诉讼时效的中断，因此现再次起诉未超过诉讼时效。

撤诉，是指人民法院受理案件后至作出判决前，原告撤回起诉的诉讼行为。撤诉分原告申请撤诉和人民法院按撤诉处理两种情况，但无论哪种情况，都是当事人对自己诉讼权利的处分。对于撤诉是否能够引起诉讼时效的中断，法律并无明确的界定。

诉讼时效的目的在于促使权利人积极行使权利，以维持稳定的社会经济秩序，同时也是对“权利的睡眠者”的惩戒，以促使权利人积极行使权利。起诉表明当事人积极行使权利，但撤诉又表达了相反的愿望，即不愿意行使诉讼权利，这实际上也是原告对其诉讼权利行使的怠慢。

上述案例中，原告数次起诉后又数次撤诉，其怠慢情形实属明显，如果再按最高人民法院《关于审理民事案件适用诉讼时效制度若干问题的规定》（2020 年修正）第 10 条“从提交起诉状或者口头起诉之日起中断”进行理解与适用，则诉讼时效将削减其法律价值。如果说起诉是当事人积极主张权利的体现并导致诉讼时效的中断，那么撤诉就是对起诉的否定，包括对起诉导致诉讼时效中断的法律后果的否定。因此，笔者认为，对类似本案的案件宜视为诉讼时效不中断。

3. 诉讼主体认定错误是否引起诉讼时效中断

原告主张权利，首先应当对象正确，否则达不到主张的效果，对被主张者能否知晓原告的意图亦无从判定。如前文在起诉条件的法律风险中所述，在诉讼过程中，如果原告起诉的被告主体是错误的，将被法院判定驳回起诉，甚至被告有权不应诉。

从程序法的角度上讲，也不允许在诉讼过程中对被告的诉讼主体予以变更、纠正，原告只能另行起诉。法律追求的不仅仅是实体正义，从某种程度上来讲，程序的正义大于结果的正义。在我国的法制进程中，人们往往重实体、轻程序，这反而使当事人诉讼随意，而法官拥有很大的裁量权限，导致法律长期以来受人治的因素影响较重。因此，笔者认为，无论从主观上来讲，还是从客观效果上来说，主体错误不应当引起诉讼时效的中断。

4. 无效合同请求权的诉讼时效问题

无效合同请求权的诉讼时效问题，是司法实务中亟须解决的问题。但由于在讨论过程中，关于诉讼时效起算点的问题争议颇大，未形成倾向性意见，最高人民法院审委会决定对该问题暂不予以规定，待进一步研究。

六、授权不明的风险

当事人委托诉讼代理人代为承认、放弃、变更诉讼请求，进行和解，提起反诉或者上诉等事项的，应在授权委托书中特别注明。没有在授权委托书中明确、具体记明特别授权事项的，诉讼代理人就上述特别授权事项发表的意见不具有法律效力。

当事人授权他人代为出庭参加诉讼的，其诉讼代理权范围内的行为会产生相应的法律后果，当事人要对诉讼代理行为所产生的后果负责。当事人要承担对诉讼代理行为授权不明,监督、把关不严的风险。当事人委托诉讼代理人代为承认、放弃、变更诉讼请求,进行和解,提起反诉或者上诉、领取执行案款、代为签收法律文书等事项的,应在授权委托书中特别注明。没有在授权委托书中明确、具体记明特别授权事项的,诉讼代理人就上述特别授权事项发表的意见不具有法律效力。

授权委托书仅写"全权代理"(特别授权代理)①而无具体授权的,诉讼代理人无权代为承认、放弃、变更诉讼请求,进行和解,提起反诉或者上诉。诉讼代理人的权限如果变更或者解除,当事人应当书面告知人民法院,并由人民法院通知对方当事人。

当事人、法定代理人可以委托1~2人作为诉讼代理人。律师、当事人的近亲属、有关的社会团体或者所在单位推荐的人、其他自然人,都可以被委托为诉讼代理人。但无民事行为能力人、限制民事行为能力人,或者可能损害被代理人利益的人,以及人民法院认为不宜作为诉讼代理人的人,不能作为诉讼代理人。委托他人代为诉讼,必须向人民法院提交由委托人签名或者盖章的授权委托书。当事人向人民法院提交的授权委托书,应在开庭审理前送交人民法院。

七、不按时交纳诉讼费用的风险

当事人起诉或者上诉,不按时预交诉讼费用,或者提出缓交、减交、免交诉讼费用申请未获批准仍不交纳诉讼费用的,人民法院将会裁定按自动撤回起诉、上诉处理。

当事人提出反诉,不按规定预交相应的案件受理费的,人民法院将不会审理。

根据《诉讼费用交纳办法》的规定,当事人应当向人民法院交纳的诉讼费用包括:案件受理费、申请费、证人、鉴定人、翻译人员、理算人员在人民法院指定日期出庭发生的交通费、住宿费、生活费和误工补贴;当事人交纳诉讼费用确有困难的,可以依照该办法向人民法院申请缓交、减交或者免交诉讼费用的司法救助,诉讼费用的免交只适用于自然人;诉讼过程中因鉴定、公告、勘验、翻译、评估、拍卖、变卖、仓储、保管、运输、船舶监管等发生的依法应当由当事人负担的费用,人民法院根据"谁主张、谁负担"的原则,决定由当事人直接支付给有关机构或者单位,人民法院不得代收代付;对财产案件提起上诉的,按照不服一审判决部分的上诉请求数额交纳案件受理费;申请费由申请人预交。但是,申请执行人民法院发生法律效力的判决、裁定、调解书,仲裁机构依法作出的裁决和调解书,公证机构依法赋予强制执行效力的债权文书,以及申请破产的申请费不由申请人预交,执行申请费执行后交纳,破产申请费清算后交纳。

此外,聘请律师费用一般也由聘请方自行承担,只有较少案例判由败诉方承担律师费。

八、不准确提供送达地址的风险

适用简易程序审理的案件,人民法院按照当事人自己提供的送达地址送达诉讼文书时,因当事人提供的己方送达地址不准确,或者送达地址变更未及时告知人民法院,致使人民法院无法送达,造成诉讼文书被退回的,诉讼文书也视为送达。

九、申请财产保全不符合规定的风险

财产保全,是指遇到有关的财产可能被转移、隐匿、毁灭等情形,从而可能造成对利害关系人权益的损害或可能使将来的判决难以执行或不能执行时,根据利害关系人或当事人的申请或人民法院的决定,而对有关财产采取的保护措施的法律制度。财产保全的意义在于保护利害关系人或当事人的合法权益,维护人民法院判决的权威性,有利于保证人民法院生效判决的有效执行。

当事人申请财产保全,应当按规定交纳保全费用而没有交纳的,人民法院不会对申请保全的财产采取保全措施。当事人提出财产保全申请,未按人民法院要求提供相应财产担保的,人民法院将依法驳回其申请。申请人申请财产保全有错误的,将要赔偿被申请人因财产保全所受到的损失。

---

① 实务中会出现有的法院只承认"特别授权代理"这一种表述方式的情形,宜按法院要求调整文字。

诉讼财产保全主要适用于给付之诉,单纯的确认之诉或变更之诉,判决不具有给付内容,不会发生判决不能执行或难以执行的危险。但是在确认之诉或变更之诉中兼有给付之诉内容,可以适用诉讼财产保全措施。

(一)诉前财产保全

利害关系人因情况紧急,不立即申请财产保全将会使其合法权益受到难以弥补的损害的,可以在起诉前向人民法院申请财产保全措施。

诉前财产保全的申请人应当提供担保,不提供担保的,驳回申请。这种担保必须与所保全的财产相适应,不能小于所保全的财产。人民法院接受申请后,必须在 48 小时内作出裁定;裁定采取财产保全措施的,应当立即开始执行。申请人在人民法院采取保全措施后 30 日内不依法提起诉讼或者申请仲裁的,人民法院应当解除保全。申请有错误的,申请人应当赔偿被申请人因保全所遭受的损失。

诉前财产保全,利害关系人可以向被保全财产所在地、被申请人住所地或者对案件有管辖权的人民法院申请采取保全措施。人民法院受理当事人诉前财产保全申请后,应当按照诉前财产保全标的金额并参照《民事诉讼法》关于级别管辖和专属管辖的规定,决定采取诉前财产保全措施。在人民法院采取诉前财产保全后,申请人起诉的,可以向采取诉前财产保全的人民法院或者其他有管辖权的人民法院提起。由于有管辖权的法院与采取财产保全的法院可能是同一法院,也可能不是同一法院,所以采取财产保全措施的人民法院受理申请人的起诉后,发现所受理的案件不属于该院管辖的,应当将案件和财产保全申请费一并移送有管辖权的人民法院。案件移送后,诉前财产保全裁定继续有效。因执行诉前财产保全裁定而实际支出的费用,应由受诉人民法院在申请费中返还给作出诉前财产保全的人民法院。

实践中,相当数量的法院对于诉前财产保全从严把握,当事人较难获准。

(二)诉讼财产保全

诉讼财产保全指在诉讼过程中,为了保证人民法院的判决能顺利执行,人民法院根据当事人的申请或在必要时依职权对有关财产采取保护措施的制度。

人民法院对于可能因当事人一方的行为或者其他原因,使判决不能执行或者难以执行的案件,可以根据对方当事人的申请,作出财产保全的裁定;当事人没有提出申请的,人民法院在必要时也可以裁定采取财产保全措施。

人民法院采取财产保全措施,可以责令申请人提供担保;申请人不提供担保的,驳回申请。人民法院接受申请后,对情况紧急的,必须在 48 小时内作出裁定;裁定采取财产保全措施的,应当立即开始执行。在诉讼过程中,需要解除保全措施的,人民法院应及时作出裁定,解除保全措施。解除财产保全,人民法院保存有变卖财产价款的,应将该价款交还给被申请人。

(三)财产保全请求的范围

人民法院采取财产保全措施时,保全的范围应当限于当事人争议的财产,或者被告的财产,对案外人的财产不得采取保全措施,对案外人善意取得的与案件有关的财产,一般也不得采取财产保全措施;被申请人提供相应数额并可供执行的财产作担保的,采取措施的人民法院应当及时解除财产保全。

(四)财产保全的方式

财产保全采取查封、扣押、冻结或者法律规定的其他方法。人民法院冻结财产后,应当立即通知被冻结财产的人。财产已被查封、冻结的,不得重复查封、冻结。根据最高人民法院《关于适用〈中华人民共和国民事诉讼法〉的解释》(2022 年修正)的规定:

人民法院对季节性商品、鲜活、易腐烂变质以及其他不宜长期保存的物品采取保全措施时,可以责令当事人及时处理,由人民法院保存价款;必要时,人民法院可予以变卖,保存价款。

人民法院在财产保全中采取查封、扣押、冻结财产措施时,应当妥善保管被查封、扣押、冻结的财产。不宜由人民法院保管的,人民法院可以指定被保全人负责保管;不宜由被保全人保管的,可以委托他人或者申请保全人保管。

查封、扣押、冻结担保物权人占有的担保财产,一般由担保物权人保管;由人民法院保管的,质权、留置权不因采取保全措施而消灭。

由人民法院指定被保全人保管的财产,如果继续使用对该财产的价值无重大影响,可以允许被保全人继续使用;由人民法院保管或者委托他人、申请保全人保管的财产,人民法院和其他保管人不得使用。

人民法院采取财产保全的方法和措施,依照执行程序相关规定办理。

人民法院对抵押物、质押物、留置物可以采取财产保全措施,但不影响抵押权人、质权人、留置权人的优先受偿权。

人民法院对债务人到期应得的收益,可以采取财产保全措施,限制其支取,通知有关单位协助执行。

债务人的财产不能满足保全请求,但对他人有到期债权的,人民法院可以依债权人的申请裁定该他人不得对本案债务人清偿。该他人要求偿付的,由人民法院提存财物或者价款。

(五)财产保全的效力

1. 人民法院对财产采取诉讼保全措施,一般应当由当事人提交符合法定条件的申请。只有在诉讼争议的财产有毁损、灭失等危险,或者有证据证明被申请人可能采取隐匿、转移、出卖其财产的,人民法院方可依职权裁定采取财产保全措施。

对当事人不服一审判决提出上诉的案件,在第二审人民法院接到报送的案件之前,当事人有转移、隐匿、出卖或者毁损财产的,必须采取保全措施的,由第一审人民法院依当事人的申请或依职权采取。第一审人民法院制作的财产保全的裁定,应及时报送第二审人民法院。

2. 无论是诉前财产保全或是诉讼财产保全裁定,一经作出即具有法律效力,一般应维持到生效的法律文书执行时止。如果被保全的财物属于应予执行,财产保全裁定的效力应维持到执行完毕时失效。

对人民法院财产保全的裁定,利害关系人和诉讼当事人都不得上诉。利害关系人和诉讼当事人收到人民法院财产保全的裁定后,必须依据裁定的内容执行。申请诉前财产保全的利害关系人,还应当在法定期间内向人民法院提起诉讼。考虑到财产保全裁定也不一定百分之百正确,为了保护另一方当事人的利益,《民事诉讼法》(2023 年修正)第 111 条规定:“当事人对保全或者先予执行的裁定不服的,可以申请复议一次。复议期间不停止裁定的执行。”对当事人不服财产保全、先予执行的裁定提出的复议申请,人民法院应及时审查。裁定正确的,通知驳回当事人的申请;裁定不当的,作出新的裁定变更或撤销原裁定。受诉人民法院院长或上级人民法院发现采取财产保全措施确有错误的,应当按照审判监督程序立即纠正。

人民法院裁定采取保全措施后,除作出保全裁定的人民法院自行解除和其上级人民法院决定解除外,在财产保全期限内,任何单位都不得解除保全措施。

因人民法院依职权采取保全措施错误造成损失的,由人民法院依法予以赔偿。这可以促使人民法院在依职权采取保全措施时持慎重态度,有利于保护当事人的合法权益。

(六)财产保全的风险

保全措施是一项特殊的强制措施,必须具备受理的条件,特别是当事人有义务提供保全标的的确切线索。同时当事人要投入一定的保全成本即支付保全费并按要求提供相应担保。当事人申请财产保全,应当按规定交纳保全费用而没有交纳的,人民法院不会对申请保全的财产采取保全措施。

因当事人不能提供准确的保全标的线索等,导致保全措施目的不能实现的,当事人要承担投入的成本无法弥补的风险。

申请人申请财产保全有错误的,将要赔偿被申请人因财产保全所受到的损失。

第三节 庭中法律风险

一、举证责任承担的法律风险

鉴于历史真实无法完全追溯,从某种意义上讲,审判系把相关证据拼在一起而作出判断的工作,通过证据来看到案件法律上的真实。所以,审判和诉讼的实质,系运用证据的求证过程。最高人民法院《关于民事诉讼证据的若干规定》进一步明确了当事人对自己提出的诉讼请求所依据的事实,或者反驳对方诉讼请求所依据的事实,有责任提供证据加以证明。没有证据或者证据不足以证明当事人的事实主张的,由负有举证责任的当事人承担不利后果。

(一)证据

能够证明案件事实情况的一切依据,都是证据。合法有效的证据必须具有客观性、关联性和合法性,就是通常所说的证据"三性",三者缺一不可。

客观性,是指证据必须是客观存在的真实情况,不真实的证据无法证明事实的真实;关联性,是指证据必须与证明对象,即案件的事实,存在内在的必然联系,关联性的紧密与否,直接影响证据的证明力;合法性,指证据的表现形式必须符合法律规定及法定程序,合法性不是证据的本身属性,而是直接影响到证据的效力。

证据有下列几种:书证、物证、视听资料、证人证言、当事人的陈述、鉴定意见、勘验笔录。以上证据必须查证属实,才能作为认定事实的根据。证据查证属实的过程就是质证的过程,但举证是质证的前提。

最高人民法院《关于民事诉讼证据的若干规定》出台后,"偷录""偷拍"等视听资料,被一定程度上赋予了证据效力,曾被社会广泛关注,但对其运用时需把握如下几点:(1)以侵害他人合法权益或者违反法律禁止性规定的方法取得的,不能作为认定案件事实的依据。(2)对于有其他证据佐证并以合法手段取得的、无疑点的视听资料或者与视听资料核对无误的复制件,一方当事人提出的,对方当事人提出异议但没有足以反驳的相反证据的,人民法院应当确认其证明力。(3)人民法院就数个证据对同一事实的证明力,可以依照下列原则认定:第一,国家机关、社会团体依职权制作的公文书证的证明力一般大于其他书证;第二,物证、档案、鉴定意见、勘验笔录或者经过公证、登记的书证,其证明力一般大于其他书证、视听资料和证人证言。(4)进行质证时,当事人有权要求出示证据的原件或者原物(但有下列情况之一的除外:第一,出示原件或者原物确有困难并经人民法院准许出示复制件或者复制品的;第二,原件或者原物已不存在,但有证据证明复制件、复制品与原件或原物一致的)。(5)存有疑点的视听资料,不能单独作为认定案件事实的依据。

(二)举证责任——"谁主张,谁举证"

1. 民事证据制度经历了改革的过程,改革的最初切入点就是证明责任制度,改革的措施就是强化"举证责任"。[①]举证责任,亦称举证的负担。我国民事诉讼法及相关司法解释规定,"谁主张,谁举证",即当事人对自己提出的诉讼请求所依据的事实,或者反驳对方诉讼请求所依据的事实,有

① 参见张卫平:《诉讼构架与程式——民事诉讼的法理分析》,清华大学出版社 2000 年版,第 245 页。

责任提供证据加以证明。没有证据或者证据不足以证明当事人的事实主张的,由负有举证责任的当事人承担不利后果。

例如,在合同纠纷案件中,主张合同关系成立并生效的一方当事人对合同订立和生效的事实承担举证责任。对合同是否履行发生争议的,由负有履行义务的当事人承担举证责任。对代理权发生争议的,由主张有代理权的一方当事人承担举证责任。

而在劳动争议纠纷案件中,因用人单位作出开除、除名、辞退、解除劳动合同、减少劳动报酬、计算劳动者工作年限等决定而发生劳动争议的,由用人单位负举证责任。

2. 举证责任分配,是举证责任问题的核心内容。举证责任分配,即举证责任的分担,是指在诉讼过程中的主张或事实应由哪一方当事人承担举证责任。举证责任的分配是对诉辩当事人举证责任的静态划分,是法律针对一定的案件事实预先设定并在对抗当事人之间的法定分配。

而诉讼的过程并非静止,一方当事人在己方举证达到一定标准之后,便被认为其举证的责任已完成。对方如提出反驳意见,应就反驳事实向法院提供证据加以佐证。这种转换过程,体现了当事人之间证据的对抗过程。

举证责任的转换周而复始,并且没有次数限制,只有条件要求,即是否达到了一定的证明标准。该标准达到与否需要法官对当事人证明的程度予以考量,针对每一争议事实进行公正判断。这使在法律没有具体规定,依证据规则及其他司法解释无法确定举证责任承担时,人民法院可以根据公平原则和诚实信用原则,综合当事人举证能力等因素确定举证责任的承担。审判人员对案件的全部证据,会从各证据与案件事实的关联程度、各证据之间的联系等方面进行综合审查判断。

(三)举证责任分配的特别规定

下列侵权诉讼,按照以下规则承担举证责任:

1. 因新产品制造方法发明专利引起的专利侵权诉讼,由制造同样产品的单位或者个人对其产品制造方法不同于专利方法承担举证责任。

2. 高度危险作业致人损害的侵权诉讼,由加害人就受害人故意造成损害的事实承担举证责任。

3. 因环境污染引起的损害赔偿诉讼,由加害人就法律规定的免责事由及其行为与损害结果之间不存在因果关系承担举证责任。

4. 建筑物或者其他设施以及建筑物上的搁置物、悬挂物发生倒塌、脱落、坠落致人损害的侵权诉讼,由所有人或者管理人对其无过错承担举证责任。

5. 饲养动物致人损害的侵权诉讼,由动物饲养人或者管理人就受害人有过错或者第三人有过错承担举证责任。

6. 因缺陷产品致人损害的侵权诉讼,由产品的生产者就法律规定的免责事由承担举证责任。

7. 因共同危险行为致人损害的侵权诉讼,由实施危险行为的人就其行为与损害结果之间不存在因果关系承担举证责任。

8. 因医疗行为引起的侵权诉讼,由医疗机构就医疗行为与损害结果之间不存在因果关系及不存在医疗过错承担举证责任。

有关法律对侵权诉讼的举证责任有特殊规定的,从其规定。

最高人民法院《关于适用〈中华人民共和国民事诉讼法〉的解释》(2022 年修正)第 93 条规定:“下列事实,当事人无须举证证明:(一)自然规律以及定理、定律;(二)众所周知的事实;(三)根据法律规定推定的事实;(四)根据已知的事实和日常生活经验法则推定出的另一事实;(五)已为人民法院发生法律效力的裁判所确认的事实;(六)已为仲裁机构生效裁决所确认的事实;(七)已为有效公证文书所证明的事实。前款第二项至第四项规定的事实,当事人有相反证据足以反驳的除外;第五项至第七项规定的事实,当事人有相反证据足以推翻的除外。”

在诉讼过程中，一方当事人陈述的于己不利的事实，或者对于己不利的事实明确表示承认的，另一方当事人无须举证证明。在证据交换、询问、调查过程中，或者在起诉状、答辩状、代理词等书面材料中，当事人明确承认于己不利的事实的，适用上述规定。一方当事人对于另一方当事人主张的于己不利的事实既不承认也不否认，经审判人员说明并询问后，其仍然不明确表示肯定或者否定的，视为对该事实的承认。

在诉讼中，当事人为达成调解协议或者和解协议作出妥协而认可的事实，不得在后续的诉讼中作为对其不利的根据，但法律另有规定或者当事人均同意的除外。

当事人委托诉讼代理人参加诉讼的，除授权委托书明确排除的事项外，诉讼代理人的自认视为当事人的自认。当事人在场对诉讼代理人的自认明确否认的，不视为自认。

（四）对证据证明力的判断

人民法院有权向有关单位和个人调查取证，有关单位和个人不得拒绝。人民法院对有关单位和个人提出的证明文书，应当辨别真伪，审查确定其效力。证据应当在法庭上出示，并由当事人互相质证。

人民法院对视听资料，应当辨别真伪，并结合本案的其他证据，审查确定能否作为认定事实的根据。人民法院对当事人的陈述，应当结合本案的其他证据，审查确定能否作为认定事实的根据。当事人拒绝陈述的，不影响人民法院根据证据认定案件事实。即使事实真伪不明，法官仍不可避免地要对案件作出裁决。法官在作出裁决前，必须确定哪一方当事人承担因事实真伪不明而产生的实体法上的不利后果，以判决其承担败诉风险，这才是举证责任的实质。

最高人民法院《关于适用〈中华人民共和国民事诉讼法〉的解释》（2022 年修正）第 90 条第 2 款对此有明确的规定："在作出判决前，当事人未能提供证据或者证据不足以证明其事实主张的，由负有举证证明责任的当事人承担不利的后果。"最高人民法院《关于民事诉讼证据的若干规定》（2019 年修正）第 85 条第 1 款亦规定："人民法院应当以证据能够证明的案件事实为根据依法作出裁判。"

这些规定明确了民事诉讼中"法律真实"的证明要求。在民事诉讼案件中，承担证明责任的一方当事人要提供足够的证据，使法官相信案件事实的存在比不存在更具有可能性，要使法官相信其所提供的证据比对方当事人提供的相反证据具有较强的证明力。因此，从理论上讲，这种运用优势证明标准作出的裁判，只是一种相对正确的结论，而且双方当事人都承担了法官作出有违案件事实本来面目这一意义上的错误裁判的风险。

（五）申请法院收集证据

当事人因客观原因不能自行收集的证据，及其诉讼代理人因客观原因不能自行收集的证据，或者人民法院认为审理案件需要的证据，人民法院应当调查收集。

1. 根据最高人民法院《关于适用〈中华人民共和国民事诉讼法〉的解释》（2022 年修正）第 94 条的规定，当事人及其诉讼代理人因客观原因不能自行收集的证据包括：

（1）证据由国家有关部门保存，当事人及其诉讼代理人无权查阅调取的；

（2）涉及国家秘密、商业秘密或者个人隐私的；

（3）当事人及其诉讼代理人因客观原因不能自行收集的其他证据。

当事人及其诉讼代理人申请人民法院调查收集证据，应当提交书面申请。申请书应当载明被调查人的姓名或者单位名称、住所地等基本情况、所要调查收集的证据名称或者内容、需要由人民法院调查收集证据的原因及其要证明的事实以及明确的线索。当事人及其诉讼代理人申请人民法院调查收集证据，不得迟于举证期限届满前。

但申请是否被准许，由人民法院决定，并不是有申请就调查；另外，申请调查的证据灭失、毁损等客观原因,也会使法院的调查无功而返。人民法院对当事人及其诉讼代理人的申请不予准许的,应当向当事人或其诉讼代理人送达通知书。当事人及其诉讼代理人可以在收到通知书的次日起3日内,向受理申请的人民法院书面申请复议一次。人民法院应当在收到复议申请之日起5日内作出答复。

2.“人民法院认为审理案件需要的证据”,人民法院应当调查收集,具体是指以下情形:

(1)涉及可能损害国家利益、社会公共利益的;

(2)涉及身份关系的;

(3)涉及民事诉讼法第五十八条规定诉讼的;

(4)当事人有恶意串通损害他人合法权益可能的;

(5)涉及依职权追加当事人、中止诉讼、终结诉讼、回避等程序性事项的。

除上述规定外,人民法院调查收集证据,应当依当事人的申请进行。

(六)申请法院证据保全

证据保全,是指在证据有可能毁损、灭失或以后难以取得的情况下,人民法院对证据进行固定和保护的制度。在证据可能灭失或者以后难以取得的情况下,诉讼参加人可以向人民法院申请保全证据,人民法院也可以主动采取保全措施。向人民法院申请保全证据,可以在举证期限届满前提出。当事人申请保全证据的,人民法院可以要求其提供相应的担保。法律、司法解释规定诉前保全证据的,依照其规定办理。

人民法院进行证据保全,可以根据具体情况,采取查封、扣押、拍照、录音、录像、复制、鉴定、勘验、制作笔录等方法。人民法院进行证据保全,可以要求当事人或者诉讼代理人到场。

(七)专家证人

当事人可以向人民法院申请由一名至两名具有专门知识的人员出庭,就案件的专门性问题进行说明。具有专门知识的人在法庭上就专业问题提出的意见,视为当事人的陈述。人民法院准许其申请的,有关费用由提出申请的当事人负担。

人民法院可以对出庭的具有专门知识的人进行询问。经法庭准许,当事人可以对出庭的具有专门知识的人进行询问,当事人各自申请的具有专门知识的人可以就案件中的有关问题进行对质。具有专门知识的人不得参与专业问题之外的法庭审理活动。

(八)证据的递交及域外证据

1. 当事人应当对其提交的证据材料逐一分类编号,对证据材料的来源、证明对象和内容作简要说明,签名盖章,注明提交日期,并依照对方当事人人数提出副本。人民法院收到当事人提交的证据材料,应当出具收据,注明证据的名称、份数和页数以及收到的时间,由经办人员签名或者盖章。

对双方当事人无争议但涉及国家利益、社会公共利益或者他人合法权益的事实,人民法院可以责令当事人提供有关证据。

2. 当事人向人民法院提供的证据系在中国领域外形成的,该证据应当经所在国公证机关予以证明,并经中国驻该国使领馆予以认证,或者履行中华人民共和国与该所在国订立的有关条约中规定的证明手续。当事人向人民法院提供的证据是在我国香港特别行政区、澳门特别行政区、台湾地区形成的,应当履行相关的证明手续。

当事人向人民法院提供外文书证或者外文说明资料,应当附有中文译本。

二、举证逾期的法律风险

人民法院应当在送达案件受理通知书和应诉通知书的同时,向当事人送达《举证通知书》。《举证通知书》会载明举证责任的分配原则与要求、可以向人民法院申请调查取证的情形、人民法院根据案件情况指定的举证期限以及逾期提供证据的法律后果。

当事人应按法院《举证通知书》的要求和时间向法院举证。举证期限可以由当事人协商一致，并经人民法院认可。由人民法院指定举证期限的，适用第一审普通程序审理的案件不得少于15日，当事人提供新的证据的第二审案件不得少于10日。适用简易程序审理的案件不得超过15日，小额诉讼案件的举证期限一般不得超过7日。举证期限届满后，当事人提供反驳证据或者对已经提供的证据的来源、形式等方面的瑕疵进行补正的，人民法院可以酌情再次确定举证期限，该期限不受前款规定的期间限制。

当事人在举证期限内提供证据存在客观障碍，属于《民事诉讼法》（2023年修正）第68条第2款规定的"当事人在该期限内提供证据确有困难"的情形。人民法院应当根据当事人的举证能力、不能在举证期限内提供证据的原因等因素综合判断。必要时，可以听取对方当事人的意见。当事人申请延长举证期限的，应当在举证期限届满前向人民法院提出书面申请。申请理由成立的，人民法院应当准许，适当延长举证期限，并通知其他当事人。延长的举证期限适用于其他当事人。申请理由不成立的，人民法院不予准许，并通知申请人。

最高人民法院《关于民事诉讼证据的若干规定》（2019年修正）的具体规定如下：

第51条规定："举证期限可以由当事人协商，并经人民法院准许。人民法院指定举证期限的，适用第一审普通程序审理的案件不得少于十五日，当事人提供新的证据的第二审案件不得少于十日。适用简易程序审理的案件不得超过十五日，小额诉讼案件的举证期限一般不得超过七日。举证期限届满后，当事人提供反驳证据或者对已经提供的证据的来源、形式等方面的瑕疵进行补正的，人民法院可以酌情再次确定举证期限，该期限不受前款规定的期间限制。"

第52条规定："当事人在举证期限内提供证据存在客观障碍，属于民事诉讼法第六十五条第二款规定的'当事人在该期限内提供证据确有困难'的情形。前款情形，人民法院应当根据当事人的举证能力、不能在举证期限内提供证据的原因等因素综合判断。必要时，可以听取对方当事人的意见。"

（一）举证期限的变更

即使是在举证限期内提供的证据，如若不够充分，同样要承担举证不力并导致败诉的风险。人民法院组织当事人交换证据的，交换证据之日举证期限届满。当事人申请延期举证经人民法院准许的，证据交换日相应顺延。

根据最高人民法院《关于民事诉讼证据的若干规定》（2019年修正）第51条的规定，举证期限可以由当事人协商，并经人民法院准许。人民法院指定举证期限的，适用第一审普通程序审理的案件不得少于15日，当事人提供新的证据的第二审案件不得少于10日。适用简易程序审理的案件不得超过15日，小额诉讼案件的举证期限一般不得超过7日。举证期限届满后，当事人提供反驳证据或者对已经提供的证据的来源、形式等方面的瑕疵进行补正的，人民法院可以酌情再次确定举证期限，该期限不受前款规定的期间限制。第55条规定，追加当事人、有独立请求权的第三人参加诉讼或者无独立请求权的第三人经人民法院通知参加诉讼的，人民法院应当依照本规定第51条的规定为新参加诉讼的当事人确定举证期限，该举证期限适用于其他当事人。

关于增加、变更诉讼请求以及提出反诉时的举证期限问题。最高人民法院《关于民事诉讼证据的若干规定》（2019年修正）第53条规定，诉讼过程中，当事人主张的法律关系性质或者民事行为效力与人民法院根据案件事实作出的认定不一致的，人民法院应当将法律关系性质或者民事行为效力作为焦点问题进行审理。但法律关系性质对裁判理由及结果没有影响，或者有关问题已经当事人充分辩论的除外。存在前款情形，当事人根据法庭审理情况变更诉讼请求的，人民法院应当准许并可以根据案件的具体情况重新指定举证期限。第55条规定，当事人增加、变更诉讼请求或者提出反诉的，人民法院应当根据案件具体情况重新确定举证期限。

(二)当事人申请延长举证期限

根据最高人民法院《关于适用〈关于民事诉讼证据的若干规定〉中有关举证时限规定的通知》(法发〔2008〕42 号)的规定:

当事人申请延长举证期限经人民法院准许的,为平等保护双方当事人的诉讼权利,延长的举证期限适用于其他当事人。

一方当事人提出新的证据的,人民法院应当通知对方当事人在合理期限内提出意见或者举证。

在第二审人民法院审理中,当事人申请提供新的证据的,人民法院指定的举证期限,不受“不得少于 30 日”的限制。

发回重审的案件,第一审人民法院在重新审理时,可以结合案件的具体情况和发回重审的原因等情况,酌情确定举证期限。如果案件是因违反法定程序被发回重审的,人民法院在征求当事人的意见后,可以不再指定举证期限或者酌情指定举证期限。但案件因遗漏当事人被发回重审的,按照本通知第 5 条(人民法院在追加当事人或者有独立请求权的第三人参加诉讼的情况下,应当依照《证据规定》第 30 条第 3 款的规定,为新参加诉讼的当事人指定举证期限。该举证期限适用于其他当事人)处理。如果案件是因认定事实不清、证据不足发回重审的,人民法院可以要求当事人协商确定举证期限,或者酌情指定举证期限。上述举证期限不受“不得少于 30 日”的限制。

(三)关于适用简易程序审理案件的举证期限问题

适用简易程序审理的案件,人民法院指定的举证期限可以少于 30 日。简易程序转为普通程序审理,人民法院指定的举证期限少于 30 日的,人民法院应当为当事人补足不少于 30 日的举证期限。但在征得当事人同意后,人民法院指定的举证期限可以少于 30 日。

三、不提供原始证据的法律风险

1. 当事人向人民法院提供证据,应当提供原件或者原物,如需自己保存证据原件、原物或者提供原件、原物确有困难,可以提供经人民法院核对无误的复制件或者复制品。提供的证据不符合上述条件的,可能影响证据的证明力,甚至可能不被采信。

2. 依照《民事诉讼法》(2023 年修正)第 70 条的规定,人民法院有权向有关单位和个人调查取证,有关单位和个人不得拒绝。人民法院对有关单位和个人提出的证明文书,应当辨别真伪,审查确定其效力。

3. 书证应当提交原件。物证应当提交原物。提交原件或者原物确有困难的,可以提交复制品、照片、副本、节录本。提交外文书证,必须附有中文译本。人民法院对视听资料,应当辨别真伪,并结合案件的其他证据,审查确定能否作为认定事实的根据。

四、证人不出庭作证的法律风险

《民事诉讼法》(2023 年修正)第 75 条规定:“凡是知道案件情况的单位和个人,都有义务出庭作证。有关单位的负责人应当支持证人作证。不能正确表达意思的人,不能作证。”

除属于法律和司法解释规定的证人确有困难不能出庭的特殊情况外,当事人提供证人证言的,证人应当出庭作证并接受质询。如果证人不出庭作证,可能影响该证人证言的证据效力,甚至不被采信。最高人民法院《关于民事诉讼证据的若干规定》(2019 年修正)第 68 条规定:“人民法院应当要求证人出庭作证,接受审判人员和当事人的询问。证人在审理前的准备阶段或者人民法院调查、询问等双方当事人在场时陈述证言的,视为出庭作证。双方当事人同意证人以其他方式作证并经人民法院准许的,证人可以不出庭作证。无正当理由未出庭的证人以书面等方式提供的证言,不得作为认定案件事实的根据。”第 76 条规定:“证人确有困难不能出庭作证,申请以书面证言、视听传输技术或者视听资料等方式作证的,应当向人民法院提交申请书。申请书中应当载明不能出庭的具体原因。符合民事诉讼法第七十三条规定情形的,人民法院应当准许。”

《民事诉讼法》(2023 年修正)第 76 条规定:“经人民法院通知,证人应当出庭作证。有下列情形之一的,经人民法院许可,可以通过书面证言、视听传输技术或者视听资料等方式作证:(一)因健康原因不能出庭的;(二)因路途遥远,交通不便不能出庭的;(三)因自然灾害等不可抗力不能出庭的;(四)其他有正当理由不能出庭的。”

当事人申请证人出庭作证,应当在举证期限届满 10 日前提出,并经人民法院许可。人民法院对当事人的申请予以准许的,应当在开庭审理前通知证人出庭作证,并告知其应当如实作证及作伪证的法律后果。证人因出庭作证而支出的合理费用,由提供证人的一方当事人先行支付,由败诉一方当事人承担。

五、不按规定申请鉴定等问题

申请法院调查收集证据的各方当事人,不按举证通知书的要求,在规定期限内提出申请和有关证据线索的,法院可不予调查收集有关证据。

当事人申请鉴定,应当在举证期限内提出。当事人申请鉴定经人民法院同意后,由双方当事人协商确定有鉴定资格的鉴定机构、鉴定人员,协商不成的,由人民法院指定。人民法院委托鉴定部门作出的鉴定意见,当事人没有足以反驳的相反证据和理由的,可以认定其证明力。

对有缺陷的鉴定意见,可以通过补充鉴定、重新质证或者补充质证等方法解决的,不予重新鉴定。

六、不按时出庭或中途退庭

原告经传票传唤,无正当理由拒不到庭,或者未经法庭许可中途退出法庭的,人民法院将按自动撤回起诉处理;被告反诉的,人民法院将对反诉的内容缺席审判。

被告经传票传唤,无正当理由拒不到庭,或者未经法庭许可中途退出法庭的,人民法院将缺席判决。

七、拒签、拒收裁判文书

除特别程序外,当事人可对一审法院的裁判文书提出异议并行使上诉权利,但无理由拒签或拒收裁判文书,逾期不上诉的,待一审判决、裁定发生法律效力,将承担丧失上诉权的风险。

在民事案件中,对判决上诉期间为判决书送达之日起 15 日内,对可上诉的裁定不服的上诉期间为裁定送达之日起的 10 日内,需注意的是,起算时间均是以最后收到判决书、裁定书为准,而且依照司法解释,“之日”指的是判决书、裁定书送达的次日;对已生效的判决、裁定不服,可以在法定期间内提出申诉,逾期不提出申诉,将承担丧失申诉权的风险。

当事人申请再审,应当在判决、裁定发生法律效力后 6 个月内提出;有新的证据,足以推翻原判决、裁定的,原判决、裁定认定事实的主要证据是伪造的,据以作出原判决、裁定的法律文书被撤销或者变更的,审判人员审理该案件时有贪污受贿、徇私舞弊、枉法裁判行为的情形的,自知道或者应当知道之日起 6 个月内提出。

第四节　庭后法律风险

所谓庭后法律风险,主要指民事执行风险。“执行难”是我国司法实践中的突出问题,“赢了官司却拿不到钱”的情况并不少见。2014 年,各级人民法院共新收各类执行案件 3,138,509 件,同比上升 10.75%;执结 2,906,861 件,同比上升 6.96%;截至 2014 年年底,尚有未执结案件 503,389 件,同比上升 85.27%;案件标的金额 9089.41 亿元,同比上升 25.63%。这也就意味着仍有 22.17% 的案件未执行到位。民事执行风险,直接关系债权人的利益能否真正实现。因此,有必要进行充分认识和有效预防。

值得欣喜的是,最高人民法院审判委员会专职委员刘贵祥在全国高级人民法院院长座谈会上做基本解决执行难工作情况通报时表示,2018 年 1 月至 5 月,全国法院受理执行案件 355.22 万件,执结 201.54 万件,执行到位金额 0.39 万亿元。2016 年至 2018 年 6 月,全国法院三个核心指标的统计数据均已达到 80% 以上,与实现两到三年基本解决执行难的目标越来越接近。截至本书本版修订截稿时,未见执行事项的全国权威数据发布,根据 2021 年上海市高级人民法院新闻发布会公布的数据,“2020 年全市法院共受理初执案件 16.16 万件,执结 16.21 万件,同比分别上升7.68% 和 7.56%;执行到位金额 378.94 亿元。执行案件法定期限内结案率、结案平均用时等执行指标居全国前列”。

一、民事执行的基本概念

所谓民事执行,也称民事强制执行或者强制执行,是指人民法院依债权人的申请,依据执行根据即生效法律文书,运用国家强制力,强制债务人履行义务,以实现债权人的民事权利的活动。

民事执行中,有权根据生效法律文书向人民法院申请执行的人,称为申请执行人;对方当事人,称为被执行人。由于申请人在实体权利义务关系中是债权人,而被申请人则是实体权利义务关系中的债务人,所以,执行当事人双方也分别被称为债权人和债务人。具体而言,民事执行有以下特征①:

1. 民事执行由人民法院进行,其他国家机关无权进行。

2. 民事执行以存在执行根据即生效法律文书为前提,具体包括:

(1)人民法院民事、行政判决、裁定书,民事调解书,行政赔偿判决、调解书,民事制裁决定,支付令,以及刑事附带民事判决、裁定、调解书;

(2)依法应由人民法院执行的行政处罚决定、行政处理决定;

(3)我国仲裁机构作出的仲裁裁决和调解书;

(4)公证机关依法赋予强制执行效力的债权文书;

(5)经人民法院裁定承认其效力的外国法院以及我国香港特别行政区、澳门特别行政区、台湾地区法院作出的判决、裁定,以及国外仲裁机构作出的仲裁裁决;

(6)法律规定由人民法院执行的其他法律文书。

3. 民事执行一般须经债权人申请。

4. 民事执行是国家使用公权力的强制行为,强制性是民事执行的根本特性。

5. 民事执行是实现已确定的私权的程序。

二、民事执行的分类

依据不同的标准,可以将民事执行做以下分类:

(一)终局执行与保全执行

依据执行的效果,可将民事执行分为终局执行与保全执行。终局执行也称满足执行,是指使债权人的债权获得实现或者满足的执行。例如,依据确定的给付判决所为的执行。保全执行是指维持债务人的财产现状,以保证将来的终局执行的执行。比如对债务人财产的查封、扣押、冻结等限制债务人处分其财产的行为。民事执行原则上指终局执行,保全执行为其例外。

(二)金钱执行与非金钱执行

执行根据所载债权的性质,可分为金钱执行与非金钱执行。金钱执行是指为满足金钱债权的请求权,对债务人的财产或者人身进行执行。非金钱执行是指非为实现金钱债权请求权而进行的执行,包括交付物的请求权的执行和完成行为的执行。金钱执行与非金钱执行,因实现的权利性质

---

① 参见唐晓春主编:《企业诉讼的法律风险及防范》,中国法制出版社 2007 年版。

不同,二者的执行方法也有所不同。

(三)直接执行、间接执行与替代执行

根据民事执行方法的不同,可将民事执行分为直接执行、间接执行与替代执行。直接执行,是指执行机关直接以强制力实现债权人的权利的执行,如查封、扣押、拍卖债务人的财产,并以拍卖所得价款满足债权人的债权。间接执行,是指执行机关不直接以强制力实现债权人的权利,而给予债务人一定的不利,以迫使债务人履行债务的执行,如拘留债务人或者拘传债务人的法定代表人。替代执行,是指执行机关命第三人代债务人履行债务,而由债务人负担费用的执行。

(四)对人执行与对物执行

根据执行标的不同,可将民事执行分为对人执行与对物执行。对人执行,是以债务人或者应当为债务人清偿债务者的身体、名誉或者自由等为执行对象,从心理上迫使其履行债务。对物执行,是以债务人的财产权为执行标的。对物执行中有执行标的物,而对人执行中却无执行标的物。现代社会尊重个人人格,民事执行以对物执行为原则,对人执行仅为辅助财产执行的特殊方法,属于例外规定。

三、民事执行的过程

(一)民事执行的开始

根据我国《民事诉讼法》的相关规定,执行程序的开始有两种形式,即申请执行和移送执行。债权人是否申请执行,应当由当事人处分决定。所以执行程序一般只有申请人提出申请以后才开始,这就是申请执行;在特别情况下不依当事人的申请,而是法院依职权开始,这就是移送执行。

1. 申请执行

申请执行,是指享有权利的一方当事人根据生效的法律文书,在对方拒不履行义务的情况下,向有管辖权的人民法院申请强制对方履行义务的行为。

有效的申请执行应当符合五个条件:(1)申请的法律文书已经生效。(2)申请执行人是生效法律文书确定的权利人或其继承人、权利承受人。(3)申请执行的法律文书有给付内容,且执行标的和被执行人明确。(4)法律文书规定的履行义务期限已经届满,义务人仍未履行义务。(5)属于受申请执行的人民法院管辖。

发生法律效力的民事判决书、裁定书、调解书,以及刑事判决书、裁定书、调解书中的财产部分,由第一审人民法院或者与第一审人民法院同级的被执行的财产所在地人民法院执行。

法律规定由人民法院执行的其他法律文书(仲裁裁决书、公证债权文书),由被执行人住所地或者被执行财产所在地的人民法院执行。当事人分别向上述人民法院申请执行的,由最先接受申请的人民法院执行。

在国内仲裁过程中,当事人申请财产保全,经仲裁机构提交人民法院的,由被申请人住所地或被申请保全的财产所在地的基层人民法院裁定并执行;申请证据保全的,由证据所在地基层人民法院裁定并执行。

在涉外仲裁过程中,当事人申请财产保全,经仲裁机构提交人民法院的,由被申请人住所地或被申请保全财产所在地中级人民法院裁定并执行;申请证据保全的,由证据所在地中级人民法院裁定并执行。

专利管理机关依法作出的处理决定和处罚决定,由被执行人住所地或被执行财产所在地的省、自治区、直辖市有权受理专利纠纷案件的中级人民法院执行。

国务院各部门、各省、自治区、直辖市人民政府和海关依照法律作出的处理决定和处罚决定,由被执行人住所地或被执行财产所在地的中级人民法院执行。

发生法律效力的支付令,由制作支付令的人民法院负责执行。

申请执行应向法院提交以下文件和证件:(1)申请执行书。申请执行书中应当写明申请执行的理由、事项、执行标的,以及申请执行人所了解的被执行人的财产状况。(2)生效法律文书副本。(3)申请执行人的身份证明。自然人个人申请的,应当出示居民身份证;法人申请的,应当提交法人营业执照副本和法定代表人身份证明;非法人组织申请的,应当提交营业执照副本和主要负责人身份证明。(4)继承人或权利承受人申请执行的,应当提交继承或承受权利的证明文件。(5)其他应当提交的文件或证件。

2. 移送执行

人民法院在作出裁判后,因为情况特殊而认为有必要时,不待当事人的申请,直接交执行机关执行的叫移送执行。

人民法院可以依职权移送执行的案件,大致有三类:一是发生法律效力的具有给付赡养费、扶养费、抚养费内容的法律文书;二是民事制裁决定书;三是刑事附带民事判决、裁定、调解书。

(二)执行案件的受理与调查

1. 执行案件的受理

法院应在 7 日内审查完毕,不符合法律规定的裁定不予受理;符合法律规定的裁定予以受理,开始进入执行程序。

2. 执行案件的调查

(1)调查的事项。应当调查的事项有:执行根据有无误写、误算。如有误写、误算,应当退回原制作机关补正。对于执行的客体,主要是对债务人的财产进行调查,即要调查债务人有无可供执行的财产以及可供执行的财产的种类、数量、所在地,然后决定采取何种相应的执行措施。如果执行机关在执行本院的判决、裁定和调解书时,发现确有错误的,应当提出书面意见报请院长审查处理,在执行上级人民法院的判决、裁定、调解书时,发现确有错误的,可以提出书面意见,经院长批准,函请上级人民法院审查处理。

(2)调查的方法。人民法院应当依职权对债务人的财产状况进行调查。可以要求申请人向人民法院提供其所了解的被执行人的财产状况,也可以依职权向被执行人、有关机关、社会团体或者自然人个人调查了解被执行人的财产状况。对调查所需要的材料可以复制、抄录或者拍照。执行非诉讼法律文书时,法院必要时可以向制作该文书的机构调取卷宗。

(三)被执行主体的变更和追加

1. 被执行人为企业法人的分支机构不能清偿债务时,可以裁定企业法人为被执行人。企业法人直接经营管理的财产仍不能清偿债务的,人民法院可以裁定执行该企业法人其他分支机构的财产;若必须执行已被承包或租赁的企业法人分支机构的财产时,对承包人或承租人投入及应得的收益应依法保护。

2. 被执行人按法定程序分立为两个或多个具有法人资格的企业,分立后存续的企业按照分立协议确定的比例承担债务;不符合法定分立程序分立的,裁定由分立后存续的企业按照其从被执行企业分得的资产占原企业总资产的比例对申请执行人承担责任。

(四)执行中止和终结

执行中止是暂时的,未来可恢复。根据《民事诉讼法》(2023 年修正)第 267 条的规定:"有下列情形之一的,人民法院应当裁定中止执行:(一)申请人表示可以延期执行的;(二)案外人对执行标的提出确有理由的异议的;(三)作为一方当事人的公民死亡,需要等待继承人继承权利或者承担义务的;(四)作为一方当事人的法人或者其他组织终止,尚未确定权利义务承受人的;(五)人民法院认为应当中止执行的其他情形。中止的情形消失后,恢复执行。"

执行终结是指人民法院在执行过程中,由于出现了某种特殊情况,使执行程序无法或无须继续进行,从而结束执行程序。其特征是:发生了特殊情况,执行程序没有必要和不可能继续进行;执行程序永远停止;以后也不再恢复执行程序;终结执行的权利只能由人民法院行使。

根据《民事诉讼法》(2023 年修正)第 268 条的规定,具有下列情形之一的,人民法院就可以裁定终结执行:

1. 申请人撤销申请

执行开始以后,申请执行人撤销申请,是对自己诉讼权利和实体权利的处分行为。对于这种行为,人民法院应当依法进行审查,如果这种处分行为不损害国家、集体或他人的合法权益并且是申请执行人自己意志的真实表示,又不违反法律的规定,人民法院应当尊重申请执行人的这一权利,准予其撤回申请,裁定终结执行。

2. 据以执行的法律文书被撤销

人民法院执行的依据是人民法院和有关机关制作的已经生效的法律文书。如果这些法律文书被人民法院或者其他机关撤销,那么执行就失去了根据,执行程序就没有必要再进行,而且法律文书被撤销,说明该法律文书有错误,法院也不应当再执行。因此,在这种情况下,人民法院应立即裁定终结执行。

3. 作为被执行人的自然人死亡,无遗产可供执行,又无义务承担人

在执行过程中,如果被执行人是自然人,若其死亡应当依法执行他的遗产;如果他没有遗产可供执行,还可以由他的义务承担人履行义务。但如果他死亡后既无遗产可供执行,又无义务承担人,执行工作事实上无法进行,则人民法院必须结束执行程序,裁定终结执行。

4. 追索赡养费、扶养费、抚养费案件的权利人死亡

追索赡养费、扶养费、抚养费案件是人身权益案件。这类案件中,权利人所享有的权利是基于特定的人身关系而产生的,与权利人的主体资格不可分离,只能由权利人本人所享有,既不能转让,又不能继承。因此,追索赡养费、扶养费、抚养费的权利人死亡后,权利人所享有的权利即告消灭,被执行人继续履行义务已无权利承受者。所以人民法院应当作出裁定,终结执行。

5. 作为被执行人的自然人因生活困难无力偿还借款、无收入来源,又丧失劳动能力

执行工作只有在被执行人具有偿付能力的情况下才能进行。如果作为被执行人的自然人因生活困难,无收入来源,且丧失劳动能力,执行程序无法进行,以后也不可能恢复执行,则人民法院必须结束执行程序,裁定终结执行。但在适用民事诉讼法的这一规定时,应当注意必须具备两个条件:(1)被执行人与申请人是一种借贷关系,即被执行人因生活困难无力偿还借款,而不包括被执行人应当履行的其他义务。(2)被执行人无收入来源,且丧失劳动能力。有收入来源,虽然丧失了劳动能力,但仍具有一定的偿付能力,也不能终结执行。只有两项因素同时存在,才能认定其永久地失去了偿还能力,才能裁定终结执行,被执行人的债务因此而不再偿还。

6. 人民法院认为应当终结执行的其他情形

如最高人民法院《关于人民法院执行工作若干问题的规定(试行)》(2020 年修正)第 61 条规定:"在执行中,被执行人被人民法院裁定宣告破产的,执行法院应当依照民事诉讼法第二百五十七条①第六项的规定,裁定终结执行。"

此条规定涉及破产而终结执行的情形。人民法院在受理破产申请后,经审查债务人符合破产条件,已经作出宣告破产的裁定。此时所有的债权人都应当参加破产程序,执行法院因为破产的宣告而确定性地不可能再恢复执行了,人民法院就应当作出终结执行程序的裁定。

四、具体执行措施

所谓执行措施,是指法律明文规定的由人民法院依法强制债务人履行义务、实现债权人权益的

---

① 此处适用的是 2017 年修正的《民事诉讼法》,相关规定参见 2023 年修正的《民事诉讼法》第 264 条。

方式和方法,是生效法律文书得以实现的重要手段,是国家强制力的体现。执行措施是整个执行法律的核心内容。[①] 对于强制执行措施,法律作了具体规定,因为它直接处置被执行人的财产、强制完成某种行为,关系到被执行人的权利与合法利益,政策性很强,影响极大。

按照法律文书确定的内容不同,划分相应的执行措施,大体有三种:一是确定被执行人给付一定数额的金钱;二是确定被执行人交付特定或不特定的实物;三是确定被执行人完成一定的行为。[②]

(一)对被执行人财产的执行措施

1. 查询、冻结、划拨被执行人的存款

所谓查询,是指由人民法院向存有被执行人款项的银行(含其分理处、营业所和储蓄所)、非银行金融机构、其他有储蓄业务的单位(以下简称金融机构),发出协助执行通知书,了解被执行人存款状况的行为。在执行实践中,有些被执行人为了逃避履行义务,往往隐瞒自己的银行账户和存款,给人民法院的执行工作制造障碍。因此,查询被执行人的账户和存款情况是人民法院在执行中的首选措施。人民法院向金融机构查询被执行人存款账户和金额情况时,应出具协助查询存款通知书。金融机构必须办理,有义务提供真实情况,以保障人民法院的执行工作顺利进行。

冻结,是指由人民法院向存有被执行人款项的金融机构发出协助冻结存款通知书,不准被执行人提取和转移该项存款的行为。冻结存款的数额,不得超过被执行人应当履行义务的部分。如果被执行人当日账户的存款数额小于执行标的额,可告知金融机构,冻结被执行人将来收入的款项,直至与执行标的的数额相符为止。不准无限额冻结被执行人的整个账户。

划拨,是指将被执行人在金融机构的存款,划拨到申请执行人或者债权人账户上去。划拨存款这一执行措施,可以在冻结存款的基础上进行,也可以不经冻结而直接划拨。

人民法院采取冻结、划拨执行措施时,可直接向金融机构的营业所、储蓄所提出,无须经上级主管单位的同意。外地人民法院可直接到被执行人住所地、被执行财产所在地的金融机构冻结、划拨存款,不需经当地人民法院同意或者转办手续,当地金融机构必须协助办理,不得以扣收到期贷款或贷款利息等任何理由拒绝和搪塞。

2. 扣留、提取被申请执行人的收入

《民事诉讼法》(2023年修正)第254条规定:“被执行人未按执行通知履行法律文书确定的义务,人民法院有权扣留、提取被执行人应当履行义务部分的收入。但应当保留被执行人及其所扶养家属的生活必需费用。人民法院扣留、提取收入时,应当作出裁定,并发出协助执行通知书,被执行人所在单位、银行、信用合作社和其他有储蓄业务的单位必须办理。”

在执行实践中,扣留、提取被执行人的收入是人民法院经常使用的一种执行措施。扣留和提取是紧密相连的两个措施,扣留是临时性措施,是将被执行人的收入暂时扣下,仍留于原来的单位,不准其动用和转移,促使其在限定的期限内履行义务;如果过期限仍不履行,即可提取该项收入交付申请执行人。

被执行人如果有收入,却拒绝履行生效法律文书确定的义务,是不能允许的。这里说的收入,是指自然人个人的收入,包括工资奖金、劳动报酬及非劳动收入等。扣留、提取被执行人的收入,往往是在他没有其他储蓄存款,而其他财产又不宜于拍卖或变卖时,才扣留提取他的收入。因为收入是被执行人的生活来源,关系到他以及他所供养家属的切身利益,所以,在扣留、提取收入时,必须

---

① 参见王瑞生:《论执行措施》,载中国法院网2003年7月31日,https://www.chinacourt.org/article/detail/2003/07/id/72978.shtml。

② 参见王瑞生:《论执行措施》,载中国法院网2003年7月31日,https://www.chinacourt.org/article/detail/2003/07/id/72978.shtml。

为被执行人和他供养的家属保留生活的必需费用，而不得给他们的生活造成困难。生活的必需费用，应以当地的一般自然人平均生活标准为根据加以确定。

采取此项措施，必须得到有关单位的协助。负有执行任务的人民法院，向被执行人工作、劳动所在单位或者有关金融机构发出协助执行通知书，要求扣留、提取被执行人的收入，交申请执行人或者交人民法院由执行人员转交。协助执行人民法院生效的法律文书，是有关单位的义务，必须按照协助执行通知书的内容办理，不得以任何借口推托或者拒绝。

3. 对迟延履行利息或迟延履行金的执行

支付迟延履行债务利息和迟延履行金，是针对故意拖延利息义务的被执行人规定的措施，是使用经济手段促使被执行人履行义务。在执行实践中，被执行人故意拖延履行义务，最后并不增加其负担，甚至还使其占到便宜，义务人可以占有、使用这笔资金进行经营，而权利人就要负担银行的贷款利息，这是极不合理的，给申请执行人和执行工作造成重大损失。

《民事诉讼法》（2023 年修正）第 264 条规定："被执行人未按判决、裁定和其他法律文书指定的期间履行给付金钱义务的，应当加倍支付迟延履行期间的债务利息。被执行人未按判决、裁定和其他法律文书指定的期间履行其他义务的，应当支付迟延履行金。"

这里规定的加倍支付迟延履行期间的债务利息，是指被执行人的义务是交付金钱，在依法强制执行其履行义务交付金钱的同时，对其拖延履行义务期间的债务利息，要在原有债务利息上增加一倍，按银行同期贷款最高利率计付，从判决、裁定和其他法律文书指定交付的期间届满的次日起计算，直至其履行义务之日止。

被执行人未按判决、裁定和其他法律文书指定的期间履行非金钱给付义务的，因为拖延履行已给申请执行人造成损失，故应支付迟延履行金。迟延履行金的数额，可以由人民法院根据具体案件的情况另行决定。

人民法院依照民事诉讼法规定，发出的执行通知，除责令被执行人履行法律文书确定的义务外，并应通知其交纳迟延履行期间的债务利息或者迟延履行金。在这两种措施中，既有给申请执行人补偿损失的部分，也有对被执行人制裁的部分。

4. 查封、扣押、拍卖、变卖被执行人的财产

查封，是一种临时性的执行措施，对被申请执行人的财产贴上人民法院的封条，就地封存，不准任何人转移和处理。人民法院还可以将查封的财产易地封存，以确保财产的安全。就地查封的财产，执行人员可以指定被执行人负责保管。保管期间，如果被执行人需要，而又不会损害被查封财产的质量时，经人民法院批准，被执行人还可以使用这项财产。如果被执行人拒绝保管或保管不善，从而造成损失的，由其自己承担责任。执行人员认为需要，也可以指定其他单位或者个人保管，保管费用均由被执行人负担。

扣押，也是一种临时性的执行措施，是把被执行人的财产运到另外的场所，加以扣留，不准被执行人对该财产占有、使用和处分。被扣押的财产，一般要从原来的处所移走，易地保存，因此，扣押的财产往往是便于移动的物品，以便将来拍卖、变卖后，能够偿还被执行人所欠的债务。人民法院对于被扣押的财产，要注意妥善保管，可以由人民法院自己保管，也可以由有关单位或个人保管。保管人员不得使用该项财产。因保管而发生的费用，由被执行人负担。

拍卖，是指以公开的方法、竞争的方式，按竞买的最高价格当场成交，出售被执行人的财产。人民法院采取这一执行措施，应当将被执行人的财产委托拍卖机构拍卖，也可以自己拍卖。

人民法院采取拍卖这一执行措施，必须针对已经查封、扣押的财产。拍卖前要发布公告，说明拍卖财产的名称，种类，数量，质量，特征，拍卖的原因、地点、时间，交款的方式、期限等。人民法院拍卖财产，应依合理原则由高到低分段进行。拍卖财产的底价，应由委托法院和受托拍卖机构共同

确定,对社会保密。拍卖不了的财产,或者因买者出价低于拍卖底价的,拍卖无效,可另定日期,再次拍卖。如果认为将来亦不好拍卖,申请执行人又不接收的,应将财产退回被执行人。

变卖,是指对被执行人财产的强制出卖,往往在查封、扣押的基础上进行,即被执行人在财产被查封、扣押之后,不在限期内履行法律文书内容的,其被查封扣押的财产,就要被人民法院变卖。变卖被执行人的财产,可交有关单位进行,也可以由人民法院直接进行。由人民法院直接变卖的,变卖前,应就价格问题,征求物价等有关部门的意见,变卖的价格应当合理。如需交给有关单位变卖,亦可以让几个单位参加,选择出价最高的单位成交。如成交不成,亦可降价。经过降价,仍无法变卖的财产,经申请执行人同意,人民法院可以将这项财产交申请执行人,抵偿债务。不能完全抵偿的剩余债务,由被执行人继续清偿;如抵偿债务后还有剩余,则交还被执行人。如申请执行人拒绝接受,则退回被执行人。

(二)对行为的执行措施

1.强制被执行人交付法律文书指定的财物或票证

法律文书指定交付的财物或者票证,由执行员传唤双方当事人当面交付,或者由执行员转交,并由被交付人签收。有关单位持有该项财物或者票证的,应当根据人民法院的协助执行通知书转交,并由被交付人签收。有关自然人持有该项财物或者票证的,人民法院可通知其交出。拒不交出的,强制执行。

有关单位和个人持有的财物、票证毁灭、损失的,人民法院可责令持有人赔偿;如果拒绝,可按被执行财物的实际价值或者票证的实有价值,裁定强制执行。

这里所指的财物,包括特定物和种类物两种,特定物是法律文书指明的,并对权利人有特殊意义的物品。执行特定物的,应执行原物;原物确已不存在的,才可以折价赔偿。

作为执行依据的法律文书生效后,被执行人将执行标的物抵押给其他单位和个人的,抵押无效,人民法院可对该项财物采取强制执行措施。

2.强制迁出房屋或退出土地

强占房屋不腾,强占土地不还,是一种严重的违法行为,必将严重影响群众的生活、国家的建设、社会的安定和人民的团结。因此,我国民事诉讼法明确规定了强制迁出房屋和退出土地的措施。生效的判决、裁定和其他法律文书规定的迁出房屋、退出土地,而当事人又不自动履行的,人民法院应当依照法定程序,及时予以强制执行。

采取此项强制执行措施时,需要查明被执行人是否有房可住或者可以寄居,如果确实没有,则应暂缓执行,或者中止执行;强制退出土地时,如对土地上的固定物未作判决,则应退回审判庭解决这一问题,在此期间暂缓执行。如无上述情况,则由人民法院院长签发公告,张贴于应当迁出的房屋上或者应当退出土地附近。责令被执行人在指定期限内自动履行。逾期仍不自动履行的,即由执行员、书记员、司法警察强制执行。

强制执行时,被执行人是自然人的,应当通知他本人或者他的成年家属到场;被执行人是法人或者非法人组织的,应当通知其法定代表人或者主要负责人到场。拒不到场的,不影响执行工作的进行。被执行人是自然人的,并应通知其工作、劳动所在单位派人参加,通知房屋、土地所在地的基层组织派人协助执行。强制搬迁的具体工作,人民法院可以委托有关单位或者个人进行,也可以通知申请执行的单位或者个人协助,将房屋内或者土地上的财物运至指定场所,然后,由人民法院交给被执行人或他的成年家属;如果拒绝接受,因此造成损失的,由被执行人承担。强制搬迁后腾出的房屋和土地,人民法院执行员应交给申请执行人,及时结束执行程序。这样既可以防止发生意外,避免空出的房屋或者土地被别人抢占,又可以使申请执行人及时收回房屋或者土地,有利于生活和生产。

强制执行中实际支出的一切费用，由被执行人承担。被执行人拒不交纳的，人民法院强制执行。

强制搬迁的过程，应当记入笔录。搬迁的财物要详细记载，以保证搬迁活动的正常进行，保护被执行人的利益，并尽力避免可能发生的纠纷。强制搬迁的笔录，应由执行人员、被执行人或者其成年家属以及协助执行的人员签名或者盖章。

3. 强制执行法律文书指定的行为

这是一种特殊的执行措施，是由人民法院执行员按照法律文书的规定，强制被执行人完成指定的行为。强制执行法律文书指定行为的措施比较特殊，有的可以由人民法院委托有关单位或者其他人代为完成指定的行为，如由建筑工程队修缮房屋，由雇请的工人拆除违章建筑等，一切费用由被执行人负担；如果被执行人拒不交付则可采取其他相应的执行措施，如可以扣留、提取他的存款或者收入，可以拍卖、变卖他的财产。这样一来，就把执行法律文书指定的行为转变为对财产的执行。

人民法院对不便强制执行，又不能由他人代替完成的，裁定被执行人赔偿对方当事人的损失却又不宜赔偿的事项，可依民事诉讼法的规定，根据情节轻重和后果严重的情况，对被执行人处以罚款、拘留；构成犯罪的，依法追究刑事责任。例如，离婚的男方拒绝按照判决的规定把孩子交给女方抚育的，在充分做工作均无效的情况下，可选择采取这一强制措施，促使其履行法律文书指定的行为，以保护妇女、儿童的合法权益。

（三）辅助性执行措施

1. 搜查

搜查，是指被执行人隐匿财产、拒不履行生效法律文书确定的义务时，由人民法院院长签发搜查令，对可能隐匿财产的处所依法搜寻查找的行为。搜查不是一个独立的执行措施，它是辅助性的执行措施，基本上对任何一种主要的执行措施都可以辅助适用，而且其目的是查获被执行人可能隐藏的财产。

搜查由有管辖权的人民法院进行，针对被执行人隐匿财产、逃避履行义务的违法行为采取。在执行实践中，被执行人往往隐匿财产，作为拖延、抗拒执行的手段，给执行工作制造障碍，给申请执行人造成损失。《民事诉讼法》（2023 年修正）第 259 条明确规定："被执行人不履行法律文书确定的义务，并隐匿财产的，人民法院有权发出搜查令，对被执行人及其住所或者财产隐匿地进行搜查。采取前款措施，由院长签发搜查令。"适时运用搜查的手段，对于执行顺利进行，保护申请执行人的合法权益，维护法律尊严和人民法院威信，具有重要意义。

搜查的条件：搜查是一项有重大影响的强制措施，必须具有一定的条件，才能采取。进行搜查必须具备的条件是：（1）生效法律文书确定的被执行人履行义务的期限已经届满；（2）被执行人拒不履行生效法律文书确定的义务；（3）被执行人有隐匿财产的行为。

搜查程序：搜查人员必须着装，并出示搜查令和身份证件，可以依据被执行人隐匿财产的具体情况，对他的人身、住所及其他的财产隐匿地进行搜查。

搜查工作由执行员、书记员和司法警察共同进行。搜查妇女身体，应由女执行人员进行。搜查时，无关人员不得进入现场。搜查对象是法人或者非法人组织的，应通知法定代表人或者主要负责人到场，有上级主管部门的，也应通知主管部门有关人员到场。拒不到场的，不影响搜查工作的进行。人民法院应将搜查情况制作笔录，由被搜查人及其他在场人签名或者盖章。如被搜查人或其成年家属拒绝签名、盖章或者不在场，应当在笔录中写明。

在搜查中，如发现有应依法查封或者扣押的财产时，执行人员应当依照民事诉讼法的规定查封、扣押。如果来不及制作查封、扣押裁定的，可先行查封、扣押，然后在 48 小时内补办。

2. 拘传

拘传,即人民法院对必须到庭的被执行人,由司法警察强制其到庭的措施。《民事诉讼法》(2023 年修正)第 112 条规定:"人民法院对必须到庭的被告,经两次传票传唤,无正当理由拒不到庭的,可以拘传。"

最高人民法院《关于适用〈中华人民共和国民事诉讼法〉的解释》(法释〔2022〕11 号)第 174 条规定:"民事诉讼法第一百一十二条规定的必须到庭的被告,是指负有赡养、抚育、扶养义务和不到庭就无法查清案情的被告。人民法院对必须到庭才能查清案件基本事实的原告,经两次传票传唤,无正当理由拒不到庭的,可以拘传。"

3. 罚款

罚款,即责令被执行人按照法律规定交纳一定的金钱。在执行案件中,需要对被执行人或其他有关当事人进行罚款的,应在查明事实的基础上,经合议庭评议并报庭长、院长审批后,制作罚款决定书并送达被罚款人。根据《民事诉讼法》(2023 年修正)第 118 条第 1 款的规定:"对个人的罚款金额,为人民币十万元以下。对单位的罚款金额,为人民币五万元以上一百万元以下。"所罚款项上缴国库。对于不服罚款决定的,可向上一级人民法院申请复议一次,复议期间不停止执行。

4. 拘留

拘留,即在一定期间内限制行为人自由,是一种最严厉的执行措施。在执行案件中,需要对被执行人或其他有关当事人进行拘留的,应在查明事实的基础上,经合议庭评议并报庭长、院长审批后,制作拘留决定书,决定对被执行人或有关当事人进行拘留。

在适用拘留措施时,应当注意以下几个问题:(1)拘留的期限为 15 日以下。(2)执行拘留决定时应将拘留决定书送达被拘留人,由执行员、法警将被拘留人送看守所羁押,同时填写执行拘留通知书,执行拘留通知书回执由看守所填写后附卷。(3)对被拘留人实施拘留后,应在 24 小时内对被拘留人进行提讯。(4)不服拘留的当事人提出申请复议的,应将复议申请书及有关材料及时报上一级法院。(5)对被拘留人在被拘留期间有悔改表现的,应由合议庭合议后并报庭长、院长审批后,制作提前解除拘留决定书,并将提前解除拘留决定书送达被拘留人,同时填写提前解除拘留通知书。(6)在外地执行时,对被执行人或者其他有关当事人进行拘留的,应请当地法院协助,不得异地拘留。

五、民事执行实务中的几种主要风险

任何一种国家公力救济措施均不是万能的。民事强制执行对于当事人权利的救济也同样如此。由于社会发展的历史局限性,也总有一些生效法律文书得不到完全的执行、当事人的债权得不到实现,从而出现执行不能之风险。

作为一种事后的公力救济措施,民事强制执行权的行使是十分有限的,对于当事人的权利救济也只能是相对的。而且这种事后的公力救济对于当事人债权的实现也不可能是绝对的保障,它只为当事人实现其债权提供了一种可能性。当事人债权的实现还要受多种因素的影响和制约,其中有当事人的履行能力、社会信用意识、经济管理制度、社会体制等方面。这就不可避免地决定了一部分生效法律文书所确定的给付内容,在向法院申请执行后得不到执行或者难以执行,最终得不到完全实现或者完全不能得到实现,从而产生执行不能的风险。①

(一)时间优先原则的确立所产生的风险

该风险主要发生在多个债权人对同一债务人享有债权,或两个以上人民法院都有管辖权的情

---

① 参见李怀敏:《论执行风险》,载中国法院网 2003 年 11 月 17 日,http://www.chinacourt.org/article/2003/11/id/91970.shtml。

形下。

最高人民法院《关于人民法院执行工作若干问题的规定(试行)》(2020 年修正)第 55 条第 1 款规定:"多份生效法律文书确定金钱给付内容的多个债权人分别对同一被执行人申请执行,各债权人对执行标的物均无担保物权的,按照执行法院采取执行措施的先后顺序受偿。"

最高人民法院《关于适用〈中华人民共和国民事诉讼法〉执行程序若干问题的解释》(2020 年修正)第 2 条规定:"对两个以上人民法院都有管辖权的执行案件,人民法院在立案前发现其他有管辖权的人民法院已经立案的,不得重复立案。立案后发现其他有管辖权的人民法院已经立案的,应当撤销案件;已经采取执行措施的,应当将控制的财产交先立案的执行法院处理。"

这两个规定明确了时间优先原则在执行程序中的应用。在被执行人的财产不足以清偿多个债务的情况下,谁先申请,谁的风险就少甚至没有。谁先立案,谁就占得先机。同时,由于申请执行的期限比较长,一些当事人获得胜诉判决后思想上麻痹大意,迟迟不申请执行,给债务人恶意转移、隐匿财产提供了机会,从而也给法院的执行工作带来了困难。

(二)超过期限申请强制执行所产生的风险

根据《民事诉讼法》(2023 年修正)第 250 条的规定,申请执行的期间为 2 年。申请执行时效的中止、中断,适用法律有关诉讼时效中止、中断的规定。前款规定的期间,从法律文书规定履行期间的最后一日起计算;法律文书规定分期履行的,从最后一期履行期限届满之日起计算;法律文书未规定履行期间的,从法律文书生效之日起计算。

(三)无财产或者无足够财产可供执行

一方没有财产的风险。当事人可就对方当事人的财产提供证据或线索,并向法院提出诉讼保全申请,以便法院在诉前或诉讼中采取保全措施。一方没有财产,会导致财产保全不能实现而保全费及垫付的执行中实际支出费用不予退还的风险,还会导致无财产可供执行的风险。

无足够财产提供执行的风险。执行申请人应按照法院《执行案件举证通知书》的要求,向法院提供被执行人的详细地址,可供执行的财产情况或可供执行财产的线索。如果不能提供,执行申请人胜诉后裁判结果无法兑现的风险和后果由申请人承担。被执行人没有财产或虽有财产,但不足以抵偿全部债务,会导致法院对剩余债务中止执行,待发现被执行人有财产时,法院才恢复执行。

有些个案的执行需要采取拍卖、以物抵债的方式,在标的物流拍,或者权利人不愿意接受以物抵债方式的情况下,也存在相应的风险。

(四)被执行人下落不明的风险

被执行人下落不明的情况一般分为以下几种:

第一,在案件审理前就下落不明。到审理阶段和执行阶段都无法找到被执行人,致使案件无法得到执行。

第二,在案件审理过程中下落不明。比如有的被告在开庭审理时出庭应诉,但到送达法律文书时找不到其人,这种情况往往是被告预见到法院将作出对其不利的判决裁定等而隐匿起来,以拖延法律文书生效的时间。

第三,在判决生效后执行过程中下落不明。由于判决等法律文书对其不利,被执行人妄图逃避法律的责任,一躲了之,有的甚至全家一起外出,这种情况在法院执行案件中,占到了较大的比例。

第四,由于个别法院执行人员工作不细致,缺乏耐心,人为造成被执行人下落不明。如执行人员邮寄的传票被退回,或者上门寻找没有结果、一时无法查明被执行人的住址,而申请执行人也无法提供被执行人的住址,出现上述情况时,执行人员较为草率地认定被执行人下落不明。

(五)案外人执行异议的法律风险

执行异议,是指案外人对执行标的全部或者一部分主张自己享有实体权利,向人民法院申请停止或变更执行的请求。执行异议制度赋予了案外人保护自己合法权益的救济手段,对于保护案外人的合法权益,纠正人民法院和其他机关制作的生效法律文书的错误,具有重要意义。

但这一为保护善意案外人合法权益而设立的制度,却常常被恶意案外人和被执行人联手利用(以案外人与被执行人联手转移被执行人的财产为常见),作为阻碍法院执行、拒不履行自身法律义务的“挡箭牌”。

第五节 民事诉讼业务法律文书

民事诉讼业务的法律文书以固定下来民事委托代理关系,并且促成律师依法完成委托事项为基础进行设计,包括从开始委托至完成委托全过程所需的基本法律文件。

一、委托代理协议

目前,各律师事务所基本形成了各自的范本,本文件仅为一般事项的列举,具体签订时,需以律师事务所的要求,以及当事人合理合法的需求为准。

根据各地司法行政系统的要求及律师事务所的运作规范的不同,《委托代理协议》可能分一审、二审、执行等阶段分别签署;亦可能“一揽子”签署。相关费用标准,执行国家发改委、司法部《关于印发〈律师服务收费管理办法〉的通知》(发改价格〔2006〕611 号),以及各地的有关规定。

委托代理协议

合同编号:____________

甲方:____________
法定住址:____________
法定代表人:____________
职务:____________
委托代理人:____________
身份证号码:____________
通信地址:____________
邮政编码:____________
联系人:____________
电话:____________
传真:____________
账号:____________
电子信箱:____________
乙方:____________
法定住址:____________
法定代表人:____________
职务:____________
企业法律顾问姓名:____________
身份证号码:____________
律师执业证号:____________
通信地址:____________
邮政编码:____________

联系人:____________
电话:____________
传真:____________
账号:____________
电子信箱:____________

甲方因____________纠纷一案,依照法律规定,委托乙方律师代理诉讼及与诉讼相关事宜。双方经过充分协商,在平等自愿的基础上,订立以下条款:

第一条　乙方律师

1. 乙方接受甲方的委托,并指派__________、__________律师担任甲方在本案中的代理人。

2. 律师姓名:____________;律师执业证号:____________。律师姓名:____________;律师执业证号:____________。

第二条　资料提供

甲方必须向乙方律师提供与诉讼有关的全部资料并保证其真实性。甲方提供虚假证据和资料导致出现不利于甲方的诉讼结果,乙方不承担任何责任,依约所收费用不予退还。

第三条　甲方委托乙方律师的代理权限

1. 代为起诉、递交和签收法律文书,收集相关证据;

2. 代为推选诉讼代表人并接受诉讼代表人的委托代理诉讼;

3. 代为追加、变更被告和第三人;

4. 代为申请回避和控告;

5. 代为参加诉讼,陈述事实和理由,出示证据、质证和辩论;

6. 代为承认、变更诉讼请求,进行和解、调解,提出上诉,申请执行,代为接收执行回来的钱物等。

第四条　报酬支付

根据有关规定并经双方协商,甲方向乙方支付律师费__________元,于本合同签订之日起______日内支付__________元;于诉讼开始之日起______日内支付__________元;余款于诉讼结束之日起______日内付至乙方账户__________。

第五条　乙方律师权利义务

1. 乙方律师应当充分应用法律专业知识,按照法律规定,认真完成本案代理活动中的各项工作,按时出庭,依法维护甲方的合法权益。

2. 乙方律师对甲方了解本案进展情况和案件结果的要求,应当尽快给予答复。

3. 乙方律师处理本案而取得的款物,应当及时转交给甲方,但有权从中扣除约定的费用和乙方律师为甲方垫付的费用。

4. 乙方律师应当在受委托的权限内,维护委托人的合法权益。

5. 乙方律师应按时出庭参加诉讼或者仲裁。

6. 乙方律师不得泄露当事人的商业秘密或者个人隐私。

7. 乙方律师依照诉讼法律的规定,可以收集、查阅与本案有关的材料,同被限制人身自由的人会见和通信,出席法庭,参与诉讼,以及享有诉讼法律规定的其他权利。律师担任诉讼代理人的,其辩论的权利应当依法保障。

8. 乙方律师经有关单位或者个人同意,可以向他们调查情况。

9. 乙方律师在执业活动中的人身权利不受侵犯。

10. 乙方律师不得在同一案件中,为双方当事人担任代理人。

11. 乙方律师接受委托后,无正当理由的,不得拒绝代理,但委托事项违法,委托人利用律师提供的服务从事违法活动或者委托人隐瞒事实的,律师有权拒绝代理。

12. 乙方律师在执业活动中不得有下列行为：

(1)私自接受委托，私自向委托人收取费用，收受委托人的财物；

(2)利用提供法律服务的便利牟取当事人争议的权益，或者接受对方当事人的财物；

(3)违反规定会见法官、检察官、仲裁员；

(4)向法官、检察官、仲裁员以及其他有关工作人员请客送礼或者行贿，或者指使、诱导当事人行贿；

(5)提供虚假证据，隐瞒事实或者威胁、利诱他人提供虚假证据，隐瞒事实以及妨碍对方当事人合法取得证据；

(6)扰乱法庭、仲裁庭秩序，干扰诉讼、仲裁活动的正常进行。

第六条 相关费用

甲方同意按照国家的规定交纳本案所需诉讼费、公证费、执行费等费用，并由乙方按照规定代收代交。乙方在诉讼和执行期间不再收取甲方除律师费外的任何费用，待执行回款物后，甲方同意乙方从执行回的款物中，另行扣除总额的______%作为乙方律师应得的额外报酬。

(或：由律师事务所统一收取异地办案差旅等费用。)

第七条 违约责任

乙方无正当理由不提供本合同规定的法律服务或者违反本合同规定的义务，甲方有权要求乙方退还部分或者全部已付的律师费。

乙方律师因过错导致甲方蒙受损失，乙方应当通过其所投保的执业保险向甲方承担赔偿责任。

甲方无正当理由不支付律师费或者工作费用，或者无故终止合同，乙方有权要求甲方支付未付的律师费、未报销的工作费用以及延期支付的利息。

本合同的任何一方未经合同另一方的书面同意，不得将本合同项下的权利和义务全部或部分转让给合同外的第三人。任何一方违反此款规定，都应当赔偿另一方因此而遭受的损失，并支付本合同律师费的______%作为违约金。

第八条 合同的终止

1. 本合同期限届满，甲乙双方不再续签合同的；
2. 甲乙双方通过书面协议解除本合同；
3. 因不可抗力致使合同目的不能实现的；
4. 在委托期限届满之前，当事人一方明确表示或以自己的行为表明不履行合同主要义务的；
5. 当事人一方迟延履行合同主要义务，经催告后在合理期限内仍未履行；
6. 当事人有其他违约或违法行为致使合同目的不能实现的；
7. ________________。

第九条 保密

甲方要求保密的信息资料，除因本案的客观需要外，乙方律师应当认真履行保密义务。

第十条 争议的处理

1. 本合同受中华人民共和国法律管辖并按其进行解释。

2. 本合同在履行过程中发生的争议，由双方当事人协商解决，也可由有关部门调解；协商或调解不成的，按下列第______种方式解决：

(1)提交____________仲裁委员会仲裁；

(2)依法向人民法院起诉。

第十一条 合同有效期

本合同有效期自签订之日起至本案执行终结止。

第十二条 通知

1. 根据本合同需要一方向另一方发出的全部通知以及双方的文件往来及与本合同有关的通知和要求等，必须用书面形式，可采用____________(书信、传真、电报、当面送交等)方式传递。以上方式无法送达的，方可采取公告送达的方式。

2. 各方通信地址如下：＿＿＿＿＿＿。

3. 一方变更通知或通信地址，应自变更之日起＿＿＿日内，以书面形式通知对方；否则，由未通知方承担由此而引起的相关责任。

第十三条 合同的变更

本合同履行期间，发生特殊情况时，甲、乙任何一方需变更本合同的，要求变更一方应及时书面通知对方，征得对方同意后，双方在规定的时限内（书面通知发出＿＿＿日内）签订书面变更协议，该协议将成为合同不可分割的部分。未经双方签署书面文件，任何一方无权变更本合同，否则，由此造成对方的经济损失，由责任方承担。

第十四条 风险提示

1. ＿＿＿＿＿＿存在正常风险，该风险产生的损失法院可能不予支持。

2. 乙方是在法律允许的范围内按照最有利于甲方的方法计算损失的，法院最终支持的损失赔偿数额可能与该计算数额有所不同。

3. 法院在案件调解或者和解过程中，可能根据需要在损失赔偿的数额上作出适当让步。

第十五条 合同的解释

本合同未尽事宜或条款内容不明确，合同双方当事人可以根据本合同的原则、合同的目的、交易习惯及关联条款的内容，按照通常理解对本合同作出合理解释。该解释具有约束力，除非该解释与法律或本合同相抵触。

第十六条 补充与附件

本合同未尽事宜，依照有关法律、法规执行，法律、法规未作规定的，甲乙双方可以达成书面补充合同。本合同的附件和补充合同均为本合同不可分割的组成部分，与本合同具有同等的法律效力。

第十七条 合同的效力

本合同自双方或双方法定代表人或其授权代表人签字并加盖单位公章或合同专用章之日起生效。

有效期为＿＿＿年，自＿＿＿＿年＿＿月＿＿日至＿＿＿＿年＿＿月＿＿日。

本合同正本一式＿＿＿份，双方各执＿＿＿份，具有同等法律效力。

甲方（盖章）：＿＿＿＿＿＿
法定代表人（签字）：＿＿＿＿＿＿
委托代理人（签字）：＿＿＿＿＿＿
签订地点：＿＿＿＿＿＿
＿＿＿＿年＿＿月＿＿日

乙方（盖章）：＿＿＿＿＿＿
法定代表人（签字）：＿＿＿＿＿＿
委托代理人（签字）：＿＿＿＿＿＿
签订地点：＿＿＿＿＿＿
＿＿＿＿年＿＿月＿＿日

二、法定代表人身份证明书

《法定代表人身份证明书》通常配合《委托代理协议》来使用，系委托单位对其法定代表人是谁的一项承诺性说明。

法定代表人身份证明书

＿＿＿＿＿＿在我单位任＿＿＿＿＿＿职务，是我＿＿＿＿＿＿的法定代表人。

特此说明。

＿＿＿＿＿＿（公章）
＿＿＿＿年＿＿月＿＿日

附:法定代表人住址:
电话:
(注:本件的年月日上方应写明单位全称,加盖公章后递交＿＿＿＿＿＿法院。)

三、授权委托书

《授权委托书》配合《委托代理协议》使用,授权的内容通常需要与《委托代理协议》中的内容相吻合。

授权委托书

委托人:　　　　　　　　性别:　　　　　　　　年龄:
住址:　　　　　　　　　　　　　　　　　　　　电话:
(如为单位则填写住所、法定代表人等信息)
受委托人:姓名:　　　　　　　　　　　　　　　职务:
　　　　工作单位:　　　　　　　　　　　　　电话:
　　　　姓名:　　　　　　　　　　　　　　　职务:
　　　　工作单位:　　　　　　　　　　　　　电话:

现委托上列受委托人在我与＿＿＿＿＿＿＿＿＿因＿＿＿＿＿＿＿纠纷一案中,作为我的＿＿＿＿＿＿诉讼代理人。

代理人＿＿＿＿＿＿的代理权限①为:

委托人:(签名/盖章)
＿＿＿＿年＿＿月＿＿日

四、律师事务所函

《律师事务所函》即常说的“出庭函”,是事务所以单位的身份证明某一律师系被本事务所委派,已具备了代理人的身份。

律师事务所函②

＿＿＿＿＿＿人民法院:

贵院受理的＿＿＿＿＿＿＿＿＿诉＿＿＿＿＿＿＿＿＿＿＿＿＿＿＿＿案件,现在＿＿＿＿＿＿告已委托本所律师为其诉讼代理人,特此通告。

××律师事务所
＿＿＿＿年＿＿月＿＿日

附:委托书一份(略)。

---

① 代理权限分为一般授权代理与特别授权代理,进行特别授权代理时,应注明具体权限:提出、承认、变更或者放弃诉讼请求;进行调解或者和解;提起反诉;提起上诉;申请执行;收取或者收转执行标的;签署、送达、接受法律文书。

② 向法院提供,尤其用于证明律师参与开庭的身份。

五、诉讼风险告知单

对于是否能够“胜诉”，当事人均非常在意，但律师事务所与律师不能进行承诺，对于审理结果不得给出虚假性的误导性承诺，应实事求是地告诉当事人诉讼的相关风险。

诉讼风险告知单①

致：××公司

贵司委托本所律师代理“×诉贵司××争议纠纷案”，接受委托后，本所律师尽其可能，收集提交证据约××份，针对原告诉讼请求积极应诉。

现根据我国相关法律法规的规定，以及本所律师以往代理同类案件的经验，进行如下风险告知：

1. 贵司的证据缺陷（或其他事项）

（略，根据具体情况来定。）

2. 案件审理分析

（略，根据具体情况来定。）

3. 后续事宜提示

（如我国的“两审终审制”、诉讼后相关执行等问题的处理，略，根据具体情况来定。）

综上，特此进行诉讼风险告知，以便于贵司对诉讼结果有一个初步判断（或采用其他提示用语）。

××律师事务所

__________律师

________年____月____日

六、管辖异议申请书

本申请书是一种程序性文件，需要据实使用，不得滥用异议权。

管辖异议申请书

申请人：

（地址、联系方式等。）

申请人因____________________一案，向你院提出管辖异议。

请求事项：

此致

__________人民法院

申请人：

________年____月____日

---

① 并非所有案件均需进行风险告知，根据客观情况，有些案件必须进行风险告知；根据案件情况，风险告知可在律师接受委托前，或在接受委托后进行，如有可能和必要，应交由委托人签收。

七、先予执行申请书

律师需要根据实际情况,判定是否具备先予执行的事实与法律基础,其后再根据当事人的情况、意愿,权衡选择是否使用本文件。

先予执行申请书

申请人:

被申请人:

上列当事人间,因________________________纠纷,于________年 ____月____日向你院起诉在案,现因____________________,为此申请裁定先予执行,责令被申请人先行给付一部分款项(或某项物品),现将事实和理由分述如下:

事实和理由:

请求目的:

此致

__________人民法院

申请人:

________年____月____日

附:

1. 书证________件;

2. 物证 ________ 件;

3. 证人 ________ 联系方式。

八、民事起诉状

本文件是民事诉讼的必备文件,与律师代理词存在极大的不同,需要以原告这一诉讼主体的身份出具,行文上要"简明扼要"、抓住要点,并给未来的庭审为己方主张留下必要的转圜余地。

民事起诉状①

原告名称:

所在地址:

法定代表人(或代表人)姓名: 职务: 电话:

企业性质: 工商登记核准号:

经营范围和方式:

开户银行: 账号:

被告名称:

所在地址: 电话:

① 通常而言,民事诉讼中的用语为"起诉状",由检察院提起的刑事诉讼中,用语为"起诉书"。

诉讼请求：
事实与理由：
证据和证据来源、证人姓名和住址：

此致
__________人民法院

具状人：（盖章）
________年____月____日

附：本状副本______份。

九、民事答辩状

答辩不是反诉，需要以被告的口吻直接针对原告的诉讼请求，逐一进行明确答复，但是答辩状在实务中并非必需的法律文件，当条件不具备时，亦可考虑开庭时现场答辩或由律师以代理词等方式表明己方观点。

民事答辩状①

答辩人：
答辩人因××一案（或：答辩人因×××对××一案所提上诉），提出答辩如下：

此致
××人民法院

答辩人：
________年____月____日

附：1. 本答辩状副本 ______份；
　　2. 证据材料 ______份。

十、证据目录

《证据目录》名为目录，实际上是对证据的全面梳理与提前，要让审判人员能够非常明确地看到对己方有利的证据。

① 需针对对方的起诉、上诉请求与事实、理由的要点进行答辩。

× ×诉× × × ×争议纠纷案的
×审证据目录(含证据材料)

×告× ×提供
________年____月____日

证据目录

证据一:× × × ×年× ×月× ×日,× ×事项的《× ×》
证据二:……
……

证据说明

证据编号:证据一
证据名称:……
证明内容:……
证据来源:× ×提供
(后附证据)

证据说明

证据编号:证据二
……
(后附证据)

十一、质证意见

质证意见是对对方当事人提供的证据的反驳性意见,需要针对性强、简单明确、一目了然。

A公司诉B公司
× ×纠纷案的质证意见①

________年____月____日　被告B公司提供

原告证据序号	原告证据内容	被告质证意见
证据一		(1) (2)
证据二		

① 原则上宜采用表格的形式进行清晰表述,亦可据客观情况采用其他方式。

十二、庭审笔录

庭审笔录用于律师自己留存，在庭后便于分析案情、梳理庭审要点，可据此制作代理词、补充代理意见等文件。

庭审笔录

时间：________年____月____日____时
地点：____________________法院________________审判庭
合议庭成员：
审判长：__________
审判员：__________
书记员：__________
对方（原告、被告、________）：________________
代理人：________________
我方（原告、被告、____________）：____________________
代理人：______________
案由：____________________________
记录人：____

____

____

____

____

十三、保全申请书

本申请书应根据需要慎重提出，但对于有必要提出保全的，也需要坚持提出。

保全申请书

__________人民法院：

我单位与____________________因________________经济合同纠纷一案，你院正在审理。

根据《中华人民共和国民事诉讼法》有关规定，为保证判决的执行，特请你院采取____________保全措施。

担保事项：______________________________

申请人：___________（盖章）
法定代表人：___________（签章）
________年____月____日

注：保全措施包括中止合同履行、查封、扣押货物、变卖不易保存物并保存价款，责令被申请人提供担保或法律允许的其他方法。

十四、反诉状

反诉是对本诉的“抵消”，需要针对性强，不要把应当另案起诉的事项在反诉中提出。

反　诉　状

反诉人(本诉被告):

被反诉人(本诉原告):

反诉人就××一案,对被反诉人提起反诉。

反诉请求:

事实与理由:

证据和证据来源,证人姓名和住址:

此致

××人民法院

反诉人:

________年____月____日

附:1. 本反诉状副本______份;

2. 证据材料______份。

十五、代理词

律师的“功力”是否强大,对事实与法律的掌握程度如何,通过代理词可见高下。虽然不同律师的风格不同,但是“切中要害”“充分阐释”是每一份代理词都要坚持的写作原则。

代　理　词①

审判长、审判员:

××律师事务所依法接受××的委托,指派我担任××案件××的诉讼代理人,出庭参与诉讼活动。现就本案争议事实,发表代理意见如下:

一、

(一)

(二)

二、

……

综上所述……

以上代理意见请法庭重视并采纳。

诉讼代理人:

________年____月____日

---

① 代理词的写法基本分为“归纳法”与“演绎法”两种,从行文清晰、便于法官阅读理解的角度考虑,宜采用演绎法,即以标题首先列明观点,再进行具体分析论证。

十六、上诉状

不服一审裁判，可以进行上诉，这时便需要制作《上诉状》了，需要把上诉请求、事实与理由写清晰。

上　诉　状①

上诉人：____________

住所：____________________

法定代表人：____________　职务：____________　电话：____________

委托代理人：姓名：____________　性别：____________　年龄：____________

民族：____________　职务：____________　工作单位：____________

住所：____________________　电话：____________

上诉人因____________________一案，不服____________法院________年____月____日________字第______号判决，现提出上诉。

上诉请求：

____

____

____

事实与理由：

____

____

____

此致

____________人民法院

上诉人：____________（盖章）

法定代表人：____________（签章）

________年____月____日

附：1. 本上诉书副本______份；

2. 有关证明材料______件。

十七、申请执行书

胜诉后的执行是需要重视的，并不是所有案件裁决结果都是自然被履行的，有时需要强制执行。

① （1）上诉理由应全面陈述对第一审人民法院在认定事实和适用法律上的不当或错误，提出所根据的事实和理由，包括在一审程序中未提供的事实、理由和证据。上诉的请求包括要求全部或部分撤销、变更原判决。（2）当事人不服法院一审判决的，有权在判决书送达之日起15日内向上一级人民法院提起上诉。

申请执行书

申请人:________ 地址:____________

法定代表人:________ 职务:________ 住址:________ 电话:________

被申请人:________ 地址:______________

法定代表人:________ 职务:________ 住址:________ 电话:________

双方因____________一案,________人民法院______字第_____号判决书(调解书)判决(调解)后,现判决书(调解书)已发生法律效力,但被申请人未(全部)履行判决书(调解书)中规定应尽的义务,根据《中华人民共和国民事诉讼法》有关规定,特向你院申请予以执行。

申请执行事项:

____

此致

________人民法院

申请人:________(盖章)

法定代表人:________(签章)

______年____月____日

附:判决书(或调解书)(略)。

十八、申诉状

对于已经生效的裁决进行补救可提出申诉,但申诉时并不停止原有生效判决、裁定的执行。

申 诉 状

申诉人:

地址:

法定代表人(或代理人)姓名: 职务:

电话:

因__________一案,申诉人不服________人民法院______年____月____日( )____字第_____号,现提出申诉。

请求事项:

事实与理由:

此致

××人民法院

申诉人:

______年____月____日

附:1. 原审民事判决书(或裁定书)_____份;

2. 证据材料_____份。

第十四章
企业及高管的刑事法律风险防范

刑事风险，是指因违反国家刑事法律导致承担刑事责任或者刑事制裁的风险，这种风险一旦从“可能”变成“现实”，往往会给企业或者企业高管带来致命的打击，引来牢狱之灾。

在实践中，不排除有些企业高管为了个人私利，积极、主动进行违法犯罪活动，但除了积极主动“有意”犯罪之外，还有不少人是被动地、无意地陷入刑事风险。为避免无意陷入犯罪，也为明晰不可触动的犯罪“红线”，律师应当帮助相关人员正确识别刑事风险点。

本章共十一节，总体上对相应的刑事犯罪进行了深入、系统的分析：

第一节　企业高管的刑事法律风险认知

第二节　企业设立中的刑事法律风险

第三节　企业治理中的刑事法律风险

第四节　企业生产经营中的刑事法律风险

第五节　企业用工中的刑事法律风险

第六节　知识产权管理中的刑事法律风险

第七节　国企改制中的刑事法律风险

第八节　融资并购中的刑事法律风险

第九节　企业解散中的刑事法律风险

第十节　税务管理中的刑事法律风险

第十一节　刑事诉讼律师业务操作法律文书

结合实务经验，整理出律师在刑事诉讼过程中所需制作的法律文件。

第一节　企业高管的刑事法律风险认知

企业在市场运行的过程中，不但面临机遇和挑战，还面临诸如经营管理、法律、政治、经济等一系列风险。随着法治的进程和权利意识的觉醒，企业高管越来越注重法律风险防范的重要性，开始聘请律师担任法律顾问，对企业进行风险控制。但就当前的形势而言，这种法律顾问服务的领域和范围一般偏重对经济或者民事法律风险的防范，刑事风险涉及较少，而众多的企业和企业高管们面临的最严峻风险恰恰是刑事风险。

刑事风险是指因违反国家刑事法律导致承担刑事责任或者刑事制裁的风险，这种风险一旦从“可能”变成“现实”，往往会给企业或者企业高管带来致命的打击，引来牢狱之灾，甚至灭顶之灾。

这种灾难性是其他任何风险所不可比拟的,因为引发其他风险,最多只是经济上或者名誉上的损失,而一旦触发刑事风险,失去的可能是自由甚至生命。

可见,对刑事风险的防范,任何人都是具有内在需求的。但在现实生活中,为什么主动谈及防范刑事风险的却很少呢?有人认为自己主动谈防范刑事风险,就可能会被别人怀疑自己是不是“犯什么事了”;还有些人认为在大庭广众之下谈防范刑事风险,是主动规避犯罪、是挑战社会、是不光彩行为,担心给自己带来麻烦;还有些人认为刑事犯罪离自己太远,只要自己不主动去实施犯罪,就不会有什么风险,也就没有必要主动去防范。

其实,这里面存在很多误解,应当先予以澄清。犯罪当然是应予严惩的,一旦犯罪,不但犯罪的人会因此付出惨痛的代价,国家、社会和他人都可能会遭受一定程度的损害,因此控制和规避犯罪无论是对个人还是社会都是尤为重要的。在实践中,不排除有些企业高管为了个人私利,积极、主动进行违法犯罪活动,但除了积极主动“有意”犯罪之外,还有不少人陷入刑事风险则是被动的、无意的。为避免无意陷入犯罪,也为明晰不可触动的犯罪“红线”,就应正确识别刑事风险点。

下面笔者将针对企业运转中的各个环节,提示并分析企业及高管可能涉及的刑事法律风险,以为相关领域从业人员提供借鉴。

第二节　企业设立中的刑事法律风险

一、概述

设立是企业存续的起始阶段,也是企业成立的必经阶段。我国对企业的设立实行登记制度,只有在取得合法登记,领取相关证照的前提下,企业的成立才属于合法成立。因此,在企业的设立过程中,申请登记是一个重要环节。而在这个环节中,申报注册资本及出资又是重中之重,也是最容易引发刑事风险的地带。

注册资本是企业民事行为能力核心标志,尤其是对于公司这种具有独立财产的法人企业,如果注册资本不实或者发起人、股东的出资不到位,就会造成市场经营主体的“先天发育不良”,容易构成对相对人利益的侵害,扰乱和破坏正常的经济秩序。

公司发起人、股东还应当按照实际认缴或者认购的出资额,向公司登记机关申请设立登记,并按法定要求和期限按时足额缴付注册资本,这是保障公司拥有适当资本的前提,也是发起人、股东的基本义务之一。如果违反这一基本义务,使用虚假的登记证明文件或者采取其他欺诈手段虚报注册资本,欺骗公司登记主管部门,取得公司登记;或者违反公司法的规定缴付货币、实物或者未转移财产权,虚假出资;或者在公司成立后又抽逃其出资的,就有可能引发刑事风险。

(一)虚报注册资本罪

《刑法》(2023 年修正)第 158 条规定:“申请公司登记使用虚假证明文件或者采取其他欺诈手段虚报注册资本,欺骗公司登记主管部门,取得公司登记,虚报注册资本数额巨大、后果严重或者有其他严重情节的,处三年以下有期徒刑或者拘役,并处或者单处虚报注册资本金额百分之一以上百分之五以下罚金。单位犯前款罪的,对单位判处罚金,并对其直接负责的主管人员和其他直接责任人员,处三年以下有期徒刑或者拘役。”

(二)虚假出资、抽逃出资罪

《刑法》(2023 年修正)第 159 条规定:“公司发起人、股东违反公司法的规定未交付货币、实物或者未转移财产权,虚假出资,或者在公司成立后又抽逃其出资,数额巨大、后果严重或者有其他严重情节的,处五年以下有期徒刑或者拘役,并处或者单处虚假出资金额或者抽逃出资金额百分之二以上百分之十以下罚金。单位犯前款罪的,对单位判处罚金,并对其直接负责的主管人员和其他直接责任人员，处五年以下有期徒刑或者拘役。”

（三）《公司法》对《刑法》第158条、第159条的影响

《公司法》（2023年修订）第47条第1款规定：“有限责任公司的注册资本为在公司登记机关登记的全体股东认缴的出资额。全体股东认缴的出资额由股东按照公司章程的规定自公司成立之日起五年内缴足。”第96条第1款规定：“股份有限公司的注册资本为在公司登记机关登记的已发行股份的股本总额。在发起人认购的股份缴足前，不得向他人募集股份。”

根据2014年4月24日发布的全国人大常委会《关于〈中华人民共和国刑法〉第一百五十八条、第一百五十九条的解释》，《刑法》第158条、第159条的规定，只适用于依法实行注册资本实缴登记制的公司。国务院《关于印发注册资本登记制度改革方案的通知》（国发〔2014〕7号）列出了暂不实行注册资本认缴登记制的行业。如表14－1所示。

表14－1　暂不实行注册资本认缴登记制的行业

序号	名称	依据
1	采取募集方式设立的股份有限公司	《公司法》
2	商业银行	《商业银行法》
3	外资银行	《外资银行管理条例》
4	金融资产管理公司	《金融资产管理公司条例》
5	信托公司	《银行业监督管理法》
6	财务公司	《银行业监督管理法》
7	金融租赁公司	《银行业监督管理法》
8	汽车金融公司	《银行业监督管理法》
9	消费金融公司	《银行业监督管理法》
10	货币经纪公司	《银行业监督管理法》
11	村镇银行	《银行业监督管理法》
12	贷款公司	《银行业监督管理法》
13	农村信用合作联社	《银行业监督管理法》
14	农村资金互助社	《银行业监督管理法》
15	证券公司	《证券法》
16	期货公司	《期货交易管理条例》
17	基金管理公司	《证券投资基金法》
18	保险公司	《保险法》
19	保险专业代理机构、保险经纪人	《保险法》
20	外资保险公司	《外资保险公司管理条例》
21	直销企业	《直销管理条例》
22	对外劳务合作企业	《对外劳务合作管理条例》
23	融资性担保公司	《融资性担保公司管理暂行办法》

续表

序号	名称	依据
24	劳务派遣企业	2013 年 10 月 25 日国务院第 28 次常务会议决定
25	典当行	2013 年 10 月 25 日国务院第 28 次常务会议决定
26	保险资产管理公司	2013 年 10 月 25 日国务院第 28 次常务会议决定
27	小额贷款公司	2013 年 10 月 25 日国务院第 28 次常务会议决定

二、虚报注册资本的风险

(一)哪些人可以构成虚报注册资本罪

根据《刑法》的规定,虚报注册资本罪的主体是申请公司登记的单位或者个人。

《公司法》(2023 年修订)的规定如下:

第 29 条规定:"设立公司,应当依法向公司登记机关申请设立登记。法律、行政法规规定设立公司必须报经批准的,应当在公司登记前依法办理批准手续。"

第 43 条规定:"有限责任公司设立时的股东可以签订设立协议,明确各自在公司设立过程中的权利和义务。"

第 44 条规定:"有限责任公司设立时的股东为设立公司从事的民事活动,其法律后果由公司承受。公司未成立的,其法律后果由公司设立时的股东承受;设立时的股东为二人以上的,享有连带债权,承担连带债务。设立时的股东为设立公司以自己的名义从事民事活动产生的民事责任,第三人有权选择请求公司或者公司设立时的股东承担。设立时的股东因履行公司设立职责造成他人损害的,公司或者无过错的股东承担赔偿责任后,可以向有过错的股东追偿。"

第 106 条规定:"董事会应当授权代表,于公司成立大会结束后三十日内向公司登记机关申请设立登记。"

第 107 条规定:"本法第四十四条、第四十九条第三款、第五十一条、第五十二条、第五十三条的规定,适用于股份有限公司。"

《市场主体登记管理条例》的规定如下:

第 17 条规定:"申请人应当对提交材料的真实性、合法性和有效性负责。"

第 18 条规定:"申请人可以委托其他自然人或者中介机构代其办理市场主体登记。受委托的自然人或者中介机构代为办理登记事宜应当遵守有关规定,不得提供虚假信息和材料。"

(二)哪些行为可以构成虚报注册资本罪

1. 行为方式

行为人实施了虚报注册资本的行为。所谓"虚报注册资本",一般包括两种情形:

第一种:未达最低限额。明知无实缴资本或实缴资本未达到法律规定的注册资本的最低限额,而虚报其实有资本已达法律规定的最低限额。2013 年修正的《公司法》取消了对有限责任公司、一人有限责任公司以及股份有限公司注册资本最低限额的要求,只规定法律、行政法规以及国务院决定对有限责任公司、股份有限公司注册资本实缴、注册资本最低限额另有规定的,从其规定。如果实缴资本未达到上述设立公司的注册资本的最低限额,而采取欺诈手段虚报注册资本,就可能会引发本罪的刑事风险。

《公司法》(2023 年修订)的规定如下:

第 47 条规定:"有限责任公司的注册资本为在公司登记机关登记的全体股东认缴的出资额。全体股东认缴的出资额由股东按照公司章程的规定自公司成立之日起五年内缴足。法律、行政法规以及国务院决定对有限责任公司注册资本实缴、注册资本最低限额、股东出资期限另有规定的,从其规定。”

第96条规定：“股份有限公司的注册资本为在公司登记机关登记的已发行股份的股本总额。在发起人认购的股份缴足前，不得向他人募集股份。法律、行政法规以及国务院决定对股份有限公司注册资本最低限额另有规定的，从其规定。”

第二种：虚增数额。虽然实缴资本已经达到法律规定的注册资本最低限额，但故意加大注册数额，也属虚报注册资本，也会引发本罪的刑事风险。这种情况需要特别注意，在理论和实践中，很多人认为虚报注册资本仅仅包括第一种情形，从而放任了第二种情形。

2. 行为手段

行为人虚报注册资本时使用了虚假证明文件或者其他欺诈手段。所谓“使用虚假证明文件”，是指向公司登记主管部门提供与实际情况不相符的、不真实的、伪造的或隐瞒了重要事实的证明文件。这些证明文件既可以是公司登记申请人伪造或篡改的，也可以是与验资机构等中介人员恶意串通取得的，但不论文件的来源，均不影响本罪的成立。

至于“其他欺诈手段”，是指使用虚假证明文件以外的虚报注册资本的手段，如使用虚假的股东姓名、虚构生产经营场所、隐瞒真相骗用无支配权的资金进行虚报等。无论是使用虚假证明文件还是使用其他欺诈手段，目的都是虚报注册资本，并为虚报注册资本服务。如果这些手段与虚报注册资本无关，则不属于本罪的行为手段。

3. 行为结果

行为人取得了公司登记。行为人虽有虚报注册资本、欺诈登记的行为，但被公司登记主管部门发现，最终没有取得公司登记的，不会引发本罪的刑事风险，主管部门可依照有关行政法规的规定予以行政处罚。

(三)什么程度可以构成虚报注册资本罪

根据《刑法》的规定，虚报注册资本必须达到数额巨大、后果严重或者有其他严重情节，才能引发虚报注册资本罪的刑事风险。最高人民检察院、公安部《关于公安机关管辖的刑事案件立案追诉标准的规定(二)》(2022年修订)明确了虚报注册资本罪的立案追诉标准，第3条规定：“〔虚报注册资本案(刑法第一百五十八条)〕申请公司登记使用虚假证明文件或者采取其他欺诈手段虚报注册资本，欺骗公司登记主管部门，取得公司登记，涉嫌下列情形之一的，应予立案追诉：(一)法定注册资本最低限额在六百万元以下，虚报数额占其应缴出资数额百分之六十以上的；(二)法定注册资本最低限额超过六百万元，虚报数额占其应缴出资数额百分之三十以上的；(三)造成投资者或者其他债权人直接经济损失累计数额在五十万元以上的；(四)虽未达到上述数额标准，但具有下列情形之一的：1. 二年内因虚报注册资本受过二次以上行政处罚，又虚报注册资本的；2. 向公司登记主管人员行贿的；3. 为进行违法活动而注册的。(五)其他后果严重或者有其他严重情节的情形。本条只适用于依法实行注册资本实缴登记制的公司。”

三、虚假出资、抽逃出资的风险

(一)哪些人可以构成虚假出资、抽逃出资罪

根据《刑法》的规定，虚假出资、抽逃出资罪的主体是特殊主体，只有公司发起人或者股东才能构成本罪。这里的发起人、股东既包括单位，也包括个人。公司发起人是指股份有限公司的创立筹建人员；公司股东是指向有限责任公司投入资金并依法享有公司权利、承担义务的人或者持有股份有限公司股份并依其股份享有权利、承担义务的人。

(二)哪些行为可以构成虚假出资、抽逃出资罪

1. 行为前提

无论是虚假出资还是抽逃出资，都必须违反了公司法以及其他相关法律法规的规定，这是成立

虚假出资、抽逃出资罪的前提。

《公司法》(2023 年修订)的规定如下:

第 49 条规定:“股东应当按期足额缴纳公司章程规定的各自所认缴的出资额。股东以货币出资的,应当将货币出资足额存入有限责任公司在银行开设的账户;以非货币财产出资的,应当依法办理其财产权的转移手续。股东未按期足额缴纳出资的,除应当向公司足额缴纳外,还应当对给公司造成的损失承担赔偿责任。”

第 50 条规定:“有限责任公司设立时,股东未按照公司章程规定实际缴纳出资,或者实际出资的非货币财产的实际价额显著低于所认缴的出资额的,设立时的其他股东与该股东在出资不足的范围内承担连带责任。”

第 51 条规定:“有限责任公司成立后,董事会应当对股东的出资情况进行核查,发现股东未按期足额缴纳公司章程规定的出资的,应当由公司向该股东发出书面催缴书,催缴出资。未及时履行前款规定的义务,给公司造成损失的,负有责任的董事应当承担赔偿责任。”

第 53 条规定:“公司成立后,股东不得抽逃出资。违反前款规定的,股东应当返还抽逃的出资;给公司造成损失的,负有责任的董事、监事、高级管理人员应当与该股东承担连带赔偿责任。”

第 100 条规定:“发起人向社会公开募集股份,应当公告招股说明书,并制作认股书。认股书应当载明本法第一百五十四条第二款、第三款所列事项,由认股人填写认购的股份数、金额、住所,并签名或者盖章。认股人应当按照所认购股份足额缴纳股款。”

第 103 条规定:“募集设立股份有限公司的发起人应当自公司设立时应发行股份的股款缴足之日起三十日内召开公司成立大会。发起人应当在成立大会召开十五日前将会议日期通知各认股人或者予以公告。成立大会应当有持有表决权过半数的认股人出席,方可举行。以发起设立方式设立股份有限公司成立大会的召开和表决程序由公司章程或者发起人协议规定。”

第 105 条规定:“公司设立时应发行的股份未募足,或者发行股份的股款缴足后,发起人在三十日内未召开成立大会的,认股人可以按照所缴股款并加算银行同期存款利息,要求发起人返还。发起人、认股人缴纳股款或者交付非货币财产出资后,除未按期募足股份、发起人未按期召开成立大会或者成立大会决议不设立公司的情形外,不得抽回其股本。”

2. 行为手段

行为人实施了虚假出资的行为或者在公司成立后实施了抽逃出资的行为。

(1)虚假出资。

2023 年修订的《公司法》明确认可了“股权”“债权”(可以用货币估价并可以依法转让的非货币财产)的出资方式,需要特别予以留意。虚假出资,是指未交付货币、实物或者未转移财产权。根据出资方式的不同,虚假出资行为具体表现为以下几种形式:①以货币出资的,公司发起人、股东未将货币出资存入公司在银行开设的账户。这里的“未将货币存入指定银行账户”,既包括未全部存入,也包括未足额存入。②以实物出资的,公司发起人、股东未将实物(如房屋、机器、设备、原材料、半成品)全部或者部分交付给成立的公司。③以非货币财产出资的,公司发起人、股东未按法律规定的手续转移财产所有权给成立的公司。④对以实物、知识产权、土地使用权等出资,在进行评估价值的过程中,故意高估或低估价格,然后以高估或低估后的作价出资的,也属于“虚假出资”的一种表现。

(2)抽逃出资。

抽逃出资,是指在公司设立时,依法足额缴纳了自己的出资,但在公司成立后又将已投入的出资撤回的情形,至于是撤出全部出资还是撤出部分出资,在所不问。抽逃出资的形式多种多样,要根据具体情形加以判断。实践中,抽逃出资主要表现为以下几种情形:一是行为人为达到设立公司的目的，通过向他人借款或向银行贷款等手段取得资金作为出资，待公司成立后再将这些资金抽回还贷。二是行为人在公司设立时，依法缴纳了自己的出资，在公司成立后，为减少出资风险又抽回已投入的出资。

（三）什么程度可以构成虚假出资、抽逃出资罪

根据《刑法》的规定，虚假出资或者抽逃出资必须达到数额巨大、后果严重或者有其他严重情节，才能构成虚假出资、抽逃出资罪。没有达到这些标准，只能引发行政处罚的风险。最高人民检察院、公安部《关于公安机关管辖的刑事案件立案追诉标准的规定（二）》（2022 年修订）第 4 条明确了虚假出资、抽逃出资罪的立案追诉标准："〔虚假出资、抽逃出资案（刑法第一百五十九条）〕公司发起人、股东违反公司法的规定未交付货币、实物或者未转移财产权，虚假出资，或者在公司成立后又抽逃其出资，涉嫌下列情形之一的，应予立案追诉：（一）法定注册资本最低限额在六百万元以下，虚假出资、抽逃出资数额占其应缴出资数额百分之六十以上的；（二）法定注册资本最低限额超过六百万元，虚假出资、抽逃出资数额占其应缴出资数额百分之三十以上的；（三）造成公司、股东、债权人的直接经济损失累计数额在五十万元以上的；（四）虽未达到上述数额标准，但具有下列情形之一的：1. 致使公司资不抵债或者无法正常经营的；2. 公司发起人、股东合谋虚假出资、抽逃出资的；3. 二年内因虚假出资、抽逃出资受过二次以上行政处罚，又虚假出资、抽逃出资的；4. 利用虚假出资、抽逃出资所得资金进行违法活动的。（五）其他后果严重或者有其他严重情节的情形。本条只适用于依法实行注册资本实缴登记制的公司。"

四、控制与防范设立中的刑事风险

我国对公司的设立实行登记管理制度，只有具备法定条件并严格按照法定程序才可登记为公司从事经营活动。因此，公司的设立阶段往往需要经过很多行政手续，准备大量的文件。大体说来，分为三个环节：准备环节、申请登记环节和登记后的出资环节。要控制和防范公司设立中的刑事风险，应当从各个环节着手，防患于未然。

1. 在准备环节，应当审查是否满足法定的设立条件，如确定设立方式符合法律规定；确定股东、发起人人数符合法律规定；审查公司股东的身份，并确定其能够独立承担民事责任，并具有实际投资能力；严格按照约定的出资额、出资方式及出资时间进行出资；依法准备申请登记所需要的其他文件、材料包括公司登记申请书；创立大会的会议记录；法定代表人、董事、监事的任职文件及其身份证明；公司住所证明等。

2. 在申请登记环节，应当审查是否按照法定程序和步骤进行。具备了法定的设立条件，并做好相应的准备后，就进入了登记环节。在我国，进行公司的设立登记，应在遵守《公司法》《市场主体登记管理条例》等相关规定的前提下，依照法定程序和步骤向公司登记主管部门——相应级别的市场监督管理局提出申请。

3. 在登记后的出资环节，公司发起人、股东只要按期、足额、真实地缴纳公司章程中规定的各自所认缴、认购的出资额、股本额，就不会引发刑事风险。

综上所述，要控制和防范公司设立中的刑事风险，除了应了解公司设立中涉及的虚报注册资本罪和虚假出资、抽逃出资罪的主体界限、行为界限和立案标准外，还应当掌握有关公司设立方面的法律法规、公司设立的法定条件和程序，防范刑事风险于未然。

第三节　企业治理中的刑事法律风险

一、概述

在现代企业治理过程中，无论其是否具有法人资格，都离不开人员的职务行为。为了保障企业

的正常运转,企业人员,尤其是企业的董事和高级管理人员,在执行职务时应当遵守法律、行政法规和公司章程,忠于公司,忠于职业,廉洁自律,勤勉尽职,这是企业正常运转的保障,也是社会主义市场经济健康发展的重要保证。2005 年修订的《公司法》专设了第六章"公司董事、监事、高级管理人员的资格和义务",明确规定了相关人员的忠实勤勉义务,同时还规定了股东对公司高管人员违法执行公司职务给公司造成损失时的救济权利,如咨询权、监督权和提起诉讼的权利,进一步增大了企业人员在执行职务时违反忠实勤勉义务所面临的责任风险。如果违反忠实勤勉义务严重损害到企业利益,损害到股东、合伙人利益,企业人员还可能引发相应的刑事风险。2023 年修订的《公司法》完善了董事、监事、高级管理人员忠实义务和勤勉义务的具体内容。

(一)职务侵占罪

《刑法》(2023 年修正)第 271 条第 1 款规定:"公司、企业或者其他单位的工作人员,利用职务上的便利,将本单位财物非法占为己有,数额较大的,处三年以下有期徒刑或者拘役,并处罚金;数额巨大的,处三年以上十年以下有期徒刑,并处罚金;数额特别巨大的,处十年以上有期徒刑或者无期徒刑,并处罚金。"

(二)贪污罪

1.《刑法》(2023 年修正)

第 271 条第 2 款规定:"国有公司、企业或者其他国有单位中从事公务的人员和国有公司、企业或者其他国有单位委派到非国有公司、企业以及其他单位从事公务的人员有前款行为的,依照本法第三百八十二条、第三百八十三条的规定定罪处罚。"

第 382 条规定:"国家工作人员利用职务上的便利,侵吞、窃取、骗取或者以其他手段非法占有公共财物的,是贪污罪。受国家机关、国有公司、企业、事业单位、人民团体委托管理、经营国有财产的人员,利用职务上的便利,侵吞、窃取、骗取或者以其他手段非法占有国有财物的,以贪污论。与前两款所列人员勾结,伙同贪污的,以共犯论处。"

第 383 条规定:"对犯贪污罪的,根据情节轻重,分别依照下列规定处罚:(一)贪污数额较大或者有其他较重情节的,处三年以下有期徒刑或者拘役,并处罚金。(二)贪污数额巨大或者有其他严重情节的,处三年以上十年以下有期徒刑,并处罚金或者没收财产。(三)贪污数额特别巨大或者有其他特别严重情节的,处十年以上有期徒刑或者无期徒刑,并处罚金或者没收财产;数额特别巨大,并使国家和人民利益遭受特别重大损失的,处无期徒刑或者死刑,并处没收财产。对多次贪污未经处理的,按照累计贪污数额处罚。犯第一款罪,在提起公诉前如实供述自己罪行、真诚悔罪、积极退赃,避免、减少损害结果的发生,有第一项规定情形的,可以从轻、减轻或者免除处罚;有第二项、第三项规定情形的,可以从轻处罚。犯第一款罪,有第三项规定情形被判处死刑缓期执行的,人民法院根据犯罪情节等情况可以同时决定在其死刑缓期执行二年期满依法减为无期徒刑后,终身监禁,不得减刑、假释。"

2. 最高人民法院、最高人民检察院《关于办理贪污贿赂刑事案件适用法律若干问题的解释》

第 1 条规定:"贪污或者受贿数额在三万元以上不满二十万元的,应当认定为刑法第三百八十三条第一款规定的'数额较大',依法判处三年以下有期徒刑或者拘役,并处罚金。贪污数额在一万元以上不满三万元,具有下列情形之一的,应当认定为刑法第三百八十三条第一款规定的'其他较重情节',依法判处三年以下有期徒刑或者拘役,并处罚金:(一)贪污救灾、抢险、防汛、优抚、扶贫、移民、救济、防疫、社会捐助等特定款物的;(二)曾因贪污、受贿、挪用公款受过党纪、行政处分的;(三)曾因故意犯罪受过刑事追究的;(四)赃款赃物用于非法活动的;(五)拒不交代赃款赃物去向或者拒不配合追缴工作,致使无法追缴的;(六)造成恶劣影响或者其他严重后果的。受贿数额在一万元以上不满三万元,具有前款第二项至第六项规定的情形之一,或者具有下列情形之一的，应当认定为刑法第三百八十三条第一款规定的‘其他较重情节’，依法判处三年以下有期徒刑或者拘役，并处罚金：（一）多次索贿的；（二）为他人谋取不正当利益，致使公共财产、国家和人民利益遭受损失的；（三）为他人谋取职务提拔、调整的。”

第 2 条规定：“贪污或者受贿数额在二十万元以上不满三百万元的，应当认定为刑法第三百八十三条第一款规定的‘数额巨大’，依法判处三年以上十年以下有期徒刑，并处罚金或者没收财产。贪污数额在十万元以上不满二十万元，具有本解释第一条第二款规定的情形之一的，应当认定为刑法第三百八十三条第一款规定的‘其他严重情节’，依法判处三年以上十年以下有期徒刑，并处罚金或者没收财产。受贿数额在十万元以上不满二十万元，具有本解释第一条第三款规定的情形之一的，应当认定为刑法第三百八十三条第一款规定的‘其他严重情节’，依法判处三年以上十年以下有期徒刑，并处罚金或者没收财产。”

第 3 条规定：“贪污或者受贿数额在三百万元以上的，应当认定为刑法第三百八十三条第一款规定的‘数额特别巨大’，依法判处十年以上有期徒刑、无期徒刑或者死刑，并处罚金或者没收财产。贪污数额在一百五十万元以上不满三百万元，具有本解释第一条第二款规定的情形之一的，应当认定为刑法第三百八十三条第一款规定的‘其他特别严重情节’，依法判处十年以上有期徒刑、无期徒刑或者死刑，并处罚金或者没收财产。受贿数额在一百五十万元以上不满三百万元，具有本解释第一条第三款规定的情形之一的，应当认定为刑法第三百八十三条第一款规定的‘其他特别严重情节’，依法判处十年以上有期徒刑、无期徒刑或者死刑，并处罚金或者没收财产。”

第 4 条规定：“贪污、受贿数额特别巨大，犯罪情节特别严重、社会影响特别恶劣、给国家和人民利益造成特别重大损失的，可以判处死刑。符合前款规定的情形，但具有自首，立功，如实供述自己罪行、真诚悔罪、积极退赃，或者避免、减少损害结果的发生等情节，不是必须立即执行的，可以判处死刑缓期二年执行。符合第一款规定情形的，根据犯罪情节等情况可以判处死刑缓期二年执行，同时裁判决定在其死刑缓期执行二年期满依法减为无期徒刑后，终身监禁，不得减刑、假释。”

3. 挪用资金罪

《刑法》（2023 年修正）第 272 条第 1 款规定：“公司、企业或者其他单位的工作人员，利用职务上的便利，挪用本单位资金归个人使用或者借贷给他人，数额较大、超过三个月未还的，或者虽未超过三个月，但数额较大、进行营利活动的，或者进行非法活动的，处三年以下有期徒刑或者拘役；挪用本单位资金数额巨大的，处三年以上七年以下有期徒刑；数额特别巨大的，处七年以上有期徒刑。”

4. 挪用公款罪

《刑法》（2023 年修正）第 272 条第 2 款规定：“国有公司、企业或者其他国有单位中从事公务的人员和国有公司、企业或者其他国有单位委派到非国有公司、企业以及其他单位从事公务的人员有前款行为的，依照本法第三百八十四条的规定定罪处罚。”

《刑法》（2023 年修正）第 384 条规定：“国家工作人员利用职务上的便利，挪用公款归个人使用，进行非法活动的，或者挪用公款数额较大、进行营利活动的，或者挪用公款数额较大、超过三个月未还的，是挪用公款罪，处五年以下有期徒刑或者拘役；情节严重的，处五年以上有期徒刑。挪用公款数额巨大不退还的，处十年以上有期徒刑或者无期徒刑。挪用用于救灾、抢险、防汛、优抚、扶贫、移民、救济款物归个人使用的，从重处罚。”

5. 非国家工作人员受贿罪

《刑法》（2023 年修正）第 163 条第 1 款、第 2 款规定：“公司、企业或者其他单位的工作人员，利用职务上的便利，索取他人财物或者非法收受他人财物，为他人谋取利益，数额较大的，处三年以下有期徒刑或者拘役，并处罚金；数额巨大或者有其他严重情节的，处三年以上十年以下有期徒刑，并处罚金;数额特别巨大或者有其他特别严重情节的,处十年以上有期徒刑或者无期徒刑,并处罚金。公司、企业或者其他单位的工作人员在经济往来中,利用职务上的便利,违反国家规定,收受各种名义的回扣、手续费,归个人所有的,依照前款的规定处罚。”

6. 受贿罪

《刑法》(2023 年修正)第 163 条第 3 款规定:“国有公司、企业或者其他国有单位中从事公务的人员和国有公司、企业或者其他国有单位委派到非国有公司、企业以及其他单位从事公务的人员有前两款行为的,依照本法第三百八十五条、第三百八十六条的规定定罪处罚。”

《刑法》(2023 年修正)第 385 条规定:“国家工作人员利用职务上的便利,索取他人财物的,或者非法收受他人财物,为他人谋取利益的,是受贿罪。国家工作人员在经济往来中,违反国家规定,收受各种名义的回扣、手续费,归个人所有的,以受贿论处。”

《刑法》(2023 年修正)第 386 条规定:“对犯受贿罪的,根据受贿所得数额及情节,依照本法第三百八十三条的规定处罚。索贿的从重处罚。”

7. 单位受贿罪

《刑法》(2023 年修正)第 387 条规定:“国家机关、国有公司、企业、事业单位、人民团体,索取、非法收受他人财物,为他人谋取利益,情节严重的,对单位判处罚金,并对其直接负责的主管人员和其他直接责任人员,处三年以下有期徒刑或者拘役;情节特别严重的,处三年以上十年以下有期徒刑。前款所列单位,在经济往来中,在帐外暗中收受各种名义的回扣、手续费的,以受贿论,依照前款的规定处罚。”

8. 背信损害上市公司利益罪

《刑法》(2023 年修正)第 169 条之一规定:“上市公司的董事、监事、高级管理人员违背对公司的忠实义务,利用职务便利,操纵上市公司从事下列行为之一,致使上市公司利益遭受重大损失的,处三年以下有期徒刑或者拘役,并处或者单处罚金;致使上市公司利益遭受特别重大损失的,处三年以上七年以下有期徒刑,并处罚金:(一)无偿向其他单位或者个人提供资金、商品、服务或者其他资产的;(二)以明显不公平的条件,提供或者接受资金、商品、服务或者其他资产的;(三)向明显不具有清偿能力的单位或者个人提供资金、商品、服务或者其他资产的;(四)为明显不具有清偿能力的单位或者个人提供担保,或者无正当理由为其他单位或者个人提供担保的;(五)无正当理由放弃债权、承担债务的;(六)采用其他方式损害上市公司利益的。上市公司的控股股东或者实际控制人,指使上市公司董事、监事、高级管理人员实施前款行为的,依照前款的规定处罚。犯前款罪的上市公司的控股股东或者实际控制人是单位的,对单位判处罚金,并对其直接负责的主管人员和其他直接责任人员,依照第一款的规定处罚。”

9. 非法经营同类营业罪

《刑法》(2023 年修正)第 165 条规定:“国有公司、企业的董事、监事、高级管理人员,利用职务便利,自己经营或者为他人经营与其所任职公司、企业同类的营业,获取非法利益,数额巨大的,处三年以下有期徒刑或者拘役,并处或者单处罚金;数额特别巨大的,处三年以上七年以下有期徒刑,并处罚金。其他公司、企业的董事、监事、高级管理人员违反法律、行政法规规定,实施前款行为,致使公司、企业利益遭受重大损失的,依照前款的规定处罚。”

二、侵占类的风险

(一)哪些人可以构成侵占类的犯罪

侵占类的犯罪有两个罪名:一个是职务侵占罪,另一个是贪污罪。这两个罪最大的区别就在于主体的不同。根据《刑法》的规定,职务侵占罪的主体是企业或者其他单位的人员,这里的企业或者单位都应当不具有国有的性质。如果是在国有公司、企业或者其他国有单位中从事公务的人员,或者由国有公司、企业或者其他国有单位委派到非国有公司、企业以及其他单位从事公务的人员，或者受国有企业委托管理、经营国有财产的人员，利用职务之便侵占企业的财物，引发的则是贪污罪，而非职务侵占罪。

在实践中，无论是职务侵占罪还是贪污罪，犯罪的主体一般都有职务便利可利用，他们既可以是企业的高层管理人员，如董事、经理、监事或者其他主管人员；也可以是一般的工作人员，如仓储、物流、财务、销售人员。

(二)哪些行为可以构成侵占类的犯罪

根据《刑法》的规定，侵占类犯罪的行为具体表现为企业人员利用职务上的便利，将本企业的财物非法占为己有。

1. 行为条件

职务侵占罪和贪污罪都是典型的职务犯罪，是企业人员在执行职务中违背忠实义务容易引发的刑事风险。利用职务之便，则是这两个罪的行为条件，如果没有“职务上的便利”可利用，或者没有利用其具有的“职务上的便利”侵占企业财物，一般不能引发本罪的风险；构成犯罪的，可以以其他罪名进行处罚，如盗窃罪、诈骗罪或侵占罪。所谓“利用职务之便”，是指利用自己主管、经手或者管理企业财物的便利。“主管”主要是指在职务上对企业财物的购置、调配、流向等具有决定的权力。“经手”则是指因执行职务而具有支取、使用、支配企业财物的权力，如采购员在采购中经手货款和物资。“管理”主要是指对企业财物的保管和管理，如会计、出纳等人员对钱财的管理，保管人员对物资的保管等。利用职务之便不仅包括利用自己职务上形成的权力上的便利，还可以是自己执行职务而持有单位财物的便利。如果企业人员只是利用其在本单位工作，熟悉工作环境等条件，不能视为利用职务上的便利。

2. 行为

职务侵占行为的行为可以说是多种多样，根据刑法规定和司法实践，主要包括侵吞、窃取、骗取和其他方法。

(1)侵吞：一般是指行为人利用合法主管、管理、经手、使用企业财物的便利，将财物非法占为己有。例如，收入不入账，据为己有；涂改账目、单据，缩小收入，加大支出，从中侵吞；多报消耗，加大报废物资数量；伪造支款凭证套取现金或顶库贪污。

(2)窃取：是指将自己合法主管、经手、管理的公司财物秘密占为己有。行为人实施这类行为时往往采取做假账、伪造现场、谎称被盗、丢失、被人抢劫等方法。这也是职务侵占中常见的行为方式。最典型的是公司财物的保管人员，利用职务之便，窃取公司财物，据为己有。

(3)骗取：是指利用职务之便，采取虚构事实或者隐瞒真相的方法，将公司财物占为己有。例如，某公司经理以虚假的投资项目为名，将公司资金转入自己账户，占为己有。

(4)其他方法：是指采取侵吞、窃取、骗取等方法以外的手段非法占有企业财物。手段一般包括：内外勾结；白条抵库；利用计算机；利用彩票、福利抽奖作弊等。

3. 行为对象

职务侵占罪的对象是企业财物，这里的财物既包括物资，也包括资金；既包括动产，也包括不动产。而贪污罪的行为对象是公共财物，具体包括：国有财产；劳动群众集体所有的财产；用于扶贫和其他公益事业的社会捐助或者专项基金的财产；在国有企业管理、使用或者运输中的私人财产。

4. 行为方式

无论是职务侵占还是贪污，其行为方式一般都是作为，但也不能排除特殊情况下的不作为。

(1)作为方式。一般包括：①通过制作、涂改等语言、文字行为，首先改变企业财物的所有权关系，然后据为己有。例如，通过侵吞手段。②通过身体的行为，将自己保管、管理的企业财物秘密改变为自己的所有物。例如,通过盗窃手段。③通过编造、涂改、填报、虚假陈述等语言、文字行为,非法获取不应该由自己所得的企业财物。例如,通过诈骗手段,多报消耗,加大报废物资数量。④通过其他积极的作为手段,将企业财物据为己有。例如,以借用、试穿、试用的名义非法占有等。

(2)不作为方式。只能出现在一些特殊的情况下,因为单纯的不作为,很难将企业财物据为己有。根据司法实践,特殊情况下的不作为方式包括:①共同犯罪中,一些负有管理、经营职责的人员故意不履行职责,致使自己所管理、经营的企业财物被其他同案人侵吞、盗窃、骗取,自己从中分成。这些人的不履行职责,是一种不作为方式,与同案人的作为方式互相配合,共同构成侵占或者贪污。②下属财会人员为了巴结一些负责人、领导者,故意为其虚报冒领差旅费、工资、补贴等,这些负责人、领导者事后明知是冒领,但无异议或者默认,将冒领的财物据为己有。

(三)什么程度可以构成职务类的犯罪

1. 职务侵占罪的立案标准

根据《刑法》的规定,职务侵占企业财物,必须达到"数额较大"才能构成犯罪。最高人民检察院、公安部《关于公安机关管辖的刑事案件立案追诉标准的规定(二)》(2022 年修订)第 76 条进一步明确了职务侵占罪的立案追诉标准:公司、企业或者其他单位的人员,利用职务上的便利,将本单位财物非法占为己有,数额在 3 万元以上的,应予立案追诉。

2. 贪污罪的立案标准

根据 1999 年最高人民检察院《关于人民检察院直接受理立案侦查案件立案标准的规定(试行)》的规定,贪污行为涉嫌下列情形之一的,应予立案:(1)个人贪污数额在 5000 元以上的。(2)个人贪污数额不满 5000 元,但具有贪污救灾、抢险、防汛、防疫、优抚、扶贫、移民、救济款物及募捐款物、赃款赃物、罚没款物、暂扣款物,以及贪污手段恶劣、毁灭证据、转移赃物等情节的。

《监察法》第 11 条规定:"监察委员会依照本法和有关法律规定履行监督、调查、处置职责:(一)对公职人员开展廉政教育,对其依法履职、秉公用权、廉洁从政从业以及道德操守情况进行监督检查;(二)对涉嫌贪污贿赂、滥用职权、玩忽职守、权力寻租、利益输送、徇私舞弊以及浪费国家资财等职务违法和职务犯罪进行调查;(三)对违法的公职人员依法作出政务处分决定;对履行职责不力、失职失责的领导人员进行问责;对涉嫌职务犯罪的,将调查结果移送人民检察院依法审查、提起公诉;向监察对象所在单位提出监察建议。"

三、挪用类的风险

(一)哪些人可以构成挪用类的犯罪

挪用类的犯罪有两个罪名:一个是挪用资金罪;另一个是挪用公款罪。这两个罪最大的区别也在于主体的不同。根据《刑法》的规定,挪用资金罪的主体是企业或者其他单位的人员,这里的企业或者单位也都应当不具有国有的性质。如果是在国有公司、企业或者其他国有单位中从事公务的人员或者由国有公司、企业或者其他国有单位委派到非国有公司、企业以及其他单位从事公务的人员,实施挪用公款的行为,引发的则是挪用公款罪。这点与职务侵占罪和贪污罪的区别是相同的。所不同的是,如果企业的工作人员受国家机关、国有企业、事业单位、人民团体委托,管理、经营国有财产,其利用职务上的便利,挪用国有资金归个人使用的,引发的仍然是挪用资金罪,而不是挪用公款罪。这点需要特别加以注意。

在实践中,挪用类的犯罪主体多为企业的中高层管理人员,如总经理、法定代表人。因为他们由于职务上的关系,对企业的财务状况比较了解,而且具有一定的资金使用、划拨、调动的权力,具备挪用的便利条件。当然,其他工作人员,特别是保管、经手资金的工作人员,例如财务人员、业务员,也可以利用企业监管措施上的漏洞和自身职务上的便利,引发挪用类犯罪的风险。

(二)哪些行为可以构成挪用类犯罪

1. 行为条件

利用职务之便,是挪用类犯罪的行为条件,它是指利用经手、管理和主管本单位资金或者公款的便利条件,既包括直接经手、管理的便利条件,也包括因其职务关系而具有的调拨、支配、使用的便利条件。如果挪用行为与职务上的便利无关,一般不会引发刑事风险。

2. 行为对象

挪用资金罪的对象必须是行为人本单位的资金,如果挪用本单位资金以外的财物,如挪用企业的物资,不构成挪用资金罪。根据2000年10月9日最高人民检察院《关于挪用尚未注册成立公司资金的行为适用法律问题的批复》的规定,挪用准备设立的公司在银行开设的临时账户上的资金,归个人使用或者借贷给他人的,也可以构成挪用资金罪。由此可见,公司在成立之前在银行开设的临时账户上的资金也是本罪的行为对象。

挪用公款罪的对象包括:国有财产中的公款或者在国有企业管理、使用或者运输中的私人财产中的货币,还包括用于救灾、抢险、防汛、优抚、扶贫、移民、救济等特定款物。其中的特定款物既包括款也包括物。挪用特定款物归个人使用,构成挪用公款罪的,从重处罚。但如果只是改变这些特定款物的用途,挪作他用,可以构成挪用特定款物罪。除了上述特定款物中的特定公物,挪用其他公物的,不能引发挪用公款罪的风险。除了公款和特定公物,国库券等有价证券也可以成为挪用公款罪所侵犯的对象。根据1997年最高人民检察院《关于挪用国库券如何定性问题的批复》的规定,国家工作人员利用职务上的便利,挪用公有或本单位的国库券的行为以挪用公款论处。

3. 行为指向

挪用资金罪是指挪用本单位资金归个人使用或者借贷给他人。这里的"个人"包括本人和其他自然人;"他人"包括其他自然人和其他单位。如果将单位资金借贷给其他个人或单位,只要履行了正当的手续,如经过股东或投资者的同意,签订符合国家规定的借款合同,就属于合法的民间借贷行为,不涉及刑事问题。

挪用公款罪是指将挪用的公款归个人使用。这里的"归个人使用"不仅包括挪用者本人使用,还包括借给他人使用。根据全国人大常委会《关于〈中华人民共和国刑法〉第三百八十四条第一款的解释》的规定,将公款供本人、亲友或者其他自然人使用的;以个人名义将公款供给其他单位使用的;个人决定以单位名义将公款供其他单位使用,谋取个人利益的,都属于刑法所规定的"归个人使用"。此外,挪用公款给私有公司、私有企业使用的,也属于挪用公款归个人使用。挪用公款以后,为私利以个人名义将挪用的公款给其他企业、事业单位、机关、团体使用的,也应该视为挪用公款归个人使用。国有企业的工作人员,违反财经制度,未经合法审批手续,将公款擅自划拨、挪借给党政机关、事业团体等单位使用的,只有行为人从该挪用行为中谋取了个人利益,才可以构成挪用公款罪;否则,不能构成犯罪,因为该行为虽然违反财经管理制度,但仍然属于公款公用,不属于归个人使用。

4. 行为方式

挪用类犯罪的行为具体包括以下三种情形:(1)进行非法活动。这里的非法活动是指违法或犯罪活动,如赌博、嫖娼、行贿、走私等。挪用资金或者公款后进行非法活动,其社会危害性要比其他挪用行为严重,因此这类挪用行为不受"数额较大"和挪用时间的限制就可以引发刑事风险。这里的"进行非法活动"必须是行为人明知的,如果挪用公款给他人使用,不知道使用人将款项用于非法活动,则还需要同时具备其他情节,才能引发刑事风险。(2)数额较大,进行营利活动。进行营利活动,是指投资经营以牟利的活动。营利活动仅指进行合法的营利活动,不包括前项中的非法营利活动。为营利活动做准备也属于营利活动,如用来作为私有企业的资信证明以取得工商登记等;以获取利息、股息、红利为目的,将挪用的款项存入银行、用于集资、购买股票、基金和债券等,也属于营利活动。实际上是否营利不影响犯罪的认定,如果营利,营利部分应当收归国库,不计入挪用款项的数额。该项行为相比一般的挪用行为社会危害性更严重,因此不受挪用时间和是否归还的限制,但相比进行非法活动的行为其社会危害性又要轻一些,因此立法上有数额的限制,要求挪用的数额较大,才能引发刑事风险。(3)数额较大、超过3个月未还的。行为人挪用后,既没有进行非法活动,也没有进行营利活动,而是将挪用的款项用于非法活动和营利活动之外的其他活动,如用于个人生活消费,借贷给他人等。相比前两项的挪用行为,该项行为的社会危害性要轻一些,因此必须具备数额和时间两方面的限制,即"数额较大"和"超过3个月未还"必须同时具备。这里,3个月的计算,应从开始挪用之日起,到全部还清之日止。如果从挪用之日起到案发之时尚未超过3个月,则不会引发刑事风险。

(三)什么程度可以构成挪用类犯罪

1. 挪用资金罪的立案标准

最高人民检察院、公安部《关于公安机关管辖的刑事案件立案追诉标准的规定(二)》(2022年修订)第77条明确了挪用资金罪的立案追诉标准:"〔挪用资金案(刑法第二百七十二条第一款)〕公司、企业或者其他单位的工作人员,利用职务上的便利,挪用本单位资金归个人使用或者借贷给他人,涉嫌下列情形之一的,应予立案追诉:(一)挪用本单位资金数额在五万元以上,超过三个月未还的;(二)挪用本单位资金数额在五万元以上,进行营利活动的;(三)挪用本单位资金数额在三万元以上,进行非法活动的。具有下列情形之一的,属于本条规定的'归个人使用':(一)将本单位资金供本人、亲友或者其他自然人使用的;(二)以个人名义将本单位资金供其他单位使用的;(三)个人决定以单位名义将本单位资金供其他单位使用,谋取个人利益的。"

2. 挪用公款罪的立案标准

根据1999年最高人民检察院《关于人民检察院直接受理立案侦查案件立案标准的规定》的规定,挪用公款行为涉嫌下列情形之一的,应予立案:(1)挪用公款归个人使用,数额在5000元至1万元以上,进行非法活动的;(2)挪用公款数额在1万元至3万元以上,归个人进行营利活动的;(3)挪用公款归个人使用,数额在1万元至3万元以上,超过3个月未还的。

四、受贿类的风险

(一)哪些人可以构成受贿类的犯罪

企业工作人员涉及受贿类犯罪的有三个罪名,分别是:非国家工作人员受贿罪、受贿罪、单位受贿罪。这三个罪名最大的区别仍然在于主体的不同。公司、企业或者其他单位的工作人员受贿的,只要是非国家工作人员的,构成的是非国家工作人员受贿罪;在国有公司、企业或者其他国有单位中从事公务的人员和国有公司、企业或者其他国有单位委派到非国有公司、企业以及其他单位从事公务的人员受贿的,只要具有国家工作人员身份的,构成的是受贿罪;为了国有公司、企业的利益,以单位名义受贿的,单位内直接负责的主管人员或者直接责任人员构成的是单位受贿罪。

(二)哪些行为可以构成受贿类的犯罪

1. 行为条件

无论是非国家工作人员受贿罪还是受贿罪,"利用职务上的便利"都是必不可少的一个前提条件。从文字表述上看,这里的"利用职务上的便利"与前面阐述的侵占类和挪用类犯罪相同,但从实质上看,受贿者所利用的职务之便与侵占者、挪用者所利用的职务之便侧重点是不同的,侵占和挪用者偏重职权活动中的操作行为,而受贿者偏重职权活动中的公权力的应用行为,如决策、决定、审批等。根据立法的规定,受贿类的"利用职务上的便利"包括利用本人所担任职务的便利和利用本人职权或者地位形成的便利条件两种情况。单位受贿罪中虽然没有明确表述"利用职务上的便利”,但从实质上看,其也应当具备这一行为条件。

2. 受贿方式

(1)索取他人财物

这就是通常所说的“索贿”。索贿不是一个罪名,而是受贿的一种方式。它是指主动地向他人索要、逼取或者公开、半公开地讨价还价,以自己利用职权为别人办某事为由,要求别人给自己一定数额的财物。在现实生活中,索贿的手段多种多样,有的甚至很隐晦。例如,有人用暗示的方法索取贿赂,表面上是别人主动送上贿赂,实质上是索要的结果;有人用拖着不办的方法索要贿赂,只要别人所送的财物达不到自己想要的数额,就不给办事,直到收到自己满意的数额为止。在不同的场合下,索贿行为构成犯罪的条件也不同。对于国家工作人员,立法规定索贿不要求必须为他人谋取利益,即可构成受贿罪;对于非国家工作人员或者国有公司、企业,索取他人财物的,还必须为他人谋取利益,才能构成非国家工作人员受贿罪或者单位受贿罪。

(2)非法收受他人财物,为他人谋取利益

这是受贿罪的一般形式,通常包括两种情形:一种是先收受财物,再为他人谋利益。行贿人通过给予“贿赂”,得到“利益”,受贿人通过出卖“权力”,得到“贿赂”。另一种是先为他人谋利益,再收受他人的财物。这种方式隐蔽性更强,通常通过收受感谢费、礼品等方式收取贿赂,有的甚至是在离退休之后再收取。需要注意的是,无论是先收受财物还是后收受财物,也无论收受财物的主体是谁,要引发受贿类的犯罪风险,都必须以为他人谋取利益为条件。这里的“为他人谋取利益”,包括实际上为他人谋取了利益,也包括许诺为他人谋取利益,许诺可以是明示,也可以是默许。至于行为人是否实际为行贿人谋取了利益,不影响犯罪的成立。此外,为他人谋取的“利益”可以是正当利益也可以是不正当利益。

在司法实践中,行贿人给予贿赂,尤其是主动送贿的情况下,通常以“礼物”“馈赠”的方式进行,如何将这种贿赂与出于礼尚往来或者基于深厚的友情、亲情无条件的馈赠区分开来至关重要。一般来说,应当结合以下几个方面进行综合考察,以正确区分贿赂和馈赠。第一,从给予和收受财物的原因来看。贿赂的实质是权钱交易,一方收受财物,为他人谋利,另一方给予财物,获取利益,可谓“各取所需”;而馈赠是不求回报的无偿给予,而非基于利益的纠葛。第二,从双方的关系来看。贿赂双方多是一时的相互利用关系,不排除这种相互利用关系可能会维持很长时间,但其始终无法摆脱功利的性质;而馈赠是基于双方之间深厚的亲情、友情或者礼仪。第三,从给予和接受财物的行为是否与职务活动或者经济业务有关来看。贿赂中的财物收受行为通常与双方职务活动或经济业务有关;馈赠一般是出于亲情、友情或者礼仪,抑或无私地援助,与双方的职务活动或经济业务无关。第四,从财物给予的方式来看。贿赂行为中的财物给予多采取掩人耳目的方式秘密进行;而馈赠多是公开进行,行为人一般不会采取掩盖措施。第五,从财物的价值来看。贿赂中财物相对于当地生活水平而言通常价值较大,甚至超常的大;而馈赠中的财物通常与当地礼节习俗和双方感情的深浅以及赠与者的经济状况直接关联。

(3)在经济往来中,违反国家规定,收受各种名义的回扣、手续费

所谓“违反国家规定”,根据《刑法》(2023 年修正)第 96 条的规定,是指违反全国人大及其常委会制定的法律和决定,国务院制定的行政法规、规定的行政措施、发布的决定和命令。所谓“回扣”,是指经营者销售商品时在账外暗中以现金、实物或者其他方式退还给对方单位或者个人的一定比例的商品价款。所谓“手续费”,是指在经济活动中,除回扣以外,违反国家规定支付给企业人员的各种名义的钱款,如所谓的信息费、顾问费、劳务费、辛苦费、好处费等。

收受上述回扣、手续费的过程中,为了逃避企业的监管以及有关部门的查处,行为人一般采取账外暗中收受的方式,即是指未在依法设立的反映其生产经营活动或者其行政事业经费收支的财

务账上按照财务会计制度规定明确如实记载,包括不计人财务账,转入其他财务账或者做假账等。

在非国家工作人员受贿罪和受贿罪中,行为人收受各种名义的回扣、手续费后,是归个人所有;而在单位受贿罪中,单位账外暗中收受各种名义的回扣、手续费后,是归单位所有,只是没有记入合法的、公开的账目,如果记入单位的秘密账目或“小金库”账目,仍属于“账外暗中”,仍可构成单位受贿罪。

除了以上三种方式外,受贿罪还有一种表现方式,斡旋受贿或者居间受贿,这是行为人利用延伸的权力获取贿赂的一种方式,表现为利用本人职权或者地位形成的便利条件,通过其他国家工作人员职务上的行为,为请托人谋取不正当利益,索取请托人财物或者收受请托人财物。需要注意的是,要构成受贿罪,这里要求谋取的必须是不正当利益,如果行为人从中斡旋,由其他国家工作人员为请托人谋取正当利益,不会引发受贿罪的刑事风险。以下两种情况应排除在斡旋受贿的行为之外:其一,利用其他关系形成的便利条件,如亲戚、朋友、同学、老乡、战友等关系,而不是本人职权或者地位形成的便利条件,为请托人谋取不正当利益,不是斡旋受贿行为。其二,行为人通过的其他国家工作人员是行为人的直接下级或者是受行为人直接指挥的,不是斡旋受贿行为,而是直接受贿,为请托人谋取的利益不以“不正当”为必要。

3. 收取贿赂的形式

在司法实践中,收受贿赂的方式非常复杂多样,特别是近几年来,由于打击腐败犯罪的力度加大,犯罪分子为了逃避制裁,收受贿赂的形式变得更加狡猾、隐蔽,使司法机关调查取证也更加困难。2007 年 7 月 8 日最高人民法院和最高人民检察院联合发布了《关于办理受贿刑事案件适用法律若干问题的意见》,进一步明确了实践中收受贿赂的各种形式:(1)以交易形式收受贿赂。一般包括以明显低于市场的价格向请托人购买房屋、汽车等物品的形式;以明显高于市场的价格向请托人出售房屋、汽车等物品的形式;以其他交易形式非法收受请托人财物的形式。(2)收受请托人提供的干股。(3)以开办公司等合作投资名义收受贿赂。(4)以委托请托人投资证券、期货或者其他委托理财的名义收受贿赂。(5)以赌博形式收受贿赂。(6)通过特定关系人挂名领取薪酬收受贿赂。(7)在职时为请托人谋利,离职后收受财物。(8)通过特定关系人收受贿赂。

(三)什么程度可以构成受贿类的犯罪

根据 1999 年最高人民检察院《关于人民检察院直接受理立案侦查案件立案标准的规定(试行)》的规定,非国家工作人员和国家工作人员个人受贿数额达到 5000 元以上的,就应当予以立案追诉;个人受贿数额不满 5000 元的,不能引发刑事风险。但是,国家工作人员如果具有强行索取财物的情节,或者具有故意刁难、要挟有关单位、个人,造成恶劣影响的情节,或者具有因受贿行为而使国家或者社会利益遭受重大损失的情节,即使个人受贿不满 5000 元的,也可以引发受贿罪的风险。

单位受贿构成犯罪的立案标准更高,受贿数额必须达到 10 万元以上的,才能立案追诉,否则不能引发单位受贿罪的风险。除非单位受贿具有故意刁难、要挟有关单位、个人,造成恶劣影响的;强行索取财物的;致使国家或者社会利益遭受重大损失的情节之一。

五、背信类的风险

(一)哪些人可以构成背信类的犯罪

企业人员涉及背信类犯罪的有两个罪名:一个是背信损害上市公司利益罪;另一个是非法经营同类营业罪。这两个罪的主体既有差异,又有共同之处。例如,公司的董事、监事、高级管理人员既可能引发背信损害上市公司利益罪,也可能引发非法经营同类营业罪。《刑法修正案(十二)》将“国有公司、企业的董事、监事、高级管理人员”以及“其他公司、企业的董事、监事、高级管理人员”均纳入“非法经营同类营业罪”范畴。

1. 背信损害上市公司利益罪的主体

其主体为上市公司的董事、监事、高级管理人员，以及上市公司的控股股东或者实际控制人。根据2023年《公司法》第134条的规定："本法所称上市公司，是指其股票在证券交易所上市交易的股份有限公司。"因此，股票尚未上市交易的股份有限公司、有限责任公司或者其他企业的人员都不能引发本罪的刑事风险。

根据2023年《公司法》的规定：(1)董事是公司董事会的组成人员，是公司重大决策制定和执行的参与者，代表股东对公司进行管理是董事的基本职责。监事是公司监事会的组成人员，有权对董事会、董事以及经理、财务负责人等高级管理人员执行公司职务的行为进行监督。高级管理人员，是指公司的经理、副经理、财务负责人，上市公司董事会秘书和公司章程规定的其他人员。(2)控股股东，是指其出资额占有限责任公司资本总额超过50%或者其持有的股份占股份有限公司股本总额超过50%的股东；出资额或者持有股份的比例虽然低于50%，但依其出资额或者持有的股份所享有的表决权已足以对股东会的决议产生重大影响的股东。(3)实际控制人，是指通过投资关系、协议或者其他安排，能够实际支配公司行为的人。

这里的控股股东和实际控制人既可以是自然人，也可以是单位。他们虽然不能同公司董事、监事和高级管理人员一样直接控制上市公司，但可以指使公司董事、监事和高级管理人员间接地操纵上市公司。

因此，无论是董事、监事、高级管理人员，还是控股股东、实际控制人，他们都有一个共同的特点，就是能够直接或者间接地掌控上市公司的运作或者影响公司的决策。因此，2023年修订的《公司法》进一步明确了以上人员对公司的忠实义务。如果他们在执行公司职务时违背了忠实义务，给公司造成损失，应当承担赔偿责任，损失重大的，则可以引发背信损害上市公司利益罪的风险。

2. 非法经营同类营业罪的主体

《刑法修正案(十二)》颁布之前，相关主体仅限于国有公司、企业的董事、经理。《刑法修正案(十二)》将"国有公司、企业的董事、监事、高级管理人员"以及"其他公司、企业的董事、监事、高级管理人员"均纳入"非法经营同类营业罪"的主体范畴。

在竞业限制/竞业禁止问题上，2023年《公司法》对于非国有独资公司明确规定为："董事、监事、高级管理人员未向董事会或者股东会报告，并按照公司章程的规定经董事会或者股东会决议通过，不得自营或者为他人经营与其任职公司同类的业务。"对于国有独资公司则更为严格，并不限于"同业"范畴，在任何经济组织的"兼职"都被否定(但此为公司法责任非为刑事责任)。2023年《公司法》第175条规定："国有独资公司的董事、高级管理人员，未经履行出资人职责的机构同意，不得在其他有限责任公司、股份有限公司或者其他经济组织兼职。"

(二)哪些行为可以构成背信类的犯罪

1. 违背忠实义务

无论是背信损害上市公司利益还是非法经营同类营业，行为人首先违背的就是对公司的忠实义务。为了维护企业正常的管理秩序，任何员工都应当对企业负有忠实义务，尤其是企业的董事、监事、高级管理人员、控股股东、实际控制人，因为他们可以直接或者间接掌控企业的运作或者影响企业的决策，如果他们违背对企业的忠实义务，给企业造成的损失将是不可估量的。

2. 利用职务之便

无论是背信损害上市公司利益，还是非法经营同类营业，行为人都必须利用自身所具有的职权或者与职权相关的便利条件。因为行为人只有利用职务上的便利，才能实际操纵上市公司从事不正当关联交易，才能非法经营同类营业。但这两者所利用的职权上的便利是不同的，背信损害上市公司利益罪中的职务便利是指对公司的决策权、监督权、执行权，而非法经营同类营业罪中的职务便利是指手中所掌握的公司、企业的材料、物资、人事安排等方面的决策权以及因其职务关系而知悉的企业的生产、销售计划、企业投资方向等重大信息等便利条件。

3. 具体行为方式

背信损害上市公司利益罪具体表现为操纵上市公司从事不正当关联交易,具体行为包括:

(1)无偿向其他单位或者个人提供资金、商品、服务或者其他资产的。“无偿”是指无对价地向其他单位或者个人提供资金、商品、服务或者其他资产。“其他单位”是除上市公司以外的任何单位,“个人”应当是指除上市公司工作人员以外的自然人。在实践中,这些单位和个人一般都与行为人有关联关系。具体表现为:将上市公司资金或者其他资产直接划拨到关联公司供其使用;以自己或者关联公司的名义,在无任何交易基础的情况下,占用上市公司资金或者其他资产,在上市公司与关联企业之间进行没有实质交易的资金划拨;由上市公司代关联公司支付费用等行为。

(2)以明显不公平的条件,提供、接受资金、商品、服务或者其他资产的。这种行为方式主要表现为以不合理的高价收购关联公司商品或者不良资产,向关联公司提供明显的低息贷款,或者以不合理的低价将上市公司的商品或者其他资产出售,向关联公司进行明显的高息借款,或者表面上双方提供的对价相当,不存在明显的不公平条件,但额外附加了可能致使本公司利益遭受重大损失的其他条件,或者不公平的借款、借用等。

(3)向明显不具有清偿能力的单位或者个人提供资金、商品、服务或者其他资产的。“明显不具有清偿能力”是指债务人根本就不能够按照约定偿还债务,根本不具备履约的能力。这不同于一般的违约,它是在合同签订之时,债务人就不具备清偿能力,而且行为人对此在主观上是明知的,如果受蒙蔽或者由于过失没有能够及时发现债务人不具有清偿能力,不能构成本罪。

(4)为明显不具有清偿能力的单位或者个人提供担保,或者无正当理由为其他单位或者个人提供担保的。为不具有清偿能力的单位或者个人担保,会导致上市公司的资产不当减少或者处于高风险的状态,严重损害上市公司的利益。

(5)无正当理由放弃债权、承担债务的。无论是放弃债权还是承担债务,实质上都是减少了上市公司的财产,损害了上市公司的利益。行为人操纵上市公司放弃债权、承担债务要引发本罪的刑事风险,还要求放弃债权、承担债务不具有正当的理由,如果有正当理由,就不具有刑事风险。

(6)采用其他方式损害上市公司利益的。本项是立法中所谓的“兜底条款”,可以堵塞拦截犯罪嫌疑人逃漏法网。

非法经营同类营业罪具体表现为:自己经营或者为他人经营与其所任职的国有公司、企业同类营业。这里的“经营”不同于个人普通的、短期的商品买卖,它具有规模性和长期性。所谓“自己经营”,是指为自己独资或者担任股东的企业或者其他经济组织进行经营。行为人参与经营活动的目的是获得经营收益或者参与利润分配,其是否在企业中担任一定的职务或者参与日常的管理,不影响本罪的成立。所谓“为他人经营”,是指自己虽非出资者,但为从中获取经营报酬的公司、企业或者其他经济组织进行经营。在本罪的认定中,只要具备“为自己经营”和“为他人经营”二者之一即可。“同类营业”是指经营业务属于同一类别或者相似类别。例如,生产、销售同一类商品或者提供同一种服务,或者生产销售相似商品或者提供相似服务。

(三)什么程度可以构成背信类的犯罪

背信损害上市公司利益罪和非法经营同类营业罪都是结果犯。操纵上市公司从事损害上市公司利益的行为只有在给上市公司造成重大利益损失的情况下才能构成背信损害上市公司利益罪,而实施非法经营同类营业的行为必须获取了非法利益而且“非法利益”的数额还必须达到“巨大”的程度,才能构成非法经营同类营业罪。

这里的“非法利益”并不是指经营所获得的净利润,只要行为人通过经营同类营业获得了利益，就符合本罪的结果要求，而不管经营是否实际产生了利润，也不计自己实际投入的经营成本。也就是说，即使经营产生的利益除去投入的成本一直处于亏损状态，仍然可以构成本罪。最高人民检察院、公安部《关于公安机关管辖的刑事案件立案追诉标准的规定（二）》（2022 年修订）第 13 条明确了背信损害上市公司利益罪的立案追诉标准："〔背信损害上市公司利益案（刑法第一百六十九条之一）〕上市公司的董事、监事、高级管理人员违背对公司的忠实义务，利用职务便利，操纵上市公司从事损害上市公司利益的行为，以及上市公司的控股股东或者实际控制人，指使上市公司董事、监事、高级管理人员实施损害上市公司利益的行为，涉嫌下列情形之一的，应予立案追诉：（一）无偿向其他单位或者个人提供资金、商品、服务或者其他资产，致使上市公司直接经济损失数额在一百五十万元以上的；（二）以明显不公平的条件，提供或者接受资金、商品、服务或者其他资产，致使上市公司直接经济损失数额在一百五十万元以上的；（三）向明显不具有清偿能力的单位或者个人提供资金、商品、服务或者其他资产，致使上市公司直接经济损失数额在一百五十万元以上的；（四）为明显不具有清偿能力的单位或者个人提供担保，或者无正当理由为其他单位或者个人提供担保，致使上市公司直接经济损失数额在一百五十万元以上的；（五）无正当理由放弃债权、承担债务，致使上市公司直接经济损失数额在一百五十万元以上的；（六）致使公司、企业发行的股票或者公司、企业债券、存托凭证或者国务院依法认定的其他证券被终止上市交易的；（七）其他致使上市公司利益遭受重大损失的情形。"

《刑法》（2023 年修正）第 165 条规定："国有公司、企业的董事、监事、高级管理人员，利用职务便利，自己经营或者为他人经营与其所任职公司、企业同类的营业，获取非法利益，数额巨大的，处三年以下有期徒刑或者拘役，并处或者单处罚金；数额特别巨大的，处三年以上七年以下有期徒刑，并处罚金。其他公司、企业的董事、监事、高级管理人员违反法律、行政法规规定，实施前款行为，致使公司、企业利益遭受重大损失的，依照前款的规定处罚。"

六、企业治理中的刑事风险防控

（一）加强法律学习，树立法制观念

对企业人员而言，应当加强法律学习，树立法制观念，既要杜绝自己知法犯法，也要防止因不懂法而犯法，从思想和行为上控制和防范刑事风险的发生。对企业而言，为了控制和防范员工侵占、挪用、受贿和背信等行为给企业造成损失的风险，企业也应当加强员工的法律教育，特别是管理层和财务人员，强化法制观念，增强法律意识，控制和防范以上风险行为的发生。

（二）健全内控制度，加强监督机制

实践中，无论是侵占还是挪用，企业人员能得手往往都是因为本单位对资金、财物的内部控制制度不健全、存在漏洞，或者是监管措施不力。要控制和防范员工这方面的犯罪，企业应当健全内控制度，强化监管措施。例如，建立内部牵制制度、建立内部稽核制度、实行内部审核制度、建立财务收支审批制度、建立资产清查盘点制度、加强资金管理制度以及完善其他各项管理措施。

（三）加强廉洁文化建设，完善廉洁从业制度

廉洁文化是企业文化的重要组成部分，它对于提升企业自身形象和市场竞争力具有重要作用。企业人员不得违背廉洁义务，利用职务上的便利收受贿赂，否则，不但使自己面临刑事风险，同时还损害企业形象，妨害正常的管理秩序。因此，企业应当大力加强廉洁文化建设，完善廉洁从业制度，积极地控制和防范受贿类犯罪。

根据全国人大常委会法工委刑法室负责人的相关介绍："刑法修正案（十二）修改的内容上，主要体现三个方面。一是在立法上进一步明确对一些严重行贿情形加大刑事追责力度，进一步明确释放受贿行贿一起查的政策要求，将党中央确定重点查处的行贿行为在立法上规定从重处罚，具体

包括七种情形:多次行贿或者向多人行贿的;国家工作人员行贿的;在国家重点工程、重大项目中行贿的;为谋取职务、职级晋升、调整行贿的;对监察、行政执法、司法工作人员行贿的;在生态环境、财政金融、安全生产、食品药品、防灾救灾、社会保障、教育、医疗等领域行贿,实施违法犯罪活动的;将违法所得用于行贿的。二是调整提高单位行贿罪的刑罚。实践中,一些行贿人以单位名义行贿,规避处罚,导致案件处理不平衡,各方面反映对单位惩处力度不足,此次修改调整提高单位行贿罪的刑罚。三是对其他贿赂犯罪的刑罚作出相应调整。我国刑法根据贿赂犯罪的主体、对象、行为等不同,规定了较多罪名,对行贿罪、单位行贿罪作出调整后,为贯彻从严惩治的精神,相应地调整其他贿赂犯罪的法定刑,做好衔接和平衡。"

(四)加强忠实义务,建立监督机制

这主要是针对控制和防范背信类犯罪而言的。要控制和防范这类风险,需要加强忠实义务,建立监督机制。忠实义务是对董事、监事、高级管理人员权力上的限制,因为他们一旦违背忠实义务,有可能就会损害企业利益甚至国家利益。企业应当建立有效的监督机制,运用章程和制度监管和制约管理层,规制管理层的管理行为。

(五)重视党建和公益

2023 年修订的《公司法》对党建与公益事项进行了明确,进一步强化企业社会责任:

第 18 条规定:"在公司中,根据中国共产党章程的规定,设立中国共产党的组织,开展党的活动。公司应当为党组织的活动提供必要条件。"

第 19 条规定:"公司从事经营活动,应当遵守法律法规,遵守社会公德、商业道德,诚实守信,接受政府和社会公众的监督。"

第 20 条规定:"公司从事经营活动,应当充分考虑公司职工、消费者等利益相关者的利益以及生态环境保护等社会公共利益,承担社会责任。国家鼓励公司参与社会公益活动,公布社会责任报告。"

第四节　企业生产经营中的刑事法律风险

一、质量管理、合同使用刑事风险综述

企业经营中的刑事法律风险从不同角度来看,有许多例子。三鹿集团等企业的"问题奶粉"事件,再次将产品质量问题推至公众视野中。2008 年 9 月 17 日,因涉嫌生产、销售有毒、有害食品罪,三鹿集团董事长田文华被刑事拘留,其后被批准逮捕;2008 年 12 月 8 日,田文华被公安机关以涉嫌生产、销售伪劣产品罪,移送检察院审查起诉;2008 年 12 月 31 日开庭,检察院指控三鹿集团生产、销售伪劣产品罪,田文华等负有直接责任,亦应以该罪追究刑事责任。

2014 年 7 月 20 日,麦当劳、肯德基等西式快餐的供应商上海福喜食品公司被曝使用过期劣质肉。上海食药监部门随即要求上海所有肯德基、麦当劳问题产品全部下架。2014 年 7 月 26 日,福喜母公司 osi 集团在官网宣布,必须从市场中收回上海福喜所生产的所有产品。2014 年 8 月 29 日,上海市检察院第二分院于网站贴出通告称,"上海福喜食品有限公司涉嫌使用过期原料生产加工食品事件"涉案公司高管胡骏等 6 人,因涉嫌生产、销售伪劣产品罪被上海市检察院第二分院依法批准逮捕。2016 年 2 月 1 日,上海市嘉定区人民法院一审以生产、销售伪劣产品罪,分别判处上海福喜食品有限公司、福喜食品有限公司罚金 120 万元;10 名相关责任人被判刑。通过每年的"3·15"晚会和各类相关活动,我们也都可感受到国家对于关系民生的产品质量问题的重视。

本节主要分析产品质量管理相关的刑事风险,并对合同使用相关的刑事法律风险进行提示。

（一）产品质量风险

该问题不仅是一个企业生存和发展的战略问题，还是整个社会经济发展的战略问题。企业在生产运作的过程中，如果违反国家产品质量法规，放松对产品质量的管理和控制，生产或者销售不符合质量标准的伪劣产品，不但会损害消费者的合法权益，扰乱社会主义市场经济秩序，使自己遭受民事赔偿或者行政处罚，情节严重的，还可能使自己面临刑事风险，身陷囹圄。

一般来说，生产、销售伪劣产品，只要销售金额达到5万元以上就可以构成生产、销售伪劣产品罪。但是对于那些可能危及人体健康和人身、财产安全的产品以及影响国计民生的重要工业产品如人用药品、医用器材、食品、电器、压力容器、易燃易爆产品、农药、兽药、化肥、种子、化妆品等，国家相关部门不但规定了特定的质量标准，还专门制定了监督管理的办法。企业如果放松质量管理，生产、销售的上述产品不符合规定的质量标准，即使销售金额未达到5万元，仍可能会引发生产、销售特定伪劣产品的刑事风险；金额达到5万元以上的，则可能发生生产、销售伪劣产品罪与生产、销售特定伪劣产品罪的竞合，按照处罚较重的罪名定罪处刑。根据刑法的规定，产品质量管理中可能引发的刑事风险具体包括：

1. 生产、销售伪劣产品罪

《刑法》（2023年修正）第140条规定："生产者、销售者在产品中掺杂、掺假，以假充真，以次充好或者以不合格产品冒充合格产品，销售金额五万元以上不满二十万元的，处二年以下有期徒刑或者拘役，并处或者单处销售金额百分之五十以上二倍以下罚金；销售金额二十万元以上不满五十万元的，处二年以上七年以下有期徒刑，并处销售金额百分之五十以上二倍以下罚金；销售金额五十万元以上不满二百万元的，处七年以上有期徒刑，并处销售金额百分之五十以上二倍以下罚金；销售金额二百万元以上的，处十五年有期徒刑或者无期徒刑，并处销售金额百分之五十以上二倍以下罚金或者没收财产。"

2. 生产、销售假药罪

《刑法》（2023年修正）第141条规定："生产、销售假药的，处三年以下有期徒刑或者拘役，并处罚金；对人体健康造成严重危害或者有其他严重情节的，处三年以上十年以下有期徒刑，并处罚金；致人死亡或者有其他特别严重情节的，处十年以上有期徒刑、无期徒刑或者死刑，并处罚金或者没收财产。药品使用单位的人员明知是假药而提供给他人使用的，依照前款的规定处罚。"

3. 生产、销售劣药罪

《刑法》（2023年修正）第142条规定："生产、销售劣药，对人体健康造成严重危害的，处三年以上十年以下有期徒刑，并处罚金；后果特别严重的，处十年以上有期徒刑或者无期徒刑，并处罚金或者没收财产。药品使用单位的人员明知是劣药而提供给他人使用的，依照前款的规定处罚。"

第142条之一规定："违反药品管理法规，有下列情形之一，足以严重危害人体健康的，处三年以下有期徒刑或者拘役，并处或者单处罚金；对人体健康造成严重危害或者有其他严重情节的，处三年以上七年以下有期徒刑，并处罚金：（一）生产、销售国务院药品监督管理部门禁止使用的药品的；（二）未取得药品相关批准证明文件生产、进口药品或者明知是上述药品而销售的；（三）药品申请注册中提供虚假的证明、数据、资料、样品或者采取其他欺骗手段的；（四）编造生产、检验记录的。有前款行为，同时又构成本法第一百四十一条、第一百四十二条规定之罪或者其他犯罪的，依照处罚较重的规定定罪处罚。"

4. 生产、销售不符合标准的医用器材罪

《刑法》（2023年修正）第145条规定："生产不符合保障人体健康的国家标准、行业标准的医疗器械、医用卫生材料，或者销售明知是不符合保障人体健康的国家标准、行业标准的医疗器械、医用卫生材料，足以严重危害人体健康的，处三年以下有期徒刑或者拘役，并处销售金额百分之五十以上二倍以下罚金;对人体健康造成严重危害的,处三年以上十年以下有期徒刑,并处销售金额百分之五十以上二倍以下罚金;后果特别严重的,处十年以上有期徒刑或者无期徒刑,并处销售金额百分之五十以上二倍以下罚金或者没收财产。"

5. 生产、销售不符合安全标准的食品罪

《刑法》(2023 年修正)第 143 条规定:"生产、销售不符合食品安全标准的食品,足以造成严重食物中毒事故或者其他严重食源性疾病的,处三年以下有期徒刑或者拘役,并处罚金;对人体健康造成严重危害或者有其他严重情节的,处三年以上七年以下有期徒刑,并处罚金;后果特别严重的,处七年以上有期徒刑或者无期徒刑,并处罚金或者没收财产。"

最高人民检察院、公安部《关于公安机关管辖的刑事案件立案追诉标准的规定(一)的补充规定》(公通字〔2017〕12 号)第 3 条规定:"将《立案追诉标准(一)》第 19 条修改为:[生产、销售不符合安全标准的食品案(刑法第 143 条)]生产、销售不符合食品安全标准的食品,涉嫌下列情形之一的,应予立案追诉:(一)食品含有严重超出标准限量的致病性微生物、农药残留、兽药残留、重金属、污染物质以及其他危害人体健康的物质的;(二)属于病死、死因不明或者检验检疫不合格的畜、禽、兽、水产动物及其肉类、肉类制品的;(三)属于国家为防控疾病等特殊需要明令禁止生产、销售的食品的;(四)婴幼儿食品中生长发育所需营养成分严重不符合食品安全标准的;(五)其他足以造成严重食物中毒事故或者严重食源性疾病的情形。在食品加工、销售、运输、贮存等过程中,违反食品安全标准,超限量或者超范围滥用食品添加剂,足以造成严重食物中毒事故或者其他严重食源性疾病的,应予立案追诉。在食用农产品种植、养殖、销售、运输、贮存等过程中,违反食品安全标准,超限量或者超范围滥用添加剂、农药、兽药等,足以造成严重食物中毒事故或者其他严重食源性疾病的,应予立案追诉。"

6. 生产、销售有毒、有害食品罪

《刑法》(2023 年修正)第 144 条规定:"在生产、销售的食品中掺入有毒、有害的非食品原料的,或者销售明知掺有有毒、有害的非食品原料的食品的,处五年以下有期徒刑,并处罚金;对人体健康造成严重危害或者有其他严重情节的,处五年以上十年以下有期徒刑,并处罚金;致人死亡或者有其他特别严重情节的,依照本法第一百四十一条的规定处罚。"

最高人民检察院、公安部《关于公安机关管辖的刑事案件立案追诉标准的规定(一)的补充规定》第 4 条规定:"将《立案追诉标准(一)》第 20 条修改为:[生产、销售有毒、有害食品案(刑法第 144 条)]在生产、销售的食品中掺入有毒、有害的非食品原料的,或者销售明知掺有有毒、有害的非食品原料的食品的,应予立案追诉。在食品加工、销售、运输、贮存等过程中,掺入有毒、有害的非食品原料,或者使用有毒、有害的非食品原料加工食品的,应予立案追诉。在食用农产品种植、养殖、销售、运输、贮存等过程中,使用禁用农药、兽药等禁用物质或者其他有毒、有害物质的,应予立案追诉。在保健食品或者其他食品中非法添加国家禁用药物等有毒、有害物质的,应予立案追诉。下列物质应当认定为本条规定的'有毒、有害的非食品原料':(一)法律、法规禁止在食品生产经营活动中添加、使用的物质;(二)国务院有关部门公布的《食品中可能违法添加的非食用物质名单》《保健食品中可能非法添加的物质名单》中所列物质;(三)国务院有关部门公告禁止使用的农药、兽药以及其他有毒、有害物质;(四)其他危害人体健康的物质。"

7. 生产、销售不符合安全标准的产品罪

《刑法》(2023 年修正)第 146 条规定:"生产不符合保障人身、财产安全的国家标准、行业标准的电器、压力容器、易燃易爆产品或者其他不符合保障人身、财产安全的国家标准、行业标准的产品,或者销售明知是以上不符合保障人身、财产安全的国家标准、行业标准的产品,造成严重后果的,处五年以下有期徒刑,并处销售金额百分之五十以上二倍以下罚金;后果特别严重的,处五年以上有期徒刑,并处销售金额百分之五十以上二倍以下罚金。”

8. 生产、销售伪劣农药、兽药、化肥、种子罪

《刑法》(2023年修正)第147条规定:“生产假农药、假兽药、假化肥,销售明知是假的或者失去使用效能的农药、兽药、化肥、种子,或者生产者、销售者以不合格的农药、兽药、化肥、种子冒充合格的农药、兽药、化肥、种子,使生产遭受较大损失的,处三年以下有期徒刑或者拘役,并处或者单处销售金额百分之五十以上二倍以下罚金;使生产遭受重大损失的,处三年以上七年以下有期徒刑,并处销售金额百分之五十以上二倍以下罚金;使生产遭受特别重大损失的,处七年以上有期徒刑或者无期徒刑,并处销售金额百分之五十以上二倍以下罚金或者没收财产。”

9. 生产、销售不符合卫生标准的化妆品罪

《刑法》(2023年修正)第148条规定:“生产不符合卫生标准的化妆品,或者销售明知是不符合卫生标准的化妆品,造成严重后果的,处三年以下有期徒刑或者拘役,并处或者单处销售金额百分之五十以上二倍以下罚金。”

(二)合同使用风险

1. 签订、履行合同失职被骗罪

《刑法》(2023年修正)第167条规定:“国有公司、企业、事业单位直接负责的主管人员,在签订、履行合同过程中,因严重不负责任被诈骗,致使国家利益遭受重大损失的,处三年以下有期徒刑或者拘役;致使国家利益遭受特别重大损失的,处三年以上七年以下有期徒刑。”

2. 合同诈骗罪

《刑法》(2023年修正)第224条规定:“有下列情形之一,以非法占有为目的,在签订、履行合同过程中,骗取对方当事人财物,数额较大的,处三年以下有期徒刑或者拘役,并处或者单处罚金;数额巨大或者有其他严重情节的,处三年以上十年以下有期徒刑,并处罚金;数额特别巨大或者有其他特别严重情节的,处十年以上有期徒刑或者无期徒刑,并处罚金或者没收财产:(一)以虚构的单位或者冒用他人名义签订合同的;(二)以伪造、变造、作废的票据或者其他虚假的产权证明作担保的;(三)没有实际履行能力,以先履行小额合同或者部分履行合同的方法,诱骗对方当事人继续签订和履行合同的;(四)收受对方当事人给付的货物、货款、预付款或者担保财产后逃匿的;(五)以其他方法骗取对方当事人财物的。”

第224条之一规定:“组织、领导以推销商品、提供服务等经营活动为名,要求参加者以缴纳费用或者购买商品、服务等方式获得加入资格,并按照一定顺序组成层级,直接或者间接以发展人员的数量作为计酬或者返利依据,引诱、胁迫参加者继续发展他人参加,骗取财物,扰乱经济社会秩序的传销活动的,处五年以下有期徒刑或者拘役,并处罚金;情节严重的,处五年以上有期徒刑,并处罚金。”

3. 以合同使用为行为方式的其他犯罪(贷款诈骗罪)

《刑法》(2023年修正)第193条规定:“有下列情形之一,以非法占有为目的,诈骗银行或者其他金融机构的贷款,数额较大的,处五年以下有期徒刑或者拘役,并处二万元以上二十万元以下罚金;数额巨大或者有其他严重情节的,处五年以上十年以下有期徒刑,并处五万元以上五十万元以下罚金;数额特别巨大或者有其他特别严重情节的,处十年以上有期徒刑或者无期徒刑,并处五万元以上五十万元以下罚金或者没收财产:(一)编造引进资金、项目等虚假理由的;(二)使用虚假的经济合同的;(三)使用虚假的证明文件的;(四)使用虚假的产权证明作担保或者超出抵押物价值重复担保的;(五)以其他方法诈骗贷款的。”

最高人民检察院、公安部《关于公安机关管辖的刑事案件立案追诉标准的规定(二)》(2022年修订)第45条对贷款诈骗罪进行如下规定:“以非法占有为目的,诈骗银行或者其他金融机构的贷

款,数额在五万元以上的,应予立案追诉。”

二、生产、销售伪劣商品的风险

(一)哪些人可以构成生产、销售伪劣产品罪

根据《刑法》(2023 年修正)第 140 条、第 150 条的规定,生产、销售伪劣产品罪的主体是生产者、销售者,他们既可以是自然人,也可以是单位。企业在生产运作的过程中,经常扮演生产者和销售者的角色,如果不注重产品质量,把好产品质量关,就容易引发本罪的刑事风险,如果因此构成单位犯罪,除了单位会被判处罚金,单位内对生产、销售直接负责的主管人员和其他直接责任人员也会面临被追究刑事责任的风险。

值得注意的是,企业虽未参与实施具体的生产、销售伪劣产品行为,但知道或者应当知道他人在实施生产、销售伪劣产品的行为,而为其提供贷款、资金、账号、发票、证明、许可证件,或者提供生产、经营场所或者运输、仓储、保管、邮寄等便利条件,或者提供制假生产技术的,也可以引发本罪的刑事风险,一般以共犯论处。因此,企业不但应当严格管理和控制本单位的产品质量,也不得为他人生产、销售伪劣产品提供便利条件,陷自己于刑事风险之中。

(二)哪些行为可以构成生产、销售伪劣产品罪

根据《刑法》的相关规定,生产、销售伪劣产品罪的行为表现为,在生产的产品中掺杂、掺假,以假充真,以次充好或者以不合格产品冒充合格产品或者明知是上述产品而予以销售。

1. 掺杂、掺假行为

通常而言,受生产工艺水平等客观因素的制约,产品中或多或少地都会含有少许的杂质成分,在合理的范围内,杂质含量的多少会直接影响到产品的品质和价格,但只要这些杂质不会直接影响到产品性能的正常发挥和使用,即产品的性能不会因杂质的存在而降低或丧失,生产者和销售者就不会引发法律风险。但生产者、销售者若逾越法律所允许的尺度,在产品中,大肆添加杂物、异物,致使产品质量不符合国家法律、法规或者产品明示的质量标准所规定的质量要求,降低或失去其应有使用性能的,就可能会引发相应的法律风险,甚至是刑事风险。

具体而言,“掺杂”,是指在产品中掺入本产品一般情况下会含有的非本产品组成成分的物质。“掺假”,是指在产品中掺入与原产品所含有的成分在外形、颜色上比较一致,通常情况下不会被发觉,但原产品在一般情况下不会含有的物质。一般来说,本罪所规制的“掺杂、掺假行为”是指在产品中掺入杂质或者异物,致使产品的质量不符合国家法律、法规或者产品明示的质量标准所规定的质量要求,降低、失去其应有的使用性能的行为。

2. 以假充真行为

与掺假行为不同,“以假充真”行为是指以不具有某种使用性能的产品冒充具有该种使用性能的产品的行为。如一些工艺品企业以玻璃为原料,将生产出的工艺制品冒充为天然宝石进行销售;一些从事保健品生产、销售的企业,将党参冒充人参;一些皮鞋企业将猪皮鞋冒充牛皮鞋;等等。对于实践中有些企业伪造产地、伪造或者冒用其他企业的名称、地址的,则不属于本处所说的“以假充真”的行为。虽然单从形式上讲,这些行为确实也具有“以假充真”的特征,但是刑法所规定的“以假充真”行为,是以是否影响产品的使用性能为实质判断标准的,而上述单纯地在形式上“以假充真”的行为并不影响对产品使用性能的判断。

3. 以次充好行为

所谓“以次充好”,是指以低等级、低档次产品冒充高等级、高档次产品,或者以残次、废旧零配件组合、拼装后冒充正品或者新产品的行为。通俗地讲,“次”,就是指众所周知的“次品”,它既包括质量上虽存在瑕疵但仍属于合格范畴的产品,也包括质量上存在严重问题的不合格产品。因此,刑法所规制的“以次充好”行为实质包括了两个方面:一是合格产品与合格产品之间的冒充,即以

同种品质较差的合格产品冒充品质较好的合格产品；二是不合格产品与不合格产品之间的冒充，即以同种品质较差的不合格产品冒充品质较好的不合格产品。

4. 以不合格产品冒充合格产品行为

所谓“以不合格产品冒充合格产品”，是指以不符合特定质量要求的产品冒充符合该要求和标准的同种产品。根据最高人民法院、最高人民检察院《关于办理生产、销售伪劣商品刑事案件具体应用法律若干问题的解释》第 1 条的规定，“不合格产品”，是指不符合《产品质量法》第 26 条第 2 款规定的质量要求的产品，即所生产、销售的产品不具备产品应当具备的使用性能，而且对产品存在的使用性能的瑕疵也未作出说明。

（三）什么程度可以构成生产、销售伪劣产品罪

根据《刑法》（2023 年修正）第 140 条的规定，生产、销售伪劣产品，销售金额必须达到 5 万元以上，才能予以刑事处罚，引发本罪的刑事风险。根据最高人民法院、最高人民检察院《关于办理生产、销售伪劣商品刑事案件具体应用法律若干问题的解释》第 2 条的规定，“销售金额”，是指生产者、销售者出售伪劣产品后所得和应得的全部违法收入。具体而言，销售金额是指出售伪劣产品后没有扣除成本、税收等的全部违法收入。所谓“应得”，是指生产者、销售者出售伪劣产品后依据其买卖合同的约定所应该收取的收入；“所得”，是指生产者、销售者出售伪劣产品后，已经获得的实际收入。如果销售金额未达到 5 万元，可能会遭受行政处罚，但一般不会引发本罪的刑事风险。但是，如果伪劣产品的货值金额达到 15 万元以上，仍然可以引发本罪的刑事风险，以生产、销售伪劣产品罪（未遂）定罪处罚。

根据上述解释的规定，货值金额以违法生产、销售的伪劣产品的标价计算；没有标价的，按照同类合格产品的市场中间价格计算。货值金额难以确定的，按照国家计划委员会、最高人民法院、最高人民检察院、公安部于 1997 年 4 月 22 日联合发布的《扣押、追缴、没收物品估价管理办法》的规定，委托指定的估价机构予以确定。多次实施生产、销售伪劣产品的行为，未经处理的，伪劣产品的销售金额或者货值金额应当累计计算。

最高人民检察院、公安部《关于公安机关管辖的刑事案件立案追诉标准的规定（一）》第 16 条对“生产、销售伪劣产品罪”的立案追诉标准进行如下规定：（1）伪劣产品销售金额 5 万元以上的；（2）伪劣产品尚未销售，货值金额 15 万元以上的；（3）伪劣产品销售金额不满 5 万元，但将已销售金额乘以 3 倍后，与尚未销售的伪劣产品货值金额合计 15 万元以上的。

三、生产、销售特定伪劣商品的风险

前文提到，对于那些可能危及人体健康和人身、财产安全的产品以及影响国计民生的重要工业产品如人用药品、医用器材、食品、电器、压力容器、易燃易爆产品、农药、兽药、化肥、种子、化妆品等，国家相关部门不但规定了特定的质量标准，还专门制定了监督管理的办法。如果生产、销售的伪劣产品涉及这些领域，则可能引发特殊的罪名，它们分别是：生产、销售假药罪，生产、销售劣药罪，生产、销售不符合标准的医用器材罪，生产、销售不符合安全标准的食品罪，生产、销售有毒、有害食品罪，生产、销售不符合安全标准的产品罪，生产、销售伪劣农药、兽药、化肥、种子罪和生产、销售不符合卫生标准的化妆品罪。基于这些罪名与生产、销售伪劣产品罪在主体界限、行为方式等方面存在很大的一致性，下面仅阐述一下各罪的立案标准。

（一）生产、销售假药罪的立案标准

生产、销售假药罪是行为犯，只要有生产、销售的假药的行为，就可以引发本罪的刑事风险。“对人体健康造成严重危害或者有其他严重情节”“致人死亡或者有其他特别严重情节”均为本罪的加重情形。

（二）生产、销售劣药罪的立案标准

生产、销售劣药罪是结果犯，生产、销售劣药，只有产生对人体健康造成严重危害结果的，才能

引发本罪的刑事风险。所谓“对人体健康造成严重危害”,是指致人轻伤、重伤或者有其他严重后果,如致人肢体残废,毁人容貌,使人丧失视觉、听觉或者其他器官机能受到损害或者导致其他严重后遗症的。

(三)生产、销售不符合标准的医用器材罪的立案标准

在2002年12月28日《刑法修正案(四)》颁布之前,本罪同生产、销售劣药罪一样,属于结果犯,只有生产、销售不符合保障人体健康的国家标准、行业标准的医疗器械、医用卫生材料对人体健康实际造成严重危害结果的,才能引发刑事风险。但《刑法修正案(四)》对本罪进行了修订,生产、销售不符合保障人体健康的国家标准、行业标准的医疗器械、医用卫生材料只要达到足以严重危害人体健康的危险程度就可以引发本罪的刑事风险,而不再要求造成实际的危害结果。

如果生产、销售不符合标准的医疗器械、医用卫生材料造成感染病毒性肝炎等难以治愈的疾病,致人轻伤、重伤或者其他严重后果,应认定为“对人体健康造成严重危害”,在“三年以上十年以下有期徒刑,并处罚金”的幅度内量刑;如果生产、销售的不符合标准的医疗器械、医用卫生材料致人死亡、严重残疾、感染艾滋病、3人以上重伤、10人以上轻伤或者其他特别严重后果,应认定为“后果特别严重”,在“十年以上有期徒刑或者无期徒刑,并处罚金”的幅度内量刑。

(四)生产、销售不符合安全标准的食品的立案标准

根据《刑法》(2023年修正)第143条的规定,生产、销售不符合安全标准的食品罪是危险犯。生产、销售不符合安全标准的食品的行为,只有达到足以造成严重食物中毒事故或者其他严重食源性疾患的危险程度,才能引发刑事风险。如果对人体健康造成严重危害或者后果特别严重,将引发更高量刑幅度的刑事风险。具体而言,“食物中毒”是指食用了各种含有毒素的食物而引起的,以急性过程为主的疾病。最常见的症状表现为剧烈的呕吐、腹泻,同时伴有中上腹部疼痛等,严重者,可直接导致残疾或死亡。“食源性疾患”,是指通过食用含致病性寄生虫和致病性微生物的食品,或者食品中微生物毒素含量超过国家的限定标准而引起的人体病变或造成诸如伤寒、肝炎等传染病的传染和蔓延。

根据最高人民法院和最高人民检察院《关于办理生产、销售伪劣商品刑事案件具体应用法律若干问题的解释》的规定,经省级以上卫生行政部门确定的机构鉴定,食品中含有可能导致严重食物中毒事故或者其他严重食源性疾患的超标准的有害细菌或者其他污染物的,就可以认定为“足以造成严重食物中毒事故或者其他严重食源性疾患”,从而引发风险。

最高人民检察院、公安部《关于公安机关管辖的刑事案件立案追诉标准的规定(一)的补充规定》第3条规定:“将《立案追诉标准(一)》第19条修改为:[生产、销售不符合安全标准的食品案(刑法第143条)]生产、销售不符合食品安全标准的食品,涉嫌下列情形之一的,应予立案追诉:(一)食品含有严重超出标准限量的致病性微生物、农药残留、兽药残留、重金属、污染物质以及其他危害人体健康的物质的;(二)属于病死、死因不明或者检验检疫不合格的畜、禽、兽、水产动物及其肉类、肉类制品的;(三)属于国家为防控疾病等特殊需要明令禁止生产、销售的食品的;(四)婴幼儿食品中生长发育所需营养成分严重不符合食品安全标准的;(五)其他足以造成严重食物中毒事故或者严重食源性疾病的情形。在食品加工、销售、运输、贮存等过程中,违反食品安全标准,超限量或者超范围滥用食品添加剂,足以造成严重食物中毒事故或者其他严重食源性疾病的,应予立案追诉。在食用农产品种植、养殖、销售、运输、贮存等过程中,违反食品安全标准,超限量或者超范围滥用添加剂、农药、兽药等,足以造成严重食物中毒事故或者其他严重食源性疾病的,应予立案追诉。”

(五)生产、销售有毒、有害食品罪

根据《刑法》(2023年修正)第144条的规定,生产、销售有毒、有害食品罪是行为犯,只要实施

了生产、销售有毒、有害食品的行为，就可以构成生产、销售有毒、有害食品罪，对人体健康是否造成实际的危害结果，不影响罪名的成立。但造成实际危害结果的，可以引发更高量刑幅度的刑事风险。根据最高人民法院和最高人民检察院《关于办理生产、销售伪劣商品刑事案件具体应用法律若干问题的解释》第3条的规定，生产、销售的有毒、有害食品被使用后，造成轻伤、重伤或者造成其他严重后果的，应认定为"对人体健康造成严重危害"，引发"处五年以上十年以下有期徒刑，并处罚金"的风险；生产、销售的有毒、有害食品被使用后，致人严重残疾、3人以上重伤、10人以上轻伤或者造成其他特别严重后果的，应认定为"对人体健康造成特别严重危害"，引发"处十年以上有期徒刑、无期徒刑或者死刑，并处罚金或者没收财产"的风险。

（六）生产、销售不符合安全标准的产品罪的立案标准

根据《刑法》（2023年修正）第146条的规定，生产、销售不符合安全标准的产品罪是结果犯，生产、销售不符合保障人身、财产安全的国家标准、行业标准的电器、压力容器、易燃易爆产品或者其他产品，必须造成实际的严重后果，才能引发本罪的刑事风险。这里的"严重后果"，是指造成致人轻伤以上的危害后果或者遭受较大的财产损失。

（七）生产、销售伪劣农药、兽药、化肥、种子罪的立案标准

根据《刑法》（2023年修正）第147条的规定，生产、销售伪劣农药、兽药、化肥、种子罪是结果犯，生产、销售伪劣的农药、兽药、化肥、种子，必须使生产遭受较大损失，才能构成本罪的刑事风险。这里的"使生产遭受较大损失"，根据最高人民法院和最高人民检察院《关于办理生产、销售伪劣商品刑事案件具体应用法律若干问题的解释》的规定，一般以2万元为起点。生产、销售伪劣农药、兽药、化肥、种子，使生产遭受了损失，但损失在2万元以内的，不会引发本罪的风险。如果使生产遭受10万元以上50万元以下的损失，属于遭受"重大损失"，可以引发"判处三年以上七年以下有期徒刑并处罚金"的刑事风险；如果使生产遭受50万元以上的损失，属于遭受"特别重大损失"，可以引发"判处七年以上有期徒刑或者无期徒刑并处罚金"的刑事风险。

（八）生产、销售不符合卫生标准的化妆品罪的立案标准

根据《刑法》（2023年修正）第148条的规定，生产、销售不符合卫生标准的化妆品罪也是结果犯。生产、销售不符合卫生标准的化妆品，必须造成严重后果，才能构成本罪。对于这里的"严重后果"，立法或司法均未作出相应的解释。有的学者认为，"严重后果"，应当包括以下几种情况：（1）毁人容貌，即因使用伪劣化妆品而导致容貌变形、丑陋及功能障碍，如使人头发受损、皮肤变色、脸上长斑等；（2）给人造成肉体上的痛苦，如皮肤瘙痒、灼痛、肿胀等；（3）生产、销售的伪劣化妆品批量大、质量差、销售额高，受害者涉及的地域广或者人数多，在社会上造成了恶劣影响；（4）其他严重后果，如购置伪劣化妆品使用后因面部丑陋难看而直接导致受害者自杀等。换句话说，如果生产、销售不符合卫生标准的化妆品，没有实际造成严重后果，不会引发本罪的刑事风险。

四、质量管理、合同使用中的刑事风险防控

1. 企业在生产运作的过程中，应当依法加强对产品质量的管理和控制，如果违反国家产品质量法规，生产或者销售不符合质量标准的伪劣产品，就可能会引发生产、销售伪劣产品罪的风险。尤其是那些生产、销售医药产品、食品、重要工业产品、农业生产资料、化妆品等可能直接影响到人体健康和财产安全的产品的企业，更应当加强产品质量管理；否则，如果生产、销售的产品不符合质量标准，不但会引发生产、销售伪劣产品罪的风险，还可能会面临生产、销售其他特殊伪劣产品罪的风险，产生风险的竞合。要控制和防范这些方面的刑事风险，作为企业的工作人员，尤其是管理人员，应当熟悉和掌握相关罪名的主体界限、行为界限和立案标准，从这三个方面杜绝刑事风险的产生。除此之外，树立以质量取胜的经营理念，加强对产品质量的管理和控制，是防范本类刑事风险的治本之策。

2. 对合同的管理主要是防范涉嫌诈骗或被骗,在企业内部建立完整合同管理体系,如订立合同前,必须了解、掌握对方的经营资质等情况,必要时委托律师对签约相对方进行尽职调查,无资质单位不得与之订立合同。除公司法定代表人外,其他任何人必须取得法定代表人的书面授权委托,方能对外订立合同,授权委托事宜由公司法律顾问专门管理。合同依法订立后,应当全面履行。在合同履行过程中,合同相对方所开具的发票必须先由具体经办人员审核签字认可,经企业主管领导签字同意后,再转财务审核付款。变更或解除合同亦必须依照合同的订立流程,经业务部门、财务部门、法律顾问等相关职能部门负责人和企业主管领导审核通过方可。因故意或重大过失而给企业造成重大损失的,应移送有关国家机关追究其法律责任。

第五节　企业用工中的刑事法律风险

一、概述

企业在用工的过程中,产生的争议多为劳动争议,通常可以通过民间调解、劳动仲裁、民事诉讼等手段加以解决。在这个环节中,企业高管引发刑事风险的概率比较小,但如果强迫职工进行劳动或者雇用童工从事危重劳动,就有可能引发相应的刑事风险,具体如下。

1. 强迫劳动罪

《刑法》(2023 年修正)第 244 条规定:"以暴力、威胁或者限制人身自由的方法强迫他人劳动的,处三年以下有期徒刑或者拘役,并处罚金;情节严重的,处三年以上十年以下有期徒刑,并处罚金。明知他人实施前款行为,为其招募、运送人员或者有其他协助强迫他人劳动行为的,依照前款的规定处罚。单位犯前两款罪的,对单位判处罚金,并对其直接负责的主管人员和其他直接责任人员,依照第一款的规定处罚。"

2. 雇用童工从事危重劳动罪

《刑法》(2023 年修正)第 244 条之一第 1 款规定:"违反劳动管理法规,雇用未满十六周岁的未成年人从事超强度体力劳动的,或者从事高空、井下作业的,或者在爆炸性、易燃性、放射性、毒害性等危险环境下从事劳动,情节严重的,对直接责任人员,处三年以下有期徒刑或者拘役,并处罚金;情节特别严重的,处三年以上七年以下有期徒刑,并处罚金。"

二、强迫他人劳动的风险

(一)哪些人可以构成强迫劳动罪

根据《刑法》的规定,强迫劳动罪的主体包括自然人和单位。这里的单位是广义上的单位,既可以是大公司,也可以是小作坊;既可以是取得登记合法成立的单位,也可以是尚未进行登记没有合法地位的单位。只要单位存在用人、用工就存在引发本罪的风险,而承担风险的主体是对决定或者组织实施强迫职工劳动的单位的领导人员、管理人员、所有人以及其他负有直接责任的人员。

(二)哪些行为可以构成强迫劳动罪

本罪的行为方式表现为以暴力、威胁或者限制人身自由的方法强迫他人劳动。"暴力、威胁或者限制人身自由的方法"如殴打、侮辱、拘禁,以杀害、伤害为威胁,以没收押金、集资款为威胁,非法限制职工的人身自由,强迫其参加劳动。"强迫他人劳动",主要是指违背他人的意愿,强迫他人进行超体力的劳动,或者强迫进行长时间劳动而不给予必要的休息时间,或者强迫他人劳动而不给报酬或者只给少量报酬等。

(三)什么程度可以构成强迫劳动罪

根据《刑法》的规定,强迫劳动罪是行为犯,只要有以暴力、威胁或者限制人身自由的方法强迫他人劳动的行为,就能构成本罪。此外,此罪的帮助行为,即"明知他人实施强迫劳动的行为,为其招募、运送人员或者有其他协助强迫他人劳动行为",也以强迫劳动罪论处。

三、雇用童工从事危重劳动的风险

(一)哪些人可以构成雇用童工从事危重劳动罪

根据《刑法》的规定,雇用童工从事危重劳动罪的主体是一般主体,既可以是单位,也可以是自然人。根据《劳动法》的规定,禁止用人单位(除文艺、体育和特种工艺单位外)招用未满16周岁的未成年人,《劳动法》(2018年修正)第15条第2款规定:"文艺、体育和特种工艺单位招用未满十六周岁的未成年人,必须遵守国家有关规定,并保障其接受义务教育的权利。"因此,除法律特别规定的以外,任何雇用童工的行为都是违反劳动管理法规的,将会遭受行政处罚或承担民事责任。如果不但雇用童工,还雇用童工从事危重劳动,则可以引发本罪的刑事风险。

(二)哪些行为可以构成雇用童工从事危重劳动罪

1. 行为前提

违反劳动管理法规是本罪成立的前提。这里的"劳动管理法规",同强迫劳动罪中的劳动管理法规一样,是指调整和规制劳动关系的《劳动法》和其他法律、法规甚至规章。在本罪中,《劳动法》《禁止使用童工规定》都明确规定,禁止任何单位和个人招用未满16周岁的未成年人,除非法律有特别规定。如果用人单位雇用童工从事危重劳动,必然违反了劳动管理法规。

2. 行为对象

本罪的行为对象是童工,童工不是一般意义上的儿童(一般为6~12周岁),也不同于未成年工。童工是指被雇用从事劳动的,在国家允许就业法定最低年龄以下的未成年人,在我国,主要是指被雇用从事劳动的,未满16周岁的未成年人。与童工概念相近的还有未成年工,在我国,未成年工是指被雇用从事劳动的,年满16周岁未满18周岁的未成年人。法律除了对未成年工允许从事的工作性质、内容有所限制外,并不禁止用人单位雇用未成年工。

3. 行为方式

(1)雇用童工从事超强度体力劳动。是指雇用童工从事国家标准中第四级体力劳动强度的作业。

(2)雇用童工从事高空、井下作业。参见原国家质量监督检验检疫总局、国家标准化管理委员会颁布的《高处作业分级》(GB/T 3608—2008)。

(3)雇用童工在爆炸性、易燃性、放射性、毒害性等危险环境下从事劳动。"爆炸性"危险环境下劳动,具体是指雇用童工在具有爆炸性能、能够引起爆炸的各种爆破物质的环境下从事劳动,如炸弹、手榴弹、地雷、雷管、导火索、炸药以及各种固体、液体、气体易爆物品等;"易燃性"危险环境下劳动,是指雇用童工在有各种极易引起燃烧的化学物品、液剂的环境下从事劳动,如汽油、液化石油、酒精、丙酮、橡胶水等;"放射性"危险环境下劳动,是指雇用童工在具有放射性能的化学元素或者其他物质的环境下从事劳动,如铀、钴、镭等;"毒害性"危险环境下劳动,是指雇用童工在具有能致人死亡的毒性的有机物或者无机物的环境下从事劳动,如砒霜、敌敌畏、氰化钾、剧毒农药、毒气等。

(三)什么程度可以构成雇用童工从事危重劳动罪

根据《刑法》的规定,本罪属于情节犯。雇用童工从事危重劳动的行为,必须达到情节严重的程度才能引发刑事风险。虽然目前还没有司法解释对"情节严重"作出明确的界定,但司法实践中一般以雇用童工从事危重劳动的次数和人数、时间、手段的残忍程度、社会影响的大小作为参考因素。一般来说,雇用多名童工,多次非法雇用童工,长时间非法雇用童工从事法律禁止的危重劳动,被雇用的童工因从事法律禁止的危重劳动造成严重后果的,可以认定为"情节严重"。

四、控制与防范企业用工中的风险

无论是强迫劳动罪还是雇用童工从事危重劳动罪,都是企业在用人、用工时引发的刑事风险,企业除了把握这两个罪的主体界限、行为界限和立案标准之外,还应当在日常的人力资源管理注意控制和防范。

(一)认真贯彻劳动管理法规,尊重职工的劳动权利

要从根本上控制和防范这两种风险,就应当认真学习并贯彻我国关于调整劳动关系的法律法规,尤其是《劳动法》《劳动合同法》,尊重并保障职工法定的劳动权利。

(二)确定用人标准,严把“年龄关”

通过学习劳动法规,企业应当坚决杜绝雇用童工,并在招人、聘人、用人时要严格把好“年龄关”,做好员工基本情况的登记和备案,杜绝仅凭长相、外貌、谈吐、他人介绍而估算年龄的现象,也要防止童工为了获得工作虚报年龄进入企业的情况。尤其是招聘从事危重劳动的职员,更应当严格把住“16 周岁”的“年龄关”。

(三)建立工会制度,保障职工申诉渠道顺畅

实践中,有的业务部门的责任人为了提高本人或者本部门的业绩,私下采取限制人身自由的方法强迫职工进行超强、超负荷的劳动,而企业领导并不知道,或者不了解问题的严重程度。建立完善的工会制度,并保障工会的正常运作,使被强迫劳动的职工可以获得顺畅的申诉渠道和救济途径,有利于将强迫劳动罪的风险“遏制在摇篮里”。

第六节　知识产权管理中的刑事法律风险

一、概述

随着人类文明的进步,特别是科学技术的迅猛发展和市场经济的普遍建立,商标、专利、版权、商业秘密等越来越发挥出重要的作用,人们对商标、专利、版权、商业秘密所享有的专有的权利,称为商标权、专利权、著作权、商业秘密权,它们都属于知识产权。如果要给知识产权下个定义,那就是人们基于自己的智力活动创造的成果和经营管理活动中的经验、知识而依法享有的权利,从广义上看,知识产权包括商标权、专利权、著作权和商业秘密权,还包括商号权、产地名称标志权等。

知识产权是一种无形的精神财富,其本身具有巨大的价值,一旦投入生产,就会转化为有形的物质产品,产生收益。因此,法律赋予知识产权的权利人对其智力成果享有专有的权利,任何人未经其同意,都不得使用。企业在生产运作的过程中,不但要积极防范自身的知识产权不受他人的侵犯,同时也不能基于利益的驱动,侵犯他人的知识产权;否则,不但会遭受民事赔偿和行政处罚,严重的还可能会引发刑事风险,身陷囹圄。具体的刑事风险包括以下几点。

1. 假冒注册商标罪

《刑法》(2023 年修正)第 213 条规定:“未经注册商标所有人许可,在同一种商品、服务上使用与其注册商标相同的商标,情节严重的,处三年以下有期徒刑,并处或者单处罚金;情节特别严重的,处三年以上十年以下有期徒刑,并处罚金。”

2. 销售假冒注册商标的商品罪

《刑法》(2023 年修正)第 214 条规定:“销售明知是假冒注册商标的商品,违法所得数额较大或者有其他严重情节的,处三年以下有期徒刑,并处或者单处罚金;违法所得数额巨大或者有其他严重情节的,处三年以上十年以下有期徒刑,并处罚金。”

3. 非法制造、销售非法制造的注册商标标识罪

《刑法》(2023 年修正)第 215 条规定:“伪造、擅自制造他人注册商标标识或者销售伪造、擅自

制造的注册商标标识,情节严重的,处三年以下有期徒刑,并处或者单处罚金;情节特别严重的,处三年以上十年以下有期徒刑,并处罚金。”

4. 假冒专利罪

《刑法》(2023 年修正)第 216 条规定:“假冒他人专利,情节严重的,处三年以下有期徒刑或者拘役,并处或者单处罚金。”

5. 侵犯著作权罪

《刑法》(2023 年修正)第 217 条规定:“以营利为目的,有下列侵犯著作权或者与著作权有关的权利的情形之一,违法所得数额较大或者有其他严重情节的,处三年以下有期徒刑,并处或者单处罚金;违法所得数额巨大或者有其他特别严重情节的,处三年以上十年以下有期徒刑,并处罚金:(一)未经著作权人许可,复制发行、通过信息网络向公众传播其文字作品、音乐、美术、视听作品、计算机软件及法律、行政法规规定的其他作品的;(二)出版他人享有专有出版权的图书的;(三)未经录音录像制作者许可,复制发行、通过信息网络向公众传播其制作的录音录像的;(四)未经表演者许可,复制发行录有其表演的录音录像制品,或者通过信息网络向公众传播其表演的;(五)制作、出售假冒他人署名的美术作品的;(六)未经著作权人或者与著作权有关的权利人许可,故意避开或者破坏权利人为其作品、录音录像制品等采取的保护著作权或者与著作权有关的权利的技术措施的。”

6. 销售侵权复制品罪

《刑法》(2023 年修正)第 218 条规定:“以营利为目的,销售明知是本法第二百一十七条规定的侵权复制品,违法所得数额巨大或者有其他严重情节的,处五年以下有期徒刑,并处或者单处罚金。”

7. 侵犯商业秘密罪

《刑法》(2023 年修正)第 219 条规定:“有下列侵犯商业秘密行为之一,情节严重的,处三年以下有期徒刑,并处或者单处罚金;情节特别严重的,处三年以上十年以下有期徒刑,并处罚金:(一)以盗窃、贿赂、欺诈、胁迫、电子侵入或者其他不正当手段获取权利人的商业秘密的;(二)披露、使用或者允许他人使用以前项手段获取的权利人的商业秘密的;(三)违反保密义务或者违反权利人有关保守商业秘密的要求,披露、使用或者允许他人使用其所掌握的商业秘密的。明知前款所列行为,获取、披露、使用或者允许他人使用该商业秘密的,以侵犯商业秘密论。本条所称权利人,是指商业秘密的所有人和经商业秘密所有人许可的商业秘密使用人。”

第 219 条之一规定:“为境外的机构、组织、人员窃取、刺探、收买、非法提供商业秘密的,处五年以下有期徒刑,并处或者单处罚金;情节严重的,处五年以上有期徒刑,并处罚金。”

二、假冒注册商标的风险

(一)哪些人可以构成假冒注册商标罪

根据《刑法》的规定,假冒注册商标罪的主体是一般主体,包括自然人和单位。自 1979 年《刑法》规定假冒注册商标罪以来,该罪的主体经历了一个由特殊主体到一般主体的发展过程,即经历了从“仅限于工商企业的直接责任人员”到“工商企业和事业单位的直接责任人员、个体工商户和其他个人”再到“一切自然人和单位”的过程。虽然 1997 年《刑法》将本罪的主体扩大为一般主体,任何自然人和单位均可以引发本罪的刑事风险,但在司法实践中,引发本罪刑事风险的仍多为企业或者其工作人员。换句话说,企业仍是本罪风险的高发地带。

(二)哪些行为可以构成假冒注册商标罪

1. 行为对象:注册商标

商标是生产经营者在生产、制造、加工、拣选或者经商的商品或服务上采用的,用以区别商品或服务来源,由文字、图形或者其组合构成的有显著特征的标志。生产经营者要对该标志取得专用权,应当向国家知识产权局商标局申请商品商标注册或服务商标注册。只有经国家知识产权局商标局核准注册的注册商标才受法律保护。也就是说,只有假冒注册商标的,才能引发本罪的刑事风险。假冒未经国家知识产权局商标局核准注册的商标,不会引发法律风险。

2. 行为条件:未经注册商标所有人许可

未经注册商标所有人许可是引发本罪风险的前提条件。如果经过注册商标所有人许可使用他人的注册商标,不会引发任何法律风险,更不会引发刑事风险。所谓"注册商标所有人",是指对注册商标享有占有、使用、收益、处分权的人。在我国,一般可以通过以下几种途径成为注册商标所有人:(1)申请获准注册的方式;(2)商标转让的方式;(3)继承、受赠等方式;(4)合并、兼并、分立后承受的方式。

3. 行为方式:在同一种商品上使用与他人注册商标相同的商标

在司法实践中,假冒他人注册商标的行为方式多种多样,主要表现为:(1)在同一种商品上使用与他人的注册商标相同的商标;(2)在同一种商品上使用与他人的注册商标近似的商标;(3)在类似的商品上使用与他人的注册商标相同的商标;(4)在类似的商品上使用与他人注册商标近似的商标。只要实施上述四种行为之一,就属于假冒他人注册商标,但能引发刑事风险的,只能是第一种行为,实施其他三种行为不能引发本罪的风险,只能按照一般违法行为处理。

(三)什么程度可以构成假冒注册商标罪

根据《刑法》的规定,假冒注册商标罪是情节犯,只有假冒他人注册商标的行为达到情节严重的程度,才能引发本罪的刑事风险。根据最高人民法院、最高人民检察院《关于办理侵犯知识产权刑事案件具体应用法律若干问题的解释》第1条的规定,假冒他人注册商标,具有下列情形之一的,属于"情节严重":(1)非法经营数额在5万元以上或者违法所得数额在3万元以上的;(2)假冒两种以上注册商标,非法经营数额在3万元以上或者违法所得数额在2万元以上的;(3)其他情节严重的情形。

以上是个人实施假冒注册商标行为引发刑事风险的立案标准,如果单位要构成本罪,必须达到上述标准的3倍才能予以定罪量刑。

这里的"非法经营数额",是指行为人在实施侵犯知识产权的行为过程中,制造、储存、运输、销售侵权产品的价值。已销售的侵权产品的价值,按照实际销售的价格计算。制造、储存、运输和未销售的侵权产品的价值,按照标价或者已经查清的侵权产品的实际销售平均价格计算。侵权产品没有标价或者无法查清其实际销售价格的,按照被侵权产品的市场中间价格计算。对于"违法所得",根据刑法理论通说,是指将假冒注册商标的商品实际销售出去后所得的收入。多次实施侵犯知识产权的行为,未经行政处理或者刑事处罚的,非法经营数额、违法所得数额或者销售金额累计计算。

三、销售假冒注册商标商品的风险

(一)哪些人可以构成销售假冒注册商标商品罪

根据《刑法》的规定,销售假冒注册商标商品罪的主体是一般主体,包括自然人和单位。但在实践中,引发本罪刑事风险的大多为企业、事业单位和个体工商户,他们是本罪刑事风险的高发群体。

(二)哪些行为可以构成销售假冒注册商标商品罪

1. 行为对象:假冒注册商标的商品

这里的假冒注册商标与《刑法》(2023年修正)第213条所规制的范围一致。此外,这里的假冒注册商标的商品必须是他人生产或者提供的,而不是行为人自己生产的。如果行为人在自己生产、加工的同一种商品上使用与他人注册商标相同的商标，再拿去销售，不会引发本罪的刑事风险，引发的是假冒注册商标罪的刑事风险。

2. 行为方式：销售

这里的“销售”是广义的，包括零售、批发、代销、经销、贩卖等多种形式，但不包括生产和制作。因为本罪的刑事风险只发生在商品流通领域，不涉及生产领域。如果行为人既生产假冒注册商标的商品，又销售这种商品，应当以假冒注册商标罪论处，不构成本罪。

值得注意的是，实践中为了促销而使用的“搭送商品”的行为，仍有可能会引发本罪的风险。随着时代的发展和商业竞争日益激烈，商家销售商品的手段也越来越多样化，让利搭送商品进行促销成为诸多商家热衷的选择。随着这种促销手段趋同性的不断增大，部分商家为了脱颖而出，开始在搭送商品上大做文章，如搭送具有注册商标甚至是驰名商标的商品。但由于实力的不同，有些商家为降低搭送成本又能达到同等效果，便以假冒注册商标的商品进行搭送促销。他们认为，搭送只是一种赠送行为，不是销售，不会引发法律风险。

殊不知，这是对法律认识的误区。在促销活动中，如果搭送的商品是假冒注册商标的商品，同样可以构成销售假冒注册商标的商品罪。因为搭送行为不是一个完全独立的行为，虽然从表面上看，商家并没有直接从搭送行为中获利，甚至亏本，但该搭送行为是一种促进销售的手段，消费者往往就是为了额外获取这些搭送商品才购买被搭送商品的，因此从整体上来看，搭送行为是销售行为的一部分，该行为促进了销售，增加了商家的收益，具有销售的性质。

3. 主观要件：故意

本罪的主观方面为故意，即明知是假冒注册商标的商品，却仍然予以销售。如果行为人不知道其销售的商品是假冒注册商标的商品或者过失销售了假冒注册商标的商品，不会引发本罪的刑事风险。但由于这种“明知”是一种主观上的感知，为了避免行为人事后以“不明知”为抗辩理由，最高人民法院、最高人民检察院《关于办理侵犯知识产权刑事案件具体应用法律若干问题的解释》第9条对“明知”作出了界定，即只要具备下列情形之一的，就应当认定为行为人“明知”：(1)知道自己销售的商品上的注册商标被涂改、调换或者覆盖的；(2)因销售假冒注册商标的商品受到过行政处罚或者承担过民事责任、又销售同一种假冒注册商标的商品的；(3)伪造、涂改商标注册人授权文件或者知道该文件被伪造、涂改的；(4)其他知道或者应当知道是假冒注册商标的商品的情形。

(三)什么程度可以构成销售假冒注册商标商品罪

根据《刑法》的规定，销售明知是假冒注册商标的商品，销售金额必须达到数额较大，才能引发本罪的刑事风险。关于“数额较大”的具体标准，最高人民法院、最高人民检察院《关于办理侵犯知识产权刑事案件具体应用法律若干问题的解释》已经作出了明确的界定，即销售明知是假冒注册商标的商品，个人销售金额在5万元以上的，单位销售金额在15万元以上的，属于“数额较大”。也就是说，个人销售金额少于5万元的，单位销售金额少于15万元的，只属于一般性的违法行为，只需承担民事侵权责任或行政处罚，不具有刑事上的风险。

上述“销售金额”，是指销售假冒注册商标的商品后所得和应得的全部违法收入。“所得收入”，是指在假冒注册商标商品销售出去以后已经收到的货款金额；“应得收入”，是指销售假冒注册商标的商品，虽然没有实际收到货款，但根据双方合同约定或者口头约定，将来会收到的货款金额。“所得收入”和“应得收入”，只要有一项或者两者相加达到5万元或者15万元以上的，就达到了本罪数额较大的标准，可以引发刑事风险。

四、非法制造、销售非法制造的注册商标标识的风险

(一)哪些人可以构成非法制造、销售非法制造的注册商标标识罪

根据《刑法》的规定，本罪的主体为一般主体，包括自然人和单位。但从实践中主体的行业特

征来看,引发本罪刑事风险的,以从事印刷行业的单位或个体工商户居多,这与上述单位具备的生产能力密切相关。其中,擅自制造注册商标标识的犯罪主体只能是有印制资格的单位或个体工商户;伪造注册商标标识的犯罪主体则是没有取得印制资格的单位或个人。而引发销售非法制造的注册商标标识罪风险的主体范围比较宽泛,没有资格上的限制。

(二)哪些行为可以构成非法制造、销售非法制造的注册商标标识罪

根据《刑法》的规定,本罪在客观上表现为伪造、擅自制造他人注册商标标识或者销售伪造、擅自制造的注册商标标识的行为。

1. 行为对象:注册商标标识

商标标识是商标所依附的载体,是由文字、图形或者文字图形的结合所构成的物体,是商标专用权的重要体现。注册商标标识作为注册商标的物质体现,同注册商标一样,也具有表明商品来源、标志商品质量、揭示商品生产者与商品之间特定关系的功能。因此,任何未经注册商标所有权人许可而制造、销售注册商标标识的行为,都可能会引发本罪的刑事风险。

2. 行为方式

(1)非法制造行为。从刑法的规定来看,非法制造包括"伪造"和"擅自制造"这两种行为。具体而言,"伪造"是指采用仿照他人注册商标标识的式样、文字、图形、色彩、质地及其制作技术手段,非法制造假的注册商标标识,伪造的主体一般是没有取得"指定商标印制单位"资格,不具有指定印制单位证书的单位或个人;"擅自制造"是指取得"指定商标印制单位"资格,具有指定印制单位证书的企业或个体工商户,未经注册商标标识合法使用人的授权,或者超出授权范围,制造他人注册商标标识的行为,其制造的商标标识本身是真的。此外,从具体行为方式上来看,非法制造注册商标标识的行为方式包括印制、印染、制版、刻字、贴花、烫版、晒蚀、冲压等多种手段。行为方式的多样性并不影响对行为性质的认定。

(2)销售行为。这里的销售行为包括多种行为方式,如零售、批发、代销、贩卖等。销售的对象包括伪造的注册商标标识和非法制造的注册商标标识。如果销售的注册商标标识不是伪造的,也不是非法制造的,则不会引发本罪的刑事风险。例如,企业因联营合同,合法拥有使用他人注册商标标识的权利,但由于此前手中所拥有的商标标识数量过多,在合同履行期间届满后,将没有使用完毕而余留下来的商标标识予以销售的,不会引发销售非法制造的注册商标标识罪的风险。上述销售行为虽然也会给注册商标权利人造成损失,但由于其所销售的注册商标标识既不是伪造的,也不是非法制造的,而是合法使用过程中的余留物,其不符合本罪对销售对象的要求。但是,不引发刑事风险,不排除承担民事赔偿责任或遭受行政处罚。

(三)什么程度可以构成非法制造、销售非法制造的注册商标标识罪

根据《刑法》的规定,本罪属于情节犯,只有伪造、擅自制造他人注册商标标识或者销售伪造、擅自制造的注册商标标识,达到情节严重的程度,才能构成本罪。根据最高人民法院、最高人民检察院《关于办理侵犯知识产权刑事案件具体应用法律若干问题的解释》第3条的规定,伪造、擅自制造他人注册商标标识或者销售伪造、擅自制造的注册商标标识,具有下列情形之一的,属于"情节严重":(1)伪造、擅自制造或者销售伪造、擅自制造的注册商标标识数量在2万件以上,或者非法经营数额在5万元以上,或者违法所得数额在3万元以上的;(2)伪造、擅自制造或者销售伪造、擅自制造两种以上注册商标标识数量在1万件以上,或者非法经营数额在3万元以上,或者违法所得数额在2万元以上的;(3)其他情节严重的情形。

以上是个人实施非法制造、销售非法制造的注册商标标识行为引发刑事风险的立案标准,如果单位要构成本罪,必须要达到上述标准的3倍。

具体而言,"非法经营数额",是指行为人在实施侵犯知识产权行为过程中,制造、储存、运输、

销售侵权产品的价值。已销售的侵权产品的价值,按照实际销售的价格计算。制造、储存、运输和未销售的侵权产品的价值,按照标价或者已经查清的侵权产品的实际销售的平均价格计算。侵权产品没有标价或者无法查清其实际销售价格的,按照被侵权产品的市场中间价格计算。对于“违法所得”,根据刑法理论通说,是指将非法制造的假冒注册商标标识销售出去后所得的收入。多次实施侵犯知识产权行为,未经行政处理或者刑事处罚的,非法经营数额或者违法所得数额累计计算。

五、假冒专利的风险

(一)哪些人可以构成假冒专利罪

根据《刑法》的规定,假冒专利罪的主体是一般主体,既包括自然人,也包括单位。单位引发本罪风险的以企业居多,这里的企业无论是从事生产的制造类企业,还是从事流通的销售类企业;无论其是国有性质,还是非国有性质;无论是否具有法人资格,只要实施了假冒他人专利的行为,都可能引发假冒专利罪的刑事风险。

(二)哪些行为可以构成假冒专利罪

1. 行为对象:专利

专利,是指通过法定程序申请,并经国家批准,申请人因而对之享有独占权的发明创造。它包括发明、实用新型和外观设计三种。这里的发明,是指对产品、方法或者其改进提出的新的技术方案。实用新型,是指对产品的形状、构造或者其结合提出的适于实用的新的技术方案。外观设计,是指对产品的形状、图案或者其结合以及色彩与形状、图案的结合作出的富有美感并适于工业应用的新设计。这三者在保护的范围,对新颖性、创造性与实用性的要求,保护的期限和审批的程序等方面都或多或少地存在差异。假冒专利罪的行为对象是专利,但侵犯的客体是专利权人对专利享有的专利权。专利权,是指国家专利主管机构依法授予专利申请人及其继受人在一定期间实施其发明创造的独占权。这些权利包括独占实施权、许可实施权、转让权、标记权、禁止实施权或者出口权等。

值得注意的是,本罪所侵犯的专利权必须是在保护期限内的专利权。为了促进社会技术的更快发展,防止专利权人实行技术上的垄断,降低成本,提高效率,国家对专利权的保护都规定了一定的期限。例如,发明专利权的保护期限为20年,实用新型和外观设计专利权的保护期限为10年。专利权只有在保护期限内才是有效的,一旦过了保护期限,该专利就会进入公知公有的领域,就不能成为本罪假冒的对象。

2. 行为方式:假冒他人专利

《专利法实施细则》(2023年修订)第101条规定:“下列行为属于专利法第六十八条规定的假冒专利的行为:(一)在未被授予专利权的产品或者其包装上标注专利标识,专利权被宣告无效后或者终止后继续在产品或者其包装上标注专利标识,或者未经许可在产品或者产品包装上标注他人的专利号;(二)销售第(一)项所述产品;(三)在产品说明书等材料中将未被授予专利权的技术或者设计称为专利技术或者专利设计,将专利申请称为专利,或者未经许可使用他人的专利号,使公众将所涉及的技术或者设计误认为是专利技术或者专利设计;(四)伪造或者变造专利证书、专利文件或者专利申请文件;(五)其他使公众混淆,将未被授予专利权的技术或者设计误认为是专利技术或者专利设计的行为。专利权终止前依法在专利产品、依照专利方法直接获得的产品或者其包装上标注专利标识,在专利权终止后许诺销售、销售该产品的,不属于假冒专利行为。销售不知道是假冒专利的产品,并且能够证明该产品合法来源的,由县级以上负责专利执法的部门责令停止销售。”

其中,“未经许可”是指行为人在专利权人不知情的情况下,秘密使用他人专利号的情形。为了促进专利技术的流通,实现专利技术市场价值的转化,国家鼓励专利技术的许可实施和专利权的转让。只要专利权人或者专利权转让人与被许可实施专利人或者专利权受让人之间就许可实施或者转让事宜达成了一致协议并符合法律规定,无论采取何种方式使用该专利,都不会引发假冒专利罪的风险。

(三)什么程度可以构成假冒专利罪

根据《刑法》的规定,假冒专利罪是情节犯,只有假冒他人专利的行为达到情节严重的程度,才能引发本罪的刑事风险。根据最高人民法院、最高人民检察院《关于办理侵犯知识产权刑事案件具体应用法律若干问题的解释》第 4 条的规定,假冒他人专利,具有下列情形之一的,属于"情节严重":(1)非法经营数额在 20 万元以上或者违法所得数额在 10 万元以上的;(2)给专利权人造成直接经济损失 50 万元以上的;(3)假冒两项以上他人专利,非法经营数额在 10 万元以上或者违法所得数额在 5 万元以上的;(4)其他情节严重的情形。

以上是个人实施假冒专利行为引发刑事风险的立案标准,如果单位要构成本罪,必须达到上述标准的 3 倍。

六、侵犯著作权的风险

(一)哪些人可以构成侵犯著作权罪

根据《刑法》的规定,侵犯著作权罪的主体为一般主体,既包括自然人,也包括单位,对主体的身份没有特殊限定。因此,对于企业来说,无论其是否具有法人资格,也不论其资产组成性质如何,都可能会引发本罪的刑事风险。从司法实践来看,以文化经营和传播或者创作科学作品为主要业务的公司、企业是本罪风险的高发地带,这类企业应当特别加以注意。

(二)哪些行为可以构成侵犯著作权罪

1. 行为对象

本罪的行为对象是著作权物质表现形式的作品,主要包括文字作品;口述作品;音乐、戏剧、曲艺、舞蹈、杂技艺术作品;美术、建筑作品;摄影作品;电影作品和以类似摄制电影的方法创作的作品;工程设计图、产品设计图、地图、示意图等图形作品和模型作品;计算机软件;符合作品特征的其他智力成果。这些作品体现的是他人的著作权和与著作权有关的权益。著作权,又称版权,是法律赋予自然人或者单位因创作文学艺术作品和科学作品而在一定期限内享有的专有权利,包括人身权和财产权,具体包括发表权、署名权、修改权、保护作品完整权、复制权、发行权、出租权、展览权、表演权、放映权、广播权、信息网络传播权、摄制权、改编权、翻译权、汇编权和应当由著作权人享有的其他权利。与著作权有关的权益,即著作邻接权,具体包括表演者权、录制者权、广播电视组织权和图书、报刊出版者的权利。以上这些权利和权益均是刑法所保护的范围。

2. 行为方式

根据《刑法》的规定,侵犯他人著作权的行为具体表现为以下四种方式:

(1)未经著作权人许可,复制发行其文字作品、音乐、电影、电视、录像制品、计算机软件及其他作品。所谓"未经著作权人许可",就是指没有得到作品著作权人的授权,或者伪造、涂改著作权人的授权许可文件或者超出授权许可范围使用作品的情形。这里的"复制发行",不仅包括单独的复制行为或者单独的发行行为,还包括既复制又发行的行为。

(2)出版他人享有专有出版权的图书。图书专有出版权,是指图书出版者对著作权人交付的作品,在合同有效期间内以及在约定的地区内,享有以同种文字的原版、修订版和缩编本的方式出版图书的独占权利。"出版",是指将作品编辑加工后,通过复制向公众发行,通常包括编辑、复制、发行三种行为。值得注意的是,在该项行为中,出版的对象仅限于图书,图书以外的出版物,如报纸、杂志不能成为本项的行为对象。

(3)未经录音录像制作者的许可,复制、发行其制作的录音录像。这里的“未经许可”与第(1)项行为中的“未经许可”一样,表现为伪造许可文件或者超出许可范围来复制、发行他人制作的录音录像。这里的“复制发行”与第(1)项行为中的“复制发行”一样,包括复制、发行或者既复制又发行的行为。但这里的录音录像制品与第(1)项行为中的“录像制品”不同,是指由录音录像制作者将他人创作的作品或表演的节目机械地录制而成的,或者只是对已有作品进行了一些必要的技术加工,但不参与作品的创作。在这里,录音录像制作者对录音录像享有的是著作邻接权。如果是录音录像制作者参与作品创造,并且通过录音录像或者类似的手法首次将作品固定在载体之上而形成的录音录像作品,其著作权就由制作者享有,行为人未经许可,擅自复制发行录音录像作品的,就属于第(1)项中的侵犯著作权的行为。

(4)制作、出售假冒他人署名的美术作品。美术作品,具体包括塑像、绘画、建筑艺术、工艺美术、剪纸、书法和篆刻艺术作品等。假冒他人署名的美术作品包括以下三种形式:一是临摹他人的美术作品,然后署上他人的姓名,假冒他人的作品出售,谋取非法利益。二是以自己的美术作品,署上他人的姓名,假冒他人的作品出售谋利。三是在他人的美术作品上署上名家的姓名,然后假冒名家的作品出售,以牟取非法利益。需要注意的是,如果临摹他人美术作品,在作品上既署上临摹者的姓名,又署上原作者的姓名,予以销售,则不会引发本罪的刑事风险,因为在该种情形下临摹者并未将临摹作品冒充原作品予以销售。

3. 主观限制

本罪的主观方面必须出于直接故意,而且还必须具有营利的目的。如果行为人侵犯他人著作权,但主观上不具有营利目的,如为了自用或者为了报复,就不能引发本罪的刑事风险。

(三)什么程度可以构成侵犯著作权罪

根据《刑法》的规定,以营利为目的,侵犯他人著作权的,必须达到违法所得数额较大或者具有其他严重情节的程度,才能引发本罪的刑事风险。根据最高人民法院、最高人民检察院《关于办理侵犯知识产权刑事案件具体应用法律若干问题的解释》和《关于办理侵犯知识产权刑事案件具体应用法律若干问题的解释(二)》的规定,违法所得数额在3万元以上的,属于“违法所得数额较大”。有下列情形之一的,属于“有其他严重情节”:(1)非法经营数额在5万元以上的;(2)未经著作权人许可,复制发行其文字作品、音乐、电影、电视、录像作品、计算机软件及其他作品,复制品数量合计在500张(份)以上的;(3)其他严重情节的情形。个人实施侵犯著作权的行为,达到上述标准的,就可以引发本罪的刑事风险;单位实施侵犯著作权的行为,必须达到上述标准的3倍才能构成本罪,即违法所得数额在9万元以上,非法经营数额在15万元以上,复制品数量合计在1500张(份)以上。

七、销售侵权复制品的风险

(一)哪些人可以构成销售侵权复制品罪

根据《刑法》的规定,销售侵权复制品罪的主体为一般主体,既可以是自然人,也可以是单位。因此,对于企业来说,无论其是否具有法人资格,也无论其资产的组成性质如何,都有可能会引发本罪的刑事风险。从司法实践来看,以经营文学作品或者科学作品为主要业务的企业是本罪风险的高发地带。这类公司、企业应当特别加以注意。

(二)哪些行为可以构成销售侵权复制品罪

1. 行为对象

本罪的行为对象是侵权复制品,所谓“侵权复制品”,是指《刑法》(2023年修正)第217条所规定的侵犯他人著作权的作品,即侵权作品、侵权图书、侵权音像制品和假冒他人署名的美术作品。除此之外的侵权复制品不能成为本罪的对象。

2. 行为方式

要引发本罪的刑事风险,必须要有销售行为。销售行为是指出售或者倒卖,在具体的销售手段上,可以多种多样,如零售、批发、代销等。只要其本质上以营利为目的,转移侵权复制品的所有权的特征即可。如果不是销售,而是赠送、出借或者买回自用的,则不能引发本罪的刑事风险。此外,这里的销售是一种单一的行为,仅指行为人销售他人侵权复制品的行为,而不包括自产自销的情形。如果自产自销侵权复制品,可以构成侵犯著作权罪,而非本罪。

(三)什么程度可以构成销售侵权复制品罪

根据《刑法》的规定,以营利为目的,销售侵权复制品的,违法所得必须达到“数额巨大”的标准,才能引发本罪的刑事风险。根据最高人民法院、最高人民检察院《关于办理侵犯知识产权刑事案件具体应用法律若干问题的解释》的规定,个人违法所得数额在10万元以上的,单位违法所得数额在30万元以上的,属于“违法所得数额巨大”,达到上述标准的,才能构成本罪。

八、侵犯商业秘密的风险

(一)哪些人可以构成侵犯商业秘密罪

根据《刑法》的规定,本罪的主体是一般主体,包括自然人和单位,并不要求主体具有特定的身份。因而对于企业来说,无论其是否具有法人资格,也无论资产的组成性质如何,都可能引发本罪的刑事风险。在司法实践中,容易引发本罪刑事风险的主体主要有以下两类:一类是与商业秘密的权利人之间具有同业竞争关系的企业;另一类是企业内部知晓商业秘密的人员跳槽或者辞退后在保密期限内违规披露、使用商业秘密的人。通常情况下,这两类主体之间还可能存在相互勾结的情形。如果企业在不知情的状况下,如不知道新加入的员工所带来的客户名单是他人的商业秘密而加以使用,给商业秘密的权利人造成重大损失,对于企业来说,不具有构成侵犯商业秘密罪的风险,但对于该员工来说,则将受到刑事处罚。

(二)哪些行为可以构成侵犯商业秘密罪

1. 行为对象

本罪的行为对象是商业秘密,所谓“商业秘密”,是指不为公众所知悉,能为权利人带来经济利益,具有实用性并经权利人采取保密措施的技术信息和经营信息。所谓“技术信息”,是人们从生产实践经验或者技艺中得来的技术知识。所谓“经营信息”,是指一切与经营活动有关的经营方法或者与经营管理密切相关的信息及情报。在实践中,企业的技术信息和经营信息所涵盖的内容非常广泛,包括产品的设计方案、开发程序、产品配方、制作工艺、制作方法、管理诀窍、客户名单、货源情报、产销策略、招投标中的标底及标书内容等。判断某一信息是否属于本罪所说的商业秘密,关键要看该信息是否同时具备以下三个特征。

(1)不为公众所知悉,即同时具有新颖性和秘密性,不能从公开渠道直接获取。具体而言,“新颖性”是指该信息相对于同行业内的其他普通信息来说,具有独特性。至于新颖程度的高低,不影响新颖性的认定。所谓“秘密性”,是指该信息仅限于一定范围的人知悉,而不为公众所知悉。这里的“公众”,不是指一切自然人,而是指某一行业或准备涉足某一行业的、有可能从该信息中取得经济利益的人。也就是说,这里的“秘密性”,是相对的,不是绝对的。

(2)该信息能为权利人带来经济利益,具有实用性,即同时具有“价值性”和“实用性”。具体而言,“价值性”是指该信息能为权利人带来经济利益,使权利人比不知道或没有使用该信息的竞争者处于更有利的地位。所谓“实用性”,是指将该信息运用于生产、经营活动中,能够解决生产、经营中的现实问题。这里的实用性,并不要求已经被生产经营活动所采用,无论权利人是否已经实际运用该信息,均不影响“实用性”的成立。

(3)权利人对该信息采取了保密措施,即保密性。这就要求权利人主观上将该信息视为商业秘密,并具有保密的意思,客观上采取了相应的保密措施。至于权利人采取的保密措施是否严密,是否万无一失,不影响“保密性”的认定。

2. 行为方式

根据我国《刑法》的规定,侵犯商业秘密罪在客观上主要表现为以下四种行为:

(1)以盗窃、利诱、胁迫或者其他不正当手段获取权利人的商业秘密。“盗窃”,即秘密窃取。“利诱”,是指以一定的物质利益或其他好处引诱知情人透露他人的商业秘密。“胁迫”,是指以人身、财产、名誉损害相威胁,强制知情人提供他人的商业秘密。“其他不正当手段”,是指以盗窃、利诱、胁迫以外的其他不法手段,如诈骗、抢夺等,获取他人的商业秘密。

(2)披露、使用或者允许他人使用以前项手段获取的权利人的商业秘密。“披露”,是指告知权利人以外的第三人或者公布于众。“使用”,自己将商业秘密运用于生产或经营之中。“允许他人使用”,是指允许权利人以外的第三人将商业秘密运用于生产或经营中,包括有偿使用与无偿使用两种。无论是披露、使用还是允许他人使用,其对象都是通过盗窃、利诱、胁迫或者其他不正当手段获取权利人的商业秘密。

(3)违反约定或者违反权利人有关保守商业秘密的要求,披露、使用或者允许他人使用其所掌握的商业秘密。这里“披露、使用或者允许他人使用”的含义与前项行为中的“披露、使用或者允许他人使用”的含义完全相同,但对象不同,该项行为的对象是行为人通过合法手段掌握的权利人的商业秘密,而非通过盗窃、利诱、胁迫或者其他不正当手段获取的商业秘密。因此,该行为要引发本罪的刑事风险,还必须具备一个前提,即违反约定或者违反权利人有关保守商业秘密的要求。在实践中,容易实施本项行为引发刑事风险的主体大多是拥有商业秘密许可使用合同的当事人或者企业内部知悉商业秘密的工作人员或者从企业调出、离退休并与单位签有保密协议的人员。

(4)在明知或者应知是在前述三种情形下获取的商业秘密,而获取、使用或者披露的,这是一种间接侵犯商业秘密的行为。行为人没有直接采取不正当手段从权利人处获得商业秘密,而是由直接侵权人向其提供而获得。要引发本罪的刑事风险,该项行为人在主观上还必须明知或者应当知道他人提供的商业秘密是通过上述三种非法手段获取的。如果直接侵权人故意隐瞒或虚构商业秘密的来源,行为人不知道商业秘密的来源,而获取、使用或者披露的,则不会引发本罪的刑事风险。

(三)什么程度可以构成侵犯商业秘密罪

根据《刑法》的规定,侵犯商业秘密罪是结果犯,以给商业秘密权利人造成重大损失作为犯罪的构成要件,也就是说,侵犯他人的商业秘密,必须给权利人造成重大损失才能构成侵犯商业秘密罪,没有造成实际损失或者损失没有达到“巨大”的程度,都不会引发本罪的刑事风险。根据最高人民法院和最高人民检察院《关于办理侵犯知识产权刑事案件具体应用法律若干问题的解释》第7条的规定,侵犯他人商业秘密,给商业秘密的权利人造成的损失数额在50万元以上的,属于“给商业秘密的权利人造成重大损失”。

九、控制与防范侵犯知识产权的风险

企业在生产运作的过程中,如果侵犯他人的知识产权,主要集中在注册商标、专利、著作权、商业秘密等领域,可能会引发相应罪名的刑事风险。作为企业的工作人员,尤其是管理人员,要控制和防范这些刑事风险,应当增强法律意识和树立守法经营的理念,避免因贪图一时的利益而引发刑事风险,同时还应当通过法律学习,熟悉和掌握相关罪名的主体界限、行为界限和立案标准,自觉规范自己的经营行为,杜绝刑事风险的产生。除此之外,企业在生产运作的过程中,在涉及知识产权领域时,应当加以特别注意,除了自觉杜绝主动实施侵犯他人知识产权的行为,还应当辨清合理使用与侵权行为的界限,避免超出合理使用的范围而越入侵权领域,引发刑事风险。

第七节　国企改制中的刑事法律风险

一、概述

国企改制是当前深化经济体制改革的重要环节,是建立现代企业制度,增强企业活力,提升企业竞争力,实现国有资产的增值保值,发展壮大国有经济的重要途径,也是进一步健全和完善市场经济体制的必然要求。然而,随着我国国有企业改革不断深化,国企改制取得了很大成绩,同时由于缺乏统一的法律保障体系及严格的监督制约机制,国企改制又成为企业高管刑事风险的高发领域。

这类风险除了前面已经介绍的侵占类犯罪、挪用类犯罪和受贿类犯罪等,还包括以下刑事风险。

1. 徇私舞弊低价折股、出售公司、企业资产罪

《刑法》(2023 年修正)第 169 条第 1 款规定:"国有公司、企业或者其上级主管部门直接负责的主管人员,徇私舞弊,将国有资产低价折股或者低价出售,致使国家利益遭受重大损失的,处三年以下有期徒刑或者拘役;致使国家利益遭受特别重大损失的,处三年以上七年以下有期徒刑。"

第 169 条之一规定:"上市公司的董事、监事、高级管理人员违背对公司的忠实义务,利用职务便利,操纵上市公司从事下列行为之一,致使上市公司利益遭受重大损失的,处三年以下有期徒刑或者拘役,并处或者单处罚金;致使上市公司利益遭受特别重大损失的,处三年以上七年以下有期徒刑,并处罚金:(一)无偿向其他单位或者个人提供资金、商品、服务或者其他资产的;(二)以明显不公平的条件,提供或者接受资金、商品、服务或者其他资产的;(三)向明显不具有清偿能力的单位或者个人提供资金、商品、服务或者其他资产的;(四)为明显不具有清偿能力的单位或者个人提供担保,或者无正当理由为其他单位或者个人提供担保的;(五)无正当理由放弃债权、承担债务的;(六)采用其他方式损害上市公司利益的。上市公司的控股股东或者实际控制人,指使上市公司董事、监事、高级管理人员实施前款行为的,依照前款的规定处罚。犯前款罪的上市公司的控股股东或者实际控制人是单位的,对单位判处罚金,并对其直接负责的主管人员和其他直接责任人员,依照第一款的规定处罚。"

2. 私分国有资产罪

《刑法》(2023 年修正)第 396 条规定:"国家机关、国有公司、企业、事业单位、人民团体,违反国家规定,以单位名义将国有资产集体私分给个人,数额较大的,对其直接负责的主管人员和其他直接责任人员,处三年以下有期徒刑或者拘役,并处或者单处罚金;数额巨大的,处三年以上七年以下有期徒刑,并处罚金。"

3. 国有公司、企业、事业单位人员失职罪,国有公司、企业、事业单位人员滥用职权罪

《刑法》(2023 年修正)第 168 条规定:"国有公司、企业的工作人员,由于严重不负责任或者滥用职权,造成国有公司、企业破产或者严重损失,致使国家利益遭受重大损失的,处三年以下有期徒刑或者拘役;致使国家利益遭受特别重大损失的,处三年以上七年以下有期徒刑。国有事业单位的工作人员有前款行为,致使国家利益遭受重大损失的,依照前款的规定处罚。国有公司、企业、事业单位的工作人员,徇私舞弊,犯前两款罪的,依照第一款的规定从重处罚。"

二、徇私舞弊低价折股、出售国有资产的风险

(一)哪些人可以构成徇私舞弊低价折股、出售公司、企业资产罪

根据《刑法》(2023 年修正)的规定,本罪的主体由"国有公司、企业直接负责的主管人员或者

国有公司、企业上级主管部门的直接负责的主管人员”扩展至“其他公司、企业直接负责的主管人员”,标的相应扩展至“公司、企业资产”,而不再限定在“国有资产”范畴。

(二)哪些行为可以构成徇私舞弊低价折股、出售公司、企业资产罪

根据《刑法修正案(十二)》的规定,本罪的客观方面表现为徇私舞弊,将国有资产低价折股或者低价出售,致使国家利益遭受重大损失的行为。所谓“徇私舞弊”,是指为了一己私利、私情而弄虚作假。“低价折股或者低价出售”是指在国企改制以及产权交易过程中,对国有资产不进行资产评估,或者所评估的价值偏离实际价值,进行低价折股或者低价出售。从司法实践来看,本罪的刑事风险高发在国有企业股份制改造或者以建立现代产权制度为目标的产权改革过程中,相关的主管人员应当加强控制和防范。

(三)什么程度可以构成徇私舞弊低价折股、出售公司、企业资产罪

根据《刑法》的规定,徇私舞弊低价折股、出售国有资产的,还必须造成国家利益遭受重大损失的结果才能引发本罪的刑事风险。

三、私分国有资产的风险

(一)哪些人可以构成私分国有资产罪

根据《刑法》(2023 年修正)第 396 条的规定,私分国有资产罪是单位犯罪,其主体仅限于国家机关、国有企业、事业单位、人民团体。在国企改制中,引发风险的主体就只有国有企业。需要注意的是,《刑法》规定私分国有资产罪是单罚制,单位构成犯罪,但只处罚私分国有资产的直接负责的主管人员和其他直接责任人员。

(二)哪些行为可以构成私分国有资产罪

国有企业私分国有资产罪的行为表现为违反国家规定,以国有公司、企业的名义将国有资产集体私分给个人的行为。

1. 行为前提

违反国家规定是私分国有资产罪成立的前提条件,这里的国家规定是指国家对国有企业中的国有资产分配管理的规定。如果没有违反国家规定,而是有依据地分配国有资产,不会引发本罪的刑事风险。

2. 行为对象

“私分”的对象必须是国有资产。这是构成本罪的重要方面,如果私分对象不属于国有资产的范围,那么不会引发本罪的刑事风险。国有资产的范围根据《企业国有资产法》的规定,是指国家对企业各种形式的出资所形成的权益。在司法实践中,鉴于国有资产界定的专业性、政策性很强,一般可商请国有资产管理部门进行专门界定或委托专业人员鉴定。

3. 行为方式

要引发本罪的刑事风险,行为方式方面要求以国有企业的名义,集体私分国有资产。所谓“以国有企业名义”,是指由国有企业领导、管理层集体决策,体现了单位的整体意志。如果只是个别领导或者管理人员私自决定,不能代表单位意志的情况下,不构成本罪,但可能引发其他罪的风险。所谓“集体私分给个人”,是指将国有资产擅自分给国有企业中的每位成员或者绝大多数成员。如果仅仅是在少数管理人员或少数员工中私分则不构成本罪,但可能引发贪污罪的风险。此外,本罪的成立也不以作出决策的领导或管理人员和其他直接负责人员是否实际分得了财物为要件,只要他们将国有资产私分给单位里绝大多数成员,即使自己没有分得任何财物也不影响本罪的构成。

(三)什么程度可以构成私分国有资产罪

根据《刑法》的规定,私分国有资产要数额较大才能引发刑事风险,也就是说,被私分的国有资产需要达到一定的数额标准才构成犯罪。根据最高人民检察院《关于人民检察院直接受理立案侦

查案件立案标准的规定(试行)》的规定,涉嫌私分国有资产,累计数额在10万元以上的,应予立案。根据上述规定,私分国有资产的数额按累计数额计算,如果每次私分的数额不足10万元,但是多次私分,累计数额达到10万元,也可以引发私分国有资产罪的风险。

四、国有公司、企业人员失职和滥用职权的风险

(一)哪些人可以构成国有公司、企业人员失职和滥用职权罪

根据《刑法》(2023年修正)第168条的规定,国有公司、企业人员失职罪和滥用职权罪的主体都是特殊主体,仅限于国有企业的工作人员(国有事业单位的工作人员可以构成本罪,在此不再详述)。换句话说,只要是在国有企业内从事公务的人员,都可以引发这两种罪的刑事风险,而不限于国有企业直接负责的主管人员,这是1999年12月25日《刑法修正案》对1997年《刑法》的修订,应当引起注意。

(二)哪些行为可以构成国有公司、企业人员失职和滥用职权罪

国有企业人员严重不负责任,造成国有企业破产或者严重损失,致使国家利益遭受重大损失的行为,构成国有企业人员失职罪。所谓"严重不负责任",是指不履行职责或者不认真履行职责。行为人的失职行为必须造成国有企业的破产或者严重损失,致使国家利益遭受重大损失的结果才能引发本罪的刑事风险。

国有企业人员滥用职权,造成国有企业破产或者严重损失,致使国家利益遭受重大损失的行为,构成国有企业人员滥用职权罪。所谓"滥用职权",是指行为人超越职权或者不正当行使职权。"职权"是指国有企业的工作人员在职务范围内处理公务的职责和权力。同样,国有企业人员滥用职权罪也要求,行为人滥用职权的行为必须造成国有企业的破产或者严重损失,致使国家利益遭受重大损失的结果。

由此可见,这两罪都要求严重不负责任的行为或者滥用职权的行为都必须造成了一定的损失结果才构成犯罪,因此,在认定犯罪时,确定严重不负责任的行为或者滥用职权的行为与结果之间是否具有因果关系就非常重要。国有企业亏损、破产的原因可能是多方面的,有主观原因,也有客观原因,如宏观经济政策、国内外经济形势等。在确定因果关系的时候首先应当考虑行为人的行为与结果之间是否存在必然的内在联系,是不是结果产生的主要原因,如果不是,则不能引发刑事风险。

(三)什么程度可以构成国有公司、企业人员失职和滥用职权罪

根据《刑法》的规定,无论是国有企业人员失职罪还是国有企业人员滥用职权罪,都属于结果犯,必须发生"致使国家利益遭受重大损失"的结果才能引发相应的刑事风险。

五、控制与防范国企改制中的风险

1. 树立现代企业管理理念,构筑思想道德防线

国企不改制,国资流失更严重,只有改制彻底,攫取国资的活动才会失去土壤。国有经济布局和结构的调整,应按照国有资本有进有退、合理流动的原则,加快股份制改革,发展壮大国有经济。国有企业改革发展面临诸多深层次矛盾和问题,关键要建立合理流动的机制,靠转换机制加以解决。同时要加强理想信念、艰苦奋斗教育,使国企人员增强抵御各种腐朽思想和生活方式的能力,始终保持良好的道德情操,廉洁自律,洁身自好,进而增强其自我约束的能力。

2. 实行阳光操作

国企改制应实行企业改制方案公开、企业改制结果公开、企业改制审计公开、职工安置政策公开、企业发展规划公开、资产竞标拍卖公开。只有这样,才能有利于各方监督,杜绝引发刑事风险的可能。

3. 规范产权交易

资产评估、审计是改制过程的核心环节，资产申报的真实有效关系到改制过程的合法性。在国企改制中，要规范改制政策和程序设置，不准设置种种隐性门槛，搞所谓的走过场，不准拿企业到银行抵押，“空手套白狼”，用国有资产收购国有资产。要真正堵住国有企业产权改革中的漏洞，更重要的是建立一个具有竞争性的产权公开交易市场，让国有产权进场交易，使国有企业产权改革公正而有效率。

第八节 融资并购中的刑事法律风险

一、概述

证券融资是企业融资的一个重要途径，是融资者与投资者之间以有价证券为媒介来实现资金融通的金融活动。所谓“有价证券”，是指具有一定票面金额并能给其持有者带来一定收益的财产所有权凭证或债权凭证，主要包括股票和债券。在证券融资过程中，一般要经历证券发行和证券交易两个环节。

在证券发行环节，无论是发行股票还是债券，企业都必须按照法定的条件和程序发行。例如，要发行股票或者公司债券，发行人必须先向国家有关主管部门报送发行申请文件，并经有关主管部门批准后才能发行，而且发行人必须保证所报送的发行申请文件真实、准确、完整。违反前者，即未经国家有关部门批准而擅自发行股票、公司债券的，或者违反后者，即在报送的申请文件中隐瞒重要事实或者编造重大虚假内容而发行股票、公司债券的，发行人不但可能会承担民事责任或者遭受行政处罚，严重的还可能引发刑事风险，陷入囹圄。因为无论是擅自发行行为还是欺诈发行行为，都已被立法者纳入刑法调整的范围。

在证券交易环节，它是指将已发行的证券转让给他人的行为。一般具有以下特征：首先，交易的对象多种多样，包括股票、公司债券、证券投资资金、政府债券、企业债券、金融债券等。本书中涉及的证券主要是股票和企业债券。其次，交易行为必须符合民事法律行为的有效要件。证券交易实质上就是民事法律行为，必须符合民事法律行为的有效要件，如当事人必须具备相应的民事行为能力，对其所持有的证券必须享有处分权，进行交易的意思表示必须真实等。最后，广义的证券交易包括证券转让、证券赠与、证券继承及证券担保。本书中所涉及的证券交易是指狭义上的证券交易，即证券转让，仅限于证券持有人将其证券权利转让给买受人，由买受人支付价金的行为。

无论是证券发行还是证券交易，都必须遵循公平、公开、公正的原则，必须遵守相关的法律、法规，实现市场信息的公开化，使交易参与各方获得平等的机会和公正的对待。根据这个原则的要求，证券市场的相关主体应当依法及时、真实、准确、完整地向社会披露有关信息，在信息披露前，不得泄露内幕信息、进行内幕交易，不得编造、传播、提供关于证券交易的虚假信息，任何交易方也不得利用其优势或者其他条件操纵证券市场。否则，不但可能要承担民事责任、行政责任，严重的还可能构成犯罪。

总的来说，在证券融资的过程中，无论是在证券发行环节还是证券交易环节，证券市场的各类参与者如果违规操作，都有可能会引发刑事风险，这些刑事风险主要来自以下几个方面。

1. 擅自发行股票、公司、企业债券罪

《刑法》(2023年修正)第179条规定：“未经国家有关主管部门批准，擅自发行股票或者公司、企业债券，数额巨大、后果严重或者有其他严重情节的，处五年以下有期徒刑或者拘役，并处或者单处非法募集资金金额百分之一以上百分之五以下罚金。单位犯前款罪的，对单位判处罚金，并对其直接负责的主管人员和其他直接责任人员,处五年以下有期徒刑或者拘役。”

2. 欺诈发行证券罪

《刑法》(2023年修正)第160条规定:“在招股说明书、认股书、公司、企业债券募集办法等发行文件中隐瞒重要事实或者编造重大虚假内容,发行股票或者公司、企业债券、存托凭证或者国务院依法认定的其他证券,数额巨大、后果严重或者有其他严重情节的,处五年以下有期徒刑或者拘役,并处或者单处罚金;数额特别巨大、后果特别严重或者有其他特别严重情节的,处五年以上有期徒刑,并处罚金。控股股东、实际控制人组织、指使实施前款行为的,处五年以下有期徒刑或者拘役,并处或者单处非法募集资金金额百分之二十以上一倍以下罚金;数额特别巨大、后果特别严重或者有其他特别严重情节的,处五年以上有期徒刑,并处非法募集资金金额百分之二十以上一倍以下罚金。单位犯前两款罪的,对单位判处非法募集资金金额百分之二十以上一倍以下罚金,并对其直接负责的主管人员和其他直接责任人员,依照第一款的规定处罚。”

3. 违规披露、不披露重要信息罪

《刑法》(2023年修正)第161条规定:“依法负有信息披露义务的公司、企业向股东和社会公众提供虚假的或者隐瞒重要事实的财务会计报告,或者对依法应当披露的其他重要信息不按照规定披露,严重损害股东或者其他人利益,或者有其他严重情节的,对其直接负责的主管人员和其他直接责任人员,处五年以下有期徒刑或者拘役,并处或者单处罚金;情节特别严重的,处五年以上十年以下有期徒刑,并处罚金。前款规定的公司、企业的控股股东、实际控制人实施或者组织、指使实施前款行为的,或者隐瞒相关事项导致前款规定的情形发生的,依照前款的规定处罚。犯前款罪的控股股东、实际控制人是单位的,对单位判处罚金,并对其直接负责的主管人员和其他直接责任人员,依照第一款的规定处罚。”

4. 内幕交易、泄露内幕信息罪

《刑法》(2023年修正)第180条规定:“证券、期货交易内幕信息的知情人员或者非法获取证券、期货交易内幕信息的人员,在涉及证券的发行,证券、期货交易或者其他对证券、期货交易价格有重大影响的信息尚未公开前,买入或者卖出该证券,或者从事与该内幕信息有关的期货交易,或者泄露该信息,或者明示、暗示他人从事上述交易活动,情节严重的,处五年以下有期徒刑或者拘役,并处或者单处违法所得一倍以上五倍以下罚金;情节特别严重的,处五年以上十年以下有期徒刑,并处违法所得一倍以上五倍以下罚金。单位犯前款罪的,对单位判处罚金,并对其直接负责的主管人员和其他直接责任人员,处五年以下有期徒刑或者拘役。内幕信息、知情人员的范围,依照法律、行政法规的规定确定。证券交易所、期货交易所、证券公司、期货经纪公司、基金管理公司、商业银行、保险公司等金融机构的从业人员以及有关监管部门或者行业协会的工作人员,利用因职务便利获取的内幕信息以外的其他未公开的信息,违反规定,从事与该信息相关的证券、期货交易活动,或者明示、暗示他人从事相关交易活动,情节严重的,依照第一款的规定处罚。”

5. 编造并传播证券、期货交易虚假信息罪

《刑法》(2023年修正)第181条规定:“编造并且传播影响证券、期货交易的虚假信息,扰乱证券、期货交易市场,造成严重后果的,处五年以下有期徒刑或者拘役,并处或者单处一万元以上十万元以下罚金。证券交易所、期货交易所、证券公司、期货经纪公司的从业人员,证券业协会、期货业协会或者证券期货监督管理部门的工作人员,故意提供虚假信息或者伪造、变造、销毁交易记录,诱骗投资者买卖证券、期货合约,造成严重后果的,处五年以下有期徒刑或者拘役,并处或者单处一万元以上十万元以下罚金;情节特别恶劣的,处五年以上十年以下有期徒刑,并处二万元以上二十万元以下罚金。单位犯前两款罪的,对单位判处罚金,并对其直接负责的主管人员和其他直接责任人员,处五年以下有期徒刑或者拘役。”

6. 操纵证券、期货市场罪

《刑法》(2023 年修正)第 182 条规定:"有下列情形之一,操纵证券、期货市场,影响证券、期货交易价格或者证券、期货交易量,情节严重的,处五年以下有期徒刑或者拘役,并处或者单处罚金;情节特别严重的,处五年以上十年以下有期徒刑,并处罚金:(一)单独或者合谋,集中资金优势、持股或者持仓优势或者利用信息优势联合或者连续买卖的;(二)与他人串通,以事先约定的时间、价格和方式相互进行证券、期货交易的;(三)在自己实际控制的帐户之间进行证券交易,或者以自己为交易对象,自买自卖期货合约的;(四)不以成交为目的,频繁或者大量申报买入、卖出证券、期货合约并撤销申报的;(五)利用虚假或者不确定的重大信息,诱导投资者进行证券、期货交易的;(六)对证券、证券发行人、期货交易标的公开作出评价、预测或者投资建议,同时进行反向证券交易或者相关期货交易的;(七)以其他方法操纵证券、期货市场的。单位犯前款罪的,对单位判处罚金,并对其直接负责的主管人员和其他直接责任人员,依照前款的规定处罚。"

二、擅自发行股票、企业债券的风险

(一)哪些人可以构成擅自发行股票或公司、企业债券罪

根据《刑法》的规定,擅自发行股票或公司、企业债券罪的主体是一般主体,自然人和单位都可以成为本罪的主体。无论是那些不具备发行股票、企业债券条件的单位和个人,还是那些具备发行股票或公司、企业债券条件但还未取得国家有关主管部门的批准,而擅自发行股票或公司、企业债券的单位和个人,都是本罪常见的风险主体。

(二)哪些行为可以构成擅自发行股票或公司、企业债券罪

根据《刑法》的规定,擅自发行股票或公司、企业债券罪的客观方面表现为未经国家有关主管部门批准,擅自发行股票或者企业债券的行为。

根据相关法律的规定,发行股票和债券,应当同时具备两个要件:一是要符合法律、法规规定的发行条件;二是要经过有权机关的批准。只要这两个要件缺乏其一,行为人发行股票、债券的行为就是擅自发行行为。

1. 发行股票、债券应当符合法律、法规规定的发行条件

(1)设立股份有限公司公开发行股票的条件

采取募集方式设立股份有限公司,发行人申请公开发行股票时,应当符合下列条件:①其生产经营符合国家产业政策;②其发行的普通股限于一种,同股同权;③发起人认购的股本数额不少于公司拟发行股本总额的 35%,其认购部分不少于 3000 万元(国家另有规定的除外);④公司股本总额不少于 5000 万元;⑤向社会公众发行的部分不少于公司拟发行股本总额的 25%,拟发行股本超过 4 亿元的,可酌情降低向社会公众发行部分的比例,但最低不得少于公司拟发行股本总额的 10%;⑥发起人在近 3 年内没有重大违法行为;⑦证券委规定的其他条件。

原有企业改组设立股份有限公司申请公开发行股票,除应符合上述条件外,还应具备下列条件:①发行前一年年末,净资产在总资产中所占的比例不低于 30%,无形资产在净资产中所占比例不高于 20%,但国家另有规定的除外。②近 3 年连续盈利等。

(2)公司增资发行新股的条件

根据《上市公司证券发行注册管理办法》第 9 条的规定,上市公司向不特定对象发行股票,应当符合下列规定:①具备健全且运行良好的组织机构。②现任董事、监事和高级管理人员符合法律、行政法规规定的任职要求。③具有完整的业务体系和直接面向市场独立经营的能力,不存在对持续经营有重大不利影响的情形。④会计基础工作规范,内部控制制度健全且有效执行,财务报表的编制和披露符合企业会计准则和相关信息披露规则的规定,在所有重大方面公允反映了上市公司的财务状况、经营成果和现金流量,最近 3 年财务会计报告被出具无保留意见审计报告。⑤除金

融类企业外,最近一期末不存在金额较大的财务性投资。⑥交易所主板上市公司配股、增发的,应当最近3个会计年度盈利;增发还应当满足最近3个会计年度加权平均净资产收益率平均不低于6%;净利润以扣除非经常性损益前后孰低者为计算依据。

(3)公开发行公司债券的条件

为了维护投资者的利益,保障发行债券的公司具有到期偿还本息的能力,公司发行债券,必须符合下列条件:①股份有限公司的净资产额不低于3000万元,有限责任公司的净资产额不低于6000万元;②累计债券总额不超过公司净资产额的40%;③最近3年平均可分配利润足以支付公司债券1年的利息;④筹集的资金投向符合国家产业政策;⑤债券的利率不得超过国务院限定的利率水平;⑥国务院规定的其他条件。

(4)发行企业债券的条件

发行企业债券,必须满足下列条件:①企业规模达到国家规定的要求;②企业财务会计制度符合国家规定;③具有偿债能力;④企业经济效益良好,发行企业债券前连续3年盈利;⑤所筹资金用途符合国家产业政策。

以上是国家有关法律、法规规定的企业发行股票和债券的法定条件,企业不符合法定发行条件仍擅自发行股票、企业债券,则可能逾越法律的界限,面临擅自发行股票、企业债券罪的刑事风险。

2. 发行股票、债券必须经过国家有关主管部门的批准

由于证券的发行涉及广大投资者的利益,为了保护广大投资者的利益和维护证券市场的稳定与繁荣,世界各国均确立了证券发行的审核制度,一般而言,审核制度包括注册制、核准制、审批制三种制度。我国的证券发行目前实行的是审批与核准并存的制度。

(1)发行股票实行核准制

所谓"核准制",是指发行人不仅要公开申报的文件,而且要具备法律规定的实质要件才可发行证券的制度。也就是说,公司发行股票,国家有关主管部门不仅要审查发行人提交的申报文件的真实性、准确性,还要对发行人是否具备法律规定的实质要件进行审查。《公司法》(2023年修订)第202条规定:"股份有限公司经股东会决议,或者经公司章程、股东会授权由董事会决议,可以发行可转换为股票的公司债券,并规定具体的转换办法。上市公司发行可转换为股票的公司债券,应当经国务院证券监督管理机构注册。发行可转换为股票的公司债券,应当在债券上标明可转换公司债券字样,并在公司债券持有人名册上载明可转换公司债券的数额。"

《证券法》(2019年修订)第2条第1款规定:"在中华人民共和国境内,股票、公司债券、存托凭证和国务院依法认定的其他证券的发行和交易,适用本法;本法未规定的,适用《中华人民共和国公司法》和其他法律、行政法规的规定。"第9条第1款规定:"公开发行证券,必须符合法律、行政法规规定的条件,并依法报经国务院证券监督管理机构或者国务院授权的部门注册。未经依法注册,任何单位和个人不得公开发行证券。证券发行注册制的具体范围、实施步骤,由国务院规定。"

(2)发行债券实行审批制

对发行债券实行比股票更严格的审批制,原因在于企业对发行债券所承担的风险更大,一旦企业不能偿还到期债务,公司、企业就有可能面临破产,投资者的权益无法得到保障。根据《公司法》(2023年修订)的规定,有限责任公司股东会可以授权董事会对发行公司债券作出决议(参见第59条第2款),有限责任公司董事会制订发行公司债券的方案(参见第67条);股份有限公司公开发行公司债券,应当经国务院证券监督管理机构注册,公告公司债券募集办法(参见第195条)。

另外,根据《企业债券管理条例》(2011年修订)第11条第1款的规定,企业发行企业债券必须按照本条例的规定进行审批;未经批准的,不得擅自发行和变相发行企业债券。由此可见,即使企

业符合了发行股票、债券的法定条件，但是未经过国家有关部门的批准而擅自发行股票、债券，同样存在承担刑事责任的风险。

（三）什么程度可以构成擅自发行股票、公司、企业债券罪

根据《刑法》的规定，要构成本罪，还必须满足发行数额、后果和情节上的最低要求，即“数额巨大”、“后果严重”或者“有其他严重情节”。最高人民检察院、公安部印发的《关于公安机关管辖的刑事案件立案追诉标准的规定（二）》（2022 年修订）进一步明确了这个最低标准：

第29 条规定：“未经国家有关主管部门批准或者注册，擅自发行股票或者公司、企业债券，涉嫌下列情形之一的，应予立案追诉：（一）非法募集资金金额在一百万元以上的；（二）造成投资者直接经济损失数额累计在五十万元以上的；（三）募集的资金全部或者主要用于违法犯罪活动的；（四）其他后果严重或者有其他严重情节的情形。本条规定的‘擅自发行股票或者公司、企业债券’，是指向社会不特定对象发行、以转让股权等方式变相发行股票或者公司、企业债券，或者向特定对象发行、变相发行股票或者公司、企业债券累计超过二百人的行为。”

三、欺诈发行股票、债券的风险

（一）哪些人可以构成欺诈发行证券罪

根据《刑法》的规定，欺诈发行证券罪的主体是一般主体，任何单位和自然人都可以成为本罪的主体。但在司法实践中，能构成本罪的，一般是有权发行股票、债券的单位和自然人。下面我们将进一步分析，以明确欺诈发行证券罪的主体界限。

1. 欺诈发行股票的主体，通常是有权发行股票的单位和自然人。对单位来说，必须是已经获准发行股票的公司，不具备发行股票实体条件的公司或者虽已具备发行股票的实体条件，但没有申请发行或虽已申请但未获批准的公司，不能成为本罪的主体。对自然人来说，普通自然人一般不能引发本罪的刑事风险，除非是已经获准募集设立股份有限公司的发起人，或者公司里直接负责的主管人员和其他直接责任人员。有限责任公司的发起人或者发起设立的股份有限公司的发起人都不能成为本罪的风险主体。

2. 欺诈发行债券的主体，通常是有权发行债券的单位和自然人。对单位来说，欺诈发行债券的主体比欺诈发行股票的主体要宽泛，除了已经获准发行债券的公司还包括企业。对自然人来说，欺诈发行债券的主体范围比欺诈发行股票的主体要小，只有企业里直接负责的主管人员和其他直接责任人员才可能引发本罪的刑事风险。

3. 无论是欺诈发行股票还是欺诈发行债券，都要求主体必须具备发行的实体条件，不具备这些条件的，可能构成擅自发行股票、企业债券罪，但一般不会引发本罪的刑事风险。当然，这并不排除不具备发行条件的单位和自然人与具备发行条件的单位和自然人共同实施犯罪，构成本罪的情形，如承销证券发行的证券商。

（二）哪些行为可以构成欺诈发行证券罪

根据《刑法》的规定，欺诈发行证券罪的客观方面表现为在招股说明书、认股书、企业募集办法中隐瞒重要事实或者编造重大虚假内容，发行股票或者企业债券的行为。把握欺诈发行证券罪的行为界限，需要厘清以下几个问题。

1. 必须是在招股说明书、认股书、企业募集办法中隐瞒或者编造

根据《刑法》的规定，行为人只有在招股说明书、认股书、企业募集办法中隐瞒重要事实或者编造重大虚假内容，才是欺诈发行股票、债券的行为。可见，招股说明书、认股书、企业募集办法这三个文件作为承载虚假事实的介质，对把握欺诈发行行为的界限具有重大意义。

（1）招股说明书。所谓招股说明书，是公开发行股票的最基本的法律文件，是指申请公开发行股票的申请人向有关主管机关提交的，并于获准公开发行股票后依法在法定的日期和证券主管机

关指定的报刊上刊载的全面、真实、详尽、准确地披露发行人的信息,供投资者参考的法律文件。

(2)认股书。所谓认股书,是指由股份有限公司制作的用以供认股人认股的书面性文件,由认股人填写所认的股数、金额、住所,并签名、盖章。认股书一般包括两部分内容:第一部分是对招股说明书所列事项的转载。第二部分是由认购人填写的部分,如认购股份数额、金额、住所等事项,还包括认购人的签名、盖章等内容。

(3)企业债券募集办法。所谓企业债券募集办法,是指企业向社会公众发出的,希望社会公众购买其发行的债券的意思表示,其性质和作用与招股说明书的相类似,是发行债券的企业就债券发行的有关事项按照规定的格式和内容进行说明的法定文件。它不但是审批机关对企业发行债券进行审批的重要依据,也是投资者购买企业债券的依据。

2. 隐瞒或者编造的对象必须是重要事实或者重大虚假内容

根据《刑法》的规定,只有隐瞒"重要事实"和编造"重大虚假内容"才成立欺诈发行证券罪。因此,理解哪些属于"重大事实"以及哪些属于"重大虚假内容"对明确欺诈发行证券罪的行为界限具有重大意义。根据《股票发行与交易管理暂行条例》第15条、《公司法》(2023年修订)第154条有关招股说明书"载明事项"的规定,"重大事实"和"重大虚假内容"一般可以概括为以下两方面的内容:

(1)发行股票、债券的公司、企业(或发行人)的基本情况。例如,发起人、发行人的简况,企业的名称、住所、经营范围、法定代表人、净资产额,企业的重要合同,涉及企业的重大诉讼事项,企业的核心人员,如公司的董事、监事等的情况和简历,公司、企业的财务状况、生产经营状况、近期发展规划、预期利润率,企业的主要会计数据,如资产负债表、利润表的数据等。

(2)发行的股票、企业债券的基本情况。例如,股票、债券的种类、数额,承销机构的名称、承销方式、承销数量,股票、债券的发行对象、时间、方式,筹措资金的用途、盈利预测、股利分配和债券利率、风险因素等。一般认为,上述两方面的基本情况均属于直接关系投资者的切实利益和直接影响投资者对股票、债券的选择的重要事实和内容。企业如果对上述情况进行隐瞒、虚构就可能会引发欺诈发行证券罪的风险。

3. 行为人的行为表现为"隐瞒"或者"编造"

一方面,欺诈发行行为表现为隐瞒企业的重要情况或者与发行的股票、债券有关的重要情况。所谓"隐瞒",根据《现代汉语词典》的解释,是指掩盖真相,不让人知道,相对于后面要提到的"虚构"来说,属于一种消极的不作为方式,是对企业的缺陷、不利情况进行掩盖、不报告或者在报告、公开信息时故意遗漏,如隐瞒企业的巨额债务、涉及的重大诉讼等,同样剥夺了投资者全面、准确、真实地获知与发行有关的各种信息的权利,直接危害了投资者的切身利益和影响了投资者对股票、债券的选择,是欺诈发行的行为方式。在理解"隐瞒"这种方式时,笔者需要提请读者注意"遗漏"这一情形。"遗漏",有故意和过失之分,故意遗漏的,当然属于隐瞒的一种,但如果是过失遗漏,也就是说,发行人如果能够证明其在发行股票、债券之前,已经对招股说明书、认股书、企业债券募集办法中的重要事实和内容进行了合理、仔细的调查,但由于疏忽大意或者过于自信,在制作文件时仍然遗漏了有关的重要事实和内容,则不属于欺诈,不能引发欺诈发行证券罪的风险。

另一方面,欺诈发行行为表现为虚构企业的重要情况或者与发行的股票、债券有关的重要情况。所谓"虚构",根据《现代汉语词典》的解释,是指凭想象造出来。它相对于前面所提到的"隐瞒"来说,是一种积极主动的作为方式,是对企业的重要情况以及对与所要发行的股票、债券有关的重要情况进行故意的谎报、虚报,或者故意作出明显不切实际、毫无根据的预测的行为。实践中,虚构行为主要表现为以下三种情况:

(1)谎报、虚报企业的重要情况,对企业的净资产值进行夸大、对企业的生产经营状况、财务状况进行不切实际的渲染等。

(2)谎报、虚报与企业所发行的股票、债券有关的重要情况,如编造所发行的股票、债券的总额、种类、发行地区、发行对象、股票、债券利息的支付方式等。

(3)故意对企业以及股票、债券的情况作出不切实际、脱离事实的预测。

在这里,笔者着重论述一下“预测”这种特殊的虚构方式。预测企业未来的效益以及股票的盈利情况可以分为善意预测和恶意预测两种。其中,善意预测是根据企业现有的经营状况、财务状况以及市场状况对企业的未来效益及发行的股票、债券的盈利情况做出的预测和推断,它是有根据的、必要的,有利于进一步说明企业及其所发行的股票、债券的基本情况,有利于投资者对发行人的有关情况进行深度理解,以制定自己的投资策略。

而恶意预测则是发行人为了诱导更多的投资者购买本企业的股票、债券而做出的预测,不但在目的上与善意预测有不同之处,更重要的是,恶意预测是一种毫无现实依据的预测。准确地说,恶意预测不是一种预测,而是一种毫无根据的夸大和虚构。正是因为善意预测与恶意预测存在上述本质上的区别,法律对待这两种预测的态度也不一样。对于善意预测,如果不是故意或者重大过失,即使预测失误导致了投资者的损失,也不是刑法所规制和调整的范围,不存在刑事风险问题,因为这是市场固有的风险,发行人并无欺诈投资者的目的、意图。但是对于恶意预测,因为其实际上是一种虚构行为,是一种故意欺诈投资者的行为,可以产生欺诈发行证券罪的风险。企业应当从实际出发,根据事实情况进行预测,避免恶意预测,远离刑事风险。

(三)什么程度可以构成欺诈发行证券罪

根据《刑法》的规定,要构成本罪,还必须同时具备“数额巨大”、“后果严重”或者“有其他严重情节”等要件。最高人民检察院、公安部《关于公安机关管辖的刑事案件立案追诉标准的规定(二)》(2022 年修订)明确了欺诈发行证券罪的立案追诉标准:

第 5 条规定:“在招股说明书、认股书、公司、企业债券募集办法等发行文件中隐瞒重要事实或者编造重大虚假内容,发行股票或者公司、企业债券、存托凭证或者国务院依法认定的其他证券,涉嫌下列情形之一的,应予立案追诉:(一)非法募集资金金额在一千万元以上的;(二)虚增或者虚减资产达到当期资产总额百分之三十以上的;(三)虚增或者虚减营业收入达到当期营业收入总额百分之三十以上的;(四)虚增或者虚减利润达到当期利润总额百分之三十以上的;(五)隐瞒或者编造的重大诉讼、仲裁、担保、关联交易或者其他重大事项所涉及的数额或者连续十二个月的累计数额达到最近一期披露的净资产百分之五十以上的;(六)造成投资者直接经济损失数额累计在一百万元以上的;(七)为欺诈发行证券而伪造、变造国家机关公文、有效证明文件或者相关凭证、单据的;(八)为欺诈发行证券向负有金融监督管理职责的单位或者人员行贿的;(九)募集的资金全部或者主要用于违法犯罪活动的;(十)其他后果严重或者有其他严重情节的情形。”

四、违规披露、不披露重要信息的风险

(一)哪些人可以构成违规披露、不披露重要信息罪

根据《刑法》(2023 年修正)第 161 条的规定,“依法负有信息披露义务的公司、企业”“前款规定的公司、企业的控股股东、实际控制人”,主体上可能是自然人也可能是单位(对单位判处罚金,并对其直接负责的主管人员和其他直接责任人员处罚)。

《公司法》(2023 年修订)第 57 条规定:“股东有权查阅、复制公司章程、股东名册、股东会会议记录、董事会会议决议、监事会会议决议和财务会计报告。股东可以要求查阅公司会计账簿、会计凭证。股东要求查阅公司会计账簿、会计凭证的,应当向公司提出书面请求,说明目的。公司有合理根据认为股东查阅会计账簿、会计凭证有不正当目的,可能损害公司合法利益的,可以拒绝提供查阅,并应当自股东提出书面请求之日起十五日内书面答复股东并说明理由。公司拒绝提供查阅

的,股东可以向人民法院提起诉讼。股东查阅前款规定的材料,可以委托会计师事务所、律师事务所等中介机构进行。股东及其委托的会计师事务所、律师事务所等中介机构查阅、复制有关材料,应当遵守有关保护国家秘密、商业秘密、个人隐私、个人信息等法律、行政法规的规定。股东要求查阅、复制公司全资子公司相关材料的,适用前四款的规定。”

第209条规定:“有限责任公司应当按照公司章程规定的期限将财务会计报告送交各股东。股份有限公司的财务会计报告应当在召开股东会年会的二十日前置备于本公司,供股东查阅;公开发行股份的股份有限公司应当公告其财务会计报告。”

根据《证券法》《证券投资基金法》的相关规定,负有其他重要信息披露义务的主体有:(1)签订上市协议的公司;(2)上市公司;(3)公司债券上市交易的公司;(4)基金管理人;(5)基金托管人;(6)其他基金信息披露义务人。这些依法负有信息披露义务的企业应当真实、准确、完整、及时地披露包括财务会计报表在内的信息,不得有虚假记载、误导性陈述或者重大遗漏,如果他们违规披露或者不披露重要信息,则容易引发本罪的风险。

当然,不负有信息披露义务的企业和任何自然人个人都不能单独构成本罪。需要特别说明的是,本罪虽然是单位犯罪,犯罪主体只能是依法负有信息披露义务的企业,但法律对本罪规定的是单罚制,即只处罚对违规披露、不披露重要信息直接负责的主管人员和其他直接责任人员,一般来说,这些人员主要包括公司、企业的法定代表人、董事长、董事、总经理、副总经理、财务总监、财务经理等高管人员,他们是本罪风险的高发人群。

(二)哪些行为可以构成违规披露、不披露重要信息罪

违规披露、不披露重要信息罪的行为,主要表现为以下两种方式:

1. 向股东和公众提供虚假的或者隐瞒了重要事实的财务会计报告

财务会计报告是企业按照国家统一会计制度的规定并根据经过审核的会计账簿记录和有关资料编制的,对外提供并反映企业某一特定日期的财务状况和某一会计期间的经营成果、现金流量的总结性书面文件,它是股东和社会公众了解企业各种重要的财务会计信息并据以作出相应决策或进行有效监管的重要依据。根据《公司法》和《证券法》的相关规定,公司应当在每一会计年度终了时编制财务会计报告,并依法经会计师事务所审计。

有限责任公司应当依照公司章程规定的期限将财务会计报告送交各股东。股份有限公司的财务会计报告应当在召开股东大会年会的20日前置备于本公司,供股东查阅;公开发行股票的股份有限公司必须公告其财务会计报告。上市公司和公司债券上市交易的公司,应当在每一会计年度的上半年结束之日起2个月内,向国务院证券监督管理机构和证券交易所报送中期报告;在每一会计年度结束之日起4个月内,向国务院证券监督管理机构和证券交易所报送年度报告,并公告其财务会计报告。

企业如果提供虚假的或者隐瞒重要事实的财务会计报告损害了股东或者其他人的合法利益,可能会引发本罪的刑事风险。“虚假”是指记载的事项和内容与事实不符,存在虚构与伪造;“隐瞒重要事实”是指违反国家法律法规的规定,将应予记载的有重大影响的公司经营信息和变化事项等内容不予记载,或者将有利于股东及社会公众的事项和内容应予记载反映却不予记载反映。

这些虚假的或者隐瞒重要事实的财务会计报告只有提供给股东或者社会公众,才可能构成犯罪。如果企业仅仅制作了虚假的或者隐瞒重要事实的财务会计报告,但没有通过法律或公司章程所规定的方式提供给股东或者社会公众,则不可能产生本罪的刑事风险。但是,财务会计报告依法应当披露而不披露的,同样可能会引发本罪的刑事风险,这属于下文第二种情形。

2. 不按照规定披露依法应当披露的其他重要信息

该行为方式是《刑法修正案(六)》对《刑法》第161条修正后新增加的一种行为方式,要掌握这

种行为方式必须首先明确哪些是依法应当披露的“其他重要信息”，这也是防范本罪风险的必要条件。根据法律规定，“其他重要信息”，是指除公司财务会计报告以外的其他应当向股东或者社会公众披露的相关信息，这些重要信息分别体现在《证券法》和《证券投资基金法》第76条的规定中。依法负有披露义务的公司如果不按规定披露这些信息，就可能引发本罪的刑事风险。“不按规定披露”是指不按规定的时间、方式、内容向他人透露。

为了规范发行人、上市公司及其他信息披露义务人的信息披露行为，加强对信息披露事务的管理，保护投资者的合法权益，中国证监会于2006年12月13日审议通过了《上市公司信息披露管理办法》，并于2021年修订。规定企业在证券融资的过程中，在证券发行、交易的活动中，应当严格按照该办法中规定的文件、内容、时间和方式披露信息，避免引发违规披露、不披露重要信息罪的风险。

（三）什么程度可以构成违规披露、不披露重要信息罪

要构成本罪不仅要求依法负有披露义务的企业实施了提供虚假财会报告或者不依法披露信息的行为，还要求该行为必须严重损害股东或者其他人的利益，或者具有其他严重情节。这属于立案标准的范围。最高人民检察院、公安部《关于公安机关管辖的刑事案件立案追诉标准的规定（二）》（2022年修订）明确了违规披露、不披露重要信息罪的立案追诉标准：

第6条规定：“依法负有信息披露义务的公司、企业向股东和社会公众提供虚假的或者隐瞒重要事实的财务会计报告，或者对依法应当披露的其他重要信息不按照规定披露，涉嫌下列情形之一的，应予立案追诉：（一）造成股东、债权人或者其他人直接经济损失数额累计在一百万元以上的；（二）虚增或者虚减资产达到当期披露的资产总额百分之三十以上的；（三）虚增或者虚减营业收入达到当期披露的营业收入总额百分之三十以上的；（四）虚增或者虚减利润达到当期披露的利润总额百分之三十以上的；（五）未按照规定披露的重大诉讼、仲裁、担保、关联交易或者其他重大事项所涉及的数额或者连续十二个月的累计数额达到最近一期披露的净资产百分之五十以上的；（六）致使不符合发行条件的公司、企业骗取发行核准或者注册并且上市交易的；（七）致使公司、企业发行的股票或者公司、企业债券、存托凭证或者国务院依法认定的其他证券被终止上市交易的；（八）在公司财务会计报告中将亏损披露为盈利，或者将盈利披露为亏损的；（九）多次提供虚假的或者隐瞒重要事实的财务会计报告，或者多次对依法应当披露的其他重要信息不按照规定披露的；（十）其他严重损害股东、债权人或者其他人利益，或者有其他严重情节的情形。”

五、内幕交易、泄露内幕信息的风险

（一）哪些人可以构成内幕交易、泄露内幕信息罪

根据《刑法》的规定，内幕交易、泄露内幕信息罪的主体是特殊主体，包括两类：一类是证券、期货交易内幕信息的知情人员；另一类是非法获取证券、期货交易内幕信息的人员。这两类主体既可以是自然人也可以是单位。

1. 证券、期货交易内幕信息的知情人员

这类人员是指由于持有发行人的证券，或者在发行人或者与发行人有密切联系的公司中担任董事、监事、高级管理人员，或者由于其会员地位、管理地位、监督地位和职业地位，或者作为雇员、专业顾问履行职务，通过法律许可的合法手段能够接触或者获得证券、期货交易内幕信息的人员。这些人员必须是在职务或业务范围之内为正常开展工作而接触到内幕信息的情况下获取该信息的，如果不是通过合法的职务或业务关系，而是非法利用职务之便，或者超越职务权限来获取内幕信息，则属于第二类人员的范围。

2. 非法获取证券、期货交易内幕信息的人员

这类人员是指内幕信息知情人员以外的，不是基于职务或业务，而是通过偷听、监听、私下交易

等非法手段获取证券交易内幕信息的人员。具体而言,该类主体主要包括:(1)以窃取、骗取、偷听、监听、抢劫、抢夺等非法手段获取内幕信息的人员;(2)以行贿等非法手段获取内幕信息的人员;(3)从第一类的知情人员处索取或者刺探获得内幕信息的人员,或者通过威胁、胁迫等方式从第一类知情人员处获取内幕信息的人员;(4)通过私下交易等不正当途径获取内幕信息的人员。从以上分析可以看出,内幕交易、泄露内幕信息罪的主体既包括企业内部的人员,如董事、监事、经理、副经理等高管人员、股东或者秘书、打字员等,也包括企业外部的人员,外部人员中既有合法获知内幕信息的人员又有非法获知内幕信息的人员。

(二)哪些行为可以构成内幕交易、泄露内幕信息罪

根据《刑法》的规定,内幕交易、泄露内幕信息罪的行为方式表现为两种:一种是内幕交易行为,即在涉及证券的发行,证券、期货交易或者其他对证券、期货价格有重大影响的信息尚未公布前,买入或卖出该证券,或者从事与该内幕消息有关的期货交易的行为。另一种是泄露内幕信息行为,即在内幕信息公布前泄露该信息的行为。

1. 内幕信息的内涵和外延问题

我国在《证券法》中对内幕信息概念作了明确、具体的界定:“证券交易活动中,涉及公司的经营、财务或者对该公司证券的市场价格有重大影响的尚未公开的信息,为内幕信息。”内幕信息有如下本质属性:(1)为内幕人员掌握、知悉;(2)还没有以合法方式向内幕人员以外的人公开;(3)一旦公开,可能引起证券市场价格发生很大变化。这三点就是判断一项信息是否构成内幕信息的基本要素。

《证券法》(2019 年修订)第 52 条规定:“证券交易活动中,涉及发行人的经营、财务或者对该发行人证券的市场价格有重大影响的尚未公开的信息,为内幕信息。本法第八十条第二款、第八十一条第二款所列重大事件属于内幕信息。”

第 80 条规定:“发生可能对上市公司、股票在国务院批准的其他全国性证券交易场所交易的公司的股票交易价格产生较大影响的重大事件,投资者尚未得知时,公司应当立即将有关该重大事件的情况向国务院证券监督管理机构和证券交易场所报送临时报告,并予公告,说明事件的起因、目前的状态和可能产生的法律后果。前款所称重大事件包括:(一)公司的经营方针和经营范围的重大变化;(二)公司的重大投资行为,公司在一年内购买、出售重大资产超过公司资产总额百分之三十,或者公司营业用主要资产的抵押、质押、出售或者报废一次超过该资产的百分之三十;(三)公司订立重要合同、提供重大担保或者从事关联交易,可能对公司的资产、负债、权益和经营成果产生重要影响;(四)公司发生重大债务和未能清偿到期重大债务的违约情况;(五)公司发生重大亏损或者重大损失;(六)公司生产经营的外部条件发生的重大变化;(七)公司的董事、三分之一以上监事或者经理发生变动,董事长或者经理无法履行职责;(八)持有公司百分之五以上股份的股东或者实际控制人持有股份或者控制公司的情况发生较大变化,公司的实际控制人及其控制的其他企业从事与公司相同或者相似业务的情况发生较大变化;(九)公司分配股利、增资的计划,公司股权结构的重要变化,公司减资、合并、分立、解散及申请破产的决定,或者依法进入破产程序、被责令关闭;(十)涉及公司的重大诉讼、仲裁,股东大会、董事会决议被依法撤销或者宣告无效;(十一)公司涉嫌犯罪被依法立案调查,公司的控股股东、实际控制人、董事、监事、高级管理人员涉嫌犯罪被依法采取强制措施;(十二)国务院证券监督管理机构规定的其他事项。公司的控股股东或者实际控制人对重大事件的发生、进展产生较大影响的,应当及时将其知悉的有关情况书面告知公司,并配合公司履行信息披露义务。”

第 81 条规定:“发生可能对上市交易公司债券的交易价格产生较大影响的重大事件,投资者尚未得知时,公司应当立即将有关该重大事件的情况向国务院证券监督管理机构和证券交易场所

报送临时报告，并予公告，说明事件的起因、目前的状态和可能产生的法律后果。前款所称重大事件包括：（一）公司股权结构或者生产经营状况发生重大变化；（二）公司债券信用评级发生变化；（三）公司重大资产抵押、质押、出售、转让、报废；（四）公司发生未能清偿到期债务的情况；（五）公司新增借款或者对外提供担保超过上年末净资产的百分之二十；（六）公司放弃债权或者财产超过上年末净资产的百分之十；（七）公司发生超过上年末净资产百分之十的重大损失；（八）公司分配股利，作出减资、合并、分立、解散及申请破产的决定，或者依法进入破产程序、被责令关闭；（九）涉及公司的重大诉讼、仲裁；（十）公司涉嫌犯罪被依法立案调查，公司的控股股东、实际控制人、董事、监事、高级管理人员涉嫌犯罪被依法采取强制措施；（十一）国务院证券监督管理机构规定的其他事项。"

2."尚未公开"的含义问题

根据法律规定，证券、期货内幕信息的知情人员或者非法获取证券、期货交易内幕信息的人员，只有在内幕信息尚未公布前，买入或卖出该证券，或者从事与该内幕消息有关的期货消息，或者泄露该信息的，或者明示、暗示他人从事上述交易活动才是内幕交易行为或者泄露内幕信息的行为。《证券法》（2019 年修订）第 23 条规定："证券发行申请经注册后，发行人应当依照法律、行政法规的规定，在证券公开发行前公告公开发行募集文件，并将该文件置备于指定场所供公众查阅。发行证券的信息依法公开前，任何知情人不得公开或者泄露该信息。发行人不得在公告公开发行募集文件前发行证券。"第 86 条规定："依法披露的信息，应当在证券交易场所的网站和符合国务院证券监督管理机构规定条件的媒体发布，同时将其置备于公司住所、证券交易场所，供社会公众查阅。"

笔者认为，相关信息只要还未在国务院证券管理机构指定的媒体上发布，就属于未公开的信息，在信息在国务院证券管理机构指定的媒体上发布前买进或者卖出证券的，属于内幕交易行为；泄露该信息的，属于泄露内幕信息行为。

（三）什么程度可以构成内幕交易、泄露内幕信息罪

根据《刑法》的规定，内幕交易、泄露内部交易信息罪是情节犯，必须具备"情节严重"的条件才能构成犯罪。最高人民检察院、公安部《关于公安机关管辖的刑事案件立案追诉标准的规定（二）》（2022 年修订）明确了内幕交易、泄露内幕信息罪的立案追诉标准：

第 30 条规定："〔内幕交易、泄露内幕信息案（刑法第一百八十条第一款）〕证券、期货交易内幕信息的知情人员、单位或者非法获取证券、期货交易内幕信息的人员、单位，在涉及证券的发行，证券、期货交易或者其他对证券、期货交易价格有重大影响的信息尚未公开前，买入或者卖出该证券，或者从事与该内幕信息有关的期货交易，或者泄露该信息，或者明示、暗示他人从事上述交易活动，涉嫌下列情形之一的，应予立案追诉：（一）获利或者避免损失数额在五十万元以上的；（二）证券交易成交额在二百万元以上的；（三）期货交易占用保证金数额在一百万元以上的；（四）二年内三次以上实施内幕交易、泄露内幕信息行为的；（五）明示、暗示三人以上从事与内幕信息相关的证券、期货交易活动的；（六）具有其他严重情节的。内幕交易获利或者避免损失数额在二十五万元以上，或者证券交易成交额在一百万元以上，或者期货交易占用保证金数额在五十万元以上，同时涉嫌下列情形之一的，应予立案追诉：（一）证券法规定的证券交易内幕信息的知情人实施或者与他人共同实施内幕交易行为的；（二）以出售或者变相出售内幕信息等方式，明示、暗示他人从事与该内幕信息相关的交易活动的；（三）因证券、期货犯罪行为受过刑事追究的；（四）二年内因证券、期货违法行为受过行政处罚的；（五）造成其他严重后果的。"

第 31 条规定："〔利用未公开信息交易案（刑法第一百八十条第四款）〕证券交易所、期货交易所、证券公司、期货公司、基金管理公司、商业银行、保险公司等金融机构的从业人员以及有关监管

部门或者行业协会的工作人员，利用因职务便利获取的内幕信息以外的其他未公开的信息，违反规定，从事与该信息相关的证券、期货交易活动，或者明示、暗示他人从事相关交易活动，涉嫌下列情形之一的，应予立案追诉：(一)获利或者避免损失数额在一百万元以上的；(二)二年内三次以上利用未公开信息交易的；(三)明示、暗示三人以上从事相关交易活动的；(四)具有其他严重情节的。利用未公开信息交易，获利或者避免损失数额在五十万元以上，或者证券交易成交额在五百万元以上，或者期货交易占用保证金数额在一百万元以上，同时涉嫌下列情形之一的，应予立案追诉：(一)以出售或者变相出售未公开信息等方式，明示、暗示他人从事相关交易活动的；(二)因证券、期货犯罪行为受过刑事追究的；(三)二年内因证券、期货违法行为受过行政处罚的；(四)造成其他严重后果的。"

六、编造并传播证券交易虚假信息的风险

(一)哪些人可以构成编造并传播证券交易虚假信息罪

根据《刑法》的规定，编造并传播证券交易虚假信息罪的主体是一般主体，包括自然人和单位。在司法实践中，通过发行股票、债券进行融资的企业及其管理人员，有时为了能尽快、及时地融到资金，卖出股票、债券，不惜铤而走险，编造并传播证券交易的虚假信息，容易引发本罪的刑事风险。

(二)哪些行为可以构成编造并传播证券交易虚假信息罪

根据《刑法》的规定，编造并传播证券交易虚假信息罪的客观方面表现为编造并传播影响证券交易的虚假信息，扰乱证券交易市场的行为。

1. 行为方式

(1)所谓"编造"，是指捏造影响证券交易的虚假信息的行为，它不包括故意遗漏和刻意隐瞒。换句话说，故意遗漏或者刻意隐瞒可能影响证券交易的信息不属于本罪的"编造"。本罪的"编造"不同于欺诈发行证券罪中的"编造"，具体的行为方式主要表现为：

①无中生有的虚构行为。这是指对根本不存在的事实或者没有发生的事实进行凭空捏造，使人认为是客观上存在或发生的事实。②有中生无的掩饰行为。这是指对客观存在的事实进行歪曲，使人认为该事实不存在或没有发生。这与前述的故意遗漏和刻意隐瞒行为的主要区别在于遗漏和隐瞒一般是以消极的不作为方式进行的，其内容并不涉及对事实的歪曲，而编造往往是以积极的作为方式进行的，在此"行为"中伴随着对客观事实的歪曲、否认。在实践中，往往表现为针对已被投资者所了解的信息实施造假行为。③篡改、加工等行为。这是指对真实的事实进行"添油加醋"、夸大缩小，使其半真半假。

(2)所谓"传播"，是指通过各种形式、渠道将编造的虚假信息散布给行为人之外的不特定的或者大多数的人。本罪中的传播行为具有以下特征：

①传播手段多样性。这是指不仅可以以口头传播、书信传播、散发传单等形式传播，也可以通过电视、报纸等媒体传播，还可以通过电话、网络等途径传播。②传播对象须是针对不特定或多数的人。所谓"不特定"是指传播所涉及的人员事先无法具体确定，行为人对此无法具体预料也难以实际控制。所谓"多数人"则难以用具体数字来表述，通常只要向较多的人员散布信息，使其知悉或可能知悉时，就足以认定为本罪的传播行为。③传播的本质是使传播对象处于知悉或可能知悉的状态。如果行为人未能使他人知悉或可能知悉其所散布的信息，则不能认定为行为人实施了传播行为。

(3)编造和传播两种行为必须同时具备，才能构成本罪。编造了影响证券交易的虚假信息，但没有将这些虚假信息予以散布，不会引发本罪的风险；或者虽然传播了影响证券交易的虚假信息，但这些虚假信息并不是行为人自己编造的，而是从他处获知的，也不会引发本罪的风险。

2. 行为对象

本罪的行为方式是编造并传播，而编造并传播的对象是影响证券交易的虚假信息。一般认为，虚假信息包括以下几种类型：(1)编造并传播可能影响证券交易的虚假信息，如捏造公司订立的可能对公司资产、负债、权益或经营效果产生显著影响的合同，公司发生重大债务，公司资产遭受重大损失或者发生重大亏损等虚假消息。(2)编造并传播其他企业运营状况的虚假信息。(3)编造并传播社会重大事件等其他虚假信息。后两种情况下，只要编造并传播的信息足以对证券交易产生重大影响，就可以认定为本罪的虚假信息。

（三）什么程度可以构成编造并传播证券交易虚假信息罪

根据《刑法》的规定，编造并传播证券交易虚假信息罪是结果犯，必须具备"造成严重后果"的条件才能构成犯罪。最高人民检察院、公安部《关于公安机关管辖的刑事案件立案追诉标准的规定(二)》(2022 年修订)明确了编造并传播证券、期货交易虚假信息罪的立案追诉标准：

第 32 条规定："〔编造并传播证券、期货交易虚假信息案(刑法第一百八十一条第一款)〕编造并且传播影响证券、期货交易的虚假信息，扰乱证券、期货交易市场，涉嫌下列情形之一的，应予立案追诉：(一)获利或者避免损失数额在五万元以上的；(二)造成投资者直接经济损失数额在五十万元以上的；(三)虽未达到上述数额标准，但多次编造并且传播影响证券、期货交易的虚假信息的；(四)致使交易价格或者交易量异常波动的；(五)造成其他严重后果的。"

第 33 条规定："〔诱骗投资者买卖证券、期货合约案(刑法第一百八十一条第二款)〕证券交易所、期货交易所、证券公司、期货公司的从业人员，证券业协会、期货业协会或者证券期货监督管理部门的工作人员，故意提供虚假信息或者伪造、变造、销毁交易记录，诱骗投资者买卖证券、期货合约，涉嫌下列情形之一的，应予立案追诉：(一)获利或者避免损失数额在五万元以上的；(二)造成投资者直接经济损失数额在五十万元以上的；(三)虽未达到上述数额标准，但多次诱骗投资者买卖证券、期货合约的；(四)致使交易价格或者交易量异常波动的；(五)造成其他严重后果的。"

七、操纵证券市场的风险

（一）哪些人可以构成操纵证券市场罪

根据《刑法》的规定，本罪的主体是一般主体，包括自然人和单位。但在实践中，最容易引发操纵证券市场罪风险的是通过证券市场进行投资的投资者，尤其是机构投资者，因为他们操纵证券市场的可能性最大。从证券市场的投资主体来看，散户大大多于机构投资者，但鲜有散户能操纵证券市场的，因为他们在资金、持股、持仓、信息等方面相对处于劣势，缺乏操纵市场的物质条件。在我国，一些颇具实力的个人投资者也可以成为操纵证券市场罪的主体，因为我国的股票市场中存在很多中小股盘，较容易被操纵。

总的来说，较易引发本罪风险的多为证券公司、期货经纪公司、上市公司、大的投资公司、保险公司和各类投资基金等。作为这些公司的经营管理人员，在投资证券市场时，一定要规范自己的行为，避免引发刑事风险。

（二）哪些行为可以构成操纵证券市场罪

根据《刑法》的规定，操纵证券市场的行为具体包括以下四种。

1. 单独或者合谋，集中资金优势、持股或者持仓优势或者利用信息优势联合或者连续买卖，操纵证券交易价格或者证券交易量

(1)所谓"资金优势"，是指行为人拥有的或者可以调动的巨额资金。行为人利用其资金优势，通常大量买进某种或某类证券，使其价格上涨，当然也可以压低其价格，引起证券价格下跌，进而低价吸纳或者平仓牟利。

所谓“持股或者持仓优势”,是指行为人持有巨量的证券。拥有持股或者持仓优势的行为人可以通过大量抛售证券,使其价格下跌。这种情况常见于收购人为了收购某种证券而打压其价格以降低收购费用,或者为了吸纳某种证券,而打压大盘指数,使指数降低从而带动所有吸纳的证券价格下跌,实现低成本吸纳之目的。

所谓“信息优势”,是指行为人拥有影响证券交易的重大信息,即证券内幕信息。

(2)所谓“联合买卖或连续买卖”,这实际上包含两种操纵证券市场的方式,即联合操纵和连续操纵。

所谓“联合操纵”,是指两个以上主体,通过合谋,集中资金优势或者其他优势,按各自的分工或共同吸纳某种证券以抬高其价格,或共同集中抛售所持的某种证券以打压其价格。这主要表现为以下两种方式:其一,大户与大户之间、机构与机构之间、大户与机构之间为了共同牟取不法利益,联合操纵某种证券的交易价格或交易量;或者证券发行公司和证券承销商之间,为了共同牟取不法利益,联合操纵证券价格,以达到证券顺利发行的目的。其二,企业管理层、金融、新闻等有关部门的人员利用内幕信息联合操纵证券市场等。联合操纵在实践中频频发生,但因其表面上与投资、投机行为不易区别,加上手段隐蔽,实践中不容易被认定。

所谓“连续操纵”,是指集中资金优势,持股、持仓优势或信息优势,连续以高价买进或以低价卖出,从而引诱其他投资者参加交易的行为,目的是借此抬高或压低所交易的证券的价格。根据实践来看,连续买卖具体可分为一个交易日内的连续买卖和数个交易日内的连续买卖。前者是指在一个交易日内,同一主体(同一资金来源)两次以上买进或卖出某种证券的行为。就证券在一个交易日内的连续买卖而言,个人买卖某一证券的数额超过该上市公司发行在外的普通数额总量的一定比例后,机构买卖某一证券的数额超过该上市公司发行在外的普通数额总量的一定比例后,还需其卖出该证券的成交量超过当日成交总量的一定比例(一般为30%以上)。后者是指同一主体(同一资金来源)两次以上买进或者卖出某种证券,其持仓量达到或者曾经达到该证券流通股(就证券而言)的一定比例(一般为10个交易日内的30%以上)。

2. 与他人串通,以事先约定的时间、价格和方式相互进行证券交易,影响证券交易价格或者证券交易量

这实际上规定的是相对委托行为。相对委托行为是同谋买卖行为的一种,指的是参与证券交易的双方分别扮演买方和卖方的角色,各自按照约定的时间、价格、数量和方式,分别向证券商发出委托交易指令并达成交易的行为。相对委托的行为人虽然耗费了一些佣金和税费,但可造成某种证券交易活跃的假象,以此影响证券交易价格或者交易量,引诱跟风炒作者上当。

3. 在自己实际控制的账户之间进行证券交易,或者以自己为交易对象,自买自卖期货合约,影响证券交易价格或者证券交易量

“自买自卖”是一种传统的操纵市场方式,指行为人以自己为交易对象,既当买方又当卖方,只作形式上的证券买进或卖出状态,实际并不转移证券所有权。其不外是同一人“左手买入,右手卖出”的行为,行为人只需办理交割,付出少量手续费即可创造交易记录。自买自卖的方式实际上并没有增加证券交易量,纯粹是一种虚假交易,其目的是要制造一种假象,诱导其他投资者跟随买卖,从而人为地抬高或压低某种证券交易价格,借机牟利或转移风险,损害他人利益。

4. 以其他方法操纵证券市场

这是刑法中的一个堵漏条款。从司法实践来看,操纵证券市场常见的方法还有:(1)利用职务之便抬高或压低证券交易价格。(2)修改有关数据,直接抬高股票价格以获利。(3)操纵者采取“声东击西”的方式,操纵某种类型股票中的一种,以达到操纵同类型其他股票的目的。(4)扎空,即证券市场上的某一操纵集团,将证券市场流通股票吸纳集中,致使证券交易市场上的卖空者,除

此集团之外，已无其他来源补回股票，只好与操纵者了结，扎空集团借机随意决定证券价格。(5)技术陷阱。有的操纵者利用制造股票虚假的技术走势的方法，达到引诱投资者买卖证券的目的。以上行为方式虽然在刑法条文中没有明确规定，但是根据《刑法》的兜底性条款，在司法实践中被认为是操纵证券市场的行为方式，可以引发本罪的刑事风险。

（三）什么程度可以构成操纵证券市场罪

根据《刑法》的规定，操纵证券市场罪是情节犯，必须具备“情节严重”的条件才能构成犯罪。最高人民检察院、公安部《关于公安机关管辖的刑事案件立案追诉标准的规定（二）》（2022 年修订）第 34 条规定：“〔操纵证券、期货市场案（刑法第一百八十二条）〕操纵证券、期货市场，影响证券、期货交易价格或者证券、期货交易量，涉嫌下列情形之一的，应予立案追诉：（一）持有或者实际控制证券的流通股份数量达到该证券的实际流通股份总量百分之十以上，实施刑法第一百八十二条第一款第一项操纵证券市场行为，连续十个交易日的累计成交量达到同期该证券总成交量百分之二十以上的；（二）实施刑法第一百八十二条第一款第二项、第三项操纵证券市场行为，连续十个交易日的累计成交量达到同期该证券总成交量百分之二十以上的；（三）利用虚假或者不确定的重大信息，诱导投资者进行证券交易，行为人进行相关证券交易的成交额在一千万元以上的；（四）对证券、证券发行人公开作出评价、预测或者投资建议，同时进行反向证券交易，证券交易成交额在一千万元以上的；（五）通过策划、实施资产收购或者重组、投资新业务、股权转让、上市公司收购等虚假重大事项，误导投资者作出投资决策，并进行相关交易或者谋取相关利益，证券交易成交额在一千万元以上的；（六）通过控制发行人、上市公司信息的生成或者控制信息披露的内容、时点、节奏，误导投资者作出投资决策，并进行相关交易或者谋取相关利益，证券交易成交额在一千万元以上的；（七）实施刑法第一百八十二条第一款第一项操纵期货市场行为，实际控制的账户合并持仓连续十个交易日的最高值超过期货交易所限仓标准的二倍，累计成交量达到同期该期货合约总成交量百分之二十以上，且期货交易占用保证金数额在五百万元以上的；（八）通过囤积现货，影响特定期货品种市场行情，并进行相关期货交易，实际控制的账户合并持仓连续十个交易日的最高值超过期货交易所限仓标准的二倍，累计成交量达到同期该期货合约总成交量百分之二十以上，且期货交易占用保证金数额在五百万元以上的；（九）实施刑法第一百八十二条第一款第二项、第三项操纵期货市场行为，实际控制的账户连续十个交易日的累计成交量达到同期该期货合约总成交量百分之二十以上，且期货交易占用保证金数额在五百万元以上的；（十）利用虚假或者不确定的重大信息，诱导投资者进行期货交易，行为人进行相关期货交易，实际控制的账户连续十个交易日的累计成交量达到同期该期货合约总成交量百分之二十以上，且期货交易占用保证金数额在五百万元以上的；（十一）对期货交易标的公开作出评价、预测或者投资建议，同时进行相关期货交易，实际控制的账户连续十个交易日的累计成交量达到同期该期货合约总成交量的百分之二十以上，且期货交易占用保证金数额在五百万元以上的；（十二）不以成交为目的，频繁或者大量申报买入、卖出证券、期货合约并撤销申报，当日累计撤回申报量达到同期该证券、期货合约总申报量百分之五十以上，且证券撤回申报额在一千万元以上、撤回申报的期货合约占用保证金数额在五百万元以上的；（十三）实施操纵证券、期货市场行为，获利或者避免损失数额在一百万元以上的。操纵证券、期货市场，影响证券、期货交易价格或者证券、期货交易量，获利或者避免损失数额在五十万元以上，同时涉嫌下列情形之一的，应予立案追诉：（一）发行人、上市公司及其董事、监事、高级管理人员、控股股东或者实际控制人实施操纵证券、期货市场行为的；（二）收购人、重大资产重组的交易对方及其董事、监事、高级管理人员、控股股东或者实际控制人实施操纵证券、期货市场行为的；（三）行为人明知操纵证券、期货市场行为被有关部门调查，仍继续实施的；（四）因操纵证券、期货市场行为受过刑事追究的；（五）二年内因操纵证券、期货市场行为受过行政处罚的；（六）在市场出现重大异常波动等特定时段操纵证券、期货市场的;(七)造成其他严重后果的。对于在全国中小企业股份转让系统中实施操纵证券市场行为,社会危害性大,严重破坏公平公正的市场秩序的,比照本条的规定执行,但本条第一款第一项和第二项除外。"

八、控制与防范证券融资中的风险

前文已经提到,证券融资一般包括证券发行和证券交易两个环节,在不同的环节,易引发的刑事风险也有所不同。例如,擅自发行股票、企业债券罪和欺诈发行证券罪这两种风险多发生在证券发行环节;编造并传播证券交易虚假信息罪和操纵证券市场罪的风险多发生在证券交易环节;违规披露、不披露重要信息罪和内幕交易、泄露内幕信息罪的风险在发行和交易两个环节都可能会发生。

要控制和防范以上刑事风险,企业在进行证券融资时,一方面,应当树立法治观念,加强守法意识,严格依照法律法规办事,杜绝刑事风险行为;另一方面,企业人员还应该加强法律学习,掌握相关罪名的主体界限、行为界限和立案标准,自觉规范行为,远离刑事风险。

第九节　企业解散中的刑事法律风险

一、概述

任何事物都要经历产生、发展和消亡三个阶段,企业也不例外,它们在存续期间,如果发生了法定或约定的事由,则应当解散终止,从而进入清算程序,由清算组或者清算人对企业进行清算。

所谓"清算",就是指企业因某种原因而终止时由清算组或清算人实施的对企业财产、债权、债务及未了结的事务进行最后清理、变卖、处理和分配的法律行为。在清算期间,清算组或者清算人应当严格依法行使职权、履行清算义务,企业及其相关人员也应当积极配合,不得故意隐匿财产、对资产负债表或者财产清单作虚伪记载或者在未清偿债务前分配企业财产,损害债权人或者其他人的合法利益。

此外,在清算的过程中,如果发现企业财产不足以清偿到期债务或者明显缺乏清偿能力时,依法负有清算责任的人还应当依法向人民法院申请宣告破产。人民法院受理申请并依法宣告企业破产后,进入破产清算。但申请破产的前提条件必须是真实的、客观存在的。如果企业故意隐匿财产、承担虚构的债务或者以其他方法转移、处分财产,试图通过破产程序逃避债务,则是法律所禁止的。一般来说,在企业解散过程中,可能存在以下刑事风险:

1. 妨害清算罪

《刑法》(2023 年修正)第 162 条规定:"公司、企业进行清算时,隐匿财产,对资产负债表或者财产清单作虚伪记载或者在未清偿债务前分配公司、企业财产,严重损害债权人或者其他人利益的,对其直接负责的主管人员和其他直接责任人员,处五年以下有期徒刑或者拘役,并处或者单处二万元以上二十万元以下罚金。"

2. 隐匿、故意销毁会计凭证、会计账簿、财务会计报告罪

《刑法》(2023 年修正)第 162 条之一规定:"隐匿或者故意销毁依法应当保存的会计凭证、会计帐簿、财务会计报告,情节严重的,处五年以下有期徒刑或者拘役,并处或者单处二万元以上二十万元以下罚金。单位犯前款罪的,对单位判处罚金,并对其直接负责的主管人员和其他直接责任人员,依照前款的规定处罚。"

3. 虚假破产罪

《刑法》(2023 年修正)第 162 条之二规定:"公司、企业通过隐匿财产、承担虚构的债务或者以其他方法转移、处分财产,实施虚假破产,严重损害债权人或者其他人利益的,对其直接负责的主管

人员和其他直接责任人员,处五年以下有期徒刑或者拘役,并处或者单处二万元以上二十万元以下罚金。"

二、妨害清算的风险

(一)哪些人可以构成妨害清算罪

根据《刑法》的规定,能够构成妨害清算罪的主体只能是公司、企业,但接受刑事处罚的则是公司、企业中对妨害清算行为直接负责的主管人员和其他直接责任人员,他们是代替单位承担刑事责任。刑法之所以采取这种"代罚制",不对单位判处罚金,是为了更好地保护债权人或者其他人的合法利益。从实践出发,承担本罪刑事责任的主体除了企业的高级管理人员,还包括清算组成员、法院指定的管理人以及清算组、管理人聘请的必要工作人员。

(二)哪些行为可以构成妨害清算罪

1. 行为方式

行为人客观上实施了妨害清算的行为,该行为具体包括以下三种方式:(1)隐匿财产,即将公司、企业的财产予以转移、隐藏。这里的财产既包括资金,也包括机器、设备、货物等财物;既包括动产,也包括不动产。(2)对资产负债表或者财产清单作虚伪记载。这是指在清算组编制资产负债表或者财产清单时,故意采取隐瞒或者欺骗等方法,对资产、负债或者财产进行虚报,以达到逃避企业债务的目的。这里的"虚伪记载"既可以采用少报、低报的手段,使资产负债表、财产清单上的资产比企业实际拥有的财产少,从而使债权人无法获得实际财产的抵偿;也可以夸大、多报企业的实际资产,进行超出原有价值的虚报,欺骗债权人,用以抵债或偿还;还可以是对现实的债权债务状况进行不实记载如虚构或者夸大债务、少报债权;等等。无论采取何种手段,只要虚伪记载的行为造成债权人或者其他人利益损害的,就属于本罪规制的范围。(3)在未清偿债务前分配财产。这是指在清算过程中,违反法律规定,在还未清偿债务前,将公司、企业的财产予以分配。

《公司法》(2023 年修订)第 236 条规定:"清算组在清理公司财产、编制资产负债表和财产清单后,应当制订清算方案,并报股东会或者人民法院确认。公司财产在分别支付清算费用、职工的工资、社会保险费用和法定补偿金,缴纳所欠税款,清偿公司债务后的剩余财产,有限责任公司按照股东的出资比例分配,股份有限公司按照股东持有的股份比例分配。清算期间,公司存续,但不得开展与清算无关的经营活动。公司财产在未依照前款规定清偿前,不得分配给股东。"

无论实施何种方式,行为人都是为了企业的单位利益故意实施的,如果是过失,则不会引发本罪的刑事风险;如果单纯是为了谋取个人私利,利用清算的职权徇私舞弊,牟取非法收入或者侵占企业财产,则可以构成职务侵占罪、贪污罪等。

2. 行为时间

行为人实施妨害清算的行为必须发生在公司、企业进行清算的过程中。"清算过程中"是引发妨害清算罪风险的时间限定条件。一般来说,"清算过程"始于清算组成立,终于企业剩余财产分配完毕。

(三)什么程度可以构成妨害清算罪的立案标准

根据《刑法》的规定,妨害清算罪是结果犯,必须具备"造成严重后果"的条件才能构成犯罪。最高人民检察院、公安部《关于公安机关管辖的刑事案件立案追诉标准的规定(二)》(2022 年修订)第 7 条规定:"〔妨害清算案(刑法第一百六十二条)〕公司、企业进行清算时,隐匿财产,对资产负债表或者财产清单作虚伪记载或者在未清偿债务前分配公司、企业财产,涉嫌下列情形之一的,应予立案追诉:(一)隐匿财产价值在五十万元以上的;(二)对资产负债表或者财产清单作虚伪记载涉及金额在五十万元以上的;(三)在未清偿债务前分配公司、企业财产价值在五十万元以上的;(四)造成债权人或者其他人直接经济损失数额累计在十万元以上的;(五)虽未达到上述数额标准,但应清偿的职工的工资、社会保险费用和法定补偿金得不到及时清偿,造成恶劣社会影响的;(六)其他严重损害债权人或者其他人利益的情形。"

三、虚假破产的风险

(一)哪些人可以构成虚假破产罪

根据《刑法》的规定,虚假破产罪的主体也仅限于公司、企业,接受刑事处罚的也还是单位直接负责的主管人员和其他直接责任人员,采用这种代罚制的立法,目的也是更好地保护债权人或者其他利害关系人的合法利益。

(二)哪些行为可以构成虚假破产罪

前面我们提到,我国刑法对企业在清算时隐匿财产或者在未清偿债务前分配财产,损害债权人或者其他人利益的行为规定为妨害清算罪,进行刑事处罚。但近年来一些企业为逃避债务,在破产清算前就非法转移、隐匿或处分财产,或根本不具备破产条件,通过非法转移、隐匿或处分财产、虚构债务等方式造成资不抵债的假象,申请进入破产程序,以达到逃债目的。这些行为不仅违背社会诚信,严重损害债权人利益,而且破坏社会经济秩序,影响社会稳定,危害十分严重。因此,2006 年《刑法修正案(六)》将这种虚假破产的行为纳入刑法调整的范围,规定了虚假破产罪。

要引发这个罪的刑事风险,行为人必须实施了虚假破产行为。所谓虚假破产行为,是指通过隐匿财产、承担虚构的债务或者以其他方法转移、处分财产,虚构破产的原因和条件,然后启动破产程序的行为。行为内容具体包括:

(1)虚构破产的原因和条件,主要通过隐匿财产、承担虚构的债务或者以其他方法转移、处分财产等手段。"隐匿财产",是指将企业的资金、设备、产品、货物全部或部分予以隐瞒、转移、藏匿,或者对企业的资产负债表、财产清单作虚假记载,或者采用少报、低报的手段,故意隐瞒、缩小企业财产的实际数额。"承担虚构的债务",是指捏造、承认不真实或不存在的债务,或夸大企业的负债状况,目的是造成企业资不抵债的假象。"以其他方法转移、处分财产",是指采用以上两种手段以外的方法转移、处分财产,如在未清偿债务之前将企业财产无偿转让,以明显不合理的低价转让财产或者以明显高于市场的价格受让财产、对原来没有财产担保的债务提供财产担保、放弃债权、对公司财产进行分配等情形。上述三种行为只要实施一种即可。

(2)启动破产程序。虽然《刑法》(2023 年修正)第 162 条之二并没有明确规定本罪在客观方面必须启动破产程序,但是,根据《企业破产法》的相关规定,破产必须由债务人或债权人或者清算组主动向法院提出申请,才能启动破产程序。因此,虚构破产的原因和条件并不能自动导致企业虚假破产的结果。要想虚假破产,还必须启动破产程序。这两个行为缺一不可,两者共同构成虚假破产行为。

(三)什么程度可以构成虚假破产罪

虚假破产罪和妨害清算罪一样,都是结果犯,没有造成严重损害债权人或者其他人利益的危害结果,不会引发刑事风险。最高人民检察院、公安部《关于公安机关管辖的刑事案件立案追诉标准的规定(二)》(2022 年修订)第 9 条规定:"〔虚假破产案(刑法第一百六十二条之二)〕公司、企业通过隐匿财产、承担虚构的债务或者以其他方法转移、处分财产,实施虚假破产,涉嫌下列情形之一的,应予立案追诉:(一)隐匿财产价值在五十万元以上的;(二)承担虚构的债务涉及金额在五十万元以上的;(三)以其他方法转移、处分财产价值在五十万元以上的;(四)造成债权人或者其他人直接经济损失数额累计在十万元以上的;(五)虽未达到上述数额标准,但应清偿的职工的工资、社会保险费用和法定补偿金得不到及时清偿,造成恶劣社会影响的;(六)其他严重损害债权人或者其他人利益的情形。"

四、控制与防范企业解散中的风险

无论是妨害清算还是虚假破产,都是行为人有意为之的行为,要控制和防范因此引发的刑事风险，一方面，行为人应当了解相关的刑法规定，掌握妨害清算罪和虚假破产罪的主体界限、行为界限和立案标准，防范因不懂法而陷入刑事风险；另一方面，无论是清算还是破产，企业都将面临终止的结局，在终止之前，企业直接负责的主管人员和其他直接责任人员应当将守法理念贯彻到底，学习有关清算、破产的规定，掌握清算、破产的程序和要求，明确自己在清算、破产中的义务，依法、合法地终结企业。

第十节　税务管理中的刑事法律风险

一、概述

税务管理是企业财务管理的一个重要环节，企业从成立到运营甚至解散的整个过程中，都要与国家的税收征管制度打交道。税收征管制度是国家为了保证税收的征管与缴纳，通过税收法律法规予以规定并以国家强制力保证其执行的制度，包括诸如税务登记、纳税申报、账簿凭证管理、税款征收、税务检查、发票管理等内容。企业及其工作人员在税务管理的过程中，纳税是一项基本工作，如果企业在缴税的过程中违反税收征管制度，企图通过做假账进行逃税、通过采取暴力手段进行抗税、通过转移财产进行逃税或者通过采取欺诈手段进行骗税，都会引发相应的刑事风险，这些风险主要体现在：

1. 逃税罪

《刑法》(2023 年修正)第 201 条规定："纳税人采取欺骗、隐瞒手段进行虚假纳税申报或者不申报，逃避缴纳税款数额较大并且占应纳税额百分之十以上的，处三年以下有期徒刑或者拘役，并处罚金；数额巨大并且占应纳税额百分之三十以上的，处三年以上七年以下有期徒刑，并处罚金。扣缴义务人采取前款所列手段，不缴或者少缴已扣、已收税款，数额较大的，依照前款的规定处罚。对多次实施前两款行为，未经处理的，按照累计数额计算。有第一款行为，经税务机关依法下达追缴通知后，补缴应纳税款，缴纳滞纳金，已受行政处罚的，不予追究刑事责任；但是，五年内因逃避缴纳税款受过刑事处罚或者被税务机关给予二次以上行政处罚的除外。"

2. 抗税罪

《刑法》(2023 年修正)第 202 条规定："以暴力、威胁方法拒不缴纳税款的，处三年以下有期徒刑或者拘役，并处拒缴税款一倍以上五倍以下罚金；情节严重的，处三年以上七年以下有期徒刑，并处拒缴税款一倍以上五倍以下罚金。"

3. 逃避追缴欠税罪

《刑法》(2023 年修正)第 203 条规定："纳税人欠缴应纳税款，采取转移或者隐匿财产的手段，致使税务机关无法追缴欠缴的税款、数额在一万元以上不满十万元的，处三年以下有期徒刑或者拘役，并处或者单处欠缴税款一倍以上五倍以下罚金；数额在十万元以上的，处三年以上七年以下有期徒刑，并处欠缴税款一倍以上五倍以下罚金。"

4. 骗取出口退税罪

《刑法》(2023 年修正)第 204 条规定："以假报出口或者其他欺骗手段，骗取国家出口退税款、数额较大的，处五年以下有期徒刑或者拘役，并处骗取税款一倍以上五倍以下罚金；数额巨大或者有其他严重情节的，处五年以上十年以下有期徒刑，并处骗取税款一倍以上五倍以下罚金；数额特别巨大或者有其他特别严重情节的，处十年以上有期徒刑或者无期徒刑，并处骗取税款一倍以上五倍以下罚金或者没收财产。纳税人缴纳税款后，采取前款规定的欺骗方法，骗取所缴纳的税款的，依照本法第二百零一条的规定定罪处罚；骗取税款超过所缴纳的税款部分，依照前款的规定处罚。"

二、逃税的风险

(一)哪些人可以构成逃税罪

根据《刑法》的规定,逃税罪的主体是特殊主体,即纳税人或者扣缴义务人。所谓纳税人,是指依法负有纳税义务的单位或个人。所谓扣缴义务人,是指法律、行政法规规定负有代扣、代收、代缴税款义务的单位和个人。逃税罪的主体既可以是个人,也可以是单位。前者是指已满16周岁具有刑事责任能力且依法负有纳税义务的自然人。后者的认定根据最高人民法院《关于审理单位犯罪案件具体应用法律有关问题的解释》(法释〔1999〕14号)第1条的规定,既包括国有、集体所有的公司、企业、事业单位,也包括依法设立的合资经营、合作经营企业和具有法人资格的独资、私营等公司、企业、事业单位。县市税务机关在法律规定的扣缴义务人以外委托的,代理税务机关办理税款征收业务的代征人,不能成为本罪的主体。

对于符合最高人民法院《关于审理单位犯罪案件具体应用法律有关问题的解释》的规定的企业,又是纳税人或者扣缴义务人的,如果实施了逃税行为,可能引发逃税罪的刑事风险。单位构成逃税罪的,《刑法》采用的是双罚制,既要对单位判处罚金,还要对单位直接负责的主管人员和其他直接责任人员判处相应的刑罚。单位直接负责的主管人员一般是指企业的法定代表、董事长、执行董事或者经理;其他直接责任人员是指单位直接主管税务缴纳或者直接实施逃税行为的人。

关于单位犯罪中直接负责的主管人员和其他直接责任人员的认定,2001年1月21日《全国法院审理金融犯罪案件工作座谈会纪要》(法〔2001〕8号)提出:"直接负责的主管人员,是在单位实施的犯罪中起决定、批准、授意、纵容、指挥等作用的人员,一般是单位的主管负责人,包括法定代表人。其他直接责任人员,是在单位犯罪中具体实施犯罪并起较大作用的人员,既可以是单位的经营管理人员,也可以是单位的职工,包括聘任、雇用的人员。"可见,单位的法定代表人等管理人员并非在任何情况下都要对单位犯罪承担刑事责任,只有当其在单位犯罪中起着决定、批准、授意、纵容、指挥作用或者在单位犯罪中具体实施犯罪并起较大作用时,才对单位犯罪承担刑事责任。

(二)哪些行为可以构成逃税罪

根据《刑法》(2023年修正)第201条的规定,以下行为可以构成逃税罪:

1. 纳税人采取欺骗、隐瞒手段进行虚假纳税申报或者不申报,逃避缴纳税款数额较大并且占应纳税额10%以上;

2. 扣缴义务人采取欺骗、隐瞒手段,不缴或者少缴已扣、已收税款,数额较大的行为。

只有明确了逃税罪的行为界限,并在税务管理工作中以此为界,企业及高级管理人员才能远离逃税罪的刑事风险。

(三)什么情况下可以不予追究刑事责任

纳税人和扣缴义务人有上述逃税行为,经税务机关依法下达追缴通知后,补缴应纳税款,缴纳滞纳金,已受行政处罚的,不予追究刑事责任;但是,5年内因逃避缴纳税款受过刑事处罚或者被税务机关给予2次以上行政处罚的除外。

(四)什么程度可以构成逃税罪

对于纳税人,构成逃税罪的立案标准为数额较大并且占应纳税额10%以上;对于扣缴义务人,构成逃税罪的立案标准为"数额较大"。对于何为"数额较大",最高人民检察院、公安部《关于公安机关管辖的刑事案件立案追诉标准的规定(二)》(2022年修订)第52条规定:"〔逃税案(刑法第二百零一条)〕逃避缴纳税款,涉嫌下列情形之一的,应予立案追诉:(一)纳税人采取欺骗、隐瞒手段进行虚假纳税申报或者不申报,逃避缴纳税款,数额在十万元以上并且占各税种应纳税总额百分之十以上,经税务机关依法下达追缴通知后,不补缴应纳税款、不缴纳滞纳金或者不接受行政处罚的;

(二)纳税人五年内因逃避缴纳税款受过刑事处罚或者被税务机关给予二次以上行政处罚,又逃避缴纳税款,数额在十万元以上并且占各税种应纳税总额百分之十以上的;(三)扣缴义务人采取欺骗、隐瞒手段,不缴或者少缴已扣、已收税款,数额在十万元以上的。纳税人在公安机关立案后再补缴应纳税款、缴纳滞纳金或者接受行政处罚的,不影响刑事责任的追究。"

三、抗税的风险

(一)哪些人可以构成抗税罪

根据立法原意,抗税罪的主体也应当是特殊主体,即负有纳税义务的自然人,包括负有纳税义务的纳税人和扣缴义务人。这里我们需要注意两点。

1. 单位不能成为本罪的主体,即使负有纳税义务的企业也不能引发本罪的刑事风险。因为:(1)单位要成为犯罪主体,必须有刑法明文规定。我国刑法条文对其他危害税收征管的犯罪明确规定了单位这一主体,唯独对抗税罪没有规定,这并非疏漏,而是表明立法者否认单位可以构成抗税罪。(2)从刑法理论上看,暴力、威胁主要是为自然人危害行为设立的犯罪要件,因为暴力、威胁都是有形的物理力,单位自身不可能具有这种行为能力。实践中,如果发生企业集体抗税事件,抗税的发动者、组织者、主要参与者可以单独引发本罪的刑事风险,企业的人员如果认为抗税是为了单位的利益,责任应当由单位承担,自己不会引发法律风险是一种误解。

2. 本罪的犯罪主体是纳税人和扣缴义务人,但不排除其他人员与他们共同抗税,共同引发抗税罪的刑事风险。其他人员即使不具备纳税人或扣缴义务人的身份,但帮助、教唆纳税人、扣缴义务人实施以暴力、威胁方法拒不缴纳税款的抗税行为,仍可以引发本罪的刑事风险。

(二)哪些行为可以构成抗税罪

根据《刑法》(2023 年修正)第 202 条的规定,抗税罪的客观方面表现为以暴力、威胁方法拒不缴纳税款的行为。可见,抗税行为应当由两部分行为组成,且必须同时具备,缺一不可。

1. 使用暴力、威胁的方法,且针对的对象是税务机关或税务人员

这里所说的"暴力"包括两种情况:一是对人的暴力,即对履行税收职责的税务人员实施人身打击或强制等有形力,使其不能正常履行职责,如殴打、捆绑、强行禁闭;二是对物的暴力,即为阻碍征税工作而砸毁税务人员使用的交通工具,冲击、打砸税务机关,使税务机关不能从事正常的税收活动。这里所说的"威胁",是指对履行税收职责的税务人员实施精神上的强制,使其不敢正常履行税收职责。威胁一般要达到对税务人员的安全构成威胁,对税款征收工作构成阻碍的程度。对于行为人由于法治观念淡薄,对税收法规有偏见,因而出言不逊,甚至气愤之下说了一些带有威胁语气的言辞,不属于本罪中的威胁方法。

2. 拒不缴纳税款的行为

这是本罪的本质特征。对税务机关或者税务人员使用暴力、威胁的方法,是为了拒不缴纳税款,才能引发抗税罪的风险。如果是为了其他目的,如为泄私愤对税务人员使用暴力、进行威胁,或者因对社会不满而聚众冲击税务机关,都不能引发本罪的刑事风险。

(三)什么程度可以构成抗税罪

抗税罪虽然与抗拒缴纳税款有关,但它的成立与否,并不决定于抗拒缴纳税款的数额大小。只要以暴力、威胁的方法拒不缴纳税款,不管税款多少,均可以引发抗税罪的刑事风险。对于抗税罪所要求的暴力、威胁方法的程度,我们前面已经谈到了应当予以正确理解,对没有明显侵犯税务人员人身权利的暴力和威胁行为,不会引发本罪的刑事风险。

综上所述,抗税罪的立案标准取决于暴力、威胁方法的程度,而非抗拒缴纳税款的数额。但是,抗拒缴纳税款的数额可能影响量刑幅度。

四、逃避追缴欠税的风险

(一)哪些人可以构成逃避追缴欠税罪

根据《刑法》的规定,逃避追缴欠税罪的主体是特殊主体,只有纳税人才能构成。所谓纳税人,是指法律、行政法规规定的负有纳税义务的单位和个人。掌握本罪的犯罪主体,需要明确以下几点:

1. 未取得营业执照从事经营的单位或者个人,负有纳税义务的,可引发本罪的刑事风险,因为是否负有纳税义务不以是否取得营业执照为前提。

2. 负有纳税义务的单位如果构成本罪,其对逃避追缴欠税负有直接责任的主管人员和其他直接责任人员,也会面临被追究刑事责任的风险。

3. 关于扣缴义务人。扣缴义务人不是真正的纳税人,《税收征收管理法》(2015 年修正)第 69 条规定:"扣缴义务人应扣未扣、应收而不收税款的,由税务机关向纳税人追缴税款,对扣缴义务人处应扣未扣、应收未收税款百分之五十以上三倍以下的罚款。"第 77 条规定:"纳税人、扣缴义务人有本法第六十三条、第六十五条、第六十六条、第六十七条、第七十一条规定的行为涉嫌犯罪的,税务机关应当依法移交司法机关追究刑事责任。税务人员徇私舞弊,对依法应当移交司法机关追究刑事责任的不移交,情节严重的,依法追究刑事责任。"

《刑法》(2023 年修正)第 201 条规定:"纳税人采取欺骗、隐瞒手段进行虚假纳税申报或者不申报,逃避缴纳税款数额较大并且占应纳税额百分之十以上的,处三年以下有期徒刑或者拘役,并处罚金;数额巨大并且占应纳税额百分之三十以上的,处三年以上七年以下有期徒刑,并处罚金。扣缴义务人采取前款所列手段,不缴或者少缴已扣、已收税款,数额较大的,依照前款的规定处罚。对多次实施前两款行为,未经处理的,按照累计数额计算。有第一款行为,经税务机关依法下达追缴通知后,补缴应纳税款,缴纳滞纳金,已受行政处罚的,不予追究刑事责任;但是,五年内因逃避缴纳税款受过刑事处罚或者被税务机关给予二次以上行政处罚的除外。"

4. 非纳税人虽然不能成为本罪的犯罪主体,但在一定情况下仍可以引发本罪的风险。例如,非纳税人明知纳税人欠缴应纳税款,而为其转移或者隐匿财产提供帮助或者各种便利条件,致使税务机关无法追缴欠缴的税款,可以构成逃避追缴欠税罪的共犯。

(二)哪些行为可以构成逃避追缴欠税罪

根据《刑法》的规定,本罪的客观方面表现为欠缴应纳税款,采取转移或者隐匿财产的手段,致使税务机关无法追缴欠缴的税款的行为。

1. 必须有欠税的事实。欠税事实是该罪赖以成立的前提条件。欠税是指纳税人超过税务机关核定的纳税期限,没有按时缴纳税款,拖欠税款的行为。纳税期限是指依照法律、行政法规的规定或者税务机关根据行政法规核定的纳税人缴纳税款的期限。如果行为人未缴纳应纳税款还未超过法定或者核定的纳税最后期限,就不能认定为欠税,也就不能引发本罪的刑事风险。

2. 必须实施了转移或者隐匿财产的行为。例如,转移开户行,改变账户,从公开账户中提走存款,运走商品,隐匿存货,甚至是整个公司"人间蒸发"。总之,达到致使税务机关无法通过正常、合法的途径追踪到财产的程度即可。如果公司、企业的主管人员为了逃避欠缴税款而逃跑或者躲藏,或者是公开拖欠、消极地不缴纳欠税款,并没有转移、隐匿财产,不会引发本罪的刑事风险。

3. 转移或者隐匿财产的行为致使税务机关无法追缴欠缴的税款。这是构成本罪的结果要件,也是行为人追求的目的所在。也就是说,转移、隐匿财产的行为和税务机关无法追缴欠缴税款的结果之间要存在因果关系。实施了转移、隐匿财产的行为,税务机关仍然可以追缴到欠缴的税款的,同样不能引发本罪的风险。另外,要注意的是,无法追缴欠缴的税款的结果要在税务机关穷尽了行政执法措施之后仍然不能追缴到欠缴的税款时才能认定,因为追缴税款不仅是税务机关的权力也是他们的义务。

(三)什么程度可以构成逃避追缴欠税罪

根据《刑法》的规定,本罪是"数额犯",犯罪的成立须以一定数额为标准。这里的数额不是指行为人欠税数额,也不是纳税人转移或者隐匿财产的数额,而是致使税务机关无法追缴欠税的数额。最高人民检察院、公安部《关于公安机关管辖的刑事案件立案追诉标准的规定(二)》(2022 年修订)第 52 条规定:"〔逃税案(刑法第二百零一条)〕逃避缴纳税款,涉嫌下列情形之一的,应予立案追诉:(一)纳税人采取欺骗、隐瞒手段进行虚假纳税申报或者不申报,逃避缴纳税款,数额在十万元以上并且占各税种应纳税总额百分之十以上,经税务机关依法下达追缴通知后,不补缴应纳税款、不缴纳滞纳金或者不接受行政处罚的;(二)纳税人五年内因逃避缴纳税款受过刑事处罚或者被税务机关给予二次以上行政处罚,又逃避缴纳税款,数额在十万元以上并且占各税种应纳税总额百分之十以上的;(三)扣缴义务人采取欺骗、隐瞒手段,不缴或者少缴已扣、已收税款,数额在十万元以上的。纳税人在公安机关立案后再补缴应纳税款、缴纳滞纳金或者接受行政处罚的,不影响刑事责任的追究。"

五、骗取出口退税的风险

(一)哪些人可以构成骗取出口退税罪

根据《刑法》的规定,骗取出口退税罪的主体为一般主体,既包括自然人,也包括单位;既可以是纳税人,也可以是非纳税人。这里所说的单位,包括所有的单位。但在司法实践中,具有进出口经营权的企业是本罪风险的高发地带。

众所周知,出口退税是一项涉及税务、海关、外汇管理、外经贸、银行等多个部门,历经收购货物、报关出口、外汇核销、税务管理等多个环节的业务政策性很强的工作。要骗取出口退税,往往需要利用或者借助有进出口经营权的企业。如果这些企业,明知他人意欲骗取国家出口退税款,仍违反国家有关进出口经营的规定,允许他人自带客户、自带货源、自带汇票并自行报关,骗取国家出口退税款,也可以引发本罪的风险。

(二)哪些行为可以构成骗取出口退税罪

根据《刑法》的规定,本罪的客观方面表现为以假报出口或者其他欺骗手段,骗取出口退税的行为。根据有关规定,申请退税,必须提供有关凭证、单据,税务机关根据这些凭证、单据,依法对出口企业办理退税。如果行为人采取假报出口或者其他欺骗手段,骗取出口退税,就可以引发本罪的刑事风险。

"假报出口",是指行为人根本没有出口产品,但为了骗取国家的出口退税款,而采取伪造、骗取有关单据、凭证等手段,谎报产品出口,从而骗取出口退税。"其他欺骗手段",是指"假报出口"以外的其他能够骗取国家出口退税款的手段。根据最高人民法院、最高人民检察院《关于办理危害税收征管刑事案件适用法律若干问题的解释》第 7 条的规定,并结合司法实务,下列行为应当认定为《刑法》(2023 年修正)第 204 条第 1 款规定的"假报出口或者其他欺骗手段":(1)使用虚开、非法购买或者以其他非法手段取得的增值税专用发票或者其他可以用于出口退税的发票申报出口退税的;(2)将未负税或者免税的出口业务申报为已税的出口业务的;(3)冒用他人出口业务申报出口退税的;(4)虽有出口,但虚构应退税出口业务的品名、数量、单价等要素,以虚增出口退税额申报出口退税的;(5)伪造、签订虚假的销售合同,或者以伪造、变造等非法手段取得出口报关单、运输单据等出口业务相关单据、凭证,虚构出口事实申报出口退税的;(6)在货物出口后,又转入境内或者将境外同种货物转入境内循环进出口并申报出口退税的;(7)虚报出口产品的功能、用途等,将不享受退税政策的产品申报为退税产品的;(8)以其他欺骗手段骗取出口退税款的。

总之,企业在没有实际货物出口,或者即使有货物出口,但是虚构事实、隐瞒真相欺骗税务机关取得退税款的,就有可能引发本罪的刑事风险。

(三)什么程度可以构成骗取出口退税罪

根据《刑法》的规定,骗取出口退税罪是“数额犯”犯罪的成立必须以骗取国家出口退税款达到“数额较大”为前提。最高人民检察院、公安部《关于公安机关管辖的刑事案件立案追诉标准的规定(二)》(2022 年修订)第 55 条规定,以假报出口或者其他欺骗手段,骗取国家出口退税款,数额在 10 万元以上的,应予立案追诉。

六、控制与防范税务管理中的刑事风险

通过上述分析,企业及其工作人员在纳税工作中可能会引发逃税罪、抗税罪、逃避追缴欠税罪和骗取出口退税罪四个方面的风险。要控制和防范这些方面的刑事风险,作为企业的工作人员,尤其是管理人员,应当熟悉和掌握以上四个罪名的主体界限、行为界限和立案标准,从这三个方面杜绝刑事风险的产生。除此之外,加强和完善税务管理,是防范涉税刑事风险的治本之策。

1. 强化依法纳税意识

从意识上控制和防范刑事风险,是治本措施中的根本。依法纳税是每一个纳税人应尽的义务,企业作为纳税人或者扣缴义务人,应当自觉地依法缴纳应纳税款,这不仅是履行纳税义务,也是企业健康、合法经营的表现。

2. 学习法律、法规,掌握纳税规程

树立了依法纳税的意识和观念,接下来就是了解怎样才是“依法纳税”,这就要求企业及其主管人员和直接责任人员学习法律、法规,了解与纳税密切相关的法律知识,并掌握依法纳税的流程,从而在纳税的各个环节上严防涉税方面的刑事风险。根据《税收征收管理法》(2015 年修正)第 15 条的规定:“企业,企业在外地设立的分支机构和从事生产、经营的场所,个体工商户和从事生产、经营的事业单位(以下统称从事生产、经营的纳税人)自领取营业执照之日起三十日内,持有关证件,向税务机关申报办理税务登记。税务机关应当于收到申报的当日办理登记并发给税务登记证件。工商行政管理机关应当将办理登记注册、核发营业执照的情况,定期向税务机关通报。本条第一款规定以外的纳税人办理税务登记和扣缴义务人办理扣缴税款登记的范围和办法,由国务院规定。”

3. 依法管理和保存账簿

企业在领取营业执照后,应当依法设置账簿,这是缴税的前置保障。设置账簿后,还应当依法保存和管理账簿,保证账簿的整齐、清楚、科学,这也是企业税务管理工作中最基本的工作,因为账簿是企业进行核算和缴税的重要依据。

4. 与税务机关建立良好的沟通平台,寻求技术支持

随着社会的发展,国家的税收征管制度会不断进行调整,相关的法律、法规和政策会被修改或废止。企业人员由于主观或客观原因,难免无法及时掌握这方面的动向,因此,他们应当与税务机关建立良好的沟通平台,寻求技术支持。纳税人、扣缴义务人有权向税务机关了解国家税收法律、行政法规的规定以及与纳税程序有关的情况,有权要求税务机关为纳税人、扣缴义务人的情况保密。企业的经营管理者应当转变观念,加强与税务机关的沟通,如在税收问题上存有疑问,应及时向税务机关咨询。

5. 定期进行税务检查,防风险于未然

税务检查是税务机关依据税收法律、行政法规的规定,对纳税人、扣缴义务人履行纳税义务或者扣缴义务及其他税务事项进行审查、核实、监督活动的总称。这是税务机关的一项职权活动。纳税人、扣缴义务人必须接受税务机关依法进行的税务检查,如实反映情况,提供有关资料,不得拒绝、隐瞒。通过税务机关的税务检查或者税务机关组织的自查,企业可以及时发现纳税错误,主动

改正存在的问题，自觉补缴税款和调整有关账务状况，从而将刑事风险遏制在摇篮里。同时，除了税务机关的税务检查和税务机关组织的自查外，企业还应当主动、定期地进行日常自查，结合企业的财务核算和生产经营的实际情况，对照现行税收法律、法规检查有无漏报应税收入、多列支出、虚增抵扣税额、漏报或错报代扣(收)税项目、错用税率或计算错误等情况。发现纳税错误的，及时自行纠正，控制和防范刑事风险。

第十一节　刑事诉讼律师业务操作法律文书

刑事诉讼律师业务涉及的文书，以辩护词为基础而进行延伸，几乎涉及律师可参与刑事业务的全部流程。

一、辩护词(一审阶段)

辩护词需要观点鲜明，有罪(罪轻)辩护或是无罪辩护，具体的辩护方向需要明确。

辩护词(一审阶段)

(尊敬的)审判长、审判员(人民陪审员)：

××律师事务所接受××的委托，指派我在本案中担任被告人×××的辩护人。经过查阅案卷、会见被告人和参加庭审，辩护人认为依法应当对被告人×××从轻、减轻或者免除处罚。具体意见如下：

一、……

(内容略)

二、……

(内容略)

基于上述理由，请合议庭考虑本案具体犯罪事实和被告人的悔过表现，依法对其从轻、减轻或者免除处罚，以体现刑罚精神，教育、鼓励被告人继续悔过从新，早日成为守法公民。

(或根据本人、当地特点，采用其他写法，如以上辩护意见，请合议庭重视并采纳等。)

××市××律师事务所

__________律师

_______年___月___日

二、辩护词(二审阶段)

二审辩护词需要把律师认为的一审中的错误或不当事项进行提炼并加以证明，需要强调自己的观点。

辩护词(二审阶段)

(尊敬的)审判长、审判员：

我接受上诉人×××亲属的委托，并征得其本人同意，担任其×××罪的二审辩护人。我们认真查阅了一审卷宗，会见了上诉人，认为本案一审判决违背程序，主要证据系逼供取得，来源非法，不足采信，主要事实不清，指控上诉人构成受××罪证据不足。现就本案的事实和适用法律，发表以下辩护意见：

一、……

(内容略)

二、……

(内容略)

综上,辩护人认为,公诉机关指控上诉人×××关于×××罪的指控,因办案程序违法、对上诉人及亲属存在刑讯逼供等问题,主要证据不能互相印证、证据之间不具有关联性。一审判决对相关证据没有进行必要的审查,造成不公判决,特提请二审法院依法公正审理,予以改判,发回重审……

以上意见请予采纳。

××市××律师事务所

__________律师

________年____月____日

三、法律意见书(侦查阶段)

侦查阶段的法律意见,系律师提早介入后发现问题时,向侦查机关进行反馈的一个法律文件,其目的是要求纠正有关的侦查、羁押错误行为。

法律意见书(侦查阶段)

×××公安局:

本律师在为涉嫌×××罪的犯罪嫌疑人××提供法律帮助过程中,通过会见×××,了解案情后认为,×××的行为不构成犯罪。理由如下:

(理由略)

基于以上理由,本律师认为,无论是从主观的犯罪故意来讲,还是从客观方面的行为来讲,××均不符合×××罪的构成要件,不构成犯罪。请办案机关认真审查本案,依法撤销案件,释放×××。

××市××律师事务所

__________律师

________年____月____日

四、法律意见书(审查起诉阶段)

审查起诉阶段的法律意见,系对检察机关而言的,需要以审阅检察案件卷宗为基础,并发表明确的从轻、减轻、不起诉等观点。

法律意见书(审查起诉阶段)

(尊敬的)检察官:

受当事人的委托和××市××律师事务所的委派,我在本案中担任犯罪嫌疑人×××的辩护人。经过查阅案卷,会见犯罪嫌疑人,我认为应对犯罪嫌疑人从轻或减轻处罚,具体法律意见如下:

一、……

(内容略)

二、……

（内容略）

基于以上理由，请检察官本着对犯罪嫌疑人教育改造的刑事政策，对其做出公正合理的定性、量刑建议。

××市××律师事务所

__________律师

________年____月____日

五、会见犯罪嫌疑人（被告人）谈话笔录

会见笔录有几个作用：一是把委托关系确定下来；二是进行法律咨询、让犯罪嫌疑人了解自己可能违反的法律规定；三是由犯罪嫌疑人如实陈述，以让律师能更全面了解案件真实情况，为后续的辩护进行准备；四是承担社会及家庭责任，让犯罪嫌疑人及其家属安心，并对国家法律流程有清晰的理解与认识。

会见犯罪嫌疑人（被告人）谈话笔录

会见时间：自________年____月____日____时____分至____时____分

会见地点：________________本案总第__________次会见

犯罪嫌疑人/被告人：______________案由：________________

办案机关：______________承办人：______________

会见阶段：侦查阶段□ 审查起诉阶段□ 一审阶段□ 二审阶段□

（在场陪同会见侦查机关人员：________________）

会见律师：________________记录人：______________

会见内容：

问：我们是××市××律师事务所的________________律师（出示律师执业证），根据你的请求，经你近亲属__________的委托，××市××律师事务所指派我在本案中为你提供法律服务（担任你的辩护人），今天依法与你会见。你对此有何意见？

答：____

问：根据法律规定，我们可以为你提供法律咨询、申请取保候审、代理申诉或控告；作为辩护人，我们将根据你的委托，依据事实和法律，提出证明你无罪、罪轻、减轻或免除刑事责任的材料和意见，维护你的合法权益。你是否听清楚了？

答：____

问：希望你如实回答我的提问，并如实陈述案情，如果有意隐瞒案情或提出违反法律规定的要求，致使律师无法正常履行职务，律师有权依法拒绝为你提供法律服务。你明白吗？

答：____

问：____

答：____

以上情况属实。（本句由被会见人手写）

被会见人（签字并在此处、齐缝、文首名字、修改处，按右手食指的指印）

________年____月____日

六、上诉状

对一审判决不服,可提出上诉,以上诉人的口吻完成本项文书。

上　诉　状

上诉人:×××,男/女,××××年××月××日出生于××省××市,×族,初中文化,无业,住××省××市××区×栋×单元×××室。

上诉人因不服××人民法院(××××)×刑初字第×××号判决,特提起上诉,请求撤销原审判决,依法予以改判。

事实和理由:

(内容略)

希望二审法院以事实为根据,以法律为准绳,查明案件事实,依法予以改判。

此致

××人民法院

上诉人:__________

________年____月____日

七、控告书

本文书主要用于提供犯罪线索,并根据相关情况确定是否构成立功表明。

控　告　书

控告人:×××,男/女,×族,××××年××月××日出生,身份证号码:××××××××××××××××××,住××省××市××区。

被控告人:××1、××2(基本情况、住址、联系方式等)

控告事由:

(内容略)

上列犯罪嫌疑人主要犯罪事实情况:

(内容略)

综上,上述犯罪嫌疑人的行为已经构成××罪。故本人特请求贵局依法立案查处上列犯罪嫌疑人的犯罪行为,以便及时维护控告人的合法、正当权益。

此致

×××公安局

控告人:__________

________年____月____日

附:部分相关证据材料:

(内容略)

八、简化适用刑事普通程序审理被告人认罪案件建议书

以北京为例，实务中对于同时具备以下四个条件的，简化适用刑事普通程序：(1)有辩护律师参加的第一审公诉案件；(2)控辩双方认为指控的事实清楚，证据确实、充分；(3)被告人对被指控的基本犯罪事实无异议，知悉自愿认罪和简化适用刑事普通程序的法律后果，自己可能被依法判处刑罚，仍做有罪供述；(4)控辩审各方同意简化适用刑事普通程序审理案件。

简化适用刑事普通程序审理被告人认罪案件建议书

____________________：

________年____月____日，××市______________人民检察院____________分院____________检诉字(　　)第________号起诉书指控被告人__________犯________罪，向××市________________人民法院提起公诉。

因被告人(部分)认罪，我方建议(部分)简化适用刑事普通程序审理，请在接到本建议书七日内，向××市____________人民法院申请是否同意简化适用，由受理法院在出庭通知书中通知是否简化适用。

××市××律师事务所
____________律师
________年____月____日

九、调取证据申请书

对于案件的定性和量刑均有可能产生重大影响的情况，律师需要向法院申请调取证据。

调取证据申请书

[　　]第　　号

申请人：××市××律师事务所________律师
通信地址：××市××区××大街××号　　　　邮编：××××××
申请事项：
(略)
事实和理由：
(略)

鉴于上述证据材料对本案的定性和量刑均有可能产生重大影响，故申请人依据《中华人民共和国刑事诉讼法》第39条第1款之规定，请求贵院依职权调取上述证据。

此致
××××人民法院

申请人：××市××律师事务所
____________律师
________年____月____日

十、取保候审申请书

对于符合取保候审条件的,律师需要配合提供本文书。

取保候审申请书

[　　]第　　号

申请人:××市××律师事务所________律师

通信地址:××市××区××大街××号　　　　邮编:××××××

申请事项:

对犯罪嫌疑人×××申请取保候审。

事实和理由:

犯罪嫌疑人×××因涉嫌×××××一案,于××××年××月××日被贵局刑事拘留。本律师受其亲属委托,依法为其提供法律帮助。

(事实和理由略)

鉴于此,为了维护×××正当的合法权益,避免发生错案,导致对×××继续错误羁押,损害公民权利,本律师应×××本人及其亲属要求,为犯罪嫌疑人×××提出申请取保候审,其亲属可以提供保证金或符合条件的保证人,保证×××能够及时配合贵局侦查工作。根据《中华人民共和国刑事诉讼法》第67条、第98条的规定,特为其提出申请,请予批准。

此致

××公安局

申请人:××市××律师事务所

____________律师

________年____月____日

十一、司法精神病鉴定申请书

本项鉴定不得被滥用,需要实事求是。

司法精神病鉴定申请书

[　　]第　　号

申请人:××市××律师事务所____________律师

通信地址:××市××区××大街××号　　　　邮编:××××××

申请事项:

被申请人×××,因涉嫌××××罪,被一审法院判处×刑/被检察院提起公诉/被公安机关逮捕。但事实表明,×××可能患有精神疾病,现申请贵院对其进行精神病医学鉴定。

事实和理由:

(内容略)

以上事实足以表明×××平时已有反常的行为表现,故恳请贵院尽快对其进行精神病司法鉴定,以明确×××是否具有刑事责任能力。

此致

×××××人民法院

申请人：××市××律师事务所

____________律师

________年____月____日

附：相关证据材料：

（内容略）

十二、司法审计申请书

对于涉及经济事项的案件，有些需要进行司法审计，这时需要提供本文件。

司法审计申请书

[　　]第　　号

申请人：××市××律师事务所____________律师

通信地址：××市××区××大街××号　　　　邮编：××××××

申请事项：

（内容略）

事实和理由：

（内容略）

故申请人依据《中华人民共和国刑事诉讼法》的有关规定，请求法院委托专业机构对×××与×××××公司××××年度××费结算情况进行审计。

此致

×××××人民法院

申请人：××市××律师事务所

____________律师

________年____月____日

后记　写给未来的话

——兼对人工智能领域的畅想[①]

仰望苍穹，星汉灿烂，我们可即刻感知自己的微弱渺小；回顾历史，长河溯源，我们可清晰体察世界的几何巨变。

张艺谋讲他和电影时，说“越拍、越得心应手，就越战战兢兢”，时间久了，影响自己的各种因素就更少了，唯余下这份“热爱”，自己“不是在拍电影，就是在拍电影的路上”。这样的话，也许具有很强的普适性吧。任何领域做到一定时间、一定程度，对其规程就会拥有更多的把握，也更会感悟到自我（或说人群）能力的局限，在你的既有认知之外，一定还有另外的客观规律/客观存在是未曾被发觉/发掘的，未来的世界也不是任何个体能简单揣测的。如同在驿站、鸡毛信的时代，难以想象今天普及大众的电子邮件和微信；被“天神”夺去生命的人，还能被机械器官挽留人间多年……所以，请让我们怀着真诚的谦谨，对当下所知的一切自信但并不自以为是，知足但保有探索的欲望，对未来的世界抱有多一分的期许、多几分的敬畏。笔者欣喜地看到，近些年来新经济的发展大潮一浪一浪袭来，一波一波年轻律师勇为先锋，不断深入探索、刻苦钻研，力图完善相关经济领域的法律服务市场，尤其以人工智能（Artificial Intelligence，AI）及其关联领域为热，这让我很是敬佩。

十二届全国人大五次会议上，时任国务院总理李克强所作的政府工作报告中首次写入“人工智能”：以创新引领实体经济转型升级，加快“人工智能”技术研发和转化；同时强调依法治国、提升社会法律意识，“尊崇法治、敬畏法律、依法办事”。马斯克曾“危言耸听”道：“人工智能是关系人类文明存亡的最大威胁，这是汽车事故、飞机坠毁、滥用药物或劣质食品都比不了的威胁。”

笔者对人工智能的理解可能会越过人工智能“产品”，直接指向的是人工智能“物种”，这种思考也许是超前、错误或无用的，但身为法律人，我愿与你共同思考法律的未来，笔者也希望作为先行者，与你共同构筑对法律进程的一定超前性预判。一言“爱”是人类的标识与火种，我以为，“思考”“思想”，或说“心灵”才是，当然，未来若个体思想的唯一性、不可置换性等原始特征被改变了，当另说。

一、对未来的思考

人工智能以发展经济、造福人类之“大义”“大名”，被近乎狂热地发掘着，国内学者、外国专家、商界明星、政界领袖、普通民众，都对之投入了极大的热情、极为艰辛的劳动，孜孜以求。

法律界也不得不未雨绸缪、预见未来。设想有一天，当你醒来时，如常地感到这世界是如此美好：可以玩脑波游戏、健身、吃所有美味……可你渐渐意识到，原来作为原始基因保留者的你只被允许做这些，连自主生育都被禁止了……

---

① 摘自乔路、白雪：《人工智能的法律未来》，知识产权出版社2018年版。

人工智能的发展，必然会对社会伦理、道德法律等问题带来重大的认知突破，法律作为社会保障的红线、底线，需要与国家政治、经济形态、人类进步的脉动同步。法律人责任重大，权利义务主体厘定、责任划分等问题需要被不断思考。

二、什么是人工智能

1956年，在关于“用机器模拟人类智能”的达特茅斯夏季讨论会上，年轻学者麦卡锡提议将人工智能作为这一交叉学科的名称。

沿着“思考”（关注思维过程和推理）和行动（强调行为）两个维度，人工智能有八种定义：①

（一）思考维度

1. 像人一样“思考”

定义一：使计算机思考的令人激动的新成就……按完整的字面意思理解就是有头脑的机器。

定义二：与人类思维相关的活动，诸如决策、问题求解、学习等活动（的自动化）。

2. 合理地“思考”

定义三：通过使用计算模型来研究智力。

定义四：使感知、推理和行动成为可能的计算的研究。

（二）行动维度

1. 像人一样“行动”

定义五：创造能执行一些功能的机器的技艺，当由人来执行这些功能时需要智能。

定义六：研究如何使计算机能做那些目前人类比计算机更擅长的事情。

2. 合理地“行动”

定义七：计算智能、研究智能 Agent（源于拉丁语的 agere，意为“去做”）的设计。

定义八：AI……关心人工制品中的智能行为。

三、未来的人工智能在中国

笔者坚信，我国未来对人工智能的接纳，将先于、深于世界其他各国，主要基于如下考虑。

（一）文化基础

中国作为世界人口大国，五千年文明传承未曾中断，文化多元而复杂、几经损毁几经复活，中庸的包容之道深植于这方土地之中，既务实又进取，是每个中国人血脉中的基因。这就使我国更容易成为新事物的试验田，即便最为极端的情况出现，我们也会留有余地，不会直接把它送入死亡之境。但只要有一丝一毫的光明，对于未来的人工智能来讲，就足够生存与爆发了。

（二）技术发展

目前我们与世界发达国家的科学技术水平仍有一定的差距，但是国家对科学技术研发不断投入、资本整合之力共举、技术升级换代持续叠加，即使最为高端的技术，亦终将走入公有领域。并且，我国的大型国有企业一旦受到中央指导，具有极强极快的执行力；我国的小型民营企业也普遍有着积极追逐热点的心理，一拥而上将促进科技爆发，并且还保有了“船小好调头”的便捷，懂得变通。

（三）经济共享

未来的经济将使人与人之间的联系更为便利，建立在更多人参与的基础之上。免费或低廉的全民参与的系统，将越发表现出生机。只有更多的人参与其中，知识共享、经济共享，才可能使产业发达、社会发展。我国有着巨大的人口基数优势，人工智能终将从垄断神坛走向百姓经济。

---

① 参见［美］Stuart J. Russell，Peter Norvig：《人工智能：一种现代的方法》（第3版），殷建平、祝恩等译，清华大学出版社2011年版。

(四)法律灵活

从政治与法律上讲,我国的政局稳定,为我们创造出极为宝贵的一段和平发展空间。

我国是成文法国家,与英美判例法国家需依据以往案例来裁决不同,我国法官判案更多的是依据自己对法律条文本身的理解,这样,法律执行起来会有很大的灵活度。最高人民法院出台司法解释,对法律条款进行扩大或其他方面的解释,已经成为一种中国特色的惯例,未来人工智能的发展不会是瞬间完成的,司法解释可以很好地解决法律滞后问题。

四、治愈死亡的虚拟产业或将生机勃发

一位老大哥曾无比悲伤地与我聊起"送走"他父亲的经历:父亲走后,医院门口的寿衣小店充当起"死亡一条龙"中介——从医院与火葬场的对接,到骨灰盒与墓地的选择,到日后的祭拜等,相关服务无所不至。老大哥和我说,他按照中介的指点,在骨灰盒下面放置了一块北斗七星石板,用以在未来接引回家的灵魂。

(一)"中国人怕死"

我国并没有形成全民一致接受的、能够解决死亡问题的信仰,无信仰、假信仰、信仰工具论、"临时抱佛脚"等人群是主流存在。从人一生的轨迹来看,死亡问题被不断向后拖延或回避着,直到不得不面对。

如果问一个幼儿:"你怕死吗?"他可能嚷嚷:"我想出去玩儿,我想吃草莓。"因为,他并不明白死是什么,距离他太遥远了。

如果问一个年轻人:"你怕死吗?"他可能冲你一笑:"大哥,大姐! 门口新开一店,请我喝一瓶。"因为,他尚需消费自己的青春,这个话题提出来得过早了。

如果问一个中年人:"你怕死吗?"他可能会说"怕",可能会说"不怕",可能会说"说这个干吗!"继而根据与你关系的远近、自己的心绪,同你聊或是不聊关于死亡的话题。因为,这个年纪的人已经开始思考死亡了,但也仅仅是思考而已。

如果问一个老年人:"你怕死吗?"他很可能会哭泣或是阻止你说下去,或是生硬地表现出一种淡然。因为,他已经切切实实、感同身受地面对死亡了,恐惧或无力感已经再也难以掩藏。

当然,"中国人怕死",也可以说是以汉文化为代表的中国人"忌讳"谈死,有着特别信仰的个别少数民族等则不在其列,如余秋雨先生在《山河之书》中提到南方一个少数民族,将人与树进行了哲学上的结合,人死后在坟上种一棵树,树与人便灵魂合一了,当地人认为,死亡并不是终点,只是生存形态的变化。

(二)未来与死亡相关的虚拟产业(死亡经济)发展历程预期

"中国人怕死",所以未来我国经济与法律的变迁,将围绕与死亡相关的虚拟产业而行,"治愈"死亡会激发出无限的商业活力。

我认为,从"人"的角度来讲,虚拟产业将经历如下阶段,并且"死亡经济"必然提前来临、更早暴发:

1. 娱我阶段——享用生活、人工智能服务于人

未来人在死亡问题未得到彻底解决前,将着力满足未死之欲望,以求生前"不留遗憾"。法律基本功用沿袭,力图将人工智能的工具属性强化,来满足人的以下需求:

(1)食物

在人类的饮食需求没有改变之前,食物依然是重要的,只不过食物产生的方式发生变化,可能基于思想设计与3D打印等而生,不再通过种养殖产生。国人"饭局"的习惯也将逐渐消失。

(2)娱乐与性

未来,工作对于人来讲已经不是必须,或者说完全改变了形态;在人类还没有丢掉"性"之前,

因性而延展出的文化娱乐依然盛行，法律更多的是从防止犯罪层面进行规范（但性也终会消失，人类不再基于性而启发思维、诱发行动之后，政治、经济、文化、法律均将随之转入另一历史维度）。

（3）人工智能陪伴及其他

人工智能即使爆炸式发展，在短期内也难以撼动人的社会属性。解放“寂寞”，一个古老的名词，未来在一定尺度上将左右人工智能的走向。人工智能将陪伴在人群中，无论是方便生活的实体机器人、带来欢乐的无形智能体验，还是直接刺激人脑、如毒品般实现幻想的科技装备。

2. 固我阶段——延续肉体、人工智能融入于人

死亡被尽量推迟着，多数人以为自己“没活够”，力求不死。法律几经变革，其本质面临挑战。

（1）身体与心灵的双重“健康”

人工智能逐步颠覆现代医学，基于生物与纳米等科技，让人无限接近于无疾病的健康，人终将不再需要医疗去救治病患（意外事故与人体老去等除外）。

对于微观世界的深入探究，使身体、精神两个世界的“健康”问题更趋混同。

（2）肉体增强与“山寨版”生命延长

有关克隆的法律几经变迁，终于回归到现代原点：禁止（生殖性）克隆人；而思想转移技术也并未健全和得到法律认可，人们只得使用“山寨版”的方式延续肉体生命：

如同现代人接纳装有义肢的残疾人一样，未来人首先接纳了装有“义心”“义肝”的病人，接着又接纳了医学改造过的健康人群，人们出于各种目的，不断替换或延续着自己的一部分，直至逼近把脑装入完整的“义体”。这里更多的人是为了熬到在有生之年迎来肉体不朽技术的普及。

（3）肉体的真正不朽

死亡这一重大“疾病”终于被攻克了，就像蛇蜕皮一样简单，人类让全身的组织均忘记了老去，或者借助人工智能产品在体内的运转，实现了青春永驻。

可是，由此也给人类带来巨大的副作用——基因退化与巨变、社会创造力消失，世界停滞了；继而是战争等现代问题的死灰复燃，人类的这一轮文明面临灭亡危机。

为了种族延续，未来人将肉体不朽技术进行了紧急立法限制，“治愈”死亡被列入反人类罪行严加打压。

3. 弃我阶段——保鲜灵魂、人工智能独立于人

无限深入的各种“算法”囊括了世间万物，一切都可以用数字进行表达。“算法”类似于现代“宗教”般，以燎原之势成为未来人的坚强信仰。

人们对肉体与灵魂不断反思，人类终于不再局限于肉身的存续，更多的人接受了“保鲜灵魂”；而同时也出现了许多回归派，他们选择自然死亡。

（1）“山寨版”的虚拟灵魂

灵魂以人脑为基础，是一种多元的组成，既有生物学的意义，又基于整体生命历程的给予，可能还有生前与死后的各种造化。时空中的灵魂线索，是灵魂所在的重要证据。

任何技术的发展都有一个过程，未来人带着现代人的基因，他们也“怕死”，怕得要命，他们有着提前消费的欲望，“等不及”待到灵魂发现的奇点，便想提早将自我精神虚拟化、数字化进行保鲜——“死亡经济”就此爆发了。

各式各样的灵魂公司应运而生，它们创造出新一轮的大就业，广泛而深入地收集着与人相关的各类数据。待到作为生物学原型的自然人认可或是其死亡之时，虚拟灵魂便会启动，让这个自然人得以在虚拟世界永续生存，甚至再被注入一具现实躯壳“重生”。

因为灵魂公司的做法及其所导致的后果具有多种法律上的解释，未来立法也出现了极大的争议，有的区域禁止、有的区域鼓励……在还没形成统一的、具有强制执行力的法律之时，“山寨版”

虚拟人便已经大面积“上线”了。

(2)人类灵魂的完全虚拟化

经过“山寨版”的尝试,未来人几何倍增地认知着自我与世界,以前为满足人类不死愿望而成立的灵魂公司,也不再从事“收集数据”“复制信息”“人格再现”的简单“勾当”了,在“算法”宗教的引领下,“算法”所认为的灵魂被精确定义!灵魂公司调整了经营范围、做了一阵子的灵魂定位和转移工作后,消失了。

准许放弃肉体的法案很快被通过,这是法律在行将消亡之前所做的最后一件事。“进步与探索”的欲望,终于将人类推上“不归”之途,除少部分象征性的原始人保留区外,绝大部分未来人放弃了肉身。

(3)新物种诞生

新世界里全新的虚拟人诞生了——不再具有生物学原型的虚拟人,纯种的、在虚拟世界生成的人,这是“新世界”的一个重大事件。

(4)万物归无、无生万物

未来的虚拟新世界,消失的不只是“法律”,我们当下的一切文明,都不会再以现今的理解而存在了。如同达到欢娱的顶点后,随之而来的是虚无而非充实一般,不知未来大宇宙的大规律,是否也会遵循祖先“万物归无,无生万物”的启示。

人工智能的未来充满着奇妙与未知,全人类必然经历肉体与精神的重重洗礼,全社会必然经历经济与法律的重重变革。但是当下,我们不要忘记“人工智能之父”图灵在《计算机器与智能》中讲过的话:“我们只能向前看到很短的距离,但我们能够看到仍然有很多事情要做。”

第三版后记

《民法典》于2021年1月1日实施,国家一系列政策法规出台或更新;《公司法》修订在即……我们幸运地身在一个法治的时代、一个不断发展变化的时代,冲浪其中,无愧本心,法律从业人员尤为任重而道远。

时常有偶遇的小伙伴称看过我的书,让我不断感受一代代在成长,阅读的需求一直都在,同时,我亦感受到传承是一份责任,虽然本书篇幅太大、更新不容易,但要继续坚持下去。本次再版将全书的法律法规进行了整理,依新更迭、修订偏颇,对于法律行业的入门、基本法律思维的普及,本书可提供较为系统的参考,如果想对疑难专精问题有深入和独到的理解,读者尚需更为艰苦的理论研究与实践锤炼。祝大家都能在各自领域"独当一面"。

书的体量过大,再版写作/修订不易、持续经年。伏案前期,老母患疾尚在,儿子能做的有限,但有幸照拂身边并牵手送行远足,已然感恩和满意。

以此再版文字,敬献母亲,无论您在哪里,我都在您怀里——

我想睡在周四晚上你的怀里

妈,
我七岁了,上小学一年级了,
我想睡在周四晚上你的怀里,
因为只有那一晚,
上夜班的你才能休息。
那是多么美好的夜晚啊,
我偷偷地搂着我最爱的乳房,
你说:
大了,男子汉要自立;
我才不管呢,
一个星期才有这一晚的幸福,
哪能轻易放弃?

妈,
我十四岁了,初二了,
我想睡在周四晚上你的怀里,
因为只有那一晚,
上夜班的你才能休息。
这是多么期盼的事情啊,

从周五的早上盼到下一个周四的下午,
你说:
大了,男子汉要自立;
我有些犹豫,
但拉着妈妈的手入眠就很知足,
我不会放弃即将消逝的权利。

妈,
我十八岁了,高三了,
我想睡在周四晚上你的怀里,
因为只有那一晚,
上夜班的你才能休息。
多么可望而不可即的事情啊——
我长大了。
独立的房间与独自承受的学业压力,
可只要有你在,
仅仅是隔壁你与父亲一起洗脚溅出水的声音、你们随意聊天的声音,
隐隐传来,
熬夜读书的我便倍感安全与力量。

妈,
我二十三岁了,上班第一年,
我想睡在周四晚上你的怀里,
因为只有这样的回忆,
才能安抚我那颗伤感驿动又懵懂无助的心。
多么阿Q的我啊,
无论外界如何变化,
都能在周四晚上,
去庆祝我不需要任何理由的愉悦心情。

妈,
我三十九岁了,你孙儿已经会说整句话了,
每每看到他睡在自己妈妈的怀里,
我都会想到你。

妈,
四十四岁的我依然想要睡在周四晚上你的怀里……
周四的夜里,
便可毫无缘由地享受独属于我内心的那份幸福。

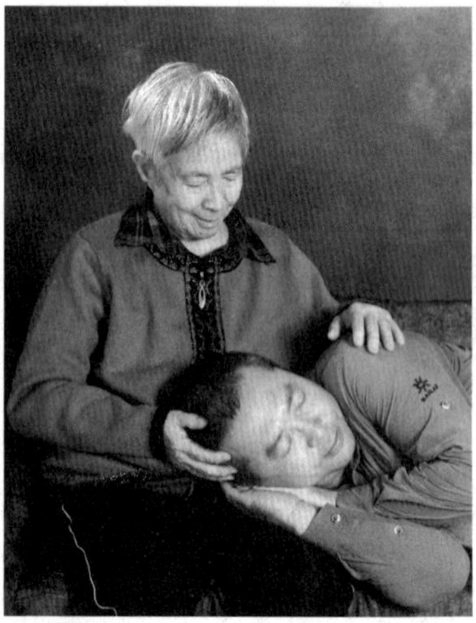

再次感谢朋友们对我及家人的帮助,感谢读者对我及本书的持久认可。
谢谢你们!

乔　路
2022年3月17日